中国石油西气东输管道公司

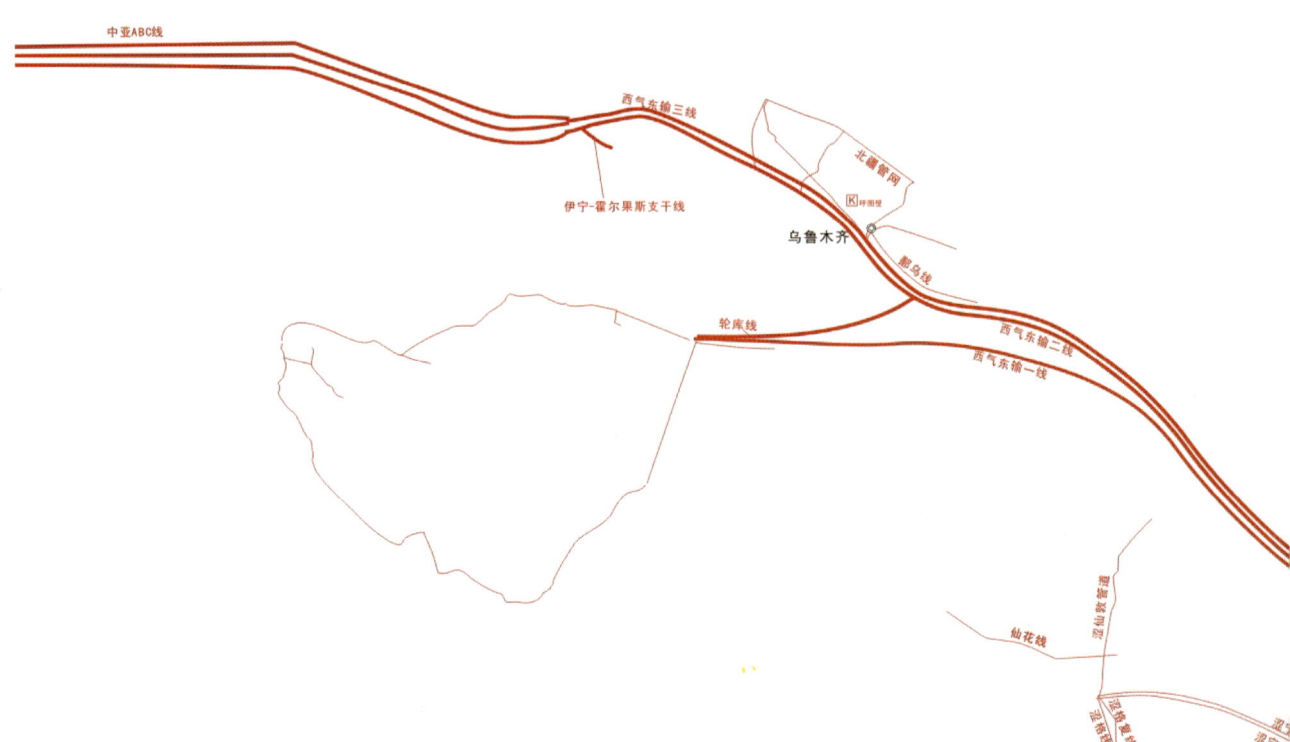

管道走向图

中国石油西气东输管道公司志

中石油天然气管网现状示意图

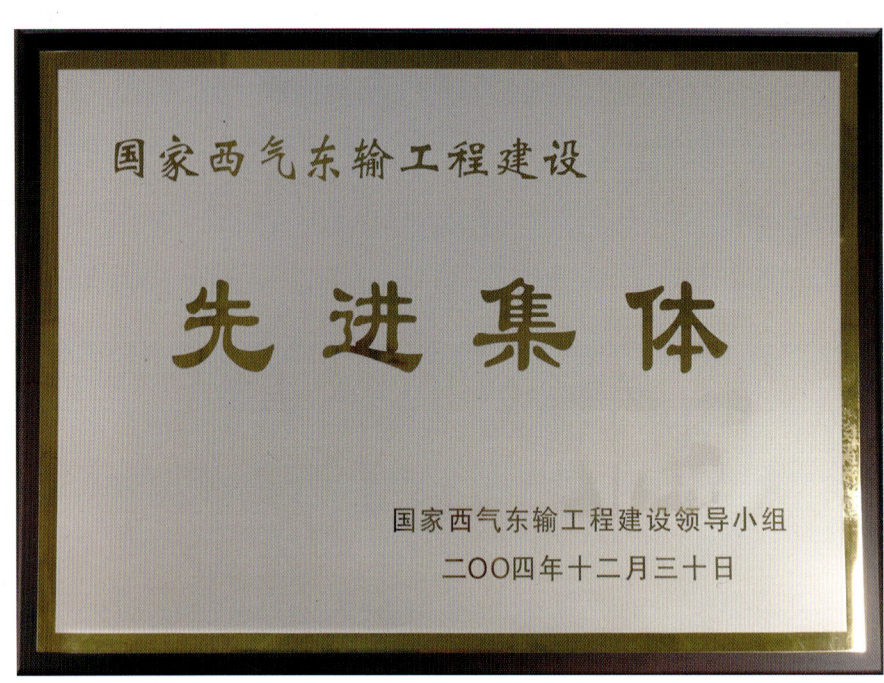

· 国家西气东输工程建设先进集体

· 国家环境友好工程

· 经典暨精品工程

· 国家级企业管理现代化创新成果

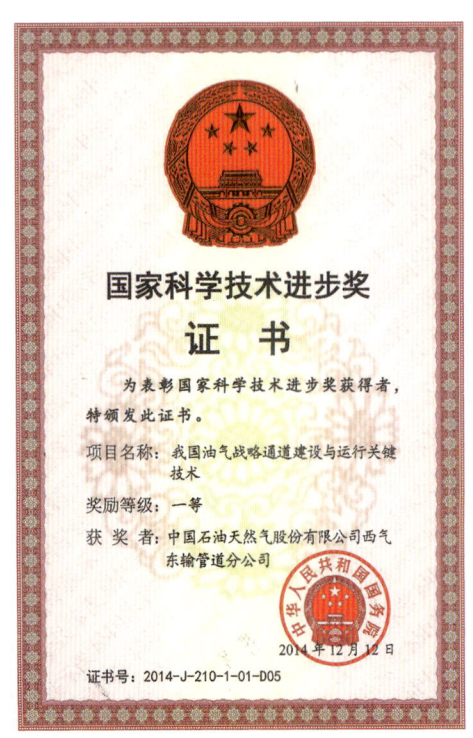

· 国家科技进步奖一等奖

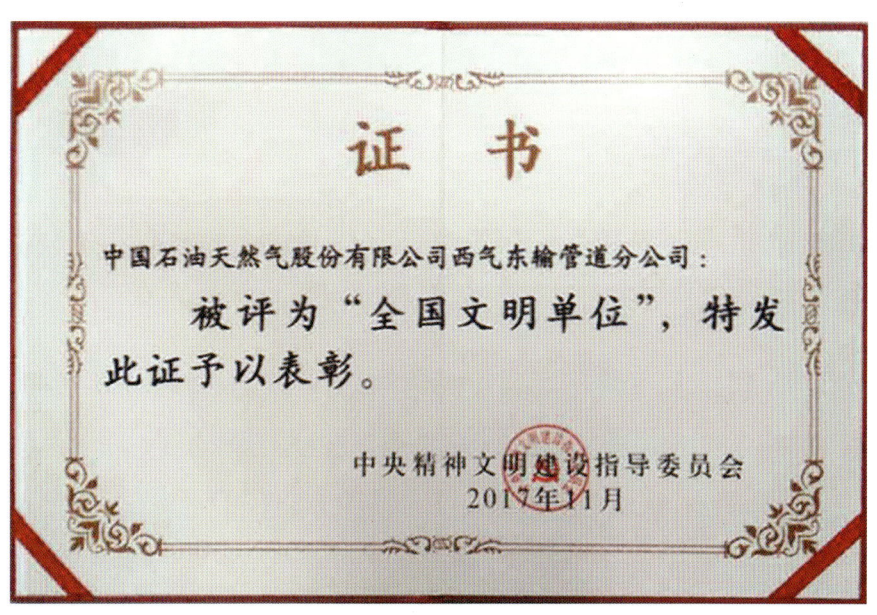

· 全国文明单位

· 杰出贡献企业

· 水网施工

· 沙漠施工

· 黄土塬施工

·沙漠施工

·山区施工

· 平原施工

· 管道焊接施工

开工竣工及过程

· 管道江苏南京盾构穿越长江

· 管道在宁夏中卫穿越黄河

· 线路管理员携手开展徒步踏线

· 雪夜巡检

· 齐心协力维护三桩

2013年5月，西二线高陵压气站首台套国产压缩机投产

内检测清管发球作业

·2017年6月,公司水网政企联合应急演练队员入场

·抢险演练

基层风采

中国石油西气东输管道公司志

·小站晚霞

·奉献清洁能源，助力碧水蓝天

· 2009年9月，管道工程项目部爱国歌曲大家唱活动

· 2011年6月，山西管理处组织党员红色教育——重温党员誓词

中国石油西气东输管道公司志

(2000—2016)

《中国石油西气东输管道公司志》编委会 编

上海社会科学院出版社

《中国石油西气东输管道公司志(2000—2016)》编纂机构

(一)编纂委员会

名誉主任：黄维和　凌　霄　黄泽俊
主　　任：李文东
副 主 任：秦　刚　褚永杰　王小平　么惠全　陈　岩　王　宁　李　锴　李　波
委　　员：(按姓氏笔画排序)
　　　　　丁铁彪　马骥国　王　力　王小彤　王宜建　尹旭东　史玉海　丛　山
　　　　　任　魁　刘玉华　刘英男　刘维国　孙启敬　孙健桄　李　江　李　超
　　　　　李利军　李树成　李海川　杨海军　吴锡合　邱春斌　宋红兵　张　龙
　　　　　张力伟　张火箭　张兴盛　张军强　张志胜　张郁文　张昆锋　陆　李
　　　　　范志刚　郝兴国　胡　峻　顾清林　党宏民　钱祖国　高顺华　傅文奎

(二)顾问组

顾　　问：(按姓氏笔画排序)
　　　　　丁建林　王　刚　王树宽　尹燕臣　李伟(女)　李学厚　杨智科　吴　宏
　　　　　陈正惠　陈吉庆　陈孝厚　陈希吾　姜昌亮　姜笃志　谢戈果　谢延凯

(三)编辑部

主　　任：任　魁
副 主 任：邵　建　吕　铁　于铁民　张乐海
责任编辑：徐　涛　楚海虹　李献军　李　伟　赵　婧
编　　辑：李江辉　侯栈贵　李诗睿　赵新好　尤冬石　梁佩璋　郑希平　蔺军伟
　　　　　葛　涛　高　俊　张　生　饶玲一
主要撰稿人：(按姓氏笔画排序)
　　　　　于跃洋　王万武　王文友　王德莹　牛立圆　冯治平　朱　雀　伍金行
　　　　　刘　毅　刘梦诗　许德华　李　冉　李冬岩　杨志斌　杨清玉　杨鲁明
　　　　　杨耀祖　邹　茜　张志方　张照旭　周　媛　胡彦琼　段　冲　徐月久
　　　　　徐郁文　高文宏　高仕玉　郭洁琼　康　洁　康艳丽　梁亚洲　傅红霞
　　　　　潘　莉　薛　萍　薛　磊

编辑说明

（一）《中国石油西气东输管道公司志(2000—2016)》主要记录中国石油西气东输管道公司发展历程以及西气东输总体工程有关建设过程的专业志书，所编纂的主要内容起止时间为2000—2016年。

（二）本志书按照国务院《地方志工作条例》、中国地方志指导小组《关于第二轮地方志书编纂的若干意见》、中国地方志指导小组《地方志书质量规定》《上海市实施〈地方志工作条例〉办法》、上海市地方志编纂委员会《上海市志(1978—2010)》编纂实施方案及有关行文规范要求编纂。

（三）本志书所涉及中国石油天然气集团公司，一般简称为集团公司；中国石油天然气股份公司，一般简称为股份公司；中国石油天然气股份有限公司管道分公司，一般简称为管道公司；中国石油西气东输管道(销售)公司，一般简称为西气东输管道公司。为避免不必要的重复，书中没有具体指明的"公司"，即为西气东输管道公司。

（四）本志书所涉及的主要关键词如下：西气东输、西气东输工程、西气东输管道工程、西气东输一线管道工程(简称西一线)、西气东输二线管道工程(简称西二线)、西气东输三线管道工程(简称西三线)、干线工程、支线工程、联络线工程、储气库工程、压气站、计量测试、长输管道、液态天然气(LNG)、压缩机、质量健康安全环保(QHSE)、健康安全环保(HSE)、水土保持、环境友好、能源安全等。

（五）本志书篇目设计的具体指导原则如下：按照业务大类划定主要篇目，按照具体业务分工明确一般章节。总述部分主要概述公司发展历程和西气东输工程建设及其意义；第一篇为组织机构与员工队伍；第二、三、四篇主要涉及公司工程建设、生产运行和市场开发与销售三大业务；第五、第六篇主要介绍公司企业管理的情况；第七篇为党群工作；第八篇详细介绍公司所属及相关单位；第九篇为荣誉及人物部分；大事记记述了公司自成立开始截止到2016年12月31日所发生的重大事项；专记部分重点记述公司获得的重要荣誉或组织参与的重点工作；附录部分为重要文献资料、主要媒体报道选录以及西气东输有关文艺作品介绍。

序 一

历史以千年计，17年，只是1/60。

人生以百年计，17年，只是1/6。

2000年3月8日，中国石油西气东输管道公司的前身——西气东输工程项目经理部成立。从那一天起，这个公司承担起我国西部大开发的标志性工程——西气东输工程的前期工作、工程管理、生产运营管理及市场开发等重任。

西气东输工程与青藏铁路、西电东送、南水北调并称为我国21世纪四大基础设施建设项目，这是一项集天然气运输、销售于一体的超大型复杂工程。管道横亘我国东西，纵贯大江南北，穿越戈壁、沙漠、黄土塬、山地、水网等复杂地形地貌，并三穿黄河、一穿淮河和长江。

面对前所未有的困难和挑战，西气东输管道公司在中国石油集团公司领导下，提出了"安全、优质、高效、按期地建设世界一流管道"的目标，树立了"开放包容、协同创新、安全和谐"的核心理念。

——在决策阶段，公司运用顶层设计，创建扁平化、开放式组织管理模式，保证项目高效实施；

——在建设阶段，公司建立以西气东输为主体的"1+N"协同式技术创新体系，加快世界级技术难题的解决与集成应用，形成技术进步与管理创新的良性互动；利用多目标优化方法，解决项目管理难题，科学推进工程建设进程；

——在运营阶段，公司建立以风险管理为核心的安全保障体系，确保管道安全平稳运营。创建以客户为中心的安全供气体系，切实履行保供责任；建立建设与运营全生命周期HSE管理体系，打造绿色和谐管道，保证工程整体目标全面实现。

17年，对于西气东输管道公司来说，既是一个辉煌的句号，也是一个崭新的开始。

西气东输管道投产以来，实现了管道安全平稳高效运行，取得了显著的经济效益和社会效益。

——它带动了西部地区经济快速发展。西气东输管道投资的67%集中在中西部地区，直接拉动了当地钢铁、水泥、建材等行业发展。

——它加快了国家能源结构调整，促进了节能减排目标的实现，拉动了相关产业发展，直接带动了国内钢铁、加工制造、建筑等行业的技术升级。X70、X80钢生产、制管、焊接填补了国内空白，国产钢管占比达一半以上，其中螺旋管用卷板国产量55.4万吨，国产化比例达79%；

——国内油气长输管道建设以西气东输为标志，完成了由追赶者到跻身国际先进行列的跨越式发展。中国石油已基本形成以西气东输为骨干管道，覆盖全国、连接国内外的天然气管网；

——西气东输的建设和运营管理，还培养锻炼了一支掌握现代科技知识，具备国际视野，能够胜任复杂工程项目运作的管理和技术人才队伍；提升了国内管道装备、材料、施工的国际竞争力，形成了我国"走出去"的比较优势，为保障国家能源安全奠定了重要基础；

——西气东输工程还加深了我国工程界建设超大型复杂工程的规律性认知，提出并运用了项目全生命周期管理的新思想、新方法、新工具，形成了一整套项目管理体系成果文件，对西气东输二线、三线、陕京二线、中亚、中缅管道等后续大型管道建设发挥了示范效应，为我国复杂工程管理提供了成功经验和案例。

西气东输工程的建成投产、安全运营，向世人宣告：中国人不仅可以建设一条具有世界先进水平的长距离输气管道，而且还将通过科技进步、现代化管理，加快中国石油管道建设的步伐，为建设一批更加宏大的工程项目储存实力！

中国石油股份公司副总裁　黄维和
2017年元旦

序 二

西气东输管道公司是国家西部大开发战略以及国家能源战略的重要基础设施——西气东输管道的主要守护者和运营方，我们亲身经历了西气东输工程从无到有，乃至成为目前全世界运营里程和输气能力首屈一指的能源大动脉的全过程。多年以来，西气东输人为能够圆满完成国家西气东输总体工程任务夙兴夜寐，为能够安全地将西部乃至中亚的清洁能源保质保量地输送到东部地区恪尽职守，为能够实现清洁能源的市场化销售、早日让更多人更多企业用上清洁能源殚精竭虑。艰辛与付出，汗水与鲜血，并没有让我们产生一丝后悔、怨言，或者疲惫与懈怠；相反地，西气东输人都为有幸参与这样的世纪工程深深地感到自豪，都为能够优化我国生态环境，提升人民福祉感到骄傲。

西气东输管道的建设与发展，在造就了遍布全国大多数地区的稠密"气脉"的同时，也成就了西气东输管道（销售）公司的辉煌和西气东输人一生的事业归属。2017年10月18日，习近平总书记在党的十九大报告中作出了中国特色社会主义进入了新时代的科学判断，同时提出了建设美丽中国的构想，明确指出要"推进能源生产和消费革命，构建清洁低碳、安全高效的能源体系"。总书记的要求，就是西气东输人的使命和责任。截至2016年12月底，公司管理和运营的西气东输管道已经超过11 000公里，累计输送销售天然气近3 000亿立方米，折合替代标煤近4亿吨，大量减少了有害污染物质和二氧化碳酸性气体的排放，为提高加工制造业的质量和效益、培育发展战略性新兴产业提供了高效清洁的能源保障，有力地促进了我国产业结构调整和生态环境保护，为建设美丽中国贡献了自己的力量。

目前公司面临新的形势和任务，处于最为重要的转折关头，《中国石油西气东输管道公司志（2000—2016）》（以下简称《公司志》）的编纂恰逢其时。《公司志》的编纂是对公司17年成长和发展历程的全面梳理，也是对公司成立以来工作中的经验与教训的全面总结。"存史求真、资政育人"。一个成熟的现代企业，必须具备深厚的文化底蕴，从而为企业发展营造有利的环境并提供精神支持。《公司志》的出版必将对了解西气东输工程以及西气东输管道公司的历史，发挥积极的作用。近年来，西气东输管道公司非常重视企业文化的构建与宣传，明确了西气东输的企业理念和企业文化内涵。《公司志》的编纂与出版是公司企业文化建设事业中的又一项重要举措，凝聚了公司全体编纂人员的心血,体现了上海社会科学院历史研究所专家学者的智慧,在此对他们的付出表示由衷的谢意。

谨此为序。

西气东输管道公司总经理、党委书记　李文东

2017年12月

序 三

迄今为止，人类历史一共经历了三次工业革命，每一次工业革命的爆发都意味着世界格局的重新建构。在前两次工业革命中，英国、美国先后崛起并成为世界霸主。如今，以光伏、光能、天然气等为代表的新能源和信息技术结合为特征的第三次工业革命方兴未艾，成为全球格局改变的新契机。随着2002年西气东输工程的全线开工以及近年来国家大力支持光伏、风能、新能源汽车等产业的举措，中国机缘巧合地站在了此次工业革命的前列。大力发展新能源产业，中国具有诸如战略、技术、市场、资金、人才等方面的优势，这也是我们的新能源革命目前在世界范围内一定程度上领先的重要原因。但是，我们也面临着空前的能源压力和生态环境压力，大力发展新能源产业，尤其是用清洁能源逐步乃至最终取代传统能源，将是中国未来努力的方向和最大的机遇。

2014年6月13日，习近平总书记主持召开的中央财经领导小组第六次会议专题研究了我国能源安全战略，总书记在讲话中就推动能源生产和消费革命提出了大力推进煤炭清洁高效利用，务实推进"一带一路"能源合作，积极推进能源体制改革，带动相关产业升级等一系列有关促进新能源产业发展的要求。2017年10月18日，习近平总书记在党的十九大报告中指出，中国经济社会发展要坚持人与自然和谐共生的理念、要树立和践行绿水青山就是金山银山的理念，提出坚持节约资源和保护环境的基本国策，坚定走生产发展、生活富裕、生态良好的文明发展道路，建设美丽中国等具体要求。

牵一发动全身。新能源产业的发展已经成为关系国家经济社会发展的全局性、战略性问题，对决胜全面小康和建设美丽中国至关重要。面对国内外能源供需格局新变化、国际能源发展新趋势，我们必须从国家战略的高度考虑和统筹新能源生产和消费革命，只有国家、政府、社会、企业和全体国民不断增强推广和使用新能源的意识，我们才能够取得第三次工业革命的成功，从而在全球格局和世界秩序的新一轮调整中获得相应的地位。我们很高兴地看到，作为国家新能源产业的代表，西气东输工程自开工建设到目前已经成功运营了17个年头，西气东输管道公司也随着西气东输管道的不断铺设和投入运营发展壮大。西气东输将西部地区和中亚的清洁能源输送到东部地区的千家万户，本身就是一件非常了不起的大事业，更何况它还承载着中国新能源产业发展和国家能源安全的重任，直接影响到中国能否在世界第三次工业革命中发挥引领作用，甚至可以毫不夸张地说西气东输所发挥的作用直接影响到了我国全面深化改革的成败。因此,我们有理由相信,借《中国石油西气东输管道公司志(2000—2016)》的编纂,全面深入地总结西气东输工程建设的历史、经验与教训,以真实客观的态度梳理公司发展历程,对于公司今后的发展以及西气东输总体工作的进一步提升将会发挥非常积极的作用。

上海社会科学院作为党和国家的思想库与智囊团,作为首批25家国家高端智库建设的试点单位之一,有幸参与《公司志》的编纂,是社科研究机构能够直接接触和了解新能源产业的良好契机,《公司志》的出版一定程度上可以视为院、企合作的典范。上海社会科学院历史研究所的部分研究人员组成了承接《公司志》编纂的专业团队,他们以满腔的热忱投入到志书编纂中,深以考察和研究西气东输这一伟大事业为荣,并将其视为社科研究走向社会,进一步提升社科研究的理论基础和应用能力的难得机遇,希望双方将来能够在相关议题继续深化合作,拿出更多的研究成果。

上海市哲学社会科学界联合会主席
上海社会科学院国家高端智库首席专家　王　战

2017年12月

序 四

西气东输是中国国家战略层面上的特大工程,涉及地域广,牵涉部门多,延续时间长,经济效益高,社会影响大,可供阐释的文化意义也特别丰富。

中国幅员辽阔,气候多样,地形复杂,地上物产、地下资源分布千差万别,不同地区的经济发展、社会演进很不一致,人口分布、资源消耗极不平衡。自秦汉以后,作为中央集权的大一统国家,中国就有从国家层面上统摄、整合、调剂全国资源,互通有无,将盈济缺,共臻胜境的传统,就有进行跨地域特大工程的传统,万里长城、南北大运河、南粮北运、大规模长距离人口迁徙,都是其中荦荦大者。这是大一统国家资源整合、系统自洽的优势所在。

中华人民共和国成立以后,社会主义制度建立,全国范围内公有制确立,为这种优势的发挥,提供了坚实的经济基础与坚强的制度保障。黄河、淮河的治理,三峡工程,西电东送,青藏铁路,南水北调,还有遍布全国、四通八达的高铁网络,都是这类特大工程的典范。若论距离之远,跨度之大,情况之复杂,技术之多端,涉及单位之多,影响既广且远,则西气东输堪称其最。

西气东输工程,西起新疆,东迄上海,出大漠,跨天山,越黄河,穿长江,蜿蜒数千公里,横贯中国东西两端,涉及陕、甘、宁、冀、豫、皖、苏、沪等10多个省份,其长堪比长江、黄河,其难伯仲青藏铁路,其钢管宽度、牢度、管壁厚度、焊接质量、承受压力等级均为中国历史之最,很多达到世界先进水平。工程启动于2000年,完成于2015年,经历江泽民、胡锦涛、习近平三届中央领导。

这一工程至少有十大意义:(1)开通了我国横贯东西的能源大动脉;(2)减少了我国从外国进口天然气的数量,为国家能源安全提供了重要保障;(3)改善了我国的能源结构,加大了天然气作为清洁优质能源和重要化工原料的比重,减少了煤炭的使用比重,降低了二氧化硫、氮氧化物、烟尘和二氧化碳等有害气体的排放,为有效地治理大气污染提供了重要支撑;(4)将西部地区资源优势转变为经济优势,推进了西部地区社会经济发展;(5)工程建设所需钢材、建材及配套机电设备,带动了全国机械、电力、化工、冶金、建材等相关工业的发展,拉动经济增长的需要;(6)带动了新疆天然气副产品加工利用工业和相关产业的发展,创造了新的供给与需求,有效地促进新疆地区的发展;(7)推进了沿线特别是长江三角洲地区能源结构和产业结构的调整,进而推动了全国产业结构调整;(8)我国东部地区经济优势与西部地区资源优势互相补充,相得益彰,加强了我国东部与中西部的血脉联系,促进了区域联系、民族团结和社会稳定;(9)沿线城市使用清洁燃料,取代部分电厂、窑炉、化工企业和居民生活使用的燃油和煤炭,有效地改善了大气环境,提高了人民生活质量;(10)工程突破诸多技术难题,创造诸多全国与国际第一,锻炼了队伍,培养了人才,提高了中国输气管道建设的综合能力,树立了中国输气管道建设新的历史里程碑。

西气东输是一项特别宏大而极其复杂的系统工程。从理念酝酿、宏观决策到战略实施,从资源落实、人才调集到市场开发,从难点试验、技术突破到协调公关,国家有关部门、沿线各级政府与建设单位通力合作,产业界和商贸、科技界密切配合,沿线各族人民群众大力支持,参建单位精心组织、科学施工,充分体现了全国一盘棋、地区大协作、民族大团结的优良传统,体现了集中力量办大事的制度优越性。为这一史诗般的伟大工程修志写史,非常必要,很有价值。

这部《中国石油西气东输管道公司志(2000—2016)》,全面、系统、翔实地记述了西气东输管道工程的历史,包括项目缘起、组织机构与员工队伍、工程建设、生产运行、市场开发与销售、企业管理、党的工作、所属及相关单位、人物以及大事记,后附专记,介绍西气东输管道工程不同阶段的重要工作与成就。全书脉络清晰,资料丰富,表述允当,文句平实,史料准确。书中对于参与这一伟大工程的机构、人员的勇于担当、勇于创新、精心组织、精心实施的精神面貌,对于这一工程实施所体现出来的科学精神与崇高境界,给予高度的重视与翔实的记录,很有眼光。书后附录重要文件文献资料、主要媒体报道以及关于西气东输的文学艺术作品,以利原汁原味地再现这一工程的历史场景,也很有必要。

中国历史上曾经有过许多全国性的宏伟工程,如万里长城、南北大运河、唐代皇城、明代皇城等,但是由于系统文献的缺失或散失,也由于其时信息记录手段的局限,今人难窥其建设过程全貌,甚至连工程起讫时间、重要施工单位、重要管理者、主要设计师姓甚名谁也不知晓。不光中国如此,全世界许多著名建筑也都存在这种情况,如古巴比伦的空中花园、埃及金字塔等,直到今天人们还很难了解其建筑过程。历史进入近代以后,随着信息记录技术的进步,人类历史意识的增强,人们普遍加强了对于重大工程的信息记录,也加强了对于重要工程建设历史的研究,这部《公司志》就是中国石油西气东输管道公司领导与员工重视工程的信息记录、重视工程建设历史研究的成果。

《公司志》由从事工程建设的相关部门与从事历史研究的专业学者精诚合作编纂完成。这两部分人,一有实践经验、素材丰富,一有专业传统、学养丰厚,两长相济,优势互补,使得本书就内容而言全面系统、丰赡厚实,就表述而言文句平实、中规中矩,符合志书存史、资政、育人的宗旨。这是新时期重大工程建设者历史意识增强的表现,也是历史学者走出书斋、面向社会、参与社会实践的表现。这两方面的表现,都富有浓厚的新鲜的时代气息,值得大力倡导与弘扬。

史诗般的工程折射的是非凡时代的辉煌;史诗般的工程需要博洽信实的志书。

是为序。

中国史学会副会长、上海史学会会长　熊月之

2017年8月

序 五

盛世修志,地方志是我国的千年瑰宝,传承着悠久的中华文明,是发掘历史智慧的重要载体。修志作为中华民族的优秀文化传统,是一项"功在当代,利在千秋"的伟大事业。1978年以来,我们经历了波澜壮阔的改革开放,国民经济持续快速增长,社会民生变迁翻天覆地,创造了一个又一个里程碑式的重大发展阶段,一个又一个值得记录的重大发展事件。社会经济的巨大变化为修志工作提供了极其重要的基础,也对修志工作提出了极其迫切的需要,地方志工作进入了一个千载难逢的发展时期。我们经历着改革开放的进程,参与着改革开放的事业,分享着改革开放的成果,憧憬着改革开放的未来,全社会和每个部门、每个单位都有责任和义务,及时、完整、真实地记录好改革开放的历史进程。2006年国务院颁发了《地方志工作条例》,奠定了依法治志的基础;2015年国务院办公厅印发了《全国地方志事业发展规划纲要(2015—2020)》,明确提出要充分发挥地方志工作在我国经济社会发展和社会主义文化强国建设中的重要作用,为全面建成小康社会作出更大贡献。可以说,法规和纲要的颁布,使我国的地方志工作已经从中华民族的优良传统进一步上升为法规赋予政府的职责,被纳入各地国民经济和社会发展规划、地方各级政府的工作任务中;从各级领导的重视进一步上升为全社会的共识与共行,成为各部门的基本工作和各单位的自觉行动;从单纯保存历史、传承文明进一步上升为开发利用,为改革发展服务。修志问道,以启未来,地方志工作正越来越发挥着存史、育人、资政的重大作用。

西气东输是国家的重大战略,西气东输管道工程是21世纪我国特大型基础设施建设项目之一,"西部大开发"的标志性建设工程,意义十分重大。中国石油西气东输管道公司承担这一历史性任务,更是艰巨而光荣。10多年来,西气东输管道公司以高度的政治责任、社会责任和经济责任,坚持以国家利益、社会利益和企业利益为重,秉承中国石油人的光荣传统,为圆满完成国家西气东输总体工程,开拓进取、攻坚克难,认真而积极地履行这一重大历史使命,追求一流的标准、一流的业绩和一流的企业形象,获得了一系列的成绩和荣誉,同心共创西气东输的宏伟事业。西气东输工程从无到有,并逐步成为全世界运营里程和输气能力首屈一指的能源大动脉,这是中国能源建设事业发展的自豪。伴随着这一建设进程,西气东输管道公司不断成长壮大,逐步成为一个成熟的现代化企业,这是公司建设者的自豪。正因为如此,通过编纂《公司志》,及时保存公司珍贵的发展资料,系统梳理公司走过的发展路程,总结公司积累的发展经验,对于西气东输管道公司传承企业历史,弘扬企业文化,提炼企业精神,谋划企业未来,显得非常必要、非常适时、非常具有价值,同时也显示了公司领导的战略眼光、忧患意识、长远视野和大局思考。

修志既是一项必须的急迫任务,也是一项严谨的科学工作,是传承中国传统文化的重要方式之一。习近平总书记在党的十九大报告中发出了"坚定文化自信,推动社会主义文化繁荣兴盛"的号召,他指出,文化是一个国家、一个民族的灵魂;文化兴国运兴,文化强民族强;没有高度的文化自信,没有文化的繁荣兴盛,就没有中华民族伟大复兴。毫无疑问,《公司志》的出版不但是公司贯彻落实党的十九大报告精神的具体举措,也为我们书写了西气东输这一发展经济、造福人民伟大工程的历史,极大地丰富了中华文明特有的志书体系。志书的如期完成和出版,体现了公司领导对修志工作的高度重视和使命感、责任感,凝聚了修志工作者的辛勤劳动和奉献精神。在此,我们感谢西气东输管道公司对修志事业的支持和贡献,更祝愿西气东输工程取得更大的成效,西气东输管道公司取得更大的进步!

上海市地方志办公室党组书记、主任　洪民荣

2017年12月

目 录

总 述 1

第一篇　组织机构与员工队伍

第一章　组织机构 13
  第一节　领导机构 14
  第二节　机关部门 21
  第三节　所属单位 24

第二章　员工队伍 29
  第一节　队伍构成 29
  第二节　员工素质 30

第二篇　工程建设

第一章　组织管理体系 35
  第一节　建管一体体制 35
  第二节　建管分离体制 36
  第三节　集中建设管理体制 36
  第四节　公司自建项目的建管分离体制 37

第二章　工程管理 38
  第一节　建管一体体制下的工程管理 38
  第二节　建管分离体制下的工程管理 40
  第三节　集中建设管理体制下的工程管理 43
  第四节　自建项目建管分离体制的工程管理 44

第三章　管道工程

- 第一节　西气东输管道工程（西气东输一线工程） …… 46
- 第二节　西气东输二线管道工程 …… 56
- 第三节　西气东输三线管道工程 …… 60
- 第四节　联络线 …… 62
- 第五节　支线管道 …… 65
- 第六节　适应性改造工程 …… 72

第四章　储气库工程

- 第一节　金坛储气库 …… 77
- 第二节　刘庄储气库 …… 79
- 第三节　平顶山储气库 …… 81
- 第四节　云应储气库 …… 82
- 第五节　淮安储气库 …… 83
- 第六节　楚州储气库 …… 84

第五章　南京计量测试中心

- 第一节　南京计量测试中心本部（南京分站） …… 86
- 第二节　广州分中心 …… 88
- 第三节　武汉计量检定室（武汉检定点） …… 90

第三篇　生产运行

第一章　管理组织

- 第一节　机构设置 …… 95
- 第二节　管理模式 …… 97

第二章　试运投产

- 第一节　生产准备 …… 98
- 第二节　工程接收 …… 105
- 第三节　试运投产 …… 106

第三章　运行控制

- 第一节　运行调控 …… 109
- 第二节　生产组织 …… 110
- 第三节　工艺管理 …… 112
- 第四节　仪表自动化管理 …… 115
- 第五节　通信网络管理 …… 120
- 第六节　计量能源管理 …… 124

第四章　设备管理
第一节　压缩机管理 ·· 132
第二节　机械设备管理 ·· 137
第三节　电气设备管理 ·· 139

第五章　管道保护
第一节　管道第三方风险防控 ·· 141
第二节　管道本体腐蚀控制 ·· 143
第三节　地质灾害防控 ·· 146
第四节　管道安保管理 ·· 148

第六章　事故抢修
第一节　抢修体系建设 ·· 150
第二节　应急预案 ·· 151
第三节　关键工种技能 ·· 151
第四节　抢修资源配置 ·· 153
第五节　应急演练 ·· 153
第六节　抢修事件 ·· 153

第七章　储气库管理
第一节　管理组织 ·· 156
第二节　试运投产 ·· 157

第八章　计量测试中心管理
第一节　管理组织 ·· 158
第二节　建站历程 ·· 159
第三节　运行管理 ·· 161
第四节　取得的成效 ·· 161

第四篇　市场开发与销售

第一章　组织管理体系
第一节　组织沿革 ·· 167
第二节　机构设置 ·· 168

第二章　天然气市场开发
第一节　市场区域发展 ·· 170
第二节　西气东输一线市场开发 ·· 172
第三节　西气东输二线市场开发 ·· 178
第四节　西气东输三线市场开发 ·· 180

　　　　第五节　天然气销售发展规划 ·· 181
　　　　第六节　天然气销售合同管理 ·· 182

　第三章　天然气销售 ·· 190
　　　　第一节　销售管理模式 ·· 190
　　　　第二节　西气东输管道系统供气市场及用气情况 ···························· 191
　　　　第三节　长宁管道系统供气市场及用气情况 ·································· 195
　　　　第四节　忠武管道系统供气市场及用气情况 ·································· 197
　　　　第五节　液化天然气(LNG)及交易中心现货交易 ···························· 198
　　　　第六节　天然气调峰 ·· 200

　第四章　服务与保障 ·· 203
　　　　第一节　客户服务 ·· 203
　　　　第二节　天然气保供典型案例 ·· 205
　　　　第三节　天然气销售应急保障 ·· 207

第五篇　企业管理(上)

　第一章　科技创新 ·· 213
　　　　第一节　机构设置 ·· 214
　　　　第二节　软科学研究 ·· 214
　　　　第三节　主要创新 ·· 216
　　　　第四节　信息化建设 ·· 227

　第二章　规划计划 ·· 232
　　　　第一节　机构设置 ·· 232
　　　　第二节　规划管理 ·· 233
　　　　第三节　立项与核准 ·· 235
　　　　第四节　计划管理 ·· 236
　　　　第五节　造价管理与投资控制 ·· 237
　　　　第六节　统计管理 ·· 239
　　　　第七节　后评价管理 ·· 240

　第三章　企管法规 ·· 243
　　　　第一节　机构设置 ·· 243
　　　　第二节　规章制度 ·· 244
　　　　第三节　招标管理 ·· 245
　　　　第四节　合同管理 ·· 246
　　　　第五节　承包商管理 ·· 248
　　　　第六节　法律风险防控 ·· 248

	第七节	纠纷管理	249
	第八节	股权管理	250
	第九节	管理提升活动	252
	第十节	内控与风险管理	253

第四章 应急管理 — 260
  第一节 机构设置 — 260
  第二节 应急预案 — 260
  第三节 预案演练 — 263
  第四节 应急响应 — 265

第五章 监察审计 — 267
  第一节 机构设置 — 267
  第二节 管理效益审计 — 268
  第三节 工程建设审计 — 270
  第四节 经济责任审计 — 273
  第五节 效能监察工作 — 273

第六章 企业文化 — 276
  第一节 机构设置 — 276
  第二节 西气东输企业文化形成历程 — 277
  第三节 西气东输企业文化理念体系 — 278
  第四节 新闻宣传 — 281
  第五节 文体活动 — 290

第六篇　企业管理(下)

第一章 人力资源 — 295
  第一节 机构设置 — 295
  第二节 劳动组织 — 296
  第三节 人员调配 — 297

第二章 财务管理 — 300
  第一节 机构设置 — 300
  第二节 预算管理 — 301
  第三节 资金管理 — 302
  第四节 资产管理 — 304
  第五节 成本管理 — 305
  第六节 价格税收管理 — 307
  第七节 工程投资项目财务管理 — 309

| | 第八节　会计核算 | 310 |

第三章　物资采办 ... 311
- 第一节　机构设置 ... 311
- 第二节　物资管理 ... 312
- 第三节　采办工作 ... 314

第四章　行政综合事务 ... 319
- 第一节　机构设置 ... 319
- 第二节　政务服务与信息 ... 320
- 第三节　公文及保密管理 ... 321
- 第四节　档案管理 ... 322
- 第五节　后勤服务与保障 ... 324

第五章　质量健康安全环境管理 ... 326
- 第一节　机构设置 ... 326
- 第二节　质量、HSE管理体系 ... 327
- 第三节　质量管理 ... 332
- 第四节　HSE管理 ... 334
- 第五节　"三同时"与专项评价及验收 ... 340
- 第六节　标准化管理 ... 344

第七篇　党群工作

第一章　党组织建设 ... 347
- 第一节　公司党委及各级党组织 ... 347
- 第二节　党员队伍 ... 357
- 第三节　党建工作 ... 357

第二章　党风廉政建设 ... 361
- 第一节　组织架构 ... 361
- 第二节　惩防腐败体系建设 ... 362
- 第三节　落实党风廉政建设责任制 ... 363
- 第四节　开展反腐倡廉宣传教育 ... 365
- 第五节　监督执纪问责工作 ... 367

第三章　工会与共青团工作 ... 370
- 第一节　工会 ... 370
- 第二节　共青团 ... 377

第八篇　所属及相关单位

第一章　所属单位 ……387
- 第一节　宁陕管理处、长宁输气分公司—银川管理处 ……387
- 第二节　陕晋管理处—山西管理处 ……392
- 第三节　豫皖管理处—郑州管理处 ……394
- 第四节　甘陕管理处筹备组—甘陕管理处 ……398
- 第五节　苏北管理处 ……401
- 第六节　储气库项目部（管理处） ……404
- 第七节　济青管道工程项目部—冀宁管道工程项目部—管道工程建设项目部 ……405
- 第八节　南京计量测试中心 ……406
- 第九节　苏浙沪管理处 ……407
- 第十节　豫皖管理处—合肥管理处 ……411
- 第十一节　豫鄂管理处、华中输气分公司—武汉管理处 ……413
- 第十二节　科技信息中心 ……419
- 第十三节　浙江管理处筹备组—浙江管理处 ……420
- 第十四节　赣湘管理处筹备组—赣湘管理处—南昌管理处 ……422
- 第十五节　长沙管理处 ……425
- 第十六节　福建管理处筹备组—厦门管理处 ……427
- 第十七节　粤桂管理处筹备组—粤桂管理处—广东管理处 ……429
- 第十八节　广西管理处（广西管道工程建设项目部）筹备组—广西管理处 ……431
- 第十九节　压缩机站工程项目部 ……432

第二章　股权管理单位 ……434
- 第一节　上海盛大基地置业有限公司 ……434
- 第二节　深港天然气管道有限公司 ……435
- 第三节　江苏如东联合管道有限公司 ……436
- 第四节　江西省天然气投资有限公司 ……437

第三章　划转单位 ……438
- 第一节　新疆管理处 ……438
- 第二节　甘宁管理处—甘肃管理处 ……438
- 第三节　冀鲁管理处 ……439
- 第四节　福建管网项目部 ……440

第九篇　荣誉和人物

第一章　先进名录 ……443
- 第一节　国家级荣誉 ……443

第二节　省部级荣誉 …………………………………………………………… 448
　　第三节　行业协会荣誉 ………………………………………………………… 454
　　第四节　集团公司级荣誉 ……………………………………………………… 455
　　第五节　公司级荣誉 …………………………………………………………… 469

第二章　专家名录 …………………………………………………………………… 540
　　第一节　中国石油集团公司级专家 …………………………………………… 540
　　第二节　公司级专家 …………………………………………………………… 540
　　第三节　部门技术骨干 ………………………………………………………… 541

第三章　党代表、人大代表、政协委员名录 ……………………………………… 542

第四章　处级干部名录 ……………………………………………………………… 543

大事记 ………………………………………………………………………………… 561

专　记 ………………………………………………………………………………… 604
　　一、西气东输管道工程全线开工 ……………………………………………… 604
　　二、西气东输管道工程投产通气 ……………………………………………… 605
　　三、西气东输管道公司荣获全国"五一"劳动奖状和奖章 …………………… 605
　　四、总结提炼并严格落实"七个不放松，七个下功夫"管理要求 …………… 606
　　五、西气东输管道工程获得新中国成立六十周年百项经典暨精品工程 …… 607
　　六、西气东输管道工程通过国家验收 ………………………………………… 608
　　七、西气东输管道公司获得国家科技进步一等奖 …………………………… 609
　　八、公司党委深入开展"三严三实"专题教育 ………………………………… 612
　　九、"弘扬光荣传统，重塑良好形象"大讨论 ………………………………… 613
　　十、以营销体制改革活力对冲市场竞争压力 ………………………………… 614
　　十一、全面打造公司基础管理"基本法" ……………………………………… 614

附　录 ………………………………………………………………………………… 616
　　一、重要文件文献资料选登 …………………………………………………… 616
　　二、主要媒体报道选萃 ………………………………………………………… 627
　　三、文学艺术作品与活动 ……………………………………………………… 664

编后记 ………………………………………………………………………………… 668

总 述

在新的历史时期,面对复杂多变的国际国内形势,特别是世界范围内新能源革命的关键时期,中国石油西气东输管道(销售)分公司(以下简称"西气东输管道公司")作为中国石油天然气股份有限公司(以下简称"中国石油股份公司")的直属地区公司,自 2000 年成立伊始,就担负起了具有国家战略意义的西气东输管道工程的建设以及清洁能源天然气的输送和销售任务。10 多年来,西气东输管道公司经历和参与了波澜壮阔的西气东输工程建设,见证了国家西部大开发伟大战略和国家能源结构调整的全面实施,谱写了我国油气管道建设和天然气工业发展史上的新篇章。

"以人为鉴,可以明得失。以史为鉴,可以知兴替。"10 多年来,西气东输管道公司始终自觉贯彻和执行党中央的精神和决定,遵循"奉献能源、创造和谐"的宗旨,坚决履行中国石油赋予的光荣使命,为国家建设和人民需求持续输送和供应清洁的天然气能源,为实现经济社会的可持续发展以及实现全面小康做出了积极贡献。将西气东输管道公司成立以来的发展变化和主要工作以志书的形式编撰出版,既是对公司历史的全面回顾,也是对西气东输精神和文化的全面总结,必将进一步增强企业的向心力和凝聚力,进一步传承和发扬西气东输精神,进一步鼓舞广大西气东输人为新时代中国特色社会主义现代化建设事业以及实现中华民族伟大复兴的"中国梦"做出更大的贡献。

一

西气东输工程建设和西气东输管道公司的建立源于"西部大开发"战略,适应了国家调整落后的能源结构,发展清洁能源的迫切需要。1999 年,党中央和国务院将天然气长输管道工程列为全国重点基础建设项目,这一考虑,紧紧围绕改善生态环境与提高居民生活质量,充分考虑西部地区的能源优势与东部地区经济优势之间的互补,统筹协调西部大开发、中部进一步发展与东部地区转型升级,使开发西部地区的天然气并将其用于东部地区的生产与生活进而改善大气环境、促进产能升级成为可能,体现了党中央和国务院对中国经济社会未来发展和走势战略性、全局性的把握。根据党中央、国务院的部署,2000 年 3 月 25 日,经国务院批准,国家计委在北京召开西气东输工程工作会议,宣布成立西气东输工程建设领导小组。同年 8 月 23 日,国务院召开第 76 次总理办公会,批准西气东输工程项目正式立项。2002 年 2 月,中央政治局常委、国务院总理朱镕基主持召开国务院第一次会议决定启动西气东输工程。

西气东输工程作为一项重要的国家战略,是把塔里木、柴达木、鄂尔多斯盆地、涩北等西部地区乃至中亚丰富的天然气输送到以上海、广东、江苏、浙江为代表的长江三角洲、珠江三角洲等东南沿海经济发达地区的宏大工程。整个工程除主体部分管道建设外,还包括上游地区的天然气资源勘探开发和下游地区天然气利用配套设施建设。主体部分建设主要由西气东输一线管道工程(简称西气东输工程或西一线)、西气东输二线管道工程(简称西二线)和西气东输三线管道工程(简称西三线)组成。西一线管道全线包括1条干线和3条支线,西起新疆轮南,东至上海市白鹤镇,途经新疆、甘肃、宁夏、陕西、山西、河南、安徽、江苏、上海等9个省份,线路全长约4 000公里,输气规模设计为年输商品气120亿立方米,总投资超过1 400亿元。2002年7月4日正式开工建设,2003年10月1日,靖边至上海段试运投产成功,2004年1月1日正式向上海供气,2004年10月1日全线建成投产,2004年12月30日实现全线商业运营。该线是我国自行设计、建设的第一条世界级天然气管道工程,第一次采用了10兆帕高压输送、1 016毫米管径、X70高钢级管道、30兆瓦压气站、全自动焊接、全自动超声波检测等新技术,第一次采用内涂层减阻、干空气干燥等新工艺,第一次在长江和黄河完成长距离、高难度、大口径盾构、顶管及定向钻穿越,第一次在天然气管道上推广应用卫星遥感选线技术和先进的自动化控制系统,它的建成标志着我国管道建设技术和科技含量整体达到世界先进水平。西二线管道全线包括1条干线和8条支线,干支线东起新疆霍尔果斯,南至广州、香港、南宁,东至上海,途经新疆、甘肃、宁夏、陕西、河南、湖北、江西、广西、广东、香港等14个省份,干支线全长约8 704公里。该线设计年输气能力为300亿立方米,总投资约1 420亿元,2008年2月22日正式开工建设,2012年12月30日来自中亚的天然气经由西气东输二线最后一条投产的支干线广州—南宁段到达南宁,标志着西气东输二线工程全部建成投产。西三线管道全线包括1条干线、8条支线、3座地下储气库和1座液化天然气应急调峰站,干支线沿线经过新疆、甘肃、宁夏、陕西、河南、湖北、湖南、江西、福建和广东10个省份,干支线总长度约7 378公里。该线首次引入社会资本和民营资本参与建设,工程建设总投资1 250亿元,主供气源为新增进口中亚土库曼斯坦、乌兹别克斯坦、哈萨克斯坦三国天然气,补充气源为新疆煤制天然气,其中,新增进口中亚天然气250亿立方米/年,新疆伊犁地区煤制天然气50亿立方米/年。2012年10月16日正式开工,2014年8月25日全线贯通。

　　西气东输工程建设集中体现了社会主义制度的优越性,从党中央、国务院的高度重视和亲切关怀,到国家有关部委、沿线各省份党委、政府及各族人民群众的大力支持,最后积聚成工程建设者的满腔热忱和艰辛劳动。西气东输管道工程建设是全球规模最大的基础设施工程,建设里程长,途经范围广,涉及人口多,面对的社会、人文、地理环境和气候条件复杂,施工难度世界罕见。就工程建设里程来说,整个西气东输工程三条线的干线、支线的总里程超过22 000公里,如果加上境外的连接管线,总长超过25 000公里。就途径范围和涉及人口来说,工程建设穿越新疆、甘肃、宁夏、陕西、河南、湖北、江西、湖南、广东、广西、浙江、江苏、山东、福建、上海等10多个省份和香港特别行政区,直接惠及人口约4亿。就社会人文环境而言,工程建设从人烟稀少的西部落后地区,到人口密集的中部欠发达地区和东部沿海发达地区,其中既有少数民族聚集区,也有汉族和少数民族的混居区,既有无人区,也有人口拥密的江南城市,其间还遭遇了非典疫情暴发、汶川地震等前所未有的困难和挑战。就工程建设穿越的地形地貌而言,工程穿越戈壁、荒漠、高原、山区、平原、盆地、丘陵、水网、湖泊、大江大河等各种地形地貌和高温、干旱、高寒、湿热、多雨等多种气候环境,西一线工程主要经过塔里木盆地、吐鲁番盆地、河西走廊、宁夏平原、黄土高原、华北平原、长江中下游平原;西二线工程主要经过准噶尔盆地、河西走廊、宁夏平原、黄土高原、华北平原、江汉平原、鄱阳湖平原、江南丘陵、华南丘陵、珠三角平原;西三线主要经过吐鲁番盆地、塔里木盆地、黄土高原、黄淮平原、华北平原、长江中下游平原等地形区。

　　西气东输管道自投产运营以来,生产运营绩效优异,主营业务快速发展,经营效益逐年提升,创新发展成效显著,社会发展贡献巨大,较好地满足了旺盛的市场需求,改善了我国能源结构,节能减排效果明显、居民生活质量得到提高,在实现了与沿线经济社会与自然环境和谐发展的同时,有力地促进了我国产业结构调整,为提高加工制造业的产能,培育和发展战略新兴产业,带动地方经济和社会发展,提供了高效清洁能源保障。此外,西气东输工程建设与生产运营,还对我国能源工业人才队伍的培养建设以及重点科技攻关发挥了积极的作用，形成了素质优良、专业齐全、梯次合理的人力资源格局，造就了一批素质过硬、学有专长、研实结合的科技专家和技术骨干，10余年来先后开展了100多项科研攻关课题，发明专利4项、实用新型专利13项和计算机软件著作权13项，工程科技含量达到当今世界先进水平。2010年，"西气东输（一线）工程技术及应用"项目获得国家科技进步一等奖，西气东输（一线）管道工程通过了国家环境保护和水土保持专项验收，荣获首届国家环境友好工程第一名、国家开发建设项目水土保持示范工程第一名以及"新中国成立六十周年百项经典暨精品工程"称号。

国之重器，功在当代，利在千秋。西气东输工程的实施与运营，不但有利于加快新疆以及我国西部地区经济的发展，而且有利于促进我国能源结构的调整和大气污染治理、生态环境改善，有利于缓解中南和东南沿海各省天然气供需紧张的态势，促进长江三角洲地区和珠江三角洲地区经济加快转型发展，有利于深化我国与中亚国家的合作，实现互利共赢、共同发展。同时，该工程的实施还可以拉动机械、电力、化工、冶金、建材等相关行业的发展以及产能提高，对于扩大内需、增加就业也具有积极的现实意义。除此之外，西气东输工程建设还有更为重要的战略意义，就是它开辟了我国大规模现代化基础设施建设的新道路，增强了我国进行大规模现代化基础设施建设的信心、能力和水平，为中国建设和中国装备走出去打下了良好的基础，也正是有了西气东输工程成功建设的自信和经验，越来越多的中国建设和中国装备走出了国门，成为体现中国发展成就和工程技术水平的重要标志。

二

中国石油天然气股份有限公司西气东输管道（销售）分公司，前身为组建于2000年3月8日的西气东输工程项目经理部，简称中国石油西气东输管道公司，是中国石油股份公司直属地区公司，公司总部设在上海浦东。公司主要代表中国石油股份公司组织实施西气东输管道工程项目，负责完成西气东输工程项目的前期工作、招投标组织及工程建设管理、天然气市场开发和管道投产后的运营等工作。10多年来，西气东输管道公司随着西气东输工程的建设发展成长壮大，以把西气东输建设成为高科技工程、绿色工程、优质工程、阳光工程为宗旨，把西气东输逐步打造成为促进经济发展、调整能源结构、改善生态环境、造福人民群众的能源大动脉，在收获了良好经济效益的同时，也得到了全社会和广大人民群众的高度认可。

截至2016年12月，西气东输管道公司的机构沿革共历经了四个阶段。

第一阶段：西气东输工程项目经理部（2000年3月—2001年4月）

2000年2月，国务院决定成立西气东输工程建设领导小组。3月，中国石油集团公司决定成立西气东输工程领导小组。同月，中国石油股份公司决定成立西气东输工程项目经理部，机构规格为正局级。主要任务是按照西气东输工程的总体规划和部署要求，负责西气东输工程项目前期工作、工程建设及运营管理工作。主要职责包括：西气东输工程的方案论证、预可研、可研的编制和项目报批；线路选择、初步设计、施工图设计的组织，施工现场管理、工程质量监督以及物资设备采办的组织、项目融资、各项招投标管理；建设与生产运行衔接协调、运行管理人员和设备操作人员的培训，天然气市场的开发、用户单位落实、购气合同签订等。机关设5个处室：办公室、计划财务处、工程管理处、工程技术处、采办处，办公地点设在北京。

第二阶段：西气东输管道分公司（2001年4月—2003年9月）

2001年4月，为规范西气东输工程项目运作，经股份公司第一届董事会第十次会议审议通过，将西气东输工程项目经理部更名为西气东输管道分公司，作为股份公司直属地区公司，业务上归口天然气与管道分公司管理，在股份公司授权范围内，代表股份公司组织实施西气东输管道工程项目，主要负责西气东输工程项目的前期工作、招投标组织及工程建设管理、天然气市场开发和管道投产后的运营等工作。公司在上海注册，办公地点在北京。机关设7个处室：综合办公室、计划财务处、人事处、工程管理处、工程技术处、采办处、合同管理处。组建市场开发与销售部，设立西气东输工程建设项目一处、二处。人员编制105人。

第三阶段：西气东输管道分公司（西气东输销售分公司）（2003年9月—2016年11月）

2003年9月，股份公司决定成立西气东输销售分公司，主要负责西气东输天然气销售与股份公司授权范围内的市场开发工作。西气东输销售分公司在上海浦东新区注册，与西气东输管道分公司合署办公，一个机构两个牌子。12月，公司对机构进行调整，机关设总经理办公室（党委办公室）、人事处（党委组织部、工会办公室）、规划计划处、财务处、生产运行处、工程技术处、采办处、质量安全环保处、管道处、审计监察处（纪委办公室）、市场开发与销售部等11个处室，沿线设苏浙沪、豫皖、山西、宁陕、甘肃、新疆等6个管理处和储气库管理处（项目部），以及上海、江苏、安徽、浙江、河南等5个天然气销售分部。人员编制200人。2005年12月，机关搬迁到上海市浦东新区福山路458号。2007年6月，党组织关系改为隶属于中共上海市经济和信息化工作委员会。

2012年1月，根据股份公司对油气管道管理体制做出的调整，将西气东输管道分公司所属的冀鲁管理处划转管道分公司，新疆管理处、甘肃管理处和兰银线甘肃段划转西部管道分公司，将管道分公司所属华中输气分公司和华中天然气销售分公司划入西气东输管道分公司。5月，股份公司决定，将中国石油昆仑天然气利用有限公司的福建管网项目部划入西气东输管道分公司，将其持有的江西省天然气投资有限公司股权委托公司管理。8月，撤销内控办公室，成立企管法规处（内控与风险管理处）；成立国家能源天然气长输管道技术装备研发（试验）中心办公室，挂靠压缩机处；成立厦门管理处，撤销天然气销售分部。

2014年5月，股份公司以西气东输一线、二线资产成立独资一人有限公司——中国石油东部管道有限公司，保留西气东输管道分公司和西气东输销售分公司。

第四阶段：中国石油西气东输管道分公司（中国石油管道有限责任公司西气东输分公司）（2016年11月—）

2016年11月，集团公司决定调整天然气销售与管道业务管理体制，做实天然气销售分公司和中国石油管道有限公司，重组设立中国石油天然气股份有限公司天然气销售北方、东部、西部、西南、南方等5家区域天然气销售分公司。管道销售分公司、西气东输销售分公司、西部管道销售分公司、西南管道销售分公司和天然气销售大庆分公司、辽河分公司、吉林分公司、塔里木分公司、长庆分公司、青海分公司天然气销售业务，按照人随业务走的原则，相关人员一并划转。

三

西气东输管道分公司成立以来,面对不同时期的形势与挑战,坚决贯彻党中央、国务院以及中国石油集团公司的决策部署,迎难而上,主动作为,创造出有目共睹的优良业绩。在工程建设期间,创新管理体制、管理方式和管理手段,建立了开放包容的组织管理体系,有效整合行业内外资源,实施强强联合,开展技术创新,按期、优质、安全、高效地完成了工程建设任务;在管道运营期间,坚持开放、协同思想,以管理理念变革引导技术创新,以技术进步推动管理创新,形成技术进步与管理创新的良性互动,总结提炼并严格落实"七个不放松、七个下功夫"的运行管理要求,全面推行管道完整性管理,确保管道安全平稳高效运行;在天然气市场销售方面,积极创新并不断完善天然气销售商业模式和营销机制,构建良好的供需关系,建立较为成熟稳定的下游市场,努力分担中国石油集团的天然气业务,为集团公司天然气业务的快速发展做出了积极贡献。

(一) 打造世界一流水平管道工程

西气东输管道工程施工难度世界罕见。管道途经"三山一塬、五越一网",穿越沟壑纵横的黄土塬区,翻越吕梁、太岳和太行;三穿黄河、一穿淮河和长江,最后穿越江南水网。

工程建设伊始,西气东输管道公司在中国石油集团公司领导下,提出了"按期、优质、高效、安全地建设世界一流管道"的目标,以系统工程理论为指导,树立"开放包容、协同创新、安全和谐"的核心理念,运用全生命周期统筹优化的管理方法,在项目初期进行顶层设计,创建扁平化、开放式组织管理模式;建立以西气东输为主体的"1+N"协同式技术创新体系,加快世界级技术难题的解决与集成应用,形成技术进步与管理创新的良性互动;实施项目多目标优化,创新管理手段,科学推进项目实施进程;建立以风险管理为核心的安全保障体系,实现管道本质安全;创建以客户为中心的安全供气体系,切实履行保供责任;坚持可持续发展理念,建设绿色和谐管道,保证工程建设与运营目标全面实现。国内油气长输管道建设以西气东输为标志,完成了由追赶者到跻身国际先进行列的跨越式发展。

一是带动了西部地区经济发展,使西部资源优势转变成为经济优势。西气东输管道投资的67%集中在中西部地区,直接拉动了当地钢铁、水泥、建材等行业发展。国务院新闻办公室于2009年发表的《中国的民族政策与各民族共同繁荣发展》白皮书指出,仅西气东输(一线)工程项目每年就为新疆增加了10多亿元的财政收入。在新疆开发天然气资源税由从量征收改为从价征收后,新疆天然气资源税收入增加也较多。

二是拉动了相关产业发展。带动了国内冶金、加工制造、工程施工等行业的技术升级。X70、X80钢研制,直径1 016毫米和1 219毫米、承压10兆帕和12兆帕的钢管制造与现场施工焊接等填补了国内空白。西气东输一线工程国产钢管占比达一半以上,其中螺旋管用卷板国产量55.4万吨,国产化比例达79%。西气东输二线全部使用了国产钢和国产钢管,全线用钢量440万吨,其中X80钢材量278万吨。

三是实现了引进国外管道天然气的历史性目标,保障了国家能源供应,稳固了我国与中亚地区国家战略合作关系。西气东输二线工程的建设,使我国取得了每年从土库曼斯坦引进300亿方管道天然气的历史性突破,西气东输三线工程的建设再使我国每年从中亚三国引进350亿方天然气,在为我国增加清洁能源供应保障的同时,进一步促进了我国与中亚三国友好双赢的战略合作。

四是形成了连接中亚和横贯西东的天然气骨干管网,为构筑我国天然气骨干管网和大规模利用天然气奠定了基础。自工程启动以来,面对建设环节多、难度大、工期紧、要求高的挑战,公司以"建设一流管道"为总体目标,构建全过程、全方位的项目决策、控制、执行、监督工作体系和机制,西气东输一线和二线分别仅用两年半和三年零四个月时间便实现了全线投产,创造了世界管道建设史上的奇迹。目前,西气东输一线和二线管道总长度已达到13 854公里(包括西一线4 394公里、冀宁线及江苏LNG联络线1 520公里、西二线7 940公里),实现了塔里木、长庆、川渝、青海四大气区联网及与中亚三国天然气管道连接的输气和供气网络。

(二)实现能源大动脉安全平稳高效运行

西气东输管道分输点上百个,设备数万台套,沿线煤矿采空区、山体滑坡等地质灾害频发,违章占压、第三方伤害等因素时刻威胁管道安全,给管道日常运行管理和下游安全供气带来较大挑战。公司基于市场运作方式,以合同管理为控制手段,以业主管理为核心,以专业化、社会化服务为支撑,创建开放式管理体系。

一是建立了与管理系统相融合的信息系统。将生产信息系统和管理系统融为一体,以多尺度、多种类的空间基础地理信息为支撑,综合采用了卫星遥感、地理信息系统、大型数据库技术等8项数字化技术,通过对硬件设施、沿线环境、地质条件以及经济、社会、文化等各方面信息在三维地理坐标上的有机整合,实现西气东输工程信息化动态管理。在项目运营阶段,采用SCADA系统进行管道自动化控制,集管理、数据采集和地理信息系统于一体,构建了以调度中心为主,同时满足站控、就地三级控制的生产运行管理体系;建立以光纤通信为主、卫星通信为辅的通信系统,实现SCADA数据传输、调度电话、工业电视监控图像传输等业务的数字化、网络化的应用;以ERP系统为核心,在地理信息技术基础上建立管道完整性管理信息系统,在仿真模拟技术基础上建立管道生产管理信息系统,实现了运行过程控制和信息管理的融合。

二是确立以业主管理为核心的"四位一体"的运营管理体系。实行业主一级统一管理,西气东输管道公司(业主)负责生产运行组织和调度指挥、维抢修管理、生产运行核心业务管理、生产成本控制等;现场作业管理采取劳务承包方式,由业主制订劳务人员岗位、标准、数量和条件;大型技术设备由OEM供货商负责售后专业大型维修;对于专业性较强的卫星通讯系统、SCADA系统维护及管道封堵等作业,由业主选择专业化服务公司负责实施。扁平化、开放式管理模式克服了管理层次多、效率低下的弊病,打破了"大而全""小而全"的封闭体系,发挥了社会专业领域与机构的优势,满足了超大型工程建设和运营的需要。公司劳动生产率由78.65万元/人提高到399.61万元/人,用工水平由0.64人/公里下降到0.345人/公里。

三是构建了资产完整性管理体系。采用基于风险管理的设计方法和施工安全保护措施。在设计阶段,依靠危害与可操作性分析(HAZOP)手段,对典型站场、阀室、储气库的工艺系统进行分析,识别潜在安全风险,为实现工程本质安全奠定了基础。编制高后果区风险识别作业指导书,对全线第三方破坏、地质灾害和管道本体(内外腐蚀)进行风险评价,对识别出的高后果区分段建立管理方案,对高后果区内每一种类型的风险提出专项应对手段。建立了环境及地质灾害风险评估体系,通过研究水毁、湿陷性黄土等环境灾害和采空塌陷、滑坡、泥石流等地质灾害对输气管道的致灾机理,编制出《输气管道环境及地质灾害风险辨识与评估技术指南》《采空区管道风险评价和防治标准》,填补了国内输气管道采空区风险评估标准的空白。加强了管道本体的完整性管理,依据管道内外检测数据以及长期跟踪研究的成果,分析管道本体缺陷成因及缺陷类型,找出管道内外腐蚀规律,预测管道本体缺陷发展趋势,形成管道本体缺陷风险因素辨识与评估技术指南。强化第三方损坏风险管理,建立了输气管道第三方破坏风险评估的基本模型和高后果与高敏感区管道、人为故意破坏、输气中断等修正模型,形成了中国石油企业标准《输气管道第三方破坏风险评估半定量法》。

四是打造了以平稳供气为目标的应急保障体系。根据管道高后果区分布、地质灾害分布及高烈度地震区分布情况,以平稳供气为目标,确定了西气东输管网的维抢修力量布局,组建 4 个维抢修中心,18 个维抢修队。编制了 11 个专项应急预案、16 个派出机构综合应急预案、约 1 500 余个现场处置预案,涵盖了自然灾害、事故灾难、公共卫生、社会安全四大类突发事件的应急响应,总结出 14 种典型抢修方法。10 多年来,管道运行始终保持安全平稳高效,杜绝了较大及以上安全生产责任事故、环境污染和生态破坏事故。全线投产运营以来,管输商品量 3 150 亿立方米,实现管输收入 1 807 亿元。

(三) 探索国内领先的天然气营销机制

经过多年探索,西气东输管道公司创新了天然气销售商业模式,构建了以客户为中心的安全供气体系。

一是培育天然气市场。工程建设初期同步启动市场开发工作,组织开展下游 30 多个城市、近百个用气项目的市场调查,完成西气东输天然气市场调查报告。对用户进行优选和购销渠道整合,确认用气量和技术条件,提前编制安全供用气技术方案,有效落实合同谈判及签署等各项前期工作。通过与地方政府和用户的充分对接,掌握了目标市场对天然气需求的数量阶梯,使工程建立在用户稳定、市场落实、用气项目可靠的基础上,为确保工程投产后管输量及早达到设计能力,提供了依据。

二是创新天然气销售商业模式。采用国际成熟的天然气购销"照付不议"合同模式,将西气东输前 3 年购销协议照付不议比例由国外一般通行的 90% 以上调低为 80%,且前 3 年的年合同量可根据市场发展情况,按照 15%、10%、5% 的比例做上下调整,减轻了买方市场发展过程的风险,也可使卖方灵活合理地安排购销计划,具有很强的操作性。西气东输新型购销模式的采用,将上游天然气生产商、管道运营商和下游用户牢固、稳定、紧密地联系起来,确保了供用气各方安全平稳运营。

三是创建日常销售动态管理机制。在合同执行过程中,以市场需求为导向,根据下游用户用气量的临时变化情况,建立了"月计划、周平衡、日指定"的销售动态管控机制,即滚动编制月度总体需求计划,预测一周内每天的用气需求,安排次日的实际用气量。该管理机制保证了在供应和需求变化及突发状况下,给予了照付不议合同模式有效的支撑。

四是构建和谐、规范的客户关系。针对管道供气与用户需求的紧密关系,加强和谐客户关系的建设和需求侧管理,稳妥发展城市燃气用户,积极发展可中断工业、发电用户,优化用户结构。采取有效措施鼓励工业用户、电厂用户调整生产、运行计划,调节用气高峰需求,避免用气低谷,提高天然气的利用效率;加强天然气价格机制研究,对大用户、可中断用户给予价格优惠,促进了市场健康发展;开展顾客满意度调查,建立了一套完整的客户信息管理和评价系统,运用系统数据库和模型,实现对市场区域、供气管道、销售企业、用户结构等方面的统计、筛选和查寻,促进合理配置资源。

建成投产后,西气东输逐渐成为长三角地区、中原地区和华中地区的主供气源和环渤海及华南地区的补充气源,2014 年起成为华南地区的主供气源,天然气销售量以平均每年 20% 以上的速度增长。截至 2016 年年底,西气东输下游分输用户已达 334 家,销售天然气 2 992 亿立方米,占近 5 年我国新增天然气消费量的 50% 以上,使 110 多个城市、3 000 多个大中型企业、近 3 亿人口从中受益,相当于少用 9 334 万吨煤,减少二氧化硫、二氧化氮及粉尘等有害物质排放 395 多万吨,减少二氧化碳温室气体排放 2.27 亿吨。

(四) 科技创新及人才培养成效显著

西气东输管道设计输量大,基于安全、经济及技术考虑,瞄准世界先进水平,决定采用高钢级、高压、大口径管道,给制管、设计及施工带来了全新挑战。当时我国最先进的陕京输气管道,设计输量为33亿立方米,输送压力为6.4兆帕,管线钢等级为X60,与国外大型输气管道相比技术标准较低。国内制管工艺、装备能力和焊接工艺与X70、X80高钢级的要求还有很大差距,完全依赖国外的管材进口和引进国外装备无法满足工程需要。特别是长输管道三大关键设备(20兆瓦级电驱压缩机组、30兆瓦级燃驱压缩机组和高压大口径全焊接球阀)在全世界只有个别发达国家的极少数公司能够生产和提供。西气东输管道在役的65台压缩机组全部依靠进口,设备及其零配件供货受到限制,给管道长期安全平稳运行带来极大风险。面对诸多世界级技术难题,公司积极整合行业内外资源,创立了以西气东输为主体的"1+N"协同式技术创新体系,加快科技成果的先导试验、技术集成、推广应用,使我国管道技术与建设能力在短期内实现了突破。

一是开展产学研联合攻关,强化原始创新。组织国家重点科研单位、大学、设计单位、施工单位、装备制造企业等单位,开展产学研联合攻关,实现了原始创新,提升了行业技术水平。面对X70、X80级管线钢研制技术难题,联合国内4家冶金企业以及有关科研院所,从高钢级管道钢的技术条件、技术指标确定入手,通过大量研究与反复试验,充分考虑我国气候影响因素、地质灾害频发等实际情况,确定了高钢级管线钢成分设计、组织特性、冶炼和控轧工艺,形成了适合实际情况的X70、X80管线钢技术条件,将断裂韧性指标提高了2倍。

面对X70、X80钢管制管难题,公司组织10余家制管企业联合开展了直缝管与螺旋缝管联合使用的专题研究,确定螺旋缝管与直缝管大规模联合使用的用管方案,形成了新型成型工艺和焊接工艺,以及大口径螺旋焊管和JCOE直缝焊管生产能力,满足了工程建设对钢管需求。

面对超薄多夹层盐穴储气库建设难题,与中科院地质研究所等科研单位联合,开展了包括地质、岩石力学、热力学、水动力学、气藏工程、采气工程、钻井工程等相关方面的研究,形成了适合我国多夹层超薄盐岩特点的建库技术和溶腔改造技术,达到了国际先进水平。

二是实施强强联合,强化集成创新。面对设计选线优化难题,组织中国石油内部管道设计院等8家实力最强的设计院,联合国内铁路、公路等具有线性工程优势的设计单位,共同开展工程勘察设计先进技术的研究和应用。首次采用卫星遥感技术支持管道线路的选线优化设计;采用多时相遥感资料对大型河流和地质灾害地段开展精细解释,支持线路穿越;利用各种遥感信息、高程模型、数字摄影等构建三维地理信息系统,不仅实现线路工程计算机辅助设计,压缩整个工程设计时间1年以上,同时为管道运行维护搭建了地理信息平台。

面对软硬交错复杂地质条件下大型河流的穿越难题,联合中鼎、中铁等公司,组织科研和工程技术人员研究、开发和应用世界先进装备技术、非开挖施工工法,取得了大江大河穿跨越新技术、新工法的成功。郑州黄河穿越段总长7 645米,创新形成了多次定向钻接力穿越加分段顶管的组合穿越方案,实现一次顶管穿越长度1 259米,创造了单次顶管距离最长的世界纪录。南京三江口长江穿越,采用泥水加压平衡盾构穿越,创造了水下62.5米穿越长江的新纪录。

面对天然气长输管道关键设备国产化技术难题,联合10家国内装备制造业骨干厂家,制定了天然气长输管道三大关键设备国产化实施方案,组织各方深度参与产品开发设计和制造。2011年12月,天然气长输管道三大关键设备全部通过工厂联机综合试验和国家级新产品鉴定。与进口产品相比,平均采购单价下降10%以上,平均供货周期缩短三个月以上,技术服务响应时间大大缩短,大大提高了油气管道装备国产化率。

三是创造推广应用条件,强化成果转化。面对国内大口径厚壁X70钢管的焊接工艺和施工技术还无法满足大规模施工需要的难题,创新研发了X70管线钢焊接工艺及配套施工技术,形成操作规程;结合管道沿线地形地质条件,研究形成了管道经过特殊地区的施工工法,有效提高了施工质量和效率。在成功研制PAW2000管道全位置自动焊机基础上,配套完成弯管机、对口机、坡口机等自动焊机械化施工成套装备，填补了我国管道自动焊接机械化施工技术空白。多年来，公司共荣获国家科技进步一等奖1项，省、部级奖励9项，申报国家专利3项。以天然气长输管道关键设备国产化研制为标志，相关国家级、省部级重大科研示范项目正式启动，为科技创新能力的提高创造了条件。

这些辉煌的成绩得益于党中央、国务院的高度重视和亲切关怀，得益于国家有关部委的政策扶持和有力指导，得益于沿线地方各级党委政府的热情帮助和大力支持，得益于集团公司党组和股份公司管理层的坚强领导，更与参加西气东输工程建设和生产经营管理工作的广大干部员工同心同德、群策群力、艰苦奋斗、顽强拼搏密不可分。

一是党中央、国务院、集团公司的高度重视和上级领导的亲切关怀，是西气东输发展的坚强保障。10多年来，国家领导人江泽民、胡锦涛、温家宝先后对西气东输工程做出重要指示，朱镕基、吴邦国、李长春、曾培炎等中央领导多次亲临现场视察。集团公司组织最优秀队伍，调集最精良装备，采用最先进技术，确保了工程建设的有序推进。

二是牢固树立政治责任感和历史使命感，是建设和运营管理好西气东输的重要前提。从10多年来的实践看，无论是在管道建设中面临的施工条件复杂、协调难度大、工期紧张等诸多困难面前，还是在商业运营后面临的工程建设、生产运行、市场销售同步进行的巨大压力下，我们始终牢固树立责任意识，切实履行好三大责任，一切从大局出发，优质、高效地完成了各项生产经营任务，有力保障了能源大动脉的安全运营和平稳供气，树立了对国家负责、对社会负责、对公众负责的良好形象。

三是坚持继承与创新相结合，是运营管理好西气东输的坚实基础。建设、管理西气东输这样规模宏大的工程，在我国管道建设史上是第一次，没有成熟经验可以借鉴。我们在工作实践中，认真总结以往管道建设的经验，积极引进国外先进技术和管理方法，把传统管理方式与现代管理理念有机结合，把优良传统作风与现代化管理手段有机结合，建立起了一套适合实际的管理体制和运行机制，较好地战胜了管道范围不断扩大和运营管理难度不断增强所带来的挑战。

四是打造一支素质优良、作风过硬的员工队伍，是运营管理好西气东输的可靠保证。近3 000名员工保障11 000多公里管道安全平稳高效运营，对员工队伍素质和作风提出了更高要求。我们实施"12100"人才培养计划，形成了结构和梯次比较合理、年轻人才多、发展潜力较大的人才梯队。继承大庆精神和石油工业的优良传统，形成了西气东输企业文化体系，有效激励和凝聚了员工队伍。10多年来，面对艰苦的工作环境和繁重的工作任务，广大员工迎难而上、顽强拼搏、爱岗敬业、无私奉献，为西气东输战胜挑战，赢得主动，做出了贡献。

西气东输管道公司自成立以来，紧跟我国天然气工业大规模发展和能源结构升级换代的历史机遇，参与和见证了西气东输工程这一伟大的具有全局意义国家基础设施的成功建设，经历了管道建设高速发展和天然气市场逐步成熟的过程，以高度的使命感和责任心，凭借出色的管理和良好的运营成为中国"气脉"合格的守护者和代言人。截至2016年底，西气东输累计输送销售天然气2 992亿立方米，折合替代标煤3.98亿吨，促进了我国产业结构调整和生态环境保护，改善了人民生活，推动了地方经济和社会发展。

当前，随着全球生态环境和气候变化形势日益严峻，以优先发展可再生能源和清洁能源为特征的能源革命已成为必然趋势，大力发展新能源和可再生能源将是推动我国能源生产和消费革命、优化能源结构、构建安全经济清洁现代能源产业体系必须长期坚持的能源发展战略之一。党中央高度重视我国的新能源发展与安全战略，2012年党的十八大报告强调关注能源调整问题，将建设美丽中国与能源调整紧密地联系在一起，提出了"推动能源生产和消费革命，控制能源消费总量，加强节能降耗，支持节能低碳产业和新能源、可再生能源发展，确保国家能源安全"的具体要求，为能源企业推进生态文明建设指明了方向。2014年6月13日，习近平总书记主持召开中央财经领导小组第六次会议专门研究我国能源安全战略,再次将能源结构调整放在国家战略性、全局性的高度上进行考虑,明确指出了"着力发展非煤能源,形成煤、油、气、核、新能源、可再生能源多轮驱动的能源供应体系,同步加强能源输配网络和储备设施建设"的能源调整总体方向。2017年10月18日,举世瞩目的党的十九大召开,习近平总书记在党的十九大报告中再次强调"要推进能源生产和消费革命,构建清洁低碳、安全高效的能源体系"。

  西气东输管道公司作为国家西气东输的具体操作者,承担着输送清洁高效能源的重要任务,使命光荣,责任重大。西气东输的正常运营事关国家能源结构调整和国家能源安全战略的大局,事关生态中国、美丽中国、全面建设小康社会事业的成败,事关新时代中国特色社会主义事业的成败。推动清洁能源的使用,夺取新能源革命的胜利,是时代的需要,是党的召唤,面对新时代新形势下的伟大斗争和实现中华民族复兴"中国梦"的伟大事业,西气东输管道公司将以党的十九大报告精神和习近平总书记新时代中国特色社会主义思想为指导,甘做国家能源结构调整的排头兵、先锋队和铺路石,把握机遇,勇于担当,排除万难,不辱使命,走出一条全新的能源转型升级探索之路,努力为党和国家的事业发展做出更大更新的贡献。

第一篇
组织机构与员工队伍

西气东输管道公司是西气东输工程建设和天然气输送销售的具体执行者。在西气东输工程建设、天然气管道运输以及市场开发销售工作的逐步开展过程中，公司建制、组织结构与员工队伍一直在不断调整以适应新的形势和工作需要。2000年3月至2016年12月，随着管道事业发展和集团公司改革深入，公司四易其名，其间经历了多次机构调整，从最初的仅设7个机关处室，发展成为下设14个处室、17个所属单位、3个工程项目部、4个股权管理单位以及代管2站、1办的国有大型天然气管输和销售企业。

在组织模式上，西气东输管道分公司与销售分公司是一套机构、两块牌子，对外统称中国石油西气东输管道（销售）分公司。公司的管理模式是党委领导下的总经理负责制，实行扁平化的一级管理体制。公司党委历经项目经理部时期的临时党委、西气东输管道分公司临时党委以及西气东输管道（销售）分公司党委三个阶段。西气东输销售分公司成立后，管道分公司与销售分公司实行同一行政领导班子任职制度。公司主要由总部机关和所属单位组成，其中所属单位专指由公司负责管理的包括地区管理处、项目部、股权管理单位、销售分公司、计量中心等在内的二级单位。

公司的员工队伍随着西气东输工程的不断开展以及公司业务的不断发展发生变化，员工队伍由最初的从中国石油天然气管道局和中国石油管道分公司、华北油田分公司等单位抽调，逐步过渡到以合同化员工、市场化用工、系统内生产运行劳务用工、劳务派遣员工为主要构成的人力资源配置结构。2013年以后，为保证西气东输三线建设投产对用工的需求，西气东输管道公司按照集团公司"三控制一规范"要求，进一步优化了劳动组织形式和生产管理模式，按照生产经营实际及时调整机构设置和人力资源配置，公司劳动生产率在国内同行中处于领先水平。

第一章
组织机构

1999年,国家确定把开发利用天然气作为改善大气环境的一项重要举措,并将天然气长输管道列为全国重点基础建设项目,为加速启动西气东输工程,西气东输工程建设领导小组和西气东输工程领导小组先后成立。

2000年2月,股份公司成立西气东输工程项目经理部,具体负责西气东输工程项目的前期工作、工程建设及运营管理工作,办公地点设在河北省廊坊市。11月,西气东输工程项目经理部搬迁至北京市办公。

2001年4月,西气东输工程项目经理部更名为西气东输管道分公司。

2002年7月,西气东输一线工程全线开工。2003年10月,西气东输一线东段管道(陕西靖边至上海段)建成试运。2004年10月,西气东输一线工程全线贯通并试运营。12月,管道全线建成投产并投入商业运营。

2003年9月,股份公司在上海注册成立西气东输销售分公司,与西气东输管道分公司合署办公,一个机构,两块牌子。

2005年12月,公司机关搬迁至上海市浦东新区福山路458号同盛大厦。2013年1月,公司机关搬迁至上海市浦东新区世纪大道1200号中国石油上海大厦。

2013年2月,股份公司以西气东输三线资产与全国社保基金理事会等四家单位合资,成立中国石油西北联合管道有限责任公司,西部管道分公司负责日常事务管理;西气东输管道分公司负责西气东输三线中段和东段管道运营管理。

2014年5月,股份公司以西气东输一线、二线资产成立独资一人有限公司——中国石油东部管道有限公司,保留西气东输管道分公司和西气东输销售分公司。

在西气东输工程建设、天然气管道运输及市场开发销售工作的逐步开展过程中,公司管理体制一直在不断调整,以适应不断变化的新形势需要。公司在发展初期采用一级管控模式(运营型管控模式),总部设职能部门,负责公司运营管理工作,沿线设派出机构,按照授权负责辖区内安全生产工作。一级管控模式在公司发展初期对提高工作效率发挥了积极作用,适应当时公司管理工作的需要。2015年4月,公司对现有管控模式进行调整,由原一级管控模式调整为战略型管控模式。机关部门定位为战略规划者、管理输出者、资源配置者、工作监督者、支持服务者;所属单位定位为战略执行者、安全承诺者、生产活动组织者、作业成本控制者、专业人才培养者。战略型管控模式通过理顺公司机关部门和所属单位的功能定位和职责界面,建立起了授权充分、分工明确、责权对等、流程清晰、规范运行、协同高效、监督到位的管理运行机制。

截至2016年12月31日,公司下设办公室(党委办公室)、规划计划处、财务处、人事处(党委组织部)、审计监察处(纪委办公室)、企业文化处(党群工作处)、企管法规处(内控与风险管理处)、质量安全环保处、科技信息处、生产运行处、压缩机管理处、管道处(保卫处)、工程处、物资管理处14个机关职能部门和1个附属单位培训中心(职业技能鉴定中心);管道沿线设银川管理处、甘陕管理处、山西管理处、郑州管理处、合肥管理处、苏浙沪管理处、苏北管理处、储气库管理处(储气库项目部)、浙江管理处、武汉管理处、长沙管理处、南昌管理处、广东管理处、厦门管理处14个地区管理处,1个市场开发与销售部,1个计量测试中心,1个科技信息中心,3个工程项目部,4个股权管理单位;管理2个国家石油天然气大流量计量站天然气流量分站(南京、广州),共有员工3 249人。

第一节 领导机构

2000年2月,西气东输工程建设领导小组成立,国家计委副主任张国宝任领导小组组长,集团公司总经理马富才与有关省市负责同志任副组长。

2000年3月,集团公司成立西气东输工程领导小组,黄炎任组长,史兴全、陈吉庆任副组长;同月,西气东输工程项目经理部成立,机构规格为正局级。陈吉庆任总经理,陈希吾、王树宽、谢戈果、姜笃志任副总经理,谢戈果兼任总会计师;同月,西气东输工程项目经理部领导班子成员进行分工:陈吉庆负责主持全面工作;陈希吾负责招标文件的编制,协助陈吉庆分管办公室有关工作;王树宽负责施工技术组织、装备等方面的工作,分管工程管理处;谢戈果负责对外合作、筹融资、立项、市场开发等工作,分管计划财务处;姜笃志负责工程设计、工程技术、专题研究等工作,分管工程技术处。10月,中共西气东输工程项目经理部临时委员会成立,党组织关系隶属于股份公司直属机关党委,陈吉庆任临时党委书记,陈希吾、王树宽、谢戈果任临时党委委员;同月,姜笃志调离,免去西气东输工程项目经理部副总经理职务。

2001年1月,吴宏任西气东输工程项目经理部副总经理、临时党委委员。4月,西气东输工程项目经理部更名为西气东输管道分公司,作为股份公司直属地区公司,业务上归口天然气与管道分公司管理。在股份公司授权范围内,代表股份公司组织实施西气东输工程项目,主要负责西气东输工程项目的前期工作、招投标组织及工程建设管理、天然气市场开发和管道投产后的运营等工作。6月,陈吉庆任公司总经理,陈希吾、王树宽、谢戈果、吴宏任公司副总经理,谢戈果兼任公司总会计师。同月,中共西气东输管道分公司临时委员会成立,陈吉庆任临时党委书记,陈希吾、王树宽、谢戈果、吴宏任临时党委委员。12月,经全体员工民主选举,公司党委研究,并报股份公司直属机关工会和集团公司党组批准,成立西气东输管道分公司工会委员会,吴宏任公司工会主席,杨庆朝任工会副主席;同月,股份公司免去王树宽公司副总经理、临时党委委员职务。

2002年4月,公司聘任姜昌亮为安全总监(正处级)。5月,中共西气东输管道分公司委员会成立,黄维和任公司党委书记,免去陈吉庆公司党委书记职务。同月,黄维和任总经理,免去陈吉庆公司总经理职务。公司调整行政领导班子成员分工,黄维和分管工程处、征地办公室工作,其他工作暂按原先分工不变。7月,公司领导班子成员重新分工:黄维和负责总经理办(党委办公室)、人事处(党委组织部)、计划与投资处工作;陈希吾负责采办处、合同文控处工作;谢戈果负责市场开发与销售部、财务处、对外合作谈判日常工作;吴宏负责技术处、工程调度处、质量安全与环保处、征地办公室、项目执行计划中进度计划工作。11月,黄泽俊任公司副总经理、党委委员,李伟任公司党委副书记兼纪委书记、工会主席,免去吴宏工会主席职务。

2002年12月,公司行政领导班子成员分工如下:黄维和全面负责公司行政工作,主管干部人事和审计监察工作;陈希吾主管采办、合同、文控等业务,分管采办处、合同与文控处工作;谢戈果主管财务、市场开发、对外合作等业务,协助黄维和负责审计业务,分管财务处、市场开发与销售部、对外合作办公室工作;吴宏主管项目协调、设计、施工、计划、征地,分管技术处、工程调度处、计划与投资处、征地办公室工作；黄泽俊主管质量、HSE、生产准备、信息系统等业务，协助黄维和负责劳资业务，协助吴宏负责施工，主管长江、黄河穿越施工，分管质量安全环保处、人事处工作；李伟协助黄维和负责办公室行政工作、监察等业务，分管办公室和联合监督办公室工作。公司党委委员重新分工如下：黄维和全面负责党委工作，主管干部工作；李伟主管党建、宣传、纪委、工会等工作，分管党委办公室、组织部、纪委、工会、联合监督办公室、人事处党务工作；陈希吾分管采办处，合同与文控处党务工作；谢戈果分管财务处、市场开发与销售部、对外合作办公室党务工作；吴宏分管技术处、工程调度处、计划与投资处、征地办公室党务工作。

2003年9月，西气东输销售分公司成立，与西气东输管道分公司合署办公，黄维和任总经理。

2004年2月，公司聘任姜昌亮为总经理助理；同月，公司领导班子成员重新分工如下：黄维和全面负责公司行政工作，主管干部人事和审计监察工作；陈希吾主管物资采办，协助黄维和负责劳资、培训、职称评审业务，分管人事处和采办处；谢戈果主管财务、天然气市场销售等工作，协助黄维和负责审计业务，分管财务处和市场开发与销售部；吴宏主管规划计划、工程建设、法律合同等工作，分管规划计划处和工程技术处；黄泽俊主管生产运行和管道管理、保护等工作，分管生产运行处和管道处；李伟协助黄维和负责办公室日常行政和主管后勤管理、监察工作，分管办公室、审计监察处。公司党委委员重新分工如下：黄维和全面负责党委工作，主管干部工作；李伟主管党建、纪检、宣传、工会等工作，分管党委办公室、组织部、工会办公室、审计监察处（纪委办公室）党务工作；陈希吾分管采办处党务工作；谢戈果分管财务处、市场开发与销售部党务工作；吴宏分管规划计划处、工程技术处党务工作；黄泽俊分管生产运行处、质量安全环保处、管道处党务工作。

2006年1月，谢戈果调任股份公司内控部总经理，不再担任公司副总经理、党委委员职务，不再兼任公司总会计师。2月，黄维和调离，不再担任公司总经理、党委书记，黄泽俊任公司总经理、党委书记；吴宏调任股份公司天然气与管道分公司副总经理、党委委员，不再担任公司副总经理、党委委员职务；丁建林任公司副总经理、党委委员；姜昌亮任公司副总经理、党委委员，兼任安全总监；王刚任公司总会计师、党委委员。调整后的公司领导班子由黄泽俊、陈希吾、李伟、丁建林、姜昌亮、王刚等6位同志组成。3月，黄泽俊任西气东输销售分公司总经理，黄维和不再担任西气东输销售分公司总经理职务。同月，公司重新明确领导行政工作分工：黄泽俊全面负责公司行政工作，主管干部、人事、审计、生产运行和市场开发与销售等工作；陈希吾主管物资采办、规划计划和法律、合同等工作；李伟协助黄泽俊负责总经理办公室日常行政和后勤管理，主管监察、房改、武装保卫、信访和计划生育等工作；丁建林主管工程建设、科技、信息和征地等工作；姜昌亮主管质量安全环保、管道保护与管理等工作，协助陈希吾负责规划计划和法律、合同工作；王刚主管财务和内部控制等工作，协助黄泽俊负责审计工作。

2007年4月，王小平任公司副总经理、党委委员，李伟调离，不再担任公司党委副书记、纪委书记、工会主席职务；陈希吾退休，不再担任公司副总经理、党委委员职务。5月，褚永杰任公司工会副主席，杨庆朝不再担任公司工会副主席职务。同月，公司重新明确行政领导班子成员分工：黄泽俊全面负责公司行政工作，主管行政事务、人事、审计、监察、企业文化工作，分管总经理办公室和人事处；丁建林负责工程建设、科技与信息、物资采购、征地工作，分管工程技术处、科技信息处和采办处；姜昌亮负责规划计划、质量安全环保、天然气营销工作，分管规划计划处、质量安全环保处、市场开发与销售部；王刚负责财务、资产、内部控制、房改工作，协助黄泽俊负责审计工作，分管财务处、内部控制办公室、房改办公室；王小平负责生产运行、管道保护与管理工作，协助黄泽俊负责培训工作，分管生产运行处、管道处和压缩机处。公司党委委员重新分工如下：黄泽俊全面负责公司党委工作，主管干部、党建、纪检、宣传、工会、共青团工作，分管总经理办公室（党委办公室）、人事处（组织部）、审计监察处（纪委办公室）、企业文化处（党群工作处）党务工作；丁建林分管工程技术处、科技信息处、采办处党务工作；姜昌亮分管规划计划处、质量安全环保处、市场开发与销售部党务工作；王刚分管财务处、内部控制办公室、房改办公室党务工作；王小平分管生产运行处、管道处、压缩机处党务工作。6月，秦刚任公司党委书记、纪委书记、工会主席，黄泽俊不再担任公司党委书记职务，改任党委副书记。7月，姜昌亮调离，不再担任公司副总经理、党委委员职务，不再兼任公司安全总监；公司聘任杨庆朝、陈向新、李世泉为总经理助理。12月，陈向新调离，解聘总经理助理职务。

2007年6月，按照属地化要求，公司党组织关系隶属中共上海市经济和信息化工作委员会。

2008年3月，褚永杰、陈正惠任公司副总经理、党委委员，褚永杰兼任安全总监。5月，公司重新明确行政领导班子成员分工：黄泽俊全面负责公司行政工作，主管行政事务、人事、审计、监察、企业文化工作，分管总经理办公室和人事处；丁建林负责工程建设、科技与信息、物资采购、征地工作，分管工程技术处、科技信息处和采办处；王刚负责财务、资产、内部控制，协助黄泽俊负责审计工作，分管财务处、内部控制办公室；王小平负责生产运行、管道保护与管理工作，协助黄泽俊负责培训工作，分管生产运行处、管道处和压缩机处；褚永杰负责质量安全环保、天然气营销工作，分管质量安全环保处、市场开发与销售部；陈正惠负责规划计划、法律、合同、房改工作，分管规划计划处、房改办公室。公司党委委员重新分工如下：秦刚全面负责公司党委工作，主管党建、纪检、宣传、工会、共青团工作，分管审计监察处（纪委办公室）、企业文化处（党群工作处）党务工作；黄泽俊分管总经理办公室（党委办公室）、人事处（组织部）党务工作；丁建林分管工程技术处、科技信息处、采办处党务工作；王刚分管财务处、内部控制办公室党务工作；王小平分管生产运行处、管道处、压缩机处党务工作；褚永杰分管质量安全环保处、市场开发与销售部党务工作；陈正惠分管规划计划处、房改办公室党务工作。6月，史玉海任公司工会副主席，褚永杰不再担任公司工会副主席职务。

2008年7月，公司召开第一次党代会，选举产生党的第一届委员会和纪律检查委员会，党的委员会由秦刚、黄泽俊、丁建林、王小平、褚永杰、陈正惠、王刚7位同志组成，秦刚为党委书记、纪委书记，黄泽俊为党委副书记。下属1个党委，10个党总支，63个党支部。

2008年8月，王刚调离，不再担任公司总会计师、党委委员职务。9月，王宁任公司总会计师、党委委员。10月，公司聘任么惠全为总经理助理。

2009年6月，谢延凯任公司党委委员、副书记（正局级），丁建林调离，不再担任公司副总经理、党委委员职务。同月，公司明确行政领导班子成员分工如下：黄泽俊全面负责公司行政工作，主管行政事务、人事、审计、监察、企业文化工作，分管总经理办公室和人事处；王小平负责科技与信息、生产运行、管道保护与管理工作，协助黄泽俊负责培训工作，分管科技信息处、生产运行处、管道处和压缩机处；褚永杰负责质量安全环保、工程建设、物资采购、征地工作，分管质量安全环保处、采办处、工程技术处；陈正惠负责规划计划、法律、合同、天然气营销、房改工作，分管规划计划处、市场开发与销售部、房改办公室；王宁负责财务、资产、内部控制工作，协助黄泽俊负责审计工作，分管财务处、内部控制办公室。公司党委委员分工如下：秦刚全面负责公司党委工作，主管党建、纪检、宣传、工会、共青团工作，分管审计监察处（纪委办公室）、企业文化处（党群工作处）党务工作；黄泽俊分管总经理办公室（党委办公室）、人事处（组织部）党务工作；谢延凯协助秦刚负责党群工作；王小平分管科技信息处、生产运行处、管道处和压缩机处党务工作；褚永杰分管质量安全环保处、采办处和工程技术处党务工作；陈正惠分管规划计划处、市场开发与销售部、房改办公室党务工作；王宁分管财务处、内部控制办公室党务工作。

2010年5月，谢延凯退休，不再担任公司党委副书记职务。7月，陈岩任公司副总经理、党委委员。同月，公司聘任高顺华为副总工程师。8月，公司行政领导班子成员分工如下：黄泽俊全面负责公司行政工作，主管行政事务、人事、审计、监察、企业文化工作，分管总经理办公室和人事处；王小平负责科技与信息、生产运行、管道保护与管理工作，协助黄泽俊负责培训工作，分管科技信息处、生产运行处、管道处和压缩机处；陈岩负责储气库工程建设、房改工作，分管房改办公室；褚永杰负责质量安全环保、工程建设（不含储气库）、物资采购、征地工作，分管质量安全环保处、采办处、工程技术处；陈正惠负责规划计划、法律、合同、天然气营销工作,分管规划计划处、市场开发与销售部;王宁负责财务、资产、内部控制工作,协助黄泽俊负责审计工作,分管财务处、内部控制办公室。公司党委委员分工如下:秦刚全面负责公司党委工作,主管党建、纪检、宣传、工会、共青团工作,分管审计监察处(纪委办公室)、企业文化处(党群工作处)党务工作;黄泽俊分管总经理办公室(党委办公室)、人事处(组织部)党务工作;王小平分管科技信息处、生产运行处、管道处和压缩机处党务工作;陈岩分管房改办公室党务工作;褚永杰分管质量安全环保处、采办处和工程技术处党务工作;陈正惠分管规划计划处、市场开发与销售部党务工作;王宁分管财务处、内部控制办公室党务工作。

2011年3月,公司聘任房维龙为总法律顾问。

2012年3月,公司聘任刘维国为副总工程师。9月,公司调整党委委员分工,陈岩分管企管法规处党务工作;王宁分管财务处党务工作;其他党委委员分工不变。同月,公司调整行政领导班子成员分工,陈岩负责储气库工程建设、企业管理、法律合同、房改和盛大公司物业管理,分管企管法规处;陈正惠负责规划计划、市场开发与销售,分管规划计划处、市场开发与销售部;王宁负责财务、资产、股权、内控与风险管理,协助黄泽俊负责审计工作,分管财务处;其他领导分工不变。

2013年9月,杨庆朝退休,解聘总经理助理职务。11月,凌霄任公司总经理、党委书记,兼任西气东输销售分公司总经理;黄泽俊调离,不再担任公司总经理、党委副书记职务,不再兼任西气东输销售分公司总经理;秦刚退休,不再担任公司党委书记、纪委书记、工会主席职务。调整后的公司党政领导班子由凌霄、王小平、陈岩、褚永杰、陈正惠、王宁6位同志组成。

2014年5月,凌霄任中国石油东部管道有限公司总经理。

2015年5月,么惠全任公司副总经理、党委委员。8月,么惠全兼任公司安全总监,褚永杰不再兼任公司安全总监。9月,公司明确行政领导班子成员分工如下:凌霄全面负责公司行政工作,主管行政事务、人事、审计、监察、企业文化工作,分管办公室、人事处、审计监察处、企业文化处;王小平负责科技与信息、生产运行工作,协助总经理凌霄负责培训工作,分管科技信息处、生产运行处、压缩机管理处;陈岩负责储气库工程建设、企业管理、法律合同、房改和盛大公司物业管理,分管企管法规处;褚永杰负责工程建设(不含储气库)、物资采购、征地工作,分管物资管理处、工程处;陈正惠负责规划计划、天然气市场开发与销售工作,分管规划计划处、市场开发与销售部;王宁负责财务、资产、股权、内控与风险管理,协助凌霄负责审计工作,分管财务处;么惠全负责质量安全环保、管道保护与管理工作,分管质量安全环保处、管道处(保卫处)。公司党委委员分工如下:凌霄全面负责公司党委工作,主管党建、纪检、宣传、工会、共青团工作,分管办公室(党委办公室)、人事处(党委组织部)、审计监察处(纪委办公室)、企业文化处(党群工作处)党务工作;王小平分管科技信息处、生产运行处、压缩机管理处党务工作;陈岩分管企管法规处党务工作;褚永杰分管物资管理处、工程处党务工作;陈正惠分管规划计划处、市场开发与销售部党务工作;王宁分管财务处党务工作;么惠全分管质量安全环保处、管道处(保卫处)党务工作。同月,么惠全任公司纪委书记,不再担任公司副总经理职务,不再兼任公司安全总监。10月,公司聘任吕铁为总经理助理。11月,李世泉退休,解聘总经理助理职务;12月,褚永杰兼任公司安全总监。同月,公司重新调整行政领导班子成员分工如下:凌霄全面负责公司行政工作,主管行政事务、人事、审计、监察、企业文化工作,分管办公室、人事处、企业文化处;王小平负责科技与信息、生产运行、管道保护与管理工作,协助总经理凌霄负责培训工作,分管科技信息处、生产运行处、压缩机管理处、管道处(保卫处);陈岩负责储气库工程建设、企业管理、法律合同、房改和盛大公司物业管理,分管企管法规处(内控与风险管理处);褚永杰负责工程建设(不含储气库)、物资采购、征地、质量安全环保工作,分管物资管理处、工程处、质量安全环保处;陈正惠负责规划计划、天然气市场开发与销售工作,分管规划计划处、市场开发与销售部;王宁负责财务、资产、股权、内控与风险管理,协助总经理凌霄负责审计工作,分管财务处;么惠全协助总经理凌霄负责监察工作,分管审计监察处。重新调整公司党委委员分工如下:凌霄全面负责公司党委工作,主管党建、宣传、工会、共青团工作,分管办公室(党委办公室)、人事处(党委组织部)、企业文化处(党群工作处)党务工作;王小平分管科技信息处、生产运行处、压缩机管理处、管道处(保卫处)党务工作;陈岩分管企管法规处(内控与风险管理处)党务工作;褚永杰,分管物资管理处、工程处、质量安全环保处党务工作;陈正惠分管规划计划处、市场开发与销售部党务工作;王宁分管财务处党务工作;么惠全分管纪检工作,分管审计监察处(纪委办公室)党务工作。

2016年4月,李文东任公司总经理、党委书记,兼任西气东输销售分公司总经理;凌霄调离,不再担任公司总经理、党委书记,不再兼任西气东输销售分公司总经理。调整后的公司党政领导班子由李文东、王小平、陈岩、褚永杰、陈正惠、王宁、么惠全等7位同志组成。同月,褚永杰退休,不再担任公司副总经理、党委委员职务,不再兼任公司安全总监。6月,公司行政领导班子成员分工如下:李文东全面负责公司行政工作,主管行政事务、人事、审计、监察、企业文化工作,分管办公室、人事处、企业文化处;王小平负责质量安全环保、科技与信息、生产运行、管道保护与管理工作,协助总经理李文东负责培训工作,分管质量安全环保处、科技信息处、生产运行处、压缩机管理处、管道处(保卫处);陈岩负责工程建设、企业管理、法律合同、物资采购、征地、房改和盛大公司物业管理,协助总经理李文东负责档案管理工作,分管企管法规处(内控与风险管理处)、工程处、物资管理处;陈正惠负责规划计划、天然气市场开发与销售工作,分管规划计划处、市场开发与销售部;王宁负责财务、资产、股权、内控与风险管理,协助总经理李文东负责审计工作,分管财务处;么惠全协助总经理李文东负责监察、保密工作,分管审计监察处。公司党委委员分工如下:李文东全面负责公司党委工作,主管党建、宣传、工会、共青团工作,分管办公室(党委办公室)、人事处(党委组织部)、企业文化处(党群工作处)党务工作;王小平分管质量安全环保处、科技信息处、生产运行处、压缩机管理处、管道处(保卫处)党务工作;陈岩分管企管法规处(内控与风险管理处)、工程处、物资管理处党务工作;陈正惠分管规划计划处、市场开发与销售部党务工作;王宁分管财务处党务工作;么惠全分管纪检工作,分管审计监察处(纪委办公室)党务工作。10月,陈正惠调离,不再担任公司副总经理、党委委员职务。

截至2016年12月31日,公司党政领导班子由李文东、王小平、陈岩、王宁、么惠全5位同志组成。

西气东输管道分公司历届党政领导、党委委员、纪委委员、总工程师、安全总监、工会主席(副主席)、总经理助理(副总工程师、总法律顾问)具体任职情况见表1-1-1、表1-1-2、表1-1-3。

表1-1-1 西气东输工程项目经理部领导任职情况一览表
(以任职时间先后排序)

序号	姓名	职务	任职时间
1	陈吉庆	总经理	2000.3—2001.6
		临时党委书记	2000.10—2001.6
2	陈希吾	副总经理	2000.3—2001.6
		临时党委委员	2000.10—2001.6
3	王树宽	副总经理	2000.3—2001.6
		临时党委委员	2000.10—2001.6
4	谢戈果	副总经理、总会计师	2000.3—2001.6
		临时党委委员	2000.10—2001.6
5	吴宏	副总经理	2001.1—2001.6
		临时党委委员	2001.1—2001.6
6	姜笃志	副总经理	2000.3—2000.10

表 1-1-2　西气东输管道分公司领导任职情况一览表
（以任职时间先后排序）

序号	姓名	职务	任职时间
1	陈吉庆	总经理	2001.6—2002.5
		临时党委书记	2001.6—2002.5
2	陈希吾	副总经理	2001.6—2003.9
		临时党委委员	2001.6—2002.5
		党委委员	2002.5—2003.9
3	王树宽	副总经理	2001.6—2001.12
		临时党委委员	2001.6—2001.12
4	谢戈果	副总经理	2001.6—2003.9
		总会计师	2001.6—2003.9
		临时党委委员	2001.6—2002.5
		党委委员	2002.5—2003.9
5	吴 宏	副总经理	2001.6—2003.9
		工会主席	2001.12—2002.11
		临时党委委员	2001.6—2002.5
		党委委员	2002.5—2003.9
6	姜昌亮	安全总监	2002.4—2003.9
7	杨庆朝	工会副主席	2001.12—2003.9
8	黄维和	总经理	2002.5—2003.9
		党委书记	2002.5—2003.9
9	李伟(女)	党委副书记	2002.11—2003.9
		纪委书记	2002.11—2003.9
		工会主席	2002.11—2003.9
10	黄泽俊	副总经理	2002.11—2003.9
		党委委员	2002.11—2003.9

表 1-1-3　西气东输管道(销售)公司领导任职情况一览表
（以任职时间先后排序）

序号	姓名	职务	任职时间
1	黄维和	总经理	2003.9—2006.2
		党委书记	2003.9—2006.2
		(销售公司)总经理(兼任)	2003.9—2006.3
2	李伟(女)	工会主席	2003.9—2007.4
		党委副书记	2003.9—2007.4
		纪委书记	2003.9—2007.4
3	陈希吾	副总经理	2003.9—2007.4
		党委委员	2003.9—2007.4

续表

序号	姓名	职务	任职时间
4	谢戈果	副总经理	2003.9—2006.1
		党委委员	2003.9—2006.1
		总会计师	2003.9—2006.1
5	吴 宏	副总经理	2003.9—2006.2
		党委委员	2003.9—2006.2
6	黄泽俊	副总经理	2003.9—2006.2
		党委委员	2003.9—2006.2
		党委书记	2006.2—2007.6
		总经理	2006.2—2013.11
		（销售公司）总经理（兼任）	2006.3　2013.11
		党委副书记	2007.6—2013.11
7	姜昌亮	安全总监（正处级）	2003.9—2006.2 2006.2—2007.7
		总经理助理	2004.2—2006.2
		副总经理	2006.2—2007.7
		党委委员	2006.2—2007.7
8	杨庆朝	工会副主席	2003.9—2007.5
		总经理助理	2007.7—2013.9
9	马唯衡	纪委副书记	2003.9—2005.10
10	茆长华	纪委副书记	2005.10—2013.11
11	丁建林	副总经理	2006.2—2009.6
		党委委员	2006.2—2009.6
12	王 刚	总会计师	2006.2—2008.8
		党委委员	2006.2—2008.8
13	王小平	副总经理	2007.4—2016.12
		党委委员	2007.4—2016.12
14	褚永杰	工会副主席	2007.5—2008.5
		副总经理	2008.3—2016.4
		党委委员	2008.3—2016.4
		安全总监	2008.3—2015.7 2015.9—2016.4
15	秦 刚	工会主席	2007.6—2013.11
		党委书记	2007.6—2013.11
		纪委书记	2007.6—2013.11
16	陈向新	总经理助理	2007.7—2007.12
17	李世泉	总经理助理	2007.7—2015.11

续　表

序号	姓名	职务	任职时间
18	陈正惠	副总经理	2008.3—2016.10
		党委委员	2008.3—2016.10
19	史玉海	工会副主席	2008.6—2016.12
20	王宁	党委委员、总会计师	2008.9—2016.12
21	么惠全	总经理助理	2008.10—2015.7
		党委委员	2015.7—2016.12
		副总经理	2015.7—2015.9
		安全总监	2015.7—2015.9
		纪委书记	2015.9—2016.12
22	谢延凯	党委副书记（正局级）	2009.6—2010.5
23	陈岩	副总经理	2010.7—2016.12
		党委委员	2010.7—2016.12
24	高顺华	副总工程师	2010.7—2016.12
25	房维龙	总法律顾问	2011.3—2016.12
26	刘维国	副总工程师	2012.3—2016.12
27	凌霄	总经理	2013.11—2016.4
		党委书记	2013.11—2016.4
		（销售公司）总经理（兼任）	
28	吕铁	总经理助理	2015.10—2016.12
29	李文东	总经理	2016.4—2016.12
		党委书记	
		（销售公司）总经理（兼任）	

第二节　机关部门

西气东输工程项目经理部于2000年3月成立后，机关先后设办公室、计划财务处、工程管理处、工程技术处、合同与文控处、采办处和市场开发处等7个处室。9月，由审计部、监察室和质量安全环保部牵头，分别设立西气东输工程审计、监察和质量安全环保3个监督小组。同时，成立西气东输工程监督联合办公室，作为3个监督小组下设的办事机构，主要负责对西气东输工程的审计、监察和质量安全环保技术监督工作。

2001年8月，公司正式发布机构设置、人员编制和主要职责方案，实行总经理负责制，按照统一管理、分区负责的原则，公司的行政业务管理实行一级管理体制。业务管理分为管道建设与运营、市场开发与销售两个管理体系，实行职能处室与事业部、派出管理机构相结合的管理方式。公司机关部门采用按职能划分部门、按业务单元确定岗位的方式，设总经理办公室（党委办公室）、人事处（党委组织部）、计划财务处、工程处、技术处（运行准备处）、采办处、合同文控处、质量安全环保处8个职能处室。

8月,公司成立住房制度改革领导小组,办公室设在人事处。11月,公司批准成立征地办公室。12月,公司批准成立上海办事处,机构规格为副处级;同月,公司批准成立电子商务办公室,与采办处合署办公。

2002年6月,公司将计划财务处的计划与投资职能单独划出,成立计划与投资处。7月,按照统一管理、分专业负责的原则,公司对机关职能处室进行调整,成立财务处、对外合作办公室,撤销计划财务处;技术处(运行准备处)更名为技术处,工程处更名为工程调度处,合同文控处更名为合同与文控处。调整后,公司机关共设总经理办公室(党委办公室)、人事处(党委组织部)、计划投资处、财务处、工程调度处、技术处、质量安全环保处、合同与文控处、征地办公室、采办处、对外合作办公室、市场开发与销售部等12个职能处室。

2003年2月,公司将生产运行职能从技术处划出,成立生产运行处,负责公司的生产运行管理等工作。同月,公司工会批准成立工会委员会办公室,与人事处合署办公。12月,公司决定设立法律与合同处。

2004年2月,经股份公司同意,公司推行扁平化管理,撤销科级机构设置,设高级主管、主管、主办、助理主办岗位。同月,公司调整机构设置,机关部门设总经理办公室(党委办公室)、人事处(党委组织部)、规划计划处、财务处、生产运行处、工程技术处、采办处、质量安全环保处、管道处、审计监察处(纪委办公室)、市场开发与销售部11个部门。同时,撤销合同与文控处,原合同与文控处法律事务、合同管理、业务授权管理等职能调整到规划计划处;文件、文档资料管理、文控管理等职能调整到总经理办公室;对外合作、招投标的谈判、协商、规章制度等职能调整到质量安全环保处。

2005年1月,公司决定住房制度改革领导小组办公室不再设在人事处,独立办公,主要负责公司住房制度改革日常工作。6月,生产运行处"负责公司防洪、防汛工作"职责划归管道处负责。10月,为加强对外联络业务协调工作,公司批准成立北京办事处,隶属总经理办公室,机构规格为副处级。12月,撤销上海办事处。

2006年4月,质量安全环保处的"招投标管理"职能调整到规划计划处。6月,公司批准成立内部控制办公室;撤销西气东输工程三个监督小组及工程监督联合办公室,相关职责分别划入公司审计、监察和质量安全环保等部门。9月,为加强企业文化和党群工作,公司批准成立企业文化处(党群工作处)。同时,总经理办公室(党委办公室)、人事处(党委组织部)与此相关的职能划归企业文化处,公司工会办公室与企业文化处合署办公。

2007年5月,公司成立科技信息处、压缩机处、培训中心,其中培训中心列为人事处附属单位,机构规格为副处级。同月,生产运行处的信息系统管理职能,工程技术处的科技进步、技术专题管理及知识产权管理等职能全部移交科技信息处。6月,公司在部门内部重新明确科室设置,设科长、副科长、科员、办事员岗位,不再设高级主管、主管、主办、助理主办岗位。12月,公司批准成立西气东输二线生产准备领导小组,下设西气东输二线生产准备领导小组办公室,为临时机构。

2009年2月,公司决定生产运行处自动化系统管理职能调整到压缩机处,设自动化维检中心,机构规格为正科级,列压缩机处附属机构。

2010年2月,公司党委批准成立公司总部党总支部委员会;同月,公司工会批准成立总部工会委员会。2014年11月成立机关党委。

2011年3月,公司调整部分部门职责,质量安全环保处负责环境保护、安全、职业病防治、地震、地质灾害、水土保持、矿产压覆、防洪等专项评价及专项验收业务的监管,其他职责不变;管道处的公司土地管理职能调整到工程技术处,不再负责矿产压覆评价工作;同月,根据西气东输二线东段建设投产情况,公司决定撤销西气东输二线生产准备领导小组办公室,其职责由相关部门按照原职责分工各负其责。8月,质量安全环保处应急管理日常工作调整到生产运行处。

2012年4月,公司成立企管法规处(内控与风险管理处),撤销内部控制办公室,其人员、职能全部划归企管法规处,之前由规划计划处负责的法律事务管理、合同管理及招投标职能,质量安全环保处负责的企业管理、制度建设和内部市场管理职能划归企管法规处。9月,成立职业技能鉴定中心,列为人事处附属单位,机构规格为副处级,与培训中心合署办公。2015年2月,撤销自动化维检中心。5月,调整市场开发与销售部为公司二级单位;6月,公司按照优化管控模式、落实简政放权工作要求,明确公司机关机构设置,截至2016年12月31日,共设14个机关职能部门和1个机关附属机构。机关部门为办公室(党委办公室)、规划计划处、财务处、人事处(党委组织部)、审计监察处(纪委办公室)、企业文化处(党群工作处)、企管法规处(内控与风险管理处)、质量安全环保处、科技信息处、生产运行处、压缩机管理处、管道处(保卫处)、工程处、物资管理处。机关附属单位为培训中心(职业技能鉴定中心)。公司机关各职能部门变动情况见表1-1-4、表1-1-5、表1-1-6。

表1-1-4 西气东输工程项目经理部机关部门变动情况一览表
(以成立/调整时间先后排序)

序号	部门名称	成立/调整时间	备注	序号	部门名称	成立/调整时间	备注
1	办公室	2000.3		5	市场开发处	2000.10	
2	计划财务处	2000.3		6	合同文控处	2000.10	
3	工程管理处	2000.3		7	采办处	2001.3	
4	工程技术处	2000.3					

表1-1-5 西气东输管道分公司机关部门变动情况一览表
(以成立/调整时间先后排序)

序号	部门名称	成立/调整时间	备注
1	总经理办公室(党委办公室)	2001.4	2001年12月,成立上海办事处(副处级)。2002年7月,明确由总经理办公室管理
2	人事处(党委组织部)	2001.8	2003年3月,成立工会委员会办公室,与人事处合署办公
3	计划财务处	2001.3	2002年6月,计划财务处调整为计划与投资处
4	工程处	2001.4	2002年7月工程调度处
5	技术处(运行准备处)	2001.8	2002年7月更名为技术处,2004年2月撤销
6	采办处	2001.4	2001年12月,成立电子商务办公室,与采办处合署办公
7	合同文控处	2001.4	2002年7月更名为合同与文控处,2004年2月撤销
8	质量安全环保处	2001.8	
9	市场开发与销售部	2001.5	
10	征地办公室	2001.11	2004年2月更名为管道处
11	财务处	2002.7	
12	对外合作办公室	2002.7	2004年2月撤销,职能并入总经理办公室
13	生产运行处	2003.2	职能从技术处划出

表 1-1-6　西气东输管道(销售)公司机关部门变动情况一览表
（以成立/调整时间先后排序）

序号	部门名称	成立/调整时间	备注
1	总经理办公室（党委办公室）	2003.9	2005年10月，成立北京办事处（副处级），隶属总经理办公室；12月，撤销上海办事处
2	人事处（党委组织部）	2003.9	2007年5月，成立培训中心（副处级），列为人事处附属单位；2012年9月，成立职业技能鉴定中心（副处级），列为人事处附属单位，与培训中心合署办公
3	规划计划处	2004.2	由计划与投资处更名
4	财务处	2003.9	
5	生产运行处	2003.9	
6	工程技术处	2004.2	由工程调度处更名
7	采办处	2003.9	2004年2月，撤销电子商务办公室，职能划归采办处
8	质量安全环保处	2003.9	
9	管道处	2004.2	由征地办公室更名
10	审计监察处（纪委办公室）	2004.2	
11	市场开发与销售部	2003.9	
12	压缩机维检中心	2004.2	副处级，2005年3月，与压缩机站工程项目部合署办公；2006年3月，与压缩机站工程项目部分开履行职能，独立办公。2007年5月撤销，成立压缩机处
13	住房制度改革领导小组办公室	2005.1	从人事处划出
14	内部控制办公室	2006.6	2012年4月撤销，成立企管法规处（内控与风险管理处）
15	企业文化处（党群工作处）	2006.9	公司工会办公室与企业文化处合署办公
16	压缩机处	2007.5	2009年2月，成立自动化维检中心（正科级），列压缩机处附属机构；2015年6月，更名为压缩机管理处
17	科技信息处	2007.5	
18	西气东输二线生产准备领导小组办公室	2007.12	2011年3月撤销
19	企管法规处（内控与风险管理处）	2012.4	同时撤销内部控制办公室

第三节　所属单位

2001年8月，按照管道沿线行政区域划分的方式，公司设立新疆管理处、甘宁管理处、陕晋管理处、豫皖管理处、苏浙沪管理处等5个地区管理处，地区管理处作为公司派出机构管理，主要负责西气东输一线管道工程各区段的建设和运营管理工作。9月，公司印发地区管理处机构设置、人员编制和主要职责方案，明确地区管理处设综合办公室、工程科、管理科等3个科室。

2002年7月，公司印发各地区管理处工程建设期机构设置、定员和部门主要职责。11月，公司重新明确地区管理处科室及科级职数设置，各地区管理处统一设办公室、调度科和综合科等3个科室。

2003年2月，公司成立储气库管理处，主要负责储气库建设的前期工作、组织协调和日常管理等工作。5月,甘宁管理处增设驻酒泉前线办公室。7月,公司明确生产运行管理总体模式,对地区管理处机构设置和人员编制进行调整:苏浙沪管理处、豫皖管理处机关增设生产运行科,陕晋管理处增设生产运行一科(靖边)、生产运行二科(临汾)。

2003年10月,公司重新明确了地区管理处主要工作职责,地区管理处作为公司派出机构,在公司的领导下负责全处的行政事务和生产经营管理。

2004年2月,公司决定撤销甘宁管理处、陕晋管理处,成立甘肃管理处、宁陕管理处、山西管理处、济青管道工程项目部;储气库管理处更名为储气库项目部(管理处)。同月,成立压缩机维检中心,机构规格为副处级。7月,成立淮武管道工程项目部。

2005年3月,公司成立压缩机站工程项目部,与压缩机维检中心一个机构两块牌子,机构规格为正处级;济青管道工程项目部更名为冀宁管道工程项目部。2006年3月,公司成立苏北管理处、冀鲁管理处和南京计量测试中心,其中南京计量测试中心机构规格为副处级。同月,压缩机站工程项目部与压缩机维检中心分开履行职能,独立办公。6月,成立豫鄂管理处,与淮武管道工程项目部合署办公。12月,南京计量测试中心机构规格调整为正处级。

2007年6月,公司明确新疆管理处、甘肃管理处、宁陕管理处、山西管理处、豫皖管理处、苏浙沪管理处、豫鄂管理处、苏北管理处、冀鲁管理处设综合科、经营科、生产运行科、管道科、质量安全科5个科室;储气库项目部(管理处)设综合科、经营科、生产科、技术科、质量安全科5个科室;南京计量测试中心设综合科、生产科、质量安全科、检定校准室4个科室。7月,冀宁管道工程项目部设办公室、工程技术科、经营计划科、征地协调科4个科室。

2008年3月,国家质检总局批准在集团公司建立"国家石油天然气大流量计量站南京分站";股份公司收购宁夏长宁天然气有限责任公司,由西气东输管道分公司管理,更名为中国石油天然气股份有限公司西气东输长宁输气分公司,机构规格正处级;同时成立中国石油天然气股份有限公司西气东输长宁销售分公司,与长宁输气分公司合署办公,一个机构两块牌子。同月,公司成立甘陕管理处筹备组、赣湘管理处筹备组、粤桂管理处筹备组。6月,集团公司决定成立国家石油天然气大流量计量站南京分站,挂靠西气东输管道分公司管理。9月,股份公司将兰银线及白银支线划入长宁输气分公司。10月,成立浙江管理处筹备组。

2009年8月,冀宁管道工程项目部更名为管道工程建设项目部。

2010年4月,根据西气东输二线东段管道投产和生产运营管理需要,以筹备组为基础,公司成立甘陕管理处、赣湘管理处、粤桂管理处、浙江管理处;同月,成立上海盛大基地置业有限公司,机构规格为副处级,与公司住房制度改革领导小组办公室合署办公。7月,新疆管理处、甘肃管理处、宁陕管理处、山西管理处、豫皖管理处、苏浙沪管理处、储气库项目部(管理处)、豫鄂管理处、苏北管理处、冀鲁管理处、甘陕管理处、赣湘管理处、粤桂管理处、长宁输气分公司、浙江管理处增设党群科。12月,成立广西管理处筹备组,广西管理处筹备组与广西管道工程建设项目部筹备组合署办公,机构规格为正处级,与公司压缩机站工程项目部合并运作。

2011年1月,广西管理处(广西管道工程建设项目部)筹备组更名为广西管理处(广西管道工程建设项目部);储气库项目部(管理处)设平顶山、云应、淮安和安宁等4个项目分部。2月,粤桂管理处更名为广东管理处,原负责的广西境内业务和南宁维抢修队、钦州首站、南宁末站、调度室等机构及定员编制划归广西管理处。3月,成立香港支线工程建设项目部,机构规格为副处级;新疆管理处、甘肃管理处、宁陕管理处、山西管理处、豫皖管理处、储气库项目部(管理处)、豫鄂管理处、冀鲁管理处、甘陕管理处、赣湘管理处、广东管理处、浙江管理处、广西管理处经营科更名为经营与财务科。6月,成立福建管理处筹备组。

2012年1月,根据股份公司对油气管道管理体制调整要求,公司所属冀鲁管理处划归股份公司管道分公司,新疆管理处、甘肃管理处和兰银线甘肃段划归股份公司西部管道分公司,将管道分公司所属华中输气分公司和华中天然气销售分公司划入西气东输管道分公司,相关人员一并划转。2月,宁陕管理处、山西管理处、豫皖管理处、苏浙沪管理处、苏北管理处、豫鄂管理处、甘陕管理处、赣湘管理处、广东管理处、浙江管理处、广西管理处、储气库项目部(管理处)、长宁输气分公司13个派出机构(分公司)综合科调整为综合与人事科。5月,股份公司决定,将中国石油昆仑天然气利用有限公司的福建管网项目部划入西气东输管道分公司,将其持有的江西省天然气投资有限公司股权委托西气东输管道分公司管理。6月,成立福建管网项目部,机构规格为副处级;同月,成立长沙输气处筹备组。9月,成立南京计量测试中心广州分中心;撤销房改领导小组办公室,房改管理职能划归企管法规处,盛大基地置业有限公司独立办公;撤销福建管理处筹备组,成立厦门管理处。11月,广西境内油气管道业务划归西南管道公司,钦州至南宁成品油管线管道运营管理权、资产管理权及生产运行科、管道科、调度室、钦州首站、南宁末站(成品油站)等机构,以及崇左天然气支线工程项目成果移交西南管道公司,按照"人随业务走"的原则,人员随机构一并划转。12月,淮武线以河南和湖北省界划分,淮武线河南境内268.62公里管线及潢川分输压气站划归豫皖管理处管辖,淮武管道河南段及潢川分输压气站划归豫皖管理处管辖。

2013年2月,广西管理处广南支干线(广西段)管理权和梧州分输清管站、贵港分输压气站、南宁末站(天然气站)、南宁维抢修队等机构移交西南管道公司,人员一并划转。5月,公司撤销淮武管道工程项目部。11月,股份公司批复,同意与中电能源基建有限公司合资组建深港天然气管道有限公司。12月,深港天然气管道有限公司在深圳注册成立。

2014年4月,公司按照管道运营区域化管理要求,整合宁陕管理处、长宁输气分公司、长宁销售分公司,成立银川管理处,保留长宁输气分公司、长宁销售分公司牌子;整合豫鄂管理处、华中输气分公司、华中天然气销售分公司,成立武汉管理处,保留华中输气分公司、华中天然气销售分公司牌子。9月,整合湖南省境内业务,成立长沙管理处,负责管理公司在湖南境内的业务、资产、人员,同时撤销长沙输气处筹备组;整合安徽省境内业务,成立合肥管理处负责管理公司在安徽省境内的业务、资产、人员;豫皖管理处更名为郑州管理处,原安徽境内的业务、资产、人员划归合肥管理处;赣湘管理处更名为南昌管理处,原湖南境内的业务、资产、人员划归长沙管理处。

2015年1月,公司负责的福建省天然气销售和省内支线供气管网业务,移交福建销售分公司,撤销福建管网项目部。同月,股份公司批复同意,设立合资公司江苏如东天然气管道有限公司(名称以工商登记为准),股份公司持股50%,西气东输管道分公司按规定和程序完成工商登记和国有产权登记等相关工作。2月,公司成立科技信息中心,列公司二级单位管理,撤销自动化维检中心。5月,调整市场开发与销售部为公司二级单位。7月,江苏如东联合管道有限公司注册成立。12月,公司决定撤消香港支线建设项目部。2016年7月,公司成立临时机构中靖管道工程项目经理部。12月,根据集团公司天然气销售管理体制改革方案,天然气销售业务实行"天然气销售分公司—区域天然气销售分公司—省级天然气销售机构"三级管理体制架构,公司天然气销售业务整体划转,按照新的天然气销售管理体制运行。

随着西气东输一线、二线、淮武线、冀宁线相继建成投产,西气东输三线开工建设,公司管道里程不断增加,所属单位数量逐步增加。截至2016年12月31日,公司管理17个所属单位:银川管理处(长宁输气分公司、长宁销售分公司)、甘陕管理处、山西管理处、郑州管理处、苏浙沪管理处、南京计量测试中心、苏北管理处、储气库管理处(项目部)、合肥管理处、武汉管理处(华中输气分公司、华中天然气销售分公司)、科技信息中心、长沙管理处、南昌管理处、浙江管理处、广东管理处、厦门管理处和市场开发与销售部,3个工程项目部:管道工程建设项目部、压缩机站工程项目部、广西管理处(广西管道建设项目部),管理2个国家石油天然气大流量计量站天然气流量分站(南京、广州),4个股权管理单位:上海盛大基地置业有限公司、江西省天然气投资有限公司、深港天然气管道有限公司、江苏如东联合管道有限公司。各所属单位的变动情况见表1-1-7、表1-1-8。

表 1-1-7　西气东输管道分公司所属单位情况变动一览表
（以成立/调整时间先后排序）

序号	单位名称	成立/调整时间	备注	序号	单位名称	成立/调整时间	备注
1	新疆管理处	2001.8		4	豫皖管理处	2001.8	
2	甘宁管理处	2001.8		5	苏浙沪管理处	2001.8	
3	陕晋管理处	2001.8		6	储气库管理处	2003.2	

表 1-1-8　西气东输管道(销售)公司所属单位情况变动一览表
（以成立/调整时间先后排序）

序号	单位名称	成立/调整时间	备注
1	新疆管理处	2003.9	2011 年 11 月划归西部管道公司
2	甘宁管理处	2003.9	2004 年 2 月撤销
3	甘肃管理处	2004.2	2011 年 11 月划归西部管道公司
4	陕晋管理处	2003.9	2004 年 2 月撤销
5	宁陕管理处	2004.2	2014 年 4 月与长宁公司合并成立银川管理处
6	山西管理处	2004.2	
7	豫皖管理处	2003.9	2014 年 9 月更名为郑州管理处
8	苏浙沪管理处	2003.9	
9	储气库管理处—储气库项目部(管理处)	2003.9	2004 年 2 月更名
10	济青管道工程项目部—冀宁管道工程项目部—管道工程建设项目部	2004.2	2005 年 3 月更名为冀宁管道工程项目部；2009 年 8 月更名为管道工程建设项目部
11	淮武管道工程项目部—豫鄂管理处	2004.7	2006 年 6 月成立豫鄂管理处，淮武管道工程项目部与其合署办公；2013 年 5 月撤销淮武管道工程项目部；2014 年 4 月与华中输气分公司合并成立武汉管理处
12	压缩机站工程项目部	2005.3	与压缩机维检中心合署办公；2006 年 3 月，与压缩机维检中心分开履行职能，独立办公
13	苏北管理处	2006.3	
14	冀鲁管理处	2006.3	2011 年 11 月划归管道公司
15	南京计量测试中心	2006.3	
16	甘陕管理处筹备组—甘陕管理处	2008.3	2010 年 4 月更名
17	赣湘管理处筹备组—赣湘管理处	2008.3	2010 年 4 月更名
18	粤桂管理处筹备组—粤桂管理处—广东管理处	2008.3	2010 年 4 月更名粤桂管理处；2011 年 2 月更名为广东管理处
19	长宁输气分公司(长宁销售分公司)	2008.3	系收购宁夏长宁天然气有限责任公司后更名为长宁输气分公司(长宁销售分公司)；2014 年 4 月与宁陕管理处合并成立银川管理处
20	浙江管理处筹备组—浙江管理处	2008.10	2010 年 4 月更名
21	广西管理处(广西管道工程建设项目部)筹备组—广西管理处(广西管道工程建设项目部)	2010.12	2011 年 1 月更名

续表

序号	单位名称	成立/调整时间	备注
22	香港支线工程建设项目部	2011.3	
23	住房制度改革领导小组办公室—住房制度改革领导小组办公室(上海盛大基地置业有限公司)—上海盛大基地置业有限公司	2003.9	2005年1月不再设在人事处,独立办公;2010年4月成立上海盛大基地置业有限公司,与其合署办公;2012年9月撤销住房制度改革领导小组办公室,上海盛大基地置业有限公司独立办公
24	福建管理处筹备组—厦门管理处	2011.6	2012年9月更名
25	华中输气分公司(华中天然气销售分公司)	2011.11	2011年11月由中国石油天然气管道分公司划入;2014年4月与豫鄂管理处合并成立武汉管理处
26	长沙输气处筹备组	2012.6	2014年9月更名为长沙管理处
27	福建管网项目部	2012.6	由昆仑燃气有限公司划入,规格为副处级;2015年1月撤消
28	江西省天然气投资有限公司	2012.6	股权管理单位,由昆仑燃气有限公司划入
29	深港天然气管道有限公司	2013.4	全资股权管理单位
30	江苏如东联合管道有限公司	2015.7	股权管理单位

第二章 员工队伍

随着西气东输工程建设和公司不断发展、壮大,公司员工队伍的结构与来源也随之发生变化,由最初的在集团公司系统内部抽调组成,逐步过渡到公司自主招聘与系统内选调相结合的方式进行,员工队伍以合同制员工、市场化用工、系统内生产运行劳务用工、劳务派遣员工为主要构成。

公司自成立开始就非常重视员工队伍建设,着力在增强员工技能、提升员工素质和人才引进与培养等方面下功夫。公司员工队伍建设,以建立一专多能、一岗多责等新型员工队伍为基础,通过优化劳动组织模式和生产管理模式,优化岗位职责、工作流程等形式,逐步树立大岗位、大专业、大工种管理理念,把原有单一岗位的纵向技能等级成长通道,拓展为横向的"一专多能""通用技术"员工成长通道,为提升员工队伍综合素质和能力提供更为广阔的平台。经过多年的努力,公司员工队伍建设取得了很好的成效,劳动生产率处于同行业先进水平,为公司的和谐稳健发展做出了重要贡献。

第一节 队伍构成

公司员工队伍从最初的西气东输工程项目经理部开始至今,共经历了三个发展阶段。

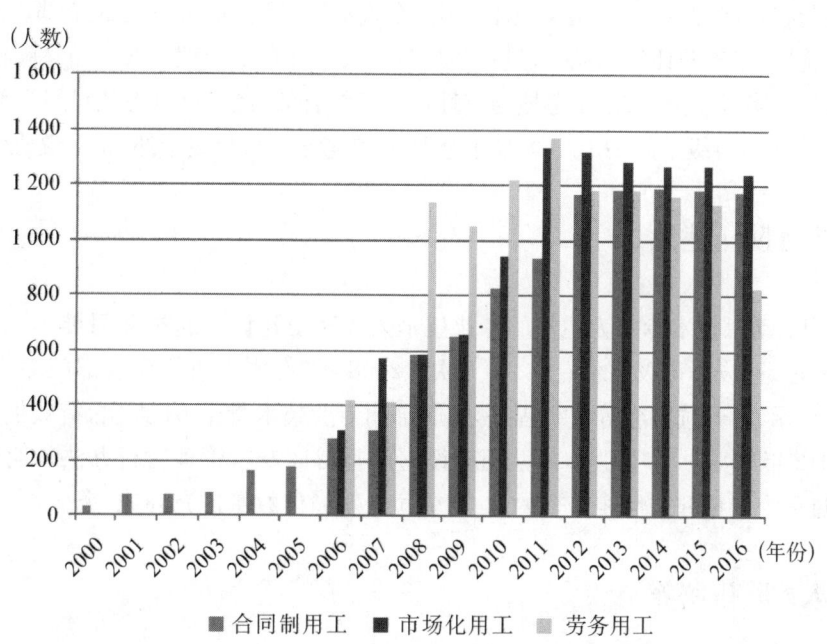

图 1-2-1 历年用工情况

第一阶段,从西气东输工程项目经理部成立到西气东输一线投产阶段。当时,西气东输工程处在筹备、建设和投产时期。为了更好地开展工程建设,在集团公司的支持和统一安排下,公司员工由集团公司管道局和股份公司管道分公司、华北油田分公司等单位抽调人员组成。其时,公司推行"以业主管理为核心、以运行劳务承包商为主要作业者、以设备供应商售后服务和专业化公司技术服务作支持"的四位一体的开放式生产运营管理体系,压缩了管理层级和队伍规模,使公司劳动生产率当时在国内同行中处于领先水平。

第二阶段,截止到西气东输二线投产之前。当时,为了更好地满足西气东输二线建设和投产运行的需要,公司员工由此前的各单位调派,过渡到大规模招聘合同制员工、市场化用工的用工模式,公司员工队伍得到快速发展和壮大。

第三阶段,从2013年至今。在保证西气东输三线建设、投产对用工需求的基础上,公司严格按照集团公司"三控制一规范"的要求,进一步控制用工总量,采用优化劳动组织形式和生产管理模式,充分挖掘人力资源潜力,在人才培养与引进、员工综合发展等方面了有新的突破。

第二节 员工素质

公司始终高度重视员工队伍整体素质的提升,多年来,大力实施人才强企战略,以抓好经营管理人才、专业技术人才和技能操作人才三支队伍为主线,促进人才队伍建设以及各类人才的协调发展,形成素质优良、专业齐全、梯次合理、充满朝气,具有创新能力和竞争能力,基本满足公司生产运营和各项工作需要的人才队伍。

一、科级干部聘任管理

公司先后实行高级主管、主管聘任制和科级干部公开竞聘制,共聘任高级主管、主管、科级干部近900人次。2007年,公司制定《科级干部公开竞聘办法》,开始实施公开竞聘,保证了广大干部职工的知情权、选举权、参与权,有效避免了任用实绩不突出、作风不好、综合素质不高的干部。同时,制定《科级干部选拔任用实施"一报告两评议"办法》,进一步规范科级干部日常管理。2012年,制定《科级人员综合考核评价办法》,运用多维度测评、定量考核与定性评价相结合的方法,重点考核科级干部的素质、能力和业绩等三个方面,共考核科级干部413人,实现了全面、科学考核评价科级干部,完善激励约束机制的目标。

二、专业技术人才队伍建设

2007年,公司启动以技术专家为中坚的专业技术人才队伍建设。通过部门推荐、个人报名、资格审查、述职答辩等程序,选拔公司级技术专家31人次。2008年,在派出机构设置部门专业技术骨干,通过报名、资格审查、公示、召开选聘会等组织程序,选聘部门专业技术骨干64人次,有效加强了派出机构人才队伍建设。2012年,为进一步加强专家队伍建设,公司修订《专家管理暂行办法》,明确选聘小组成员构成,调整选聘过程为定量和定性相结合的方式,公司专家岗位数量扩充到30个。

三、技能操作人才队伍培养

公司通过培训、岗位练兵、技能竞赛等方式,强化员工技能培训;通过公开竞聘,选聘生产一线关键岗位操作能手,形成一支技能结构合理、作风过硬,适应公司经营发展需要的操作技能人才队伍。2007年以来,公司先后4次举办职业技能竞赛,参赛项目由第一届的6个项目到第四届的7个项目,参赛队伍由6个管理处的62名选手到14个管理处的173名选手,规模逐届扩大,竞赛项目也呈多样化趋势,涵盖了压缩机、输气工、管道保护、维修电工、仪表维修工(团体)、SCADA系统和管道维抢修(团体)等多个项目,累计参赛人员达433人次,其中有49人次在历届竞赛中获得技术能手荣誉称号,为技能人才快速成长搭建了平台。2011年9月,在集团公司组织的首届职业技能竞赛中,公司派出的15名选手夺得输气工比赛项目个人总分第一名、团体总分第二名和管道抢维修项目团体总分第三名的优异成绩。2015年9月,在集团公司组织的职业技能竞赛中,公司在团体奖项中获得油气管道保护工专业团体奖第二名、维抢修操作工专业团体项目奖银奖1个;在个人奖项中,获得油气管道保护工专业金奖2人、银奖1人、铜奖2人,获得输气工专业铜奖2人。

四、员工成长与综合素质提升

公司通过职业生涯规划、职称评审、职业技能鉴定等工作,多渠道搭建员工成长平台,全方位提升员工综合素质,进一步促进公司人才队伍建设水平持续提升。

(一) 职业生涯规划

2005年开始,公司先后开展了三次员工职业生涯规划,对282名员工自身优劣势及发展潜能进行全面、客观评估,形成基本符合员工实际、较为真实可信的员工职业发展报告,在为每位员工提供职业生涯规划建议的同时,进一步提高了公司员工队伍的整体素质。

(二) 职称评审

根据中国石油集团公司职称评审要求,公司职称评审采取职称按确认、复核、以考代评确认及评审等四种形式进行。为确保职改工作公开、公平与公正,职改办对新的评审标准做到了理解到位、宣传到位、执行到位,在具体评审过程中,公司严格执行"五公开、四规范、一标准"的要求,确保申报人员公平参评。截至2016年12月,公司有2125人具备初、中级职称,147人具备副高级职称,6人具备正高级职称。1300余人晋升初、中级职称,70余人晋升副高级职称,4人晋升正高级职称。

(三) 职业技能鉴定

2011年,公司印发制定《职业技能鉴定管理办法》,并委托公司职业技能鉴定中心为公司员工开展首

图 1-2-2　历年员工培训情况图

次职业技能鉴定工作。首次鉴定工作历时半年，14个派出机构465名员工参加了输气工等7个工种的技能鉴定。2012年9月，集团公司正式批复成立"中国石油西气东输职业技能鉴定中心"，负责公司职业技能鉴定相关工作。鉴定中心成立后，相继完成了考评专家队伍、题库系统、鉴定服务器、数字化移动考场系统等软硬件设备的建设，实现员工理论知识考评数字化，有效提高工作效率；组织编写了《职业技能鉴定管理办法》和《职业技能鉴定考评员管理办法》，持续为公司员工开展职业技能鉴定工作。截至2016年12月，公司组建了9个授权职业技能鉴定工种共194人的考评员队伍，组织考评员业务培训8期；组织了8个工种2576人次职业技能鉴定考试。

第二篇
工程建设

　　西气东输管道公司缘起于西气东输管道工程，没有西气东输管道工程就没有西气东输管道公司。中国天然气资源丰富，主要分布在经济欠发达的西部地区，而天然气消费市场主要集中在中东部地区，特别是经济比较发达的长江三角洲地区，为有效利用天然气资源，建设天然气长输管道成为必要前提。

　　进入21世纪，借助西部大开发的东风，西气东输管道系列工程先后启动。中国天然气管道建设与世界其他发达国家相比，起步虽晚，发展却快。西气东输管道工程最初特指2004年建成投产的西气东输一线工程，发展到今天，逐渐明确为以中国西部和中亚天然气为主气源、以中国东南部地区为主要目标消费市场，以干线管道、支干线管道和储气库为主体，连接沿线用户，横贯中国东西的天然气供气系统。工程主要由已建成投产的西气东输一线、西气东输二线和建设中的西气东输三线组成。西气东输一线、二线和三线通过中卫、靖边、枣阳、吉安等枢纽站实现互联互通，并通过安平至青山线、中卫至靖边线、淮阳至武汉线、忠武线、兰银线实现了塔里木、长庆、川渝和青海四大气区联网，为全国天然气管网形成奠定了坚实的基础。

　　受股份公司委托，西气东输管道公司负责组织实施西气东输管道工程建设以及管道投产后的生产运营和天然气销售等工作。未来，公司将继续做好西气东输管道的建设、运行和管理，为更多地区和民众提供充足的天然气资源，保障中国用气安全，助推我国全面进入天然气"网络时代"，为实现"中国梦"提供更加强劲的清洁能源动力。

第一章 组织管理体系

2000年3月西气东输工程正式启动,至2016年年底,西气东输管道公司工程组织管理体系先后采用四种体制,分别是西气东输管道工程(一线)建设采用的建管一体体制、西二线管道工程建设采用的建管分离体制、西三线管道工程采用的集中建设项目管理体制,以及从西一线增输工程开始的公司所属自建新建项目的建管分离体制。2016年6月,集团公司撤销管道建设项目经理部,将公司管辖区域内的工程建设任务全部交由公司负责组织建设。至此,公司的建管体制回归到公司自建项目的建管分离体制。

第一节 建管一体体制

建设西气东输工程(简称西气东输一线、西一线)是公司初创期的主要任务。为确保工程协调高效实施,在项目管理上,实行国家(国家西气东输工程建设领导小组)、建设单位(集团公司、股份公司)、工程项目部(西气东输管道公司)分层管理。国家西气东输工程建设领导小组、集团公司、股份公司为决策层,西气东输管道公司为管理层,西气东输管道公司各地区管理处为执行层。

为加强组织领导,促进沿线省区市和中央有关部门的通力合作,国家成立西气东输工程建设领导小组,由原国家发展计划委员会(简称"国家计委",现国家发展和改革委员会,以下简称"国家发改委")一名副主任任组长,集团公司和新疆维吾尔自治区的主要领导任副组长,国家有关部门和沿线各省区市的有关领导任成员,主要负责项目论证、规划和实施过程中的各项组织工作,协调工程建设中的有关问题,处理中央与地方、全局与局部、西部与东部、行业之间和企业与政府的关系。国家西气东输工程建设领导小组下设办公室,设在国家发改委,负责国家层面西气东输工程的日常协调工作。

集团公司作为西气东输工程的建设单位,成立西气东输工程建设领导小组和施工协调组,负责中国石油集团层面的组织协调工作。

股份公司作为西气东输工程的业主,针对工程建设特点,借鉴国际现代项目管理经验,建立了一套完整的项目组织管理体系,构建了全过程、全方位的项目决策、控制、执行、监督网络。

西气东输管道公司作为西气东输管道工程的具体组织管理者,由股份公司授权,代表中国石油组织实施西气东输管道工程项目,主要负责项目前期工作、工程建设管理、天然气市场开发以及管道投产后的生产运营、天然气销售等工作。在管理体制上,实行一级管理体制和扁平化的组织机构设置。采用按职能划分部门、按业务单元确定岗位的方式。根据工程建设和生产运营需要,在管道沿线设置地区管理处,负责管辖区段的建设和运营管理。

在工程项目管理方面,实行项目法人责任制、招投标制、建设监理制、合同制、审计制等现代项目管理方法，构建了一套有效的项目管理运作机制。西气东输管道公司总经理受法人委托全权负责工程项目的建设与管理，工程项目第一责任人，对工程建设的质量、工期、投资、安全环保、建成能力等全面负责，特别是对工程质量负终身责任。在法人主体地位上，按照市场运行的基本制度和法则，将工程建设市场中以项目法人为主体的设计、施工、监理、检测等各个参与单位，通过合同的形式进行有机组合，形成了职责清楚、制度规范、纵横交错、协调运转的管理网络。一方面在公司内部建立决策、管理、执行三层管理体制，逐层确立相应的岗位职责，最终落实各个项目管理的责任；另一方面在按照合同管理设计、施工、检测、监理等工作的基础上，应用项目管理责任制把项目中的各个环节有机地组合起来。责任的落实者既是项目法人在该项目的代表和责任者，也是该项目各参加单位的协调组织者。在现场管理上，采取全线管理、地区管理和合同标段管理三个层次。西气东输管道公司、监理总部负责全线管理，管理中心设在北京。地区管理处及监理分部负责区域范围内的管理，沿线按省区共设新疆、甘宁、陕晋、豫皖、苏浙沪5个管理处和5个监理分部，长江盾构隧道另设独立的长江穿越监理分部。各监理分部下设的区段监理负责合同标段管理。在建设实施过程中，工程实施第三方质量监督制。石油天然气工程质量监督总站根据国家西气东输工程建设领导小组的授权，代表政府对本工程项目全过程实施强制监督，监督范围包括工程建设物资、设备质量监督，管道及其附属设施安装质量监督、各级承包商质量管理体系运行情况监督，以及工程后期的质量检验评定等工作。

第二节　建管分离体制

随着管道建设任务不断加重，股份公司对大型管道项目实行建管分离体制，对大型管道项目建设统一管理，管道建成投产后移交地区公司运行管理。西二线管道工程在建管分离体制下完成建设任务，2007年成立的管道建设项目经理部作为管道建设业主，负责组织建设；西气东输管道公司作为运行管理单位，参与初步设计与施工图设计的审查，设备采购评审与工程验收移交，工程实施阶段工程监管。工程建成后，整体移交西气东输管道公司运行管理。

第三节　集中建设管理体制

2011年，股份公司对新建一类项目建设模式进行调整，实行集中管理体制。西三线管道工程即采用此种建管体制。西气东输管道公司作为项目业主（投资计划下达至西气东输管道公司），通过委托代建协议，将项目实施过程委托给管道建设项目经理部负责实施，公司各部门按照职能分工负责集中建设项目管理与协调相关工作。

规划计划处根据天然气与管道分公司的要求，负责可研报告编制和项目核准（省级），配合上级主管部门完成国家核准工作；工程处负责公司集中建设项目的协调，主要负责核准附件办理、用地预审报批，配合完成用地报批手续、土地权证办理以及设计管理、交工验收等工作。生产运行处、压缩机处和管道处等生产管理部门从技术上对可行性研究、初步设计、专项评价、设备技术规格书审查、管道线路、站场选址等方面的工作提供技术支持，负责组织编制试运投产方案、组织中间交接和投产条件检查及确认等工作。地区管理处负责集中建设项目核准附件、用地手续的办理和集中建设项目实施阶段的现场监管等。

第四节　公司自建项目的建管分离体制

随着西气东输管道工程东段和西段先后投产运行，西一线全面进入运行阶段，公司的主营业务从工程建设发展为天然气销售、管道运输和工程建设。为进一步推进专业化管理，按照股份公司的工程建设管理要求，公司自建项目采用建管分离体制。公司先后成立了管道建设项目部（原冀宁管道建设项目部）、淮武管道建设项目部、压缩机站工程项目部（工程处）、储气库项目部、香港支线项目部和广西管道项目部，对工程建设实行项目管理。工程技术处作为公司的工程建设主管部门，代表公司行使管理职能。

第二章

工程管理

在管道工程建设项目管理中,西气东输管道工程采用中外合作、外方为主的工程监理模式,建立了"以业主管理为核心、以监理为工程咨询、以承包商为作业者"的"三位一体"项目管理体系,构建了一套具有国际水准、符合管道工程特点的工程管理模式,实行招标投标制、监理制、合同制、审计监督制、质量监督制。

西气东输管道工程提出了"以人为本,回报社会"的HSE("健康、安全、环保")管理理念,分别编制了环境、安全、地质灾害、地震和水土保持影响评价5项评估报告,公布了10个健康管理办法,开展了生态安全保障、自然保护区保护、运营安全预案等课题研究,制定了风险防范和削减措施,形成了较为完善、操作性较强的HSE管理体系。整个工程百万工时安全指标达0.0791,低于国际管道工程安全管理平均指标,未发生环境污染和生态破坏事故,员工身心健康得到保障,为工程顺利推进创造了良好环境。

第一节 建管一体体制下的工程管理

一、工程组织

(一) 计划统筹协调控制

1. 科学决策和指挥

在项目管理中,西气东输工程始终坚持统筹考虑,科学决策,综合分析管道沿线的地形、气候条件和施工经验、材料供应等因素,明确不同阶段的工作目标和重点部署。

(1) 按照"先试验、后开工,先东段、后西段"的总体建设方针,将第1标段、第24—27标段以及长江、黄河、淮河穿越作为试验段,先行开展试验性建设,为工程的全面开工提供了宝贵经验。

(2) 因地制宜,采用不同的焊接技术。在部分戈壁、平原地段采用全自动焊,其余地区采用半自动焊的施工方法,提高了施工质量和进度。

(3) 根据黄土塬的特殊地形和气候条件以及管材供应状况,及时做出"先陕晋、后豫皖"的战术调整。

(4) 在工程建设关键阶段,面对"非典"疫情给工程造成的严重影响,在全线组织实施了"百日决战",确保了东段2003年10月1日按期建成投产和西段年底前主体完工。在西段工程建设中,针对恶劣的自然条件,实施"集中兵力、速战速决"的战术,快速通过了400公里无人区。

(5) 在试运投产阶段,成立投产领导小组,组建总体协调、生产试运、工程保驾、物资保障、市场谈判

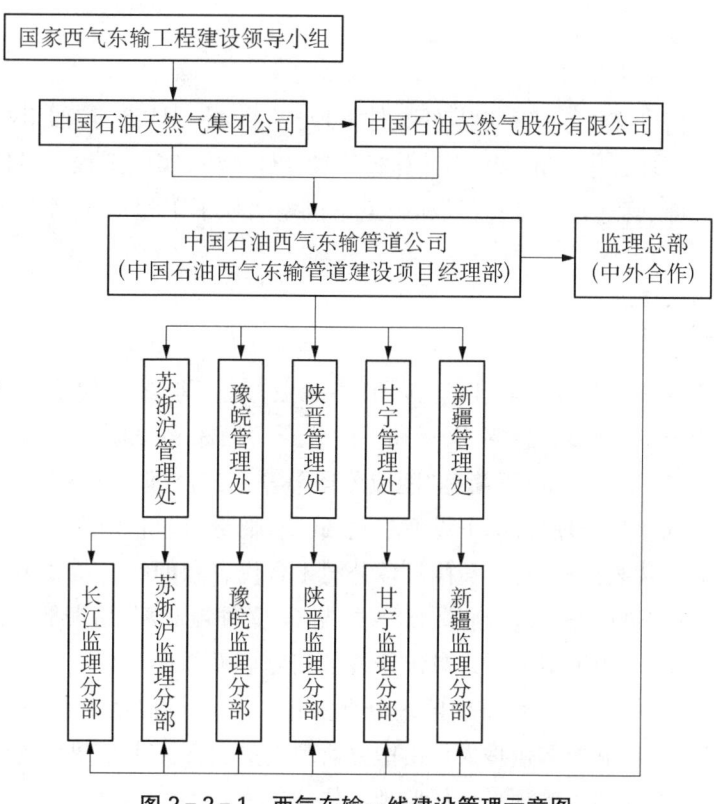

图 2-2-1 西气东输一线建设管理示意图

5个团队,全力做好现场投产试运的组织协调工作,为东段、西段和全线投产一次成功提供了可靠保障。

(6)在市场开发中,根据谈判进展情况,及时调整策略,本着"先易后难、重点突破"的原则,分两批签订销售合同,提前向条件成熟的用户供气。科学的决策和指挥,保证了设计、采购、施工、生产、销售等环节的协调进行。

2. 建立工程计划控制体系

西气东输工程建立和完善了以项目执行计划为"龙头"的四级管理体系,一级为公司控制性计划,二级为工程技术处与总监控制性计划,三级为单位工程总体施工进度计划,四级为承包商执行计划。通过各阶段的工作计划,设计、征地、物资供应、施工、市场开发等各个环节有机结合,实现对项目的统筹协调,确保工程按计划稳步推进。沿线各管理处根据总体执行计划,制订明晰具体的分级实施计划,监理组织施工单位详细编制年度、季度、月度施工计划,施工单位认真搞好机组每周每日工作计划,真正做到月有计划、周有安排、逐日落实。

3. 项目执行计划落实

西气东输工程始终把执行项目计划作为一项刚性指标。开工前,要求承包商提前做好各项施工准备,对特殊地段和单项工程的施工难点,按照合同要求,提前搞好施工动员,详细制定施工方案,真正做到思想到位、装备到位、人员到位、措施到位,防止开工后停工、窝工影响工期。施工中,计划部门编制下达月度执行计划,工程调度部门根据月计划抓好周落实,编报工程周报,监理与施工单位则细化到日计划,编报工程日报,监理与施工单位坚持对每日计划完成情况进行总结分析,工程技术部门每周一检查上周计划完成情况,业主每月召开一次项目执行计划总结分析会,对上月计划执行情况进行检查分析,对下月项目执行计划做出全面安排。针对延误项目执行计划的单位,采取相应措施,确保执行计划。

4. 施工统筹协调

围绕工程施工这个中心环节,公司注重施工主要工序的系统衔接和质量、进度、投资、HSE的综合管理,努力做到协调平衡、整体推进,在管道建设项目中首次采用电话会议方式,在物资供应方面,严格按照网络计划确保物资供应。

5. 工程信息管理

公司建立了完善的信息文档系统和规范的文件管理与信息控制体系，按照ISO9000标准，制订和实施一整套项目文件信息管理程序。充分利用计算机信息管理手段，实施工程项目信息控制，实现项目信息的高效管理。业主总部、管理处、监理区段和施工单位均实现了工程信息网络化管理，使工程信息统计快捷、准确。

(二) 工程施工监理

西气东输管道工程施工全部实行监理制，按照"小业主、大监理"的现代项目管理发展方向和"中外合作、外方为主、中方参与"的指导思想，在国际和国内公开招投标。2001年5月，美国环球公司中标为外方监理单位，中油朗威监理公司（以下简称"朗威公司"）等9家监理公司中标为中方监理单位。美国环球公司和朗威公司共同组建监理总部，下设库尔勒、武威、临汾、郑州、南京和长江穿越6个监理分部。监理总部由美国环球公司代表出任总监，美国环球公司1名代表和朗威公司2名代表分别出任副总监。监理总部设有质量控制部、进度/造价控制部、HSE控制部、文件控制部、培训部和设计审查部，由美国环球公司人员出任各部门正职，由朗威公司人员出任各部门副职并派出具体工作人员；6个现场监理分部的总监由美国环球公司人员出任，并在每个监理分部安排1名质量控制工程师和1名HSE控制工程师，各监理分部的常务副总监和所有监理人员由中方监理人员出任。工程建设高峰时，监理总部和分部共有600多名监理人员，在全线施工现场开展监理工作。

第二节 建管分离体制下的工程管理

一、西气东输二线的工程管理

公司于2007年12月成立了由总经理任组长、公司主管生产运行的副总经理任常务副组长、公司全体领导及各相关处室、管理处主要负责人担任成员的公司二线投产准备领导小组，主要负责与管道建设项目经理部的工作联系。领导小组下设"一办四组"：西气东输二线生产准备领导小组办公室，负责西二线生产准备领导小组的日常工作；负责与股份公司管道建设项目经理部有关部门的联络工作；负责组织相关专业小组及相关专业处室、相关管理处参加与二线相关的评审、论证等。工艺与自动化、电气与通信、压缩机、线路工程与环保技术组，主要负责相关专业的设计、施工及技术方案、投产方案的审查、论证等工作。

在西二线东段管道沿线，增设了甘陕、赣湘、粤桂、浙江4个地区管理处，原有的宁陕、豫皖、豫鄂、苏浙沪管理处也设立了西二线投产准备领导小组，负责相关地区的管道和站场的运营管理，与股份公司管道建设项目经理部有关项目部的工作联络，所辖地区的生产准备及协助各技术组有关方案的审查等工作。为了便于现场工作的顺利开展，公司还在各相关项目经理分部派驻了现场协调工作组，负责协调西二线相关的生产运行管理和协调工作。

二、建管分离体制下运营单位的工作职责

按照上级单位确定的"建管分离"的原则，公司作为运营单位主要负责与管道建设项目经理部沟通、协调，对项目建设过程中各阶段的质量进行监督控制，并接收合格的工程项目以及对项目的正常生产运营

实施管理。

(一) 可研阶段

(1) 根据管道建设项目经理部提供的可研阶段、中间成果和最终成果报告，公司形成书面意见和建议，并委派专人参加正式审查会。

(2) 委派专人参加供电部门组织的管道沿线各站场外电接入方案和可研的正式审查会。

(二) 专项评价阶段

参加管道建设项目经理部组织的环评、安评、地震、地质灾害、水土保持、职业病危害、矿产压覆、文物保护等各专项评价验收，根据运营管理需要提出书面意见和建议。

(三) 初步设计阶段

(1) 根据管道建设项目经理部提交的初步设计文件，特别是对主要设备选型、材料、线路走向方案、场站的工艺流程和总平面布置、主要工艺管网、环境安全、运营安全等，形成书面意见和建议提交给项目经理部，并委派专人参加正式审查会。

(2) 根据管道建设项目经理部提交的工艺操作原则，形成书面意见和建议提交给项目经理部，并派专人参加审查会。

(3) 参加与管道运行有关的管道建设审查会。

(4) 参加由专业公司、项目经理部等部门组织的相关中间成果、专业专项、内部审查及初步设计审查会，并提出书面意见。

(5) 参加供电部门组织的管道沿线各站场外电初步设计审查会。

(四) 采办阶段

(1) 接收管道建设项目经理部提交的主要设备材料技术规格书，形成书面意见和建议，并委派专人参加审查会。

(2) 负责向项目部提出需设备供应商给予培训的项目，且组织运行维护人员参加项目部组织的相关培训。

(3) 参与供应商的评价管理，并参与确定主要设备供应商的名录。

(4) 参加大型、关键设备、阀门的进场验收。

(5) 参加压缩机等大型设备的设计联络，工厂测试见证等工作。

(6) 及时接收项目经理部提交的主要设备技术文件，以便编制操作规程体系文件。

(7) 对项目初设计中的主要设备的技术参数及设备选型予以书面确认。

(五) 施工图阶段

参加施工图审查，对总平面布置图(包括站场及管理机构的选址等)、工艺流程、主要工艺管网、设备布置图、法律法规及标准规范的符合性、安全(如线路保护工程)环保的满足性等进行审查，提出书面意见和建议。

(六) 施工阶段

(1) 根据天然气与管道公司的相关规定和要求、按照双方商定的模式进行组织和协调。派代表参与关键环节的工程管理，提出工程施工过程中存在的问题及整改建议。

(2) 根据设计文件和现场实际情况，确定工程运营安全隐患控制关键点，例如大型穿跨越、隧道、线路保护工程、清管、试压等,并参加存在运营安全隐患部位的工程验收。

(3) 参加重大设计变更的审查工作,并提交书面审查意见。

(4) 参与重大QHSE事故的调查、处理,从运营管理角度提出与运营管理相关联的书面处理意见,并参与处理结果的验收,对验收结果给予确认。

(5) 参加线路重点部位及站场的隐蔽工程中间验收工作。

(七) 交工阶段

(1) 根据天然气与管道公司的统一协调,参加交工验收、专项验收、投产前的预验收和投产后的竣工验收,并从运营管理的角度提出书面验收意见。

(2) 负责确定管道运行的有关运行维护队伍。

(3) 负责运行维护队伍成员上岗所需证件的取证工作。

(4) 确定外电线路运行维护单位,并协同运行维护单位参加对外电工程进行的预验收和送电前验收。

(5) 管道建设项目经理部应要求施工单位在移交前处理完毕管道占压问题,并预留一定的尾款以处理遗留问题。

(八) 投产准备阶段

1. 人员准备

(1) 人员需求准备。运行单位结合管道设计文件站场数量与类型,做好人员需求准备工作,按专业要求合理配备人员工种与数量。

(2) 人员培训。基本技能培训:运行单位负责组织开展运行人员的基本技能培训、考核与取证工作,建议将相应的费用指标下达至运行单位。专项培训:运行单位配合建设单位确定专项培训的培训方案、人员、时间安排及考核目标等,并组织相关人员参加培训。

(3) 人员进场。运行单位于投产前6个月组织运行人员进场,熟悉站场工艺流程及隐蔽工程,参与试运投产工作。建设单位提供人员进场所需的住宿、行车、办公等基本条件。

2. 技术准备

(1) 投产方案准备。运行单位参与投产方案的编制与审查,并以书面形式提出意见或建议。建设单位对于运行单位书面提出的意见或建议应于15日内给予采纳与否的书面回复,并阐明理由。投产方案应于投产前3个月定稿,建设单位应据此于投产前1个月编制完成相应实施细则。运行单位应组织运行人员熟悉并掌握投产方案与相应的实施细则,并配合进行投产置换工作。

(2) 操作规程、技术标准、程序文件、作业文件等准备。建设单位在投产前3个月组织供货厂商等相关单位配合完成相关资料的提供。运行单位组织编制投产运行所需的设备操作规程、技术标准、程序文件、作业文件等,并于投产1个月发布实施。

(3) 投产所需各类报表、记录、台账准备。投产方案由建设单位组织编制,投产72小时后移交运行单位,投产置换所需的相关报表、记录等由建设单位于投产前1个月准备到位。72小时后运行所需的报表、台账、记录等由运行单位于投产前1个月准备到位。

3. 物资准备

投产运行操作所需工具、办公设备及家具、岗位标示等由运行单位提出需求,由建设单位采购到位,并于投产前1个月移交运行单位。维抢修所需工器具配备由运行单位组织采购落实,应将相应指标下达至运行单位。建设单位负责组织投产应急预案的演练,落实保驾队伍及物资、装备的准备,运行单位配合。

4. 外部条件准备

建设单位负责试运投产前相关专项验收手续和协议的办理,包括压力容器安装告知及许可、防雷防静电验收、消防验收、土地使用手续及其他与地方有关的各项取证工作。负责牵头组织运行单位完成试运投产及运行期间相关手续和协议的办理,包括安全生产许可证、压力容器注册以及管道保护、供电、给排水、通信、消防、应急等相关协议的签订工作。协助与管道运行有关的协议、合同的签署工作。

5. 投产前检查

运行单位参加建设单位组织开展的投产前检查活动,并督促整改落实到位。

(九) 试运投产阶段

(1) 投产置换升压。运行单位组织运行人员按照建设单位的投产方案与实施细则,配合进行现场操作。

(2) 试运行。升压结束并连续运行 72 小时后,运行单位开始接管。

(3) 设备调试。运行单位全面参与各类设备的调试工作。

(4) 试运投产总结。建设单位完成 72 小时前的投产、置换、升压总结报告,并提交运行单位备案。

(十) 交付阶段

在试运投产 72 小时正常运转之后,在专业公司主持下,接收现场运行管理权,接收工程实体及相关资料。

第三节　集中建设管理体制下的工程管理

2011 年,股份公司总结西二线工程管理的经验,对新建一类项目实行集中管理体制。西气东输管道公司作为项目业主(投资计划下达至西气东输管道公司),通过委托代建协议,将项目实施过程委托给管道建设项目经理部负责实施。西三线管道工程即采用此种建管体制。公司各部门按照职能分工负责集中建设项目管理与协调相关工作。

规划计划处负责根据天然气与管道分公司的委托,组织或委托集中建设项目可行性研究报告编制;组织可行性研究报告预审,配合专业公司、规划计划部组织项目可行性研究报告初审、审查;负责项目申请报告的编制和上报,组织完成油气管道等项目省级核准工作,配合上级主管部门完成国家核准工作;负责项目核准附件办理工作的监督管理;负责组织集中建设项目初步设计概算预审;组织开展项目后评价工作;参加项目初步设计、专项评价审查;参加工程验收和竣工资料汇编、竣工验收文件编制等工作。

工程技术处(工程处)负责公司集中建设项目的协调;完成集中建设项目用地预审报批,配合完成集中建设项目用地报批手续,组织开展土地权证办理;负责组织开展集中建设项目的初步设计预审,配合专业公司组织项目初步设计审查;负责组织报送项目总体部署、实施计划和开工报告;根据规划计划处委托,组织开展集中建设项目可行性研究工作;负责集中建设项目核准附件、征用地手续办理;负责集中建设项目的专项评价和专项验收、专项评价档案的归档工作;负责组织集中建设项目交工验收,配合完成专项验收及项目竣工验收工作;参加竣工资料汇编,组织竣工验收文件编制;参加项目可行性研究、设备技术规格书审查。参加集中建设项目施工图会审、施工图设计交底。

生产运行处、压缩机处和管道处等部门参加项目可行性研究、初步设计、专项评价、设备技术规格书审查、管道线路、站场选址工作。参加施工图审查及技术交底,设备工厂测试和验收。组织编制试运投产方案，组织开展各项准备工作；试运投产期间的组织、指挥；委托北京油气调控中心实施试运投产期间在调控中心的操作，向调控中心移交生产调度权。负责组织中间交接和投产条件检查及确认。

地区管理处负责集中建设项目核准附件、用地手续的办理和集中建设项目实施阶段的现场管控；负责相关专项验收手续及投产前合规手续的办理；负责相关专项验收手续及投产前合规手续的办理；负责集中建设项目现场质量、安全监管；参加管道线路、站场选址，可行性研究及初步设计预审，施工图会审和施工图设计交底。集中建设项目受托方管道建设项目经理部负责项目的组织实施、协调和管控，对项目的质量、安全、进度、投资负责；负责编制项目总体部署和实施计划；编制项目开工报告；负责项目初步设计委托、招投标实施和按程序确定设计、施工、监理、检测等承包商。负责对承包商的分包商进行审批和管理；组织项目施工图会审和施工图设计交底；组织到场材料、设备的现场验收，协助设备材料供应商现场服务、材料设备分配调拨调度工作；负责组织工程项目预验收、项目竣工资料编制培训、过程监督、检查及竣工资料归档审核工作；参加投产条件检查和工程移交；负责组织设备的联合调试；负责试运投产保驾工作；参加工程验收和竣工验收文件编制等工作；负责启动并组织工程建设项目的竣工决算工作，组织完成结算、交付使用财产填报、盘点验收及移交等工作。

第四节　自建项目建管分离体制的工程管理

公司的主营业务从工程建设发展为天然气销售、管道运输后，公司自建项目中的新建管道项目和压气站项目采用建管分离体制，公司先后成立了管道建设项目部（原冀宁管道建设项目部）、淮武管道建设项目部（后转为豫鄂管理处）、压缩机站工程项目部、储气库项目部、香港支线项目部和广西管道项目部，对工程建设实行项目管理。工程技术处作为公司工程建设的主管部门，代表公司行使管理职能。同时，适应性改造工程（站场改扩建工程）则由工程技术处负责组织编制方案设计，规划计划处组织审批方案设计；获得批复后，由工程技术处组织施工图设计、施工招标，采办处组织施工设备材料的采购，地区管理处负责现场施工管理。2011年以后，站场改扩建工程由压缩机站工程项目部负责具体组织实施。

公司建设工程项目实行一级管理、二级协调、三级控制，在执行层面实行建设运行一体化管理。

规划计划处负责根据天然气与管道分公司的委托，组织或委托一类、二类、三类项目可行性研究报告编制；组织一类、二类项目可行性研究报告预审，配合专业公司、规划计划部组织一类、二类项目可行性研究报告初审、审查；组织三类项目可行性研究报告初审，配合专业公司组织三类项目可行性研究报告审查；组织四类项目（不含站场改扩建项目）可行性研究报告（方案设计）编制，审批四类项目可行性研究报告（方案设计）并报专业公司备案；负责项目申请报告的编制和上报，组织完成油气管道等项目省级核准工作，配合上级主管部门完成国家核准工作；负责项目核准附件办理工作的监督管理；负责组织一类、二类、三类项目初步设计概算初审，审批四类项目初步设计概算；负责工程造价管理及投资控制；配合完成转资相关工作和决算相关工作；组织开展项目后评价工作；参加项目初步设计（方案设计）、专项评价审查；参加工程验收和竣工资料汇编、竣工验收文件编制等工作；配合完成建设项目总体部署的编制。

工程技术处负责公司项目管理工作的协调、控制、检查、指导和考核；负责公司土地管理、土地转资、土地管理信息化建设、土地档案归档工作；负责组织开展建设项目的初步设计工作；组织一类、二类、三类项目初步设计预审、四类项目初步设计审查，配合专业公司组织一类、二类、三类项目初步设计审查，审批四类项目初步设计并报专业公司备案；负责组织编制一类、二类项目总体部署和实施计划并报专业公司审批；组织编制、审批三类、四类项目总体部署和实施计划；参与项目工期目标的制定和调整；负责组织编制一类、二类项目开工报告并报专业公司审批,组织编制、审批三类、四类项目开工报告;负责组织公司自建项目交工验收,配合完成专项验收及一类、二类项目竣工验收工作;组织三类、四类项目竣工验收;参加竣工资料汇编,组织竣工验收文件编制;参加项目可行性研究、设备技术规格书审查。参加项目施工图会审、施工图设计交底。

各工程建设项目部负责分管项目的组织实施、协调和管控,对分管项目的质量、安全、进度、投资负责;根据规划计划处委托,组织开展分管项目可行性研究工作;负责项目核准附件、征用地手续办理、三穿通过手续办理;负责项目的专项评价和专项验收、专项评价档案归档工作;负责编制、上报分管项目总体部署和实施计划;编制、上报分管项目开工报告;负责分管项目初步设计委托、招投标实施和推荐设计、施工、监理承包商。负责对承包商的分包商进行审批和管理;参加项目可行性研究、初步设计、设备技术规格书审查;组织分管项目施工图会审和施工图设计交底;组织到场材料、设备的现场验收,协助设备材料供应商现场服务、材料设备分配调拨调度工作;负责组织工程项目预验收、项目竣工资料编制培训、过程监督、检查及竣工资料归档审核工作;参加投产条件检查和工程移交;参加试运投产方案编制,负责组织设备的联合调试,投产前合规手续的办理;负责试运投产保驾工作;参加工程验收和竣工验收文件编制等工作;负责启动并组织工程建设项目的竣工决算工作,组织完成结算、交付使用财产填报、盘点验收及移交等工作。

地区管理处负责站场改扩建项目核准附件、用地手续的办理和项目开工与实施阶段的现场管控;负责相关专项验收手续及投产前合规手续的办理;负责公司新建管道项目现场质量、安全监管;负责分管项目的组织实施、协调、控制和交工验收。对分管项目的质量、安全、进度、投资负责;参加管道线路、站场选址,可行性研究及初步设计预审,设备技术规格书审查,施工图会审和施工图设计交底;参加试运投产方案编制和相关准备工作,参加投产条件检查和工程验收、交接。

在采用建管分离体制模式下,公司先后组织建设了冀宁支线管道工程、淮武支线管道工程、压气站工程、西气东输管道增输工程、安全改造工程(将双机运行的压气站增加1台压缩机,采用2+1模式运行)、沁水煤层气管道工程、如东至江都至芙蓉管道工程、洛阳支线工程、甪直—宝钢支线工程、西气东输二线与川气东送管道互联工程、金坛至溧阳支线、如东至海门至崇明岛管道工程、南宁—柳州成品油管道工程、南宁至百色管道工程、贵港至玉林管道工程、苍梧至贺州管道工程、冀宁增输邳州压气站、泰安压气站、适应性改造工程(站场改扩建工程)、储气库工程等。

第三章
管道工程

西气东输管道工程主要由西气东输一线、二线和建设中的三线组成，管线总长度超过2万公里，年输气能力770亿立方米。西一线以塔里木气区为主力气源。管线西起新疆塔里木轮南油气田，东至上海白鹤镇，全长4 380公里，包括1条主干线和3条支干线及其配套支线，年输气能力为170亿立方米，横贯新疆、甘肃、宁夏、陕西、山西、河南、安徽、江苏、上海、浙江10个省区市。工程于2002年7月4日正式开工建设，2004年10月1日全线建成投产，2004年12月30日实现全线商业运营。

西二线以中亚天然气为主力气源。管线西起新疆霍尔果斯口岸，与中亚天然气管道相连，南至香港、东达上海，包括1条主干线和8条支干线及其配套支线，全长8 819公里，年输气量300亿立方米，途经新疆、甘肃、宁夏、陕西、河南、湖北、江西、广东、广西、浙江、上海、江苏、湖南、山东14个省区市以及香港特别行政区。工程于2008年2月正式开工建设，2012年12月全线建成投产。

西三线工程的主供气源为中亚天然气，补充气源为新疆煤制天然气。管线西起新疆霍尔果斯，止于福州，全长6 840公里，包括1条主干线、5条支干线，管线设计年输气能力300亿立方米，途经新疆、甘肃、宁夏、陕西、河南、湖北、湖南、江西、福建和广东共10个省。西三线分三段核准，东段（吉安至福州）工程于2012年10月16日开工建设，2016年10月建成投产试运。西段（霍尔果斯—中卫）工程2012年10月16日开工建设，2014年8月连木沁—中卫段建成投产。

第一节 西气东输管道工程（西气东输一线工程）

一、工程概况

（一）项目背景

我国天然气工业主要集中在川渝地区，20世纪70年代川渝地区勘探取得成功，完成了川气出川任务。20世纪八九十年代，集团公司加大了对西部资源的勘探开发力度，相继发现了塔里木盆地、柴达木盆地、鄂尔多斯盆地等西部地区丰富的天然气资源，累计探明天然气储量高达3.4万亿立方米，为西气东输管道工程的启动创造了先决条件。21世纪初，党中央、国务院决定实施西部大开发战略，西气东输应运而生。

（二）项目进展

西气东输管道工程建设项目内容包括"1干3支干"工程及配套建设的5条支线。主干线西起新疆轮南,东至上海市白鹤镇。根据工程建设需要,采用按管道沿线行政区域划分的方式,设新疆管理处、甘宁管理处、陕晋管理处、豫皖管理处、苏浙沪管理处等5个地区管理处,负责西气东输管道工程相应省份境内区段的建设。2001年4月,集团公司向国家计委报送了西气东输工程可行性研究报告。同月,西气东输工程项目部改组为中国石油西气东输管道公司。9月中旬开始,公司进行了管道穿越江河、江南水网、黄土高坡、戈壁沙漠等特殊工程的实验施工,新疆(西段)和苏浙沪(东段)试验段开工。12月31日,国家计委印发了《国家计委关于审批西气东输管道工程可行性研究报告的请示的通知》(计产业〔2001〕2857号)批复了西气东输管道工程可行性研究。

2002年7月4日,管道工程全线开工。西气东输管道工程规模宏大,工程概算总投资463亿元,参加工程设计、采办、施工、制造、运输、技术服务、后勤保障等单位和部门近400家,直接参加工程建设的员工最高峰时近3万人。2003年10月1日,东段管道(陕西靖边至上海白鹤)建成试运。2004年1月1日,管道向上海商业供气。2004年12月30日,管道全线正式商业运营。

2009年3—6月,西气东输管道"1干3支干"、5条支线分别通过集团公司的初步验收。2010年2月26日,西气东输管道工程通过了国家能源局组织的国家级竣工验收。

(三) 项目特点

西气东输管道工程是国家实施西部大开发战略的标志性工程之一,是当时中国距离最长、管径最大、投资最多、输气量最大、施工条件最复杂的天然气管道,也是中国第一条横亘西东的能源大动脉。西气东输工程施工的艰难程度,在中国管道建设史上前所未有。西气东输主管线途经沙漠、戈壁、山地、黄土塬、平原、沼泽、水网,横跨"三山""一塬",通过"五越""一网"。"三山"是指太行山、太岳山、吕梁山;"一塬"是指陕西、山西的黄土塬;"五越"是指中卫黄河跨越、延水关隧道穿越、黄河定向钻与顶管穿越、长江盾构穿越、淮河定向钻穿越;"一网"是指江南水网。其中,延水关隧道穿越、郑州黄河顶管穿越和长江盾构穿越并称为西气东输三大控制性工程。

在建设过程中,西气东输工程按照"建设一流输气管道"的目标,瞄准世界先进水平,坚持借鉴国际经验,坚持继承与创新相结合,建立了一整套符合西气东输实际、与国际惯例接轨的管理体制和运行机制,确保了工程建设顺利进行。通过西气东输工程的管理实践,我国长输管道工程项目管理和技术水平显著提高,在相关领域达到或接近世界同类管道建设先进水平,共形成国家专利、软件登记及集团公司技术秘密107项,多项技术获得历史性突破。

1. 形成X70管材关键技术标准及大口径、埋弧焊钢管技术

形成了X70管材技术标准及断裂控制技术,在系统分析和研究X70钢的基础上,形成了X70宽厚板和直缝埋弧焊钢管等5项技术标准。采用断裂力学方法研究确定了管材的启裂和止裂韧性指标,管材止裂韧性指标由75J提高到190J,止裂概率由50%提高到95%以上。

形成了X70宽厚板生产工艺技术,研究形成了新型的针状铁素体组织结构,替代了原有普通管线钢的珠光体+块状铁素体组织结构,并形成了相应的质量评价方法。优化了低碳微合金元素组分及控轧控冷工艺,在保证高强度的前提下,使板材的韧性提高了一倍。

形成了大口径螺旋埋弧焊管成套开发技术,提高了我国制管业的技术水平,实现了X70级大口径螺旋埋弧焊管的国产化。

形成了JCOE直缝埋弧焊管成套生产技术。利用国内仅有的JCOE制管机组,采用预精焊和扩径技术,研究形成了渐近式直缝管成形工艺。首次在国际上实现了JCOE X70直缝埋弧焊钢管的工业化规模生产。创新成果的应用使X70管材具有高强度、高韧性的特点。直缝埋弧焊钢管与螺旋焊管联合使用,使工程管材国产化率超过50%,使我国的X70管材标准、炼钢、轧钢和制管技术达到国际先进水平。

同时在冀宁联络线上成功采用X80钢管敷设了7.71公里工程应用段,为日后西气东输二线大规模

使用X80钢管提供了理论支持和技术保障。

2. 形成了大壁厚、大口径和高钢级钢管的现场焊接技术

形成了X70钢系列焊接工艺。通过热模拟等实验的深入研究，形成了不同焊接方法，如坡口设计、焊材选配、环境温度影响及焊接参数等新的焊接工艺体系，确立了50项现场焊接工艺和规程，使X70钢的冲击韧性比普通钢材提高50%。

研制了具有自主知识产权的(PAW2000)管道全位置自动焊机。应用重力传感原理，实现了管道全周不同位置焊接参数的自动确认，形成了管道全位置的焊接自动拟合技术。配套完成了大张力气动内对口器、高精度坡口整形机和6焊枪环焊缝内焊机，打破了国外封锁，实现了管道全位置焊接装备国产化。

大幅度提高了焊接质量水平，现场焊接一次合格率由93%提高到98%以上，焊接效率提高2—4倍。管道全位置自动焊机等整机技术指标达到了国外同类产品先进水平。

3. 国内首次运用泥水平衡盾构技术

针对长江穿越地质软硬交错、地下水压大的难点，首次在我国运用泥水平衡盾构技术，研究成功了适合岩性剧烈变化的综合泥浆体系和新型的盾构组合刀具，建成了长江第一座长度1992米、内径3.8米的盾构隧道。

为有效解决长距离顶管难题，针对主河道宽3580米的黄河，研究形成了综合泥浆减阻和精确定位控向两项关键技术。首次在国内运用分段顶管穿越技术，刷新了单程连续顶进1259米(直径1.8米)的顶管世界纪录。

4. 储气库建造技术实现自主创新

针对金坛盐层厚度不足200米，并且夹层多、含盐量低、分布不均的特点，自主创新形成了超薄、多夹层盐穴储气库建造技术。

形成了多夹层造腔预测技术。成功研制出造腔物理模拟装置，建立了造腔流体流动场、盐岩蠕变本构和注采热动力数学模型，应用合格率达到90%。

形成了成套造腔控制与密封性检测技术。获得油水界面检测仪、促溶喷嘴2项国家专利。

形成了以已有的采卤溶腔改建储气库建库技术。采用大口径长井段全井套铣、无井底固井等技术，成功将复杂采卤溶腔改建为储气库。

金坛溶腔建库形成了1.5亿立方米的储气能力，超薄、多夹层盐穴建库技术有重大突破。

5. 填补了国家高压、大流量天然气计量标准空白

成立西气东输计量测试中心，设有天然气原级流量标准装置、次级流量标准装置、工作级流量标准装置和移动级流量标准装置，设计压力均达10兆帕。高级流量测量准确度分别为0.1%、0.25%、0.32%和0.35%，其中原级流量标准装置是国内唯一的中高压天然气流量基准，各级流量标准装置均满足国内中高压天然气标准流量计和现场工作流量计的实流检定校准要求。西气东输计量测试中心的建成填补了国家高压、大流量天然气计量标准的空白，完善了国家天然气计量检定系统，标志着我国天然气计量技术达到一个新的水平，为今后我国天然气工业的快速发展奠定了技术基础，对于建立和完善国家天然气流量量值传递体系，参与天然气流量国际比对，确保我国在天然气计量检定领域处于世界先进水平具有重要意义。

二、招商与价格模式

(一) 西气东输招商小组成立

2000年1月9日，股份公司西气东输招商小组第一次会议召开，宣布成立"西气东输管道工程招商

办公室"。成立后的招商办公室，下设商务处、对外联络处、法律事务处、综合处四个处室。根据国家确定的西气东输线路实行"全线开放，全面对外合作"的方针，国家计委会同集团公司，在工程立项后制定了西气东输管道工程招商工作文件和具体实施办法，2000年12月26日在《中国日报（英文）》和《人民日报（海外版）》刊登了西气东输工程管道项目招商公告，招商工作全面展开。

招商公告发布以后，国外知名石油天然气公司、管道公司、大型综合企业、投资银行等共计有90家公司和机构索取了招商邀请书，截至2001年1月12日，西气东输招商小组共接受了13家外商的咨询提问。2011年1月31日，外商递交申请书和资格预审文件的工作顺利结束，共有英国石油、埃克森、壳牌、法国燃气公司等19家国际公司提交了申请书和资格预审文件。3月1日，西气东输招商小组圆满完成包括西气东输管道工程预可研资料总结报告、资源、市场、管道工程、经济部分内容和可研最新资料6个分册，中英文共计850页的资料包的编印和发售准备工作。3月23日前，总计回答各方提出的问题424个。

2001年5月15日，外商参与西气东输管道工程项目招商递交投资建议工作结束，共收到由12家外商组成的7家集团递交的投资建议书。7家集团分别是香港中华煤气；埃克森美孚与中电企业组成的集团；俄罗斯动力机械出口股份公司（集团）；英国石油公司、马来西亚国家石油公司、三菱商事株式会社、日商岩井株式会社、伊藤忠商事株式会社5家组成的集团；美国管道公司（美国休斯敦国际检测公司）；由俄罗斯天然气股份有限公司和天然气建设运输公司财团组成的集团；英荷皇家壳牌集团。西气东输招商小组在专家库中随机抽选19名专家组成评审委员会，按照经验及业绩、财务及融资能力、合作条件分成3个专家组，对外商的投资建议书进行评审。最终综合3个专家组的专业意见，西气东输工程确定和埃克森美孚与中电企业、英荷皇家壳牌集团、英国石油公司、俄罗斯天然气工业股份有限公司为合作谅解备忘录谈判伙伴。

（二）签署谅解备忘录

2001年7月24日，股份公司分别与英国石油公司、英荷皇家壳牌集团、埃克森美孚与中电企业创建公司、俄罗斯天然气工业股份有限公司等4家外国公司和财团签订了西气东输项目合作谅解备忘录。

合作谅解备忘录中明确了有关西气东输项目中关于上、下游项目、管道项目的范围、谈判合作的主体、目的、方法、有待解决的事项、合营企业的投资、各方的作用和责任、建设和运营的标准、融资和保密条款等，并随后附有综合谈判小组、上游专业工作组、管道专业工作组、下游专业工作组、融资与价税专业工作组、经济评价专业工作组6大谈判工作组的中外方成员名单，涉及52个专业领域的谈判主要议题。中国石油集团公司在这些主要议题上表明了中方初步的立场，而一些外商认为比较难以接手的问题，则留待框架协议内解决，取得了招商工作的阶段性成果。

2001年12月29日，中国石油集团公司与英荷皇家壳牌集团、埃克森美孚、俄罗斯天然气工业股份公司、俄罗斯建设与输送股份公司以及香港中华煤气有限公司，签订了《为完成西气东输合营框架协议奠定基础的阶段性协议》，英国石油公司自身原因宣布退出。

（三）签订《西气东输工程合营框架协议》

2002年2月5日，西气东输工程新闻发布会在北京举行，宣布西气东输工程项目可行性研究报告经国务院正式批准，标志着西气东输工程进入实质性阶段。西气东输试验性工程先行开工建设与对外招商工作同时展开。

中外合作方经过多轮反复磋商、谈判，就外商参与西气东输项目的合作方式、股权比例、合作期限等重大条款达成一致。大略结果为外方按45%的股权比例出资，中国石油集团公司占50%的股权比例，中石化占有5%，与外商的合作范围主要是集中在上游气田开发、管道建设和下游天然气的销售3个领域。谈判过程中，中方提出管道投资中外比例为51∶49，上游比例为70∶30；外方要求比例对等。在合作年限问题上，基于供气30年考虑，中方提出合作年限为30年，外方坚持50年甚至更多，最终合作期限定为45年，外方在上游和中游都占45%的投资比例。

集团公司领导对于合营框架协议谈判高度重视，专门聘请德意志银行作为招商顾问，组成专家组，起草了合营框架协议文本。2002年7月4日，股份公司董事会宣布中国石油集团公司与多家国际能源公司在北京签订《西气东输工程合营框架协议》，西气东输项目正式全线开工建设。由英荷皇家壳牌集团、俄罗斯天然气工业股份公司和埃克森美孚中国天然气管道有限公司等6家国际能源公司组成的国际投资集团是中国石油集团公司在西气东输项目开发、建设和运营阶段中的合作伙伴。国际投资集团将在项目中拥有相等的权益。

为了促使西气东输项目尽快实施，吸引外商投资，国家给予以下优惠的政策：一是在项目合作期间，享受项目批准时国家颁布的西部大开发各项政策；二是在经营期内，项目可以按照交通能源行业享受外商投资企业的税收优惠政策；三是项目的进口设备免征关税和进口环节增值税；四是项目享受中外合资企业的各项优惠政策。《西气东输工程合营框架协议》的签订标志着中国石油西气东输项目招商工作取得重要成果。德意志银行为中国石油集团公司在西气东输项目及有关融资活动方面担任独家财务及融资顾问。合营框架协议签署之后，中外双方也随即开始联合工作，抓紧完成合营合作谈判，并且逐步开展西部勘探开发和下游用气市场的开发。

（四）价格模式最终确定

西气东输工程成功与否很大程度上取决于上游天然气资源的勘探开发和下游天然气利用市场的开发，合理的价格是保证天然气资源开发和下游市场开发的关键因素。2000年7月，西气东输工程建设领导小组第二次会议要求各级价格管理部门着手研究气价问题。同年10月16日，由国家计委价格司牵头，西气东输价格研究课题组在北京召开了第一次会议，西气东输天然气价格研究工作正式启动。课题组研究主要从两方面进行：一方面，按照中上游天然气生产和管道运输的成本与合理回报原则测算价格；另一方面，根据天然气消费地区用户承受能力与有利于天然气销售的原则测算消费者价格接受水平。2001年6月18日，西气东输管道公司市场开发与销售部配合招商小组与多家有投资意向的公司就双方在市场、销售方面的合作意向进行了交流。7月13日，国家计委在西气东输价格课题组研究总报告基础上，综合考虑上下游各方利益，向国务院报送了《国家计委关于西气东输价格有关问题的请示》，原则上获得批准。

2002年5月15日，股份公司委托中国价格协会与世界银行就西气东输管道运价规则联合开展研究。研究内容与总体要求是以西气东输管道工程为背景，参照国际惯例，在中国现有法律框架下，由中国价格协会组织有关中国专家与世界银行的咨询专家共同研究，制定一套完整、系统、规范、可操作的管输运价规则或管输定价方法，以便为制定西气东输管道价格或运价规则提供参考依据。2002年10月10日，国家要求中国石油集团公司根据可研报告重新核实西气东输定价的基本参数，西气东输管道公司与英荷皇家壳牌集团、埃克森美孚石油公司、俄罗斯天然气工业股份公司等国际石油公司联合委托北京峡光经济技术咨询有限责任公司对西气东输下游市场的价格承受能力进行调查。经过半年时间的调查、取证、分析、征求意见，于2003年3月向委托方和国家发改委价格司提交了调查论证报告，同时收集了西气东输用气地区20多家城市燃气项目的可行性研究报告以及全国22个目前已使用天然气的城市的配气费资料。通过对上述资料的分析并结合中介机构的市场调查，确定了下游市场对气价的承受能力。

2003年9月28日，经国务院同意，国家发改委正式下发了《国家发展改革委关于西气东输天然气价格有关问题的通知》，公布了西气东输项目的定价方案。这套定价方案通过长时间的调研、征询意见、修改、完善，结合了国际经验和中国国情，最终证明是符合实际的、成功的定价方案。西气东输项目的定价方案以及背后的定价模式与逻辑,从无到有、兼顾各方,影响至今。

为更好地向全社会解释天然气价格问题,公司还组织编写了西气东输价格研究系列专辑,这套专辑包括《国外天然气管道运输法规选编》、《美国天然气公司统一会计制度》、《天然气管输运价制定》、《美国 TransGas 管道公司运价规则与服务协议》、《天然气工业定价》、《西气东输项目价格研究与定价方案设计》等内容,其中《天然气工业定价》一书在 2004 年获得了第三届薛暮桥价格研究奖。西气东输价格研究系列专辑对我国天然气价格改革至今仍具有重要的参考价值和指导意义。

(五) 艰难谈判与合作终止

2002 年 12 月 6 日,中外双方同意以《西气东输工程合营框架协议》原则作为继续开展合同谈判的基础,再次确认合作共同解决所有未解决事宜的意愿,并安排双方高层于 2003 年 1 月会晤,检查双方各自工作层谈判工作进展以及其他项目实施工作和《西气东输工程合营框架协议》中的先决条件的落实。

在 2003 年 1 月到 3 月间的四次会议中,中外双方先后数次对合同利息、运行维护服务、员工问题、注册资本增资、收益率和其他合同协议等事项进行了协商谈判,同时对下游市场的开发、上游产气预期、中石化参与情况等密切关注。4 月开始,中外双方就根据《西气东输工程合营框架协议》原则提出的解决问题的提案与条款进行多轮的协商和谈判。但是在上游气田的商务回报问题、管道成本支出问题、管道增压扩容问题、统一销售公司职能问题、控制与监管、集团公司上游产品分成合同的职能、合营公司运营等问题上始终存在一定程度上的分歧。

《西气东输工程合营框架协议》签署两年后,虽然协议各方真诚商讨,但由于各种原因,最终未能就西气东输项目投资收益率等一些关键问题达成一致意见。2004 年 8 月 2 日,中国石油股份公司向《西气东输工程合营框架协议》各方发出终止该协议的通知,各方亦同意终止该协议。《西气东输工程合营框架协议》终止后,各方的义务不再有效,且任何一方对其他方均没有任何尚未完结的申索权和义务。

三、西一线支干线

(一) 南京至芜湖支干线

南京至芜湖支干线为向南京市、马鞍山市、芜湖市工业与民用气用户供气而建。自西气东输管道干线龙潭分输站至芜湖末站,线路全长 127.8 公里,管径 508 毫米,设计压力 6.4 兆帕,材质 L415 螺旋焊缝钢管,采用三层 PE 防腐、热收缩套补口。全线设线路截断阀室 7 座,设具有过滤分离、计量、调压等功能的工艺站场 3 座,即南京分输站、马鞍山分输站和芜湖末站。工程于 2003 年 2 月开工,2004 年 5 月 15 日建成投用。

(二) 定远至合肥支干线

定远至合肥支干线为向合肥市工业与民用气用户供气而建。自西一线管道干线定远分输站至合肥末站,线路全长 79.25 公里,管径 406 毫米,设计压力 6.4 兆帕,材质 L415 螺旋焊缝钢管,采用三层 PE 防腐、热收缩套补口。全线设线路截断阀室 5 座,设具有过滤分离、计量、调压等功能的工艺站场 1 座,即合肥末站。工程自 2002 年 12 月 29 日开工,2003 年 6 月 21 建成投用。

(三) 常州至长兴支干线

常州至长兴支干线为向常州、无锡、杭州地区工业与民用气用户供气而建,自西一线管道干线芙蓉分输站至长兴分输站,线路全长 99 公里,管径 813 毫米,设计压力 6.3 兆帕,材质 L415 螺旋焊缝钢管,采用三层 PE 防腐、热收缩套补口。全线设线路截断阀室 4 座，设具有过滤分离、计量、调压等功能的工艺站场 3 座，即武进分输站、宜兴分输站、长兴末站。工程自 2003 年 1 月 28 日开工，2003 年 10 月 20 日建成投用。

四、西一线五条支线

（一）郑州至长铝支线

2003 年 2 月 9 日，股份公司以石油计字〔2003〕25 号《关于西气东输管道工程郑州至长城铝业公司支线可行性研究报告的批复》，批复了郑州至长城铝业公司支线可研报告。

郑州至长铝支线东起西气东输管道干线郑州分输压气站，西至长城铝业公司末站，为西气东输直供中国长城铝业有限公司支线。线路全长 24.86 公里，管道直径 219.1 毫米，材质 L290，设计压力 6.3 兆帕，站场 1 座，线路截断阀室 1 座，年设计输气能力 2.7 亿立方米，最大年输气能力 4.5 亿立方米。工程自 2003 年 12 月 15 日开工，2004 年 6 月 21 日建成投产。

（二）龙池至扬子扬巴支线

2003 年 2 月 9 日，股份公司以石油计字〔2003〕27 号《关于西气东输管道工程龙池—扬子、扬巴石化支线可行性研究报告的批复》，批复了龙池至扬子扬巴石化支线可研报告。

龙池至扬子扬巴石化支线东起西气东输管道干线龙池分输站，西至扬子扬巴石化公司末站，为西一线直供扬子扬巴石化公司支线。线路全长 6.04 公里，管道直径 406.4 毫米，材质 L415，设计压力 10.0 兆帕，站场 1 座，年设计输气能力 15 亿立方米。工程自 2003 年 8 月 10 日开工，2004 年 4 月 1 日建成投产。

（三）南京至华能金陵电厂支线

2003 年 12 月 15 日，股份公司以石油计字〔2003〕323 号《关于西气东输管道工程南京（分输站）至华能金陵电厂支线可行性研究报告的批复》，批复了南京至华能金陵电厂支线可研报告。

南京至华能金陵电厂支线南起南京至芜湖支干线的南京分输站，北至南京华能电厂，为西一线直供华能金陵电厂支线。线路全长 4.1 公里，管道直径 323.9 毫米，设计压力 5.0 兆帕，材质 L290，年设计输气能力 3 亿立方米，最大年输气能力 9 亿立方米。工程自 2006 年 5 月 20 日开工，2006 年 12 月 20 日建成投产。

（四）东桥至望亭支线

2003 年 2 月 9 日，股份公司以石油计字〔2003〕26 号《关于西气东输管道工程东桥至望亭电厂支线可行性研究报告的批复》，批复了东桥至望亭电厂支线可研报告。

东桥至望亭电厂支线西起西一线管道干线东桥分输站，东至望亭电厂末站，为西气东输直供苏州望亭电厂支线。线路全长 8.2 公里，管道直径 508 毫米，材质 L415，设计压力 10.0 兆帕，站场 1 座，年设计输气能力 11.46 亿立方米。工程自 2004 年 12 月 1 日开工，2005 年 6 月 15 日建成投产。

（五）宜兴至溧阳门站支线

2005 年 4 月 5 日，股份公司天然气与管道分公司以油气字〔2005〕70 号《关于西气东输管道工程宜兴分输站至溧阳城市燃气支线可行性研究报告的批复》，批复了宜兴分输站至溧阳城市燃气支线可研报告。

宜兴至溧阳支线东起西一线常州至长兴支干线宜兴分输站，西至溧阳末站，为西一线直供溧阳城市燃气支线。线路全长43.797公里,管道直径168.3毫米,设计压力6.3兆帕,材质L245MB,站场1座,线路截断阀室1座,年设计输气能力0.8亿立方米。工程自2006年4月10日开工,2006年11月23日建成投产。

五、西气东输管道增输工程

(一) 项目背景

西一线管道设计年输气能力为120亿立方米。随着我国东部和长江三角洲地区经济的快速发展,原设计输量逐渐不能满足下游市场迅速增长的需求,为进一步提高西气东输管道输送能力,满足长江三角洲地区天然气需求,按照股份公司"2007年管道西段实现增输170亿立方米,2010年全线实现增输170亿立方米"的总体部署和要求,公司于2005年3月正式启动了西气东输管道增输工程的建设。

西气东输管道增输工程是中国石油在西气东输管道工程建设基础上,优化配置,扩能增输,进一步推进西部能源开发和促进国家能源供需格局调整的一项重大工程。工程跨经新疆、甘肃、宁夏、陕西、山西、安徽6个省份,增输工程的建成投产,不仅有效缓解了长江三角洲地区能源供应紧张的局面,而且起到了通过已建成的天然气管网系统向北京及华北地区、两湖地区以及西宁、兰州、银川等地天然气供应的增输调配作用。

(二) 项目进展

2005年2月,公司完成西气东输管道增输工程可行性研究报告。4月,股份公司以《关于西气东输管道增输工程可行性研究报告的批复》(石油计字〔2005〕120号)批复西气东输管道增输工程可行性研究报告。2006年1月,国家发展改革委办以《国家发展改革委办公厅关于西气东输管道增输工程项目备案确认的函》(发改办能源〔2006〕11号)对西气东输管道增输工程项目备案确认。

增输工程涉及沿线22座站场。其中,新建12座压气站,包括孔雀河站、鄯善站、雅满苏站、柳园站、酒泉站、金昌站、古浪站、盐池站、延川站、沁水站、淮阳站和定远站。改造原有10座压气站,包括轮南首站、四道班站、哈密站、红柳站、玉门站、山丹站、中卫站、靖边站、蒲县站和郑州站。

2005年6月—2008年10月,公司根据工程总体进度安排,分批完成施工图设计。2005年9月,鄯善、古浪两座压气站开工;2006年3月,柳园、金昌、酒泉、孔雀河、雅满苏、盐池压气站开工;2007年8月,延川压气站开工;2007年10月,定远压气站开工;2009年3月,沁水压气站开工。2007年1月,柳园压气站完工;2007年2月,孔雀河、鄯善、古浪压气站完工;2007年4月,盐池压气站完工;2007年5月,玉门压气站完工;2007年9月,金昌、雅满苏压气站完工;2008年11月,淮阳压气站开工;2008年11月,延川压气站完工;2009年7月,定远压气站完工;2009年12月,沁水压气站完工;2009年12月,淮阳压气站完工。

2006年11月至2007年1月,孔雀河、鄯善、酒泉、古浪、柳园压气站试投产;2007年4月至9月,盐池、金昌、雅满苏压气站试投产;2008年11月,延川、定远压气站试投产;2009年11月,沁水、淮阳压气站试投产;2007年12月,完成孔雀河、鄯善、雅满苏、柳园、酒泉、金昌、古浪、盐池压气站施工及增输改造扩建工程,交工验收;2009年12月,完成延川、沁水、淮阳、定远压气站工程并交工验收;2010年12月,通过国家职业病防护设施竣工验收;2012年8月,通过国家项目安全设施竣工验收;截至2013年3月,先后通过沿线省份环境保护专项竣工验收。

增输工程完成后,管道干线压气站达到22座,新增压缩机组24台(套),干线压缩机组数量达到44

台(套)。

增输工程新建站场具体情况见表2-3-1：

表2-3-1 增输工程新建站场具体情况表

压气站名称	所在位置	压缩机组配置	机组功率	驱动方式
孔雀河压气站	新疆库尔勒境内	2+0方式	30兆瓦	燃驱
鄯善压气站	新疆鄯善县境内	2+0方式	30兆瓦	燃驱
雅满苏压气站	新疆哈密县境内	1+1方式	25兆瓦	燃驱
柳园压气站	甘肃安西县境内	2+0方式	25兆瓦	燃驱
酒泉压气站	甘肃酒泉县境内	2+0方式	25兆瓦	燃驱
金昌压气站	甘肃金昌县境内	1+1方式	19兆瓦	燃驱
古浪压气站	甘肃古浪县境内	2+0方式	26兆瓦	燃驱
盐池压气站	宁夏盐池县境内	2+0方式	25兆瓦	燃驱
延川压气站	陕西延川县境内	1+1方式	25兆瓦	燃驱
沁水压气站	山西沁水县境内	2+0方式	19兆瓦	燃驱
淮阳压气站	河南淮阳县境内	1+1方式	26兆瓦	电驱
定远压气站	安徽定远县境内	1+1方式	30兆瓦	燃驱

2013年3月，增输工程完成项目档案的汇编工作，共形成项目档案8 466卷/件，其中竣工图1 183卷(19 809张)；电子文件光盘234张；录音录像带8盘；数码照片光盘49张；录像光盘15张。

2013年5月6—8日，公司组成档案验收组对工程档案进行了专项验收。2013年6月5日，中国石油集团公司办公厅下发《西气东输管道增输工程档案验收意见》，同意西气东输管道增输工程档案通过验收。

2014年9月16日，公司在上海组织召开西气东输管道增输工程竣工验收会议，同意通过竣工验收。

西气东输管道增输工程从2004年决策启动到2007年西段压气站建成投用达到170亿立方米输量，建设工期为36个月。2006—2009年东段压气站建成投用达到170亿立方米输量，建设工期为42个月，实现了预定的工期目标。根据石油天然气工程质量监督总站西气东输增输工程质量监督项目部对增输工程22座压气站工程质量的评定结果，增输工程22个单位工程质量合格，合格率为100%，21个单位工程质量评定为优良，优良率为95%。

(三) 项目特点

西气东输管道增输工程积极引用国际先进设计理念和技术标准，借鉴大型压气站建设经验，并结合我国实情，在工艺设计、设备选型、施工标准方面消化吸收，不断优化，有效提高了工程质量和技术水平。

1. 站场设计控制精密、自动化程度高

压气站分为就地、站控、调度中心控制三级控制。机组控制系统(UCS)纳入全线SCADA(数据采集与监控系统)系统，可就地或远控启停机组。当运行机组出现故障时，机组控制盘会发出机组的停车指令，关闭机组进、出口阀门，并将信号传到站控中心和调控中心。压缩机厂房内设工业电视，将压缩机组的现场图像实时传送至站控中心和调度控制中心。增输工程自动化控制，SCADA数据传输等纳入已建管道系统，将管理、数据采集和信息系统集于一体，实现了就地、站控、调度中心三级控制。

2. 压缩机组自动化功能先进，设备安全运行能力强

机组自带喘振检测系统及控制回路，压缩机进口设压力低限报警和低限越限停机系统；压缩机出口设压力高限报警和高限越限停机系统；压缩机区出口管线上设安全阀；压缩机组进出口设截断阀，机组出现故障可以安全截断。

3. 安全设施配备齐全，生产运行环境安全可靠

站场内设置火灾报警系统（感温、感烟、火焰探测器）、消防水池、消防泵房和消防管网，当出现火情时可通过火灾报警系统检测、报警。

4. 节能降本技术先进

首次采用大功率燃气轮机、变频电动机驱动高压大排量的压缩机机组，实现低碳节能并降低成本，有效提高运行效率。

5. 采用大体积混凝土基础浇筑及基础安装预制技术

压缩机机组的基础体积大，且质量和工期要求高，为防止混凝土因水泥水化热引起的温度差，进而产生温度应力裂缝，保证基础结构尺寸精度，采用双层泡沫模板加中心管循环降热顶层蓄水养生新技术，圆满完成大型混凝土基础施工任务，没有因水化热产生任何裂纹。

6. 在压气站建设中采用真空干燥技术

抽真空干燥方法，即利用真空泵组对管道内气体在环境温度下进行降压处理，管道内的水分在负压下大量气化被真空泵源源不断地带出管内，使管内的真空度达到管道干燥的设定标准，效果显著。

六、西气东输管道安全改造工程

（一）项目背景

西一线全线共设置 22 座压气站，孔雀河、鄯善、哈密、红柳、柳园、玉门、酒泉、山丹、盐池等 9 座压气站采用 2+0 运行模式，未设置备用机组。西气东输轮南首站日交接气量已接近设计商品气输量，且下游消化充分。此外，西一线上游多个主力气田到轮南站的交接压力不能满足增输工程的设计要求，导致轮南首站现有机组配置不能满足 170 亿立方米/年商品气输送的要求。为确保稳定供气，根据 2009 年 8 月 22 日股份公司《办公会议纪要》(21)精神，轮南首站增压工程和 9 座 2+0 站备机工程两个项目整合成西气东输安全改造工程。此次安全改造工程大致包括：在轮南首站增加一套燃压机组及相应配套设施，更换原有两台压缩机机芯，改造后轮南首站压缩机组由 1+1 运行改为 2+1 运行；孔雀河、鄯善、柳园、酒泉、盐池、哈密、红柳、玉门、山丹压气站 9 座 2+0 运行压气站均增加备机 1 台，机组配置方式变为 2 用 1 备（2+1）。

（二）项目进展

2008 年 9 月，公司完成西气东输管道安全改造工程可行性研究报告。2009 年 1 月，股份公司以《关于西气东输管道安全改造工程可行性研究报告的批复》（石油计字〔2009〕7 号）批复西气东输管道安全改造工程可行性研究报告。2009 年 7 月，完成西气东输管道安全改造工程初步设计；12 月，获股份公司《关于西气东输安全改造工程初步设计的批复》（石油气字〔2009〕383 号）文件批复。2012 年 9 月，甘肃省发改委以《甘肃省发展和改革委员会关于中国石油西气东输安全改造工程甘肃段项目登记备案的通知》（甘发改能源（备）〔2012〕50 号）批准安全改造工程甘肃段项目登记备案。10 月，新疆维吾尔自治区以《新疆维吾尔自治区企业投资项目登记备案证》（备案证编码 20121031）批准新疆段项目备案。

2009年5月—2010年8月，根据工程总体进度安排，分批完成施工图设计。2008年9月，轮南压气站开工；2009年8月，孔雀河、哈密、鄯善压气站开工；2009年9月，红柳、柳园、玉门、酒泉、山丹、延川压气站开工；2010年11月，红柳、柳园、玉门、酒泉、山丹、延川压气站完工；2010年12月，轮南、孔雀河、哈密、鄯善压气站完工。

2012年4月，工程通过国家职业病防护设施竣工验收。6月，通过国家项目安全设施竣工验收。同年年底，先后通过沿线省（自治区）竣工环境保护专项验收。2013年5月6日至8日，公司组成档案验收组对工程档案进行了专项验收。6月5日，集团公司办公厅下发《西气东输管道安全改造工程档案验收意见》，同意西气东输管道安全改造工程档案通过验收。2014年9月16日，西气东输管道安全改造工程竣工验收会议在上海组织召开，通过竣工验收。

第二节　西气东输二线管道工程

一、工程概况

（一）项目背景

2020年我国天然气资源供需缺口约800亿立方米/年，积极引进国外天然气资源是必然选择。根据国家"立足国内，利用海外，西气东输，北气南下，海气登陆，就近供应"的天然气发展战略，2006年上半年，我国相继与俄罗斯、哈萨克斯坦、土库曼斯坦签署了天然气购销备忘录或协议。西一线管道设计输气量为120亿立方米/年，采取增压措施，全线输气压力达到10兆帕后，管道输送能力最多也只能达到170亿立方米/年，无法承担中亚天然气的输送任务，建设西二线管道工程迫在眉睫。

（二）项目进展

西二线管道工程干线从霍尔果斯入境，经独山子、乌鲁木齐，在甘肃红柳与西一线并行，然后向东经酒泉、山丹、武威，在宁夏中卫过黄河后与西一线分开，向东南经西安、南昌、赣州，到达广州，全长4 843公里。干线分为两段：霍尔果斯至中卫为西段，长度2 461公里，管径1 219毫米，设计压力12兆帕，设计输气规模300亿立方米/年；中卫至广州为东段，长度2 382公里，管径1 219毫米，设计压力10兆帕，设计输气规模280亿立方米/年。

全线共设工艺站场65座，其中压气站26座（干线24座、支干线2座），分输站、分输清管站、联络站、末站36座，清管站3座。26座压气站中有7座为电驱，分别为山丹压气站、武威压气站、中卫压气站、旬邑压气站、邓州分输压气站、新洲压气站、南昌分输压气站，其余19座均为燃驱。

西二线管道工程全线总投资达1 422亿元（含外汇15.58亿美元），再加上中亚天然气管线，工程总投资达到2 500亿元。

2008年1月30日，西二线管道工程可行性研究报告获得批复。2月22日，西二线工程开工仪式在北京人民大会堂举行。中共中央总书记、国家主席、中央军委主席胡锦涛发来贺信，要求把西二线工程建设成为一流工程。中共中央政治局常委、国务院总理温家宝作出重要批示。国务院副总理曾培炎出席开工仪式并讲话。15时38分，新疆鄯善、甘肃武威、宁夏吴忠、陕西定边4个开工现场各项准备工作就绪，曾培炎下达工程开工令。

西二线管道工程作为战略性工程和扩大内需的重点投资项目，2009年进入全面建设、加快推进的阶段。主干线西段累计焊接管线1796公里,累计完成投资185亿元,22座站场工程进展顺利。

2009年年底,中亚天然气管道单线和西二线西段如期建成投运,中亚天然气进入我国中西部沿线省份。2009年年内东段线路按计划完成主体焊接管道1100公里,2011年工程全线贯通。

(三) 项目特点

西二线在国内来说是同行业中设计压力最高、输气量最大、距离最长、使用的钢材等级最高、投资最大的工程项目。管道沿线地质构造复杂多样,包括沙漠、戈壁、黄土、丘陵、平原、水网、山地和海底等世界管道建设史上所经历的所有地质地貌。全线穿越长江、黄河、赣江、钱塘江、北江和西江等大型河流200余次,穿越天山、江南丘陵等共需凿通70多座山体隧道,穿越果子沟隧道、梅岭隧道和深度水隧道等,工程设计、施工难度大、风险高。

1. 管道史上的里程碑

西二线作为我国第一条引进境外天然气的大型管道工程,开创了我国管道史的多个第一:设计能力为300亿立方米/年,是西气东输一线(加压前)的2.5倍;干线管径为1219毫米,西气东输一线为1016毫米;设计压力为12兆帕,西气东输一线为10兆帕;管线等级为X80,西气东输一线为X70;管道干线和支线长度为9102公里,大大超出西一线。

2. 设计理念由"线"变"网"

西一线的设计主要为"单线"概念,以主干线为主。而西二线设计主要为"网络"概念,即1干8支,设计理念的转变符合"供应驱动消费"的发展模式,使资源与市场真正实现连接;"联络线"和"最后一公里"的建设成为建设重点和方向之一。

3. 天然气管网建设进程加快

2008—2012年,我国天然气管线建设总里程超过2万公里,其中与西二线有关的管道接近1万公里,随着西三线甚至西四线建设规划的进行,全国天然气一张网的供应格局将由设想转变为现实。

4. 天然气管网覆盖三大经济圈

珠三角是当时中国三大经济圈中唯一没有管道天然气的经济圈,随着西二线的建成,珠三角将成为末端二线市场之一,陆上天然气管网全面覆盖我国东部沿海三大经济圈。

5. 用户选择气源更为灵活

西二线管道工程建设使我国气源实现多元化,包括国产天然气、LNG和进口管道天然气,资源更为充足,大大缓解了我国天然气市场的供需矛盾。尤其是东部局部地区,由被动选择气源转变为主动选择气源成为可能。以长三角地区为例,2012年可供气源非常丰富,西一线、东海天然气、LNG、川气东送以及西二线等气源的供应能力,将达到500亿立方米/年以上,极大地满足了长三角地区的天然气需求。

二、西二线支干线

(一) 上海支干线

上海支干线起自西气东输二线南昌压气分输站,途经浙江,止于上海末站,包括南昌至上海和嘉兴至甪直两段。管线总长881公里,管径1016毫米,设计压力10兆帕,设计输气能力100亿立方米/年。其中嘉兴至甪直联络线起自南昌至上海支干线嘉兴分输站,经平湖市、嘉兴市南湖区、嘉善县、嘉兴市秀洲区进入江苏省境内,止于江苏省苏州市甪直分输联络站,管道全长111.795公里,管径1016毫米,设计压力10兆帕,共设置7座线路截断阀室,其中监控阀室1座,其余均为监视阀室。该管道实现西二线向长三角地区供气,并在管道末端将西二线与西一线联网。

(二) 广深支干线

广深支干线起自西气东输二线广州末站,止于深圳市大铲岛;管线长260公里,管径1 016毫米,设计压力10兆帕,设计输气能力100亿立方米/年。该管道可延伸至香港,实现西二线向广东和香港供气。

(三) 广南支干线

广南支干线起自西二线广州末站,止于南宁末站;管线长634公里,管径1 016毫米,设计压力10兆帕,设计输气能力100亿立方米/年。该管道实现西二线向广西供气,并与中缅天然气管道联网。

(四) 平泰支干线

平泰支干线起自西二线河南鲁山分输压气站,止于冀宁联络线泰安分输站;管线长556公里,管径1 016毫米,设计压力10兆帕,设计输气能力100亿立方米/年。该管道实现与西一线、冀宁联络线、山东天然气管网联网。

(五) 枣阳至十堰支干线

枣阳至十堰支干线起自西二线湖北枣阳分输压气站,止于湖北十堰末站;管线长239公里,管径508/406毫米,设计压力6.3兆帕,设计输气能力12亿立方米/年。该管道实现西二线向湖北西北部城市供气,并与忠武线襄樊支线联网。

三、西二线上海支干线衢州压气站工程

南昌至上海支干线原设计输量为100亿立方米/年,西二线上海支干线增输工程在原南昌至上海支干线的基础上,一期将设计输量提高到140亿立方米/年,二期将设计输量提高到170亿立方米/年。衢州压气站计划依托中国石油天然气长输管道工艺生产系统,搭建国产化设备工业先导性应用试验平台,开展长输管道关键设备的研制、检测和试验研究,向机电设备制造商、管道工程设计承包商和管道运营商提供故障分析、可靠性分析和安全运行评价技术及商务采办招投标咨询等服务,消化、吸收引进技术,并进行再创新。与此同时,开展自动化控制等天然气长输管道技术装备专项的开发、试验等工作。衢州压气站建成后将兼具试验验证与研究功能,不仅可满足天然气长输管道关键设备的工业性试验需要,还可通过工业性试验开展长输管道关键设备的相关技术分析及研究。

四、西二线上海支干线抚州压气站工程

根据《西气东输二线上海支干线抚州分输压气站工程可行性研究》(O版)和中国石油规划总院《上海支干线增输工程资源市场分析》显示,集团公司在长三角地区的天然气销售量2014年达到306亿立方米/年、2016年达到405亿立方米/年、2020年达到560亿立方米/年。届时将分别有12亿立方米/年、68亿立方米/年和198亿立方米/年天然气的缺口,因此在一定时期内,进口的中亚天然气尚有富余气量。通过建设西二线上海支干线吸纳富余气量,缓解长三角地区天然气供需矛盾成为可能。抚州站在此背景下进行工程建设,投资规模4.65亿万元,建设时间2013年9月1日—2014年5月30日。建成后的抚州分输压气站设有压缩机区、压缩机附属设备区、工艺装置区、110千伏变电所、综合值班室、综合设备间、变频装置室等。

五、西二线平泰支干线泰安压气站工程

冀宁支线管道的安平至泰安段管径为1 016毫米，泰安至青山段管径为711毫米。冀宁支线管道作为西一线和陕京二线两条供气主干线的联络管道，承担着向河北、山东、江苏供气以及两大输气干线调配气量的任务，对优化管网运行、保障供气安全平稳起着举足轻重的作用。2011年，冀宁支线管道在满足南段沿线用户用气需求条件下向西气东输管道正常调气仅为14.82亿立方米。随着冀宁支线管道南段沿线市场用气量的增加，由于供气压力和南段泰安至青山段管道的瓶颈问题，可供西气东输管道的调气量逐年降低，从2014年开始不能再向其调气。陕京线系统有大量的天然气需要通过冀宁支线管道调向西气东输管道，因此需要建设压气站，以解除冀宁支线管道向西气东输管道输气的制约问题，并进一步增强沿线市场的事故保安供气能力。

泰安压气站位于山东省泰安市岱岳区道朗镇道朗村，在原有冀宁支线管道泰安分输清管站外扩建，主要作用是进一步完善国内天然气骨干网的构成，提高全国输气管网系统的安全保障能力，提高南段管道向西气东输管道的调气能力，缓解华东及长三角地区天然气供气不足的问题。

泰安压气站工程于2010年6月20日开工，2011年12月20日完工。2011年3月11日投用燃驱机组，2011年11月20日投运电驱机组，1号机组于2011年12月15日完成72小时试运交付使用，2号机组于2012年2月26日完成72小时运行交付使用。

2011年12月31日，按照股份公司安排，泰安压气站正式划转西气东输管道公司运行管理。

六、西二线香港支线管道工程

2008年8月28日，国家能源局与香港特别行政区政府签署《关于供气供电问题的谅解备忘录》，支持向香港供应天然气，原则同意利用已规划的西二线管道工程向香港供气。《国家发改委关于西气东输二线项目(东段)核准的批复》(发改能源〔2009〕34号文)，要求西二线干线于2011年底全线投产后须建设西二线香港支线管道。为此，股份公司与香港青山发电有限公司积极合作，签署了关于加强天然气业务合作的意向书和合作建设西二线管道工程香港支线管道工程的框架协议，并选择具有输气站建设条件的深圳市西部大铲岛作为向香港和深圳供气的输气枢纽站。

西二线香港支线线路起于大铲岛输气站，管径为813毫米，设计压力为7.0兆帕，运行压力不超过6.3兆帕，全线管道均不设减阻内涂层。线路总长21.1公里，其中包括陆上管道1.1公里，采用API 5L X65等级的直缝埋弧焊钢管；海底管道约20公里，采用API 5L X65等级的直缝埋弧焊钢管。总体线路走向由大铲岛输气站出站后与广深支干线求雨岭至大铲岛段并行敷设，经大铲岛隧道（与广深支干线求雨岭至大铲岛段共用），到达入海点后经海底管道至香港龙鼓滩输气站。管线总长20.8公里，其中海底管道19.7公里，2012年3月开工，同年12月建成投产。

香港支线设置大铲岛输气站、香港龙鼓滩输气站2座工艺站场，沿线不设阀室。西二线管道工程设计联合体牵头设计，中海石油工程设计公司和香港青电公司分别负责线路工程（包括陆上管道、海底管道）、香港龙鼓滩输气站的设计。

七、十堰支干线至忠武线襄樊支线

十堰支干线至忠武线襄樊支线连接西二线和忠武线两大输气干线，对湖北省襄樊市及周边地区的天然气利用提供了更为有力的保障。

该段管线主要从湖北省襄樊市西部穿过，线路整体走向为从北向南方向，终点为忠武线襄樊末站。管道全长27.7公里，管径406.4毫米，设计压力6.3兆帕，设计输量10亿立方米/年。全线设输气站场3座，其中新建站场2座：襄樊清管站、江北分输站，同时对忠武线襄樊计量站进行扩建，全线设线路阀室2座。工程总投资约1.17亿元，环保投资约578万元，占总投资的4.94%。

2010年12月8日，该线正式投产。

第三节　西气东输三线管道工程

一、工程概况

（一）项目背景

2008年8月以后，我国相继与土库曼斯坦、哈萨克斯坦、乌兹别克斯坦等国订立了一系列天然气采购合同与协议，在原有天然气购销合同的基础上，中亚三国向我国增供天然气250亿至300亿立方米/年。同时，我国境内的新疆新汶矿业集团和内蒙古庆华集团在新疆伊宁县开工建设了伊宁煤制气项目，新汶集团和庆华集团在伊宁的煤制气项目设计年产煤制气分别为100亿立方米和110亿立方米。集团公司同意将这两个公司生产的煤制气接入西气东输管道系统。现有的长输管道已经难以满足引进天然气和煤制气的输送要求，西三线工程建设提上议事日程。

（二）项目进展

2009年，集团公司提出开展西三线管道工程可行性研究工作。

2011年1月，国家能源局同意开展西三线管道工程前期工作，集团公司据此开展相关工作。

按照规划，西三线管道工程全线包括"1干、8支、3库、1LNG接收站"，干、支线沿线经过新疆、甘肃、宁夏、陕西、河南、湖北、湖南、江西、福建和广东共10个省市区，干线、支线总长度为7378公里，在中卫与西一线、西二线及陕京线系统连接，在枣阳和西二线连接，在仙桃与忠武线连接，在吉安与西二线连接。

干线起自新疆霍尔果斯首站，止于福州，长5220公里，在霍尔果斯至中卫至西安之间与西二线并行。考虑到施工和投运计划，分西段（霍尔果斯至中卫段）、中段（中卫至吉安段）和东段（吉安至福州段）三部分实施。其中，霍尔果斯至中卫段长2445公里，设计压力12兆帕，管径1219毫米，设计输气能力300亿立方米/年；中卫至吉安段长1958公里，设计压力12/10兆帕，管径1219毫米，设计输气能力300/250亿立方米/年（枣阳分输联络站为压力分界点）；吉安至福州段长817公里，设计压力10兆帕，管径1219毫米/1016毫米，设计输气能力150亿立方米/年。

7条支线包括4条支干线和3条支线，4条支干线分别为伊宁至霍尔果斯支干线（新疆伊宁煤制天然气注入支线）、闽粤支干线（漳州至揭阳至广州）、福州至宁德支干线和中卫至靖边联络线；3条支线为邓州支线、新野支线、平潭支线。支线总长度为1680公里。

3座储气库分别为云应、平顶山、淮安储气库，其中云应、平顶山两座储气库为西二线扩建储气库，淮安储气库为新建，以满足西二线、西三线调峰需求和事故应急需求。淮安储气库通过冀宁支线管道和西气东输管道系统相连，主要用于长三角地区苏浙沪用户的调峰。云应储气库设计库容为12.5亿立方米，设计工作气量为7.14亿立方米；平顶山储气库设计库容为18.18亿立方米，设计工作气量为12.08

亿立方米；淮安储气库设计库容为19.89亿立方米，设计工作气量为11.88亿立方米，3库总设计工作气量为31.1亿立方米。

1座LNG接收站位于福建福州市福清市，设计接收规模为300万吨/年，同时建设LNG配套外输管道，旨在解决东南沿海地区季节调峰和事故应急。

2012年3月21日，国务院第196次常务会议听取国家发改委关于西三线管道工程的项目汇报，同意该工程分西、中、东三段核准和建设，其中东段控制性工程提前开工，决定成立国家中亚及西三线工程建设领导小组。

2012年9月，西三线管道工程西段和东段获得国家核准。10月16日，西三线管道工程西段和东段线路工程在北京、新疆和福建三地同时开工建设。

截至2016年10月西三线东段吉安至龙岩段已经进气，西三线中段工程暂缓施工，西三线中靖联络线正在建设中。

（三）项目特点

西三线管道工程建成后，每年将新增300亿立方米天然气供应，惠及上亿人口，可为新疆煤制天然气提供外运通道，带动相关产业和资源的转化利用，促进新疆发展。同时，可使天然气在我国一次能源消费结构中的比例提高1—2个百分点，每年可替代煤炭7 680万吨，减少二氧化碳排放1.3亿吨、二氧化硫144万吨、粉尘66万吨、氮氧化物36万吨。

1. 建设资本多元化

西三线管道工程总投资1 250亿元，除股份公司直接投资外，还首次引入社会资本和民营资本，实现投资主体的多元化。2012年5月底，股份公司、全国社会保障基金理事会、城市基础设施产业投资基金、宝钢集团在北京签署《西气东输三线管道项目合资合作框架协议》，四方成立合资公司，共同投资建设西三线管道工程。根据协议，在新公司注册资本金625亿元中，股份公司投入325亿元，占比52%；全国社会保障基金理事会、城市基础设施产业投资基金和宝钢集团分别投入100亿元，各占比16%。其中，城市基础设施投资产业基金作为民营资本代表参与西三线管道工程建设。

2. 工程技术自主化和技术设备国产化

2009年开始，在国家能源局组织协调下，股份公司牵头与中国机械工业联合会等加快了对长输管道相关设备国产化研制工作。2010年7月，高压大口径全焊接球阀在成都研制成功；2011年6月，30兆瓦级燃驱压缩机组在哈尔滨下线；同年底，20兆瓦级电驱压缩机组在沈阳问世。制约我国天然气长输管道的三大关键技术设备全部研制成功，为西三线管道工程建设提供了技术保障。

二、西三线支干线

闽粤支干线

根据外部环境的变化，为配合西三线总体工程的建设，扩大西三线供气高端市场，填补粤东地区的天然气管道和市场空白，并通过供应绿色清洁能源，进一步助推粤东地区建设发展、优化广东省能源结构、保护环境、改善人民生活，中国石油提出开展闽粤支干线可行性研究工作。

闽粤支干线起于漳州分输清管站，途经福建漳州市、广东潮州市和揭阳市，止于广州末站，全长633公里，中间设置潮州分输站、揭阳分输清管站、河源分输清管站和广州末站，为潮州市、揭阳市、河源市和广州市供气，设计输量100亿立方米/年，管径为1 016毫米，设计压力10兆帕。同时作为沿海联络管道，连接西二线和西三线。

第四节 联 络 线

我国除川渝地区形成局部环形管网外,其余地区多是从气源到市场的单条管线,输气距离长、安全保障程度差,管道一旦发生事故,中断输气,将会影响到诸多工业用户和广大城市居民的生产与生活。尽管配套工程建有储气库,但储气库库容小,仅能作部分调峰用。为提高输气管道系统的安全可靠性,集团公司决定建设多条联络线,以解决天然气供应的安全问题。

一、冀宁支线管道工程

冀宁支线管道工程曾用名有"冀宁联络线""冀沪输气管道工程""济青联络线工程""西气东输—陕京二线联络线工程"。该工程纵贯华北、华东平原,途经苏、鲁、冀三省16个地(市),连接了长江三角洲和环渤海地区两大经济发展区域,是继西一线及陕京二线工程之后的又一条高压力、大口径的国家基干管道。

2005年8月18日,国家发改委以《国家发展改革委关于西气东输冀宁支线管道工程项目核准的批复》(发改能源〔2005〕1770号)对冀宁支线管道工程进行了核准。

工程包括1条干线、6支支线,总长度1242.2公里。干线南接西气东输管道干线青山分输站,向北经扬州、淮安、宿迁、邳州进入山东,经枣庄、曲阜、济南、德州进入河北,经武邑、深州到达陕京二线安平分输站。途经江苏、山东、河北三省,线路全长886.6公里(青山至泰安段604.8公里,管道直径711毫米;泰安至安平段281.8公里,管径1016毫米),材质L485,设计压力10兆帕,站场14座,线路截断阀室39座,年设计输气能力90亿立方米。支干线共设25座站场、59座阀室,穿越铁路、高速公路和国道省道80次,定向钻穿越河流70余条,其中穿越黄河1次,京杭运河4次,其他大型河流7次,卫运河穿越创造了同类管道定向钻穿越的亚洲纪录。同时冀宁管道还是我国第一条数字化管道,并且在国内率先使用X80钢成功铺设7.9公里管道,为以后大规模应用X80钢奠定了坚实的基础。

干线于2004年12月21日开工建设,2005年1月17日全线开工建设,2005年12月30日干线贯通,2006年1月15日投产成功。江苏水网、沂沭地震断裂带、枣庄煤矿采空区、峄城万亩石榴园、曲阜泰安低山丘陵区和黄河穿越,是该工程所通过的具有代表性的难点段。

6条支线总长354公里,包括:

(1)邳州至徐州支线。邳州至徐州支线东起邳州分输站,西至徐州末站,全长54.9公里,管道直径610毫米,材质L485,设计压力10兆帕,站场1座,线路截断阀室2座,年设计输气能力11.79亿立方米。2005年11月1日开工,2007年1月30日建成投产。

(2)邳州至连云港支线。邳州至连云港支线西接邳州分输站,东至连云港末站,线路长度140.5公里,管道直径610毫米,材质L485,设计压力10兆帕,站场1座,线路截断阀室6座,年设计输气能力4.4亿立方米。2005年10月30日开工,2006年12月6日建成投产。

(3)德州至武城支线。德州至武城支线东接德州分输站,西到武城末站,线路长度17.4公里,管道直径168.3毫米,材质L360,设计压力6.3兆帕,站场1座,年设计输气能力2亿立方米。2005年7月1日开工,2006年10月29日建成投产。

(4)德州支线。德州支线西起德州分输站,东至德州市郊的德州末站,全长14公里,管道直径219.1毫米,材质L360,设计压力6.3兆帕,站场1座,年设计输气能力2.5亿立方米。2005年10月9日开工,2008年9月3日建成投产。

（5）滕州至临沂支线。滕州至临沂支线西接滕州分输站，东到临沂分输站，全长 87.5 公里，管道直径为 406.4 毫米，材质 L360，设计压力为 6.3 兆帕，站场 1 座，线路截断阀室 3 座，年设计输气能力 6.5 亿立方米。2005 年 4 月 30 日开工，2006 年 7 月 22 日建成投产。

（6）曲阜分输站至济宁支线。曲阜分输站至济宁支线东起曲阜分输站，西至济宁末站，线路长度 40.1 公里，管道直径 323.9 毫米，材质 L360，设计压力 6.3 兆帕，站场 2 座，年设计输气能力 6.5 亿立方米。2006 年 12 月 9 日开工，2008 年 9 月 1 日建成投产。

（7）邳州压气站工程。邳州压气站工程主要解决冀宁管道向西气东输管道输气的制约问题，并可进一步增强沿线市场的事故保安供气能力。2009 年 12 月 31 日，工程取得江苏省发展和改革委员会核发的项目核准文件《省发展改革委关于同意冀宁线邳州站扩建工程项目开展前期工作的通知》（苏发改办发〔2009〕1884 号），将原邳州站扩建为邳州压气站。

工程位于江苏省邳州市赵墩镇天庙村西气东输邳州站旁。除扩建外，对冀宁线上的扬州分输站、淮安分输站、宿迁分输站增加小型加热炉。2009 年 7 月完成冀宁南段增压工程可行性研究报告，2009 年 8 月 20 日取得可行性研究报告批复。2009 年 9 月 24 日及 2010 年 1 月分别组织对该项目初步设计进行审查。邳州压气站工程于 2010 年 9 月 13 日开工，2012 年 2 月 25 日完工，1♯机组于 2011 年 12 月 15 日完成 72 小时试运交付使用，2♯机组于 2012 年 2 月 26 日完成 72 小时运行交付使用。

邳州压气站总占地面积 24 667 平方米。整个厂区按照功能分为综合办公区、综合设备间、压缩机备品备件库、变频设备间、35 千伏变电站、压缩机厂房区、辅助生产区、工艺装置区、进出站 ESD 阀区、排污区和放空区。主要设备为西门子公司成套提供电驱动压缩机组 2 套，安装在压缩机厂房内，运行方式为双机运行。

冀宁支线管道工程与西气东输管道工程同期同时通过国家能源局组织的国家级竣工验收。建成后的冀宁支线管道工程，是全国性天然气基干管网的一部分，不仅使西气东输管道与陕京二线联网成环，还与淮安刘庄地下储气库、华邳州压气站直接相连，为我国实现天然气管道供气系统气源多元化、管道网络化、气库配套化、管理自动化奠定基础，而且可以实现双向供气，具有调气、配气功能，对保证中国石油向京沪安全供气、使冀、鲁、苏地区上千万人民用上高效、洁净的天然气，促进冀、鲁、苏地区经济发展、构建全国性天然气管网都具有重要意义。

二、淮武支线管道工程

淮武支线管道工程是西气东输管道和忠武输气管道的联络线工程，是忠武输气管道的后备保障工程。在该工程建成前，两湖地区只有忠武输气管道一条天然气管线，一旦发生事故，两湖地区人民的正常生活将受到严重影响。

2005 年 8 月 15 日，股份公司以《关于西气东输淮武支线管道工程可行性研究报告的批复》（石油计字〔2005〕238 号）批复了淮武支线管道工程可行性研究报告。淮武管道北接西气东输管道干线淮阳分输清管站，向南经商水县、项城市、平舆县、新蔡县、息县、潢川县、光山县、新县进入湖北省，经红安县、武汉市黄陂区、东西湖区到达忠武线武汉西计量站。途经河南、湖北两省，线路全长 444.1 公里，管道直径 610 毫米。淮阳至潢川段 172.3 公里，管道材质 L360，潢川至武汉段 271.8 公里，管道材质 L415，设计压力 6.3 兆帕，站场 1 座，线路截断阀室 20 座，年设计输气能力 15 亿立方米。工程于 2005 年 11 月 20 日开工，2006 年 12 月 14 日建成投产。

淮武支线管道工程与西气东输管道工程同期同时通过国家能源局组织的国家级竣工验收。淮武支线管道的建成，实现了川渝气区、长庆气区和塔里木气区的联网，保证了两湖地区供气安全的可靠性，为实现华中地区的气源多元化、输气网络化、供气稳定化和管理自动化的目标奠定了基础。

三、兰州至银川支线管道工程

兰州至银川支线管道工程是涩宁兰管道、西气东输管道、长宁管道的联络管道，主要功能是将涩宁兰管道用户在非采暖期富余的天然气输往银川，同时也可接收西气东输管道来气，为涩宁兰管道和银川提供保安用气。

兰州至银川输气管道工程包括5个初步设计单报单批的项目，分别为兰州至银川输气管道工程（简称兰银干线及支线工程）、兰州至银川输气管道银川末站工程（简称银川末站工程）、兰银线河口压气站工程（简称河口压缩机工程）、兰银线及长宁线压气站工程（简称银川压缩机工程）、兰银线景泰支线供气工程（简称景泰支线工程），其中兰银干线及支线工程、银川末站工程、河口压缩机工程为同一可研报告、同一项目核准报告批复中的工程建设内容（统称兰银"1干1支"工程），银川压缩机工程、景泰支线工程为单独立项、单独备案批复的项目。

2006年6月22日，集团公司以《关于西气东输兰州至银川支线管道工程可行性研究报告的批复》（石油计字〔2006〕157号）批复了兰州至银川管道工程可行性研究报告；2007年5月12日，国家发改委以《国家发展改革委关于西气东输兰州至银川支线管道工程项目核准的批复》（发改能源〔2007〕987号）对兰州至银川支线管道工程进行了核准。

兰州至银川输气管道工程线路全长482.3公里，共设工艺站场5座，线路截断阀室16座（其中干线4#、6#、10#、13#为分输阀室），阴极保护站6座（其中4座与站场合建，2座与干线4#、11#阀室合建）。

（一）兰银"1干1支"工程

干线工程起自涩宁兰管道31#阀室附近的河口分输压气站，在甘塘与西气东输管道联网，经内蒙古阿拉善左旗，到达宁夏回族自治区永宁县，线路全长401.6公里，管径610毫米，设计压力10兆帕，采用X70钢级的螺旋埋弧焊管和直缝埋弧焊管。线路具备35亿立方米/年的输送能力，干线站场设备按最大输量460万立方米/天设计。沿线设河口分输压气站、甘塘联络站2座工艺站场、13座线路截断阀室和5座阴极保护站（与站场、阀室合建）。管道穿越铁路10次，穿越高速公路3次，穿越等级公路34次，大开挖穿越庄浪河7次，410米泉儿沟隧道1处，修筑伴行道路37.9公里。

白银支线起自干线4#分输阀室，终点为白银末站，线路长56公里，管径273毫米，设计压力6.4兆帕，采用X52钢级的直缝电阻焊钢管，设计输气能力2亿立方米/年，设白银末站、1座线路截断阀室和1座阴极保护站（与白银末站合建）。管道穿越铁路4次，等级公路1次。

河口分输压气站的主要功能为接收涩宁兰管道来气，经过滤、调压、增压后输往兰银管道；接收西气东输管道来气，经调压后输往涩宁兰管道；采用超声波流量计，正、反输共用一套计量系统。甘塘联络站主要功能为接收涩宁兰管道来气，输往银川；接收西气东输管道来气，为涩宁兰管道和银川提供保安用气；采用超声波流量计，并具备双向计量的功能。

白银末站的主要功能为接收干线4#分输阀室来气，经分离、调压、计量后输往门站。

银川末站工程线路长20.3公里，设计标准与干线一致，设银川末站（在长宁线末站基础上扩建）、2座线路截断阀室和1座阴极保护站（与银川末站合建）。管道穿越铁路1次，高速公路1次，城市规划道路4次。银川末站的主要功能为接收上游来气，经分离、计量、调压后输往长宁线末站。

河口压缩机工程是从陕京线灵丘压气站搬迁1套燃驱压缩机组至河口分输压气站，包括压缩机组的拆、搬、运、安装调试及新增压缩机厂房等相关配套工程，是将涩宁兰管道来气增压后输往兰银管道。

(二）银川压缩机工程

该工程包括长宁线靖边站的1套燃驱压缩机组搬迁至银川末站，以及对长宁线末站和靖边站流程进行相应改造，在银川站原有站控系统中增加部分I/O模块，利用原有通信系统，增设压缩机组工业电视监控设备，新增压缩机厂房、综合设备间、消防泵房及油料库房等相关配套工程。银川压缩机工程建成实现了将兰银管道来气增压后经长宁管道输往靖边的功能。

（三）景泰支线工程

起自干线6#阀室，终点为景泰门站，线路长4.4公里，管径168毫米，采用L245直缝电阻焊钢管，三层PE防腐，设计压力4.0兆帕，设计输气能力0.75亿立方米/年，设景泰分输站。管道穿越铁路1次，穿越公路2次。

景泰分输站的主要功能为接收干线6#阀室来气，经分离、调压、计量后输往门站。该站采用涡轮流量计。

兰州至银川输气管道工程与西气东输管道工程同期同时通过国家能源局组织的国家级竣工验收。建成后的兰州至银川输气管道工程将涩宁兰管道、西气东输管道、长宁管道连通，实现新疆、青海、长庆三大主力气田联网，提高了西宁、兰州、银川等地供气的可靠性和安全性。银川压气站加大了青海气田天然气外输能力，促进了青海油气田上产，满足了甘蒙宁三省区用气需求，成为推动当地能源结构调整的重点工程建设项目，同时也为保障陕京线气源，确保北京奥运会期间天然气的平稳供应发挥了重要作用。景泰支线工程为惠民工程，管道建成后改善了能源结构，大大降低了大气中烟尘、粉尘、二氧化硫、二氧化碳、氮氧化物的排放量，极大地改善了景泰县环境污染状况，提高了环境质量。

第五节　支线管道

一、江都至如东天然气管道项目

江都至如东天然气管道项目是将气态LNG输往管道沿线、冀宁管道和西气东输沿线用户的重要连接管道，是实现"海气登陆"的必由通道。

江都至如东天然气管道项目包括一期工程、如东至南通段、泰兴至芙蓉段3部分。江都至南通段线路全长160.8公里，站场5座，阀室8座；如东至南通段线路全长59公里，站场1座，阀室3座；泰兴至芙蓉段线路全长约55.3公里（其中长江穿越控制性工程采用直径711毫米管道，A、B两条线定向钻穿越长江，其中A线水平长度4 683.8米，B线水平长度4 599.5米）、站场3座（其中芙蓉站为扩建站）、监视阀室3座。设计压力10兆帕，管道直径1 016毫米，设计输量135亿立方米/年，全线采用X70级直缝埋弧焊钢管。

一期工程总投资20亿元，2005年3月18日与冀宁管道一起得到国家发改委核准；如东至南通段总投资7.8亿元，2007年4月28日取得国家发改委核准；泰兴至芙蓉段总投资14.4亿元，2013年2月18日取得国家发改委核准。

江都至如东天然气管道项目一期工程于2009年5月16日开工，2010年10月主体完工；如东至南通段于2010年3月12日开工，2011年3月主体完工；泰兴至芙蓉段于2011年5月7日开工，2013年12

月3日完工。2010年6月29日,江都至泰州段先行投产;2011年5月18日,泰州至如东段投产;2014年9月15日泰兴至芙蓉段投产。2011年12月24日,一期工程及如东至南通段工程交工验收;2014年11月11日,泰兴至芙蓉段交工验收。在泰兴至芙蓉段中的长江定向钻穿越创造了陆上定向钻最长穿越距离。

江都至如东天然气管道将气态LNG输往管道沿线用户,并可以经江都分输清管站输往冀宁管道,与冀宁管道和西气东输管道构成局部环网,同时通过泰兴至芙蓉段过江管道,输往西气东输管道,进一步保障沿线用户及苏中、苏南用户的用气安全,避免了单气源、单管线、多用户的管道结构下管道本身安全可靠供气的局限性。

二、山西沁水煤层气管道工程

2007年,股份公司提出了"山西沁水盆地煤层气外输管道工程"建设项目,计划向西气东输干线及山西省煤层气集输公司供气。工程位于山西省晋城市沁水县境内。管道首站位于金峰村,在华北油田煤层气中央处理厂内;线路截断阀室1座,位于张沟村,在QS062—QS063桩间;末站包括5台往复式压缩机位于小岭村,与西气东输沁水压气站合建。线路总长34.667公里,管径为610毫米,管线材质为X65螺旋缝埋弧焊钢管,采用三层PE普通级防腐。

工程共设置压缩机组5台,运行方式为4用1备。一期工程安装的3台机组为江汉三机长提供的国产往复式压缩机,单台压缩机组电机功率为2000千瓦,转速为990转/分钟,压缩机单机排量约为5.7亿立方米/年。压缩机型号为4RDSA-1,采用四缸一级压缩;驱动机采用瑞典生产的防爆电机驱动;空冷器冷却,由单独的防爆电机驱动。压缩机引进美国Dresser-Rand公司技术、对称平衡型往复式活塞压缩机。压缩机组橇装,共分两个橇:压缩机、主电机一个橇,空冷器一个橇。压缩机组结构紧凑,安装维修方便。

二期工程第四台机组为北京杰利阳公司提供的进口喀麦隆MH62型800千瓦小排量电驱往复式机组国内成橇,主电机选用佳木斯YB630型;第五台机组采用的是进口喀麦隆MH64型2000千瓦电驱往复式机组国内成橇。

工程于2008年6月6日点火开焊;2009年2月14日沁河穿越施工;2009年2月21日阀室(土建、工艺、电气、仪表、场区竖向)施工;2009年4月26日阀室施工完成;2009年3月21日首站(土建、工艺、电气、仪表、场区竖向)施工;2009年4月2日首站施工完成;2009年9月5日西气东输主干线动火连头;2009年9月6日动火施工完成;2009年9月15日煤层气注入西气东输主干线;2010年3月25日二期开始施工;2010年5月31日完成投产。2013年4月第五台压缩机组建成达到投产条件。

三、甪直至宝钢天然气管道项目

2009年2月27日,国家能源局以《关于同意甪直至宝钢输气管道项目开展前期工作的复函》(国能局油气〔2009〕77号)对该工程进行立项。

甪直至宝钢输气管道工程线路全长72.9公里(其中新建管道50.5公里、收购苏创管道22.4公里)、阀室4座、站场1座。管道设计压力4兆帕,管道直径610毫米,设计输量20亿立方米/年,全线采用L360螺旋缝埋弧焊钢管,三层聚乙烯结构外防腐层及外加强制电流阴极保护。工程于2009年10月15日开工,2010年6月25日完工。2010年7月16日,管道工程建设项目部会同苏浙沪管理处、设计、监理、施工单位对甪直至宝钢输气管道工程进行预验收检查,2010年7月20日前完成预验收存在问题整改工作。2011年8月19日管道正式投产。

四、长宁支线

1993年9月13日,宁夏回族自治区计划委员会下发《关于成立陕甘宁气田至银川输气管道工程筹建处的通知》(宁计化发〔1992〕373号),筹划建设陕甘宁气田至银川输气管道工程。1995年4月4日,宁夏回族自治区计委和长庆石油勘探局共同出资组建宁夏天然气有限责任公司。同年6月8日,国家计划委员会批复同意建设由陕甘宁气田到银川的输气管道,管道全长323公里,年输气量4亿立方米。1997年3月23日,陕甘宁气田至银川输气管道永宁试验段工程开工。5月4日,宁夏回族自治区计划委员会批复同意陕甘宁气田至银川输气管道工程的初步设计,批准项目管道全长313公里。7月,工程建设全面开工。1998年8月20日,长宁支线管道工程全线完工。2000年7月1日,长宁管道通过验收后正式投入运营。

2007年底,中国石油全资收购宁夏回族自治区政府持有的长宁公司股权,于2008年1月成立长宁输气分公司,划归西气东输管道公司管理。2012年,按照股份公司调整管道管理体制要求,公司将长宁分公司所辖兰银线甘肃段(以甘宁两省交界处为界)的业务、人员及资产整体划入西部管道分公司,自此,西气东输管道公司所辖长宁支线减少白银分输站、景泰站两站和阀室8座,减少所辖兰银管线190公里和白银支线(56公里)、景泰支线(60公里)。

五、西气东输二线与川气东送管道互联工程

川气东送天然气管道(简称"川气东送")西起川东北普光首站,东至上海末站,全长约2166公里,设计输量120亿立方米/年,主要目标市场为江苏、浙江、上海等长三角地区。

2012年6月14日,湖北省发展和改革委员会核准建设西二线管道与川气东送管道的联络线。该工程总投资9137万元,2012年12月19日开工,2013年10月28日完成置换投产。

西二线与川气东送管道互联工程线路起自姜家湾联络站,在武穴四望镇向边村与西二线相连、与川气东送在姜家湾阀室相连。线路用管X70级钢材,管径813毫米,外防腐层采用三层PE加强级。管道全长1506公里,新建站场1座,设计压力10兆帕,设计调气能力2286万立方米/天。该管道的建成对西二线、川气东送管道的运行安全以及西二线、川气东送管道天然气资源调配都具有重要意义,西二线通过与川气东送互联管道向川气东送补气,实现了资源串换,满足了川渝地区的用气需求,提高了西二线与川气东送管道的安全性和可靠性。

六、樟树至湘潭联络线

樟树至湘潭联络线起自干线的樟树分输站,止于湘潭末站,沿线经2省,12市、县,全线长约262.2公里。管径660毫米,采用API5L X70钢管,三层PE外防腐层,设计压力为10兆帕,设计输量为40亿立方米/年。全线设置新余分输站、宜春分输站、萍乡分输站、醴陵分输站、株洲分输站和湘潭末站6座工艺站场,10座线路截断阀室。该管道实现西二线向湖南供气,并与忠武线襄樊支线联网。

樟树至湘潭联络线是西二线向湖南省供气的主干管线,同时,该支干线在湘潭末站与忠武线湘潭支线联络,实现联网调气和保安供气。樟树湘潭联络线全线共有河流大中型穿越7处,各站均新建1路10千伏外电线路,线路总长8.5公里。

七、西气东输二线中卫至靖边联络线

西气东输二线中卫至靖边联络线起自宁夏中卫联络压气站,经中宁县、红寺堡开发区、太阳山开发区、盐池县进入陕西定边县至靖边联络站,线路长度347.1公里,设计年输量100亿立方米,管径1 016毫米,设计压力10兆帕。沿线设盐池清管站和靖边联络站2座站场,线路截断阀室13座,其中RTU阀室1座。

八、黄陂至淮武线联络线

黄陂至淮武联络线在西二线与淮武线交叉点设联络站场(黄陂联络压气站),并通过淮武线与忠武线、西一线联络。该联络线全长4公里,自西二线黄陂联络压气站出站,折向东北方向与西二线东段干线(湖北黄陂段)并行敷设,经香店、张家细垮、夏家店至肖陈家垮;此后管道折向东南方向敷设,与已建淮武线干线管道连接。

管道所用钢管直径为508毫米,采用X52直缝电阻焊钢管,防腐层采用高温型三层PE普通级或高温型三层PE加强级防腐,设计输送压力6.3兆帕。联络线二级地区段管道壁厚7.9毫米,二级地区内的学校、医院、人群集中的地段,输气站内管道及其上、下游各200米管道,截断阀室及其上、下游各50米管道(其距离从输气站和阀室边界线起算)管道壁厚9.5毫米。

九、贵港至玉林供气支线

2012年2月24日,股份公司以石油计〔2012〕44号《关于西气东输二线贵港至玉林支线工程可行性研究报告的批复》,批复了贵港至玉林支线可研报告;2012年6月25日,广西壮族自治区发改委以桂发改能源〔2012〕706号《广西壮族自治区发展和改革委员会关于西气东输二线贵港至玉林支线工程项目核准的批复》,核准了该项目。

贵港至玉林支线起自西二线广州至南宁支干线的贵港首站,止于玉林末站,线路全长103公里,管径406.4毫米,设计压力6.3兆帕,设计输量为7.4亿立方米/年,2020年达到设计输量,投资约5.3亿元。设站场2座,分别为贵港首站、玉林末站。其中贵港首站在西二线广州至南宁支干线贵港分输压气站基础上扩建。干线设线路截断阀室6座,其中4座监控阀室,2座监视阀室。工程于2012年4月1日开工建设,2015年12月29日正式投产,同年12月31日完成管道管理权移交。

十、南宁至百色供气支线

2011年12月14日,股份公司以石油计〔2011〕323号《关于西气东输二线南宁至百色支线工程可行性研究报告的批复》,批复了南宁至百色支线可研报告;2014年6月6日,广西壮族自治区发改委以桂发改能源〔2014〕675号《广西壮族自治区发展和改革委员会关于西气东输二线南宁至百色支线工程项目核准的批复》,核准了该项目。

南宁至百色支线工程起南宁首站,止于百色末站,线路长300公里。南宁首站至吴圩分输清管站段管径为660毫米,吴圩分输清管站至百色末站段管径为457毫米,设计压力6.3兆帕,设计输量为16.91亿立方米/年,用气预计2020年达到设计输量,投资约14亿元。设3座站场,分别为南宁首站、吴圩分输清管站和百色末站。其中南宁首站在西二线广州至南宁支干线南宁末站基础上建设,共同使用站内的公共设施;沿线设阀室17座,其中7座监控阀室,10座监视阀室。工程于2012年4月1日开工建设,其中南宁至吴圩段管道长55公里,2014年8月13日投产,同年8月21日与股份公司西南管道南宁输油气分公司完成管理权移交。吴圩至百色段于2014年12月底机械完工,2015年6月30日正式投产,同年7月20日完成管道管理权移交。

十一、苍梧至贺州供气支线

2012年3月8日,股份公司以石油计〔2012〕51号《关于西气东输二线苍梧至贺州支线工程可行性研究报告的批复》,批复了苍梧至贺州支线可研报告;2012年6月25日,广西壮族自治区发改委以桂发改能源〔2012〕707号《广西壮族自治区发展和改革委员会关于西气东输二线苍梧至贺州支线工程项目核准的批复》,核准了该项目。

苍梧至贺州支线起自西二线广州至南宁支干线的梧州分输清管站,止于贺州末站,线路长度约212公里,管径406.4毫米,设计压力6.3兆帕,设计输量为8.8亿立方米/年,2020年达到设计输量,投资约8.9亿元。设置站场4座,分别为梧州首站、苍梧分输站、长洲分输站、贺州末站,其中梧州首站在西二线广州至南宁支干线梧州分输清管站基础上扩建,苍梧分输站、长洲分输站与昆仑利用站场合建。沿线设阀室8座,其中5座监控阀室,3座监视阀室。工程于2014年2月机械完工,2014年10月23日完成试投产工作,同年10月29日正式与股份公司西南管道南宁输油气分公司完成管理权移交。

十二、西二线洛阳支线工程

2011年3月21日,股份公司以石油计〔2011〕48号文批复了西二线洛阳支线的可行性研究报告,河南省发改委以《河南省发展和改革委员会关于西气东输二线洛阳支线输气管道项目核准的批复》(豫发改能源〔2011〕1938号),批准在河南省洛阳市伊川县建设西二线洛阳支线管道工程。

西二线洛阳支线管道工程建设范围包括输气线路、洛阳分输站改造、新建洛阳末站和线路截断阀室。管道起自干线洛阳分输站,止于伊川县小庄村的洛阳末站,全线位于河南省伊川县境内。线路宏观走向由南向北,全线穿越的主要河流、公路有土沟河、省道S323、省道S322、洛栾快速通道。线路长度为25.2公里,设计压力为6.3兆帕,管径508毫米,设计输量28.6亿立方米/年,采用L415直缝埋弧焊钢管。全线采用顶管方式穿越公路2次,管道沿线设置监视阀室1座。洛阳末站担负向河南煤业和洛阳市的分输任务。初步设计批复概算约投资1.6亿元。

西二线洛阳支线管道工程于2011年7月5日开工,同年12月9日投产,2012年11月15日交工验收。

十三、江西二期管网工程

江西省天然气管网二期工程是承接西二线入赣天然气的工程,依托西二线在江西省境内1干2支上的分输站及分输阀室建设相应的接收站或分输站,通过管线向南昌、九江、萍乡、宜春、吉安、赣州、新余、上饶、鹰潭9市供气。江西天然气管网二期工程共设输气站26座,维修队1支(鹰潭维修队),管线约332.7公里。江西二期管网工程于2011年4月25日陆续开工建设,8月27日第一批工程项目完工,9月19日陆续投产。

十四、忠县至武汉输气管道工程

忠县至武汉输气管道工程(简称"忠武线")是继西气东输工程之后,国内兴建的又一条长距离输送天然气的能源大动脉,主要功能是将川渝盆地新发现的气田气自西向东运输至湖北、湖南两省。

该工程包括 1 条干线、3 条支线,2003 年 8 月 28 日正式开工。干线由重庆忠县至湖北武汉东,3 条支线分别为武汉至黄石支线、荆州至襄樊支线、潜江至湘潭支线;线路总长 1 347.3 公里;建设工艺站场 21 座、阀室 38 座、维抢修中心 1 个、维修队 1 支、调度控制中心 1 处。其中,忠县至武汉东干线、荆州至襄樊支线、武汉至黄石支线于 2004 年 11 月 16 日同时投产,潜江至湘潭支线于 2005 年 5 月 26 日投产。

忠县至武汉东干线管道西起重庆市忠县首站,东至武汉市江夏区武汉东计量站,线路长度为 718.9 公里,其中 400 余公里在渝东和鄂西山区。管道途经重庆、湖北两省(市)16 个县级行政区。管道沿线共设忠县首站、恩施清管站、恩施计量站、椰坪清管站、宜昌计量站、枝江计量站、荆州计量站、潜江计量站、仙桃计量站、武汉西计量站、武汉东计量站等 11 座工艺站场以及 22 座线路截断阀室。

荆州至襄樊支线起于枝江计量站,沿途经过 6 个县级以上行政区,止于襄樊计量站,长度 210 公里。设荆门计量站、宜城计量站、襄樊计量站等 3 座工艺站场以及 6 座线路截断阀室。

武汉至黄石支线起于武汉市江夏区的武汉东计量站,沿途经鄂州市,止于黄石计量站,长度 77.9 公里。设鄂州计量站、黄石计量站 2 座工艺站场,1 座线路截断阀室。

潜江至湘潭支线起于潜江计量站,沿途经过 9 个县级行政区,止于湘潭计量站,长度 340.5 公里。设监利计量站、监利清管站、岳阳计量站、长沙计量站、湘潭计量站等 5 座工艺站场以及 9 座线路截断阀室。

忠武线的建设十分重视管道沿线的生态环境保护,有针对性地采用新材料、新技术、新工艺。针对山区复杂地质、高山、河谷地段,采用了不同的山地管道通过方式,管道全线设置 27 座山岭隧道,隧道总长 9.4 公里。7 处山区段河流采用了塔架式和无塔架式两种悬索跨越结构形式,并在国内首次创新使用热聚乙烯半平行钢丝索作为主索。四穿长江、一穿汉江,为国内管道工程穿越长江次数最多、单次穿越长度最长。首次使用钻爆法隧道穿越长江,忠县长江穿越总长度 1 661.3 米,为当时国内油气管道钻爆法穿越之最。城陵矶长江穿越首次采用定向钻、大开挖、钻爆隧道、盾构隧道 4 种形式相结合的穿越长江方法,首次将钻爆法隧道应用于断裂带密集地层结构,穿越总长度 4 808 米,为长江穿越之最。输气工艺采用单管枝状多气源密闭输送,管道沿线各计量站分输调压、计量系统在国内首次采用了先进的限流、限压工艺控制系统。针对大量的山区水工保护,工程引入量化设计模式和环保生态技术的应用,将植生带护坡应用于工程中。

忠武线建成后,由单向输气调整为双向输气,成为连接川渝地区和华中地区重要的通道,有效提高了管网运行效率,成为全国干线管网的重要组成部分。

十五、忠武线忠县站增压工程

为满足西南油气田分公司天然气外输需求,公司决定将冀宁联络线泰安压气站压缩机组搬迁至忠武线忠县站,使忠武线输气能力达到 450 万—595 万立方米/天,压缩机组换芯后,输气能力升达 759 万—800 万立方米/天。2016 年 5 月 19 日,该工程取得了重庆市发展和改革委员会核发的项目核准文件《重庆市发展和改革委员会关于忠武线忠县站增压工程项目核准的批复》(渝发改油气〔2016〕602 号)。

忠县压气站工程于 2016 年 8 月 12 日开工,工程位于重庆市忠县境内,选址位于忠州镇灯树村。泰安站原有 2 台 7 兆瓦橇装燃驱压缩机组及配套的空冷器、油冷器、空压机和 1 套燃料气调压橇搬迁至忠县压气站,并更换2台燃驱压缩机组机,压缩机组ISO功率7.1兆瓦,1用1备运行,忠县站增压改造后设计输送能力800万立方米/天(夏季)。

十六、钦州至南宁成品油管道

钦州至南宁成品油管道是公司管理运营的第一条成品油管道,前身是广西石化成品油管道,属于广西石化1000万吨/年炼油项目的重点配套工程。管道全长170公里,设计输量为500万吨/年。全线设钦州首站、南宁末站2座站场。2011年5月,由广西石化移交西气东输管道公司。2012年10月20日,按照集团公司油气管道区域化管理调整安排,钦州至南宁成品油管道工程移交西南管道公司。

十七、南宁至柳州成品油管道

南宁至柳州成品油管道是公司第一条自主建设和运行的成品油管线,也是公司首次采用EPC模式进行招标建设的工程。2010年10月,由广西销售分公司移交至公司负责建设。该工程全长186.7公里,设计规模为300万吨/年。沿线设置南宁分输注入泵站、柳州末站2座站场以及11座阀室、1座界面检测间,与管道同沟敷设硅芯管光缆。工程于2011年2月20日开工建设,同年12月30日线路工程完工。柳州末站建设在广西销售承担的柳州油库内,2013年3月开工建设,同年8月30日机械完工。2014年12月30日,南宁至柳州成品油管道管理权移交西南管道公司。

十八、金坛至溧阳支线

该工程是江苏省"十二五"规划中的天然气支线之一,也是落实企业和地方政府签署的战略协议的组成部分,工程供气范围涵盖金坛、溧阳2市,并兼顾溧水、高淳两地的用气需求。工程于2014年7月17日开工,2016年1月底完工。工程建成后实现了"2015年中国石油向江苏省供应天然气260亿立方米/年,实现江苏省市市通气、县县通气、镇镇通气、村村通气"的目标。

金坛至溧阳支线起于西气东输储气库西注采站,止于溧阳市南渡分输站。管道线路全长53公里,管径508毫米,设计压力6.3兆帕。沿线设金坛首站(扩建)、南渡分输站及2座阀室。

十九、如东至海门至崇明岛管道工程

该工程北起江都至如东管道二期工程如东分输清管站,南至上海市崇明岛燃气门站,2014年11月15日开工,2015年9月完工。管道线路全长85公里,管径610毫米,设计压力10兆帕。管线在海门和崇明岛之间采用定向钻方式穿越长江(3.4公里)。沿线设如东首站(扩建)、海门末站及6座阀室。

二十、中卫至靖边联络线工程

中卫至靖边支干线是西气东输系统与陕京线系统的重要联络通道,承担了向陕京二、三、四线供气的任务。

2013年6月4日,股份公司以石油计〔2013〕153号《关于西气东输三线中卫至靖边联络线工程可行性研究报告的批复》,批复了西三线中卫至靖边联络线工程可研报告;2014年5月22日,国家发展和改革委员会以发改能源〔2014〕1000号《国家发展改革委关于西气东输三线天然气管道中段(中卫至吉安)

项目核准的批复》，核准了该项目。2016年3月23日，股份公司以石油气〔2016〕48号《关于西气东输三线中卫至靖边联络线工程初步设计的批复》批复了该项目的初步设计。

该线路起于宁夏回族自治区中卫市常乐镇中卫联络站，止于陕西省靖边县的靖边站，总长度363公里。设计输气能力为300亿立方米/年，设计压力12兆帕，管径1219毫米，总体宏观走向并行于西二线中卫至靖边联络线。

全线设输气站场2座，分别是中卫联络站、盐池清管站，均与西气东输系统原站场合建。靖边站纳入陕京四线工程范围。全线设阀室15座，其中分输监控3座、监控阀室2座、监视阀室10座。

工程于2016年8月15日正式开工建设，截至2016年12月27日，累计完成综合进度37.18%。

二十一、长沙支线

西气东输三线长沙支线位于湖南省长沙市境内，线路总体由东向西敷设。起于西三线中段干线安沙分输清管站，途经长沙市长沙县、望城区到达湘江以西的望城末站，线路长度45.1公里，设计压力6.3兆帕，管径508毫米，设计输气能力30亿立方米/年，全线采用X52M级钢管。

全线设安沙分输清管站和望城末站2座站场，其中安沙分输清管站只建发球筒和放空立管等先期工程相关工艺设备管道及配套设施，不设定员；望城末站与下游长沙至益阳支线望城首站合建。全线设线路截断阀室2座，1#监视阀室及2#B类监控阀室。工程共经河流大型穿越2175米/1处，河流中型穿越528米/2处。

由于西三线中段干线延期建设，为实现长沙支线近期用气目标，工程就近从忠武线潜江至湘潭支线开孔接气，经连接线管道接引到现西三线中段干线安沙分输清管站址处，再向长沙支线下游输气。连接线路长度0.49公里，设计压力6.3兆帕，管径508毫米，采用X52M级钢管。沿线河流大型穿越1处，河流中型穿越2处。远期西三线中段干线建成后，正常接入西三线气源，经干线安沙分输清管站过滤调压后去往长沙支线分输支路，输送至望城末站。

第六节 适应性改造工程

分输站场扩能改造主要是在原有分输站内增加分输设施达到为地方供气的要求。对于原分输站场内无法满足新增用户用气需求的，考虑将线路阀室改建为分输站，增加分输设施为新增用户供气。西气东输从2004年投产至今，实施了100多个站场适应性改造项目，项目分布在宁夏、陕西、山西、河南、河北、安徽、山东、江苏、浙江、湖南、湖北、上海、广东、内蒙古等14个省份，呈现点多面广的分布特点。从2005年西气东输全线商业运营，到2008年，西气东输管道公司共组织了滁州分输站扩建、淮阳分输站扩建、薛店分输站扩建、上海末站扩建、济南分输口、徐州分输口等10余个适应性改造项目的建设。随着西气东输管道输量逐年增大，站场适应性改造项目逐年增多，建设速度加快，建设水平提高，2009年完成了8个适应性改造项目，2010年完成16个适应性改造项目，2011年完成24个适应性改造项目，2012年完成23个适应性改造项目，2013年完成24个适应性改造项目，2014年完成20个适应性改造项目，2015年完成7个适应性改造项目，2016年开工建设22个适应性改造工程，具体名录如下：

2009年建设项目（8个）：

泰安站适应性改造工程，

镇江站适应性改造工程，

无锡维修队工程，

合肥末站适应性改造工程，
马莲湖分输站工程，
青山站适应性改造工程，
芜湖站适应性改造工程，
定远站适应性改造工程。

2010年建设项目(16个)：
利辛分输站供气适应性改造工程，
江都分输站为新增江都中油用户适应性改造工程，
无锡分输站为新增无锡华润用户适应性改造工程，
滁州分输站为新增滁州新奥用户适应性改造工程，
常州分输站为新增江阴天力用户适应性改造工程，
博爱分输站为新增昆仑燃气用户适应性改造工程，
合肥末站为新增昆仑燃气用户适应性改造工程，
东桥分输站为新增苏州中油用户适应性改造工程，
上海末站为新增昆仑压缩用户适应性改造工程，
蒲县压气站为新增山西天然气用户适应性改造工程，
青山分输站为新增昆仑利用等两用户适应性改造工程，
武进分输站给洛社供气适应性改造工程，
德州末站为新增陵县中邑和景县能生两用户适应性改造工程，
泰安分输站为泰安金鸿供气适应性改造工程。

2011年建设项目(24个)：
银川末站适应性改造工程，
银川站LNG接管用气工程，
西气东输一线82号阀室为子长县供气适应性改造工程，
冀宁线15#阀室为新增泗阳荣浩用户适应性改造工程，
江都—如东管线3#阀室为新增中油中泰用户适应性改造工程，
合肥末站适应性改造工程，
济南分输站新增济南汉岳用户改扩建工程，
德州分输站为新增昆仑燃气、德州联油两用户改扩建工程，
连云港分输站适应性改造工程，
薛店分输站新增河南中油等两家用户适应性改造工程，
南通分输站适应性改造工程，
曲阜分输站新增昆仑利用用户改扩建工程，
济宁末站新增昆仑利用用户改扩建工程，
如皋分输站适应性改造工程，
如东分输站适应性改造工程，
小雪分输站适应性改造工程，
淮安分输站适应性改造工程，
徐州分输站适应性改造工程，

芜湖末站为新增昆仑燃气用户适应性改造工程，
定远分输压气站为新增瑞冉新能源用户改扩建工程，
淮阳分输压气站为周口电力等两用户改扩建工程，
冀宁线12#阀室为新增昆仑燃气等两用户改扩建工程，
宝钢支线3#阀室为新增昆仑苏创等四用户适应性改造工程，
彭阳分输压气站为彭阳金地燃气公司站场扩能改造项目。

2012年建设项目(23个)：
龙池分输站为新增南京中燃等两用户适应性改造工程，
龙池分输站为南京星桐等两家用户供气站场扩能改造工程，
青山分输站为江苏华电仪征热电公司站场扩能改造项目，
冀宁线28#阀室为新增肥城华益晨用户改扩建工程，
济南分输站为新增山东西能用户改扩建工程，
宝应分输阀室为新增江苏大通等两家用户适应性改造工程，
西气东输一线135#阀室扩建为苏州分输站工程，
吴江站为大唐吴江热电用户供气站场扩能改造，
郑州分输压气站为河南天泰天然气公司站场扩能改造项目，
利辛分输站为新增南方博能燃气公司(CNG项目)供气站场扩能改造工程，
西二线江北分输站为新增襄樊昆仑燃气用户改扩建工程，
西气东输一线及西气东输二线盐池站连接工程，
兰银线甘塘站改扩建工程，
合肥末站为新增安徽中国石油昆仑合燃压缩气公司(CNG项目)供气站场扩能改造，
银川站3号工艺区为哈纳斯及宁夏石化用户站场扩能改造项目，
湘潭至娄底至邵阳供气管道供气改造工程，
樟树分输站为昆仑利用用户供气工程，
泰兴站为泰兴新奥燃气公司供气站场扩能改造工程，
无锡分输站为新增东亚燃气电厂用户供气站场扩能改造工程，
忠武线湘潭末站为新增衡阳及湖南中油用户供气站场扩能改造工程，
长沙分输站为长沙新奥等两家用户供气站场扩能改造工程，
宜昌分输站为宜昌中燃等三家用户供气站场扩能改造工程，
枝江分输站为枝江天然气等两家用户供气站场扩能改造工程。

2013年建设项目(24个)：
荆门分输站为昆仑燃气用户供气站场扩能改造工程，
武汉西站为武汉中油等两用户供气站场扩能改造，
忠武线潜江分输站为潜江华润用户供气站场扩能改造，
忠武线荆州清管站改扩建工程，
薛店分输站为新增新郑中国石油昆仑燃气公司等两家用户供气站场扩能改造工程，
南阳分输站为新增昆仑燃气公司南阳分公司供气站场扩能改造工程，
长铝末站为长城铝业、郑州上街区天伦燃气公司供气站场扩能改造工程，
邳连3#阀室为新增新沂燃气用户适应性改造工程，

新沂站为新增中油中泰用户供气站场扩能改造，
镇江站为新增昆仑燃气公司镇江丹徒项目供气站场扩能改造，
黄冈分输站为昆仑能源湖北500立方米/天LNG工厂供气站场扩能改造，
鲁山站为鲁山县南海能源天然气利用公司（CNG用户）供气站场扩能改造，
洛阳站为伊川南海能源产业基地公司（CNG用户）供气站场扩能改造，
冀宁线6#阀室为扬州新奥燃气（高邮）用户供气站场扩能改造工程，
忠武线仙桃分输站为仙桃天然气用户供气站场扩能改造，
忠武线宜城分输站为宜城华润用户供气站场扩能改造，
定远站为定合支线供气站场扩能改造，
定远站为凤阳新奥用户供气站场扩能改造项目，
兰银线13#阀室为新增昆仑燃气用户适应性改造工程，
南京分输站为南京港华用户供气站场扩能改造项目，
马莲湖分输站为宁夏深中天然气开发有限公司供气站场扩能改造，
如东站为新增江苏东电新能源有限公司供气站场扩能改造，
西气东输二线工程平顶山维修队基建工程，
西气东输沁水维修队基建工程。

2014年建设建设项目（20个）：
沁水站为新增山西天然气股份有限公司供气站场扩能改造，
中靖联络线5#阀室（红寺堡分输站）为宁夏长燃用户供气站场扩能改造，
西气东输二线96#阀室扩建为华阴分输站为渭南西潼燃气管网公司供气站场扩能改造，
定远站为新增长丰深燃用户供气站场扩能改造，
刘庄集输站为新增庆鹏广汇等两家用户供气站场扩能改造，
宝钢支线2#阀室为新增昆山利通等两用户适应性改造工程，
孝感站为新增昆仑利用孝感用户供气站场扩能改造，
荆襄支线5#阀室为昆仑燃气公司胡集镇项目供气站场扩能改造，
泰州分输站为新增泰州永安港华燃气用户供气站场扩能改造，
马鞍山站为新增马鞍山祥炎用户供气站场扩能改造，
龙潭分输站为新增南京华润用户供气站场扩能改造，
株洲分输站为新增株洲昆仑燃气用户供气站场扩能改造，
扬州分输站为扬州中燃用户供气站场扩能改造，
十堰末站为新增昆仑利用用户供气站场扩能改造，
兰考分输站增加区域化管理计量装置扩能改造工程，
西气东输中卫压气站增设计量装置改扩建工程，
兰银线甘塘站增加计量装置改扩建工程，
忠武线荆门分输站为新增钟祥华润用户供气站场扩能改造，
宜兴分输站为新增国信协联燃气用户供气改扩建工程，
合肥末站为合肥燃气等三用户改扩建工程。

2015年建设建设项目（7个）：
平泰支干线9#阀室（拟建兰考分输站）为新增昆仑燃气用户供气站场扩能改造，

中靖联络线7#阀室（太阳山分输站）为宁夏长明用户供气站场扩能改造，
中靖联络线7#阀室（太阳山分输站）为宁夏新捷能源用户供气站场扩能改造，
西一线92#阀室扩建为临汾分输站为山西天然气等用户供气站场扩能改造，
韶关分输站改扩建工程，
长宁线9#阀室（仁存分输站）为永宁热站等4家用户供气站场扩能改造，
太阳山分输站为宁陕油气井技术开发有限公司供气改扩建工程。

2016年建设建设项目（22个）：
常州分输站为江苏华电戚墅堰发电有限公司供气改扩建项目，
南通分输站为南通华润燃气有限公司供气扩能改造项目，
南通分输站为江苏华电通州热电有限公司供气改扩建项目，
江都分输站为江苏华电扬州发电有限公司供气改扩建工程，
高邮分输站为江苏国信扬州发电有限责任公司供气改扩建工程，
淮安分输站为江苏国信淮安第二燃气发电有限责任公司供气改扩建工程，
刘庄集注站为金湖恒通能源有限公司供气改扩建工程，
西二线上海支干线衢州分输压气站为浙江省天然气开发有限公司供气扩能改造工程，
忠武线长阳分输站为长阳华瑞燃气公司供气改扩建工程，
西二线78#阀室为固原中燃供气改扩建工程，
潼关站为潼关新能源天然气有限公司供气改扩建项目，
西二线上海支干线诸暨分输站为浙江省天然气开发有限公司供气扩能改造工程，
西二线上海支干线金华分输站为浙江省天然气开发有限公司供气扩能改造工程，
西二线上海支干线萧山分输站为浙江省天然气开发有限公司供气扩能改造工程，
刘巷子分输站为昆仑燃气公司怀远至五河供气支线项目供气改扩建工程，
东桥分输站为华能苏州燃机热电有限公司供气站场扩能改造项目，
醴陵分输站为醴陵新奥燃气有限公司供气站场扩能改造项目，
西二线广深支干线樟木头分输清管站扩能改造项目，
青山分输清管站为仪征泰达燃气有限公司供气站场扩能改造项目，
青山分输清管站为江苏国信仪征热电有限责任公司供气站场扩能改造项目，
西气东输青山分输清管站与川气东送管道连接工程，
西一线113#阀室改建为太和分输站为昆仑燃气两用户供气改扩建项目。

第四章

储 气 库 工 程

储气库工程是天然气管道重要的配套工程,除了具有季节调峰和在管道事故状态下应急供气的功能外,也具有战略储备的作用。有了储气库作为保障,就可以优化天然气管道系统运行,从而实现安全、平稳供气。公司已经建成和在建的储气库工程都属于地下储气库。与地面储气库相比,地下储气库具有储气量大、安全系数高、经济效益好、适于战略储备等优点。

公司所有储气库均由储气库项目部负责工程建设和建成后的运行管理。截至 2016 年 12 月底,储气库项目部共负责建设 6 个储气库,分别是金坛储气库、刘庄储气库、平顶山储气库、云应储气库、淮安储气库和楚州储气库。金坛储气库属于盐穴型储气库,计划分 2 期建设,已有 22 个采卤溶腔投入注采气运行;刘庄储气库属于枯竭气藏型储气库,已经完成工程建设、注气达容及试采工作;平顶山储气库、云应储气库、淮安储气库和楚州储气库储都属于盐穴型储气库,正在开展工程项目可行性评价工作。

第一节 金 坛 储 气 库

一、工程项目简介

作为西一线管道的配套工程,金坛储气库除具备为长三角地区天然气用户应急保障供气、季节调峰的重要作用外,通过管网可以与西气东输其他天然气管道连接,参与华中、华南地区季节性调峰和应急供气。

2005 年 8 月 2 日,金坛储气库工程可行性研究报告获国家发改委批复。2006 年 10 月 19 日,金坛储气库工程初步设计获集团公司批复,工程建设全面启动,计划 2022 年底全部建成并投入注采气运行。

金坛储气库位于江苏省常州市金坛直溪镇,建库面积 6.4 平方公里,设计库容 26 亿立方米,工作气量 17 亿立方米,共设计储气盐穴腔体 74 个,分 2 期建成。一期工程建设 6 口老腔,15 口新腔,形成库容 8 亿立方米、工作气量 5 亿立方米;二期工程建设 53 口新腔,形成库容 18 亿立方米、工作气量 12 亿立方米。单个腔体净容积为 18 万—25 万立方米,库容为 3 000 万—4 500 万立方米,工作气量为 2 000 万—3 000 万立方米。单个腔体采气速率为 60 万—100 万立方米/天。设计腔体最高运行压力为 17.0 兆帕,最低运行压力为 7.0 兆帕。

金坛储气库地面工程分为东、西两个注采气站,注气装置总规模为 900 万立方米/天,其中东注采气站规模为 400 万立方米/天,西注采气站规模为 500 万立方米/天;采气装置总规模为 1 500 万立方米/

天,其中600万立方米/天为三甘醇脱水采气装置,900万立方米/天为应急加药采气装置。

二、工程项目进展

(一) 主要工程量

输气干线:镇江分输站至金坛地下储气库34.8公里联络线(直径1 016毫米、材质X70),线路阀室1座和镇江分输站扩建工程。

注采气站:注采气西站,注气装置压缩机组3台,调峰采气脱水装置1套(300万立方米/天)、应急采气加药装置2套(900万立方米/天)及配套系统。注采气东站,注气压缩机组2台,调峰采气脱水装置1套(300万立方米/天)及配套设施。

集输系统:包括井场74座、集配气阀组10套、74口井的集输管网、东西站联络线和配套设施。

造腔地面配套设施:包括注水系统(注水泵机组9台套)、注采卤水阀组25组、2 000立方米清水罐和卤水罐各2座,68口井注回水管线等设施。

电力系统:22公里110千伏输电线路、110千伏/10千伏变电所及辅助配电设施。

新井造腔:造腔68口,造腔容积预计1 340万立方米。

老腔利用:将地方盐化公司5口老腔改建成储气腔体。

(二) 已完成工程量

截至2016年底,东、西注采气站,输气干线全部建设完成;站外集输系统中74口井场和单井集输管网完成22座,10个集配气阀组完成5座,东西站联络线及配套设施全部完成;完成46口造腔井钻井及地面配套工程,其中完成造腔井20口,正在造腔26口,累计完成造腔体积880万立方米,完成工程设计总量的65.7%,共计17个新腔和5个老腔投入注采气运行,形成库容7.5亿立方米,工作气量4.2亿立方米。

三、工程项目特点

金坛储气库工程的主要优点是单井注采气速率高,为管道调峰和应急气量大,注采周期灵活,但工程建设周期长,建设费用高。

金坛储气库是中国建设的第一座盐穴地下储气库,库区盐岩层埋深适中(975—1 200米),盐层厚度大(150—230米);盐岩层中水溶矿物氯化钠含量高,平均85.7%;水不溶矿物以泥岩为主,含量较低,平均13.7%,盐矿盐岩地质特征具备建设盐穴储气库的优越条件,是目前国内发现的建设盐穴储气库的最有利区域。盐穴储气库工程建设主要包括:钻井完井、造腔、注采气完井、注气排卤、不压井作业、造腔地面配套工程、注采气地面配套工程及其他辅助设施等。盐穴储气库造腔工程是不同于其他类型储气库的重要特征之一,金坛储气库造腔工程选用国外成熟工艺:采用单井单腔井型,自下而上逐层溶漓;选用柴油作为阻溶剂,配套固定式井下油水界面仪和地球物理工程测井相互补充的方法确定油水界面位置;应用国外通用的WINUBRO溶腔模拟软件进行造腔设计和过程模拟分析;引进德国SOCON公司声呐测量设备测量造腔过程中腔体的实际形状,确保腔体最终能达到储气库注采气运行要求。

四、工程建设经验

金坛储气库建设之初,严重缺乏专业技术人员,关键技术、设备全部从国外引进。十多年来,储气库项目部经历了从依托国内外研究机构到实现关键技术自主管理和技术创新的过程,工程建设速度和质量得到提高,获得了宝贵的相关工程建设经验。

(一) 利用老腔是加快储气库建设的最有效方式

金坛储气库新腔建库周期4—5年,而利用盐化公司老腔改建储气库的周期是1.5年,建库周期缩减70%,可以尽早发挥储气库的保障作用。

(二) 科技创新是加快储气库建设的出路

在金坛储气库工程建设期间,公司形成了多项盐穴储气库建设配套技术,包括老腔改建储气库技术、盐穴储气库钻完井技术、造腔工艺配套技术、注气排卤与不压井作业技术等,满足了盐穴储气库工程建设的需要。公司自主研发了井下油水界面检测仪,实现了实时检测液面位置,降低了造腔成本和施工安全风险。

(三) 加强人才储备培养和队伍建设是加快储气库建设的保证

公司建立了储气库工艺技术研究所,形成了一支年轻化、高学历的科研队伍。通过与国内外科研机构的合作、交流,科研人员得到迅速的成长。如独立掌握了利用声呐设备开展腔体形状测量的操作;掌握了造腔设计模拟方法,可以独立利用软件对造腔全过程进行模拟跟踪;自主开发了储气库造腔设计工作平台和工作站,开发了系统的造腔管理软件,降低了工程技术人员的劳动强度,提高了故障诊断准确度。同时,公司还对盐穴稳定性评价、地质建模等储气库技术难题进行了攻关,一些技术已经获得行业专家的认可并形成行业标准。

(四) 加强与地方政府和盐化企业的沟通与协调是加快储气库建设的必要条件

公司加强与政府住建、国土、环保等部门的沟通与协调,优化项目核准程序,提高核准效率,优化规划选址、用地、环评、初设等环节的审批程序,缩短办理时限。申请国土部门对储气设施建设用地优先予以支持,力争通过行政划拨、有偿出让或租赁等方式取得。加强与地方盐化公司的沟通与协调,采取多种形式进行矿权利用合作、采矿权申办和转让,在卤水消化、水源供给方面获得盐化公司支持,尽快达成合作协议,解决制约储气库建设的关键问题。

第二节 刘庄储气库

一、工程项目简介

刘庄储气库作为西一线天然气管道配套工程,是公司建设的第一个枯竭气藏型地下储气库。

刘庄储气库位于苏北地区中部的淮安市金湖县陈桥镇,构造位置在苏北盆地金湖凹陷西斜坡刘庄断裂构造带上,主要含油气层系为下第三系阜宁组二段(E_1f_2)、一段(E_1f_1),由断块—岩性复合油气藏组成;构造高部位是气顶,低部位为狭窄的油环,边部为水,油气层埋深1 090.2—1 291.4米;油气藏内存在近似统一的油、气、水界面,并处于统一的压力系统。构造内部被一条近东西向小断层分割,构造整体基本完整。地层东南倾,倾角8.8度,构造高点埋深1 080米,圈闭面积为6.8平方公里,闭合幅度约260米,构造形态呈条带状,气顶长4.1公里,宽0.55公里。

刘庄油气藏主要含油气层段是阜宁组二段（E1f2）的中下部和阜宁组一段（E1f1）的上部，储层的岩石类型主要为砂岩和多类型的碳酸盐岩两大类。阜宁组二段（E1f2）中、下部储层以多类型的碳酸盐岩为特征。钻井取芯资料统计阜宁组二段（E1f2）各类碳酸盐岩累计厚度达 20.85 米，占储集层厚度的 61.3%。阜宁组二段（E1f2）上部储层岩性为石英粉细砂岩、长石石英粗粉砂岩。砂层组孔隙度变化范围在 10.0%—26.45%，平均为 18.2%，渗透率变化范围在 $0.11 \times 10^{-3} - 81.3 \times 10^{-3}$ 平方微米，平均为 16.1×10^{-3} 平方微米。储层总体属于一套低中孔隙度、低中渗透率类型；储层的层内非均质性属于严重非均质型。

刘庄储气库勘探采矿权原属于中国石化股份有限公司江苏油田分公司，2006 年股份公司将建库区域矿权全部收购。根据股份公司《开展安徽定远盐穴地下储气库和利用苏北油气田建设地下储气库的研究工作》（规油计字〔2003〕25 号）和 2003 年 4 月 1 日《西气东输、忠武线等地下储气库前期工作会议纪要》，公司开展苏北油气田（即刘庄油气田）建设地下储气库可行性研究，由储气库项目部具体实施。2005 年 8 月 2 日，刘庄地下储气库工程可行性研究报告获国家发改委核准。2006 年 8 月 1 日，刘庄地下储气库工程可行性研究报告（调整版）再次获股份公司批复。2010 年 5 月 6 日，刘庄地下储气库工程初步设计获得股份公司批复，储气库工程建设全面启动。

刘庄储气库设计库容量 4.55 亿立方米，其中气田经开发后剩余天然气地质储量 1.93 亿立方米，补充注气量 2.62 亿立方米，预计形成工作气量 2.45 亿立方米，总投资 7.2 亿元。

二、工程项目进展

刘庄储气库地面工程自 2010 年 10 月开始全面建设，2011 年 11 月投入注气生产；2013 年 7 月通过交工验收；2014 年 12 月注气达容，并进行试采。

地面工程主要包括集注站（含北井场）、南 1 井场、南 2 井场、淮安分输站扩建、站外系统、倒班公寓 6 部分，主要设施包括 1 套 200 万立方米/天的采气装置、1 套 150 万立方米/天的注气装置及配套的站外系统管线、公用与辅助系统。集注站内安装排量为 150 万立方米/天的压缩机组 2 台。建设采气能力 200 万立方米/天的装置 1 套。

地下工程主要包括钻新井 10 口（其中 9 口为注采气井，1 口为观察井）；封堵老井 13 口；改造老井为观察井 4 口。单井工作压力 5—12 兆帕，单井注气能力 15 万立方米/天，采气能力 20 万立方米/天。

三、工程建设经验

刘庄储气库是由一座枯竭油气藏改建的储气库，借鉴了国内已建成枯竭油气藏改建储气库的经验，同时根据刘庄油气藏自身特点进行了创新实践。

（一）采用"分段射孔改造，两次注气达容"注气方式

刘庄油气藏经过近 30 年的衰竭式开采，边水已经侵入油气储层。根据初设研究成果，刘庄油气藏原始气油界面位于地下 1 170 米，建库前气油界面已推进至地下 1 155 米。针对这一情况，公司在项目建设过程中及时提出了"分段射孔改造，两次注气达容"的建库技术路线。具体做法是先打开当时气油界面 1 155 米以上储层，进行第一阶段注气达容；待 1 155 米以上储层达容后，再打开当时气油界面 1 155 米与原始气油界面 1 170 米之间的储层，进行第二阶段注气达容。"分段射孔改造，两次注气达容"的建库技术路线能有效避免油、气、水多相渗流的复杂情况，有利于稳步外推边水、恢复库容。

(二）酸化改造技术

枯竭油气藏改建储气库，国内尚无储气层酸化改造的先例。根据初设研究成果，刘庄储气库的主要建库层段位于阜宁组二段（E1f2）中下部，储层岩性以多类型的碳酸盐岩为主，碳酸盐岩占储集层厚度的60%以上。碳酸盐岩对酸液极为敏感，酸化改造能够有效地解除近井带污染、沟通深部储层，提高注采气能力。在项目建设过程中采用低伤害缓速酸投球分层酸化工艺对储气层进行了酸化改造。刘庄储气库9口注采井分两批进行了13井次的酸化施工，JH1、JH3、JH10井酸化前注不进天然气，酸化后都能正常注气；JH6井吸气指数比酸化前提高了3.8倍。刘庄储气库首次在储气库建设中运用储层酸化改造技术，有效降低了注气压力、提高了注气速度，酸化后平均单井日注气量较酸化前提高2.5倍。

第三节 平顶山储气库

一、工程项目简介

平顶山储气库是西二线的配套工程，建成后将成为国内规模最大的盐穴储气库。

平顶山储气库位于河南省平顶山市叶县，有利建库面积11.82平方公里，布井区面积7.52平方公里。造腔盐层顶界埋深1 600—1 900米，可造腔盐层厚度230—260米。盐岩主要以氯化钠为主，含量为80%—90%。夹层岩性一般为泥岩、含盐泥岩、盐质泥岩、含硬石膏泥岩为主，夹层中含有一定比例的氯化钠，具有一定的可溶性。根据溶腔模拟结果，单腔有效体积为30.7万—37.3万立方米，库容量为0.75亿—1.03亿立方米，工作气量为0.39亿—0.54亿立方米，运行压力为12—32兆帕。

平顶山储气库项目建设由公司储气库项目部负责具体实施，分2期进行。一、二期总库容量49.8亿立方米，工作气量26.0亿立方米。一期工程主要满足西二线和西三线调峰需求，部署23口井（注采井19口，备用井4口），设计库容量19.55亿立方米、工作气量10.19亿立方米，建设周期10年；二期工程主要用于战略储备，同时兼顾后续西气东输三线、四线调峰需求，部署39口井（注采井37口，备用井2口），设计库容量30.25亿立方米、工作气量15.81亿立方米，建设周期8年。一、二期预计总投资150亿元，其中工程建设投资约85亿元。

二、工程项目进展

国家发改委下发《国家发展改革委关于西气东输二线项目（东段）核准的批复》（发改能源〔2009〕34号），对平顶山储气库项目进行了核准，为开展后续工作提供了依据。

平顶山储气库自2010年开始可行性研究及评价工作，先后组织开展了三维地震勘探、资料井钻探、老腔声呐检测等可研前期现场施工。2010年7月，完成69.18平方公里三维地震数据的采集施工；2011年1月，完成三维地震资料的处理工作；2013年2月，完成三维地震资料最终解释。2010年12月—2013年6月，先后完成平资1井、平资2井、平资3井及平探1井等4口资料井钻探施工，总进尺达8 933.3米，取心进尺819.4米，获取了可行性研究及评价所需的地质资料。2011—2013年，先后开展了3口地方盐化公司已采卤溶腔的声呐检测施工。在上述地质工作的基础上，结合盐矿区地面既有构建物及地方规划，优选有利布井区面积7.52平方公里，其中主力建库布井区面积6.00平方公里，规划区布井面积1.52平方公里。

2013年11月，平顶山储气库项目可行性研究报告初稿编制完成；11月8日由公司组织专家对可行性研究报告进行初审，认为该方案基本可行。2014年1月，公司对可行性研究报告进行复审；3月，完成可行性研究报告修改完善工作，并上报股份公司外审；5月，股份公司对可行性研究报告进行审查；11月，修改后的可行性研究报告上报股份公司规划计划部。2015年5月，可行性研究报告通过集团公司咨询中心审查，等待批复。

与此同时，公司启动了项目相关专项评价工作：2013年12月，启动项目环境影响评价工作；2014年1—6月，全面启动项目规划选址、用地预审、社会稳定风险分析与评估、安全预评价、压覆矿产评价、节能评价等专项评价工作。截至2016年12月底，文物调查、节能评价、防洪评价、地质灾害评估、地震安全性评价、南水北调工程穿越评价、水资源论证等已获得批复，其余专项评价已完成报告编制。

三、工程项目功能

平顶山储气库除了具备应急保障供气、季节调峰的重要作用外，还计划担负一定的战略储备任务。平顶山储气库与西二线直接联通，同时通过管网可以与西气东输其他天然气管道、陕京天然气管线系统相连接，建成后不但可解决西二线市场的调峰问题，还可以参与华中地区、环渤海地区乃至整个公司管道的季节性调峰问题。我国中南地区储气库建设仍为空白，在不考虑压减下游用户用气需求的情况下，2020—2030年中南地区市场调峰需求达到20.2亿—37.7亿立方米，平顶山储气库的建设将满足这一需要。

第四节 云应储气库

一、工程项目简介

云应储气库是为西二线配套建设的一座地下盐穴储气库。

云应储气库位于湖北省云梦县和应城市境内的云应盐矿区内，库区规划建库面积6.96平方公里，其中有利面积3.85平方公里。建库埋藏深度大于500米，建库盐层厚度150—210米。建库盐岩品位不高，氯化钠平均含量约50%左右，隔夹层多，不溶物岩性以泥质硬石膏、泥质钙芒硝为主。储气库设计总库容8.67亿立方米，工作气量5.78亿立方米，工程总投资约50亿元，建设工期15年。

二、工程项目进展

2007年，云应储气库由中国石油勘探开发研究院完成预可行性研究报告。

2009年，《国家发展改革委关于西气东输二线项目（东段）核准的批复》（发改能源〔2009〕34号）对项目进行了核准。2010年1月，完成三维地震资料采集及资料井钻探井位部署；5月，完成三维满覆盖面积35.68平方公里地震采集施工；6月，第一口资料评价井（云资1井）开钻，8月完钻；10月，完成三维地震资料解释。

2011年2月，初步确定了云应储气库的建设规模和范围；3月，完成可行性研究报告初稿的编制；8月，股份公司专家组对《西二线云应盐穴储气库可行性研究报告》进行审核。审核组专家认为云应盐穴储气库地质条件复杂、建库经济效益较差，建议开展造腔先导性试验；9月，股份公司召开西气东输相关储气库项目前期工作现场推进会,进一步明确先期开展 2 个盐穴的造腔先导性试验。

2012 年 2 月,完成云应储气库造腔先导性试验方案设计;3 月,《湖北云应储气库造腔先导性试验方案设计》通过了股份公司咨询中心专家组的审核,确定先期开展 1 口常规单井造腔和 1 个双井单腔造腔先导性试验;5 月,启动造腔先导性试验方案中 YK1-1 井、YK2-26A 井、YK2-26B 井三口井钻井施工,同时进行先导性试验地面配套工程建设;12 月,启动 YK1-1 井注水造腔先导性试验,进行各项造腔工艺试验和参数录取。2014 年 6 月,启动 YK2-26 井组注水造腔试验。截至最近一次声呐,YK1-1 井累计采盐 10.38 万吨,声呐测井显示腔体净容积 2.58 万立方米,成腔率 27.7%;YK2-26 井组累计采盐 4.33 万吨,声呐测井显示腔体净容积 1.05 万立方米,成腔率 25.7%。

三、工程项目后续工作

根据云应储气库可研评价及先导性试验阶段结果来看,云应储气库主要存在以下几方面的问题:岩盐层埋藏浅(400—800 米)、造腔井段不溶物含量高(平均 52.5%)、成腔率低(平均 25.0%)、盐腔偏溶严重、造腔速度慢、建库周期长、经济效益差。为降低云应储气库工程建设投资,加快储气库建设进度,针对云应盐矿已形成大量老腔的实际情况和含盐层数多,与夹层交互频繁的地质特点正在开展云应盐矿老腔评价和利用研究工作。计划在云应盐矿现有的 19 口老腔中,筛选出 10 口老腔进行利用,再利用先导试验的 2 口井,形成库容 3 亿立方米,工作气 1.5 亿立方米的储气库。

第五节 淮安储气库

一、工程项目简介

淮安储气库属于地下盐穴储气库,作为西一线、西三线、陕京二线的配套储气库,主要功能是参与上述管道的季节调峰和应急供气。

淮安储气库位于江苏省淮安市淮阴区赵集盐矿内,规划建库区面积 5.42 平方公里,布井区面积 3.03 平方公里。部署 42 口注采井,预测库容 12.26 亿立方米,工作气量 6.42 亿立方米;计划建设周期为 10 年,工程总投资 64.5 亿元。盐层顶界埋深 1 000—2 500 米,含盐地层厚度 37.5—169.5 米,总厚度平均 123.9 米,盐层累计厚度 29.1—124 米,平均 91.3 米,氯化钠平均含量为 66.04%—79.20%,水不溶物含量较少,平均为 12.41%—20.68%,在含盐地层的第 4 段盐层底部存在一套厚约 10 米的泥岩夹层。淮安储气库建成后,将通过 26.5 公里联络线与冀宁线相连接。根据冀宁管线在中国天然气管网系统中的位置以及全国天然气产运销整体平衡情况,可进入该管道的天然气有陕京管道、西一线、西二线及西三线的天然气。淮安储气库建成后,将覆盖苏、浙、沪等主要城市,肩负山东、苏北和长三角地区的天然气季节调峰任务。

二、工程项目进展

2010 年 4 月,中国石油勘探开发研究院完成《淮安盐穴储气库预可行性研究》报告。9 月,股份公司委托公司开展可行性研究工作,由储气库项目部负责具体实施。10 月,淮安储气库可行性研究工作正式启动。

2011年1月,淮安储气库三维地震勘探工程完成招标工作。5月,完成现场资料采集工作。2011—2012年,完成淮资1井(以下简称HZ1)、淮资2井、淮库1井(以下简称HK-1)3口井的钻探工作。2012年2月,完成淮安储气库项目可行性研究报告,集团公司组织专家对可行性研究报告进行评审,评审组要求在淮安储气库开展造腔先导性试验。

先导性试验地面配套工程于2012年8月开工,地面配套工程主要包括:地面采输卤管线、1座造腔试验站、2座试验井场(HZ1井、HK-1井)的建设,造腔试验站内包括泵房、10千伏变电所、除油罐、柴油罐、卤水缓冲罐等设施。

造腔先导性试验选择HZ1井与HK-1井作为试验井。HZ1井于2013年1月21日开始造腔,累计溶腔6万立方米。HK-1井于2014年1月6日开始造腔,已累计溶腔3万立方米。经过3次声呐测量,已得出造腔可行的结论,造腔模拟结果显示最终造腔体积可达15万立方米。

2012年1月,公司启动淮安储气库相关评价工作。截至2016年12月底,已经完成地震安全评价、地质灾害评价、安全预评价、水土保持评价、社会稳定性评价、文物评估及水资源论证等评价报告审批工作。

三、工程项目后续工作

淮安储气库建库岩盐层段相对较小(110—130米),建库岩盐层段下部有厚度达10米左右的不溶物夹层,夹层是否垮塌直接关系到最终腔体的体积和形状。HZ1井和HK-1井先导性试验表明,厚夹层已经垮塌,给上部岩盐层段造腔创造了有利条件,试验也证实了利用该矿区的盐矿可以建造满足储气条件形态的地下盐穴。另外,经由地方政府牵头组织协商,与储气库所涉及矿权企业已初步达成矿权合作意向,并与其中3家当地盐化企业签订卤水合作意向书,解决了造腔过程中卤水的消化问题,为加快储气库建设奠定了基础。

淮安赵集盐矿地区有近100口老腔在生产卤水,下一步将对这些老腔进行系统评价,从中筛选出有代表性的老腔开展声呐检测和机械完整性评价,评估这些老腔经改造后的储气可能性。经评价具备可利用条件,将在淮安储气库初步设计中补充相关内容,根据地方盐业公司采卤进程和腔体变化适时改建成储气库,可以减少新建储气库溶腔时间,及早发挥淮安储气库作用。

第六节 楚州储气库

一、工程项目简介

楚州储气库于2012年2月作为西三线工程配套储气库获得国家发改委的批复,2014年5月,集团公司将其划归为中俄东线天然气管道配套储气库。

楚州储气库位于江苏省淮安市淮安区(原楚州区)的楚州盐矿区内,建库区域地层稳定,沉积大段盐岩地层,不溶矿物夹层薄,有利于后期水溶造腔及建设储气库。按地质区域划分,楚州储气库划分为张兴区块和杨槐区块,其中张兴区块建库岩盐井段埋深1500米左右,杨槐区块岩盐井段埋深2200米左右,盐层厚度200—250米,氯化钠含量平均76%。根据楚州储气库预可行性研究评价报告中的建库方案,建库区面积15平方公里,布井区面积9.4平方公里,部署60口注采气井,预测库容35.6亿立方米,工作气量20亿立方米,预计总投资113.4亿元。建库工程共分2期建设,其中一期工程以满足中俄东线调峰需求，建设张兴区块27口新盐腔和6个老腔，设计库容量16.7亿立方米、工作气量9.5亿立方米；二期工程作为战略储备，建设杨槐区块27口盐腔，设计库容量18.9亿立方米、工作气量10.5亿立方米。

楚州储气库现由公司储气库项目部具体实施前期工作，已完成预可行性研究评价报告，2016年6月13日，预可研通过专家组复审。2016年12月23日，预可研报告获得股份公司批复，预计2017年6月完成可行性研究，2019年6月完成初步设计，2019年10月开展新井钻井施工，2024年1月完成第一批新井造腔，并陆续投入注气。考虑地方盐化公司老腔改造储气库施工，2018年盐化公司11口老腔可形成的库容为5.98亿立方米，工作气量3.39亿立方米。

二、工程项目进展

2012—2014年，公司在对地方盐矿已有资料充分研究的基础上，部署现场地震采集和资料井钻探，开展了室内岩心实验分析和腔体稳定性、岩盐溶解性等专题研究工作。

2012年12月，完成15条共计165.7公里的二维地震测线的采集工作。2013年3月，完成二维地震资料的处理解释，落实了工区内的断裂展布和构造特征，并部署了1口资料井（楚资1井）；7月17日，楚资1井正式开钻，12月15日完井。楚资1井钻井进尺2 800米，套管鞋以下钻遇盐层厚度750米；取芯总进尺483.8米，总芯长480.1米。根据预可行性研究评价的需要，对楚资1井进行了VSP测井；根据VSP测井解释成果，对工区二维地震资料进行了重新标定和解释。

2014年4月，为进一步落实库区内构造、断层和盐岩沉积平面分布及盐内夹层分布情况，公司再次开展了楚州储气库二维和三维地震勘探工程野外施工；同月，完成满覆盖长度11公里2条二维测线和面积为54.17平方公里的三维地震数据采集施工；12月，完成《西气东输江苏楚州盐穴储气库工程预可行性研究报告》编制工作，对建库钻完井工程、造腔工艺、注采气排卤工艺、地面工程等进行了专题研究。

2015年下半年，楚州储气库先后开展了楚资3井、楚资2井钻井工作，用于摸清区域地层和盐层纵向分布情况，获取录井、测井资料和岩心资料，为储气库建库选区评价提供基础资料。2016年2月25日楚资3井完钻，完钻井深2 753米。楚资2井于2016年4月5日完钻，完钻井深3 146米。

三、工程项目功能

楚州储气库是中俄东线配套储气库，除了对中俄东线具备应急保障供气、季节调峰的重要作用外，可直接对冀宁联络线进行天然气的调配，减少陕京二线、西气东输一线对冀宁联络线的下载气量，间接对陕京二线和西气东输一线输送的天然气进行调配，增加了天然气调配的灵活性。建成后可以进行长三角以及环渤海地区的调峰，对中俄东线管道和冀宁联络管道平稳供气以及事故工况下发挥应急作用提供保障。

第五章 南京计量测试中心

随着西气东输、川气东送、中亚管道等一批天然气长输管道的建成投产,为了解决高压、大流量、大口径天然气贸易交接计量流量计的实流检定问题,集团公司受国家质检总局的委托,依托西气东输管道工程,成立了南京计量测试中心(简称计量中心)。计量中心被授权以国家石油天然气大流量计量站南京分站(简称南京分站)、国家石油天然气大流量计量站广州分站(简称广州分站)和国家石油天然气大流量计量站武汉检定点(简称武汉检定点)的名义开展流量计检定工作。

计量中心成立以来为中国石油、中石化、中海油、中亚管道等石油企业、国内诸多省市燃气公司、流量计生产厂家检定校准流量计逾 7 000 台次,较好地完成了天然气贸易交接流量计检定和校准任务,为推动我国天然气开发利用的快速发展起到了重要作用。

第一节 南京计量测试中心本部(南京分站)

一、项目背景

根据国家相关计量法规要求,用于天然气贸易结算的流量仪表必须按照国家的计量检定规程进行周期检定,并尽可能接近实际工况的条件下进行检定,以减少因工作压力、气质组分不同及外界干扰等引起的仪表计量误差,保证天然气测量结果的准确可靠。

按照流量计检定校准对气源压力和流量的要求,西气东输管道公司通过对西一线主干线上郑州分输站、南京龙潭分输站、上海末站等主要天然气分输站的压力等级、流量范围、检定后天然气的排放要求等进行了动态平衡计算。南京龙潭分输站的进站压力为 3.41—9.6 兆帕,最大工况流量大于 12 000 立方米/小时,并有一条芜湖支干线(直径 500 毫米、长度大于 100 公里),操作压力为 3.36—6.30 兆帕,最大工况流量大于 3 160 立方米/小时。该站的工作压力和流量能满足直径 400 毫米超声流量计的实流检定要求,而芜湖支干线的气容比较大,可以满足中压检定回气和次级临界流喷嘴的回气要求。公司根据西一线管道全线站场情况综合考虑后,决定将计量测试中心站址选在西一线主干线南京龙潭分输站旁,并采用直排方案,即流量计检定校准测试过程中天然气经计量中心站内流程后又注入西一线。

二、工程概况

南京计量测试中心位于南京市栖霞区龙潭镇宣闸村,与龙潭分输站相邻。工程总投资 2.8 亿元,占地面积 29 490 平方米,其中,工程占地面积 19 527 平方米,道路及场地用地面积 10 323 平方米,绿化占地面积 8 396 平方米,其他占地面积 1 566 平方米。

(一) 主要工程量

1. 建筑物

建筑物总面积为 9 407 平方米。主要包括：大口径流量计检定管路厂房、小口径流量计检定装管路及天然气流量标准装置厂房、天然气原级流量标准装置厂房、综合办公楼、控制室等。

2. 工艺管线和设备

主要工艺管线和设备包括：

（1）进出站及站内管线：有 4 条进出站管道,每条长度为 80 米。其中,2 条直径 700 毫米的管道分别接龙潭分输站内西气东输主干线的气液联动阀门的上下游；2 条直径 400 毫米的管道分别接至龙潭分输站至芜湖支线减压阀门的上下游。

（2）过滤分离器：有 4 台并联安装,单台的最大处理能力为 3 000 立方米/小时。

（3）压力调节和流量调节阀组：有多种口径的电动调节阀门 25 台。

（4）质量时间法（MT 法）原级流量标准装置：原级标准的陀螺电子秤的称量范围 0—10 吨；称重球罐容积 10 立方米,自重是 7.2 吨。

（5）音速喷嘴次级标准装置：由 12 支并联的音速喷嘴构成,流量范围是 8—3 160 立方米/小时。

（6）标准涡轮流量计工作标准装置：有大、小口径两套工作标准装置,并联安装了 11 台涡轮流量计。

（7）超声流量计核查标准装置：有大、小口径两套核查标准装置,并联安装了 3 台超声流量计。

（8）大口径和小口径流量计检定管段：在大、小口径两套工作标准装置中安装 8 条直径 50—400 毫米检定管段,每条管段的上游长度为 150D,下游长度为 20D。

（9）天然气压缩机：压缩机功率为 110 千瓦,排量为 1 200 立方米/小时。

（10）液氮系统：2 台 5 立方米液氮罐,氮气产量为 500 立方米/小时。

3. 自动控制系统

自动控制系统采用 DCS 系统,主要功能是完成与调控中心的数据传输；实现站内阀门的自动控制；用工作标准装置检定流量计数据采集和处理。

4. 安全监视系统

安全监视系统包括可燃气体检测报警系统和工业监测电视系统。计量中心内装可燃气体检测仪 56 台。

(二) 流量计检定能力

（1）介质：天然气；

（2）压力范围：4.5—9.6 兆帕；

（3）流量范围：8—12 000 立方米/小时；

（4）口径：直径 50—400 毫米；

（5）被检流量计的不确定度：

① 音速喷嘴：$0.15\%, k=2$；

② 标准流量计：$0.2\%, k=2$；

③ 现场用流量计：$0.5\%, k=2$。

(三) 工程进展

南京分站建立了原级、次级、核查和工作级标准。各级标准的设计压力均为 10 兆帕，直接利用管道天然气为介质，在压力 4.5—9.6 兆帕的范围内对各种天然气流量计进行检定和校准。

大庆油田建设集团有限责任公司为工程施工总包单位，负责工艺安装以及消防水管线部分的施工任务。土建部分由上海希城建筑安装工程有限公司负责；钢结构施工由中国石油天然气第一建设公司负责；混凝土灌注基础桩工程由中油岩土工程有限公司负责；电信部分由中国石油天然气管道通信电力工程总公司负责；仪表自动化部分由廊坊中油龙慧自动化工程有限公司负责；消防施工由廊坊中油消防工程有限公司负责；防腐施工由徐州华东防腐安装工程有限公司负责。整个工程由四川华成油气工程建设监理有限公司监理。

2001 年 4 月，设计承包商大庆油田建设设计研究院（后改为大庆油田工程有限公司）完成了南京计量测试中心工程的可行性研究报告编制任务。2003 年 9 月，完成计量中心工程的初步设计和概算编制；同年 12 月，开始计量中心工程的施工图设计。2005 年 8 月通过施工图技术审查。

2005 年 8 月，工程开始施工。

2006 年 3 月，中国石油西气东输管道公司南京计量测试中心正式成立。

2006 年 5 月，国家质量监督检验检疫总局正式下发了《关于筹建国家原油大流量计量站南京天然气流量分站的通知》，要求中国石油在西气东输管道公司南京计量测试中心的基础上筹建国家石油天然气大流量计量站南京分站，并明确了其法律地位、授权项目和授权区域。

2006 年 10 月，完成 DCS 系统调试。11 月，完成移动标准装置的建标考核，并取得《计量标准考核证书》（〔2006〕国量标石油证字第 250 号）。

2007 年 2 月，完成天然气置换和升压，工程正式投产，进入设备调试并开展计量标准建标测试工作。

2008 年 9 月，南京计量测试中心工程安全设施通过竣工验收评审。

2008 年 12 月，南京计量测试中心工程获得江苏省安全生产监督管理局《关于西气东输南京计量测试中心工程建设项目安全设施竣工验收的批复》（苏安监〔2008〕187 号），安全设施通过竣工验收。

第二节 广州分中心

一、筹建背景

为解决华南地区日益增多的高压、大流量流量计的检定需求，根据《关于同意筹建国家石油天然气大流量计量站广州、乌鲁木齐天然气流量分站和北京、武汉、塔里木检定点的通知》（国质检量函〔2011〕138 号）和《关于西气东输管道分公司组织机构调整有关问题的批复》（油人事〔2012〕361 号）文件精神，公司决定于 2012 年 9 月 26 日设立国家石油天然气大流量计量站广州天然气流量分站（为国家质量监督检验检疫总局授权的法定计量检定机构，业务上接受国家石油天然气大流量计量站指导），成立南京计量测试中心广州分中心，负责国家石油天然气大流量计量站广州天然气流量分站工作。

二、工程概况

广州分中心位于广州市从化区鳌头镇下西村，与西二线管道干线末站广州分输站相邻，工程总投资约2.3亿元,占地面积3.3万平方米。建有临界流文丘里喷嘴法、标准表法两套气体流量标准装置,配备有7路检定台位,以及在线色谱分析仪、压力调节、流量调节装置等辅助设施。广州分中心有两路来气:一路来自广深支干线入口,另一路来自广州城市燃气入口。

(一) 主要工程量

1. 建筑物

建筑物总面积为8 844.3平方米,主要包括检定厂房、设备棚、综合设备间及综合办公楼等。

2. 工艺管线和设备

主要工艺管线和设备包括:

(1) 进出站及站内管线:有4条进出站管道,2条直径1 012毫米的管道分别接广州分输站内广深支干线气液联动阀门的上下游;2条直径400毫米的管道分别接至广州分输站广州城市燃气管线气液联动阀门的上下游。

(2) 压力调节及流量调节装置:有多种口径的电动调节阀门、电动开关阀门组合而成,共计34台。

(3) 临界流文丘里喷嘴法气体流量标准装置:由12支临界流文丘里喷嘴组合而成。该标准装置由南京分站质量—时间法原级标准装置校准溯源,用于该站的标准表法气体流量标准装置的校准,以及顾客直径50—200毫米流量计的检定和校准。技术指标如下:

流量范围:7—3 129立方米/小时;

流量测量相对扩展不确定度:0.22%,($k=2$)。

(4) 标准表法气体流量标准装置:由1路直径80毫米、1路直径150毫米和6路直径250毫米回路组成,每一回路采用1台涡轮标准流量计作为标准流量计,1台超声作为核查流量计,工作时可实现在线流量计核查,技术指标如下:

流量范围:8—15 000立方米/小时;

流量测量相对扩展不确定度:0.29%,($k=2$)。

(5) 空压制氮系统:有微油螺杆空压机2台,空气净化系统2套,PSA制氮装置1套(含氮气、压缩空气缓冲罐)。其中,1台空压机与制氮装置配套,提供压缩空气制备氮气;另1台空压机为检定分站提供压缩空气;2台空压机可实现互为备用(手动切换)。设置2座10立方米氮气储罐和1座10立方米的压缩空气储罐。

3. 检定控制管理系统

检定控制管理系统采用DeltaV系统,其主要功能是完成总控室与现场设备之间的信息传输,实现站内阀门的自动控制,并实现检定流量计数据采集和处理、证书电子化流转。

4. 安全监视系统

安全监视系统包括可燃气体检测报警系统和工业监测电视系统,广州分中心安全监视系统有仪器仪表共83台(套)。

(二) 流量计检定能力

工作压力范围为4.1—9.8兆帕,工作流量范围为7—15 000立方米/小时,设计年检定能力为400台(优化后可达到600台)。可用天然气介质全量程检定和校准直径50毫米、80毫米、100毫米、150毫米、200毫米、250毫米、300毫米和400毫米口径的超声、涡轮、差压式、质量、容积式和速度式6种用于天然气流量计量的流量计,通过变径后,可开展直径450毫米、500毫米和600毫米流量计部分量程的检定校准。

(三) 工程进展

2009年,根据西气东输二线可研报告2版,启动广州分站初步设计工作,并于2009年7月完成A版初步设计文件。

2011年6月，按照《转发〈关于国家石油天然气大流量计量站广州分站初步设计的通知〉》，对初步设计进行修改，评估完善了广州分站的定位和检定能力，并于2011年9月完成B版初步设计工作。

2011年11月，中国石油天然气与管道分公司会同规划计划部在北京组织召开了广州分站初步设计审查会，专家组认为该初步设计文件内容较全面，流量计检定技术方案论证比较充分，工艺及各系统技术方案基本可行。

2012年8月，广州分站工程建设全面开工。

2014年9月，土建、工艺、电仪等主体工程完工。

2014年11月，完成天然气置换和升压，工程正式投产，广州分站正式转入生产试运行阶段。

2014年11月—2015年3月，完成工艺设备及检定控制管理系统调试。

2016年7月，国家质检总局下发《质检总局关于授权建立国家石油天然气大流量计量站广州分站的通知》（国质检量函〔2016〕298号）。广州分站取得法定计量检定机构计量授权证书，证书编号为：〔国〕法计〔2016〕00073号。

2016年8月，广州分站正式对外开展流量计检定校准工作。

第三节　武汉计量检定室（武汉检定点）

一、筹建背景

为满足华中地区日益增多的高压、大流量流量计检定需求，根据《关于同意筹建国家石油天然气大流量计量站广州、乌鲁木齐天然气流量分站和北京、武汉、塔里木检定点的通知》（国质检量函〔2011〕138号）文件精神，公司决定设立国家石油天然气大流量计量站武汉检定点、南京计量测试中心武汉计量检定室，负责检定点生产运行和计量检定工作。

二、工程概况

武汉检定点位于公司武汉管理处武汉东站旁，与武汉东站工艺系统并联设置，主要利用国家石油天然气大流量计量站南京分站原有的1套天然气流量工作标准装置作为大口径工作标准（直径400毫米和直径150毫米），并建有小口径工作标准（直径50毫米和直径100毫米）及配套的卧式过滤分离、调压、流量调节设施和建筑物，共设有直径50—300毫米4条并联检定台位系统，在压力10兆帕以下，可对口径直径300毫米及以下的天然气流量计进行实流检定，年检定能力200台，覆盖华中地区天然气流量计检定。

武汉检定点工程列入西气东输二线补充工程，工程项目新增征地约5亩，工程总投资5 056万元，其中工程建设投资4 970万元。

（一）主要工程量

1. 建筑物

建筑物总面积为642.8平方米，主要包括检定区、库房区、综合办公楼等。

2. 工艺系统和设备

工艺系统主要由12个部分组成：

(1) 天然气进、出站管线及旁通流量调节系统。

(2) 卧式过滤分离器：由1台直径900毫米过滤分离器组成，处理能力为6 500立方米/小时。

(3) 大压差调节系统及稳压系统：由多台电动调节阀组成。

(4) 移动式天然气流量标准装置：由1台直径400毫米涡轮和1台直径150毫米涡轮组成，带有1台直径300毫米超声流量计作为核查表。

(5) 小口径工作标准及核查流量计：有1台直径50毫米和1台直径100毫米涡轮流量计组成，带有1台直径100毫米超声流量计作为核查表。

(6) 安全切断阀系统。

(7) 流量计检定台位：可检定直径300毫米以下口径流量计。

(8) 主流量调节及旁通流量调节系统：由多台电动调节阀组成。

(9) ESD系统：由进出站两路组成，在紧急情况先可执行放空功能。

(10) 氮气瓶系统：由1台可移动式氮气瓶组系统组成。

(11) 排污系统：依托武汉东站排污系统。

(12) 放空系统：依托武汉东站排污系统，分为中压放空和低压放空。

(二) 流量计检定能力

可对口径直径300毫米及以下的天然气流量计进行实流检定。主要技术指标如下：

(1) 设计压力：6.3兆帕；

(2) 天然气取气压力：6.0兆帕；

(3) 系统测量不确定度：≤0.33%；

(4) 被检流量计准确度等级：1.0级；

(5) 被检流量计口径：直径50—300毫米；

(6) 被检流量计流量范围为10—6 500立方米/小时。

(三) 工程进展

2012年8月，西气东输管道公司通过将《关于国家站武汉天然气计量检定点建设方案的报告》（西气东输函〔2012〕291号）上报集团公司质量与标准管理部。8月底，根据批示要求，委托大庆油田工程有限公司对《用南京分站移动标准在武汉建立临时检定点的方案》进行投资估算。

2013年9月，天然气与管道分公司在北京组织《国家石油天然气大流量计量站武汉检定点工程可行性研究报告》(B版)评审会。根据评审意见修改完善后于2013年12月上报专业公司审查。

2014年3月，专业公司以《关于授权批复国家石油天然气大流量计量站武汉检定点工程有关工作的通知》，授权西气东输管道公司自行批复该项目可行性研究报告。

2014年3月，公司召开总经理办公会，通过项目立项，同时对项目建设背景、项目建设的必要性、工程定位、主要工程内容和投资估算进行批复，安排西气东输压缩机站工程项目部据此开展初步设计，并抓紧组织工程建设。

2014年7月，公司依据集团公司《危险与可操作性分析工作管理规定》的要求，开展了国家石油天然气大流量计量站武汉检定点工程初步设计的危险与可操作性分析（HAZOP）工作。

2015年2月，取得工程土地预审批复。

2015年3月，取得工程安全预评价批复。7月通过安全专篇评审。

2016年11月，工程开工建设，截至12月底，累计完成施工进度的31.77%。

第三篇

生产运行

生产运行与工程建设、天然气市场开发与销售同为公司三大主营业务之一，截至 2016 年 12 月 31 日，公司运营管道总里程为 11883 公里。

2003 年西气东输管道工程东段管道（陕西靖边至上海白鹤）建成投产后，公司负责运营管道干线长度为 1485 公里，3 条支干线（定远至合肥、常州至长兴、南京至芜湖）长度为 302 公里，干线及支干线工艺站场共 30 座。管理区域范围为陕西、山西、河南、安徽、江苏、浙江、上海等 7 个省市，共有天然气用户 7 家。

2004 年—2011 年，公司负责运营管道干线长度为 6396 公里，4 条支干线（定远至合肥、常州至长兴、南京至芜湖、枣阳至十堰）长度为 310 公里，干线支线工艺站场共 129 座。管理区域范围为新疆、甘肃、宁夏、陕西、山西、河南、安徽、江苏、浙江、上海、山东、河北、湖北、湖南、江西、广东、广西 17 个省、区、市，共有天然气用户 182 家。

2011 年 12 月 31 日，按照股份公司管道运行管理区域界面划分，公司分别与西部管道公司、管道公司进行了管道运行管理权和资产交接。将西气东输一线西段（轮南-59#阀室段）1915.6 公里管道、兰银线河口至甘塘段 260.4 公里管道（包括白银线 56 公里）移交西部管道公司，将冀宁联络线安平至枣庄段 489.95 公里管道移交管道公司；同时，接收管道公司忠武输气管道（包括忠县至武汉输气干线和荆州至襄樊、潜江至湘潭、武汉至黄石三条输气支线，管道全长 1347.8 公里）。至此，公司管理区域范围调整为宁夏、陕西、山西、河南、安徽、江苏、浙江、上海、湖北、湖南、江西、广东、广西、重庆 14 个省、区、市，管辖管道总长度为 9099 公里，工艺站场共 116 座。划归管道公司长宁线甘塘以南 2 个用户及冀宁联络线冀鲁段山东省、河北省天然气用户 31 家；接收管道公司忠武管道天然气用户 39 家，共有天然气用户 186 家。

截至 2016 年 12 月 31 日，公司运营管道干线 3 条（西气东输一线 59#阀室至上海段、西气东输二线 68#阀室至广州段，西气东输三线吉安至龙岩段），支干线 9 条（忠武线忠县至武汉段、常州至长兴、定远至合肥、南京至芜湖、枣阳至十堰、平顶山至泰安支干线河南段、南昌至上海支干线、广州至深圳支干线、广州至南宁支干线广东段），联络线7条（樟树至湘潭联络线、冀宁联络线苏北段、淮武联络线、西气东输二线中卫至靖边联络线、襄樊清管站至忠武线襄樊计量站联络线、黄陂联络压气站至淮武线联络线、嘉兴至甪直联络线），支线16条，长宁兰银线（甘宁交界至银川段）和香港支线，管道总长度为11 070公里，工艺站场158座（其中西气东输一线9座压气站，19台机组；西气东输二线10座压气站，40台机组；其他支线及储气库11座压气站，25台机组），线路截断阀室439座；另有2座地下储气库（金坛、刘庄）和1个计量测试中心、1个检定分站。管理区域范围为宁夏、陕西、山西、河南、安徽、江苏、浙江、上海、湖北、湖南、江西、广东、广西、重庆14个省、区、市及香港特别行政区，共有天然气用户321家。

公司生产运行管理分为3个层次，生产运行处、压缩机管理处、管道处作为公司专业管理部门为业务管理层，各地区管理处、储气库管理处及南京计量测试中心为区域管理的实施层，场站（队）为站域管护及运行操作层。

在运行管理上，为降低管道运营成本，减少人力资源投入，建立了"以西气东输管道公司管理为核心，以生产运行劳务承包商的派出人员为主要作业者，以设备供应商的售后服务和专业技术公司的技术服务作为技术支持"的四位一体化的开放式生产运行管理模式，压缩了管理层级和队伍规模，提高了劳动生产率。

在运行控制方面，采用国际先进的数据采集与监控系统，并将管理、数据采集和地理信息系统集于一体，实现了就地、站控、调度中心三级控制，共有145套站控系统、324套监控/监视终端，以及上海生产调度中心、银川调度中心（二级调度）共13套远程监视终端和南京、广州计量测试中心控制系统。2003年9月20日，公司上海临时调控中心在上海白鹤末站正式投入运行。2007年3月21日，公司上海调控中心向北京油气调控中心移交运行调度职能。北京油气调控中心负责管道系统调度运行的监控和统一指挥，公司负责管道的设备维护、生产管理和应急管理。

在站场设备管理方面，围绕设备完好率和可靠性，开展了设备设施的日常性维护和计划性维修。电气、通信、仪表、自动化、机械专业每年开展春秋检和专项技术服务项目，设备完好率保持在95%以上，关键设备完好率保持在98%以上。

在管道管理方面，紧紧围绕确保管道安全平稳高效运营这一中心，以"零占压、零伤害、零泄漏"为目标，以强化管道完整性管理为核心，以管道线路风险管理为手段，认真开展管道第三方风险防控、管道本体腐蚀控制、地质灾害防控、管道安保管理等项工作，大力开展管道保护和管理技术研究，管道完整性管理水平不断得以提升。管道投产以来，截至2016年12月31日，累计安全运行4 841天。

第一章 管理组织

公司生产运行管理组织涵盖业务管理层、实施层和作业层。生产运行处、压缩机管理处、管道处作为公司专业管理部门,为业务管理层。生产运行处负责生产运行调度、工艺、机械、电气、通信、计量、仪表自动化、能源、应急、维抢修等专业设备设施的管理;压缩机管理处负责压缩机组及附属设备的管理;管道处负责除场站(阴保系统除外)、阀室外的管道及附属设施的管理。各地区管理处、储气库及计量测试中心为区域管理实施层,负责所辖区域内的场站、管道线路、维抢修管理的实施。站场(队)为作业层,负责各自场站内、周边阀室设备设施、管道线路的管护及运行操作。

第一节 机构设置

一、生产运行

西气东输工程项目经理部成立后,根据工程建设和运行需要,于 2001 年 8 月成立了技术处(运行准备处),负责运行准备和运行管理,编制和实施投产试运方案。

2003 年 2 月,公司成立生产运行处,主要职责是负责组织签订、执行天然气储运合同,组织编制、执行天然气储运计划,管道的运行调度指挥与生产管理,组织定期的生产运行调度会议,生产运行统计,参与员工岗位技术培训,储运计量管理,能源管理,新建管道的投产和生产运行管理等。2004 年 2 月,公司实行一级管理,外设部门均为派出机构(2004 年称为"地区管理处"),根据公司授权从事生产运行管理活动,同时撤销科级机构编制,设高级主管、主管、主办岗位,推行扁平化管理。

2007 年 6 月,生产运行处设有生产调度室、设备科、电控科、综合科、能源与计量科。2008 年 2 月,生产运行处的自动化系统管理职能调整到压缩机处。2011 年 8 月,应急管理职责调整至生产运行处。

2015 年 6 月,生产运行处设设备科、仪表自动化科、电讯科、应急管理科、计量能源科、生产调度室。主要职责:制(修)订生产运行有关的管理、技术及作业类文件;组织调度运行以及新建管线的生产准备和试运投产;负责场站内除压缩机本体及附属设施、阴保设施外的设备设施以及建构筑物的管理;负责生产工艺、机械设备、仪表、计量、电气、通信、能源、生产调度、自动化、除上海总部外生产车辆的技术管理,组织设备设施计划性保养及日常维检修;组织应急管理,做好维抢修功能布局、力量配备和机具配置工作,组织公司级应急预案编制、培训及演练,牵头实物资产管理。

公司运行管理实施和操作分由按区域设置的管理处负责。

二、管道保护

2004年2月,公司决定成立管道处,主要负责公司的土地管理、管道线路管理和公司治安保卫等工作。2004年10月1日西一线东段投产后,管道线路管理采取的是"专业巡护"模式,即管理处与专业巡护公司签订巡护合同,巡护公司负责管道线路巡护工作,管理处负责领导、监督和考核巡护公司线路管理工作。2005年6月,管道处增加防洪、防汛工作职能。2006年6月,生产运行处的站队、阀室保卫工作职能划归管道处。2007年6月,管道处设管道管理科、管道保卫科和综合科等3个科室。2009年7月10日,在西一线东部人口稠密地区,逐步开始实行"站管线"模式。目前,除西一线陕西段(494公里)由西北管道公司专业巡护外,其余均已采取"站管线"模式。"站管线"模式:即根据不同地区制定了车辆(27—70公里一辆车)和人员配置标准,在场站配置巡线车辆(兼生产和生活用车)和线路管理员,负责辖区管道保护工作,管理处负责领导、监督和考核场站的线路管理工作。2011年3月,管道处土地管理职能调整到工程技术处,不再负责矿产压覆评价工作。2013年5月,西二线深圳求雨岭至大铲岛9.4公里及香港支线深圳段14.78公里的海底管道,境内海底管道依托广东边防海警巡查;境外海底管道委托香港本地注册的专业机构巡护。2015年3月,管道处管道完整性体系建设职能调整到科技信息中心。

截至2016年年底,管道处下设三个科,管道管理科(腐蚀控制、阴保、完整性管理)、管道工程科(线路巡护、第三方施工管理、管道高后区管理、地质灾害)、保卫科(管道安全保卫、综合管理)。各地区管理处全面负责所辖区段管道保护工作,实行科室、场站及巡线工三级管理。管理处机关设管道科负责日常工作;所辖场站配有主管站长和线路管理员,负责辖区内管道巡护及管理工作;沿线当地聘用农民巡线工(巡线工已归口人事处管理),负责线路巡护、信息收集、管道宣传等具体工作。

三、站场压缩机组运行维护

2004年2月,公司成立压缩机维检中心,主要负责公司压缩机组技术管理工作,编制压缩机维检计划,组织压缩机一级以上(含一级)保养和入厂监修,编制公司压缩机备品备件采购建议计划;负责公司压缩机技术服务合同的签订和执行,参与压缩机专业技术培训,配合生产运行处编制压气站运行方案。

2005年3月,公司成立压缩机站工程项目部,负责公司压缩机站工程建设,与压缩机维检中心一个机构两块牌子。2006年3月,压缩机维检中心与压缩机站工程项目部分立办公。

2007年5月,公司撤销压缩机维检中心,成立压缩机处,负责公司压缩机组的技术管理和运行技术支持,组织实施诊断和排除压缩机组复杂运行故障;编制公司压缩机组维检修计划和维检修工作的指导、协调和监督考核,并参加维检修工作;开展维检修工作的标准化管理;负责全线压缩机组备品备件和大型工器具的计划管理和调配;归口管理维检修工作需要的外委厂商及专业化服务队伍;具体组织压缩机组高级技术培训;负责燃气轮机返厂大修的合同签订、合同执行及组织相关测试监督见证工作;建立公司压缩机组运行故障案例及维检修分析数据库。6月,压缩机处设设备一科、设备二科、仪电科、计划科等4个科室。

2009年2月,生产运行处自动化系统管理职能调整到压缩机处,并设立自动化维检中心。自动化维检中心主要负责公司自动化系统规范、标准、工作程序、操作手册等程序及作业文件和管理制度的制修订工作及相关培训实施工作;负责公司全线自动化系统定期检测(含SCADA系统春秋检)、专项维护的计划、方案编制、外委合同签订以及组织协调等工作;负责公司PLC等相关自动控制实验室或仿真培训设施建成后的管理;参与新建管道项目自动化系统的工程设计、编程和安装调试等相关工作;负责在役管道更新改造项目站控自动化系统编程和调试投产等工作;负责公司自动化系统备品备件储备定额标准的制修订工作。

2012年9月,公司成立国家能源天然气长输管道技术装备研发(实验)中心办公室,办公室设在压缩机处。

2015年2月,压缩机处负责的自动化维检业务调整至科技信息中心,撤销自动化维检中心,负责的管道自动化业务调整至生产运行处。

2015年6月,压缩机处名称变更为压缩机管理处,设设备一科、设备二科、仪电科、计划科4个科室。站场压缩机组运行操作分由按区域设置的管理处负责。

第二节 管理模式

2003年7月16日,公司明确生产运行管理的总体模式,实行"四位一体"的开放式生产运行管理模式。

一是实行业主一级统一管理。西气东输管道公司(业主)负责生产运行组织和调度指挥、维抢修管理、生产运行核心业务管理(包括SCADA系统、通信、电气、计量、信息技术和标准等)、生产成本控制和资产运营管理等;公司各管理处(操作区)负责组织并实施现场场站的日常运行操作和设备仪表的维护及保养;维修队负责组织并实施场站及管道的日常维护、维修和管道巡检任务,以及处理突发事件;压缩机维检中心负责组织并实施全线压缩机站机组的周期性运行维护、保养和检修。

二是管道现场生产运行管理。在业主负责的前提下,采取劳务承包的方式,由业主制订雇用劳务人员岗位、标准、数量和条件,由集团公司内部有关专业公司负责提供符合条件的劳务人员,受雇人员完成岗位职责所要求的工作。

三是大型技术设备,包括压缩机、SCADA系统、卫星通信系统、变频器及变频驱动电机、中压以上电气开关机柜系统等,由供货商负责售后专业维修或大修或技术支持。

四是对于专业性较强的卫星通信系统日常运行维护、SCADA系统日常运行维护及管道封堵等作业任务,由业主选择的专业化技术服务公司负责实施。

西气东输一线管道属国内首条大口径、高压力、长距离输送天然气管道,采用的工艺、技术及设备先进,投产初期,面临着设备调试量大、设备运行不稳定、故障率高、运行人员专业性不够强、经验不足等困难。在"四位一体"管理模式的方针指导下,在投产初期及后续一段时间内,大型技术设备及系统的专业维修、大修等作业均采取委托设备供应商或技术承包商等方式,在设备故障处理方面发挥了专业队伍的优势。

随着运行时间的延长,设备运行逐渐稳定,运行人员积累丰富的经验,处理故障能力逐渐提高,公司根据实际情况逐步减少运行维护维修的外部委托,例如成立自动化维修中心,逐步撤销专业线路巡护队伍,改为站场管理线路模式,转化为自主运行维护检修,不仅降低了费用成本,同时也培养了一批维护、检修、抢修技术人才队伍。经过一段时间的锻炼和检验,公司自主运维队伍能力不断增强,逐渐探索并形成"以检代巡""以检代修""以干代练""集中巡检""集中监视""区域化"等新的管理模式,管理效率、管道本质安全性都得到较大幅度提升。

第二章

试 运 投 产

安全、平稳、高效运行是管道运营的目标。

2001年10月23日,公司在北京签署《西气东输管道运行管理框架协议》,西气东输管道试运行准备工作启动。2003年起,公司的运营管理工作有序展开,经过周密计划,分步实施,重点突出,协调推进,完成了西气东输管道试运行投产前的准备工作。东段主体工程完工后,公司与工程各建设方落实完成场站、阀室和管道线路的运行管理权和管护权,并对工程建设情况认真进行各项检查。2003年10月1日10点28分,在完成清管扫线、置换升压和各项系统调试等工作之后,天然气安全顺利进入靖边至上海段管道。2004年1月1日,西气东输管道公司与上海天然气管网有限公司签订《天然气销售协议》,正式向上海商业供气。

西气东输管道工程东段的生产运行准备充分,培训工作得力,建立了一套完整的规章制度、操作规程以及试运投产方案,保证了管道顺利投产。运行管理制度和岗位责任制健全,各类应急预案及应急预案的演练齐全到位,保证了管道安全平稳运行。

2004年9月至10月,西气东输管道工程西段管道实现置换升压投产。2004年10月1日,西气东输工程全线按期建成并安全投入试运行。

随后,公司将生产准备、工程接收、试运投产"三步走"的模式应用推广到其他管线。

第一节 生 产 准 备

一、西气东输管道工程东段生产准备

(一) 试运行投产机构与职责

2002年12月18日,股份公司召开总裁办公会,听取西气东输项目工作汇报。会议强调:随着西气东输管道工程东段主体完工,运营管理工作应迅速提上日程,从运营人员的培训到各项规章制度的制定都要开始准备,及早介入,要与西段工程建设同时抓好。据此,西气东输管道公司组织建立和健全生产运行调度指挥系统,统一指挥试运行投产。

2003年4月10日,西气东输管道工程东段投产专题工作会议在北京召开,明确东段干线和支干线于2003年10月1日投产。为加强对生产准备和投产试运工作的组织领导,确保投产试运一次成功,2003年7月29日,西气东输管道公司印发《关于西气东输东段调试投产组织机构和职责的通知》,成立

投产领导小组,负责东段调试投产的全面领导工作,审定调试投产重要事项,发布进气命令;负责西气东输管道公司与靖边气田和下游用户间的重大问题协调。投产领导小组下设专家顾问组、总调度组(下设现场调度、工艺设备、电气、通信、仪表自动化、置换升压、HSE 等 7 个专业调试投产小组)、工程督改组、物资供应组、上下游协调组、宣传报道组、安全督察组及领导小组办公室。

(二)建立健全生产运行调度指挥系统

2003 年 9 月 20 日,上海临时调控中心在上海白鹤末站正式投入运行,主要负责东段各站场的投产调试和生产运行指挥工作。

上海临时调控中心明确在 SCADA 系统投用前,生产运行调度指挥实行一级管理。在正常情况下,输气运行由上海临时调控中心通过电话和传真方式下达指令管理输气生产,运行人员在现场进行站场输气设备、相关阀门、干线截断阀以及站场各分系统操作。有人值守站场调度每隔 2 小时通过电话或传真向调控中心汇报,汇报内容包括压力、流量、温度、气质等;如气质异常可随时汇报;站场调度每天早晨 8 时前传真前一天的生产报表;SCADA 系统投用后,生产运行调度指挥实行统一管理。正常情况下,输气运行由上海临时调控中心通过 SCADA 系统工作站完成对全线输气生产的监视、操作和管理,直接对如何场主要输气设备、相关阀门、干线截断阀以及站场各分系统进行控制。

(三)人员准备

1. 资格审查及培训

根据《西气东输管道运行管理框架协议》,中国石油管道分公司作为主要生产运行劳务承包商,提供现场运行操作和维抢修作业等有偿服务,负责按照西气东输管道生产运行所需人员的数量、技术技能等要求,提供技术支持人员和一线生产作业人员,完成生产运行作业任务。西气东输管道公司对现场运行及维修劳务承包人员进行了严格的资格审查。按照配置计划,东段运行及维修劳务承包人员总配置为 248 人。

2003 年 1 月 7 日,西气东输首批生产运行劳务人员综合培训班在河北省廊坊市举办,参加人数 90 人;2003 年 1 月 12 日,第二批生产运行劳务人员综合培训班在山东省德州市举办,参加人数 235 人。2003 年 2—7 月,举办了 4 期输气管道现场培训和计量橇、调压橇、计量取证、PLC 系统等培训,总计 260 余人次参加。2003 年 3 月起,生产运行劳务人员分 5 批进场。截至 2003 年 9 月 20 日,248 名生产运行劳务人员按计划全部到达西气东输东段现场。

2. 生产运行、维抢修人员配备及投产保驾单位

(1)生产运行及维抢修人员。东段运行及维抢修人员涉及岗位有工艺、机械、自动化仪表、电气、线路、HSE、综合管理、输气工、管工、焊工、电工等。东段各地区管理处 2003 年底配置运行及维抢修人员情况如下:陕晋管理处 65 人,豫皖管理处 82 人,苏浙沪管理处 92 人。

(2)保产(保证运行生产)人员。为了提高东段顺利投运的安全系数,西气东输管道公司聘请了 21 位天然气运行管理方面的保产专家。

(3)巡线工。根据《西气东输工程管道保护办法》要求,每 5 公里管道聘用 1 名巡线员,阀室和无人值守站不设专人值守,由巡线员负责日常巡线。特大型穿跨越和裸露在外的管线做特殊考虑;对于重点位置如长江盾构穿跨越设专人 24 小时值守或各地区管理处协调地方安全保卫部门加强监护。在试运投产前,东段各地区管理处聘用管道巡线员情况如下:陕晋管理处共聘用管道巡线员 111 人(含黄河穿越值守 6 人),豫皖管理处主干线和支干线共聘用管道巡线员 154 人,苏浙沪管理处主干线和支干线共聘用管道巡线员 110 人(含长江盾构值守 6 人)。

(4)试运行投产保驾。试运行投产期间,公司要求施工单位必须在各地区管理处的组织指挥下,配

合业主和供货商完成调试投产工作,负责整改调试投产中发现的与工程施工有关的问题。同时,施工单位还必须在工程督改组的组织指挥下,负责实施投产保驾作业,必须为投产保驾配备足够的保驾人员和机具。相关施工单位于 2003 年 9 月 20 日前分别提交了人员并配置具体方案。

应急处理由总调度组统一安排,由外聘保产人员和相应区段维抢修队协同施工单位作业完成。

(四) 技术准备

1. 投产方案编制

2003 年 6 月 21 日,公司召开《西气东输管道靖边至上海置换升压投产方案(C 版)》审查会。该方案就置换升压前的站间清管扫线、是否加隔离清管器、天然气推进速度、注氮点和注氮量、对上游的供气要求等 6 大关键问题进行了详细论证和比选。专家组审查结论认为,该方案可以作为投产置换升压实施的原则性指导文件。2003 年 8 月 2 日,"西气东输东段试运行投产方案审查会"召开,对《西气东输管道靖边至上海段总体调试投产方案》《靖边至上海段电气系统投产方案》《靖边到上海段通信系统调试运行方案》及《靖边到上海段单体设备调试投产方案》(C 版)等 4 个方案进行了审查。2003 年 8 月 5 日,中国石油天然气与管道分公司在北京召开西气东输管道工程靖边至上海段置换升压投产方案审查会,从整体上确定了适用于西气东输管道投产置换升压方案,同时对达到消防的条件、事故预案及置换升压作业过程中应做好详细参数记录等需审查的内容提出建议。公司依据审查后的方案编制完成了置换升压的具体实施细则及各种应急预案,同时对现场操作安排落实到人,时间计划安排做到小时点。置换升压投产方案既为投产试运提供了指导依据,又为后续的西段投产积累了宝贵经验。

2. 维抢方案编制

为了在突发事故情况下,以最快的速度使管道事故得以处理,恢复正常生产,2003 年 6 月 22 日,公司在河北廊坊召开《西气东输天然气事故抢修方案》审查会。专家审查结论认为,该方案可能作为操作区编制各区段抢修作业指导书的指导性文件。随后,公司组织各管理处在这些方案基础上结合各自的实际情况编写完成各自的《维抢修实施细则》。对维抢修和进场路由、试运行投产和正常生产运行过程中各类事故的抢修预案都进行了详细的描述,增加了管道事故维抢修的可操作性。

3. 标准及规程的编制

为了保证西气东输管道试运行投产及今后的生产运行并规范生产管理,公司组织编制并印发了一系列标准、规程。2003 年 7 月 12—13 日,在北京召开企业标准审查会,对 4 项企业标准进行审查,对其中 1 项提出修改意见。被审查的 41 项企业标准中 33 项为技术标准、8 项为管理标准,内容涵盖了输气工艺,天然气在计量、设备、电气、通信、仪表自动化等方面的操作,维护和维修规程、规定以及管道管理、QHSE 等管理制度。2003 的 7 月 29 日,公司发布了《西气东输天然气工艺运行操作规程》32 项企业标准,自 2003 年 9 月 1 日起正式实施。在试运行准备期间,公司共编制、修订并发布企业标准 75 项,其中 36 项为技术标准、39 项为管理标准。

4. 程序文件及运行人员岗位职责、管理制度编制

2003 年 7 月 16 日,公司印发了《西气东输管道公司生产运行管理程序汇编》和《西气东输管道公司生产运行管理规定汇编》,两个汇编共包括 14 项程序文件。2003 年 7 月 31 日,公司完成了《西气东输管道公司岗位工作标准汇编》及《西气东输管道公司生产管理制度汇编》(B 版)的编写工作。这些管理程序及管理制度于 2004 年 1 月正式颁布实施。

5. 开展系统分析专题工作

公司根据管道系统构成,还开展了管道系统住址模拟分析、系统优化等课题研究,重点进行了建模、工况分析、日输量分配以及周/月输量分配预测工作,先后编写了《西气东输管道 2003—2004 年阶段的系统分析》(试运投产阶段)以及《西气东输管道系统分析》(第 5 版)(在设计输量条件下);根据市场谈判

的最新进展及用户调整后的用气特性,完成了《西气东输管道系统分析》(第6版);以及《西气东输管道不同阶段、不同情况下的事故工况系统分析》,提供了事故工况下管道应急供气方案。

(五) 物资准备

2003年4月,公司完成《西气东输生产运行和维抢修用设备机具配置方案》编制。投产必备物资包括交通车辆、维抢修设备仪器和封堵设备等生产运行、维抢修物资机具,以及维抢修队用小型工器具及运行和维抢修耗材。根据生产运行管理模式及确定的维抢修体系,公司制定并实施了物资发放、备品备件管理办法;针对个别可能滞后到货物资制订了应急计划,各项投产用物资于运行投产前期全部配置到位。

(六) 现场条件准备

2003年3月,公司开始启动操作区的选址建点工作,对各管理处提供方案进行优化必选;2003年5月底完成各操作区的选址建点建议方案。经审批后,开始进行征地并与地方政府进行沟通,通过与各地方单位谈判,完成供水、供电及通信公网合同签订。2003年10月1日投产前夕,管道干线各站场均达到了水通、电通、通信通。关于上游气田供气准备工作,为了确保东段置换升压工作顺利进行,公司在陕西靖边压气站增设旁通管线,并提前完成靖边站与天然气净化厂连接管线的天然气置换。

其他准备工作,还包括注氮承包合同签订、液氮购置、注氮设备租赁以及相关的检测、通行、交通等方面的准备工作。2003年8月13日,公司召开了西气东输管道工程靖边至上海段投入使用验收检查方案讨论会。2003年8月18日—9月18日,天然气与管道分公司组织对靖边至上海段干线线路、阀室、站场工程进行投入使用验收检查。2003年9月5日,公司召开投产准备工作专题会,对东段逐标段、逐阀室分析投产准备情况,影响按期进气的因素进行排查和落实。

二、其他管线的生产准备

(一) 西一线西段(新疆轮南至陕西靖边)

1. 人员、制度准备

2004年,公司按计划分三批组织完成了西段147名生产运行劳务人员的培训及进场。5月15日,第一批运行劳务人员25人进场。3—11月,先后举办了调压系统、计量系统、阀门和执行机构系统等现场及专业知识培训。

2004年1月17日,《西气东输管道公司生产管理制度》《西气东输管道公司生产岗位职责》和《西气东输管道公司生产岗位工作标准》三部企业内部制度和规范颁布实施,为西气东输工程的施工、生产运营、日常管理和维抢修工作提出明确规定,为工程安全及高速、高效生产运营提供了依据。

2. 技术准备

2004年7月,公司在河北省廊坊市组织专家对西气东输管道西段试运行投产方案进行了审查,所有方案均通过审查。这些方案吸取了东段试运行投产的成功经验,对不足之处进行了修改,对整个投产过程中的技术方案选择、实施步骤及注意事项等进行了更合理、细致的安排。生产运行部门还编制了调度运行手册、程序文件、岗位职责、工作标准。2004年8月3日,《西气东输管道轮南至靖边段转换升压及调度投产工作计划》印发实施。

3. 物资准备

西一线西段投产前,公司生产运行部门还配合完成了西段投产物资准备工作计划的编制及发放工作,主要有检测仪器类、工具类、通信类及劳保防护类设备1 200余台(件);投产期间所需要的各种备件近9 100项。

4. 组织落实

2004年6月,公司召开了西气东输西段试运行投产准备工作协调会。7月30日,召开西气东输西段试运行投产动员会。2004年8月,成立西气东输西段投产领导小组,负责西段置换调试投产的领导工作。投产领导小组下设总调度组(包括7个专业调试组)、工程督改组、物资供应组、上下游协调组、宣传报道组、安全督察组和投产领导小组办公室,并落实了各组及上海调控中心和西段新疆管理处、甘肃管理处、宁陕管理处的各自职责。

5. 外部条件落实

西气东输管道生产运行准备充分,建立了一套完整的规章制度、操作规程以及试运投产方案,保证了管道顺利投产。运行管理制度和岗位责任制健全,各类应急预案及应急预案的演练齐全到位,保证了管道安全平稳运行。2004年9月,西气东输管道干线实现全线一次试运投产成功;主要工艺设备配套设施连续72小时投产试运,设备运行正常。西气东输管道干线于2006年12月2—4日,日均输气量3 510万立方米,折合年输气能力为122.85亿立方米,生产能力连续72小时以上运行考核达到设计要求。

(二) 冀宁管道

1. 人员、制度准备

投产前期,公司组建了苏北管理处和冀鲁管理处,负责冀宁线管道场站、阀室及线路的运行维护和管理工作。公司于2005年7月组织经过培训取得上岗资格证书的生产运行人员全部到位,继续在岗位开展有针对性的培训,确保冀宁管道投产顺利运行。

2. 技术准备

2005年11月,苏北管理处和冀鲁管理处组织编制《西气东输冀宁线置换投产方案》,同年12月编制《西气东输管道冀宁线置换升压投产方案实施细则》,并分区段、分专业编制投产保驾方案,同时对现场操作安排落实到人,时间计划安排做到小时点。此外,两个管理处还编制了应急抢修方案和维抢修实施细则,对维抢修的进场路由、试运投产和正常生产运行过程中各类事故的抢修预案都进行了详细描述。

3. 物资准备

按照投产物资准备工作计划,公司在冀宁线置换升压期间,配备了含氧测试仪、可燃气体测试仪各种量程压力表等设备,为分输站配备了维修队工具车,以及管道维抢修工具及备品备件,保证了投产以及运行的需要。

4. 组织落实

为加强对生产准备和试运投产工作的组织领导,协调各项工作的顺利进行,确保试运投产成功,公司成立了投产组织机构,根据试运投产环节设立小组并明确了各小组主要职责。

5. 外部条件落实

通过与各地方单位的谈判,完成供水、供电及通信公网等合同签订。在不具备条件的站场,采用临时供电方式;青山分输站至安平站之间,共14座分输站、9座阀室站的通信安装工程,由通信公司技术部门进行技术指导。

(三) 淮武联络线

1. 人员、制度准备

为加强对淮武管道生产准备和试运投产工作的组织领导,协调各项工作的顺利进行,确保试运投产成功,2006年6月公司成立了豫鄂管理处,与淮武项目部合署办公全面负责现场的组织和投产后的运行管理。

2. 技术准备

豫鄂管理处结合淮武联络线工程特点，编制了《淮武线投产方案》《淮阳站、潢川站和武汉西站扩建部分投产实施细则》以及应急抢修方案和维抢修实施细则。同时管理处结合投产制定了淮武管道通信工程、自动化工程、消防工程、淮阳分输清管站、武汉西计量站的保驾方案。

3. 物资准备

根据《西气东输生产运行和维抢修用设备机具配置方案》，按照投产物资准备工作计划，置换升压期间，共配备各类车辆28辆、测试仪表32台、管道维抢修设备及工器具共计488件，投产所需备品备件全部发放到位。

4. 组织落实

《淮武线投产方案》中明确了投产组织机构中各组的主要职责。组织机构设投产领导小组，下设现场投产调度组、操作指导组、投产保驾组、HSE工作组、管道保卫组、综合保障组、供销气协作组等，提前做好注氮承包合同签订、液氮购置、注氮设备租赁以及相关的检测、通信、交通等方面的准备工作。

5. 外部条件落实

供水保障：2006年5月前为潢川站完成打井取水工作。

供电保障：在不具备条件的阀室，采用TEG供电方式，2006年9月22日，完成淮武支线管道工程高压供用电合同的签订。

通信保障：移动通信用于管道置换升压及调试投产、巡线和抢修工作，解决方式主要依靠GSM公网移动电话，在公网移动电话盲区的线路区域，配置全球星卫星移动电话和短波移动及固定电台。

（四）江都至如东天然气管道

1. 人员、制度准备

为加强对江都至泰州和泰州至如东管道生产准备和试运投产工作的组织领导，由苏北管理处全面负责现场的组织和投产后的运行管理，投产前组织对参与投产员工完成了取证和培训工作，就新设备使用提前进行了技术培训和实际操作。

2. 技术准备

苏北管理处编制了《江都至泰州段置换升压投产方案》和《泰州至如东段置换升压投产方案》、应急抢修方案和维抢修实施细则，并对参加投产的每位人员都进行了职责定位，指导江都至泰州段和泰州至如东段管线顺利投产，同时维修队也选派人员提前熟悉阀室设备操作。

3. 物资准备

根据《西气东输生产运行和维抢修用设备机具配置方案》，按照投产物资准备工作计划，置换升压期间，车辆、测试仪表、管道维抢修设备及工器具等投产所需备品备件全部发放到位。

4. 组织落实

江都至如东管线分段投产，在投产前均组织相关专业人员对管道设备设施实施了系统的投产前检查，提出了设备、安全、消防、土建等4大项多个问题，并督促施工单位在投产前进行整改。管理处及时跟踪施工质量，多次组织有关人员深入施工现场认真查找制约投产的问题隐患，并以书面形式函告工程建设项目部，督促施工单位整改。

5. 外部条件落实

在管线分段投产之前通过与各地方单位谈判，均完成了供水、供电及通信公网等合同签订。

（五）西二线东段中卫至黄陂段

1. 人员、制度准备

公司在2007年底成立西二线生产准备领导小组及其办公室，组建了承担管道运营管理任务的甘陕、赣湘、粤桂和浙江4个筹备组，并加强了宁陕、豫皖和豫鄂3个管理处的力量，从人力资源上给予保障。西二线生产准备领导小组办公室负责总协调，与管道建设项目经理部、管道局西二线东段EPC项目部和各工程施工单位等建立起工作协调机制和信息沟通平台，有效推进了工程设计、设备采办、施工建设和生产准备方面的协调工作。

2009年12月，公司组织开展西二线东段运行、维护人员培训、取证等准备工作；2010年3月，将经过培训取证后的生产运行人员派往西一线站场熟悉生产过程；2010年6月，组织运行和线路管理人员提前进驻站场。

甘陕管理处为西二线新组建管理处，而豫鄂管理处有经验的运行管理人员较少，公司从苏浙沪管理处、冀鲁管理处共抽调了40名有5年以上工作经验的生产运行人员，在投产前2周前往进行支援，并在投产期间进行站队工作指导和保驾。

同时，公司在西一线和西二线西段各类设备操作规程的基础上，组织人员研读西二线东段各类设备说明书，共编制了西二线东段各类设备操作规程22项，在投产前下发至各管理处，指导投产过程中各类设备的操作和维护。

2. 技术准备

（1）投产方案的编制。2010年4月1日，天然气与管道分公司组织召开了西二线东段工程建设及试运投产协调会，会议明确西二线东段试运投产方案由西气东输管道公司负责组织编制。公司随即启动了西二线东段投产方案、专项应急预案及运行操作维护规程的编制工作。

公司从各部门抽调业务能力强，有一定生产运行经验的专业技术人员组成投产方案编制组，落实西二线东段投产组织方案和投产方案编制计划安排，建立投产方案编制进展情况每周汇报制度，通过深入研究西二线管道试运投产的特点，完成了《西气东输二线管道中卫至樟树干线、枣阳至十堰支干线、樟树至湘潭联络线投产方案》初稿，其中包括总方案及置换升压方案、HSE实施方案、事故应急预案以及各分系统投运方案4个子方案，各分系统试运投产方案由管道线路、机械设备、电气系统、仪表自动化、通信系统、消防系统、阴极保护系统、消防系统8个方案构成。

2010年9月15日，天然气与管道分公司在上海组织召开了试运投产方案审查会，北京油气调控中心、管道建设项目经理部、西气东输管道公司、西二线管道工程监理总部、西二线东段EPC项目部等单位参加会议。与会专家一致认为投产方案编制内容全面完善、措施具体、思路清晰、总体可行，可以指导西二线东段管道投产试运工作。

（2）投产工作手册的编制

为了加强西二线东段试运投产的组织协调工作，明确工作界面、内容和职责，明晰指挥流程，保证信息畅通，实现统一调度，公司又在投产方案的基础上编制《西二线东段试运投产工作手册》，在投产前印刷发放至各相关单位执行。

3. 投产物资、工器具准备

西二线东段投产用物资、工器具包括置换投产用氮气、维抢修设备机具、站场用工器具、阀室巡检用工器具、投产期间用耗材、零星物资等。在公司每周的生产例会上均报告西二线投产用工器具和物资的准备情况，及时协调相关部门解决存在的问题，保证了投产用工器具和物资及时到位。

4. 组织落实

西二线东段的建设管理涉及单位较多，公司多次组织召开大型工作协调会，及时协调解决设计、施工、采办和投产准备中存在的各种问题。

2010年11月12日，管道建设项目经理部组织召开投产前视频会议，西二线东段EPC项目部汇报投产前检查问题的整改情况和投产准备情况，公司各管理处汇报现场准备情况，确定了向专业公司申报的投产时间。

（六）西二线东段黄陂至广州段

2011年6月30日，西二线东段黄陂至广州段在认真总结了西二线东段黄陂以北试运投产工作经验教训的基础上顺利完成投产试运，具体工作包括：工程监管及提前介入情况；投产试运的技术准备、人员准备、工器具和物资准备及外部条件准备情况；投产试运过程中的氮气、天然气置换及升压过程；站场、阀室的各种设备及分系统的调试和投运情况；中间交接情况等。

根据西一线东段和西段、冀宁线、淮武联络线及西二线东段投产准备的经验总结，公司总结形成了输气管道投产准备标准模板，为后续西二线相关支线、支干线、联络线的投产准备和投产试运工作提供了有益参考。

（七）西三线东段吉安至龙岩段

2016年5月，公司抽调南昌管理处、厦门管理处专业人员成立西三线管道东段试运投产方案编制组，组织编制《西气东输三线管道工程吉安至福州干线试运投产方案》，并对参加投产的每位人员都进行了职责定位，做到投产人员职责清晰。

中国石油管道建设项目经理部组织完成了西三线东段吉安至龙岩段投产应急预案演练，落实了保驾队伍及物资、装备；办理完成消防验收、压力容器验收、防雷防静电验收、环保试生产批复等手续。2016年9月，完成投产条件专项检查及问题整改，10月15日顺利投产。

第二节　工程接收

一、中间交接

工程的中间交接是指主体工程完工具备试运条件后，为明确建设方和运行方的责任，及时处理试运投产期间出现的问题，确保管线试运投产工作安全顺利而开展的一项工作，同时为工程正式移交和今后的生产运行打下坚实的基础。中间交接为建设方向运行方交接场站、阀室和管道线路的运行管理权和管护权，由管道所属管理处与EPC和施工单位之间在进行现场移交，公司机关各处室给予技术支持。

中间交接由管道建设单位负责组织与协调，并组织监理机构对交接检查验收问题的整改结果进行确认。参加中间移交验收的单位分别有不同职责：公司管理处从投产运营管理的角度提出验收意见，并对验收问题的整改结果进行确认；监理总部负责督促监理分部对验收问题的整改进行监督，对整改结果进行确认；质量监督单位负责对验收问题的整改质量进行监督，对整改结果进行确认；EPC项目部负责组织设计、施工、采办等承包商接受移交验收，并组织相关承包商对验收问题进行整改；设计承包商负责对工程建设是否与初步设计相符进行确认；采办承包商负责对验收中发现的设备及材料质量问题进行整改；施工承包商负责在移交验收开始前完成自检自查，并编制自检自查报告，负责对验收中发现的施工质量问题进行整改。

二、投产前检查

投产前检查是指为了新建工程顺利投产，在投产前进行工程建设情况的检查，梳理未完工程，及时发现当前工程建设存在的问题，尤其是制约工程投产的主要问题，及时督促有关单位抓紧时间整改完善,确保新建工程合规合法投产。

对于由中国石油管道建设项目经理部集中建设的项目,由建设单位负责组织投产条件检查。对于公司自建的项目,由公司生产运行处会同质量安全环保处、压缩机处、管道处、工程技术处等机关处室组织投产条件检查。检查意见以正式公函形式下发管道工程建设单位,管道工程建设单位根据检查意见组织承包商进行整改,整改完成经运行单位确认后方可申请试运投产。

第三节 试运投产

一、西气东输管道工程东段试运投产

2003年9月18日,公司制定下发《西气东输管道靖边至上海段调试投产组织方案和工作计划》,明确了调试投产组织机构及职责、调试投产总体工作程序和计划、置换升压及向下游用户供气(投产)总体时间安排、投产前安全检查、置换前干空气清管扫线、置换升压、置换投产物资、分系统调试等工作内容。

东段管道投产的总体目标是确保2003年10月1日陕西靖边站进气,11月20日实现向上海供气,12月10日实现上海临时调控中心对靖边压气站、郑州分输压气站、上海末站的数据采集和远程监控,2004年1月1日正式商业供气,最终实现东段管道安全投产试运行。调试投产内容包括东段管道的置换前干空气清管扫线、置换升压;各站场、阀室的电气系统、通信系统、SCADA系统和工艺设备的调试运行及全线带负荷试运和供气投产。

调试投产范围。管道干线部分:干线(陕西靖边至上海白鹤)共1485公里,3条支干线,定远至合肥,常州至长兴、南京至芜湖,约302公里。干线及支干线站场共30座,根据各站场功能,分成如下几个类型:首站压气站、中间压气站、分输压气站、分输站、分输清管站、末站等。干线阀室61座,支干线阀室14座。

公司根据干线站场调试投产顺序,制订了东段调试投产总体工作程序和计划完成时间,共分三个部分:

(一) 清管扫线

西气东输东段管道干空气清管扫线作业分6段顺序进行。注气点分别为靖边压气站(临时首站)、蒲县压气站、郑州分输压气站、淮阳分输清管站、利辛分输清管站。采用了由一个钢性骨架和八皮碗构成的直板式皮碗清管器;清管器过盈量为4%—5%;泡沫塑料清管器的过盈量为25.4毫米;清管器的推进速度控制在5米/秒(18公里/小时)以内。2003年9月16日—27日,西气东输管道东段分段完成干空气清管扫线作业,为保证调压、计量设施及压缩机运行安全创造了条件。

(二) 置换升压

东段干线及3条支干线清管扫线完成后,公司立即按顺序对干线、干线站场、支干线及支线站场进行管道注置换并全线升压。为减少注氮点,节约成本,站场置换所用氮气采用了线路置换用氮气。因此,西气东输管道置换次序为"先干线,后支干线,边线路,边站场"。在干线管道转换结束后开始升压至平均压力4.0兆帕,采用了天然气推氮气、氮气推空气的无隔离清管器方案。进气管线的氮气温度保持在5—15度之间;注氮流量不低于1.5吨/小时;置换期间天然气推进速度为5米/秒;天然气—氮气—空气段的速度不小于2.07米/秒。置换作业于2003年10月1日开始,10月7日结束并开始升压,12

10日完成升压。

(三) 设备调试

2003年9—11月,先后完成供配电系统调试投运,完成卫星通信系统调试投运;2003年10月—2004年1月,完成SCADA系统调试投运;2003年12月底前,完成设备、仪表带负荷试运行。

2003年10月1日上午10时28分,来自陕西靖边长庆气田的天然气安全顺利进入靖边至上海段管道。2003年10月7日,来自陕北长庆气区的天然气在西气东输上海白鹤末站点燃,西气东输东段天然气置换工作圆满结束并进入储气升压阶段,准备向华东四省一市商业供气。

2003年10月16日,西气东输天然气在郑州市赵家庄门站点燃,开始向首家用户——郑州燃气集团有限公司试供气。2004年1月1日,公司与上海天然气管网有限公司签订《天然气销售协议》,正式向上海商业供气。

2004年4月1日,西气东输上海临时调控中心正式启用远程监控系统,各站不再上报运行参数和报表,西气东输东段管道自动化系统调试基本结束。2004年4月2日,西气东输山西段蒲县压气站天然气置换获一次成功。至此,西气东输东段最后一个压气站天然气置换工作顺利完成。

二、西气东输管道工程西段试运投产

西段调试投产范围为轮南至靖边段干线管道及站场和阀室,包括2 338公里的干线管道、13座工艺站场和77座阀室。调试投产任务是按计划完成置换升压及各站场、阀室的电气、通信、自动化系统和工艺设备的调试投运,确保2004年9月1日轮南首站进气,10月1日实现西气东输全线贯通。

西气东输管道西段(新疆轮南至陕西靖边)分三段采用正向置换、正向升压方式进行管道注氮置换操作。2004年9月,西管线完成置换并开始升压。2004年9月1日,塔里木牙哈气田的天然气通过轮南首站顺利向西气东输管道进气。2004年9月6日,塔里木气田和陕北长庆气田两大气源的天然气对接,进入升压检漏和设备带负荷调试阶段。2004年10月1日上午9时,集团公司领导在西气东输靖边压气站主控室内启动按钮,西气东输东、西两段阀门同时开启,新疆塔里木的天然气与陕北长庆的天然气开始共同向东段供气,宣告西气东输管道全线运行贯通,正式进入试运行阶段。

三、其他管线试运投产

2006年1月28日,西气东输冀宁管道安平分输站至青山分输站段置换升压完成。

2006年12月6日,西气东输冀宁管道邳连支线邳州分输站至连云港分输站管道置换升压工作完成;

2007年1月5日,淮武联络线淮阳分输压气站至武汉西分输站管道置换升压工作完成;

2007年2月1日,西气东输冀宁管道邳徐支线邳州分输站至徐州分输站管道置换升压工作完成;

2007年2月1日,西气东输金坛储气库西注采气站顺利建成投产,金坛储气库西注采气站及西1、西2井完成天然气置换开始注气。

2007年7月22日,兰银线干线河口分输站至银川分输压气站管道置换升压工作完成;

2010年11月15日,西二线东段置换投产工作正式开始,中卫联络站开始进行注氮作业;11月30日,西二线黄陂联络压气站开始向淮武线调压分输。

2010年11月18日,西二线东段中卫路至黄陂站置换升压投产。

2010年12月14日,襄樊计量站开始向忠武线分输供气。

2011年6月25日，西二线东段黄陂站至广州站置换升压投产。2012年5月4日，广州至求雨岭段完成天然气置换，干线开始升压。

2011年12月27日，西二线平泰支干线鲁山至薛店段，鲁山站到1#阀室开始注氮封存；2012年3月14日，置换投产升压。

2011年5月18日，西气东输泰州至如东管道顺利完成天然气置换。2011年6月9日，江苏LNG正式向江都至如东管道供气。

2011年8月1日，西二线湘潭站正式向忠武线分输供气。

2011年8月16日，甪直至宝钢支线正式投产运行，通过浏河分输站开始向宝钢分输供气。

2011年11月9日，刘庄储气库正式投产，淮安分输站开始向刘庄储气库井站注入天然气。

2011年11月26日，西气东输平泰支干线与薛店站管线动火连头作业完成，薛店站由分输站转为西气东输两条主干线的分输联络站。

2011年12月30日，西二线枣阳至十堰支干线全线通气投产试运行。

2012年3月14日，西二线平顶山至泰安支干线鲁山至薛店段投产成功。

2012年4月22日，南昌至上海支干线、南昌至衢州段组织置换投产；5月19日，南昌至上海支干线、衢州至嘉兴至吴江段投产；6月4日，上海支干线与干线连通；6月21日，嘉兴至上海段天然气置换投产、6月24日与干线连通；7月6日，吴江至甪直段天然气置换投产；7月9日吴江至甪直段与干线连通。

2012年5月10日，西二线广州至深圳支干线广州至求雨岭段投产分输。西二线求雨岭分输站正式向深圳市燃气集团股份有限公司分输供气。20日，西二线平顶山至泰安支干线薛店至泰安段顺利投产，西二线平顶山至泰安支干线全线投产。

2012年5月18日，薛店至泰安段置换投产升压。

2012年6月28日，西二线上海支干线金山末站向上海天然气管网有限公司置换供气。

2012年7月6日，西二线南昌至上海支干线吴江至甪直段完成天然气置换工作。西二线南昌至上海支干线正式投产运行，中亚天然气首次进入上海。

2012年12月19日，来自中亚的天然气经西二线到达香港支线龙鼓滩末站，香港支线成功投产，开始具备向香港供气的条件。

2014年9月1日，江都至如东天然气管道项目泰兴至芙蓉管道工程正式投产运行。

2014年11月1日，西三线68#阀室至中卫站投产运行，68#阀室与西二线互联。

2016年6月1日，金坛至溧阳管道投产。

2016年10月13日，西三线东段吉安至龙岩段投产试运行。10月15日，完成西三线东段吉安至龙岩干线的天然气置换。

第三章 运行控制

管道的运行控制模式包括中心控制、站场控制和就地控制三种方式，运行管理优先级顺序为中心远程控制→站场控制→就地操作。2003年9月20日，西气东输管道公司上海临时调控中心在上海白鹤末站正式投入运行。2007年3月21日，上海调控中心向北京油气调控中心移交运行调度职能，同时成立上海生产调度（应急指挥）中心。

2015年9月2日，公司完成了全线141座站场、437座阀室的集中监视系统推广项目的数据采集与上传工作，搭建了上海集中监视平台，具备了上海生产调度中心、站场对生产运行异常情况状态的两级监视条件。

2016年10月11日，生产运行集中监视管理模式正式运行。

第一节 运行调控

输气生产通过生产运行调度体系实现，生产运行调度体系实施日常生产运行的组织、调度协调以及工艺、设备、计量、自动化、通信、电气等管理工作。

西气东输调度体系是以西气东输管道公司生产运行部门（上海调控中心）、各管理处生产运行科、各站场运行岗位为主体，连接天然气与管道分公司调运部门和上游（气田）、下游（用户）调度室的生产运行调度体系。上海调控中心负责全线生产运行的监控操作原理、调度指挥和组织协调；各管理处生产运行科负责所辖区域生产协调、站场及专业技术管理并为现场操作提供技术支持；站场运行岗位负责现场操作。

上海调控中心接受中国石油天然气与管道分公司的业务指导和检查，向其汇报生产运行情况并按时上报日报、月报、季报、年报；由天然气与管道分公司负责协调西气东输管道和上游（气田）之间的关系。上海调控中心负责按照天然气购销合同的要求，与上游气田签订计量交接协议，按照下游用户的日指定气量安排输气生产，并与上下游生产调度部门建立日常生产联络制度；负责每周组织相关业务部门和地区管理处召开生产运行调度电话会议，协调和解决输气生产中的有关问题。

上海调控中心向北京油气调控中心移交运行调度职能后，北京油气调控中心负责管道系统调度运行的监控和统一指挥，西气东输管道公司负责天然气管道的设备维护和生产管理，控制权限的切换必须经过北京油气调控中心同意，输气管理工艺流程的正常操作与切换，实行集中调度，统一指挥，任何人未经北京油气调控中心同意，不得擅自进行操作。当站场发生严重泄漏、火灾、爆炸等紧急情况时，应立即启动ESD系统，操作完毕后站场值班人员需在第一时间向北京油气调控中心汇报；流程切换前应请示北京油气调控中心，确认流程无误，依据作业指导书进行操作，实际操作时有专人监护。

天然气输送由北京油气调控中心按照天然气销售计划,编制进气、供气、储气库注采气运行方案。日常运行调度规定:(一)西气东输生产运行处配合北京油气调控中心组织派出机构实现日常的输气运行管理工作,实行集中统一调度和气质监控管理;(二)调度指挥实行由上而下下达;(三)接受调度令的单位,遵守请示汇报制度;(四)对重大突发性事件,必须及时采取应急措施,防止事态扩大,同时向上级调度汇报,保存事故处理记录;(五)调度专用通信线路必须保证畅通,不得随意占用。

上海生产调度(应急指挥)中心负责所辖管网运行状态的实时监视分析,通过 SCADA 系统实时监视分析管网的运行状态,及时发现生产异常;负责管道系统的运行维护和生产调度,配合北京油气调控中心进行管网运行调控,组织协调管道系统的操作、维护,确保安全平稳运行;负责应急抢修的调度、指挥。

第二节 生 产 组 织

一、运行方案管理

上海调控中心向北京油气调控中心移交运行调度职能之前,生产运行处组织编制月度、年度生产运行方案,并经公司主管领导审核后,组织管理处站场实施。

运行调度职能移交之后,由北京油气调控中心统一集中调控运行,编制天然气管网月度、年度和冬季运行方案,确保全年输气计划的有效完成和主干管网的安全平稳运行。上海调度负责每年 4 月 30 日前、每年 10 月 30 日前、每月 30 日前分别将年度生产运行方案、冬季运行方案和月度运行方案通过 PPS 发送至各派出机构。如运行方案需要调整,由上海调度与北京调度沟通协调后,将调整后的运行方案发送至各派出机构。各派出机构将运行方案下发至各站场、维抢修中心(队),并组织学习,按照运行方案组织实施操作、执行。

二、作业计划管理

上海调控中心向北京油气调控中心移交运行调度职能之前,生产运行处根据公司审批的运行方案编制周作业计划并组织管理处站场实施。

运行调度职能移交之后,由北京油气调控中心对地区公司作业计划审批。上报北京油气调控中心的作业计划分为年度计划、月度计划和周计划。各派出机构负责编制所辖区段全年维检修作业建议计划、月作业计划及周作业维检修计划报上海调度。上海调度每年 12 月 25 日前上报下一年度的作业计划;每月 19 日前上报下一月度的作业计划;每周五 17:00 前上报下周(本周周六至下周周五时间段的)作业计划。上海调度作业计划的提交和北京调度的意见反馈均通过 PPS 系统功能实现,各派出机构可通过 PPS 自行查询。

三、应急指挥

上海调控中心向北京油气调控中心移交运行调度职能之前,应急调度指挥执行《生产调度管理程序》,其中规定了紧急事故调度程序。上海调控中心为应急指挥和响应中心,对于管道或阀室的紧急事故,应根据具体情况采取远程关断事故点上下游阀室,隔离事故管段的紧急措施,并配合应急专业队伍做好应急抢修工作。事故抢险过程中,上海调控中心值班调度要加强全线运行监控和事故抢险信息收集,详细记录事故发生情况、处理过程及结果,整理后向主管领导和公司汇报。

运行调度职能移交之后,上海调度应急指挥中心不再具备控制权限。根据《西气东输管道公司生产运行处生产调度标准化手册》规定,在管线和站场突发事件后,北京调度通过监控机对事故点上下游压力趋势进行查看分析,根据具体情况判断是否关断上下游干线截断阀。上海调度将情况汇报主管处长和领导之后,根据应急领导小组指示,启动公司二级应急响应,同时配合应急科开展实施现场救援和抢修前期准备工作,包括:根据截断管道所处位置协调运行调整和确定保供措施;计算放空段管道管容并记录备查;向股份公司调度汇报,并做好记录;制定、审核抢修结束后的置换升压方案,并组织实施;配合开展事故调查及原因分析工作等。

四、生产管理模式优化

为进一步优化站场运行、维护管理模式,加强站场主动维护维修,提高维修效率和本质安全水平,充分利用现有人力资源,全面履行输气工岗位职责,实现小修不出站的局面,公司研究推行"集中巡检"和"集中监视"这一新的生产管理模式。"集中巡检"是指简化巡检次数,通过采取白天联合巡检、夜间重点巡检机制提高巡检质量,站场人员腾出时间与精力,承担站场日常维护、保养、检修任务,提高站场人员维护维修主动性,排除隐患,确保设备设施本质安全。"集中监视"是指在"集中巡检"的基础上,通过采集现场关键工艺设备的报警数据,实现站场、上海生产调度中心对设备设施异常状态的两级监视。

2009年,根据生产实际,公司推广"集中巡检"的方式,将值班人员两小时巡检一次改为上午一次集中巡检、晚上一次重点巡检。

2010年,在保证站场监控和报警的同时,对甘塘等符合要求的站场实施分输站夜间待班方案,并在孔雀河、玉门站开展巡检方式调整试点。

2011年,公司在总结前期试点经验的基础上,制定《集中巡检管理方案》。通过试点、总结、完善后有计划地组织推广。截至2016年底,已在所有站场实行了"集中巡检"的生产管理模式。

2014年,公司梳理典型站场所有报警点,组织各专业多次讨论确定十大类报警模块,配合开展SCADA系统报警信息上传改造项目,制定《生产运行集中监视工作方案》,"集中监视"站场上传报警测试方案、"集中监视"工作实施计划表。

自2014年3月开始,公司对郑州站、南昌站进行集中监视系统试点搭建工作。2014年底,公司完成了南昌、郑州管理处共25座站场的首批集中监视系统搭建工作。

2015年9月2日,公司完成了全线141座站场、437座阀室的集中监视系统推广项目的数据采集与上传工作,搭建了上海集中监视平台,具备了上海生产调度中心、站场对生产运行异常情况状态的两级监视条件。

2015年11月1日—12月31日,公司对集中监视系统进行了试运行测试。

2016年1月15日—6月15日,公司开展集中监视管理模式试运行工作。

2016年10月11日,生产运行集中监视管理模式正式运行。

2016年,公司对实行集中巡检、集中监视的站场,提出区域化管理生产组织模式,5—10月选择郑州管理处洛宁作业区、苏北管理处邳州作业区和江都作业区开展试点工作。

2016年10月,公司对区域化试点作业区开展总结分析,制定了区域化管理模式扩大试点实施方案,确定继续对符合条件的19个作业区开展试点工作。

第三节 工艺管理

一、机构设置

管道输送过程工艺管理主要包括：工艺管道基础资料的收集、运行数据的监视与调整、工艺管道本体防腐刷漆、新改扩建管线投产方案的编制与审核、新改扩建管线及站场的试运投产、管线清管作业组织协调、工艺管道完整性管理、放空排污作业管理以及站内管线防冰堵、防冻胀治理等。

按照公司扁平化管理模式，上海调度（应急指挥）中心负责西气东输管线生产情况日常监视、应急指挥、作业管理、工艺管理等工作。管理处设置工艺设备岗，负责所辖区域管道的工艺管理；站场设置输气工岗位，负责站场、阀室工艺参数的监视、工艺流程操作等工艺管理日常工作。

二、工作内容

工艺管理通过设定并控制站场、阀室设备设施运行状态和参数，识别并采取措施控制运行过程中的风险，确保工艺管道及附属设备各项参数满足设计规范，以实现给下游用户安全平稳供气的目的。

（一）制度建设

公司编制修订《输气过程管理程序》《西气东输管道公司生产运行管理办法》《放空作业指导书》《排污作业指导书》《外漏检查及处理作业指导书》《中国石油西气东输管道公司集中监视报警信息处置及分析作业指导书》等20个管理、操作类作业规范，指导日常工艺管理工作。

（二）试运投产

为确保各类投产成功并顺利转入运行，公司着重从制度建设、投产组织、人员培训三方面提前准备抓紧落实，一是进一步细化和明确各相关单位的职责范围和工作界面，并将管理制度下发投产单位；二是与相关部门紧密配合，精心组织，完成投产方案的编制、审查并组织好投产前检查等工作，及时组织管线站场、机组的置换升压、调试和投运。

（三）工艺安全信息管理

工艺安全信息包括物料的危害性、工艺设计基础、设备设计基础和装置启动、运行及变更等其他信息。工艺安全管理关键避免部件、设备或系统失效可能导致的工艺事故，以及可能造成人员死亡或严重伤害、重大财产损失或重大环境影响的工艺事故。公司将工艺安全信息管理纳入《中国石油西气东输管道公司生产运行管理办法》中，并定期组织站场开展工艺安全信息识别、归类、变更、维护管理工作。

（四）工艺管道完整性管理

针对站场工艺系统运行风险，在站场设计阶段，公司引进了危险与可操作性分析（HAZOP）方法，对管道系统工艺与操作安全进行评价。建立站场压力管道台账，记录压力管道检测腐蚀量。编制《压力管道/容器壁厚检测作业指导书》，明确检验测试方法、周期、选点位置、选点标识、腐蚀速率计算、相关的腐蚀余量标准以及记录方式和表格样式。坚持设备故障库的补充和完善，组织管理处专业人员对故障库进行分类汇总整理,按月及时更新。编制设备故障处理程序和方法,为检修人员提供技术指导。公司还在管道完整性管理程序文件的基础上补充了站场完整性管理部分,制定了《危害因素识别评价与风险管理程序》,规定了风险评估方法,组织开展对站场输气生产设备的风险评估,并根据不同的风险评估结果,调整风险控制措施,制订设备的计划性维护周期。此外,在风险评估的基础上,公司还对不可接受的风险点源开展专项维修,包括站场(阀室)更新改造项目和大修理项目,有效消除生产运行隐患。

工艺管道是指站场内不包括站内燃料油管线和消防管线等在内的输送天然气介质的管线(包括法兰、三通、管件)。工艺管道完整性管理对策是正常运行至关重要。生产运行处是公司站场工艺管道数据管理、风险评价、检测与评价、失效管理和维修维护等工作的归口管理部门,具体负责组织完整性管理方案的编制和审核,制定风险评价、检测与评价计划,给出维修维护建议等;管道处负责站场阴极保护系统运行维护、埋地管道防腐层修复等相关工作;各管理处是站场工艺管道完整性管理工作实施的主体,负责对所属站场工艺管道进行日常维护、数据管理、检测评价和修复工作。

1. 数据管理

工艺管道的资料主要包括以下 7 个方面:

(1) 基础数据,包括壁厚、直径、长度、设计压力、材质、产品类型、管材等级、保温形式、管内介质、投用日期等。

(2) 运行数据,主要是运行压力,包括起始设备编号、偏移距离、结束设备编号、压力类型、压力、测量日期和检查人等和压力测试(包括最小可调压力、最小设计压力、测试时长、试验压力)等。

(3) 风险评价数据,包括工艺管道风险识别与评价、采集及结果资料。正常情况下运行数据每年更新一次,在站内出现重大工艺流程改造的情况下,要更新一次运行数据。

(4) 检测与评价数据,包括工艺管道的管体缺陷、防腐层、保温层资料、土壤电阻率、泄漏检测资料等。

(5) 维修维护数据,包括工艺管道巡护、泄漏点、管体修复数据、防腐层维修数据等。

(6) 失效数据,包括失效模式、失效直接原因、失效根本原因、失效时间、失效地点、修理措施等。

(7) 针对站场工艺管道每座站场建立的压力管道台账。

2. 风险评价

对工艺管道专项风险采用安全检查表法、HAZOP、泄漏风险评价,委托有资质的单位对典型站场和用户供气站场扩能改造工程进行 HAZOP 分析。

3. 检测与评价

站场工艺管道检测一般包括:管道外防腐层完整性检测及评价、站场工艺管道阴极保护有效性检测与评价、站场环境腐蚀性检测与评价、站场杂散电流的检测与评价、站场工艺管道完整性检测与评价等。

2014 年,公司制定了检测与评价规划,对合肥站、薛店站、长铝站进行检测和评价。2015 年,完成了 14 座站场工艺管道完整性检测与评价。2016 年 9 月,组织管理处开展了站场工艺管道完整性检测与评价知识培训。2016 年,完成了 18 座站场工艺管道完整性检测与评价。

4. 维修维护

工艺管道维修维护是指依据风险评估和完整性评价结果,制定日常维护、管件维护、法兰维护和大修理维修计划,特别是要做好对场站工艺管道的中高风险点进行维护管理及相关记录。常规性工作包括:站内每半年全面检查一次管道基墩、支托的完整情况;每季度检查管道表面的腐蚀情况;每年入冬前 11 月开展一次保温伴热管线的全面检查;阴极保护系统应定期由专业技术人员进行检测维护;记录并整理阴保电位日常资料;开展管道支墩检查、管道表面腐蚀状况检查、伴热保温管线完整性检查等。

2011 年,公司组织对西一线干线西段轮南、孔雀河、四道班、鄯善、哈密、雅满苏、红柳、柳园、玉门、酒泉、山丹、金昌、中卫、盐池、靖边、延川共16座压气站部分站场埋地小口径管线进行了安全改造,对能停输放空的管线进行了更换,对不能停输放空的管线采用了玻璃纤维补强。

(五) 放空、排污作业管理

(1) 编制《西气东输管道公司站场工艺系统排污作业管理规定》《排污池检查与维护作业指导书》《排污作业指导书》《放空作业指导书》等多项管理操作类文件,用于规范站场(阀室)放空、排污作业操作流程以及优化排污周期。

(2) 严密监测气质变化和设备运行情况,每周预测管道析烃析水趋势并研究对策,指导站场及时开展排污作业,避免烃水析出危害设备运行安全。

(3) 2006年,根据天然气管道冬季运行期间有烃析出的情况,安排西段各站定期排污,并对排污量大的站场在每周五加排一次。

(4) 2007年,完成18座压气站排污系统改造,完成豫皖、苏浙沪段27座站场排污池污水处理系统改造。

(5) 推行高压在线排污。高压在线排污的原理是利用孔板的节流效果来降低天然气的压力,从而达到排污作业时排污阀前面的压力小于0.5兆帕的要求。在线排污可达到减少天然气放空损失、减少分离区进出口阀门以及分离区放空排污阀门因为频繁开关操作引起的阀门内漏问题的目的。2010年,公司组织典型站场开展在线排污项目试验研究及试点工作,后在全线开展推广。2016年,组织管理处实施147座站场在线排污装置改造。

(6) 开展放空风险影响及控制措施研究。2014年,公司与西南石油大学合作开展《天然气管道场站放空风险控制技术研究》,研究成果包括:《中国石油东部管道有限公司天然气管道站场、阀室放空技术研究报告》《中国石油东部管道有限公司天然气站场、阀室典型地貌下的放空方案应用报告》《中国石油东部管道有限公司天然气管道站场、阀室放空作业管理办法》《中国石油东部管道有限公司天然气管道站场、阀室放空作业指导书》,公司放空操作规程形成系统。

(六) 各防保温及防冰堵、防冻胀治理

受冬季降温等环境因素影响,每年入冬前开展冬防保温,落实防冰堵、防冻胀措施,全面检查相关设备设施,做好冬季安全生产保供措施和设备维护保养工作,确保冬季运行安全平稳,是工艺管理工作的重要内容之一。

针对天然气管道周围土壤易发生"冻胀"现象,公司开展了防冻胀治理方法研究,推行"换土+防水+排水"组合方法开展治理工作。2007年11月,在郑州站郑州燃气分输管线实施了(换土+防水+排水)冻胀治理方案,对站内管道入地处、地面发生明显冻胀管段做换土处理效果良好。此后,公司所管理天然气管周围土壤"冻胀"现象得到了有效控制。

(七) 工艺管道防腐刷漆管理

公司对场站地面工艺管道防腐刷漆大修理项目实施统一管理,编制了《工艺管道设备及建构筑物防腐刷漆涂料管理规定》,规定了防腐漆产品供货商推荐名单、施工单位评选方法、防腐结构和防腐等级统一要求,并根据场站地面工艺管道防腐大修理记录和各管理处、分公司上报台账,结合工程建设情况公司制定了站场地面工艺管道防腐刷漆五年滚动计划。

(八) 湿气输送

2005年6月3日,主力气源克拉2气田处理厂发生的事故,使湿气输送研究问题提上议事日程。

克拉事故后,公司紧急组织相关高校、设计单位、科研单位成立湿气输送项目课题组。经研究,公司将夏季掺混量由最初的 400 万立方米/天升至 620 万立方米/天,为解决湿气输送创造了条件。

湿气输送期间,管道内的析水量明显增加,天然气的水露点也有明显提高,给管道的安全运行和越冬带来潜在的安全隐患,为此,公司每年 7—8 月对西段管道进行逐段清管,9—11 月组织东西两段进行全线逐段清管,这些措施的采取为彻底解决湿气输送问题发挥了积极作用。

此外,公司还完成并投用湿气输送配套工程技术项目,通过改造聚结式过滤分离器、压缩机组燃料气撬增加过滤器、压缩机组干气密封加装前置过滤器、阀室 TEG 增加聚结式过滤器、分输站增加注醇装置、调压撬增加电伴热等手段确保湿气输送期间管道安全运行。

第四节　仪表自动化管理

一、仪表管理

西气东输管道系统按"有人值守、无人操作"的控制模式建设,现场自动化控制程度较高。为实现自动控制,现场设置了大量的压力、温度、液位及火气检测仪表,用于满足工艺控制、消防安全需求,截至 2016 年年底,公司仪表专业归口管理的各类仪表总数超过 3 万台套。公司生产运行处仪表管理岗是全公司仪表专业的归口负责岗位,各所属单位生产运行科的仪表专业岗负责对其所辖区段内的仪表进行管理,各站场、维修单位设置有仪表工程师(仅压气站或维抢修单位)、仪表技术员及仪表工岗,具体负责其所辖区段内的仪表日常巡检、维护和维修作业。

仪表设备主要由公司人员自行负责实施运行维护,基本目标是设备完好率不低于 95％。站场值班人员负责所辖站场日常巡检和小工作量的仪表维护,维修单位负责所辖站场、阀室现场仪表周期性的专业巡检;当有较大工作量或较高技术含量的维修需求时,由维抢修单位具体负责实施。对于需要周期性检定、校准的仪表,一般委托外部资质单位实施,公司人员配合。对于消防探测仪表,考虑到推行"集中巡检"管理模式后,消防探测仪表的可靠性越来越重要,公司自 2012 年开始组织一年两次的统一维护。每年上半年组织全线仪表春检一次,下半年实施仪表秋检一次;每年上下半年各组织一次消防探测仪表的统一维护。各所属单位维修单位每季度对所辖站场、阀室的仪表系统实施一次专业巡检。

公司鼓励各所属单位自行建标,建立授权的仪表检定室。2006 年 8 月,甘肃管理处建设完成山丹、玉门仪表检定室,2012 年初划归西部管道公司,同时华中输气分公司建设的武汉仪表检定室划入公司。

为了规范管理,公司还按照 QHSE 管理体系的要求,不断完善各层次的管理和技术文件。仪表专业程序类文件主要是《仪表管理程序》,作业类文件主要包括多项企业技术标准和作业指导书。

除国家、行业强制执行的标准规范外,仪表技术标准还主要包括《油气管道火灾和可燃气体自动报警系统运行维护规程》等 2 项集团公司企标。

为满足安全运行管理需要,公司先后组织完成仪表专业更新改造,主要项目如下:

(一)消防探测仪表改造

公司现场安装的消防探测仪表初期故障率较高,后期经过不断改造,可靠性已得到极大提高。

2007 年,实施干线西段阀室更新改造项目和东段阀室大修项目,对干线阀室消防仪表进行整改,分别完成干线西段阀室可燃气体探测器更换和干线东段阀室可燃气体探测器全面维护。

2008年至2009年,选取新疆哈密压气站、宁陕靖边站、苏浙沪段各站场实施"站场消防仪表试点改造工程",拆除露天工艺区的对射式红外可燃气体探测器,更换压缩机厂房等室内的固定点式红外可燃气体探测器和火焰探测器,并对原有的消防仪表柜内的浪涌保护器等进行改造。

2010—2011年,启动"西气东输干线站场消防仪表改造"项目,对干线的新疆、甘肃、宁陕、山西和豫皖段各站场更换可燃气体探测器、火焰探测器及配套的报警控制器。

2010年,实施"扬州分输站火灾综合报警控制器试点改造"项目,完成该站火灾报警系统试点改造。实施"站队油品库房自动通风改造工程",增设油品库房自动通风功能,拆除不必要可燃气体探测器。

2011—2012年,实施"南京计量中心、金坛储气库消防仪表全面改造及轮南等站故障消防仪表更新项目",对南京计量中心和金坛储气库进行消防仪表系统全面改造,并对全线共18座站场的火灾报警控制器进行更换。

2013年,实施"西一线消防探测仪表更新购置"更改项目,对西一线各站场和阀室火灾报警控制器进行更换;对西一线东段阀室可燃气体探测器进行更换;对苏北管理处各站场可燃气体报警控制器进行更换,从而与已经更换的新型可燃气体探测器相匹配运行。

2014年,实施"中卫等53座站队消防探测仪表维护通道整改及维护工器具配置"项目,配置消防探测仪表检修工器具及轻质检修架,更换光束感烟探测器;实施"站场可燃气体探测与通风联动功能改造"项目,完善全线厨房、发电机房、锅炉房探测与通风联动功能。

(二) 电控单元改造

2010年开始,电控单元自身故障导致的干线截断阀误关断的情况变得相对频繁,对管道正常运行造成较大影响。公司于2011年将电控单元从截断阀分离,调整归口为仪表专业负责。仪表专业为截断阀关断故障专门设置登记台账,及时分析处理发生的故障。2012年,公司对雷雨天较频繁的豫皖、苏浙沪、苏北段共85座阀室进行整改,并对全线 Line Guard 2200 电控单元进行程序升级,取得了较好的效果,电控单元自身问题导致的气液执行机构误动作故障呈整体下降趋势。

(三) 音波测漏系统改造

2009年初,公司编制并发布了《音波测漏系统运行维护规程》(XQ105-2009)。依据该运行维护规程,公司每年组织一次阀室实际排放模拟管线泄漏测试,以验证系统的运行性能。

针对2009年3月27日系统测试失败情况,公司组织实施了系统整改,并在128#、129#阀室进行泄放测试,确认了系统的反应时间和定位精度。针对2011年8月30日系统年度测试发现的漏报现象,组织厂家对系统参数进行了调整,10月13日再次测试正常。

之后由于135#等阀室扩建为分输站,新分输口的出现导致系统无法正常工作,厂商建议对系统再次进行跟踪改造。考虑到今后的扩建工作仍将不断出现,公司决定暂不进行系统改造,该系统处于停运状态。

二、自动化管理

西气东输管道采用了 SCADA 系统用于现场数据的采集与监控。SCADA(Supervisory Control And Data Acquisition)系统是以计算机为核心的用于工艺站场和阀室的数据采集与监控系统。通过建设 SCADA 系统(包括安装于上海生产调控中心、站场、阀室、二级单位机关的用于数据采集与监控的设备,主要有操作员工作站[HMI]、基本过程控制系统[PLC]、安全仪表系统[ESD]、数据采集终端[RTU]、通信服务器、交换机、路由器、远程监视终端[OAD]等)进行数据的采集与监控,一级管道由北京油气调控中心进行统一调度管理,站场和阀室数据通过通信网络传输至北京油气调控中心和廊坊备用调控中心。现场设备采用三级控制的模式,即调控中心控制、站场控制、就地控制。为了规范日常管理、做好系统维护、充分发挥系统功能、保障系统安全平稳运行,公司设立自动化专业管理岗位。

公司自动化系统日常运行维护中自主运维与外委运维相结合,同时开展自动化专业人员队伍建设,通过培训强化专业人员业务水平,逐步实现原外委运维单位的自主运维。在日常管理工作中注重标准的制修订,确保工作过程中有规可依。

公司自动化专业由生产运行处统一管理,科技信息中心自动化所提供技术支持,二级单位系统维护采取自主运维,新成立单位全部自主运维的模式。外委运维是 SCADA 系统的日常维护和年度预防性维护由委托外委单位进行作业,自主运维是 SCADA 系统的日常维护和年度预防性维护由公司自动化专业人员独立进行作业。自动化专业管理的基本目标是实现系统完好率不低于 95%。

西一线投产运行后,为了贯彻公司"四位一体化"的思想,减少新的人力资源投入,使管道自动化系统运行最优化,公司与 SCADA 系统现场施工厂商——中油龙慧公司签订运维和秋检协议,由中油龙慧公司派出常驻各派出机构工程师对西一线 SCADA 系统进行维护。随着管道业务的快速发展,建设公司自动化专业队伍的需求日益凸显,2009 年公司成立自动化维检中心,并在银川建立 SCADA 系统实验室,用于模拟西气东输在用系统实验环境,为自动化系统人才培养创建了平台。

此后,公司逐年减少外委运维的二级单位数量,转变自主运维,银川管理处、山西管理处、郑州管理处、武汉管理处、合肥管理处运维队伍取消后,为公司节省大量费用的同时,培养壮大了公司自动化专业人员队伍,提高了 SCADA 系统运维技术水平。

(一) 制度建设

按照公司管理体系要求,为了进一步做到精细化管理,自动化专业岗结合公司实际生产情况,不断完善各层次文件,按需求编制了程序文件、作业类文件,包括程序文件《自控系统管理程序》、管理类文件《自控系统管理规定》以及《Modicon Quantum 系列 PLC 系统运行维护规程》《自控系统春(秋)检作业指导书》等 18 项针对各型号设备的运行维护规程,在《油气长输管道突发事件专项应急预案》中补充完善 SCADA 系统部分内容。

(二) 系统运行维护

《管道自控系统管理程序》和《自控系统管理规定》明确了自动化专业管理中的各部门职责、范围、工作界面、维护内容、运行操作要求、系统整改、扩容、资料要求等内容,用于指导公司自动化专业的日常管理及现场作业。

站场运行人员日常巡检主要查看系统运行是否正常,各派出机构组织专业人员每季度进行一次系统巡检。通过两级巡检的模式,及时发现并处理系统运行过程中发现的故障及隐患,每次巡检的内容及巡检频次在《自控系统管理规定》中有明确要求。

日常运行过程中发生的故障,按照严重程度分为一般故障、重大故障和紧急故障,一般故障响应及处理时间为 2 个工作日;重大故障响应及处理时间为 24 小时;紧急故障响应及处理时间为专业人员 4 小时内达到现场,8 小时内处理完成。各类故障的处理程序在《自控系统管理规定》中都有明确说明。

为了将设备的可靠性在其生命周期中提至最高,公司每年定期对系统进行预防性维护,编制了《春(秋)检作业指导书》,明确了春、秋检作业的内容,并配套编制了针对不同管线的作业指导书,作业过程按照作业指导书进行操作。春检作业在每年的 3 月—4 月份进行,秋检作业在每年的 9 月—11 月进行。

春检作业由各二级单位自主实施；外委运维的二级单位秋检作业由外委单位实施现场作业，派出机构专业人员具体配合；自主运维的派出机构秋检作业由各派出机构具体组织实施，自主运维的第一年作业由自动化维检中心提供技术支持及现场指导。各二级单位按照《春（秋）检作业指导书》编制所辖站场和阀室的实施细则，上报主管部门备案。每年对自控系统整体进行一次功能性测试，如系统冗余测试、关键逻辑测试等；最长14个月进行一次站场ESD系统实际动作测试；每年进行一次干线截断阀远程开关测试。对站场的部分逻辑由各二级单位编制三年测试滚动计划，确保每3年进行一次测试，对于在测试周期中进行过改扩建的站场，则需要在当年进行连锁逻辑测试。作业结束后，各二级单位按照要求上报作业总结。公司管理部门汇总各二级单位的总结，对作业过程进行分析，编制公司级别总结，同时协调各专业解决作业过程中遗留的问题，对遗留问题进行跟踪，确保问题得到闭环管理。

公司备品备件实行定额储备，在对以往备品备件使用情况分析的基础上，按照调增易损易耗常用备件定额、调减使用频率低的备件定额的原则，在满足系统对备件需求的前提下，优化制定SCADA系统定额储备标准。

（三）专业人员培养

多年来，公司借助自动化维检中心实验室模拟环境平台，多措并举地开展各种形式的自动化专业知识技能培训，所有培训均根据当前各派出机构专业人员对系统的掌握情况及人员分布，量身定做系列培训课程。同时，公司注重发挥自动化维检中心在自主培训方面的实力，引导派出机构组织开展自动化专业各类培训，并对各二级单位开展基础操作与故障应急处理培训，如Modicon系统、HIMA ESD系统、Viewstar系统、通信服务器（RCI）与SCADA系统网络培训、PKS/HS应用组态培训、MOXA串口服务器、通信网络以及AB PLC系统、BB Control Wave系列控制系统、Safety Manager系列ESD系统等有针对性的内部培训。2013年5月，公司开展首届SCADA技术竞赛，以培训自动化专业人员为目的，以竞赛为手段，从预防性维护操作、故障排查、系统编程、专业理论知识四方面编制试题，充分发挥自动化控制系统培训实验室作用，检验专业人员的技术水平。

（四）技术保障及共享

为了掌握系统运行情况，为系统运行提供积极建议，公司按季度对SCADA系统进行运行情况分析，并编制《管道自动化系统运行分析报告》《管道自动化系统典型故障库》。对于系统运行过程中发生的典型故障，由生产运行处集中专业力量查清问题原因，编制《SCADA系统技术通报》，发布至各二级单位进行信息共享，内容涵盖西一线、西二线、PLC、ESD、RTU、路由器等各类系统设备，为系统疑难问题处理提供了详实的资料及处理方法。此外，公司还组织编译了《西气东输管道自动化系统程序解读》《西气东输管道自动化系统程序解读》（西二线分册），分别对ESD系统、站控PLC控制逻辑、编程软件进行介绍，对典型故障进行分析总结，为自动化专业和相关人员提供技术参考，成为员工培训、故障排查的依据和参考之一。

（五）工作创新

1. 技术创新

为了解决现场运行过程中发现的问题，在科学分析和总结经验基础上，瞄准安全生产的突出隐患和主要矛盾，公司积极主动采用新技术、新理念，开展相关研究工作。

天然气管道分输自适应控制系统研究项目是针对西一线站场的分输压力和流量PID控制，因站场频繁改扩建，造成实际工况较设计有很大改变，原有的PID控制已不能适应这种随时变化的生产工况，传统的控制策略难以实现平稳控制，分输站的压力波动较大，调节阀频繁动作，降低调节阀使用寿命而开展的一项重点研究项目。天然气管道分输自适应控制系统的研发,在很大程度上缓解了工况变化与自动调节之间的矛盾,使工艺参数平稳,调节阀稳态运行。2012—2013年该控制系统在芜湖站等10座站场进行推广应用,实现了站场分输压力和流量平稳控制。

2. 集中监视系统建设

2014年起,在"集中巡检"的基础上,为了更进一步提高用工效率,公司开展"集中监视"模式探索,在南昌和郑州管理处所辖站场、阀室率先开展集中监视系统建设,上海调控中心同步开展集中监视系统调控中心部分建设,将站场和阀室重要系统报警点进行整合,传输至上海调控中心集中监视系统,为"集中监视"模式的探索积累了丰富经验。

3. 更新改造项目

2009年,公司开展分输站实现夜间不值班管理的相关控制功能改造,改造涉及豫皖管理处、苏浙沪管理处、冀鲁管理处及苏北管理处的站场共计44座,78个用户。改造内容包括PID控制功能改造:增加以流量PID调节为主调节的调流限压等10项控制功能;调压回路自动切换功能:当调压设备出现故障,实现调压设备自动切换到另一路备用回路的功能;计量系统报警上传功能:计量系统故障报警信息采集到站控系统显示,并输出驱动警铃,提醒运行人员及时处理计量系统故障。

2009年,开展全线ESD系统可靠性升级改造项目,内容包括ESD系统增加UPS电源、ESD系统触发条件按钮改造、ESD系统运行状态数据提取、ESD系统软件版本及硬件授权升级、ESD系统模板后备电池更换等5项工作。

2009年,在银川组建西气东输管道自动化控制实验室。2012年,公司将西气东输自动化控制实验室搬迁至武汉,并对实验室系统进行扩容和建设工作。

2012年度、2013年度,公司分别开展甘肃管理处14座、豫皖管理处13座RTU阀室设备更新改造项目,主要包括RTU程序编辑测试,拆除原有COMPACT系统RTU,安装BB RTU设备并布线,下载程序并进行系统调试,测试上传数据的准确性、对气液联动控制阀进行远控开关功能测试等内容。

西气东输一线管道SCADA系统自2003年9月调试投运以来,运行趋势总体良好,但仍不排除存在一些危及生产的安全隐患。ESD系统误动作、HIMA IO模块Error报警导致ESD系统瘫痪、雷击致大量模块损坏等事件偶有发生。针对2010年发生的"震网"事件,国家工信部及集团公司在工控系统信息安全管理方面提出了一系列具体要求;另一方面,"夜间不值班""集中巡检"等新的管理模式对SCADA系统运行也提出了更高的要求。针对上述情况,公司于2012年组织实施西一线SCADA系统检测与调研评估工作,在宁陕、山西、豫皖及苏浙沪管理处的密切配合下顺利完成该项目。

随着各站场改扩建项目的实施,站控网络架构日趋复杂,网络负载逐步增大,ESD系统多次发生IO模块Error故障,造成ESD系统功能失效,威胁站场输气稳定及安全。专业人员对误报警产生的原因进行深入调查及分析,一致认为当站场因设备故障、网络负荷过大及其他未知原因造成局域网发生广播风暴时,基于以太网架构的ESD系统容易发生此类故障。为此,自动化专业提出整改ESD系统通信方式的更改项目,2013—2014年分2个批次,共完成14座站场的改造工作。改造作业将站场ESD系统与PLC系统的通信方式由TCP/IP改为Modbus RTU,项目现场实施内容包括更改PLC与ESD系统通信接线、修改程序、更新HIMA授权、增加HIMA通信点、系统测试等工作。

西气东输24伏特直流电源系统作为公司管道SCADA系统的重要组成部分,其总的供电系统是一个浮空系统。现场仪表、设备本体或电线电缆等发生故障,会导致直流电源系统出现接地漏电,但由于现有的电源系统没有实时在线的电气绝缘故障监测装置,因此现场运行及操作人员没有很好的办法能够及时找出故障回路及判别故障的严重性。24伏特直流电源绝缘监测应用改造项目,实现了站场运行人员全天候实时监测电源系统24伏特直流电源的电气绝缘性能,当系统发生接地漏电故障时在站控终端可以实时获取报警信息,同时自动判别、定位系统接地发生回路。

管道投产初期投用的设备，每天24小时连续运行10年即达到其使用寿命。由于连续使用，硬件故障频率逐年增多，一旦出现硬件损坏，在厂商停产无法采购相关备件的情况下，SCADA系统的正常运行将存在较大隐患。为保障系统的安全平稳运行，公司逐年对部分设备进行了更换。2010—2011年，公司在西一线站场开展3批次，合计69台站场操作员工作站、9套管理处远程监视终端（OAD）的更换工作。2012年，在西一线站场组织23个站场通信服务器的更换工作。2013年开展调度室2台操作员工作站的更换工作。2014—2016年在西一线站场共开展3批次，共计42座站场路由器、交换机更换作业。2015—2016年完成西一线79座阀室RCI更换作业。

第五节　通信网络管理

西气东输管道通信系统是西气东输管道业务的重要组成部分，通信系统管理是为保证通信系统的正常运行而进行的一系列管理活动。公司通过制定一系列管理规范，采用高科技通信技术手段，实行科学、高效的运行维护管理方式，确保通信系统安全、可靠、稳定、高效运行，满足西气东输管道业务运行过程中各类监视、控制、业务、管理信息的传输要求。

西气东输管道通信系统主要包括：光缆线路、光传输系统、卫星通信系统、软交换系统、通信开关电源系统、工业电视监控系统、周界入侵报警系统、会议电视系统、应急通信系统、闭路（卫星）电视系统、防爆扩音系统、门禁系统等。

2003年10月—2004年10月，西气东输管道一线全线投产运行，同时投产的通信系统包括卫星通信系统、软交换系统、工业电视监控系统及通信开关电源系统；2007年1月，西气东输管道一线、冀宁联络线、淮武线光传输系统投产运行，西气东输管道通信系统基本框架形成。

一、在用通信网络系统

（一）光传输系统

2007年1月，公司在西一线、冀宁线及淮武线投产光传输系统。光传输系统投产后，替代卫星传输系统成为生产数据的主用传输方式，卫星传输系统成为备用传输方式，并逐步取消站场租赁的公网电路，各站工业电视监控、语音、视频会议及办公网络等数据通过光传输系统传至上海总部。2010年11月—2012年5月，西二线陆续投产，数据传输的主用传输方式为光传输，备用传输方式为租用公网电路。

（二）卫星通信系统

西一线投产时，各站场及阀室生产数据及语音至上海末站的主用传输方式为卫星通信，备用传输方式为租用公网电路。卫星通信系统采用美国卫讯公司生产的Link Star型VSAT卫星通信设备，卫星主站设置在上海末站，2007年搬迁至北京油气调控中心。2014年，根据北京油气调控中心统一部署，公司将忠武线卫星通信系统由VSAT卫星通信设备改造为IDirect卫星通信设备。

（三）软交换系统

2005年5月，公司电话软交换系统采用加拿大北电网络有限公司生产的CS1000系列和BCM50 IP电话软交换产品，各派出机构机关通过租用公网电路的方式接入公司电话软交换系统。2010年11月至

2012年5月,西二线陆续投产,电话交换设备采用中兴技术有限公司设备。

(四) 通信开关电源系统

通信开关电源系统为通信系统提供稳定可靠的供电,是保证通信系统安全、可靠运行的关键。系统主要设备为控制柜、蓄电池组及监控分析仪。2007年,通信开关电源系统随西一线光传输系统建设一并配置,监控设备设置在上海。

(五) 工业电视监控系统

工业电视监控系统满足值班人员对现场生产及环境实时监控的需求,主要包括摄像机、编解码设备、控制终端、存储设备及管理设备。2003年,公司各站场工业电视监控系统前端均采用枪式摄像机,分为固定式及云台式,系统后端为DVR架构,实行本地监控及录像。2012年,将西一线站场后端设备改造为NVS,实行本地监控,集中存储及管理,在上海总部设置第三方监控平台。

(六) 周界入侵报警系统

周界入侵报警系统是利用探测器技术和电子信息技术,探测并指示非法进入或试图非法进入设防区域的行为、处理报警信息、发出报警信息的电子系统。公司主要应用的周界入侵报警系统根据探测器采用的技术类型分为以下三类:振动光缆周界入侵报警系统(区域型/定位型)、振动电缆周界入侵报警系统(区域型/定位型)、激光对射周界入侵报警系统(区域型)。其中,西一线与西二线在各站场配置激光对射周界入侵报警系统。2013年后,振动光缆周界入侵报警系统已较为成熟,且经试点发现较激光对射周界入侵报警系统更适合管道站场特点,成为各站场的主要配置。

(七) 会议电视系统

会议电视系统满足公司点多线长、召集不易而生产运行信息需及时传达的要求,任意时间均可召开会议,各方实时进行音视频交互。系统主要设备包括多点处理单元、视频会议终端、显示器及交换机等,多点处理单元及监控设备设置在上海总部。

(八) 应急通信系统

应急通信系统将应急现场的情况通过临时建立的卫星链路实时传回应急指挥中心。系统包括车载应急通信系统及移动式卫星通信系统,其中车载应急通信系统是将卫星通信设备、视频会议设备、单兵音视频传输设备、号角扬声器及发电机等集成于车辆上,并对车体进行相应改装。公司于2012年起陆续在南京、广州及武汉维抢修中心进行配置。移动式卫星通信系统是配置移动式卫星小站及便携式视频会议终端。2007年,公司在靖边维抢修中心及南京维抢修中心进行配置。系统的监控设备及服务器设置在上海总部。

(九) 防爆扩音系统

防爆扩音系统通过与SCADA系统联动,触发站场的号角扬声器及防爆声光报警器产生声光信号,产生的声信号能覆盖站场生产及主要生活区域,光信号能覆盖站场生产巡检区域;并且系统支持通过会议话筒进行语音实时输入,通过号角扬声器对覆盖区域进行实时广播。系统主要由广播功放、消防报警主机、前置放大器、总线报警主机、会议话筒、防爆声光报警器及号角扬声器等组成。2015年,公司陆续在136座站场配置该系统。

二、制度建设

为规范通信网络运行维护操作,保障公司的通信网络畅通,公司先后制(修)定了《VSAT卫星通信系统运行维护管理规程》等6项管理操作规程,1项通信系统管理规定,1项西气东输通信系统春秋检操作手册。

三、通信网络运行维护

(一) 运行维护管理模式

公司上海总部及各派出机构的通信专业岗负责专业的管理职能,通信线路、设备运行维护工作委托专业技术服务承包单位承担。生产运行处通信专业负责合同管理及上海网管中心的运行维护技术服务、日常管理和考核,各派出机构负责所辖区域运行维护技术服务、承包商日常运行维护管理和考核。

1. 区域化运行维护

运行维护技术服务承包商派驻运行维护人员及配置车辆,对所承包区域的天然气管道沿线光缆线路、站场、阀室及上海网管中心(含上海调控中心)通信系统设备进行现场的日常维护、定期巡检、定期检测、系统故障状态下的及时诊断、修复和其他相关的服务,具体分为以下三类:

(1) 专业承包模式。承包商全面负责所承包管理处天然气管道沿线、站场、阀室及上海网管中心(含上海调控中心)通信系统设备现场的日常维护、定期巡检、定期检测、系统故障状态下的及时诊断、修复和其他相关的服务。

(2) 忠武线模式。承包商全面负责所管理区域内天然气管道沿线、站场及阀室通信系统线路、设备及太阳能电源系统设备现场的日常维护、定期巡检、定期检测、系统故障状态下的及时诊断、修复和其他相关的服务,并负责断缆整改的赔补费用支付工作(5 000元以内全部由承包商负责,超出5 000元的费用由业主承担),承包商自行解决办公、住宿场所。该模式于2015年被专业承包模式代替。

(3) 部分承包模式。承包商全面负责所承包管理处天然气管道沿线、站场及阀室通信系统设备现场的日常维护、定期巡检、定期检测、系统故障状态下的及时诊断、修复和其他相关的服务。其中,系统主要设备故障及春秋检工作由承包商负责组织生产厂家或有资质的单位解决;一般性设备(如网络办公设备、闭路电视、电话终端、会议电视设备等)维护及故障维修由管理处自行解决;光缆线路应急抢修工作由业主人员负责,承包商运行维护人员负责配合完成。该模式于2015年被专业承包模式代替。

2. 网络管理中心运行维护。

公司总部生产调度中心设置通信系统网络管理中心,运行维护技术服务承包商派驻运行维护人员通过光传输、卫星通信系统及电话软交换系统网管对全线进行日常维护管理及业务功能配置,对所辖区域的光缆线路、站场(阀室)设备现场维护、检测和故障处理提供远程技术支持;对站场(阀室)工业电视监控系统、通信开关电源系统工作状态进行监控,对总部光传输、卫星通信、电话软交换、通信电源、工业电视监控、大屏幕设备进行日常维护、故障排查、功能设置和调整部署。

(二) 计划性维护

根据各通信系统运行特点,公司制定系统定期(月检、季度检及春秋检等)检查维护要求,各管理处根据要求,按照现场实际情况编制方案并执行。通过定期的系统性检查及维护,系统隐患可及时发现并消除，确保系统的正常运行。截至 2016 年年底，各主要系统的年平均完好率为光传输系统为 99.99%，卫星通信系统为 99.96%，工业电视监控系统为 98.95%，通信开关电源系统为 99.98%，软交换系统为 99.96%。

（三）故障处理及抢修

光传输系统、软交换系统、卫星通信系统、大屏幕设备、工业电视监控系统及通信开关电源系统均在通信系统网络管理中心设置监控设备，实时监控系统运行状态。通信系统网络管理中心实行 7×24 小时值班模式，值班人员通过监控设备发现系统故障后，第一时间通知现场运行维护人员进行处理，并跟踪处理情况，提供技术支持。其他系统故障则通过现场运行维护人员定期检查或站场值班人员现场发现后进行即时处理。

公司编制的通信系统管理规定及各系统运行维护管理操作规程中，各系统故障按对生产的影响程度及范围划分等级，并按故障等级明确故障处理时间，包括：运行维护人员到达故障现场时间及故障修复时间。

各维抢修单位配置通信系统外委运行维护人员负责（1—3 人）及车辆（1 辆），并配置相应维护的仪器、仪表、工器具：光纤熔接机、光时域反射仪、光缆标识定位仪、视频测试仪、频谱仪、光功率计、网络综合测试分析仪及常用工具等，各系统主要的备品备件则由生产运行处制定标准，每年由采办处根据标准及时采购，满足故障处理及抢修需求。

四、重要更新改造项目及系统搬迁

（1）2003 年 10 月，西气东输管道一线东段投产运行，上海白鹤末站设置成西气东输管道临时生产调控中心。2005 年 12 月，西气东输管道生产调控中心迁至上海总部。

（2）2007 年 4 月—2008 年 3 月，公司会议电视系统项目完成，形成了公司总部与各派出机构、站场、维抢修中心（队）之间的会议电视系统框架。

（3）2007 年 6 月，形成西气东输管道西一线靖边站、青山站、冀宁联络线与陕京输气管道光通信链路 SNCP（子网保护）保护环。2008 年 9 月，上海至青山站间光传输系统扩容改造项目完工，原 2.5G 系统升级为 10G 系统；10 月，完成"西气东输与西部管道光传输系统环路保护项目"，在该段形成 SNCP 保护环。2010 年 6 月，完成"西一线西段光传输系统升级改造项目"，对红柳至盐池段间的 7 座站场和 5 座阀室的光传输设备进行低阶交叉，由 5G 升级为 20G 交叉容量；11 月，完成"西气东输光传输系统干线网络优化项目"，对 136 座阀室光传输设备进行 SCADA 数据双向业务配置，管道光传输系统网络运行安全性、可靠性显著提高。

（4）2007 年 12 月，完成公司玉门、靖边、南京维抢修中心便携式应急通信系统建设。2012 年、2013 年、2014 年分别完成总部应急通信指挥中心与南京、武汉、广州维抢修中心车载应急通信系统间的应急通信系统网络，形成西气东输管道应急通信系统网络框架。

（5）2008 年 12 月，完成 IP 电话录音功能服务器配置项目，为电话软交换系统增加全线站场 IP 调度电话录音功能，由上海网管中心实行集中管理，实现全线站场 IP 调度电话信息的可追溯性。

（6）2009 年 7 月，完成"延水关隧道及两岸区域光缆线路整改项目"，规避因黄河古贤水利枢纽水库工程对延水关隧道及两岸光缆而产生的安全隐患。

（7）2009 年 12 月，完成干线工业电视监控及周界入侵报警系统试点改造项目；2013 年 7 月，完成"西一线、西二线站场振动光电缆周界入侵报警系统试点项目"，通过实际试点、验收及总结，确定了符合西气东输管道站场周界安防系统要求的工业电视监控系统及周界入侵报警系统技术类型，并为全线工业电视监控、周界入侵报警系统改造及中国石油新建管道有关方面的系统建设工作提供了重要参考。

(8) 2011年1月—2013年2月,完成公司总部"中国石油上海大厦调控中心安装项目",建成西气东输管道新的生产应急指挥中心,原有通信系统、自动化系统搬迁至新建生产应急指挥中心。

第六节 计量能源管理

一、计量管理

天然气计量作为天然气购买、销售、管输交易结算的依据是企业核算的关键,其准确性、精确度直接关系到公司的经济效益,同时也关系到下游用户的经济利益。天然气计量与多种因素相关,主要包括压力测量、温度测量、压缩因子测量、密度测量、发热量测量、动力黏度测量、雷诺数计算、等熵指数计算、天然气组分析等。因此,天然气计量包含的设备比较多,主要有流量计及与计量配套相关的压力变送器、温度变送器、流量计算机、色谱分析仪,以及辅助分析设备如硫化氢分析仪、水露点分析仪、烃露点分析仪等。

(一) 概述

西气东输管道所输送的天然气直接销售给下游用户。按照国家计量法要求,需要与上游供气单位及下游用户进行计量交接,以及对计量数据进行监测、比较、分析,同时也要加强内部计量管理(如压缩机组等自用气消耗)。为了确保公司及上游单位、下游用户等各方利益均实现公平、公正,公司设立计量管理专业岗,主要负责计量器具及配套附属设备的运行维护保养、定期检定/校准以及故障处理,参与新建项目方案审查,以及对计量设备设施配备提出技术要求等。

2003年以后计量业务由生产运行处负责,各管理处设置计量管理岗,负责所辖区域计量设备管理,掌握分输计量设备的技术和运行状态,按照有关标准和规定组织做好设备运行、维护、检修、检定等日常工作;站场设置交接计量员,除进行日常计量交接外,负责管理全站的计量设备运行,执行公司有关计量设备管理、运行操作、维护保养等管理制度和标准。维抢修单位设置计量专业(通常与仪表专业兼合),负责计量设备的检测、维护保养、维修等故障处理等工作。

计量设备设施日常运行维护由三级计量专业人员组织开展;流量计周期性检定,投产初期采取国外首检方式;2006年,采取移动装置在线检定,由国家石油天然气大流量站出具证书;2007年2月,南京计量检定中心投产后,均送至南京计量中心进行检定。流量计算机、配套温变压变等一直委托国家石油天然气大流量站进行检定校准。对于较大工作量或技术含量较高的故障维修,返厂委托相应设备厂家检测维修。2008年公司开始实施推进计量远程诊断系统,公司和所属单位计量管理人员可以通过该系统对流量计进行远程诊断,并提出故障处理指导意见。计量管理组织模式基本为自主运维与外部委托有机结合。

计量交接采取的是由站场与对应用户每日8:00现场进行交接,随着科技的进步及自动化水平逐渐提高,公司于2014年组织开展计量交接电子化试点工作,截至2016年年底所有用户已实现电子化计量交接。

(二) 制度建设

为适应管道行业快速发展的新形势、新要求,多年来公司不断建立健全完善计量业务方面的规章制度,截至 2016 年底,共制定《监视和测量设备管理程序》《管输气不合格品控制程序》2 项程序文件,《西气东输管道公司天然气贸易计量管理规定》等 5 项作业文件、技术标准 17 个,确保了计量管理工作有章可循,形成了较为完备的计量管理体系。

(三) 计量管理人员队伍建设

按照国家计量法要求,交接计量人员实行持证上岗制度,从事贸易交接计量工作的人员必须持有交接计量员证。自投产以来,公司每年组织开展计量人员取证、复审、换证工作,保证了计量人员资质符合法律法规和股份公司规定。截至 2016 年底,公司有计量主考员 5 名、计量检定员 34 人、交接计量员超过 2 000 人,计量人员 100% 持证上岗。

(四) 在用计量设备

天然气管道计量系统的计量设备主要有流量计和配套仪表。计量配套仪表有流量计算机、压力变送器、温度变送器、色谱分析仪,及附属分析类仪表(如硫化氢分析仪、水露点分析仪、烃露点分析仪等)。

1. 流量计

天然气从气田开采到进入管道输送,再到交付用户使用,对贸易计量准确性要求非常高。根据场站分输压力高、流量大、流量变化范围广的特点,贸易计量系统主要采用高精度超声和涡轮流量计计量系统进行计量,口径直径 100 毫米及以上采用超声流量计,直径 100 毫米以下采用涡轮流量计。截至 2016 年底,公司在线运行中的流量计有 622 台,其中涡轮流量计 144 台,超声流量计 478 台。

2. 流量计算机

流量计算机作为流量计的重要配套仪表,接收流量计的数据,计算、记录计量相关数据,其信号远传至站控制系统,由场站人员对运行情况进行监控,并将计量数据远程至调度控制中心。在天然气交付时,与用户交接通常以流量计算机的数据为准,截至 2016 年底,公司在线运行中的流量计算机有 622 台。

3. 压力变送器

压力变送器是流量计的配套仪表,主要采用绝压变送器,是在流量计本体上取压,其功能主要是对流量计内天然气压力进行现场测量,有的测量点具备就地显示功能,同时将测量值远传至流量计算机及控制中心,压力数值直接参与流量计算。截至 2016 年底,公司在线运行中的压力变送器有 622 台。

4. 温度变送器

温度变送器也是流量计的配套仪表,安装在流量计后直管段上,其功能主要是对流量计内天然气温度进行现场测量,有的测量点具备就地显示功能,同时将测量值远传至流量计算机及控制中心,温度数值直接参与流量计算。截至 2016 年底,公司在线运行中的温度变送器有 622 台。

5. 色谱分析仪

色谱分析仪不仅是气质分析仪表,同时也是流量计的重要配套仪表之一,直接参与流量计算,主要由样品处理系统、分析器、控制器组成。色谱分析仪通常安装在分输站场的进站或出站口,监测管输天然气的进气组分数值,主要分析天然气的组分、热值,同时将测量数值远传至流量计算机。截至 2016 年底,公司在线运行中的色谱分析仪有 52 台。

6. 硫化氢分析仪

硫化氢分析仪是重要的气质分析仪表,检测管线内硫化氢的含量,通常安装在管线的首、末站,主要采用紫外线法,应用光学系统在线检测天然气管道中硫化氢、羰基硫、甲基硫醇等含量,同时将测量值远传至控制中心。截至 2016 年底,公司在线运行中的硫化氢分析仪有 12 台。

7. 水露点分析仪

水露点分析仪也是重要的气质分析仪表,水露点较高,易产生冰堵现场,直接对安全生产造成重要影响。公司主要采用石英晶体振和光纤技术直接测量管线水露点数据。截至2016年底,公司在线运行中的水露点分析仪有30台。

8. 烃露点分析仪

液烃在管道内冷凝会产生两相流而影响管输计量的准确性,形成烃水混合物加大管道的阻力,造成极大安全隐患,同时也影响燃气透平操作,对压缩机组运行造成不良影响,烃露点分析仪设置非常有必要。截至2016年年底,公司在忠武线襄樊、潜江站共设置2台在线式烃露点分析仪,采用冷却镜面法测定烃露点。

(五) 计量系统日常运行管理

站场负责对计量器具进行日常巡检,检查现场计量仪表外观、运行状态、主要参数设置是否正常,定期保存相关记录、报警、趋势等数据。维抢修单位定期进行专业巡检,内容除日常巡检要求内容外,还包括设备诊断、消耗品更换、防雷及接地检查、故障处理等设备运行规程、规范所要求内容。对突发的计量器具故障不能及时处理且影响到正常计量时,一般会采取切换到备用回路、采用替代值、人工估算等方式进行计量。

(六) 计量系统计划性维护保养

计量系统计划性维护保养分别由公司、管理处、场站进行。公司每年组织相应设备厂家对设备进行年度维护,主要包括对在线色谱分析仪、水露点分析仪、硫化氢分析仪等设备进行维护保养。管理处和场站分别进行相应级别的维护保养,管理处和场站的计划性维护保养涉及计量系统所有设备。计量系统计划性维护保养周期和内容执行《中国石油西气东输管道公司油气贸易计量管理规定》及相应设备的操作维护规程。

(七) 计量器具定期检定校准

计量器具定期检定/校准工作由公司整体协调组织,管理处和检定机构具体实施。计量系统需进行检定/校准的计量器具包括流量计、流量计算机、温度变送器、压力变送器、色谱分析仪、水露点分析仪、硫化氢分析仪等设备。计量设备定期检定/校准的周期、内容、方式方法执行相应的检定/校准规程,由具备资质的单位和人员进行,检定/校准工作完成后需出具检定/校准证书或报告。

(八) 计量系统典型故障及处理

1. Daniel超声流量计直管段及整流器脏污

西一线贸易计量流量计主要为Daniel四声道超声流量计,2003年投产至今运行超过10年,超声计量橇长期运行后,由于气质脏污、清管作业、阀门注脂等原因造成流量计上下游直管段及整流器脏污,导致产生计量偏差或实流检定合格的超声流量计不能通过使用中检验,影响超声流量计检定频率,影响计量准确性。2012年,公司组织清理13台Daniel超声流量计直管段,根据比对分析,清洗直管段后计量数据比清洗前增加0.25%以上。2013年,组织剩余Daniel脏污超声流量计直管段清洗。

2. 用气不稳定造成流量计损坏

西一线长铝末站出站至下游门站间距较近只有28米,用户无储气设备,无任何缓冲,下游用气长期不稳定,流量波动较大。2006年7月1日,第二路涡轮流量计发生故障不计量,站控机第二路无流量显示。经检查相关历史记录发现,在下游正常生产突然停止时,进站压力由4.1兆帕迅速升高到5.24兆帕，出站压力由 1.59 兆帕增高到 1.63 兆帕，由此引起下游气体瞬间倒流，反冲涡轮流量计，致使涡轮流量计损坏。为防止涡轮流量计再次损坏，公司一方面要求站场加强与用户沟通，用户用气量发生较大变化时，及时通知站场调整阀门开度；另一方面组织改造，在出站口增加单向阀，防止气体倒流；同时，计量专业从源头着手，对于用气波动较大的用户，如 CNG 用户，采用超声流量计进一步保证设备的本质安全。

3. 管线脏污造成流量计损坏

2012 年 1 月，淮安分输站更新改造新增加的加热炉开始投用，一个月内 3 台涡轮流量计相继损坏，经拆卸检查发现流量计入口处堆积大量杂质，经分析是由于为新增加热炉增加的管线，施工后未清扫干净，留下大量杂质，投用后将杂质冲入流量计导致流量计损坏。针对此类问题，公司一方面要求做好工程监管，确保管线杂质清理干净。另一方面要求在有新管线加入时，对涡轮流量计前加装过滤网，并在投用一周后拆卸检查杂质情况，避免此类情况再次发生。

4. 温度变送器故障

西二线计量橇温度变送器主要为罗斯蒙特一体化变送器，含传感器和变送器两部分。部分场站因分输量过大，致使分输时气体流速较高，橇体振动明显，长期运行导致罗斯蒙特一体化温度变送器传感器部分损坏，测量温度与实际分输温度相差较大，易造成计量异议。为此，计量专业部门要求分输量较大场站在日常分输时控制气体流速，避免橇体振动，同时在日常巡检时多注意与上下游温变比对，且将普通传感器更换为耐震型传感器。

(九) 计量系统重大更改

1. 取消计量橇比对流程

西一线设计初期，分输站计量橇都设置了比对流程，虽然对发现计量故障有一定的指导意义，但投资成本较高。同时，还存在未经计量而直接从比对流程分输供气的风险，因此在西二线、西三线冀宁线中靖联络线等设计中不再增加比对流程，不仅降低风险，更进一步节约了投资。

2. Daniel 超声流量计电子单元升级改造

西一线投产初期超声流量计采用的是 Daniel 3400 超声流量计，该流量计电子单元是 MARK Ⅱ，原有电子模块是 20 世纪 90 年代的电子产品，电子器件型号较老，供货商已停止原有电子模块的生产。

为了使计量系统能长久有效稳定运行，防止突发故障影响生产，2008 年公司将西一线靖边、博爱、白鹤等 11 个站 40 台流量计电子单元由 MARK Ⅱ 升级为 MARK Ⅲ，新的电子模块是原电子模块 8 倍的过程信号处理速度，提高了流量计的重复性，使整台流量计所有信号的处理周期变为 1/4 秒，新增高级诊断功能，扩展了对漩涡流、紊流、交叉流、对称流等流体剖面的诊断信息，同时支持以太网，比串口数据传输快了 100 倍，并可利用互联网或企业内网实现远程诊断。

3. 自用气涡轮流量计改造为质量流量计

西一线燃气轮机计量用流量计大部分为涡轮流量计，故障率一直居高不下。主要原因是压缩机用气时流量上升过快，导致涡轮轴承转速超过所能承受的极限，部分位置新换的涡轮流量计 3 个月不到就已经损坏，经调研陕京线及专家评估，采用质量流量计可以降低设备故障率，减少维修成本。2011 年，公司选取了原甘肃管理处红柳、柳园、山丹共 3 站 8 路涡轮流量计改造为质量流量计；2013 年，组织对盐池、定远、中卫共 3 站 6 路涡轮流量计改造为质量流量计，取得了预期效果。

(十) 计量系统重大革新

1. 建立计量远程诊断系统

公司计量管理人员配备有限，随着输气量和分输用户的不断增加，管理难度逐年加大。为此，公司学习并借鉴国外先进技术经验,引入"计量远程诊断系统",建立起覆盖西一线、西二线及忠武线、长宁线、冀宁联络线苏北段计量系统的监控网络,实现了从上海生产调控中心直接对站场计量系统进行诊断、测试和监控。通过对计量系统的远程诊断,充分发挥了计量系统的技术优势,有效分析计量系统运行状况并及时发现计量设备故障,由故障性维修转为预防性维护;将设备维护管理的任务集中,大大缩短了对设备的访问时间和故障处理速度,提高了工作效率,节省了计量设备现场管理成本。同时,通过上海生产调度中心对现场超声流量计实现远程使用中检验,超声流量计检定周期从2年最长可延长至6年,降低了生产成本,避免了超声流量计频繁送检及南京计量测试中心超负荷工作。

截至2016年底,公司共有123座分输站场,涉及423路超声计量回路,以及127路涡轮计量回路接入西气东输计量远程诊断系统。该系统的建立加强了公司对现场设备的监管能力,提高了计量管理水平,开创了长输管道贸易计量管理的新模式。

2. 创新计量交接电子化模式

由于部分分输站用户较多,每日人工现场计量交接工作较为繁重。从2013年6月开始,公司处会同北京油气调控中心、中国石油规划总院筹划电子化交接事宜,利用管道生产管理系统2.0版实现计量交接凭证与气质分析报告数据的自动采集和计量交接凭证与气质分析报告的电子化交接,使用户可以通过网上远程对每日计量交接凭证和气质分析报告进行在线签章确认,以优化分输站交接流程、降低成本、提高效率。2014年5月,豫皖管理处薛店分输站和郑州分输压气站开展电子化交接试点,涉及分输用户11家。2015年3月,公司组织召开计量交接电子化试点工作试点总结会,并开展计量交接电子化推广项目,2016年1月全部开展试点工作。2016年9月起,各管理处陆续正式开展计量交接电子化工作,截至2016年底,除中国石油管网用户,其余所有用户均已经实现计量交接电子化。

3. 流量计国产化科研攻关

按照国家计量发展规划(2013—2020)要求,2014年3月西气东输管道公司承担了长输管道天然气超声、涡轮流量计国产化示范应用项目。

该项目主要联合国内优势设备制造商对气体超声流量计、涡轮流量计进行攻关,通过新产品研制开发,并选取西气东输三线工程或西气东输适应性改造项目建设国产化流量计的试验测试平台,进行关键设备国产化工业化应用考核,为新产品鉴定提供依据;建设应用示范工程,实现高压天然气流量计在国内油气长输管道工程中全面国产化。项目自立项以来,经过近三年的艰苦攻关,天然气长输管道用计量设备(超声流量计、涡轮流量计、流量计算机)首批14套国产化样机产品研制成功,并通过了国家级新产品技术鉴定,国产化产品的主要技术参数达到国际领先水平。2015年始,国产化流量计分别安装在西一线青山站与镇江站、如东支线南通站与如皋站、忠武线长沙站、西一线甪直站和中贵线中卫站,并开展工业性试验。

(十一)计量管理成果

加强输损管理,控制损耗指标,是计量管理的重要内容之一。在输气损耗管理上,损耗指标以上级主管部门下达的指标为准,每月月底生产运行计量岗编制公司计量月报提交市场和财务,并报北京油气调控中心。生产运行处计量岗每日统计管道输损数据,建立日分析制度,设定标准限值,按照"管道日输气损耗应不超过管存量的百分之一,且连续七日内输油气损耗趋势不为同一方向"的原则,发现问题及时组织排查、制定整改措施,同时要求分输站每日与用户进行计量比对,数据异常时,双方共同查找原因,从源头上减少计量异议发生频次。2003—2016年公司输气损耗量见下表:

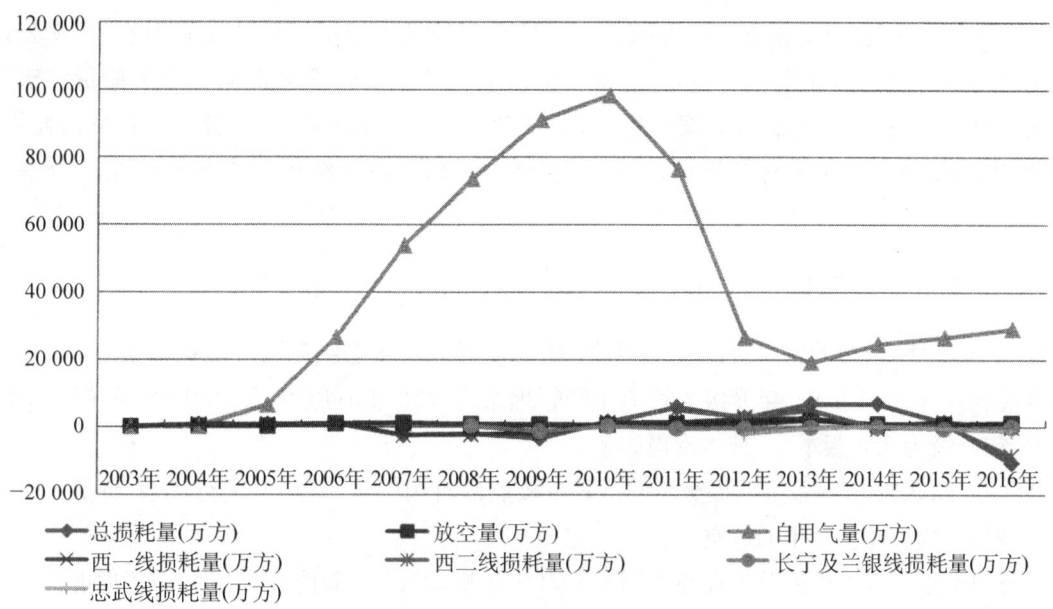

图 3-3-1　2003—2016 年输气损耗统计表

二、能源管理

(一) 概述

公司贯彻国家"资源开发与节约并重,把节约放在首位"方针的具体举措,通过对各种能源和资源的消耗进行严格控制,推广应用节能节水新技术、新工艺、新设备、新材料,促进合理用能用水,提高能源与资源利用效率和经济效益。

2003 年 10 月,西一线工程商业运营,为合理控制管道系统能源消耗,有效实现降本增效,公司成立了由总经理任组长、主管生产副总经理任副组长、各部门主管领导为组员的节能节水工作领导小组,节能节水归口管理部门设在生产运行处,设置能源与计量科,负责公司能源管理日常工作。与此同时,公司质量安全环保处、规划计划处、财务处、采办处、市场开发与销售部、人事处等相关部门配合,对能耗用水使用情况监督、节能项目审查立项、节能节水中长期发展规划、能源成本管理、节能型材料和产品购入、能耗结算、节能管理人员配置、节能培训宣传等工作齐抓共管,促进了公司能源管理工作取得明显进步。

(二) 节能规划计划管理

"十一五"至"十二五"期间,公司配合集团公司安全环保与节能部,为天然气与管道分公司节能规划编制工作提供资料和现场调研。同时结合公司总体规划编制工作安排,对节能中长期发展规划实行年度滚动编制,并完成"十一五"和"十二五"节能规划编制工作。节能规划作为公司规划体系中的业务专项规划,严格服从总体规划,通过加强与股份公司和专业公司的沟通衔接,确保了规划编制内容和专业公司及公司的规划目标和重大战略部署保持一致。

(三) 能耗指标管理

公司年度节能目标以天然气与管道分公司下达量为考核指标。2003—2004 年度节能量完成情况以与上年同期对比法折标煤计算所得;自 2005 年起,以北京油气调控中心统一下达输气周转量综合能耗基准值为计算基准,以公司所辖管道年度综合生产单耗和输气周转量为计算关联因素,计算公司年度节能量完成情况。公司节能指标层层分解,每年生产运行处能源管理岗根据下达节能量和输气周转量综合能耗基准值,结合年度运行方案和生产运行实际,将节能目标分解为能源实物量消耗指标(自用气、外购电和新鲜水),作为对二级单位的年度节能考核指标;二级单位再将指标细化分解至所辖站队。

(四) 能耗统计分析管理

截至 2016 年底,公司始终坚持能耗日跟踪,周、月分析及年度总结制度。能耗数据的填报方式由原电子版填报统计方式,于 2006 年升级为管道生产管理系统(PPS 1.0 版本,简称"PPS 系统")填报(该系统于 2012 年升级为 2.0 版本)。具体流程如下:

每日 8:00 站队在 PPS 系统上提交经站队长审核后的自用气量、外购电进行读数(计算)及因排污、检修、计划停机、故障停机发生的放空量。

每周公司周报中对本周能源消耗与上周进行对比分析,2014 年起能源周报增加了周能耗成本支出统计分析。

每月通过站队—派出机构—公司机关逐级上报的模式,统计月度生产实际用能用水,经生产运行处汇总审核后,提交财务处、市场开发与销售部(2013 年 7 月起,因结算模式改变,自用气消耗量由生产运行处每月统计后直接上报至天然气与管道分公司结算中心),用于能耗成本结算;每月能源消耗统计月报表按时间要求留存。

每月度、季度、年度统计能源消耗数据分析及能耗增长原因送至集团公司委托审查单位——股份公司节能技术研究中心进行审查。

(五) 自用计量器具管理

公司所辖场站严格依据《GB17167-2006 用能单位能源计量器具配备与管理导则》《GB/T 20901-2007 石油石化行业能源计量器具配备和管理要求》和集团公司发布的《QSY 1212—2009 能源计量器具配备规范》,按照站场类型配备能源计量器具。

2003—2007 年,公司阀室 TEG 发电机和部分压气站燃驱压缩机组未配备单机计量仪表;2007—2009 年公司陆续对 108 座 TEG 阀室和压缩机组进行单独计量改造,能源计量器具配备率均达到 90% 的要求。

(六) 节能节水监测管理

依据股份公司质量安全环保部编制印发《中国石油股份公司节能节水监测管理规定》,公司自 2006 年开始,每年初由公司生产运行处编制年度节能监测计划,经天然气与管道分公司审批后,由天然气与管道分公司统一委托单位——集团公司管道节能监测中心对公司所辖压缩机组开展年度节能监测,年度节能监测率均达到了 20% 以上要求。

(七) 固定资产投资工程项目节能节水管理

为加强固定资产投资项目节能管理,促进科学合理利用能源,从源头上杜绝能源浪费,公司严格按照《节约能源法》《国务院关于加强节能工作的决定》《中国石油集团公司固定资产投资项目节能评估和审查暂行办法》等有关规定,开展固定资产投资工程项目节能节水管理工作。

(八) 节能项目试点实施

为不断挖潜增效,实现降本增效,多年来公司积极开展节能技改项目研究、试点及推广应用,具体项目有:燃驱压气站余热发电项目试点推广、天然气在线排污系统改造、阀室供电方式改造、太阳能热水系统试点应用、通用电气公司机组间歇性放空问题解决方案研究及应用、站场 LED 路灯改造、盐池压气站燃驱压缩机组大流量机芯节能改造项目、压气站干气密封气体回收系统项目改造、优化电驱站无功补偿系统配置改造、检定用天然气放空回收改造研究、空冷器逻辑优化研究、分输站压差回收利用项目研究等。

第四章 设 备 管 理

　　站场设备是管道系统的重要组成部分,随着工业化生产水平的不断提高,工业生产设备不断朝大型化、自动化、连续运行方向发展,设备所占资产比例越来越大,是企业安全、平稳、高效运营的基础。生产设备维护是管理体系科学、有效考核企业运营管理水平的关键因素。

　　截至 2016 年 12 月底,西气东输管道公司共管理运行压缩机组 82 台套;机械设备 12 大类、共计46 627 台套;各类电气设备共计 6 629 台套;光传输设备 283 套、卫星通信设备 181 套、电话交换系统 123 套、通信高频开关电源系统 93 套、工业电视监控系统 924 路、应急通信系统 4 套、周界入侵报警系统设备 62 套及光缆线路 11 000 公里;贸易计量系统、检定系统、气体分析检测及附属系统组成的计量系统超过 2 500 台套;各类仪表总数超过 30 000 台套;对管道自动化控制采用国际先进的 SCADA 系统并将管理、数据采集和地理信息系统集于一体,实现了就地、站控、调度中心三级控制,共计拥有 145 套站控系统、324 套监控/监视终端,以及上海生产调度中心、银川调度中心、武汉调度中心、13 套管理处远程监视终端和南京计量测试中心、广州计量检定分站系统。

　　公司十分重视站场设备的维护管理,将站场设备的管理和维护作为主要工作内容,围绕设备完好率和可靠性,开展了设备设施的日常性维护和计划性维修。电气、通信、仪表、自动化、机械专业每年开展春秋检和技术服务项目,设备完好率保持 95% 以上,关键设备完好率保持 98% 以上。

第一节 压 缩 机 管 理

一、压缩机组建设与投用

(一) 西一线管道

　　西一线管道设计输量 120 亿立方米/年,建设 10 座压气站,其中由罗尔斯·罗伊斯公司成套供货的燃气轮机驱动离心压缩机组 15 台套,由罗尔斯·罗伊斯公司成套、西门子公司参与的变频调速电机驱动离心压缩机组 5 台套。2004 年 12 月,轮南压气站 2 台套燃驱压缩机组率先投产。此后,2005 年投产 10 台套燃驱压缩机组,2006 年投产 3 台套燃驱压缩机组,2007 年投产 5 台套电驱压缩机组。

　　2005 年公司启动西气东输管道增输工程,输气能力提高到 170 亿立方米/年。为此,公司增设了 12 座压气站,并对原 10 座压气站进行改造。新增压气站中,有通用电气公司成套供货的燃驱压缩机组 22 台套,通用电气公司成套、西门子公司参与的电驱压缩机组 2 台套。

2007年公司启动安全改造工程,对9座2+0(设计输量下运行2台压缩机组,无备用机组)压气站(孔雀河、鄯善、哈密、红柳、柳园、玉门、酒泉、山丹、盐池)以及轮南首站进行改造,增加10台本站同型压缩机组,其中罗尔斯·罗伊斯燃驱压缩机组4台套,通用电气公司燃驱压缩机组5台套,罗尔斯·罗伊斯—西门子电驱压缩机组1台套,并对轮南站原2台压缩机机芯进行更换。

西一线压缩机组于2010年全部建成投产,共计54台套压缩机组。2012年起,中国石油油气管道实行区域化管理,新疆、甘肃两省、区内13座压气站、35台套压缩机组划由西部管道公司管理。

(二) 西二线管道

西二线管道设计输量300亿立方米/年,公司负责运营管理中卫以东管线,建设11座压气站,40台套压缩机组,其中由罗尔斯·罗伊斯公司成套供货的燃驱压缩机组6台套,由通用电气公司成套供货的燃驱压缩机组6台套,由通用电气公司成套、Converteam公司参与的电驱压缩机组9台套,由Man公司成套、TMEIC公司参与的电驱压缩机组12台套,由沈阳鼓风机集团股份有限公司成套、上海电机厂、哈尔滨电机厂、上海广电电气(集团)股份有限公司、荣信电力电子股份有限公司参与的电驱压缩机组7台套。

(三) 支干线及储气库

长宁线(兰银线)建有靖边和银川2座压气站,公司在两处压气站各配备了1台由索拉公司成套的燃气轮机驱动离心压缩机组。

2008年公司启动淮武增输工程,潢川站改建为潢川压气站,1台套陕京线灵丘站的索拉—德莱赛兰燃气轮机驱动离心压缩机组搬迁至此。2016年,该套机组又搬迁至陕京管道安平站。

2011年公司启动冀宁线增输工程,设泰安压气站和邳州压气站,分别安装2台套索拉燃气轮机驱动离心压缩机组、2台套西门子—上海电机厂—荣信股份变频调速电机驱动离心压缩机组和2台套西门子—上海电机厂—上海广电电气变频调速电机驱动离心压缩机组。

山西沁水煤层气管道设沁水压气站主要功能是将煤层气增压输送到西一线管道,该站配备共计5台套电机驱动往复式压缩机组。

西气东输天然气经西二线香港支线大铲岛压气站增压后输送至香港燃气发电厂,为香港用户供气。公司在大铲岛安装了4台套Waukesha(瓦克夏)-Cameron(卡麦隆)/诺威尔燃气发动机驱动往复式压缩机组。

2012年公司启动南昌至上海支干线增输工程,2014年建成抚州压气站,配置2台套沈鼓—上海电机厂—上海广电电气变频调速电机驱动离心压缩机组。

金坛地下储气库注采气站将西一线天然气注入地下储气库,金坛西站配有3台套Caterpilar-Ariel燃气发动机驱动往复式压缩机组,金坛东站配有2台套ABB-Ariel电机驱动往复式压缩机组。2016年,衢州压气站建成,配置2台国产燃驱压缩机组。

刘庄储气库有1座注采站,配置2台套西门子—卡麦隆电机驱动往复式压缩机组。

2012年起,中国石油油气管道实行区域化管理,冀宁联络线泰安站4台套压缩机组划由管道公司管理。

公司历年投产压缩机组情况为:2004年投产2台压缩机组,2005年投产11台压缩机组,2006年投产9台压缩机组,2007年投产17台压缩机组,2008年投产2台压缩机组,2009年投产12台压缩机组,2010年投产10台压缩机组,2011年投产4台压缩机组,2012年投产12台压缩机组,2013年投产15台压缩机组,2014年投产19台压缩机组,2015年投产4台压缩机组,2016年投产5台压缩机组;2012年划转至西部管道公司35台套压缩机组,划转至管道公司4台套压缩机组,2016年搬迁至北京天然气管道公司1台压缩机组。截至2016年12月31日,公司共管理运行82台套压缩机组,总装机功率达150万千瓦。

截至 2016 年 12 月 31 日,公司共管理运行 82 台套压缩机组,总装机功率达 150 万千瓦。

二、压缩机组运行管理

公司通过实施标准化运维、应用先进技术、进行经验共享等手段不断提升压缩机组管理水平。截至 2016 年 12 月 31 日,压缩机组累计运行时间 172 万小时。实行区域化管理之前,公司压缩机组运行时间保持持续上升态势,从 2005 年到 2010 年,压缩机组年均运行时间增长 68.86%。2011 年,因西二线投产而缓解了西一线输气运行压力,较上一年度运行时间有所下降,随着西气东输二线途经地区市场开发逐步扩大,压缩机组运行时间也实现逐年增长,详情见表 3-4-1。

表 3-4-1　西气东输管道公司压缩机组年度运行累计时数

年度	2005	2006	2007	2008	2009	2010
运行时数(千小时)	18.045	61.636	129.863	175.887	215.024	247.723
年度	2011	2012	2013	2014	2015	2016
运行时数(千小时)	217.352	98.089	94.176	111.568	157.721	194.262

公司压缩机组具有总装机功率大、机组数量多、系统构成复杂、技术含量高等特点,在输气管道领域大规模应用尚属首次,通过强化管理、技术培训、经验交流等方式,机组每千小时故障率由 2007 年的 3.5 次下降至 2016 年的 0.41 次,年均下降 21%。

(一)标准化管理

压缩机组投产以来,公司不断将设备随机运维手册转化为公司标准、规范管理,按照公司 QHSE 体系,形成了以《压缩机组管理程序》为程序文件,机组运行、维护、控制、油水等 4 件管理规定为管理类作业文件,对应每种压缩机组组合的 39 件运行操作和维护检修规程为企业标准的技术类作业文件的压缩机组管理、运行和维检管理制度结构。

(二)先进技术应用

压缩机组远程诊断及视情维修系统由压缩机组在线分析诊断及视情维修系统(CEHM)、压缩机组远程监视及技术支持系统和本特利振动监视系统(System 1)组成。2009 年,公司完成全线压缩机组 System 1 系统优化整合。2013 年 1 月,CEHM 系统投入运行。压缩机组远程监视及技术支持系统分四个阶段:2007 年,西气东输一线 RR 压缩机组实现远程监视;2008 年,西气东输一线 GE 压缩机组实现远程监视;2012 年,实现西气东输一线安全改造工程全部压缩机组远程监视;2015 年,实现西气东输二线压缩机组及西气东输一线压缩机组远程监视整合。

CEHM 系统是我国管道压缩机组首次采用视情维修理念建立的性能监测系统,能够进行燃驱压缩机组性能分析、热端部件寿命预测,系统主要由机组数据的采集、传输及存储、CEHM 应用功能模块、压缩机性能分析模块、燃气轮机性能分析程序和金相分析与寿命预测模块 5 部分组成。压缩机组远程监视及技术支持系统能够及时了解压缩机组的运行状况,为现场故障处理提供必要的技术支持,系统由 4 个平台组成,分别是 Cimplicity 平台、Intouch 平台、WinCC 平台和历史数据服务器平台。System 1 用于监视离心压缩机组振动情况,并可以做趋势图、频谱图、轴心轨迹图和伯德图等图谱分析,帮助运行人员监视、分析机组运行状况。

(三) 典型故障处理简介

为提高公司压缩机组可靠性,公司开展了多项重点故障排查和隐患整改,如罗尔斯·罗伊斯压缩机组 IP7 波纹管及干气密封失效,通用电气公司压缩机组 A12 管、VSV 泵、T3 探头等设计缺陷问题以及压气机水洗不充分不能启机等疑难问题,以及西门子电驱压缩机组辅助系统综合改造等。对于典型故障公司编制了技术通报,供压缩机组运维管理人员共享、学习。

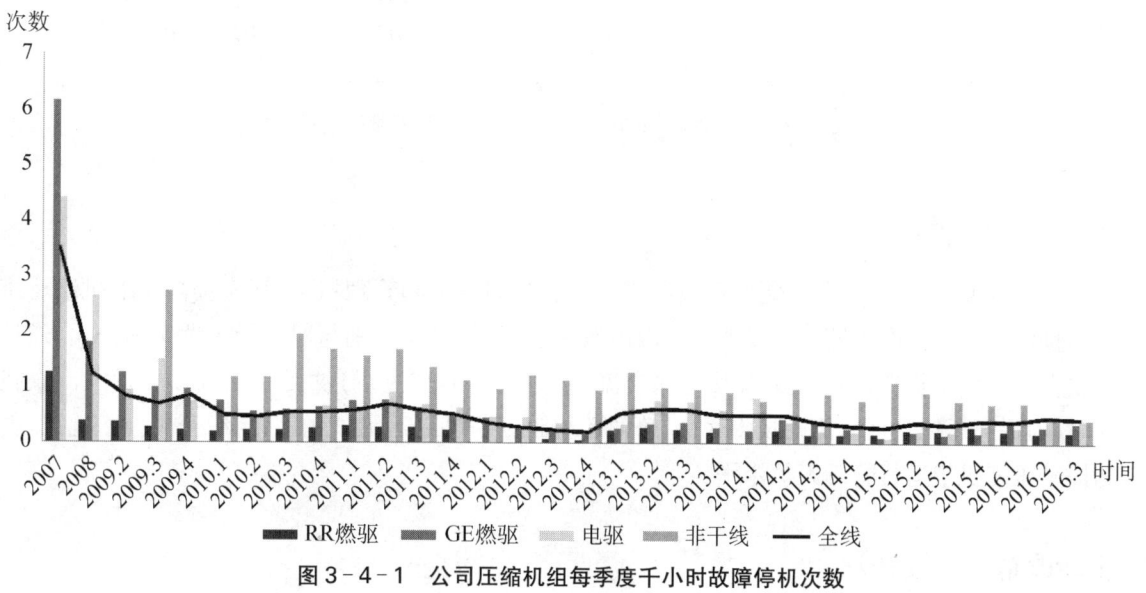

图 3-4-1　公司压缩机组每季度千小时故障停机次数

(四) 备品备件定额储备机制

结合公司压缩机组数量大、种类多的特点,公司逐步探索形成了压缩机组备品备件定额储备机制。主要内容为:根据运行情况,减少使用量低的备件储备标准,增加使用量高的备件储备标准,高价值关键备件统筹重点储备,每年修订一次储备标准并在公司安全生产会议审查通过后发布执行等。备品备件储备定额管理机制保障了压缩机组维护检修和故障处理的及时性。

三、压缩机组维检

(一) 概况

公司压缩机组维护检修分为定期维检和专项维检两大类。定期维检是指按照维护检修规程开展的 Ⅰ 级维检(1 000 小时、4 000 小时、8 000 小时)、Ⅱ 级维检(25 000 小时)、Ⅲ 级维检(50 000 小时)维检检修。专项维检是指燃驱机组燃气发生器更换、压缩机换芯、干气密封更换等大型故障处理或维检作业。公司压缩机组投产以来,累计完成各类维检 490 次,其中 1K 级 106 次,4K 级 222 次,8K 级 140 次,中修 22 次。

(二) 自主维检

投产初期,公司压缩机组运行管理需要由西安航空发动机公司和中航世新燃机公司提供技术支持。此后,公司开始培养锻炼自己的维检队伍。2008 年初,公司选择甘肃管理处作为试点,自主开展运行维检工作。2009 年,公司开始全面推广,并于当年实现全面自主运维。

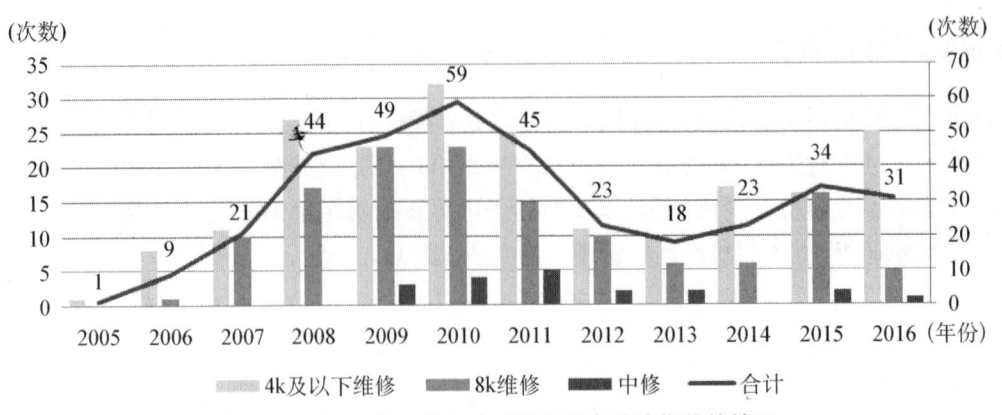

图 3-4-2　2005—2016 年压缩机组年度定期维检情况

(三) 运维队伍建设

针对不同类型压缩机组,公司每年都要组织不同层级的技术和管理培训,切实提高压缩机组运维管理队伍的整体素质。根据压缩机组投产初期故障较多的现象,公司分别与罗尔斯·罗伊斯公司、通用电气公司联合召开设备管理技术论坛以及内部交流会,通过内部交流、与供货商交流,总结经验,查找差距。同时,为提高运维管理队伍的技术水平,公司还编制压缩机组运维试题库,组织开展技术比武,努力培养和提升压缩机组运行管理人员水平。

四、更新改造及科技开发

针对影响压缩机组安全、可靠、节能运行的问题,公司开展了科技项目 6 项,压缩机组更新改造和技术升级项目 51 项,部分优秀成果在中国石油新建管道进行推广,一些成果通过 OEM 发布的技术通报成为全球共享经验。2016 年,压缩机管理处将 2008—2013 年开展的"西气东输管道压缩机组安全运行和节能关键技术研究"项目申报集团公司科技进步奖,获得二等奖。

2009—2016 年,公司承担了股份公司《天然气长输管道关键设备国产化新产品研制和工业性应用研究计划任务书》(编号:2009E-0101)和大型油气田及煤层气开发国家科技重大专项《天然气长输管道关键设备研制和工业性应用示范工程任务合同书》(编号:2011ZX05055),组织完成 20 兆瓦级电驱压缩机组、30 兆瓦级燃驱压缩机组和高压大口径全焊接球阀国产化研制和工业性应用工作,为实现天然气长输管道关键设备国产化做出了贡献。

五、降本增效成果

公司压缩机组投产以来,公司持续开展压缩机组运行优化研究、备品备件国产化研究、技术服务工程师本地化实施,主要降本增效工作如下:

2009 年后,公司建立了自己的运维队伍,实行压缩机组自主运维,每年节省近 800 万元专业服务公司技术服务支出。

2013 年 1 月,CEHM 系统投产后,公司发现和处理了多次压缩机组运行效率低问题,节省了大量燃料气消耗。2013 年,处理中卫 1#、沁水 1#、靖边 2# 机组低效率问题,节约燃料气 234 万立方米;2014 年,处理中卫 2#、沁水 2#、盐池 1#、延川 1#、靖边 1# 机组低效率问题,节约燃料气 181 万立方米;2015 年,处理延川 1#、定远 1#、2# 等机组低效率问题,节约燃料气 179 万立方米。

公司针对 GE 机组热备用期间间歇性放空问题进行的改造，节省了大量天然气放空。根据对公司 2013—2015 年的 GE 压缩机组运行情况进行统计，3 年分别节省天然气放空量 5 612 万立方米、4 152 万立方米和 3 654 万立方米。

合理利用西气东输一线增输工程替换下来的压缩机机芯，实现节省投资，也是降本增效的手段之一。2008 年，蒲县、郑州两站各 1 台压缩机组使用增输工程替换下来的旧机芯为公司节约投资 200 万美元。2016 年，中靖线盐池站 3 台压缩机组使用增输工程替换下来的机芯为公司节约投资 60 万美元。

2016 年，公司优化西一线罗尔斯·罗伊斯压缩机组防喘控制系统，实现节约用电 170 余万元。

第二节　机械设备管理

一、概述

站场机械设备（除压缩机组外）主要包括阀门、执行机构、收发球筒、过滤分离器、调压设备、锅炉、电加热器等。

为保障机械设备的安全平稳运行，公司生产运行处设立机械设备管理岗，归口负责机械设备的运行维护，各地区管理处负责所辖站场机械设备的日常运行和维护，注重通过制订和完善机械设备管理标准和维护保养制度，确保设备处于完好状态。同时，公司还通过技术攻关使用国产化产品替代进口产品，降低运维成本。

对于机械设备故障，公司注重从故障影响程度、故障部位、时间对比、占比分析等多方面进行统计分析，并将典型故障进行深入剖析，供全线分享处理及预防，收到良好效果，多年来全线设备整体完好率保持在 99% 以上。

二、机械设备重大隐患治理

（1）2003—2004 年，西一线西段相继投产，由于建设及投用设备管理经验较少，出现 400 余台阀门内漏情况，其公司结合治理情况，吸取各方经验，建立健全了管线清扫制度和阀门投产前的保养规定，为后期新管线投产、站场改扩建项目中的设备管理奠定了基础。

（2）2005—2007 年，针对干线截断阀气液联动执行机构引压管与干线相连部位强度较弱，出现泄漏情况时直接影响干线输气的情况，陆续完成全线引压整改 700 多处。通过实施对全线的引压管在线带压更换及采取补强加固等措施，消除了隐患，巩固了干线平稳输气，掌握了碳纤维补强加固技术。

（3）2007—2012 年，针对站内法兰锈蚀问题，公司制定了法兰防腐治理方案，通过黏弹体对法兰间隙填充，防腐胶带外包覆的形式，对站内法兰进行了防锈蚀处理。经过多年的观察、检测该方案已确定为比较成熟的法兰锈蚀治理办法。

（4）2009—2014 年，公司开展完成全线 200 多台空冷器风机加装护网项目。空冷器风扇在运行时叶片脱落或变形会击伤空冷器冷却管束，从而造成天然气泄漏，公司研究制定了空冷器上方增加防护网的方案，杜绝了此类风险并要求在后期采购空冷器时，将增加防护网作为必要条件。

（5）2014 年初，由于发现空冷器冷却管束存在腐蚀情况，公司组织开展空冷器冷却管束腐蚀评价项目，制定了空冷器冷却管束腐蚀评价方案。2014 年 6 月 18 日，公司开展压缩机站场空冷器冷却管束腐蚀评价工作，3 个月内完成全线 7 个输气管理处 26 座压缩机场站的 228 台空冷器的检测评估工作，对空冷器的工作寿命进行评估,将冷却管束两端防腐处理列为空冷器采购的必要条件。

(6) 针对生活污水处理不达标等情况,2014年公司组织实施了"站场生活污水一体化处理设施大修理""芜湖等7站场增加氨氮处理设施"和"污水合规治理"项目。先后完成了32座站场生活污水处理一体化设施大修理,7座站场生活污水处理一体化设施增加氨氮处理功能改造,6座站场生活污水接入城市污水管网,34座站场修建生活污水蓄水池工作,确保站场生活污水合规排放。

(7) 2014年,公司完成阀室隐患排查工作,组织制定阀室隐患整改方案,编制专业培训教材。

(8) 2014年2月,公司发布了《输气站场支撑部位防腐处理方案》《输气站场螺栓和法兰防腐处理方案》《输气站场阀门防腐处理方案》,相关管理处根据现场腐蚀情况陆续完成治理工作。

(9) 至2014年2月,公司组织完成了所辖西二线自用气橇锈蚀整改工作,分别对武穴站、孝感站、随州站、枣阳站隶属于博思特厂家的自用气橇进行返厂维护。

(10) 2014—2015年,公司发现并整改阀室和站场Shafer气液联动阀摆缸串油情况109处,其中阀室70处(1101#阀),站场39处(主要为进出站或分输截断阀)。

(11) 2015—2016年,针对西二线超达阀门集团股份有限公司4英寸以下阀门开关不灵活问题,公司组织厂家制作整改方案,对其中1597台进行了治理。

三、科研攻关和成果应用

(1) 2008—2012年,公司完成输气管道法兰渗漏治理技术研究项目。现有的高压卡具管道带压堵漏技术方法,主要是用于管道在紧急抢修情况下封堵作业。该项目旨在研究一种安全可靠,且能够在不停输条件下对阀门法兰进行带压堵漏的技术工艺和方法。通过试验和实际应用,首次实现了在不使用高压卡具、不动火、不停输的情况下,对DM50-350/10兆帕管道阀门法兰连接部位渗漏安全隐患进行处理。

(2) 2009—2013年,公司作为牵头组织实施单位,联合国内优势设备制造商参与集团公司"十二五"重大科技攻关项目"输气管道关键阀门国产化研制与应用研究",对长输管道关键阀门设备进行攻关,通过新产品研制开发及应用示范工程,实现天然气长输管道用40″及48″CLASS900大口径全焊接球阀关键阀门技术等关键技术装备国产化,打破了国外产品技术垄断,降低管道工程建设关键设备采购成本等。

(3) 2013—2016年,公司针对天然气分输站大口径调压阀、监控阀和安全切断阀设备进行国产化技术攻关,完成12台不同规格型号国产化样机产品的出厂性能测试试验并通过出厂技术鉴定验收,分别在西气东输洛阳分输站、萧山分输站和黄陂压气站完成了4000小时以上的工业化考核试验,通过了股份公司专家鉴定和验收。调压装置关键阀门国产化产品开始在站场工程中全面推广应用。

四、特种设备管理

特种设备由公司统一管理,地区管理处设有特种设备管理人员,负责特种设备的定期校验、调拨、变更、报废工作。各站队设有兼职的特种设备管理人员,负责特种设备的登记取证,日常巡检及维修,定期报告,现场管理等工作。公司质量安全环保处负责监督检查特种设备的安全运行状态,检查检定报告是否规范齐全。截至2016年底,各类特种设备运转平稳,安全状况良好,特种设备持证率100%,年检验完成率100%。公司特种设备管理主要做法如下:

(1) 严格执行特种设备安全监管法规和规章制度、操作规程和事故应急预案的处置程序,强化特种设备管理的规范化、制度化。

（2）严格执行准入管理规定，对于特种设备和石油天然气管道安装、改造、维修承担单位，严格按照《西气东输市场准入管理办法》相关规定进行准入管理。

（3）严格按照国家和集团公司有关规定进行特种设备的使用、注册登记、检验检测、变更、报废及监督检查工作。对于投产后在用的各类特种设备须到地方特种设备检验所办理使用注册登记证，并由有资质的检验部门进行定期检测。对于报废的特种设备，统一按公司下发的《固定资产管理办法》中的报废程序进行报废管理工作，并建立变更台账。

（4）定期进行特种设备及其安全附件、安全保护装置、测量调控装置及有关附属仪器仪表的日常维护保养，由基层站内及维修队人员对特种设备进行巡检工作。调控装置及仪器仪表由检测部门进行定期检测。

（5）加强特种设备基础资料管理，制订定期检验计划，各基层站队建立完善的特种设备台账和档案资料。

（6）组织相关人员参加各级机构组织的规程宣贯会和专业培训学习，严格执行特种设备操作人员持证上岗制度。

第三节　电气设备管理

一、概述

电气设备管理主要包括变电站、高低压供电设备及电气设备运行管理工作。公司已投用的电气设备包括变压器、SF6 GIS 装置、35 千伏（10 千伏）高压开关柜、低压开关柜、微机综合自动化系统、SVG 装置、电容补偿装置、软启动器、配电箱、UPS、天然气发电机组、柴油发电机组、电动机、防爆电器、电伴热器、电加热器、高频开关电源、太阳能发电系统、TEG 发电机、照明设施、供电线路、电气仪表及电气工器具、蓄电池组、电力电缆、防雷接地装置等 25 类，全线共计 12 座 110 千伏变电所，9 座 35 千伏变电所及 131 座 10 千伏变电所，合计 6 629 台套电气设备。2003 年以来，公司逐步完善了电气管理制度，先后制定发布《中国石油西气东输管道公司电气工作管理规定》等 3 项管理制度，2 项企业标准，21 项电气设备操作维护规程和 12 册设备使用作业指导书。

二、故障处理与更改大修

（一）电缆更换

2004 年 6 月—2005 年 5 月中旬，全线共有 79 根 FF 电缆出现故障（单相/三相短路、断路），给安全生产带来很大影响，主要是 FF 电缆外观圆整度不合格、无标识、绝缘及护导层太薄、线芯铜导体太硬/脆，以及电缆外皮受损伤等原因。针对故障影响及发展趋势，公司制定了整改方案，累计完成开挖电缆沟 28 738 米，敷设电缆 66 444 米，更换了 20 种型号规格的电力、控制电缆 1 010 根。

（二）TEG 及阀室供电整改

2005 年 6 月开始，由于上游气田供气气质变化，管道进入湿气输送状态。2005 年 9 月下旬，部分阀室、清管站 TEG 减压箱凝聚式过滤器排污后不能自动关闭，天然气泄漏。现场人员与管理处、厂家联系后立即采取封堵的方式,将凝聚式过滤器自动排污改为手动排污,确保了TEG燃气发电机组稳定运行,杜绝了天然气泄漏隐患。

2009年起,公司陆续开展阀室供电改造,改造完成后TEG机组转为备用,减少了TEG机组的故障率,起到节能、增效的作用。

(三)发电机组故障处理

2005年8月,济南柴油机股份有限公司天然气发电机组在山丹等5座压气站相继投产以来,先后发生20余次较大的停机故障,压气站生产运行受到很大影响。公司针对济柴燃气发电机组故障率较高的情况,通过分析研究,切实制定方案进行整改,济柴发电机组运行状况明现改善,故障率高的现象得到有效遏制。

(四)外电线路及供电质量问题整改

轮南站原10千伏外电线路为T接线路,所带用户较多,故障率高,检修线路时会影响轮南站正常供电。2010年,公司完成轮南站外电专线线路改造,改造后10千伏双回线路采用输电专线,保证了供电质量;同年,公司完成山丹站外电改造项目,改造项目起到了保障山丹站压缩机组安全平稳运行的作用。

沁水站投运以来,当地电气化铁路导致电源出现三相不平衡问题,多次发生机组停机事件,造成往复式压缩机组启机成功率较低以及空压机重故障停机现象,对管道安全生产和平稳输气造成较大影响。为此,公司组织实施沁水站电能质量综合治理工程,完成沁水站外电质量测试及设计、施工。经对外电线路调研和电能质量在线测试,2011年立项组织进行沁水站电能质量综合治理工程,首次在管道上采用静止型动态无功补偿与谐波治理装置(简称SVG),投用后该站运行平稳。

西二线电驱压气站投产以来,受长距离外电线路分布电容的影响,海原、灵台、潼关等站每月需缴纳高额调电费,2015年,公司组织实施增加SVG补偿项目,取得较好的效果。

哈密站原为站内自发电供电,2012年,公司组织完成哈密站35千伏外电线路改造工程,外电源接入不仅大大降低自发电的运行维护成本,同时可提高供电可靠性。

西二线10千伏进线避雷器RSAZ-12.7/41千伏电压等级偏低,广东、赣湘、豫皖多处站场发生雷击造成避雷器或环网柜内电气设备烧毁事故。针对该问题,2012年,公司将原来的避雷器整体更换为HY5WZ-17/45千伏。广州站外电线路采用架空绝缘导线,自投产以来多次发生雷电过电压造成供电中断事故,2012年,公司将架空绝缘导线整体更换为架空导线。针对南方进入雷雨季节外电线路多次雷击问题,2013年,公司将广州站2条10千伏架空绝缘导线改造为钢芯铝绞线,提高了耐雷击水平。

(五)防雷防静电处理

针对阀室气液联动阀误关断故障现象,2012年,公司电气专业与仪表专业人员共同组织完成西气东输阀室误关断及阀室防雷接地现状调研分析,相继对苏浙沪、苏北、豫皖段阀室防雷接地进行整改。

2013年,针对76#阀室爆裂事故,公司举一返三对西气东输阀室气液执行机构存在问题进行调研分析,提出了气电分离、完善防雷措施整改方案。

第五章
管 道 保 护

管道保护是指对管道线路的保护与维护,注重通过采取经济适宜的各种措施以降低(消减)线路各种风险隐患。公司始终把管道保护与管理工作作为一项重要任务来抓,紧紧围绕确保管道安全平稳高效运营这一中心,以"零占压、零伤害、零泄漏"为目标,以强化管道完整性管理为核心,以管道线路风险管理为手段,认真开展管道第三方风险防控、管道本体腐蚀控制、地质灾害防控、管道安保管理等方面的工作,大力开展管道保护和管理技术研究,管道投产以来,保持了零泄漏事故的良好状态。

公司管道保护工作主要依托管道完整性管理开展。管道完整性管理是指为保证管道的完整性而进行的一系列管理活动,主要表现为管道管理者针对管道不断变化的情况,对管道面临的风险因素进行识别和评价,不断改善识别到的不利影响因素,采取各种风险减缓措施,将风险控制在合理、可接受的范围内,最终达到持续改进、减少管道事故、经济合理地保证管道安全运行的目的。

2006年以来,西气东输管道公司结合集团公司管道完整性管理的具体要求,立足自身管道管理的实际需求和管理难题,通过开展管道完整性管理专项技术研究,建成了全员参与、可操作性强、考核机制量化透明、不断完善提高的具有自主知识产权的管道完整性管理体系。公司管道完整性管理研究与实践具有六大特色:一是理论联系实际、理论依托实际。以实际运用为主导,坚持将科研与实践相结合,边研究,边实践,在实践过程中修正研究方向,走出了一条特色鲜明的科研及成果转化道路;二是可操作性强,便于掌握运用。摒弃了传统风险评价由专家及有资质人员才能完成的现状,针对不同层级管理人员制定评价标准,通过认识灾害主控要素,简单、快速、有效地判定初步风险等级,形成了全员、分层级管控的完整性管理工作氛围;三是立足实际,解决管理难题。针对管道经过特有的地质灾害类型如黄土塬、采空区以及复杂的社会环境,与科研机构合作建立符合国情的地质灾害及第三方损坏风险评估标准;四是构建了高水平专家支持团队。建立了包含工程地质、水土保持、金属材料、结构力学等行业具有国家级水平的专家库;五是具备不断完善、动态调整的能力。针对实际管理中出现的新问题,定期修订、补充和完善完整性管理体系文件,使完整性管理体系不断适应管理主体及客体变化;六是建立了量化透明的考核机制。一方面通过分解量化考核指标使管理工作具有可比性,另一方面将断缆数据结果及分析报告如实公开发布,利于比较监督,形成竞争机制,提升执行力。

第一节 管道第三方风险防控

西气东输管线覆盖长三角、珠三角、中原和华中地区,人口稠密、经济发达、各方面利益冲突多、规划建设矛盾集中,第三方施工管控难度大,近几年第三方施工数量平均每年递增30%以上。为实现管道零伤害的管理目标,公司视与管道同沟敷设的光缆为管道的"生命线",断光缆如同"断管道",将其作为防止管道损伤的重要预警参照物,以光缆保护为抓手,持续提升管道第三方风险防控水平。公司自运营投产以来未发生第三方施工导致管道泄漏的事故,始终将第三方施工光缆损伤水平整体控制在2‰以下。

2010—2015年,公司围绕防断缆工作,连续六年组织开展"安康杯"竞赛,每年竞赛提出一个鲜明的主题,有针对性地制定竞赛内容。通过竞赛,公司管道线路基础管理工作不断扎实,线路风险持续消减,广大干部员工的战斗力和凝聚力、责任感和使命感进一步增强,同时也涌现出一批管道保护先进集体和个人,公司管道光缆保护水平、管道线路管理工作水平连年提升。

一、第三方风险防控体系

公司始终坚持不断创新和完善第三方风险防控规章制度,编制了《管道第三方风险防控》《第三方施工快速服务》《第三方施工现场管理》《管道光缆第三方人为故意破坏预防与处置》《第三方损坏风险评价》及《巡护与巡线管理》等一系列程序及作业文件,明确管道第三方施工风险防控各环节的工作方法和要求。制定完善了管道改线办法,减小地方申请管道改线工程对公司正常生产运营的影响,确保管道改线路线最优,改线风险受控和改线工作有序开展;总结投产运营以来管道保护外部环境管控的成功经验和典型做法,编制了《中国石油西气东输管道公司输气管道线路管护指南》。

二、第三方损坏风险控制与消减

《管道保护法》规定标识清晰准确是企业的责任,公司按照《西气东输管道地面标识设置与管理规范》要求,加强地面标识管理,确保管道地面标识准确通视无盲点。2009年前,公司完成西一线地面标识整改工作,针对西二线新投产管道地面标识数量不足的问题,公司通过协调管道建设项目经理部和自行筹措资金进行补充完善。2014年,公司开展线路风险隐患治理,对管道占压、市政管网交叉并行和安全距离不足等350余项风险隐患进行治理,同时制定隐患处理奖励办法对隐患整改表现突出的单位和个人进行奖励,为持续消减管道第三方损伤风险发挥了积极作用。

三、第三方施工管理服务模式

管道保护范围内施工周期越长,管道损伤风险越高,只有主动协助待建工程快速安全通过管道,才能有效降低管道损伤风险。为此,公司推行"快速服务,快速通过"的第三方施工风险防控管理模式,并按照施工类型和规模不同对第三方施工进行分类分级管理。对于大型第三方施工严格按照"六步法"(共同踏勘、开挖验证、方案审查、安全协议、施工全过程监督、联合验收)进行管理,同时报地方管道保护主管部门审批和备案。对于中小型第三方施工以"安全快速通过"为原则,主动提供施工方案,简化和缩短方案审批流程和审批时间,减少在管道保护范围内的施工时间,必要时采取措施帮助通过,降低管道损坏的风险概率。

四、第三方损坏风险防控关键控制要素

信息收集:信息收集是第三方风险管理的基础和根本,明确未知的第三方施工是最大的不可控风险。公司将风险防控关口前移,通过开展定期回访信息员、友好使者、农田户主,发放三桩看护费,落实信息奖励制度和管道保护宣传等工作,主动上门收集施工信息,促进信息主动报告,畅通稳固信息收集网络。

信息跟踪：公司对施工信息施行闭合管理,通过电话回访、加密巡护、抽查陪巡和派遣临时监护员等手段密切跟踪施工信息,直至确认施工安全通过管道或施工取消。

现场管理：针对第三方施工现场管控,公司提出管道严控区(管道两侧各5米内)、实控区(管道两侧各100米内)和预控区(管道两侧100米以外)理念,采取开挖探坑准确定位管道、布设警示隔离防护措施、临时监护及管道严控区施工线路员全时监护等措施确保管道施工安全。

线路巡护：线路巡护是防止第三方施工损坏管道的最后一道防线,公司在2006年起在全线推广使用GPS巡检系统,巡线员通过手持GPS巡检设备,在管道线路巡护工作过程中实时上传管道巡检位置信息,通过动态合理设置GPS点位,管道管理人员可随时掌握巡线人员的巡检情况,及时考核打点率和打点时间,对巡线质量进行监督检查,确保线路巡查无盲点。此外,公司还通过设置临时巡检贴,电话复核督促巡线,巡线员评优奖励等措施,加强日常巡线管理,提高巡线有效性和积极性,确保巡线质量。

五、地方政府要求改线项目

随着地方经济的快速发展,一些地方出现新规划项目无法避让管道的现象。2013年以来,已有10余处地方政府出资向公司申请改线。针对改线问题,公司制定了地方出资管道改线管理办法,明确了各方责任及改成工作流程,确保管道改线路由最佳、管道施工质量最优,对公司生产运行影响最小。

第二节 管道本体腐蚀控制

埋地管道腐蚀是影响管道系统可靠性及使用寿命的关键因素,管道腐蚀不仅缩短了管道使用寿命,腐蚀情况严重时还可引发管道穿孔,造成油气泄漏,带来停工停产损失,并可能引起火灾、爆炸,严重威胁生态环境与生命财产安全。西气东输管道所经历的土壤类型、环境条件多变,河流、山体穿跨越形式多样化,面临的腐蚀环境复杂。管道腐蚀控制管理范围涉及干线、支干线、支线、联络线及储气库的埋地管道本体,含有阴极保护系统及附属设施的站场和阀室,管道施工过程中不可避免地会存在一些隐患。建立科学合理的管道腐蚀控制管理体系,采用多种技术方法与管理手段,检测、控制与评估管体腐蚀是确保管道完整性的主要手段之一。

一、管道智能内检测

按照《压力管道定期检验规则-长输(油气)管道》(TSG D7003)及《钢制管道内腐蚀控制规范》(GB/T 23258)等相关规定和管道完整性管理工作计划、天然气与管道公司年度检测任务安排,公司于2007年开始推动开展管道智能内检测工作,进行了多次管道内试验段检测和比对工作,选择质量合格、安全可靠的服务商为公司管道内检测提供服务。

2007年,组织中油管道检测技术有限责任公司在冀宁联络线泰安至安平段(已于2012年划转至管道公司)及西一线轮南至孔雀河段(已于2012年划转至西部管道公司)(共计464公里)开展内检测试验工作。2010年,组织GE PII、ROSEN分别轮南至孔雀河段、孔雀河至四道班段(共计316公里)开展内检测试验工作,发现多处严重安全生产隐患,为确保西一线早期安全运行做出了贡献。2011年,为了进一步掌握西一线新疆、甘肃段管体腐蚀状况以及西电东送特高压直流输电线对芙蓉至上海段直流干扰腐蚀情况,公司开展四道班至玉门段、芙蓉至上海段(共计1 080公里)、玉门至中卫段(740公里)管道内检测工作。2012年,通过邀请招标方式开展了西一线干线利辛至青山至芙蓉段(共计422公里)、西一线定合支线、常长支线、南芜支线(共计351公里)管道智能内检测工作。2013年,公司通过招标方式确定中油管道检测技术有限责任公司、北京派普兰管道科技有限公司承担西一线中卫至利辛、西二线中卫至灵台共计2 487公里管段的智能内检测工作。2014年,开展了西二线干线灵台至广州段及上海支线共计4 682公里管段的智能内检测工作,在检测中发现环焊缝缺陷、管体夹层等严重缺陷,通过无损检测和安全评估后,均采取了管道补救措施。2014年开始,管道内检测计划与修复计划开始录入完整性管理系统(PIS)。

二、管道外检测全覆盖

按照《压力管道定期检验规则-长输(油气)管道》(TSG D7003)及《天然气管道运行规范》(SY/T 5922)等相关规定和管道完整性管理要求,公司于2002年开始实施年度管道外检测,并将阴极保护系统检测和附属设施检查纳入外检测工作内容,重点针对防腐层破损点、阴极保护有效性和杂散电流干扰情况开展调查工作。

2007年,公司完成忠武线干线及支线管道外检测工作;2008年,完成西一线干线、长宁线2 218公里管道外检测工作;2009年,完成西一线所有支线、冀宁联络线、淮武联络线管道外检测工作;2010年,完成兰银线管道外检测工作。2013—2014年,对西二线干线及支线管道开展外检测工作;2014年开始,管道外检测计划与修复计划开始录入完整性管理系统(PIS)。

三、管道电位分析报告制度

管道电位是评价阴极保护有效性的重要参数,为保障电位测试的准确性和有效性,2004年,公司建立了场站人员每月进行线路和场站管道电位测试、汇总分析、月度电位测试分析报告制度。2005年,开始实施年度自然电位测试并比较分析、年度自然电位测试分析报告制度。2013年,管道月度电位测试数据与年度自然电位测试数据开始录入完整性管理系统(PIS)。

四、阴极保护系统监督管理

为保证埋地管道始终处于有效阴极保护状态,除年度自然电位测试外,还要保证恒电位仪年度运行时间占比(运行率)应大于98%、管道阴极保护程度(保护率)应等于100%。2015年以前,公司通过日常检查、恒电位仪月度运行记录报表、月度电位报表计算恒电位仪运行率。2015年以后,通过集中监视系统已完成恒电位仪报警、管地电位报警上传功能,实现运行率、保护率的自动化监控考核。2016年,公司针对阴极保护报警开展了原因排查,针对电缆短路、参比电极漂移过大等故障进行整改,取得了预期效果。

五、站场区域阴极保护系统改造与埋地管道外防腐层大修

2004年,西一线站场在设计建设阶段并未设置区域阴极保护系统,站内埋地管道处于自然腐蚀状态。2008年,公司为使站内管地管道腐蚀受控,减少腐蚀泄漏风险,对站内实施区域强制电流阴极保护系统的可行性及实施技术进行了研究,并通过试点证明了实施区域阴极保护的可行性,并且在实施中发现低电阻接地模块造成接地网消耗严重的情况。2008—2014年,公司陆续在西一线、冀宁线、储气库等50余座站场设置了区域阴极保护系统,同时进行接地网改造,并将此方法推广到新建站场设计中,使站

内埋地管道外腐蚀处于可控状态。2016年,公司结合防腐层完整性调查结果,组织西一线蒲县站、长宁线银川站开展防腐层大修和区域阴极保护增设工程,相关实践及研究成果有力提升了阴极保护管理工作。

六、超高压直流输电线路接地极放电对管道的影响

2013年,公司管道处在日常管理中发现多个阀室存在引压管之间打火放电现象,个别阀室甚至出现引压管不同程度烧蚀问题。为消除该风险隐患,公司于2014年组织开展了引压管放电、烧蚀排查专项工作,发现广东地区的高压直流输电系统接地极放电造成西二线广东段不同地点管道管地电位分别高达240伏特、-222伏特,在接地极2400安培放电时,管道流经电流高达141安培,干扰强度远高于国内外已知管道直流干扰电压和电流,不仅远超阴极保护管地电位标准要求,也远超人身安全电压,给管道设备设施及腐蚀控制造成巨大影响,严重威胁人员及管道安全。为进一步探索可行的解决措施,公司向集团公司申报开展引压管放电、烘蚀问题研究,2016年11月获得集团公司立项。

七、埋地管道腐蚀控制技术集成研究

2007年以来,公司为了保证管道的平稳安全运行,与高等院校及科研单位开展合作研究,在管道腐蚀控制方面进行了多方面的探索和工程实践,并将取得的成果直接用于管道腐蚀控制维护工程。在具体研究过程中,还进行了管道内检测与管体安全评价、管道外检测与防腐层完整性评价、站内管道区域保护效果评价、管道交直流排流及测试评价等项目,逐步形成了对在役管道进行腐蚀控制的行之有效的一整套技术及管理措施,对管道安全运行起到了重要作用。2014年,公司将埋地管道腐蚀控制系列技术进行推广应用,使输气管道的腐蚀始终处于受控之中,提高了管道运行的安全性,该系列技术获得2015年度中国石油集团公司科学技术进步奖二等奖。

八、补口带下的腐蚀现象探索及预警机理

管道补口带位置是埋地管道腐蚀控制的薄弱点,为掌握其腐蚀机理及预警技术,公司通过对西一线管道沿线土壤环境条件下材料的腐蚀试验研究,结合已取得的管道内外检测的环焊热收缩带补口失效后腐蚀数据的统计分析,建立了不同环境条件下焊缝管体的腐蚀模型。通过实验室加速腐蚀实验和电化学动力学模拟实验的系统研究,分析导致补口失效后管体腐蚀的原因及腐蚀机理,并用以判断不同地域热收缩带密封产生缺陷后管体腐蚀的危险性,从而建立热收缩带失效后焊缝管体腐蚀的预警机制。通过实验室土壤加速腐蚀试验研究,明确了阴极保护条件下,管道在不同土壤条件中腐蚀加速试验的结果;通过电化学动力学模拟研究,明确了西一线热收缩带补口在密封缺陷引起的防腐层下管体腐蚀这一特殊涂层结构的膜下腐蚀行为以及在此条件下腐蚀介质传递和保护电流传输行为。通过热收缩带补口失效膜下管体腐蚀模型分析与管道运行风险评估,根据对西一线热收缩带补口的现场开挖检测以及内检测的结果,结合加速腐蚀实验以及电化学动力学模拟研究实验结果,找出了西一线管道补口处腐蚀的规律。

九、线路管道阴极保护有效性控制及交直流干扰防护技术

鉴于现有标准管道阴极保护有效性评价方法的局限性,为有效控制管道阴极保护有效性,公司开展

了有效性评价相关标准研究,对管道阴极保护系统断电法进行了调查和研究,结果表明:试片断电法有效消除了阴极保护电流土壤电阻 IR 降,反映管道外覆盖层破损处的真实阴极保护电位,应用此值可调节电源设备的输出。经过试片法测试经验,在西气东输全线采用了试片法对管线的阴极保护效果进行了评价,确定了土壤腐蚀性,并以土壤腐蚀性与阴极保护度为坐标,建立危险矩阵,评价所在管段风险等级,为制定后续整改措施提供了参考建议。

随着管道周边环境越来越复杂,管道遭受的交直流干扰越来越严重,为探寻防护措施,公司调研分析了管道交直流干扰的来源、评价及防护技术,针对不同的干扰类型和严重程度,提出了合适排流措施,提出了不同电干扰评价方法,以及根据现场测试结果选择不同的电干扰防护技术或多种技术并用进行排流的解决方案。同时,随着直流轨道交通和高压直流输电的大量出现,大电流动态干扰成为严峻的问题,经过多年实践,公司摸索出了相应的对应办法,即除设计阶段的避让和防护措施外,通过规范限制向大地排放电流的大小。

十、管道腐蚀现场调查与腐蚀控制措施

开展管道腐蚀现场调查是进行腐蚀控制的有效手段,2006 年以来,公司坚持每年采取随机抽查、重点场站全面普查等方式,对西气东输所辖部分站场埋地管道进行了直接开挖抽查评价。2008 年开始陆续对西一线干线、支干线、联络线所属站场进行了埋地管道外防腐层大修,并增设了区域阴极保护系统。据统计,公司站内区域阴保覆盖率达 95% 以上,站内埋地管道腐蚀得到了有效控制。

此外,公司为了进一步提升腐蚀控制的水平,还持续开展了"西气东输管道干线阴极保护有效性调查及典型杂散干扰影响"、"热收缩套(带)补口失效行为评价"等研究,获得了"在役管道补口修复防腐层结构"、"管道补口防腐层耐热水浸泡加速试验装置"等多项实用新型专利。

第三节　地质灾害防控

西气东输管道铺设经过区域地理跨度大、地貌类型繁多,自然环境和地质条件复杂,部分区域降雨较大,强降雨以及部分特殊地质条件容易诱发地质灾害。另外,一些新建管道由于沿线土壤扰动,地质灾害诱发可能性较高,地质灾害风险防控面临的压力巨大。地质灾害防控管理是指管道线路滑坡、采空区塌陷、坡面水毁、河沟道水毁和台田地水毁等环境及地质灾害防控管理,以及相关的管道水工保护大修理项目方案的审查,地质灾害治理、防汛工作的业务指导等工作。

一、地质灾害风险识别与评价

2006—2008 年,公司通过开展地质灾害风险评估技术研究,建立了基于风险的管道地质灾害风险评估方案,为管道大修提供了技术支撑。根据地质灾害风险评估技术研究成果,公司编制、发布了地质灾害风险识别作业指导书,同时将研究成果转化为中国石油集团公司标准:《输气管道环境及地质灾害风险评估方法》(Q/SY 1265 - 2010),以及西气东输管道公司三个企业标准:《西气东输管道工程水工保护设计标准》(土石山区)(内陆河流域)(黄土塬地区)。

根据地质灾害风险识别作业指导书的技术要求,公司在每年汛前、汛后都会组织风险排查,由管理处进行风险初步识别后,管道处组织地质灾害、水土保持和管道等领域专家开展现场评估工作,特别是对周边人口密集区域管道可能存在的风险项目进行评价,并根据评估评价情况制定治理方案。截至

2016年底，公司通过识别与评价工作累计消减风险近2000处。

二、地质灾害监测规范及预警监测系统

2014年，公司在充分研究国内外有关滑坡、管道应变监测技术标准和较为成熟的方法技术基础上，结合地质灾害风险监测的实践经验，编写了集团公司企业标准《油气管道滑坡灾害监测规范》(Q/SY 1673—2014)。规范明确了主要的监测技术手段，将监测滑坡和滑坡岩土体对管道的作用作为主要内容，强调采用定量分析、分级预警的方法对管道滑坡灾害风险进行全过程监测，准确地掌握滑坡体的变形发育状况和管道在滑坡作用下的力学状态，为管道滑坡灾害的风险评价和灾害防治提供量化分析数据和技术支持。

在地质灾害预警监测方面，公司通过采用基于GPS系统的RTK技术、地表位移测量和管道应力应变监测等技术手段，对管道沿线滑坡、采空区塌陷、管道跨越等风险点进行监测，建立了能够连续监测地质灾害对管道危害程度的预警系统，对管道地质灾害点实时监测，及时准确掌握管道滑坡、采空区沉降等重点地质灾害的发育情况，同时通过及时发布预警信息，为后续采取相应治理措施提供可靠的技术支持。2013年开始，公司在原有地质灾害前期监测网的基础上进行升级改造，形成了西气东输管道地质灾害监测信息系统，实现了地质灾害数据自动采集上传、受力情况自动解算和预警信息及时发布。自监测网运行以来，成功发布了山西阳城县义城村煤矿采空区管道沉陷、临汾岔口河滑坡等多起重大预警信息。

三、采空区专项风险评估及治理对策

2007—2009年，公司在研究采空区塌陷灾害评价技术的基础上，结合输气管道抗变形能力研究，提出采空区塌陷危险性评价标准，确定了油气管道下伏采空区处置原则、方法，并将研究成果转化为西气东输管道公司企业标准《采空区管道风险评价与防治方法》，同时编制了《西气东输管道通过矿区及采空区危险性评价作业指导书》。在实际工作中，公司通过对山西省嵩裕村EHM090采空区塌陷治理，形成了从发现管道周边出现地表裂缝情况开始，到实施现场监测、数据采集、研究论证、应急措施处理、采空评价与沉陷趋势预测、抬管处理等各个环节的一套完整应对方法，创建了新的治理模式。

四、消除风险隐患

为及时削减管道沿线的地质灾害风险隐患，提高管道抗风险能力，公司将"治早治小"工作制度化，利用定额维修费用，对汛前、汛中和汛后产生的较小水毁，第一时间实施维护、维修，防止灾害规模进一步扩大和恶化，将地质灾害风险消除在萌芽状态，节约了治理成本，确保了管道安全。

五、防汛工作

西气东输管道公司自成立以来就建立了权责清晰、分工明确的防汛抗洪指挥系统，成立了以公司总经理为总指挥的防汛抗洪指挥部，明确了总指挥、副总指挥、防汛抗洪办公室及各地区管理处和各职能部门的工作职责，各管理处成立相应防汛组织机构，严格执行汛期值班和险情汇报制度。

同时，公司还依据历年防汛经验，不断完善防汛预案，整理并明确了管道悬空、漂管等风险的界定条件及判别方法，指导各派出机构完善地区级防汛计划和防汛预案以及应急处置方案，要求各有关部门结

合风险评估结果及地质灾害风险消减进度确定重点防汛部位,配备物资,落实保驾队伍;汛期加强管道险工险段的巡护工作,除巡护队和巡线员正常巡护外,在暴雨期间和暴雨后增加巡护频次,并关注敷设在水库、塘坝下游的管道安全。

第四节　管道安保管理

　　管道安全保卫工作事关天然气输送与销售全局,经过多年实践,公司管道安保管理形成了以"人防、物防、技防、信息防"四防为核心,以企地警联防联动长效机制建设为抓手的管理理念与管理方式。成立了由公司党委书记担任组长的管道安全保卫领导小组,具体分工为:公司领导小组全面负责公司的安保防恐工作,管道处负责传达公司安保防恐领导小组的指令与收集安保防恐的信息,地区管理处在管道安全保卫领导小组的指挥下,负责本区域防恐的各项工作。

　　根据治安破坏和恐怖袭击产生后果的严重程度及恢复生产的难易程度,公司将安保防恐重点部位划分三级风险部位,根据安保防恐重点部位分级及所需保卫目标特点不同,采取不同的防范措施。建立了管道安保防恐责任制,明确各地区管理处(分公司)党政主要领导是输油气管道安全保护和防恐工作第一责任人,主管副处长是直接责任人;管道科(保卫科)履行日常组织、管理和协调职能,安全、生产等科室承担协作配合职责,各站长为站场安全保护及防恐的第一责任人;实行站管线的单位,站长为所辖管段现场第一责任人;实行巡护队管理的单位,巡护公司为所辖管段现场第一责任人。此时,公司还进一步健全完善防恐专项应急预案,突出应急预案的针对性和操作性,确保前期防范、应急组织机构及职责、应急响应、应急保障4个核心环节的有效衔接。经过多年努力,公司管道安保管理工作成效显著,实现了安保防恐"零"事件,多次受到集团公司嘉奖。

一、主要工作

(一)日常管道安全保卫防范管理

　　公司日常管道安全保卫防范管理根据"确保重点、兼顾一般"原则,对黄河跨越、延水关隧道、长江盾构等重点部位实行武警常年24小时值守,压气站、枢纽站实行保安值守,其他场站实行"一岗双责"方式值守。

(二)站场安全防范管理

　　在站场安全防范管理方面,公司明确各站长为站场安全保护及防恐的第一责任人,站场兼职安全员负责保安日常检查考核,站场保安严格按岗位职责对站场进行安全巡护。人防措施方面,各相关单位区分不同时期动态部署人防力量,针对日常、重要和特殊时期的不同要求投入站场安保力量,特殊时期结束后按照逐级递减原则,逐渐恢复常态;物防措施方面,保证站场和阀室围墙防护铁丝网、进站门口设置的阻车钉(阻车桩)完好并达到全方位覆盖,保证为场站配备的手持声光报警器、防暴电警棒及防暴强光手电等装备并确保设备处于完好状态;技防措施方面,对站场工业电视监控系统、110联动报警装置和阀室门禁报警系统做到精心维护,确保始终处于完好状态。此外,公司还对各站人员严格进行工业电视设备操作和报警系统培训和考核,确保每个在岗人员都能熟练使用操作各类安防设备。

(三)《西气东输安保防恐管理信息系统》

　　公司作为《集团公司安保防恐管理信息系统》试点单位,通过管理信息系统上线运行,建立了公司、地区管理处、站场三级安保防恐信息系统,实现了信息预警报警、案情分析、地理展示等信息共享,建立了各派出机构之间互联互通的信息平台和工作机制,公司安保防恐管理专业化、科学化水平得到全面提升。

(四)企、地、警联防联动机制

推进管道安保管理工作,离不开地方政府和公安部门的有力支持。在具体工作开展过程中,公司注重发挥地企、警企配合优势,及时沟通敌情社情,实现联勤联动,进行情报与信息共享,畅通与地方公安部门110的报警响应,遇有重大问题和突发情况,及时通报当地党委、政府和公安机关取得最大帮助和支持,取得了良好的效果。其中,与地方公安部门协作开展的管道安全保卫联合演习,与地方政府合作的应急预案对接工作,以及与地方公安机关、武警部队合作开展的针对易发案、敌社情复杂地区联合巡逻、保卫与监控等都在管道安保工作中发挥了积极的作用。

(五)应急预案管理及演练

在应急预案管理方面,针对越来越复杂的长输管道运行管理和保护,根据集团公司建设应急管理体系的整体部署,公司2011年对应急体系进行了重大调整,覆盖了生产经营所有领域的风险,形成包括1个总体预案加11个专项预案在内的应急预案体系。通过编制和实施《公司安保防恐突发事件专项应急预案》,将安保防恐工作方案和应急预案与地方政府的方案预案有效对接,实现安保防恐和应急抢险工作的统一指挥、统一调度。在预案演练方面,公司结合生产运行实际情况,提出"平时战时化、常态非常态"相结合的原则,立足超前防范,强化预案演练,努力提高处理突发事件和复杂问题的能力。

第六章 事 故 抢 修

事故抢修是指在运行中的管道或设备本身发生故障或者出现严重缺陷而被迫停运的紧急状态下，为阻断或降低事故扩大的可能性及影响，按照预定程序实施的抢险行动。公司一直将提升抢修能力作为重点工作来抓，主要围绕以下几个方面开展：一是开展抢修体系建设，推进抢修管理标准化；二是持续完善应急预案，夯实抢修管理基础；三是持续开展"以干代练"，提升抢修关键工种技能水平；四是落实抢修资源配置，完善抢修技术保障；五是持续改进应急演练形式，开创演练新局面。

第一节 抢修体系建设

公司在西一线工程全线投产时，就按照国家和集团公司应急管理的相关要求，建立了应急管理体系，明确了管理机构及职责，制定了应急管理程序、相关抢修管理办法和作业指导书、工作手册、标准化管理手册和应急预案。2013年，公司编制《西气东输抢修工作手册》，对实际抢修工作起到了很好的指导作用。

公司应急组织机构由应急领导小组、应急办公室、应急办公室工作机构、专项应急领导小组、应急工作支持部门、应急信息组、应急专家组、现场应急指挥部、所属单位应急领导小组组成。按照"着眼于防，立足于抢"的工作要求，从制度建设、方案准备、机构设置、人员配备、物资储备等方面全面加强应急抢修能力建设。

截至2016年底，公司在沿线共有25支维抢修队伍，包括3个维抢修中心（南京、武汉、广州），12个维抢修队（中卫、靖边、蒲县、郑州、蚌埠、淮安、浦江、黄陂、恩施、南昌、株洲、厦门），10个维修队（银川、平泉、高陵、沁水、平顶山、无锡、泰兴、金坛、枣阳、福州）。具体职责分工如下：

（一）维修队。负责所辖区域内突发事件抢修的现场勘察、预警预控、进场道路铺设、场地平整、作业坑开挖、地貌恢复等职责。

（二）维抢修队。负责所辖区域内换管抢修除下料、组对、焊接之外的所有工作，主要包括现场勘察、预警预控、进场道路铺设、场地平整、作业坑开挖、防腐层剥离、切管、焊口检测合格后的防腐、地貌恢复等；在套袖、管帽、耦合式卡具等抢修中负责套袖、管帽、卡具安装（不负责焊接）；负责所有抢修方法中不涉及焊接的工序。

（三）维抢修中心。负责所辖区域内突发事件抢修的现场勘察、预警预控、进场道路铺设、作业坑开挖、切管、下料、对口、焊接、焊口检测合格后的防腐、地貌恢复等。

维抢修中心的抢修队还负责其保驾范围内管道换管抢修的下料、对口、焊接作业工序；在套袖、管帽、耦合式卡具等抢修中负责套袖、管帽、卡具的焊接；负责阀室工艺恢复抢修中下料、对口、焊接。

表 3-6-1　抢修工作作业指导书一览表

序号	名称	类别
1	焊接式补强套袖抢修作业指导书	管道修复方法
2	引流式补强套袖抢修作业指导书	
3	封头式卡具抢修作业指导书	
4	对开式卡具抢修作业指导书	
5	换管抢修作业指导书	
6	柔性卡具临时堵漏抢修作业指导书	
7	黄土塬地区、山区抢修进场方法作业指导书	进场方法
8	水网地区抢修进场方法作业指导书	
9	与城市地下管线交叉点泄漏抢修作业指导书	特殊场景抢修
10	阀室工艺恢复抢修作业指导书	
11	铁路、公路箱(管)涵内管道抢修作业指导书	
12	跨越处管道抢修作业指导书	
13	隧道内管道抢修作业指导书	
14	管道侧向位移抢修作业指导书	
15	管道悬空抢修作业指导书	
16	管道漂管抢修作业指导书	

第二节　应急预案

公司应急预案适用于自然灾害、事故灾难、公共卫生、社会安全四种突发事件类型,用于公司Ⅰ、Ⅱ、Ⅲ、Ⅳ级突发事件的应对工作。公司应急预案体系参见图 3-6-1。

(1) 公司突发事件总体应急预案是应急预案体系的总纲,是公司应对重特大突发事件的规范性文件。

(2) 公司突发事件专项应急预案主要应对某一类型或几种类型突发事件,着重解决特定突发事件的应急处置,是总体预案的支持性文件。

(3) 所属单位突发事件综合应急预案,是所属单位及其站场、维抢修单位针对各类突发事件制定的应急预案,与公司突发事件应急预案相衔接。

(4) 站队现场处置方案和关键岗位应急处置卡是最基层的预案,是针对本站(队)风险分析结果编制的现场处置方案。

第三节　关键工种技能

2003 年起,公司根据维抢修体系规划不断优化维抢修资源管理模式。至 2010 年之前,公司维护维修任务较重,把维抢修队伍培训锻炼和日常工作的重点放在各类设备设施的维护维修上,公司维抢修队伍具备了压缩机组等大多数设备的维护保养能力;在抢修工作方面,公司主要依靠自身抢修力量与外部

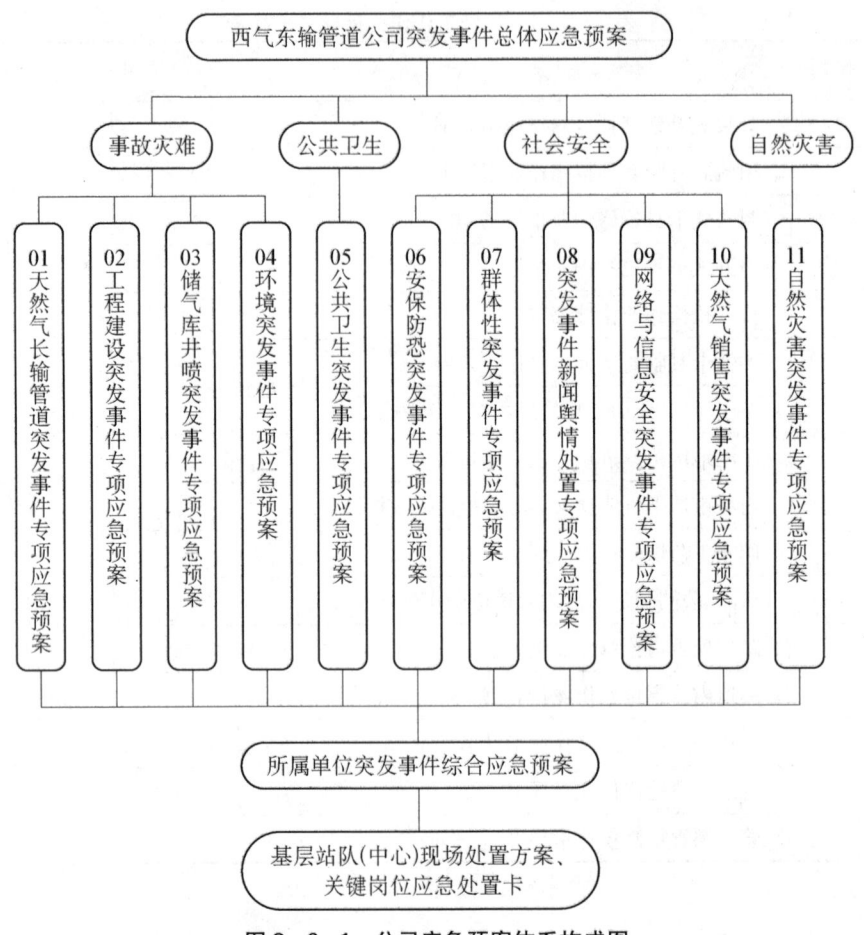

图 3-6-1　公司应急预案体系构成图

抢修力量（主要是管道沿线石油系统内抢修力量）的有机结合，与管道沿线的维抢修、工程建设等单位签订了抢修保驾协议。这种以维修为主，抢修依托外部力量结合自身资源的维抢修体系模式，有力保证了投产初期管道的安全平稳运行。

但在应急演练及实际抢险过程中，公司发现这种管理模式存在一定弊端：一是管道业务大发展时期，各抢修保驾单位特别是工程建设单位施工任务重，流动性大，保驾服务无法保证及时高效；二是抢修作业与管道建设作业的施工工艺和施工条件存在较大差异，且抢修作业对管焊工技术水平要求更高，保驾单位普通管焊工难以胜任；三是作为抢修关键工种的管焊工属于熟练技术工种，需通过不断地训练和实际作业来保持良好状态，而公司维抢修队伍的主要精力用于维护维修，管焊工训练和实战的机会少，导致技能水平不但无法持续提升，反而出现技能退化的普遍问题，公司内部应急演练中的焊接合格率一度只有50%左右，能够胜任抢修作业的人员较少。公司针对以上问题进行了深入的调研分析，发现公司应急抢修能力不足的最主要问题是抢修关键工种技术水平不高，抢修关键工种技术水平不高的主要原因是没有充足的日常技能训练时间和强度。特别是抢修技能训练需要耗费大量的人力、物力和时间，而原有的维抢修体系难以保证全员、全科目、持续训练。为此，公司从满足应急抢险工作需要出发，重新确立了维、抢分离的维抢修体系建设原则，进一步优化维抢修单位功能定位，科学合理地调整维抢修力量布局。

2011年，根据管道发展规划，公司在南京维抢修中心分设维修队、抢修队，其中抢修队作为专业队伍，主要任务是承担全公司应急抢修关键工序。此后，公司在总结南京维抢修中心维、抢分离成功经验的基础上，又先后在武汉、广州维抢修中心设立了维修队和抢修队。同时，为了巩固和进一步加强抢修队人员技能水平，公司还同中国石油天然气管道工程公司（CPPE）上海分公司签订合作协议，保证抢修队练兵有足够的工程量支撑。此外，公司还通过持续开展岗位练兵和动火作业实战练兵，不断提高公司抢修整体水平。在 2011 年和 2016 年集团公司维抢修技能竞赛中,公司分别取得了团体第 3 名、第 2 名的好成绩;南京和武汉抢修队经过近 7 年实战练兵,焊接一次合格率从 2010 年的 50% 达到 2016 年的 93% 以上;在 2013 年"1·25"西二线 76#阀室管线爆裂起火、2015 年深圳"12.20"滑坡灾害天然气管道泄漏、2016 年西二线东段干线第三方损伤管线泄漏等抢险中,公司抢修队圆满地完成了所负责的抢修任务,体现了过硬的维抢修技能与工作质量。

第四节 抢修资源配置

公司为管道沿线维抢修队伍配备了专用管道抢修、吊装、运输等各类车辆,配置了发电、切割、焊接等各类机具设备,并按应急处置阶段性需求将抢修机具集装化,确保各设备均处于完好备用状态。在配置常规抢修机具的基础上,根据日常练兵、应急演练及抢险情况,增加了切管机、消磁机、中频加热器、进场路面器材的配置。制定了应急物资配置标准,在管道沿线储存了各种规格的管材、管件、套袖、卡具、406 毫米—1 219 毫米阀室整套应急物资。各所属单位与当地的公安、消防、医疗、安监、水利、交通等相关部门建立了良好的应急协作关系,落实了挖掘机、推土机、吊车等大型机械以及注氮队伍和检测单位等应急资源。

第五节 应急演练

公司成立初期,公司级应急预案演练主要是演习型的"演练",在演练中关键工种缺乏完整的实际操作。2008 年起,公司应急演练逐步由"演练"转变为"实战"。例如当年在宁陕管理处进行的黄土塬山区抢险演练,演练科目全部按关键工种现场操作进行,不再进行提前排练。这种抢险演练通过"实战"改变了以往"演"的观念,真正暴露出人员、机具、材料、方法等方面的问题,取得了很好的效果。此后,每年公司均安排进行一次有针对性的公司级实战演练(2009 年山地抢修方法应急演练;2010 年阀室工艺恢复应急演练;2011 年水网管道突发事件应急演练)。2012 年,公司再次把演练形式由"单兵实战"改为"联合实战",即从公司内部维抢修单位独自的实战演练,转变为多单位、跨地区的联合应急处置实战演练,实现了全过程真实的资源调动和联合抢修作业。2013 年,淮武线发生挖掘机碾压管道事件,公司决定结合本次事件的应急抢险开展年度公司级应急演练,在未事先准备的情况下,圆满完成了应急抢险任务和预定的演练科目,客观反映了公司水网地带抢修的真实水平。2014 年,公司与深圳市应急管理办公室联合举办了西二线求大段高后果区管道泄漏,突发事件联合实战演练,演练了与各级政府部门沟通协调、企地联合处置、队伍长途集结、受限空间作业等,取得了较好的效果。2015 年、2016 年,公司开展了直跨、悬索跨越应急演练。从最初的"桌面演练"到"实战演练",再到"联合实战",应急演练逐步向针对性强、高难度、高标准的方向发展,真实检验了公司应急处置能力和实际作战水平。

第六节 抢修事件

一、西二线枣阳—十堰支干线天然气泄漏事件

2011 年 3 月 3 日 16 时左右,西二线枣阳至十堰支干线发生天然气泄漏事件,距离干线枣阳分输压

气站约16公里的SYFA031号桩下游附近发现泄漏点,经开挖验证,确定泄漏点在环形焊缝上,焊道与母材接合部位存在一条长度为78毫米的裂纹。经过西二线东段豫鄂项目分部、豫鄂监理分部、西二线东段EPC项目部以及公司有关部门现场商讨,决定更换泄漏管段,由进行换管作业。3月6日14时52分,历时49小时的抢修作业,恢复正常供气运行。

二、沁水煤层气管道泄漏抢险

2011年9月30日6时左右,山西管理处沁水压气站附近有村民发现管道发生泄漏,随即报告给沁水消防队,消防队到现场确认后通知沁水压气站,沁水站、山西管理处、公司立即启动应急响应。经确认泄漏点位于煤层气管道桩号035处,距沁水压气站860米。该处煤层气管线与西一线干线呈"八"字并行,距离最近处约30米。泄漏点位于沁水站外山坡脚直管段母材处,距22度弯头焊口40毫米,管道环向隆起60毫米褶皱,裂缝长度600毫米以上。根据现场实际,公司决定执行换管方案。10月1日20时06分,经过35小时紧急抢修,完成最后一道焊口的焊接。管道恢复供气。

三、西二线东段76#阀室旁通管道泄漏着火事故

2013年1月25日14时28分,海原压气站管辖的西二线东段76#阀室发生旁通管道泄漏着火事故,海原压气站、宁陕管理处启动现场应急处置预案,立即向北京、上海调控中心汇报现场情况,同时向公司、海原县地方应急部门报告。

事故发生后,公司立即启动应急响应,按照阀室被毁工艺恢复应急预案,除保留完好的1101#阀上游侧三通外,其余包括1101#阀门、下游侧三通、旁通管线及阀门全部拆除重建。1月28日9时30分,经过66个小时的紧急抢险,恢复正常输气生产。

四、湘潭联络线天然气爆燃事故

2013年5月26日7时21分,萍乡站上游侧约650米处XTGE053-XTGE054里程桩之间,发生管道爆燃事故,火苗宽10米左右高达100米,燃烧持续约40分钟,造成13人受伤,放空天然气44.5万立方米。公司随即启动应急响应,经石油管工程技术研究院、中国船级社相关人员检测,故障点上下游管道、邻近焊口测试结果合格,表明管道其他部位处于正常状态。公司根据原因分析,决定按照更换2根直管、增加1个弯管的抢修方案实施抢修。28日20时,正式恢复进气,59小时的完成全部抢险任务,关闭油气长输管道Ⅱ级应急响应。

五、溧阳支线管道内检测停球事件

2014年1月3日8时57分,溧阳支线管道发现11.8公里处内检测停球。公司启动应急响应,现场判断内检测器停球位置于宜兴分输站出站11.8公里处(宜兴市新街镇梅园村)位于2个90度弯管连接的管段中部,为减小对下游用户供气的影响,决定在停球点处先行建立临时旁通供气管线,然后采用不停输封堵工艺将停球位置管线封堵后取出并更换新管的抢修方案。1月7日18时23分,抢修结束,公司关闭应急响应。

六、深圳"12·20"滑坡灾害天然气管道泄漏事故

2015年12月20日11时40分,深圳光明新区恒泰裕工业园发生滑坡事故,造成西二线广州至深圳支干线求雨岭至大铲岛段管道受损断裂,泄漏天然气约50万标准立方米,向香港供气中断。事故发生后公司立即启动应急响应,抢险工作自2015年12月20日开始,至2016年2月29日结束,历时72天,共分三个阶段:12月20—31日,铺设临时管道350米,恢复供气;1月16—31日,完成150米临时管道改线作业;2月17—29日,铺设永久管道355米。本次事故抢险工作参加人员累计900余人,大型施工机械140多台套,开挖土方约60万方,平整作业带约15 000平方米,调拨管材2 080米,管件26件,焊接管道855米,焊口104道,临时管道,输气4 345万标准立方米。

七、西二线东段干线第三方损伤管线泄漏事故

2016年7月21日17时35分,公司生产调度中心接银川管理处汇报:西二线中卫站出站1.4公里处(常乐镇枣林村),管道遭铁道第三勘察设计院集团有限公司地质勘查作业损伤,发生泄漏,未发生爆炸及人员伤亡。公司立即启动天然气长输管道突发事件Ⅱ级应急响应,对受损管段进行换管抢修。本次抢险自7月21日19时开始放空,至23日18时,受损管线恢复运行,历时47小时。

第七章
储气库管理

储气库是西气东输的重要配套工程，主要作用是解决生产和用户供需不平衡，发挥调峰功能；发挥季节气候变化造成用气不平衡的调峰功能和长输管道因意外故障不能正常供气的应急供气功能；以及能源储备功能。截至2016年底，在建和运行的储气库有6座，包括：金坛、刘庄、云应、平顶山、淮安、楚州储气库。其中，金坛储气库属于盐穴型储气库，处于工程建设和生产运行并行阶段；刘庄储气库属于枯竭气藏型储气库，已经投入运行；平顶山储气库、云应储气库、淮安储气库和楚州储气库储都属于盐穴型储气库，正在开展工程项目可行性评价工作。

储气库项目部（管理处）成立于2003年2月，主要职能是负责储气库的建设、运行与管理。储气库项目部（管理处）紧紧围绕"建设优质工程、确保管道下游用户用气安全"这一核心任务，本着"加快储气库建设、发挥储气库作用、保证储气库安全、发展储气库技术、培养储气库人才"的工作理念，持续提升管理能力，不断强化技术创新与工艺改进。

第一节 管理组织

储气库是涉及地质、勘探、钻井、井下作业、注气、采气、天然气集输、电力、通信、仪表自动化等35种专业门类的综合技术性工程。2006年5月，项目部设立金坛维修班，负责储气库工艺、设备（除压缩机和自动化系统）的维护保养工作。6月，设立金坛西注采气站，负责注采气站及站外注采井的生产运行管理。2007年6月，项目部机关设立综合科、经营科、生产科、技术科、质量安全科等5个科室。2008年3月，增设地质科。2011年2月，设立刘庄注采气站，负责刘庄注采气站及站外注采井的生产运行管理。2011年5月，成立储气库工艺技术研究所，主要负责储气库地质研究，工程方案设计与完善，工艺技术研究与试验、推广，技术分析、评价与保障等工作。2012年4月，设立金坛东注采气站，负责金坛东注采气站及站外注采井的生产运行管理。6月，成立金坛维修队，原金坛维修班业务划转到维修队，同时撤销金坛维修班。2013年7月，成立金坛管井队，原金坛东、西注采气站站外注采井及管道的生产运行管理业务划转到管井队；金坛东、西注采气站合并运行，统称为金坛注采气站。

第二节 试运投产

一、金坛注采气站

金坛储气库是国内建设的第一座盐穴地下储气库,位于江苏省金坛市西北30公里,距西气东输干线管道镇江分输站34.8公里。库区总面积11.26平方公里(含建库区与保护带)。设计总库容量26.38亿立方米,有效工作气量17.14亿立方米,注气规模900万立方米/天,采气规模1500万立方米/天。截至2016年12月底,已有5口老井、17口新井共22口井投入注采气运行,形成库容7.5亿立方米,工作气量4.2亿立方米的储气能力。其中西站所辖5口老井形成库容1.07亿立方米,工作气量0.5亿立方米;东站所辖17口新井形成库容6.43亿立方米,工作气量3.7亿立方米。

储气库金坛注采气西站暨金坛分输站位于江苏省金坛市直溪镇汀湘村,距市区20公里,占地面积为2万平方米。西站于2005年10月26日开工建设,2006年12月31日—2007年1月1日氮气置换成功,2007年2月1日注气排卤投产,2007年9月1日正式采气,通过镇江分输站向干线调峰供气;9月26日始进行注气;12月30日始向金坛港华供气。

金坛注采气东站位于金坛市直溪盐矿的西南部,大岸村西南侧,距离大岸村南约75米,距直溪盐矿约420米,占地面积2.9万平方米。东站于2012年4月开工建设,于2013年9月22日顺利投产,2013年10月18日正式注气,2014年2月7日正式采气。

二、刘庄注采气站

刘庄地下储气库是与西气东输冀宁线配套建设的地下储气库,位于江苏省淮安市金湖县,距冀宁联络线淮安分输站48公里,是西气东输管道公司唯一一座枯竭油气藏型地下储气库,主要为冀宁线用户季节调峰服务。储气库设计运行压力5—12兆帕,库容4.55亿立方米,工作气量2.45亿立方米,注气能力150万立方米/天,采气能力150万立方米/天。

刘庄注采气站位于江苏省淮安市金湖县陈桥镇北,北距淮安市约50公里,南距金湖县约20公里,陈桥镇0.5公里,建站地地处苏北农业耕植区,行政区域归属金湖县陈桥镇管辖,主要地形、地貌为平原耕地,生产区和生活区分建,其中站场占地面积为47 860平方米。至2014年10月1日累计注气2.62亿立方米,完成注气达容。2015年2月6日—8日试采3天,2015年11月18日刘庄储气库初采气顺利投产。

第八章
计量测试中心管理

天然气计量准确是天然气合理使用和节能降耗的重要科学依据,天然气贸易交接计量在商品天然气流通环节起着举足轻重的作用,用于天然气贸易计量的流量计数量大幅增长,计量的准确可靠性愈来愈受到社会各界关注。为了解决西气东输、川气东送、中亚管道等天然气长输管道大流量、大口径高压天然气贸易计量交接流量计的实流检定问题,受国家质量监督检验检疫总局委托,集团公司依托西气东输管道工程,建设了南京计量测试中心,并在其基础上筹建了国家石油天然气大流量计量站南京分站。为解决华南地区高压、大流量流量计的检定需求,依托西气东输二线,建设了南京计量测试中心广州分中心,并在其基础上筹建了国家石油天然气大流量计量站广州分站。为解决华中地区中高压、大流量流量计的检定需求,依托西气东输二线设立了国家石油天然气大流量计量站武汉检定点。这些计量单位的建设与所发挥的作用,为中国天然气计量技术的发展做出了积极贡献。

第一节 管理组织

南京计量测试中心于2007年2月投入运行,广州计量检定分中心于2014年12月投入运行,武汉检定点于2016年11月开工建设。根据国家质量监督检验检疫总局授权分别以国家石油天然气大流量计量站南京分站、广州分站、武汉检定点名义开展专业计量和法定计量检定业务,并依托西气东输管道公司进行管理。为了满足管理要求,更好地协调管理三地的安全生产工作,在西气东输管道公司内部,南京计量测试中心负责统一管理计量检定业务和分站(点)生产安全工作。三地综合经营、生产安全等工作由中心机关部门统一管理。

一、南京计量测试中心

2006年3月15日,公司成立南京计量测试中心,行政和党群关系挂靠苏浙沪管理处,独立开展业务工作,2006年11月调整为公司直管机构。南京计量测试中心设综合科、生产科、质量安全科、检定校准室、经营与财务科。主要业务是:承担授权范围内天然气计量器具的检定、校准和测试任务;在天然气流量计量方面承担顾客和政府部门委托的检定、技术评定和仲裁任务;负责使用和维护天然气流量标准装置;开展天然气计量检定、校准和测试手段及检定方法的研究与验证工作;负责培训天然气计量检定人员,组织经验交流,参与国内外有关学术活动;参与天然气计量专业的检定规程、校验方法等的编制工作;承担国家质量监督检验检疫总局下达的任务。

二、南京计量测试中心广州分中心

2012年9月26日,公司成立南京计量测试中心广州分中心,设综合管理科和计量检定室,主要承担华南及西南地区中高压天然气流量计的检定、校准、测试任务,相关地区质量技术监督局和企、事业单位委托的检定和校准工作,以及天然气计量和检定技术的研究工作。

三、南京计量测试中心武汉计量检定室

2012年9月26日,公司设立南京计量测试中心武汉计量检定室(设有计量检定技术和计量操作岗位),主要承担华中地区中高压天然气流量计的检定、校准、测试任务,地区质量技术监督局和企、事业单位委托的检定和校准工作,以及天然气计量和检定技术的研究工作。

第二节 建站历程

一、国家石油天然气大流量计量站南京分站

国家石油天然气大流量计量站南京分站位于江苏省南京市栖霞区龙潭镇宣闸村,与公司龙潭维抢修中心和龙潭分输站相邻,占地2.85万平方米。南京分站建立了完善的天然气流量量值溯源体系,建有4套天然气流量标准包括原级标准(质量时间法)、次级标准(由12只并联的具有不同喉径的圆环形喉部临界流文丘里喷嘴构成)、工作标准(由11台并联安装的高准度涡轮流量计,3台核查用超声波流量计构成)和移动标准,各级标准的设计压力均为10兆帕,直接利用管道天然气为介质,在压力为4.5—9.6兆帕、流量8—12 000立方米/小时的范围内对各种天然气流量计进行检定和校准。安装主要设备843台套,计量标准4套(计量器具281台套),各类报警检测点及按钮122个,防雷防静电点923个。经国家质量监督检验检疫总局考核授权,中心可在全国范围内开展以天然气为介质、直径400毫米以下和压力为4.5—9.6兆帕的各种天然气流量计的检定和校准业务,是国内乃至亚洲检定校准压力等级最高、流量范围最大、量值溯源体系最为完备的计量检定机构,在国际上也处于先进水平。

2006年4月18日,国家质量监督检验检疫总局下发《关于筹建国家原油大流量计量站南京天然气流量分站的通知》,公司在南京计量测试中心的基础上筹建国家原油大流量计量站南京天然气流量分站。

2007年12月12日,国家石油天然气大流量计量站南京分站第一版《质量手册》开始发布,12月18日开始实施。

2008年3月15日,国家石油天然气大流量计量站南京分站接受法定计量检定机构考核。

2008年3月28日,国家质量监督检验检疫总局下发《关于授权建立国家石油天然气大流量计量站南京分站的通知》。

2008年4月1日,国家石油天然气大流量计量站南京分站取得法定计量检定机构《计量授权证书》。

2009年1月12日,国家石油天然气大流量计量站南京分站第二版《质量手册》发布,1月22日开始实施。

2010年4月17日,中国合格评定国家认可委员会对南京分站进行校准实验室初次认可评审。

2010年8月27日,南京分站取得《中国合格评定国家认可委员会实验室认可证书》。

2011年5月16日,国家石油天然气大流量计量站南京分站《质量手册》改为网络受控发布形式。

2013年3月1日,国家石油天然气大流量计量站南京分站取得社会公用计量标准证书。

建标历程:

2006年7月17日,进行标准表法气体流量标准装置(移动标准)建标调试。

2006年11月10日,标准表法气体流量标准装置(移动标准)现场建标考核。

2006年11月16日,标准表法气体流量标准装置(移动标准)取得《计量标准考核证书》。

2007年2月8日,进行标准表法气体流量标准装置(工作标准)和临界流文丘里喷嘴气体流量标准装置(次级标准)建标调试。

2008年1月11日,标准表法气体流量标准装置(工作标准)和临界流文丘里喷嘴气体流量标准装置(次级标准),现场建标考核。

2008年1月15日,标准表法气体流量标准装置(工作标准)和临界流文丘里喷嘴气体流量标准装置(次级标准)分别取得《计量标准考核证书》。

2011年4月17日,美国CEESI、德国电子秤厂家和喀麦隆公司的技术人员进行现场原级标准装置调试服务。

2012年1月13日,质量时间(mt)法气体流量标准装置(原级标准)现场考核。

2012年2月16日,质量时间(mt)法气体流量标准装置(原级标准)取得《计量标准考核证书》。

二、国家石油天然气大流量计量站广州分站

国家石油天然气大流量计量站广州分站位于广州从化区鳌头镇下西村,与西二线管道干线末站广州分输站毗邻建设,与广东省天然气管网鳌头首站隔路相望。广州分站建有次级(由12支临界流文丘里喷嘴构成)和工作级(由1路直径80毫米、1路直径150毫米和6路直径250毫米回路组成,每一回路采用1台涡轮标准流量计作为标准流量计,1台超声作为核查流量计,工作时可实现在线流量计核查)两套标准装置,经国家质量监督检验检疫总局考核授权,可在全国范围内开展以天然气为介质、直径400毫米以下和压力为4.1—9.8兆帕、流量为7—15 000立方米/小时范围内各种天然气流量计的检定和校准业务。

可用天然气介质全量程检定和校准直径50毫米、80毫米、100毫米、150毫米、200毫米、250毫米、300毫米和400毫米口径的超声、涡轮、差压式、质量、容积式和速度式6种用于天然气流量计时的流量计,通过变径后,可开展直径450毫米、500毫米和600毫米流量计的检定校准。

2011年3月9日,国家质量监督检验检疫总局下发《关于同意筹建国家石油天然气大流量计量站广州、乌鲁木齐天然气流量分站和北京、武汉、塔里木检定点的通知》,公司在南京计量测试中心的基础上筹建国家石油天然气大流量计量站广州分站。

2015年1月8日,国家石油天然气大流量计量站广州分站的发布《质量手册》(第1版),1月28日开始实施。

2016年7月12日,国家质量监督检验检疫总局下达《关于授权建立国家石油天然气大流量计量站广州分站的通知》。广州分站取得法定计量检定机构《计量授权证书》。

2016年12月15日,国家石油天然气大流量计量站广州分站通过扩项考核,并取得计量授权(扩项)。

2017年1月23日,国家石油天然气大流量计量站广州分站取得社会公用计量标准证书。

建标历程:

2015年3月3日,进行标准表法气体流量标准装置(工作标准)和临界流文丘里喷嘴气体流量标准装置(次级标准)建标调试。

2015 年 11 月 27 日,标准表法气体流量标准装置(工作标准)和临界流文丘里喷嘴气体流量标准装置(次级标准),现场建标考核。

2015 年 12 月 7 日,标准表法气体流量标准装置(工作标准)和临界流文丘里喷嘴气体流量标准装置(次级标准)分别取得《计量标准考核证书》。

2016 年 7 月 12 日取得广州分站法定计量检定机构《计量授权证书》。

三、国家石油天然气大流量计量站武汉检定点

国家石油天然气大流量计量站武汉检定点建设地点位于公司武汉管理处武汉东站旁,与武汉东站工艺系统并联设置,主要利用南京分站原有的 1 套天然气流量工作标准装置作为大口径工作标准(直径 400 毫米和直径 150 毫米),并建有小口径工作标准(直径 50 毫米和直径 100 毫米)及配套的卧式过滤分离、调压、流量调节设施和建筑物,共设有直径 50—300 毫米 4 条并联检定台位系统,可对直径 300 毫米及以下的天然气流量计进行实流检定。

2011 年 3 月 9 日,国家质量监督检验检疫总局下发《关于同意筹建国家石油天然气大流量计量站广州、乌鲁木齐天然气流量分站和北京、武汉、塔里木检定点的通知》,公司在南京计量测试中心的基础上筹建国家石油天然气大流量计量站武汉检定点。

2016 年 11 月,武汉检定点工程项目开工建设。

第三节 运 行 管 理

南京分站和广州分站建成投用以来,建立了完善的规章制度和操作规程,按照管理规章,精心维护计量标准,开展计量检定技术研究,保证测量准确可靠。在流量计接收登记、流量计安装、检定及校准的实施、证书出具各个管理环节中,不断提升工作效率,严格依照相关规定、作业指导书和检定规程要求细心操作,确保检定测试数据准确可靠,为流量计送检用户提供优质服务。截至 2016 年 12 月,已为中国石油、中石化、中海油、中亚管道、东南亚管道等石油企业、国内诸多省市燃气公司、流量计生产厂家检定校准流量计 6 907 台次,检定高压天然气流量计的数量占全国总量的 50% 以上,并完成多条跨国天然气管道贸易流量计的检定工作,确保了天然气贸易交接计量的准确可靠和国家利益不受损失。南京分站还对国家计量授权的多家计量站点的计量标准器具开展校准工作,如国家石油大流量计量站武汉分站、广州分站及采育检定点等,年检定校准流量计可达 1 000 台,为国内高压、大口径天然气流量计实流检定提供了可靠保障。

第四节 取 得 的 成 效

一、填补国家高压天然气流量原级标准空白

南京分站建立了高压天然气流量标准装置,包括天然气流量原级标准、次级标准、工作标准和移动标准,形成了我国完善的高压天然气流量量值传递和溯源体系。建立的质量时间法天然气流量原级标准装置,填补了国家高压天然气流量原级标准的空白,提出了质量时间法天然气流量原级标准装置准

确、可靠地复现天然气的质量流量操作方法与控制措施,研究出了一套有效控制装置操作风险、规范操作步骤、提高装置维护保养水平的作业类文件,保证了装置在安全受控中准确可靠地运行。

表 3-8-1 国际上主要原级标准装置技术指标表

机构名称	国家	工作原理	最大流量	最大工作压力(兆帕)	不确定度	介质
SwRI	美国	质量时间法	43.0 千克/秒	10.0	0.10%	天然气
PTB	德国	活塞体积管法	480 立方米/小时	5.0	0.064%	天然气
NMi	荷兰	油气动态置换法	230 立方米/小时	6.0	0.07%	天然气
成都分站	中国	质量时间法	2.45 千克/秒	4.0	0.10%	天然气
南京分站	中国	质量时间法	8.0 千克/秒	8.0	0.10%	天然气

二、以高压天然气为介质进行量值传递

经过多年实践,公司摸索出了直接以高压天然气为介质进行量值传递方法,使被检流量计能在接近其使用工况条件下使用,避免了由于检定介质和介质压力与现场使用条件的不同而造成的计量偏差。流量量值传递共需 4 个环节:原级标准、次级标准、工作标准、现场工作流量计。其中,原级标准装置为质量时间法气体流量标准装置,直接溯源至国家的质量和时间基准,是整个量值溯源的源头。次级标准、工作标准和移动标准均能直接开展对现场使用流量计的检定和校准工作。

三、在线对标准流量计进行校准

南京分站在用原级标准对次级标准装置校准时,将次级标准装置的临界流喷嘴及其上下游直管段、温度和压力变送器和整流器作为一个整体进行校准。在用次级标准对工作标准装置和核查标准校准时,仅需要切换工艺流程便可实现对标准流量计的在线校准,工艺设计有专门的移动级标准装置的检定接口,可通过调节工艺流程利用次级标准或工作标准任意对移动标准装置整体在线校准,从而有效地减小和修正了安装条件对标准流量计计量性能的影响,提高了计量准确性。

四、增设小口径旁通管路,减小管道气容对检定结果的影响

南京分站在用次级标准装置校准工作标准装置中标准流量计时,为了减少附加管容对校准结果的影响,增加了小口径旁通管路。在对标准流量计的小流量进行校准时,使通过流量计的天然气直接经过小口径旁通管路流到临界流文丘里喷嘴上游,从而有效避免了检定台位下游汇管和次级标准装置上游汇管较大管容的影响。

五、实时核查和监视功能,保证工作标准量值准确可靠

南京分站工作级标准装置设计了采用 11 台高精度标准涡轮表并联和 3 台核查超声流量计串联使用,在用工作级标准装置开展检定校准工作时,核查超声流量计开展对标准涡轮流量计运行状态的实时监控,有效避免了数据失准风险,确保了工作标准量值准确可靠。

六、稳定天然气流动状态

选用轴流式调节阀,同时采用多级压力调节和流量调节,确保检定校准过程中压力和流态稳定,避免了由于压力和流态的波动造成的数据偏差。通过对工艺管道保温处理,避免了恶劣天气下,环境温度与介质温度差异较大,从而影响温度测量,造成数据受影响的现象。

七、推动中高压天然气流量计国产化

南京计量测试中心参与了股份公司"油气管道关键设备"国产化重大科技项目专项课题和"油气管道计量和非标设备工程应用研究"有关工作,重点承担了国产超声流量计和涡轮流量计样机的性能测试及评估,为推动国内中高压天然气流量计的国产化进程发挥了重要作用。通过开展我国高压天然气超声流量计和涡轮流量计的国产化项目,不仅带动了我国高压天然气计量技术的发展,同时也为改变我国各高压天然气管道贸易计量无国产流量计的局面创造了条件。

第四篇

市场开发与销售

天然气市场规划、开发和培育有助于西气东输工程更好地发挥效用。项目正式启动之前，党中央、国务院就明确了下游市场对整个项目的重要性，要求西气东输工程要建立在"有用户、项目可行、用气量落实"的基础上。

2003年10月1日，西气东输工程东段靖边至上海管道如期建成并一次投产成功。2003年10月16日，与下游第一家用户——郑州燃气股份有限公司正式签订"照付不议"合同并开始试供气。西气东输天然气市场开发工作在时间紧、任务重、没有成熟经验可借鉴的情况下，取得喜人成绩，实现了西气东输工程建设和市场开发同步推进的目标和中国石油的庄重承诺。

2006年5月起，公司超前启动建设西气东输一线增输工程，使输气量从每年120亿立方米增加到每年170亿立方米，并快速建设西气东输二线及相关联络线和支线工程，不断增大输气供气能力，有力保障了快速增长的市场需求。

随着西气东输一、二、三线工程的陆续建设，天然气市场范围不断扩大，覆盖地区涉及内蒙古、甘肃、宁夏、陕西、山西、河南、安徽、湖北、湖南、江苏、浙江、上海、江西、广东、福建15个省、区、市和香港特别行政区，销售用户达到334家，惠及130多个城市、3 000多个大中型企业，近4亿人，成为长三角地区、中原地区和华中地区的主供气源和环渤海及华南地区的补充气源。2014年起，西气东输管道成为华南地区的主供气源，天然气销售量以平均每年20%以上的速度增长。公司也从依赖西气东输管道一种气源供应市场，逐渐扩充为以西气东输管道、长宁管道、忠武管道三大系统为基础，利用陆上天然气（管道气）、海上天然气（液化天然气，即LNG）等多种气源同时供应市场的格局，有效缓解了国内天然气供应紧张的局面，销售量逐年大幅增长。

第一章
组织管理体系

西气东输天然气销售与股份公司授权范围内的市场开发工作先后由市场开发处、市场开发与销售部负责。截至2016年底,市场开发与销售部于下设综合信息科、市场开发科、销售科、财务科、客户服务科5个科室,并设银川销售分部、西安销售分部、郑州销售分部、南京销售分部、武汉销售分部、南昌销售分部、广州销售分部7个销售分部,以及太原销售工作组、扬州销售工作组、合肥销售工作组、杭州销售工作组、长沙销售工作组。

第一节 组织沿革

2001年5月,市场开发与销售部成立后,下设上海、南京、安徽、河南等4个市场分部,主要负责编制和实施市场开发与销售业务计划和发展规划;负责下游利用市场的调研和开发工作,组织编制天然气销售和管道运输合同,负责供用气合同的签订和履行;负责组织天然气销售工作,为管道运营提供运输方面的依据和协调服务;负责协调管道支线管网规划与建设;负责销售和运输成本分析工作,根据市场需求和公司业务发展情况,提出销售网络和储运设施建设方案,不断扩大市场销售;负责公司授权,做好与有关地方政府、主管部门和用气企业的联系,负责协调天然气销售与运输方面的工作;负责市场信息的收集、编报工作。

2001年9月,公司临时党委批准成立市场开发与销售部党支部;11月,公司临时党委批准成立市场开发与销售部党支部委员会。

2003年9月,西气东输销售分公司后,市场开发与销售部作为隶属西气东输销售公司的唯一部门,负责西气东输天然气销售与股份公司授权范围内的市场开发工作,下设上海、江苏、安徽、浙江、河南等5个天然气销售分部。

2004年2月,公司明确市场开发与销售部的主要负责为:制定公司市场开发与销售相关规章制度、考核标准、相关技术标准,并组织实施;统筹资源与市场发展,编制公司天然气销售规划,组织开展天然气市场调研,编制总体市场调研报告;统筹年度资源和需求,审议并监督销售分部落实年度、季度、月度销售计划及日指定;指导和监督销售分部落实公司决议、市场开发任务和工作计划;供气承诺文件的出具和管理工作;审议销售分部市场开发方案和项目开发建议,编制报告提请公司研究通过后组织实施;审议销售分部分输设置和站场阀室扩能改造建议,编制公司分输设置建议方案和扩能改造计划;天然气销售结算、统计、分析及测算工作;制定年度天然气销售与市场优化方案,组织管输流向、用气区域、用气结构等优化工作;天然气销售财务预算管理与控制、销售资金管理与结算、会计核算与财务报告编制;客户资信与清欠管理;天然气顺价和推价工作;编制LNG销售市场开发方案和销售计划并组织实施,负责

LNG销售日常运销平衡协调；客户售后服务、等级评估和分类管理。

2008年10月，公司成立西气东输二线市场开发领导小组，按照市场开发具体分工，市场开发与销售部负责河南、浙江、江苏、上海、安徽4省1市的市场调研和开发工作；西气东输二线各管理处协助负责所在区域的市场调研和开发工作。

2015年5月15日，按照股份公司要求，公司下发《关于调整西气东输销售分公司市场开发与销售部管理体制的通知》（西气东输人发〔2015〕125号），决定将西气东输销售分公司市场开发与销售部调整为公司二级单位，按照事业部体制管理。

经过多年的发展壮大，市场开发与销售部已从销售单一气源供应市场，转变为销售陆上天然气（管道气）、海上天然气（液化天然气）等多种气源供应市场的能源销售单位，业务范围扩展至西北、华中、华东、华南各省，用户数量及用气量逐年递增，成为国内最大的天然气销售部门。

第二节 机构设置

2000年2月，市场开发处设立。10月，下设上海、浙江、江苏、安徽、河南5个工作组。

2001年5月，市场开发与销售部成立；8月，设立综合科、营销科，同时下设沪浙、江苏、安徽、河南4个市场分部。

2002年11月，市场开发与销售部内设综合科、技术科、业务一科、业务二科、业务三科5个科室。

2003年9月，市场开发与销售部下设上海、江苏、安徽、浙江、河南5个天然气销售分部。12月，增设计划科。

2004年2月，市场开发与销售部对原有科级机构进行裁撤，设高级主管、主管、主办岗位。

2007年5月，撤销安徽、河南、江苏3个市场分部；6月，撤销上海、浙江2个市场分部，设置计划科、合同科、销售科、综合科等4个科室。

2011年6月，增设江西销售科、广东销售科、广西销售科和福建销售科4个地区销售科，同时撤销原派驻江西、广东、广西、福建等地区的市场开发与销售岗位。

2014年8月，撤销福建市场分部，福建地区整体销售业务划转至福建成品油销售板块。

2015年3月，设长沙工作组、杭州工作组、合肥工作组、太原工作组和扬州工作组。

2015年5月，市场开发与销售部机关设综合信息科、市场开发科、销售科、财务科、客户服务科5个科室。同时，下设银川、郑州、西安、南京、武汉、南昌、广州7个销售分部。撤销市场开发与销售部江西、广东、广西、福建销售科及银川、武汉管理处销售科，人员划归相应销售分部。

2015年12月，公司调整明确所辖市场区域：银川销售分部市场区域为宁夏回族自治区；西安销售分部市场区域为陕西省、甘肃省；郑州销售分部市场区域为河南省；南京销售分部市场区域为苏南地区；武汉销售分部市场区域为湖北省；南昌销售分部市场区域为江西省、福建省；广州销售分部市场区域为广东省；太原销售工作组市场区域为山西省；合肥销售工作组市场区域为安徽省；长沙销售工作组市场区域为湖南省；扬州销售工作组市场区域为苏北地区；杭州销售工作组市场区域为浙江省。

第二章 天然气市场开发

天然气工业发达国家的天然气市场经历了初级、成长、成熟三个阶段。20世纪末期,在西气东输工程建设之前,我国的天然气消费,以产地消费为主,多在产气区或邻近地区用气。由于受到气源规模和基础设施建设的影响,天然气市场没有得到足够的发展,尚未形成成熟的天然气市场。

西气东输工程建成后,西部地区的天然气资源通过管道输往经济发达、能源匮乏的下游地区。为了更好地发挥清洁能源天然气对环保和经济的推动作用,在股份公司领导下,公司加大天然气利用市场的开发力度,逐步落实市场用户。下游省市也纷纷深入研究天然气的需求规模,编制天然气发展规划,相继与中国石油集团公司签订"照付不议"合同,我国天然气市场逐渐由成长走向成熟。

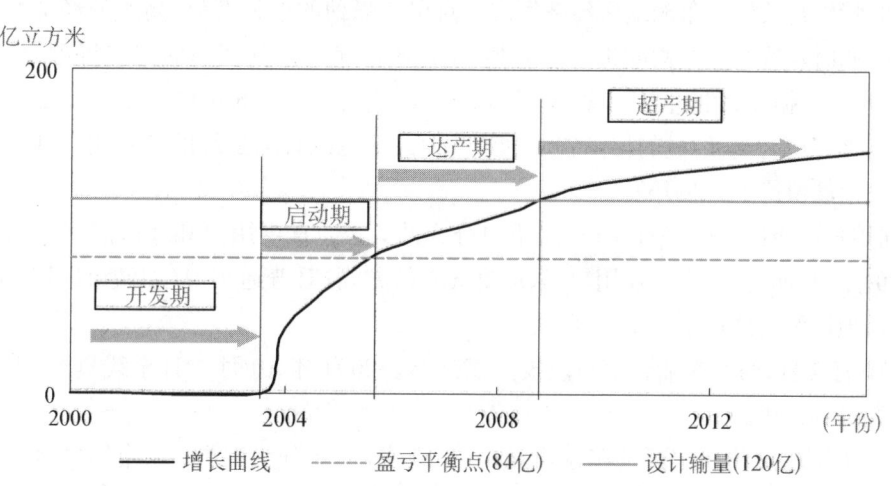

图4-2-1 西气东输天然气市场开发阶段划分图

根据资源和天然气规划利用情况,西气东输工程建设分东、西两段分期投产。东段工程是陕西靖边至上海的天然气管道。西段工程是新疆塔里木至陕西靖边的天然气管道。因此,西气东输天然气市场前期调研工作也按东、西两部分进行,逐步落实用气项目。

2004年10月1日,西气东输管道正式投入商业运营时,市场区域主要为河南、安徽、江苏、浙江和上海4省1市;2005年,增加了山西用户。2006年,冀宁线途经的山东和河北发展了部分用户。2008年初,长宁线被纳入西气东输系统,市场区域扩大到宁夏。

2011年,西气东输二线建成投产后,市场区域进一步扩大到香港、广东、陕西、江西等地,下游用户发展到186家。2012年,忠武线划入西气东输系统,新增湖南、湖北、甘肃、内蒙古4省区用户,山东市场划归天然气管道公司。

随着西气东输二、三线的实施,以及2016年7月福建市场用户转让给福建省管网,截至2016年10

月底,公司市场区域包括内蒙古、甘肃、宁夏、陕西、山西、河南、安徽、湖北、湖南、江苏、浙江、上海、江西、广东14个省、区、市和香港特别行政区。

第一节 市场区域发展

2000年3月开始,通过调研沿线各地经济发展、能源利用、天然气发展规划等情况,公司确定西气东输的供气范围主要是包括河南省、安徽省、江苏省、浙江省、上海市在内的"4省1市"。

宁夏、山西、甘肃规划用西气约14亿立方米,陕西规划2005年用气约20亿立方米,但大部分需求可由当地或周边邻近气区的规划产量予以解决。宁夏回族自治区规划中卫、中宁两县民用气利用西气,甘肃仅规划河西地区的4个城市用西气,其他地区利用青海天然气。陕西境内有储量丰富的长庆气田,安徽、山西也有较丰富的煤炭(煤层气)资源,随着该地区经济的发展,对天然气的需求量将不断增加。河南省对天然气需求的增长幅度很大,尽管其境内有中原、南阳两个气田,但仍不能满足其用气需求。而长江三角洲地区经济发展迅速,人口众多、密度高,社会发展和居民生活质量程度高,能源需求量大,为天然气的大规模利用提供了雄厚基础。

通过对东西部天然气利用市场比较,公司明确,西部市场虽然有用气的期望、规划,但工业基础薄弱,城市居民生活水平相对较低,利用洁净能源的紧迫感不强,环保压力小,用气项目少、用气量小,近期天然气利用市场不完全成熟。东部工业基础雄厚,经济发达,社会发展迅速,人民生活水平较高,对环保要求日趋迫切,特别是长江三角洲地区经济发展一直保持强劲的增长态势,高速的经济增长必然引起更大的能源需求,同时随着产业结构的进一步调整,对优质洁净天然气能源的需求将更为迫切,能够承受较高的天然气价格。据此,划分西气东输工程初期(2005年前)供气的主要市场区域是长江三角洲地区(上海、浙江、江苏)以及管线经过的河南省、安徽省;中西部地区管道沿线的各省用气规划和用气区域预留分输口,用气市场留待下一步开发。

在与意向用户商谈过程中,公司将意向用户分为两大类:直供用户和地区燃气公司。对供气难度大、用气量大的用户(如电厂、大工业用户)采取支线直供方式;对普通用户(如城市民用、工商业用户、小工业用户等)由地区燃气公司承担供气任务。

2003年10月1日,西气东输管道东段投产试运行。2004年10月1日全线贯通,正式投入商业运营,可覆盖下游目标市场。

截至2014年12月,共确定西气东输市场用户40家,主要分为四类:城市燃气、燃气发电、工业用户、区域管网。2015年10月,公司在山西临汾开口分输,增加了山西用户。

"十一五"期间,股份公司建设油气长输管道2万多公里,包括西气东输二线、兰郑长和抚郑两条成品油管道、中缅油气管道等,形成了以西气东输、陕京线等供气系统为主的天然气供气系统,天然气销售量和市场的整体形势发展迅速。

2006年1月15日,冀宁线投产后,西气东输市场区域增加了淮安等苏北用户。

2008年1月1日起,长宁线经过股权转让,划归公司运营管理。

此后,西二线的建设与投产,公司负责西二线陕西、河南、江西、广东、浙江、江苏、上海的市场开发工作。

2011年,增加了向香港青电用户供气。

2012年1月1日,股份公司调整油气区域划分,华中公司划归公司运营管理,公司新增湖南、湖北、甘肃、内蒙古4省用户。

西气东输三线开工后,公司开展了福建省天然气市场的开发工作。按照天然气与管道分公司于

2014年1月30日下发的《关于发布2014年—2020年天然气销售规划初步成果的通知》要求,公司增加了台湾省天然气销售规划的编制和实施工作。

截至2016年底,西气东输天然气市场区域已主要覆盖江苏、浙江、上海、广东、河南、安徽、湖北、湖南、江西、宁夏、陕西、内蒙古、甘肃、山西14个省、区、市和香港特别行政区的部分市场,共发展合同用户383家。其中,江苏121家、湖北18家、河南42家、安徽30家、广东26家、浙江1家、上海4家、山西2家、宁夏41家、陕西6家、甘肃2家、湖南56家、江西31家、香港特别行政区1家。

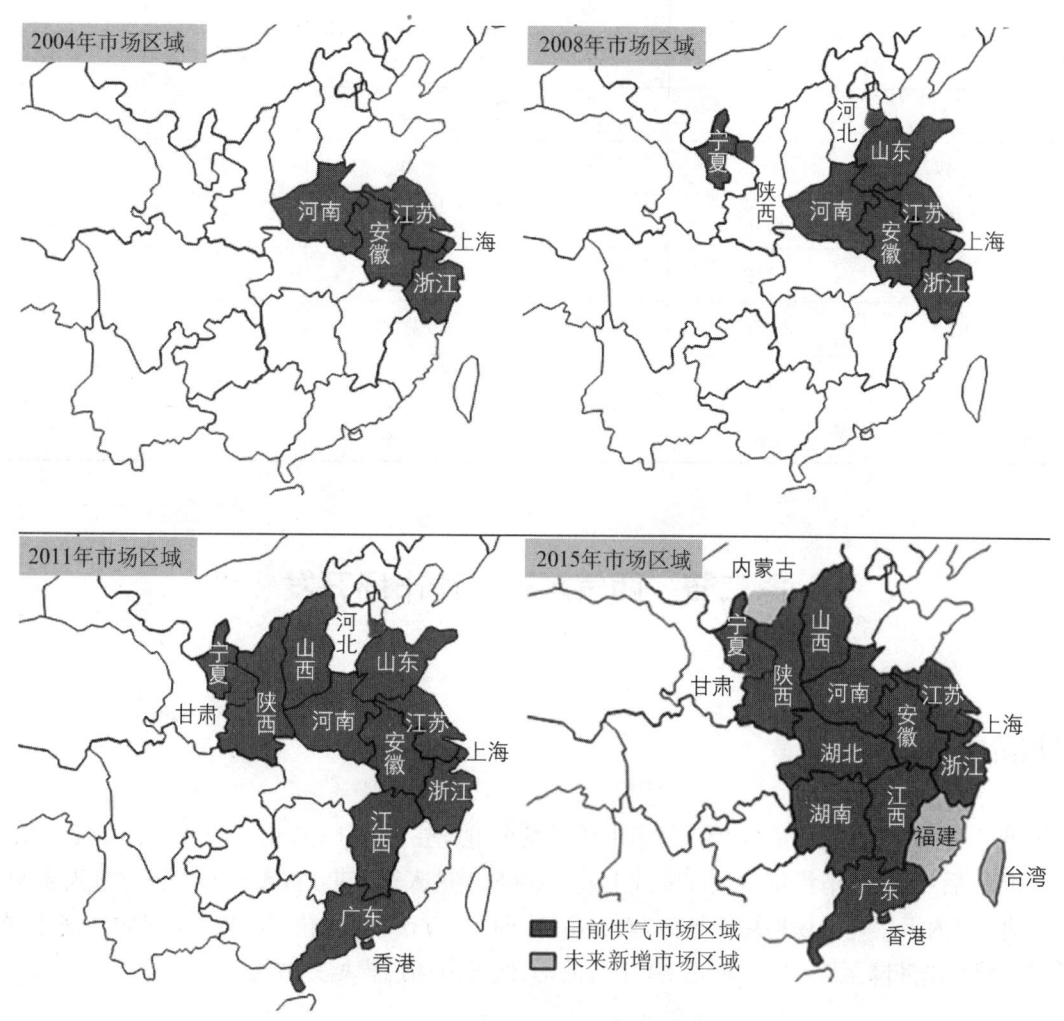

图4-2-2 西气东输市场销售和开发区域发展变化示意图

表4-2-1 西气东输市场各省各类用户统计(2016年)

省份	已签合同		正在报批合同		意向合同	
	用户数(个)	合同用气量(亿立方米)	用户数(个)	合同用气量(亿立方米)	用户数(个)	意向书气量(亿立方米)
河南	36	90.91	1	0.2	1	0.5
安徽	29	25.08	1	0.2	1	1
江苏	97	160.52	3	0.8	3	1.2
浙江	1	16	0	0	0	0
上海	4	52.16	0	0	0	0

续表

省份	已签合同		正在报批合同		意向合同	
	用户数(个)	合同用气量(亿立方米)	用户数(个)	合同用气量(亿立方米)	用户数(个)	意向书气量(亿立方米)
山西	2	4	0	0	0	0
宁夏	37	35.0	2	0.25	1	0.3
陕西	4	5.8	0	0	0	0
甘肃	1	0.5	0	0	0	0
内蒙古	1	0.1	0	0	0	0
湖北	47	40.68	0	0	2	0.2
湖南	15	20.58	1	0.15	2	5.7
江西	22	13.2	4	1.08	6	0.8
广东	22	84.97	8	23.43	0	0
香港特区	1	17	0	0	0	0
合计	324	572.6	22	26.6	16	9.7

第二节　西气东输一线市场开发

一、发展阶段

2000年7月，西气东输管道(销售)公司市场开发小组进驻4省1市，正式开展市场开发工作。

2004年以后，天然气销售量呈现井喷式上升。2008年进入达产期后，市场开发工作进入超产期。

2012年，国内天然气市场格局开始由"卖方市场"向"买方市场"变化，从资源主导向市场主导转变，全国天然气消费增速降至5.56%，创下10年新低，天然气市场销售增速放缓。

(一) 市场开发期(2000—2003年底)

这一阶段是指管线建成投产通气之前，以签订"照付不议"协议为标志。

此时，中国的天然气工业正处于起步阶段，天然气在能源结构中只占很小的比例。在市场开发初期，几乎所有的下游用户都没有利用天然气的经验，这为开发市场带来了一定难度。比如，河南省曾有过利用天然气的经验，而江苏省以前没用过天然气，打开市场相对就比较困难。为了更准确地把握市场，公司市场与开发销售部确定按四步开发市场：

(1) 组织各类人员参加西气东输工程技术报告会、天然气市场报告会和市场开发座谈会，广泛宣传西气东输对拉动经济发展、调整能源结构和产业结构、改善大气环境、提高人民生活质量的巨大作用，使用户认识到天然气是清洁优质高效的能源，从而调动广大用户使用天然气的积极性。

(2) 主动向地方政府汇报工作、沟通情况，取得各级政府主管部门对市场开发工作的大力支持。

(3) 调查了解地方经济、城市发展、产业结构调整对天然气的需求规划。

（4）走访西气东输干线、支干线经济供气范围的用户，对能够经济、合理地利用天然气的项目进行深入细致的调查研究，掌握项目动态，推动项目前期论证和工程建设。

在市场开发初期，各地政府部门出于环保等方面的需求，大力支持西气东输项目开展，为市场开发提供了便利条件。

在市场调研阶段，由于要对用户进行优化整合，涉及用户切身利益，很多用户担心自身利益受到危害，有一定抵触情绪。对此，公司通过向用户耐心细致地解释西气东输天然气市场的整体规划和发展前景，取得了用户的信任和支持，并按照"统一规划、同步建设、费用单列、合理收费"的原则，最终与用户签订"照付不议"协议。

市场开发初期主要包括三个阶段：

1. 市场调查阶段（2000年3月—2001年2月）。

市场调查阶段的主要任务是调查市场范围，确定天然气用户，与用户签订供气天然气意向书，为项目经济可行性论证提供依据。公司按照国家西气东输工程建设领导小组提出的"没有政府办不了，没有用户办不好"的要求，坚持走政府和用户相结合的道路，主动与四省一市的各级政府和有关部门密切联系，通过走访用户，收集基础资料；组织召开用户座谈会、市场营销会和技术报告会议等多种形式，调查了解下游四省一市的经济发展规划及能源需求，取得了很好的效果，当时提出用气申请的用户59家，2010年用气申请量超过200亿立方米。

在此过程中，市场开发人员对4省1市30多个城市，近百个用气项目进行了广泛、深入的市场调查，完成《西气东输天然气市场调查报告》；督促各项目法人单位开展项目前期工作，推动各项目工程建设进度，开展了购销意向书培训、商谈和签订工作。通过对用气项目、用气企业多方面的分析，按用户类别分为地区燃气公司和直供用户，按用气负荷特点分为城市燃气项目、工业燃料项目、燃气发电项目和化工原料项目。

由于在市场开发初期，绝大多数下游用户都没有利用天然气经验，公司推进用户用气项目进度，与用户协商解决天然气利用技术方面的问题，促使下游项目全部立项，重点项目同步建设，燃气项目和电厂项目齐头并进，城市气化前期工作进展迅速。同时，公司还定期召开市场用户座谈会，沟通信息，将干线管道工程进展及时通报给用户。

经各方共同努力，长江三角洲地区天然气市场得到快速发展。2000年8月，上海市率先组建燃气管网公司；2001年12月，浙江省天然气开发有限公司成立；2002年8月，合肥市煤气公司投资新建中、高压管道26公里；河南中原气化股份有限公司投资建设城市燃气管网和豫南支线工程。在上海等城市的带动下，芜湖、马鞍山、蚌埠、江阴等一系列中型城市纷纷上马相应的接气项目，天然气市场开发工作取得了很大进展。

2001年2月28日，《西气东输项目天然气购销及管道运输意向书》签字仪式在北京举行，公司与4省1市37家用户签署了西气东输天然气购销与管道运输意向书，之后又陆续与其他8家用户签署了意向书。45家意向用户2007年意向用气量达166亿立方米以上，为国家论证、决策西气东输项目和工程设计、施工提供了可靠的市场依据。

2. 市场调研阶段（2001年3月—2002年10月）

这一阶段的主要任务为培育天然气市场，整合区域用户，编制供用气技术方案，配合管道工程搞好支线管网规划、站场布置，以及确定用户交接压力、管径，落实分输站计量交接设备型号。

首先，优选用户，整合购销渠道，确认用户用气量和技术条件。为做好合同谈判及签署的前期工作，明确与用户之间的技术、商务关系，对用户进行了优选和购销渠道整合，并对其用气量和技术条件进行了确认。经对45家意向用户优选和渠道整合后，确定了首批供气用户35家，并对用气量和技术条件进行了确认。2004年至2009年市场用气量分别为21.54亿、49.65亿、78.79亿、96.4亿、108.78亿、

119.75亿立方米。主要供用气压力参数是：直供电厂供气压力不小于4.0兆帕；上海市供气压力不低于4.0兆帕；城市燃气公司供气压力在1.6兆帕—2.5兆帕之间，并收集了所有用户的负荷曲线。

其次，做好支线规划。西气东输项目上中下游是一个有机的系统工程，干线是通道，支线连市场，支线的规划建设是整个项目必不可少的重要环节。

按照"统一规划、同步建设、费用单列、合理收费"的原则，依据所确定的市场范围，根据用户用气需求，结合地方政府意见，西气东输管道东段共规划设计和建设18个分输（末）站，规划支线25条，其中支干线3条（定远至合肥、龙潭至芜湖、常州至长兴）列入干线总体投资。

支线中，由中国石油投资建设的支线6条，3条支干线与干线工程同步建设，另外3条支线（郑州至长铝、龙池至扬巴、东桥至望亭电厂）主要为向直供大工业、电厂用户供气；由地方自建的支线19条，其中河南省5条，分别为豫北支线、豫南支线、豫东支线、淮阳至周口、博爱至济源；安徽省5条，分别为刘巷子至蚌埠、刘巷子至淮南、合肥至巢湖、芜湖至铜陵、利辛至阜阳；江苏省9条，分别为常州至江阴、常州至戚墅堰电厂、甪直至苏州、甪直至昆山、无锡至张家港、青山至仪征支线等。

支线的规划和相继建设，为西气东输下游市场的进一步落实和发展奠定坚实的基础；同时结合西气东输规划建设的冀宁联络线、西气东输干线与忠武线的联络线等的建设，以西气东输主干线为骨架的中国天然气管道网络逐步形成。

3. 市场落实阶段（2002年11月—2003年底）

这一阶段的主要任务是商谈、签订"照付不议"协议、落实天然气市场需求。

根据用户用气类型、用气技术条件的不同，公司将合同谈判工作分为直供大用户谈判组和城市燃气谈判组。借鉴国外"照付不议"合同模式，结合中国燃气行业发展现状，聘请国际律师事务所编制了天然气销售合同文本（草案），采用报告会、座谈会和用户走访征询意见等形式，与用户共同修改制定出天然气销售合同文本。

随着西气东输东段工程建设即将完工，天然气销售合同谈判和上中下游产运销协调工作加快进行。2003年2月起，公司采取分片包干、重点突破等方式，与各用户就下游天然气销售合同中主要条款进行了深入商谈。多次组织西气东输谈判组到安徽、河南、江苏，及时向当地用户及谈判小组介绍有关情况，阐明观点和立场，消除用户疑虑，引导用户做好谈判准备工作，并就《天然气销售协议》集中举行了多轮谈判，与用户在谈判组织、谈判条件、合同文本、日程安排等事项上达成初步意见。2003年8月，公司分别与安徽合肥、芜湖、马鞍山、滁州4家城市燃气用户和河南统一谈判的8家用户完成了合同文本小签工作，标志着西气东输与下游用户合同谈判取得阶段性成果，为最终与各用户签署"照付不议"销售合同奠定了基础。

2003年9月16日，在国务院西气东输领导小组第六次会议上，公司与已小签的17家用户草签了天然气销售协议。与上海天然气管网有限公司、扬子—巴斯夫有限公司签署了备忘录，确定了各用户的合同量。

2003年10月，国家发展与改革委员会以发改价格（〔2003〕1323号）文件公布西气东输天然气价格后，股份公司于2003年10月16日与郑州燃气股份有限公司正式签署第一份天然气销售协议开始试供气，标志西气东输合同谈判工作取得了重大进展。

2004年3月，中国石油与上海天然气管网有限公司、浙江省天然气开发股份有限公司、江苏省8家、安徽省7家、河南省8家等共25家用户正式签订了《天然气销售协议》，2007年用气量接近75.19亿立方米，占120亿立方米管输气量的63%。

（二）市场启动期（2004—2006年）

这一时期是指从管线建成投产到管线达到盈亏平衡点阶段，以天然气管输量达到盈亏平衡点为标志,主要任务是以销售量增长为目标,尽快在短期内使天然气销售量达到管线盈亏平衡点。

2004年是公司市场开发销售工作由市场开发阶段全面转入市场营销阶段的第一年。这一阶段的主要工作就是推动天然气销售量快速增长,争取在较短时间内使天然气销售量达到管道最大输送量,实现管道效益最大化。公司销售部门与财务、生产运行、财务、工程技术配合的销售计划执行和客户服务系统建设,建立了上中下游沟通机制和定期销售计划协调会议、投产置换现场协调等销售管理模式。

截至2004年12月31日,公司共与40家用户正式签订《天然气销售协议》。2004年至2006年允许用户浮动合同量,2007年至2023年合同气量将保持120亿立方米/年。

2005年是公司天然气销售快速发展的一年,下游天然气市场全面启动。公司确定"以产定销,留有余地,保价推量,上下游协调"的原则,严格执行合同,面对天然气供需矛盾十分突出的形势,加强上中下游沟通协调,强化销售计划管理,有力保障了市场需求。

截至2006年底,公司向47家用户供气,累计销售天然气153亿立方米,占中国新增天然气消费量的50%,使天然气在中国一次能源消费结构中的比例提高1个百分点以上,东部地区煤炭消耗量减少了2 100多万吨,减少污染物排放近120万吨。公司在使3 000余家工业企业、近2亿居民受益的同时,直供电厂发电累计达28.5亿千瓦时,为地方经济发展做出了贡献。在下游市场供应紧张的情况下,累计向陕京二线分输天然气19.48亿立方米,有力支援了北京用气。

(三) 管道达产期(2007—2009年)

这一时期是指从管线盈亏平衡点到管线设计输气能力阶段,主要任务是优化用气结构,调整供需矛盾,使管道年输气量达到设计输量,满负荷运行。

2007年,公司启动二线市场开发工作,与上海、浙江、江苏、安徽、河南等省市用户签署了天然气买卖与输送框架协议。

2008年底,波及全球的金融危机对西气东输业务发展带来不利影响,工业用户用气波动日渐明显,实际供气量与日合同量差距最多的一天达到442万立方米。公司明确"扩大需求、优化结构、统筹兼顾、保持增长"的工作思路。扩大需求就是充分挖掘市场潜力,努力保持天然气销售稳步增长;优化结构就是调整下游用户结构,发展高端用户;统筹兼顾就是统筹上中下游资源,保证管道运行安全平稳;保持增长就是加快增输工程建设,保证管输能力稳步增长。公司还分别组织召开电厂用户、直供工业用户、城市燃气用户座谈会,通报形势、了解情况,寻求理解、赢得支持,不仅渡过难关,而且在困境中实现了销售有效增长。

2009年,公司优化调整用户结构,市场销售成效突出。在工业用户用气需求萎缩程度超过预期、完成全年销售任务形势严峻的不利情况下,切实加大电厂用户供气量,发展高端工业用户,努力稳定城市燃气用户,圆满完成了销售计划。在夏季用气高峰、年底因气温突降造成下游用气紧张等困难面前,优化天然气流向,周密产运销储衔接,加强用户需求侧管理,保证了天然气稳定供应。

(四) 管道增产期(2009—2013年)

管输能力不足一直是制约西气东输加快发展的瓶颈,为使管道达到最大设计输气能力,公司利用储气设施调整用气结构,采取技术措施,使管线年输气量在设计输量以上运行,追求西气东输管道工程效益最大化。

公司从2005年启动增输工程建设,新增12座压气站,改造10座压气站,干线管输能力达到170亿立方米/年。2009年11月30日,淮阳压气站完成启机。至此,西气东输增输工程建设全面建成。2010年初,西气东输管道全线运行压气站达到22座、压缩机组44台,输气能力增至170亿立方米,增输50亿立方米,对天然气保供、缓解运行压力起到了重要保证作用。

(五)市场增速放缓期(2014年以后)

2012年,国内天然气市场格局开始由"卖方市场"向"买方市场"变化,从资源主导向市场主导转变。

2014年,随着我国经济进入增速放缓新常态,多数用气行业效益下滑或承受能力接近极限,全国天然气消费增速明显放缓。

在天然气供应层面,前些年快速发展刺激的国内勘探开发和国际资源引进正在逐步"变现",长输管线和城市配套设施不断发展,供应能力快速提升。天然气市场不再是供应商一家"独唱",供需宽松局面成为主旋律。长三角、珠三角、东南沿海发达省份是公司销售的主战场,区域内LNG接收站的辐射、其他长输管道的贯穿、地方管网的壁垒,以及其他民营企业向上游采购业务的渗透,导致卖方优势正在削弱,同业竞争日益剧烈。

2015年3月16日,公司在南昌召开2015年天然气市场开发与销售工作会议,面对天然气需求增速趋缓、供应主体日趋多元和市场化价格体系还未完全建立等复杂形势,着力强化"行商、效益和服务"三个意识,明确要求天然气销售工作转变"卖方市场"观念。

2016年3月8日下午,公司在上海召开2016年天然气市场开发与销售工作视频会议,提出着力做好"谋市场、求创新、控成本"三篇文章的开发与销售思路,有效发挥市场营销龙头作用,全年实现管输商品量461.2亿立方米,同比增长9.6%;天然气销售量420.9亿立方米,同比增长7.6%,效益指标创历史最好水平,形成"量效齐升"良好态势。

二、销售模式

西气东输天然气销售模式是由西气东输销售公司向油气田公司购买天然气,由分输站按发改委规定价格进行销售,并为西气东输管道公司代收管输费,管道公司为销售公司支付代理费0.02元/每立方米。即首站买断,代办运输,日清周结,收取半周预付款。

天然气销售价格由国家发改委根据管输费和天然气出厂基准价制定。天然气出厂基准价每年2月份调整一次,调整系数根据原油、LPG和煤炭价格五年移动平均变化情况,按40%、20%和40%加权平均数确定,相邻年度的调整系数最大不超过8%。管道运价(管输费)初始价格确定后,根据成本、气量等因素变化每三年校核、调整一次。

三、用户情况

天然气的主要利用方向是"以气代油""以气发电"和"城市燃气化"。根据用气企业性质划分,西气东输下游用户分为四大类,分别为城市燃气用户、工业用户、燃气发电用户和区域管网类。其中,部分区域管网类用户不仅含有多个城市燃气类用户,而且还包括燃气发电类用户。

(一)城市燃气用户

城市燃气项目不仅在环境效益和社会效益上具有明显优势,而且与人工煤气和液化石油气(LPG)相比,价格也具有很强的竞争力。

城市燃气项目由地区燃气公司负责建设城市管网,统一经营城市管网内各类用户的配气业务,而公司无法对市区内的工业用户采取支线直供,所以统一划归城市燃气类。城市燃气类用户承受气价能力高、潜力大,特别是随着城市的扩张、新农村的建设,城市燃气供应范围不断拓展,用气领域不断增加,城市燃气用户成为西气东输的重要市场支撑。

(二) 天然气发电用户

经济的发展离不开稳定的电力供应,尤其是长三角地区对电力的需求不断提高,2000 年长三角地区发电量为 2 228 亿千瓦时,2004 年为 3 609 亿千瓦时,年均增长率提高 12.8%,到 2020 年长三角地区电力需求量将达到 11 000 亿千瓦时。受该地区区内土地、环境容量、能源资源、运输和厂址等条件的限制,电源建设特别是煤电厂的建设难度越来越大。而天然气电厂具有污染物排放率低、能源转化率高、调峰能力强,且占地面积小、建设速度快等特点,天然气发电也日益成为长三角地区继西电东送、北电南送、核电之后的重要电源选择。

根据国电公司规划,在"4 省 1 市"中所属用西气发电企业新增、改建天然气发电项目总装机容量 600 万千瓦(华东 540 万千瓦,华中 60 万千瓦左右),预计需用气 50 亿立方米/年。

在 120 亿立方米供气方案中,"4 省 1 市"直供发电共有 4 家。其中,江苏省苏州望亭发电厂、江苏省常州戚墅堰电厂、江苏省南京华能金陵燃气电厂、江苏省张家港电厂均新建两台 30 万千瓦联合循环式燃气机组,此外还有浙江省杭州半山电厂由浙江省天然气开发公司统一供气,上海市华能电厂、漕泾热电厂等由上海管网公司统一供气。

(三) 工业用户

支线直供的、用于工业燃料的用户(如铝厂、热电联供厂、化工厂等)划为工业燃料用户。此类用户用气量大且平稳、连续,供气要求简单,没有调峰困难,价格承受能力较高,但市场占有比例低。

在市场开发初期,西气东输城市燃气和燃气发电类用户所占的比例较大,区域管网的用户结构主要为城市燃气和燃气发电用户。因此,城市燃气和燃气发电是西气东输天然气下游市场开发的重点行业。

截至 2016 年底,西气东输一线在河南省共有 17 家用户,到 2016 年合同总量为 29.235 亿立方米。用户包括:河南安彩能源股份有限公司、焦作中燃城市燃气公司、济源中裕燃气有限公司、郑州燃气股份有限公司、郑州燃气发电有限公司、中国铝业河南分公司、河南蓝天燃气股份有限公司、河南中油洁能永辉天然气有限公司、河南天伦燃气管网有限公司、华能河南中原燃气发电公司、长葛市麟觉能源有限公司、郑州中油恒燃石油燃气公司、漯河中国石油昆仑利用有限公司、河南中油压缩天然气有限公司、周口市天然气有限公司、信阳市弘昌管道燃气公司、漯河中裕燃气有限公司。

西气东输一线在安徽省共有 28 家用户,到 2016 年合同总量为 29.572 亿立方米。用户包括:安徽省天然气公司(阜阳)、淮南中燃城市燃气公司、蚌埠新奥燃气发展有限公司、定远县威东燃气公司、定远县瑞冉新能源开发有限公司、合肥燃气集团有限公司、安徽省天然气公司(巢湖)、安徽中国石油昆仑合燃压缩气公司、合肥中国石油昆仑燃气有限公司、肥东深燃天然气有限公司、滁州新奥燃气有限公司、滁州瑞兴化工有限公司、马鞍山港华燃气有限公司、安徽中油燃气有限公司、芜湖中燃城市燃气公司、安徽省天然气公司(铜陵)、安徽中油恒燃石油燃气公司、中国石油昆仑燃气芜湖分公司、利辛县南方博能燃气有限公司、宿州中燃城市燃气发展有限公司、利辛县海特燃气有限公司、淮北华润燃气有限公司、利辛县绿达燃气有限公司、凤阳新奥燃气有限公司、长丰深燃天然气有限公司、安徽瑞冉新能源开发有限公司、马鞍山祥焱燃气有限公司、芜湖港华燃气有限公司。

在西气东输系统下游用户中,江苏省所占比例最高,占总销售的比重为 34.13%。西气东输一线在江苏省共有 94 家用户,到 2016 年合同总量为 160.217 亿立方米。用户包括:扬子石化—巴斯夫有限责任公司、中国石化扬子石化有限公司、南京港华燃气有限公司、华能南京金陵发电有限公司、南京中油恒燃石油燃气公司、中国石化金陵分公司、仪征泰达燃气有限公司、中国石化仪征化纤公司、镇江华润燃气有限公司、丹阳港华燃气有限公司、镇江东源压缩天然气有限公司、常州港华燃气有限公司、江阴天力燃气有限公司、江苏华电戚墅堰发电有限公司、大丰港华燃气有限公司、常州新奥燃气发展有限公司、金坛港华燃气有限公司、宜兴港华燃气有限公司、溧阳安顺燃气有限公司、无锡华润燃气有限公司、江苏省天然气有限公司、江苏华电望亭发电有限公司、张家港华兴电力有限公司、苏州天然气管网有限公司、苏州中油天然气有限公司、苏州工业园区蓝天热电公司、昆山利通天然气有限公司、昆山中油恒燃石油燃气公司、昆山中国石油昆仑燃气有限公司、南京中燃城市燃气公司、南京中油压缩天然气有限公司、连云港新奥燃气有限公司、宿迁中国石油昆仑燃气有限公司、淮安新奥燃气发展有限公司、淮安中油天达压缩天然气公司、扬州中燃城市燃气公司、泰州港华燃气有限公司、徐州港华燃气有限公司、徐州华气新能源有限公司、邳州中燃城市燃气公司、东海中国石油昆仑燃气有限公司、宝应中国石油昆仑燃气有限公司、江都庆鹏管道燃气公司、江都中国石油昆仑燃气有限公司、江苏大通管输天然气有限公司、江都中油气有限责任公司、扬州万安燃气有限公司、扬州新奥燃气有限公司、新沂中燃城市燃气公司、南京华润天然气利用有限公司、中国石油昆仑燃气有限公司扬州分公司、江苏华电仪征热电有限公司、南京江宁华润燃气有限公司、常州昆仑港华燃气有限公司、江苏国信协联燃气热电有限公司、无锡洛社中国石油昆仑燃气有限公司、无锡蓝天燃机热电有限公司、南京星桐中国石油昆仑燃气有限公司、苏州天伦燃气管网有限公司、江苏华电吴江热电有限公司、大唐苏州热电有限责任公司、太仓市天然气有限公司、苏州中国石油昆仑苏创燃气有限公司、苏州中国石油昆仑苏创天然气利用有限公司、常熟中国石油昆仑燃气有限公司、苏州工业园区北部燃机热电有限公司、连云港紫源燃气有限公司、连云港通裕天然气有限公司、宿迁市润城管输天然气有限公司、江苏国信淮安燃气发电有限责任公司、泗阳荣浩管输天然气有限公司、淮安清江石油化工有限责任公司、江苏华海管道燃气有限责任公司、泰州永安港华燃气有限公司、泰州华润燃气有限公司、南通大众燃气有限公司、南通华润燃气有限公司、海门中国石油昆仑燃气有限公司、江苏华电通州热电有限公司、江苏东能天然气管网有限公司、铜山县恒信嘉业燃气有限公司、大丰华润燃气有限公司、盐城新奥燃气有限公司、盐城紫源天然气有限公司、扬州庆鹏管道燃气经营有限公司、中油中泰新沂燃气有限公司、南通中油燃气有限责任公司、如皋市益有管道燃气有限公司、海安新奥燃气有限公司、靖江天力燃气有限公司、泰兴新奥燃气有限公司、淮安庆鹏燃气有限公司、淮安荣浩天然气输配有限公司。

此外，西气东输一线在浙江省有1家用户，到2016年合同总量为23亿立方米天然气。用户为：浙江省天然气开发有限公司。

西气东输一线在上海市有4家用户，到2016年合同总量为32.16亿立方米。用户包括：上海天然气管网有限公司、上海中油白鹤石油燃气有限公司、上海中国石油昆仑压缩天然气公司、宝山钢铁股份有限公司。

第三节　西气东输二线市场开发

一、发展历程

2007年10月31日，股份公司天然气与管道分公司西气东输二线市场工作小组，在北京召开西气东输二线市场开发小组成员会议，部署落实西气东输二线市场有关工作。公司按照西气东输二线市场开发领导小组要求，与相关省市发改委和用户就西气东输二线工程建设、市场情况进行交流，形成信息互通机制。按照西气东输二线市场开发工作分工安排，(销售)公司负责江西、河南、安徽、江苏、浙江、上海市的市场开发，责成专人负责各地区市场开发工作。同时，在各省发改委支持下，公司分省组织用户座谈会进行宣传动员，进行了西气东输二线天然气需求调研。

2007年12月，公司分别同上海天然气管网有限公司、浙江省天然气开发有限公司、河南省16个地区的用户签订《中国石油西气东输二线天然气买卖与输送框架协议》（简称"框架协议"）。框架协议约定供气期25年，初定了2010—2015年分年度气量。

2008年3月，根据股份公司《关于西气东输二线和中缅管道下游市场开发分工的通知》（油气〔2008〕81号）精神，西气东输二线市场开发由西气东输管道公司负责的区域为江西、河南、安徽、江苏、浙江和上海等省份。

2008年11月15日，完成市场开发编制方案等基础工作。

2008年11月18日，各管理处筹备组向公司提交支线建议方案；12月5日，各管理处筹备组完成分输站设置方案并结束支线建设以及分输站设置方案编制。

2008年11月25日，完成资料收集和现场走访工作。12月5日，完成不同价格区间天然气需求的调研工作；20日，完成所有市场调研工作。

2008年11月19日，完成各管理处筹备组分年度用气需求（第1版）；11月20日，完成市场部编制资源配置方案（第1版）。2009年1月10日，各管理处上报完成市场分年度用气需求（第2版）；1月15日，完成市场部编制资源配置方案（第2版）；3月15日，各管理处上报完成市场分年度用气需求（第3版）；3月20日，市场部编制资源配置方案（第3版），并结束支线建设以及分输站设置方案编制。

2009年1月1日，完成第一批用户购销协议谈判；3月15日，完成与第一批用户谈判，合同待签；3月20日，完成与西段其余用户谈判；6月1日，完成西段其余用户协议签订；6月15日，完成东段第一批用户谈判；10月1日，完成东段第一批用户协议签订；10月15日，完成东段其余用户谈判；12月31日，完成东段其余用户协议签订。

二、用户情况

截至2016年底，西气东输二线在河南省共有25家用户，到2016年合同量为28.77亿立方米。用户包括：河南安彩能源股份有限公司、焦作中燃城市燃气公司、济源中裕燃气有限公司、郑州燃气股份有限公司、中国铝业河南分公司、河南蓝天燃气股份有限公司、舞钢泰展能源有限公司、河南天伦燃气管网有限公司、周口市天然气有限公司、博爱中国石油昆仑燃气有限公司、南阳华润天然气管输有限公司、南阳中国石油昆仑天然气利用有限公司、洛阳新奥华油燃气有限公司、河南煤气（集团）有限责任公司、郑州大有燃气有限公司、洛阳洛玻集团源通能源有限公司、伊川中国石油昆仑燃气有限公司、伊川南海能源产业基地有限公司、三门峡中裕燃气有限公司、河南天泰天然气有限公司、河南省五洲能源发展有限公司、郑州市上街区天伦燃气有限公司、河南中原石油天然气管网有限公司、新郑中国石油昆仑燃气有限公司、兰考昆仑燃气有限公司。

西气东输二线在安徽省共有9家用户，到2016年合同总量为3.98亿立方米。用户包括：淮南中燃城市燃气公司、蚌埠新奥燃气发展有限公司、定远县威东燃气有限公司、合肥燃气集团有限公司、安徽中国石油昆仑合燃压缩气公司、合肥中国石油昆仑燃气有限公司、滁州新奥燃气有限公司、马鞍山港华燃气有限公司、中国石油昆仑燃气芜湖分公司。

西气东输二线在江苏省共有15家用户，到2016年合同总量为12.40亿立方米。用户包括：南京港华燃气有限公司、常州港华燃气有限公司、常州新奥燃气发展有限公司、宜兴港华燃气有限公司、溧阳安顺燃气有限公司、苏州天然气管网有限公司、连云港新奥燃气有限公司、宿迁中国石油昆仑燃气有限公司、泰州中国石油昆仑燃气有限公司、江苏中能硅业科技发展公司、扬州中国石油昆仑燃气有限公司、江苏华西集团有限公司、昆山利通天然气有限公司、太仓市天然气有限公司、昆山华润城市燃气有限公司。

西气东输二线到 2016 年底为上海管网供应 20 亿立方米天然气。

西气东输二线在广东省签署合同 21 家用户，到 2016 年合同总量为 41.67 亿立方米合同量。用户包括：深圳市燃气集团股份有限公司、广州燃气集团有限公司、广州怡丰天然气有限公司、广州新奥燃气有限公司、佛山市福能发电有限公司、肇庆新奥燃气有限公司、肇庆高新区开盛燃气投资有限公司、肇庆市中国石油昆仑新奥燃气有限公司、东莞新奥燃气有限公司、佛山市天然气高压管网有限公司、东莞虎门电厂、清远中国石油昆仑燃气有限公司、广州花都中国石油昆仑燃气有限公司、清远港华燃气有限公司、中国石油化工股份有限公司广州分公司、广州市番禺煤气有限公司、韶关港华燃气有限公司、肇庆佛燃天然气有限公司、肇庆市中油天然气有限公司、惠州深能源丰达电力有限公司、惠州市城市燃气发展有限公司。

西气东输二线在陕西省签署合同 4 家用户，到 2016 年合同总量为 3.52 亿立方米合同量。用户包括：陕西省天然气股份有限公司、潼关县新能源天然气有限责任公司、子长县天然气有限公司、渭南西潼燃气管网有限公司。

第四节　西气东输三线市场开发

在西三线的市场开发过程中，公司按照股份公司的部署和要求，成立了相应的市场开发机构，坚持"统一平衡、梯度推进、滚动开发、动态管理"的原则，在西三线市场开发的过程中，公司充分考虑以下因素：

以股份公司天然气与管道分公司"十二五"规划为基准，考虑中国石油与地方政府签署的战略合作协议，配合推进昆仑燃气等兄弟单位的下游市场开发；充分尊重地方政府提出的相关意见，本着"滚动开发"的原则，市场开发留有余地；开发量参考"十二五"销售规划方案，以便下一步对西气东输四线等市场进行开发。

一、发展历程

（一）西三线中段

2010 年，按照中国石油集团公司对西气东输三线市场开发工作的部署，公司开展了西三线市场开发工作，对沿线天然气市场进行实地调研，并完成相应的市场调研报告。

2011 年 7 月 29 日，公司召开"西气东输三线天然气市场开发座谈会议"，与沿线相关部门及各地用户衔接西三线的天然气市场开发工作。

2012 年，公司组织市场开发人员对沿线市场开展新一轮调研，摸清具体用气项目和新增用户需求，进一步深化西三线调研报告。

2013 年 3 月，公司与目标市场区域各级政府及用户逐一进行对接，优化和完善相关市场开发方案。

2014 年 6 月，西三线中段获得国家发改委核准。

（二）西三线东段

2011 年 12 月 13 日，中国石油批复西三线东段干线（吉安至福州）可研报告，设计输量 150 亿立方米/年。

2011 年 12 月 31 日，公司组织完成与西三线东段 13 家用户的协议签订工作。其中意向书用户 8

家,意向量 9.1 亿立方米/2015 年。合同用户 5 家,合同量 10.9 亿立方米/2015 年。

2012 年 5 月 11 日,国家发改委批复西三线开展前期工作的路条文件。

2012 年 9 月 20 日,国家发改委批复西三线项目核准文件。

2012 年 10 月 16 日,西三线东段正式开工建设。

2015 年 5 月,公司完成西三线东段 7 家用户的合同签订工作,合同量 11 亿立方米/2020 年。

2016 年 7 月 11 日,按照专业要求,公司将福建省内用户合同卖方主体变更为福建省管网公司。

二、用户情况

截至 2016 年年底,西气东输三线在江西省已与 27 家用户签订供应 7.65 亿立方米天然气合同。用户包括:安义中油燃气有限责任公司、赣州深燃天然气有限公司、九江深燃天然气有限公司、宜春深燃天然气有限公司、萍乡市燃气有限公司、上饶市大通燃气工程有限公司、樟树市中国石油昆仑天然气利用有限公司、江西省天然气投资有限公司赣州压缩天然气分公司、上犹县圣安新能源有限公司、吉安华润燃气有限公司、江西省天然气投资有限公司吉安压缩天然气分公司、高安泰达燃气有限公司、江西国发天然气开发有限公司、九江国发天然气有限公司、分宜县顺民天然气有限公司、上饶经济开发区仁恒天然气有限公司、江西省天然气投资有限公司上饶压缩天然气分公司、江西省铅山深燃天然气有限公司、横峰中国石油昆仑燃气有限公司、弋阳县天天旺管道天然气有限公司、南昌市燃气集团有限公司、江西省天然气(赣投气通)控股有限公司昌南压缩天然气分公司、鹰潭华润燃气有限公司、江西华电九江分布式能源有限公司、新余燃气有限公司、萍乡港华燃气有限公司、江西中国石油昆仑燃气有限公司。

在福建市场开发过程中,公司优先考虑昆仑利用、昆仑燃气等兄弟单位,支持这些企业下游市场开发工作。

第五节 天然气销售发展规划

一、历年规划调整情况

2009 年 12 月,集团公司发布第 1 版"十二五"规划指标,明确西气东输 2015 年销售气量为 589 亿立方米。集团公司根据国产气及进口气资源的落实情况,对西气东输的销售规划进行了多次调整。2012 年 7 月下达西气东输 2015 年销售规划量为 729 亿立方米,2014 年 1 月份调整至 460 亿立方米,最高与最低差值 270 亿立方米,减少比例为 37%。

集团公司历次下达的 2015 年规划目标变化情况如下:

2009 年 12 月,规划 2015 年销售气量 589 亿立方米;

2011 年 3 月,规划 2015 年销售气量 596 亿立方米;

2012 年 5 月,规划 2015 年销售气量 698 亿立方米;

2012 年 7 月,规划 2015 年销售气量 729 亿立方米;

2013 年 1 月,规划 2015 年销售气量 611 亿立方米;

2013 年 3 月,规划 2015 年销售气量 620 亿立方米;

2013 年 5 月,规划 2015 年销售气量 625 亿立方米;

2013年7月,规划2015年销售气量529亿立方米;

2013年12月,规划2015年销售气量483亿立方米;

2014年1月,规划2015年销售气量460亿立方米。

二、"十三五"规划编制情况

根据股份公司天然气业务发展规划,2015—2020年,西气东输管道公司业务区域涵盖西气东输供气系统中卫以东的陕西、山西、内蒙古、河南、安徽、江苏、浙江、上海、福建、广东、湖南、湖北、江西和香港、台湾15个地区及长宁线、兰银线供气的甘肃和宁夏,市场范围包括长三角、东南沿海、中南、中西部四大区域的17个省份,规划2020年销售量达到764亿立方米。

根据"十三五"规划,2015—2020年,西气东输销售公司销售量年均增长62.7亿立方米,年均增长率达到11.9%。16个省份中,江苏、广东销售量分列一、二位,2020年分别为195亿立方米、115亿立方米,两省共计销量310亿立方米,约占西气东输管道公司销售总量的40.9%,其后是河南、上海、湖北,销售量均超过50亿立方米;内蒙古和甘肃由于只供应管道沿线个别用户,销量较小,不到1.0亿立方米。

公司采取的市场开发策略为:通过加快干线及配套支线、储气库建设,提高供气保障程度;研究重点省市资源供应形势、管网投资主体和相关利益方,因地制宜制定相应销售策略和价格策略;加强不同行业用户的特点研究,争取更多优质客户;加强在役管道的监管,突出用气功能,加强新建管道的建设,提升投产计划;根据用气特点推动实施峰谷气价,抑制用气峰谷差;严格执行销售计划,稳妥发展下游用户等。

第六节 天然气销售合同管理

天然气项目作为一项前期整体投资巨大、投资回收周期长、供气安全要求极高和关系国计民生的系统性工程,必须做到上中下游的有效衔接和同步持续协调发展。根据国外大型天然气工程建设的成熟经验,结合我国天然气市场逐步由计划经济向市场化进程推进的情况,西气东输采用国际通行的天然气购销"照付不议"合同模式。

一、天然气购销"照付不议"合同模式及应用简介

"照付不议"作为国际合同模式中的一种通行惯例,原本由英文"take or pay"直译过来,是严格规范买卖双方行为的一个合同约定形式。合同要求卖方必须严格按照双方约定的相关条款提供产品,否则将承担由此对下游用户造成的损失,买方也必须按照双方事先约定的市场份额承当相关的"照付不议"责任,从而保证双方在项目的实施过程中分别取得相关的综合利益。

"照付不议"合同模式通常适用于某种高投资、高风险的新商品市场销售的初级阶段,是为了实现降低项目投资风险,在项目投资前,按照买卖双方事先约定的市场份额和相关的责权利共同推进项目建设,最终获取项目综合收益的销售合同模式。在国外,"照付不议"合同模式主要应用于天然气和发电等巨额投资的大型工程项目的产品购销环节。在天然气"照付不议"合同模式中,通常主要包括年合同量、合同期限、交付地点、指定提取、计量交接、供气压力、供气均衡系数、质量规格、价格结算、照付不议、不可抗力、违约赔偿、争议解决、适用法律等相关条款。其中的"照付不议"条款内容是该类天然气购销合同模式最核心的内容。

"照付不议"在天然气购销合同中的基本含义是：在整个合同期限内的每一个合同年，如果买方未能提取大于该年年合同量适当比例的天然气（"照付不议"气量），买方届时也应就实际提取气量与该年"照付不议"气量间的差额气量向卖方付款。但买方可在随后的一定年限内，在完成本年的"照付不议"气量后，应有权按照合同的相关约定，无偿或补足适当差价后顺次提取适当比例的已付款天然气（补提气量）。

根据合同中双方所承担风险的形式、类型和比例的不同，"照付不议"合同有多种不同的具体表现形式。通常，依据双方承担上游天然气资源风险的划分，天然气"照付不议"合同模式可分为枯竭式合同和保证式合同两种形式。枯竭式合同的主要特点是卖方不承担上游资源风险，整个供气期分为渐增期、平稳期和下降期，若发生上游资源不足风险则完全由买方自行承担。该类合同形式通常应用于单一气源、单一用户，或为数很少的小气源和用户的情况。保证式合同的主要特点是卖方承担上游资源风险，整个供气期必须保证按双方约定的年合同量履行合同供气义务，通常只包含渐增期和平稳期，买方不承担任何上游资源不足风险。根据承担"照付不议"比例的不同，天然气"照付不议"合同模式又可分为完全"照付不议"合同、部分"照付不议"合同和普通商业合同。

由于西气东输工程的特殊性和重要性，中国石油作为国际知名的大型国有企业，依据上游天然气勘探开发的突出成果、自身的经济实力，结合中国天然气利用的现状，采用了20年保证式的"照付不议"合同形式，承担了上游资源的全部风险并兼顾了我国天然气利用发展初期绝大多数用户没有天然气利用经验的实际情况，在充分体现公平、公正、合理的前提下，对合同中许多涉及买方"照付不议"的条款进行了适当的修改和调整，使整个合同形式更加有利于买方实际操作。比如设有前三年用户有权对下一年度的年合同量进行适当的上下浮动，买方有权在一定年限内提取补提气，与用户共同分担预付款等条款。

二、"照付不议"合同的主要内容

根据中国石油集团公司确定的基本原则，结合国际天然气购销"照付不议"合同的通行惯例，经过最初一年多与各用户反复协商，公司完成了"照付不议"合同文本相关条款内容的修改、补充、调整。

根据用户用气类型的不同，西气东输天然气购销"照付不议"合同文本主要包括城市燃气、工业燃料和燃气电厂等3种合同文本，其主要框架结构和相关主要内容基本一致，不同之处在于某些供用气技术条件上。城市燃气类合同文本的主要框架结构和相关主要内容如下：

（一）"照付不议"合同文本的主要构架结构

西气东输天然气购销"照付不议"合同文本主要框架结构由特定条款和条件、一般条款和条件、附录等三部分构成。

第一部分特定条款和条件，主要对用户的个性条款进行界定和表述，主要包括相关的联系细节、合同量、"照付不议"系数、价格、交付点、交付压力预定商业运营日、供气期和先决条件等内容。

第二部分一般条款和条件，主要对用户的通用条款进行界定和表述，涉及有关合同执行和相关责、权、利等具体事项的详细界定和表述。

第三部分附录，主要是对整个供气期的年合同量、天然气标准、天然气压力和温度、交付点设施、维护规范、试运转与试运转供气的时间表及技术细节、计量标准与计量设备、指定原则和程序、付款保证安排、其他商业和技术细节等附件内容。

（二）"照付不议"合同的主要内容

西气东输天然气购销"照付不议"合同的主要内容有以下几个方面：相关气量及系数、合同期限、交付地点、指定程序、计量交接、供气压力、交付容量系数、质量规格、计量结算、照付不议、不可抗力、违约赔偿、争议解决、适用法律等。除上述各主要内容外,还有诸如语言、数据文档保存等条款,所有这些条款内容的有机结合构成了整个合同文本。

"照付不议"合同最核心的内容是照付不议有关条款,主要集中体现在相关气量及系数、计量结算两部分条款内容上。

1. 相关气量及系数

在整个合同中,相关气量按照不同的性质和作用,主要分为合同签订、合同执行、合同结算三方面的相关气量;相关系数主要有交付容量系数和"照付不议"系数。

(1) 合同签订方面的相关气量是在合同签署过程中,通过双方的谈判和相关的计算在合同中约定的量,是具有法律效力的气量,其主要包括年合同量、年最大合同量、平均日合同量、日最大合同量等。

年合同量:以买方天然气利用项目的可研规划用气量为依据,结合该项目进展情况,经测算后能较客观的反映用户年度需求的气量,且双方将通过合同文字最终约定的天然气气量,该气量是"照付不议"合同执行的基础量。由于西气东输下游绝大部分用户没有利用天然气的实际经验,前期阶段无法对实际用气量做出精确的估算,结合西气东输管线在运营初期管输容量存在较大富余的实际,双方约定买方有权在前三年对年合同气量单方面分别以15%、10%、5%的幅度范围上下进行调整,但必须在该年合同量实际开始执行前90日内提出书面调整要求。

年最大合同量:指在任一交付年度,卖方有义务在下游交付点向买方供应的天然气最大气量,等于"年合同量×105%"。

平均日合同量:是一个经计算所得出的气量参数,等于"年合同量÷该交付年度的日数"。

日最大合同量:指在任一交付年度的任一日中,卖方有义务在下游交付点向买方供应的天然气最大气量,等于"平均日合同量×交付容量系数"。在整个交付年中,各月份的日最大合同量因各月份交付容量系数不同而有所不同。

(2) 合同执行方面的相关气量是在双方合同执行过程中,为了确保双方的供用气安全平稳运行,结合双方实际情况,通过每日不同性质的指定,以便指导买卖双方较为准确地进行供气和提气的气量参数,主要包括适当指定气量、额外指定气量、额外气指定气量等。

适当指定气量:指买方根据自己的用气需求,有权指定的任一日不超过其日最大合同量,且卖方有义务提供的天然气气量。该气量通常在先一日进行指定,并可在规定的时间范围内进行变更。

额外指定气量:指买方如果某一日的需求气量较大,希望卖方提供超过其日最大合同量部分的天然气气量。该气量通常在先一日进行指定,卖方可根据实际运行能力进行适当的确认,然后双方按照正常天然气情况进行交付和提取。

额外气指定气量:指如果买方用气量达到额外气阶段,希望卖方仍需提供其所指定的任何天然气气量,该气量气价执行额外气价格。卖方没有义务但应尽合理努力供应,卖方也可按照实际运行能力进行适当的确认,然后双方承担正常天然气交付和提取中的相关责任和义务。

(3) 合同结算方面的相关气量是在销售结算过程中,以每日实际销售天然气为依据,按照合同条款的相关约定,对每日实际销售天然气量的类型进行界定后的气量参数,为双方实现财务结算的气量参数,主要包括日实际提取气量、不合格气气量、少提气量、短供气量、补提气量、额外气气量等。

日实际提取气量:指买方在任何一日于下游交付点提取的天然气量。该气量是界定少提、短供和相关结算气量的基础气量。

不合格气量:指不符合合同约定的有关国家标准 GB17820-1999《天然气》中二类气规定的天然气量,该气量气价执行不合格气价格。

少提气量:指任一日中,因买方原因未能提取的日实际提取量和买方在当日有义务完成的相关气量的差额气量,该气量在一个月内累计超过四次,则该月的少提气量进入年少提气量总量,在年终将依据合同约定进行相应的补偿金赔偿或抵扣等。

短供气量:指任一日因卖方原因,未能提供的当日卖方有义务供应气量和日实际提取气量差额部分的气量,该气量年内累计,在年终将依据合同约定进行相关的补偿金赔偿或抵扣等。

补提气量:指买方在一定期限内可顺次提取因未完成"照付不议"义务而已向卖方付款的气量,该气量的提取是有条件限制的,应在完成当年年合同量的前提下,但提取时是无偿的,若发生价格变化,买方应根据价格变动情况补足差价后按照合同约定方式进行提取。

额外气气量:指买方提取的天然气超出相关合同量约定后,进入额外气界定阶段时所提取的气量。

(4) 相关系数:

"照付不议"系数:指合同中界定买方"照付不议"责任程度的比例系数。

交付容量系数:指适用于某一交付年度的每个月,卖方在交付点向买方交付天然气容量的系数,该系数在合同中逐月约定,主要反映季节性交付容量能力的变化,以解决买方的季节性用气状况变化。

2. "照付不议"计算公式

在整个"照付不议"合同文本中,买方所承担的"照付不议"义务是依据年终结算时该年实际用气量和年净"照付不议"量之间的差额气量,其计算公式为:

$$\text{净"照付不议"量} = (\text{年合同气量} + \text{年累计确认的额外指定气量}) \times \text{"照付不议"系数} - (\text{不可抗力影响买方气量} + \text{相关短供气量})$$

$$\text{"照付不议"义务量} = \text{年实际提取气量} - \text{净"照付不议"量}$$

3. 计量结算

在天然气购销合同中,计量结算的方式多种多样,可以是日清日结、日清周结、日清月结,也可以是周清周结、周清月结,甚至月清月结等,国内外在天然气计量结算方式上,通常采用日清日结和日清周结。依据双方约定,在西气东输天然气购销合同中,相关计量结算采取"日清周结年调整"的计量结算方式,即天然气销售以各相关分输站该日的计量数据为依据,须双方计量签字确认,一日一清,以此作为销售结算的依据,每一周进行一次价款结算,在整个交付年度结束时,根据交付和接收气量的实际情况,对整个年度的结算情况进行汇总和相应的调整。

天然气和管输费等价格严格依照国家发改委出台的相关文件执行,其中包括天然气出厂价、管输费、额外气价格和管输费、不合格气价格和管输费。

4. 违约赔偿

在整个合同中,相关的违约赔偿基本按照赔偿对方的实际直接损失。另外,经双方谈判约定,卖方向买方承担的赔偿额度,按照相关的年合同量大小,通过最大限额形式进行界定。

5. 适用法律等方面

双方在合同中明确约定,该合同受中国法律管辖并依照中国法律进行解释;同时,在适用法律的情况下,对于双方出现的各类争议和纠纷,双方应本着诚信守实的原则,通过友好协商、专家决定、仲裁等形式和程序进行解决。

三、"照付不议"和"照供不误"

"照付不议"合同模式中,买方的"照付不议"义务和卖方的"照供不误"义务是相辅相成的,贯穿合同的整个过程。西气东输天然气购销"照付不议"合同在借鉴国外成熟"照付不议"合同条款设置的前提下,结合国内天然气利用的现状,依据双方责权利对等安排的原则,并充分参考各用户提出的合理建议的基础上,公平、公正、合理地设置了"照付不议"和"照供不误"的相应条款。

从国际贸易法的层面去解释英文"take or pay",其真实含义应为"或提气或付款",其实质包含有"照付不议"和"照供不误"两层含义。在西气东输天然气购销"照付不议"合同文本中,对应买方的"照付不议"义务条款,均能找出与之对应的卖方"照供不误"义务条款。

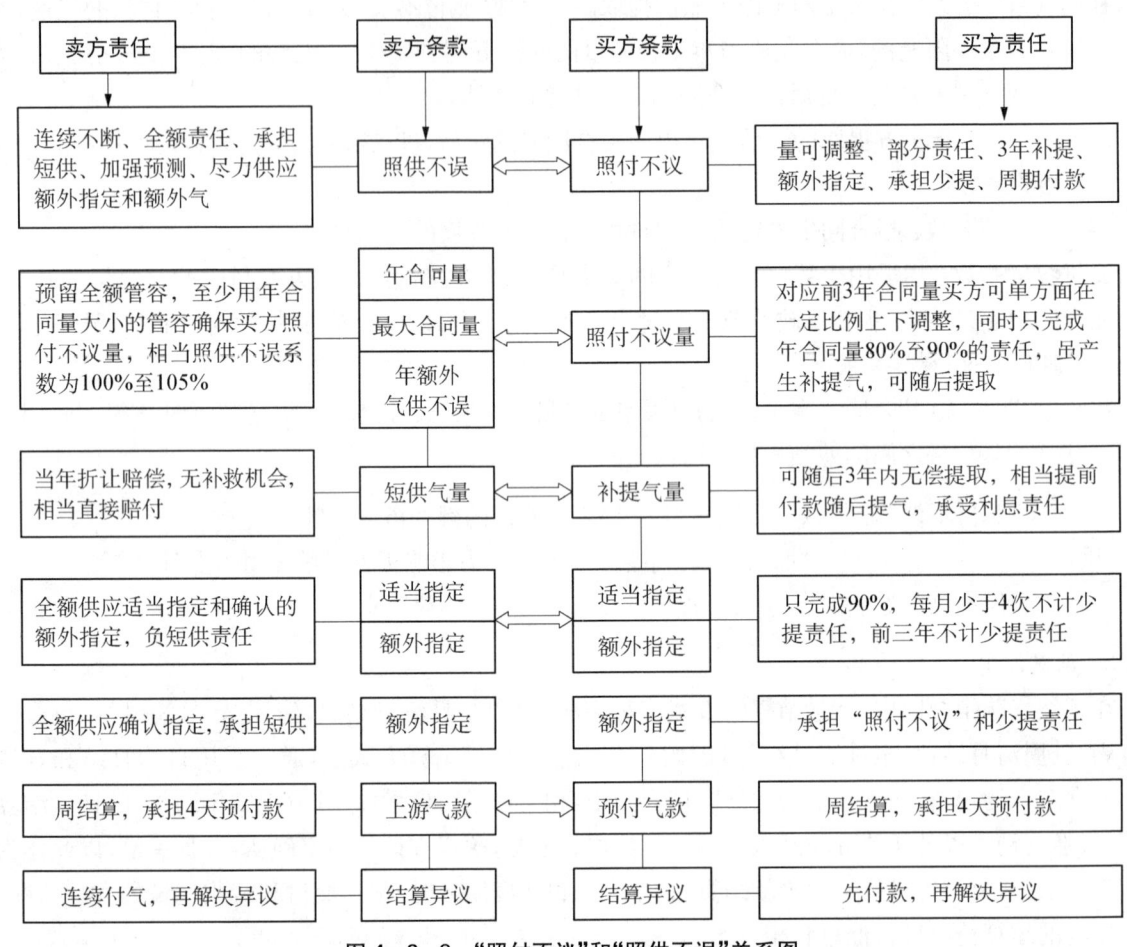

图4-2-3 "照付不议"和"照供不误"关系图

除上述外,合同文本中以下诸多条款也从实质上反映了卖方的"照供不误"义务:

(1) 天然气供应义务中,有关能力和供应条款明确指出在付气期内的每一日,卖方应有能力在下游交付点按照不低于日最大合同量的气量向买方供应天然气,并且在每一日向买方提供不低于适当指定气量的天然气。

(2) 在合同中设置预测条款,逐步从年度预测、季度预测、月度预测到星期预测,虽然约定买方应本着诚信原则向卖方提供相关的可能需要的尽量准确的天然气预测,同时强调对买方提供的预测不具约束力,且不妨碍买方按规定指定具体用气量的权利。这充分说明,卖方尽可能准确地提前考虑预留容量,同时又不影响买方届时实际提取所需气量的权利,这也体现和实现了"照供不误"的措施。

(3) 在日常指定条款中,双方约定买方不但有指定权利,同时可根据实际用气需求有变更指定的权利。另外,如果买方当日的需求过大,超过日最大合同量而提出额外指定,卖方将确保提供确认部分的额外指定气量并尽合理努力提供全部额外指定气量;如果买方当年的需求过大,超过年最大合同量而提出额外气指定,卖方将确保提供确认部分的额外气指定气量并尽合理努力提供全部额外气指定气量。

(4) 在短供气条款中,卖方直接承担折让赔偿,在随后的供应中没有补救机会,也体现卖方"照供不误"义务。

(5) 在计划内维护期间,卖方除尽可能减少对买方"照供不误"影响的前提下,确保供应较高比例份额的天然气。

(6) 若因不可抗力的影响,出现不能满足买方的适当指定时,卖方将按照买方对天然气不间断供应的需求,在所有买家之间公平合理地按照一定用气性质的先后顺序分配可用气量。

四、西气东输天然气购销合同谈判

西气东输天然气购销"照付不议"合同文本谈判工作于2003年初正式展开,公司相继完成与西气东输下游25家用户的合同谈判工作,共同完成并签署了天然气购销"照付不议"合同,并对部分具备用气条件的用户于2003年10月16日后陆续开始试供气和商业供气。主要经历了以下几个阶段:

(1) 委托具有国际资质认证的、通晓国际"照付不议"惯例的国际事务所起草"照付不议"销售协议文本。2002年9月30日,完成了"照付不议"销售协议文本初稿,并开始与用户交流,根据用户反馈意见进行多次修改。

(2) 组织公司销售人员学习、领会"照付不议"销售协议文本各项条款。并请国际律师事务所律师在北京对"照付不议"销售协议文本条款逐条进行封闭式培训和研讨。

(3) 广泛宣传,耐心、细致做好用户对"照付不议"销售协议文本条款的理解和认可。

2002年11月22日,公司启动与下游用户"照付不议"销售协议谈判工作,在江苏省南京市召开西气东输项目市场报告会,由国际律师事务所律师向用户介绍"照付不议"销售协议文本条款。

2002年12月20日,股份公司在京召开西气东输天然气销售协议研讨会,向用户发放《西气东输天然气销售协议》相关材料。

2003年1月9日,公司以西气东输市场字〔2003〕5号文印发《天然气销售合同安排》,成立了合同谈判领导小组。组织了两个合同谈判小组和技术支持机构,进一步安排部署合同谈判工作。

2003年1月10日,公司向用户发送天然气销售协议文本征求意见稿,征求对天然气销售协议合同文本的修改意见。

2003年1月16至25日,公司再次向用户发送《西气东输天然气销售协议》文本修改意见。

经过两个月与用户讨论交流,使用户逐渐对"照付不议"销售协议文本有了深刻理解和认同,为正式开展合同谈判奠定良好基础。

2003年2月17—18日,公司在北京正式与下游用户进行"照付不议"合同谈判。谈判的首家下游用户是扬子石化—巴斯夫有限责任公司,双方签订了《保密协议》。

2003年8月15日—9月8日,西气东输市场开发获突破性进展:15日,与安徽合肥燃气集团有限公司、滁州新奥燃气公司、芜湖中燃城市燃气发展有限公司、马鞍山港华燃气有限公司小签《天然气销售协议》;19日,与河南省合同谈判小组就《天然气销售协议》通用文本进行小签;24日,与江阴天力燃气公司小签《天然气销售协议》;30日,与苏州燃气公司、安彩能源股份有限公司、中铝河南分公司小签《天然气销售协议》。9月4日—8日分别与郑州燃气公司、豫南燃气管道有限公司、周口亿星天然气有限公司、焦作(济源)中燃城市发展有限公司、信阳弘昌管道燃气工程有限责任公司、淮南中燃城市燃气发展有限公司、常州新奥燃气有限公司、蚌埠新奥燃气有限公司8家用户单独小签。以上进展标志着中国石油西气东输管道公司与下游用户合同谈判取得了阶段性成果,为最终与用户签订"照付不议"销售合同奠定了基础。

2003年9月25日,公司在郑州召开西气东输用户座谈会。国家发改委价格司、股份公司、西气东输管道公司以及已与中国石油草签了《天然气销售协议》的19家用户代表出席了座谈会。

2003年10月15日,公司与郑州燃气集团有限公司在郑州正式签订《天然气销售协议》,郑州成为西气东输首家用户。根据销售协议,至2005年郑州天然气气化率升至70%,年用气量达到21亿立方米。2010年用气量达到4亿立方米。

2004年5月17日,《西气东输天然气销售协议通用文本》印发实施(西气东输市场函字〔2004〕5号),公司将修订完成的西气东输《天然气销售协议》通用文本发送至各用户,并以此文本与各用户协商确认最终合同文本进行正式签署。标准文本的确定和实施,对于明确确定天然气销售、购买双方的权利和义务,以及天然气的品质标准等方面进行了详细规定,对于推进下游市场开发和规范市场操作具有十分重要的意义。

2004年12月29日,在国家西气东输工程建设领导小组第七次会议上,公司与其余12家用户签署了天然气销售协议。2007年合同量34.6亿立方米。至此,40家已签署合同用户2007年合同量达到120亿立方米。

西气东输"照付不议"销售协议的成功签订,标志着中国天然气购销历史翻开了新的一页。它在使中国天然气购销加快进入市场化的同时,有力推动了中国天然气发展步伐,也为天然气销售工作按照市场经济规则和国际惯例运作提供了宝贵经验。

根据西气东输天然气"照付不议"购销协议的约定,公司完成了《天然气销售工作流程》《天然气销售计划管理办法》和《合同执行要点》等制度编制和下发,督促用户严格按照《天然气销售计划管理办法》和合同的相关约定,履行各自的供用气权利和义务,共同构建天然气销售的新模式、新秩序。

供用气双方按照合同约定,通过沟通、协调等方式,解决供用气过程中出现的问题,逐步完善了试供气前的书面申请、现场协调、销售通知单等工作程序,以及日指定、周预测、月计划、季度协调、年度调整等日常营销管理制度,为中国天然气购销工作规范化、科学化、制度化奠定了基础。

表4-2-2　中国石油西气东输《天然气销售协议》早期合同签署及供用气时间

序号	用户名称	合同签署时间	供用气时间
1	郑州燃气股份有限公司	2003.10.01	2003.10.16
2	河南安彩能源股份有限公司	2003.11.23	2003.11.24
3	焦作中燃城市燃气有限公司	2003.12.24	2004.04.18
4	中国铝业河南分公司	2003.12.07	计划2004.06
5	中原气化有限公司	2003.12.07	计划2004.06
6	信阳弘昌燃气发展有限公司	2004.01.03	计划2004.12
7	周口亿星燃气发展有限公司	2003.12.24	计划2004.12
8	济源中燃燃气发展有限公司	2003.12.24	计划2004.12
9	合肥燃气集团有限公司	2003.11.11	2003.11.20
10	滁州新奥燃气有限公司	2003.11.07	2003.11.13
11	马鞍山港华燃气有限公司	2003.12.26	2004.05.19
12	芜湖中燃城市燃气有限公司	2003.12.22	2004.05.18
13	蚌埠新奥燃气有限公司	2003.12.19	计划2004.12
14	巢湖新奥燃气有限公司	2004.04.18	计划2004.12
15	淮南中燃城市燃气有限公司	2003.12.20	计划2004.12
16	苏州天然气管网有限公司	2003.12.05	2004.01.09
17	昆山利通天然气有限公司	2003.12.07	2004.04.05

续 表

序号	用户名称	合同签署时间	供用气时间
18	常州新奥燃气有限公司(武进)	2003.11.28	2003.12.18
19	江阴天力燃气有限公司	2003.11.05	2003.11.06
20	宜兴港华燃气有限公司	2004.02.27	2004.02.29
21	常州港华燃气有限公司	2004.03.08	2004.03.14
22	无锡市燃气总公司	2004.03.18	2004.04.03
23	南京港华燃气有限公司	2004.03.18	2004.04.28
24	浙江天然气开发有限公司	2004.01.17	2003.12.15
25	上海天然气管网有限公司	2004.01.01	2004.01.01

第三章 天然气销售

公司的市场开发与销售工作分为3个阶段：市场调查、市场研究、市场销售。

此前，我国基本上没有关于石油天然气的专门法律，实行的天然气定价机制难以灵活反映市场供求关系的变化，这为早期与用户谈判预置了极大难度。2000年9月，国家计委1958号《关于印发开展西气东输工程可行性研究工作若干意见的通知》，明确要求根据我国天然气利用实际情况，在西气东输项目上采用并全面推广"照付不议"合同模式。这一要求将西气东输天然气销售工作推到了中国天然气销售模式探索的最前端。

在天然气市场开发与销售过程中，公司编制出了"照付不议"合同草案，使国际通行惯例与中国特色充分融合，让这种国际通行的天然气销售模式在中国得以成功推广，构建了中国天然气销售的新模式。

天然气销售管理包括用户侧管理、计量纠纷、价款回收、优化天然气销售结算流程、强化用户资信管理、保证销售资金及时回笼等。公司在用户服务上着力建立相互依存、长期稳定的关系，形成了天然气链上采气、运输到市场销售三赢的局面。供用气双方既是独立的经营主体，又是命运和利益的共同体，双方责任、权利、义务均衡，合理分担风险，共同克服和应对生产、输配和使用中出现的问题。这是由天然气生产输配和使用的规律所决定的，也是公司在市场开发与销售中努力工作的结果。

第一节 销售管理模式

一、编制计划

计划的编制是以资源和管道输送能力为导向，综合平衡产、运、销工作，在保证用户合同量，满足用户的实际需求的基础上，制定公司年、季、月、周、日等各阶段天然气销售的建议计划，以提高管道的综合利用率，实现公司整体效益最大化。

二、天然气销售

天然气销售是在用户签订供销气合同的基础上，严格履行合同条款的义务，将公司采购的天然气资源转化为盈利的一项重要工作。在实际天然气销售前期，公司本着对用户及天然气产品负责，对输配气各环节安全合规的原则,提前与用户衔接工程建设、计量结算、资金保证、输配气计划等各项工作。在确认用户符合相关供气要求的前提下,公司根据上级集团公司的统一部署,依据购销合同以及供气计划的安排,协调资源下达分输指令。在执行购销合同实际输气期间,定期跟踪各类型、各区域用户的天然气销售情况,根据上游资源安排、市场发展情况、用户经营状况等相关因素适时调整运销计划,以实现销售区域内天然气销售业务的稳健发展。

自2003年10月16日西气东输管道开始供气以来,2003年销售0.43亿立方米。2004年销售13.2亿立方米,执行"照付不议"量2718.6万立方米。2005年销售44.2亿立方米,收取额外气4.75亿立方米。2006年销售98.6亿立方米,收取额外气4.29亿立方米。2007年销售113.4亿立方米。2008年销售170.7亿立方米。2009年销售174.6亿立方米。2010年销售268.7亿立方米。2011年销售274.99亿立方米。2012年销售316.93亿立方米。2013年销售351.73亿立方米。2014年销售368.99亿立方米。2015年销售391.6亿立方米。2016年销售420.9亿立方米。

三、统计管理

统计管理是天然气销售的基础,包括数据采集、分析汇总、趋势预测等工作。统计人员根据当年的统计数据和实际执行情况,分析总结合同执行中的问题,为计划制定、销售决策、分类测算、政策制定、业绩考核、用户评价提供依据。

四、财务结算

公司对气款回笼高度重视,委派专人进行清欠管理,建立台账,重点关注金额较大、账龄较长的用户款项到账情况。公司多措并举加大清欠力度,取得良好成效,总结出一套行之有效的做法:一是与各地区分部紧密配合协同推进,分部对辖区内欠款单位领导、财务负责人电话联系督促用户及时、足额支付结算款项;二是分析比对欠款记录,对连续两周以上欠款的用户,按照合同约定发出催款通知函,并根据回款情况采取减限供措施;三是在公司销售会议上与各用户单位沟通协调,要求用户及时支付结算款项;四是与公司企管法规处配合,通过法律途径解决欠款问题;五是协调督促用户按其还款计划执行,要求用户在不产生新增欠款情况下逐步还清前期欠款,避免用户由于减限供而陷入经营恶化的局面,从而造成公司呆坏账的出现;六是针对个别汇款未注明付款单位问题,充分利用与用户共建的QQ群作用,尽量查找无主汇款用户,确保账务处理及时准确,用户欠款情况属实。

为进一步规范应收账款管理,严控用户拖欠气款,公司于2016年9月印发了《中国石油西气东输销售公司天然气销售应收款项管理细则》,规范了欠款罚息及减停供措施。

第二节 西气东输管道系统供气市场及用气情况

一、销售区域增长情况

西气东输管道系统包含西气东输一线、二线、三线、兰银线、长宁线、忠武线、冀宁苏北、平泰支线、广南支线,是我国天然气骨干管网的重要组成部分,已连通我国陆上四大气区,覆盖地区涉及内蒙古、甘肃、宁夏、陕西、山西、河南、安徽、湖北、湖南、江苏、浙江、上海、江西、广东、福建15个省、区、市和香港特别行政区。

截至2016年年底,销售用户达334家,惠及130多个城市、3000多个大中型企业、近4亿人,已成为长三角地区、中原地区和华中地区的主供气源,以及环渤海、华南地区的补充气源。在支撑管道沿线地区经济社会快速发展的同时,也为沿线地区环境保护、减少污染物排放做出了贡献。

(一)"十五"期间销售情况

"十五"期间,随着国民经济持续稳定协调发展,我国大中城市特别是沿海经济发达地区,天然气需求量的快速增长,天然气供给不足的矛盾日益凸现。具备了加快开发天然气市场的经济基础。

这一时期,公司市场开发与销售工作协调推进,天然气销量跃上新台阶。2000年3月,市场开发工作进入实施阶段。面对我国能源结构不合理、天然气市场发育不完善、对天然气开发利用缺乏认识、对"照付不议"销售模式缺乏认同等矛盾和困难,公司加强对市场开发工作的组织领导,坚持管道建设与市场开发同步进行、相互促进;配合国家有关部门开展天然气价格调研,加快天然气定价机制形成;加大合同谈判力度,推行"照付不议"营销模式;加快市场落实,分两批签署销售合同和向条件成熟的用户提前供气,取得了市场开发的全面突破,带动了天然气业务快速发展。西气东输全线正式商业运营前,与河南、安徽、江苏、浙江、上海4省1市的40家用户签署了《天然气销售合同》,120亿立方米/年设计商品输量全部落实。

西一线东段管道正式商业运营后,面对销售量快速增长、供需矛盾十分突出的形势,公司建立了季计划、月调整、周预测、日指定的销售机制,加强上中下游的协调沟通,强化销售计划管理和用户服务,加强用户分类研究,编制销售应急预案,努力保障市场需求和供气安全。目标市场覆盖河南、安徽、江苏(苏南)、浙江、上海4省1市。公司以市场为导向,加强上中下游协调衔接,实现了管输量和销售量的快速增长;加强上中下游协调,推进合同谈判,完成13亿立方米天然气销售任务。一是初步建立产运销协调机制。依据合同,建立了季计划、月调整、周预测、日指定的销售体系;二是完成120亿立方米天然气协议签订。以直供电厂和城市用户为重点,与22家天然气用户正式签订天然气销售合同,使2007年年合同用气量达到120亿立方米,提前一年实现设计能力;三是开展苏北市场调查。完成苏北地区天然气市场需求调查,开展了170亿立方米天然气方案规划,为西气东输后续工程建设提供依据。

截至2005年底,公司已向35家用户供气,累计销售天然气57亿立方米。其中,2005年销售天然气43.6亿立方米,超额两个百分点完成股份公司下达的年计划。在下游4省1市供气十分紧张的情况下,还承担了保证首都北京供气的任务,全年向陕京二线分输天然气4.9亿立方米。

(二)"十一五"期间销售情况

2006年5月,公司启动西气东输一线增输工程建设,输气量从每年120亿立方米增加到每年170亿立方米,并参与推进建设西气东输二线及相关联络线和支线工程,不断增大输气供气能力。

"十一五"期间,西气东输下游市场天然气需求激增,集团公司天然气业务发展速度超过预期,国际金融危机蔓延对下游用户造成冲击,长三角地区天然气市场竞争不断加剧。公司根据国家天然气利用政策,稳妥发展城市燃气用户,发展可中断工业、发电用户,强化销售计划管理,充分发挥管网、储气库、下游用户的调峰能力,实现产运销储的合理衔接,有力保障了市场需求。

"十一五"期间,公司运营管道总长度由"十五"末的4188公里增至8959公里,下游市场由"十五"时的4省1市扩大到6省1市,销售与分输用户由35家增至144家,年输气能力由43.6亿立方米增至170亿立方米。"十一五"期间,管输商品气量累计实现809.77亿立方米,天然气销售量大幅增长,累计实现771.43亿立方米。

(三)"十二五"期间销售情况

随着西气东输二线投产和西气东输三线开工建设,西气东输管道系统所覆盖的地区和范围日益扩大。按照天然气与管道分公司《关于西气东输二线和中缅天然气管道市场开发区域分工调整的通知》要求,公司负责西气东输二线陕西、河南、江西、广东、浙江、江苏、上海的市场开发工作。2011年,按照股份公司天然气与管道分公司要求,增加了向香港青电用户供气。

根据西气东输三线的工程进展,公司开展福建省天然气市场开发工作。按照天然气与管道分公司2014年1月30日《关于发布2014年—2020年天然气销售规划初步成果的通知》,公司负责台湾省天然气销售规划的编制和实施工作。

"十二五"期间,公司接管西二线东段1干7支和江苏LNG外输管道等项目,顺利接收忠武线。销售区域覆盖15个省(区、市),下游合同用户增至300家,实现了"市场保供"和"管输效益"双赢,西气东输管道输送天然气2 224.9亿立方米,实现管输商品量1 821.7亿立方米,天然气销售量1 741.8亿立方米,年均增长14.4%。

二、用户情况

根据股份公司对各省战略合作的要求,公司市场区域内的销售模式主要有以下三类:

(一) 中国石油直供模式

用户直接与中国石油签订供气协议,中国石油直接销售给各地用户。采用该模式的有甘肃、宁夏、内蒙古、河南、安徽、江苏、上海和香港特区。

(二) 省管网公司模式

陕西、山西、浙江、江西、广东等各省分别成立省管网公司,各省管网公司销售模式主要分为买断销售模式、代输模式、统筹调配与代输相结合三种模式。

其中,陕西、山西、浙江等省管网公司采取买断销售模式,即中国石油天然气资源销售给省管网公司,省管网公司负责向下分销。此外,公司还在陕西、山西省管网之外开发了部分直供用户。

江西省管网公司等采取的是代输模式,即中国石油与用户签订《天然气购销协议》,用户与江西省管网公司签订《代输协议》。中国石油销售给江西省用户的天然气均需要通过江西省管网公司代输。

广东省采取的模式是统筹调配与代输相结合模式。即资源按比例交由省管网公司统筹调配(10亿立方米),确保居民用气。其他部分由中国石油与用户签订供气协议,由广东省管网公司代输,广东省管网公司与用户签订代输协议。

公司与下游用户签署《天然气销售协议》的资源主要为西气东输一线气源、西气东输二线气源、西气东输三线及其他资源三类。

各类气源签订合同情况如下:

截至2016年底,西气东输一线合同用户144家,签署合同总量200.692亿立方米。

西气东输二线合同用户102家,签署合同总量169.22亿立方米。

西气东输三线及其他用户214家,合同量194.68亿立方米,其中包含西一线用户100家,合同量106.567亿立方米。西气东输二线用户114家,合同量88.113亿立方米。

三、天然气销售量增长情况

2003年,公司迎来天然气运销的开局年,全年销售气量0.4153亿立方米。

2004年,销量随着市场逐步延伸扩展,当年销量实现了30倍增长,达到13.12亿立方米。

2005—2006年,销售势头旺盛,增长率均在100%以上。

2007年,天然气销量达到113.4亿立方米。

2011年,天然气销量在2007年的基础上再次迎来翻番,达到209.45亿立方米(不含长宁分公司、华中分公司)。

2007—2015年,西气东输天然气销量保持17%的平均增长率。

2015年,天然气销售(不含长宁分公司、华中分公司)达到321.46亿立方米。

2016年,西气东输管道销售公司天然气年销量达到420.9亿立方米。

详细销售情况见下图:

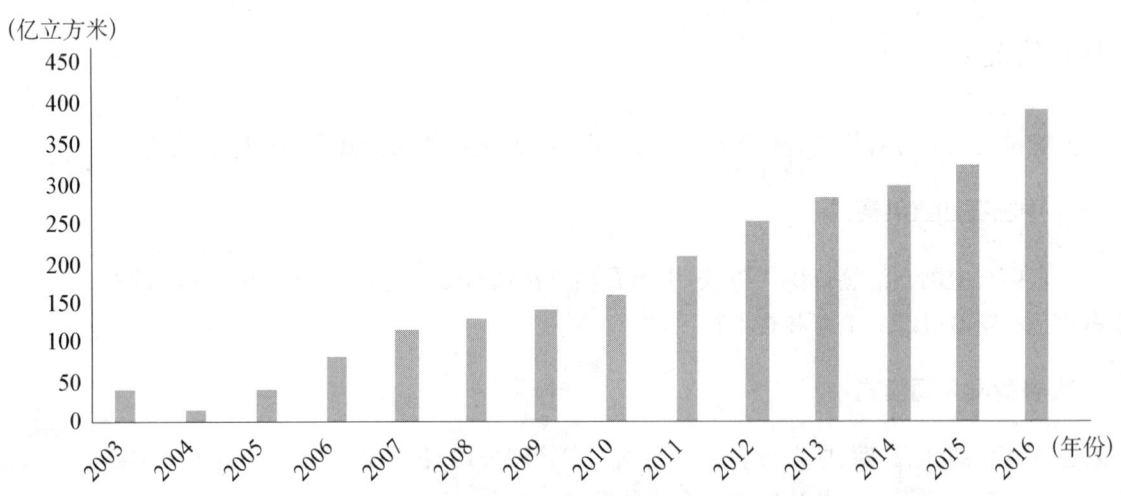

图4-3-1　西气东输天然气销售完成情况年度累计报表图(单位:亿立方米)

从各省情况来看,2003—2010年期间,西气东输主要销售区域为上海市、河南省、江苏省、浙江省(2004年接驳售气)、安徽省、山西省(2005年接驳售气)。各省8年总销气量分别达到133.03亿立方米、111.83亿立方米、304.41亿立方米、81.98亿立方米、42.1亿立方米、3.76亿立方米,平均年销气量分别达到16.63亿立方米、13.98亿立方米、38.05亿立方米、11.71亿立方米、5.26亿立方米、0.6271亿立方米,总体保持年均58.7%的增长率。天然气市场整体呈现出以长三角地区为主、中原地区为辅的用气结构。

2011年开始,西气东输二线工程分阶段竣工,沿线新增用户逐步接驳用气,天然气销售区域从6个增加到13个。新增宁夏、湖北、湖南(2013年开始接驳售气)、江西、广东、陕西、甘肃(2012年开始接驳售气)7省份。

在13个省份区域中,江苏省销气量始终遥遥领先。2015年年度销量为137.46亿立方米,占西气东输总售气量的42.8%,其后是河南省、广东省、上海市,分别为42.77亿立方米、40.39亿立方米、36.04亿立方米,其销售总量占西气东输总销气量的37.11%。详细销售情况见表4-3-1:

表 4-3-1　2003—2015 年 13 省份销气量统计表　　　　单位：亿立方米

省份＼年份	2003	2004	2005	2006	2007	2008	2009	2010	2011	2012	2013	2014	2015	累计
河南	0.37	4.27	6.60	10.90	16.15	21.80	22.99	28.74	39.28	46.28	49.85	47.16	42.77	337.15
安徽	0.02	0.46	1.54	2.87	4.88	7.85	10.56	13.91	17.58	20.40	24.70	27.49	26.58	158.85
江苏	0.01	3.13	15.58	37.74	53.08	59.02	63.98	71.88	94.35	112.50	115.94	117.71	137.46	882.37
浙江		0.32	2.27	11.01	16.23	16.24	17.77	18.13	24.27	25.72	25.76	27.00	22.94	207.66
上海	0.02	4.94	12.69	18.03	22.67	25.36	24.10	25.22	29.83	32.80	32.87	33.27	36.04	297.84
山西			0.03	0.23	0.39	0.68	1.17	1.26	1.85	2.39	3.53	3.18	3.37	18.08
宁夏									0.26	0.56	0.53	0.78	0.92	3.06
湖北									0.09	0.16	0.52	1.51	6.26	8.53
湖南											0.14	0.33	0.49	0.95
江西									0.05	0.58	1.30	2.32	2.90	7.15
广东									0.13	8.83	24.24	33.56	40.39	107.15
陕西									0.30	0.82	0.13	0.14	0.73	2.13
甘肃										0.03	0.15	0.23	0.35	0.76
西气东输合计	0.42	13.12	38.72	80.79	113.41	130.94	140.58	159.14	208.00	251.06	279.66	294.67	321.18	2 032.7

第三节　长宁管道系统供气市场及用气情况

一、简介

长宁天然气销售分公司前身为宁夏长宁天然气销售分公司，成立于 2006 年。原上级公司为宁夏长宁天然气有限责任公司，属宁夏回族自治区国资委监管的地方国有企业。股权结构为宁夏出资人（宁夏交通投资公司 55%、宁夏综合投资公司 15%）占 70%、中国石油出资 30%。

2007 年底，经股份公司与宁夏回族自治区政府友好协商，决定将宁夏长宁天然气有限责任公司宁夏出资方方所持 70% 股权转让给股份公司，股权交割日为 2008 年 1 月 1 日。

按照集团公司人事部批复意见，长宁销售分公司随长宁输气分公司一道划归西气东输管理，组织机构为"两块牌子一套人马"。2008 年 4 月，长宁销售分公司在宁夏银川市正式注册成立。

2015 年 5 月，长宁销售业务从银川管理处原销售科剥离，划归到市场开发与销售部银川销售分部管理。

截至 2016 年底，银川销售分部主要负责的销售区域为宁夏银川、吴忠、石嘴山地区、陕西省定边县、内蒙古阿拉善左旗、鄂托克前旗上海庙镇等地。所属区域的天然气消费类型涵盖：城市管网、直供工业、化肥生产、LNG 生产、热电联产等用气类型。

二、销售区域增长情况

长宁管道系统（及其前身）经过 10 多年的不断发展，管道运营及销售区域已覆盖宁夏回族自治区全境,并辐射内蒙古阿拉善盟、鄂托克前旗、陕西省定边县等地区。当地数百万汉、回、蒙古族人民相继告别了蜂窝煤、煤气灶时代,用上了方便清洁的天然气。沿线地区污染物排放量持续减少,区内各城市的大气环境得到明显改善。以2014—2015年为例,宁夏首府银川市的年均空气质量优良天数达到270天左右,天然气资源综合利用在宁夏地区取得了良好的经济和社会效益。

宁夏地区属国内输气管网密集地区,辖区内途经多条天然气主干管道,已实现多个气源联网供气格局,天然气资源保障性较高。区内可调用的气源主要有长庆气田、青海涩北气田、新疆塔里木气田、中亚进口天然气,以及中贵线反输天然气。上述气田所产的天然气通过宁夏境内的长宁线、兰银线、西气东输一线二线、西气东输二线中靖联络线,以及中贵线向当地用户进行分输供气。

长宁管道系统供气辖区范围内共有22个市(盟)、区、县(旗),区域人口约770万,除地理位置较为偏远的同心县、泾源县、隆德县、海原县尚未接入管道气外,其他区域均已实现管道供气。

截至2016年年底,公司现有各类下游用户37家。其中,化肥用户1家、电厂用户2家、LNG生产用户2家、直供工业用户7家,城市综合用户25家。按区域划分,宁夏回族自治区34家,内蒙古自治区2家、陕西省1家。

根据规划,2016—2020年,长宁管道系统销售量年均将增长1.8亿立方米,年均增长率达到5.7%。到2020年,宁夏地区的天然气销售量将达到33.32亿立方米,占长宁管道系统总销售量的98.62%;内蒙古阿拉善左旗、鄂托克前旗地区占0.56%;陕西省定边县占0.82%。

三、用户情况

长宁管道系统市场区域内的销售模式主要有以下两类:

(一) 中国石油直供模式

采用该模式的主要是辖区内的直供工业用户,神华宁煤、青铜峡铝业为主要直供工业用户。

(二) 城市燃气公司模式

宁夏及周边地区的终端天然气市场由于起步较早,没有出现省级天然气管网企业,各地区先后成立了相互没有股权关联、相对独立的大、中、小型城市燃气公司。中国石油对宁夏地区的城市燃气公司基本采取门站交付天然气、燃气公司自建城市管网对终端用户销售的模式。其中以银川市哈纳斯新能源集团公司、石嘴山市星泽燃气公司、吴忠市新南天然气有限公司等人口聚居城市燃气经营企业最具有代表性。

四、销售量增长

长宁销售公司自2008年加入西气东输至2016年底,9年来,累计向辖区销售天然气150.10亿立方米,年均销售总量达到了18.76亿立方米,平均运销增长率为12.49%,分别为:2008年天然气运销量为10.96亿立方米、2009年为12.10亿立方米、2010年为14.31亿立方米、2011年为18.80亿立方米、2012年为22.86亿立方米、2013年为24.80亿立方米、2014年为25.78亿立方米、2015年为21.42亿立方米、2016年为22.67亿立方米。

详细销售情况见图4-3-2:

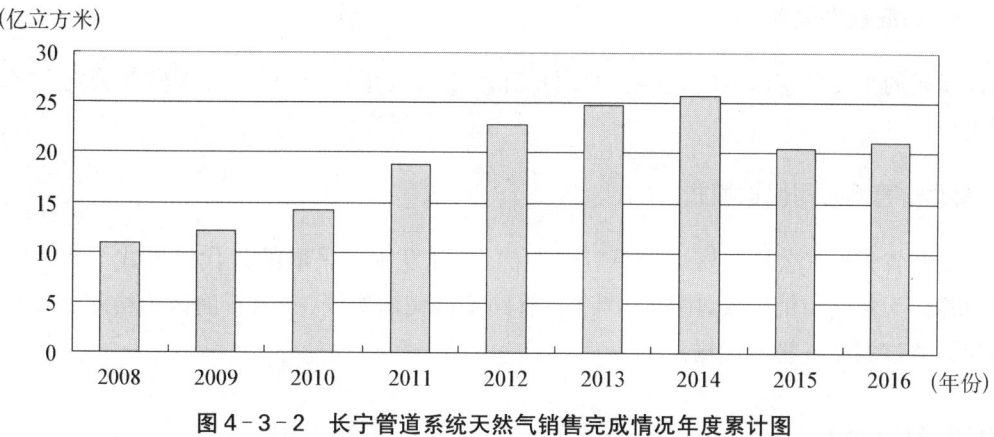

图4-3-2 长宁管道系统天然气销售完成情况年度累计图

第四节 忠武管道系统供气市场及用气情况

一、简介

忠武输气管道是"十五"期间国家重点建设项目,总投资近50亿元,工程于2003年8月28日正式开工,2004年11月16日实现干线及黄石支线、襄樊支线进气投产。2005年5月26日湘潭支线投产,忠武输气管道全面投产。

忠武输气管道系统包括忠县至武汉干线和荆州至襄樊、潜江至湘潭、武汉至黄石3条输气支线,全长1375公里。管道途经1市(重庆)、2省(湖北、湖南)、15个市(州)、31个县(区)。

忠武输气管道建成投产时,只有来自西南油气田经由忠县输气站进入的一路气源。2007年1月14日,西气东输一线通过淮武联络线经由武汉西输气站向忠武线供气。

2010年11月30日,西气东输二线黄陂站经淮武联络线向忠武线供气。12月14日,西气东输二线枣阳至十堰支线经由襄樊输气站向忠武线供气。2011年8月1日,西气东输二线樟树至湘潭支线经由湘潭输气站向忠武线供气,西气东输二线与忠武线完全联通。

二、销售区域增长情况

两湖地区的天然气供应,主要由忠武输气管道系统供应,有武汉西、襄阳、湘潭、忠县四大进气口,设计最大年输量由原来30亿立方米增至70亿立方米,形成了以干线、支线、联络线相互连接的调配网络。

截至2016年底,两湖地区投产用户共计64家。其中忠武线管网系统用户50家,西气东输二线支干线用户11家,天然气销售已覆盖县级以上城市67个。其中省会城市2个,地级城市23个,使用天然气居民用户超过800万户,工业用户约1500家,公服商业用户约24000家。

三、用户情况

忠武管道系统市场区域内的销售模式主要有两类。

(一)中国石油直供模式

采用该模式的主要是辖区内的直供工业用户和城市燃气用户,包括武汉天然气公司、襄阳华润、宜昌中燃等用户。

(二)湖北省管网公司代输模式

由于与湖北省天然气公司合资合作事宜未明确,新开发用户采取的是代输模式。即中国石油集团公司与用户签订天然气购销协议,用户与湖北省管网签订代输协议,中国石油销售给湖北省部分新用户天然气均需要通过湖北省管网代输。

四、销售量增长情况

2004年忠武管道投产至2016年底,共向两湖地区销售天然气349亿立方米,其中湖北省213亿立方米,湖南省136亿立方米,年均销售总量达到了29.08亿立方米,平均运销增长率为25.52%,分别为2005年天然气运销量为4.6亿立方米,2006年为9.11亿立方米,2007年为12.9亿立方米,2008年为19.39亿立方米,2009年为22.04亿立方米,2010年为25.44亿立方米,2011年为35.66亿立方米,2012年为41.96亿立方米,2013年为44.77亿立方米,2014年为47.73亿立方米,2015年为49.68亿立方米,2016年为53.36亿立方米。

详细销售情况见图4-3-3:

图4-3-3 两湖地区天然气销售情况图

第五节 液化天然气(LNG)及交易中心现货交易

一、液态天然气销售市场及用气情况

20世纪80年代末,我国开始进行液化天然气工业实践。20世纪90年代开始规划在广东、福建、浙江、上海、江苏、山东、河北、辽宁等沿海地区建设液化天然气接收站,逐步打造沿海LNG接收与输送网络。经过20多年规划建设,我国液化天然气工业从起步到发展,在液化天然气产业链的液化、储存、运

输等各个环节都有了长足的进步。

2009—2011年,按照国家能源局主持签订的《关于利用上海LNG设施增加天然气供应的合作备忘录》和股份公司天然气与管道分公司的统一部署,公司会同上海管网公司及上海液化天然气接收站于2009年12月、2010年7月、2010年10月先后3次合作签署了《关于利用上海液化天然气接受站补充天然气的协议》,通过上海液化天然气接收站设施增加上海管网供气,以补充管道气资源量,缓解国内天然气供应紧张的局面。

2011年8月30日,西气东输销售公司、中国石油国际事业公司、中国石油江苏液化天然气有限公司、江苏华港燃气有限公司等相关部门协商确定了2011年冬季11—12月液化天然气采购计划。

2011年6月,江苏如东接收站正式投产运营后,股份公司天然气与管道分公司确定了由西气东输负责如东接收站液化天然气销售的商业模式。由于对销售对象及价格等诸多条件的限制,截至2016年底,西气东输液化天然气累计销量11.94亿立方米(2011年,专业公司确定由西气东输作为如东LNG销售主体)。液化天然气销售在整体销售比重较小,且在销售机制、销售组织等各方面未能实现有效结合。

按照股份公司天然气与管道分公司《关于调整接收站液化天然气销售价格和销售模式的通知》(油气〔2014〕22号)要求,天然气销售地区公司是液化天然气接收站,是销售责任主体。公司对液化天然气销售相关工作进行了总体部署,安排人员开展液化天然气市场需求、价格承受调研、方案讨论等相关工作。经过多次与相关部门沟通协调,公司于2014年7月14日按照股份公司天然气与管道分公司的顺价价格,正式装车销售液化天然气,为开展液化天然气顺价销售奠定了基础。

2014年10月,按照国家发改委有关通知精神,液化天然气可气化后进管道向管道用户销售。经过对管道用户液化天然气需求多次调研,协调有关部门对气态LNG销售方案进行讨论,公司与用户签订了液化天然气销售协议,并于1月10日正式向管道用户销售气态LNG,为管网用户冬季调峰开通了渠道。

2016年2月14日,股份公司天然气与管道分公司下发了《关于2016年接收站液化天然气销售有关安排的通知》(油气〔2016〕31号),分别规定了淡季和旺季的销售成本,明确了自主定价自负盈亏的市场化原则,并鼓励通过上海石油天然气交易中心平台交易。

二、上海石油天然气交易中心现货交易

上海石油天然气交易中心(以下简称"交易中心")由上海市人民政府批准建设,于2015年3月4日在上海自贸区注册成立并试运行,接受国家发展和改革委员会、国家能源局及商务部的指导和监督。交易中心股东为中国石油、中石化、中海油等10家单位,注册资本金10亿元,类型为有限责任公司(国内合资)。

交易中心充分利用现代信息技术,打造市场化、国际化的交易平台,开展天然气、非常规天然气、液化石油气、石油等能源产品的现货交易,提供交易相关技术、场所和设施服务,以及资讯与信息服务。

上海石油天然气交易中心投入运行的主要有管道天然气(PNG)和液化天然气(LNG)两个现货品种的交易。交易模式包括挂牌(协商)和竞价两种,交易气源主要包括:放开的直供用户用气,已经市场化定价的液化天然气、煤制气、煤层气、页岩气等。

根据股份公司天然气与管道分公司部署,公司于2015年在上海石油交易中心出售气量20亿立方米,共有16家用户在上海石油交易中心进行交易。

2016年11月26日上午,经过一年多试运行,上海石油天然气交易中心正式投入运行。

截至2016年年底,公司通过交易平台累计销售天然气74.20亿立方米。

第六节 天然气调峰

一、天然气调峰的意义

随着国民经济不断发展,基础设施建设速度加快,特别是天然气管道大力发展、城市用气居民规模不断扩大,天然气需求量连年不断增长,对供气调峰能力的要求也在不断提高。尤其是一些调峰电厂加入用户行列,更大大增加了天然气的调峰压力。相比之下,国内天然气行业还没有足够的调峰手段,这就要求上游供应商必须承担大部分调峰任务。

西气东输主干输气管网连接多个气源、多个用户、输气枢纽、储气库以及其他调峰设施,其运行管理的基本任务是在满足各种约束条件的前提下保障供气,即按质、按量、按时满足用户的用气需求。由于干线输气管道或管网的输量大、输气距离长,其每年的能耗费用可观,因此设法降低整个管网系统的能耗费用对提高输气企业的经济效益具有重要意义。调峰不但会直接影响供气的保障程度,而且会在很大程度上影响管道营运的经济效益,因此妥善解决调峰问题,对天然气主干输气管网经营具有十分重要的意义。

天然气业务快速发展,调峰需求逐年增加,作为供应国内市场70%以上天然气资源的中国石油,调峰需求从2007年的33.7亿立方米一路上升到2012年的128.3亿立方米,为适应调峰需求,中国石油通过上游配套建设储气库、LNG接收站和长输管道管存,以及可中断用户解决"月峰"问题;下游通过建设CNG、LNG接收设施、储气罐和大管径高压管线等解决"日峰和小时峰",全方位保障调峰工作。

二、国内天然气调峰情况

我国天然气供用气调峰设施主要有地下储气库、高压储气罐、城市高压输气管网和小型LNG装置。地下储气库是在较深的地下找一个完全封闭的构造,夏天用压缩机把多余的天然气注入到这个构造中储存起来,需用时又通过生产井把天然气采出到地面输送给用户。国内已经建成投产的地下储气库有3座,分别是大张坨地下储气库、金坛地下储气库和华北储气库。地上储气罐一般是钢制储气罐,储气量小,可分为低压储气罐和高压储气罐。低压储气罐依靠增加容积增大储量,已逐渐被淘汰。高压储气罐的容积固定,靠提高压力增大储量,具有筒形和球形两种结构,主要用于日调峰量较大的城市。高压城市燃气管网是目前国内小时调峰及日调峰的主要设施,川渝地区和其他用气城市基本都以此来调峰。

数据显示,在2012年的调峰量中,储气库调峰16%、LNG调峰24%、气田调峰28%、压减市场31%。储气库的发展短板凸显了我国天然气调峰设施建设任重而道远,加大力度进行地下储气库及其他用气调峰设施的研究于建设,势在必行。

进入"十二五",集团公司储气库建设开始规模提速。2010年,由上游板块负责建设的第一批6座储气库项目启动,设计总库容289亿立方米、工作气量117亿立方米。目前,集团公司已建成储气库(群)10座,其中投运8座,调峰能力28.6亿立方米。按照集团公司储气库规划和天然气市场的发展,2020年储气库工作气量达到197亿立方米,占调峰需求的81%。储气库将逐渐成为调峰的主力军。

三、天然气用户负荷预测

天然气用户负荷预测对于天然气销售公司和天然气用户收益最大化,尤其是对于管线优化调度、天然气调峰具有非常重要的意义。

(一) 天然气用户负荷特征

城市燃气管网负荷根据采样时间间隔的长短,分为短期(小时、日)用气负荷、中期(月、季节)用气负荷、长期(年)用气负荷等。

用户负荷可分为两类:一是常年性负荷,包括居民生活用气、商业用气和工业用气;二是季节性负荷,主要用于采暖用气和调峰发电。常年性负荷的主要部分为居民生活用气,有突出的小时不均匀性,另外有一定的随季节温度、生活习惯等变化的日不均匀性和月不均匀性。当用户负荷中季节性负荷的比例增大时,用气负荷的季节不均匀性更加明显,冬夏温差很大的地区,季节性负荷的影响也更大。

(二) 短期负荷预测

短期负荷包括小时负荷、日负荷,其规律不同。小时用气负荷具有明显的周期性,其中居民生活、公共建筑用户、调峰电厂的用气不均匀性最为明显,每日呈现 2—3 个高峰,其波动情况与居民的生活习惯、用气住宅的数量等因素有关。工业用户小时负荷在用气期间相对平稳;而采暖用气负荷晚间稍大,因此一定数量的采暖和工业用户会降低小时用气负荷的波动幅度。

日负荷受到季节性温度影响的特点较为明显。对于城市燃气用户来说具有温度低用气量大,温度高用气量小的特点;然而对于调峰电厂则在温度较低或较高时均用气量很大。

由于小时负荷和日负荷特点不同,因此在预测方法上有小时负荷周期性预测方法和日负荷预测方法。

负荷预测考虑的相关因素不仅仅是气象因素,而包括日分类(节假日、工作日)、日期差(两日之间相距的天数)、日天气类型(晴、阴等)、日最高温度、日最低温度、日降雨量、湿度、风速等。因此需要一种规范化的策略,可以直接考虑各种相关因素。

在组合模型中通常将两种方法并联,而在确定各预测算法所占的权重没有科学的理论根据。其中最常见的为模糊逻辑和神经网络组合、灰色理论和神经网络等的组合在此提出先用模糊逻辑处理一些影响天然气管网负荷的因素,再用改进的径向基(RBF)神经网络来预测天然气管网负荷,即模糊逻辑和 RBF 神经网络模型(FL-RBF NNM)。

(三) 中长期负荷预测

天然气用户的中长期负荷预测是天然气销售公司上游购气的基础,同时对管道安全经济运行发挥着越来越重要的作用。由于用气负荷易受气象、经济环境变化等随机因素的干扰,不确定因素较多,因而要准确对负荷加以预测是一项极为复杂的工作。常用的回归法、时间序列法和相关分析法等预测方法一般都是对这些影响因素简化考虑,因而达不到理想的预测效果。

负荷预测按照所使用的数据分类可以分为自身外推法和相关分析法。回归分析法、时间序列法属于自身外推法,而灰色系统模型则属于相关分析法。

在对负荷预测中,目前没有任何一种方法能保证任何情况下都能获得满意的效果,为充分利用各个预测类型的有用结果,可以对负荷预测方法进行组合。对同一个预测问题,多个负荷预测模型的线性组合,在一定条件下能够有效地改善模型的拟合能力和提高预测的精度。

(四) 市场初期对用户负荷的计划管理

在天然气市场销售初期,大多数燃气公司为新天然气用户,缺乏历史数据,天然气负荷预测方面经验也同样缺乏。在实际销售和运行管理过程中,天然气销售公司的销售量或用户的用气量往往采用计划管理。

天然气销售公司与下游用户初步确定的天然气销售合同的基本运营原则是销售公司在首站买断上游气田生产的天然气,由管道公司输送至下游分输站计量后交付给下游用户,销售公司向下游用户出具销售结算单。下游用户的年合同量通过年、季、月、周计划来逐渐确定,日常销售运行通过下游用户的日指定通知和日指定变更通知机制实现。每日进行计量交接,每周为一个结算周期。

用户短期负荷预测主要结合居民用户数量、商业用户和工业项目的规模用气情况,结合经验值初步判断。对于中长期用气负荷,燃气公司主要是参考城市发展情况以及用气项目的规划用气情况,粗略估计可能用气量,首先以"照付不议"合同约定逐年用气量。在实际运营过程中,由于缺乏用气的历史数据作为依据,用户提供的周计划、月计划、季度计划、年计划存在不确定性,实际需求量相对计划用气量有较大偏差。

四、储气库调峰

相对于 LNG 调峰、气田调峰等其他常规调峰措施,地下储气库具有储气容量大、经济、不受气候影响、安全可靠、能合理调节用气不平衡等优点,是最主要的调峰方式。储气库除满足用气高峰期间的调峰需求外,还有保证管道被损毁、维修等情况下安全供气、战略储备和商业运作的功能。为了保证安全平稳供气,多年来,公司全力推进储气库建设,构建了满足所辖管线较为完整的储气库体系,包括西气东输一线的江苏金坛储气库、刘庄储气库,二线、三线的江苏淮安储气库、河南平顶山储气库、湖北云应储气库,中俄东线的江苏楚州等 6 座盐穴储气库。

截至 2016 年底,公司直接管理的储气库有金坛储气库和刘庄储气库。金坛储气库库容 7.5 亿立方米,每日最大调峰可采气量为 600 万立方米,每日应急可采气量为 1 500 万立方米。刘庄储气库库容 4.55 亿立方米,每日最大调峰可采气量为 100 万立方米,每日应急可采气量为 150 万立方米。

第四章 服务与保障

市场销售是联系公司与用户的桥梁和纽带。为充分发挥市场销售作用,维护好用户关系,西气东输管道正式投产运营以来,公司始终坚持"以用户为中心"的服务宗旨,客户服务成为天然气销售工作的重要组成部分。公司与用户建立了相互依存、长期稳定的关系,形成了天然气链上采气、运输到市场销售三赢的局面。

应急保障是天然气销售服务工作的重要内容之一。公司市场开发与销售部于2010年4月9日编制《天然气销售突发事件专项应急预案》,遵循"先安全后生产,先重点后一般,先民用后工业,局部利益服从整体利益"原则,明确应急组织机构职责、应急响应、应急保障等要求,用于指导天然气销售突发事件发生时的应急响应和处置工作。

第一节 客户服务

一、天然气客户管理系统

《天然气客户管理系统(过渡方案)》是股份公司天然气与管道分公司统建的信息系统,该系统主要功能包括市场开发审批流程、销售周报、用户静态信息档案、知识库、查询统计等功能。其中,市场开发审批流程包括新建管线和已建管线的重点、非重点客户市场开发及市场调研报告管理、意向方案管理、意向/承诺管理、合同方案管理、合同信息填管理、客户信息管理、投产进度跟踪等,支持市场开发各阶段相关信息的录入、上报及审批,对市场开发全过程进行管理。

截至2016年年底,该系统管理公司418个客户的档案信息,其中潜在客户65个、现有客户353个。客户档案信息包括客户基础信息、联系方式、气源结构、分类信息、用气特性信息、承诺信息、需求预测信息和合同信息等。借助该系统,新增客户的流程得到规范,在该系统中执行完市场开发流程后,再利用现有信息向主数据管理平台、管道生产管理系统申请新增客户,保证各系统之间的数据共享,提高了数据准确性。通过系统应用,西气东输客户档案管理水平得到进一步提升,客户信息管理更加丰富、细致,收集更加准确、及时,存储、统计更加方便,客户信息档案在各科室间得到充分共享。该系统为规范客户信息管理,提高数据质量,深入了解客户情况,加强需求侧管理,提供更好的客户服务打下良好基础。

二、天然气客户关系管理系统

随着天然气市场形势的变化,由集团公司筹建的《天然气客户关系管理系统》,2016年6月在部分地区公司试运行上线。

该系统是集团公司"十二五信息技术总体规划"中的B3工作包,其功能主要包括客户管理、营销管理、销售管理、客户服务、客户交互和智能分析等,将整合客户全生命周期数据,建立了完整的客户信息库,建立了与客户交互的门户和移动应用等渠道,形成了涵盖客户基础信息、用气特性信息、市场开发信息、销售信息、服务信息以及分析信息的360度视图。

三、顾客满意度调查

2006年开始,公司每半年进行一次用户满意度调查活动。调查活动以调查问卷的形式在公司管道生产系统(PPS)中发布,内容包括天然气数量、天然气质量、压力、供气质量、价格、计量准确性、交付及时性、信息沟通能力、对用户问题重视程度、对问题响应速度、服务态度、企业形象及信誉等13个测试项目。

2010年,用户满意度调查开始对单项满意度及综合满意度进行量化分析,通过统计分析,天然气数量、供气质量、供气价格重要程度在各指标中居前三位,对天然气价格满意度打分在各指标中排名较低。

2012年,开始进行用户忠诚度调查。通过对反馈信息统计分析,得出下游用户对公司天然气销售管理系统的客观评价。2016年,满意度调查指标由原来的13项调整为10项,取消供气质量、对困难问题的重视程度、其他建议3项指标,在调查问卷最后新增意见反馈及服务热线内容。

经过多年改进,调查活动形成了一套相对完整的统计、分析模式,多次在集团公司国际安全评级和HSE体系审核中得到挪威船级社、中国船级社有关专家的好评。

截至2016年年底,公司共计开展用户满意度调查活动21次,累计回收调查问卷2 450份,回收率超过95%。2015年下半年、2016年回收率达到100%,综合满意度保持在95%以上。历年调查共收集用户提出的问题243个(次),市场开发与销售部根据问题的专业类型进行分类并提交相关专业科室(处)研究,提出答复或解决方案,并一一反馈至用户,用户反馈问题主要集中为天然气价格、天然气保供、供气压力、计量准确性等几个方面。

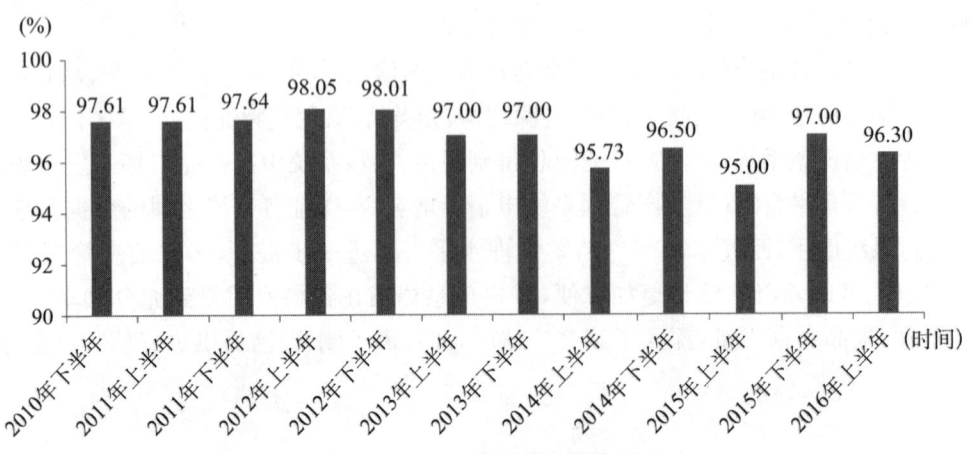

图4-4-1 历年满意度调查图

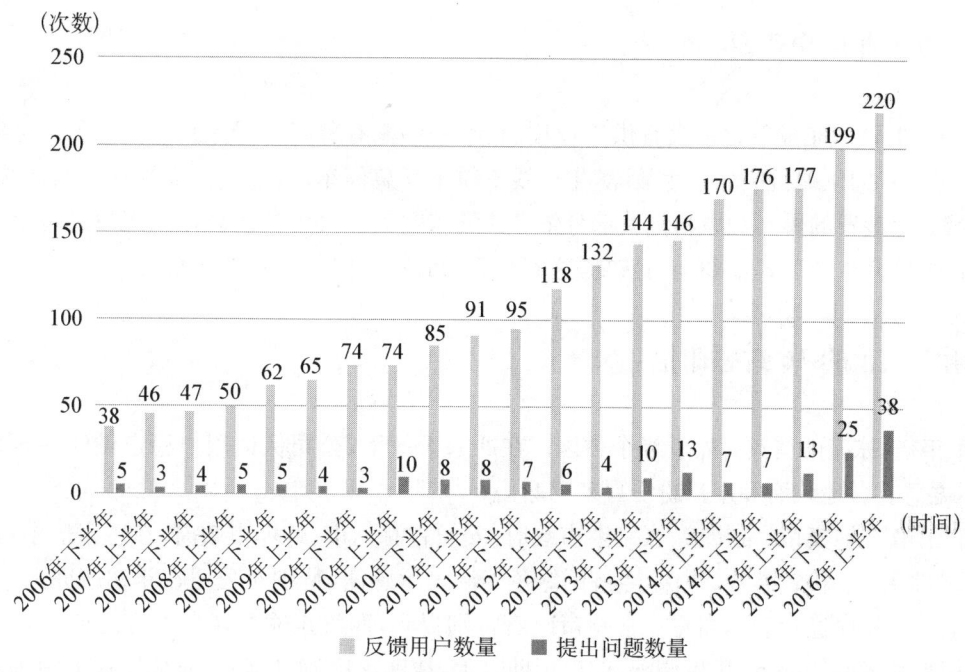

图 4-4-2 历年调查活动情况示意图

四、客户服务热线

2015年4月,公司开设2部客户服务热线电话,即021-50959797、021-50959798,目的在于规范服务标准,保证与用户沟通渠道的畅通,提高公司天然气销售服务质量,树立良好的企业形象,稳固和提高西气东输天然气市场占有率。

客服热线电话设立在西气东输销售公司市场开发与销售部,受理西气东输下游用户对公司天然气销售工作提出的咨询、意见、建议及投诉。服务范围适用于西气东输所辖市场区域的合同用户以及其他相关用户。接听热线时间在周一至周五(工作日)8:30—17:00。同时,公司制定了服务热线管理办法,2015年底发布实施。

第二节 天然气保供典型案例

一、2008年应对全球金融危机困境,实现天然气销售有效增长

2008年,波及全球的金融危机对西气东输业务发展带来不利影响,主要是工业用气弹性需求下降给完成全年天然气销售任务带来较大的不确定性。

从2008年10月开始,公司下游市场工业用户用气波动日渐明显,实际供气量与日合同量差距最多一天达到442万立方米。面对困境,公司优化调整用气结构,科学统筹管道运行及市场销售,在困境中实现了天然气销售有效增长。

从2009年2月开始,天然气销售保持箭头向上,始终超计划运行。2009年上半年销售天然气70.04亿立方米(不含山东和湖南、湖北市场),超计划1.67亿立方米,比2008年同期增加6.51亿立方米。

二、中外合资企业用户致谢

2009年年初,西气东输管道最大直供工业用户、唯一一家有外资背景用户——扬子—巴斯夫公司,由于厂区乙烯装置的压缩机突然发生故障,生产线不得不紧急停车,天然气供应受到影响。在半个月检修期间,下游数套装置的燃料和原料绝大部分依靠西气东输天然气维持。公司急用户之所急,想方设法予以协调解决,使其生产装置如期全面恢复,这家企业为此特别向公司寄来感谢信。

三、冰冻雨雪灾害的16封感谢信

2008年年初,冰冻雨雪灾害席卷半个中国。在严寒天气下,公司保证用户稳定供气甚至超量供气,解用户燃眉之急。各地政府和用户纷纷写来感谢信。

江苏省扬州市、淮安市、常州市、张家港市政府,安徽省滁州市、蚌埠市政府,在感谢信中对公司使这些城市人民顺利用上清洁、高效、环保、经济的绿色能源表示感谢,特别对公司在年初冰冻天气中安全平稳供气,保证社会秩序稳定表示谢意。常州市政府特别提到,西气东输公司急地方之所急,想地方之所想,在气源相当紧张的情况下,积极调配,伸出援助之手,帮助灾区渡过难关,充分体现了中国石油"奉献能源、创造和谐"的精神。

上海市管网公司和申能集团是当时西气东输用气量最大的用户。它们在信中表示:在西气东输正式向上海供气以来的1500个日子里,从冬春燃气高峰,到夏季电力迎峰度夏,西气东输给予上海市大力支持,帮助渡过一个又一个难关。在今年上海遭遇几十年未遇大雪侵袭的关键时刻,你们再次伸出援助之手,雪中送炭,为确保上海燃气安全供应、经济平稳发展、城市秩序和谐稳定起到积极作用,提供了不可或缺的能源支持。

河南济源中裕燃气公司、焦作中燃公司在信里表达了雨雪冰冻天气下供气工作承受的巨大压力,信中说:"正是有了西气东输的大力协调、精心调度,才确保了居民用户和重点工业用户平稳供气,我们的工作因此受到社会各界的一致认可及市政府的高度评价。你们的倾力相助,展示了中国石油的大胸怀、大手笔,也展现了你们对用户兄弟般的情谊。"

华能金陵电厂和浙江省燃气公司在信中提到:雪灾发生后,浙江省应急发电大大缓解了用电紧张状况,南京地区基本没有出现拉闸限电现象,都缘于西气东输及时增加天然气供应量,帮助我们提高发电量,保证人民度过一个安定、祥和的春节。

四、帮助用户连夜抢修,展示良好企业形象

2015年7月25日,江苏华电仪征热电有限公司天然气调压站母管一温度测点发生严重泄漏。这家热电厂日用气量达320万立方米,承担着向仪征地区提供用电和工业用热气的保障重任。时值夏季用电高峰期,若不能及时解决,将造成全厂机组停运,并衍生下游热用户停产,经济损失和社会影响较大。7月27日下午4时,电厂领导向西气东输求助。公司领导立即安排生产运行部门和苏浙沪管理处处理。苏浙沪管理处南京维抢修中心接到指令,立即组织员工赶往现场抢修。不到一个小时,救援组便到达现场。抢修人员经过紧急讨论,初步决定采用链式堵漏卡具进行带压堵漏,将温度变送器整体扣入管帽内进行锁紧密封。抢修从晚上6点多开始,到7月28日凌晨2时,供气恢复正常。西气东输与客户"同呼吸、共命运"的服务理念,抢修队伍快速反应、高效处置险情的技术水平,得到用户的好评。他们特地向股份公司和西气东输管道公司发来致谢函,表达真诚感谢。

2015年8月5日上午11时半,公司苏北管理处连云港站发现冀宁线邳连支线5号阀室往下游门站方向处管道发生泄漏。这座阀室是分输阀室,属用户管理的管段。下游用户东海中油管道燃气日均用气3.7万立方米左右,为居民用户供气,还有部分工业用户,能否稳定供气关系千家万户。苏北管理处立即启动三级应急预案,并做好现场布控。下午5时,南京维抢修中心5名抢修人员赶到现场。在用户完成放空置换作业后,抢修人员从8月6日早6时开始切管、组对、焊接作业。下午2时成功完成抢险任务。下午4时,用户升压结束,恢复供气。

五、迎峰度夏

每年夏季的持续高温,使电力负荷达到高峰,给西气东输沿线省市带来很大的天然气保供压力。公司一方面优化管网运行,充分发挥调峰能力,努力增加市场供应;另一方面强化设备和人员安全管理,排除隐患,增加供气量,确保高温酷暑下居民用户和工业用户供气充足。

六、冬季保供

冬季天然气保供,与铁路的"春运"、电力的"迎峰度夏"相比,更严峻、更具挑战性。特别是冬夏季巨大的峰谷差导致夏季资源过剩,冬季供不应求,加剧了生产企业保供压力。为此,公司开源与节流并举,本着"保重点、保民用、保公用"的原则,采取编制的冬季天然气运销方案、优化管网运行、加强调峰、加强应急沟通等有效措施,努力保障市场基本需求。

2009年冬季,公司首次通过LNG缓解天然气供应紧张局面。2010年1月2日,承载6.5万吨LNG的运输船到达上海洋山深水港码头。LNG接卸到上海LNG项目设施并气化后,通过上海市天然气管网,供应市内用户使用。从西气东输主干线置换出来的相应数量的天然气,用以供给其他省、市及周边地区的用户,为缓解部分地区用气紧张局面,应对冬季用气高峰起到积极有效的调节作用。

2010年初,遭遇低温寒潮天气后,天然气需求激增,公司全力保证天然气供应,日均输气量达8 000万立方米以上,同比增长近40%。上游气田开足马力保产增产,同时公司加大与沿线城市能源主管部门和下游用户的协调力度,在调控调节工业用气、优先保障居民用气方面作出部署。沿线6个燃气电厂用户停开、少开机组,从每月5 000多万立方米的用气量,降至每月140万—200万立方米,为保证冬季供气稳定作出重要贡献。公司建议部分双燃料用户转用其他能源,号召沿线居民用户节约使用清洁能源,保证了特殊情况下天然气安全稳定供应。

2015年12月23日,长沙市冬季供气量迅速上升,城市用气告急。由于西气东输长沙站设计输量无法满足冬季供气需求,公司决定采用湘潭站升压增输措施解决燃眉之急。为最大程度减少下游用户损失,公司组织相关人员24小时内完成升压改造,增输工程作业圆满完成,成功打通长沙天然气供应的第二条通道。

第三节　天然气销售应急保障

2010年4月9日,市场开发与销售部根据《中国石油西气东输管道公司突发事件总体应急预案》编制了《天然气销售突发事件专项应急预案》(以下简称《应急预案》)。该应急预案是《中国石油西气东输管道公司突发事件总体应急预案》的支持性文件,阐述了预案适用范围与事故分级,明确了应急组织机构的职责、应急响应、应急保障等要求。

该预案适用于应对公司遭受自然灾害、事故灾难、公共卫生、社会安全四种突发事件引起的减供、断供情况的应对工作。具体范围指天然气管道发生断裂、泄漏、爆炸着火并对人员造成严重伤害、对周边环境产生严重影响而引起减供、断供,或管道严重扭曲变形而必须中断输气的事故,或由于自然灾害、天气突变以及人为破坏造成的等同于以上影响后果的减供、断供情况。主要针对公司在天然气产、运、销过程中,在已确定合同量及批准的天然气销售计划方案的基础上,因受气源和输送等出现的不可抗拒和不可预见因素影响,在应急状态下而被动采取的措施。公司将坚持安全、有序、平稳的原则,快速准确反应和指挥,主动与天然气产、运部门及用户沟通,与公司相关部门协调,尽快恢复正常供气,最大限度减少损失。

《应急预案》的工作原则是结合各用户应急预案,充分考虑用户气源情况、储气设施,并与公司生产运行和上游气源的应急预案充分衔接,尽最大可能保护下游用户利益少受损失。

《应急预案》规定,按照用户的重要程度、社会影响和合同约定规定,用气单位的优先保障顺序:首先是城市燃气,其次是直供大工业,第三是直供天然气调峰发电厂。各大城市燃气公司,在下辖用户结构中包括天然气发电厂和直供大工业用户,城市燃气用户应根据实际情况进行减供。相关下辖用户也应该主动按照以上原则,配合城市燃气公司做好优先保障供气。在严重情况下,CNG母站也可以考虑适当减供。

根据《应急预案》所制订的天然气销售突发事件应急保障体系,凡遇突发事件,必须迅速在现场成立应急指挥部,并由地、市、县级应急救援指挥机构组成派出机构领导小组,向公司市场开发与销售部成立的专项应急办公室以及天然气销售突然事件专项应急领导小组进行汇报,并由公司成立应急领导小组进行统一管理。组织机构如图4-4-3所示。

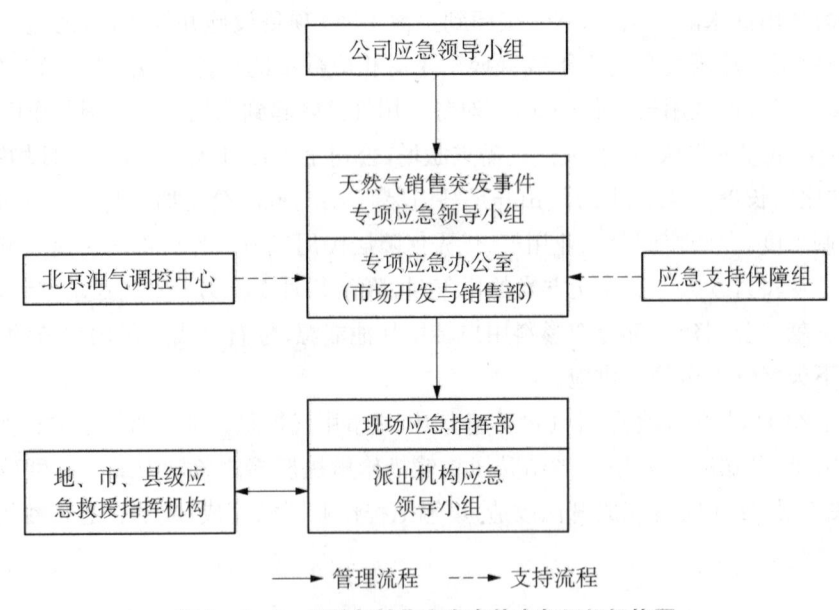

图4-4-3 天然气销售突发事件应急组织机构图

此外,《应急预案》还专门制订了一套完整的应急信息处理及报告流程,规定不同响应级别所应上报的处理流程(如下图所示):

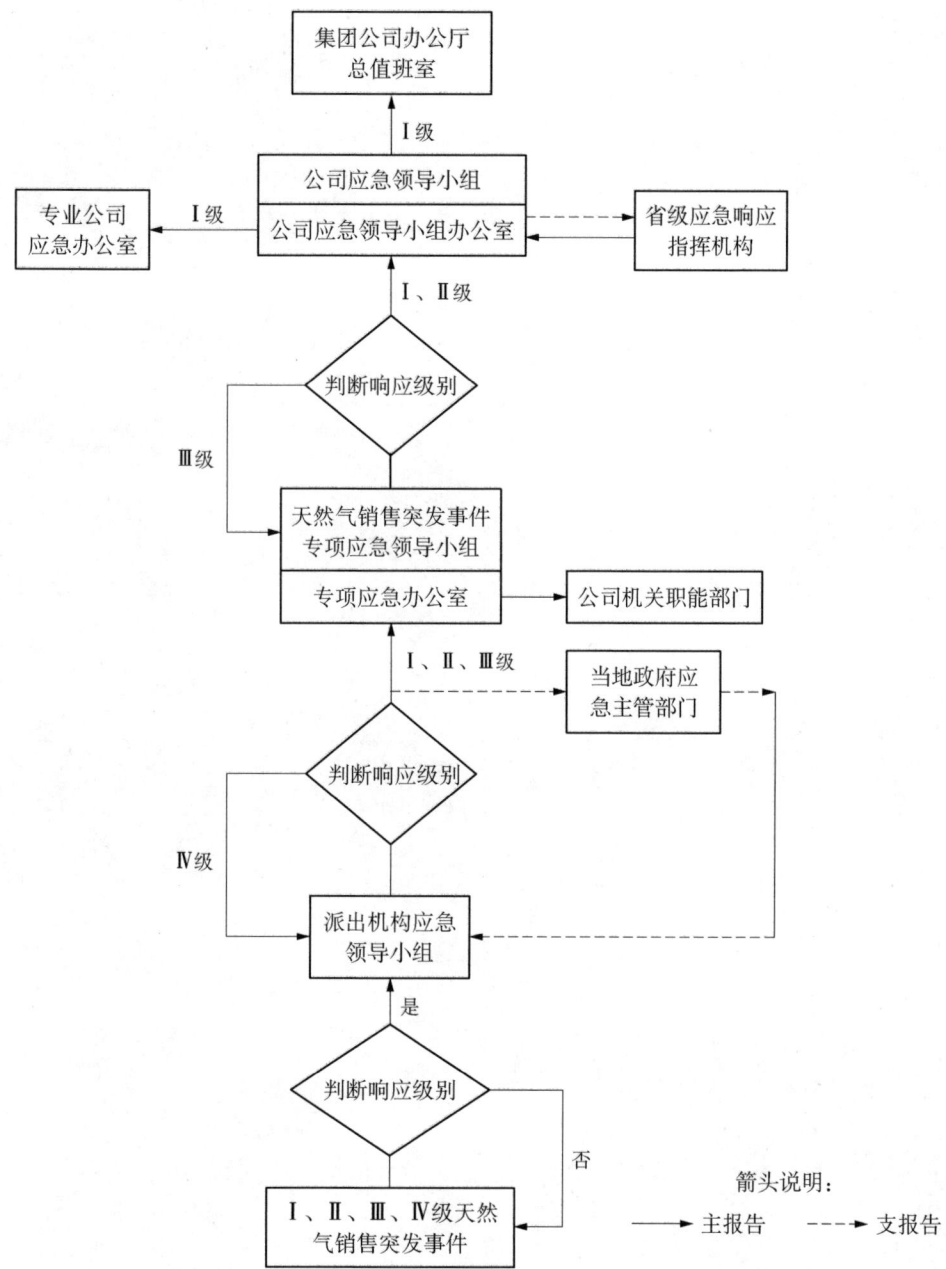

图 4-4-4 天然气销售突发事件应急信息处理及报告流程图

第五篇

企业管理（上）

公司成立10多年来，逐步形成了一套成熟有效的企业管理体系，按管理内容划分为两大部分：资源管理部分和基础管理部分。规划计划、企管法规、审计监察、企业文化、科技信息以及应急管理，属于企业管理中的资源管理部分。

西气东输工程项目经理部成立后，最初机关部门涉及资源管理的仅有计划财务处，即计划工作与财务工作合为一处。2001年8月，机关部门进行调整，增加了一个涉及资源管理的处室，即合同文控处。此后，随着公司各项工作日益步入正轨，涉及资源管理的机关处室得以陆续增设或调整。截至2016年12月，公司有规划计划处、审计监察处（纪委办公室）、企业文化处（党群工作处）、科技信息处、企管法规处（内控与风险管理处）5个部门与企业的资源管理直接相关。

在科技信息工作方面，工程建设时期，公司就注重借助内外部的科研力量，着力打破国外的技术垄断和封锁，通过自主创新、集成创新和引进消化吸收再创新，为西气东输工程建设提供了各种技术支撑。进入运行期后，集中力量在关键设备国产化、管道完整性管理体系、地下储气库建设及配套技术等方面开展攻关，取得很好成效；在规划计划管理方面，公司严格执行国家和集团公司的相关管理规定，构建了符合西气东输特点和实际工作情况的"规划计划"一级考核指标，确保了公司的可持续发展；在企管法规工作方面，公司不断完善企业法律风险防范机制，促进企业依法决策、依法经营管理，依法维护企业的合法权益和员工的自身利益，依法维护和规范公司各种合同的订立与履行，为公司的良好发展提供优质的法律风险保障；在应急管理方面，公司围绕应急管理体系的建设与完善，通过应急预案编制和应急抢险演练等手段，不断强化各部门和全体员工的应急管理意识以及处理突发事件的能力，对长输管道的安全运行起到了保驾护航的作用；在审计监察方面，公司以管理和效益审计、工程建设审计、经济责任审计以及效能审计为主要抓手，通过不同的监察审计手段全面监控公司各类工程、项目，在消除隐患、防范风险、规范经营、促进廉洁等方面作用突出；在企业文化建设方面，公司通过企业文化理念体系的建设，初步形成了符合中国石油精神、体现西气东输特色的西气东输企业文化，增强了全体员工的企业认同感、凝聚力和向心力。

第一章
科技创新

我国在大口径、高压力、高钢级长输天然气管道建设方面缺乏技术和经验。在西气东输工程建设中,国内近百家科研单位,约3 000余名科研人员组成的团队,通过自主创新、集成创新和引进消化吸收再创新,打破了国外的技术垄断,为工程建设提供了强大的技术支撑。公司作为西气东输工程业主单位,参与和推动上述科研项目并将科研成果有效地应用于西气东输工程建设。

在西气东输工程建设的带动下,我国的高强度管线专用钢板材、螺旋埋弧焊钢管、直缝埋弧焊钢管、热煨弯管、大口径冷弯机、成套全自动和半自动焊接设备以及配套的焊接工艺技术和辅助装备、新型焊接检测装置、大口径管道外防腐三层PE防腐、双层环氧粉末防腐、管内减阻涂敷大型生产作业装备和材料,均达到国外同类产品先进水平,形成批量生产能力,不仅可以满足国内管道工程建设需求,而且已经进入国外市场,标志着我国管道工业技术水平上升到一个新台阶。此外,我国的天然气管道工程储运设计技术、凝析油气田储气库设计技术、城市天然气工程设计技术同样也达到了国外同类工程设计水平。

进入运营期后,公司牢固树立"主营业务驱动"的科技发展理念,立足生产所需,不断挖掘优秀项目。抓住生产经营中的技术瓶颈问题,开展技术引进、技术集成、技术合作、技术攻关等工作。加强与科研院所、高校开展多种形式的联合与协作,形成较为完善的研究组织体系。加强科技项目的管理,实现项目管理的科学化、规范化、程序化和制度化。在项目管理中注重加强与各方面工作的沟通和协调,在立项、研发、检查、验收、奖励等各个重要环节上,保证公司专家全方位参与科技项目管理与技术攻关全过程,充分发挥公司专家的指导和参谋作用。公司重点开展的科技创新主要体现在5个方面:

第一,油气管道关键设备国产化研究。以工程为依托,公司研制出具有自主知识产权和竞争能力的国产化设备。20兆瓦级电驱压缩机组、30兆瓦级燃驱压缩机组和高压大口径全焊接球阀国产化研制成功,打破了这些设备制造技术由国外少数几家公司垄断的局面,彻底改变了大口径管道工程关键设备长期依赖进口的局面,促进了我国石油工业和装备制造业发展,为保证国家能源安全提供了重要保障;

第二,建立和完善一套行业领先、体系完善、科学实用的基于风险的西气东输管道完整性管理体系。公司以管道线路风险管理为手段,全面开展地质灾害风险监控与防治、第三方损坏控制与管理、管道本体腐蚀控制等工作,深入进行管道保护和管理技术研究,提升了管道完整性管理水平;

第三,强化管道安全运行及计量管理配套技术,提高管道运行效益和经济性,为公司管道安全运行提供技术保证;

第四,开展地下储气库建设及配套技术的研究,为公司天然气管网安全平稳供气提供保障;

第五,开展公司决策与管理技术的研究,推动公司决策与管理的科学化建设。

第一节 机构设置

2000年3月,公司成立工程技术处,负责工程技术管理等工作。

2001年8月,技术处(运行准备处)成立,负责技术攻关和技术专题研究等工作;同时成立合同文控处,增加信息网络系统建设职能。

2004年2月,撤销合同与文控处,由生产运行处负责公司信息系统管理等工作;原技术处的主要职能划归工程技术处管理,主要负责科技进步和技术专题管理,知识产权管理等工作。

2005年1月,公司成立科学技术委员会,该委员会日常办事机构设在工程技术处,是公司科技管理的决策机构。

2007年5月,公司成立科技信息处,下设科技科和信息科,主要负责公司科技项目的管理、知识产权和科技成果管理、信息化规划及系统建设、信息网络系统日常维护及科学技术委员会日常工作。与此同时,生产运行处的信息系统管理,工程技术处的科技进步、技术专题管理及知识产权管理等职能移交至科技信息处。

2015年2月,公司成立科技信息中心,下设综合科、完整性管理所、自动化所、情报信息所等4个科级单位,主要承担公司重大科研项目、协助科研成果的应用与推广、管道完整性技术研究、自动化技术研究、情报信息管理、技术服务培训等工作。

第二节 软科学研究

为实现经营管理决策的科学化,公司利用现代科学技术提供的方法和手段,采用定性分析与定量分析相结合的方法,进行了一系列多学科、多层次的软科学研究,主要集中于以下7个领域:

一、西气东输定价结算与商业运营研究(2007年7月—2007年11月)

我国天然气供应由单气源、单管道供气向多气源、多路径网络供气方向发展,原有的以项目为基础的定价方式、结算和商业运营方式越来越难以适应发展需要,这要求我国天然气业务的定价、结算与商业运营方式向以网络供气为基础进行转变。2007年7月,"西气东输定价结算与商业运营研究"课题通过论证后立项,并于当年11月验收结项,由中国价格协会能源供水价格专业委员会协助完成。该课题深入剖析了我国天然气业务在定价、结算与商业运营等方面所面临的问题,以及形成原因,给出了适应网络供气的解决办法。此项成果不仅有助于推动西气东输天然气业务在定价、结算及商业运营等方面所面临问题的解决,推广至我国整个天然气行业也具有重要参考价值。该课题形成专著1部,结项成果荣获公司首届科技进步三等奖。

二、西气东输管道公司法律风险防控体系研究(2010年6月—2010年12月)

随着我国法制建设进程的加快,法律环境已成为企业生存发展的重要因素。法律风险在企业商业风险中的比重越来越大,法律风险的防控能力成为企业竞争力的重要体现。为满足公司法律风险防控体系建设的要求,2010年6月,"西气东输管道公司法律风险防控体系研究"课题立项,由东方昆仑(上海)律师事务所协助完成,并于同年12月通过验收。该课题在集团公司制定的《中国石油天然气集团公司法律风险防控体系手册》基础上,研究公司各项业务的涉法事项,结合国家法律和行政规章的强制性规定,从中分析出法律风险源,并依据风险源列举出若干风险点,制定相应的预防和处理措施。西气东输法律风险防控体系的建立能对公司生产经营和管理过程中产生的诸项法律风险进行有效的识别、有序的管理,实现法律风险防控的动态管理,并为提高岗位员工的法律意识、主动运用法律防控风险、维护公司利益打下基础。项目成果荣获2011年度公司科技进步一等奖。

三、西气东输管道经济输量专项研究(2009年11月—2010年12月)

公司管道输气量以及总体效益逐步增长,但管道的单位盈利能力却有所下降,表明管道满负荷运行并非能够实现管道经济效益最大化。为了更好地科学利用现有管道设施和管输能力,寻找管道最佳经济输量研究,为公司合理安排天然气产运销计划提供参考,实现公司的长期稳定健康发展。2009年11月,由股份公司规划总院参与的"西气东输管道经济输量专项研究"课题立项,2010年12月通过验收。该课题通过整理分析海量的生产运行实际数据,借助理论模型计算、实际数据对比等手段,全面分析了西气东输管道投产运行后实际成本费用及设备运行维护管理情况;从项目利润最大化、投资资本回报率、项目经济增加值(EVA)等方面,对管道在不同输量时的经济效益进行了定性和定量分析,提出了经济输量模型并进行了验证,基本反映了管道生产经营的实际情况和未来趋势。研究成果对西气东输管道的生产运行和经营管理具有指导意义,可供今后同类项目规划建设投资决策参考。项目成果荣获2011年度公司科技进步二等奖。

四、油气管道设计"标准化、模块化、信息化"集成研究(2009年7月—2012年8月)

中国的油气管道建设飞速发展,其设计管理工作暴露出与新的发展形势不相适应的诸多问题。构建统一的设计数据库和协同管理平台,推动管道工程标准化、模块化和信息化的"三化"设计,是提高管道设计质量和管理水平的主要工作思路。2009年7月,由中国石油天然气管道工程有限公司协助的"油气管道设计'标准化、模块化、信息化'集成研究"课题立项,2012年8月通过验收。该课题在集团公司层面构建管道业务知识管理体系,形成了知识管理平台和载体;搭建了"三化"工作成果文件框架——《油气储运项目设计规定》(CDP),形成了技术标准体系,构建了项目相关方共同参与的协同工作机制,形成了适应大规模、快节奏、高难度管道建设及设计管理新模式,提升了中国石油管道建设的整体技术水平。该课题创新性地运用"综合标准化"和"集成模块化"的理念,实现了油气管道业务的标准化、模块化设计,解决了工程中的共性重点问题,有计划地制定成套的标准,推行全方位的标准化,引导CDP文件历经集成知识、积累经验,最终达到自主创新。该项目成果荣获2014年度集团公司科技进步二等奖。

五、西气东输管道公司合资合作运营模式下成本费用管理研究(2013年6月—2014年9月)

根据集团公司对天然气与管道业务战略调整的要求,以及公司快速发展及管理模式的不断变化,2013年6月,由中国石油大学(华东)协助的"西气东输管道公司合资合作运营模式下成本费用管理研究"课题立项,2014年9月通过验收。该课题通过对公司现有成本费用管理模式进行梳理分析,吸收借鉴国内外成本费用管理理念、方法,完成了公司在合资合作方式下成本费用管理研究,制订了全资子公司、控股子公司、参股公司相关的成本费用管理实施细则。通过建立合资合作方式下成本管理标准化、规范化、流程化的操作体系,实现了成本管理的动态控制与持续改进,对公司成本费用管理具有较强的指导作用,提升了公司精细化管理水平。项目成果荣获2014年度公司科技进步二等奖。

六、输气管道设备操作三维仿真培训应用研究(2011年2月—2014年1月)

随着中国石油管道业务的快速发展,管网规模越来越大,设备操作日益复杂,基层员工队伍流动性较强,新、老员工的管道与设备培训工作面临新的挑战。建立一个便利的学习和指导日常生产操作的平台,实现计算机数字仿真教学,为设备操作及维护提供快捷有效的技术支持,进而提高公司新、老员工的专业技术水平和操作技能,使其操作标准化、流程化,成为当务之急。

2011年2月,由北京中加诚信管道技术有限公司协助参与的"输气管道设备操作三维仿真培训应用研究"课题立项,2014年1月通过验收。该课题重点通过虚拟现实技术,以西气东输管道公司典型站场设备操作仿真的实现为目标,以计算机水力系统仿真技术为核心,结合控制逻辑和考试管理平台,建立一套与仿真相配合的三维立体交互式分输站模型,实现交互式操作,同时建立一套典型输气站现场的全景演示系统。该项成果具有高沉浸感、高真实性、实用性强、操作简单等特点,将枯燥的操作变成轻松的教学,可以有效帮助员工熟悉掌握输气站场工艺流程及设备操作。项目应用以来,全面覆盖了西气东输所有站队,满足了公司员工培训的需求。管道与设备仿真培训平台的建立和应用,对于进一步提高公司员工业务水平,保障公司安全、平稳、高效运营,持续提升管道运营安全发挥了重要作用。该项目成果荣获2015年度集团公司科技进步三等奖。"输气管道设备操作三维仿真培训系统"于2014年获得国家计算机软件著作权。

七、大修理限下项目资金预算的优化分配机制设计与计算机决策系统开发研究(2015年10月—2016年3月)

随着公司管网投产年限的增长,管输设施维护、维修量也随之增长,维修资金需求随之增加,资金管控的压力日渐增大。2015年,公司对大修理项目进行简政放权,对大修理限下项目进行资金切块。2015年10月,上海交通大学协助公司开展"大修理限下项目资金预算的优化分配机制设计与计算机决策系统开发研究",2016年3月通过验收。本项成果提出了依据实际生产数据可以量化的配权因子概念,用以表现天然气管道输送工作中相应客观事实的物理属性,在此基础上创新性地提出了一种突破常规平均分配思维的大修理项目预算分配方法,可以降低资金分配难度,并能较准确地估算公司大修理限下项目的预算数额。本成果还在计算机辅助系统中采用了开放式的指标算法,增强了系统的延展性和普适性。

第三节 主要创新

在西气东输工程期间,广大科技人员打破了国外技术垄断,形成了6个方面的系统技术创新,使我国管道建设及配套系统整体达到了世界先进水平,部分领域处于世界领先水平,极大地推动了中国天然气工业的科技进步。进入运营期后,公司在"油气管道关键设备国产化研究"等5大方面开展科技创新,取得了一大批具有较高水平和拥有自主知识产权的科技创新成果。

一、重点攻关项目

工程建设期间，公司在集成国内现有技术、引进国外先进技术的基础上，通过自主创新、集成创新和消化吸收再创新，形成了6个方面的系统技术创新：

（一）X70管线钢焊接工艺及配套施工技术

国外X70钢管道焊接工艺对我国实施技术封锁，我国广大科研和工程技术人员自力更生，针对西气东输管道工程的建设特点，结合X70管线钢的钢级、壁厚、管径等技术指标，自主研究创新了X70管线钢焊接工艺及配套施工技术。研究制定了X70管线钢焊接工艺规程50项，其中自动焊工艺规程19项，直接指导了西气东输管道工程的招投标、焊工培训、焊工上岗考试和现场焊接施工，现场焊接施工覆盖率达100%；设计完成了与X70管线钢焊接工艺相适应的窄间隙复合型、U型和V型(20°—22°)等6种新型焊接接头坡口形式，相比API标准30°V型坡口形式，减少了焊缝的热影响区、焊接接头变形和残余应力，减少了焊接工作量1/4，焊缝金属填充量1/3，提高了焊接功效，降低了焊接施工成本；研制了具有自主知识产权的PAW2000管道全位置自动焊机，整机技术指标达到了国外同类产品先进水平。在西气东输管道工程中，共有110台PAW2000管道全位置自动焊机应用于现场焊接施工，累计完成管道焊接1 000公里，焊接一次合格率98%以上。自主研制的管道全位置自动焊技术与传统的手工焊和半自动焊相比，焊接效率提高2—4倍，最高日焊接口数达到148道口，创造了西气东输工程自动焊接的最高纪录；配套研制完成了大口径管端坡口整形机、大胀力管道气动内对口器和直径1 016毫米六焊炬管道内环缝自动焊机等施工装备，实现了焊接配套装备的国产化，平抑了国外同类产品的价格，创新了管道环焊缝无损检测理论与技术，升级完成了管道环焊缝X射线爬行器的研制，实现了曝光时间的外部遥控调节，方便了变壁厚管道的检测，提高了检测工效；首次推广应用了全自动相控阵超声波检测技术，实现了焊缝质量的实时跟踪检测，为工艺参数微调、坡口加工精度、焊工操作技能提供了指导性意见，减少焊接磨合时间，降低了焊口返修率。该项技术打破了国外技术封锁，保障了现场焊接施工顺利进行，确保了西气东输管道按期投产供气。

（二）大口径高压输气管线钢管应用关键技术

该项技术确立了国产螺旋缝埋弧焊管与直缝埋弧焊管联合使用及大口径高压输气管线采用针状铁素体型管线钢的技术路线，突破了国产螺旋缝埋弧焊管不能用于重要高压输气管线的禁区；形成了X70高钢级管线钢针状铁素体组织分析鉴别与评判技术，高钢级厚壁管线钢及管线钢管落锤撕裂异常断口分析评判技术，高钢级管线钢焊接热影响局部脆化区的脆化机理、断裂规律与防止技术，高压输气管道动态断裂与止裂韧性预测及断裂控制技术，天然气管道定量风险评估技术，X70针状铁素体型热轧钢板生产技术，X70直缝埋弧焊管生产技术，X70感应加热弯管和三通生产技术，X80管线钢管工业化应用关键技术等多项专有技术；形成了西气东输管线X70和X80热轧板卷、热轧钢板、螺旋缝埋弧焊管、直缝埋弧焊管、X70感应加热弯管和三通等系列技术条件或标准，实现了重大技术跨越。采用低碳、超低碳，低S、P和低有害气体含量，Nb、V、Ti多元微合金化，Cu、Ni、Mo合金化及控轧控冷技术，我国成功开发了具有高强度、高韧性、良好焊接性等综合性能的针状铁素体型X70宽厚板，填补了国内空白。采用整机引进、联合开发和自主开发相结合的方式，我国建成了第一条JCOE大口径直缝埋弧焊管生产线。西气东输管道工程在国内首次采用渐进式JCOE全自动化成型技术自动化焊接技术、全管体步进式机械扩径技术、射流耦合超声波检测等技术，实现了高强度、高韧性、厚壁直缝埋弧焊管的稳定生产。在对感应加热弯管、大口径三通等管件成分进行优化设计的基础上，X70高钢级感应加热弯管生产工艺技术、大口径热拔三通生产工艺技术,形成了批量生产能力。西气东输管道工程采用上述生产工艺技术,共生产高质量X70直径1016毫米直缝埋弧焊管超过30万吨,感应加热弯管3000多件,热拔三通2000多件,实现了管材国产化。根据管道钢管技术发展趋势及经济性要求,X80钢管将是今后一段时期油气输送管的主力钢管,本项目率先在国内开始研制和试用X80钢管。在对X80管线钢和埋弧焊接钢管进行适用性和安全性评价的基础上,项目攻克了X80管线钢和钢管成分设计、控轧控冷工艺、制管成型、焊接、扩径、检测评价和质量控制等关键技术难题,研制成功具有国际先进水平的直径1016毫米×15.3毫米X80螺旋埋弧焊管和直径1016毫米×18.4毫米X80直缝埋弧焊管,研究开发了适用于现场焊接的工艺和配套技术,在西气东输冀宁联络线上首次成功进行了7.71公里工程应用段敷设,为西气东输二线大规模应用X80钢管提供了理论支持和技术保障,也为X80钢管国产化奠定了基础。

(三) 适合中国超薄盐层地质特点的盐穴储气库建库技术

国外盐穴储气库盐层厚度一般均在500米以上,而我国可用的盐层厚度不足200米,针对金坛地区盐层薄、厚度小、夹层多、含量低的地质特点,结合目前中国石油钻井工程和国内采矿技术现状,经过自主研究和创新,形成了适合我国多夹层超薄盐岩特点的建库技术,研制了室内造腔模拟装置1套,加速造腔的井下工具3个,开发溶腔造腔控制与注采气预测软件2套,形成了已有溶腔改造工艺和盐穴储气库现场密封性测试工艺方法2项,以及多项盐穴储气库设计施工评价标准。本技术首次在国内根据盐岩溶蚀扩散流动场理论建立了盐岩溶蚀数学模型,并将物理模拟、水溶造腔理论与现场造腔实践相结合,形成了满足多夹层盐穴造腔的预测控制方法与手段;建立了满足盐穴稳定性评价的数值分析理论、室内实验测试技术和以破坏准则和蠕变模型为指导的多夹层盐穴稳定性评价标准;建立溶腔注采过程中热动力平衡数学模型,开发了国内首个盐穴储气库溶腔注采气运行模拟软件;根据金坛地区已有溶腔的特点,在世界范围内首次采用了全井段套铣改造已有溶腔的新方法并获得成功,形成了已有溶腔选腔方法、改造工艺及评价标准,不仅实现新增1.5亿立方米的储气能力,还为今后同类盐穴的改造提供了借鉴;形成了系统的盐穴储气库完整性监测手段和方法,建立了密封性评价的标准。通过密封测试,在现场造腔和注气过程中有效地排除2口具有安全泄漏隐患的溶腔。盐穴储气库建库运行系列技术和已有溶腔改造技术在总体上已达到国际先进水平。

(四) 复杂地质条件下大口径管道穿越技术

为通过3580米郑州黄河段,西气东输管道工程设计采用了长距离顶管穿越技术,探索应用了不同地面深度下干挖下沉、排水下沉、井内高压射水、加载、降水及井壁注浆下沉等沉井制作技术;实现了国内规模最大的沉井在复杂地质条件下的下沉,水下大面积砼封底100%一次成功,并做到了100%不渗不漏;优选集成了专门适应于地下水位高、地质状况为粉土、砂、黏土、砾石及混合地层、施工精度高、进土间隙小、耐压耐磨性能高、防水性好、计算机自动化控制、模块式集成结构的泥水平衡顶管系统,刷新了地下25米深使用顶管法穿越黄河、单程一次顶进1259米的世界纪录;研究制定了固定滚轮牵引发送管道方法,解决了主管与套管曲线不一致的难题;首次将油田固井技术应用于大口径顶管套管内管道的封固,创造了一次性注入1900立方米水泥浆的国内最高纪录。

针对长江三江口高渗水、强风化钙质粉砂岩层、强风化钙质细砂岩层、卵石层等地质,西气东输管道工程设计采用了超水深管道盾构穿越技术,优化选择了强排泥浆系统、盾构切削刀具,保证了盾构机在黏土层、粉质细砂层、卵石层、钙质粉砂岩及钙质细砂岩的工作安全和施工效率;研制完成了可沿盾构内轨道行走的专用龙门起吊架,解决了盾构内管道安装的运管、卸管、吊装组对;采用了先进的控向装置,实现了在最高水压0.62兆帕、向下坡度6%、上坡度5.77%时,盾构也能顺利抵达到达井的设计目标。

大口径管道穿越技术的应用,确保了西气东输管道顺利穿越黄河和长江天堑。

(五)高压大流量天然气计量检定技术

西气东输计量测试中心的高压、大流量、高准确度的天然气流量标准装置是国内唯一的高压、大流量天然气流量标准装置,是目前国内高压天然气量值传递体系的最高标准,主要由天然气原级流量标准装置、次级流量标准装置、工作级流量标准装置和移动级流量标准装置组成,其设计压力均为10兆帕,各级流量标准装置的工况流量范围分别为(8—443)立方米/时、(8—3 160)立方米/时、(8—12 000)立方米/时、(80—8 000)立方米/时,流量测量准确度分别为0.1%、0.25%、0.32%、0.35%。该天然气流量标准装置具有压力等级高、流量测量范围宽、计量准确度高、量值溯源体系完整、工艺流程完整、系统功能齐全等特点,可满足国内高压、中压天然气流量标准装置、标准流量计和现场工作流量计的实流检定校准要求。西气东输计量测试中心填补了国内空白,是亚洲规模最大,具有国际先进水平的高压、大流量天然气流量计实流检定中心。该装置解决了国内高压、大口径、高准确度的天然气流量计检定测试的技术难题,为中国天然气工业的快速发展奠定了技术基础,标志着中国天然气计量技术达到一个新的水平;对于建立和完善国家的天然气流量量值传递体系,参与天然气流量国际比对,确保中国在天然气计量检定领域处于世界先进水平提供了有力支撑。

(六)高压大口径输气管道设计技术

此项技术通过大量实践摸索,提高了输送压比,节省了投资与运行费用,实现了国内输气管道从设计压力6.3兆帕、管径660毫米、材质X60到10兆帕、1 016毫米、X70的突破,并设置了7.71公里的X80钢管试用段,使西气东输跃居世界级管道行列,开创了国内输气管道建设的新纪元。高压大口径输气管道设计技术首次将管道输送站压比从国内1.25左右的经验值提高到1.4—1.5的混合压比,与国际同等规模管道压比相近,提高管道输送效率约10%,形成了压气站设置、压缩机组配置、备用方式选择、驱动方式选择等优化设计技术,实现了管道工艺系统最优化,与1.25站压比方案相比,减少4座压气站,减少投资约1.25亿元,每年节省燃料气消耗约0.88亿标准立方米。

西气东输管道工程在国内首次采用20兆瓦高速直联变频调速电驱机组和30兆瓦燃驱机组,形成了大型压气站设计技术,为西气东输二线、中亚输气管道等后续工程所普遍采用;首次在国内管道上采用基于风险的设计方法,利用危害与可操作性分析(HAZOP)、定量风险评价(QRA)、安全完整性等级评估(SIL)、高后果区识别(HCA)等手段,在设计阶段进行风险识别与评价,根据评价结果采取相应措施,科学有效地提高了管道设计的本质安全。

进入运营期后,公司重点开展的项目:

(一)西气东输管道干线阴极保护有效性调查及典型杂散干扰影响研究

管体腐蚀控制是管道完整性管理工作的重要内容之一。如何更好地评价阴极保护效果,以便提高阴极保护水平,是管道腐蚀控制工作的重中之重。"西气东输管道干线阴极保护有效性调查及典型杂散干扰影响研究"课题于2007年7月立项,2010年8月通过验收,由中国石油大学(北京)协助完成。本课题通过在西气东输主干管道沿线全面开展检查片埋设试验,对全线管道阴极保护有效性进行评价,并采取有效措施消除隐患,为全线安全运行提供保障;与此同时,对目前杂散干扰检测和评价指标的相关标准进行了全面评价,研制了新型阴极保护电位连续监测设备;总结了埋地管道交直流干扰评价体系,建立了管地电位偏移、地表电位梯度等检测指标和管道局部腐蚀速度之间的定量联系;提出了在干扰条件下管道阴极保护有效性评价的新方法;通过在涂层析氢破坏、杂散干扰室内模拟实验、上传电位数据分析、交流干扰腐蚀等领域的室内研究,丰富了对管道阴极保护和杂散干扰领域的研究成果。阴极保护检查片试验评价实际阴极保护度的一整套方法和技术已形成行业标准。项目成果荣获2013年度集团公司科技进步三等奖。

（二）油气管道通过采空区灾害风险评价标准与防治规范研究

西气东输管道有相当一部分经过因矿区开采形成的采空区，通过采空区的输气管道受到地表沉陷灾害的威胁。为确保通过采空区的管道安全运行，防止重大灾害事故发生，成为亟待研究解决的问题。"油气管道通过采空区灾害风险评价标准与防治规范研究"课题于2007年7月立项，2009年8月通过验收，由中国地质环境监测院协助完成。该课题在对西气东输管道沿线采空区的详细调查基础上，结合采空区已有的研究成果，分析了管道通过山东、山西、陕西、宁夏四省区部分矿区采空区引起地表沉陷灾害的规律和特殊性。课题对地表沉陷灾害预计与控制的理论和方法展开研究，全面分析了采空区影响地表沉陷灾害的主要因素，给出了采空区引起地表沉陷灾害的分类评价体系，最终给出适合评价采空区危险性的理论方法。该技术成果为股份公司企业标准《采空区管道风险评价与防治方法》提供了重要技术依据。项目成果荣获2011年度集团公司科技进步二等奖。

（三）履带式爬管PE防腐层剥离机项目

油气长输管外壁包裹防腐介质有较好的黏结强度，致使在切割或焊接处清除（剥离）防腐层成了影响施工进度的主要问题。在已往施工作业中，通常采用的人工手工剥离的方法不仅速度慢，剥离效果也不好。"履带式爬管PE防腐层剥离机"课题于2009年7月立项，2010年12月通过验收，主要由公司宁陕管理处完成。该项目主要研究和解决了旋转宽距刀头的设计选材、刀头在管道焊口处防损伤、链条和张力控制系统及机械传动机构等难题。课题研制成果可以对直径219—1 020毫米管材的三层PE防腐层及其他类的防腐层高效、简洁、规范地进行剥离作业，1 016管道剥离100毫米宽度时间在15分钟以内，与现有分瓣式割管机和爬管机配合使用，大大减少施工时间并增加安全性。项目成果荣获2011年度公司科技进步一等奖。"履带式大口径管道外防腐层剥离机"于2011年获得国家发明专利。

（四）燃气轮机进气系统防冰防霜技术研究

西气东输干线的燃气轮机进气系统都设计有防冰装置，为保证燃气轮机在冬季能够安全可靠地运行，但实际运行表明，燃气轮机自带的防冰系统在设计方面存在缺陷，不能解决进气过滤器滤芯表面的防冰防霜问题。西气东输的燃气轮机进气系统每年冬季常会发生严重的结冰结霜现象，直接威胁到燃气轮机的安全运行。"燃气轮机进气系统防冰防霜技术研究"课题于2010年7月立项，2011年4月通过验收，由江苏省无锡市三元燃机科技有限公司协助完成。该课题通过对原防冰系统进行改造，将加热部位由原来的消音器前改造进气滤芯前，经过在孔雀河站2#机组上一个冬季的试运行表明：改造后的防冰防霜系统功能完善，完全具备防冰霜功能，与目前国内现已采用的蒸汽加热、电加热和机组自带防冰加热方式相比较，在安全、节能方面更具有优势。项目成果荣获2012年度中国石油和化工自动化行业科学技术三等奖。

（五）输气管道法兰渗漏治理技术研究

西气东输管道投入运行以来，随着输量和运行压力的提高，一些与干线管道连接的法兰部位相继发生渗漏，给管道运行带来重大安全隐患。现有的高压卡具管道带压堵漏技术方法，主要是用于管道在紧急抢修情况下封堵作业，并不适合管道连接的法兰部位的永久性堵漏治理。"输气管道法兰渗漏治理技术研究"课题于2012年7月立项，2013年11月通过验收，由四川省德源石油天然气工程有限公司协助完成。该课题通过在南京维抢修中心建立模拟试验装置，开展对管道法兰渗漏引流包覆封堵工艺技术、引流结构形式以及对堵漏材料的试验研究，研制开发出了一种采用碳纤维复合材料进行法兰带压引流包覆封堵新的技术工艺和方案，首次实现了在不使用高压卡具、不动火、不停输的情况下，对管径50-350分米、压力10兆帕的管道阀门法兰连接部位渗漏安全隐患治理，创新性地解决了西气东输干线管道实际生产运行所遇到的法兰渗漏难题。项目成果在西气东输全线推广应用，荣获2014年度公司科技进步一等奖。

(六) 天然气管道分输自适应控制系统研究

天然气管道分输控制过程中存在当用户用气波动较大时调节阀动作频繁、开度变化剧烈等运行不稳定的问题。尤其是对于与下游门站距离短、管径细的分输站，由于管容小、用气压力波动剧烈、PLC系统的PID控制无法适应现场需要，造成电动调节阀开关频繁，无法实现向下游平稳供气，带来很大安全隐患。"天然气管道分输自适应控制系统研究"课题于2012年5月立项，2013年3月通过验收，由中国石油大学(华东)协助完成。该课题针对长输管道分输站场的压力流量自动调节系统，通过建立数学模型，开发独立的软件模块，在不改变站控硬件系统的前提下，通过OPC或Modbus等标准通信协议进行数据交换，对传统控制难以达到预期目标的站场实施PID自适应控制，并实现PID参数自整定，从而提高压力控制和流量控制的稳定性。项目成果已应用至西一线、西二线的多座站场，使用过程中当压力设定值阶跃变化时，电动调节阀能够及时动作，且动作平稳，调节次数大幅度减少。从试点站场运行情况来看，天然气管道分输自适应控制软件运行下的自适应控制系统可应用于不同流程和不同工作参数的站场，且投资成本低。项目成果荣获2013年度中国石油和化工自动化行业科学技术三等奖。

(七) 造腔过程腔体形状控制和检测技术研究

油水界面控制技术是盐穴储气库造腔工艺的关键技术之一。公司金坛盐穴储气库在建设初期油水界面控制技术相对缺乏的条件下，一直采用的是RMT(Reservoir Monitor Tool——哈利伯顿储层监测仪)油水界面测井法进行监测。RMT油水界面测井成本高、施工作业时间长，而且设备仪器运输较为烦琐，不能满足盐穴储气库造腔，尤其是反循环造腔过程中对油水界面位置控制的连续性监测要求。"造腔过程腔体形状控制和检测技术研究"课题于2008年7月立项，2011年10月通过验收，由集团公司钻井工程技术研究院协助完成。该课题主要针对盐穴储气库腔体形状控制和检测技术进行研究，着重对盐穴反循环造腔过程中油水界面调整方法，油水界面的检测技术，油水界面检测仪研制与改进等方面开展相关研究，提出以电流源理论为基础的检测原理，确定以多传感器检测技术方式实现油水界面的连续测量的技术方案，解决了井口和井下传感器密封问题，开发出的多点油水界面检测仪器，实现了油水界面的准确检测，有效地解决了腔体形状控制的技术难题。项目成果荣获2012年度集团公司科技进步二等奖。

(八) 天然气能量计量实施方案研究

天然气计量方式有能量计量和体积计量2种，以能量计量为主、体积计量为辅的计量方式是国际上的通行方式，而我国的天然气计量多为体积计量为主。全国天然气标准化技术委员会于2003年成立了"天然气能量测定标准化技术工作组"，结合我国实际，制定的国家标准《天然气能量的测定》(GB/T 22723-2008)于2008年12月31日发布。"天然气能量计量实施方案研究"课题于2009年10月立项，2011年4月通过验收，由中国石油大学(北京)和中国计量学院协助完成。该课题在实验基础上研究和编制了《天然气能量计量实施细则》《西气东输管道天然气能量计量实施方案》，用于指导公司天然气计量站点实行能量计量；研究编写的用于没有配置在线色谱仪的天然气站点天然气组成数据和物性参数赋值方法和软件，解决了没有配置在线色谱仪的天然气站点天然气组成数据和物性参数的获取问题。研究成果为我国天然气长输管线开展能量计量提供了技术支持。项目成果荣获2011年度公司科技进步二等奖。

二、关键设备国产化

(一) "20兆瓦级电驱压缩机组、30兆瓦级燃驱压缩机组和高压大口径全焊接球阀"国产化

2009年3月17日，股份公司专题会议要求依托西气东输二线管道工程，开展20兆瓦级电驱压缩机

组、30兆瓦级燃驱压缩机组和高压大口径全焊接球阀国产化工作,中国石油科技管理部将三大件国产化新产品研制和工业性应用研究列入股份公司重大科技专项"西气东输二线关键技术研究重大科技专项(二期)",委托西气东输管道公司承担。

2009年4月17日,国家能源局召开"天然气长输管道关键设备国产化工作会议",要求"西气东输二线西段,沈阳鼓风机集团股份有限公司负责3个电驱压气站每个站1台压缩机的设计、制造和测试工作;西气东输二线东段,确定1个电驱压气站实现整站压缩机由国内设计和成套供货,另外3座电驱压气站由沈阳鼓风机集团股份有限公司负责每个站1套压缩机组的成套设计、制造和测试工作;在压缩机组采购招标中,与国内制造厂合作,技贸结合,引进必要的技术。在西气东输一线无备机站应用1台套燃驱压缩机组;40″以下阀门立足国内采购,48″以上应有10%左右采用国内自主研制的产品"。

公司随即与国内具有相关研发能力的企业院所开展广泛调研和技术交流,研究制定了"天然气长输管道关键设备国产化实施方案",于2009年7月30日在国家能源局组织的"天然气长输管道关键设备国产化实施方案研讨会"上进行了汇报。会后,国家能源局对国产化工作进行了总体安排部署,进一步明确了组织机构、参研单位、工作目标及关键时间节点。

2010年12月28日,公司与股份公司科技管理部签订《天然气长输管道管件设备国产化新产品研制和工业性应用研究计划任务书》。2011年11月16日,公司与大型油气田及煤层气开发国家科技重大专项实施办公室签署《天然气长输管道关键设备研制和工业性应用示范工程任务合同书》。

按照国产化实施方案、试制技术条件和研制技术合同规定,国产化新产品需开展工业性试验。为做好相关工作,2010年7月14日,国家能源局批复同意在公司设立"天然气长输管道技术装备工业试验中心",并给予中央预算内投资4293万元。试验中心设置6个试验研究室和1个综合管理部,试验研究室分别为电驱机组试验研究室、燃驱机组试验研究室、阀门试验研究室、自动化控制试验研究室、压缩机组在线诊断和视情维修系统试验研究室和综合试验研究室,依托黄陂站和衢州站建设2个试验基地。

公司牵头引领国内10家装备制造企业开展20兆瓦级高速直联变频调速电驱压缩机组、30兆瓦级燃气轮机驱动离心压缩机组和40/48英寸Class 600/900全焊接球阀国产化新产品研制和工业性应用研究工作。其中,20兆瓦级电驱压缩机组参研厂商有沈阳鼓风机集团股份有限公司、上海电气集团上海电机厂有限公司、哈尔滨电机厂交直流电机有限责任公司、荣信电力电子股份有限公司、上海广电电气股份有限公司;30兆瓦级燃驱压缩机组参研厂商有中国船舶重工集团七〇三研究所、哈尔滨汽轮机厂、沈阳鼓风机集团公司;高压大口径全焊接球阀参研厂商有上海耐莱斯阀门公司、成都成高阀门公司、五洲阀门公司。

此外,2011年8月31日,国家发展改革委、财政部、工业和信息化部办公厅(简称"三部委")联合下发《关于组织实施智能制造装备发展专项的通知》(发改办高技〔2011〕2130号),提出加快智能制造装备的创新发展和产业化,推动制造业转型升级。针对20兆瓦级电驱压缩机组和30兆瓦级燃驱压缩机组,文件明确了智能制造装备专项重点领域指南,其中智能装置和系统的应用示范条目中专项列明"天然气长输管道智能增压站场"项目,并确定了智能功能和技术参数以及关键智能部件。根据文件要求,以设备制造商为牵头主体进行申报,示范用户均为西气东输管道公司。三部委于2011年10月20日以《关于智能制造装备发展专项项目(第一批)实施方案的复函》(发改办高技〔2011〕2548号)正式批复立项,分别给予2个项目各1亿元国家拟补助资金,均按照设备制造商2000万元、示范用户8000万元方式分配,要求"国家资金应主要用于技术研究开发和所需软硬件设备的购置,严禁截留、挤占或挪作它用",并先期给予了2家装备制造商各1000万元补助资金,剩余部分在项目通过验收后拨付到位。

按照研发技术体系和分级试验体系,公司组织国内10家企业院所研发并应用的"三大件"国产化设

备新产品,具体如下:

一是 20 兆瓦级电驱压缩机组:公司联合 5 家参研企业研制了 7 台套国产 20 兆瓦级电驱压缩机组并全部应用在西气东输二线管道工程。国产电驱压缩机组通过国家能源局组织的新产品工业性应用鉴定,认为"研制的 20 兆瓦级高速直联变频调试电驱压缩机组填补了国内空白,经现场工业性应用试验考核,主要技术指标达到了国外同类产品的先进水平,部分指标居国际领先水平,是我国民族工业在高端装备制造领域上的重大突破,对于保障国家能源安全、促进能源和装备制造业协同发展具有十分重要的意义",并取得国家级能源科学技术成果鉴定证书和中国机械工业联合科学技术成果鉴定证书。

二是 30 兆瓦级燃驱压缩机组:公司联合 3 家参研企业研制了 5 台套国产 30 兆瓦级燃驱压缩机组并确定应用在西气东输二线、三线管道工程。国产燃驱压缩机组通过国家能源局组织的新产品出厂鉴定,认为"成果研制 30 兆瓦级燃驱压缩机组整体性能满足我国天然气长输管线建设与运行要求,达到了国际先进水平,填补了国内空白,机组国产化率达到 96% 以上,对于推动我国燃气轮机的产业发展具有重要的意义"。

三是高压大口径全焊接球阀:公司联合 3 家参与阀门试制的厂家共研制 30 台 40/48 英寸 Class 600/900 全焊接球阀并应用在西气东输二线、三线及相关管道工程。阀门新产品通过国家能源局组织的新产品工业性应用鉴定,认为"阀门设计、制造、试验和企业的质量保证体系符合研制合同和相关标准要求,满足试制技术条件要求",同时取得国家级能源科学技术成果鉴定证书。

西气东输二线国产电驱、燃驱压缩机组已经投产 7 台套(见表 5-1-1),截至 2016 年 11 月 6 日,已经累计运行 64 400 小时。对于电驱机组,机组平均无故障运行时间为 2 930 小时,高于同期投产的进口机组 95.2%,国产化机组总体运行状况良好,满足输气管道安全平稳运行需要。国产高压大口径全焊接球阀累计应用 210 台,运行状况良好。

表 5-1-1 西气东输国产化压缩机组调试投产时间表

场站	机组编号	配对厂家	投产时间
高陵分输压气站	1	荣信+哈电+沈鼓	2013.5.9
高陵分输压气站	2	上广电+上电+沈鼓	2013.4.7
高陵分输压气站	3	上广电+上电+沈鼓	2013.3.24
高陵分输压气站	4	上广电+上电+沈鼓	2012.11.16
鲁山分输压气站	1	荣信+上电+沈鼓	2013.11.3
彭阳分输压气站	1	上广电+哈电+沈鼓	2015.4.12
衢州压气站	1	中船七〇三所+沈鼓	2016.8.19

国产化项目实现天然气长输管道关键设备国产化,带动了进口设备价格大幅下降,累计为中国石油节约工程建设投资约 8.6 亿元,可以有效降低运行期间的技术服务费和备品备件储备费用,实现了降本增效。

(二) 油气管道关键设备国产化研究

为全面提升中国石油油气管道设备的保障能力,集团公司紧密结合油气管道工程建设,选择技术含量高、现场使用量大和价格昂贵的大型输油泵机组等 13 种油气管道关键设备作为突破口,通过联合攻关、现场试验等方式,研制 13 种油气管道关键设备。公司承担了此次油气管道关键设备国产化研究课题中的3个课题5个专题的研发试制任务，分别是课题2《油气管道关键阀门研制与应用中的调压阀》、课题3《油气管道阀门执行机构研制中电动执行机构和气液联动执行机》、课题4《油气管道计量和非标设备工程应用中的超声流量计和涡轮流量计》。

2012年，公司完成了重大科技专项的立项建议和顶层设计，并在2012年5月14日股份公司总裁办公会通过审查。之后，中国石油天然气与管道分公司多次召开油气管道关键设备国产化方案研讨会，进一步落实了课题承担单位、合作厂家、实施工位、相关方职责等内容。

2013年1月，在前期工厂调研的基础上，公司陆续完成《油气管道阀门执行机构研制与应用研究》《油气管道计量和非标设备工程应用研究》和《油气管道关键阀门研制与应用》课题开题报告，并在同年5月完成了设备研制合作厂家的考察和筛选。

2013年8月23日，国家能源局、中国机械工业联合会会同集团公司在北京组织召开油气管道关键设备国产化联合研发启动会。会上，公司与重庆川仪等10家制造企业签订了联合研发协议，标志着公司油气管道关键设备国产化研究进入实质启动阶段，各设备研制合作厂家开始开展设备样机试制。

2013年11月，公司编写完成了所涉及研制5个课题的《油气管道关键设备国产化工业性试验大纲（中国石油西气东输管道分公司分册）》《油气管道关键设备国产化工厂试验大纲（中国石油西气东输管道分公司分册）》《油气管道关键设备国产化技术条件（中国石油西气东输管道分公司分册）》，并经天然气与管道分公司和集团公司审查，最终完成编制，为油气管道国产化设备研制提供技术依据。

2014年3月，所有合作厂家都已完成样机试制及工厂试验，具备出厂验收条件和现场安装条件。在股份公司组织下，公司对部分已完成试制和工厂试验的样机进行了验收条件的检查，并陆续开始将研制的国产化设备在选定的场站、阀室进行原设备的更换，进行现场工业性试验考核。

2014年下半年，电动和气液执行机构、调压橇和流量计专题研制产品陆续进行现场安装调试并开展工业性试验。2015年12月，执行机构率先通过天然气与管道分公司组织的工业性试验验收。2016年上半年，调压橇也通过天然气与管道分公司组织的工业性试验验收。通过验收的国产化产品已转入应用和技术推广阶段。

三、重大科技创新成果

进入运营期后，公司累计开展了80余项科技项目，获得省、部级以上奖励30项、国家授权专利11项、软件著作权4项，其中"西气东输工程技术及应用"荣获2010年度国家科技进步一等奖、"我国油气战略通道建设与运行关键技术"荣获2014年度国家科技进步一等奖。

表5-1-2　公司获得省部级以上奖励情况

序号	年份	项目名称	奖励	等级
1	2004	西气东输管道工程HSE技术集成研究	中国石油天然气股份有限公司技术创新奖	三等奖
2	2005	西气东输管道工程技术研究与应用	中国石油天然气股份有限公司技术创新奖	特等奖
3	2005	西气东输管道工程技术研究与应用	中国石油天然气集团公司技术创新奖	特等奖
4	2007	中国石油管道生产系统试点与推广实施	中国石油天然气集团公司技术创新奖	二等奖

续 表

序号	年份	项目名称	奖励	等级
5	2008	已有采卤老腔改建储气库工程技术	中国石油天然气集团公司科学技术进步奖	三等奖
6	2008	长输管道压缩机动力驱动系统的优化与应用	中国石油和化工自动化行业科学技术奖	一等奖
7	2008	中国石油财务网上报销系统	中国石油天然气集团公司科学技术进步奖	二等奖
8	2009	中国地下储气库选址规划及建库关键技术研究	河北省科学技术奖	二等奖
9	2010	中国石油主干输气管网优化运行技术研究	中国石油和化工自动化行业科学技术奖	二等奖
10	2010	油气管道地质灾害风险评价与应急保障技术研究与应用	中国石油天然气集团公司科学技术进步奖	二等奖
11	2010	西气东输储气库（金坛）含盐层系三维精细地质建模及地质综合研究	中国石油天然气集团公司科学技术进步奖	二等奖
12	2010	数字管道技术研究与重大工程应用	地理信息科技进步奖	二等奖
13	2010	西气东输工程技术及应用	国家科学技术进步奖	一等奖
14	2010	盐岩溶腔油气储库建造技术研究与应用	山西省科学技术奖	三等奖
15	2011	油气管道穿越采空区灾害风险评价标准与防治规范研究	中国石油天然气集团公司科学技术进步奖	二等奖
16	2011	地下储气库设施完整性管理研究	中国石油天然气集团公司科学技术进步奖	三等奖
17	2011	深部盐矿采卤溶腔大型地下储气库建设关键技术及应用	国家科学技术进步奖	二等奖
18	2012	西气东输储气库（金坛）造腔过程腔体形状控制和检测技术研究	中国石油天然气集团公司科学技术进步奖	二等奖
19	2012	西气东输管道第三方破坏风险评估技术研究	中国石油天然气集团公司科学技术进步奖	三等奖
20	2012	燃气轮机进气系统防冰防霜技术研究	中国石油和化工自动化行业科学技术奖	三等奖
21	2013	西气东输管道干线阴极保护有效性调查及典型杂散干扰影响研究	中国石油天然气集团公司科学技术进步奖	三等奖
22	2013	管道完整性管理系统研究与技术集成应用	中国石油天然气集团公司科学技术进步奖	二等奖
23	2013	天然气管道分输自适应控制系统研究	中国石油和化工自动化行业科学技术奖	三等奖
24	2014	我国油气战略通道建设与运行关键技术	国家科学技术进步奖	一等奖
25	2014	油气管道设计"标准化、模块化、信息化"集成研究	中国石油天然气集团公司科学技术进步奖	二等奖
26	2014	天然气能量计量配套技术研究及应用	中国石油天然气集团公司科学技术进步奖	二等奖
27	2014	天然气长输管道大功率压气站投资指标研究	中国石油天然气集团公司科学技术进步奖	三等奖
28	2014	天然气长输管道燃区压缩机组以可靠性为中心的维修关键技术及应用	中国石油和化工自动化行业科学技术奖	二等奖

续 表

序号	年份	项目名称	奖励	等级
29	2014	超大容量高压变频调速装置的研发及应用	上海市科学技术奖	三等奖
30	2014	西气东输 20 兆瓦 4 800 转/分钟超高速防爆变频调速同步电动机	上海市科学技术奖	二等奖
31	2015	西气东输埋地管道腐蚀控制技术集成研究	中国石油天然气集团公司科学技术进步奖	二等奖
32	2015	输气管道设备操作三维仿真培训应用研究	中国石油天然气集团公司科学技术进步奖	三等奖
33	2015	油气管道关键设备国产化-电动执行机构	中国石油和化工自动化行业科学技术奖	三等奖
34	2015	长三角地区刘庄地下储气库建库方案与工程实施	上海市科学技术奖	三等奖
35	2016	西气东输管道压缩机组安全运行和节能关键技术研究	中国石油天然气集团公司科学技术进步奖	二等奖
36	2016	西气东输管道安全生产配套自动化技术集成研究	中国石油天然气集团公司科学技术进步奖	三等奖
37	2016	地下储气库运行安全保障技术研究	中国石油天然气集团公司科学技术进步奖	二等奖

表 5-1-3 公司获得国家专利情况表

序号	发明名称	专利类别	授权年份
1	履带式大口径管道外防腐层剥离机	发明专利	2011
2	一种天然气管道分输电动调节阀的控制设备及其方法	发明专利	2015
3	管道补口防腐层耐热水浸泡加速试验装置	发明专利	2016
4	一种管道隔离器	发明专利	2016
5	燃气轮机进气系统防冰防霜装置	实用新型	2011
6	便携式计算机控制采集井下油水界面检测仪	实用新型	2011
7	一种管道作业装备中电子器件的密封舱体	实用新型	2012
8	高压天然气管线在线排污装置	实用新型	2012
9	一种天然气管道分输电动调节阀的控制设备及其方法	实用新型	2013
10	一种盐穴储气库注采气集输撬装置	实用新型	2013
11	一种场站小型设备拆运小车	实用新型	2013
12	一种管道焊口卡具	实用新型	2015
13	埋地管道穿越不稳定坡体的管土位移监测装置	实用新型	2015
14	一种钢浮板	实用新型	2016
15	防呆控制系统	实用新型	2016
16	一种连通盐穴腔体形状和体积的测量工具	实用新型	2016
17	查线系统	实用新型	2016

表 5-1-4　公司获国家计算机软件著作权情况表

序号	计算机软件著作权名称	授权年份
1	天然气管道分输自适应控制系统	2013
2	天然气顾客用气行为特征识别测量与细分方法软件	2013
3	燃气轮机主要辅助系统可靠性分析软件	2013
4	输气管道设备操作三维仿真培训系统	2014
5	计量检定业务动态管理信息系统	2015
6	阀室数据远传及压力异常预警系统配套软件	2016
7	GE—NP 机组运行参数趋势分析软件	2016
8	天然气管道 SCADA 防呆控制系统	2016
9	天然气流量检定数据采集与处理软件	2016
10	临界流文丘里喷嘴和涡轮天然气流量标准装置中标准流量计的校准系数的使用软件	2016
11	气垫阻溶造腔界面控制咨询软件	2016
12	一种关于阴极保护条件下埋地管道涂膜状态及其腐蚀风险判断的简易软件	2016

第四节　信息化建设

信息化建设是西气东输管道业务的重要组成部分。

西气东输工程期间，公司陆续建设起部门级和公司级 2 级系统，信息化建设初期即有良好基础。2000 年 4 月，公司财务处承建了中油财务管理系统。2002 年初，合同文控处购入档案管理系统软件，用于公司档案录入、检索等工作。与此同时，为解决工程过程中材料数量大、品种多、各种数据统计烦琐等问题，采办处引用了北京金地伟业有限公司的物资采办信息系统。2002 年 6 月，公司正式启用普华公司的 EXP 系统用于工程项目管理，施工单位和公司各业务部门均使用该系统进行合同的录入、费用的分摊、发票的管理及各种报表的应用、数据的查询等。同月，公司与北京慧点科技开发有限公司合作，正式启用了公司级办公自动化系统，主要包括：个人邮箱、个人事务、办公信息、公共信息、综合业务管理、收文管理、发文管理、系统管理和首页发布栏目等模块。上述信息系统为推动公司各项业务高效、规范运作提供了有效载体和现代化管理手段。

进入运营期后，公司信息系统建设遵照集团公司"六统一"原则和信息技术总体规划，信息技术延伸到公司发展的各个领域。天然气与管道 ERP 系统、管道生产系统（PPS）、管道工程建设管理系统（PCM）、健康安全环保系统（HSE）、人力资源 ERP 系统、管道完整性管理系统（PIS）等统建系统，覆盖了公司管道工程建设、生产运行、安全环保、天然气销售、管道完整性管理、人力资源管理等各个方面，在创新管理模式、强化管理控制、优化业务流程等方面发挥了重要作用，对各项业务的支撑作用日益显著。

一、主管机构沿革

2001 年 8 月至 2004 年 2 月，公司合同文控处负责信息系统建设、系统运维。2004 年 3 月至 2007 年

5月,公司信息系统建设和运营维护的归口管理变更为生产运行处。2007年6月,科技信息处取代生产运行处,负责公司信息系统管理、建设、运维,通过制定一系列管理规定、规范和规程(共制修定了《计算机及信息管理办法》等13项规章制度),采用先进的信息技术手段,科学、高效的运行维护管理方式,保障了公司信息系统安全、可靠、稳定、高效运行,满足了西气东输管道业务运行过程中各类业务、管理信息要求。

2015年9月,科技信息处负责系统建设和管理职能,科技信息中心负责系统运行维护。2006年1月,信息系统运行维护工作进行了外包,由承包商全面负责所承包站场、管理处及总部机关信息系统、网络设备、服务器及存储设备现场的日常维护、定期巡检、定期检测、系统故障状态下的及时诊断、修复和其他相关的服务。

二、信息网络系统

西气东输网络系统组建起始于2001年,系统架构从简单的局域网络发展到大规模广域网络,是集团公司统建信息系统、公司自建系统、视频会议系统等具体应用在公司全面推广实施的物理基础平台。西气东输网络系统分为3级:总部机关网络、二级单位(项目部)级网络、站场级网络。

(一)总部机关网络系统

2001年,公司最初网络系统是在北京南银大厦组建完成,通过2兆电信专线连接北京六铺炕办公区,8兆Chinanet专线接入互联网,网络设备只有一台Cisco 4006,网络规模小,系统应用范围窄,与集团公司网络没有接口,属于独立封闭的小范围网络。

2005年底,公司总部搬迁至上海同盛大厦,网络系统在同盛大厦重新集成,包含信息节点450个,可满足400人以上网络办公,并通过中国电信和中国铁通专线与集团公司华东区域中心相连,用于访问集团公司的相关信息系统。

中国石油上海大厦网络系统由公司统一建设完成,于2013年初正式投入运行。综合布线系统采用6类解决方案,千兆到桌面,整个办公楼网络分为核心层和接入层2层架构。

中国石油上海大厦网络系统办公系统包括35个楼层,1.4万个信息点,118台网络设备。网络系统除了满足公司总部机关的网络系统需求外,还为大厦各个入驻单位提供基础办公平台。

(二)二级单位(项目部)级网络

从2004年开始,随着公司相关业务的不断拓展,各地区管理处相继成立,公司制定了网络系统建设详细规划,每年编制系统建设项目,制订方案设计,完成地区管理处网络建设。2004年,南京、郑州、临汾、甘肃4个地区管理处完成系统建设;2005年,冀宁项目部、淮武项目部、宁陕管理处、新疆管理处、储气库项目部完成系统建设;2006年,苏北管理处、冀鲁管理处完成系统建设;2008年,长宁分公司完成系统建设;2009年,甘陕、赣湘、粤桂、浙江4个管理处筹备组完成系统建设;2012年,福建管网项目部、长沙输气处筹备组完成系统建设。

管理处级网络系统基本配置1台路由器、2—3台接入交换机,最初通过电信运营商4兆专线与公司总部网络系统连接。2013年,随着信息系统的增加、数据访问量的增大以及视频会议系统的频繁使用,公司大部分管理处,特别是西北和中南地区,网络访问非常缓慢,为此科技信息处将管理处原有的4兆带宽扩充至34兆。

截至2016年底,公司二级单位网络系统包括:银川管理处、山西管理处、郑州管理处、甘陕管理处、苏北管理处、储气库(项目部)管理处、管道工程建设项目部、苏浙沪管理处、合肥管理处、武汉管理处、科技信息中心、浙江管理处、南昌管理处、长沙管理处、厦门管理处、广东管理处、广西管理处17个。

(三) 站场级网络

公司的站场网络系统从2008年开始组建,逐步完成了管道干线、支干线和联络线所有站场的网络建设,每一个站场均配备了路由器、交换机等网络设备。截至2016年底,公司已有147个站场实现了与公司总部网络的连接,并共享总部的互联网出口,通信方式为站场的光通信(小部分站场通过电信专线连接)。

三、信息系统应用

截至2016年底,公司共有69个信息系统。其中:集团公司统建系统17个,上级业务主管部门建设系统29个,公司自建系统17个,外部系统6个,部分重要信息系统应用介绍如下:

(一) 中油财务管理信息系统

中油财务管理系统自2000年4月公司成立最初即开始使用,起初的系统版本为5.0,承担了公司财务的总账、应收、应付、现金、成本等所有业务。2004年初,系统从5.0升级6.0版本,2008年1月正式运行7.0版本。公司财务系统按2套账目分别管理管道公司和销售公司的财务业务。

(二) 办公自动化系统(OA)

办公自动化系统是电子公文拟稿、审批、收发、传阅、查询、归档的系统。2006年,公司开始实行OA办公自动化系统,除保密文件需以纸质形式流转外,其他收发文均通过OA办公系统进行收发、流转。经统计,公司自2006年至2016年发文数量平均为10 000件/年(其中公司级发文约为1 200件/年),收文数量平均为25 000件/年(其中公司级收文约3 000件/年),公司级收发文存档数量平均为2 500件/年。

2011年,公司开展OA系统与档案E6系统信息互连工作,实现了OA中需存档公文电子版直接导入档案系统,取代了原来由文书人员先从OA中下载公文后再上传到档案系统的程序,进一步提高了归档的效率。

(三) 管道生产系统(PPS)

管道生产系统(PPS)是管道生产信息发布、数据采集、报表生成的信息系统,在长输天然气管道企业中应用广泛。作为集团公司第一个试点单位,2006年3月13日,公司PPS系统顺利实现单轨运行,此后,西气东输的天然气运销业务全部转移至该系统中。PPS系统的主要用户包括生产运行处、市场开发与销售部、各场站及天然气销售客户。

2013年10月,PPS 2.0版试运行。该系统是集团公司信息技术总体规划的专业应用系统中第一个开展2.0版建设的系统(A3工作包),业务覆盖油气长输管道、城市燃气、CNG、LNG生产业务,功能包括计划管理、调度管理、运销计量管理、能耗管理、工艺管理、专业计算、统计分析等。

2014年5月,本着减员增效、降低成本的原则,为进一步减少一线员工工作量,提高现场工作效率,公司开展了A3系统西气东输计量交接电子化试点项目。2014年9月,试点上线成功。计量交接电子化项目利用"互联网+"思维,通过该技术在PPS系统中的全面推广应用,成功实现计量交接电子化,将业务与信息融合,优化传统业务,提高工作效率,降低成本,转变了传统业务场景,实现了管理创新,提升了企业综合竞争力。

(四)地理信息系统

2006年2月8日,股份公司信息管理部和天然气与管道分公司在上海启动"中国石油地理信息系统西气东输试点(A4项目)"。西气东输试点项目经理部,协调配合咨询服务商和软件实施商工作,同时配合股份公司信息管理部及板块公司,安排办公地点,提供各种设施,租赁配备专用的封闭办公环境,以保证公司敏感数据的安全性和保密性,并定期召开项目参与方协调会,帮助项目实施方顺利完成该系统在公司进行的管道专业数据采集、处理工作,以降低系统建设风险,为后续推广工作积累经验。2007年7月31日,天然气与管道地理信息系统信息试点正式上线并推广应用。

(五)天然气与管道ERP系统(企业资源计划系统)

2007年6月28日,天然气与管道ERP系统试点项目正式启动。2008年3月,项目上线运行。2009年5月,西气东输ERP与FMIS融合项目启动。2009年8月,系统实现单轨运行。2010年6月底,系统通过集团公司验收。"十一五"期间,公司率先完成了天然气与管道ERP系统试点项目的建设,实施了销售管理、物资采购管理、项目管理、设备管理及财务管理5个功能模块,各个功能模块的全面应用,实现了物流、现金流、信息流的高度集成。

该系统在公司业务上的应用,加强了上下游间的业务联动性,增强了项目和资金管理能力,健全成本控制体系,优化采购和销售管理,改进内部控制体系,对设备故障报修等生产环节进行统一管理。实践表明,该系统基本满足公司业务的需求。

作为"十二五"期间集团公司信息化建设重点项目,2013年3月,天然气与管道板块ERP系统应用集成项目启动。天然气与管道应用集成将构建以数据标准为基础,以信息化管控体系及信息安全体系为保障,以ERP系统为核心,全面支持油气调运、工程建设、天然气销售、资产完整性为主的4大核心业务,全面提升信息集成与共享能力,为提高企业管控能力和核心竞争力提供支持。系统功能范围包括ERP 2.0提升、集成平台、用户访问、决策支持4个部分,涵盖ERP、管道生产管理系统、管道完整性管理系统、管道工程建设管理系统等17个系统的总体集成架构,初步梳理形成47个系统接口的集成方案。

(六)管道工程建设管理系统(PCM)

管道工程建设管理系统(PCM)是主要服务于中国石油天然气与管道专业的工程建设管理业务的应用系统。PCM系统涵盖管道工程项目的管理、决策、技术等相关领域,分系统功能包括过程控制管理、技术数据管理、竣工资料管理、可视化展示系统4大部分。

公司于2009年6月实现PCM系统上线运行。该系统在公司管道工程项目建设中的应用,强化了过程管控,在工程报表报送、物资管理与PCM系统对接、数据准确采集、人员培训上岗等方面,取得良好的应用效果。

公司自2013年起推进天然气与管道ERP系统工程建设管理子系统(PCM)的深化应用,工程建设管理子系统包括决策支持模块、工程信息模块、工程文控模块、设计管理模块、物资管理模块和合同资金管理模块。PCM系统的稳定运行,为管道的建设和管理提供了一个良好的平台,为延伸到管道的运行管理提供了数据支持,同时为做好PCM系统与运行管理的衔接奠定了基础,确保了公司生产运行的安全、平稳。

(七)管道完整性管理系统(PIS)

管道完整性管理作为一种基于数据的主动式预防管理方式,已成为当今国际上最被认可的管道安全管理模式,在提升管道管理水平、保障管道安全平稳运行、提高企业核心竞争力等方面发挥着重要作用。

PIS包括数据采集、高后果区识别、风险评价、完整性评价、维修与维护、效能评价。根据业务和应用架构,系统功能划分为业务管理、技术支持、效能管理和基础信息管理4个子系统。PIS的建设为管道完整性业务提供了信息化管理手段。它整合完整性管理方法和理念,使各公司完整性管理基于统一的标准,对管理过程进行规范,有效提升管道完整性管理的水平和效率。该系统于2011年4月在公司实现上线运行,主要用户为公司管道处、生产运行处及各管理处。

(八) 健康安全环保系统(HSE)

HSE管理体系是全球石油石化行业普遍采用的管理模式。HSE管理体系体现了现代安全科学理论中的系统安全思想,通过系统化的预防管理机制,彻底消除各种事故隐患,严格控制各种健康安全与环境风险,以最大限度地减少生产事故、疾病、污染的发生,为有效控制风险,实现安全生产、清洁生产提供系统化的管理方法,营造出一种安全、健康、清洁、文明、和谐的企业文化氛围,创造出一种先进的HSE企业文化。HSE信息系统于2007年6月在公司实现系统上线,是集团公司HSE管理体系重要组成部分,通过信息传递与共享,优化HSE业务流程,夯实HSE管理基础,强化决策支持。

根据集团公司《健康安全环保系统管理办法》,公司2014年8月修订了《西气东输管道公司健康安全环保系统应用及运行维护管理规定》,对管理职责、数据管理、考核及奖惩、运行维护管理、安全环保健康业务管理等方面详加规定。2010—2013年,公司连续4年被集团公司评为健康安全环保系统应用先进集体。

(九) 业务流程管理信息系统(ARIS)

业务流程管理信息系统(ARIS)是股份公司针对业务流程运用信息技术对其及有关数据进行收集、传送、加工、处理、存储与管理的应用系统总和。ARIS系统2006年上线,在集团公司所属地区公司中使用,帮助实现公司内部控制管理手册的信息化管理。

ARIS系统的使用坚持"规范系统使用、强化建模技巧、增强自学和培训、服务内控管理"的原则,在每个地区公司设定系统管理员,对系统权限和应用进行管理。公司利用该系统对公司各项业务进行流程的分析和设计,每年将审核核对好的《内控控制管理手册》按要求在系统中建模、发布。公司所有员工可以通过中国石油内部网站,登陆到股份公司ARIS系统平台上,查阅《统一分册》和《西气东输分册》内容。2010年,ARIS系统增设ARCM模块,应用ARCM测试系统开展辅助测试。该信息技术的应用,在样本的录入、测试表的导出、测试结果统计分析等方面更高效、更便捷和更准确。公司因此实现了年度测试数据电子存档、测试档案随时调阅。

第二章 规 划 计 划

规划计划业务主要包括公司的发展规划、项目可研、项目核准、投资计划、更新改造和大修理立项及计划、工程概算、造价结算审查、综合统计、项目后评价等管理工作。我国的天然气工业快速发展,公司管理的输气管道从单一的西气东输一线干线,到以目标市场直供大用户支线建设、西气东输管网系统建设,逐步发展成为国家基干管网,而规划计划方面的工作内容也从单一管道规划、建设,逐步扩展到管网规划、建设和运行管理,从单一的工程规划、建设、运营,发展到基干管网的规划、建设、高效运营,工作的内涵与外延逐步扩大与延伸。

第一节 机 构 设 置

为了抓好西气东输工程规划、建设和投资管控工作,提高项目投资决策水平和项目管理水平,西气东输管道建设项目经理部成立初期,即2000年3月,成立了计划与财务处,主要负责西气东输工程项目经理部的计划和财务工作。

2002年6月,公司将计划职能划出,成立计划与投资处。7月,明确工程建设期间机构设置和主要职责,计划与投资处主要负责组织编制和执行公司业务发展计划、投资计划、项目执行计划、工程项目的(预)可研及前期工作,公司综合统计、工程项目的概(预)算和结算、编制标底、审定合同价格和合同变更价格、工程项目概预算、定额管理等工作。11月,计划与投资处下设计划科、投资管理科和综合科等3个科室。

2004年2月,公司成立规划计划处,主要负责公司发展规划和计划管理,组织编制基本建设、更新改造和大修理项目计划,组织工程项目的前期工作,负责投资、概算、定额管理、经济合同、法律事务管理和综合统计等工作。

2006年4月,公司决定招投标管理职能调整到规划计划处。

2007年6月,规划计划处下设规划计划科、造价管理科、法律事务科3个科室。

2008年8月,西气东输管道增压工程、西气东输冀宁支线管道、淮武支线管道建成投运,为加强投资项目监管,提高投资项目决策水平和项目管理水平,规划计划处增加后评价管理内容。

2011年3月,撤销规划计划科,设规划科和计划科。

2012年4月,由于沿途管线经济纠纷案件屡次发生,为加强公司法律和合同管理,公司决定撤销规划计划处法律事务科,法律事务管理、合同管理及招投标职能划归企管法规处。9月,增设综合统计科。

2013年,随着国家油气管网进一步放开,规划计划处增加了一项能源监管工作内容。

2015年6月,综合统计科更名统计科。

第二节 规划管理

公司自成立至2016年底,规划管理工作主要是完成了"十五""十一五""十二五""十三五"4个五年规划的编制。"十五"期间,是西气东输工程从开工到建设、从投产到运营的5年,完成了西气东输从无到有的转变;"十一五"期间,公司业务实现跨越式发展,运营管道总长度由"十五"规划期末的4 188公里增至8 959公里,站场由35座增至102座,压缩机组由12套增至63套,销售与分输用户由35家增至144家;"十二五"期间,是稳健发展的5年,公司新增管道约3 200公里,站场由102座增至152座,压缩机组由63套增至78套,金坛储气库建设超计划运行,刘庄储气库如期建成投产,新增工作气量5.49亿方,销售区域覆盖15个省份,下游合同用户增至300家;"十三五"期间,公司以提高质量效益为中心,着力做好"谋市场、求创新、控成本"3篇文章,坚持做强做优主业,坚持改革创新引领,坚持强化安全环保,坚持深化经营管理,坚持践行以人为本核心立场,坚持加强和改进党的领导,计划到2020年初步建成世界先进水平管道公司,为集团公司建设世界一流综合性国际能源公司做出新贡献。

公司中长期发展规划分为总体规划、专项规划和区域规划3类规划。总体规划,以西气东输管道公司为对象编制规划,突出战略性、指导性和协同性,是专项规划、区域规划的指导和依据;专项规划,以业务发展特定领域或专项职能为对象编制规划,是总体规划的基础、延伸和细化,包括业务专项规划、保障体系专项规划及其他专项规划。业务专项规划包括天然气销售业务规划、天然气储运设施规划等。保障体系专项规划包括节能规划、管道完整性管理规划、QHSE规划、工程建设保障规划、人力资源规划等;区域规划是在特定区域内的天然气与管道业务为对象编制规划,主要包括分省规划。

公司规划主要采取滚动编制、定期监控的工作机制。总体规划、业务专项规划、保障体系专项规划及分省规划每年滚动编制1次。公司规划计划处负责组织公司总体规划、天然气储运设施规划、分省规划的编制、报审、监控,发布公司总体规划及保障体系专项规划,组织公司总体规划、分省规划预审并上报专业公司评估;人事处负责编制人力资源规划;质量安全环保处负责编制QHSE规划;生产运行处负责编制节能规划;管道处负责编制管道完整性规划;工程技术处负责编制工程建设保障规划;市场开发与销售部负责编制天然气销售业务规划。

公司规划编制流程基本实现闭环管理,遵循任务下达→编制→内部讨论、审核→上报备案→实施→滚动调整的流程。通过每年滚动编制规划,对上一年度规划执行情况进行分析、总结,对规划执行过程中发现的问题进行研究分析,在下一年度规划中进行相应调整,使得规划对具体工作具有较强的指导性。另外,规划充分做到了与年度工作计划的衔接,有效保证了规划的时效性和可操作性。由于规划体系相对完整,滚动规划调整及时,公司的各项规划对生产经营发展起到良好的指导作用。

公司规划工作的具体流程如下:

一、规划启动

每年1月上旬,公司在收到专业公司工作通知后,制定规划工作计划,启动年度规划编制工作。

二、规划编制

(1) 总体规划、分省规划：每年3—9月，规划计划处组织编制公司总体规划、分省规划，9月底完成规划初稿编制；6月底和10月底分别前，接收业务专项规划、保障体系专项规划编制单位提交的规划成果；10月前，完成公司总体规划、分省规划初稿编制工作。

(2) 业务专项规划：规划计划处统一向业务专项规划负责部门提供分年规划中间成果。每年3月至6月，各负责部门组织编制业务专项规划，6月下旬完成报审稿编制，7月至8月与其他相关规划衔接，9月中旬完成审定稿编制。

(3) 保障体系专项规划：5月至8月，各负责部门组织编制保障体系专项规划，8月中旬完成初稿编制。

三、规划审议

(1) 总体规划、分省规划：每年11月完成公司内部审查。11月下旬完成规划报审稿，提交总经理办公会审定。次年1月，上报专业公司审批。次年1月中旬至2月上旬，专业公司组织审查。

(2) 业务专项规划：每年6月下旬完成报审稿，提交公司分管领导审定。8月，按照审定意见进行修改。9月下旬，完成规划终稿。

(3) 保障体系专项规划：每年8月中旬完成初稿，各相关部门组织召开公司内部审查。9月上旬完成报审稿，提交公司分管领导审定。9月，按照审议意见进行修改。10月，完成规划终稿。

四、规划发布

(1) 分省规划：由专业公司于次年2月底前发布。

(2) 总体规划：由公司规划计划处于次年2月底前发布。

(3) 保障体系专项规划：每年11月底前将规划修改意见、终稿及公司分管领导的批示意见以正式函件报送规划计划处，12月底由公司规划计划处发布。

五、规划监控与调整

规划监控主要是对规划外部条件及实施情况进行跟踪分析，客观评价发展目标、主要任务、重点工程、保障措施等规划内容的落实情况，发现问题、分析原因，根据发展环境变化提出相应规划调整意见，并在规划编制中进行相应调整。

公司分别于2006年、2011年、2016年组织编制并印发了《西气东输管道（销售）公司"十一五"业务发展规划》《西气东输管道（销售）公司"十二五"业务发展规划》和《西气东输管道（销售）公司"十三五"业务发展规划》。每年滚动编制20余项规划，包括公司中长期业务发展总体规划、天然气销售业务规划、天然气储运设施规划，上海等12个省份分省天然气业务一体化滚动规划（上海、江苏、浙江、河南、安徽、陕西、宁夏、湖南、湖北、江西、福建、广东），节能规划、完整性管理规划、安全环保规划、工程建设保障规划、人力资源规划等专项规划。2013年，公司在天然气与管道公司"业务管理综合评价指标"考核中规划计划一级指标得分第一名。

第三节 立项与核准

一、可研管理

"可研"指投资项目可行性研究,可研管理包括组织预可行性研究报告(项目建议书)、可行性研究报告(或方案设计)、项目申请报告编制、审查和报批工作。

(一)跨省建设项目

公司规划计划处会按照专业公司有关开展项目可行性研究工作的通知要求,委托公司工程管理部门开展可行性研究工作。公司工程管理部门选择具有相应资质的咨询单位编制可行性研究报告。报告编制完成后,由规划计划处组织审查,审查通过后,上报专业公司审查。报告最终由股份公司规划计划部组织审批。

(二)省内建设项目

公司规划计划处根据项目类型,分别委托公司储气库工程项目部、管道工程建设项目部、压缩机站工程项目部开展可行性研究工作。相关项目部选择具有相应资质的咨询单位编制可行性研究报告。报告编制完成后,由规划计划处组织审查。审查通过后,四类项目由规划计划处报请公司总经理办公会审定,审定后由规划计划处起草立项批复文件,报公司总经理办公会审定,批复文件报公司主管领导签发;一、二、三类项目由规划计划处上报专业公司审查,一、二类项目由股份公司规划计划部组织审批,三类项目由专业公司组织审批。

二、项目核准

项目核准工作主要分为国家核准项目和省内核准项目。

(一)国家核准项目

国家核准的集中建设项目:公司规划计划处配合股份公司规划计划部获取项目路条文件,负责编制项目申请报告;公司工程管理部门组织办理国家核准的集中建设项目核准附件,具体负责环评、地震、地质灾害、压矿、节能、社稳评价等专项评价报告编制和报批工作,组织相关地区管理处办理规划选址意见书和土地预审意见;公司相关地区管理处具体负责所辖地区核准附件办理工作;在项目具备核准条件后,由规划计划处配合股份公司规划计划部上报国家发改委办理项目核准。国家核准的公司自建项目核准附件由相关项目部负责办理。

(二)省内核准项目

省内核准项目一般为公司自建项目,公司规划计划处负责组织获取项目路条文件;相关项目部负责委托编制项目申请报告,办理项目核准所需的规划选址、土地预审、环评、节能、社稳评价等核准附件,站场扩能改造项目的规划选址和土地预审等核准附件办理工作由相关地区管理处协助办理;在项目具备核准条件后,由规划计划处上报省发改委办理项目核准。

截至2016年底,公司陆续出台并修订完善了《西气东输管道(销售)公司建设项目前期工作管理办法》《西气东输管道公司建设项目核准工作管理实施细则》《中国石油西气东输管道公司建设项目(预)可行性研究评估管理实施细则》《中国石油西气东输管道公司站场阀室扩能改造基本建设项目立项管理规定》等制度,有效确保了前期工作的有序开展。公司完成了西气东输管道工程、西气东输管道增输工程、金坛盐穴地下储气库工程、刘庄地下储气库工程、西气东输管道安全改造工程、西气东输三线管道工程、冀宁支线管道工程、淮武支线管道工程、江都至南通至如东、泰兴至芙蓉管道工程、山西沁水煤层气管道工程、甪直至宝钢管道工程、贵港至玉林供气支线、南宁至百色供气支线、苍梧至贺州供气支线、江西二期管网工程,以及相关站场适应性改造工程,累计完成可研或方案设计立项审批230余项;完成了西气东输管道增输工程、西气东输管道配套地下储气库工程、西气东输管道安全改造工程、西气东输三线东段、中段工程、冀宁支线管道工程、淮武支线管道工程、泰兴至芙蓉管道工程、山西沁水煤层气管道工程、甪直至宝钢管道工程等10余个项目的国家核准(备案);完成了贵港至玉林供气支线、南宁至百色供气支线、苍梧至贺州供气支线、邳州压气站工程、抚州压气站工程、衢州压气站工程、江西二期管网工程,以及相关站场适应性改造工程等40余个项目的省级核准(备案)。

此外,"十三五"期间,按照股份公司的总体部署,公司将完成中俄东线永清至上海段管道工程、中俄西线东段管道工程、西三线闽粤支干线管道工程、平顶山地下储气库工程、淮安地下储气库工程、楚州地下储气库工程、云应地下储气库工程等重点油气储运项目的可研及核准工作。

第四节 计划管理

公司的计划管理主要包括公司投资计划管理相关规定和制度的制定、修订,新建项目投资计划的上报与下达,更新改造和大修理项目的立项管理与计划下达,以及投资管理考核等工作。

一、新建项目投资

公司的投资计划管理遵循"一统一、三控制、两挂钩"的原则。"一统一",即统一计划,实行投资"一本账"管理。"三控制",即投资总量控制,效益标准控制和实施过程控制。"两挂钩",即投资与效益挂钩,新增投资项目效益纳入到年度预算利润考核;投资管理与业绩考核挂钩,将投资管理纳入到项目承办部门的业绩考核中。

(一) 投资建议计划编制与上报

公司规划计划处根据上级单位关于编报年度、批次投资建议计划的通知要求,组织公司各相关部门编制相应的投资建议计划;各部门根据初步设计概算批复、各部门投资控制指标或可研批复和工程进度计划安排,编报本部门的投资建议计划,经部门领导审查后,以部门函形式提交规划计划处;规划计划处在各部门申报计划的基础上,结合公司建设项目整体部署,编制公司年度、批次投资建议计划。年度建议计划报公司总经理办公会批准后,上报上级单位。批次建议计划报公司规划计划主管领导批准后,上报上级单位。

(二) 投资执行计划编制与下达

公司规划计划处根据股份公司、专业公司下达的批次投资计划,按季度、按项目单项工程组织公司各相关部门编制相应的季度投资执行计划。季度投资执行计划报公司规划计划主管领导批准后,下达给各部门。每年下半年,根据项目实施进度和投资完成情况,规划计划处组织编制年度投资调整执行计划,经公司公司规划计划主管领导批准后,于年末下达给各部门。年度投资调整执行计划是各项目本年度下达投资执行计划的总额,也是年度投资考核的依据。

二、更新改造与大修理项目的立项管理与计划下达

随着西气东输管网系统的不断扩大,公司更新改造和大修理项目逐年增多,每年审批立项的项目数百个,安排投资数亿元。在具体实践中,公司建立完善了科学、合理的立项管理原则:坚持"安全是管道生命,安全是效益"的原则,把确保管线安全平稳运行放在首位;坚持资金集中使用的原则,把有限的资金用于有利于公司发展、安全技措、节能降耗及生产急需的重点项目上,用于有利于安全运行管理、有利于社会与环境和谐统一的项目上;坚持社会、环境、效益统筹兼顾的原则,努力降低生产成本,实现社会、环境、经济效益的最大化。

(一)建议计划(项目立项申报)编制

公司项目承办部门(专业部门、所属单位)根据生产运营的实际情况,分类编制本部门下年度的更新改造(含安全生产费用资本化项目)、大修理项目(含安全生产费用化项目)建议计划及三年滚动建议计划。

(二)建议计划(项目立项)审查

公司规划计划处对项目建议计划(含项目建议书或方案设计)进行资料初审,经初审合格的项目申报资料,由规划计划处组织公司专业主管部门进行项目申报必要性、技术方案、QHSE方案、风险等级和投资估算审查。规划计划处每年第四季度组织公司相关专业部门召开公司年度更改、大修理项目(含安全生产费用项目)计划衔接会,逐项对接审核。

(三)建议计划(项目立项)审批

公司规划计划处根据各部门提交的衔接会后修改的项目建议计划、项目建议书、方案设计,结合项目立项审查情况,编制公司年度项目建议计划(报审稿),经公司规划计划主管领导同意后,报公司总经理办公会立项审批。

(四)执行计划下达

公司规划计划处根据公司总经理办公会年度项目立项审批意见、公司自留折旧返还资金计提指标、大修理预算指标、安全生产费用计提指标,结合公司业务主管部门确定的项目排列顺序和项目的轻重缓急,按照"成熟一批、下达一批"的原则,组织编制项目分批执行计划,经公司规划计划主管领导批准后,下达执行。

第五节 造价管理与投资控制

公司的造价管理与投资控制,主要包括建设项目估算、概算、预结算管理、定额管理工作,以及有关标准的制定和颁布;公司招标标底编制;造价人员资格管理等工作。

一、估算与概算

公司规划计划处指导和参与公司委托编制的可研估算编制、审查。可研批复后,由项目管理部门委托设计单位编制初步设计概算。编制期间,造价管理人员会同项目管理部门造价人员全程参与概算的编制。编制完成后,由规划计划处组织生产运行处、管道处、压缩机管理处、物资管理处、项目管理部门等相关处室对初步设计概算进行审查,形成审查意见,并督促编制单位按照审查意见修改完善概算。规划计划处对修改后的初步设计概算进行审查确认后,限上项目编制单位将初步设计概算会同设计技术文件提交工程处,由工程处上报专业公司、股份公司审批,规划计划处参加专业公司、股份公司组织的审查会议,并及时沟通、跟踪;限下项目编制单位将初步设计概算和技术文件交项目管理部门,由项目管理部门报工程处,工程处会同规划计划处进行初步设计及初设概算审批。

二、投资控制指标测算与下达

为加强建设项目在初设概算执行阶段的投资控制管理工作,明确各部门投资管理的职责和目标,公司规划计划处在初设概算批复后,以批复的初设概算作为建设项目投资的最高限额,将初设概算投资分解到单位工程,按照公司投资的相关规定,下达给指标控制部门,由建设项目承办部门按规定执行,并随时跟踪指标的执行情况。

三、招标管理

项目管理部门根据项目进展情况提出招标申请,经公司批准后,项目管理部门编制招标文件,规划计划处对招标文件商务条款进行审查。需要编制标底的招标文件,由项目管理部门申请规划计划处委托编制,审计监察处监督,编制完成后,由编制单位密封,并转交审计监察处,由审计监察处现场开标时公布标底。

四、结算审查

(一) 基本建设项目

竣工验收合格或预验收后,公司成立独立项目部管理的建设项目,由项目部督促施工单位上报结算文件,经监理、项目部审查后,上报公司规划计划处审查。

(二) 未成立独立项目部管理的建设项目

由建设项目承办部门督促施工单位上报结算文件,经监理、地区管理处审核工程量和费用、建设项目主管部门审核工程量后,公司规划计划处对上报的结算进行审查。

(三) 更新改造、大修理、安全生产费用项目

竣工验收合格后,项目承办部门(主要包括管理处、分公司)督促施工单位上报结算文件,经监理、管理处(分公司)审查后,报专业主管部门(站场报生产运行处、管道线路项目报管道处、压缩机和自动控制部分报压缩机处)审查工程量,公司规划计划处进行费用审查完成后,移交审计监察处进行审计,审计完

成后办理结算手续。

五、西气东输一线管道工程量确认工作

（一）工程量确认工作

工程量确认工作是处理西气东输一线管道施工过程中发生的变更工程量。变更工程量的处理是一项错综复杂的系统工程，涉及招投标过程、施工合同的签订，项目业主、承包商、设计、监理各方对合同条款的理解，项目各方在施工管理过程中的责任、义务、关系和经济利益。它是一种通过深入到管理处，对监理分部和管理处审核过的变更资料进行复核，发现、分析、研究、处理各类问题，逐步探索积累经验，总结出工程量确认工作的方式方法。

（二）工程量确认工作组构成

2003年3月7日，为确保工程量确认工作的有序进行，公司成立西气东输管道公司工程量确认联合工作组。工作组由工程处牵头，计划处、技术处、合同文控处、征地办、监督联合办公室、监理总部共10人。工作组集中办公地点在北京市西城区六铺炕华信招待所。

（三）工程量确认工作的原则

工程量确认工作的基本原则是公正、客观、科学、合理。公正：公正对待每一家承包商，不论其来自行业内、还是行业外，做到一视同仁，公平对待；客观：实事求是，把变更、索赔资料审核与现场核实相结合，广泛认真听取监理单位、设计单位、管理处、施工单位的各方面意见，客观处理每一份变更和索赔；科学：工程量和费用金额的审定是逐份逐项进行的，经过科学计算得出，从而使得审核结果更显科学性，减少盲目性；合理：审核过程要重依据。这些依据就是招标文件、合同条款、设计文件、施工图纸、施工技术规范、管理制度、会议记录、现场施工记录等。对于没有依据的变更和索赔，工作组不予承认。

（四）工程量确认工作组完成的主要任务

截至2004年7月，工作组历时17个月，共审查西气东输一线管道东段3个管理处（陕晋、豫皖、苏浙沪）各种施工合同117项，合同总额为75.12亿元，其中合同施工费用为31.34亿元；统计施工图纸共500余份；审查各种变更、索赔等资料6 188份；上报金额为16.11亿元，工作组审定金额为5.57亿元，审减10.54亿元。

第六节　统 计 管 理

公司的统计管理工作主要包括相关规定和制度的制定、修订，对公司生产经营等活动的统计调查、整理、分析和披露，提供统计咨询服务，实行统计监督。

一、编报统计报表

每年年初，公司制定下发《定期综合统计报表》，要求公司所属单位及公司机关相关部门按期编制本部门的定期统计报表（月报、季报、年报），经部门领导审核通过后，报送规划计划处。规划计划处对各部

门、各单位报送的报表进行审核、汇总、整理后，编制公司定期综合统计报表。定期统计报表主要包含公司概况（年报）、增加值情况（月报）、财务及经济效益指标（季报）、能源消耗（季报）、管道运输概况（年报）、天然气销售情况（月报）、基本建设项目投资计划完成情况（月报）、更新改造项目投资完成情况（月报）、大修理项目费用完成情况等报表（月报）。通过定期统计报表的填报与统计，公司可以实时掌握各项生产及运营工作的具体情况。

二、编报统计分析

每年年初，公司规划计划处下达投资情况季度分析模板。每季度末，公司所属单位及公司机关相关部门按照季度分析模板编制本部门计划执行情况分析报告，经部门和单位领导审核同意后，报送规划计划处。规划计划处进行审核、整理分析后，编制公司基本建设项目、更新改造项目、大修理项目及安全生产费用计划执行情况分析报告，在公司季度经济活动分析会上汇报。同时，公司开展优秀统计分析评比活动，对公司生产经营中存在的重点、难点问题进行统计分析，为公司科学决策提供咨询和服务。

三、统计调查

规划计划处根据上级相关部门或者统计机构制定的调查问卷或者调查表格制定公司的统计调查问卷或表格，下发至公司各相关部门。公司各相关部门负责认真、准确及时报送统计数据，并对统计数据的真实性负责。规划计划处对各部门报送的统计数据进行整理、汇总、审核后，报送公司主管领导审批同意后，向统计调查单位或部门报送统计数据。

2004年，公司开始商业运营后，在原有的投资统计报表制度的基础上，逐步增加了更新改造项目、大修理项目、安全生产费用资本化/费用化项目、增加值、天然气产运销平衡、管道运输概况、能源消耗等一系列报表。定期修订、发布公司综合统计报表制度，为更好地掌握公司的工程建设投资完成情况及生产经营情况提供了全面、准确的数据资料。2009年，公司发布《西气东输管道（销售）公司统计工作管理办法》，并于2016年予以修订，理顺了统计工作管理程序，使统计工作更加符合公司实际生产经营情况，夯实了统计工作管理基础。公司规划计划处协调各部门建立统计原始数据台账，建立健全原始记录，使统计报表上报工作制度化、标准化、规范化，保证了源头数据的真实准确，并定期开展统计调查和分析工作，以了解掌握公司经济活动运行情况及存在的问题，发挥了统计服务、信息咨询及监督职能，为公司领导决策提供支持和依据。

第七节　后评价管理

项目后评价，是指对投资项目的前期决策、实施和生产运营等过程，以及项目目标、投资效益、影响与持续性等方面进行的综合分析和系统评价。项目后评价是投资项目闭环管理的重要环节，是完善投资监管体系、改善投资决策和管理、提高投资质量和效益的重要手段，是开展绩效考核和落实责任追究的重要依据。

公司的后评价管理主要包括公司投资项目后评价管理相关规定和制度的制定、修订，项目后评价工作计划的下达，后评价报告的编制、审查、上报、总结等工作。

一、制度建设

按照集团公司、股份公司建设项目后评价管理要求,结合公司建设项目实际,公司规划计划处组织制定了公司建设项目后评价管理实施细则,明确后评价工作内容和流程要求,规范后评价工作程序,有序推动公司后评价工作开展。

二、人员配置

2008年,公司成立后评价工作领导小组,全面负责公司投资项目后评价工作组织、协调工作。

公司后评价领导小组下设办公室,办公室设在规划计划处,具体承办公司后评价工作各项具体工作。规划计划处设立了后评价岗,落实1名专职人员负责后评价管理工作。所属单位落实了兼职后评价人员,保证了后评价工作皆有序开展。每个重点建设项目后评价工作皆分别专门成立后评价工作组。

三、工作内容

每年一季度,公司年度后评价工作计划下达后,规划计划处组织公司相关业务部门、项目建设部门和项目运行部门编制与本部门业务相关的后评价内容及提供相关信息资料。公司建设项目后评价工作主要分为简化后评价和详细后评价。

(一) 简化后评价

简化后评价主要采用填报简化后评价表的形式,对项目全过程进行概要性的总结和评价。简化后评价主要分为简化后评价计划下达、简化后评价报告编制、简化后评价报告审查验收、后评价意见落实、简化后评价报告备案5个阶段。

根据公司下达的年度工作计划,公司规划计划处负责组织公司相关部门及项目建设单位开展建设项目后评价工作,项目承办部门具体负责项目简化后评价报告的编制、初审。简化后评价报告由公司后评价领导小组或专家小组审查验收,具体工作由规划计划处组织,公司相关的业务部门和报告参编部门参加。简化后评价通过验收后,规划计划处将以公司文件形式下达后评价意见,公司各承办部门落实后评价意见中提出的整改要求和建议,并将落实情况报送至规划计划处。同时,规划计划处每年对公司开展完成的简化后评价报告进行汇总分析,形成年度报告,上报备案。

(二) 详细后评价

详细后评价是对项目进行全面、系统、深入的总结、分析和评议。详细后评价主要分为后评价计划下达、自评价、独立后评价、反馈后评价意见、整改落实5个阶段。

自评价报告由公司规划计划处组织公司各相关业务部门或委托专业咨询机构编制。自评价报告编制完成后,由规划计划处组织公司相关业务部门和报告参编部门对自评价报告进行初审,通过后,报公司后评价领导小组或审查小组审查。项目后评价意见下达后,规划计划处组织公司相关部门落实整改要求和建议。规划计划处每年对公司开展完成的自评价报告进行汇总分析,形成年度报告,上报备案。

对列入集团公司、股份公司和专业分公司后评价工作计划的项目,在详细后评价审查通过后,规划计划处报送后评价计划下达部门验收。后评价计划下达部门对自评价报告验收通过后,委托第三方咨询机构开展独立后评价。规划计划处组织公司相关部门配合独立后评价工作的开展。根据上级部门下达的项目后评价意见,规划计划处组织公司相关部门落实整改要求和建议,同时将后评价意见落实、整改情况报送至后评价意见下达部门。

四、工作成果

自2008年以来,公司规划计划处紧紧围绕西气东输管网系统发展目标,结合工程项目建设实际,严格执行基本建设项目管理程序,先后组织编写完成的自评价报告有:《西气东输管道干线工程自评价》《金坛储气库工程(一期)自评价》《淮武支线管道工程自评价》《冀宁支线管道工程自评价》《山西沁水煤层气外输管道工程自评价》《西气东输刘庄地下储气库项目自评价》《甪直至宝钢输气管道工程自评价》《西气东输安全改造工程自评价》《西气东输二线香港支线管道项目自评价》《西气东输增输工程自评价》《江都至如东天然气管道项目一期工程自评价》和《江都至如东天然气管道工程如东至南通段自评价报告》等。配合管道建设项目经理部完成了《西气东输二线工程(东段)自评价》,配合管道公司完成了《兰州至银川输气管道工程(西气东输至涩宁兰输气管道联络线)自评价》,配合集团公司完成了《西气东输管道干线工程独立后评价》《金坛储气库工程(一期)独立后评价》《淮武支线管道工程独立后评价》《冀宁支线管道工程独立后评价》《西气东输刘庄地下储气库项目独立后评价》和《西气东输二线香港支线管道项目独立后评价》报告,自评价报告顺利通过了股份公司评审,并得到集团公司的肯定。按照后评价工作程序,自行组织完成了冀宁支线、淮武支线、郑州至长铝支线、龙池至扬子、扬巴支线、上海盛大基地置业股权收购项目、武进分输站给洛社供气适应性改造工程、连云港分输站为新增昆仑燃气3家用户适应性改造工程、淮安分输站为新增清江石化用户适应性改造工程、郑州分输压气站为河南天泰天然气公司站场扩能改造工程、薛店分输站为新增新郑昆仑燃气公司等2家用户供气站场扩能改造工程、如东管线3#阀室为新增中油中泰用户适应性改造工程、龙池分输站新增南京中燃城市燃气和南京中油压缩两家用户改扩建工程及定远分输压气站为新增瑞冉新能源用户改扩建工程的简化后评价工作。2015—2016年,共组织开展完成了90项更新改造、大修理项目的简化后评价工作,完成了公司地理信息系统、管道生产运行系统等项目专项评价。

第三章 企管法规

西气东输管道工程建设期,为确保工程依法合规、按期、优质高效建成,股份公司成立了西气东输管道工程建设招标工作委员会,加强对工程项目建设招标工作的组织领导和管理;设置专门机构,归口管理规章制度、合同、法律事务和工商行政事务,为工程建设实施提供法律、制度保障。进入运营期后,为了加强内部控制工作,确保内部控制体系有效执行,公司又成立了内控建设委员会,设立专门机构负责内部控制和风险管理;设立公司总法律顾问岗位,全面负责企业法律事务工作。为进一步理顺管理职能,适应发展需要,公司又成立企管法规处(内控与风险管理处),负责公司企管法规相关业务管理工作。基础管理体系整合工作启动之后,公司以 QHSE 管理体系为主线,融入安全、内控、技术标准、法律风险防控、规章制度等各个现有体系,建立统一、简洁、实用的基础管理体系,提高管控效率,防范管理风险。

第一节 机构设置

2000 年 10 月,西气东输工程项目经理部成立合同文控处,主要负责法律事务、合同管理,规章制度、业务授权管理,文件、文档资料管理和文控管理,对外合作、招投标的谈判、协商等工作。

2001 年初,股份公司成立西气东输管道工程建设招标工作委员会,负责工程建设招标工作的组织领导和招标事项的审定。招标委员会下设 3 个招标办公室,即设计招标办公室、施工和监理招标办公室、物资采办招标办公室。2006 年 3 月,该委员会更名为"西气东输管道(销售)公司招标委员会",下设招标办公室,为公司招标管理工作的综合管理机构,办公室设在规划计划处,统一归口管理公司招标工作。2012 年 4 月,公司企管法规处成立后,招标办公室设在企管法规处。

2001 年 8 月,合同文控处增加信息网络系统建设和档案管理职能。

2002 年 1 月,合同文控处增加工程建设文件及工程概预算审核管理等职能。7 月,更名为"合同与文控处"。11 月,合同与文控处设合同管理科、档案室、文控科、翻译科、信息科等 5 个科室。

2004 年 2 月,撤销合同与文控处,原合同与文控处法律事务、合同管理、业务授权管理等职能调整到规划计划处管理;文件、文档资料管理、文控管理等职能调整到总经理办公室管理;对外合作、招投标的谈判、协商、规章制度等职能调整到质量安全管理处管理。

2005 年 1 月,为加强对内控工作的组织领导,公司成立内控建设委员会,下设内控项目组,作为临时机构,负责内控建设委员会日常工作。2006 年 6 月,内部控制办公室成立,主要负责建立公司内控体系及相关的规范程序和标准并组织实施,协调、监督、检查和落实公司内部控制体系及相应规范程序和标准,组织公司内部控制体系的综合评价、组织风险评估、风险分析、数据库建立和控制设计。

2007年6月,公司在部门内部重新明确科室设置,内部控制办公室下设综合科。2008年12月16日,该委员会更名为"中国石油西气东输管道(销售)公司内控与风险管理委员会",2016年8月22日被撤销。

2012年4月,公司批准成立企管法规处(内控与风险管理处),撤销内部控制办公室,其人员、职能全部划归企管法规处。主要负责研究拟定企业管理方案、企业发展经营战略、公司改革方案和实施协调工作,组织对进入公司市场的外部队伍资质审核和招投标管理、法律事务管理和合同管理,以及企业内部控制与风险管理等工作。设企业管理科、法律与合同管理科、内控与风险管理科等3个科室。同月,规划计划处法律事务管理、合同管理及招投标职能,质量安全环保处企业管理、制度建设和内部市场管理职能划归企管法规处。10月,房改领导小组办公室管理职能划归企管法规处(内控与风险管理处)。

2012年8月9日,公司成立管理提升活动领导小组,全面负责公司管理提升活动的组织领导。2016年8月22日,领导小组撤销。

第二节 规章制度

公司规章制度实行一级管理,各职能部门是起草和执行单位,派出机构是执行单位。

一、规章制度体系

2012年10—12月,公司开展规章制度全面梳理,主要为理顺流程与制度的关系,理清各业务领域的接口与界面,并通过流程横向定界、规章制度纵向贯穿,构建了三级流程体系框架,即:一级业务领域、二级业务专业和三级业务流程。

公司企管法规处收集各部门国家文件/标准、省部委/行业文件及行业标准、集团总部、股份公司和西气东输管道公司的规章制度进行梳理,编制《中国石油西气东输管理制度(标准)体系表》,涵盖18个业务领域,79个一级专业,包括1264项法律、法规、规定的制度性文件,其中国家法律法规标准321项,部委、行业文件及行业标准191项,集团公司制度209项,股份公司制度238项,西气东输制度305项,初步建成公司规章制度体系表,并定期持续更新所收录的制度文件。

二、制度管理提升

2013年3月,为落实集团公司管理提升要求,公司开展了规章制度管理的专项提升。在规章制度管理专项提升过程中,公司发现诸多问题。为此,公司企管法规处以流程体系主线,梳理公司规章制度体系,针对发现的规章制度缺失、交叉、矛盾等问题,提出相应管理提升建议,同时建设规章制度管理体系,设计规章制度管理组织方式、流程和各环节关键点等,修订规章制度管理实施细则,加强规章制度的全生命周期管理。

三、全生命周期闭环管理

为提升制度编制的质量和制度执行力,2014年12月19日,公司发布《中国石油西气东输管道公司规章制度管理办法》,确定了规章制度全生命周期闭环管理。规章制度全生命周期闭环管理分为4个步骤：一是公司根据生产运营的实际情况于年初制定发布公司规章制度制修订计划；二是规章制度制定按照立项、征求意见、会议审查（总经理办公会、党委会审议）、企管法规处会签、公司领导审核、审批发布程序执行；三是对现行的规章制度公司定期进行监督考核、评估分析、清理评价工作；四是根据制度清理评价结果，对需要废止的规章制度，按程序及时予以废止。

在具体执行的过程中，企管法规处作为负责该项工作的职能部门，除了负责落实制度起草与修订的共同审议制度外，还要负责具体的制度审查与会议审查的机制，力求使公司的制度管理工作形成"业务驱动、上下结合、横向协同"的局面。

截至2016年12月31日，公司现行有效的规章制度共353项，涵盖了公司生产经营、工程建设、安全环保等各业务领域，按业务类型共分为办公、规划计划、人事、财务、审计监察、企业文化、质量安全环保、科技信息、采购、内控、生产运行、压缩机、管道和工程及市场等15类。其中：办公室规章制度35项，规划计划处规章制度16项，财务处规章制度69项，人事处（培训中心）规章制度62项，审计监察处规章制度10项，企业文化处规章制度29项，质量安全环保处规章制度34项，科技信息处规章制度14项，物资管理处规章制度4项，企管法规处（内控与风险管理处）规章制度16项，生产运行处规章制度36项，压缩机管理处规章制度4项，管道处规章制度4项，工程技术处规章制度11项，市场开发与销售部9项。

第三节 招标管理

一、管理分工

为了规范公司招标管理，公司制定了《西气东输管道公司招标管理办法》，明确了招标管理机构及职责。公司成立招标管理委员会，领导招标工作，负责公司项目的招标方案、招标结果、可不招标事项及其他招标管理事宜的决策。

企管法规处负责招标委员会的日常组织工作，贯彻实施股份公司招标管理规章制度，组织制定公司招标管理办法，并监督实施，招标方案、招标文件、招标结果、可不招标事项的程序合规性审查；公司各专业部门在各自的工作范围内负责审查招标方案、招标文件及可不招标事项；招标项目承办部门负责招标方案、招标文件、招标结果报告、可不招标事项报告的编制并报审，负责开展项目招标各环节的具体工作。

规划计划处负责公司招标项目的立项、年度投资计划依据的审查，负责确定招标项目是否需要编制标底并编制标底或组织委托标底编制，负责招标文件商务条款的审查。

审计监察处负责招标活动中违纪违规事项的处理和责任追究。

财务处负责招标文件中有关支付条款的审查，根据承办部门提交的申请，收取自行招标项目的招标文件工本费和投标保证金（投标保函）。

二、功能与成效

公司依据国家法律规定，按照集团公司招标管理工作的总体安排，结合实际情况，规范招标管理，防范法律风险，为西气东输可持续发展保驾护航。

(一) 招标管理制度化

2009年5月,天然气与管道分公司印发《中国石油天然气与管道分公司建设项目招标投标管理办法(试行)》,公司据此对招标管理的各项规定予以完善,细化标底编制的职责分工与过程控制,落实国家法律法规对招评标组织及定标的主要规定。2011年3月,公司结合集团公司印发的《集团公司招投标管理办法》修订了《西气东输管道公司招标管理办法》,细化了招标项目的标准,明确了可不进行招标项目的类型,按集团公司要求修订了招标项目的报审程序。为适应市场招投标环境变化,2014年4月,公司依据《招标投标法实施条例》及股份公司2013年印发的《中国石油天然气股份有限公司招标管理办法》,明确了评标委员会组建及评委选择的条件和程序,并修订了原办法中可能引起歧义的条款。

(二) 招标评审专家库

2012年,公司组织建立了公司评标专家库,录入81名评标专家。2013年,公司在原有专家库的基础上新增61名评审专家。截至2016年底,公司评标专家库拥有184名评标专家,其中集团级专家72名(公司23名、外部49名),公司级专家112名(公司90名、外部22名),高级职称专家89名。

(三) 专项培训和专业化建设

公司每年组织1次招投标业务培训,采取专家讲座、招标案例表演等多种方式加深招标岗位员工对法律、制度、工作程序的理解。

公司不断推进招标工作人员专业化建设,推进公司招标岗位员工参加国家招标师考试的工作。2012—2014年,公司共有4名员工通过国家招标师水平考试,并在中国招标投标协会注册登记。

第四节 合同管理

一、管理分工

西气东输管道工程建设期间,公司充分借鉴国际管道建设标准,与国际先进的管理体制和惯例接轨,全面采用合同制管理模式,建立起公司与承包商、供应商以合同为纽带的甲、乙方关系。2005年11月,公司发布《中国石油西气东输管道公司合同管理办法》;2008年7月,发布《中国石油西气东输管道公司地区管理处合同管理实施细则》,并修订了原合同管理办法;2010年10月,发布《中国石油西气东输管道公司合同管理信息系统运行手册》,以确保该项业务运作依法合规。

企管法规处是公司合同归口管理部门,组织制定公司合同管理规章制度并组织实施,对限上合同的合法性进行审查,指导、监督公司各部门的合同管理工作;合同承办部门牵头办理与合同相关的一切事宜;公司各专业管理部门根据本部门业务分工,对限上合同中的相关技术性条款进行审查。其中,规划计划处对资金渠道为基本建设、更新改造、安全生产费用项目、股份公司投资项目、大修理项目的合同是否已列入年度投资计划及相关签约依据、合同价款、合同结算进行审查。财务处对资金渠道为直接成本、管理费、定额维修费、专项技术服务费、安全生产费用项目、股份公司年度预算的限上合同是否列入公司年度预算及签约依据、合同价款、合同结算、支付方式进行审查;公司业务主管领导对所分管专业的限上合同进行审批,而限下合同由公司所属单位依据公司制度规定自行审查。

二、主要内容

（一）合同管理制度

合同管理办法的执行是保证公司正常营运、提高经济效益、预防和解决合同纠纷、维护公司合法权益的重要手段。因面临的内外部环境不断变化，公司合同管理办法部分内容与生产经营实际不相适应。对此，公司在 2005 年、2008 年、2014 年对合同管理办法进行 3 次修订。2001 年 9 月公司制定《西气东输管道工程项目合同管理实施细则》，规定了合同归口管理部门、合同订立遵循的原则、项目合同的管理、合同订立程序、合同的审批程序、合同专项管理、合同履行监督、合同的违约责任、合同的争端和纠纷处理程序等内容，使其不断标准化、规范化和科学化。为进一步规范公司所属单位的合同管理工作，2008 年 7 月，公司制定《中国石油西气东输管道公司地区管理处合同管理实施细则》。

（二）合同管理信息系统

2005 年起，公司开始推进合同管理信息系统的初始化及网上合同审批试运行工作，并不断完善正式环境、培训环境及试运行环境。

2007 年底，公司完成合同管理信息系统正式运行前的最后一次培训。

2008 年初，公司合同管理信息系统正式上线运行，实现合同会审的网上流转，是无纸化办公的重要举措。

2010 年，为进一步提升各部门合同岗位人员熟练掌握系统操作，避免因岗位人员变化造成合同报审失误，公司组织编制了《西气东输管道公司合同管理信息系统运行手册》，明确了合同管理信息系统各环节的具体操作步骤，作为合同岗位人员应知应会的培训资料。

2012 年，公司对合同管理信息系统内的合同审查流程进行优化，将合同会审流程由规划计划处、财务处、审计监察处、企管法规处等部门串行会审改为部门并行同时会审，审查流程由合同信息系统自动分配，减少了因人工分配原因造成的时间延缓。合同审查流程未优化之前，公司合同审查周期在 10 个工作日左右；流程优化后，各审查部门按照专业分工同时进行合同审查，公司合同审查周期缩减为约 5 个工作日。

2014 年 5 月 20 日，股份公司以西气东输管道公司负责管理西一、二线资产及负债出资在上海市浦东新区注册成立中国石油东部管道有限公司。公司资产所有权的变化给合同管理带来新的问题：一是原西气东输已签订，尚未履行完毕的合同需要变更；二是中国石油东部管道有限公司的合同不能在原合同管理信息系统中报审。为妥善处理此问题，公司组织统一编制变更协议范本，固化变更内容，在合规的前提下，适当地减少各部门合同变更工作量，提高合同变更的工作效率。为尽快搭建中国石油东部管道有限公司的合同系统，公司决定在原西气东输的合同系统框架下增加"中国石油东部管道有限公司"的选项。同年 6 月，在股份公司法律事务部支持下，"中国石油东部管道有限公司"合同系统顺利搭建完毕，确保了中国石油东部管道有限公司的合同签订工作顺利开展。

（三）合同履行管理

公司每年 3 月中旬、6 月中旬、9 月中旬和 12 月中旬会对公司各部门合同履行情况进行检查，明确要求合同承办部门对履行状况不正常的合同予以说明，并提出整改措施。公司合同主管部门抽查承办部门报送的合同履行情况表，专项查找问题，为进一步规范合同管理做好基础工作。合同履行情况检查有利于公司了解合同执行状况，为提前防范合同风险提供有利条件，是落实公司合同全过程管理的重要一环。

第五节 承包商管理

一、管理制度

加强承包商管理,公司坚持用制度管人管事,依照《中国石油天然气集团公司工程建设承包商及检维修承包商管理办法》《中国石油西气东输管道公司承包商 HSE 管理规定》,结合实际,制定发布《中国石油西气东输管道公司承包商管理办法》,规定了各类承包商的准入、选择、使用、考核评价及退出机制,明确了承包商业务归口管理部门,使承包商管理工作更加协调统一;同时明确了服务项目主管部门、职能部门和承办部门的工作职责,保证了承包商各项管理工作的有效实施。

二、准入管理

公司对各类承包商严格实施准入管理。承包商按要求提出准入申请,并如实提交相关证明材料。承包商须严格按照公司承包商准入管理办法规定要求,按程序完成各审批工作环节。市场准入实行网上审批制度,专业审查、综合审查合格后方可办理准入。工程建设承包商若要获得市场准入,除具备工商营业、税务登记、企业代码、专业资质、业绩考核等经营许可外,还须通过公司 HSE 体系审查,否则不予进入市场准入审批程序。网上审查公开透明、留有痕迹,便于追溯。承包商准入实行分类分级管理。截至 2016 年 12 月 31 日,参加公司工程建设及检维修类、其他类承包商 688 家,其中取得集团公司工程一、二类准入资格的 53 家,取得公司准入资格的工程三类的 113 家,检维修技术服务类 375 家,其他类 147 家。

三、监督管理

根据承包商管理制度,公司实施对承包商的动态管理,基本做法是项目承办部门对选用的承包商实施现场过程监督管理,定期对承包商进行考核评价;工程、质量安全等专业管理部门通过现场巡检、"飞检"、定期检查等形式实施管理监督;承包商管理主管部门组织定期专检,并对承包商开展年度业绩评价和年度综合评价。对承包商的检查、考核与评价,主要侧重质量、安全、环保、进度、分包管理等方面,主要通过检查体系建立和现场运转落实情况,评价实施过程的合规性和符合性。通过加强检查监控、整改与改进、责任追究等管理手段,承包商自身管控能力和素质得以提高,公司对承包商的管理工作总体受控,各类服务项目进展有序高效。

第六节 法律风险防控

2008 年,公司成立法律风险防控体系建设领导小组。领导小组下设体系建设办公室,负责组织法律风险防控体系建设日常工作。以集团公司《中国石油天然气集团公司法律风险防控机制建设实施纲要》为指导,以法律法规为依据,以业务管理为基础,该领导小组开展法律风险源分析、法律文件收集、防控流程梳理、防控措施编制等工作。

2009 年 2 月,公司召开了西气东输管道公司法律风险防控体系建设启动会,要求各部门的负责人认真履行体系建设的领导职责,并确定工作联络人,负责组织、协调本部门的有关法律风险防控工作;要求公司全体员工学习掌握与本岗位工作密切相关的法律知识,不断提高对法律风险防控的认识。2010年底,公司完成法律风险防控系统建设工作。

针对西气东输管道线路长、途经地区多,销售范围广,基本建设项目多,工程量大,所面临的社会法律环境复杂等特点,该系统将公司主营业务及劳动人事、财税审计、内务管理、合同管理等职能业务有机结合;将行政许可和向主管机关报告为主线的行政法律风险,物权债权为主线的民商事法律风险,以及可能涉及各个岗位工作事项的刑事法律风险有机结合;按照"岗位防控、全员防控"的原则,进行专业化的法律识别、评析、防范、控制,并结合司法实践,完成防控指引。

法律风险岗位防控系统是公司各岗位开展工作涉及与外部主体间(包括各级政府、各部门、第三方企业以及社会公众)法律风险的实体性权责防控与程序性处理紧密结合的"公司外部风险防控系统",主要解决的是公司在运营管理过程中与外部主体之间客观存在但可能发生的或然性法律问题,既包括公司与各级、各地政府及各行政执法部门之间的行政法律关系,也包括公司与第三方企业之间的商事法律关系,还包括公司与社会公众之间的民事法律关系。该系统识别出公司每个工作岗位的法律风险源、风险点,并针对性指明适用的法律,在对风险评析的基础上找出对应的防控措施并做出指引,使各岗位在实际工作中一目了然且有针对性地实施防控行为,最终在全员防控的基础上达到全公司有效防控法律风险的目的。

2012年10月,为加强法律风险防控工作管理,完善法律风险防控工作的监督考核机制,公司将法律风险防控指引系统与内控管理系统法律风险管理模块相融合,运用内控的控制程序及监督考核机制监管公司各岗位的法律风险防控工作。公司还组织派出机构开展法律风险岗位防控测评工作,分阶段逐步建立派出机构适用的业务执行流程。2014年1月,公司印发《西气东输管道公司法律风险防控业务流程内部控制管理规范》。

第七节 纠纷管理

2014年11月,公司对纠纷管理施行"统一管理、分级负责、协作配合"的管理体制:统一管理指所有公司法律纠纷案件由公司总部管理;分级负责指涉诉标的额超过1 000万元人民币、一审由高级人民法院受理的、可能引发群体诉讼或者系列诉讼的、法律关系复杂且涉及集团公司和所属单位重大权益、或在国内外有重大影响的重大法律纠纷案件由公司总部牵头处理,其他法律纠纷案件由案件承办部门牵头处理;协作配合指公司法律部门、案件承办部门和公司其他有关部门共同配合处理法律纠纷案件。

同时,公司印发《中国石油西气东输管道公司纠纷案件管理办法》),规定:由纠纷案件承办部门负责具体办理法律纠纷案件相关事宜;公司各业务主管部门协助承办部门处理潜在法律纠纷案件,出具专业指导意见,负责为法律纠纷案件提供专业支持;企管法规处为公司法律纠纷归口管理部门。纠纷处理程序是承办部门、相关专业部门及纠纷管理归口部门共同研究案情,全面收集、系统分析、筛选相关证据材料,提出案件分析意见和处理方案,上报公司总法律顾问审核、公司主管副总经理审定后组织实施。重大法律纠纷案件,由公司总法律顾问组织研究,并形成处理方案,上报公司主管领导审查,由公司总经理办公会审定后组织实施。

本办法对潜在法律纠纷案件和法律纠纷案件的定义、处理原则、相关机构和工作范围、处理流程进行了规定,企管法规处改变以往只针对法律纠纷案件本身的管理模式,创造性地引入合规风险管理和潜在法律纠纷案件的概念,管理关口前移,防范合规风险,避免了合规风险转化为潜在法律纠纷案件或法律纠纷案件。

在应对公司纠纷案件工作中,公司以减少讼累,控制管理成本为抓手,努力采用和解、调解的方式处理纠纷案件。对于案由简单、情况清晰、责任明确的案件,公司采用咨询专业律师、公司自行应对的方式处理案件。对于案情复杂、涉及金额较大、具有群体效应的案件,公司采用集体分析决策、聘请专业律师代理的方式予以处理。

第八节 股权管理

股权管理作为企业管理的重要内容之一,在建立现代产权制度、推进资本运营管控、提升企业运营管理水平等方面的作用日益突出。公司的股权管理业务自2010年开展以来,逐渐成熟,不断完善。

一、制度建设

(一) 股权管理制度体系

从2010年公司开始有部分股权管理业务到2012年6月,公司的股权管理方面的业务和规章制度由财务处负责制定和管理,公司股权管理体系处于起步阶段。2012年6月至2016年12月,随着公司的股权单位和合资项目的相继增加,股权管理业务的内容和范围不断扩大,股权管理业务从财务处调整为由企管法规处负责,相关制度建设和股权管理进入全面完善阶段。

公司现已初步建立了股权管理制度体系:基本涵盖了共计63项股权业务相关的规章制度和管理办法,其中国家法律2项、部委规章8项、省部委文件及地方法规26项、集团公司10项、股份公司9项、专业公司1项、西气东输17项。

(二) 股权管理办法及其配套实施细则

公司通过股权管理办法及其配套实施细则的制定,明确机制、责任和分工,指导股权业务的日常管理。

《中国石油西气东输管道(销售)公司股权管理暂行办法》于2010年底发布,2011年1月1日起执行。2013年,公司对该办法进行了全面修订,于是年10月21日发布了修订后的《中国石油西气东输管道公司股权管理办法》。2013—2015年,公司还先后制定发布了《西气东输管道公司委派合资公司干部管理办法(暂行)》《中国石油西气东输管道公司股权投资项目审计管理办法》《中国石油西气东输管道公司股权财务管理实施细则》等17项相关制度。

(三) 其他股权管理基础资料

为做好股权项目动态管理跟踪,公司于2014年7月制订《股权项目基本情况表》《高级管理人员委派情况表》,将之作为公司股权项目基础情况的总览和管理依据。2014年9月,公司发布《股权业务定期报告流程规范》,理清了股权业务事项在合资公司与专业管理部门之间的工作界面,同时明确了专兼职董监事和高级管理人员定期汇报和问题反馈的沟通渠道,全面梳理了股权季报、半年报、年报的报送流程,完善了相关报告模板。

二、管理模式

公司的股权管理机构纵向上分为公司和所投资公司2级。重大股权决策事项由公司总经理办公会研究决定。股权投资项目的前期工作(双方或多方合作框架协议的谈判和报批工作)由公司总经理和公司股权管理分管领导负责。包括股权可研与公司章程等在内的股权管理业务由公司股权管理分管领导负责。股权投资项目在工程的建设期(包括工程可研、工程核准和建设、有关协议的签订等)实行项目领导负责制,负责股权投资项目在工程建设期的公司领导由公司总经理办公会明确。

公司的股权管理横向上按照归口管理与专业管理相结合的形式,公司企管法规处归口管理股权业务,其他部门按专业分工协助处理股权业务事项。

三、业务内容

公司股权管理业务主要包括以下 3 点:

(1) 股权投资:股权投资规划计划、股权投资项目立项、股权投资可行性研究及审查报批、合资合同的谈判及审查报批、合资公司设立等。

(2) 行权管理:委派人员管理、日常事项管理、重大决策事项及异常事项管理、所投资公司的各项委托协议的管理、股权项目后评价管理、股权处置、股权管理信息系统及档案管理、产权登记等。

(3) 股权业务的监督与考核:股权制度的制订与修订、股权投资项目的绩效考核和运行评价、股权单位股权业务的评价指标考核等。

四、股权单位及股权项目情况

截至 2016 年底,公司受托管理的股权单位为 4 个法人单位,其中 2 个独资公司、1 个控股公司、1 个参股公司。独资公司为上海盛大基地置业有限公司(2004 年 5 月 23 日注册成立,2009 年中国石油以 100%股权全资收购)、中国石油东部管道有限公司(2014 年 5 月 20 日设立),控股公司为深港天然气管道有限公司(中国石油持股 60%,2013 年 12 月 12 日设立),参股公司为江西省天然气投资有限公司(2012 年 12 月公司接管,股权 50%)。

公司其他股权项目有:

(1) 湖北管网合资项目。合资框架协议 2014 年 7 月审查完毕,待签署。合资公司注册资本暂定 3 亿元,我方出资 1.2 亿元,参股 40%。由于双方对合作范围未达成一致,项目已搁置。

(2) 广东管网重组合资项目。2012 年 12 月,项目完成增资扩股协议、合同、章程的审查及股权可研批复,待推进实施重组工作,中国石油拟增资后持股比例为 23%。由于各股东未达成一致,项目一度停顿。2015 年 3 月重新启动,2016 年底已完成资产评估、审计等相关工作,并召开了股权可行性研究评审会,后移交中国石油天然气南方分公司。

(3) 受托管理项目:西三线东段授权建设、运营。中国石油西北联合管道有限责任公司委托进行西三线东段的工程建设,建成投产后授权公司负责该管道甘宁交界至福州段的运营管理。

五、股权管理理念

公司严格按照各级股权管理规定,推进各项合资合作项目,组织股权单位的股权管理业务。

(一) 充分体现股份公司的管控意志

合资公司管理策略的制定,通过公司章程关键条款和授权指引,充分体现中国石油管控意志以及话语权。对中国石油内部划转接管的股权单位,在履行合规程序后,公司积极协调对该单位公司章程、权限指引等进行修改,增强中国石油在生产经营活动中的话语权和控制力。

对于新设股权单位,按照公司管理模式,综合考量实际运营的问题后形成管理策略,通过公司章程和权限指引明晰双方股东管理职责界面。对控股公司公司参照分公司模式严格管理。

对于股权项目中国石油方股比占50%及以上,或具有实质控制权的项目,由公司负责起草合资合同(草案)、合资公司章程(草案)、委托建设协议(草案)、委托运营协议(草案)、委托运输协议(草案)等文件,充分体现中国石油的管控意志。

(二) 注重投资收益管理

(1) 强化预算约束作用,突出成本效益配比。对股权单位的财务管理,公司会强化预算约束作用,精细测算费用支出,审减人员费用、业务招待费、会议费等非生产性支出,降低费用标准,突出成本效益配比原则。

(2) 分解股权收益指标,纳入业绩考核。公司建立了股权单位考核体系及管理机制,确保完成股权收益。

第九节　管理提升活动

2012年3月,国务院国有资产监督管理委员会(简称"国资委")组织中央企业开展了以"强基固本、控制风险、转型升级、保值增值、做强做优、科学发展"为主题的管理提升活动。8月9日,公司成立管理提升活动领导小组,主任由公司总经理兼任,全面负责公司管理提升活动的组织领导。

公司的管理提升活动分阶段推进,对每一个阶段完成之后做出总结,再对下一阶段的工作任务做出相应部署。

2012年3月至8月为活动第一阶段,主要工作内容是全面启动、自我诊断、关键在于广泛发动、找准问题。该阶段公司取得了"五到位"的成绩:一是思想认识到位,二是动员组织到位,三是问题查找到位,四是基层落实到位,五是边查边改到位。公司明确提出向管理要效益的各项工作要求,持续强化基础管理,狠抓开源节流,并取得初步效果。

2012年9月至2013年6月为活动第二阶段,是管理提升活动攻坚阶段。面对潜在的困难和必须要解决的诸多管理问题,公司还与上海正略钧策企业管理咨询有限公司签署在培训体系管理提升咨询合同,以期发挥该公司在相关培训方面的丰富经验,协助公司的管理提升取得实效。公司在安全生产运营、市场开发与销售、工程管理、规划计划管理、财务生产管理、人力资源管理、企业文化建设、招投标及合同管理、风险管理、采购管理、信息系统管理、办公综合业务管理这12个主要业务领域的考核中都收获了巨大提升,完成整体进度基本全部达到100%,标志着管理提升活动第二阶段取得圆满成功。

从2013年7月开始为活动第三阶段,是持续改进、总结评价阶段。公司对重点领域内的突出问题,尤其是一些事关企业长期发展的核心环节上,进行查清和改正,工作突出表现在合同管理和规章制度管理的专项提升。规章制度管理的专项提升(参见本章第二节)在此不再赘述。公司分成三个阶段对合同管理进行管理提升:第一阶段,重在完成调整用户清单和合同签订方案报批、合同条款调整建议;第二阶段,完成合同调整方案、报批长期合同、滚动规划调整方案;最后一个阶段,按照专业公司对合同调整方案的批复要求,组织开展合同报批工作,并积极协调加快合同流转,同时根据合同审批情况,适时组织与用户签订合同。公司合同管理水平得到显著提高。

通过管理提升活动,公司初步达到了国资委提出的"基础管理明显加强、管理现代化水平明显提升、管理创新机制明显完善、综合绩效明显改善"的活动目标,公司管理提升活动领导小组随后撤销。

第十节　内控与风险管理

2004年，股份公司开启内部控制体系建设。公司作为股份公司的重要地区公司之一，按照中国石油内控体系建设的总体要求和统一部署，采用国际上广泛认可的COSO内部控制框架，立足自身管理实际，全面开展了内控与风险管理工作。经过10余年的努力，公司建立一套持续有效运行的内部控制管理体系，实施以"业务流程、风险控制、管理制度、权限职责、监督考核"五位一体的内控精细化管理，初步实现制度严密、流程顺畅、管理科学、风险可控的内控目标。

一、内控工作网络

公司内控管理实行总经理领导下的委员会决策和部门分工负责制。中国石油西气东输管道（销售）公司内控与风险管理委员会（简称"内委会"）是公司内控管理的决议决策机构，不定期召开会议，专门听取内控工作专项汇报及审批重大业务流程梳理工作成果等；企管法规处是内委会的日常办事机构，负责全公司内控管理的日常工作及对体系运行状况实施测试、监督；公司总部各职能部门负责本专业相关内容的设计、运行维护工作；公司各执行部门具体执行内控管理的政策、制度，报告内部控制体系实施运行情况。各部门各设1名兼职内控联络员，具体负责组织本专业流程设计和本部门体系运行检查，形成"四位一体"的公司内控工作网络。

二、内控管理体系

公司内控管理体系涵盖了管理办法、执行的标准规范、手册/年报、支持性文件等内容，见下表：

表5-3-1　西气东输管道公司内控体系表

管理办法	标准、规范	手册、年报	配套支持材料
内控与风险管理办法(2010,2013)	内部控制体系关键控制自我测试规范(2008)	内部控制管理手册(年度更新) 长宁(2008) ERP(2008—2010) 盛大(2014) 派出机构(草稿,2014)	公司层面执行指南 业务层面执行指南 信息系统总体控制执行指南 公司领导内控工作指南 权限指引表 总会计师权限指引表(2010)
	公司层面风险评估规范(2011)	风险管理年报(年度更新)	内控风险管理手册 法律风险管理规范(2012)

2006年1月1日，公司总经理签署发布了《内部控制管理手册》，标志着公司内部控制管理体系正式运行。

2010年，公司发布实施的《中国石油天然气股份有限公司西气东输管道分公司内控与风险管理办法》，对内控与风险管理体系的设计与发布、运行与维护、监督、考核与评价等内容进行了规范。该办法2013年修订时，在"内控工作考核标准"中增加了内控与风险管理日常工作的分值比重，强化绩效指标以测试结果与业绩考核挂钩，并针对管理创新设置了加分项，达到了在关注外审的同时注重内部管理的双重效果。

为规范开展有针对性的自测,保证测试效果,不断提升关键控制执行力,公司于2008年4月8日以企业标准形式发布实施了《西气东输内控关键控制自我测试规范》,成为中国石油系统中第一家编制此类内控专业企业标准及系列内控工作指南的地区公司。

2012年12月,在开展风险年报试点工作2年的基础上,公司发布《西气东输公司层面风险评估规范》(Q/SY XQ 155—2012)企业标准。该项企业标准的发布实施,指导帮助公司风险管理工作者了解、掌握风险评估的科学流程,增强公司风险评估、应对过程的标准化和规范性,切实保障公司风险管理年报工作及全面风险管理工作的顺利、高效、深入开展。

为贯彻落实《中央企业全面风险管理指引》要求,提升公司风险研判能力,评估确定重大风险,提出风险管控要求,加大重大风险全过程管理,促进全面风险管理体系建设,自2011年起,公司每年编制《风险管理年报》,总结上年度生产经营成果、重大风险管控成效,评估确定当年度重大风险,制定重大风险管理策略,提出风险管控要求和监督改进计划。

三、风险管理

(一) 西气东输风险管理报告

自2010年10月,公司每年围绕主营业务开展情况,组织各部门开展风险事件收集分析活动,根据《公司层面风险评估规范》进行风险评估,确认重大风险。针对识别的重大风险,逐个分析重大风险关键成因、涉及的关键业务领域及管理环节,制定风险管控目标、风险管理策略(包括风险偏好、风险容忍度、预警指标、风险管理工具等)及具体风险解决方案。同时,公司企管法规处牵头联合审计监察处、质量安全环保处等部门制定重大风险监督检查计划,明确落实检查部门、检查方法、时间计划等。

(二) 风险管理成熟度评价

2013年,公司按照国资委的相关要求,结合业务实际,通过运用风险管理成熟度评价模型,分析风险管理工作基础信息,查找风险管理工作薄弱环节,收集成熟度评价所需相关资料、证据,组织相关部门进行对标、访谈、沟通等,编制形成《西气东输管道(销售)公司风险管理成熟度评价报告》,完成16个方面的风险管理成熟度评价模型和风险管理成熟度评价雷达图。通过风险管理成熟度评价,公司进一步了解了风险管理现状,确定了风险管理成熟度与成熟模型之间的差距,明确了风险管理成熟度需要达到的目标水平。

(三) 风险评估与预警

2013年,公司按照国资委的相关要求,学习运用海外风险评估与预警模型的成果及经验,围绕管道业务板块重大风险,细化次级风险名称,分析建立预警指标,分级设定预警值或预警区间,建立公司风险预警指标体系和模型,将风险评估与预警工作和公司日常经营管理有机结合,加强风险动态监控,及时掌握、分析重大风险的变化趋势,推进风险管理从定性向定量转变,提高风险管控水平和决策支持力度,实现对重大风险的动态管理和有效管控。

四、内控与风险管理培训

(一) 定期组织内控基础知识培训,保证内控体系在公司有效运行

公司定期集中组织各部门内控工作负责人、内控联系人、业务骨干进行手册年度培训,同时将培训

过程全程录像,制成培训课件,为日后的网络远程培训积累素材。采用互动式培训,将前期发生的典型案例串成小品,分配"角色"给参训人员,通过"角色"参与等方式,使参训人员加深对风险点、控制点、正确做法的感性认识,举一反三,化"被动"为"主动",分享好的做法和成功经验,将培训时效不断延伸。

在此基础上,内控办要求公司各部门再结合本部门工作实际,有针对性地开展部门内的二次培训——学习新的控制点,再理解已有的控制点,将内控体系的宣传贯彻工作落实到每个人。

(二) 按照不同类型业务人员设置培训内容,做到因材施教

内控培训与业务部门专业培训相结合,将内控知识和执行要点按专业划分,并建议和帮助相关业务部门在组织进行本专业业务培训时增加相应内控业务流程执行的培训内容。按照不同类型人员设置培训内容,如对于公司管理层和处室领导,侧重在培训中讲解公司层面控制和权限管理、体系架构、理念方法、反舞弊程序等理论内容;对于业务操作人员,则在培训当中尽量用直白、简单的例子示范解释相关控制点的执行要求、关注要点,从而提升培训的效果。

(三) 借助培训,帮助新建单位规范业务运作

针对新建单位和部门的业务运作不规范、业务人员变化大等实际情况,公司采取在监督过程中边培训、边建设,见缝插针地开展发散性的内控培训。如公司从接管长宁分公司开始,便同步开展了长宁公司的内控体系建设工作,2008—2009年举办了3次专门的现场和视频培训。随着其内控管理水平的不断提高,2010年长宁分公司内控现场测试中尝试从统一的宣贯培训转换为一对一的控制点执行讲解培训,使培训成为内控工作不同阶段、不同时期的服务手段。

五、内控监督与测试

(一) 常规测试

常规测试,是指公司针对点多线长人员少、扁平化一级管理体制和"四位一体"的业主管理模式,坚持"一个基本、两个依托、三个到底"的指导思想,编制年度的自我测试实施方案,指导开展的全年的自我测试工作。

"一个基本、两个依托、三个到底",即围绕全面执行内控手册这个基本出发点,依托《测试规范》和内控手册的配套指南这两个自我测试的依据和方法,力争做到:测试首问制"一测到底"、整改专人负责制"一改到底"、举一反三对薄弱环节持续监督"一推到底"。

在常规测试中,公司采用三结合的测试方法(全面测试与重点测试相结合,流程测试与部门测试相结合,现场测试与非现场测试相结合)保证内控测试的全面性,兼顾测试效率,突出测试效果。对每个测试流程的业务样本纵向跟踪、垂直测试;对每个部门的流程测试均按照内控业务流程指南的流程范围进行横向交叉、追踪测试,确保重要业务流程覆盖达到100%,关键控制覆盖达到100%。同时,根据函件测试中发现的问题,公司选择有代表性的派出机构,有针对性地开展现场测试,对发现的问题紧抓不放,实地调研,掌握第一手资料。

(二) 专项测试

专项测试是指对问题产生的源头到最终输出的结果进行"全方位X光式"的测试诊断,从而理顺其管理网络衔接,协调多个部门共同对症下药,解决问题的一种测试工作。

为保证专项测试质量,测试人员在测试前要熟练掌握相关控制点的问题实质,将测试准备工作做

细、做实；测试中重点突出，对关键点狠抓不放，一测到底；测试完成后，主动与被测试部门沟通，提出整改意见；必要时，开展专题培训，让操作者知悉控制内容，熟练操作方法，做到有的放矢。

公司坚持以风险为导向、兼顾覆盖面，重点关注高风险领域和业务薄弱环节，通过常规测试和专项测试双管齐下，实施长效监督和重点管控。将内控自我测试的重点由关注控制点执行效果向前延伸到关注控制点执行过程，通过"飞检""临检"（测试前不提前通知）等形式，检验控制点的实际执行情况，标本兼治，不断加强内控自我监督、自我调控、自我促进的管理效力。

针对测试中发现的问题，公司分层次、按性质对问题进行分析，关注问题产生的深层次原因，制定有针对性的整改措施，把业务流程理顺，让控制点执行到位达到问题解决，管理水平提升的目的。

同时，公司内控测试的结果会向内控与风险管理委员会专题汇报，向公司各部门通报，并纳入内控评价标准计分，增强内控测试的独立评价监督效果。

（三）运行评价与考核

为保证内控与风险管理工作持续高效运行，公司的内控体系运行评价与考核分为年度业绩指标考核和内部通报2种形式。

（1）业绩指标考核：依据股份公司对公司内控年度运行考核要求和年度内控测试审计结果，对各部门内控体系运行情况进行业绩指标考核。

（2）内部通报：在业绩考核的基础上实施内部通报制度，公司每年依据《西气东输内控与风险管理运行质量评价标准》分别对职能部门和派出机构进行年度内控与风险管理运行质量综合评价，并在公司内部对考核结果进行通报。

公司每年根据内控与风险管理工作进展和内部控制体系运行情况，编制《内部控制有效性自我评价报告》，由总经理和总会计师共同签署发布，确认当年公司财务报告内部控制有效，并报股份公司备案。

六、内控体系拓展

（一）信息系统内控管理

1. 跟踪新信息系统上线，将内控融于信息系统建设过程中，实施信息系统权限测试全过程监督

信息系统的使用，加快了信息传递速度，提高了工作效率，但新上线或升级的系统也可能导致新的信息安全风险。企管法规处从防范风险出发，从信息系统项目试点启动、双轨运行到单轨切换正式运行全程跟踪，为系统安全、平稳运行保驾护航，2010年以来针对公司信息系统的持续上线和不断升级，参与实施信息系统建设运行内控全程跟踪，并进行风险评估和专项测试，出具测试报告和管理建议；同时，梳理相关业务流程，逐一识别风险、控制，结合公司的实际情况进行了相应的应用系统控制设计，完成相应控制点的前移设置；配合完成计量交接凭证电子化的内控审核及信息系统安全体系认证工作等。

2. 账号权限进行标准化设置

2014年6—9月，公司开展了IT资源管理系统项目，对公司所有信息系统的前台账号开设、后台权限赋予进行规范化管理。通过对公司所有岗位人员的信息系统账号权限的梳理，公司建立信息系统资源库，对账号权限进行标准化设置，增强系统权限赋予的可控性。对于信息系统总体控制测试中发现的调离人员账号不能及时注销问题，企管法规处协调配合科技信息处、人事处对离职人员的离职会签程序进行完善，增加信息部门审查，并实现在协同办公平台进行电子化流程。

3. 增加权限测试及 GCC（信息系统总体控制）内容

随着 ERP 系统的单轨运行，为了加强信息系统内控测试，自 2010 年起，公司按季度开展 FMIS（中国石油财务信息系统）和 ERP（中国石油企业资源计划系统）应用系统的权限测试。2011 年，结合权限测试的历史数据和例外事项原因，公司全面梳理了《ERP 信息系统权限测试规范》，用以规范指导权限测试。每个季度末，企管法规处与科技信息处等部门共同对系统权限问题进行检查，协调各相关部门对发现的问题及时进行整改，确保控制落实到位，同时加大对违规、失实数据责任的惩处力度，将测试结果纳入内控考核，在公司信息化水平不断提升的同时，增强信息数据的完整性、规范性。

2010 年起，公司在内控执行指南中，增加了信息系统总体控制 GCC 执行指南，用以强化和指导公司各项信息系统风险管理工作。

（二）与公司其他体系的融合

1. ERP 内控项目融合（2007—2009 年）

2007 年 7 月—2009 年 12 月，公司启动西气东输 ERP 内控项目。从 ERP 系统上线试点开始，公司完成了蓝图设计、需求分析、风险评估和差异分析、控制点设计、接口风险评估、接受性测试评估等工作；2008 年 ERP 系统双轨运行以后，进行蓝图整合，严格按照 ERP 系统建设内控工作程序的规定开展，完成了内控业务流程图与 ERP 蓝图的流程整合建模工作，以及 ERP 与 FMIS 融合方案的流程设置及梳理、审前调查的整改测试等一系列工作，有效地防控了系统风险，顺利通过了股份公司相关部门的验收审批，达到单轨运行要求。

在 ERP 内控项目中，公司内控部门、ERP 项目组顾问、业务部门关键用户三方共同论证，对 ERP 原始蓝图、系统现行状况、修改更新蓝图等多方面进行研究，确保了业务实际—内控业务流程—ERP 蓝图三者的一致性，对预留未实现和未使用的 ERP 蓝图进行了业务前瞻性的探讨，保留有效部分，删除冗余繁复内容，实施建模质量检查，切实做到业务流程设置简捷有效，并将相关控制点纳入公司内控自我测试范围进行跟踪，根据业务实际情况设计修改相应的控制实施证据表单。2009 年，公司完成了 ERP 系统内控自查工作，年底实现了 ERP 系统的单轨切换运行。

2. 公司惩防体系融合（2008—2010 年）

2008 年 12 月—2012 年 12 月，公司将惩防体系建设融入企业内部控制和风险管理之中，融入企业经营管理之中，坚持预防与监督并重，内控设计与执行力提升同抓，通过管理创新、营造内控文化氛围、建立内控反舞弊的监督机制，为公司惩防体系的有效稳定运行保驾护航。一是着力于内控公司层面要素的构建，将反舞弊机制融入内控业务层面的控制活动中，多角度开展惩防体系建设；二是梳理"三重一大"业务流程，将重大事项、重大项目、重大人事任免、大额资金使用的决策监督相关内容流程化管理，明确集体决策权限，防止重大风险事件的发生；三是采取一对一的直接培训、一对多的发散性培训等多种形式开展内控反舞弊宣贯。

3. 法律风险防控体系融合（2012 年）

为加强法律风险防控工作管理，完善法律风险防控工作的监督考核机制，2012 年 12 月—2013 年 5 月，公司将法律风险岗位防控指引系统与内控管理系统法律风险管理模块相融合，运用内控的控制程序和监督考核机制监管公司各部门及岗位的法律风险防控工作，形成《法律风险防范控制文档》，纳入内控管理系统法律风险管理模块，实现两个体系的融合。

4. 基础管理体系融合（2016 年）

按照集团公司"一套体系、一个平台"的总体构想，为了提高公司科学管理水平，保障安全生产，公司以 QHSE 管理体系为基础，全面系统地整合现有的 QHSE、内控和法律风险防控等体系，以及规章制度、技术标准和其他管理要求，建立基础管理体系，成为公司业务管理和业务操作的"唯一法典"。

基础管理体系融合工作自2016年6月启动,主要依据公司"公司总部决策、所属单位管理、站队执行"的职能定位,通过理顺职能、明晰责权、优化流程等工作,优化调整原有管理模式,以突出所属单位经营主体地位和责权对等,赋予所属单位经营活动高度自主权。经过全公司范围多方多轮征求意见和审核,公司于2016年11月21日正式发布了《公司业务管理模式调整事项表》(共计20项业务,完成第一阶段业务模式优化调整工作)。优化调整的业务涵盖了更新改造大修理业务的计划下达、项目管理、造价审查等,市场开发与销售业务、工程建设管理、员工管理、合同、招标、承包商、物资管理等。通过优化调整,公司的业务管理模式更适应公司发展需要、更匹配各单位职能定位,同时也为公司一体化管理体系的建设打下了良好基础。

2016年12月,公司按计划开展为期一年的基础管理体系整合各项工作。

(三) 新建单位内控体系建设

1. 长宁分公司内控体系建设(2008年)

2008年3月,公司开展了长宁分公司内控体系建设工作。通过原长宁公司内控手册范围内涉及的全部100个业务流程、160个关键控制点,公司进行现场测试,对发现的问题有针对性地组织培训和例外事项现场整改,在此基础上组织编制《西气东输长宁输气(销售)分公司内部控制执行指南》,作为长宁分公司内控工作指导性文件。该项工作的开展,不仅在最短时间内规范了长宁分公司的各项业务运行,同时也促进了长宁分公司与西气东输企业文化的全方位融合。

2. 盛大公司内控体系建设(2014年)

公司按照公司内控体系标准化建设工作思路,结合盛大公司业务实际,2014年10月29日发布《上海盛大基地置业有限公司内控手册》。本手册以"简捷高效"为原则,构建"流程管理、合规运作"的管理理念,分为业务权限及关注事项表、业务流程图和实施证据3部分内容,促进了上海盛大基地置业有限公司各项生产经营活动规范、有序进行。

3. 派出机构内控体系建设(2014年)

2014年3月,公司选择浙江管理处作为试点,开展了派出机构内控体系推进工作,2014年7月取得阶段性成果,编制完成《内部控制执行手册—浙江管理处(草稿)》。该项工作重点落实公司各项制度流程在具体工作中的"执行"——以管理处机关各科室各项工作为出发点,通过梳理整合管理处的所有业务流程,达到向上与总部管理衔接,向下延伸至场站,流程步骤尽量落实到岗位,明确管理处与总部之间的职责界面;在基层执行过程中突出"简约"——编制《业务流程及关注事项表》,将相关控制、管理权限、关注事项融于业务流程操作中,使职责权限和关注事项作为一个整体,兼顾监管要求和内部管理的需要。

(四) 改善运营质量和效率

1. 职责、制度、流程对接分析

2014年3—9月,公司选取工程预估、非全日制用工、纠纷管理、承包商管理4个主题,以及工程项目管理业务领域,探索开展职责、制度、流程的对接工作,分别针对职责不明、多头管理、制度空白、矛盾、规定不清、流程与权责制度不配套、相矛盾等问题,通过地毯式查阅、对比、甄别、剖析相关的部门职责、制度条文、流程描述,发现问题,分析问题,并形成分析表和相应管理建议。

2. 核心业务非增值环节评价

为加快实现职能管理向流程管理的转变,探索顺利完成转变的路径,提升流程管理效率,2014年公司开展了《基于非增值环节评价相关技术标准及应用模型研究》的科研项目。该项目于2014年3月立项,10月—12月完成第一阶段研究工作,工作重点是以防范、降低核心业务领域的经营管理风险、规范

重要业务流程、提高关键业务领域运营效率和效果为目标,通过对公司现有的业务流程进行技术性分析,设定流程重要性分类标准,建立业务流程非增值环节评价的技术标准和应用模型,对低效率业务流程环节提出解决建议,为公司下一步开展业务流程优化提供技术标准。

3. 合同审查、招投标、市场准入流程

为适应精细化管理的需要,针对生产经营工作中反映较强烈的合同审查时间较长、效率较低的问题,公司对合同管理信息系统内合同审查流程进行了持续优化,合同平均会审时间缩短了50%,大幅度地提高了合同审查效率。同时,优化市场准入审查程序,自2013年6月起,公司服务商准入及年审均实现在合同管理信息系统上"并行加串行"流转。2013年2月,公司简化招标报审程序,提高招标审查工作效率,规定:在招标综合得分第一的单位为中标人的情况下,不再报请招标委员会主任审查,直接履行招标委员会OA函审。

4. ERP与PPS(中国石油管道生产管理系统)接口规范优化

2010年,为解决由于PPS系统和ERP系统数据接口产生的一系列审计和测试难题,企管法规处配合普华内控项目组、生产运行处、市场部、财务处对PPS系统做了内控风险识别和控制设计确认,形成ERP与PPS接口的控制规范,在管道板块ERP项目实施过程中推行。2014年,配合生产运行处实施计量交接电子化试点项目,对计量交接应用电子化签章简化纸质签认程序,进行风险评估和控制点评价,对USB—Key的授权范围、交接方式等进行内控评价。

5. ERP系统账号权限的赋权管理

ERP系统具有高集成度、多用户端、多系统接口、相对复杂的权限管理等特点,业务数据的准确性风险较大,因此2010年在ERP系统单轨上线以后,公司全面增强对ERP系统用户的培训、监督、考核,将系统整体性、信息化责任落实到每一个用户,特别是系统最前端的操作人员和系统管理的关键用户。2012年,企管法规处针对ERP系统在各类内控审计测试和自我测试中多次发现的权限问题,对集中在多余的用户权限和ERP账号权限互斥问题进行总结,分析导致问题产生的在赋权管理方面的缺失,提出了《关于ERP系统账号权限的赋权管理建议》,建议通过统一设置公司的ERP账号分配权限设置规则,即建立公司统一的关于全部ERP用户的《岗位应分配权限的总清单》作为ERP赋权时的标准依据,同时完善ERP账号的赋权申请和审查程序及依据。

6. 探索解决管理"真空地带"

2011年,企管法规处研究制定了《关于对特殊业务流程化的管理方案》,针对跨部门业务流程执行困难的现状,在前期调研摸底基础上,先后组织相关部门进行了2次专项协调会,对影响工程结算相关业务流程的关键环节涉及的计划、合同、采购、工程管理、财务等方面的管理瓶颈进行重点分析,研究并提出解决措施。

第四章 应急管理

公司在西一线工程全线投产之初,就建立了应急管理体系。该体系明确了管理机构及职责,制定了应急工作程序,在管道沿线组建了多个维抢修部门和队伍,编制了各级各类典型事故的应急预案。公司一级预案通过国家安监总局组织的评审,每年组织一次大型的应急抢险演练,模拟事故基本覆盖了沿线典型事故类型。公司的应急管理体系多次及时处置了输气生产过程中出现的突发事件,对长输管道的安全运行起到了保驾护航的作用。

第一节 机构设置

2003年,公司建立了以应急领导小组为核心的应急管理机构。

2009年12月31日,公司召开调整公司应急管理体系专题会议,调整应急领导小组,成立应急领导小组办公室(简称"应急办公室")和各专项应急领导小组。

应急办公室实行联席工作制度,定期或不定期召开会议,讨论和协调解决指定的应急具体事项,以会议纪要形式记录议定事项,各成员单位按照部门职能分别落实,总经理办公室负责督促落实。应急时,应急办公室作为公司应急指挥中心具体组织实施应急处置工作。应急办公室设日常工作机构和应急工作机构。日常工作机构设在质量安全环保处,负责公司应急预案的审查、备案,应急培训、应急演练的检查和评估,参与处理重特大事故。应急工作机构由总经理办公室和生产运行处组成,负责公司突发事件的应急指挥和协调、综合信息收集整理和上传下达。

应急响应时,各专项应急领导小组集中在上海生产调度中心(又名"公司应急调度中心")组织指挥抢险救援工作,所有应急信息统一由应急调度中心传送。2011年8月22日,公司将应急管理日常工作由质量安全环保处调整到生产运行处,撤销质量安全环保处应急管理科,设立生产运行处应急管理与综合科。

第二节 应急预案

一、预案编制与修订

公司高度重视应急管理工作,2003年9月东段投产前,编制了《西气东输天然气管道安全运行一级

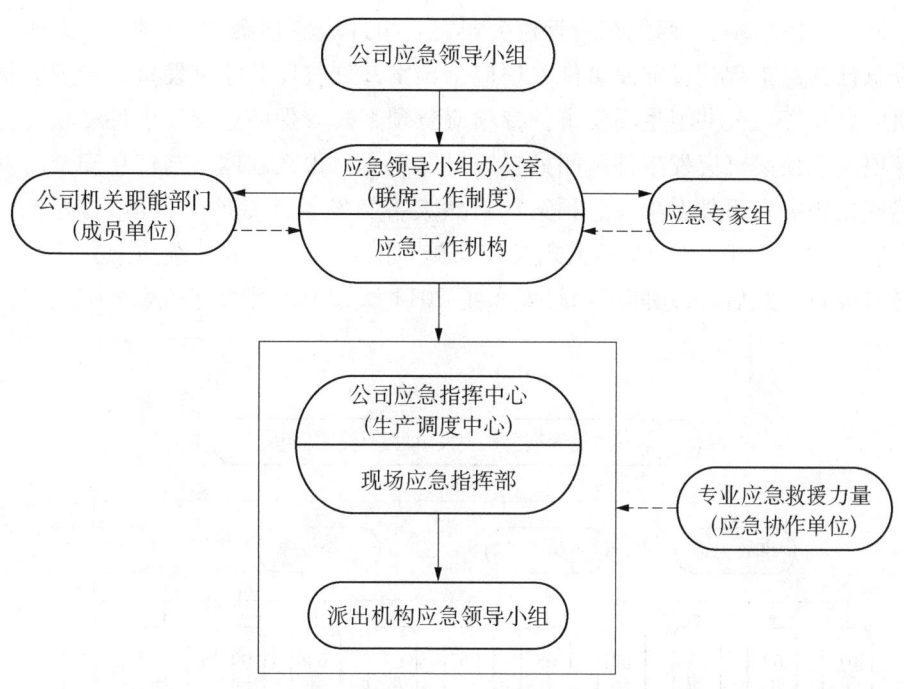

图 5-4-1 公司应急组织体系图

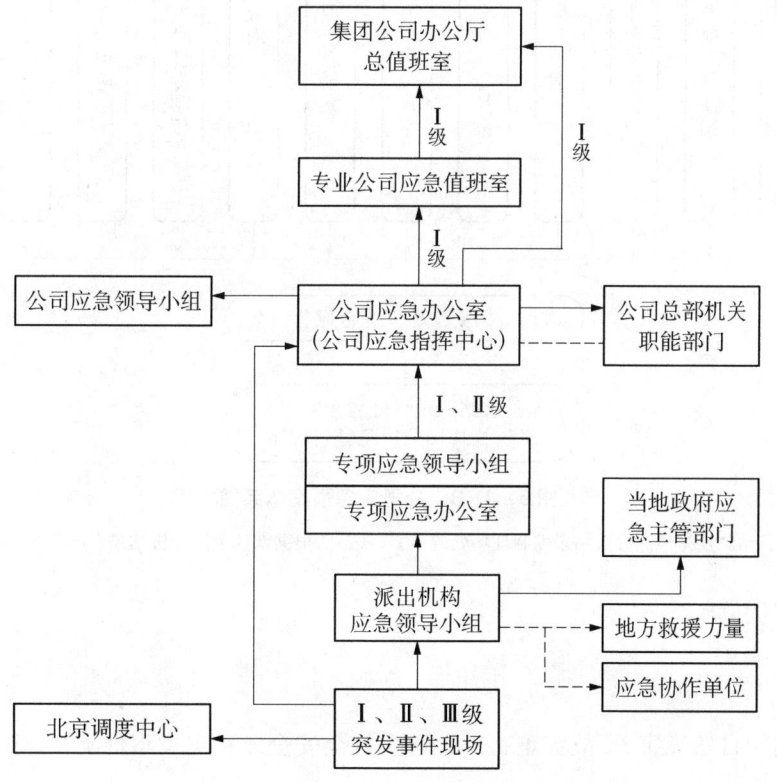

图 5-4-2 公司 Ⅰ、Ⅱ、Ⅲ 级突发事件信息报告流程

应急救援预案》,2004年2月通过专家评审会后正式发布,并组织编制了地区管理处二级和站队三级应急预案。此外公司还编制了《西气东输管道公司突发事件应急预案(2010版)》《天然气长输管道突发事件专项应急预案》《工程建设突发事件专项应急预案》《储气库井喷突发事件专项应急预案》《环境突发事件专项应急预案》《公共卫生突发事件专项应急预案》《安保防恐突发事件专项应急预案》《群体性突发事件专项应急预案》《突发事件新闻处置应对专项应急预案》《网络与信息安全突发事件专项应急预案》《天然气销售突发事件专项应急预案》《自然灾害突发事件专项应急预案》等11个专项预案,通过专家评审后,于2010年5月13日正式发布实施,原版《A类事故一级应急预案》(2008版)等专项应急预案同时废止。此后,公司陆续修订发布了2011版、2012版、2013版、2015版及2016版应急预案。

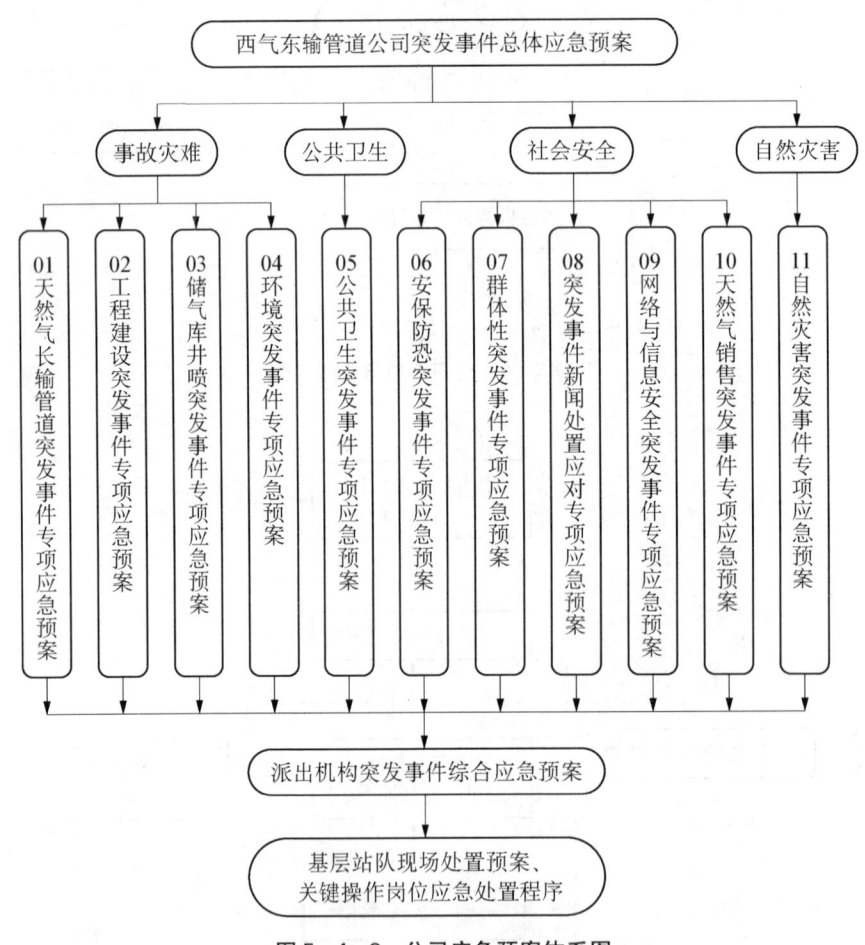

图 5-4-3　公司应急预案体系图

注:各站队根据风险分析结果编制现场处置预案(各站队根据辖区风险分析结果有所差异)。

二、预案介绍

应急预案适用于自然灾害、事故灾难、公共卫生、社会安全4种突发事件类型,用于公司Ⅰ、Ⅱ、Ⅲ级突发事件的应对工作。

(1) 公司突发事件总体应急预案(简称"总体预案")是应急预案体系的总纲,是公司应对重特大突发事件的规范性文件,为公司各专项应急预案和派出机构综合应急预案提供指导原则和总体框架,包括11个突发事件专项应急预案。

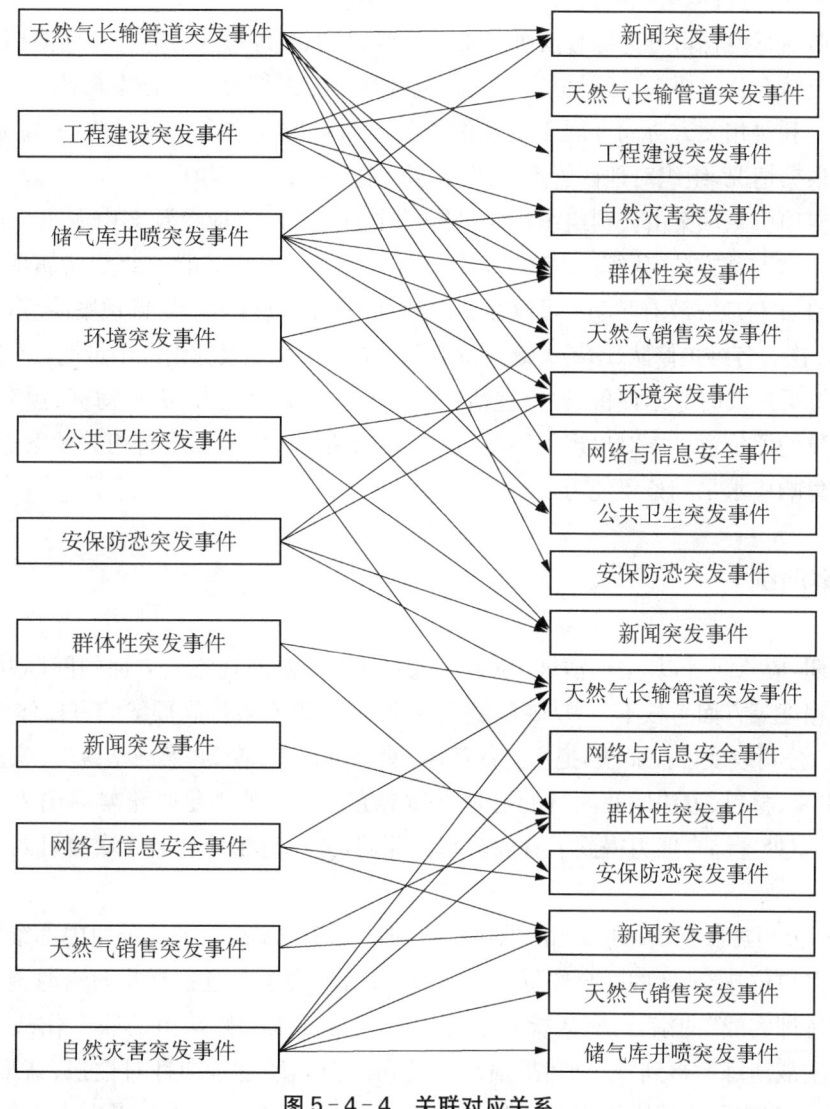

图 5-4-4 关联对应关系

（2）公司突发事件专项应急预案，主要应对某一类型或几种类型突发事件，着重解决特定突发事件的应急处置，是总体预案的支持性文件。

（3）派出机构突发事件综合应急预案，是派出机构及其所属站场、维抢修单位针对各类突发事件制定的应急预案，与公司突发事件应急预案相衔接。

（4）各专项预案关联。11个专项事件之间相互关联，启动某专项应急预案响应时，相关联的专项应急预案视事态发展需要启动应急响应。

第三节 预案演练

一、基本情况

公司应急领导小组办公室组织公司总体预案应急演练，各专项应急领导小组办公室组织公司各专项预案应急演练,各派出机构组织地区管理处级应急预案演练。

应急演练按照演练内容可分为综合演练和单项演练,按照演练形式可分为桌面演练和现场演练。

各派出机构应结合公司要求,开展更为广泛的地区管理处级综合应急预案演练,每年至少与地方政府、应急依托单位、利益相关方协同开展1次演练,对警戒、疏散要进行重点演练,并尽量采取实际演练的形式。公司应根据情况,组织对地区管理处级应急预案演练的观摩和指导。

公司总体及专项应急预案由公司组织每年进行1次演练。综合应急预案由派出机构组织每年进行2次演练(至少有1次与地方政府联动)。现场处置预案由派出机构制定计划组织所属单位每月开展1次演练(每年至少有1次与地方政府联动),可以在1次演练中同时进行多个处置预案演练,确保所有处置预案每年至少演练1次。各维抢修队、站场关键岗位应急处置程序根据具体情况不定期自行组织演练。

各级预案演练后应及时总结评价,评价包括:应急小组人员的能力、机具物资、预案符合性等,并且要有公司外部人员的评价意见。对出现的问题要制定整改措施,按照程序对相关预案进行变更或修订,从而不断提高应急响应水平和处置能力。

二、公司级预案演练

公司成立初期,应急演练以"桌面演练"为主。这种方式能够发现流程方面的问题并加以解决,但对资源、能力、响应程度等方面考核不足,反映问题并不全面,不能有效提高预案的可操作性。

2007年9月,公司改变以往做法,把应急演练由"桌面演练"转变为"实战演练"。实战演练将应急处置过程中人员、机具、材料、方法以及人员的心理素质等方面存在的不足真正暴露出来。通过改进这些不足之处,公司应急处置综合能力得到了有效提高。此后,公司每年均开展1次有针对性的公司级实战演练。

2012年8月,公司再次把演练形式由"单兵实战"改为"联合实战",即从公司内部维抢修单位独自的实战演练转变为多单位、跨地区的联合应急处置实战演练,实现了全过程真实的资源调动和联合抢修作业,充分体现"演练即实战"的宗旨,有效检验了专业公司内部维抢修队伍的联合作战能力。从最初的"桌面演练",到"实战演练",再到"联合实战演练",公司应急演练逐步向针对性强、高难度、高标准的方向发展,预案符合性和实际作战水平得到了更真实的检验,应急抢修队伍获得更有效的锻炼,推动了公司应急处置能力逐步提高。

2013年5月,淮武线发生挖掘机碾压管道事件。公司决定结合本次事件的应急抢险开展年度公司级应急演练,在没有事先准备的情况下,圆满完成了应急抢险任务和预定的演练科目。此次抢练结合更加客观地反映了公司水网地带抢修的真实水平,达到了预期效果。

2014年3月,为吸取青岛"11·22"输油管道泄漏爆炸特别重大事故教训,公司与深圳市应急管理办公室、深圳市住房和建设局、深圳市龙华新区管委会联合举办了西二线求大段高后果区管道泄漏突发事件联合实战演练,演练了与各级政府部门沟通协调、企地联合处置、队伍长途集结、受限空间作业等内容,取得较好效果。

表5-4-1　西气东输管道公司实战演练统计表

序号	时间	管理处	维抢修单位	演练科目
1	2007.9	宁陕	靖边维抢修队	黄土塬进场
2	2008.8	苏浙沪	南京维抢修中心 淮安维抢修队	水网地区抢修

续 表

序号	时间	管理处	维抢修单位	演练科目
3	2009.8	山西	蒲县维抢修队	山区进场
4	2010.8	新疆	哈密维抢修队	阀室被毁工艺恢复
5	2011.9	苏浙沪	南京维抢修中心	水网地区抢修
6	2012.8	豫皖	南京维抢修中心 武汉维抢修中心 郑州维抢修队 蚌埠维抢修队	阀室被毁工艺恢复
7	2013.5	豫鄂	黄陂维抢修队 武汉维抢修中心 南京维抢修中心	水网进场
8	2014.3	广东	广州维抢修中心	与城市地下管线交叉点泄漏

此外，公司还自主编制了《西气东输抢修工作手册》，总结了3种进场方法和12种抢修方法，以指导实际应急抢修工作。

在总结公司以往抢修研究成果基础上，公司还开展了抢修技术集成研究。

第四节 应急响应

应急响应是出现紧急情况时的行动。公司应急响应的过程可分为接警、判断响应级别、应急启动、控制及救援行动、扩大应急、应急状态解除等步骤。公司针对应急响应分步骤制定应急程序，并按事先制定程序指导各类突发事件应急响应。

各类Ⅰ、Ⅱ级和可能需扩大应急响应的Ⅲ级突发事件会按照公司相关专项应急预案的要求实施应急处置，并根据事态进展启动相关专项应急预案的响应。各专项预案中有明确针对可能发生次生事件的应急处置方法。

当Ⅱ级突发事件的事态无法有效控制时，公司会按照有关程序向集团（股份）公司应急机构请求扩大应急响应。

符合下列条件之一时，经公司应急领导小组决定，公司将启动应急响应程序：
(1) 发生Ⅰ、Ⅱ级突发事件；
(2) 发生Ⅲ级突发事件，派出机构请求公司给予支援或帮助；
(3) 受集团（股份）公司、地方公司和地方政府应急联动要求。

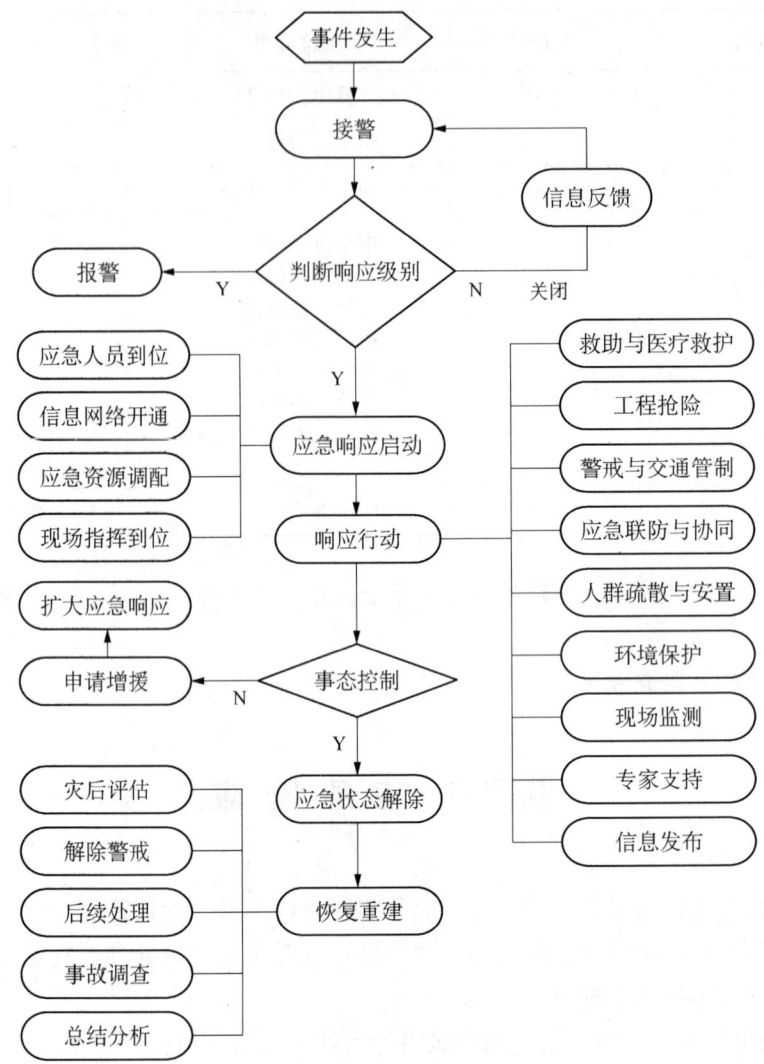

图 5-4-5 公司应急响应流程

第五章
监 察 审 计

为把西气东输工程建设成为阳光工程、廉洁工程，集团公司党组在项目启动伊始就提出：针对以往工程建设中在工程承包、物资采购等关键环节容易发生行贿受贿、权钱交易等职务犯罪的问题，要以改革的精神管理创新，借鉴国内外先进经验，在机制和体制方面创新，加强工程建设的组织管理，在西气东输工程建设上不允许有任何徇私舞弊的行为，不允许有任何权钱交易发生。为避免招投标工作中违规操作，西气东输工程不仅规定了严格的招标工作程序，还建立和完善了监督约束机制，坚决杜绝投资失控。公司建立由计划与投资部门、业主各处室和地区管理处以及全体参建人员构成的三级投资控制管理体系，先后制定出台了《工程造价管理办法》《工程项目内容与计划投资控制额》等一系列规章制度，以合同为纽带，明确各部门、岗位的职责和权力，有效地规范了工作程序，确保了工程总体控制目标的实现。

转入运营管理后，公司实行扁平化管理，公司审计部门坚持每年对公司总部财务处进行1次财务收支审计，并向公司合同管理、招投标管理等方面进行适当延伸，审计覆盖的广度有一定局限性。随着公司规模不断发展，线路管理长度不断增加，公司各派出机构经办的业务及相应的资金量也逐渐增加。为了防范派出机构业务操作过程中出现经营风险，规范业务行为，从2009年开始，公司审计部门在对管线自西向东分别抽取1个管理处进行试点审计的基础上，于次年全面铺开，对公司几乎全部派出机构开展了财务收支和管理效益审计，对全面提升公司的整体财务管理水平和建设一流的财务管控体系发挥出积极作用。特别是"十二五"期间，公司坚决贯彻落实集团公司审计工作决策部署，从防范经营风险入手，将监督服务贯穿于经营管理的各个重点环节，全面完成"十二五"各项审计工作任务，较好地发挥了查错纠弊、决策支持和价值增值等作用，为西气东输管道安全平稳高效运营做出贡献。

第一节 机 构 设 置

为加强对西气东输工程的审计、监察和质量安全环保技术监督工作，2000年9月，股份公司批准由审计部、监察室和质量安全环保部牵头，分别设立西气东输工程审计、监察和质量安全环保3个监督小组，直接对股份公司领导负责；同时，成立西气东输工程监督联合办公室，作为3个监督小组下设的办事机构，业务上按照分工，分别接受相应的监督小组领导。

2004年2月，公司成立审计监察处（纪委办公室），主要负责公司党风廉政建设、效能监察、执法监察和审计等工作，并负责公司纪委日常工作。

2006年6月，西气东输干线工程已全线建成并投入商业运营，股份公司决定撤销西气东输工程3个监督小组及工程监督联合办公室，相关职责分别划入公司审计、监察和质量安全环保等部门。

2007年6月,公司决定审计监察处成立综合科。2010年6月,为进一步明晰审计、监察和纪检工作界面,公司决定审计监察处撤销综合科,成立审计科、纪检监察科。2016年3月,公司决定撤销审计监察处审计科、纪检监察科,成立审计监察处办公室、监督室、审计室等3个科室。

第二节　管理效益审计

管理和效益审计是在财务收支审计基础上发展起来的新审计类型,财务收支审计以审查基本财务信息为重点,管理和效益审计的中心任务则是审查管理信息,渗透到企业管理各个方面。审计监察处成立以来,审计人员按照"管理+效益"的内部审计定位和"一个接轨、三个转变"的审计发展思路(即指实现与国际内审理念和工作标准的接轨与转型,实现以常规审计为主向控制审计、管理效益审计和企业经营风险审计转变,实现以事后审计为主向事中、事前、事后审计并举的转变,实现传统的审计方式和手段向信息化、科学化的方式和手段转变)。履行审计监督与服务职能,从财务收支审计入手,拓展管理与效益审计领域,强化审计监督,发挥审计在消除隐患、防范风险、规范经营、促进廉洁、提升效益、服务发展等方面的积极作用,为全面提高公司企业管理水平,实现公司有质量有效益可持续发展的目标做出一定贡献。

2005年,公司审计监察处提出了财务会计核算、材料、合同、计划等方面存在管理问题共18项,并要求在年底前全面完成了整改;全年共审计经济合同718份(不含采办合同),金额49.06亿元,与有关部门密切合作,提出审计建议,减少合同标的额近3000万元,达到了既核减了费用,又未影响合同按期保质保量地完成。

2006年,按照股份公司审计部下达的2006年审计工作计划,公司审计监察处对公司2005年下半年和2006年上半年的财务收支和预算执行情况进行了审计。审计人员历时1个多月,共抽查了公司2005年7月—2006年6月的账簿和凭证等近万份。审计组重点对工程项目投资完成及其合同执行情况、物资采购核算管理与合同执行情况、管输收入及成本费用支出情况等进行了审计。审计报告共提出各类问题14个,其中合同管理方面3个、物资采购核算方面6个、财务管理方面5个,并对公司在合同签订和履行、物资采购管理、工程结算转资等方面提出了中肯的建议。经济合同审计方面,审计监察处共对金坛储气库地面附着物补偿协议等1064份、总金额约50亿元的施工、采购合同进行了审签,重点对合同变更和合同外发生的价款、费用等方面进行严格把关,保障合同正常履行,维护了公司的合法权益。在参加非招标项目合同价款谈判时,公司审计人员既发挥监督公正作用,又发挥熟悉财经法规、成本核算、价格信息的优势,对合理确定合同标的额,规范合同管理有重要作用。审计监察处全年共参加各类合同价款谈判工作82项,与其他部门的协同配合,确保各项费用价款谈判能在上级有关单位和公司相关制度的约束下合理有序进行。

2007年10月,公司审计监察处对公司2006年度、2007年1—6月的固定资产投资使用管理情况进行了审计调查,对公司在审计期间的固定资产投资计划完成情况、固定资产投资管理制度制订和执行情况、投资决策程序执行情况、管理组织机构建设、财务核算体系等方面开展全面调查,未发现公司在固定资产投资管理方面存在较大问题。根据审计调查的结果,审计监察处向公司有关部门提出审计建议3条。审计监察处全年共对苏浙沪管理处4座站场扩建合同等1028份、总金额约15.65亿元的施工、采购、技术服务等合同进行了审签。根据内控工作的需要,业务经办与审计监督相分离的原则,审计监察处在符合内控要求的基础上,主要抓住合同形成过程的合规性,合同标的额组成和产生的合理合法性,合同履行的效益性等方面,实施事前、事中、事后全过程的审计监督;必要时抽查相关合同的金额形成过程和工作量的真实性,发现问题及时提请各相关部门进行整改,保障合同正常履行,较好地维护了公司合法权益,保障了公司经营目标的实现。审计人员共参加各类合同价款谈判工作200余项,全年参加的合同谈判项目中共审减3 884.24万元,审减率达16.49%,使公司的各项资金发挥了较好效益。

自2008年8月起,公司审计监察处分别组织了长宁分公司2007年收购日至财务交割日的会计业务审计、2008年上半年财务收支情况及内控建设和执行情况公司2007年下半年至2008年上半年财务收支情况的审计工作。此次财务收支审计工作厘清了长宁分公司被公司收购后在财务核算、企业管理和内部控制制度建设等方面融入中国石油管理体制的情况,提高了公司的整体企业管理水平。全年审计人员共参加各类合同价款谈判工作90项,审减费用金额2 794万余元。

自2009年7月底起,公司审计监察处分别组织了长宁分公司2008年下半年至2009年上半年财务收支情况及内控建设和执行情况的审计工作,以及公司总部2008年下半年至2009年上半年财务收支情况的审计工作。首次抽选甘肃、宁陕、苏浙沪等3个管理处,对其自2006年至2009年上半年的财务收支情况进行了就地审计。经过审计表明,长宁分公司在纳入公司统一管理后,在财务核算、企业管理和内部控制制度建设和执行等方面取得很大进步。通过对管理处的抽查,审计组认为管理处的总体会计核算水平和财务管理水平符合公司有关部门的要求。审计工作中发现的有普遍性的问题,审计监察处通过审计意见书的方式提请有关部门和人员予以关注。审计人员全年共对西气东输干线永和改线工程施工合同等822份、总金额约27亿元的施工、采购、技术服务等合同进行了审签;参加各类合同价款谈判工作145项,审减费用金额3 642万余元。

2010年起,公司审计监察处对公司有相对独立财务会计业务的派出机构进行2年1次的财务审计,对公司总部和长宁分公司进行每年1次的财务会计业务审计;全面开展了公司总部、长宁分公司及10个派出机构的财务收支审计工作,审计中,共发现财务会计业务处理欠规范等11类52个问题。2年轮流全面覆盖的财务收支审计活动对规范各派出机构以及公司整体的财务管理水平、企业管理层次均有一定促进作用。审计人员全年共参加各类合同价款谈判123项,参加的合同谈判项目中共审减费用金额1 084.86万元;全年共对西气东输安全改造工程孔雀河、鄯善、哈密压气站施工合同等共2 074份(包括销售)的施工、采购、技术服务等合同进行了审签。

2011年,公司审计监察处全面开展了公司总部、长宁分公司及12个派出机构的财务收支审计工作,审计中共发现财务会计业务处理欠规范、资金管理欠周全、成本核算欠严细等6类30种,共计119个问题。审计中发现的各类问题均得到相关部门的响应,如公司财务处针对审计中发现的电费账务处理问题,审计过程中即下发《关于进一步明确实行预付费进行电费支付与结算有关问题的函》,对各派出机构正确规范处理相关业务,给予指导和规范;审计中发现的长期往来款项未及时清理等问题,公司财务处会同相关部门认真开展清理和处理工作。审计人员对西气东输冀宁南段增压泰安压气站110千伏外电线路工程施工合同、金坛储气库(一期)阀门采购合同、输气管道设备操作三维仿真培训应用研究合同等1 530份(包括销售)、总金额约30亿元的施工、采购、技术服务等合同进行了审签;全年共参加各类合同价款谈判109项,审减标的额1 638.82万元。

2012年,公司审计监察处继续全面开展公司总部及长宁分公司等16个派出机构的财务收支审计工作。审计中共发现财务会计业务处理不规范、资产管理欠完善等8类共计171个问题。同时,对审计发现的问题及时加以整理分析,归纳典型案例,采取"以案说法"的方式,浓缩出37个典型案例,在公司级干部会议上进行宣讲,并提出相应的管理建议,对不断提高公司的财务管理水平和企业管理层次有较大的促进作用。审计人员全年共对西气东输地下储气库(金坛)东注采气站工程施工等1 178份(不包括销售与征地补偿合同)、涉及金额33.45亿元的施工、采购、技术服务等合同进行了审签;全年共参加金坛储气库增补四口井造腔钢管采购等46项合同谈判工作,共审减合同金额860.70万元。

2013年,公司审计监察处全面开展公司15个派出机构的财务收支审计工作,审计中共发现财务会计业务处理不妥、资产管理不完善等4大类共计151个问题,并要求各相关单位对审计发现问题进行整改。针对审计中发现的带有普遍性,以及屡审屡犯的痼疾问题,及时加以整理分析,归纳典型案例,继续采取"以案说法"的方式,浓缩出 25 个典型案例,在公司会议上宣讲。这不仅发挥了内部审计的监督作用,也体现了内部审计的预防、服务职能,做到"以审促防、以防强管、审防结合、防管并举"。审计人员全年共对西气东输二线上海支干线抚州分输压气站 110 千伏外电线路工程总承包等 3 524 份、涉及金额 19.67 亿元的施工、采购、技术服务等合同进行了审签;共参加西二线广西支线等站场管采购等 50 项合同谈判工作,审减合同金额 633.87 万元。

2014 年,公司审计监察处完成对公司总部和 19 个派出机构的财务收支及管理效益审计工作,审计单位覆盖率 100%。按照项目实施前严把方案关、实施过程中严把底稿关的原则,审计部门负责人全过程具体参与,加强现场工作协调控制,为提高现场审计质量提供了保障。审计中,共发现招投标业务欠规范、资产管理不完善等 8 大类共计 177 个问题,其中建设投资管理方面 15 个、招投标管理方面 31 个、收入成本费用不实方面 7 个、违反财务会计管理规定方面 17 个、违反资产实物管理规定方面 25 个、合同管理方面 49 个、物资采购及销售管理方面 29 个、财税风险方面 4 个。公司坚持把经济合同审计列为重点项目,每一份资金流出类经济合同都从严把关,并把审计重点放在合同签约前,做好合同签约前的合同谈判监督工作。审计人员全年共参加 2014 年大铲岛压缩机备件采购等 27 次谈判工作,送审金额 6 116.74 万元,审计审减金额 363.86 万元。

2015 年,公司审计监察处针对公司机关等单位的管理效益审计共发现问题 95 个。其中公司机关财务收支审计发现问题 10 个、所属单位管理效益审计发现问题 76 个、定额维修项目以大类计算发现审计问题 9 个,涉及部门和单位 25 个;共涉及金额 1 048.79 万元,其中所属单位管理效益审计问题金额 962.93 万元;定额维修项目审减金额 75.10 万元,审减率 5.29%。机关和所属单位审计发现的 30 个问题已经整改完成,47 个问题因业务已发生无法整改;定额维修审计中发现的问题,银川、武汉和苏北、储气库管理处已完成整改。

第三节 工程建设审计

工程建设审计是指对工程建设项目投资立项、设计(勘察)管理、招投标、合同管理、设备和材料采购、工程管理、工程造价、竣工验收、财务管理、后评价等过程的审查和评价。

公司工程建设审计方面的工作,既有自行组织的工程建设审计,也包括外部工程建设相关审计工作的配合。

公司坚持事前控制,实行物资采办招投标制,成立了专门的招标领导小组和工程招标办公室,制定了《西气东输工程项目招投标管理办法》,设立了设计、采办、施工、电子商务 4 个招投标办公室,明确了招标工作程序,建立了评标委员会专家库,每次从中随机抽取产生评标委员。无论是工程的设计、施工、监理招标,还是材料、设备招标,都坚持公开、公正、公平的招投标程序,择优选择承包商,防止和避免了招投标工作的随意性,有效降低了工程投资,提高了工程经济效益;其次,夯实事中控制,实行合同管理制。西气东输工程建设从设计、制管、施工、监理等业务都要发包给承包商来完成,因此全面实施合同制,通过业主与承包商之间签订经济合同,规范甲、乙方经济行为和法律行为。在合同签订中,公司审计监察部门及时与相关部门沟通,明确签订各种经济合同的程序控制,此外,还参加重要合同谈判,避免造成价款在通过谈判确定后,因为审计不能通过而造成重谈,提高了合同制的效益性。审计人员参与每个公司重要谈判,及时将不合规或不合理问题消弭于萌芽阶段,避免谈判结束后再发生合同争议;第三,做好事后控制,实行合同审计制。公司选定经济合同立项、选择承担单位、条文谈判、确定价款、履约及结算等 6 个环节作为关键控制点进行重点监控审查。合同送达审计监察部门后,审计人员按照公司内部控制制度的规定,根据选定的风险点,对合同立项依据的充分完整性、乙方单位选择的公开公正性、条文的合规合法性和价款确定的合理效益性等每一个环节进行测试,对经济合同每个要件的合理性均予以严格审查。对经济合同进行完善的内部控制审计,保障了经济合同的合规高效,对控制投资、防止损失浪费、维护廉政建设效果十分明显。

一、自行组织的相关审计

公司成立初期,未设立审计机构,工程建设审计工作由西气东输监督联合办公室代为履行。2004年2月后,工程建设审计由公司审计监察处以工程结算审计为基础,并通过审查工程合同价款谈判、招标投标、合同会签等关键环节,对工程项目基本建设程序遵循情况、合同签订和履行、招投标管理、物资采购管理、施工过程管理进行审计。

公司坚持对基本建设、更新改造、安全生产费用、大修理、定额维修等工程项目开展审计,主要审查工程造价的真实性、准确性、合规性、合理性,审计内容包括工程结算的计价依据,结算方式,合同价款及设备、材料价格,工程量计算、定额套用、间接费取费标准(取费基数、费率计取等)等,尽可能做到工程结算审计覆盖率100%,对促进公司提高工程管理水平,规范工程结算程序,提高公司投资效益起到了积极作用。

2004年,公司审计监察处对西气东输管道工程苏浙沪段线路、东段其余线路等工程结算进行审计。2005年,全年共审计工程结算书1 000余份,使工程项目结算金额能够控制在合法、合规、合理的基础上,重点完成了西气东输工程东段站场、阀室、水工保护项目和西段工程量变更费用及站场、阀室、水工保护项目结算的审计工作。2006年,共审结各类工程结算书386份,审计各类工程费用结算金额3.71亿元,审减额1 333余万元。

2007年,公司全年审结大修理项目127大项,涉及金额总计为1.34亿元,审减额为813.16万元;审结基本建设工程结算项目30项,审计各类工程费用结算金额13.47亿元,审减额2 039.76万元,审计发现部分工程存在工程量不实、取费标准套取错误、材料价差计算错误等问题。

2008年,公司全年共完成各类工程结算审计项目72项,审计各类工程费用结算金额74.62亿元,审减额1 597.98万元,重点完成了冀宁支线、淮武支线,以及干线及增输工程共16座压气站及配套项目的工程结算审计工作。

2009年,公司全年共完成各类工程结算审计项目26项,审计各类工程费用结算金额10.68亿元,审减结算额752.14万元。

2010年,公司完成了西气东输金坛西注采气站工程、增输工程延川、定远等压气站等共计32项工程结算审计工作,共审计完成各类工程费用结算金额19.38亿元,审减金额694.94万元。

2011年,公司完成了用直至宝钢集团输气管道工程、安全改造工程孔雀河、轮南、鄯善、哈密等压气站等共计28项工程结算审计工作,共审计完成各类工程费用结算金额10.50亿元,审减金额539.11万元。

2012年,公司完成了西气东输二线洛阳支线、西气东输安全改造工程山丹压气站等6个站场工程、2010年西气东输适应性改造工程等共计60项工程结算审计,共审计完成各类工程费用结算金额28.99亿元,审减不合规结算金额1 199.87万元。

2013年,公司全年共对报审的239项工程结算进行审计,审计报审金额7.22亿元,审减费用1 461.43万元。审减的主要原因包括:施工方案审批把关不严、定额套用与现场实际情况不符、工程量签证内容不合理、工程量重复计算、未完工程量结算时未予扣减、部分费用重复计取等。审计提出了加强设计管理、严格工程签证、加大造价审核力度等审计建议。

为进一步加强审计监督职能,公司于2014年9月对工程审计内容和范围进行调整:一是不再对股份公司审计权限范围内的工程项目进行审计,集中力量加强对股份公司审计权限范围外的工程项目的审计;二是改变以往审计重投资控制、轻工程管理的做法,在注重工程造价审计的基础上,加大对合同管理、工程招投标、设备材料采购、资金管理使用和工程质量管理等重点环节的监督;三是除对不合理费用进行审减外,还对工程建设过程中违法违规行为,如签证把关不严、工程量不实、部分费用划分不合理等,进行责任追究。

此后,公司对报审的326项工程结算进行审计,涉及报审金额为3.36亿元,审减金额为1 024.21万元。审减的主要原因包括:设计图纸有错、虚列工程量、签证内容不合规、不合理,重复计取费用,未按定额规定计算工程量和费用,结算编制错误已购材料价格偏高等。审计提出了加强设计管理、严格工程鉴证、加大造价审核力度等审计建议。2014年11月至12月,公司组织完成西气东输二线平顶山至泰安支干线泰安末站适应性改造工程、冀宁线邳州压气站扩建工程、洛阳支线管道工程、山西沁水煤层气管道工程等4项工程的竣工决算审计,报审决算共计10.51亿元,审减工程费用651.24万元,发现应招标未招标、违反建设投资管理规定、违反合同管理规定等问题67个。

2015年,公司全年共对报审的269项工程结算进行审计,送审金额为3.25亿元,审减金额为973.06万元。审减的主要原因为工程量计算错误或重复,结算时未按合同约定执行,结算时不符合图纸及签证单的内容要求,结算时套用定额不合理,结算时不符合现场实际,结算时未按信息价调整,公式链接错误,结算依据不合理,甲供材数量统计错误等。审计提出了严格执行合同、签认工程量需认真核实、加强设计管理和图纸审查、严格造价审核过程和乙购材料价格确认等审计建议。同年12月,公司组织完成西气东输甪直至宝钢输气管道工程的竣工决算审计,审减工程费用145.04万元,确认该工程最终投资5.42亿元,发现未批先建、招标不规范、应招标未招标等13个方面的问题。

二、外部工程审计配合

作为业务归口部门,公司审计监察处承担外部审计配合的总体协调管理,具体负责组织各相关部门开展审前准备、审中配合、审后整改等工作,并负责收集汇总各部门对审计报告的意见回复,组织指导各部门按照审计意见对审计问题进行整改。公司成立以来共计接受外部审计的工程项目9项,分别为:

2007年,按照集团公司党组指示,受股份公司审计部委托,审计服务中心派出审计组,于1月3日至4月11日对西气东输管道项目进行就地审计;

2008年,股份公司审计部委托大庆油田有限责任公司审计部组成审计组,于11月10日至11月30日对西气东输一线工程进行竣工决算审计;

2009年,股份公司审计部委托辽河油田公司审计处组成审计组,于5月6日至5月26日对西气东输"1干3支干"以外工程进行竣工决算审计;

2010年,国家审计署上海特派办派出审计组,对公司进行延伸审计调查;

2010年,股份公司审计部委托审计服务中心派出审计组,于10月14日至11月14日对公司西气东输管道增输工程竣工决算进行就地审计;

2013年,股份公司审计部委托审计服务中心派出审计组,于8月12日至9月7日对公司西气东输安全改造工程竣工决算进行就地审计;

2014年,集团公司财税价格部委托北京天圆全会计师事务所组成审计组,于2月14日至2月20日对金坛地下储气库(二期)一阶段项目的工程项目管理情况和财务收支情况进行审计;

2014年,股份公司审计部委托审计服务中心派出审计组,于2014年5月15日至6月20日,对西气东输二线香港支线管道项目工程竣工决算进行就地审计;

2014年,股份公司审计部委托审计服务中心和黑龙江惠泉普华建设工程项目管理有限公司共同组成审计组,于10月10日至11月21日、12月3日至12月12日,对中国石油上海大厦项目竣工决算进行就地审计。

第四节 经济责任审计

经济责任审计是督促企业加强内部控制、防范经营风险、规范经营行为的有效控制手段,也是企业负责人任期考核、干部任免等事项的重要依据。按照相关规定,在公司人事处(组织部)的委托下,审计监察处要对离开原任职单位的主要负责人进行离任经济责任审计。

2005年,公司审计监察处对在苏浙沪管理处、山西管理处、淮武管道工程建设项目部、合同文控处、规划计划处、新疆管理处、管道处、生产运行处和甘肃管理处等任职的10位同志进行离任经济责任审计,未发现存在违规违纪问题。

2008年,受公司人事处的委托,公司审计监察处按期完成了在苏北管理处、甘肃管理处、豫鄂管理处、储气库管理处、质量安全环保处任职的5位同志的离任经济责任审计工作,未发现被审计单位和个人有重大违法违规的情况。

2009年,受公司人事处(组织部)的委托,公司审计监察处按期完成了在山西管理处、甘肃管理处、新疆管理处、宁陕管理处任职的4位同志的离任经济责任审计工作,未发现被审计单位和个人有重大违法违规的情况。

2011年,受公司人事处(组织部)的委托,公司审计监察处按期完成了在宁陕管理处、工程技术处、压缩机站工程项目部建、房改办公室任职的4位同志的离任经济责任审计工作,未发现被审计单位和个人有重大违法违规的情况。

2012年,按照公司人事处(组织部)的安排,公司审计监察处组织人员完成了对在工程技术处、质量安全环保处、苏浙沪管理处、苏北管理处、豫鄂管理处任职的5位同志的离任审计工作,未发现被审计单位和个人有重大违法违规的情况。

2014年,按照公司人事处(组织部)的安排,公司审计监察处对长宁输气(销售)分公司总经理进行了离任审计,未发现被审计单位和个人有重大违法违规的情况。

第五节 效能监察工作

按照集团公司要求,公司审计监察处会结合年度工作重点,每年确定1—2个效能监察项目,按照程序和规定,认真开展检查监督,对企业发展起到了再监督、再管理的作用。

2004年,公司启动了东段"工程量变更及结算"专项效能监察,在调查摸底的基础上,重点对西气东输管道工程豫皖段干线线路20—23标段、定合支线及相应硅管工程量变更费用进行了专项审查。其中,审查干线线路工程招标文件6份、工程承包合同6份、工程量变更费用759份、涉及金额合计6262.89万元,支线标段投标文件1份、工程承包合同1份、工程量变更费用50份、涉及金额合计439.32万元,硅管招标文件1份、投标文件2份、工程合同2份、工程量变更费用44份、涉及金额合计340.97万元,共计审查金额7043.18万元,涉及9家施工承包商、2家设计单位,工程量变更费用审减额为160.74万元,现场检查共计提出各类问题132项需要整改。

2005年,公司集中开展对工程建设重点项目的专项效能监察。审计监察处在进行前期调研的基础上，重点对先期开工的冀宁联络线北段开展了施工管理专项效能监察，同时在宁陕、山西管理处开展了管道大修理项目效能检查。监察人员以合同变更为重点，深入现场，对照、查阅设计、施工、监理等方面的原始资料记录，看运作程序是否合法、资金投入是否合理、施工质量是否符合要求，从施工合同到工程结算实行全过程跟踪，及时发现问题、查清原因、明确责任，纠正和处理违规违纪行为，督促有关方面总结、吸取经验教训。

2006年，纪检监察部门围绕公司重点工作，集中对管道大修理项目及工程量变更、物资采购管理和储气库项目完整性管理等3个专项进行效能监察。根据各项目特点和工期要求，监察组采取分头组织、分阶段实施、深入现场、查验结合等方法，保证了效能监察的按计划实施，完成对管道大修理项目完整性资料查验、现场实物核验和物资采购部分资料的查验、生产物资采供货及使用的现场查验，并先后形成专项效能监察报告。此轮效能监察共发现计划、设计、施工、结算等方面的问题13个，提出管理建议11条，并督促有关方面进行初步整改，促进了公司及各部门管理水平的提高，取得明显的经济成果。

2007年，公司审计监察处对自用资源使用管理情况进行核查和总结，分析了存在的问题，提出5个方面的节能降耗建议，进一步完善自用资源管理规章制度，形成长效机制，对企业挖潜增效和节能降耗，提高自用资源的使用效率，大有助益。2007年上半年，公司在天然气、电、水3个部分的节能价值总量为2 515万元。

2009年，以天然气、电等自用能源为重点，公司审计监察处连续开展专项效能监察工作，共发现问题13个，提出整改建议14条，经压缩机处、生产运行处等相关部门采纳并实施，获得经济效益近1 000万元。审计监察处会同物资采办等部门，重点对各单位物资采购计划执行、物资招标采购等关键环节进行检查，共发现4个方面的7个问题，提出整改意见和工作建议6条，确保了公司物资采购资金的安全运行和物资供应的及时到位。公司审计监察处抽查各类工程结算项目18项，审减额178.19万元，参加了104项合同谈判，审减金额2 189万元，在保证监督有效性的基础上维护了公司权益。根据集团公司的统一部署，是年12月起，公司纪委牵头开展了工程建设领域突出问题专项治理工作，对2008年以来立项、在建和竣工的天然气管道支干线工程、场站工程和其他工程建设项目进行了第一阶段排查，项目的决策是否合法合规、招标投标活动是否规范、工程质量管理是否严格等各个关键环节、重点部位得到一次全面梳理，为下一阶段的深入排查、全面整改奠定基础。

2010年，重点围绕工程建设领域突出问题专项治理，公司全面开展工程建设项目管理效能监察，对管道增输工程等23个2008年以来立项、在建和竣工的项目进行重点检查，着重查看了工程项目决策、规划许可与环境评价、招投标活动等8个方面400余份资料，发现问题90项，编制底稿25份，提出规范项目管理流程、管理制度、工程各项证书办理、规范招标工作等4个方面整改建议。在后续的巩固提高阶段，公司制定《工程建设领域存在问题整改工作运行计划》，对整改实施阶段的各项工作进行了细化，落实到具体的部门；同时制订了包括制度排查、决策和规划、招标及合同签订在内的6张整改阶段排查明细表，统一进行排查。公司重点对6类27项制度进行了重新修订，又对2010年6月以来的18个工程建设项目在工程项目决策、规划许可与环境评价、招投标活动、合同管理等7个方面进行检查，督促各项制度的执行。

2011年，公司重点开展天然气销售管理效能监察，以销售合同为纽带，对2009年、2010年公司天然气销售计划、天然气计量、天然气价格及结算等3个方面的工作进行重点监察。审计监察处先后与相关处室人员进行30余次访谈，查阅了销售会计凭证、销售合同、天然气计划、计量月报等资料，通过FMIS财务系统、ERP企业资源计划系统、PPS计量系统对相关数据进行了跟踪审查，发现用气计划编制及执行、用户用气结构、计量管理、合同签订履行等方面存在的问题，有针对性地提出4个方面的整改建议，促进了公司天然气销售管理水平提高。

2012年，公司审计监察处深入开展大修理工程建设项目管理效能监察，发现138个问题，提出6个方面 12 条建议,形成 8 份监察报告,下达 10 份监察建议书,避免和挽回经济损失 143.28 万元。该项目获得集团公司 2012 年度优秀效能监察项目三等奖。

2013 年,公司对投资项目管理开展效能监察,重点选择 2012 年以来立项开工的自建管道工程、场站适应性改造工程和压气站工程开展监督检查。审计监察处本着从项目管理受控、运作规范、效益提升的角度着眼,选择代表性项目,抓住重要事项和关键环节,实施监督检查的原则,重点检查了贵港至玉林等 3 条管道工程、1 座场站适应性改造工程和 1 座压气站工程,同时对规划计划处等 4 个职能部门、2 个工程项目部和 2 个管理处进行了检查。共发现问题 27 个,编制工作底稿 31 份,下达监察建议书 7 份,编制效能监察和整改情况报告 2 份。

2014 年,公司针对安全风险隐患整治工程项目开展效能监察。结合公司 2014 年安全隐患排查整治工程项目多、投资大、工期紧、任务重,协调管理难度前所未有的实际,审计监察处制定方案,组成工作小组,历时 7 个月,先后对 3 个专业管理部门、7 个派出机构开展监督检查,共发现 7 个方面 113 个问题,形成底稿 37 份,提出 7 个方面 50 条建议,下达 7 份建议书,整改 84 个问题,其余问题提出了整改方案和措施,给予 2 个单位通报批评。

2015 年,按照集团公司监察部要求,公司将效能监察工作融入合规管理监察。按照集团公司《关于开展 2015 年合规管理监察工作的通知》的安排,审计监察处将公司 2015 年发生的"抚州压气站 5·15 雷击事件""定远压气站 5·17 压缩机组冒白烟事件""金华站 2·9 放空立管阻火器破碎吹出事件"作为 2015 年合规管理监察项目,予以立项,并组成工作小组,历时 3 个月,对与事件相关的生产运行处等 4 个机关部门、南昌管理处等 3 个二级单位进行监察,共发现 4 个方面 7 个问题,形成底稿 5 份,谈话记录 3 份,核查取证资料 40 余份,分析问题原因 6 个方面,提出监察建议 3 项。同时,开展《西气东输派出机构预防事故事件员工责任追究实施细则(试行)》试点单位执行情况调研,组织座谈会 8 次,收集意见建议 56 条,整理归纳共性问题 4 条,提出针对性措施 9 条。

2016 年,公司开展合规管理监察,协调审计、内控专业,突出信息共享,协作配合,形成监管合力。公司建立审计在前、监察在后的分工协作机制,审计业务重在发现违规问题,监察业务重点关注问题背后违纪违规行为,提高合规管理监察水平。审计监察处通过对 6 个所属单位维修项目进行专项审计监察,发现问题 104 个,涉及金额近 95 万元,指出项目维修费用使用过程中存在的管理漏洞及潜在风险,并督促整改。

第六章
企 业 文 化

以"大庆精神""铁人精神"为基础的中国石油企业文化,在我国石油工业发展历程中发挥着巨大作用。西气东输企业文化根植于中国石油企业文化之中,坚持以"大庆精神"为核心,培育具有西气东输特色的企业文化,为促进企业管理、推进企业发展提供了强大的精神动力。

公司成立以来,一直非常重视企业文化建设工作,认真贯彻《集团公司企业文化建设纲要》,大力弘扬"石油精神",强化价值文化引领,夯实价值磐石,塑造企业品格,稳固发展根基,凝聚推动公司发展的强大合力,在继承发展西气东输精神的基础上,不断丰富完善西气东输文化;鼓励引导基层站队构建"既与企业文化一脉相承,又颇具地域特点、站队特色"的子文化,使西气东输文化真正在各层面落地生根、枝繁叶茂;将企业文化融入制度建设和企业管理,有效运用规章制度、操作流程和管理工具,将"无形文化"转化为"有形管理",实现文化与管理相互促进。

西气东输的企业文化,既具有中国石油企业文化的形成基因,也有自身的成长特点,在不同的发展阶段,具有不同的表现,可以概括为"在宏伟的工程建设中诞生,在厚重的石油文化中成长,在多样的沿线人文中丰富,在崭新的发展进程中提升"。

第一节 机 构 设 置

2006年9月,公司成立企业文化处(党群工作处、机关党委),主要负责公司文化建设和精神文明建设、宣传、工会、共青团、思想政治等工作以及总部机关党委、工会、共青团的日常工作。2010年,公司在所属单位设党群科,承担所属单位的企业文化、宣传等工作。

企业文化处(党群工作处、机关党委)成立后,公司办公室(党委办公室)、人事处(党委组织部)与此相关的职能同时划归企业文化处。工会办公室与企业文化处合署办公。

2007年6月,企业文化处下设宣传(企业文化)科、群众工作科。

为进一步完善公司总部党组织、工会组织机构,2010年2月,公司决定成立公司总部党总支部委员会和公司总部工会委员会,委员会日常工作由企业文化处负责。

2015年4月,公司文明办成立,主要对接上海市文明办和上海市经信委文明办要求,落实文明单位创建工作。

公司企业文化处的基本职能:在公司党委领导下,履行公司思想政治工作、新闻宣传工作、企业文化建设工作、工会工作与职工工作、共青团与青年工作、公司文明创建工作的协调组织、执行落实等。其中,宣传科主要承担公司思想教育、主题教育、对内对外新闻宣传等工作,负责公司主要新闻宣传载体的日常策划、组稿、编辑、出版、发行等任务,承担公司党委年度重大专题活动、重大媒体采访活动等;群工科承担公司职代会工作机构、工会与职工工作、共青团与青年工作等重点任务,负责工会、团委日常组织建设、制度建设、专题调研等工作。

第二节 西气东输企业文化形成历程

一、战略工程与企业文化

西气东输企业文化建设与工程建设同步开展,工程建设时期蕴含的"项目管理文化"为西气东输企业文化形成奠定了基础,是企业文化形成的重要文化基因。这一时期公司的文化特色主要表现如下:

(一)体现石油传统

在规模空前的工程建设中,中国石油的优良传统得到全面体现和升华。中国石油企业文化在新世纪特大型工程建设中得到新的诠释和发展。

(二)崇尚楷模精神

工程建设时期,涌现出全国五一劳动奖章获得者、国家西气东输工程建设先进个人等一大批先进典型。公司始终崇尚楷模精神,弘扬先进风尚,引导全体员工不断提升思想境界和行为标准。

(三)依靠团队协作

工程建设时期,公司倡导和依靠"大团队、大协作",把全体建设者的智慧和力量凝聚到工程建设的大目标上来,形成各团队、各专业、各工种齐心协力共建西气东输工程的良好局面。公司获得全国五一劳动奖状,工程主要参建单位也获得多项荣誉和奖励。

(四)开展特色活动

工程建设时期,西气东输先后组织开展了"高扬党旗、决战百日""双保一增"等一系列切合实际和具有工程建设特色的主题活动,凝聚了人心,激发了广大参建者的积极性和创造性。

二、石油传统与企业文化

中国石油厚重的文化积淀,为西气东输企业文化的成长提供了丰富营养。大庆精神和铁人精神是中国石油强大的精神支柱,是推进企业发展不竭的精神动力。"爱国、创业、求实、奉献"的中国石油企业精神和"三老四严"等优良传统在西气东输工程建设和生产运营中得到继承与发扬,为培育"创业、创新、团队、奉献"的西气东输精神、哺育西气东输企业文化打下了基础。

三、沿线人文与企业文化

西气东输管道沿线表现出丰富多样的人文特色,公司各地区管理处在公司总部引导下,结合自身特点,汲取当地人文营养,丰富了西气东输企业文化的内涵,探索出"构建和谐站队""创建学习型站队、争做知识型员工"等站队文化建设方式。

四、发展进程与企业文化

2003年国庆节后,公司由工程建设逐渐转入生产运营,企业文化建设也随之步入新时期,紧密结合西气东输业务发展,不断扩展外延、丰富内涵、发挥作用,以适应并促进西气东输事业发展。

(一)企业文化建设加快推进

2005年10月,公司开展站场形象标准化建设,建设企业精神教育基地,加强标准化和精细化管理,努力塑造"中国石油西气东输"的良好形象和亮丽品牌。

2007年10月,公司进一步提炼和归纳西气东输精神,开展企业文化宣传和讨论,不断探索和实践符合自身特点的企业文化建设方式,加快推进企业文化建设。

(二)企业文化功能深入渗透

工程建设时期,公司企业文化主要凸显凝聚力功能,对攻坚会战起到显著作用;进入生产运营时期,企业文化渗透至生产经营管理的各个层面、各个环节,形成独特的文化竞争力。

(三)企业文化结构形成体系

2008年6月,公司按照体系化、规范化推进企业文化建设,将"把握文化主脉、构建文化体系"作为提升企业文化的重要途径,把企业文化建设作为提升企业软实力、增强队伍凝聚力的重要举措,坚持企业宗旨、企业精神、企业标识、核心经营管理理念、核心价值观、司旗司歌的"六统一"要求,提炼理念体系,丰富活动载体,强化全员宣传贯彻,促进了企业文化落地落实。

第三节 西气东输企业文化理念体系

2006年11月,公司企业文化处着手西气东输企业文化理念的整理和提炼。2007年3月,公司委托专业咨询公司进行企业文化现状调研,并开展"企业文化大家谈"活动,得到全体员工的积极支持和热烈响应,收得企业文化相关建议文章57篇。

2007年1—4月,公司组织企业文化调研和诊断,提炼企业文化理念,开始编制《企业文化手册》。

2008年,公司初步形成企业文化理念体系,印制《西气东输企业文化手册》(简称《企业文化手册》),并于6月10日举行首发式。

此后,公司多次完善企业文化理念体系,更新《企业文化手册》。

一、公司企业文化理念体系

公司企业文化理念体系包括中国石油文化理念和西气东输文化理念。

中国石油文化理念,包括企业宗旨:奉献能源,创造和谐;企业价值观:诚信、创新、安全、卓越;企业精神:爱国、创业、求实、奉献;企业愿景:建设综合性国际能源公司,打造绿色、国际、可持续的中国石油;质量、健康、安全、环境理念与目标:环保优先、安全第一、质量至上、以人为本,零缺陷、零伤害、零污染。

西气东输文化理念,包括企业使命:输送清洁能源,奉献和谐社会;企业愿景:国内持续领先,国际争创一流;西气东输精神:创业、创新、团队、奉献;企业品格:朝气、和气、正气、大气;发展战略:市场兴企,人才强企;安全观:安全责任重于泰山;大局观:顾全大局,不负使命;人才观:爱才、育才、用才;责任观:运行一刻不能停,供气一刻不能断;发展观:安全、高效、可持续。

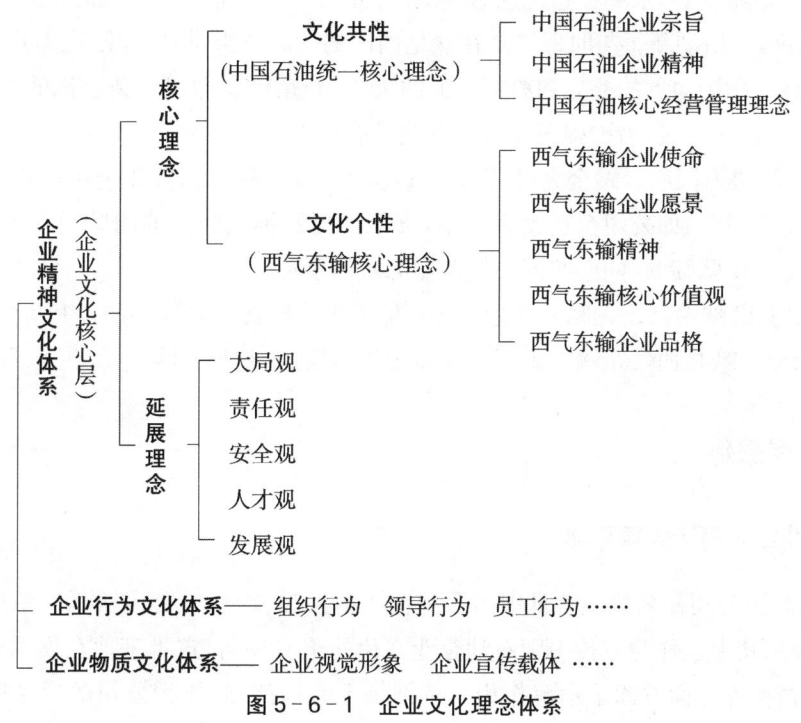

图 5-6-1 企业文化理念体系

二、企业文化理念阐释

"奉献能源、创造和谐"是中国石油统一的企业宗旨。中国石油履行国家能源战略所赋予的职责,自觉承担起经济、政治和社会"三大责任",为国家和社会提供优质的石油、天然气能源,努力提高能源资源的开发和利用效率,创造经济、社会、资源和环境之间的和谐,为促进和谐社会建设做出应有的贡献。

西气东输认真履行中国石油"三大责任",遵循"奉献能源、创造和谐"的宗旨,坚决履行中国石油赋予的光荣使命,为国家建设和人民需求持续输送和供应清洁的天然气能源,为构建和谐社会做出自身的贡献。

西气东输企业使命:输送清洁能源,奉献和谐社会。这是在国家能源战略下产生的、在国家东西部经济发展规划格局下形成的重大历史使命,是对公司所承担的政治责任、社会责任和经济责任的高度概括,是公司存在和发展的根本意义。

"国内持续领先、国际争创一流"是西气东输的企业愿景,是公司发展的远景目标。西气东输投产运行以后,公司一直坚持精干、高效的扁平化一级管理模式,保持劳动生产率在国内行业中的领先地位;切实加强管道保护与管理,预防和控制自然灾害和人为伤害对管道造成的影响;精心组织全线压气站和分输站生产操作,确保运行安全,完成输气任务;对全线场站大功率压缩机组和大规模的其他系统设备进行定期保养维护和故障维修,确保所有设备安全高效运行;在江苏金坛建设中国第一座盐穴储气库,为管道运行储气和调峰供气提供有力保障;完成具有国际先进水平的南京计量测试中心建设,承担国家高压大流量天然气流量计的检测标定;《西气东输管道技术研究与应用》获得"中国石油技术创新特等奖",以持续的创新力和成长力争取由国内领先到国内持续领先,最终在国际上争创一流,这是西气东输人共同的信念和追求。

西气东输精神包括创业、创新、团队、奉献4个关键词。

创业：艰苦奋斗，创业不息。艰苦奋斗即顽强拼搏、自强不息、知难而进，继承中国石油人的光荣传统，以苦为乐、勇于开拓、攻坚克难，铸就西气东输人的精神特质；创业不息是以创业精神对待每一项工作，以创业精神引导企业发展，永不停息地追求一流的标准、一流的业绩和一流的企业形象。

创新：与时俱进，开拓创新。与时俱进是在立足国内的同时放眼世界，着眼现实并放眼未来，表现出不进则退的忧患意识、昂扬向上的斗志和勇创一流的决心；开拓创新即以创新意识的不断提升和创新能力的不断提高来促进企业发展，为中国石油管道事业发展作出更大贡献。

团队：顾全大局，协力同心。顾全大局，即时刻以国家利益、社会利益和企业利益为重，以共同的使命凝聚团队力量；协力同心，即公司全员紧密团结，秉承中国石油人强大的团队战斗力及雷厉风行的准军事化作风，协力提升团队绩效，同心共创西气东输的宏伟事业。

奉献：无私无悔，默默奉献。无私无悔是西气东输人为了能源大动脉的建设和运营，恪尽职守、不畏艰难、义无反顾；默默奉献是西气东输人为了祖国能源供应安全，扎根一线，忘我工作。

三、企业文化表现载体

（一）中国石油企业精神教育基地

2007年8月，集团公司命名建立首批中国石油企业精神教育基地，公司所属轮南压气站、靖边压气站和上海白鹤站荣列其中。作为宣传中国石油企业文化的重要场所，这批基地在展示企业形象、传播企业文化、弘扬企业精神等方面发挥了示范作用。特别是上海白鹤站，作为公司的形象展示窗口，不断接待地方政府、社会团体、外宾、新闻媒体参观和石油企业员工交流学习，受到了社会各界的好评，成为宣传和展示中国石油企业文化和西气东输优良传统的教育基地。

（二）公司企业文化展室

2011年初，公司二届二次职代会确定了《建立西气东输历史展馆》的立案，明确由企业文化处牵头负责，总经理办公室和房改办公室配合，结合机关楼搬迁工作，做好公司企业文化展室的建设工作。经广泛调研，结合公司新办公楼的实际情况，三部门联合提出了展室建设文案，并经公司领导集体审定。2013年初，公司机关办公地址搬迁同时，公司展室同步建成开放。

展室设于中国石油上海大厦第36层，建设面积80平方米。内容分为气贯山河、气泽华夏、砥砺耕耘、创新发展4个部分，利用声、光、电、图、文、物等媒介的介绍，充分展示西气东输的成长历程、行业地位和辉煌业绩，生动反映西气东输精神（创业、创新、团队、奉献）和品格风貌（朝气、正气、和气、大气）。

建成以来，展室充分发挥了对内教育功能和对外展示窗口的作用，既教育员工认知西气东输的发展历程与辉煌业绩，认同大庆精神、铁人精神和西气东输企业文化，提升员工作为西气东输一员的荣誉感和认同感，凝聚员工思想力量，又充分展现出西气东输履行的经济、政治、社会责任，辐射了西气东输的良好形象，提升了西气东输的美誉度和知名度。

（三）《企业文化手册》

该手册全面融入了中国石油核心文化理念，进一步充实完善了西气东输文化理念，涵盖了理念识别、行为识别、视觉识别3大系统，初步构建了公司完整的企业文化体系，并展现了具有石油特色和西气东输特点的子文化。

(四) 企业文化宣传贯彻活动

按照公司企业文化建设的三年推进计划,2008年下半年至2009年上半年,企业文化处组织了企业文化宣讲进站队活动,本着"先基层,后机关,分阶段宣贯"的方针,先后在9个地区管理处、2个工程项目部、南京计量中心、长宁分公司和公司总部组织了6次集中的专题宣讲,基本实现了覆盖全员的目标,有力地促进了广大员工对公司企业文化的理解和认同。

此次宣传贯彻活动的指导思想是面向全员,侧重站队,充分运用多媒体方式深入阐述中国石油的企业文化与西气东输的企业文化,让全体员工都能够增强作为一名中国石油员工和西气东输员工的自豪感,准确全面地理解中国石油与西气东输的核心文化理念,并促使全体员工能够在工作中努力践行,为公司科学发展做出贡献。

宣传贯彻活动的内容主要包括中国石油企业文化和西气东输企业文化2个部分,详细宣讲了企业文化基本知识,详细阐述集团公司的基本概况和发展历程,重点是运用中国石油的新闻案例诠释中国石油企业文化的统一性要素;另外,重点宣讲了西气东输企业文化理念,分别讲述了西气东输历史回顾、文化形成、核心理念、延展理念和表现形式,充分运用西气东输开工建设,特别是投产运行以来的典型案例,宣讲西气东输企业文化的核心理念,同时宣传了公司劳模的先进事迹。

2016年,公司坚持中国石油企业文化根脉,围绕弘扬"石油精神",突出企业特色,组织各管理处制定基层站队特色文化建设方案,在此基础上形成公司站队特色文化建设意见。

第四节 新闻宣传

公司坚持"团结、稳定、鼓劲、正面宣传为主"的新闻宣传工作方针,加大正面宣传力度,着力提高舆论引导能力和水平,增信释疑,促进了解,树立良好声誉,为公司发展营造有利环境。

工程建设时期,公司充分发挥宣传工作的政治优势,实行统一领导、统一部署、统一组织、统一口径,建立起以中央媒体为龙头、石油媒体和地方媒体为支撑、参建单位共同实施的大宣传体系,形成了中央媒体月月有声音、石油媒体周周有报道、重大节点有声势的宣传局面。强有力的宣传工作,充分展示了国家重点工程的雄伟风采和数万名参加者的精神风貌,促进了西气东输工程建设总体目标的实现。

生产运营时期,公司建立健全党委统一领导,新闻宣传工作领导小组统筹协调,新闻办公室归口管理,总部部门业务主导,各地区单位属地管理的工作体制,明确责任主体,明确协调机制,明确程序流程,强化考核问责,努力构建大政工、大宣传、大平台,提升舆论引导和风险管控能力。

一、组织领导

2002年,国家西气东输工程建设领导小组办公室成立,定期编发《西气东输工程建设简报》,及时做好政策宣传,建立了以项目管理为纽带,由集团公司思想政治工作部全面负责,由股份公司和西气东输管道公司党委牵头协调,由各参建单位党组织领导共同参与的领导体系和工作格局。

2004年,公司成立西气东输新闻宣传工作领导小组,主要职能是贯彻落实公司党委关于新闻宣传工作的部署安排和具体要求,审定和修订公司新闻宣传工作制度及重点工作,确定应对重大舆情的工作方案等。新闻宣传工作领导小组实行重大舆情会商制度,每半年召开1次领导小组例会。公司总经理办公室宣传科具体负责公司宣传工作,策划组织公司各类宣传活动。

2006年9月,公司企业文化处成立,全面负责公司宣传工作,策划组织公司各类宣传活动。各地区单位党总支书记是做好宣传工作的第一负责人,下设党群科负责地区单位党建及新闻宣传工作。公司建立健全新闻宣传工作网络,配备基层骨干通讯员队伍。

公司层面每年举办1次新闻宣传工作培训班,邀请石油系统和地方媒体记者,以及新闻宣传领域的专家进行授课。主要培训内容包括新闻写作、摄影和摄像知识,交流和安排新闻宣传工作。参加人员主要是各地区单位新闻宣传工作主管领导、党群科负责人、《中国石油报》特约记者和优秀基层通讯员。

公司每两年对在新闻宣传工作中表现突出的地区单位、基层站队和优秀通讯员进行表彰。截至2016年12月,公司共举办9届新闻宣传工作培训班,表彰新闻宣传先进集体20个、先进站队57个、优秀通讯员155名。

二、制度建设

为进一步规范新闻宣传工作,营造良好的舆论环境,加强新闻宣传队伍建设,促进新闻宣传工作开展,2009年公司制定了《中国石油西气东输管道公司新闻宣传队伍管理办法》《中国石油西气东输管道公司新闻宣传管理办法》。

为树立中国石油履行经济责任、政治责任、社会责任的良好形象,营造有利于建设世界水平综合性国际能源公司的舆论环境,2014年11月10日,公司党委印发《关于加强新闻宣传工作的意见》及7个附属性管理办法,即《中国石油西气东输管道公司关于进一步加强新闻宣传工作的意见》《西气东输管道公司新闻发言人制度》《中国石油西气东输管道公司新闻宣传队伍建设管理办法》《中国石油西气东输管道公司新闻宣传专项经费管理细则》《中国石油西气东输管道公司新闻宣传稿酬管理办法》《中国石油西气东输管道公司新闻宣传载体管理办法》《中国石油西气东输管道公司新闻宣传工作表彰管理办法》和《中国石油西气东输管道公司新闻宣传影像资料管理办法》。

三、宣传阵地

(一)宣传载体

1.《中国石油报西气东输专版》

《中国石油报西气东输专版》是公司自2007年7月1日起与中国石油报社合作,在中国石油系统内部及外部开展新闻宣传的重要载体,主要反映公司安全生产、工程建设、市场开发与销售等阶段性工作成果。

专版栏目主要包括:行业动态、城市燃气、一线特写、国脉影像等。更新周期为每月1期、每期1版。截至2016年底,《中国石油报西气东输专版》共出版113期。

2.《石油商报西气东输导刊》

《石油商报西气东输导刊》是公司自2002年5月与石油商报社合作,在中国石油系统内部及外部开展新闻宣传的重要载体,重点反映西气东输生产运营、工程建设、市场开发与销售、队伍建设等阶段性工作成果。

栏目设置包括一般头条、倒头条、言论,二版头条、倒头条,图片报道,以及其他通讯、消息等。出版周期为每周1期,每期2版,随《石油商报》一起发行。截至2016年底,《石油商报西气东输导刊》共出版735期。

3. 西气东输主页

公司网址为www.xqds.petrochina/xqds/Pages/default.aspx,是全面反映公司各项工作进展、工作成果,实现部门间互动沟通、进行思想宣传教育的重要互联网平台。

公司主页于 2006 年底正式上线运行,其中用于新闻宣传的栏目主要包括公司动态和基层动态 2 个栏目。2013 年,公司主页改版,用于新闻宣传的栏目增多,变更为公司新闻、生产动态、基层动态、员工生活和气龙沿线(图片浏览)5 个栏目,栏目内容每天不定期更新(国家法定节假日除外)。从 2006 年底到 2016 年 12 月 31 日,公司主页共计发布的新闻宣传稿件约 2.8 万条。

4. 《西气东输》双月刊

《西气东输》双月刊是公司于 2008 年创办的内部刊物,重点反映西气东输工程建设、生产运行、安全环保、管理创新、抢险演练、技能培训、队伍建设、员工精神风貌等,具有纪录性、史料性等特点。

《西气东输》双月刊栏目包括公司要闻、特别关注、媒体之窗、气龙沿线、站队巡礼、行业信息、群团之声、思想与交流、文化长廊、智慧家园。

5. 西气东输网络电视

中国石油网络电视系统是集团公司信息化建设的专业平台,目的在于充分利用石油信息网络资源,扩大石油电视节目覆盖面,加强石油电视宣传。

2007 年 7 月,公司搭建西气东输网络电视平台。该平台主要有 2 个功能:一是制作播出反映西气东输生产运营、工程建设、安全环保、管理创新、抢险演练、技能培训、队伍建设等内容的电视节目;二是将制作拍摄的电视节目上报集团公司影视中心《中国石油报道》栏目。2010 年 5 月,公司首次在"中国石油报道"栏目刊发稿件。截至 2016 年底,公司在"中国石油报道"栏目播出稿件共计 47 篇,其中新闻消息 42 篇、电视专题 5 篇。

6. 中国石油西气东输微信公众号

中国石油西气东输微信公众号,是公司与石油商报社共同合作开设的新媒体平台。该平台是对内弘扬石油精神、凝聚发展力量,对外"服务市场、服务用户",应急状态下及时回应社会关切、媒体新闻需求的舆情应对新渠道。2015 年 4 月 30 日,中国石油西气东输微信公众号正式上线运行,每周三、五定期进行信息发布,成为公司对内凝心聚力、对外展示形象的重要宣传手段。

(二) 典型选树与宣传

公司自成立以来,共评选产生全国五一劳动奖章获得者、中央企业模范、上海市劳动模范、集团公司劳模、集团十大标兵、公司劳模等 10 位,省部级、集团公司级和公司级先进集体 30 多个。公司运用《中国石油报西气东输专版》《石油商报西气东输导刊》《西气东输》双月刊、公司主页、西气东输网络电视等宣传载体,以文字、图片和视频形式,大力宣传劳模事迹,弘扬劳模精神,刊发宣传报道稿件 30 余篇,对内鼓舞了员工队伍的士气,对外树立了西气东输积极向上的企业形象。

公司还注重宣传基层站队普通员工的"闪光点",通过日常新闻报道等形式,弘扬员工"身边的榜样""平凡的高尚",树立可亲、可敬、可信、可学的楷模形象,以平凡的小事反映员工"爱岗敬业、求实奉献"的精神风尚。

2007 年,公司新疆管理处孔雀河压气站站长韩建强,发挥共产党员的先锋模范作用,以身作则,任劳任怨,克服戈壁无人区恶劣自然环境给工程建设和生产运行带来的各种困难,苦练压缩机维护保养技术,成为西气东输生产运行管理的行家里手,也成为扎根基层、献身戈壁的大学毕业生的先进典型。韩建强先后荣获公司首届"十杰青年"、2007 年集团公司标兵个人等荣誉称号。2007 年 8 月 24 日,公司党委专门组织召开韩建强同志先进事迹报告会,新疆管理处 4 名同志从不同角度汇报了他的感人事迹,使公司员工深受教育。

2015 年,公司对上海市劳动模范常大伟、模范集体中卫压气站,集团公司先进集体甘陕管理处、先进个人赵三强模范人物和先进集体,以专题报道的形式,分别在公司 6 大宣传平台进行集中宣传。特别是利用微信新媒体,扩大了对劳动模范、道德模范、优秀共产党员的宣传力度,先后推出的《快看咱们西气东输的劳模新星,亮点在哪里?》等专题,累计收获 2 000 人次的阅读量。

四、对外宣传

公司以"建一流西气东输工程,创一流精神文明成果"作为宣传工作指导方针,坚持"稳健、低调、正面"的原则,按照集团公司宣传要"三突出"总体要求,以贴近基层、贴近员工、贴近生产,鼓舞士气、凝聚人心为出发点,使宣传活动为西气东输工程建设和运行提供精神动力和智力支持。

(一) 媒体合作

公司重视与中央主流媒体、业内媒体、管道沿线新闻媒体的交流沟通,建立起了良好的合作机制。从 2004 年起,公司通过组织采访活动、提供报道线索、热情接待来访等形式,加深新闻媒体和社会公众对西气东输的理解和认同。通过邀请媒体记者参加公司组织开展的各类主题采访活动,积极稳妥地做好市场类、都市类媒体的工作。

工程建设时期,西气东输采取"大团队"与"小分队"相结合的采访方式,加大新闻宣传的力度。有重大活动时,中央、石油、地方媒体集中报道;带有全局性和影响力的活动,则因地制宜,石油媒体与当地媒体共同承担,形成局域性报道强势;特别重大活动、重点节点的宣传工作中,新闻媒体联合行动、集中报道。西气东输大力加强与各有关方面的联系与协作,逐步形成了 30 多家中央媒体为龙头,以石油媒体、地方媒体为支撑,以宣传品制作工作为依托的一体化行动宣传报道网络。

2004 年西气东输管道正式商业运营,公司坚持开展每年一个主题的"新闻媒体走进西气东输"活动,掌握舆论主动权。公司各派出机构重点做好当地媒体工作,"走出去"联络沟通,"请进来"现场采访,及时报道工程建设、生产运营取得的成果。

截至 2016 年底,公司与新华社、《工人日报》《经济日报》《南方日报》、中央电视台、中央人民广播电台、上海电视台、江苏电视台、《新民晚报》等 40 多家媒体建立了良好的合作关系。

(二) 媒体走进西气东输活动

围绕建设"透明央企、阳光央企",公司主动向媒体和公众介绍西气东输发展情况,以及西气东输工程在助推地区经济发展、调整能源结构、改善大气环境质量、提高居民生活水平发挥的积极作用。

2000 年 2 月 28 日,《人民日报》、中央电视台播出国务院听取西气东输工程论证汇报的消息,标志着新闻媒体正式开始对外介绍西气东输工程。此后,新闻媒体对工程重要环节的报道浪潮接连不断。

2002 年 7 月 4 日,西气东输工程全线开工典礼在人民大会堂隆重举行,中央电视台各大媒体对工程建设进行了全面报道,中央电视台"新闻联播""现在播报""中国新闻"等栏目先后报道了开工典礼、试验段工程进展顺利、管道施工穿越万水千山、注重环境保护、资源充足与市场广阔等新闻。《人民日报》《经济日报》在头版头条刊发《气贯神州八千里》《造福东西的大工程》等长篇通讯,并配发评论员文章。《工人日报》连续刊登《西气东输全面开工》《祝福西气东输》《西气东输大事记》《从数字看西气东输》《促进管道国产化》等 10 余篇专题文章。开工典礼的大规模报道,向全世界展示了西气东输工程的宏伟形象。

2002 年 9 月 26 日—10 月 30 日,由集团公司与中华全国新闻工作者协会联合组织,中国石油报社和公司共同承办了"西气东输万里行"大型新闻采访活动。采访活动有中央、地方和石油媒体共 33 家 90 多名记者参与,历时 35 天,途经 10 个省区市的 66 个县(市),驱车行程 8 000 公里,采访了 49 个单位和地方政府部门的 2 000 余人。截至 2002 年 12 月,中央媒体、省区市媒体先后刊播新闻稿件 100 多篇(条),石油媒体刊播新闻稿件、照片 300 多篇(幅),中央报刊、地方报刊共刊登文字、图片稿件 66 篇(幅),电视媒体播出 25 条新闻,其中有四分之三是现场一线的最新报道。报道规模和及时性均创下行业媒体工程类报道的最新纪录。

2003年以来,公司在宣传工作上做到从总体上规划,在重要节点上分阶段、有节奏进行有特色的专题报道。3月28日,西气东输工程甘肃段全面开工,19家中央及地方媒体受邀参加开工仪式。中央电视台"新闻30分""整点新闻"滚动播出开工盛况,"中国新闻"连续播出现场开工、工程建设、环境保护、天然气资源等专题新闻。《人民日报》《工人日报》《经济日报》等媒体均在一版突出位置刊发开工图文报道。甘肃卫视、《甘肃日报》等地方媒体也参与了报道,在工程沿线营造良好的社会环境。6月初,工程建设进入"十一"进气、东段投产前全面攻坚阶段,面对突如其来的"非典"疫情,公司在全线开展"高扬党旗、决战百日"主题活动,工会在全体员工中开展了"决战百日、万人争先"劳动竞赛,团委在青年中开展了"决战百日、建功立业"青年文明号活动。八千里管道战线上党旗飘扬,全线掀起劳动竞赛热潮。《人民日报》在重要版面先后3次刊发顽强拼搏保工期、西气东输工程全面推进等文章,极大地鼓舞了全体参建人员,也向全社会树立了中国石油、西气东输工程及其建设者的良好形象。6月10日,西气东输控制性工程之一的延水关黄河隧道竣工,中央电视台新闻频道全天分8个档次播出延水关黄河隧道注水封洞过程,"新闻联播""中国财经报道"以"西气东输点燃东西部经济"为专题播出专访,形成轰动效应。7月26日,西气东输工程长江隧道工程贯通,公司制定了盾构隧道贯通宣传、贯通仪式和新闻座谈会等3个方案,准备新闻通稿、工程背景资料、天然气宣传手册、西气东输宣传画页等8种图文资料。在隧道贯通仪式现场,空中有航拍,地面有20多家新闻媒体在采访。中央媒体先后刊播新闻20余次,其中新华社推出消息和特写,《人民日报》头版刊登贯通消息,中央电视台一套全天整点滚动播出贯通新闻,"新闻联播"推出"长江盾构隧道今日贯通"的报道;中央电视台二套"中国财经报道"播出"穿长江,投巨资,燃气经济启动"专题;中央电视台四套"中国新闻"连续3天播报贯通新闻。中央人民广播电台以消息和专访的形式播报,中国国际广播电台用38种语言向全世界播出了西气东输管道工程长江盾构隧道胜利贯通的消息。地方媒体也全力以赴做好贯通和天然气开发的新闻报道。10月1日,靖边至上海段投产进气。以中央电视台为主,石油公司媒体、地方媒体配合组成的新闻小分队对郑州、利辛、常州、上海白鹤等4个分输站连续7天跟踪"气头"进行重点报道,保证报道的及时性、直观性和全面性。10月1—16日,中央电视台4个频道先后推出系列报道20余条,扩大了西气东输的社会影响。沿线各地广播、电视台积极呼应,将投产仪式作为每天的重大新闻播出,促进了西气东输下游市场的开发。

2004年被认为是西气东输工程建设的决胜年、关键年,除成立西气东输新闻宣传工作办公室外,公司还建立起了信息畅通的新闻媒体网络,继续完善以中央媒体为龙头,石油媒体、地方媒体为支撑的宣传网络,同时,举行了先进事迹报告会、文艺作品发行、举办美术、摄影展览等一系列形式多样的宣传活动,形成了宣传西气东输工程的又一次高峰。

2005年起,公司每年组织开展"媒体走进西气东输"主题的外宣活动,邀请中央、地方和石油公司媒体走进西气东输基层站队,深入施工现场,了解西气东输生产运行和工程建设情况;走访西气东输下游用户,了解西气东输为下游企业发展带来的积极作用。

2005年5月,公司组织开展了"能源运河"主题采风活动,邀请《人民日报》、新华社、中央电视台、江苏电视台、山东电视台、《中国石油企业管理》杂志等10多家媒体20多名记者,深入西气东输冀宁管道施工现场采访,捕捉一线感人事迹。活动共推出专题、通讯等20多篇(条),为宣传报道冀宁管道这条"能源运河"创造了良好条件。

2005年8月29日—9月2日,公司组织13家中央、石油媒体18名记者,赴宁夏、上海等地采访,行程5000多公里,召开了5个座谈会。新华社刊发通稿,中央电视台新闻联播节目播出了《经典工程·西气东输工程》电视专题,使更多的人了解了西气东输这个世纪工程。

2008年,西气东输工程投产5周年前夕,公司邀请了上海电视台、上海人民广播电台、《解放日报》《新民晚报》《中国石油报》等媒体进行了集中采访报道。这是公司搬迁上海后,第一次邀请上海媒体走进西气东输。

2010年世博会期间，公司组织"齐心迎世博，绿色动脉行"宣传活动。中央、上海媒体等7家新闻单位深入宁陕管理处采访。活动刊稿件11篇（条），宣传了西气东输为支持绿色世博、保障平安世博所作的贡献，生产一线员工挑战荒漠戈壁、扎根基层场站的默默奉献精神。

2012年5月，西二线广南支干线开工建设，这是中国石油在粤桂之间铺设第一条能源动脉，也是西二线建设的最后一条支干线管道。公司组织开展"广西媒体走进西气东输"采访活动，邀请广西电视台、《广西日报》《南国早报》《当代生活报》《南宁日报》、南宁电视台、《中国石油报》等8家媒体13名记者，前往西二线广南支干线施工现场采访，了解工程建设难点与特点。媒体记者刊发《西气东输福建段建成后，每年可向沿线城市输送300亿立方米天然气》等稿件，记录了中国石油管道天然气输送广西八桂大地的历史性时刻。

2012年7月14日，随着西气东输二线上海支干线的建成投产，西气东输形成了向上海地区多气源供气新格局，这对于提高天然气调峰能力、确保为上海地区安全稳定供气具有重要意义。7月24—29日，公司邀请新华社上海分社、《中国经济时报》《解放日报》、江苏卫视等多家媒体记者实地了解西气东输在保障上海地区供气安全、缓解长三角能源需求紧张状况、保障国家能源动脉安全平稳运行所做的努力。新华社、《中国经济时报》《新民晚报》等多家媒体刊发《西气东输引入四大气源保障多省份供气安全》等新闻消息。

2013年9月3日—10日，公司邀请中央、地方和石油系统媒体14人，亲身感受到西气东输10年来在工程建设、生产运营、市场开发与销售、节能减排、环境保护等方面取得的成就。

2014年，公司以西二线广深支干线投产2周年为契机，以"讲述西气东输故事，传播中国石油声音"为主旨，于10月下旬成功组织了"媒体走进西气东输至西二线广深行"主题外宣活动。

2015年9月，公司组织"气化江苏，温暖万家"主题外宣活动，采取传统媒体和新媒体相结合、新闻发布会和现场采访活动相结合、时效报道和深度报道相结合的方式，有效传递了"中国石油支持'气化江苏'战略""中国石油在江苏建成完备保障体系""江苏省成为天然气利用的'样板'"等信息。

2016年6月27—28日，公司在宁夏银川举办西气东输"绿色能源·新丝路"新闻发布会暨媒体现场采访活动。12月中旬，公司组织了"西三线天然气入闽"新闻采访活动，央视《新闻联播》给予报道。

（三）"冬季保供"宣传活动

天然气冬季保供和交通春运、电力度夏一样是重大民生事件。2006年起，公司开始开展"冬季保供"宣传活动，累积在《工人日报》《中国石油报》等各类媒体刊发稿件60多篇，大力宣传了中国石油为做好冬季天然气保供工作所做的努力。

（四）接受媒体采访

把媒体"请进来"的同时，公司还主动"走出去"。在工程建设时期，公司与中央电视台、石油影视中心合作，利用B-7070号直升机对西气东输工程全线进行航空拍摄，制作了《腾龙八千里》专题纪录片，出版了《西气东输全景图集》。

公司领导先后多次做客电台，接受专访。2003年5月29日，中央电视台"中国新闻"现场直播黄维和总经理与翟光明院士专访。

2007年10月，公司与中央电视台二套"中国财经报道"栏目共同制作电视专题——《天然气如何改写中国能源消费结构》，片长45分钟，分6个短片，从西气东输如何让一家濒临倒闭的企业起死回生，如何让都市灰蒙蒙的天空重现蓝色，谁在捍卫5 800公里管道运营安全，"气"势待发的天然气如何改写中国能源消费结构等几个方面，介绍了西气东输管道投入运行以来的情况，充分展示了中国石油人勇于承担政治责任、社会责任、经济责任的实力和风采,讴歌了中国石油员工不畏艰难困苦、无私奉献的精神风貌。

2008年9月,受东方卫视"走进他们"栏目组邀请,公司总经理黄泽俊做客"东方网嘉宾聊天室"现场,介绍了西气东输工程概况、未来发展规划,以及将会给上海地区带来哪些积极影响,并回答了问题,为宣传西气东输起到了促进作用。

2009年7月,东方卫视"走进他们"栏目组深入西气东输甘肃管理处无人区场站进行深度报道,拍摄制作了《我的小站,我的家》《无人区的日子》2部反映西气东输员工扎根基层、无悔奉献的电视专题片。

2011年5月,中国共产党成立90周年之际,公司协助新疆电视台制作了6集大型纪录片《奋斗》。

2013年1月,公司协助中央电视台科教频道"走进科学"栏目,拍摄制作了上、下2集专题片《国家动脉　超长动脉》,体现西气东输工程10年成就,特别是在科技创新方面的成就,展示天然气替代非清洁能源对减少环境污染,改善生态环境,促进节能减排,提高居民生活品质起到的重要作用。

五、舆情监测与新闻处置

2004年,公司制定突发事件新闻应对预案,定期与公司Ⅲ级应急预案一同组织演练。2010年,公司起草、发布《西气东输管道公司新闻发言人制度》,设立新闻发言人。新闻发言人由公司党委分管业务的党委成员担任。公司对新闻发布工作实行统一管理,由新闻办公室负责归口管理。公司总部各部门及突发事件相关部门要按照职责,配合做好相关工作,确保公司新闻发布工作的有序进行和发布信息的及时准确。

公司结合实际建立了舆情监测研判处置机制:发生重大舆情事件及时向集团公司主管部门、地方新闻宣传主管部门汇报,协同处置;及时处置企业舆情事件,有效降低负面影响;新闻发言人,负责公司新闻发布工作的策划以及新闻发布活动的组织协调;建立完善新闻发布队伍和网络评论员队伍,培训及组织网络评论员队伍开展舆论引导工作。

六、文化宣传成果

(一) 影像类

1. 2004年

7月,西气东输工程片《气贯山河》(中英文版),由与北京典艺文化发展有限公司共同合作拍摄制作。

2. 2007年

1月,反映西气东输一线工程前期勘探开发、工程建设管理的纪实专题片《西气东输》,由公司与北京典艺文化发展有限公司共同合作拍摄制作。

3. 2008年

1月,《难忘2008》,由公司与北京典艺文化发展有限公司共同合作拍摄制作。

7月,中央电视台"中国财经报道"栏目拍摄制作《无人区的故事》,讲述西气东输新疆管理处哈密站和鄯善站员工在无人区工作和生活状况。

10月,西气东输工程环保专题片《绿色动脉》,由公司与银桥国际影视(北京)有限公司共同合作拍摄制作。

12月,《西气东输》2008版宣传片,由公司与北京典艺文化发展有限公司共同合作拍摄制作。

4. 2009年

1月,《西气东输》2009版宣传片,由公司与北京典艺文化发展有限公司共同合作拍摄制作。

5月,冀宁管道工程片《冀宁管道》,由公司与北京典艺文化发展有限公司共同合作拍摄制作。

5月,淮武管道工程片《淮武管道》,由公司与北京典艺文化发展有限公司共同合作拍摄制作。

7月,东方卫视《走进他们》栏目组,赴西气东输甘肃管理处柳园压气站拍摄了《我的站,我的家》电视专题片,反映西气东输青年员工在甘肃无人区工作生活的故事。

9月,《中国盐穴储气第一库》,记录西气东输金坛储气库建设工程,由公司与北京典艺文化发展有限公司共同合作拍摄制作。

12月,西气东输工程片《气贯山河,福泽中华》,由公司与北京典艺文化发展有限公司共同合作拍摄制作。

5. 2010年

1月,《西气东输》2010版宣传片,由公司与北京典艺文化发展有限公司共同合作拍摄制作。

9月,管道保护宣传片《为了万里国脉安宁》,由公司与北京典艺文化发展有限公司共同合作拍摄制作。

6. 2011年

1月,《西气东输》2011年版宣传片,由公司与北京典艺文化发展有限公司共同合作拍摄制作。

7月,《大山里的巡线员》专题片,由西气东输宁陕管理处孙志成拍摄制作,荣获"京煤杯"安全生产电视大赛"专题创作类"优秀奖。

9月,中央电视台"走基层·劳动者"栏目组赴西气东输新疆管理处鄯善站采访站场青年员工在无人区工作、生活的故事,制作了《无人区的坚守者》专题片。

7. 2012年

1月,《西气东输》2012年版宣传片,由公司与北京典艺文化发展有限公司共同合作拍摄制作。

3月,中央电视台科教频道制作播出了《国家动脉、超长气脉》(上、下集)。

9月,西气东输压气站工程建设纪实片《脉动万里气龙》,由公司与北京典艺文化发展有限公司共同合作拍摄制作。

8. 2013年

1月,《西气东输》2013年版宣传片,由公司与北京典艺文化发展有限公司共同合作拍摄制作;

7月,管道保护宣传片《携手保护　能源大动脉》,由公司与北京典艺文化发展有限公司共同合作拍摄制作,荣获全国安全生产电视大赛专题类一等奖。

9. 2014年

1月,《西气东输》2014年版宣传片,由公司与北京典艺文化发展有限公司共同合作拍摄制作;

5月,《常大伟:我的未来不是梦》由公司制作,反映西气东输甘陕管理处高陵站站长常大伟扎根基层,无悔奉献,带领一群平均年龄28岁青年人,为国产20兆瓦级压缩机组研制试验贡献智慧和力量的故事,获集团公司"最美一线石油工人"电视大赛二等奖。

7月,东方卫视拍摄制作《孤岛情缘》,反映西气东输广东管理处大铲岛站站场李明洲,带领站场一群青年员工忍受孤独寂寞、坚守奉献的故事。

8月,《花甲安监员:王师傅》由公司制作,反映了武汉管理处武汉维抢修中心56岁的焊工王慧新师傅在公司2013年技术竞赛中,主动要求为技术比赛提供后勤服务,自愿为参赛年轻人做指导示范的故事,获集团公司"最美一线石油工人"电视大赛三等奖;

8月,《管道线路管理员——卢伟伟》由公司制作,反映了甘陕管理处高陵压气站线路管理员卢伟伟爱岗敬业的故事,获集团公司"最美一线石油公司人"电视大赛二等奖。

9月,《青春与梦想同行》由公司制作,讲述了上海市劳动模范、公司劳动模范,甘陕管理处高陵站站长常大伟,扎根西部,奉献青春,干事创业的故事,获集团公司2014年优秀石油电视大赛二等奖。

10. 2016年

1月,《西气东输》2016年版宣传片,由公司与北京典艺文化发展有限公司共同合作拍摄制作。

集团公司第4届"我为祖国献石油"摄影大赛中,李春英的《快乐的输气工》荣获金奖,蔡鹏的《风雨无阻》、陈明的《雪夜》、吕中瑞的《鏖战》分获银奖。

2016年集团公司好新闻评选活动中,公司吕中瑞的《鏖战》荣获优秀新闻作品A类评选一等奖,陈明的《雪夜》、蔡鹏的《夜战》荣获优秀新闻作品D类评选二等奖,薛萍的《【头七】祭深圳滑坡事故遇难者》荣获新媒体作品三等奖。

(二) 印刷品

1. 2003年

《国脉神州》,由中国经济出版社出版。

2. 2004年

1月,《巨龙腾跃八千里》,由西气东输管道公司党委编印。

10月,《穿越神州　造福中华——中国石油"西气东输"工程书法美术摄影作品集》,由中国石油文联秘书处编印。

3. 2005年

1月,孙晶岩著长篇报告文学《中国动脉》,由中国人民大学出版社出版。

1月,《气贯长虹——西气东输工程建设纪实》,由石油工业出版社出版。

5月,《见证世纪工程——报道西气东输工程获奖新闻作品选》,由中国石油西气东输管道公司党委、中国石油新闻工作者协会联合编印。

12月,《大动脉:福泽万家——西气东输工程投产一周年新闻报道辑选》,由西气东输管道公司党委编印。

是年,中国作家协会编纂《紫气赋——西气东输文学作品选》,收录了陈忠实、熊召政等著名作家赴西气东输工程现场体验生活的文章作品;《中国新丝路——西气东输工程安全纪实》(2002.7.4—2004.12.30)(画册),由新华出版社出版;收录2003年—2005年中央媒体报道西气东输工程建设的新闻作品集《走进西气东输》,由西气东输管道公司党委编印。

4. 2006年

《安全环保又一年——西气东输管道公司2006年专题报道汇编》,记录了公司2006年各项工作成果,由西气东输管道公司党委编印。

5. 2008年

"2008年基层建设"系列丛书:《岁月·历程》《脚步·心声》《创新·创效》《站队·论坛》《责任·感悟》,囊括了基层员工对西气东输、对工作、对责任、对生活的感悟体会。

6. 2009年

作家虞敏华写的《八千里路云和月:行走在西气东输的大地上》,由重庆出版社出版。该书入选"庆祝新中国成立60周年百种重点图书"。

7. 2012年

"2012年基层建设"系列丛书:《站队志选编》《站队论坛》《我与祖国共奋进、与企业同发展》《媒体报道汇编》《安全、环保、责任》,收录了公司2011年基层站队建设、企业文化建设成果,以及2012年中央级地方媒体对西气东输的报道文章。

12月,《西气东输工程志》,由石油工业出版社出版,全面客观地记述了工程建设历程,系统总结了工程建设成就和宝贵的经验。

8. 2013年

"2013年基层建设"系列丛书:《在西气东输的日子里》《站队长论坛》《走近西气东输》,收录了自2012年以来在工程建设、生产运行、安全环保、企业文化建设等方面的工作成果,以及2012年各类媒体对西气东输的报道。

9. 2014年

"奋斗成就梦想"系列丛书:《学习习近平系列重要讲话精神》《媒体走进西气东输》《"奋斗成就梦想"文集》《"青春建功中国梦"演讲、辩论赛集萃》《站队长论坛》《2014工会工作调研成果集》,记录了公司2013年思想政治学习和工会、共青团的工作成果,同时收录了公司开展的"奋斗成就梦想"征文活动中征集的优秀作品,以及媒体走近西气东输活动期间记者采写的报道。

10. 2015年

《"三严三实"专题教育学习研讨资料汇编》《走进西气东输——媒体采访系列报道》《"重塑中国石油良好形象"征文、演讲集萃》《站队长论坛》,充分总结公司2015年党的建设、企业文化建设、新闻宣传工作、群团工作亮点。

公司制作西气东输专刊画册《大国脉》。

11. 2016年

"基层建设系列丛书":《安康杯主题辩论赛集锦》《媒体走进西气东输2016》《西气东输故事荟2016》《第九届站队长论坛文集》。

第五节 文体活动

西气东输工程建设期间,在万里管道沿线信息沟通难、交通不方便、社会依托差的情况下,集团公司一方面号召各参建单位,组织动员职工利用施工间隙开展群众性文化娱乐活动;另一方面组织艺术团赴前线慰问演出,开展各类文体活动,讴歌了西气东输工程辉煌业绩的同时,使参建职工在精神上受到了鼓舞。

进入生产运营阶段后,公司工会以基层站队为单元,以小型多样为主要方式,扎实推进"安全和谐"系列文体活动,为公司健康和谐发展注入生机和活力。

(一)文化活动

1. 征文活动

2006年8月初,组织开展了"安全环保在西气东输"征文比赛,征集到作品50余篇,并在获奖作品中挑选了20篇,结集成《安全环保又一年》一书。

2007年10月,组织开展了"安全环保在西气东输"征文比赛。

2007年6月中旬—7月底,开展了"企业文化大家谈"征文活动,围绕西气东输企业文化建设主题,征集员工个人观点。

2008年3—9月,组织开展了以"在岗位奉献、保安全供气、为奥运争光"为主题的读书征文活动。

2008年9月18日,组织开展了"西气东输投产5周年"征文活动,并在《中国石油报》专版集中刊发了16名员工的13篇稿件。

2010年3—10月,举办了"西气东输十年回眸"专题征文活动,累计收到征文42篇。

2011年3—10月,举办了"身边的共产党员"征文比赛活动,隆重纪念中国共产党成立90周年,累计收到征文45篇。

2013年4—7月,为纪念西气东输管道投产运行10周年,组织开展了"在西气东输的日子里"征文活动,共征集到作品152篇。

2014年5—12月,组织开展了"奋斗成就梦想"主题征文活动,共收到稿件108篇。

2. 摄影大赛

2007年4—10月,举办了以安全环保为主题的摄影比赛。

2009年8—11月,举办了以"和谐家园"为主题的摄影大赛活动。

2010年7—11月,举办了以"西气东输沿线风光"为主题的摄影大赛,收集作品160余幅。

2011年4—11月,举办了"人物·瞬间"摄影大赛活动,收集图片作品160余幅。

2012年3—11月,举办了"美丽的家乡"摄影大赛,征集到摄影作品260余幅。

2013年3—11月,为纪念西气东输管道投产运行10周年,组织开展了"最美管道人"主题视频作品比赛活动收到报送摄影作品170余幅。

2014年3—11月,组织开展了以"我们的美好生活"为主题的摄影作品比赛活动。收到参赛摄影作品300余幅。

3. 视频大赛

2007年4—10月,举办了以安全环保为主题的DV比赛。

2010年10—12月,举办了"站场一日"视频大赛,共征集到37件作品。

2011年4—11月,举办了"身边的感动"视频大赛活动,收集视频作品48个。

2012年3—11月,举办了"我爱我家"视频大赛活动,征集视频作品48件。

2013年3—11月,为纪念西气东输管道投产运行10周年,组织开展了"最美管道人"主题摄影作品比赛活动,收到报送了视频作品51部。

2014年3—11月,组织开展了以"我们的美好生活"为主题的视频作品比赛活动,收到报送了视频作品43部。

4. 歌咏比赛

为庆祝中华人民共和国成立60周年和大庆油田发现50周年,公司在全线组织开展了唱响"我为祖国献石油"主旋律歌咏比赛活动。活动自2009年7月上旬启动,9月底结束,历时近3个月,收到14个部门上报的参赛影音作品,共演唱歌曲53首。

2011年4月15日—6月30日,为纪念中国共产党成立90周年,公司组织开展"爱党爱国爱石油"唱红歌活动。活动结合公司第7届员工运动会,以部门为单位组成文体代表队,在运动会期间组织歌咏活动。

2015年,开展女工"健康、进步、和谐"主题活动,丰富女工业余生活。组织开展"抗战歌曲大家唱"主题纪念歌会展演。

5. 其他活动

2007年4月26日,公司团委组织公司在沪未婚青年员工与上海管网公司、华东石油化工等单位的未婚青年员工开展鹊桥联谊活动。

2009年"三八"前夕,公司总部组织"阳光心态、健康人生"健康主题讲座,并赴基层站队巡回讲座。

2009年4月22日、25日,公司工会办公室在上海东方绿舟组织总部员工开展趣味拓展活动。

2013年5月3日,苏浙沪管理处在南京白马伊甸园为9对新人举行了以"TEN"(10年)为主题的集体婚礼。

2014年12月4日,公司总部工会向总部全体员工发出倡议:共同参与"每日万步走·健康你拥有"活动。

(二) 体育活动

1. 公司运动会

自2005年以来,公司连续举办12届公司运动会。选拔运动员注重面向基层站队、面向一线员工。项目设置既有乒乓球、羽毛球小球项目,又有趣味运动项目,不断增强运动会的趣味性和群众性。公司运动会激发和增强了员工的拼搏精神和团结协作意识,彰显公司"以人为本、构建和谐、科学工作、健康生活"的理念,为公司健康和谐发展注入生机和活力。

第1届员工运动会:2005年7月25日,在北京举办,共19支队伍、78名运动员参加。比赛项目为乒乓球。

第2届员工运动会:2005年9月6—8日,在河南郑州举办,共16支队伍、77名运动员参加。比赛项目为羽毛球。

第3届员工运动会:2006年6月17—19日,在山西太原举办,共18支队伍、76名运动员参加。比赛项目为乒乓球。

第4届员工运动会:2006年11月9—11日,在山东济南举办,共24支队伍、134名运动员参加。比赛项目为羽毛球。

第5届员工运动会:2009年7月10—11日,在宁夏银川举办,共14支队伍、69名运动员参加。

第6届员工运动会:2010年10月12—13日,在上海东方绿舟举办,共有15支队伍、60名运动员。

第7届员工运动会:2011年6月16日,在西安市举办,来自公司19个代表队的95名选手参加了羽毛球比赛、趣味竞技等项目的比赛。

第8届员工运动会:2012年6月18日,在厦门落下帷幕。为期2天。

第9届员工运动会:2013年5月9日—10日,在镇江市举办,来自公司总部和各派出机构的19支代表队95名运动员参加。

第10届员工运动会:2014年5月22—24日,在广西南宁举办,来自公司总部和各地区单位的17支代表队85名运动员参加。

第11届员工运动会:2015年5月21—22日,在厦门市举办,共有19家单位95名运动员参赛。

第12届员工运动会:2016年5月26—27日,在武汉举办,各二级单位的19支代表队参加了比赛,共设乒乓球团体赛和拓展竞技团体赛2大类项目。

2. 其他体育活动

从2002年5月开始,公司工会深入开展"安全和谐"文体系列活动。公司工会采取了以基层站队为单元,以小型多样为主要方式,开展爬山、拔河、棋牌比赛等活动。2005年7月,公司工会开展了以乒乓球、羽毛球、桌球3个小球为主要项目的"安全和谐"系列文体活动,倡导"周周有活动,月月有比赛,全年不断线",基本实现站队每名员工掌握2种以上健身方法、每天参加1次以上体育健身活动。

2015年,公司开展员工"健步走"比赛活动,并在集团公司首届全国石油职工健步走网络公开赛中,公司荣获团体第二名。

第六篇

企业管理（下）

在公司的管理体系中，人力资源、财务、物资采办、行政综合事务以及质量健康安全环境等管理内容属于企业基础管理部分。

西气东输工程项目经理部成立后，最初机关部门涉及基础管理的仅有经理办公室，另有财务与计划合为一处。2001年4月，西气东输工程项目经理部更名为西气东输管道分公司后，机关部门按职能和业务重新确定调整，涉及基础管理的部门，除总经理办公室外，又新增人事处、采办处和质量安全环保处。2004年2月，公司调整机构设置，基础管理部门最大的变化是将财务工作从原来的财务规划处分离出来，单设财务处。此后，机关处室的数量与职能根据公司业务的实际需要又有多次调整。截至2016年12月，公司办公室（党委办公室）、人事处（党委组织部）、财务处、质量安全环保处与物资管理处等部门组成了公司企业管理体系中的基础管理部分。

管理机关部门的不断调整，反映出公司管理日趋规范。公司始终坚持扁平化的一级管理体制，在人力资源管理方面，严格贯彻集团公司"三控制一规范"工作的总体部署，着力控制用工规模和用工成本，加强员工素质和能力的提升，加大人才队伍建设和人才引进力度，逐步树立了大工种、大专业的人力资源管理理念，形成了以"一专多能""一岗多责"为特色的新型员工队伍；在财务管理方面，实行"一个全面，三个集中""收支两条线"的预算与资金管理方式、统一核算与分级管理相结合的固定资产管理方式，以及全员管理、全过程的精细化管理，按照可控性原则建立与健全从公司到各个责任部门的成本控制体系，全方位保证企业的资金资产安全和成本的有效控制；在物资采办方面，注重借鉴国内外重大工程建设项目物资采购的经验，形成了"大工程、小业主"的市场化运作方式，不断规范物资采办的程序和标准，保障了物资采办工作始终在阳光下运行；在行政综合事务方面，切实发挥承上启下、协调各方的功能；在质量健康安全环保方面，逐步形成了全面的、独特的"QHSE管理"体系，对保障工程质量、员工健康、安全生产和生态环保等工作发挥积极作用。

第一章
人 力 资 源

人力资源是战略性资源,是企业生存和发展的主体,事关企业持续稳健发展。公司自组建以来,通过"人才强企"战略,不断提升企业核心竞争力。人事处(党委组织部)是公司人力资源主管部门,严格执行集团公司"三控制一规范"工作要求,围绕公司发展战略和年度工作重点,结合管控模式和生产组织模式调整,强化夯实劳动组织、干部管理、薪酬绩效、员工培训、技能鉴定和员工队伍建设等工作,努力为公司有质量有效益可持续发展提供人力资源保证。

公司坚守"以人为本"的理念,以提升员工队伍素质为抓手,坚持走精干高效的发展之路,企业经营效益稳中有升。2010年—2015年,公司企业增加值由129.07亿元增长到188.96亿元,增长46.4%;劳动生产率由389.11万元/人增长到525.91万元/人,增长35.2%;人均营业收入由1 214.19万元增长到2 973.61万元,增长144.9%;人均利润由274.01万元增长到369.43万元,增长34.8%;人工成本利润率由1 846.64%增长到2 108.31%,增长14.2%。

第一节 机 构 设 置

2000年3月—2001年4月,西气东输工程项目经理部时期,公司刚刚组建并处于工程建设前期,未单设人力资源管理部门,劳动组织、干部管理、领导班子建设、党的建设等组织人事工作暂由办公室负责。

2001年4月,股份公司批复同意设立人事处,负责公司组织人事工作。8月,公司明确机构设置和部门主要职责,人事处(党委组织部)负责公司领导班子建设、党组织建设、人才队伍建设、劳动组织和用工管理、业绩考核和薪酬分配、员工培训及工会等工作。同月,公司成立住房制度改革领导小组,领导小组办公室设在人事处,负责公司住房制度改革日常工作。

2002年11月,公司人事处(党委组织部)设人事(组织)科、劳资科等2个科室。

2003年2月,公司成立工会委员会,工会办公室设在人事处,与人事处合署办公。7月,人事处增设综合科。

2004年2月,公司推行扁平化管理,人事处(党委组织部)主要负责公司干部管理,机构设置、人员编制和调配管理,人事管理,员工培训管理,员工执业资格和职称评审管理,薪酬管理,员工劳动保险和福利管理,党的基层组织建设,公司工会和职代会等工作。

2005年1月,公司住房制度改革领导小组办公室,独立办公不再附设在人事处。

2006年9月,工会办公室不再与人事处合署办公,其职能划入企业文化处,办公地点设在企业文化处。

2007年5月,公司成立培训中心,列为人事处附属单位,主要负责公司培训管理工作。6月,公司决定在两级机关部门内部重新明确科室设置,人事处(党委组织部)设干部(组织)科、调配科、工资保险科3个科室,培训中心设综合科。

2008年4月,人事处增设综合科,调配科更名为劳动力管理科。

2012年9月,公司成立职业技能鉴定中心,列为人事处附属单位,与培训中心合署办公,主要负责组织公司员工职业技能鉴定、鉴定考证员队伍管理,组织鉴定题库开发管理和技能竞赛等工作,下设技能鉴定科。

2013年6月,公司调整部分部门职责,人事处住房公积金管理职能调整到企管法规处。

2015年6月,公司再次调整机关科室设置,人事处(党委组织部)设干部科、组织科、劳动组织科、工资科4个科室,附属机构培训中心(职业技能鉴定中心)设培训科、技能鉴定科2个科室。

第二节 劳动组织

一、管控模式

公司推行扁平化管理,实行一级管理体制。总部设职能部门,负责公司运营管理工作;设市场开发与销售部,负责公司市场与销售工作;管道沿线设派出机构,按照授权负责辖区内安全生产工作。公司经营管理决策权集中在总部机关,派出机构主要负责现场执行,有效减少派出机构机关人员配置。通过压缩管理层级,缩短业务流程,公司确保了政策的统一性。扁平化管理对处于高速发展期的公司提高工作效率发挥了极大的促进作用。

2015年4月,公司启动管控模式优化工作,将管控模式由一级管控模式调整为战略型管控模式,理清两级机关集中管理和分权管理的工作界面,实施总部机关和所属单位两级管理。

管控模式调整为两级管理后,公司对两级机关机构设置进行调整,组织开展了简政放权工作。结合总部机关和所属单位的适应性和胜任能力,公司分2个批次梳理下放管理和审批权限事项共计34项,同时完善制度流程工作,制修订管理制度32个。通过开展简政放权,公司理清了总部机关与所属单位管理职能和权限界面,减少了总部机关事务性工作,优化了审批环节,缩短了管理链条和审批周期,工作效率显著提高;同时落实所属单位安全生产的主体责任,有效发挥了所属单位的主观能动性,释放了管理的动力和活力。

二、机构编制

公司劳动用工采用一级管控模式,狠抓机构编制管理,持续强化劳动定员管理,对新增机构及编制实行报批制度,对定员标准开展精细化管理,通过严格控制机构设置和用工规模,不断提升组织机构和用工管理水平,增强人力资源管理对公司业务发展的协同效应。

公司劳动用工做到四个"一",即按照一个标准(《管道运营企业基层站队劳动定员》标准)确定用工需求,坚持一个部门(人事处)归口管理用工计划,通过一个会议(总经理办公会)研究决定年度用工计划和招聘计划,通过一个系统(ERP人力资源管理信息系统)进行员工调配。

为规范用工流程,理顺部门和职数设置审批权限,公司制定《西气东输管道分公司机构编制管理办法》,明确规定部门和职数设置的审批权限,严格执行机构审批流程。公司机关部门及附属机构、二级单位按照股份公司人事部机构设置批复文件进行设置；处级机构和处级职数设置由公司总经理办公会议确定，上报股份公司人事部审批；科级机构及科级职数设置，由人事处审批。

结合公司在不同发展时期管理工作需要，充分考虑派出机构管理幅度、生产规模和地域特点等要素，公司统一对派出机构用工情况进行差异化分析，制定派出机构机关科室设置、定员编制标准和基层站队设置、定员编制标准，合理配置派出机构人力资源，使员工队伍精干高效、保障有力，避免互相攀比，从源头上严格控制用工增长。同时，加强定员跟踪调整管理，及时对各部门机构设置和定员编制进行优化调整，确保定员标准适应管理要素的变化，满足公司安全生产和高效发展的需要。

公司创新优化定员编制管理方式，强化大岗位、大专业、大工种建设。公司采取"一人多岗、一专多能"的岗位编制管理原则，坚持岗编匹配，实现用人精干高效。根据完善后的岗位设置，公司建立岗位管理基础体系，编制岗位说明书，规范岗位名称、职责、权限、绩效指标等。在安全受控前提下，公司缩减部门定员编制，降低站场用工人数，使公司劳动定员较集团公司管道运营企业标准减少近30%，大大提高了企业劳动生产率。

三、生产组织

公司管理的天然气长输管道横跨16个省份和香港特别行政区，下游用户300余家，地域范围分布广，站点间隔距离长，很多基层站队地处偏远地区。公司的各项经营管理中都受这种跨度和难度的影响。为降低客观条件对公司安全生产的影响，公司极其重视对一线站队的管理，不断创新生产现场管理模式。

2003年西气东输一线东段管道建成试运后，公司加快了生产现场信息化建设进程，通过不断完善生产流程自动控制系统，用科技手段替代人工操作值守，简化工艺流程，有效降低岗位安全风险，提高系统运行的稳定性和可靠性。

公司成立初期，管道巡护采用完全外委的管理模式。为强化管道安全管理，自2009年起，公司实施"站管线"模式，由原来的外部巡护队管理管道线路模式调整为由场站自行管理管道线路模式。管护模式的调整，增强了管道安全自我防护的意识和能力，减少了管道保护管理的中间环节，有效利用了各种资源，确保了管道本质安全，光缆故障率逐年降低，公司管道保护水平明显提升。

在生产现场值班方式上，2011年前，公司站场运行实行24小时值班制。2011年后，公司逐步推行"集中巡检"，实行白天值班、夜间待班、白天联合巡检、夜间重点巡检的巡检机制，站场工作人员实行每天8小时工作制，夜间实行应急值班；分输站实行单岗制，压气站实行3人在岗制；应急值班期间，指定1人负责接收应急信息并负责牵头处置应急工况。此外，公司还通过计算机信息网络，实现了基层站场与上海生产调度中心对设备设施异常状态的两级监视。

第三节 人员调配

一、用工结构

公司目前用工结构主要有合同制员工、市场化用工、运行劳务人员、借聘人员和劳务派遣人员5种用工形式。

(一) 优质人才引进

西气东输工程项目经理部时期,公司管理人员主要来自石油系统内部。随着公司快速发展,石油系统内部调配已不能满足这种高速发展需要。根据股份公司"原则上关键管理和技术岗位使用合同制员工,非关键岗位使用市场化用工"的用工要求,公司通过招聘方式,自主开展用工招聘工作,着力引进优质人才。2006年起始,公司以石油院校及"211工程"院校的石油专业和压缩机等主体专业为主,引进专业对口、学有专长的合同制应届毕业生,充实到公司各专业技术岗位。同时,为发挥属地化员工优势,公司开始招聘市场化用工,基本条件为大专及以上学历应届毕业生,岗位以技能操作岗为主。对于地质、造价、财务等专业性较强的岗位,公司则采用在石油系统内部招聘方式,调入人才。

(二) 系统内人力资源利用

根据西气东输一线工程施工进度和后期公司运营的需要,自2003年起,公司与股份公司管道分公司签订劳务合同,采用运行劳务方式输入人员,负责站队投产及生产运行工作。2006年之后,公司又先后从管道局、华北油田采油二厂、玉门油田、塔西南勘探开发公司等单位引进运行劳务人员。2011年,公司从华北友信劳务有限公司引进运行劳务人员。截至2016年年底,公司累计从石油系统内部输入劳务用工1 000余人次。

(三) 非主营业务用工

2006年,公司开始对非主营业务用工采取劳务派遣、服务外包、非全日制用工3种方式,以规范用工,降低人工成本。汽车驾驶员、仓库保管员岗位使用劳务派遣用工;厨师、服务员、保安等工作种类采用服务外包模式;阀室值守员、巡护员使用非全日制用工。2016年,公司对非主营业务用工进一步规范,组织劳务派遣协议到期单位业务转服务外包工作,确保依法合规用工。

二、员工调配管理

(一) 人才引进管理

公司建立以需求为前提,以市场为导向,以素质为根本的人力资源配置机制。结合岗位胜任力模型,公司确定人才引进程序和标准,立足于优化队伍结构,平衡人才需求,采取引进专业对口、学有专长的应届毕业生,系统内公开招聘、劳务输入等方式引进专业技术人才,为公司提供优质人力资源。10余年来,公司共引进合同制大学毕业生620余人,市场化大学毕业生1 450余人,石油系统内选调200余人,系统内劳务输入1 000余人,为公司快速发展提供人力资源保障。

(二) 员工企业内部流动

为保证人力资源调配科学、有序、规范,公司先后制定《员工调配管理办法》《机关部门岗位缺员竞聘管理办法》等,规范选人用人标准,明确相关流程。公司会及时发布人才需求信息,采取个人申请、公开竞聘、组织调配等方式,以促进员工在企业内部合理流动,确保新建站场储备人才的调整有序,进一步满足公司生产运行工作需求。截至2016年底,公司共完成内部交流1 000余人次,实现了人力资源的优化配置,确保用工总量与生产规模、人员素质与岗位要求相适应。

(三) 用工量控制

根据业务发展规划,公司科学预测用工需求,充分挖掘现有人力资源潜力,运用科学调配和预控手段,确保人才合理有序流动。按照"精干高效"原则,结合技术进步和管理创新,公司研究制订用工需求计划、人员配置和招聘方案,按照工程进度,精打细算控制用工总量过快增长,科学合理减少新增业务用工。

第二章 财务管理

公司严格按照股份公司关于"一个全面、三个集中"和资金收支两条线的财务管理要求,组织开展各项财务工作。随着各阶段工作重点的不同,公司逐步健全完善预算管理、资产管理、资金管理、价税管理、销售与结算财务管理、工程财务管理的各项规章制度,夯实会计基础工作,加强内部控制管理,认真进行财务筹划,有效控制财务风险,保证了公司生产运行和工程建设所需同时,圆满完成了历年股份公司下达的各项财务绩效考核指标,为公司战略目标的实现发挥了应有作用。

公司财务工作采取了高度集中的财务管理模式,实行管道公司与销售公司分账核算,各地区管理处及项目部的财务人员全部为公司财务处派驻人员,由公司财务处直接管理,使用中油财务信息系统进行会计核算等有关财务信息的生成。在预算工作方面,公司设立了预算管理委员会,作为公司预算管理议事决策最高机构,管理委员会设有办公室,日常事务归口财务处负责;此外,各地区管理处也设立预算管理小组。在资金管理方面,公司在执行股份公司"收支两条线"的基本制度和封闭结算账户制度的基础上,不断加大清欠资金的力度,逐步取消现金支付手段。在资产管理方面,公司不断加强管理的要求,调整资产管理模式,确保资产的安全完整,提高资产使用效益。在成本管理方面,公司从实际出发设计了一套符合自身工作特性的成本控制体系,使成本费用支出得到了有效合理管控,确保了安全生产平稳运营所需。在价格管理方面,公司严格执行国家有关天然气销售价格和管输价格政策,保证了国家和集团公司、股份公司价格政策的有效执行,在服务好用户的同时充分维护了公司的合法利益。在税收管理工作方面,公司秉承积极筹划,依法纳税,有效控制涉税风险的有关要求,开展税收管理工作,积极应对"营改增"对公司的影响,加强对各税种的管理,努力做好涉税风险评估和自查工作,有效降低涉税风险。在财务新信息化方面,公司保证了 AMIS 固定资产管理系统、FMIS 7.0 系统、ERP 系统、FMIS 7.0 系统与 ERP 系统融合系统,以及财务集中报销系统、资金管理系统等其他子系统的上线运行,加强财务信息系统安全管理,财务信息化水平得到提升。

第一节 机构设置

2000 年 3 月,西气东输项目经理部设立计划财务处,主要负责项目部的计划和财务工作。

2001 年 8 月,计划财务处设计划科、预算成本科、价格与税务科、会计科 4 个科室。2002 年 7 月,公司将财务职能单独划出,批准成立财务处,下设会计科、预算科、价税科、材料科 4 个科室。

2007 年 6 月,财务处设资金结算科、会计费用科、预算成本科、投资核算科、资产科 5 个科室。

2010 年 6 月,财务处增设销售结算与税价科。2011 年 12 月,会计费用科更名为会计信息科,资产科更名为资产与综合科。

2015年4月,市场开发与销售部设财务科,原财务处销售结算与税价科的销售结算业务职责划给市场开发与销售部财务科。2015年6月,公司财务处设预算成本科、资金科、会计信息科、投资核算科、结算与价税科、资产科等6个科室。2015年7月,公司各所属管理处设财务科。

2016年3月,财务处撤销资产科、投资核算科,成立资产与投资核算科;以原资产科的财务稽查职能为主,成立稽查科。截至2016年底,财务处下设资产与投资核算科、资金科、结算与价税科、预算成本科、稽查科、会计信息科6个科室。

第二节 预算管理

预算管理是指根据公司战略目标和发展规划,结合集团(股份)公司下达的预算目标,以价值为导向,统筹配置内部资源,科学合理地确定公司及所属单位、部门的生产经营目标和业绩指标,并进行控制、考核监督和奖惩的管理活动,包括预算的编制、审批、分解、执行、调整、分析控制、考核监督等管理过程。

一、预算管理架构

公司的预算管理工作,建立了以对标管理和投资薪酬效益一体化、费用标准化为主要决策机制,以年度预算、季度预算和月度盈利预测为主要方式,以信息化管理平台为技术支撑的综合管理系统,实行全员、全过程的全面预算管理,一切财务收支均纳入预算管理,杜绝预算外支出。

公司设立预算管理委员会。预算管理委员会是公司预算管理议事决策最高机构,其成员由公司党政领导班子成员、总经理助理、副总工程师等组成,公司总经理担任预算管理委员会主任,总会计师担任预算管理委员会副主任,主要职责:全面负责公司预算管理工作,审查并批准公司各项预算管理制度;审查批准公司各项预算,协调预算执行过程中出现的重大问题,监督检查公司预算执行,督促预算目标的实现;审批应由预算委员会批准的合同授权资金申请;审批公司年度财务报告;审批公司重大经济事项等。

公司预算管理委员会下设办公室,负责预算管理委员会日常工作,设在财务处,办公室主任由财务处处长担任,主要职责:研究提出公司预算管理办法和预算管理委员会工作制度,组织公司三年滚动建议预算、年度建议预算、季度预算等方案的编制,组织年度预算分解下达,跟踪并监督预算执行,定期组织预算执行情况分析,适时提出改进措施及建议,汇总并提出年度预算调整方案,根据需要提议召开预算管理委员会所有专题会议事项并出具会议纪要,承担公司预算管理委员会交付的其他日常工作。

各地区管理处设立预算管理小组,负责本部门的预算管理工作,由管理处领导班子成员组成,管理处第一负责人为预算管理小组组长,财务处派驻主管财务人员负责预算管理小组的日常管理工作。

公司各部门为业务预算责任部门,负责与预算管理委员会办公室配合完成公司预算的编制与调整工作,并按照工作分工完成下达给本部门的预算执行工作。

预算编制主要分为预算启动、部门编报、总部匡算、上报对接、预算确定、预算分解和预算下达7个阶段。每年9月中下旬,公司预算管理委员会办公室根据集团(股份)公司财务部、天然气与管道分公司关于下年度预算编制的统一部署,启动下年度预算编制工作。相关业务预算责任部门根据公司编制年度建议预算的相关通知中明确的原则和参数,编制所负责业务的建议预算。预算管理委员会办公室综合平衡后,确定公司预算草案和主要财务预算目标,经审批后上报专业公司进行预算对接。预算委员会办公室根据专业公司下达的年度预算,结合各责任部门提出的业务预算草案,依据公司各项预算标准、定额、可控性等因素进行分解和综合平衡,并与总部各相关职能部门、各地区管理处等进行充分沟通协调,将预算落到实处,在此基础上提出公司年度执行预算草案,提交预算管理委员会审批。年度执行预算经公司预算管理委员会批准后,下达给各部门执行,并将其作为对各部门业绩考核依据。

公司预算管理重视预算执行的过程控制,通过资金授权管理、费用支出合同化管理等手段控制预算执行。凡是没有落实预算的支出一律不予结算或付款。

公司实行预算执行分析与报告制度。预算管理委员会办公室对预算的执行情况进行跟踪,组织对预算执行情况进行分析,在与各责任部门沟通基础上按规定时间向公司或上级有关部门提出分析报告,阐述预算执行情况,分析存在问题,提出相应对策和建议。预算分析按月度、季度、年度进行,如发生重大事项或根据需要将进行专项分析。

公司建立以财务指标为主的预算考核体系,通过季度预考核和年度考核,对各部门预算执行情况进行综合评价。

2016年,公司颁布三重一大议事规则,原由公司预算管理委员会负责审批的事项转为公司总经理办公会审批,公司管理预算委员会仅听取公司公司年度预算安排和财务预决算情况的报告。

二、预算管理制度

公司组建之初即制定了《中国石油西气东输管道公司预算管理办法》。2010年,公司对该办法进行了修订,修订的内容主要包括:明确公司所属分公司成立预算管理委员会、地区管理处成立预算管理小组负责本单位的预算管理工作;根据业务变化补充完善预算管理的内容与范围、预算管理程序、预算调整的要求等内容;增加与完善损益预算、资本性支出预算、安全生产费用预算、库存物资储备预算、资金预算等分预算管理要求。2015年,公司再次修订预算管理办法,主要包括明确和完善管理处预算管理机构、更新安全生产费用管理要求、修改资本性支出预算中关于投资项目取消和终止管理等内容。

第三节 资 金 管 理

公司资金管理实行"收支两条线",总部开立收入账户、支出账户、封闭结算账户,各管理处、项目部开立支出账户。公司账户由总部财务处统一进行开立。各管理处、项目部账户开立统一由总部向股份公司进行申请、由总部财务人员亲自到管理处当地银行办理开户手续;待在银行办理完毕后,由公司总部财务人员移交给管理处财务人员;账户开立、变更、撤销全部由总部机关财务人员在系统上进行,不由管理处财务人员进行操作。每个管理处、项目部账户开立一个支出限额账户,该账户收入款项由公司总部账户拨入,支出是各个管理处、项目部资金支出,每周末如果账户资金超过限额,就自行上转到公司收入账户。为加强资金管控力度,规避资金风险,公司在执行银行透支管理后,每日对各个管理处、项目部进行资金上收、下拨核算工作,保证管理处、项目部银行账户余额为零。通过资金集中管理,降低资金安全风险,优化资金使用。公司收入账户的资金当天自动上转到股份公司公司账户。公司下属各地区管理处、项目部对本部门账户进行银行对账,保证账实相符。

一、资金结算

公司实行封闭结算账户制度,2004年开立结算账户,进行了第一次封闭结算工作。通过封闭结算系统,集团公司内部单位间资金结算工作效率大为提高,减少了资金成本和内部单位之间的往来挂账情况。

2010年12月,为进一步规范账户管理、资金计划管理、资金审批权限、审批要求、审批流程,有效防控资金风险,财务处对资金管理制度进行梳理,全面修订完善了相关资金管理制度,具体有《中国石油西气东输管道(销售)公司资金管理暂行办法》《中国石油西气东输管道(销售)公司资金计划管理实施细则》《中国石油西气东输管道(销售)公司银行账户实施细则》《中国石油西气东输管道(销售)公司票据管理实施细则》《中国石油西气东输管道(销售)公司往来款项实施细则》《中国石油西气东输管道(销售)公司资金安全管理实施细则》《中国石油西气东输管道(销售)公司突发事件应急资金管理暂行规定》《中国石油西气东输管道(销售)公司财务重要事项报告管理暂行规定》等。

在天然气市场销售方面,公司执行"照付不议"销售合同规定,向下游用户结算天然气价款和管输费,及时回笼货币资金。同时,公司还通过加强用户资信管理,建立与供气单位和下游用户的定期沟通机制,做好预收款和银行保函管理等工作,理顺各方结算关系,有效防范销售资金风险,确保结算工作顺利畅通。

二、资金清算

资金清算方面,在每年年初股份公司下达清欠指标前,公司财务部门参照往年完成情况,先对清欠指标进行测算;待股份公司下达清欠指标后,按照股份公司清欠指标和要求,对清欠指标进行分解,制定公司清欠指标,下达给公司各责任部门。公司确立主管领导清欠负责制度,通过内部协调细化,明确具体的清欠职责与分工。在清欠指标执行过程中,公司每月对以前一年度应收回款项对照指标进行检查分析,对大额时间较长无动态的应收回款项,及时督促业务部门制订清欠计划,并在规定时间内完成。2012年第三季度开始,公司财务部门每季度发布《往来清欠简报》,对季度清欠指标完成及控制情况详细分析,对完成指标较好的责任部门提出表扬,对迟迟不能收回款项的责任部门点名批评。

资金支付方面,公司注重改革付款方式,提高资金支付效率。按照股份公司资金集中持续深化、精细化管理不断推进、有效实现资金安全高效运行的要求,公司在2006年5月正式取消了现金付款方式,改用POS机对个人进行付款报销工作。2007年4月,公司全面开始启用网上报销管理。2013年1月,公司全面实行集中报销管理。2012年9月,公司总部正式启用了银企直连付款业务。2013年8月,银企直连付款业务正式推广到公司各派出机构及分公司。

三、资金计划与监控

2012年1月,财务处开始对公司整体资金管理监控情况进行月度分析,形成资金管理情况简报,通过汇总当月公司资金执行情况,及时发现问题,并对问题提出相应整改措施。此外,财务处定期汇总各个管理处、项目部每日银行现金流量,并对现金流量进行分析,掌握公司资金动向及资金流量概况。

对长宁、华中分公司拨付使用的资金占用及上存资金情况,采取进行精确计算财务费用方式;季末,汇总分公司每日使用资金的计息金额,真实还原各分公司资金利息费用,为公司年度预算考核做好前期准备工作。

编制资金计划方面,2011年6月起,公司利用股份公司资金管理平台,编制资金计划上报和执行资金支付,实现了按预算、按项目、要素控制支出,保证了资金计划的规范化、制度化和有效性,满足了公司实现预算目标的资金需求。同时,公司还非常重视做好资金计划上报前检查、使用情况追踪、资金计划调剂等工作。资金计划能够直接反映出公司正常经营情况和工作总体情况,在编制资金计划时,财务处与生产、市场开放等部门进行事前沟通,合理安排公司资金支付。对资金使用情况及时进行监控,财务处按照上报的资金计划进行对比分析,特别关注月末最后一周的资金计划的申请,提高资金使用率。对于资金计划执行情况进行跟踪检查,财务处明确资金计划的严肃性,严格管控。公司对各管理处、项目部、机关各部门的月度资金计划、周资金计划进行相互间调剂,及时与银行落实各分公司、各管理处、项目部透支账户的透支额度,保证各部门正常资金使用和生产经营活动正常开展。

第四节 资产管理

财务处是公司资产的归口管理部门,负责公司固定资产价值形态的管理,对固定资产管理实行财务监督。公司严格执行《中国石油天然气股份有限公司固定资产管理办法》,对固定资产实行统一核算与分级管理相结合的方式。

一、资产管理模式

公司财务部门以中国石油财务管理信息系统 AMIS 7.0 资产管理信息系统为平台,对固定资产、无形资产实施统一账务管理;资产使用部门负责资产实物管理,各部门配备兼职的资产管理人员负责实物资产的管理工作,负责建立实物台账和资产卡片,对其分布情况、性能、完好率、利用率等具体管理,做到账、卡、实物相符。公司管道资产管理采取按区域集中管理模式,实行同区域、跨线路集中管理。各部门按站场、维修队细化 AMIS 系统资产所在单位,落实站队实物资产的保管责任,并严格执行公司内部资产调拨手续,财务部门与实物管理部门加强沟通,做到实物资产与账面价值同步变动。

二、资产管理制度

公司历年制定或修订的相关资产管理办法如下:

2005 年,《中国石油西气东输管道公司固定资产管理办法》《中国石油西气东输管道公司无形资产管理办法》《中国石油西气东输管道(销售)公司资产减值准备计提、确认、核算及管理办法实施细则》。

2010 年,《中国石油西气东输管道公司无形资产管理办法》《西气东输管道(销售)公司资产报废管理细则》《西气东输管道(销售)公司资产处置管理细则》。

2012 年,《西气东输管道公司备用固定资产实物管理办法》《西气东输管道(销售)公司资产减值管理暂行办法》。

2013 年,《中国石油西气东输管道(销售)公司无形资产管理暂行办法》。

2014 年,公司对已有管理办法进行了全面调整,修订的管理办法有《中国石油西气东输管道(销售)公司固定资产管理暂行办法》《中国石油西气东输管道(销售)公司资产报废管理细则》《中国石油西气东输管道(销售)公司资产处置管理细则》;新制定的有:《中国石油西气东输管道(销售)公司资产的更新改造管理实施细则》《中国石油西气东输管道(销售)公司转资管理实施细则》《中国石油西气东输管道(销售)公司资产调剂与调拨管理实施细则》《中国石油西气东输管道(销售)公司固定资产评估管理实施细则》《中国石油西气东输管道(销售)公司资产清查盘点实施细则》。

三、资产清查管理

公司固定资产报废报批按季度进行,固定资产现场清查核实每年组织 1 次。2009 年 3 月,公司开始全面启动固定资产进行标识管理的工作。

2014年1月,财务处协同实物资产管理部门组织开展低效和无效资产清理工作,对公司各部门上报的低效物资资产进行了审查与筛选甄别,当年确定了总计为1.11亿元的低效无效资产,形成《关于对公司低效无效资产统计情况的汇报》,并在集团公司门户网站上发布闲置资产调剂公告。

表6-2-1 西气东输管道公司历年资产划拨情况一览表　　　　　　　　　　单位:万元

时间	内　容	原值	净值	累计折旧
2007	管道公司兰银线	133 949	133 935	14
2008	长宁线	71 900	50 500	21 400
2009	盛大国际金融中心	162 400	—	—
	甪直至宝钢管道	6 852		
2010	西二线西段甘宁至中卫段、中卫至靖边段	344 670		
2011	西二线东段中卫至黄陂段	1 464.257		
	西二线东段黄陂至广州干线,樟树至湘潭支干线	1 133 800		
2012	西二线枣阳至十堰支干线	45 908.83		
	钦州至南宁成品油管道	43 922.08		
	划回新疆、甘肃管理处年初新增转资固定资产多转资产	-8 899.15	-6 766.81	-2 132.34
	西二线广州至深圳支干线	253 839.82		
	西二线南昌至上海支干线,南昌至衢州段、衢州至吴江段、嘉兴至上海段	1 024 849.91		
	西二线平顶山至泰安支干线河南段	188 153.30		
	划回区域化重组后新疆、甘肃管理处新增转资固定资产	-1 054.87	-836.02	-218.85
	划转钦州至南宁成品油管道资产	-43 865.59	-43 032.29	-833.3
	划转原冀鲁管理处的部分资产	-41 916.66	-41 876.38	-40.28
	划转原新疆、甘肃管理处的部分资产	-3 422.04	-3 243.14	-178.9
2013	西二线广州南宁支干线(广东段)	353 130.36	—	—
	西二线广州至深圳支干线(求雨岭至大铲岛)	324 212.77	—	—
	西二线东段(南昌站、洛宁站、武穴站压缩机组)	84 878.64		
	原西二线76#阀室非正常报废工艺管网报废转入清理	-410.68	-347.98	-62.7
	西三线中、东段前期投入划转	-119.33	-101.02	-18.31
2014	西气东输二线东段6座压气站压缩机及配套资产	100,385.92	—	—
	西气东输二线东段资产	233.368 7	—	—
	忠武反输武汉东站两站资产	6 852.81		
	中贵联络线中卫首站资产	6 610.53		

第五节　成　本　管　理

公司成本管理实行全员、全过程精细化管理,按照可控性原则,建立健全从公司到各个责任部门的成本控制体系,落实成本管理控制责任,旨在控制成本支出,提高成本支出效益。

一、成本费用管理

公司成本支出是指在确保管道安全平稳运行的前提下,在预算范围内根据对生产经营影响程度,视轻重缓急,量力而行,按照安全环保优先、总量平衡、有保有压、适当留有余地的原则合理安排的各项支出。

公司成本开支实行合同化管理,外委事项符合公司合同管理办法要求的必须签署相关合同,并通过招投标制、竞争性谈判及联合审查制度控制合同费用支出。

公司对成本支出按照分类管理、限额管理、定额管理、项目专项管理等方式进行管理。公司的各项成本支出必须是预算范围内的支出,严禁发生预算外支出。各部门成本支出预算情况纳入到公司考核体系中,通过严考核、硬兑现确保管理和控制目标的实现。

公司严格控制非生产性支出,严禁将生产性成本支出向非生产性成本支出转移。

二、内部分工

财务处负责成本管理制度的制定和维护,负责组织成本预算的编制、分解下达执行、分析考核及核算等工作。

生产运行处负责对输气成本中辅助材料、燃料、动力、输气损耗等进行管理和控制。

人事处负责对人员费用(包括工资总额、各种劳务费、提取缴纳的各项保险、职工培训费用等支出)进行管理和控制,负责包括分类用工计划等在内的员工薪酬支出预算的编制与执行,同时还负责职工培训支出预算的编制与执行。

规划计划处负责按规定程序组织并编制公司基本建设、更新改造、安全生产费用项目及大修理项目建议计划或建议预算,经预算委员会批准后下达执行后,开展管理、控制、统计、分析、考核工作。

质量安全与环保处负责劳动保护费、体系建设,以及其他 QHSE 费用的管理和控制。

科技处负责对科研经费、公司信息系统、网络维护支出等事项的管理和控制。

总经理办公室负责对低值易耗品、会议费、印刷费、出国人员经费等事项的管理。

管道处负责对管道保护、反恐支出、完整性管理支出的管理和控制。

市场开发与销售部负责协调落实管输商品量、天然气销售量参数及用户销售结构的确定,协调组织销售收入建议预算的编制。

各地区管理处、分公司负责对所负责的成本费用预算支出进行管理和控制。

三、维修费管理

根据公司维护及修理费相关管理办法,公司将维护及修理费划分为专项维修费(大修理)、专业技术费、定额维修费 3 类。

专项维修费(大修理):是指为恢复各种资产的使用功能或经济效能,根据资产使用状况而进行的有计划、有目的的专项维护修理行为而发生的费用。公司一般根据技术规程规定对设备(如压缩机组、各种仪器设备、工艺管网、站内房屋建筑及其他设备设施等)进行全面或局部重点检修事项列入专项维修,原则上对单项维护修理支出超过 20 万元(后改为 50 万元以上)的维修项目列入专项维修费用管理,由规划计划处按照公司大修理管理办法执行。

专业技术服务费:是指委托专业化公司对公司生产运行系统进行定期检查、标定及日常维护和提供专业技术维护及修理服务而发生的费用。

定额维修费：指为保持正常生产运营，保证管道、站场及其附属设施发挥正常效能，对管道、站场及附属其设施进行日常性维护修理所发生的费用。为加强定额维修费预算管理，公司根据各管理处设备数量情况、维修消耗情况、管辖管道情况等基础数据于 2005 年制定了定额维修费预算标准，作为核定各管理处日常维护及修理费的预算依据。

由于公司日常管理和运营的输气管道、储气库、压气站所需的日常维护、保养、维修支出数额巨大，为进一步规范日常维修维护费用支出，2007 年公司编制《西气东输管道公司管线及站设备、设施维修定额〈东段试行〉》参照标准。2011 年，公司又根据生产运行实际情况对参照标准进行了修订，主要调整变化如下：划出新疆管理处、甘肃管理处、冀鲁管理处费用，新增原有管理处管辖的西二线部分，甘陕管理处、赣湘管理处等二线管理处，以及长宁分公司、储气库管理处、南京计量中心；新增"第三方施工监理费""管道安全保护措施费""外电线路 6 千伏""箱式变电站""柴油备用机组""注醇橇""电加热器""加热炉""组合式分离器""注采气井场维修费""观察井井场维修费""三甘醇脱水系统""反渗透水处理装置"等项目，取消"伴行路""管道清管费"；维修定额基础项目由原来的 2 个层次变成 3 个层次，站场分 4 个层次：清管站、分输站、压气站、分输压气站，对新增的各种型号压缩机进行了细分；结合 2008—2010 年实际发生数额，以及物价、工资上涨等因素，对维修定额标准进行相应调整。

第六节　价格税收管理

一、价格管理

（一）天然气价格政策

公司天然气价格管理主要经历了两个阶段：第一阶段为 2003 年西气东输通气之日至 2013 年 7 月 9 日，天然气价格按照出厂价执行；第二阶段为 2013 年 7 月 10 日至今，天然气价格按照门站价执行。公司天然气价格管理归口部门为财务处，公司总会计师为主要负责人。

第一阶段：天然气价格按照出厂价执行阶段

2003 年，《国家发展改革委关于西气东输天然气价格有关问题的通知》明确西气东输天然气出厂价格实行政府指导价，由国家发改委制定出厂基准价，具体出厂价格由供需双方在上下 10% 的浮动范围内协商确定，经核定，西气东输天然气出厂基准价为每立方米 0.48 元（含增值税），自西气东输通气之日起执行。

2005 年，《国家发展改革委关于调整西气东输天然气出厂基准价的通知》中明确西气东输天然气出厂基准价由 0.48 元/立方米调整为 0.52 元/立方米，具体出厂价格由供需双方以此为基础在上下 10% 的浮动范围内协商确定，自 2005 年 4 月 1 日起执行。

2006 年，国家发改委再次发布《国家发展改革委关于调整西气东输天然气出厂基准价的通知》，该通知中明确西气东输天然气出厂基准价由 0.52 元/立方米调整为 0.56 元/立方米，具体出厂价格由供需双方以此为基础在上下 10% 的浮动范围内协商确定，自 2006 年 2 月 1 日起执行。

2007 年，国家发改委继续发布《国家发展改革委关于调整天然气价格有关问题的通知》，通知中明确：全国陆上各油气田（包括西气东输、忠武线、陕京输气系统等）供工业用户（含天然气发电企业，不含化肥生产和独立供热企业）天然气的出厂基准价格每千立方米均提高 400 元。其中直供工业用户在现行各油气田工业用气出厂（或首站）基准价格上每千立方米提高 400 元，通过城市管网供应的工业用户天然气出厂基准价在现行城市燃气出厂基准价基础上每千立方米提高 400 元；供化肥用气、居民用气及通过城市燃气公司供应的除工业用户外的其他用户出厂基准价格不调整;工业用户天然气出厂(或首站)基准价格暂不上浮;放开供 LNG 生产企业的天然气出厂价格。通知自 2007 年 11 月 10 日起执行,西气东输直供工业用户及通过城市燃气管网转供工业用户按照 0.96 元/立方米执行;居民用气及通过城市燃气管网转供的除工业用户外的其他用户按照 0.56 元/立方米执行。

2010 年,国家发改委发布《国家发展改革委关于提高国产陆上天然气出厂基准价格的通知》,通知明确适当提高国产陆上天然气出厂基准价格,取消价格"双轨制"。各油气田(含西气东输、忠武线、陕京线、川气东送)出厂(或首站)基准价格每千立方米均提高 230 元。通知自 2010 年 6 月 1 日起执行,西气东输直供工业用户及通过城市燃气管网转供工业用户按照 1.19 元/立方米执行;居民用气及通过城市燃气管网转供的除工业用户外的其他用户按照 0.79 元/立方米执行。

第二阶段:天然气价格按照门站价执行阶段

2011 年 12 月 26 日,国家发改委发布《国家发展改革委关于在广东省、广西壮族自治区开展天然气价格形成机制改革试点的通知》,明确为进一步理顺天然气与可替代能源比价关系,引导天然气资源合理配置,促进节约用气,决定在广东省、广西壮族自治区开展天然气价格形成机制改革试点。以中心市场天然气门站价格为基础,考虑天然气市场资源主体流向和管输费用,并兼顾广东、广西两省份经济社会发展水平,确定两省份门站价格,广东省最高门站价格为每千立方米 2 740 元,自发文之日起执行。

2013 年,国家发改委发布《国家发展改革委关于调整天然气价格的通知》,明确天然气价格管理由出厂环节调整为门站环节,门站价格为政府指导价,实行最高上限价格管理,供需双方可在国家规定的最高上限价格范围内协商确定具体价格。通知明确天燃气分为存量气与增量气。存量气门站价格适当提高,其中化肥用气在现行门站价格基础上实际提价幅度最高不超过每千立方米 250 元;其他用户用气在现行门站价格基础上实际提高幅度最高不超过每千立方米 400 元。增量气门站价格按照广东、广西试点方案中的计价办法,一步调整到 2012 年下半年以来可替代能源价格 85%的水平,并不再分类。广东、广西增量气实际门站价格暂按试点方案执行。同时,存量气和增量气中居民用气门站价格均不作调整。2013 年新增用气城市居民用气价格按该省存量气门站价格政策执行。该通知自 2013 年 7 月 10 日起执行。

2014 年,国家发改委发布《国家发展改革委关于调整非居民用存量天然气价格的通知》,明确在保持增量气门站价格不变的前提下,非居民用存量气最高门站价格每千立方米提高 400 元,广东、广西存量气最高门站价格按与全国水平衔接的原则适当提高,即 2.86 元/立方米。化肥用气调价措施暂缓出台。居民用气门站价格不作调整,方案实施后新增用气城市居民用气价格按该省(区、市)调整后的存量气门站价格政策执行。该通知自 2014 年 9 月 1 日起实施。

(二)管输价格政策

管输价格实行政府定价,具体由国家发改委制定价格。2013 年 7 月 10 日前,管输费按省按用户性质定价;2013 年 7 月 10 日起,管输费按照分省分管线定价。

二、税收管理

西气东输管道投入运营后,根据财政部、国家税务总局《关于西气东输项目有关税收政策的通知》精神,国家对西气东输管道运营企业执行 15%的企业所得税税率,从开始获利的年度起,第 1 年和第 2 年免征企业所得税,第 3 年至第 5 年减半征收企业所得税。2008 年 1 月 1 日起,按照《企业所得税法》,公司不再适用上述优惠政策。

公司于2012年以前缴纳营业税,税率3%。按照财政部、国家税务总局《关于在上海市开展交通运输业和部分现代服务业营业税改征增值税试点的通知》,要求从2012年1月1日起公司总部管道运输业务缴纳增值税,税率11%。按照国家税务总局相关文件要求,公司下属华中分公司2012年12月1日起管道运输业务缴纳增值税,下属长宁分公司2013年8月1日起管道运输业务缴纳增值税,税率均为11%。销售公司缴纳增值税,税率13%。公司2个分公司实现的企业所得税按季入库,税率均为25%;所得税50%就地预缴,50%由股份公司汇算清缴。

2014年6月,公司管道运输业务缴纳增值税,税率11%;企业所得税按月计提,按季度100%缴纳。

第七节 工程投资项目财务管理

工程投资项目财务管理是指股份公司下达给公司组织实施的新建、改建、扩建工程项目,安全生产费用资本化项目,环保隐患治理资本化项目,以及公司根据折旧返还资金安排实施的更新改造项目等建设项目的财务管理工作。

一、制度修订

根据现行《企业会计准则》《中国石油天然气股份有限公司委托建设项目财务管理与核算实施指南》《西气东输管道公司工程建设项目管理规定》和股份公司有关会计制度财务管理等有关规定,公司制定相关管理办法如下:2002年2月,《中国石油西气东输管道公司工程物资核算暂行办法》;2002年4月,《中国石油西气东输管道公司工程建设成本核算办法》;2003年6月,《中国石油西气东输管道公司工程物资核算办法(修订)》;2003年6月,《中国石油西气东输管道公司工程建设成本核算办法(修订)》;2004年7月,《西气东输管道公司东段工程财务决算暂行规定》;2004年7月,《中国石油西气东输管道公司物资采购会计核算办法》;2006年9月,《西气东输管道公司工程竣工决算与转资实施方案》;2007年6月,《关于明确物资采购资金列支渠道的通知》;2010年12月,《中国石油西气东输管道公司物资财务管理暂行办法》《中国石油西气东输管道公司工程建设项目财务管理暂行办法》。

二、竣工决算转资

公司财务处协调组织项目的竣工决算及转资:负责清理账务,与相关部门核对竣工决算和转资范围的合同执行、结算情况,分摊待摊投资等二类费用,牵头组织实施竣工决算和转资方案,核对、汇总施工承包商填报的"交付使用资产明细表",建立资产台账,编制竣工报告及转资报告。

2008年9月,完成干线及3条支干线竣工决算及转资工作。

2008年11月,完成兰银线工程竣工决算及转资工作。

2009年3月,冀宁联络线(1干4支)、淮武联络线、光通信系统工程、郑州至长铝等5条支线竣工决算及转资工作完成。

2010年9月,完成增输工程决算及转资工作。

2013年7月,完成安全改造工程竣工决算及转资工作。

2014年5月,完成香港支线工程竣工决算及转资工作。

2014年8月,完成西二线洛阳支线、山西沁水煤层气外输管道、冀宁线邳州站改扩建及平泰线泰安站适应性改造工程竣工决算及转资工作。

2014年上半年,完成金坛地下储气库(二期)一阶段工程建设项目管理情况审计工作。

三、其他投资管理

公司财务部门负责或参与的其他投资管理工作,主要有:

(1) 参与资金运用和管理,对基本建设、更新改造、非安装设备资本性支出资金支付规定审批权限和支付程序,资金支出必须按照公司的投资计划进行,无投资计划一律不得购置。对无计划购置的非安装设备,一律不予付款。

(2) 参与工程成本费用、物资采办的招标、合同谈判、合同文本的会审工作,对合同中各项采购费用的合理性及付款结算条款的严谨性进行严格审查和把关。

(3) 负责投资项目工程结算,工程结算实行合同化管理。

(4) 负责对概算总投资与决算实际完成投资进行对比分析。

(5) 参与后期项目的评价,协助提供与后期项目评价有关的公司总部及地区管理处、项目部有关的财务表格及财务数据。

第八节 会计核算

公司严格执行国家制定的会计准则和股份公司制定的会计制度,按照股份公司的统一要求组织开展会计核算,并根据公司工程建设和生产运行实际制定相应的《中国石油西气东输会计核算管理办法》《中国石油西气东输会计核算手册》等相关规定,用以规范会计核算行为。

公司高度重视会计电算化工作,采用股份公司统一开发的财务信息系统开展会计核算工作:公司成立时启用FMIS 3.0系统;2002年升级为FMIS 6.0系统;2007年股份公司推行集中核算FMIS 7.0系统时,公司被列为第一批推广试验单位,该系统于2007年11月正式上线运行。

第三章

物 资 采 办

物资采办工作是西气东输工程建设最为基础和重要的工作之一。从编制物资需求和采购计划，到组织采购招标、采购谈判、采购合同的履行，以及物资调运、仓储和物资管理统计，物资采办工作对西气东输工程的顺利建设和公司的平稳运营发挥了重要作用。鉴于物资采办过程中容易发生腐败而导致相应风险，公司从西气东输工程建设准备期开始就严格设计了物资采办的工作流程。股份公司在上海成立"西气东输管道（销售）公司招标委员会"，专门负责审定招标项目供应商的资质、审查招标组织工作程序并确定授标意见、审查重大招标项目的招标方案等工作，保证工程建设的各项物资采购招标都在招标委员会的管理下进行。西气东输干线工程安装设备的招标采购率达到100%。在物资管理方面，公司参照国家《政府采购法》颁布《西气东输工程物资采办管理办法》《生产、基建物资非招标采购工作管理暂行办法》《中国石油西气东输管道公司物资供应商管理办法》等各种规章制度，规范采办管理程序，使工程物资计划、采购、验收、保管、发放等业务工作有序开展，力求通过"大工程、小业主"模式和市场化运作方式，实现既降低采购成本又保证物资质量的目标。

第一节　机 构 设 置

2001年3月，西气东输工程项目经理部设立采办处，内设计划采办科、调度科、物资管理科3个科室，主要职责是组织编制公司年度物资需求计划、物资采购计划和采办招商商务条款，组织采购招标和委托代理采购计划、采购合同和委托采购协议签订、采购物资验收和质量索赔、驻厂监造，编制物资运输计划，组织物资调运，供应转运站管理，以及协调与铁路、交通和海关、商检、税务等部门的工作，等。

2001年12月，公司批准成立电子商务办公室，与采办处合置办公。2002年7月，公司明确采办处负责物资供应商（服务商）资格预审、组织物资采购招标和合同谈判、物资合同的执行、物资质量和HSE控制、组织采购物资验收、物资调拨和运输、公司电子商务管理、物资统计等工作。同年11月，采办处设材料科、设备科、调度科、综合科4个科室。

2004年2月，公司撤销电子商务办公室，其电子商务管理职能划归采办处。

2007年6月，采办处设计划科、采办科、综合科3个科室。

2014年6月，采办处更名为物资管理处，主要职责包括：负责制定物资管理办法，编制公司物资采购计划；负责所属单位物资采办计划的审批及计划实施的监督工作；负责公司物资招标管理，以及公司统一采办物资的采办组织工作；负责电子商务的应用和管理、网上采办实施工作；负责物资库存、物资统计、物资信息采集、物资价格信息等管理工作；负责物资供应市场的资质准入，供应商管理工作；负责物资监造管理等工作。

第二节 物资管理

一、物资管理制度

为加强西气东输工程物资采办管理工作,规范采办管理程序和明确责任,2001年以后,公司相继出台颁布《西气东输工程物资采办管理办法》《机电设备招标资格预审办法》《驻厂监造管理办法》《工程物资交接、验收、调拨及结算管理办法》等管理文件。

干线投产运行后,公司2004年颁布《生产、基建物资非招标采购工作管理暂行办法》《生产物资采购管理办法》,完善了生产运行物资采购管理制度。

随着内控管理的不断深入,公司先后颁布执行的管理办法还有《中国石油西气东输管道公司物资管理办法》《中国石油西气东输管道公司物资供应商管理办法》《中国石油西气东输管道公司物资仓储管理实施细则》《中国石油西气东输管道公司物资采购质量管理实施细则》等。

二、物资采购管理

(一)物资采购范围的划分

西气东输工程所有物资按采购渠道分为3类:一类是线路、站场的重要材料和设备,其采购金额量大,为便于控制质量和成本,由业主采购;二类是质量和进度要重点控制的物资,其规格品种复杂、单项数量少,由施工单位到指定供货商处采购;除一类和二类以外的其他物资均归类于三类物资,由施工单位自行组织采购和供应,由现场施工监理按有关规定控制采购质量。采购范围是:制管用钢板、钢管、内涂及外防腐材料、补口材料、焊接材料、电缆、站场设备、仪器仪表、自控系统、非标设备等采购,制管加工、防腐加工、热煨弯管加工的采购,由业主负责;按照施工合同明确的有关供料方式,除业主供料以外的其他材料均由承包商采购。随着相关项目管理的变化及要求,采购范围又进行了调整,制管用钢板、防腐材料划为由加工厂采购,焊接材料、电缆等划分为由施工单位采购。结合管道建设项目部管理范围调整情况,对管件、放空排污阀、16球阀划归由施工单位采购。

生产运行物资采购前期是按照A、B、C分类:A类物资由公司总部负责采购,B、C类物资由公司各管理处负责采购。

2008年,集团公司物资采购管理部推行集中采购,将集团统一采购的物资定为一级物资。结合新的管理要求,公司将采购物资划分一级物资,即集团公司管理物资;二级物资,即公司总部统一采购管理物资;三级物资,即各二级单位采购管理物资。根据实际情况,采购管理范围实行动态管理,定期按照有关要求进行调整。

(二)物资采购方式

西气东输工程物资在采购方式上以招标采购为主,非招标采购和电子商务采购为辅。物资采办部门根据《中华人民共和国招投标法》和《西气东输管道工程招投标管理办法》的规定,根据工程进度安排和物资采办计划,负责采办招标工作。

招标方式采购分为公开招标采购或邀请招标采购,非招标采购分为竞争性谈判方式采购、来源单一方式采购、询价方式采购、应急直接采购、即时结清采购。电子商务按照股份公司发布的《中国石油天然气股份有限公司物资采购与电子商务管理办法》进行网上采购。

(三)采购实施管理

根据物资采购、招投标等相关管理办法的要求,公司编制各项目采购计划及方案,组织招标采购。为规范招标活动,公司一方面做好标书编制、招标公告、开标、评标等工作,委托专业机构进行采购招标,确保招标活动公开、公平、公正;另一方面,做好市场调研,扩大招标采购范围,提高物资采购招标度。

对非招标采购项目,按照采购程序要求,公司组织相关部门共同参与,监督部门实行过程监督,保证采购过程的规范。

公司严格执行集团公司集中采购的有关规定,及时获取集团公司公布的一级物资集中采购信息,并在实际执行中使用。对公司管理的二级物资采购,按照集团公司一级物资管理模式,公司实行集中管理、分散操作;建立框架采购模式,提高工作效率;对通用性较强的物资,实行代储代销,节约采购费用,降低库存资金。

三、物资质量管理

西气东输工程物资品种多样,产品的质量和安全性能要求高,物资质量控制成为整个物资采购与管理工作中的一项艰巨任务。经过多年探索和实践,西气东输管道工程的物资质量保证体系日臻完善,2013年公司组织编制了《中国石油西气东输管道公司物资采购质量管理实施细则》。

公司实行"谁采购、谁负责"的质量负责制。为严格控制产品质量,公司对集团公司公布的产品监造名录的物资和公司生产建设关键物资统一纳入监造范围,选择具有相应资质和多年监造经验的单位实施产品驻厂监造。各监造服务单位根据不同的产品特点及要求,开展产品驻厂监造工作,对监造过程中发现的质量问题,及时督促厂家落实整改,切实做到产品质量控制过程前移,从源头上把好产品出厂关。公司先后对钢管、热煨弯管、防腐、非标设备及压力容器、计量橇、调压橇、阀门、管件、绝缘接头等物资执行监造,全过程控制产品出厂质量和工作进度;委派第三方检测单位对热收缩带、进口套管、油管等产品开展商检活动,确保产品质量;除此之外,还会对主要生产建设物资,会同第三方机构对重点厂家分批次实施"质量飞检",在"飞检"中对生产现场、质量体系运行中发现的具体问题,及时组织整改。

四、物资仓储管理

西气东输工程物资中转站负责工程物资验收、保管、发放及转运。西气东输工程现场物资供应服务主要经各中转站的仓储过程完成。2001年8月,西气东输工程试验段以招投标方式选定了镇江、苏州、库尔勒3个中转站的分包商。其中,镇江中转站是西气东输全线物资中转量最大的中转站,既负责大批国外进口物资的输港接收工作,又承担向各中转站、防腐厂物资移库、发运钢管的任务。根据工程建设需要,公司先后建立了西一线、联络线、支线等近100个工程物资中转站,负责工程物资仓储管理。

结合生产运行要求,公司建立生产物资维抢修队仓库、压气站备件库,先后在鄯善、玉门、郑州、镇江建立生产物资中心库。各生产物资仓库严格执行公司制定的生产物资储备标准,实行定额管理。

结合西气东输干线管理经验,按照仓储标准化建设有关要求,公司逐步完善和细化了入库验收、维护保养、调拨出库等仓储各个环节的操作流程;定期对长期储存造成的技术淘汰物资、残损变质物资进行处置;清理低效无效物资,制定处理措施,积极利用剩余物资;严格落实物资盘点制度,按季度对仓库开展物资盘点检查,发现问题认真组织整改。

五、物资信息管理

物资采购、制造和供应过程中产生的大量信息需要进行收集、整理、存储并实施有效的管理。为提高物资采购供应管理水平，公司自工程伊始即建立工程物资管理信息系统；此后，公司的物资信息管理主要采用集团公司统一上线的 ERP 信息系统和物资管理信息系统，并分阶段组织各模块应用实施。

（一）西气东输工程物资管理信息系统的建立及应用

2001 年，公司制定了工程物资管理信息系统方案，分阶段在物资采购供应中应用，对工程的项目信息、计划信息、合同信息、仓储信息、账目信息等进行全面管理。物资管理信息系统保证了采办各环节数据的准确性、完整性，减少了大量繁杂的手工处理资料，达到了信息适时性和资源共享，促进了管理程序化、规范化，提高了采办工作效率及管理水平。

（二）集团公司物资采购管理信息系统应用

2010 年，集团公司物采部组织进行物资采购管理信息系统的开发。公司按照不同模块成熟一项、应用一项的要求，对物资采购、供应商管理等相关模块上线应用。

六、物资供应商管理

公司通过对供应商资格预审、合同履约执行等方面进行管理，重点突出资质准入、合同执行，并开展用户评价，规范供应商行为。2010 年，根据《中国石油天然气集团公司物资供应商管理办法》相关要求，公司制定颁布《西气东输管道公司物资供应商管理办法》，通过加大对供应商考核力度，定期对供应商合同履约、服务水平、公平竞争等进行综合考核评价。

第三节 采办工作

公司物资采办主要分为西气东输工程建设时期的工程物资采购和工程投产后后续配套联络线、增输工程、支线等工程建设物资及生产运行物资采办两个阶段。涉及的工程项目主要有西气东输干线及支干线、冀宁及淮武联络线、170 亿增输工程、安全改造工程、江都如东管道工程、广西支线工程、如东崇明岛管道工程、宝钢支线工程、储气库工程、西三线中靖联络线等项目。西二线、西三线工程物资采办按照建管分离模式由管道建设项目经理部负责。

一、西气东输干线及支线工程物资采办

（一）干线钢材采购

西气东输工程需用的钢板数量大、周期长、技术要求高、市场变化大、供求矛盾多变，采购策略制定的成功与否，不仅关系到整个工程的建设成本，还会对今后的管线运营成本产生长期影响。为此，公司确定了在保证物资质量的前提下，千方百计促进竞争、努力降低采购价格的工作方针。

西气东输工程建设的一段时间里，干线钢材进行了近 10 次招标采购，共完成钢材采购 167.49 万吨

（原材料及钢管），其中进口直缝钢管82.29万吨，宽厚板12.8万吨，热轧卷板16万吨，计111.09万吨；国内采购热轧卷板54.4万吨，宽厚板2万吨，共56.4万吨。按钢管长度计共3874公里，总量157万吨，其中直缝钢管2191公里(96.4万吨)，螺旋钢管1683公里(60.7万吨)。工程采购进口直缝钢管1860公里(82.24万吨)，国产钢管2014公里(75.03万吨)，国产钢管从长度上计算已超过钢管总量的一半，达到了52%。西气东输热轧卷板共进行了3轮采购，总数量70万吨，其中国产54万吨，进口16万吨，热轧卷板国产化率已达到77.14%。在保证干线钢管供应的同时，公司同期还完成了定远至合肥、南京至芜湖、常州至长兴3条支干线300多公里钢管的采购供应。

（二）热煨弯管采购

西气东输管道工程准备时间短、施工工期紧、地形条件复杂、现场对热煨弯管的需求变更频繁，这对热煨弯管的采购供应工作提出了更高的要求。2001年3月，试验段开工用热煨弯管的采购准备工作开启，首批热煨弯管通过招标，由国外供应商中标。2001年11月2日，"感应加热弯管国产化工作会议"召开。2002年1月23日，感应加热弯管国产化工作小组在北京召开"西气东输管道工程感应加热弯管国产化试制进度检查会"。2002年2月9日，感应加热弯管国产化工作小组召开"西气东输热弯管用母管技术条件研讨会"。2002年5月，部分国内弯管厂通过了5根小批量试制，开始批量生产。经过2年多努力，整个工程干线所需的2850根感应加热弯管的采购供应工作全部结束。中油气管道机械厂等9家国内企业供货1646根，日本第一高周波公司等国外企业供货1204根。

（三）机电设备采购

西气东输工程选用的机电设备在技术含量上具有国际先进水平，大部分需从国际市场采购。国际市场通行的招投标采购方式，有一步法和二步法之分，一步法指技术招标与商务招标同步进行；二步法指将技术招标作为第一步、商务招标作为第二步分别进行。

结合西气东输工程建设实际，公司针对不同的采购项目，采用了国际公开招标、国际邀请招标、国内公开招标和国内邀请招标等不同方式；评标方式也根据设备的不同特点，分别采用了折价法和综合评分法。

按照国家有关规定及工程进度，公司分批组织实施了西气东输工程机电设备招标工作。招标工作委托专业招标机构代理，根据工程特点和设备特点制定周密和切合实际的实施计划，业主负责计划编制、招标结果的确定和程序的确认。

工程的机电设备采购工作自2002年9月正式启动，至2004年4月，共组织完成52项机电设备招标，签订了79份设备采购合同，其中国际招标32项、设备引进合同43份。

压缩机组是西气东输工程中最重要的设备，干线10座压气站共需采购20套压缩机组(12套燃驱压缩机组和8套电驱压缩机)。2003年初，公司以国际招标方式完成压缩机组采购，罗尔斯·罗伊斯公司（简称RR）为中标供应商。2003年12月，中国石油与罗尔斯·罗伊斯公司签订西气东输工程压缩机组采购合同。

（四）电子商务网上采购

2001年下半年，股份公司电子商务部全面推进物资方面的电子商务工作，并明确在西气东输工程首批试点。

2002年1月，西气东输工程首例电子商务网上采购项目开启，采购物资为进口直缝钢管，采购数量13万吨，首例电子商务网上采购取得成功，节约了大量采购资金，为后期大量的直缝钢管、卷板、中厚板、热收缩套的网上采购奠定了基础。

二、冀宁等联络线工程物资采办

2004年,公司启动冀宁联络线管道工程物资采购,主要实施采购线路钢管、站场阀室等物资设备。公司通过招投标、电子商务等方式,完成钢管采购30.8万吨,阀门、非标设备、电气设备、仪表、自控设备等2700台设备采购,并在2004—2006年组织材料设备供应到现场。

2005年初,公司启动了淮武联络线管道工程物资采购,主要实施采购了线路钢管、站场阀室设备等。通过招标等方式,公司完成钢管采购7.3万吨,阀门、非标设备、电气设备、仪表、自控设备等390台设备采购,并在2005—2006年组织材料设备供应到现场。

三、增输工程及安全改造工程物资采办

2005年,公司启动天然气170亿立方米增输工程,共组织进行了24套压缩机组国际招标,通用电气公司(简称GE)公司中标。9月,中国石油与GE公司签订西气东输增输工程压缩机组采购合同,采购24套压缩机组(其中20套燃驱压缩机组和4套电驱压缩机),同时完成了站场阀门、非标设备、电气设备、自控设备等设备采购,其中阀门1420台、其他设备1160台、管件8200件、站场管94公里,2009年完成全部设备交货供应。

2008年,公司启动压气站安全改造工程,向原压缩机组供应商罗尔斯·罗伊斯公司采购压缩机组3套、通用电气公司压缩机组5套、罗尔斯·罗伊斯—西门子公司电驱机组1套,同时完成阀门、电气设备、自控设备等640台设备、2200件管件等物资设备的采购。

2010年,冀宁南段增压工程启动,公司采购了移动压缩机组2套,电驱压缩机4台,国产变频电驱系4套,设备540台,管件1160件。

2013年,西二线上海支干线增输工程(含国产设备试验中心),公司采购了国产电驱压缩机组2套,其他设备455台,管件1300件,站场管7.7公里。2014年,公司组织衢州压气站及试验中心项目物资采购,其中包括国产压缩机组2台、设备560台、管件840件。

2016年,公司开展忠武线增输工程物资采购,共采购压缩机机芯2套,设备105台,管件160件。

四、支线管道工程物资采办

2008年,江都至如东管道工程项目启动,公司先后组织采购一期线路钢管1016毫米8.7万吨,热煨弯管337只,设备803台,管件1280件;采购二期线路钢管1016毫米3.1万吨,热煨弯管153只,设备182台,管件320件;泰兴至芙蓉管道采购线路钢管1016毫米3万吨,热煨弯管179只,设备182台,管件1440件。

2008年,公司组织山西煤层气管道工程物资采购,完成采购线路钢管610毫米4300吨,热煨弯管258只,压缩机组4台,设备177台,管件390件。

2008年,公司组织甪直至宝钢管道工程物资采购,完成采购钢管610毫米计6900吨,站场设备273台,管件400件,热煨弯管128只。

2012年,公司组织广西支线工程物资采购,完成采购线路406毫米钢管209公里,1.38万吨,弯管1100只,设备370台,管件870件;贵港至玉林支线,线路406毫米钢管100公里,6525吨,弯管380只,设备240台,管件510件;南宁至百色支线,线路457/660毫米钢管298公里,2.6万吨,弯管990只,设备515台,管件1000件。

2014年，公司组织金坛至溧阳管道工程物资采购，完成采购线路508毫米钢管5 200吨，热煨弯管109只，设备391台，管件762件。

2014年，公司组织如东崇明岛管道工程物资采购，完成采购线路610毫米钢管1.97万吨，热煨弯管140只，设备450台，管件1 080件。

五、储气库工程物资采办

2005年，公司开展金坛储气库工程物资采购，主要采购设备包括压缩机组、阀门、非标设备、电气设备、自控设备、油套管、井口装置、井下工具等，采购供应时间从2005—2016年。

2010年，公司组织刘庄储气库工程物资采购，完成采购线路钢管457毫米计6 000吨，压缩机组2套，管件2 530件，设备910台。

六、计量工程物资采办

2004年，公司组织南京计量中心物资采购，完成采购设备630台，主要包括原级标准装置、德国Elster次级标准装置、移动式标准装置、涡轮流量计、超声流量计等。

2012年，公司组织广州计量站工程物资采购，其中包括设备620台，管件260件。

2014年，公司组织武汉计量检定点工程物资采购，其中包括设备472台，管件370件。

七、西二线国产压缩机组采办

按照国家能源局和集团公司对管道项目关键设备国产化工作的要求，2010年底，公司与中国船舶重工集团七〇三研究所、沈阳鼓风机集团公司等公司签订了燃驱、电驱压缩机组研制合同，明确在西气东输二线东段开始部分应用。2011年12月2日，集团公司采购管理部、采购中心、西气东输相关部门组织沈鼓集团、七〇三所、上海电机厂有限公司、哈尔滨电气动力装备有限公司、荣信电力电子公司、上海广电公司、哈尔滨汽轮机厂进行工业性试验有偿试用谈判。2012年12月6日，集团公司采购中心、西气东输管道公司共同与沈鼓集团、七〇三所等研制单位草签了20兆瓦电驱压缩机组和30兆瓦燃驱压缩机组现场工业性试验有偿试用合同。2012年2—6月，双方完成正式合同谈判及签订，其中包括2套燃驱机组和7套电驱机组。至2015年，所有机组完成交货及安装调试，并在投产后开展了相关测试验证工作。

八、西三线中靖联络线工程采办

2016年6月，西三线中靖联络线由公司负责建设。公司结合重大项目集中采购、集中签约的项目采购规定，与集团公司采购中心明确相关采购范围、程序等，与项目单位落实需求及进度要求，组织编制项目供应计划，开展钢管、压缩机组等材料设备采购招标。2016年末，公司组织采购的1 219线路钢管370公里，压缩机组3套，阀门等设备完成招标；组织线路钢管催交催运，供应到现场钢管约190公里，占计划的50%以上。

附：公司历年主要采办合同情况

（1）2004年，公司组织累计供应线路防腐管4 586公里，场站钢管2 020公里，焊接材料2 260吨，补口材料492 106套,硅芯管7 740公里,防腐热煨弯管5 668根,压缩机组10个站20台,各类设备29 475台套件,共签订合同1 090份。

（2）2005年,公司主要围绕冀宁支线工程徐州支线、淮武支线管道工程、西气东输管道170亿立方米增输工程、金坛地下储气库工程等工程和生产运行提供物资保障,共签订合同709份,其中工程物资合同545份(累计供应钢管1 354公里,增输工程压缩机组12个站24台等)、生产运行类合同164份。

（3）2006年,公司主要围绕宜兴至溧阳支线工程、金坛地下储气库工程、冀宁支线管道工程连云港支线工程等开展采购供应,共签订合同538份,其中工程类合同366份、生产运行类合同172份。

（4）2007年,公司主要围绕马鞍山分输站扩建工程、薛店分输站扩建工程、金坛地下储气库工程、管道增输工程延川、定远压气站工程、镇江、青山分输站工程等开展物资采购供应,共签订合同357份,其中工程类合同77份、生产运行类合同180份。

（5）2008年,公司主要围绕冀宁支线管道工程徐州、临沂、济南、泰安站工程、增输工程沁水压气站工程、江都至如东天然气管道工程(江都至泰州)、刘庄地下储气库工程、合肥末站扩建工程等开展物资采购供应,共签订合同424份,其中工程类合同273份、生产运行类合同151份。

（6）2009年,公司主要围绕江都至如东管道工程、增输工程淮阳压气站、安全改造工程、淮武管道增输工程、青山分输站改造工程、兰银线马莲湖分输站工程等开展物资采购供应,共签订合同466份,其中工程类合同374份、生产运行类合同92份。

（7）2010年,公司主要围绕江都至如东输气管道工程,泰兴、泰州、如皋、南通分输站工程、甪直至宝钢管道工程、冀宁增压项目工程泰安压气站、分输站工程、刘庄储气库工程等开展物资采购供应,共签订合同672份,其中工程类合同487份、生产运行类合同185份。

（8）2011年,公司主要围绕刘庄地下储气库工程、金坛一期、苏北淮安储气库工程、江都至如东输气管道工程(泰兴至芙蓉段)、冀宁增压工程、西气东输二线洛阳支线管道工程、站场改扩建工程等开展物资采购供应,共签订合同843份,其中工程类合同604份、生产运行类合同239份。

（9）2012年,公司主要围绕金坛地下储气库工程一期、广西南宁至百色支线工程、苍梧至贺州支线工程、贵港至玉林支线工程、钦州至南宁成品油管道补充工程、西气东输二线与川气东送管道互联工程、站场改扩建工程等开展物资采购供应,共签订合同570份,其中工程类合同309份、生产运行类合同261份。

（10）2013年,公司主要围绕西气东输西二线上海支干线工程抚州压气站、衢州压气站工程、金坛地下储气库一期后续工程、站场改扩建工程等开展物资采购供应,共签订合同838份,其中工程类合同486份(抚州压气站国产压缩机2台)、生产运行类合同352份。

（11）2014年,公司主要围绕如东至海门至崇明岛输气管道工程、金坛储气库二期工程、金坛至溧阳管道工程、站场改扩建工程等开展物资采购供应,共签订合同823份,其中工程类合同269份、生产运行类合同554份。

（12）2015年,公司主要围绕金坛储气库二期工程、武汉计量分站、韶关、仁存、临汾、兰考等站场改扩建工程等开展物资采购供应,共签订合同583份,其中工程类合同292份、生产运行类合同291份。

（13）2016年,公司主要围绕西三线中卫至靖边联络线工程、金坛储气库二期工程、忠武线增输工程、站场改扩建工程等开展物资采购供应,共签订合同543份,其中工程类合同339份、生产运行类合同204份。

第四章

行政综合事务

作为行政综合事务的主要承担者,公司总经理(党委)办公室无论是在工程建设期还是生产运行期,都发挥着上情下达、协调各方的枢纽功能:在政务与信息方面,承担了各种涉及公司全面工作的文字材料起草和参考信息报送工作,通过督查督办,推进公司重点工作的进展落实,确保公司重要决策和战略部署顺利实施;在公文、外事、保密管理方面,严格遵守公司有关公文管理、印章管理、因公出国出境工作管理、翻译管理以及保密工作的各项规定,做到公文收发、用印、翻译无差错,因公出国出境以及保密事项不违规;公司的档案管理工作,特别是西气东输工程项目的档案管理工作独具特色,通过档案人员提前介入并全程跟踪具体的工程项目,保证了档案管理与工程建设的同步进行,从而形成了有效的工程档案利用;在后勤与保障方面,与工会等部门一起,依托社会服务资源,着力职工食堂、办公场所环境等方面的工作,优化提升了公司的工作环境;在重大活动方面,严格贯彻上级部门的精神和要求,最大程度地发挥自身功能,保证了公司各项重大活动顺利进行。

第一节 机构设置

2000年3月,股份公司批准成立西气东输工程项目经理部办公室,主要负责日常事务、对外联络、外事、人事管理、文档管理、新闻发布以及机关后勤服务等工作。

2001年5月,西气东输工程项目经理部办公室更名为西气东输管道分公司总经理办公室。8月,公司批准成立总经理办公室(党委办公室),设秘书科(宣传科)、文书科、综合科等3个科室。11月,总经理办公室设秘书科(宣传科、团委办)、文书科、综合科3个科室。12月,总经理办公室增设党群工作科。同月,公司批准成立上海办事处,主要负责统一管理公司在上海的后勤事务工作。2002年1月,公司明确总经理办公室(党委办公室)增加共青团日常工作等职责。7月,总经理办公室(党委办公室)增加对上海办事处管理的职能。

2004年2月,总经理办公室(党委办公室)主要职责调整为负责公司领导日常公务活动安排、日常文秘及档案管理、机关后勤事务和车辆管理、信访和保密管理、党委日常工作、公共关系和企业文化建设、对外宣传和政治思想宣传教育、团委日常工作、外事和翻译等工作。

2005年10月,公司批准成立北京办事处。12月,撤销上海办事处。

2007年6月,总经理办公室(党委办公室)设秘书一科、秘书二科、文书科、行政事务科、档案室5个科室。

2008年11月,公司批准成立总部车队,由总经理办公室管理。

2009年3月,文书科更名为文书与外事科,行政事务科更名为综合科,档案室更名为档案科。

2013年6月,原由总经理办公室负责的独生子女费等福利项目的管理职能,调整为由财务处负责定标准、编预算,相关部门执行。

2015年6月,公司撤销北京办事处。

第二节　政务服务与信息

一、文字材料

文字工作是办公室最为重要的基础工作之一,主要内容涉及组织起草相关的综合报告和文字材料,为各级领导研判形势、把握大局、科学决策提供必要参考,在公司谋划思路、部署工作、统一思想的过程中发挥作用。公司总经理办公室把文字材料工作作为辅助决策、服务决策的重要手段,认真贯彻集团公司和公司有关工作部署,围绕公司中心工作任务,在吃透上情、明了下情的基础上,起草具有较高质量的文字材料。文字材料大致分为三类:一是围绕公司重要会议,如年度工作会议、领导干部会议、季度经营活动分析会等,起草领导讲话、工作报告、专题汇报文件等文字材料和多媒体材料;二是围绕公司重要对外交流活动,如中国国际能源论坛、亚太油气管道国际峰会、企业公民高峰论坛等大型国际会议和企业高层论坛等,起草各类主题报告等交流材料;三是围绕公司重要专项活动起草各类分析检查报告、整改落实方案、总结汇报材料。

二、信息工作

公司信息工作的主要任务是围绕公司主营业务扎实开展信息工作,及时、准确地反映了公司在生产运营中的新成果、新情况、新问题,较好地发挥服务决策、沟通情况、推动工作的作用。总经理办公室的信息工作主要围绕以下4个方面进行:一是贴近上级需求。按照"及时、客观反映公司重大事项、重大活动,特别是上级领导关心和社会普遍关注的事情"的要求,通过《西气东输简报》等信息报送平台,及时向集团公司、上海经信委反映公司贯彻落实集团公司年度工作会、领导干部会等重要会议精神的情况,反映公司发展中获得的新成绩、新成果和工作中发现的新典型、新经验,以及涉及公司整体发展和上级领导关注的热点、难点、焦点问题;二是贴近领导意图。坚持把领导时刻关注的、正在思考的、有待了解的问题,作为信息工作的切入点,确立围绕领导决策抓信息的工作思路,切实把握公司每个时期的工作重点,为公司领导决策提供准确、及时、全面的信息。同时,针对领导决策的重点、工作的难点和员工反映强烈的热点问题,认真开展综合调研,提出意见和建议;三是贴近基层工作。坚持把捕捉亮点信息作为提升信息价值的重要举措,在挖掘特色信息、提炼典型信息方面狠下功夫,及时反映各基层单位在安全生产、精细化管理、基层建设等各方面工作中取得的典型经验和做法,为公司各部门提供沟通情况、交流经验、共享成果的重要平台;四是做好值班工作。特别是在维稳特别重点阶段和重要节日期间,始终坚持提前编排、印发领导干部值班表,使公司值班工作制度化、规范化。公司的信息工作在集团公司中较为突出,上报信息简报篇数始终在天然气板块多家企业中名列前茅。公司连续多年获得"集团公司年度信息工作先进单位",总经理办公室有关工作人员也多次荣获"集团公司信息工作先进个人"称号。

三、督查督办

督查督办工作是总经理办公室围绕公司党委会、总经理办公会、专题会议、现场办公会的决定事项、工作部署和上级领导批办的事项，以及领导关心、事关全局的工作和迫切需要解决的问题，督促承办部门认真抓好各项工作的落实，及时向公司领导报告工作进展和落实结果，确保公司重要决策和战略部署顺利实施的一项常规工作。

督查督办工作包括立项、分办、承办、催办、反馈、审核、报告、归档等程序，总经理办公室遵循"围绕中心、领导授权、实事求是、注重实效、保守秘密"5项原则开展相关工作：

（1）催报督查。对需要督查落实的事项，一般采取电话、催办函等方式，定期或不定期地督促承办部门按要求办结并报告。

（2）组织检查。对重大决策和重要工作部署，必要时组织检查组，进行实地检查督促。

（3）跟踪督查。对情况复杂、需要较长时间才能办结的重要事项，在阶段性督查的基础上，实施动态跟踪，掌握全程进展情况并及时反馈。

（4）调研督查。根据决策实施的进展情况，选择工作落实中的热点、难点问题和不落实的突出环节开展调研，进行解剖分析，写出专题或综合报告，促进决策的尽快落实。

（5）联合督查。对事关全局的重大事项，与职能部门组成工作组，开展联合督查。

四、会议管理

公司的会议管理工作严格按照党的群众路线教育实践活动有关精神和公司关于改进工作作风、密切联系群众的相关规定开展，严格控制各级各类会议的数量、会期、规模，以务实、节俭、高效和改进会风、提高会议质量为目的。

公司先后制定《中国石油西气东输管道（销售）公司会议管理暂行办法》作为会议管理工作的基本制度，对会议的管理职责划分、分类、申请、审批、费用管理、组织管理、评价及改善和会风等作了基本规范；制定《中国石油西气东输管道公司行政办公会议制度》，对公司的管理会议、生产/维修会议、交接班会议、团队会议或小组会议以及联合会议/委员会等会议的召开时间、频次、内容、出席人员范围、责任部门等做了详细全面的规范；制定《中国石油西气东输管道（销售）公司党委会议制度（修订）》（含党委会议事规则）和《中国石油西气东输管道（销售）公司总经理办公会议议事规则》，对决定公司重大问题的党委会、总经理办公会的决策机制作出程序规范；此外，还制定《中国石油西气东输管道（销售）公司电话（视频）会议系统管理办法》，对电话（视频）会议这一重要会议组织形式从职责划分、操作规程等方面作了具体规范。

第三节　公文及保密管理

一、公文管理

总经理办公室文书与外事科负责公司级收文的签收、流转及存档、公司级发文的审核，以及对各部门公文处理情况进行检查和指导。

2006—2016年,公司先后对《中国石油西气东输公文处理办法》进行3次修订,对《电子文件系统运行管理规定》进行2次修订,确保了制度的规范性、严谨性及可适用性。

二、印章管理

印章是单位对公文、证件生效负责的凭证,总经理办公室文书与外事科安排专人专柜专管公司印章及公司领导名章。为维护印章的严肃性和权威性,公司制定了《中国石油西气东输管道公司印章使用及管理办法》,明确公司各级印章的使用范围及程序、审签领导的权限,严格执行"用印审批""用印登记"手续,坚决抵制和严格禁止"无审批用印""招呼用印"及"空白栏用印"等违规情况发生。

三、保密工作

公司于2006年成立保密委员会(简称保密办),下设保密委员会办公室,总经理办公室主任兼任保密办主任,文书与外事科工作人员在取得相应上岗证后,兼职为保密办工作人员。

自2006—2016年,公司先后5次修订保密管理规定,明确了公司保密机构、工作职责、基本管理要求及公司保密信息范围、定密、解密等内容。2013年,公司制定《中国石油西气东输公司保密工作例会制度》《中国石油西气东输管道公司重大涉密活动及涉外保密管理突发事件应急预案》,进一步加强保密工作制度建设。2015年,根据"简政放权"安排,公司将保密工作放权各单位,进行属地管理,保密委员会、保密办负责指导考核各单位保密工作。

第四节 档案管理

2000年5月,股份公司下发《关于做好西气东输工程项目档案工作的通知》,要求西气东输工程涉及公司、院所做到:"从项目筹划到工程验收各环节的文件资料都要严格按照规定收集、整理、归档,项目档案管理单位和档案管理人员要严格履行职责",对西气东输管道工程档案工作做了具体安排,在档案机构、人员、设施设备等方面给予充分的考虑和支持。2001年8月,国家档案局在《关于做好2001年国家重点建设项目档案工作的通知》中强调了包括西气东输管道工程在内的国家重点工程的重要意义,要求做好西气东输管道工程档案管理工作。此后,公司档案管理工作进入正轨,截至2016年底,主要经历了2个阶段:

一、起步阶段(2001—2004年)

公司档案管理工作起始于2001年4月,业务最初归属于合同文控处。2002年7月,合同文控处更名为合同与文控处。2002年11月,合同与文控处设置档案室,负责公司的档案管理工作。2004年2月,公司档案管理工作归入总经理办公室。

2001年9月,公司确立了"工程档案管理与工程建设同步"及"工程文件实行文控管理"的总体工作思路。2001年11月,公司制定并印发《中国石油西气东输管道公司档案管理规定》《中国石油西气东输管道公司档案分类规则(试行)》《中国石油西气东输管道公司建设项目档案管理办法(试行)》《中国石油西气东输管道公司归档文件整理规则(试行)》《中国石油西气东输管道公司设备仪器、物资档案管理规则(试行)》《中国石油西气东输管道公司会计档案整理规则(试行)》《中国石油西气东输管道公司声像档案管理规则(试行)》《中国石油西气东输管道公司出国人员带回资料整理规则》《中国石油西气东输管道公司档案利用办法(试行)》等9项档案管理制度,12月引入"中油档案信息管理系统",并于次年1月使用该系统实现档案著录、查询、统计等档案管理功能,并提出纸质文件与电子文件同时归档要求。

同时,公司还借鉴长江三峡、秦山核电的工程档案管理经验,公司档案部门协调各职能部门及参建单位建立西气东输工程档案人员管理网络,落实了项目档案管理的组织机构;经与合同管理部门、财务管理部门沟通,在合同签署环节加入档案部门审核环节,落实合同中有关档案要求的条款;在合同付款环节加入档案部门的审核环节,落实档案部门对档案资料的"一票否决权",从流程控制方面实现了"通过合同控制加强项目档案管理"的管理手段。2003年1月,制订《中国石油西气东输管道公司电子档案管理办法(试行)》;2004年8月,制订《中国石油西气东输管道公司运行档案管理实施细则》,修订《中国石油西气东输管道公司档案管理规定》等10项档案管理规章制度;2004年10月,制订《中国石油西气东输管道公司工程项目竣工档案编制管理暂行规定》。一系列档案管理政策和制度的出台,保证了公司档案管理的规范和档案收集工作的顺利执行。

2004年3月,公司档案部门组织工程管理部门、物资采购管理部门开始审核、验收大量西气东输工程竣工文件及物资采购文件。6月,公司召开了档案工作会议,对公司建档3年来的档案工作进行总结,当时归档各类档案3.4万余卷(件)。9月,公司对"中油档案信息系统"进行升级,实现数据库的有效备份,提高档案信息的录入、检索速度,完成档案信息系统与OA系统的链接,实现了OA系统文档一体化管理。2003年12月,国家档案局西气东输工程档案指导检查小组对西气东输工程档案工作进行检查和指导。检查小组对公司档案部门深入工程、了解工程、全程跟踪工程档案管理的做法非常认同,认为西气东输工程档案管理部门将档案管理延伸至工程一线,紧密跟踪工程,通过合同管理加强了项目档案的管理,为工程档案的验收打下了很好的基础。

二、成熟阶段(2005—2016年)

西气东输管道工程东段正式投产后,公司档案管理工作从单纯的工程档案管理,逐步过渡到全面开展工程档案管理、运行档案管理、档案利用、档案编研等全方位档案工作阶段。

2005年5月,公司基本完成西气东输干线、支干线工程档案的审核、归档工作,归档各类项目文件46 186卷/件;6月,向各管理处移交档案副本10 413卷/件;10月,组织召开"西气东输管道公司竣工档案管理工作会议",对西气东输干线及支干线档案管理工作进行总结。同时,公司还开展档案信息网上查询与二维条码借阅系统的开发工作,建立档案条码制作及扫描阅读组成的自动识别系统,通过扫描档案二维条形码,实现高速、准确、安全的档案整理、录入及借阅,并建立了网上信息发布平台和公司档案网页。

2005年12月底,公司库存档案迁移至上海同盛大厦,次年1月完成所有库存档案的整理、上架工作。

2007年,公司开展了冀宁、淮武、增输、干线改扩建、储气库、大修理等工程档案的检查、验收工作,向各地区管理处移交运行所需工程档案5 615卷/件。

2008年,公司开展西气东输管道"1干3支干"工程档案专项验收准备工作。

2009年,完成西气东输"1干3支干"及其以外工程的档案专项验收和档案初步验收工作。

2010年1月,公司顺利通过国家档案局组织的西气东输工程(含兰州至银川输气管道工程)档案验收,并从管道公司接收兰州至银川输气管道工程项目档案。3月,管道公司直接向长宁分公司移交兰州至银川输气管道工程档案副本。

2011年,集团公司在全系统内推广使用档案管理系统。6月,公司档案人员参加集团公司档案管理系统关键用户培训;9月,组织开展公司档案管理系统最终用户培训,完善系统的各项设置;11月初,档案管理系统正式上线运行。

2012年2月,公司档案部门草拟了各部门归档范围,完成了初步归档范围确认和备案工作。7月,完成公司所有档案管理制度的梳理,制定印发《中国石油西气东输管道公司档案工作规定》等4项档案管理规章制度;11月,编制《中国石油西气东输管道公司档案管理制度汇编(2012版)》。

2013年1月,公司所有档案迁移到石油大厦,搬迁后,库房总建筑面积达2 500平方米,实现了办公室、库房、阅览室"三分开"。5月,公司顺利通过集团公司组织的增输工程档案验收工作;9月,开展西气东输历史"第一""之最"重点工程、重要事件、重要人物的档案征集工作。

2014年1月,公司完成第一个档案编研成果《领导关怀图文集》的编写工作,收集了2000—2009年国家、省市、集团公司等各级领导对公司关怀的图文68件;8月,完成档案管理手册(2014版)宣贯工作;9月,通过集团公司组织的西气东输安全改造工程档案验收;11月,完成与西部管道公司关于安全改造等3个工程的档案交接工作,共交接纸质档案12 519卷/件,特殊载体档案3 051张(筒)。

截至2016年底,公司档案库存纸质档案总计428 018卷/件,声像档案25 188件,实物档案222件。档案类别包括管理类、建设项目类、科学技术研究类、设备仪器类、会计类、声像类和实物类。

第五节　后勤服务与保障

公司后勤服务保障工作由总经理办公室承担专业管理和指导职责,硬件设施和服务主要依托社会资源。

一、公司总部驻地变迁

2000年3月8日,西气东输工程项目经理部成立后,办公地点设在河北省廊坊市。

2000年11月25日,公司总部办公地点由河北省廊坊市搬迁至北京市。

2005年12月25日,公司总部从北京市搬迁至上海市浦东新区福山路的同盛大厦。

2013年1月18日,公司总部搬迁至位于浦东新区世纪大道上的中国石油上海大厦。

二、员工文体活动和生活设施

(一) 员工食堂

公司总部从成立之初没有自有产权的食堂,始终依托写字楼、办公楼内开设的餐厅,满足员工用餐需求,并给予员工一定的午餐补助。公司所属各单位机关食堂有依托社会餐厅的,也有租赁房屋自办食堂的。在工程建设时,公司基层食堂采取从社会雇用厨师的方式,为员工提供餐饮服务。

(二) 文体活动设施

2013年,公司搬迁到中国石油上海大厦办公后,租赁了文体活动室,总部员工文体生活条件得到明显改善。公司所属各单位和站队则根据自身条件,采取各单位自建方式,建立文体活动室、篮球场、羽毛球场等文体活动场所。

四、房改工作

公司的房改工作包括住房公积金管理、职工住房补贴 2 大部分内容。

(一) 住房公积金管理

公司依法为与公司签订劳动合同的员工建立住房公积金个人账户并缴纳费用。住房公积金实行属地化管理，公司为员工在其工作部门属地建立社会保险、住房公积金个人账户并缴纳费用，参保员工按照缴费地社会保险、住房公积金政策规定享受当地社会统筹待遇。

公司企管法规处按照 2014 年 6 月 27 日发布的《中国石油西气东输管道公司住房公积金管理办法》，为在上海工作或在上海缴纳住房公积金的员工办理住房公积金业务，缴纳费用并协助员工申领相关待遇；审核派出机构住房公积金参保人员范围、缴费基数、缴费比例及月度缴纳费用，督促派出机构及时为员工办理住房公积金业务。公司各派出机构按照当地政府有关规定，为在本部门工作或在本部门属地缴纳住房公积金的员工办理住房公积金业务，缴纳费用并协助员工申领相关待遇。

(二) 职工住房补贴

公司贯彻落实国家和集团公司住房改革政策，于 2008 年 6 月 29 日发布《中国石油西气东输管道(销售)公司住房补贴实施细则》，于 2012 年 5 月 23 日发布该办法的补充规定，坚持住房分配货币化方向，引导和支持职工通过社会市场解决住房问题，不断改善职工住房条件。对无房和住房未达标职工实行住房补贴，对符合条件的易地调动职工实行地区差额补贴，新、老房改政策衔接，平稳过渡。职工住房补贴主要包括：住房未达标补贴、地区差额补贴、无房补贴、临时住房补贴、物业费、采暖费报销。

五、维稳信访

公司党委始终把信访维稳工作作为构建和谐社会、维护员工群众根本利益、保障公司改革发展顺利进行的基础性工作抓实抓好。2008 年，公司成立了以公司党委书记为组长的维护稳定领导小组(综合治理领导小组)，并将领导小组办公室设在公司党委办公室；对各派出机构实行"属地责任、一岗双责"，明确各派出机构党组织书记为信访维稳工作第一责任人，为确保信访维稳工作重要地位和足够的资源投入创造了条件。

公司每季度定期集中开展不稳定因素排查与重大敏感节点不定期排查相结合，立足基层，深入每一个站场、每一个群体、每一个层面、每一个环节，形成全方位、全覆盖、不留死角的大排查网络，确保把重点群体、重点人员、重点问题、重点隐患全部纳入视线和可控范围。根据公司不稳定因素排查结果可见，公司整体稳定和谐，员工满意度较高，与沿线各级政府、地方企业相处融洽。

第五章

质量健康安全环境管理

以"环保优先、安全第一、质量至上、以人为本"为管理理念,逐步形成的一整套科学、合理的QHSE(质量、健康、安全、环保)管理体系,为西气东输工程建设以及公司的正常运行提供了有力的支持与保障。

西气东输工程建设时期,公司明确并监督工程承包商按照QHSE管理标准进行施工管理,严把工程项目监理和质量关,形成业主、监理、承包商分别建立并有效运行的QHSE管理体系格局,既保证了工程的质量,又考虑到了施工的安全环保要求,为工程顺利通过国家安全、水土保持和环境保护专项验收做出合理的制度设计。西气东输管道工程最终获得了国家开发建设项目水土保持示范工程(企业)第一名和国家环境友好工程(企业)第一名的殊荣。

进入生产运行阶段后,公司各项业务步入正轨。随着运行管理管道长度不断增加,覆盖范围不断扩大以及输气场站不断增多,自然灾害、人为伤害、作业风险等问题逐步呈现,进一步加强QHSE管理体系方面投入和设计成为应有之义。公司紧紧围绕"追求'零伤害、零污染、零事故',在质量、健康、安全与环保方面达到国际同行先进水平"的QHSE战略目标,持续深化QHSE管理,确保管道安全平稳高效运营,促进天然气工业和地方经济发展,调整能源结构,改善生态环境,提高人民生活质量,较好地履行了政治责任、社会责任和经济责任。2002—2016年,公司先后13次获得了中国石油安全生产先进单位称号,获得7次环境保护先进单位称号,实现了安全平稳供气、未发生重大质量事故、新建及改扩建工程建设单位工程质量合格率100%、环境污染和生态破坏事故为零、未发生群体性疾病等管理业绩。

第一节 机构设置

2001年8月,公司质量安全环保处成立,主要职责是负责公司安全生产、工业卫生和环境保护管理,公司健康、安全、环境预评价及"三同时"管理,劳动保护和事故管理及工伤认定,特种设备、特种作业人员及特殊作业的安全技术管理,防治污染技术及治理设施的监督管理,计量业务及计量器具管理等业务。

2002年1月,公司成立质量管理委员会和健康、安全、环保(HSE)委员会,由公司领导及各部门负责人组成,确立了工程建设安全健康管理的最高组织机构。2002年8月,公司撤销原质量管理委员会和健康、安全、环保(HSE)委员会,成立QHSE管理委员会,作为公司QHSE管理的决策机构,对公司QHSE工作实行全面的管理和监督。同年11月,公司明确质量安全环保处设安全管理科、质量管理科、综合科3个科室。

2003年7月,质量安全环保处增加管道保护职能。2004年2月,公司进一步明确质量安全环保处主要职责为公司QHSE管理;负责公司全面质量管理和监督;负责施工承包商、供应商和监理质量管理体系建立和运行情况的监督;负责公司劳动保护及工伤认定,组织处理公司质量事故和HSE事故;负责公司标准化管理和企业管理基础工作;负责市场准入和招投标管理。2006年4月,质量安全环保处招投标管理职能调整至规划计划处。2007年6月,质量安全环保处设综合管理科、质量科、安全环保科等3个科室。2010年1月,质量安全环保处增设应急管理科。

2011年8月,质量安全环保处撤销应急管理科,应急管理日常工作调整到生产运行处。2012年4月,质量安全环保处的企业管理、制度建设和内部市场管理职能划归企管法规处。2015年6月,质量安全环保处设安全环保科、质量标准科、体系管理科3个科室。

第二节　质量、HSE管理体系

一、质量、HSE管理体系的建立

2002年1月1日,公司颁布实施了HSE管理体系文件(A版)。1月4日,公司成立质量管理委员会和健康、安全、环保(HSE)委员会。

2002年8月12日,新的西气东输管道公司QHSE管理委员会成立。9月1日,公司组织相关专家,结合外商投资集团意见和建议,在HSE管理体系(A版)的基础上进一步完善,发布了HSE管理体系(B版)。体系文件系统阐述了西气东输工程安全管理的最高管理者承诺、方针和目标,对全体参建员工的职业健康、安全管理体系做了具体描述,成为指导西气东输工程建设和实施安全管理体系的纲领性文件和行动准则。

与此同时,公司还发布并实施了公司施工期的《质量管理体系质量手册》等质量体系文件,阐述了公司的质量方针和质量目标,识别并规定了公司的质量管理体系过程,明确了各部门及各岗位人员职责,规定了各部门工作规程,确定了工程建设过程控制的重点环节,着重提出了公司对顾客的承诺,是公司质量管理的纲领性文件,是公司对顾客提供质量保证能力的证实性文件,也是公司加强质量管理的基本准则。该手册适用于西气东输管道工程建设全过程,包括西气东输管道工程的设计、开发、生产、安装、验收所涉及的场所和全部活动。2003年下半年,公司建立了运营期的质量管理体系,结合运营期的生产经营活动实际,编制了《西气东输管道公司质量管理体系质量手册》,2004年1月1日正式发布实施。手册内容包括了公司质量管理体系范围,GB/T 19001-2000标准的全部要求,公司质量方针和质量目标,管理体系的框架与要素的作用及其相互间的联系,规定了管理体系运作的原则和要求。2004年5—12月,公司对管道运营期质量管理体系及体系文件组织进行了多次审查和修订。2005年1月1日,修订后的质量管理体系及体系文件正式发布实施。该质量手册内容涵盖了公司主要生产经营活动的质量管理全过程,以及对要素运作涉及的相关部门,按公司文件规定进行了明确分工,便于质量管理体系的有效实施,适用于公司天然气管道输送、管道建设和维护活动过程的质量管理。

2006年5月1日,公司对质量管理体系和HSE管理体系文件整合统一,修订发布了2006(A)版QHSE体系文件。2007年9月1日,修订发布了2007(A/0)版QHSE体系文件。2008年12月1日,修订发布了2008(B/0)版QHSE体系文件。2010年2月1日,修订发布了2010(C/0)版QHSE体系文件。2012年8月1日,修订发布了2012(D/0)版QHSE体系文件。2013年8月1日,修订并发布实施了2013(E/0)版QHSE体系文件。2015年7月16日,修订并发布实施了2015(F/0)版QHSE体系文件。

二、质量、HSE 管理体系管理架构和文件组成

(一)工程建设期间的质量、HSE 管理体系管理架构

1999—2003年,公司处于工程建设阶段,公司 QHSE 管理委员会由各部门负责人组成,其日常办事机构是 QHSE 管理委员会办公室设在质量安全与环保处,相应在各地区管理部门设立了 QHSE 总监和专职 QHSE 工程师。公司 QHSE 管理委员会负责制定工程建设 QHSE 管理方针、原则,协调工程建设重大 QHSE 管理事务。

1. HSE 管理体系的主要功能和职责

按照"监理管工程"的工程管理原则及监理合同的有关要求,公司督促各监理单位建立健全了相关 HSE 管理部门,设置了 HSE 管理岗位。公司在监理总部和监理分部层面上,设置了专门的 HSE 管理部,外聘 6 名外籍 HSE 监理进行咨询和控制;在监理区段层面上,各监理区段均充实了专门的 HSE 监理工程师,在工程建设现场设置了分专业的工程建设旁站监理,其中也包括 HSE 监理人员。工程施工承包商建立了由项目部领导、HSE 管理工程师、各机组 HSE 监督员组成的三级 HSE 管理体系。监理体系内部对各级 HSE 监理人员的组织落实,确保西气东输工程在 HSE 管理工作的方针和目标得到落实。

2. 质量管理体系的主要功能和职责

公司质量管理体系主要侧重质量监督和管理职能,工作主要以保证工程质量、采购产品质量为核心展开。工程施工承包商和物资供应商质量管理、质量事故调查是质量管理和监督工作关注的重点。具体的质量控制由设计监理和设计承包商、物资监造单位和供应商、施工监理公司和承包商进行。公司建立质量管理体系与监造单位、监理总部、各监理分部、各供应商和承包商的质量管理体系之间的有效接口,构成完整的西气东输管道工程质量管理体系,详见图 6-5-1。

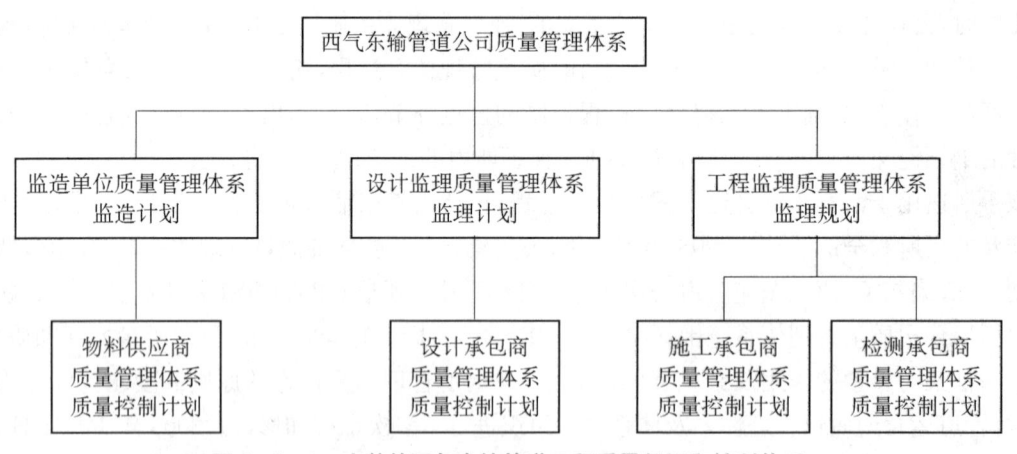

图 6-5-1 完整的西气东输管道工程质量保证和控制体系

(二)运行期间的质量、HSE 管理体系管理架构

2004年,公司质量管理体系管理内容增加了天然气产品质量和关注顾客满意的服务质量 2 项核心内容,在质量方针中增加了"服务顾客"的内容,在质量目标中增加了"顾客满意率"的控制指标。QHSE 管理委员会主任由公司总经理担任,副主任由公司党委书记和安全总监或主管安全工作的副总经理担任,成员由其他公司领导、副总师、总法律顾问、各单位负责人、各单位党委书记及员工代表组成,统一协

调指导公司安全生产工作和 HSE 管理体系运行工作。

1. HSE 管理体系的主要功能和职责

公司执行"以人为本、预防为主、全员参与、持续改进"的 HSE 方针,在各项生产经营活动中贯彻落实集团公司 HSE 方针和发展战略,组织公司 HSE 管理体系的建立、实施和持续改进;制定公司的 HSE 目标、管理方案和重点工作计划,并督促落实;定期组织开展 HSE 工作检查和 HSE 管理体系审核;定期(每季度一次)召开会议,分析公司安全生产形势,解决安全生产各项问题,制定消除重大隐患的措施并督促立项整改;定期(每半年一次)组织开展公司范围的现场安全生产大检查,总结推广先进经验,落实整改措施;审查重大突发事件应急救援预案;组织或参与事故调查处理及报告;审定安全生产先进集体、单位和先进工作者,决定表彰事宜;讨论决定安全工作中的重大问题及应采取的措施。

2. 质量管理体系的主要功能和职责

公司执行"诚实守信、精益求精、平稳高效、精细管理、追求卓越、持续改进"的质量方针,质量管理和质量监督管理工作主要以工程质量、采购产品质量工作为核心展开。施工承包商和物资供应商质量管理、质量事故调查是公司质量管理和监督工作关注的重点。

(三) QHSE 管理体系文件的组成

公司 QHSE 管理体系文件由 4 层文件构成:第 1 层为质量管理手册和 HSE 管理手册,表明公司质量方针、HSE 方针和质量目标、HSE 目标,具体阐释了体系框架、体系要素要求,是纲领性文件;第 2 层为程序文件,作为手册的支持性文件,具体描述各项管理活动的内容和要求,是 QHSE 管理的行为准则;第 3 层为操作性作业文件,包含法律法规、标准、规章制度及技术性文件、作业指导文件等,写明工作要求、流程和方法;第 4 层为记录表格。

公司各部门依此建立与实施健康、安全与环境管理体系,并将此方针目标贯彻到工程建设和生产运行活动中,持续改进 QHSE 管理和表现。

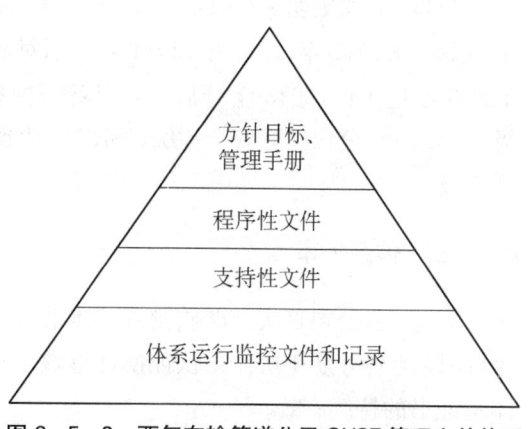

图 6-5-2　西气东输管道公司 QHSE 管理文件体系

(四) 管理体系文件整合及信息系统应用研究

2012 年,公司组织开展了管理体系文件整合及信息系统应用研究项目,建立了一个高度整合、连接各部门业务及生产岗位的全生命周期、动态管理的信息化文件管理平台,按照管理手册、程序文件、管理类作业文件、技术类作业文件和外来文件 5 种类型建立文件库,实现按照科室、岗位进行导航查询、阅读以及统计分析,完成文件制修订功能设置。2013 年,公司 QHSE 综合文件管理平台上增加标准查询功能模块设计,实现标准查询使用功能;实现公司员工使用股份公司邮箱用户名登录的功能。2014 年,公司开展了文件体系结构研究,对综合文件管理平台进行功能扩展和优化,2015 年应用。2016 年,公司充实完善标准体系管理框架及标准体系文件表,并完成西气东输标准体系框架编制导则。

三、质量、HSE 体系的运行及改进

公司按照 QHSE 管理体系的要求组织开展规范的体系内审、外审和管理评审活动。

(一)体系内审

2003年1月6—18日,公司QHSE审核组对公司各部门、各地区管理处以及各监理分部进行QHSE管理体系运行情况的内部审核,及时发现QHSE管理体系运作中存在的问题,分析原因,提出纠正的办法和预防措施。

公司自2006—2012年,每年组织开展1次体系内部审核工作;2013—2016年,每年组织开展2次体系内部审核工作。

2006—2012年,上级专业公司对公司每年开展1次体系审核工作;2013—2016年,每年开展2次体系审核工作。2011年,公司质量管理体系推进评审达到A级。

2016年,落实集团公司、专业公司HSE量化审核工作要求,结合公司生产管理实际,公司编制发布《公司HSE管理体系量化审核标准》,修订发布《公司安全生产考核标准》,并开展量化审核工作。

公司自2006年起,每年每季度召开1次QHSE管理委员会会议;2007—2016年,每年组织召开1次管理评审会议。

(二)国际安全评级

2006年,挪威船级社(DNV)首次对我公司实施国际安全评级(按ISRS-Pipeline)评价审核工作,后于2008年、2011年、2012年、2014年分别对我公司2次开展评级工作。2009年、2010年,公司2次开展了评级改进工作,2013年开展了(ISRS®)模拟审核工作。2011年,公司国际安全评级(ISRS®)达到5级。2014年,公司国际安全评级(ISRS®)达到6级。2015年,公司国际安全评级(ISRS®)模拟审核已达到7级。

(三)体系外审

2007年,公司首次开展质量管理体系认证审核,并获得质量、HSE管理体系认证证书,此后于2011年、2014年各开展1次体系认证换证审核工作,并定期每年开展体系监督审核,保持了质量、HSE管理体系证书的持续有效。

(四)质量、HSE管理体系审核改进研究

2012年,公司组织开展质量、HSE管理体系审核改进研究工作,进一步整合各项审核和检查工作,统筹规划、合理优化审核安排,明确每次的检查和审核目的性和针对性。2014年,公司对审核发现属于中度以上风险的问题进行深层次管理原因分析和责任追究,推动问题整改的有效性。公司实现每季度开展联合审核,将公司体系审核、质量"飞检"、安全巡视工作有机结合。

公司全面推进质量、HSE管理体系建设,大量修订相关的标准、管理办法、制度等文件,结合公司实际制作《西气东输管道公司安全生产通则》等生产现场基础管理培训资料,完成规定的体系内部审核、质量"飞检"、安全巡视、半年安全生产大检查以及QHSE管理体系认证监督审核和专项审核等工作,加强关键部位隐患整改和风险防范,通过专业公司组织的国际安全评级、资产完整性管理审核工作,并继续开展质量、HSE管理体系应用试点,组织挪威船级社进行国际安全评级问题解析,有力保证体系规范有效运行。

(五)HSE管理培训

自成立以来,公司持续开展HSE专业技能培训,对员工开展质量、HSE管理标准、安全生产管理、安全生产法律法规、安全生产技术、事故案例分析等内容的培训。

2003年3月5—10日,公司在北京举办2002版ISO 9000质量体系内审员培训班,中国质量协会研究与培训中心高级咨询师担任授课教师,来自公司机关各部门和地区管理处的76名员工作为学员。

2002年起,公司每年组织各级人员参加"安全生产管理人员"安全培训取证。

2006年开始,公司每年组织举办1期质量、HSE专业技能培训班。

2008年开始,公司每年组织举办1期公司处级干部质量、HSE管理培训班。

2012年起,公司每年组织举办2期质量、HSE专业技能培训班,开展内审员取证、换证审核工作。

2014年,公司制定了《质量、HSE培训大纲》并发布实施,采取对学员严格考核等措施强化培训效果。

2016年,公司组织员工参加国家注册安全工程师考试,当年取得执业资格证者达73人。

(六)基础管理建设工程

2010年3月,集团公司组织实施基础管理建设工程。2010年5月,公司编制并发布了《西气东输管道公司基础管理建设工程实施方案》,成立公司基础管理建设工程领导小组,确定公司推进基础管理建设工程以"梳理-健全-优化"为主线,按质量、计量、标准化、流程管理、规章制度管理5个方面推进。

2011年上半年,公司开展了基础管理现状整体评估。从管理机制、质量、计量、标准化、流程、制度6个方面开展的管理现状调研和评估,采用第三方评估方法,按照基础管理分为5个阶段的理论,初步判断公司基础管理水平正处于"逐步成熟"向"优化提升"过渡阶段。

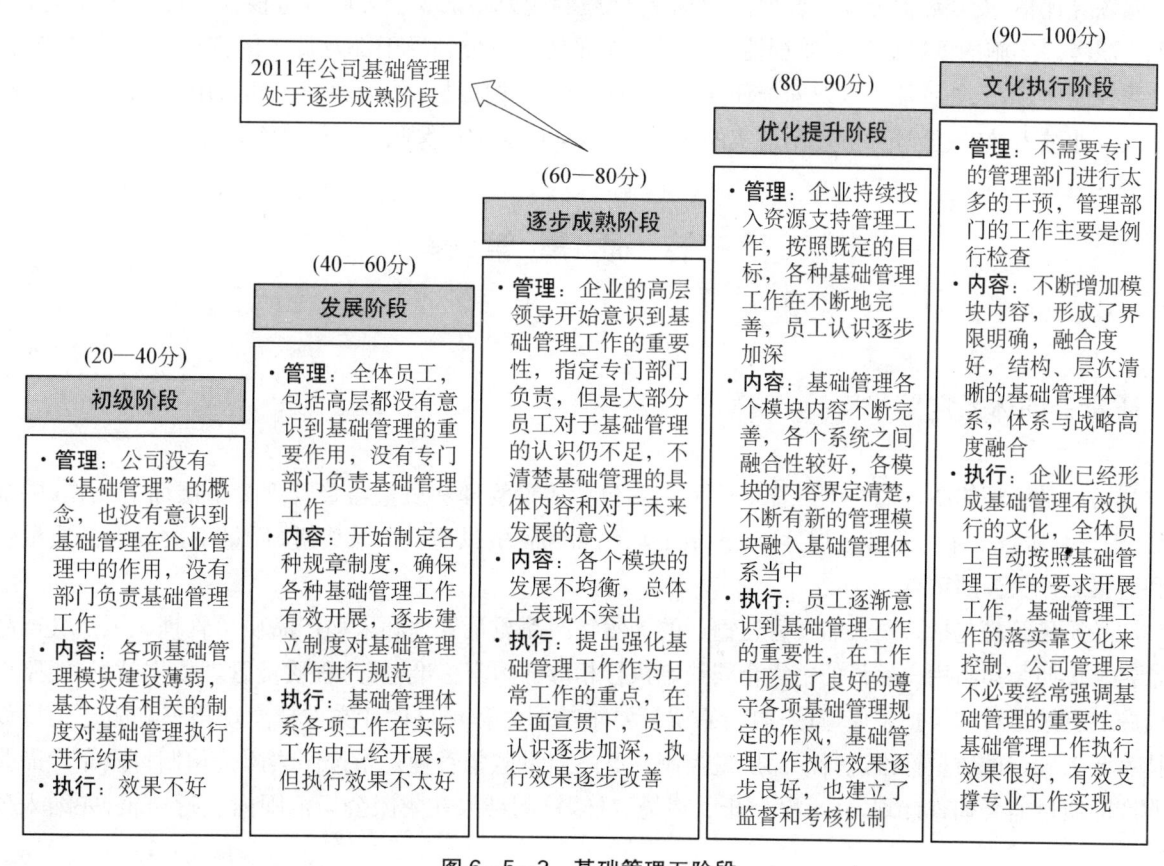

图6-5-3 基础管理五阶段

(七)安全生产标准化达标

2013年6月,根据《国务院安委会关于深入开展企业安全生产标准化建设的指导意见》要求,公司组织对已经获得安全生产许可证的长宁分公司、宁陕管理处、豫皖管理处、山西管理处、苏浙沪管理处、华中输气分公司、豫鄂管理处、苏北管理处、储气库管理处9家单位开展咨询和自评工作;10月,完成自评报告,报各派出机构所在地省级安监部门,获得了参加一级企业评审批准;11月,将相关资料报国家评审组织单位中国职业安全健康协会,12月23日开始接受外部评审。2014年9月,公司共有9家派出机构获得安全生产标准化一级企业证书。

(八) 基层站队标准化建设

2016年,为实现公司的生产现场管理的标准化,切实将HSE管理和标准化管理的先进理念和各项制度要求融入安全环保生产业务流程,规范和指导公司基层站队现场管理和作业活动,全面识别和有效控制生产作业活动风险,公司组织开展基层站队标准化管理手册编制及达标建设工作。

在前期场站(阀室)标准化手册的基础上,公司编制了《公司基层站队标准化管理手册》,共包含《总则》《视觉形象标准化》《基础管理标准化》《设备设施标准化》《岗位作业标准化》《员工之家标准化》5个分册,以管理合规、设备完好、操作规范、场地整洁和员工之家5大方面为主要内容,夯实了公司基层基础工作,提高了标准化管理水平。

(九) 安全环保履职能力评估

公司制定实施《员工安全环保履职考评管理实施细则》,搭建"安全环保履职能力评估系统"平台,按照直属领导评估、安全环保业绩综合评估、安全环保履职能力测试3个方面将考核管理量化、网络化,强化了履职考评实施的可操作性和便利性。公司全面评估各单位领导干部及员工的安全环保领导能力、风险防控能力、应急处置能力以及安全环保知识和技能,将评估结果作为领导干部聘用、员工上岗、转岗考察以及业绩考核、安全环保责任制落实的重要依据,全员安全环保职责有效落实,能岗匹配。

第三节 质量管理

一、质量管理体系定义

公司质量管理体系覆盖的质量管理业务主要包括质量管理和质量监督管理2个层面的工作,围绕产品、工程和服务3个方面业务展开,工程施工承包商和物资供应商质量管理、质量事故调查是质量管理和监督工作关注的重点。

产品质量管理包括公司天然气管道输送的天然气产品质量管理和采购产品质量管理。天然气产品质量要求按照公司与用户签订的销售合同约定执行相应的国家标准,其过程质量管理依靠站场、线路设备设施的有效运行和维护来保障;采购产品质量要求按照工程项目设计文件技术规格书和生产运行设备技术要求确定的质量标准进行产品质量控制。产品质量监督管理是指按照集团公司制订发布产品及采购产品质量监督抽查计划,公司配合开展现场取样,检测结果在集团公司范围内进行通报,并纳入公司绩效考核。

工程项目质量管理按照国家、行业及企业设计和施工技术标准进行设计和施工过程质量控制。按照集团公司规定,工程项目均需申报工程质量监督,工程质量监督由政府委托的工程质量监督机构实施。公司每季度开展工程质量"飞检",及时发现施工过程中的质量问题,跟踪现场质量问题的整改。

服务质量管理主要针对用户满意度开展。公司天然气销售利润来源于用户,公司质量管理体系以用户为关注焦点，公司各项管理和销售服务以满足用户需求为终极目标展开。

公司按照《质量管理体系》(GB/T 19001)标准建立、运行质量管理体系，明确公司质量管理的质量方针和质量目标、范围，对管理体系的框架与要素的作用及其相互间的联系进行界定，用于指导和规范公司各项质量管理相关工作。通过规范开展体系内审、管理评审和认证审核，公司持续查找质量管理方面的短板，并改进提升管理水平，促进公司各项管理工作实现标准化、科学化、制度化。

二、质量管理体系实施

对重点或典型工程建设项目、重要生产设备维护检维修和抢险等关键管理环节，公司通过市场准入审核、开工前QHSE审计、质量管理体系审核、工程质量"飞检"、专项检查等方式，开展严格的质量管理过程控制。

(一) 质量监督

西气东输管道工程建设期间，公司通过建立健全质量监督管理体系，开展以承包商自检、第三方监督、业主监督为代表的常规质量监督，全面保证工程建设质量。集团公司质量监督总站对西气东输管道工程建设的质量进行全程监督，开创了中国长距离管道工程建设政府监督的先河。

(二) 工程建设项目质量"飞检"

2002年第四季度，公司质量"飞检"工作启动，每年开展4次全面的工程质量"飞检"活动。公司开展的包括物资、防腐、焊接、无损检测、质量及HSE管理体系运行等在内的工程建设质量监督专家"飞检"工作，会及时发现工程建设质量问题、反馈问题和跟踪解决问题。

(三) 工程建设质量评定

2003年，公司与工程建设监理、政府监督通力合作，动态组织开展工程质量等级检验和评定工作，组织对各单位工程进行分项、分部工程划分，选用适当质量验评标准，对工程进行全面的质量评定，确保工程质量等级评定工作基本与工程建设及投产运行同步进行。2004年底，西气东输管道工程东、西段竣工工程质量评定工作完成。

(四) 开工前QHSE审计

2003年，公司明确规定了工程各制管、防腐、监造、施工、检测、监理单位实行开工前QHSE审计制度，未通过开工前审计的单位不能开工。公司对每一个工程参建单位均进行开工前的QHSE审计工作，先后对8家施工、检测和监理单位的开工申请亮起"红牌"。

(五) 服务商市场准入管理

公司对各类服务商施行严格的市场准入制度和招投标管理，明确向西气东输管道工程提供物资、技术服务的单位应具有规范的质量管理组织机构和良好的售后服务网络；明确规定物资生产及管道安装、检测、监理等单位必须通过并获得ISO 9000系列质量管理标准(或与之等同质量管理标准)的认证；对于通过市场准入资质审查的单位，严格按照招投标法，确定落实最有实力、最能保障质量的单位向西气东输管道工程提供产品或技术服务。2012年4月，服务商市场准入管理职能划归企管法规处。为强化承包商的HSE管理责任，公司在与各承包商签署经济服务合同的同时，签署HSE合同，明确包括设计、物资生产、运输、施工、检测、监理等各单位所必须承担的HSE管理内容，并将工程合同总价的5%作为工程质量保证金,经济服务合同总额的2%作为HSE保证金。

(六) 质量月活动

每年9月,公司组织开展以质量管理、质量控制和质量监督为主要内容的质量月活动,如2003年以"今天的质量隐患——明天的安全事故"为主题、2014年以"推动三个转变,建设质量强国"为主题。活动期间,公司开展多种形式的质量宣传、培训和创新创效等群众性质量活动,结合生产实际,组织开展QHSE管理规划编制,体系文件和技术标准梳理分析,工程质量"飞检",以及承包商、物资供应商和驻厂监造质量专项检查等活动。

2002年10月26—27日,公司在北京召开西气东输工程QHSE工作会议,监理、设计、施工、检测、钢管生产厂、防腐厂等参建单位的160多名代表参会,表彰了"质量月"活动优胜单位。

第四节 HSE 管 理

一、安全管理

公司安全管理工作分为工程建设期和生产运营期2个阶段。

建设项目核准前,公司组织开展建设项目安全评价工作,并取得国家或地方安全主管部门的安全评价批复文件;在项目可行性研究、初步设计和施工图设计阶段,编制安全专篇,将安全评价提出的各项安全措施落实到建设项目施工方案中,并在施工过程中监督安全评价措施的实施和落实;在总体竣工验收前的项目试运投产阶段,要验证建设项目安全设施的运行是否达到了安全评价预期的风险控制效果,委托有资质的安全评价机构出具安全验收评价报告,并通过安全监管部门验收。

进入运营期后,公司安全管理的工作重点:一是已建成的管道安全设备设施运行有效性控制。通过定期开展设备维检修工作、危害因素辨识和评价、安全环保大检查等活动,及时发现和消除安全隐患;二是运行期管道安全合规性管理工作。随着国家以及地方安全法律法规的日趋完善,公司在运行期增加了诸多安全合规性管理业务,如应急预案编制及备案,新《安全生产法》实施,将油气管道安全监管纳入危险化学品安全监管范畴后的换证取证工作,重大危险源评估及备案工作等。

(一) 工程建设期

1. HSE重点要害部位及风险管理

风险管理是HSE管理的核心。西气东输管道工程严格开展风险管理,对工程建设的各个环节进行了HSE风险识别,并制定风险防范和消减措施。

在工程施工过程中,公司对风险实行动态管理,即在不同的施工季节、不同的施工环境,要求承包商必须制定有针对性的风险消减措施,使工程的风险管理更具可操作性。

交通运输安全是工程建设最大的HSE风险之一,仅管道运输一项就达到十几万车次,发生交通事故的概率较大。为此,公司按照国际标准建立陆上运输管理方案,对参与工程建设的车辆或机具实行了过程控制和风险动态管理,加大交通管理力度,有效控制各类交通事故发生。

2003年6月2日,公司颁布《西气东输管道公司化学事故等重大突发事件应急救援预案》,要求各部门加强化学危险品使用、运输、储藏等各环节的管理,做好对化学事故等重大突发事件的预防和应急工作。

2. 工程安全监督

2002年1月5—9日，公司委托北京中油宇安HSE咨询中心对24、25、26、27标段、长江穿越、黄河延水关穿越进行HSE审计，共发现问题863项，其中体系存在问题572项，现场存在问题291项。

2002年1月14—30日，由集团公司与国际石油公司(IOC)组成联合HSE/QA审计组，按壳牌公司的EP 95000标准对24、25、26、27标段、长江穿越、黄河延水关穿越进行了HSE/QA审计，共发现问题176项，其中体系存在问题54项，营地及施工现场存在问题122项。

3. 投产前安全检查和监护

2003年，管道东段投产及正式商业供气前，公司组织了2次对场站、阀室施工质量及安全的系统性专项检查，共发现各类问题400余项，及时协调各相关部门对问题进行跟踪整改，确保了工程东段试运投产工作的顺利进行。

在西段投产前，公司下发了《关于加强西段进气投运安全生产工作的通知》，对投产期的安全生产工作进行部署，同时组织有关专家对西段各站场、维抢修队、部分阀室及线路段开展进气前的安全检查，重点检查了各站场及维抢修队的HSE体系运行、站场HSE设施及保障系统、管理制度落实、风险管理、应急响应程序、应急救援预案及资源配置、员工HSE培训及现场的操作演练等情况，查出各类问题58项，并及时下达了整改通知。

(二) 生产运行期

进入管道运营期后，公司每年度对安全目标、指标进行分解，组织对各单位安全指标完成情况的定期检查、监督和考核，开展安全巡视、安全生产大检查、安全生产宣传等各类活动，在基层站队推行作业前安全分析(JSA)活动和安全观察与沟通，严格执行特殊危险性作业许可制度，有效控制了作业安全风险；制定和完善公司安全管理制度和安全技术规程，加强安全管理人员队伍建设，强化生产运行风险管理、过程控制和变更管理；监督、指导、协调新（改、扩）建工程项目相关评价及验收工作，监督安全"三同时"的执行情况，组织或参与安全、环保事故的预防、调查及处理工作，并对各类事故进行汇总、统计、上报；强化消防及交通安全监督管理工作。

1. 安全环保资源保障

2004年以来，公司推行总部机关、所属单位两级安全形势分析制度和局、处两级领导干部安全联系点制度。公司每季度召开一次QHSE管理委员会，派出机构每月召开一次QHSE领导小组会议，分析安全环保形势，查找薄弱环节，研究解决落实措施，审定安全环保决策，落实安全环保资源保障。

2. 全员安全环保责任制

公司将安全生产和环保控制指标细化分解到各部门，每年层层签订《安全环保责任书》，逐级落实安全责任，深化HSE风险管理。公司员工安全生产劳动合同率100%。严格承包商HSE合同管理，将《禁令》有关要求纳入承包商安全生产合同，坚持对承包商工程建设项目组织开（复）工前QHSE审计，所有工程项目在施工前必须签订安全生产环保合同，明确建设、施工、监理单位的安全生产环保责任、权利和义务。

3. 风险管理工具应用

2007年，集团公司推广使用"HSE信息系统"，通过网上填报安全、环保、健康等各业务数据，统一HSE业务管理及报表工具，实现HSE的精细化管理和信息共享。10月，公司印发《西气东输管道公司HSE信息系统应用及运行维护管理规定》，明确安全环保隐患、隐患治理项目、设施和危害因素、环境因素的台账格式和内容，明确数据填报范围，确保数据全面准确，不漏项。

2010年8月，公司建设启用"HSE风险管理系统"，该系统具备JSA风险分析管理、重大风险管理及隐患管理3大核心功能，在行业内具有独创性。

2011年起,公司每年编制安全生产宣贯短片,组织开展生产现场基础管理培训教育资料制作,将站队常规维修、操作作业过程拍摄成60部宣贯短片,用以培训指导新员工和促使员工规范安全操作。2012年开始,公司每年编制修订《安全生产通则》,内容主要包括员工通用安全标准、天然气站场员工安全注意事项、站队作业安全技术操作规程、危险化学品安全注意事项和职业病危害因素及防护措施5部分,用于指导一线员工提高实际操作水平。

4. 隐患排查与治理

在安全环保辨识及隐患治理方面,公司实行报告与销项、挂牌督办、考核奖惩制度。2013年11月22日中石化黄潍输油管线漏油爆炸事故发生后,按照集团公司《关于进一步加强当前安全生产工作的通知》要求、11月27日安全紧急视频会会议精神和《国务院安委会关于开展油气输送管线等安全专项排查整治的紧急通知》要求,2013年11月28日—12月20日,公司组织开展安全隐患专项排查与整治工作,排查出问题351项,筛选出了风险等级高、整改协调难度大、整改周期长的13项安全隐患,由公司领导牵头进行挂牌督办,于2015年全部整改完毕。

5. 安全经验分享

2012年开始,公司组织开展公司层面、处级、站队级安全经验分享,召开事故分析会,组织收看集团公司事故教育视频片,并每年组织开展事故事件学习,编制《公司典型事故事件案例汇编》,及时全员通报公司各起事故的调查报告和处理意见。2013年10月,公司建立事故事件管理平台,作为一个功能模块纳入HSE风险管理系统,方便员工登录访问。公司员工利用平台资源开展各类事故事件学习活动成为常态。

6. 安全评价及验收业务监管

公司对各项新、改、扩建项目的安全评价及验收业务监管工作要求为:各建设项目消防设备完备、验收手续齐全,投产前均通过当地消防部门验收,取得消防验收合格意见书;安全设施符合国家有关规定,能够满足安全生产需要,并通过国家安全生产监督管理总局等各级安监部门工程安全设施的竣工验收。

7. 安全生产主题活动

2004年起,公司每年6月组织开展"安全生产月"活动,着力推进安全文化建设。2011年11月至2012年6月,为深入推进公司"三基"建设和企业文化建设工作,营造全员安全文化氛围。此外,公司还开展安全文化理念评选活动,提炼出了反映西气东输安全生产责任观的6条安全理念:"以人为本,尊重生命,安全第一""少一份侥幸心理,多一份安全保障""平安管道,和谐环境""人人都是安全员,齐抓共管保生产""安全无小事,小事关安全""安全第一、生命至上、预防为主、规范可控"。

二、环境保护

公司环境保护管理工作分为工程建设和生产运营2个阶段。

建设项目核准前,公司组织开展建设项目环境影响评价工作,并取得国家或地方环境行政主管部门的环评批复文件;在项目可行性研究、初步设计和施工图设计阶段,将环评提出的各项环保措施落实到建设项目施工方案中,并在施工过程中监督环评措施的实施和落实;在项目试运投产阶段,通过环境监测、环保验收评估等工作,验证建设项目环保设施的运行效果和管道工程生态恢复效果是否达到了环评预期的污染物控制效果和环境风险控制效果。

进入运营期后,公司环境保护管理的工作重点:一是已建成的管道环保设备设施运行有效性控制。通过定期开展污染源环境监测工作、环境因素辨识和评价、安全环保大检查等活动,及时发现和消除环保隐患,确保公司站场"三废"稳定达标排放;二是运行期管道环保合规性管理工作。随着国家以及地方环保法律法规的日趋完善,公司在运行期增加了诸多环保合规性管理业务,如突发环境事件应急预案编制及备案、站场排污许可办理及排污费缴纳、输气站场危险废物管理等。

公司通过开展各项环境保护管理工作,确保了公司站场各项污染物合规处置、达标排放,使公司建设项目达到环评预期的污染防治效果和生态恢复效果,有效保护了区域生态环境,避免了环境污染事件和社会投诉事件的发生,实现了管道工程与沿线生态环境、社会环境和谐。

(一) 工程建设阶段

1. 环境保护方案制定

2002年11月,公司颁布《西气东输管道工程东段环境与社会管理方案》。2003年5月,公司颁布《西气东输管道工程西段环境与社会管理要点》。在全线27个施工标段实施分段管理,分别制定环境保护和水土保持治理方案,明确了工程建设过程中在粉尘和噪声控制、地貌恢复和生态恢复方面应予采取的具体措施,并要求监理总部、分部组织有关管道、伴行路施工及检测单位在工程作业中认真遵照执行。

2. 专项环境保护技术研究与管理规范

西气东输管道工程建设期间,公司与国内环境科研机构共同开展了多项环境保护方面的专题研究工作,主要如下:《长输管道沿线区域环境生态安全保障、恢复和构建》《西气东输管道工程自然保护区及环境敏感地区保护与管理方案》《西气东输管道工程"绿色"计划和生态恢复技术体系研究》。

同时,公司编制发布了《西气东输管道工程环境保护管理办法》《西气东输管道工程文物保护管理办法》《西气东输管道工程地貌恢复暂行规定》《西气东输管道工程环境与社会管理方案》《西气东输管道工程(西段)环境与社会管理要点》《西气东输管道工程自然保护区保护与管理方案》《长输油气管道建设水土保持生态恢复技术规范》等工程环境保护相关的管理规范。

3. 工程环境监督

2003年5月,公司成立西气东输环境监督项目部,对工程建设的固液废弃物处理、噪声控制、文物保护、地貌恢复等环境保护问题进行不定期、无通知的监督检查,协助解决西气东输各地区管理机构和工程监理人员在水土保持、生态恢复、文物保护、环境保护工程等方面遇到的问题和困难,同时对各省(区)水土保持生态恢复设计图纸进行审查,补充完成施工图设计,全面履行水土保持生态恢复设计监理职责。

4. 水土保持监测

工程建设期,根据开发建设项目水土保持监测的有关规定,公司委托国家水利部水土保持监测中心对工程西段及4条支干线等水土流失敏感地区,适时开展了工程的水土保持监测工作;同时,与沿线水利部各流域水土保持监测中心和各省市水土保持监测站保持紧密联系,共同开展工程建设的水土保持工作。

(二) 管道运营阶段

1. 健全与完善环境保护管理制度

2005年,公司制定发布了公司《环境保护管理办法》《文物保护管理办法》《地貌恢复暂行规定》和《排污费缴纳管理办法》等管理制度。2008年,制定发布了《环境保护管理程序》和《环境因素识别评价管理程序》。

2. 站场污染物管理

管道进入运行期后,国家法律法规标准规范对于污染物管理的要求日趋严格,2005年后,公司进一步明确了站场生活污水处置、危废管理、固废管理、废气管理等污染物管理要求,确保污染物合规处置、达标排放。2014年10月底,依据国家新《环境保护法》,公司组织开展了环保合规性现状评估工作,全面梳理和排查公司在环保合规性管理方面存在的问题并及时完成了整改工作。

3. 污染源环境监测与环境监管

2006年起,公司组织对运行站场开展污染源环境监测工作,根据监测结果对污染物排放超标的站场组织开展环保设备设施的维护和改造,确保污染物稳定达标排放。2008年起,公司组织开展环境风险识别和评价活动,通过日常的安全环保大检查、体系审核、安全环保巡视等活动,持续开展环保隐患排查与整治工作,及时发现及消除环保隐患。

4. 环境月报、年报和温室气体报告的编制和上报

2005年起,公司组织公司环境月报和年报的编报工作,根据站场污染物产生量,每月据实填报环境月报,并最终形成年度报告。2008年起,根据公司能源消耗情况,公司每半年编报公司温室气体报告。

5. 突发环境事件应急预案编制及备案

2011年,公司编制发布公司突发环境事件专项应急预案,组织各二级单位编制突发环境事件应急预案和站场现场处置预案,并报地方环境行政主管部门进行备案。

6. 环保评价及验收业务监管

公司对各项新、改、扩建项目的环境评价及验收业务监管工作要求为:环境保护设施与建设项目主体工程同时投产使用,环境保护手续齐全;施工和试运行期间,环保和生态恢复措施合理,落实到位,废料、废水、废气等污染物排放达到国家和地方标准,实现环境保护的建设目标,并先后通过沿线省(自治区)环境保护部门竣工环境保护验收。

三、健康管理

职业健康管理通过对员工工作、生活、学习场所存在的化学性、物理性、生物性和心理等方面的危害因素进行识别,制定相应的削减、控制措施,并通过监督检查,持续改进,最终达到保障员工健康的目的。公司职业健康管理职能归口在质量安全环保处,设专人负责,主要工作包括员工健康监护、作业场所职业病危害因素检测、员工职业卫生知识培训、职业卫生档案管理、劳动防护用品发放管理、职业危害事故应急处理、职业卫生"三同时"监督管理等。

(一)工程建设期间的职业健康管理

1. 职业健康危险识别、健康危险评估、职业健康危险削减规划

2002年,公司编制《西气东输工程职业健康风险考察报告》《西气东输健康考察报告》《西气东输健康管理方案》,识别并评价了传染病、地方病、职业危害、精神因素等36种健康影响因素,提出控制措施及预防要点;同时,对劳动保护、营地卫生、应急救护等各方面制定规范,包括《西气东输工程员工健康管理办法》《西气东输工程应急救护规范》等。

2. 健康监察制度

2002—2004年,公司健康监察共下线检查工作606次,其中大型联合审核12次,公司、管理处二级共下发健康指导性文件504份,组织职工体检831人次,接种疫苗384人次。在抗击"非典""禽流感"工作中,全线职工共同努力,确保了西气东输全线2万余名员工无一例"非典"疑似病历或临床诊断病历发生。

3. 职业危害场所动态监测

按照国家有关规定,在健康管理的实施中,公司注重存在职业危害的场所监测工作,督促承包商与当地卫生防疫机构或环保部门对职业危害因素进行监测,出具监测报告,对超标项目提出有效的治理建议,暂时无法从工艺上完全消除危害因素的场所,主要从个人劳动防护上入手,加强现场管理,从而保障员工的合法权益,避免职业危害事件的发生。

4. 健康管理档案

2002—2004年,公司对健康体系文件、培训考核、健康档案、设备台账、计划、总结档案、各种协议、检查记录、整改记录、职业病、疾病监测、财务、法律法规、事故报告、天气预报等28项HSE健康文控档案的进行了建档。

(二) 管道运行期间的职业健康管理

进入投产运行后,公司健康管理延续建设期模式,质量安全环保处为业务归口部门,设置专职职业卫生管理人员,负责生产运行、工程建设职业健康管理工作管理处设置兼职职业卫生管理负责人,承包商设置兼职职业卫生管理负责人,继续委托中国石油中心医院提供健康管理技术服务。

2005年,公司编制《西气东输运行期健康管理办法》;2008年按照职业卫生管理体系的要求,编制《职业健康管理程序》《职业健康管理规定》《职业卫生管理工作指南》,同时废止了《西气东输运行期健康管理办法》,职业卫生管理体系逐步完善。

1. 员工职业健康监护

(1) 职业健康体检。公司按照《职业病防治法》及《职业健康监护技术规范》(GBZ188-2014)有关要求,组织接触有害作业员工上岗前、在岗期间、离岗职业健康体检。

2004—2014年,公司开展职业健康体检人数累计1万多人,历年职业健康体检率100%,发现职业禁忌症共计8人,均及时采取转岗调离措施。

(2) 非职业健康体检。2004年开始,公司组织开展处级以下员工健康体检工作,分析评估员工健康状况,对出现的异常项目进行详细分析,提出建议和防治事项,为每一位员工建立健康档案。2004—2016年,公司组织开展处级以下员工非职业健康体检累计达2万多人次,对体检结果异常人员开展跟踪复查诊治。

2. 职业病因素危害监测与检测评价

(1) 作业场所职业病危害因素检测。为明确公司的职业病危害因素种类和危害程度,根据《职业病防治法》《工作场所职业卫生监督管理规定》有关规定,公司自2004年起,每年对全部场站开展一次作业场所职业病危害因素检测与评价。作业场所存在职业危害的派出机构接到检测报告后,依据《作业场所职业危害申报管理办法》向属地安监局申报,并将检测报告结果在作业场所公告栏内公布。检测中发现作业场所职业病危害因素超过国家标准时,公司组织限期治理后,由职业卫生技术服务机构重新检测,并落实职业病危害现状评价报告中提出的建议和措施,将评价结果及整改情况存入公司职业卫生档案。

(2) 职业危害事故应急处理。为预防因突发公共卫生事件而导致公司员工传染病、群体性不明原因疾病、食物中毒、急性职业中毒等职业危害事故,2011年公司编制了《公共卫生突发应急预案》。

2014年6月,公司开展了作业场所医疗需求及资源调查分析,编制了《作业场所医疗需求及资源调查分析报告》,确保职业危害事故能够得到及时处理,意外伤害能到及时有效救治。

3. 公共卫生管理

2004年起,公司每年组织对派出机构职业健康管理进行抽查,内容包括职业卫生、食品卫生、传染病预防、地方病、饮用水卫生管理等。2013年,公司委托职业卫生技术服务机构完善职业卫生档案,各派出机构负责职业卫生档案管理。

4. 职业卫生宣传培训

(1) 开办健康知识网络专栏。2007年,公司在公司官网主页设置健康知识专栏,包括员工体检结果,不同季节好发疾病的预防,职业危害防护,传染病、食物中毒的预防等内容。

(2) 现场初级应急救护培训。2008年起,为提高员工在突发事故中的应急救援能力,掌握自救和互救方法,公司组织开展员工现场急救培训工作,包括救护新概念、现场心肺复苏、呼吸道梗阻病人急救、意外创伤的紧急救护(止血、包扎、骨折固定、搬运4大技能),此外还包括触电、烧伤、冻伤、中毒人员的现场紧急处理等内容,先后培训、复训人数累计达4900多人次。

(3) 开展"送健康"活动。2013年起,公司每年组织心理、医学或职业卫生专家开展"送健康到基层"活动,走访公司二级单位及站队,开展健康知识现场宣教、员工心理疏导。

(4) 职业卫生管理培训。2013年起,公司每年聘请职业卫生专家开展职业卫生管理培训视频讲座1次,组织健康管理培训班1次。

第五节 "三同时"与专项评价及验收

一、"三同时"管理

督促管道工程建设过程中的安全设施建设、生态恢复和环保设备设施、职业卫生技术措施和设施建设工作,与主体工程同时设计、同时施工、同时投入使用,是公司开展建设项目"三同时"管理工作的主要内容。"三同时"业务是各项新、改、扩建项目的各类专项评价及验收工作的重要参考内容,对于顺利通过各类专项评价及验收发挥了重要作用。

二、专项评价及验收

公司各项新、改、扩建项目专项评价及专项验收业务主要涉及环境保护、安全职业病防治、地震、地质灾害、水土保持、矿产压覆、防洪等内容,专项评价及专项验收是项目整体评价及验收的重要内容。公司历年重要项目专项评价及验收如下:

(一) 西气东输管道工程

1. 工程安全预评价

2000年7月17日,西气东输工程武威至郑州段地质灾害调研报告通过专家评审。2001年3月20—22日,国家安全生产监督管理局组织召开《西气东输劳动安全卫生预评价大纲》审查会。2001年8月20日,国土资源部组织专家组审查通过了《西气东输管道沿线建设用地地质灾害危险性评估报告》。2001年8月22日,国家安全生产监督管理局组织专家审查通过了《西气东输管道工程劳动安全卫生预评价报告》。

2. 前期环境影响评价和水土保持方案编制

在西气东输管道工程建设过程中,公司严格落实国家环境保护有关法律法规和"三同时"管理制度要求,分段开展了工程环境影响评价和水土保持方案编制工作,识别工程建设可能带来的对生态环境、自然遗迹、文物古迹、自然资源、人文景观的影响,并提出解决问题的意见和建议。西气东输干线、支干线、支线等工程建设时,公司组织编制完成的环境影响报告书、水土保持方案报告书,在规定阶段内得到国家环境保护总局、水利部等行政主管部门的审批。

2001年8月22日,国家环保总局环境影响评估中心组织专家对由新疆环境保护科研所、国家环境保护总局南京环境科研所分别编制的《西气东输工程新疆段环境影响报告书》和《西气东输工程江苏至上海段环境影响报告书》进行审查并批复。同时,由中国石油规划总院、中国环境科学生态所以及沿线各省市环保部门共同编制的《西气东输工程环境影响报告书》,通过国家环境保护总局评审。

西气东输管道工程水土保持方案分东、西两段编制,分别由长江流域水土保持监测中心站和黄委会天水水土保持科学试验站承担。2001年8月24日,2家单位共同编制的《西气东输工程水土保持方案》通过国家水利部专家评审。2002年2月6日,国家水利部以水函〔2002〕10号文件对报告书作了批复。2002年7月22日,国家水利部水土保持监测中心在武汉主持并通过了《西气东输支干线工程水土保持方案报告书》。

3. 工程安全设施验收

2006年2月27日—3月5日,国家安全生产监督管理总局组织有关专家分别对西气东输管道工程干线西段、东段和3条支干线安全设施进行了现场验收。2006年4月30日,国家安全生产监督管理总局印发了《关于中国石油天然气股份有限公司西气东输管道工程安全设施竣工验收的批复》,同意西气东输管道工程安全设施通过竣工验收,并于2006年5月31日颁发安全生产许可证。

4. 工程消防验收

截至2004年10月19日,西气东输西段沿线14个站场和阀室全部通过所属省(市)公安消防部门的消防验收。

5. 工程竣工环境保护验收

2005年11月4日,国家环境保护总局组织召开西气东输管道(管道干线、支干线、龙池至扬子扬巴支线、郑州至长铝支线、东桥至望亭电厂支线、计量测试中心)工程竣工环境保护专项验收会议。2005年11月,国家环境保护总局出具《西气东输管道工程竣工环境保护验收意见》(环验〔2005〕104号),批复同意西气东输管道工程环保设施通过竣工验收。南京金陵电厂、宜兴至溧阳支线工程于2009年3月10日通过国家环保部竣工环境保护验收。

6. 水土保持设施竣工验收

2005年12月22—23日,国家水利部组织召开西气东输管道(管道干线、支干线、龙池至扬子扬巴支线、郑州至长铝支线、东桥至望亭电厂支线、南京分输站至金陵电厂支线、计量测试中心)工程水土保持设施竣工验收会议。2006年1月,国家水利部印发《关于印发西气东输管道工程水土保持设施竣工验收意见的通知》(水保函〔2006〕16号)。宜兴至溧阳支线工程于2009年4月29日通过国家水利部验收。

(二) 西二线管道工程

西二线管道工程采用集中建设管理体制,由管道建设项目经理部作为管道建设业主,西气东输管道公司作为运行管理单位参与监管。按照专业公司要求,公司于2015年组织开展安全设施验收。2016年10月,公司负责的西气东输二线工程中卫至广州段干线及6条支线工程的安全设施竣工验收工作均已完成。

(三) 西三线管道工程

西三线管道工程吉安至福州段安全预评价于2012年6月在国家安监总局监管备案,2012年7月取得国家安监总局的职业病危害预评价备案批复文件。中卫至吉安段安全预评价于2013年10月取得国家安监总局的备案文件。2014年1月,西三线中段取得国家环保部环评批复,9月,取得国家安监总局的职业病危害预评价备案批复文件,2016年5月,取得安全专篇(含中靖线)批复。2016年7月,西三线东段取得安全专篇批复。

(四) 西气东输管道增输工程

2010年12月,西气东输管道增输工程通过国家职业病防护设施竣工验收,2012年8月25日通过国家安监总局安全设施竣工验收,10月30日取得了国家安监总局的验收意见书,2013年3月先后通过沿线省份竣工环境保护专项验收。

(五) 西气东输管道安全改造工程

2007年5月,西气东输管道安全改造工程取得国家安监总局安全预评价备案批复,2009年5月取得环境保护部环境影响评价备案批复,2008年5月取得北京市卫生局职业病危害预评价备案批复文件,2011年7月通过环境保护设施验收,2012年4月通过职业卫生控制效果评价验收。2012年5月,公司根据国家安监总局要求,自行组织完成安全设施验收。

(六) 冀宁支线管道工程

2007年11月21—22日,国家环境保护总局组织召开西气东输冀宁联络线管道工程环境保护竣工验收会议,同意该工程通过环境保护验收。2008年4月,工程获得国家环保总局《关于西气东输冀宁支线管道工程竣工环境保护验收意见的函》(环验〔2008〕42号)。

2008年1月9日,工程获得国家安全生产监督管理总局《国家安全监管总局关于中国石油集团公司西气东输冀宁联络线管道工程安全设施竣工验收的批复》(安监总管一函平〔2008〕7号)。

2008年10月28—30日,国家水利部组织召开西气东输冀宁联络线输气管道干支线(1干6支)工程水土保持设施竣工验收会议,同意该工程水土保持设施通过竣工验收。2008年5月,工程获得国家水利部办《关于印发西气东输冀宁联络线输气管道干支线(1干6支)工程水土保持设施验收鉴定书的函》(水保函〔2008〕791号)。

(七) 淮武支线管道工程

2007年9月19—20日,国家环境保护总局组织召开西气东输淮武联络线管道工程环境保护竣工验收会议,同意该工程通过环境保护验收。2008年5月,工程获得国家环境保护总局《关于西气东输淮武支线管道工程竣工环境保护验收意见的函》(环验〔2008〕57号)。

2008年1月9日,国家安全生产监督管理总局《国家安全监管总局关于中国石油集团公司西气东输淮武支线管道工程安全设施竣工验收的批复》(安监总管一函〔2008〕8号),同意该工程安全设施通过竣工验收。

2008年4月9日,国家水利部组织召开西气东输淮武联络线管道工程水土保持设施竣工验收会议,同意该工程水土保持设施通过竣工验收。2008年5月,工程获得国家水利部办《关于印发西气东输淮武支线管道工程水土保持设施验收鉴定书的函》(水保函〔2008〕262号)。

(八) 冀宁南段增压工程

2009年5月,冀宁南段增压工程取得国家卫生部职业病危害预评价备案批复文件;2010年7月,取得环境保护部环境影响评价备案批复;2012年2月,取得国家安监总局安全预评价备案批复,2014年1月通过安全设施验收;2015年7月,通过环境保护设施验收。

(九) 江都至如东天然气管道工程

2007年5月,江都至如东天然气管道工程取得北京市卫生局职业病危害预评价备案批复文件;2008年3月,取得国家安监总局安全预评价备案批复;2009年1月,取得环境保护部环境影响评价备案批复;一、二期于2012年10月取得水土保持设施验收批复文件,三期于2014年5月16日取得水土保持设施验收批复;一、二期于2013年8月取得安全设施验收批复,三期于2015年8月24日取得安全设施验收批复。

(十) 山西沁水煤层气管道工程

2007年3月,山西沁水盆地煤层气外输管道工程取得国家安监总局安全预评价备案批复;2008年5月,取得北京市卫生局职业病危害预评价备案批复文件;2009年5月,取得环境保护部环境影响评价备案批复;2012年5月,取得山西省水利厅的水土保持设施验收批复;2013年4月,取得国家安监总局的安全设施验收批复;2015年1月,取得环境保护部的环境保护设施验收批复文件。

(十一) 甪直至宝钢天然气管道工程

2008年3月,甪直至宝钢天然气管道工程取得国家安监总局安全预评价备案批复;2009年12月,取得环境保护部环境影响评价备案批复;2010年3月,取得江西省卫生厅职业病危害预评价备案批复文件;2012年8月,取得水利部的水土保持设施验收批复;2013年7月,通过江苏省安监局组织的职业病危害控制效果验收;2013年8月,取得国家安监总局的安全设施验收批复;2015年11月,取得环境保护部的环境保护设施验收批复文件。

(十二) 南宁至百色支线工程

2011年7月,南宁至百色支线工程取得广西壮族自治区环境保护厅环境影响评价备案批复;2011年7月,取得广西壮族自治区安全生产监督管理局职业病危害预评价备案批复文件;2012年7月,取得安全预评价备案批复。

(十三) 苍梧至贺州支线工程

2011年7月,苍梧至贺州支线工程取得广西壮族自治区安全生产监督管理局职业病危害预评价备案批复文件;2011年12月,取得安全预评价备案批复;2012年5月,取得广西壮族自治区环境保护厅环境影响评价备案批复。

(十四) 金坛至溧阳支线工程

2012年5月,金坛至溧阳支线工程取得江苏省卫生局职业病危害预评价备案批复文件;2012年9月,取得江苏省安监局安全预评价备案批复;2012年12月,取得江苏省环保厅环境影响评价备案批复。

(十五) 如东至海门至崇明岛输气管道工程

2013年8月,如东至海门至崇明岛输气管道工程取得国家安监总局职业病危害预评价备案批复文件;2013年8月,取得国家安监总局安全预评价备案批复;2013年12月,取得环境保护部环境影响评价备案批复。

(十六) 金坛储气库工程

2006年12月12日,金坛储气库工程取得国家安监总局安全预评价备案批复;2008年2月28日,取得国家环保总局环境影响评价备案批复;一期工程一阶段于2009年4月通过国家安监总局组织的竣工验收,2009年5月21日通过国家环保总局的环保验收;2009年6月,取得水利部水土保持设施验收批复。

第六节 标准化管理

标准化管理指公司建立标准体系、制定标准、实施标准、检查标准实施及组织采用国际标准。

2002年12月，公司成立了标准化技术委员会，负责标准化的技术归口工作，主任由公司分管标准化工作的领导担任；委员会下设秘书处，负责该委员会的日常工作，秘书长由公司质量安全环保处领导担任。

为加强标准化管理，公司还同时印发了《中国石油西气东输管道公司标准化委员会章程》《中国石油西气东输管道公司标准化管理办法》《中国石油西气东输管道公司标准制修订工作细则》。

公司标准化技术委员会的主要任务为：组织开展公司企业标准及集团公司企业标准的立项、审查、发布及复审；建立公司技术标准体系，开展适用标准的梳理工作，以保持技术标准体系的有效性；完成标准备案；组织开展技术标准的宣贯工作；制定标准实施监督的措施与方法；利用现代通信和网络技术，加快标准化信息传递等。

截至2016年年底，公司共编制185项企业标准，其中151项有效，34项废止；共收集企业外部适用标准共1099项，其中国家强制性标准200项、国家推荐性标准252项、石油行业强制标准18项、石油行业推荐标准188项、集团公司企业标准246项、专业公司企业标准18项、其他行业标准172项、美国行业标准5项；公司共主导或参与了78项集团公司企业标准、行业标准和国家标准的制修订。

第七篇

党群工作

　　西气东输管道(销售)公司组建以来,历届党政领导都非常重视党的建设工作。为实现公司的持续有效发展,公司各届党委深入学习领会党的十五大、十六大、十七大、十八大精神,积极开展保持共产党员先进性的教育活动、深入学习实践科学发展观活动和党的群众路线教育活动,认真贯彻落实党中央、国务院以及国资委和集团公司的要求,围绕中心、服务大局,探索实践、改革创新,按照"围绕生产抓党建,抓好党建促发展"的企业党建工作思路,探索加强和改进企业党建工作,建立适应现代企业制度特征的领导方式,充分发挥党组织的政治核心作用和党员先锋模范作用。以学习型党组织建设、加强党风廉政建设,推进惩治和预防腐败体系建设。以工会与共青团建设等具体工作为抓手,全面推进公司党建工作与企业文化的紧密结合,不断丰富党组织建设工作的载体。完善党组织制度建设,建立党群工作年度考核制度,量化考核指标,强化基层党建工作管理责任,有力地推动了公司和谐发展、科学发展,为公司不断全面深化改革提供了坚强的组织保证。

第一章
党组织建设

注重党的组织建设是中国石油的优良传统。公司党委积极继承弘扬好传统、好做法,狠抓基本组织、基本队伍、基本制度建设,推动党组织建设全面进步、全面过硬。注重发挥党组织的政治核心和战斗堡垒作用,消除基层党建的"空白区",包括组织的"空白区"、制度的"空白区"、活动的"空白区",实现党的组织和工作全面覆盖。注重严格落实党的组织生活基本制度,认真开展组织生活会、民主评议党员、谈心谈话,切实解决组织生活不落实、流于形式、效果不明显等问题。注重基层党支部书记培养,强化基层党支部书记的选拔、任用。注重创新基层党建工作方法,面对基层站队点多线长,党组织和党员高度分散等客观困难,积极创新党组织设置模式和组织活动方式,公司党建工作取得新突破。

第一节　公司党委及各级党组织

一、公司历届党委组建情况

2000年2月,国家西部大开发战略中的国家级重大工程西气东输工程启动;10月,集团公司党组同意成立中共西气东输工程项目经理部临时委员会,党组织关系隶属于股份公司直属机关党委。任命陈吉庆为西气东输工程项目经理部临时党委书记,陈希吾、王树宽、谢戈果为临时党委委员。

2001年1月,集团公司党组任命吴宏任为西气东输工程项目经理部临时党委委员。6月,集团公司党组决定成立中共西气东输管道分公司临时委员会,陈吉庆任书记。

2002年5月,集团公司党组决定成立中共西气东输管道分公司委员会,陈吉庆任书记,党组织关系隶属于股份公司直属机关党委;11月,集团公司党组任命李伟为公司党委副书记兼纪委书记,黄泽俊为公司党委委员;12月,公司党政领导班子成员进行了分工。党委委员分工如下:黄维和全面负责党委工作,主管干部工作;李伟主管党建、宣传、纪委、工会等工作,分管党委办公室、组织部、纪委、工会、联合监督办公室、人事处党务工作;陈希吾分管采办处、合同与文控处党务工作;谢戈果分管财务处、市场开发与销售部、对外合作办公室党务工作;吴宏分管技术处、工程调度处、计划与投资处、征地办公室党务工作。

2004年2月,公司党委委员和领导班子成员进行了分工。党委委员分工如下:黄维和全面负责党委工作,主管干部工作;李伟主管党建、纪检、宣传、工会等工作,分管党委办公室、组织部、工会办公室、审计监察处(纪委办公室)党务工作;陈希吾分管采办处党务工作;谢戈果分管财务处、市场开发与销售部党务工作;吴宏分管规划计划处、工程技术处党务工作;黄泽俊分管生产运行处、质量安全环保处、管道处党务工作。

2006年2月,集团公司党组对公司领导班子调整;黄维和不再兼任公司的党政主要领导职务,由黄泽俊接任总经理、党委书记职务;吴宏调任离;丁建林调离;姜昌亮任副总经理兼安全总监、党委委员;王刚任总会计师、党委委员。

2007年4月,集团公司党组任命王小平为公司党委委员,李伟不再担任公司党委副书记、党委委员、纪委书记;6月,集团公司党组任命秦刚为公司党委书记、纪委书记,黄泽俊不再担任公司党委书记职务,改任党委副书记;6月,按照属地化管理的原则,党组织关系归属中共上海市经济和信息化工作委员会。

2008年3月,集团公司党组任命褚永杰、陈正惠为公司党委委员;7月,西气东输管道分公司召开第一次党代会,选举产生第一届党的委员会和纪律检查委员会,秦刚为党委书记、纪委书记,黄泽俊为党委副书记。下属1个党委,10个党总支,63个党支部;8月,集团公司党组免去王刚公司党委委员职务;9月,集团公司党组任命王宁为公司党委委员。

2009年6月,集团公司党组任命谢延凯为公司党委委员、副书记(保留正局级),免去丁建林公司党委委员职务;同月,公司党委委员和领导班子成员进行了分工。党委委员分工如下:秦刚全面负责公司党委工作,主管党建、纪检、宣传、工会、共青团工作,分管审计监察处(纪委办公室)、企业文化处(党群工作处)党务工作;黄泽俊分管总经理办公室(党委办公室)、人事处(组织部)党务工作;谢延凯协助秦刚抓好党群工作;王小平分管科技信息处、生产运行处、管道处和压缩机处党务工作;褚永杰分管质量安全环保处、采办处和工程技术处党务工作;陈正惠分管规划计划处、市场开发与销售部、房改办公室党务工作;王宁分管财务处、内部控制办公室党务工作。

2010年7月,集团公司党组任命陈岩为公司党委委员;8月,公司党委委员和领导班子成员进行了分工。党委委员分工如下:秦刚全面负责公司党委工作,主管党建、纪检、宣传、工会、共青团工作,分管审计监察处(纪委办公室)、企业文化处(党群工作处)党务工作;黄泽俊分管总经理办公室(党委办公室)、人事处(组织部)党务工作;王小平分管科技信息处、生产运行处、管道处和压缩机处党务工作;陈岩分管房改办公室党务工作;褚永杰分管质量安全环保处、采办处和工程技术处党务工作;陈正惠分管规划计划处、市场开发与销售部党务工作;王宁分管财务处、内部控制办公室党务工作。

2012年9月,公司对党委委员工作分工进行了调整,陈岩分管企管法规处党务工作;王宁分管财务处党务工作;其他党委委员分工不变。

2013年11月,集团公司党组任命凌霄为党委书记,免去秦刚党委书记、纪委书记、工会主席职务(退休),免去黄泽俊党委副书记职务(调离)。

2015年7月,集团公司党组任命么惠全为党委委员;9月,集团公司党组任命么惠全为纪委书记。

2016年3月,集团公司党组任命李文东为党委书记,免去凌霄党委书记职务。

2016年4月,免去褚永杰党委委员职务(退休);10月,集团公司免去陈正惠党委委员职务(调离)。

二、历届党组织组建情况

表7-1-1 西气东输管道公司各级党组织机构变更情况一览表

机关部门党支部(2001.9—2010.6)、总部党总支部(2010.6—2014.11)、机关党委(2016.12)

序号	党组织名称	成立时间	变更时间	批准单位	书记(任命时间)
1	公司机关党总支部委员会	2010.2		公司党委	史玉海(2010.2)
	公司机关党委	2014.11		公司党委	史玉海(2014.11)
2	办公室党支部	2001.9		公司临时党委	梁鹏(2001.11)
	办公室党支部委员会		2001.11	公司临时党委	梁鹏(2001.11)

续 表

序号	党组织名称	成立时间	变更时间	批准单位	书记(任命时间)
	合同与文控处党支部	2002.9		公司党委	吕铁(2002.9)
	总经理办公室党支部委员会		2002.5	公司党委	梁鹏(2002.5)、廖亮(2003.5)、吕铁(2005.4)
	办公室党支部委员会	2015.7		公司党委	任魁(2015.7)
3	人事处与合同文控处党支部	2001.9		公司临时党委	杨庆朝(2001.9)
	人事处与合同文控处党支部委员会		2001.11	公司临时党委	杨庆朝(2001.11)
	人事处(组织部)党支部委员会		2002.9	公司党委	杨庆朝(2002.9)、李超(2014.1)
4	计划财务处党支部	2001.9		公司临时党委	姜巍(2001.11)
	计划财务处党支部委员会		2001.11	公司临时党委	姜巍(2001.11)
	计划与投资处党支部		2002.9	公司党委	张向阳(2002.9)
	规划计划处党支部		2004.3	公司党委	张向阳(2004.3)、房维龙(2005.3)、丛山(2016.12)
5	计划财务处党支部	2001.9		公司临时党委	姜巍(2001.11)、房维龙(2005.3)
	计划财务处党支部委员会		2001.11	公司临时党委	姜巍(2001.11)
	财务处党支部		2002.9	公司党委	姜巍(2002.9)、王宁(2006.6)、靳光辉(2009.5)
6	监督联合办公室党支部	2002.9		公司党委	马唯衡(2002.9)
	审计监察处党支部		2004.2	公司党委	马唯衡(2004.2)、茚长华(2005.10)
7	生产运行处党支部	2003.5		公司党委	张帆(2003.05)
	生产运行处党支部委员会		2004.3	公司党委	张帆(2004.3)、王小平(2005.3)、李锴(2007.5)
8	工程调度处党支部	2002.9		公司党委	郭宝山(2002.9)
	工程技术处党支部		2004.3	公司党委	郭宝山(2004.3)、张郁文(2008.5)、赵罡(2011.3)、邱春斌(2011.11)
	工程技术处党支部		2015.7	公司党委	邱春斌(2015.9)
9	技术处党支部	2002.9		公司党委	陈向新(2002.9)
	技术处党支部委员会		2002.11	公司党委	陈向新(2002.11)
10	工程处与质量安全环保处党支部	2001.9		公司临时党委	郭宝山(2001.9)
	工程处与质量安全环保处党支部委员会		2001.11	公司临时党委	郭宝山(2001.11)
	质量安全与环保党支部		2002.9	公司党委	姜昌亮(2002.9)
	质量安全环保处党支部		2004.3	公司党委	姜昌亮(2004.3)、余曦(2007.5)、邱春斌(2008.5)、李波(2011.11)
11	征地办公室党支部	2002.9		公司党委	杨贵山(2002.9)
	管道处(保卫处)党支部		2004.3	公司党委	杨贵山(2004.3)、么惠全(2005.3)、顾清林(2015.11)

续 表

序号	党组织名称	成立时间	变更时间	批准单位	书记(任命时间)
12	采办处党支部委员会	2001.11		公司党委	刘文成(2001.11)
	采办处党支部		2006.9	公司党委	丛山(2006.9)
13	压缩机维检中心党支部委员会	2005.4		公司党委	高顺华(2005.3)
	压缩机处党支部委员会		2010.8	公司党委	高顺华(2010.8)
	压缩机管理处党支部委员会		2015.9	公司党委	高顺华(2015.9)
14	企管法规处(内控与风险管理处)党支部委员会	2012.6		公司党委	王小彤(2012.6)
15	企业文化处党支部	2006.9		公司党委	褚永杰(2006.9)、史玉海(2008.5)、吴锡合(2016.12)
16	科技信息处党支部	2007.6		公司党委	郝兴国(2007.6)
17	房改办公室党支部	2006.4		公司党委	陈金龙(2006.4)、张力伟(2011.3)

表7-1-2 西气东输管道公司所属单位党组织变更情况一览表(2001.9—2016.12)

序号	党组名称	成立时间	变更时间	批准单位	书记(任命时间)
1	新疆管理处党支部	2001.11		公司临时党委	史玉海(2001.11)
	新疆管理处党支部委员会		2002.8	公司党委	史玉海(2001.11)、余曦(2005.1)、吴锡合(2007.5)
	新疆管理处党总支部委员会	2008.4		公司党委	吴锡合(2008.4)、陈殿礼(2009.5)
2	甘宁管理处党支部	2002.11		公司党委	陈金龙(2002.11)
	甘宁管理处党支部委员会		2003.4	公司党委	陈金龙(2003.9)
	甘肃管理处党支部委员会		2004.2	公司党委	陈金龙(2003.9)、邱春斌(2005.1)
	甘肃管理处党总支部委员会	2008.4		公司党委	范志刚(2008.5)
3	陕晋管理处党支部委员会	2002.7		公司党委	陈金龙(2002.9)
	宁陕管理处党支部委员会		2004.5	公司党委	张力伟(2004.4)、李波(2007.3)
	宁陕管理处党总支部委员会	2008.4		公司党委	李波(2008.4)、赵罡(2009.5)、李利军(2011.7)
	长宁输气分公司委员会	2008.5		公司党委	杨智科(2008.5)、吕明淳(2011.3)
	银川管理处党委	2014.4		公司党委	吕明淳(2014.4)、陆李(2016.3)
4	山西管理处党支部	2004.2		公司党委	褚永杰(2004.2)
	山西管理处党支部委员会		2004.5	公司党委	褚永杰(2004.5)、郝兴国(2005.1)、赵罡(2007.6)
	山西管理处党总支部委员会	2008.4		公司党委	赵罡(2008.4)、李树成(2009.5)、宋红兵(2016.12)
5	豫皖管理处党支部	2002.9		公司党委	么惠全(2002.9)、褚永杰(2005.1)、张龙(2007.5)
	豫皖管理处党总支部	2008.4		公司党委	张龙(2008.4)
	郑州管理处党委	2014.9		公司党委	张龙(2014.9)、宋红兵(2016.3)

续 表

序号	党组名称	成立时间	变更时间	批准单位	书记(任命时间)
6	苏浙沪管理处党支部委员会	2003.9		公司党委	王小平(2003.9)、张帆(2005.3)、傅文奎(2007.3)
	苏浙沪管理处党总支部委员会	2008.4		公司党委	傅文奎(2008.4)、胡峻(2011.11)
	苏浙沪管理处党委	2015.2		公司党委	胡峻(2015.2)、刘英男(2016.12)
7	合肥管理处党总支部	2014.9		公司党委	范志刚(2014.9)、李树成(2016.12)
8	储气库管理处党支部	2003.5		公司党委	李国兴(2003.5)、魏东吼(2004.7)
	储气库项目部党支部委员会	2005.3		公司党委	魏东吼(2005.3)、杨海军(2007.11)
	储气库项目部(管理处)党总支部委员会	2008.4		公司党委	杨海军(2008.4)
9	济青管道工程项目部党支部委员会	2004.4		公司党委	陈向新(2004.4)
	冀宁管道工程项目部党支部委员会		2005.4	公司党委	陈向新(2005.4)、崔新华(2005.10)、关宏德(2007.5)、赵钟明(2008.7)
	管道工程建设项目部党支部委员会		2009.9	公司党委	赵忠明(2009.9)、陈殿礼(2015.11)
10	淮武管道工程项目部党支部	2004.7		公司党委	幺惠全(2004.7)
	淮武管道工程项目部党支部委员会		2004.10	公司党委	么惠全(2004.10)、史玉海(2005.3)
	鄂管理处党支部委员会		2006.6	公司党委	史玉海(2006.6)
	豫鄂管理处党总支部委员会	2008.4		公司党委	史玉海(2008.4)、李汉斌(2008.5)、范志刚(2012.8)
	华中天然气销售分公司临时党支部委员会	2005.7		公司党委	廖 亮(2005.7)
	管道华中输气分公司委员会	2005.7		公司党委	李伟林(2005.7)、张玉峰(2008.7)、李江(2010.5)、孙杰(2010.12)
	华中输气分公司委员会	2012.2		公司党委	孙杰(2011.12)、李江(2012.2)、陈殿礼(2012.6)
	武汉管理处党委	2014.4		公司党委	范志刚(2014.4)、付文魁(2014.9)
11	压缩机站工程项目部党支部	2005.3		公司党委	高顺华(2005.3)、陈向新(2006.3)、王宜建(2008.5)
	压缩机站工程项目部党支部委员会		2011.3	公司党委	张郁文(2011.3)
12	苏北管理处党支部委员会	2006.3		公司党委	李锴(2006.3)、李学军(2007.5)
	苏北管理处党总支部委员会	2008.4		公司党委	李学军(2008.4)、胡俊(2008.5)、彭建伟(2012.3)
	苏北管理处党委	2015.2		公司党委	彭建伟(2015.2)、刘英男(2015.12)、范志刚(2016.12)
13	冀鲁管理处党支部委员会	2006.3		公司党委	李锴(2006.3)、张力伟(2007.3)
	冀鲁管理处党总支部委员会	2008.4		公司党委	张力伟(2008.4)、罗松青(2009.11)

续表

序号	党组名称	成立时间	变更时间	批准单位	书记（任命时间）
14	南京计量测试中心党支部	2007.1		公司党委	丁建林(2007.1)
	南京计量测试中心党支部委员会		2007.5	公司党委	丁建林(2007.5)、王劲松(2008.7)
	南京计量测试中心党总支部委员会	2013.8		公司党委	王劲松(2013.8)
15	甘陕管理处筹备组党支部	2008.5		公司党委	顾清林(2008.5)
	甘陕管理处筹备组党支部委员会		2010.2	公司党委	顾清林(2010.2)
	甘陕管理处党支部委员会		2010.4	公司党委	顾清林(2010.4)
	甘陕管理处党总支部委员会		2011.5	公司党委	顾清林(2011.5)
	甘陕管理处党委	2015.2		公司党委	顾清林(2015.2)
16	赣湘管理处筹备组党支部	2008.5		公司党委	任魁(2008.5)
	赣湘管理处党支部委员会		2010.5	公司党委	任魁(2010.4)
	赣湘管理处党总支部委员会		2011.5	公司党委	任魁(2011.5)
	南昌管理处党总支部		2014.9	公司党委	任魁(2014.9)
	南昌管理处党委	2015.2		公司党委	任魁(2015.2)
17	粤桂管理处筹备组党支部	2008.5		公司党委	刘英男(2008.5)
	广东管理处党支部委员会		2011.2	公司党委	刘英男(2011.2)
	广东管理处党总支部委员会		2011.5	公司党委	刘英男(2011.5)
	广东管理处党委	2015.2		公司党委	刘英男(2015.2)
18	浙江管理处党支部委员会	2010.4		公司党委	吴锡合(2010.4)
	浙江管理处党总支部委员会		2012.6	公司党委	吴锡合(2012.6)
	浙江管理处党委	2015.7	2012.6	公司党委	吴锡合(2015.7)
19	广西管理处（广西管道工程建设项目部）筹备组党支部委员会	2010.12		公司党委	王宜建(2011.1)
	广西管理处（广西管理工程建设项目部）党支部委员会		2011.2	公司党委	王宜建(2011.2)
20	香港支线工程建设项目部党支部	2011.3		公司党委	刘玉华(2011.3)
	香港支线工程建设项目部党支部委员会		2012.3	公司党委	刘玉华(2012.3)
21	福建管理处筹备组党支部	2011.7		公司党委	马骥国(2011.7)
	福建管理处筹备组党支部委员会		2012.3	公司党委	马骥国(2012.3)
	厦门管理处党支部委员会		2012.10	公司党委	马骥国(2012.10)
	厦门管理处党总支部	2016.12		公司党委	马骥国(2016.12)
22	福建管网项目部党支部	2012.6		公司党委	王发展(2012.6)

续 表

序号	党组名称	成立时间	变更时间	批准单位	书记(任命时间)
23	江西投资公司党总支	2011.4			叶金万(2010.8)、刘玉华(2015.9)
	江苏如东管道有限公司党支部委员会	2015.12		公司党委	
24	长沙输气处筹备组党支部	2012.6		公司党委	陈殿礼(2012.6)
	长沙管理处党总支部		2014.9	公司党委	陈殿礼(2014.9)、孙启敬(2016.3)
25	市场开发与销售部党支部	2001.9		公司临时党委	
	市场开发与销售部党支部委员会		2001.11	公司临时党委	李世泉(2001.11)
	市场开发与销售部党委	2015.7		公司党委	吕铁(2015.7)

表7-1-3　西气东输管道公司各级党组织机构沿续表

序号	成立组织机构名称	书记	成立时间
	西气东输管道公司党委		
1	西气东输工程项目经理部临时党委	陈吉庆	2000.10
2	西气东输管道分公司临时党委	陈吉庆	2001.6
3	西气东输管道分公司党委	黄维和	2002.5
	机关党委		
	总部党总支部委员会	史玉海	2010.2
	机关党委	史玉海	2014.11
	办公室(党委办公室)党支部		
4	办公室党支部委员会	梁鹏	2001.11
5	总经理办公室党支部委员会	梁鹏	2002.5
		吕铁	2005.4
6	办公室(党委办公室)党支部	任魁	2015.7
	人事处(党委组织部)		
7	人事处与合同文控处党支部	杨庆朝	2001.9
8	人事处与合同文控处党支部委员会	杨庆朝	2001.11
9	人事处党支部	杨庆朝	2002.9
10	计划财务处党支部	姜巍	2001.9
11	计划财务处党支部委员会	姜巍	2001.11
12	计划与投资处党支部	张向阳	2002.9
13	财务处党支部	姜巍	2002.9
14	工程调度处党支部	郭宝山	2002.9
15	技术处党支部	陈向新	2002.9
16	技术处党支部委员会	陈向新	2002.11
17	工程处与质量安全环保处党支部	郭宝山	2001.9

续表

序号	成立组织机构名称	书记	成立时间
18	工程处与质量安全环保处党支部委员会	郭宝山	2001.11
19	质量安全环保处党支部	姜昌亮	2002.9
20	合同与文控处党支部	吕 铁	2002.9
21	征地办公室党支部	杨贵山	2002.9
22	采办处党支部委员会	刘文成	2001.11
23	物资管理处党支部	丛 山	2015.7
24	市场开发与销售部党支部	李世泉	2001.9
25	市场开发与销售部党支部委员会	李世泉	2001.11
26	市场开发与销售部党委	吕 铁	2015.7
27	监督联合办公室党支部	马唯衡	2002.9
28	生产运行处党支部	张 帆	2003.5
29	新疆管理处党支部	史玉海	2001.11
30	新疆管理处党支部委员会	史玉海	2002.8
31	甘宁管理处党支部	陈金龙	2002.11
32	甘宁管理处党支部委员会	陈金龙	2003.4
33	陕晋管理处党支部委员会	陈金龙	2002.9
34	豫皖管理处党支部委员会	么惠全	2002.9
35	苏浙沪管理处党支部	王小平	2001.11
36	苏浙沪管理处党支部委员会	王小平	2002.8
37	储气库管理处党支部	李国兴	2003.5
38	审计监察处党支部	马唯衡	2004.2
39	规划计划处党支部	张向阳	2004.3
40	生产运行处党支部委员会	张 帆	2004.3
41	工程技术处党支部	郭宝山	2004.3
42	质量安全环保处党支部	姜昌亮	2004.3
43	管道处党支部	杨贵山	2004.3
44	采办处党支部	丛 山	2006.9
45	压缩机维检中心党支部委员会	高顺华	2005.4
46	压缩机处党支部委员会	高顺华	2010.8
47	压缩机管理处党支部	高顺华	2015.7
48	企管法规处（内控与风险管理处）党支部委员会	王小彤	2012.6
49	企业文化处党支部	褚永杰	2006.9
50	科技信息处党支部	郝兴国	2007.6
51	科技信息中心党支部	李海川	2015.7
52	新疆管理处党总支部委员会	吴锡合	2008.4
53	甘肃管理处党支部委员会	陈金龙	2004.2

续 表

序号	成立组织机构名称	书记	成立时间
54	甘肃管理处党总支部委员会	邱春斌	2008.4
55	宁陕管理处支部委员会	张力伟	2004.5
56	宁陕管理处总支部委员会	李 波	2008.4
57	山西管理处党支部	褚永杰	2004.2
58	山西管理处党支部委员会	褚永杰	2004.5
59	山西管理处党总支部委员会	赵 罡	2008.4
60	豫皖管理处党总支部	张 龙	2008.4
61	郑州管理处党委	张 龙	2014.9
62	苏浙沪管理处党总支部委员会	付文奎	2008.4
63	苏浙沪管理处党委	胡 峻	2015.2
64	合肥管理处党总支部	范志刚	2014.9
65	储气库项目部党支部委员会	魏东吼	2005.3
66	储气库项目部（管理处）党总支部委员会	杨海军	2008.4
67	储气库项目部（管理处）党委	杨海军	2015.2
68	济青管道工程项目部党支部委员会	陈向新	2004.4
69	淮武管道工程项目部党支部	么惠全	2004.7
70	淮武管道工程项目部党支部委员会	么惠全	2004.10
71	豫鄂管理处党总支部委员会	史玉海	2008.4
72	压缩机站工程项目部党支部	高顺华	2005.3
73	压缩机站工程项目部党支部委员会	张郁文	2011.3
74	工程处党支部	邱春斌	2015.7
75	苏北管理处党支部委员会	李 楷	2006.3
76	苏北管理处党总支部委员会	李学军	2008.4
77	苏北管理处党委	彭建伟	2015.2
78	冀鲁管理处党支部委员会	李 楷	2006.3
79	冀鲁管理处党总支部委员会	张力伟	2008.4
80	南京计量测试中心党支部	丁建林	2007.1
81	南京计量测试中心党支部委员会	丁建林	2007.5
82	甘陕管理处筹备组党支部	顾清林	2008.5
83	甘陕管理处筹备组党支部委员会	顾清林	2010.2
84	甘陕管理处党支部委员会	顾清林	2010.4
85	甘陕管理处党总支部委员会	顾清林	2011.5
86	甘陕管理处党委	顾清林	2015.2
87	赣湘管理处筹备组党支部	任 魁	2008.5
88	赣湘管理处支部委员会	任 魁	2010.4
89	赣湘管理处党总支部委员会	任 魁	2011.5

续表

序号	成立组织机构名称	书记	成立时间
90	南昌管理处党总支部	任魁	2014.9
91	南昌管理处党委	任魁	2015.2
92	粤桂管理处筹备组党支部	刘英男	2008.5
93	粤桂管理处党支部委员会	刘英男	2010.4
94	广东管理处党支部委员会	刘英男	2011.2
95	广东管理处党总支部委员会	刘英男	2011.5
96	广东管理处党委	刘英男	2015.2
97	长宁输气分公司党委	杨智科	2011.8
98	银川管理处党委	吕明淳	2014.9
99	浙江管理处党支部委员	吴锡合	2010.4
100	浙江管理处党总支部委员会	吴锡合	2010.6
101	浙江管理处党委	吴锡合	2015.7
102	广西管理处(广西管道工程建设项目部)筹备组党支部委员会	王宜建	2010.12
103	广西管理处(广西管理工程建设项目部)党支部委员会	王宜建	2011.2
104	香港支线工程建设项目部党支部	刘玉华	2011.3
105	香港支线工程建设项目部党支部委员会	刘玉华	2012.3
106	深港天然气管道有限公司党支部	王发展	2016.1
107	房改办公室党支部	陈金龙	2006.4
108	福建管理处筹备组党支部	马骥国	2011.7
109	福建管理处筹备组党支部委员会	马骥国	2012.3
110	厦门管理处党支部委员会	马骥国	2012.10
111	华中输气分公司党委	孙杰	2012.2
112	武汉管理处党委	范志刚	2014.9
113	福建管网项目部党支部	王发展	2012.6
114	江西投资公司党总支	叶万金	2011.4
115	长沙输气处筹备组党支部	陈殿礼	2012.6
116	长沙管理处党总支部	陈殿礼	2014.9
117	江苏如东联合管道有限公司党支部委员会	徐高峰	2015.12
118	武汉管理处党委	范志刚	2014.9
119	福建管网项目部党支部	王发展	2012.6
120	江西投资公司党总支	叶万金	2011.4
121	长沙输气处筹备组党支部	陈殿礼	2012.6
122	长沙管理处党总支部	陈殿礼	2014.9

第二节 党员队伍

公司党委按照"坚持标准,保证质量,改善结构,慎重发展"的方针,规范党员发展程序,认真抓好入党积极分子的培养考核工作,注重吸收一线站队长、技术能手等业务骨干入党,做到把骨干发展成党员、让党员都成为骨干。截至2016年12月,先后有359名积极分子入党,503名预备期满的预备党员按期转正,在管道全线大多数站队和关键艰苦岗位发挥着党员模范带头作用。

表7-1-4 历年党员人数和基层党组织情况一览表

年份 项目	2000	2001	2002	2003	2004	2005	2006	2007	2008	2009	2010	2011	2012	2013	2014	2015	2016
党委(个)	1	1	1	1	1	1	1	1	2	2	2	2	3	3	3	13	13
党总支(个)	0	0	0	0	0	0	0	0	10	10	11	14	12	13	12	4	4
党支部(个)	0	9	9	18	20	22	25	29	69	69	73	94	97	105	102	108	118
党员(人)	—	—	—	70	142	172	201	301	467	532	800	933	1 277	1 313	1 355	1 382	1 369
女性(人)	—	—	—	8	21	27	31	47	71	84	123	157	212	227	238	243	243
少数民族(人)	—	—	—	1	6	8	9	9	17	18	25	34	51	48	51	49	49
发展党员(人)	—	—	—	7	10	7	11	15	21	32	26	41	49	39	35	45	45

数据来源:《中国共产党党内统计年报表(西气东输管道公司)》。

第三节 党建工作

公司组建以来,不断加强和改进党建工作,不断拓展和创新党建活动方式,充分发挥党建工作在安全生产中的积极作用,使党建工作成为企业发展的不竭动力,全力推动各项工作不断迈上新台阶。

建立健全基层党的组织。公司成立以来,按照"三同时"(新成立的团体、企事业单位,在建立行政班子的同时建立党组织;在明确行政负责人的同时,明确党组织负责人;在安排检查行政工作的同时安排检查党建工作,从而形成基层党建工作的基本组织体系、基本制度体系和基本主题实践活动体系等)要求,根据区域性重组和劳动组织的新变化,创新党组织设置模式。在党员相对集中的站场,建立独立党支部;在党员人数少于3人、相距不是太远的邻近场站,建立联合党支部;在条件成熟的派出机构,组建党总支部,党组织建立健全率达100%。2008年7月下旬,经上海市经济工作党委、集团公司思想政治工作部批准,成功组织召开了公司第一次党员代表大会,选举产生了公司新一届党的委员会和纪律检查委员会。

创建"六个一"党支部。根据集团公司要求,2008年4月,公司党委印发了《开展党支部"六个一"创建工作实施方案》,要求生产经营工作和党支部建设两个目标一起走,抓生产从党建入手,抓党建从生产出发,持续开展"六个一"党支部创建活动。活动中"好书记、好班子、好载体"逐渐成为主要特色,各派出机构党组织注重选好配强党支部书记,让一批政治素质好、事业心责任感强、工作能力和综合素质高的员工挑起支部书记的重任。各站队党支部选取多种载体丰富活动形式,以"生产建设我带头、安全输气当先锋"为载体,开展"筑牢坚强堡垒、引领和谐发展"主题实践活动;以"一个支部一面旗,一名党员一盏灯"为载体,开展"党员活动日"和"党员学习日"活动,争创先进基层党支部。

做好发展党员工作。截至2016年12月,公司现有入党积极分子82名,申请入党人117名。2008—2012年,先后发展249名积极分子光荣入党,408名预备期满的预备党员按期转正。通过组织发展和党员合理调整,注重吸收一线站队长、技术能手等业务骨干入党,目前已基本做到了一线绝大多数站队和关键、艰苦岗位都有党员,为进一步提升党建工作水平打下了坚实的基础。

强化党务工作者培训。从2010年起至今,公司每年定期举办党务知识培训班、参加上海市经信委举办的党支部书记学习班。2011年,公司党委组织部历时4个月,编撰了《党建实务手册》,分"发展党员工作""党员教育管理""党的基层组织选举工作"和"党管系统的操作与数据维护"等4个部分,覆盖了基层党建工作的全部内容。《手册》的编写采取一问一答、问题分析、提供范文范例等通俗易懂的形式,有较强的针对性和可操作性。党务工作者可以随时查阅党建工作流程和要求,也可参考提供的标准文本,准确把握基层党建工作的基本内容和要求,掌握正确的工作方法和工作流程,做到概念明晰、程序清楚、资料规范、工作有序。

推进学习型党组织建设。公司党委始终把建设学习型党组织放在工作的突出位置。坚持在真学、真用上下功夫,对副处级以上的支部书记,通过脱产培训、以会代训、专题辅导、送出去或集中办班等方法分批分期组织学习,加大培训力度。2008年以来,对派出机构站队级支部书记,坚持每两年轮训一遍。培训内容紧贴实际,主要包括支部书记工作实务、基本能力必备、当前国际国内热点问题思考、新时期党建工作的热点和难点问题、学习型党组织建设理论与实践、党史党性等多个方面。截至2016年年底,共举办6期站队级党支部书记培训班,参加培训187人次。公司党委坚持把学习型党组织建设的落脚点放在支部,所属支部通过聘请专家举办辅导讲座、上党课、指导支部工作,利用板报、网络、开展"党员学习日"活动等形式,进行政治理论、专业知识等内容的学习,做到了学习经常化、制度化,党员教育管理覆盖率始终达到100%。

建立党群工作年度考核制度。2010年5月,公司党委组织部制修订了党支部工作考核细则、考核标准和考核办法,内容考核包括组织干部、宣传思想、党风廉政建设、企业文化、工会共青团、基层建设、维稳信访及保密综治工作等方面。公司党委高度重视党建工作年度考核,2010年以来,连续四年对各派出机构党组织进行了年度考核。考核前制订方案,召集各职能处室负责人多次开会商议考核事宜,做到全面准备;考核中采取召开会议、听取汇报、座谈交流、个别访谈、查阅资料、专题提问等形式,现场抽签确定被检站队,现场评分并双方确认,保证了考核过程的公正公开;考核后认真听取各考核组的详细汇报,对考核情况和结果做出通报,并对进一步搞好工作提出新的要求,保证了考核工作质量的不断提升。通过年度考核,公司对基层党群工作总体情况的掌握更加全面深入,党群部门在考核的同时深入基层、贴近员工进行细致指导,基层党群组织在接受检查的同时巩固成果、不断完善提高,做到了上下结合、共同进步,达到了预期目的。

规范党建工作基础资料。本着简便实用的原则,根据"党建带工建、党建带团建"的精神指导,2010年12月,党委组织部设计制作了党群工作记录本,并将其列为公司党群工作考核必查的重点内容。内容包括:党务工作、工会工作、共青团工作和光荣榜等4个部分,将党工团的活动记录合而为一,统一了记录册各种表格、会议记和活动记录等格式以及打印装订要求,规范了党群工作的主要活动记录、完善基础资料和各类相关台账。改变了过去记录本繁多、记录标准各异的现象,做到了格式统一、内容统一。同时,做好"上海市党员党组织管理信息系统"的数据采集和录入,保证党员党组织信息的准确性、时效性、实用性。定期抽取报表,为日常党内统计服务,既方便准确把握党员队伍、申请入党人队伍情况,又方便了安排开展各项党内活动。

开展先进性教育等重大活动。2005年3—6月,公司党委开展保持共产党员先进性教育活动。按照上级党组织要求,公司党委认真贯彻落实胡锦涛总书记提出的先进性教育活动"关键是取得实效"和"真正成为群众满意工程"的要求,结合工作实际认真开展先进性教育活动,公司全体党员全部参加党员先进性教育活动，党员参学率、党员参加评议率均达到100%，实现了提高党员素质，加强基层组织，服务人民群众的目标。

2008年9月—2009年6月，公司党委开展深入学习实践科学发展观活动。其间，按要求按节点完成活动的规定动作和自选动作，共编发简报43期，组织党委中心组学习4次，专题讲座4次，参加培训人员共4000多人次，圆满完成了各项任务。

2010年10月—2011年下半年，在各级党组织和全体党员中深入开展以创先争优活动，先后形成各级党组织承诺书110份，党员个人承诺书1 037份；各级党组织共召开评议大会百余场次，发放评议问卷1 200多份，群众总体满意度达96%；公司各级党组织委员进行领导点评累计323次。2011年下半年起，在基层党组织和党员中深入开展"为民服务创先争优"主题实践活动，把创先争优活动建设成为群众满意工程。

2013年8月，公司开展党的群众路线教育实践活动。在历时7个月的教育实践活动中，公司局处两级21个中心组共开展集中学习126次，先后征求意见建议687条，两级领导班子认真查摆"四风"突出问题，开展谈心交心活动，扎实开展专题民主生活会，两级班子成员提出批评意见共计300余条。通过开展群众路线教育实践活动，党员干部践行群众路线的自觉性进一步增强，解决了一批"四风"突出问题，党群干群关系进一步密切，有效促进了安全生产和生产运行，公司改革发展的思路和举措进一步优化。

2016年5月，公司开展"两学一做"学习教育活动。公司党员以支部为单位，按"四讲四有"标准分四个专题，扎实开展"两学一做"学习教育工作。其间，开展了党员党组织关系专项排查，理顺了党员组织关系，畅通了党员队伍"进口"和"出口"，解决了"口袋党员"问题，切实把每名党员就近纳入党组织有效管理。对两名不合格党员，给予党内除名的处理，纯洁了党的队伍。对公司所属党组织换届选举情况进行排查，对29个任期届满党组织进行了换届选举，对因党员人数少不能组建支部的站场，创新党支部设置方式，指导管理处派出处领导和机关部分党员，到党员人数少、地理位置偏远的站场组建党支部。对2008年4月以来公司党员缴纳党费情况进行了排查摸底，结合实际制定了补缴方案，自觉、按时、足额交纳党费，成为个人增强党性观念、严守组织纪律的自觉行为。市经信党委领导两次到公司调研，对公司"两学一做"学习教育的实施方案和进展情况给予了高度评价，有关经验和亮点在上海市《组织人事报》《支部生活》杂志上撰文推广。

探索分散党员学习教育模式。面对战线长、站点多、党员队伍高度分散、教育管理难度极大的实际情况，公司党委以完善制度加强保障，2008年以来，修订完善了《党员培训制度》《廉政学习教育制度》《三会一课制度》等制度，并在年度党群工作考核中检查落实；以创新载体来扩大覆盖面，实行"一张大表统一运行"的方式，用公司电视电话会议系统集中上党课、公司网页上建立党员在线学习专栏和创先争优活动专栏等灵活、有效的载体，构建全员参与学习体系；以强化管理来保证学习质量，加强对党员学习教育的检查监督，发挥先进典型引导作用，加大学习教育经费的投入，探索分散党员学习教育的新途径和新模式。

战斗堡垒与先锋模范作用得到充分发挥。2003年春，公司党委开展"高扬党旗，决战百日"活动，创造了"非典"期间四千公里施工战线、两万余名参建员工无一例非典病例、无一例疑似病例、工程建设没停一天的奇迹，保证了"十一"东段进气、年底西段管线主体焊接完工目标的顺利实现。

2008年元月发生的雨雪冰冻灾害中，各地区管理处党组织带领广大党员干部顶风雪，冒严寒，战斗在抗灾抢险的第一线。4月29日，国资委在京召开中央企业抗雨雪冰冻灾害总结表彰大会，授予公司党委"2008年抗雨雪冰冻灾害先进基层党组织"荣誉称号。5月下旬，在"情系灾区、众志成城、抗震救灾"党员交纳"特殊党费"活动中，短短三天时间里，公司共有643名党员自愿交纳抗震救灾"特殊党费"，总金额达到54.71万元。

2009年初，西气东输二线干线及广深支干线、广南支干线、香港支线陆续建开式建设。其间，公司劳模、老共产党员孙铁铭一直坚守施工现场,他总结了"三字诀"监管法,带领青年员工严把质量关,同时为管理处培养了大批生产技术骨干。至西二线广东段全线投产时,辖区内40座阀室、7座场站的进、出站阀门及越站阀门无一内漏。繁忙的工作让他多次放弃休假,妻子后来撰文《西气东输,我把丈夫奉献给了你》,令无数读者潸然泪下。

2010年5—10月,在持续6个多月的世博安保工作中,苏浙沪管理处白鹤分输站党支部带领全体党员群众上下一心,全力以赴,圆满完成了各项安保任务,为世博会的成功举办作出了贡献,白鹤站被评为上海市世博先进集体和"工人先锋号",支部书记王俊峰荣获上海市委创先争优世博先锋行动"五带头"共产党员称号。

2011年6月30日,西二线东段广州末站放空火炬安全点火,宣告西二线东段黄陂至广州干线投产一次成功,西二线干线工程全线贯通,被誉为"蓝金"的中亚天然气通过我国首条跨国天然气管道进入广东,为党的90岁生日献上了一份沉甸甸的厚礼。

2012年12月19日,广东大铲岛分输压气站建成投产。支部书记李明洲带领一群学生兵,克服交通不便、天气恶劣、生活物资无法保障等困难,坚守海岛配合施工管理。大铲岛站如期投产,他又带领全站员工全身心投入到为港保供的工作中。背靠繁华、守候寂寞、默默奉献,大铲岛站多次被评为公司和管理处的先进党支部,李明洲书记多次被评为优秀党员和优秀党务工作者。

2014年5月,深圳地区遭受百年不遇的洪水灾害,广深支干线14号阀室在两个小时内,被洪水浸没,水深超过2米。共产党员赵义敏、马庆然,关键时刻挺身而出,与洪水奋勇搏击,游进阀室紧急处置,及时导通流程,避免了香港支线的输气中断。关键时候冲得上去,共产党员的大无畏精神,在当代得到完美诠释。

2014年8月,首批首台国产天然气管道20兆瓦级电驱压缩机组通过4 000小时工业性试验及应用考核,正式投入工业生产。这不仅打破了这类产品长期依赖进口的被动局面,还标志着我国长输管道关键设备将在油气管道工程建设招投标中与国外产品同台竞技。这期间,地处西安郊区的高陵站队立下了汗马功劳,多数党员放弃休假,连续奋战,及时发现并协调整改问题300余项,上报现场建议意见37项,保证了国产机组试用成功和安全平稳运行。

2015年12月20日11时38分,受深圳山体滑坡影响,中国石油西气东输公司广深支干线管道受损发生泄漏。公司随即启动应急响应,由于现场滑坡体量大,情况复杂,为尽快恢复供气,南京、武汉、广东三个维抢修中心200余名抢险队员和20台套抢险设备,24小时内全部位,全力配合深圳市政府开展抢修工作。在此过程中,广大党员克服长途集结、夜间作业、土方量浩大、救援交叉作业以及现场再次滑坡的风险等诸多困难,发扬不怕艰苦、连续作战的精神,团结协作,冲锋在前,连续奋战18个昼夜,顺利完成临时管线连续作业带平整、作业坑缓冲沟开挖、现场运管布管、组对焊接、焊缝检测、试压、氮气置换、分台阶稳压等作业任务,以最快的速度恢复了供气。

2016年6月1日,连续的降雨将使武汉官莲湖大道成了一条"泄洪道",管线箱涵施工开挖的作业坑附近一片汪洋。而此刻,光缆接头盒却被雨水冲入了作业坑,随时都有被冲断的危险!武汉管理处共产党员马帅、牟阳没有来得及多想,立即冲入齐腰深的洪水中,将接头盒拉回到岸边。为了防止再次发生类似的险情,他们轮番地在岸边蹲守了两天两夜,直到雨停水泄。

在一系列的突发事件和急难险重任务面前,公司各级党组织和广大党员冲锋在前,克服困难,排除险情,保障安全,用实际行动践行了自己的诺言,为党旗增光添彩。

第二章
党风廉政建设

西气东输管道公司从2000年成立以来，不断发展壮大。无论是管道工程建设期，还是转入运营管理后，各项工作千头万绪，具有资金流量大、建设工期紧、技术水平高、涉及层面多、管理跨度远、政策性强等特点，一定程度上容易引发腐败问题。西气东输管道公司纪委从工程开工伊始就提出"三不一要"，即工作上不倒一个人、经济上不倒一个人、生活上不倒一个人，要把西气东输工程建设成为"阳光工程"。

党的十八大后，在中央全面推进从严治党的新形势下，公司党委牢固树立"不抓党风廉政建设是失职，抓不好党风廉政建设是渎职"的理念，全面落实党风廉政建设责任。首先，加强领导，明确分工，构建党委主体责任落实机制，进一步厘清党委和纪委的角色定位及职责分工，着力健全完善党风廉政建设领导体制和工作机制。其次，提高能力，突出重点，确保纪委监督责任落到实处，坚持违纪违规问题原因未查清不放过、责任人员未受到处理不放过、责任人员和其他员工未受到教育不放过、整改措施未落实不放过。再次，层层落实，齐抓共管，发挥业务部门监管合力，坚持"谁主管、谁负责"的工作原则，建立完善"一级抓一级，层层抓落实"的反腐倡廉责任体系。通过狠抓落实党委主体责任、纪委监督责任、部门监管责任，保持了公司多年未发生明显违纪违规问题的良好记录，为西气东输管道安全平稳高效运营提供了政治纪律保证。

第一节 组织架构

2001年5月，集团公司党组批复成立"中共西气东输管道分公司临时委员会"，为进一步健全和加强党内监督制约机制，充分发挥党的纪律检查职能，根据《党章》规定和股份公司2001年纪检监察工作会议精神，经公司临时党委研究，成立"中共中国石油股份公司西气东输管道分公司纪律检查委员会"。主要职责是按照严格要求、严格管理、严格监督的精神，坚持"标本兼治，综合治理，惩防并举，注重预防"的方针，强化党性党风党纪教育，推进党风廉政建设和反腐败工作。公司党委正式成立后，该项工作得到进一步强化和推进，党的"十八大"后，公司纪委认真落实监督责任，深化和推动反腐倡廉建设工作再上新台阶。

2004年2月，公司成立审计监察处（纪委办公室），主要负责公司党风廉政建设、效能监察、执法监察和审计等工作，并负责公司纪委日常工作。2006年6月，西气东输干线工程已全线建成并投入商业运营，股份公司决定撤销西气东输工程三个监督小组及工程监督联合办公室，相关职责分别划入公司审计、监察和质量安全环保等部门。

2007年6月，公司决定审计监察处内成立综合科。2010年6月，公司决定审计监察处撤销综合科，成立审计科、纪检监察科。

2016年，公司纪委健全完善组织机构，形成由5名成员组成的纪律检查委员会，其中，专职纪委书记1人。在此基础上，调整纪检监察与审计业务机构编制，撤销审计监察处审计科、纪检监察科，成立办公室、监督室、审计室等3个科室；审计监察处定员调整增加为12人，调整充实2名同志从事纪检监察工作。同时，在规模较大、党员人数较多的4个所属单位党委分别设立纪委，配备兼职纪委书记1人和纪委委员2人；在党群科增设党风廉政岗，配备1名专职人员负责纪检监察业务。在其他12个所属单位党组织分别设立纪律检查委员1人；未设纪律检查委员会或纪律检查委员的3个所属单位党组织，分别设1名兼职纪律检查员。在16个设纪律检查委员和纪律检查员的所属单位，设兼职党风廉政岗。充实调整后的专兼职纪检监察队伍，共计57人。

第二节　惩防腐败体系建设

惩防腐败体系建设是中央提出的建立健全与社会主义市场经济体制相适应的教育、制度、监督并重的惩治和预防腐败体系的简称。2006年，根据中国石油集团公司党组《建立健全教育、制度、监督并重的惩治和预防腐败体系建设实施意见》及任务分工方案，公司制定了西气东输管道公司的《西气东输管道（销售）公司建立健全教育、制度、监督并重的惩治和预防腐败体系建设实施细则》和年度推进计划，对公司内部建立健全惩防体系的各项任务进行逐项分解，确定相关部门的职责分工，并把落实情况纳入党风廉政建设责任制考核范围，保证惩防腐败体系建设按计划开展。

2007年，公司以落实惩防体系建设《实施细则》和年度推进计划作为反腐倡廉建设的主线，有关责任部门相继制定完善了《党政班子议事规则》《重要信息报告制度》《公开选拔处级领导班子党群副职实施办法》《处级领导班子行政副职竞聘上岗实施办法》以及《预算管理办法》等规章制度，对权力运行形成了比较完备的制约机制。公司纪委进一步建立完善了协调、督查机制，10月专门召开惩防体系建设联席会议，听取各责任部门的工作汇报，检查推进计划落实情况，认真查找存在的问题和差距，进一步明确下一步的工作目标和措施，增强了各部门的责任意识和反腐败的治本力度。当年，组织各业务部门撰写论文36篇，通过理论研讨会和书面形式交流论文25篇，评选优秀论文15篇，从理论与实践的结合上，对惩防体系建设工作进行了认真的总结和探讨，为加强源头治理、推进反腐倡廉提供了理论和实践经验的支持。

2008年，公司成立了以党委书记为组长，相关部门负责人组成的惩防体系建设领导小组，下设办公室。惩防体系建设领导小组每年召开两次会议，专题听取相关部门的工作汇报，对工作任务进行部署和分解，落实责任，分析存在的问题，明确提出要求。领导小组办公室组织协调，定期督促相关部门落实任务。同年，在持续推进惩防体系建设的基础上，公司纪委认真贯彻落实《中国石油集团公司建立健全惩治和预防腐败体系2008—2012年实施计划》的工作要求，组织起草了《西气东输管道（销售）公司建立健全惩治和预防腐败体系建设2008—2010年实施办法》和三年推进计划，经过反复征求意见和讨论修改，经公司党委审定后下发实行。

2012年，公司纪委组织对2008—2012年惩防体系建设工作情况进行总结，共计完成5个方面主要任务、329项具体工作。从整体情况看，主要体现了三个特点：一是公司及各部门对惩防体系建设的认识进一步提高，责任意识进一步增强；二是在公司统一指导下，各部门加强协调配合，工作更加主动；三是惩防体系建设对加强公司管理、健全制度体系、防范违规违纪风险起到了积极作用。通过5年的努力，惩防体系建设各项任务得到较好落实，各项工作稳步推进。教育的说服力、制度的约束力、监督的制衡力得到较好发挥。教育使人不想为，制度使人不能为，监督使人不敢为的良性机制逐步形成。

2014年，中共中央印发了《建立健全惩治和预防腐败体系2013—2017年工作规划》，明确提出全面推进惩治和预防腐败体系建设是全党的重大政治任务和全社会的共同责任,要坚持标本兼治、综合治理、惩防并举、注重预防,经过今后5年的不懈努力,实现坚决遏制腐败蔓延势头的阶段总目标。按照集团公司要求,于5月制定了《中国石油西气东输管道公司贯彻落实〈中国石油集团公司建立健全惩治和预防腐败体系2013—2017年工作规划〉分工方案》《中国石油西气东输管道公司贯彻落实惩防腐败体系规划2014年推进计划》。其中,分工方案确定了4个方面、16项任务,明确了5个牵头部门;2014年推进计划确定了4个方面、16项任务、99项工作内容,明确了9个牵头部门和相应责任人、配合部门、完成时间,通过两次推进会,确保任务落实。

2015年以来,随着中共中央、集团公司反腐倡廉建设形势变化和重点转移,同时随着纪检监察工作"转职能、转方式、转作风"活动深化,党风廉政建设工作转向落实党委主体责任和纪委监督责任。公司党委旗帜鲜明,坚决落实全面从严治党战略部署,保持政治定力;公司纪委强化监督执纪问责,坚持把纪律挺在前面,党风建设和反腐败工作取得阶段性成效。公司党委加强对党风廉政建设工作的统一领导和总体部署,多次召开会议专题研究安排、提出具体要求,领导和支持纪检监察部门"三转",明确党委办公室为落实主体责任办事机构;组织签订党风廉政建设责任书,以上率下层层落实责任;党委成员约谈所属单位班子成员,督促各项工作落实;研究制定党委落实主体责任、纪委落实监督责任实施细则等制度;对党风廉政建设责任制落实情况开展检查考核。同时,贯彻执行公司"两个责任"实施细则及配套制度,明晰责任、工作和问题清单的具体内容,明确两级党委、纪委和业务主管部门的任务、责任,完善考核评价体系和监督检查方式方法,与经营业绩真挂钩、硬兑现,切实做到把责任扛起来、立场硬起来、纪律严起来。

第三节　落实党风廉政建设责任制

西气东输工程建设期间,点多线长,人员高度分散,但是纪检和党风廉政建设没有因此受到丝毫弱化,八千里管线上从业主到各级承包商,都成立了党组织。在党支部一级还专门设立了纪检委员,并重点实施领导责任追究制度、党风廉政建设责任制、领导承包要害部位责任制和领导负责分管部门班子建设责任制。公司各级党组织始终把建立完善责任制及相关配套制度放在首位,创立了一套规范运行的防范制约机制。

2002年,西气东输管道公司制定下发了《西气东输管道公司纪检监察诫勉谈话制度》,对《西气东输管道公司领导班子成员党风廉政建设责任制》进行了修订。公司领导与各部门负责人签订了党风廉政责任书,落实了各级领导在党风廉政建设工作中的责任。

2003年,公司纪委下发了《关于贯彻在西部大开发重点建设项目中开展职务犯罪预防工作的实施意见》的通知,对在工程建设中如何开展职务犯罪预防工作,提出了要求、建立了制度、完善了措施、明确了责任。同时,对领导干部和关键岗位人员重点督促"一岗双责"的执行和"五不准"规定的落实。对在遵纪守法和廉洁自律上出现的苗头性问题,早打招呼、及时提醒。

2004年初,在公司领导与责任范围内的各部门主要领导签订责任书的基础上,公司纪委制定下发了《党风廉政建设责任制考核实施办法(试行)》;8月,组织进行了上半年党风廉政建设情况的自检和抽查,并在公司纪委(扩大)会议上进行总结和讲评。公司纪委还根据《中国共产党党内监督条例》的有关规定,在原有基础上进一步修订、制订了述职述廉制度、民主生活会制度、信访处理制度、巡视检查制度、谈话和诫勉制度、党风廉政监督员制度以及相关的会议制度和工作联系制度;会同组织部门对各党支部的民主生活会和党员领导干部的述职述廉情况进行了督促和检查,与63名处级干部进行了解情况谈话、任职谈话和廉政教育例行谈话。

2005年,公司处以上领导干部逐级签订了党风廉政建设责任书,明确了各级领导抓党风廉政建设的责任范围和内容。各党支部按照公司党委、纪委的要求,召开廉洁自律专题民主生活会,进行了党员干部述职述廉。在此基础上,公司纪委结合干部考核和党建工作检查,先后对21个处级班子及66名处级干部落实党风廉政建设责任制的情况进行了民主测评和检查考核,通过召开座谈会和个别谈话等形式,重点从党风廉政教育、内部监督管理、责任制落实、领导干部廉洁自律等4个方面广泛听取党员和员工的意见,及时通报和整改了存在的问题。

2006年,公司纪委配合股份公司监察部建立了6名局级干部和74名处级干部的廉洁从业档案,共有80名处级以上干部签订党风廉政建设责任书,65名处级干部进行述职述廉并接受党员和员工代表的民主测评。纪检监察人员深入11个地区管理处、项目部进行现场调研和巡视,提出建议17条,发现并督促整改问题20个,收集和反馈党风建设监督员的意见、建议37条,其中采纳建议11条。

2007年,按照公司《党风廉政建设责任制考核实施办法》,组织公司领导班子主要领导与4名公司副职领导,公司领导与28个分管部门的主要领导分别签订了《党风廉政建设责任书》,确认各自的责任范围和责任内容,明确责任追究标准。公司下属单位由各支部参照公司规定的内容和形式,在处级领导班子成员和队(站)领导中实行了责任分解,并以书面形式予以确认。同时,结合公司年度考核工作,采用述职述廉、民主评议、群众测评和个别谈话、查阅资料等方式,对27个班子和86名处级干部的履责情况进行了综合考核、评价,并作为班子和干部业绩评定、奖惩和选拔任用的重要依据。此次年度考核,共有699名员工参与了民主测评,对党支部和处级干部党风建设责任制各方面落实情况表示满意和比较满意的均在90%以上,没有出现需要进行责任追究的问题。

2008—2012年,领导班子坚持"四个亲自",切实履行"一岗双责",试点推行党务公开,进一步推动公司惩防体系建设和反腐倡廉工作部署的贯彻落实。特别是2012年,公司纪委修订印发了《中国石油西气东输管道公司党风廉政建设责任制实施细则》和新的《党风廉政建设责任书》标准模板,组织公司党政正职同副职、公司党政正职同所属基层单位党政正职、公司党政副职同分管部门正职分别签订责任书,当年共签订党风廉政建设责任书342份。对37个处级班子和114名处级干部的责任制落实情况进行检查、测评,领导班子综合满意率达到97%,处级干部综合满意率93%。

党风廉政建设责任制的实行有效促进了各级领导干部抓党风廉政建设的责任意识和工作的积极性、主动性,实现了党风建设与班子和干部作风建设、党支部"创先争优"活动以及企业内控体系建设的有机结合,做到了反腐倡廉工作与党建工作和企业经营管理工作同时部署同时检查同时推进。

党的十八大以来,公司进一步完善体制机制,明确责任分工,齐抓共管的合力进一步得到巩固。一是构建党委主体责任、纪委监督责任落实机制,厘清党委和纪委的角色定位及职责分工,研究制定"两个责任"实施细则和责任清单。成立公司党风廉政建设领导小组,党委自觉扛稳抓牢主体责任,纪委履行监督责任,部门有效落实监管责任,凝聚起齐抓共管、各负其责的监督合力。二是开展"三转"活动,确保纪委监督责任落到实处,加强纪委对同级党委的监督,以公司党委班子落实全面从严治党主体责任、执行"六项纪律"等情况为基础,为每名班子成员做出评价,准确"画像"。公司纪委对干部选拔任用工作进行全过程监督,2016年参与重要人事初始酝酿6次,监督回复廉洁从业情况征求意见12件。公司党委成员认真落实"四个亲自",主动了解掌握纪委工作,关心过问重要事项,提供正确有效的指导,为纪委开展工作提供了有力保障。三是坚持落实党风廉政建设责任制。层层签订党风廉政建设责任书,建立完善"一级抓一级,层层抓落实"的党风廉政建设责任体系。坚持开展党风廉政建设责任制落实情况考核测评,掌握群众满意度、认可度。测评结果与薪酬合理挂钩,对测评满意率低于70%的处级班子和处级干部提醒谈话。坚持党员领导干部约谈制度,共计约谈44人次。

党的十八届三中全会后,公司贯彻执行党委抓反腐倡廉建设的主体责任和纪委的监督责任,探索"把权力关进制度的笼子里"的有效途径,进一步完善"一级抓一级,层层抓落实"的责任体系,编印《党风廉政建设责任书》，自上而下、逐级组织、层层签订，做到任务分解到人，责任分解到人，实现一岗双责、全面覆盖。在此基础上，公司开展了党风廉政建设责任制年度测评活动，坚持对公司所属全体处级班子和处级干部责任制落实情况进行检查、测评，对考核结果认真汇总分析，针对存在问题提出整改意见和建议。从测评结果看，领导班子和领导干部每年的综合满意率基本上能够达到90%以上。对于个别满意率连续2年低于70%的处级班子和干部，按照规定给予相应处理。2015年，对满意率低于70%的3个处级班子、4名处级干部依据规定给予组织处理。

2016年，公司进一步完善了5项"两个责任"配套制度，从制度层面不断完善落实从严治党要求的保障措施；加强党风廉政建设责任制考核，对2015年度测评满意率低于70%的处级班子、处级干部依规提出处理建议；强化党员干部廉洁自律情况监督，对新提任干部提出廉洁从业鉴定意见；落实党风廉政建设约谈制度，约谈党员干部16人次。

第四节　开展反腐倡廉宣传教育

反腐倡廉教育历来是公司党委、纪委的重点工作之一。工程建设期间，各级党组织在开展党风廉政教育方面做到了多形式、分层次和有特点：一是集中学习。各参建单位党委中心组和各党支部利用学习日，组织党员干部学习党风廉政建设的重要文件，上廉政党课。二是专题辅导。针对党风廉政建设的重点难点问题，邀请有关领导或专家举办专题辅导报告，使党员干部从维护执政党形象和威信的高度，努力做立党为公、廉洁从政的表率。三是警示教育，现身说法。选择有代表性的案例作为预防职务犯罪的教育内容，通过剖析典型案例，使党员干部懂得珍惜政治生命，正确对待和使用权力，增强廉洁自律的自觉性。四是媒体宣传。充分利用网络或简报形式发布先进典型事迹、案例分析材料和相关信息，搭建起了宣传平台。五是自我教育。各级党组织及时将党纪党规下发到每名党员手中，使党员干部和企业管理人员明确应该怎样做和什么不能做，规范和约束自己的行为。

公司转入运营管理后，党委、纪委围绕社会主义核心价值体系的理想信念教育，继承和发扬"大庆精神""铁人精神"，恪守"诚信守法、廉洁敬业"的中国石油廉洁文化核心理念，逐步确立了结合西气东输工作实际的以进班子、进厂区、进站队、进岗位、进家庭"五进"活动为主要途径，以处级以上领导人员和关键岗位人员作为教育的主要对象，推进廉洁文化建设，推进建立拒腐防变长效机制，为西气东输管道安全平稳高效运营提供了政治纪律保证。

2004年，公司各级党组织以党员先进性教育活动为契机，不断深化思想道德教育、党规党纪教育和警示教育，做到集中学习与个人自学相结合、专题辅导与体会交流相结合、舆论宣传与寓教于文相结合，增强了公司党员干部的责任意识和自律意识。公司纪委注重对学习教育活动的组织领导，先后为党支部配发三个《条例》、一个《纲要》的学习辅导书籍和宣传挂图，编印了17起石油系统内典型案例剖析及警示教育学习材料，举办了21个支部、66名选手参加的党规党纪知识抢答赛，邀请中纪委有关负责人到公司做党风廉政教育专题报告，结合特殊案例组织各部门主要领导和部分重点岗位人员进行座谈讨论，通过多种形式引导学习教育活动不断深入。

2006年，公司纪委制定了公司廉洁文化建设实施方案和具体推进计划，把学习贯彻党章作为党员干部队伍思想作风建设的重要内容，以领导干部和关键岗位人员为重点，坚持不懈抓好党纪党规教育和反腐倡廉教育，先后编发14期警示教育案例剖析材料，对13名新提拔的处级领导干部进行了任前谈话。各党支部认真落实班子专题学习日制度，通过组织观看电教片、举办学习报告会、参观警示教育基地等方式，因地制宜开展党纪政纪教育和治理商业贿赂专项教育。各党支部及纪检监察部门采用为处级以上干部配发廉洁从业台历、制作廉洁从业警示牌和大幅宣传挂图、举办图片展等形式，努力营造廉洁文化氛围。1 300多人次参加公司举办的反舞弊知识答题和党规党纪知识网上竞答,公司机关和沿线各单位组织开展"反腐倡廉歌曲大家唱"活动,领导干部积极带头,党员和员工广泛参与,推动了反腐倡廉教育不断深入。

2008年,公司重点以廉洁文化建设为载体,不断深化对党员干部的思想教育。首先是领导干部带头。公司党委中心组及各党总支、支部分别组织班子成员学习了胡锦涛总书记在党的十七大和十七届中央纪委二次全会上的报告以及集团公司领导的重要讲话精神,公司党委书记在公司干部大会上进行了动员和宣讲,并利用视频会议方式为科级以上党员干部上了"牢记两个务必、加强作风建设"专题党课,从严格遵守党纪政纪、自觉践行共产党人的道德观和社会主义荣辱观等方面提出了具体要求。其次是教育形式多样。公司纪委和纪检监察部门通过举办遵守党章、廉洁自律视频报告会、请上海市经信纪工委领导宣讲反腐倡廉形势、组织观看《居安思危——苏共亡党的历史教训》和《贪欲之害》等警示电教片、组织参观廉洁文化书画展、开展廉洁从业警句格言创作征集活动、发送廉洁自律电子贺卡等多种方式,以及在公司网页上建立"反腐倡廉之窗"和"主题教育园地"专栏,及时编发学习资料和案例剖析材料,组织网上心得体会交流,在公司营造廉洁文化氛围,扩展教育覆盖面。第三是注重实际效果。公司党委、纪委按照集团公司党组纪检组关于开展"牢记两个务必、加强作风建设"主题教育活动的有关要求,把主题教育纳入班子学习、干部培训和文化宣传等业务工作之中,加强组织领导和检查督促。

2008—2012年,公司坚持加强教育引导,努力筑牢党员干部思想道德防线,围绕恪守"诚信守法、廉洁敬业"的中国石油廉洁文化核心理念,以党员干部和关键岗位人员为主要对象,采取正面和警示、线上和线下、集中和自学相结合的方式,开展各类廉政教育活动。其中,包括开展"忠诚事业、承担责任、艰苦奋斗、清廉奉献"等主题教育活动5次,组织廉洁从业知识网上竞答,订购发放《领导干部廉洁从政教育读本》等学习材料近2 000册,编发《机关算尽终成空》等案例剖析材料500余份,组织观看《红包·炸药包》等警示教育专题片10部;征集廉洁从业警句格言542条,形成《党员干部廉洁自律警句格言汇编》,其中31条入选由上海市经济和信息化工作党委编辑、上海人民出版社出版的《廉洁从政从业警句格言精录》。组织撰写党风廉政建设论文15篇,《提高反腐倡廉教育针对性的实践与探讨》论文获得中国监察石油分会2010年论文评选一等奖;与"七一"党的生日结合,举办网上知识竞答;开展《廉政准则》和《若干规定》等法规文件知识答题活动;配发"廉政日志",制作公司廉洁文化建设图片展板;利用"中国石油集团公司反腐倡廉宣传教育平台"加强业务知识学习;总结反腐倡廉宣传教育经验,形成《开设"三条通道"搭建"一个平台"注重运用科技手段开展反腐倡廉教育》经验材料,在集团公司2012年反腐倡廉建设工作会议上发言交流,得到集团公司党组纪检组、监察部领导的肯定。

党的十八大以来,公司的反腐倡廉工作在深入贯彻中央八项规定精神以及开展党的群众路线教育活动精神的基础上,无论是工作方式还是取得效果都有了很大的进步。一是严格按照中央有关精神和要求开展反腐倡廉工作。2013年,公司以《关于加强领导人员反腐倡廉教育的实施意见》为切入点,组织各级领导干部学习贯彻中纪委十八届二次全会、集团公司2013年反腐倡廉建设工作会议和上海市十届纪委二次全会精神,形成了落实中央八项规定常态化的氛围。二是更加注重反腐倡廉宣传教育工作。2013年,公司历时4个月广泛深入开展"倡廉洁、树清风"廉政公益广告展播活动,利用网络、视频、电子屏幕等载体,分别在总部机关、各派出机构机关、站队办公区和各派出机构、站队生活区进行展播,覆盖率达到100%,各级党组织收到学习心得体会93份。2014年,公司开始有针对性地加强基层站队长廉洁从业教育,以《严格自律,清正廉洁抓管理;防微杜渐,谨言慎行带队伍》为题,在公司第七届站队长论坛上进行宣讲。三是进一步提高反腐倡廉宣传教育质量。先后发放了《习近平关于党风廉政建设和反腐败斗争重要论述摘编》等时政资料、《中国石油高级管理人员廉洁从业学习材料》《党的领导干部从政道德教育重要论述摘编》《廉洁风采录》《合伙偷盗油品,葬送美好前程》等学习资料和案例剖析材料,这些材料的针对性高、说服力强,具有很好的警示作用。2014年,公司以集团公司查处违反中央八项规定精神的案例为题材,印发了《难挡金钱诱惑,断送美好前程》等剖析材料,组织党员领导干部和关键岗位人员学习,以案为镜,警示提醒,规避风险,取得了很好的效果。

2015年,公司进一步加强纪检监察人员教育,开展对党员干部的案例警示教育,印发《以权谋私利,贪腐毁前程》等18篇案例剖析材料500余份,采取制作PPT、视频宣讲等形式,组织党员领导干部、基层站队长、关键岗位人员学习。

2016年,公司在健全完善纪检监察队伍的基础上,继续加强纪检监察队伍思想、作风、能力建设,持续开展"两学一做"专题学习活动,加强纪检监察干部的教育监督管理。强化纪检监察人员"一专多能"的培养,注重专业结构优势互补,增强工作适应性,打造一支思想品行高、业务能力强、作风务实、勇于担当的监督执纪队伍。当年10月在广州举办纪检监察业务培训班,采取内部人员宣讲和外聘专家讲座相结合的方式开展,主要对所属单位专兼职纪检监察人员进行工作实务、信访受理、纪律审查、廉洁从业制度规定等培训讲解;11月举办一期纪检监察工作研讨会,讨论工作中遇到的困惑和问题,澄清模糊认识,交流经验做法,提升工作能力。安排参加集团公司监察部等组织的业务培训班6人次;参加监察学会石油分会工作研讨,撰写形成《利用AHP模型探索高效落实"第一种形态"之路》论文,获得第一片组二等奖。发挥新媒体作用,建立"申记煎茶"微信群,发布党的纪律规矩,及时传达纪委要求。收集整理18部微电影,在公司网页上利用专栏展播,组织公司各级党员干部观看。

第五节　监督执纪问责工作

西气东输工程建设期投资巨大,每年签订近千项经济合同、约100多亿元的资金流量,为做到既把工程建设好,实现按期、优质、安全、高效、廉洁的目标,公司注重强化内部管理,推行工程建设项目负责制、物资采办招投标制、合同管理制、党风廉政建设责任制等管理机制和体制,形成一道屏障,把住工程第一关。在此基础上,公司着重在外部建起三级监督体制:第一级是党风廉政责任制,第二级是包括政府监督体制、第三方监督体系在内的异体监督体制,第三级是基层群众监督体系。这三个层次使外部监控体系科学严谨,产生了良好的监督防范效果。

一、监督执纪队伍建设

2004年,公司采取自愿报名和群众推荐相结合的方式,首次在公司普通党员和群众中聘请了21名党风廉政建设监督员,通过电话、会议和电子联系卡等形式,及时听取监督员的意见和建议。一年中,监督员共提出意见9条、建议12条,纪委办公室回复意见17条,采纳10条。

2006年,公司纪委在原有基础上增聘了7名党风建设监督员,并举办了首期党支部纪检委员和监督员培训班,对7名2004—2005年度的优秀党风监督员进行表彰奖励。

2007年,以党支部换届改选为契机,普遍设置了由支部副书记或副处级支委担任的纪检委员,公司纪委在机关处室和地区管理处重新聘请了39名党风建设监督员,明确这些兼职人员在审计监察处的指导下对本单位的重点工作和反腐倡廉情况实施监督,每季度向纪委办公室报送一次信息反馈卡。

2009年,公司纪委坚持在各部门设立兼职纪检委员和党风建设监督员,对缺员问题及时进行整改、补充,各党总支、党支部共设立34名处级纪检委员和74名党风建设监督员,进一步完善了专兼结合的工作网络、加强了纪检监察力量。

2013年,公司进一步健全纪检监察组织网络,完成了设立纪委委员、纪检委员,选聘党风廉政建设监督员工作,明确了43名纪委委员、纪检委员和68名党风廉政建设监督员的岗位职责,为每一名监督员制作颁发了"电子聘任书"。按照中国石油集团公司党组纪检组、上海市经信纪工委要求,认真开展纪检监察系统会员卡专项清退活动,21人作出会员卡"零持有"报告,并签订了"零持有"承诺书。

2014年起,公司重点开展"转职能、转方式、转作风"学习讨论活动,以"为什么转""转什么""怎么转"为题深入思考、交流讨论,发现纪检监察体制机制不健全等7个方面问题,提出了相应的建设性意见和建议。

2015年,为适应公司党风廉政建设新形势新任务的需要,全面落实从严治党和纪检监察"三转"要求,健全完善党风廉政建设体制机制,根据集团公司巡视组的整改意见和公司党委安排,公司对纪检监察队伍现状进行客观深入分析研究,提出了健全队伍、完善机构的进一步要求,公司纪检监察队伍得到更好的完善。

2016年3月,公司决定撤销审计监察处审计科、纪检监察科,成立审计监察处办公室、监督室、审计室3个科室,增加了机构编制,调配了2名同志到公司审计监察处工作,增强了纪检监察力量。同时,坚持把党风廉政建设重点向基层延伸,公司纪检监察工作实行两级党风廉政建设监督、一级问题核查机制,所属单位纪委和专兼职纪检监察人员接受同级党委和公司纪委双重领导。

二、党风建设监督检查

2005年,结合西气东输工程建设和管理、运营的实际,公司制定实施了《党员干部廉洁从业若干规定》(简称《规定》),对党员干部提出了更为具体的廉洁从业行为规范。在《规定》以及公司《党风廉政责任制考核实施办法》中,明确了对党员干部从业行为的责任追究和违规处理。同时,公司还制定下发了《党支部党风建设十项工作制度》,对党支部抓党风建设工作提出了更加切合实际、更加明确具体的规范化要求。结合公司内控体系建设,公司纪委发布了《关于完善内部管理制度,健全监督防范机制的安排意见》,制定并试行了《重点岗位监督工作实施办法》,各处室、各地区管理处、项目部在反腐倡廉重点岗位设立监督点、确定监督员,明确各级组织及个人的监督职责,以及监督程序和制度保障。组织开展《中国石油股份公司信访举报规定》宣传教育和知识答题活动,建立网上监督平台,设立网上举报箱。

2006年,公司纪委制定并推行了《西气东输重点岗位监督管理实施办法》,相继建立、修订各种制度27项。如《处级班子行政副职竞聘上岗实施办法》《技术专家选聘管理办法》;《资金管理暂行办法》《资金计划管理实施细则》;《物资处理管理办法》《天然气销售计划管理暂行办法和因公出国管理办法》《车辆及办公设备配置标准》等。制定并实行《公司信访举报工作实施办法》,完善信访举报处理和违纪案件查处程序,信访举报件综合办结率达到了100%。

2009年,按照集团公司关于落实"三重一大"决策制度的要求,公司纪委牵头制定并下发了落实"三重一大"决策制度的实施细则,进一步规范和加强对公司领导班子、处级以上领导人员以及重点岗位、重点工作运行过程的监督。

2011年,集团公司党组第一巡视组到公司进行巡视工作。在历时一个多月的时间里,公司提供基础资料5个方面20余项,200余份;起草完成公司整体汇报材料1份,专项汇报材料8份,巡视工作报告3份;组织公司领导班子民主测评1次,召集部分管理人员、技术骨干、员工代表召开座谈会1次,与公司领导班子成员和部门负责人谈话43人次,巡视组列席公司党委会议1次;组织赴沿线3个管理处、12个站队调研巡视。

同年,公司还成立了加强党务公开工作领导小组,制定了《西气东输管道公司党务公开试点工作实施方案》,明确党的综合管理、组织管理、思想建设、党风廉政建设4个方面、共30项具体工作,公开的方式、范围和时间。2012年,按照上海市经信纪工委的安排,在总结开展党务公开试点工作的基础上,制定落实《西气东输管道公司党务公开工作实施方案》,在全公司范围内正式推行党务公开工作。

2012年,制定实施《西气东输管道公司监督部门联席会议制度》,旨在进一步加强公司总部具有监督职能的部门在工作中的沟通与协调,合理利用监督资源、共享监督信息、提高监督效果,建立各司其职、密切配合的监督工作长效机制。制度明确了会议内容、程序等,确定了党委书记、纪委书记为召集人,规划计划处、财务处、人事处、企管法规处等7个成员单位和联络员,审计监察处作为联席会议办公室,负责日常工作,沟通协调。在落实过程中,通过与惩防体系建设推进会共同召开的方式,加强和改进公司经营管理监督水平,有效防控各类管理风险。

党的十八大以来,公司将"八项规定"贯彻落实情况的监督检查、效能监察同党的群众路线教育实践活动结合起来,研究具体措施,对照检查在作风建设方面存在的差距,完善相关制度,形成抓落实的长效机制。2013年,公司党的群众路线教育实践活动开展以来,公司纪委先后组织作风建设专项检查2次,查出问题13个。

2014—2015年,公司纪委进一步加大贯彻中央纪委关于严禁公款购买印制寄送贺年卡、烟花爆竹等年货节礼各项规定的要求,严防"节日病"。开展企业领导人员职务消费专项检查,组织领导人员公务用车、公务接待、通信、差旅、培训和因公出国(境)的自查工作,厉行节约,强化领导干部作风建设。制定《西气东输管道公司党委关于改进工作作风、密切联系群众的若干规定》,制修订相关配套制度6项,严控会议活动、精简文件简报、改进调查研究、规范因公出国(境)管理、严格职务消费、规范新闻报道。

2016年,公司开展巡视工作,完成了对南京计量测试中心、长沙管理处等的现场巡视,形成报告4份,发现问题78项,提出立行立改22项、巡视建议64条;开展"八项规定""四风"问题监督检查,组织"四风"问题整治情况"回头看"及自查工作,没有发现问题线索;按期完成集团公司监察部安排的调研任务,形成关于禁止领导干部亲属违规经商办企业等专题调研报告。

三、纪律审查工作

纪律审查工作是纪委监督执纪问责主业的重点工作内容之一,主要包括党员干部违反政治纪律、组织纪律、廉洁纪律、群众纪律、工作纪律、生活纪律信访举报的核查处理,采取实地勘查验证、外围调查取证、当事人访谈自证、有关人员访谈证明、调阅资料验证等方式,收集书面材料,整理谈话笔录,掌握第一手资料,取得形成相关证据,查明事实真相。

党的十八大以来,公司突出主业主责,实践"四种形态",把纪律和规矩进一步挺在前面。一是强调纪法分开、纪在法前,突出监督执纪问责主业。落实查办案件以上级纪委领导为主的要求,加大信访举报调查核实力度,发挥纪律审查的震慑作用,重点对党员干部违反"六项纪律"信访举报核查处理。二是加强信访举报管理,严格履行审批程序,规范处理信访举报件,确保不遗漏、不丢失、不泄密,不私自处理。公司纪委共收到信访举报件50件,立案4件,给予党政纪处分和组织处理19人;诫勉谈话、批评教育12人;约谈2人;下达监察建议书7份、情况通报1份;收缴违规资金近60万元,未出现被审查对象投诉、受处理人员申诉等情况,执纪审查质量和效率明显提升。

第三章
工会与共青团工作

工会与共青团,是在党的领导下开展联系群众与青年的群团组织。公司各级工会和共青团组织,自成立以来努力找准定位,推进相关组织建设,围绕公司生产运营中心任务,以各种特色活动为载体,充分调动广大职工和团员青年的主人翁意识和生力军作用,起到了凝聚力量、鼓舞士气、稳定队伍的作用,发挥了密切联系广大职工和青年之间的桥梁与纽带作用。

在具体的工作过程中,工会与共青团的工作方式和活动内容各有侧重,各有特色。公司各级工会组织,以岗位练兵、技术创新等为主要内容开展系列活动,助推公司可持续发展。公司团委则坚持"服务发展、服务青年"宗旨,持续开展"安全生产,青年争先"、争创青年文明号、创建"青年安全生产示范岗"、争当"青年岗位能手"和开展创新创效等活动,为公司青年群体营造"朝气、和气、正气、大气"的文化氛围,在增强公司的活力和创新力方面作出了积极贡献。

第一节 工 会

一、组织建设

公司成立之初,即按照"先搭台,再充实,逐步完善"的原则,推动工会组织建设。在具体筹建工作的过程中,自觉做到了"两个及时":一是充分酝酿的基础上,及时建立完善了三级工会组织,即公司工会委员会—各管理处工会委员会—职能处室、站场、维修队工会小组;二是按照干部管理权限和民主程序,及时配备兼职工会主席和工会干部,在确保工会组建率和职工入会率的同时,使工会组建与会员发展与不断壮大的职工队伍相一致,组织体制与不断加快的输气管理相协调,做到了"凡是有行政机构、有职工的地方就有工会组织",为工会各项工作的开展提供了组织保证。

2001年12月,经全体员工民主选举,公司党委研究,并报股份公司直属机关工会和集团公司党组批准,成立西气东输管道分公司工会委员会。

2003年2月,经公司工会批准成立工会委员会办公室,与人事处合署办公。2003年7月22日,成立股份公司西气东输管道分公司工会委员会。2007年10月,工会组织关系由中国石油直属机关工会划转到上海市总工会,归口上海经济与信息化系统工会。

截至2016年底,公司工会专职干部1人,兼职125人,工会会员共有2 220人。公司工会先后成立了工会经费审查委员会、女职工委员会,在公司机关及各二级单位共设立18个二级工会委员会,在基层站队共设立214个工会小组。

二、制度建设

多年来,公司工会贯彻落实上级有关部门关于建立健全工会各项规章制度的精神和要求,制定了一系列相应的规章制度。

2007年10月19日,制定并发布《中国石油西气东输管道(销售)公司职工代表大会条例实施细则》《中国石油西气东输管道(销售)公司基层工会委员会、工会主席选举办法》《中国石油西气东输管道(销售)公司工会经费管理办法》《中国石油西气东输管道(销售)公司工会女工委员会工作条例》《中国石油西气东输管道(销售)公司厂务公开管理办法》《中国石油西气东输管道(销售)公司员工疗养管理办法》《中国石油西气东输管道(销售)公司员工患重大疾病医疗费用补助办法》《中国石油西气东输管道(销售)公司困难员工家庭生活补助办法》等八项制度。

2008年11月4日,印发《中国石油西气东输管道(销售)公司员工患重大疾病医疗费用补助办法实施细则(试行)》。

2008年12月22日,印发《西气东输管道(销售)公司表彰制度》。

2010年5月7日,印发《中国石油西气东输管道公司扶贫帮困捐款管理办法》。

2010年7月21日,印发《中国石油西气东输管道公司员工健康疗养管理办法》,废止《中国石油西气东输管道(销售)公司员工疗养管理办法》。

2010年9月8日,制定并发布《中国石油西气东输管道公司职代会联席会议制度(试行)》《中国石油西气东输管道公司职代会提案工作制度(试行)》《中国石油西气东输管道公司工会会员会籍管理办法(试行)》等三项制度。

2012年9月4日,印发《中国石油西气东输管道公司帮困送温暖工作管理办法》,废止《中国石油西气东输管道(销售)公司困难员工家庭生活补助办法》。

三、工会职能

(一) 企业民主管理

1. 职工代表大会

公司每年坚持召开一次职工代表大会,传达集团公司年度工作报告,听取并审议公司工作报告、财务工作报告和职代会提案工作情况报告,表彰公司年度先进集体和优秀员工。

2007年2月4—6日,公司召开一届一次职工代表大会。会议传达了集团公司2007年工作会议精神。公司总经理黄泽俊作《坚持科学发展,努力构建和谐,不断提高西气东输安全高效运营水平》的工作报告。总会计师王刚作《关于2006年预算执行情况和2007年度财务预算安排的报告》。会议表彰了公司2006年度先进集体和优秀员工。会议应到正式代表74名,实到67名;列席代表48名。

2008年2月18—20日,公司召开一届二次职工代表大会。会议传达了集团公司2008年工作会议精神。公司总经理黄泽俊作《贯彻十七大精神,落实科学发展观,为西气东输安全平稳高效运营努力奋斗》的工作报告。总会计师王刚作《关于2007年度财务预算执行情况和2008年度财务预算(草案)的报告》。副总经理、提案委员会主任王小平作公司职代会提案工作情况报告。上海市经济和信息化工作系统工会副主任潘晓岗参加会议并讲话。会上表彰了公司2007年度先进集体、优秀员工。会议应到职工代表80名,实到75名;列席代表18名。

2009年1月17—19日,公司召开一届三次职工代表大会。会议传达了集团公司2009年工作会议精神。公司总经理黄泽俊作《深入贯彻落实科学发展观,努力开创西气东输和谐发展新局面》的工作报告。总会计师王宁作《关于2008年度财务预算执行情况和2009年度财务预算(草案)的报告》。副总经理、提案委员会主任王小平作公司职代会提案工作情况报告。上海市经济和信息化工作系统工会副主任潘晓岗参加会议并讲话。会议应到职工代表87名,实到84名;列席代表14名。

2009年12月,在公司二届一次职工代表大会召开前,公司工会对职工代表进行换届选举,重新选举职工代表88名。其中,操作人员21名、专业技术人员22名、管理人员45名,沪外一线代表为60人。其中,包括青工3名、女工3名、少数民族员工2名、劳模先进人物2名。

2010年1月22—24日,公司召开二届一次职工代表大会。会议传达了集团公司2010年工作会议精神。公司总经理黄泽俊作《强化责任意识,勇于应对挑战,为促进西气东输科学发展而努力奋斗》的工作报告。总会计师王宁作《公司2009年度财务预算完成情况和2010年度财务预算安排的报告》。副总经理、提案委员会主任王小平作职代会提案工作情况报告,向职代会报告落实《西气东输管道公司领导班子学习实践活动整改落实方案》的进展情况。上海市经济和信息化工作系统工会副主任潘晓岗讲话。会议应到职工代表88名,实到87名;列席代表14名。

2011年1月24—26日,公司召开二届二次职工代表大会。会议传达集团公司2011年工作会议精神。公司总经理黄泽俊作《开拓进取,勤奋工作,努力实现西气东输"十二五"良好开局》工作报告。总会计师王宁作《关于2010年度财务预算执行情况和2011年度财务预算(草案)的报告》。副总经理、提案委员会主任王小平作公司职代会提案工作情况报告。上海市经济和信息化工作系统工会副主任潘晓岗参加会议并讲话。会议应到职工代表100名,实到98名;列席代表40名。

2012年2月13—14日,公司召开二届三次职代会。公司总经理黄泽俊作《夯实安全发展基础,提升企业管理水平,为集团公司天然气与管道业务发展作出新贡献》的工作报告。总会计师王宁作《关于公司2011年度财务预算完成情况和2012年度财务预算安排的报告》。副总经理、提案委员会主任王小平作公司职代会提案工作报告。会议表彰2011年度先进集体、先进站队和先进个人。会议应到职工代表87名,实到87名;列席代表13名。

2012年11月20日,公司工会对三届职工代表进行换届选举,共选举职工代表147名。其中,公司总部37名,基层110名。2013年2月2—4日,公司召开三届一次职工代表大会。会议传达集团公司2013年工作会议精神。公司总经理黄泽俊作《保持西气东输安全平稳高效运营,为集团公司天然气与管道业务快速发展作贡献》的工作报告;总会计师王宁作《公司2012年度财务预算完成情况和2013年度财务预算安排的报告》。副总经理、提案委员会主任王小平作公司职代会提案工作情况报告。上海市经济和信息化工作委员会副巡视员、市经济和信息化工作系统工会主任汪仲华,系统工会副主任郑文才应邀出席。会议代表190名,其中应到职工代表147名,实到145名;列席代表41名,公司退休员工代表2名。

2014年1月22—24日,公司召开三届二次职工代表大会。会议传达集团公司2014年工作会议精神。公司总经理凌霄作《突出安全生产,注重质量效益,以改革创新精神开创西气东输各项工作新局面》的工作报告。总会计师王宁作《公司2013年度财务预算完成情况和2014年度财务预算安排的报告》。副总经理、提案委员会主任王小平作公司职代会提案工作情况报告。上海市经济和信息化工作委员会副巡视员、市经济和信息化工作系统工会主任汪仲华出席会议。会议代表183名。应到职工代表145名,实到144名。

2014年6月,公司召开三届三次职工代表大会。会议听取和审议《东部管道公司设立及股权转让方案》《公司职工安置方案(草案)》,并投票通过了《公司职工安置方案》,有力保障了员工对公司重大事项的知情权、表达权和监督权。

2015年1月21—23日,公司召开三届四次职工代表大会。公司总经理凌霄作《夯实安全环保基础,深化体制机制创新,全面推动公司有质量有效益可持续发展》的工作报告,总会计师王宁作《公司 2014 年度财务预算完成情况和 2015 年度财务预算安排的报告》。副总经理、提案委员会主任王小平作公司职代会提案工作情况报告。会议代表 178 名。应到职工代表 146 名,实到 143 名。

2015 年 10 月初,公司工会办公室组织开展公司四届职代会换届选举工作,确定 120 名员工当选为公司四届职代会职工代表。邀请上海市总工会民主管理部王珍宝博士授课,使职工代表全面系统地了解了职工代表的权利和义务,以及提案工作的程序和要求;11 月,组织开展公司四届一次职代会职工代表提案征集工作;12 月,按民主程序与各代表团(组)协商确定主席团候选人名单及提案委员会、劳动争议调解委员会组成人选。

2016 年 1 月 27—28 日,公司召开四届一次职代会暨 2016 年工作会议。会议深入贯彻集团公司 2016 年工作会议精神,总结公司"十二五"和 2015 年工作,分析面临形势,部署"十三五"主要任务,安排 2016 年重点工作,动员全体干部员工认清形势,坚定信心,推动世界先进水平管道公司建设再上新台阶。公司总经理、党委书记凌霄作《认清形势,坚定信心,推动世界先进水平管道公司建设再上新台阶》工作报告。公司副总经理、提案委员会主任王小平作四届一次职代会提案工作报告,公司总会计师王宁作 2015 年度财务预算完成情况和 2016 年度财务预算安排报告。

2. 提案工作

公司工会始终将提案工作作为实现公司职工代表参与权、表达权和监督权的平台,自首届职代会以来,职工代表共提交 373 件提案,内容涉及生产经营、人事管理、福利待遇、企业文化等方面,其中 18 项予以立案。

公司一届一次职工代表大会征集提案 66 件,确定立案 2 件提案,分别是人事处、质量安全环保处、生产运行处、压缩机维检中心、新疆管理处、甘肃管理处、宁陕管理处等提交的《关于加强压缩机组和压气站场管理的提案》和规划计划处、人事处、企业文化处、工程技术处、管道处、市场开发与销售部、新疆管理处等提交的《关于加强企业文化示范基地建设的提案》。

公司一届二次职工代表大会征集提案 46 件,确定立案 3 件提案,分别是新疆管理处、苏浙沪管理处提交的《关于建立现场安全专家支持体系的提案》,生产运行处、新疆管理处、甘肃管理处、宁陕管理处、南京计量测试中心提交的《关于加强员工培训,提高员工素质的提案》和企业文化处提交的《关于在无人区站队开展"网络亲情"工程的提案》。

公司一届三次职工代表大会征集提案 36 件,确定对人事处、生产运行处、压缩机处提交的《关于转变自动化系统运维模式,培养西气东输自己的运维队伍的提案》予以立案。

公司二届一次职工代表大会征集提案 41 件,确定对新疆管理处提交的《关于简化 ERP 维修单流程的提案》予以立案。

公司二届二次职工代表大会征集提案 30 件,确定对工程技术处提交的《关于建立西气东输工程陈列室的提案》予以立案。

公司二届三次职工代表大会征集提案 26 件,确定立案 2 件提案,分别是赣湘管理处提交的《总结二线建设经验及不足之处的提案》和人事处、企业文化处、质量安全环保处提交的《进一步加强公司新时期新阶段三基工作的提案》。

公司三届一次职工代表大会征集提案 36 件,确定立案 2 件提案,分别是苏北管理处提交的《关于在分输站设立副站长岗位的建议的提案》和苏浙沪管理处提交的《场站增配办公电脑的提案》。

公司三届二次职工代表大会征集提案 59 件,确定立案 2 件提案,分别是企管法规处提交的《建立更加科学、公开、完善的薪酬分配机制和绩效考核指标体系的提案》和管道处提交的《设立公司安全生产隐患排查、治理专项奖励资金的提案》。

公司三届四次职工代表大会征集提案 33 件,确定立案 4 件提案,分别是生产运行处提交的《关于简化供电合同续签手续的提案》、压缩机站工程项目部提交的《关于开展预警性环保治理研究的提案》、甘陕管理处提交的《关于发放兼职安全员补助的提案》和南昌管理处代表提交的《关于邀请专家宣讲进站队,加强员工交流的提案》。

2016年,公司规范开展四届职代会提案征集与答复工作,累计收集生产经营、人事管理、福利待遇、企业文化等各类提案405件,其中立案22件。

3. 职工代表联席会议

根据《公司法》《工会法》和《全民所有制工业企业职工代表大会条例》规定,公司工会制定并印发了《公司职代会联席会议制度》,进一步完善以职工代表大会为基本形式的民主管理制度。

在职工代表大会闭会期间,先后召开11次联席会议,审议《公司劳动管理办法》《公司员工奖惩管理办法》《企业年金实施办法》《公司员工奖惩管理办法》《公司扶贫帮困捐款管理办法》《中国石油天然气股份有限公司劳动合同管理办法》《公司企业年金实施办法》《集体合同》《公司生产安全事故与环境事件责任人员行政处分规定实施细则》《公司企业年金管理处办法》《关于设立总经理奖励基金的意见》等制度。

2016年4月底,公司召开四届职代会第一次联席会议,审议表决股份公司监事推荐人选,签订集体合同。

4. 厂务公开

2007年,公司成立厂务公开领导小组、监督小组,设立了办事机构,制定了实施细则。公司机关各部门厂务公开范围涉及公司改革发展中的重大事项、重大决策、关系群众切身利益、广大员工高度关注的事项。通过公司局域网、内部刊物、站队公示栏等多种载体和形式,将公司生产经营与改革、员工利益、廉政建设等方面内容予以公示和公开。

(二) 维护职工权益

1. 集体合同

自2011年7月,公司二届职代会第三次联席会议表决通过《集体合同书》制度,规定公司定期签订集体合同,明确劳资集体协商内容。

2. 帮扶工作

公司工会始终坚持以解决员工最关心、最直接、最现实的利益问题为工作重点,推进扶贫帮困制度的落实,努力把一座座孤零零的场站建设成为温馨的"职工小家"。在节假日期间开展扶贫帮困送温暖活动,切实为困难员工办实事、解难题、送温暖,做到"让每一个困难员工家庭生活有保障、每一个困难员工看得起病、每一个困难员工家庭子女上得起学"。

截至2016年年底,公司共约2万人次参与"扶贫帮困"捐款活动,募集捐款约145万元,561名一线困难员工得到帮扶救助,378名参加高考的公司员工子女获得慰问补贴。

3. 休假疗养

2003年起,在公司工会的关心倡议下,公司调整站队员工休假制度,增加休假频次,由原来一年4次休假调增为6次。同时,公司工会还非常关注职工的劳动保护和安全卫生监督工作,做到了"每年员工体检全覆盖,人人享受带薪休假、疗养"。

(三) 提高素质,岗位建功

1. 读书活动

2013年7月,公司工会倡议全体员工开展"双十"读书活动,即每日阅读10分钟,利用三年时间通读10本书。每日阅读10分钟,就是全体员工根据工作性质和个人实际,每天至少挤出10分钟读书,自觉、休闲、轻松地阅读,充分享受求知的快乐,持之以恒、积少成多。三年通读10本书,就是利用2013年7

月—2016年6月三年时间,通读一遍《中国石油员工基本知识读本》丛书。

活动期间,公司工会要求每名员工制订符合实际自身特点、切实可行的读书计划,鼓励员工读完每本图书后,结合自己本职工作,撰写心得体会,抒发读书感想。引导青年员工建设网上晴朗空间,在公司主页发表读书心得,在QQ群、微博等网络平台发起读书大讨论。

2014年4月,公司工会、团委联合组织"青春建功中国梦"主题视频演讲比赛。9月,公司工会、团委联合组织了"双十"读书知识竞赛活动暨"青春建功中国梦"主题视频辩论赛活动。10月,组织公司代表队参加中国石油团工委华东华中协作区"书香宝石花点亮青春梦"双十读书青年知识竞赛,获团体铜牌。

截至2014年底,公司工会在各基层站队配置流动书箱120个,配置书架85个,拥有图书2万余册。

2. 岗位建功

公司工会把"安康杯"竞赛作为提升公司安全生产管理水平的有效抓手,贯穿生产经营管理始终。2010年,以"平安世博、平安管道"为目标,在西气东输管道沿线开展以"防断缆、保畅通"为主题的首届"安康杯"百日劳动竞赛活动。此次竞赛特点鲜明:一是领导加强,认识统一、全体员工投身到劳动竞赛中;二是目标明确,精心组织,打好劳动竞赛攻坚战;三是广泛参与,齐抓共管,打好劳动竞赛配合战;四是周密筹划,内外结合,打好劳动竞赛舆论战。管道断缆率较2009年同期下降了69%,为世博会顺利举办提供有力保障。竞赛不仅让公司全体员工认识到管道保护的形势依旧严峻,更体会到"安康杯"劳动竞赛的深刻意义,为公司未来继续开展多样化、系统化的"安康杯"相关竞赛工作打下坚实基础。

2011年,西气东输管道公司在全线启动主题为"双快一保"(快速服务、快速通过、确保管道"零伤害")的"安康杯"竞赛。"快速服务"与"快速通过"是活动主题的核心,"确保管道零伤害"是最终目标。"快速服务"包括五个方面的内容:一是在公司范围内全面建立快速服务模式,和快速服务系统处置流程;二是提高风险信息处理效率,进一步探索第三方风险信息快速获取方式,拓展信息获取渠道,与第三方单位和个人快速建立联系,建立完善信息快速响应机制,及时奖励有效信息提供者;三是加强外部环境建设,各地区管理处、分公司与辖区内土地权属者、乡村负责人建立友好氛围,发挥第一信息收集人的作用;四是建立快速服务热线,设置24小时快速服务电话,该服务电话号码与公司应急报警电话一并提供给管道沿线政府相关部门、第三方单位,并喷涂于地面标识上;五是继续完善管道地面标识,将管道、光缆位置信息喷涂于管道地面标识。"快速通过"则包括快速审批施工方案,在保证管道及附属设施安全的前提下,主动协助施工方编制管道保护方案,优化施工方案审批流程,实现方案审批快捷高效;并使待建工程快速通过,针对不同类型的施工,编制快速通过管道上方的方案,制定安全快速通道措施,确保待建工程优先、快速通过管道上方。此次,"双快一保"主题竞赛,治理各类隐患项目75项,受到了集团公司嘉奖。

为确保"安康杯"竞赛成效,公司成立了以工会主席为组长、各部门负责人为成员的竞赛活动领导小组,各地区管理处、分公司成立竞赛活动组织机构,一线站队成立竞赛工作小组。竞赛领导小组负责竞赛方案的审定、计划部署、过程监督、平定表彰和奖励,形成了以竞赛领导小组为主体、"横向到边"的工作格局——以公司党委行政为核心,公司工会牵头协调、各职能部门分头落实、基层单位为主体、全体员工共同参与、对公司全部业务、全体员工的"两全覆盖"。竞赛领导小组还专门聘请辅助公司QHSE管理委员会开展工作,将安全卫生工作纳入企业目标责任考核体系,实现责任落实主体的"纵向到底"。

2012年,在以"平安管道"为主题的公司"安康杯"竞赛中,公司将竞赛重点放在管道零伤害零泄漏、安全保卫零治安事件和三基工作扎实有效三个方面,将安全风险最高的管道保护和管道上方的光缆监护作为竞赛活动的关键。此次竞赛通过对2260处第三方施工现场有效监理和168317个点次的第三方施工作业,取得了将光缆损伤概率由3.08次千公里/年降低到1.89次千公里/年,全年断缆率西一线比2011年下降30%,西二线下降60%的优异成绩。

2013年的公司"安康杯"竞赛以"消隐患、强监管"为主题,活动目标是将断缆指标控制在了较低水平。在推进竞赛过程中,公司全面落实了警地企联动机制,建立"人防、物防、技防、信息防"措施,使安保防控水平不断提升,成功实施了西二线76#阀室等应急抢险任务和多处一级动火作业,全面降低和消除西二线运行风险,四个地区管理处实现了"零断缆"。

2014年,开展"查隐患、防断缆、保安全"主题竞赛,光缆损伤率较去年同比下降33%。2014年4月,公司获全国"安康杯"竞赛优胜单位。

2015年,启动以"落实责任,强化激励"为主题的"安康杯"竞赛活动,以管道"零事故、零伤害、零污染"为目标,牢固树立"安全是最大的业绩、最大的发展、最大的民主""安全管控能力就是公司管理水平"等理念,动员和组织广大干部员工投身管道线路安全管理工作中,确保公司管网安全平稳高效运行,当年公司断缆11次,同比下降61%。

2016年,公司首次将公司青年文明号、青年安全生产示范岗评选等活动与"安康杯"竞赛有效融合。下半年,围绕"安康杯"主题,组织了20场视频辩论赛活动,既助推公司"安康"文化建设,又实现了员工交流,营造出浓厚的"人人为安康、事事保安康"的良好氛围。

为进一步提高企业职工的安全生产和职业健康意识,增强自我保护能力,从2010年开始,公司参与全国"安康杯"竞赛组委会开展的全国职工职业安全卫生知识竞赛活动。2010年2月24日,全国"安康杯"竞赛组委会对522个表现突出的单位予以表扬并颁发优秀组织奖,上海赛区共评选出29家优秀组织奖,西气东输管道公司位列其中。

2011年,全国"安康杯"竞赛组委会决定由各省份对全国"安康杯"竞赛不同地方赛区进行评比。

公司2010年、2011年、2012年连续三年荣获"安康杯"竞赛上海赛区优胜单位。2014至2016年,公司连续三年获评全国"安康杯"竞赛优胜企业。

3. 建设职工之家活动

公司工会认真贯彻全国总工会关于深入开展建设"职工之家"活动的总体部署,自西气东输工程建设初期起,持续开展建设"职工之家"活动,不断创新建家思路、拓宽建家领域、丰富建家内容,努力把工会组织建成团结向上的民主之家、提高素质的学习之家、凝心聚力的温暖之家、身心愉悦的文化之家。

(1) 团结向上的民主之家。推动各级职工代表大会代表中一线员工所占比例,使各级党政能够听取来自一线职工的呼声;推动厂务公开制度,进一步扩大和落实职工的知情权、参与权和监督权。

(2) 提高素质的学习之家。公司工会积极组织开展岗位练兵、岗位建功活动,在提高职工的思想道德素质、科学文化素质、业务技术素质上下功夫,努力建设一支政治合格、思想过硬、道德高尚、技术精湛、纪律严明的职工队伍。在开展"双十"读书活动、建立并完善职工书屋的同时,组织开展"创建学习型组织,争做知识型职工"活动。

(3) 凝心聚力的温暖之家。按照"面对面、心贴心、实打实"服务基层员工的要求和"知情、答疑、解难、聚心"的目标,在开展"扶贫帮困"送温暖、金秋助学活动的同时,做好一人一事的思想工作,加强人文关怀心理疏导。

(4) 身心愉悦的文化之家。针对一线文化生活单调、枯燥的现实状况,运用多种形式,活跃职工文化生活,建立职工活动室,组织职工开展喜闻乐见、健康有益、丰富多彩的文体活动。

2003年3月,公司工会下发《关于开展创建"职工之家"活动的通知》,围绕"实施厂务公开、民主管理的监督工作""围绕公司的中心工作开展合理化建议活动""开展形式多样的文体活动""对生活困难员工的帮助活动""工会自身建设"五大方面实施创建"职工之家"活动。

2004年3月25日,举办"西气东输——我的家"演讲比赛,14个部门16名员工参加演讲,4名代表在全总南京座谈会及作家采风会上演讲;7月27日,公司举办"石油圣火"歌咏比赛,共有17个节目参赛;11月中旬,举办"西气东输——我的家"书画摄影比赛。同时,公司工会还组织员工在伟大工程中留影(建一部影集,每个职工留下自己的照片)、留声(录制一盘影碟,每个职工说一句心里话),组建了西气东输工程文艺慰问团,赴施工现场慰问演出,受到工程建设者及沿线群众的热烈欢迎,被职工们称为我们石油人的"心连心"艺术团。

各管理处工会克服工程建设任务繁重、时间紧张、人员不足等诸多困难,在有限的条件下创造性地开展了建家活动。豫皖、甘宁、陕晋、新疆、苏浙沪等管理处创建"职工之家"活动取得了良好效果。

2006年5月—6月,集团公司对直属机关工会已命名的"先进职工之家""模范职工之家"进行复查,对新申报的"先进职工之家""模范职工之家"进行验收。公司以复查、验收为契机,进一步加强和改进"职工之家"建设,不断丰富"职工之家"的内涵。

2011年,西气东输管道公司获得"全国模范职工之家"荣誉。

2011年3月9日,公司工会创新活动形式,增强活动趣味性,决定每年在公司所属基层站队开展一次"小菜地"竞赛活动,共有12个派出机构的100个站队参加了"小菜地"种植活动,最终豫皖管理处郑州站队等3个站队一等奖、冀鲁管理处枣庄站队等6个站队二等奖、长宁输气分公司白银分输站等12个站队三等奖。

4. 站队长论坛

为深入推进基层建设,夯实公司站队管理基础,公司自2008年10月起,每年围绕当年的工作重点设立不同主题,组织站队长论坛。2008年10月,第一届站队长论坛在扬州举办,主题是"如何当好站队长"。

2009年10月,第二届站队长论坛在郑州举办,主题是"如何创建'五型'站队"。

2010年8月,第三届站队长论坛在常州举办,主题是"如何加强站队精细化管理"。

2011年9月,第四届站队长论坛在屯溪举办,主题是"如何加强站队'三基'建设"。

2012年8月,第五届站队长论坛在信阳举办,主题是"如何提升站队党支部战斗堡垒作用"。

2013年6月,第六届站队长论坛在太原举办,主题是"站队如何构建和谐企地关系"。

2014年7月,第七届站队长论坛在武汉举办,主题是"站队长如何增强廉洁自律意识"。

2015年9月,第八届站队长论坛在南昌举办,主题是"集中巡检、集中监视促安全、高效生产;党建带群(团)建,群(团)建促党建;我为重塑良好形象做什么"。

2016年10月,第九届站队长论坛在河南郑州举办,主题是"站队党支部建设、区域化管理以及基层站队标准化建设"。

2015年,公司还采取"走出去"方式,以青年站队长为主体,联合组织站队长走进兄弟企业开展交流学习活动。先后组织三批共62名站队长走进了西南管道公司、北京天然气管道公司和西部管道公司的基层站队,就站队基层建设、生产运行、管道保护、HSE体系建设、维抢修管理及党群综合管理等工作进行深入调研,形成总分报告共18份,向公司提出合理化建议90余项。

第二节 共 青 团

公司团委自成立以来,在集团公司团工委、上海团市委和公司党委的领导下,坚持"服务发展、服务青年"的宗旨,持续开展"安全生产,青年争先"、争创青年文明号、创建"青年安全生产示范岗"、争当"青年岗位能手"和开展创新创效等活动,努力营造"朝气、和气、正气、大气"的青年文化氛围。

一、组织建设

2003年8月8日,股份公司印发《关于成立共青团中国石油西气东输管道公司委员会的批复》(油直机团字〔2003〕1号），同意成立共青团中国石油西气东输管道公司委员会。2009年3月，股份公司直属团委批复同意公司团组织关系划转到共青团上海市委员会。

2009年9月20日，公司召开首次团代会，选举产生公司团委第一届委员会。

2009年10月14日，共青团上海市委员会印发《关于同意组成共青团中国石油天然气股份有限公司西气东输管道分公司第一届委员会的批复》（沪团委发〔2009〕232号）。

公司团委成立初期，公司有团员26人，35岁以下青年134人，占员工总数的50%。结合当时团员青年分布情况，公司团委设立机关第一团支部、机关第二团支部、机关第三团支部、机关第四团支部、陕晋管理处团支部、豫皖管理处团支部。2009年公司召开首次团代会时，公司35岁以下团员青年920人（仅指合同化员工和市场化用工），占员工总数（1193人）的77%，其中28岁以下团员524人，占员工总数的44%。从用工总量上看，包括合同化、市场化、运行劳务、地聘、借聘等各形式用工人员35岁以下人员1194人，占用工总量（2284人）的52%。从团组织设置上，公司团委下设团总支9个、直属团支部7个。截至2016年底，公司团委下设13个团总支、8个直属团支部（含3个部门联合团支部），基层团支部80个。

二、制度建设

2008年，公司团委开始着手制定公司内部团建工作的制度性文件，为公司团建工作规范化、团建制度体系化做出了大胆探索。公司团委联合公司工会共同印发了《中国石油西气东输管道公司创新创效管理办法》《公司杰出青年评选表彰制度》。

2009年，先后印发《中国石油西气东输管道公司团务工作规范》《中国石油西气东输管道公司共青团组织团费收缴使用管理规定》。

2014年，印发《中国石油西气东输管道公司青年文明号管理办法》。

2014年，起草了《中国石油西气东输管道公司青年志愿服务管理办法》。

同时，通过公司的评先表彰、党群考核等办法，将团建纳入了大党建格局，实现了党团工作的同部署、同检查、同考核。

三、品牌活动

（一）思想导航

公司团委突出共青团的党性根本和政治特性，引导团员青年爱党爱国爱企爱岗，从思想上认同共青团的属性，坚定跟党走的信念。

1. 文化引导

2009年开始，公司团委着重强化文化引导，实施企业文化宣贯进站队、团干部培训、"形势目标任务责任"主题教育。以团干部培训为例，在创新培训育人体系和形式上，对培训课程实施"菜单式"管理，增强了培训的针对性，同时倡导团干部返回单位后继续开展"二次培训"，巩固受训团干部的学习成果。

2. 榜样示范

2014年，公司团委结合"五四"运动95周年纪念，评选表彰优秀团干部、优秀共青团员，以及公司"青年文明号"和"五四"红旗团支部等荣誉。

3. 立体宣传

公司团委立足企业报刊、网络电视、门户网站及新媒体，营造学习先进的浓厚氛围。在公司内网上，

2009年起开辟"共青团阵地"专栏,设置读书心得、安全生产Flash等多项子栏目,及时丰富栏目内容,实现资源共享;利用内网开辟网络电视,定期播报青年工作动态。在外网上,利用QQ系统开辟"西气东输青年之家",在新浪微博开辟团委官方微博、利用微信开辟团委微信公众平台,开展"网络讨论""微话题探讨"活动。

(二) 能力提升

公司团委以强化创新能力为主导,搭建"青"字号平台,服务青工成长,通过搭建创新创效、技能竞赛、辩论赛等手段,增强青工"运行一刻不能停,供气一刻不能断"责任感。培养出了一批"劳动模范""杰出青年""青年岗位能手""青年文明号号长""优秀站队长"等。

1. 青年创新创效活动

2004年4月,公司下发《关于开展创新创效活动的实施意见》,正式开展以青年"创新创效"主题活动,成为公司工会联合公司团委开展的一项品牌活动。公司还成立创新创效活动领导小组,制定《创新创效管理办法》,进一步加强该活动的组织保障。

自2005年起,青年"创新创效"主题活动每年开展一次。公司级活动由公司工会、团委联合组织,处级活动由沪外各派出机构、分公司工团组织牵头组织。公司工会、团委于每年3—4月间联合发出通知,确定年度创新创效活动的主题,10月底完成项目实施与处级层面评审,11月1日前向公司创新创效活动领导小组办公室上报《西气东输合理化建议项目评审鉴定表》《西气东输创新创效项目成果情况表》,11月下旬—12月上旬组织公司级活动的发布、评审、奖励及表彰等活动。

2005年6月,公司团委启动首届青年创新创效活动,推荐上报创新创效项目18个,最终总部第二支部、豫皖管理处团总支、冀宁项目部团支部获青年创新创效优秀组织奖;总部二支部《科学分析,精心组织,确保湿气输送安全平稳》、冀宁项目部团支部《应用数字技术,建设数字管道》获青年创新创效成果一等奖;总部四支部《减小管径气容,提高流量计小流量点检定准确性》、新疆管理处团支部《带压封堵器介绍》、豫皖管理处团总支《防雷器和接地电池配合使用在管道阴极保护中的应用》获创新创效成果二等奖;甘肃管理处团支部《对山丹压气站办公系统网络化的建议》、宁陕管理处团支部《黄土塬地区的线路管理》、山西管理处团支部《电子网络巡查系统在西气东输应用初探》、苏浙沪管理处团总支《对西气东输节能节电工作的探索》等13个项目获青年创新创效成果三等奖。

2006年12月20—21日公司召开第二届青年创新创效成果发布会,此次活动以"安全环保"为中心工作展开,鼓励"小革新、小创造、小发明",参赛项目61项,34项"作品"入围复赛。豫皖管理处团总支、新疆管理处团支部获第二届青年创新创效优秀组织奖;总部二支部、苏浙沪管理处团总支《西气东输管道分输站外部控制器应用》,甘肃管理处团支部《隔离球送球装置》,豫皖管理处团总支《输气知识培训软件》三项成果获得一等奖;新疆管理处团支部《改进RR压缩机组循环空冷器运行》,甘肃管理处团支部《RR压缩机组部分O型圈和支靠环国产化方案》等五项成果获得二等奖;新疆管理处团总支《制作校验压变专用的快速连接头》,甘肃管理处团支部《排污池位计》等十项成果获三等奖。

2007年12月6日,公司召开第三届创新创效活动评审暨颁奖大会,对涉及生产运行、压缩机维护、储气库管理、维修抢险等方面的27个项目进行评审,最终评定特等奖1名,一等奖3名,二等奖5名,三等奖8名,优秀奖10名。这些获奖项目针对性强、使用性好、可推广性强,如苏浙沪管理处南京维抢修中心研制的新型"阀套式排污阀密封垫",选用密封效果最好、耐压等级最高、抗腐蚀性最强的增强型四氟塑料,完全满足生产运营需要。

2008年12月9日,公司举行第四届创新创效成果发布会。此次活动累计筛选上报了36个项目,涉及新疆、甘肃、山西、豫皖等10个地区管理处的生产运行、压缩机维护、储气库管理、节能降耗、管道抢修、设备维护等多个方面。其中获得一等奖的储气库管理处《一种油水界面检查和控制方法》有效地控制住了油水界面的位置,仅柴油使用就节约了 500 余万元,已经应用到了储气库目前所建的全部 14 个盐穴中;豫皖管理处获得二等奖的《郑州站电驱压缩机组滤波室通风系统创新改造》项目,强制将热量通过通风设备排出室外,在为滤波器降温的同时有效避免了因空调故障而引起的压缩机组停机。此外,宁陕管理处《西气东输 GE 燃压机组燃料气系统加装手动排污装置改造》、苏浙沪管理处《水网沼泽地段管道抢修措施及工具的研制》等 7 个项目获得三等奖,甘肃管理处获得优秀组织奖。

2009 年 11 月 25 日,公司举行第五届创新创效项目评审会,此次活动以"勤俭节约、挖潜增效"为主题展开,共有 43 项涉及生产运行、压缩机组维护保养、储气库建设管理、维抢修等方面的创新创效项目参与评审。宁陕管理处《GE 机组运行参数趋势分析软件》获得一等奖;新疆管理处《自主探索 VSV 泵修理技术》、甘肃管理处《GE 机组空冷器控制参数的优化》等 3 个项目获得二等奖;储气库项目部《金坛岩穴地下储气库造腔注水阀组间改造与管柱维护》等项目获得三等奖。其中,新疆管理处对济柴发电机组冷却水系统改造后每年可节省燃气费用和发电机维护费用近 20 万元;苏浙沪管理处流量计算机 S600 使用防雷技术改造经过了一年时间的检验,不但完善了计量设备的防雷系统,还避免了因雷击造成的计量事故与下游用户产生的计量争议,预计每年可创效上千万元;苏北管理处在宿迁站采取的废水再利用方案,经过多次处理的污水浇灌花木时不会产生任何影响,每年节约近千吨用水。

2010 年 12 月 9 日,公司举行第六届创新创效项目评审发布会,共推出 17 个生产运行、压缩机组维护保养项目和 14 个合理化建议。新疆管理处开展的"站场高压在线排污装置实验研究"获得一等奖,针对原有站场排污工作量大、大量放空天然气等情况,制作了一套高压在线排污装置,可减少排污时间,且不用放空管线内的天然气。据测算,每年可减少 21 万立方米天然气放空损失。储气库管理处《岩穴地下储气库造腔工程管理分析系统(GSDMAS)开发与应用》、甘肃管理处《GE 机组矿物油辅助油泵程序优化》等项目获得二等奖;苏浙沪管理处《瓦奇切管机导轨制作》、苏北管理处《RTU 阀室(市电)停电报警技改》等项目获得三等奖。宁陕管理处的《空气压缩机自动控制排污系统的改造》和新疆管理处的《压缩机组 UPS 故障的分析及解决办法》获得"我为节能减排献一策"合理化建议奖;宁陕管理处和长宁输气分公司获得优秀组织奖。

2011 年 11 月 28 日,公司举行第七届创新创效项目评审发布会,共有 14 项创新创效项目和 8 项合理化建议参与评审。最终,陕甘管理处的《阀室数据远程监视系统》获得一等奖,该系统克服了联动阀控制系统自身存在先天缺陷,对管道压力数据异常变化的监测发挥了重要作用;豫皖管理处《气液联动阀电控箱 Fisher Controls 及闪存故障维修》、宁陕管理处《GE 机组控制系统仿真平台》等项目获得二等奖;豫皖管理处《燃料气温升阀 XV222 阀位指示器改造》、甘肃管理处《压缩机组控制系统优化》等项目获得三等奖;长宁分公司《阀室自动化检测系统》、豫皖管理处《西气东输绿色生活用电》等项目获得合理化建议奖。

2012 年 11 月 23 日,公司召开第八届创新创效评审会议,共有 26 项来自基层站队的小发明、小创造和 9 项合理化建议进入评审。最终,豫皖管理处《锂基脂防腐胶泥材料应用》、宁陕管理处《GE 机组 PCL804 压缩机三维动画装置演示》等项目获得一等奖。长宁分公司《手动及气动注脂枪的改造》、陕甘管理处《压力变送器免拆解校验改进方案》等项目获得二等奖;豫皖管理处《解决压气站 ESD 测试机组不放空问题》、苏浙沪管理处《超埋深管道光缆检测》等项目获得三等奖。苏浙沪管理处《仪表损坏报废设备的再利用》、苏北管理处的《如皋、泰兴站调压控制系统技改》等项目获得合理化建议奖。

2013 年 11 月 22 日,公司举行第九届创新创效活动成果发布暨表彰会,此次活动共收集创新创效项目 39 个,其中包括 30 个创新创效项目和 9 个合理化建议项目。最终,甘陕管理处《西二线气液联动阀 lineGuard2300 系统组态配置文件优化》、豫皖管理处《空压机变频联控改造》等项目获得一等奖;苏浙沪管理处《RMG 自力式调压阀非接触差动变压器式位移传感器国产化替代试验》、浙江管理处《组合式过滤分离器滤芯拆装器》等项目获得二等奖;宁陕管理处《电动执行机构齿轮箱拆卸拉拔器》、山西管理处

《自主维修往复式压缩机组气动加载阀》等项目获得三等奖。其中,豫皖管理处用铝箔纸进行站场防腐、苏北管理处李博文技师制作的管道焊口组织卡具都具有很强的针对性;长宁分公司采用内嵌式保护装置,成本仅一元,是典型的"小发明"解决了"大难题",发挥了大作用。

2014年12月,西气东输举办第十届创新创效评审,来自14个派出机构的30名创新能手代表,在指定时间内展示自己的创新成果和合理化建议。

2015年12月初,公司组织第11届创新创效评审表彰活动,13个创新创效项目、6个合理化建议获得表彰。

2016年底,公司将创新创效活动与"开源节流、降本增效"活动紧密结合,组织公司第12届创新创效成果评审发布及表彰会,共有56个项目(包括14个合理化建议)、各类"金点子"成果410余项,推选了一批优秀成果参评上海市产业和信息化职业青年创新大赛,苏北管理处戴丽娟项目获得银奖,甘陕管理处赵星项目获得优胜奖。

2. 青年安全生产示范岗评选

自2008年起,公司团委每年围绕"安全生产、青年争先"主题,动员站队青年提升安全意识,防范风险隐患,确保安全运行。

每年年底,公司团委评选表彰,并将荣誉与"五型站队"创建、青年文明号评选有机结合,形成了品牌阵地。

3. 青年文明号创建

2013年起,公司每两年组织一届"青年文明号创建"活动。

2014年5月4日,公司团委召开"五四"先进表彰暨"青春建功中国梦"主题演讲会,授予公司首届青年文明号集体9个,分别是银川管理处盐池压气站、甘陕管理处高陵分输压气站、豫皖管理处淮阳分输压气站、苏浙沪管理处上海白鹤站、苏北管理处邳州分输压气站、浙江管理处上海金山站、武汉管理处十堰分输站、赣湘管理处南昌压气站和广东管理处肇庆分输站。

2015年,公司组织"安全生产、青年争先"主题实践活动,引导青工岗位建功。联合上海经信系统团工委组织青工技术大赛,李景昌等6名员工获得上海市青年岗位能手称号,14名员工获得上海市经信系统青年岗位能手称号。9月,公司在集团公司技术竞赛管道保护工专业中获得1金、2银、2铜的优异成绩。

2016年,在公司开展的青年文明号评选中,共有10个公司青年文明号集体,郑州分输压气站、南昌分输压气站获评集团公司青年文明号。

4. 演讲比赛、辩论赛

(1)"安全生产,建功世博"主题演讲比赛。2010年6月中旬,开展"安全生产,建功世博"主题演讲比赛。该活动是2010年3月公司团委启动的"平安世博,青年争先"主题实践系列活动中的一项内容,共选出20名优秀选手参加公司级演讲比赛。7月16日,公司团委通过视频系统组织了公司级演讲比赛。

(2)2012年3月,公司工会和公司团委联合启动"我与祖国共奋进,与企业同发展"主题演讲比赛,5月4日,在公司总部举办了演讲决赛,取得了良好效果。

(3)2014年4月中旬,公司工会、公司团委联合启动"青春建功中国梦"主题演讲活动。4月24日,以视频形式组织了比赛,涌现出一批口才出众、才华突出的优秀演讲人才。

(4)2014年9月下旬,公司团委开展"青春建功中国梦"主题辩论赛。全部比赛均以视频形式进行,先后有银川、甘陕、山西、郑州等12个管理处和南京计量测试中心组建了代表队,总部组建了1支联队,近60名青年员工参与辩论。11月7日组织了决赛,充分展现出西气东输人"朝气、和气、正气、大气"的精神风采。

（5）2015年，公司开展"我与企业同成长"主题教育活动，组织"我与企业共成长"主题视频演讲比赛、微视频大赛。青年员工通过演讲和视频作品，抒发与企业共成长的感悟、表达对西气东输的归属感，弘扬了新时期石油企业青年员工敬业上进的新风采，坚定了"适应新常态、再创新辉煌"的决心。

（6）2016年9月18日，公司在机关举行"安康杯"主题辩论赛决赛，从16轮激烈比赛中脱颖而出的苏浙沪管理处代表队、甘陕管理处代表队、武汉管理处代表队、市场开发与销售部代表队，围绕"安全意识重于安全技能，还是安全技能重于安全意识""安康杯竞赛最大的受益者是企业还是员工"主题，展开了两场辩论。

（三）情感关怀

广大青工长期扎根偏僻站队，工作单调，生活枯燥，公司团委通过组织青年联谊、集体婚礼、"小菜地"竞赛、趣味运动会等多种途径，倡导"快乐工作、健康生活"，得到了青年员工的积极响应，增强了青工对"西气东输我的家"的认同感和归属感。2013年5月3日，苏浙沪管理处团总支在联谊的基础上举办的集体婚礼在青年员工中引起强烈反响。

（四）"十杰青年"表彰

1. 首届"十杰青年"表彰会

2005年5月31日，西气东输管道公司召开"十杰青年"表彰暨先进事迹报告会。会上，公司授予韩建强、赵万里、朱金辉、徐海洋、李军、杨波、王北川、刘海波、贾晓枫、段冲等公司"十杰青年"荣誉称号；授予张玉露、白小众、王玄理、张兴龙、贾志杰、徐海峰、赵国忠、栾福臣、周章程、高慧等公司"优秀青年"荣誉称号。

2. 第二届杰出青年表彰

2011年5月3日，公司召开第二届"杰出青年"表彰大会，表彰了来自一线的5位杰出青年，分别是甘肃管理处玉门压气站站长薛欢庆、豫皖管理处洛宁压气站副站长涂怀鹏、冀鲁管理处管道科副科长姜云鹏、宁陕管理处靖边压气站副站长张恒和储气库管理处技术科李建君。

（五）青年志愿者活动

公司青年志愿活动以提高青年职工综合素质为目标、以建设良好作风为重点，广大青年志愿者用行动传播雷锋精神、志愿精神，培育积极奉献、乐于助人的社会责任感，善于发现身边的"真善美"，努力营造讲道德、尊道德、守道德和积善成德、明德惟馨的良好风气。

1. 建立健全组织机构

按照《集团公司青年志愿服务活动管理办法》要求，公司团委按团组织层级成立了"宝石花"青年志愿者服务队、分队、小队，由各级团干部负责志愿活动的日常组织、协调和管理，不断推动公司青年志愿服务工作规范化、制度化。

2. 开展志愿活动

2010年上海世界博览会期间，公司机关青年志愿者参加了世纪大道地铁站志愿服务活动。

2014年年初，按照上海团市委工作部署，组织协调设立14支青年网络文明志愿者队伍，动员和号召广大团员青年积极主动地弘扬网上主旋律，传播青春正能量。

每年3月5日"学雷锋纪念日"，公司机关青年志愿者都会主动参与潍坊社区"3·5"学雷锋志愿服务活动，深入浦东社区，通过有奖问答等形式，向社区群众普及、宣传天然气科普知识和西气东输的社会责任。2014年年底，公司获评潍坊社区精神文明创建十佳单位。

3. 树立品牌志愿项目

2013年以来,公司机关青年志愿者坚持每周五中午走进上海市浦明师范小学,开设"西气东输进课堂",通过视频、PPT、有奖问答等多种形式,用活泼生动的语言,为同学们讲解天然气科普知识。该项目获评潍坊街道2014年度优秀志愿服务项目,志愿服务队获评优秀志愿服务队,公司机关员工陈佳炜获评街道优秀志愿者。

第八篇

所属及相关单位

2001年8月,公司根据工程建设需要,采用按管道沿线行政区域划分的方式,设立了新疆管理处、甘宁管理处、陕晋管理处、豫皖管理处、苏浙沪管理处等5个地区管理处。

随着公司业务的不断扩大,西气东输一线、二线、淮武线、冀宁线相继建成投产,西气东输三线开工建设,公司管道里程不断增加,所属单位、管理处下以及设站队的数量均逐渐增加。公司根据管道生产与运营不断变化的实际需求,通过新建、撤销、更名、划转、整合等方式,不断调整对所属及相关单位的设置与管理,所属单位内部机构科室设置亦不断完善。

截至2016年12月31日,公司共管理19个所属单位:银川管理处、山西管理处、郑州管理处、甘陕管理处、苏北管理处、储气库项目部(管理处)、管道工程建设项目部、南京计量测试中心、苏浙沪管理处、合肥管理处、武汉管理处、科技信息中心、浙江管理处、南昌管理处、长沙管理处、厦门管理处、广东管理处、广西管理处和压缩机站工程项目部;4个股权管理单位:上海盛大基地置业有限公司、深港天然气管道有限公司、江苏如东联合管道有限公司和江西省天然气投资有限公司。

第一章

所 属 单 位

第一节 宁陕管理处、长宁输气分公司—银川管理处

一、甘宁管理处、陕晋管理处—宁陕管理处

(一) 甘宁管理处

2001年8月,公司批准成立甘宁管理处,主要负责西气东输管道工程甘肃、宁夏境内的区段建设和运营管理,办公地点设在甘肃省武威市。

2002年11月,公司临时党委批准成立甘宁管理处党支部。2003年4月,公司党委批准成立中共甘宁管理处支部委员会。6月,公司工会委员会批复同意成立甘宁管理处工会委员会。

2003年7月,甘宁管理处增加负责本操作区内的现场运行操作、维(抢)修作业、配合大型技术设备供应商售后服务、生产运行人员的组织管理和协调本操作区内的地方关系等职责。

(二) 陕晋管理处

2001年8月,陕晋管理处设立,办公地点设在山西省临汾市,主要负责西气东输管道工程陕西、山西境内的区段建设和运营管理。同年11月,人员逐步配备到位,开始工程建设前期工作。

2003年7月,管理处设蒲县压气站、蒲县维抢修队、靖边压气站、靖边维抢修队等4个站队,机构规格为正科级。

2002年11月,管理处机关设办公室、调度科、综合科等3个科室。2003年7月,陕晋管理处增加生产运行管理等职责;增设生产运行一科(靖边)、生产运行二科(临汾)。2002年3月,成立陕晋管理处临时党支部。7月,公司党委批准成立陕晋管理处党支部委员会。

2002年3月24日,陕晋管理处在临汾召开开工前技术交底会。4月1日,施工单位在各标段试验段打火试焊,西气东输陕晋段顺利开工。2003年10月1日,西气东输管道在陕晋管理处靖边投产进气,陕晋段管道在3天内陆续投运,标志着西气东输东段管线投运成功。2003年10月,蒲县压气站开始站场天然气置换。

2004年2月,公司撤销陕晋管理处,成立山西管理处,原陕晋管理处管辖内的陕西段管线及场站交由宁陕管理处管理。

(三) 宁陕管理处

2004年2月,公司撤销甘宁管理处、陕晋管理处,成立宁陕管理处(以下简称"管理处")。原甘宁管理处所辖宁夏境内业务、陕晋管理处所辖陕西境内业务划归宁陕管理处,办公地点位于宁夏回族自治区银川市兴庆区,主要负责组织所辖区段内的西一线管道建设及运营、增输工程及安全改造工程、西二线管道建设监管及运营等。

成立之初,管理处主要负责西一线622公里管线、1座压气站、1个维抢修队、27座阀室的区段建设和运营管理。截至2014年4月,管理处运营管理2条主干线(西一线中卫至延川段,西二线中卫至彭阳段)、1条联络线(西二线中卫至靖边联络线)。管辖管线总长1 322公里,管道沿线设有压气站6座、线路截断阀室53座(其中32座RTU阀室),分输用户6家,累计输送天然气267.22亿立方米。

西一线宁陕段管道全长622公里,宁夏境内274公里,陕西境内348公里;途经7县1市、39个乡镇,建有4座压气站、27座线路截断阀室、4座阴极保护站;沿途穿越陆上隧道10座、小型明管跨越14处、穿越铁路12处、高速公路20处,穿过11个地震断裂带和1个煤矿开采区,黄河跨越和黄河隧道穿越各1处;高后果区49处;一线与二线交叉34处。

西二线宁夏段干线管道全长363公里;途经5个县市,沿线建有海原、彭阳2座压气站、1座联络站(与一线中卫压气站合建)、13座线路截断阀室;沿途穿越陆上隧道4座、铁路3处、高速公路8处、国道2处、省道4处;高后果区14处。

西二线中卫至靖边联络线管道全长337公里;途经6个县市、22个乡镇,建有联络站2座(分别与中卫压气站、靖边压气站合建)、清管站1座(与盐池压气站合建)、13座线路截断阀室、3座阴极保护站;沿途穿越铁路8处、高速公路6处、国道4处、省道5处、黄河隧道穿越1处;高后果区17处。

2004年3月,管理处设立中卫压气站(正科级)、靖边压气站(正科级)、惠安堡维抢修队(正科级)、靖边维抢修队(正科级)等5个基层站队;6月,惠安堡维抢修队更名为中卫维抢修队(正科级)。2006年1月,靖边维抢修队调整为靖边维抢修中心(正科级);10月,盐池清管站改扩建为盐池压气站(正科级)。2007年8月,延川清管站改扩建为延川压气站(正科级)。2010年6月,根据西二线建设及生产需要,设立海原压气站(正科级)、彭阳分输压气站(正科级);9月,靖边维抢修中心调整为靖边维抢修队。2011年10月,增设子长分输站。截至2014年3月,管理处下设中卫压气站、中卫维抢修队、红寺堡分输站、盐池压气站、靖边压气站、靖边维修抢队、延川压气站、子长分输站、海原压气站、彭阳分输压气站等10个站队。

2007年6月,管理处机关设立综合科、经营科、生产运行科、管道科、质量安全科等5个科室。2010年7月,设立党群科。2011年3月,经营科更名为经营与财务科,财务业务独立运作;4月,设立工程管理科。2012年2月,综合科调整为综合与人事科。截至2014年3月,管理处设质量安全科、生产运行科、管道科、经营与财务科、工程管理科、综合与人事科、党群科等7个机关科室。管理处员工234人。

2004年4月,公司工会批准成立宁陕管理处工会委员会;5月,公司党委批准成立宁陕管理处支部委员会。2008年4月,公司党委批准成立宁陕管理处总支部委员会,下设机关党支部、靖边联合党支部、中卫联合党支部、盐池压气站党支部等4个党支部,党员47人。2009年3月,公司党委批准成立延川压气站党支部。2010年12月,公司党委批准成立海原彭阳联合党支部。截至2014年4月,党总支所属7个党支部,党员62人。

管理处所辖的中卫压气站、靖边压气站是公司重要的枢纽站场,承载着西气东输管道输送清洁能源的重要使命。中卫压气站集西一线、二线、中卫至靖边联络线、中卫至贵阳联络线四条支干线,"二进四出"实现了西一线与二线汇集、相互转供;中卫压气站向西一线盐池至靖边方向、二线海原至彭阳方向输送,向中卫至靖边联络线、中卫至贵阳联络线分输。靖边压气站集西一线、二线与陕京一线、二线四条输气大动脉,实现了长庆气田、塔里木气田和中亚管道的天然气在此交汇。同时,靖边压气站作为中国石油企业精神文明教育基地和北京调度员培训基地,演绎着宁陕管理处在西气东输管道"气头"的本色。

截至2014年4月27日,公司将宁陕管理处与长宁输气分公司重组建立银川管理处。管理处实现安全生产3738天,未发生一般B级工业责任事故和较大及以上质量、安全、环保事故。

二、长宁输气分公司(长宁天然气销售分公司)

长宁输气分公司(长宁天然气销售分公司)前身为宁夏长宁天然气有限责任公司。宁夏长宁天然气有限责任公司于1993年筹建,1997年由宁夏回族自治区计划委员会与长庆石油勘探局持股成立。2007年12月,中国石油天然气股份有限公司全资收购宁夏回族自治区政府持有的宁夏长宁天然气有限责任公司股权,并于2008年1月成立中国石油天然气股份有限公司西气东输长宁输气分公司(简称分公司),由西气东输管道分公司管理;同时成立长宁天然气销售分公司,与长宁输气分公司合署办公,一个机构两块牌子。办公地点位于宁夏回族自治区银川市。主要负责兰银输气管道(甘肃兰州至宁夏银川)东段和长宁输气管道(陕西靖边至宁夏银川)2条管道的生产运营管理与天然气销售及市场开发业务。

2008年9月,股份公司将兰银线及白银支线划入公司,由分公司管理。所管理的管线长度增加到772公里,阀室增加到28座。2012年1月,股份公司调整油气管道管理体制,分公司所辖兰银线甘肃段(以甘宁两省交界处为界)的业务、人员及资产整体划归西部管道分公司,从而减少所辖兰银管线190公里和白银支线(56公里)、景泰支线(60公里)。截至2014年,分公司运营管理长宁线、兰银线宁夏段,管辖管线总长518公里,管道沿线设6座站场、18座阀室、7个无人值守分输点。销售与分输用户33家,覆盖陕、宁和内蒙古三省区,自2008年至2014年累计输送天然气130亿立方米,惠及沿线600余万人。

2008年4月,分公司设靖边压气站(正科级)、盐池站、银川压气站(正科级)、青灵永分输站、银川维抢修队(正科级)等5个基层站队;9月,增加兰银银川站(正科级)、甘塘站、景泰站、白银站和兰银维抢修队(正科级)5个基层站队。2009年2月,兰银银川站和兰银维抢修队分别并入银川压气站和银川维抢修队,基层站队调整为靖边压气站(正科级)、盐池站、青灵永分输站、银川压气站(正科级)、甘塘站、景泰站、白银分输站和银川维抢修队(正科级)等8个站队。2009年9月,设马莲湖分输站。2012年1月,减少白银分输站、景泰站两站和阀室8座。截至2014年4月,分公司下设8个站队,包括银川压气站(正科级)、靖边压气站(正科级)、盐池分输站、青灵永分输站、甘塘分输站、马莲湖分输站、银川维抢修队(正科级)及车队。

2012年11月,甘塘站与西二线联络适应性改造工程投运,甘塘站成为联络沟通西一线、西二线与兰银至长宁管道的重要联络枢纽站,兰银至长宁管道成为实现长庆、涩北、塔里木三大国内气源乃至中亚来气气源沟通联络的重要联络线。

2008年4月,设综合科、经营科、财务科、销售科、生产运行科、管道科、质量安全环保科等7个机关科室。2010年7月,公司决定成立党群科。2011年5月,综合科更名为综合与人事科。截至2014年4月,分公司机关设综合与人事科、党群科、财务科、生产运行科、质量安全科、管道科、经营科、销售科等8个科室。员工178人。2008年8月,公司党委批准成立长宁输气分公司委员会,分公司党委设第一、二、三、四、五5个党支部。截至2014年4月,所属党支部6个,党员75名。

2014年4月,为优化公司组织架构、推进管道运营区域化管理,公司将长宁输气分公司与宁陕管理处重组建立银川管理处。"长宁输气分公司""长宁天然气销售分公司"两个称谓仍对外保留,与银川管理处合署办公。

三、银川管理处

2014年4月,公司决定将宁陕管理处与长宁输气分公司重组建立银川管理处(简称"管理处")。"长宁输气分公司""长宁天然气销售分公司"两个称谓仍对外保留,与银川管理处合署办公,办公地点位于宁夏回族自治区银川市,主要负责宁夏、内蒙古境内西一线的生产运营管理、西二线压气站建设的质量监督、西三线工程和西三线中靖联络线复线工程核准、站场增输及适应性改造工程现场管理等工作。

管理处运营管理2条主干线(西一线中卫至盐池段,西二线中卫至彭阳段)、1条联络线(西二线中靖联络线中卫至盐池段)、2条支线(长宁线盐池至银川,兰银线甘塘至银川),线路总长1 312.5公里。管理处工程监管在建西三线管道83公里。西一线中卫至盐池段,起于甘宁交界处,止于宁陕交界处,途经1市3县、19个乡镇,沿途地貌以戈壁、丘陵、农田地为主。西二线中卫至彭阳段,起于甘宁交界处,止于宁甘交界处,途经1市4县、24个乡镇,沿途地貌以丘陵、荒地、农田地为主。西二线中靖联络线中卫至盐池段,起于中卫站,止于宁陕交界处,途经1市3县、12个乡镇,沿途地貌以戈壁、荒漠、农田地为主。长宁线盐池至银川,起于宁陕交界处,止于银川站,途经2市2县2旗、20个乡镇,沿途地貌以平原、丘陵、农田地为主。兰银线甘塘至银川,起于甘宁交界处,止于银川站,途经2市1旗、11个乡镇,沿途地貌以沙漠、草原为主。

管理处辖区内的各天然气管道相互融会贯通,连接新疆塔里木气田、青海涩北气田、陕西长庆气田三大气田;与西二线上游中亚气田串并形成东西双向输配、调剂互补运行的保安供气格局,大大减少了停供、断供概率。

管理处成立之初,管理线路全长共计1 842.4公里,下辖13个站场、71座阀室。其中西气东输一线宁陕段管道长622公里,于2003年10月投产运行;西气东输二线宁夏段干线管道长363公里,全线于2010年12月投产运行;西气东输二线中卫至靖边联络线管道长337公里,于2009年12月投产运行;长宁支线长298公里,于1998年10月建成投运;兰银管线于2007年7月通气运行,2008年10月划归原长宁分公司运管,2011年底在实行管道区域化管理后,将兰银线宁夏段约222.4公里管线并甘塘站、马莲湖站归原长宁分公司管理。

2014年9月18日,管理处再次进行区域调整,将陕西境内的530.4公里管线(其中西一线347.4公里,中靖联络线144公里,长宁线39公里)、四座场站(西一线靖边压气站、长宁线靖边压气站、延川压气站、子长分输站)和一个维修队(靖边维抢修队)划转给甘陕管理处管辖。自此,银川管理处按照集团公司的要求,完成了所有的区域化调整。2016年1月18日,为优化资源配置,提高管理效率,逐步推进区域化管理,试点将青灵永分输站归并银川压气站统一管理。

2014年4月26日,西气东输下发《关于调整部分配出机构基层党组的通知》,决定成立银川管理处基层委员会,撤销原长宁输气分公司党委、宁陕管理处党总支委员会。

2015年,管理处全年共完成分输转供天然气92.53亿立方米,完成外输商品量16.52亿立方米(不含总部结算的三家用户),实现管输收入3.27亿元,实现考核利润指标3.13亿元,各项费用均控制在公司下达的指标之内,总费用完成了公司下达指标的81.34%,其中5项费用节约200余万元,维修费节约450余万元;长宁销售分公司全年完成天然气销售量16.52亿立方米(不含总部结算的三家用户),实现天然气销售收入27.15亿元,实现利润3 811.46万元。

截至2016年底,银川管理处未发生一般B级以上安全生产事故与环境污染责任事故;生产运行平稳、未发生停断输事件。

附：银川管理处各站队简介

中卫压气站：

中卫压气站地处宁夏回族自治区中卫市常乐镇枣林村，是西一线生产运营的重要枢纽站，包含西一线中卫压气站区、西二线中卫联络站区、中贵线中卫站区以及西三线中卫联络站。中卫压气站全站采用 SCADA 系统进行数据采集和监控。西一线中卫压气站区一期工程于 2004 年 9 月建成投产，二期工程先后于 2005 年 10 月、2006 年 11 月投入运行，年设计输送能力 130 亿立方米。主要功能是接收上游古浪压气站来气，经站内旋风、过滤分离后，增压输往下游盐池压气站，并定期完成清管任务。西二线中卫联络站区于 2009 年 12 月建成投产运行，年设计输送能力为 280 亿立方米。主要功能是接收西二线上游古浪来气输往西二线海原压气站、西二线中靖联络线、中贵线中卫首站及西一线和西二线气量互转。中贵线中卫站区于 2012 年 7 月建成投产，年设计输送能力 150 亿立方米。主要负责将西二线气体经计量、调压后送往中贵线下游，并定期完成清管任务。西三线中卫联络站于 2014 年 12 月建成，进入试运行阶段，年设计输送能力 300 亿立方米。主要工艺流程为接受上游古浪来气，经过滤、计量、调压后输往下游海原压气站，同时还具有向西一线、西二线调气，西三线向西二线中靖线、中贵线调气功能。

盐池压气站：

盐池压气站地处宁夏回族自治区吴忠市盐池县大水坑镇红井子西村，由西一线盐池压气站及西二线中卫至靖边联络线盐池联络站组成。一期工程于 2006 年 11 月投产。二期安全改造工程于 2010 年 10 月投产。站场采用 SCADA 系统进行数据采集和监控；接收中卫压气站来气，经过站内分离、过滤、增压后输送至靖边压气站；清管站接受中卫联络站来气，经过站内分离后输送至靖边联络站。

海原压气站：

海原压气站地处宁夏回族自治区中卫市海原县李旺镇白疙瘩村北侧。一期工程于 2010 年 11 月投产，二期压缩机组工程于 2014 年 6 月投产。全站采用 SCADA 系统进行数据采集和控制，主要功能是接收上游中卫联络站来气，经过组合式分离器过滤分离后经过压缩机组增压输送至下游彭阳分输压气站。

彭阳分输压气站：

彭阳分输压气站地处宁夏回族自治区固原市彭阳县城。2010 年 11 月投产。分输装置于 2012 年 9 月建成投产，专门向彭阳县金地燃气公司进行分输。全站采用 SCADA 系统进行数据采集和控制，主要功能是接收上游海原压气站来气，通过组合式过滤分离器过滤，经压缩机增压后输送至下游平泉分输站；同时可接收与发送清管器，完成清管及管道内检测任务；并向彭阳县金地燃气分输及预留 CNG 分输。

银川压气站：

银川压气站位于银川市西夏区文昌南路 179 号，是兰银管道和长宁管道末端交汇场站，也是银川管理处最大的配气站，下游用户 18 家（其中场站内 7 家，各分输口 11 家）。场区内有工艺区 4 个：1#工艺区自 1998 年 10 月建成投运，具有分离、计量、调压、长宁输气管道收球、配输等功能，向中油宁夏石化分公司、宁夏石嘴山市星泽燃气有限公司、西轴支线、洁能支线供气；2#工艺区自 2007 年 7 月建成投运，具有分离、调压、配供、兰银输气管道收球等功能，兰银管道来气调压后向 1#工艺区配供，同时将兰银管道来气经过分离净化后输向 3#工艺区和压缩机增压工艺区；3#工艺区自 2012 年底建成投产，向宁夏哈纳斯新能源集团天然气有限公司、清洁能源公司、中国石油昆仑燃气公司供气，还有一路向宁夏石化分公司新建设的化肥项目供气（该输配工艺已经建成，但还没有投产）；场站增压工艺区将兰银管道来气经过压缩机增压后向长宁管道反输到靖边供陕京一线。

甘塘联络站：

甘塘联络站地处宁夏中卫市迎水桥镇甘塘小红山。2007 年 7 月投产。2012 年底增输改造工程投产。2014 年新建计量区，实现兰银线西段转供东段、西气东输转供兰银线、西二线、西三线转供兰银线计量功能。全站采用 SCADA 系统进行数据采集和监控，主要功能是承接上游西部管道公司河口站来气或从西一线下载气经分离、计量和调压输至下游银川管理处马莲湖站以及银川站，接受河口分输压气站发送的清管器以及向银川末站发送清管器。

马莲湖分输站：

马莲湖分输站地处内蒙古自治区阿拉善左旗李井镇。2009 年 12 月建成。全站采用 SCADA 监控系统，主要功能是从兰银线 10#、13# 阀室接收来气，经过站内分离、计量、调压后分别配供给中卫市深中燃气公司、左旗阿盟燃气公司；管理 115 公里管线及 5 座阀室运行维护工作。

盐池清管站：

盐池清管站地处宁夏回族自治区吴忠市盐池县花马池镇。1998 年 10 月建成投产。全站采用 SCADA 系统进行数据采集和监控，将上、下游进站来气输送至靖边压气站和银川压气站，同时给定边县和盐池县进行分输。

青灵永分输站：

青灵永分输站位于宁夏回族自治区银川市灵武市，无自主站场。主要负责银川市宁东、灵武地区和吴忠地区 10 家分输用户的输调配管理工作。

红寺堡分输站：

红寺堡分输站位于宁夏回族自治区吴忠市红寺堡区和兴村。2013 年 9 月开始建设。全站采用 SCADA 系统监控，主要功能是接收西二线中靖联络线 5# 阀室来气，经站过滤、计量、加热、调压后，输往下游用户宁夏长燃天然气有限公司，并满足宁夏吴忠市红寺堡区工业厂矿、CNG 加气站、民用天然气需要。

中卫维抢修队：

中卫维抢修队地处宁夏回族自治区中卫市常乐镇枣林村，与中卫压气站合建。2004 年 10 月成立。主要负责西气东输宁夏段中卫、海原、彭阳、甘塘联络站、中贵线首站、马莲湖等 6 座站场以及 25 座阀室的工艺设备、仪表自动化设备、电气设备、维抢修设备的检修与维护保养任务，以及辖区内站场、阀室及 615 公里管道的紧急故障抢修、防汛抗洪和线路管理任务。

银川维抢修队：

银川维抢修队地处宁夏回族自治区银川市西夏区文昌南街 179 号，与银川压气站合建。1998 年 9 月成立。主要负责西气东输宁夏段银川压气站、盐池清管站、盐池压气站、青灵永分输站、红寺堡分输站等 5 座站场以及 27 座阀室的工艺设备、仪表自动化设备、电气设备、维抢修设备的检修与维护保养任务，以及辖区内站场、阀室及 645 公里管道的紧急故障抢修、防汛抗洪等工作。该维抢修队参与了长宁线"9·23"管道划伤、"4·27"管道泄漏、西二线"7·21"管道钻孔泄漏等应急抢险任务。

第二节　陕晋管理处—山西管理处

一、陕晋管理处

具体内容见前文"甘宁管理处、陕晋管理处—宁陕管理处"。

二、山西管理处

2004 年 2 月，公司决定撤销陕晋管理处，成立山西管理处。原陕晋管理处管辖内的陕西段管线及站场交由宁陕管理处管理。管理处成立时办公地点设在山西省临汾市,2006年1月迁至山西省太原市,主要负责管理原陕晋管理处管辖的山西段管线及站场的生产运营等工作。

2003年10月,蒲县压气站投产,同月,蒲县维抢修队组建。2009年3月,设沁水压气站。2010年6月,设临汾分输站、沁水维修队。2014年3月,沁水压气站、蒲县压气站分别更名为沁水分输压气站、蒲县分输压气站。至此,管理处下设5个基层站队,包括蒲县分输压气站、沁水分输压气站、蒲县维抢修队、沁水维修队和临汾分输站。

2007年6月,管理处机关设综合科、经营科、生产运行科、管道科和质量安全科等5个科室。2010年7月,管理处增设党群科。2011年3月,经营科调整为经营与财务科,财务业务独立运作。2012年2月,综合科调整为综合与人事科。2015年7月,综合与人事科调整为综合科、人事科,经营与财务科调整为经营科、财务科。截至2016年12月,管理处机关设综合科、人事科、经营科、财务科、生产运行科、管道科、质量安全科和党群科等8个科室,员工共计148人。

2004年2月,公司党委批准成立山西管理处党支部;4月,公司工会批准成立山西管理处工会;5月,成立山西管理处党支部委员会。2008年4月,公司党委批复成立山西管理处党总支部委员会,党员31名;5月,成立山西管理处机关党支部委员会、蒲县压气站党支部委员会。2009年9月,成立沁水压气站党支部委员会。截至2016年12月,管理处所属党支部有3个,党员共计46名。

管理处运营管理西一线干线管道340公里以及煤层气支线管道35公里。干线管道西起黄河岸边的永和关,东至泽州县太行山上的斑鸠岭,途经山西省2个地级市的9个县区,下设蒲县、沁水2座分输压气站以及临汾分输站和阳城清管站,15座干线阀室及1座煤层气支线阀室,5条陆上隧道,5处跨越,伴行路87.7公里。管理处有分输用户2家(分别为山西省天然气股份公司和中国石油昆仑燃气有限公司),蒲县分输压气站、沁水分输压气站和临汾分输站3个分输节点。截至2016年底,蒲县分输压气站、沁水分输压气站和临汾分输站累计分输量分别为0.95亿标准立方米、0.55亿标准立方米和8.44亿标准立方米。

2014年9月,管理处顺利通过国家安全生产标准化检查,并被评定为"安全生产标准化一级企业(石油行业)"。

2015年2月,管理处完成了沁水分输压气站分输投产工作,开始向山西省天然气股份有限公司供气。2016年2月23日,国务院油气输送管道安全隐患整改工作领导小组办公室在北京召开了中国石油西气东输一线山西省临汾市境内有关安全隐患和高后果区段改线工程协调会,管理处按照公司要求全面启动蒲县和浮山县管道改线工作。

2016年6月,蒲县分输压气站放空火炬迁移动火连头顺利完成,标志着蒲县分输压气站放空区迁移主体工程完工。同月,管理处与山西省地方电力有限公司蒲县分公司签订电费计取改变合同,正式约定自6月25日抄表日起蒲县压气站按"最大需量"计取基本电费,每年节约电力成本725.76万元,为管理处降本增效打下坚实的基础。

2016年11月15日,临汾分输站投产,开始向中国石油昆仑燃气有限公司供气。2010年"气化山西"战略的提出及"山西省国家资源型经济型发展综合配套改革试验区"的获批,2016年11月临汾分输站建成投产,大大提高了山西段的分输量。

附:山西管理处各站队简介

蒲县分输压气站:

蒲县分输压气站位于山西省临汾市蒲县城郊。2003年10月投产。全站采用SCADA系统进行数据采集和监控,主要完成站内工艺数据采集、监视、控制等功能,并向调度中心传送实时数据,接受调度中心下达的任务。主要功能是接收上游延川压气站来气,经分离、增压后输送至下游沁水分输压气站;

进行清管器接收与发送;经站内过滤分离、计量后,给临汾市城燃天然气有限公司蒲县分公司供气。

沁水分输压气站:

沁水分输压气站位于山西省晋城市沁水县龙港镇小岭村。煤层气末站往复式机组于2009年9月投产,干线增压GE机组于2009年10月投产。全站采用SCADA系统进行数据采集和控制,主要完成站内工艺数据采集、监视、控制和流量计算等功能,并向调度中心及时传送实时数据,接受调度中心下达的各项任务。主要功能是接收上游蒲县分输压气站和煤层气端氏首站来气,经分离、增压后输气到下游郑州压气站;进行煤层气管道清管器的接收;煤层气末站经过滤分离、计量、调压后,给山西省煤层气(天然气)集输有限公司供气。

蒲县维抢修队:

蒲县维抢修队位于山西省临汾市蒲县城郊。2003年10月组建。主要承担西气东输山西段86♯至100♯、郑庄阀室、山西段375公里管线、2座分输压气站、1座清管站及其附属设施抢修工作,并负责西气东输山西段86♯至97♯阀室、蒲县分输压气站其附属设施的维护保养工作。

沁水维修队:

沁水维修队位于山西省晋城市沁水县城东郊。2010年底组建。主要承担东部管道山西段98♯至100♯阀室间与煤层气管线的175公里管线的管道保护工作,以及1座分输压气站、4座阀室、1座清管站内设备的维护保养工作,并负责配合维抢修队(中心)在维修队辖区内的抢险工作。

临汾分输站:

临汾分输站位于山西省临汾市尧都区屯里镇沟上村,距临汾市区7.5公里,隶属于西气东输管道分公司山西管理处。2016年11月投产。全站采用SCADA系统进行数据采集和监控,主要完成站内工艺数据采集、监视、控制等功能,并向调度中心传送实时数据,接受调度中心下达的任务。主要功能是接收上游92♯阀室来气,经过滤分离、计量后向山西省天然气股份有限公司和中国石油昆仑燃气有限公司供气。

第三节　豫皖管理处—郑州管理处

一、豫皖管理处

2001年8月,豫皖管理处成立,办公地点设在河南省郑州市,主要负责辖区内管线的生产运行维护、管道保护和天然气分输等工作。

管理处运营管理2条干线,即西一线博爱至滁州段,西二线三门峡至南阳段;1条支干线,即淮阳至新县(淮武支干线河南段);1条联络线,即鲁山至兰考(平泰支干线河南段);3条支线,即定远至合肥(定合支线)、郑州至上街(长铝支线)、伊川至洛阳(洛阳支线)。管线总长1831.1公里,途经河南、安徽两省37个市、75个县。沿线设有2个维抢修队、1个维修队,各类场站20座(其中压气站6座,分输站14座),阀室68座,1个线路巡护站、1个黄河阴保站。

2003年7月,管理处下设11个基层站队,包括郑州分输压气站(正科级)、郑州维抢修队(正科级)、定远维抢修队(正科级)、博爱分输站、薛店分输站、淮阳分输站、利辛分输清管站、刘巷子分输站、定远分输站、滁州分输站、合肥末站。2004年4月,管理处设长铝末站、蚌埠维抢修队(正科级),撤销定远维抢修队。2007年4月,淮阳分输站、定远分输站分别调整为淮阳分输压气站(正科级)、定远分输压气站(正科级)。8月,郑州压气站更名为郑州分输压气站。2010年6月,设立三门峡分输站、洛宁压气站(正科级)、洛阳分输站、鲁山分输压气站(正科级)、平顶山分输站、南阳分输站、平顶山维修队(正科级)等7个站队。2011年10月,设立中牟分输清管站、开封分输站和洛阳末站等3个站场;同月,薛店分输站机构规格调整为副科级,更名为薛店分输联络站。2012年11月,设项城(新蔡)管护站。

截至2014年9月,管理处下设25个站队,包括郑州维抢修队(正科级)、蚌埠维抢修队(正科级)、平顶山维修队(正科级)、郑州分输压气站(正科级)、博爱分输站、长铝末站、薛店分输联络站(副科级)、淮阳分输压气站(正科级)、利辛分输清管站、刘巷子分输站、定远分输压气站(正科级)、滁州分输站、合肥末站、项城(新蔡)管护站、潢川分输压气站(正科级)、三门峡分输站、洛宁压气站(正科级)、洛阳分输站、洛阳末站、鲁山分输压气站(正科级)、平顶山分输站、南阳分输站、中牟分输清管站、开封分输站、兰考分输站。

2002年11月,管理处机关设办公室、调度科、综合科等3个科室。2003年7月,增设生产运行科。2007年6月,设立综合科、经营科、生产运行科、管道科、质量安全科等5个科室。2010年7月,设立党群科。2011年3月,经营科调整为经营与财务科,财务业务独立运作;4月,设立工程管理科。2012年2月,综合科调整为综合与人事科。截至2014年9月,管理处机关下设综合与人事科、党群科、生产运行科、质量安全科、管道科、经营与财务科、工程管理科等7个科室,员工419人。

2002年9月,公司党委批准成立豫皖管理处党支部委员会,党员11名。2008年4月,公司党委决定成立豫皖管理处党总支部,党员51名;5月,公司党委批准成立豫皖管理处机关党支部、郑州分输压气站党支部、淮阳分输压气站党支部、蚌埠维抢修队党支部、定远分输压气站党支部等5个党支部。2011年1月,成立鲁山分输压气站联合党支部,洛宁压气站联合党支部。2013年12月,成立平泰支线联合党支部委员会。截至2014年9月,所属党支部7个,即管理处机关党支部、郑州站队联合党支部、淮阳分输压气站联合党支部、蚌埠维抢修队联合党支部、定远分输压气站联合党支部、鲁山分输压气站联合党支部、洛宁压气站联合党支部,党员126名。

2014年9月,公司将豫皖管理处更名为郑州管理处,所辖定远至合肥支线以及定远分输压气站、利辛分输清管站、刘巷子分输站、合肥末站、滁州分输站、蚌埠维抢修队等站队及管线设备划归新成立的合肥管理处。

二、郑州管理处

2014年9月,豫皖管理处更名为郑州管理处(以下简称"管理处"),办公地点设在河南省郑州市。原豫皖管理处负责安徽境内的业务、资产、人员划归合肥管理处。

管理处主要负责河南省境内西气东输线路的生产运行维护、管道保护和天然气分输等工作,管辖线路1410公里(原线路为1390多公里,2016年经过实地测量和淮武支干线、长铝支线改线,管线少量增加),经过河南省的16个市、47个县(市、区)。沿线设有1个维抢修队、1个维修队。五大作业区各类场站16座,其中压气站5座、分输站11座、阀室49座、1个线路巡护站、1黄河阴保站。

管理处原设有综合与人事科、党群科、生产运行科、质量安全科、管道科、经营与财务科、工程管理科7个科。2015年8月,根据公司要求,管理处增设人事科、财务科,将综合与人事科调整为综合科,经营与财务科调整为经营科。截至2016年底,管理处设有综合科、人事科、党群科、生产运行科、质量安全科、管道科、经营科、财务科、工程管理科9个科。管理处共有员工326名。

2014年9月,经公司党委研究,成立郑州管理处党委和纪委。撤销豫皖管理处党总支部委员会,管理处原7个基层党支部调整为11个,党员100名。2016年4月,为适应管理处区域化管理改革的形势,管理处党委管辖的11个党支部调整为9个。2016年底,共有党员92名。

管理处运营管理2条干线:西气东输一线博爱至郸城段,西气东输二线三门峡至南阳段;1条支干线:淮阳至新县(淮武支干线河南段);1条联络线:鲁山至兰考(平泰支干线河南段);2条支线:郑州至上街(长铝支线)、伊川至洛阳(洛阳支线)。

2016年,管理处以公司提出的"大胆探索实行分输站无人值守和区域化管理"的改革思路为切入点,根据场站地理位置及压气站分布情况,将全处17个场站、1410公里线路整合为郑州、薛店、淮阳、洛宁和鲁山五大作业区,打破原来以站为单元的一站一点、一站一段管理的局限性,累计实现了安全生产4799天的良好纪录。

附:郑州管理处各站队简介

郑州维抢修队:

郑州维抢修队位于河南省郑州市须水镇三十里铺村。2003年7月成立。主要承担西一线河南省境内323.83公里干线、淮武支线135.62公里支线、平泰线194.35公里联络线、长铝支线28公里支线等共计681.80公里线路事故抢修协助任务;负责2座分输压气站、1座分输联络站、3座分输站、1座分输清管站、1个管护站、1座支线末站共计9个站以及1座黄河阴保站、23座阀室设备的维修、维护及应急抢修任务。

博爱分输站:

博爱分输站位于河南省焦作市博爱县磨头镇。2003年7月成立,10月投产。全站采用SCADA系统进行数据采集和监控。主要负责天然气的计量、交接,将沁水压气站来气经过过滤、计量、调压后分别输给安彩能源、焦作中燃、济源中裕、博爱昆仑4家用户;负责西一线101♯、102♯、103♯阀室和55.75公里线路的管理工作。

长铝末站:

长铝末站位于河南省郑州市上街区长城铝业旁。2004年6月投产。全站采用SCADA系统进行数据采集和监控。主要功能是接收上游郑州分输压气站来气,同时经过滤分离、计量、调压后给中国铝业河南分公司供气;负责长铝支线(郑州至长铝)原18.95公里管线的管理工作。2014年和2016年经过两次改线后所辖线路长度28公里,没有阀室。

郑州分输压气站:

郑州分输压气站位于河南省郑州市须水镇三十里铺村。2003年7月成立,10月投产。2007年5月,压缩机扩建投产运行。主要功能是接收上游博爱站来气,经过旋风分离器、过滤分离器去除天然气中的固体、液体杂质,净化后的天然气经过离心式压缩机加压输送至下游薛店站;把经过过滤器净化后的天然气经过计量、调压后输送给郑州城市燃气、郑州燃气电厂、河南天泰和郑州长城铝业4家用户;负责西一线104♯、105♯阀室和68.8公里线路的管理工作。

薛店分输联络站:

薛店分输联络站位于河南省新郑市薛店镇西场李村。2003年7月成立,10月建成投产。2010年10月,该站与平泰支干线相联,调整为副科级单位,并更名为薛店分输联络站。采用SCADA系统进行数据采集和监控;主要负责接收郑州分输压气站来气输送至淮阳分输压气站;接鲁山压气站来气输送至中牟分输清管站,并实现西一线西二线的气量转供;把经过过滤器净化后的天然气经过计量、调压后输送给中原电厂、河南蓝天、长葛麟觉、郑州恒燃、节能永辉、河南利用、漯河利用、新郑昆仑和中原管网等9家用户;负责西一线106♯至108♯阀室、平泰支线3♯至5♯阀室以及西一线71.9公里和平泰支干线40公里线路的管理工作。

淮阳分输压气站:

淮阳分输压气站位于河南省周口市淮阳县。2003年7月成立淮阳分输站,10月建成投产。2009年11月,压缩机扩建投产运行更名为淮阳分输压气站。采用SCADA系统进行数据采集和监控;接收上游薛店站来气,经过旋风分离器和卧式过滤分离器过滤后,由压缩机增压输送至下游利辛站;把经过过滤器净化后的天然气经过计量、调压后输送给周口燃气；负责西一线109#至112#阀室、淮武支线1#阀室和153公里线路的管理工作。

平顶山维修队：

平顶山维修队位于河南省平顶山市开发区。2010年6月成立。主要承担西二线河南省境内482.8公里干线及淮武支线（河南段）潢川站管线的133公里支线、平泰支线鲁山站管辖的87.2公里支线和洛阳支线24.96公里支线的维抢修管理工作；负责2座分输压气站、1座压气站、4座分输站、1座支线末站等8个站场以及26座阀室设备的维修、维护及应急抢修任务。

三门峡分输站：

三门峡分输站位于河南省灵宝市大王镇沟北村。2010年6月成立，11月投产。采用SCADA系统进行数据采集和监控，将上游潼关压气站来气经计量后分输至中裕燃气，负责西二线99#至101#阀室和92.1公里线路的管理工作。

洛宁压气站：

洛宁压气站位于河南省洛阳市洛宁县东宋镇官庄村。2010年6月成立，11月一期工程建成投产，2012年11月二期工程建成投产。采用SCADA系统进行数据采集和监控；将上游三门峡站来气经增压后分输至下游洛阳站；负责西二线102#、103#阀室以及58公里线路的管理工作。

洛阳分输站：

洛阳分输站位于河南省洛阳市鸣皋镇中溪村。2010年6月成立，11月投产。全站采用SCADA系统进行数据采集和监控，主要功能是接收上游洛宁压气站来气输送至下游鲁山分输压气站；还担负分输任务，67路和68路经过调压橇调压后经伊洛支线为洛阳末站供气，一路经电加热器加热，先通过过滤分离器，滤除气体中的各种微小颗粒和悬浮物，过滤后的天然气经过计量橇计量、调压橇调压后分别为中油昆仑和浮法玻璃两家用户供气；负责西二线104#至106#阀室以及82.9公里线路的管理工作。

洛阳末站：

洛阳末站位于河南省洛阳市伊川县城关镇小庄村。2011年6月成立，2012年12月投产。采用SCADA系统进行数据采集和监控；将上游洛阳分输站来气经计量后分输至洛阳新奥和河南煤业两家用户；负责伊洛支线1#阀室和24.96公里线路的管理工作。

鲁山分输压气站：

鲁山分输压气站位于河南省平顶山市鲁山县辛集乡盆郭村。2010年6月成立，11月一期工程建成投产，2013年12月二期压缩机工程投产。主要担负西二线上游来气进行加压向下游输送，还具有通过平泰支干线与一线的薛店分输联络站相连，实现两条主干线相互转供的功能，是重要枢纽站。采用SCADA系统进行数据采集和监控；负责西二线107#至109#阀室和平泰支干线1#、2#阀室以及主干线77.8公里、平泰支干线87.2公里线路的管理工作。

平顶山分输站：

平顶山分输站位于河南省平顶山市叶县常村乡常村。采用SCADA系统进行数据采集和监控，主要功能是接收上游鲁山分输压气站来气，输气到下游南阳分输站，同时经站内过滤、加热、计量、调压后给河南慧基能源有限公司供气；负责西二线110#至112#阀室以及85.5公里线路的管理工作。

南阳分输站：

南阳分输站位于河南省唐河县古城乡阚庄村。2010年6月成立，11月投产。全站采用SCADA系统进行数据采集和监控，接收平顶山分输站来气输送至枣阳分输压气站，同时两路经站内过滤、计量、调压后分别给驻马店支线、信阳弘昌供气，两路经站内过滤、加热、计量调压分别给华润燃气、华嘉盛能供气；负责西二线113#至115#阀室以及86.5公里线路的管理工作。

潢川分输压气站：

潢川分输压气站位于河南省潢川县定城镇方店村。2005年7月成立，2006年12月投产。采用SCADA系统进行数据采集和监控，将淮武支线黄陂站翻输来气经计量后分输至潢川城市燃气；负责133公里线路以及淮武支线6#至10#阀室的管理工作。

项城（新蔡）管护站：

项城（新蔡）管护站位于河南省平舆县。2012年11月成立。采用SCADA系统进行数据采集和监控，主要功能是直接接受并执行管理处的安排，对巡线工和管道进行日常管护和巡检；负责淮武支线2#至5#阀室以及110公里管线的管理工作。

中牟分输清管站：

中牟分输清管站位于河南省郑州市中牟县八岗镇祥符刘村。2011年10月成立，2012年5月投产。采用SCADA系统进行数据采集和监控，主要负责接收上游薛店站来气，经过组合式分离器、去除天然气中的固体、液体杂质，净化后的天然气送至下游开封站；把经过过滤器净化后的天然气经过计量、调压后输送给郑州燃气、河南煤业和五洲能源等3家分输用户；负责平泰支线6#阀室和53.26公里线路的管理工作。

开封分输站：

开封分输站位于开封市开封县朱仙镇小店王村。2011年6月成立，2012年5月投产。采用SCADA系统进行数据采集和监控，接收上游中牟清管站来气，输送给下游兰考分输计量站，同时经过滤、计量、调压后分输至下游用户五洲能源；负责平泰支线7#、8#阀室以及53.5公里线路的管理工作。

兰考分输站：

兰考分输站位于河南省开封市兰考县仪封乡圈头村。2012年6月成立时为兰考管护站。主要工作职责是对所辖48公里管道进行保护、巡护；负责平泰支线9#、10#阀室的管理工作。2013年12月由9#阀室扩建为兰考分输站。2016年5月完成扩建任务进气保压，8月对用户分输，9月开始干线计量。负责平泰支线10#阀室和47.5公里路线的管理工作。

第四节　甘陕管理处筹备组—甘陕管理处

一、甘陕管理处筹备组

2008年3月，公司成立甘陕管理处筹备组，办公地点在陕西省西安市，主要负责甘陕管理处筹建的前期工作，组织西二线甘肃、陕西两省的工程监管和建设。西二线甘陕段线路全长约439.3公里，其中甘肃省150.1公里，陕西省289.2公里。

筹备组成立时机关设综合科、管道科等2个科室。2009年12月，增设生产科和经营科等2个科室，管道科和生产科合署办公。2008年5月，公司党委批准成立甘陕管理处筹备组党支部。2010年2月，公司党委批准成立甘陕管理处筹备组党支部委员会，党员9名。截至2010年4月，员工38人，党员15名。

2009年3月，西二线甘陕段全面开工，筹备组介入工程建设。

2010年4月，公司以甘陕管理处筹备组为基础，成立甘陕管理处。

二、甘陕管理处

2010年4月,公司成立甘陕管理处,办公地点在陕西省西安市,主要负责西气东输二线陕西段、甘肃东段的管道维护和境内站场生产运行。

2010年4月—2014年9月,管理处运营管理西二线干线439.3公里,下设4站2队,包括位于甘肃省的平泉分输站、平泉维修队(正科级)、灵台压气站(正科级),其中平泉站队合建;位于陕西关中地区的高陵分输压气站(正科级)、高陵维修队(正科级)、潼关压气站(正科级)和华阴分输站,其中高陵站队合建。2014年9月,公司区域化管理调整,将原银川管理处所辖的西一线靖边压气站(正科级)、靖边维抢修队(正科级)、子长分输站、延川压气站(正科级)、长宁线靖边压气站(正科级)划归甘陕管理处。

2016年4月,根据公司关于西一线靖边压气站和长宁线靖边压气站合署办公的批复意见,成立靖边联合压气站,办公地点位于原西一线靖边压气站。同时,成立定边管护站,负责西一线、西二线中靖线、长宁线定边段的管道保护工作,办公地点位于定边县。至此,管理处运营管理线路包括西一线干线陕西段、西二线干线甘肃东段和陕西段、西二线中靖联络联络线陕西段及长宁线陕西段,管线总长969.7公里。其中,西一线干线348.4公里,西二线干线439.3公里,西二线中靖联络线143公里,长宁线陕西段39公里。下设8站3队,即5座压气站及分输压气站、3座分输站、1个维抢修队、2个维修队。2016年8月,西气东输三线中卫至靖边联络线工程正式开工,管理处作为业主直接负责西三线中靖线第二标段(定边、靖边段)151公里管道的建设,工程管理科、靖边联合压气站负责具体实施。2016年2月,成立西三线中靖联络线建设协调小组,具体负责项目的协调工作。

2010年6月,管理处机关设综合科、经营科、管道科、生产运行科、质量安全科等5个科室;7月,增设党群科。2011年3月,经营科调整为经营与财务科,财务业务独立运作;4月,设工程管理科。2012年2月,综合科调整为综合与人事科。2015年7月,综合与人事科分设,成立综合科、人事科,经营与财务科分设,成立经营科、财务科。截至2016年12月,管理处机关设综合科、人事科、党群科、质量安全科、生产运行科、管道科、经营科、财务科、工程管理科等9个科室。管理处员工总数228人。

2010年4月,公司党委批准成立甘陕管理处党支部委员会。2011年5月,公司党委批准成立甘陕管理处党总支部委员会,下设机关党支部委员会、平泉站队联合党支部委员会、高陵站队联合党支部委员会、灵台压气站支部委员会、潼关压气站支部委员会,党员39名。截至2014年12月,下设8个基层党支部,即机关党支部、平泉站队联合党支部、灵台站党支部、高陵站队联合党支部、潼关站党支部、靖边站队联合党支部、长宁线靖边压气站党支部、延川压气站联合党支部,党员80名。2015年2月,公司党委批准成立甘陕管理处党委。2016年4月,长宁线靖边压气站党支部并入靖边站队党支部。至此,管理处党委下设机关党支部、平泉站队联合党支部、灵台站党支部、高陵站队联合党支部、潼关站联合党支部、靖边站队联合党支部、延川压气站联合党支部,党员81名。

2011年5月,西气东输三线天然气管道工程正式开始项目前期工作,管理处工程管理科负责西三线沿线2省7市13区县的项目前期工作,包括甘肃段、陕西段的可行性研究、用地预审、规划选址、环境影响评价、安全预评价、社会稳定风险评价等核准附件办理及防洪、地质灾害、矿产资源压覆、文物调查等相关专项评价报告的研究和报批等工作。2012年8—10月,管理处完成了西三线陕西段的重新设计,并获得相关政府部门的许可。截至2015年4月,管理处完成了沿线2省7市13区县88个部门共计245份各类批复文件。此外,管理处还编写了《首台套20兆瓦级高速变频电驱国产压缩机组工程项目纪实》,共计800余页、10万余字、1 500多张图片,详细记录了20兆瓦级国产电驱压缩机组工程施工、设备安装调试、投产过程。

附：甘陕管理处各站队简介

西一线靖边压气站：

西一线靖边压气站位于陕西省靖边县张家畔镇胡伙场村，与靖边维抢修队合建。2003年10月，作为西气东输东段投产首站从长庆油田接收天然气；2004年9月，又成为西段投产末站；2005年7月，实现为陕京二线分输功能；2009年12月，西二线联络站顺利投产。至此，靖边压气站连接了中国石油陕京一线、陕京二线与西一线管道、西二线管道四条输气大动脉，长庆气田和塔里木气田以及中亚管道的天然气在此交汇，成为重要枢纽站。主要功能是接收上游盐池压气站来气，经分离、增压后输送至下游延川压气站；同时经计量调压后为陕京二线供气。2016年4月，西一线靖边压气站与长宁线靖边压气站合署办公，成立靖边联合压气站。

靖边维抢修队：

靖边维抢修队位于陕西省靖边县张家畔镇胡伙场村，与西一线靖边压气站合建。2003年10月成立，2005年12月升级为靖边维抢修中心，2010年7月恢复维抢修队编制。2014年9月，根据公司区域化调整的要求，由银川管理处划归甘陕管理处管理。靖边维抢修队所辖区域自然条件恶劣，地质地貌复杂，需要应对多种地质灾害与管道事故，是重要维抢修队之一。主要承担陕北段530公里管线的A类事故及换管等大型维抢修和抢险工作，以及辖区内西一线靖边站、延川站、长宁线靖边站等3座压气站、子长分输站1座分输站、西一线73#至85#、中靖联络线9#至13#、长宁线4#等19座阀室的设备维检修、防洪防汛、应急抢修等工作。

长宁线靖边压气站：

长宁靖边压气站位于陕西省靖边县张家畔镇胡伙场村。建于1997年4月；1998年10月一期工程投产；2006年2月，完成增压输气项目工程；2008年6月，完成向陕京一线输气的适应性改造，开始承担将涩北气田天然气输送到陕京一线。站内可实现由陕京线输气至北京、由靖银线输气至银川、由靖银线反输气到站后输气至北京三种功能。主要承担长宁线4#阀室及39公里管线、西一线73#至76#阀室及97公里管线、中靖联络线9#至11#阀室及97公里管线巡护管理工作。2016年4月，根据公司有关批复意见，长宁线靖边压气站与西一线靖边压气站合署办公，成立靖边联合压气站。

子长分输站：

子长分输站位于陕西省子长县安定镇桃园村。2011年12月投产。2014年9月，根据公司区域化调整的要求，银川管理处划归甘陕管理处管理。全站采用SCADA系统进行数据采集和监控，主要功能是接收上游82#阀室来气，同时经站内过滤分离、计量、调压后输气到下游子长县天然气公司。

延川压气站：

延川压气站地处陕西省延安市延川县。由原先的清管站改造而成，2008年12月建成投产。延川压气站的主要功能是接收靖边压气站来气增压输送至蒲县压气站，同时负责主要设备的运行管理及下辖3座阀室及沿线管道维护。全站采用SCADA系统进行数据采集和监控。

平泉分输站：

平泉分输站位于甘肃省镇原县平泉镇上刘村，与平泉维修队合建。2010年11月投产。采用SCADA系统进行数据采集和监控，将上游彭阳站来气经计量、调压后分输至庆阳市和平凉市。

平泉维修队：

平泉维修队位于甘肃省镇原县平泉镇上刘村，与西二线平泉分输站合建。2010年8月成立。主要负责平泉分输站、灵台压气站、81#至88#阀室的设备维修、维护、抢修以及辖区内抢险等工作，具备电驱压缩机组定期大修、日常检修以及仪表和通信设施设备维检修的能力，能为站场和阀室通用设备进行维护保养。

灵台压气站：

灵台压气站位于甘肃省灵台县独店镇姚李村。一期工程于2010年11月正式投产，二期工程于

2011年11月正式开始建设,2013年4月110千伏变电所顺利投产。全站采用SCADA系统进行监控,主要功能是接收上游平泉分输站来气,经过滤分离、增压后输送至下游高陵分输压气站,并可进行清管器接收与发送作业,同时负责86#、87#阀室以及90公里管道线路的日常管理工作。

高陵分输压气站:

高陵分输压气站位于陕西省高陵县湾子乡大夫雷村,与高陵维修队合建。一期工程于2010年11月正式投产,具备正输及清管器收发功能。2011年12月,作为陕西省冬季安保气源,正式开始向陕西省天然气股份有限公司分输供气。还承担着甘陕段157.2公里的管道线路及8座阀室的日常巡护工作。二期工程于2011年8月开工。2012年11月5日,我国首套国产20兆瓦级电驱压缩机组在高陵压气站成功点火,试车投产一次成功;2013年3月,完成3#国产机组投产;4月,完成2#国产机组投产;5月,完成1#国产机组投产。至此,我国首站国产化压缩机站全部投产成功。

高陵维修队:

高陵维修队地处陕西省高陵县湾子乡大夫雷村。2010年8月成立,与高陵分输压气站合建。主要负责西二线甘陕段89#至98#阀室的设备管理、维护以及维修抢修等工作,所辖管线289公里;负责高陵分输压气站、潼关压气站和华阴分输站的机械、电气、仪表自动化维护检修工作,高陵站和潼关站压缩机维检修工作等;还负责光缆维护整改、过滤分离器漏气处理、阀室地面塌陷整改、站场及阀室引压管支撑设立、阀门漏气处理、各专业春秋检作业等多项日常工作。

潼关压气站:

潼关压气站位于陕西省潼关县代字营乡西姚村。一期工程2010年11月正式投产。2013年7月完成二期110千伏变电所投产工作。全站采用SCADA系统进行监控,主要功能是接收上游高陵压气站天然气,经过滤分离、增压后输送至下游三门峡分输站;并可进行清管器接收与发送作业。

第五节 苏北管理处

2006年3月,公司设立苏北管理处,办公地点设在江苏省徐州市;当年7月,搬迁至江苏淮安市;2007年10月,搬迁并定址江苏省扬州市,主要负责西气东输在江苏长江以北地区的行政事务和所辖地区安全管理、输气生产(不含青山站)、管道管理和工程建设等生产经营管理工作。

管理处运营管理6条管线,包括冀宁管道干线苏北段、江都至如东天然气管道干线、冀宁管道邳连(邳州至连云港)支线、冀宁管道邳徐(邳州至徐州)支线、江都至如东管道芙蓉支线江北段、西气东输刘庄储气库联络线。管线总长887.52公里,途经江苏长江以北境内7个地级市的30个县(区市),设有42座阀室。管道所经地貌均为平原和水网地区,冀宁管道与京杭大运河伴行而建。管理处分输用户由2006年5月分输时的1家,增至2016年底的46家。

管理处成立时共设7站1队,包括扬州分输站、江都分输清管站、淮安分输站、宿迁分输清管站、邳州分输清管站、徐州分输站、连云港分输站和淮安维抢修队(正科级),其中淮安站和淮安维抢修队为站队合建。随着江都至如东管道工程建设的开展,2009年11月增设泰州分输站,2010年6月增设泰兴分输清管站、如皋分输站、南通分输站、如东分输清管站和泰兴维修队(正科级)。2010年6月,根据冀宁管道苏北段适应性改造工程进展情况,设宝应分输站、高邮简化分输站、邳连支线3#阀室简化分输站、邳连支线5#阀室、邳州分输站调整为邳州分输压气站(正科级)。2011年10月,设泗阳简化分输站、楚州分输站、高港简化分输站,邳连3#阀室简化分输站更名为新沂简化分输站。2013年4月,江都分输清管站规格调整为副科级;同月,增设靖江分输站。截至2016年12月,管理处下设21个基层站队,包括淮安维抢修队(正科级)、泰兴维修队(正科级)、邳州分输压气站(正科级)、江都分输清管站(副科级)、如东分输清管站、南通分输站、如皋分输站、泰兴分输清管站、泰州分输站、高港分输站、靖江分输站、扬州分输站、高邮简化分输站、宝应分输站、楚州分输站、淮安分输站、泗阳简化分输站、宿迁分输清管站、徐州分输清管站、新沂简化分输站、连云港分输清管站。

2007年6月,管理处机关设立综合科、经营科、生产运行科、管道科、质量安全科等5个科室。2010年7月,设立党群科。2011年3月,经营科调整为经营与财务科,财务业务独立运作;4月,设立工程科。2012年2月,综合科调整为综合与人事科;2015年7月,综合与人事科调整为综合科、人事科,经营与财务科调整为经营科、财务科。截至2016年12月,管理处机关设综合科、人事科、党群科、质量安全科、生产运行科、管道科、经营科、财务科、工程科等9个科室,员工233人,运营管理线路近1500公里。

2006年3月,公司党委批准成立苏北管理处党支部委员会,党员7人。2008年4月,公司党委批准成立苏北管理处党总支委员会,党员38人;5月,成立苏北管理处机关党支部委员会、扬州分输站党支部、江都分输站党支部、淮安维抢修队联合党支部和徐州分输站联合党支部。2011年4月,成立邳州分输压气站联合党支部、泰兴维修队联合党支部、淮安维抢修队联合党支部,撤销扬州分输站党支部、江都分输站联合党支部和徐州分输站联合党支部。2015年2月17日,经公司研究决定,成立中共中国石油西气东输管道公司苏北管理处委员会。2016年10月,设有苏北管理处机关党支部委员会、邳州作业区党支部委员会、江都作业区党支部委员会、宿迁站联合党支部、淮安站队联合党支部、泰州站联合党支部、南通站联合党支部、泰兴维修队党支部、连云港站党支部,撤销邳州分输压气站党支部委员会、淮安维抢修队联合党支部委员会、泰兴维修队联合党支部委员会。截至2016年12月,管理处共有9个党支部,党员60人。

附:苏北管理处各站队简介

淮安维抢修队:

淮安维抢修队位于淮安市清浦区武墩镇普墩村。2005年11月成立。主要承担西气东输与陕京二线联络线——冀宁管道干线苏北段和邳徐支线、邳连支线及刘庄储气库支线11座站场、30座阀室及其附属设施的维护、保养和维抢修等工作;负责江都至如东管道的管道及站场的抢修工作。

泰兴维修队:

泰兴维修队位于泰兴市南沙乡唐港村。2010年6月成立。主要承担江都至如东管道如东站、南通站、如皋站、泰兴站、江都站及沿线12座阀室的电气、自控、仪表、机械、通信等设备的日常维护、检修工作。

邳州分输压气站:

邳州分输压气站位于邳州市赵墩镇天庙村。2006年1月成立,同月进气投产。2010年6月,调整为邳州压气分输站,2012年3月,压缩机组正式投产运行,具备调峰时向南或向北增压功能。采用SCADA系统进行数据采集和监控;接收上游分输站来气,输气到下游。同时,一路向徐州站供气,一路向连云港站供气,一路经站内过滤、计量、调压后给邳州城市燃气供气。

江都分输清管站:

江都分输清管站位于扬州市江都区邵伯镇谢庄村。2005年11月成立,2006年1月进气投产。全站采用SCADA系统进行数据采集和监控,主要功能是接收江都至如东管道来气,经过滤、分离、计量后输送至冀宁管线;同时通过过滤、计量、调压后输至扬州中油燃气门站、江都庆鹏燃气门站以及江都昆仑燃气门站;在淮安至江都管段清管作业中进行收球操作,在江都至泰兴管段的清管作业中进行发球操作;还负责辖区65公里管道和冀宁管道4#至7#阀室的巡护工作。作为连接冀宁管道和江都至如东管道的枢纽站,江都站在连接西气东输陆海两方面气源,保障西气东输一线和陕京二线供气网络安全方面承担十分重要的职责。

扬州分输站:

扬州分输站位于扬州市邗江区杨庙镇杨庙村。2005年11月成立,2006年1月进气投产。全站采用 SCADA 系统进行数据采集和监控,主要功能是接收青山分输清管站或江都清管分输站的来气,经站内过滤分离、加热、计量、调压后给扬州中燃城市燃气公司和江都万安城市燃气公司供气。

高邮简化分输站:

高邮简化分输站位于高邮市卸甲镇周庄龙奔乡西楼村。2011 年 11 月成立,2013 年 11 月投产。全站采用 SCADA 系统进行数据采集和监控。主要功能是接收江都分输站或宝应分输站来气,经站内过滤分离、计量、调压后,向高邮门站供气。

宝应分输站:

宝应分输站位于宝应县望直港镇望直村。2010 年 6 月成立,同月通过阀室预留口进气投产。全站采用 SCADA 系统进行数据采集和监控,主要功能是接收上游楚州分输站来气,输气到下游江都分输站,同时一路经站内过滤、计量、调压后给宝应中油昆仑燃气、盐城新奥大通、盐城时代燃气供气。

楚州分输站:

楚州分输站位于淮安市淮安区上河镇五洞村。2012 年 1 月成立,同月进气投产。全站采用 SCADA 系统进行数据采集和监控,主要功能是接收上游宝应站来气,输气到下游淮安站,同时一路经站内过滤、计量、调压后给淮安燃气发电有限公司供气。

淮安分输站:

淮安分输站位于淮安市清浦区武墩镇普墩村。2005 年 11 月成立,2006 年 1 月进气投产。全站采用 SCADA 系统进行数据采集和监控,主要功能是接收上游宿迁分输站来气,输气到下游楚州分输站和刘庄储气库,同时经站内过滤、计量、调压后分别给淮安城市燃气、中油天达供气。

泗阳简化分输站:

泗阳简化分输站位于泗阳县城厢社区城南村。2011 年 1 月成立,2013 年 3 月进气投产。全站采用 SCADA 系统进行数据采集和监控,主要功能是接收上游宿迁清管站来气,输气到下游淮安分输站,同时一路经站内过滤、计量、调压后向荣浩天然气公司供气。

宿迁分输清管站:

宿迁分输清管站位于宿迁市宿城区南蔡乡范庄村。2005 年 11 月成立,2006 年 1 月进气投产。全站采用 SCADA 系统进行数据采集和监控,主要功能是接收上游邳州压气站来气,输气到下游淮安分输站,同时一路经站内旋风分离、过滤、计量、调压后分输到中国石油昆仑燃气宿迁分公司门站。

徐州分输站:

徐州分输站位于徐州市金山桥经济开发区杨山路热电厂南侧。2006 年 12 月成立,2007 年 1 月进气投产。徐州分输清管站是末站,全站采用 SCADA 系统进行数据采集和监控,主要功能是接收上游邳州压气站来气,经过滤、分离、计量、调压后给徐州港华燃气、徐州华气新能源、徐州中能硅业三家用户供气,进行干线清管器接收。

新沂简化分输站:

新沂简化分输站位于新沂市唐店镇龙河村。2010 年 7 月成立,2011 年 3 月通过阀室预留口进气投产。全站采用 SCADA 系统进行数据采集和监控,主要功能是接收上游宿迁清管站来气,输气到下游淮安分输站,同时一路经站内过滤、计量、调压后向荣浩天然气公司供气。

连云港分输站:

连云港分输站位于连云港市新浦区浦南镇。2006 年 6 月成立,同年 12 月进气投产。连云港分输站是末站,全站采用 SCADA 系统进行数据采集和监控,主要功能是接收上游邳州分输压气站来气,经站内过滤、计量、调压后分输到连云港市新奥燃气、连云港通裕燃气、昆仑燃气赣榆项目;同时一路通过 5# 阀室向东海公司昆仑燃气分输。

泰州分输站：

泰州分输站位于泰州市寺巷镇。2009年11月成立，2010年6月进气投产。全站采用SCADA系统进行数据采集和监控，主要功能是接收上游泰兴分输清管站来气，输气到下游江都分输清管站，同时一路经站内过滤、计量、调压后分输到泰州港华燃气，另一路经站内过滤、计量、调压后分输到昆仑燃气；2012年2月3#阀室改建为高港分输站，经站内过滤、计量后分输到泰州中油燃气供气。

高港分输站：

高港分输站位于泰州市高港区大泗镇马龙村。2012年2月由江都至如东管道3#阀室改建而成，经站内过滤、计量后分输到泰州中油燃气供气。全站采用SCADA系统进行数据采集和监控。该站由泰州分输站代为管辖，目前只有分输职能，没有线路管理职能。

泰兴分输清管站：

泰兴分输清管站位于泰兴市南沙乡唐港村。2010年6月成立，2011年5月进气投产。全站采用SCADA系统进行数据采集和监控，主要功能是接收上游如皋分输站来气，输气到下游泰州分输站，同时一路经站内过滤、计量、调压后给靖江天力城市燃气进行供气。

如皋分输站：

如皋分输站位于如皋市长江镇杨洲村。2010年6月成立，2011年6月进气投产。全站采用SCADA系统进行数据采集和监控，主要功能是接收上游南通分输站来气，输气到下游泰兴分输站，同时经站内过滤、计量、调压后给如皋益有城市燃气及南通中油燃气供气。

南通分输站：

南通分输站位于南通市通州区刘桥镇极孝村。2010年6月成立，2011年5月进气投产。全站采用SCADA系统进行数据采集和监控，主要功能是接收上游如东站来气，输气到下游如皋站，同时一路经站内过滤、计量、调压后给江苏省南通市大众燃气和通州区华润燃气供气。

如东分输站：

如东分输站位于如东县洋口港开发区西海堤。2010年6月成立，5月进气投产。全站采用SCADA系统进行数据采集和监控，主要功能是接收上游江苏LNG来气，输气到下游南通分输站。

靖江分输清管站：

靖江分输清管站位于靖江市东兴镇何德村。2013年4月成立。全站采用SCADA系统进行数据采集和监控，主要功能是接收上游泰兴分输站来气，通过长江穿越输气到下游苏浙沪管理处所辖的江阴分输站，尚未有城市燃气分输任务。

第六节　储气库项目部（管理处）

2003年2月，公司成立储气库管理处。2004年2月，储气库管理处更名为储气库项目部。项目部曾先后在北京（2003年2月—2004年11月）、江苏金坛（2004年12月—2012年12月）、江苏镇江市丹徒新区（2013年1月—2016年4月）办公，2016年5月迁址镇江市，主要负责西气东输管道工程配套储气库的工程建设和建成后的运行管理（储气库建设情况见第二篇第四章）。随着天然气管道业务的快速发展，项目部还承担了中俄东线天然气管道配套储气库建设的前期工作。

2006年5月，项目部设立金坛维修班，负责储气库工艺、设备（除压缩机和自动化系统）的维护保养工作。2006年6月，设立金坛西注采气站（位于江苏省金坛市直溪镇），正科级机构，负责注采气站及站外注采井的生产运行管理。2011年1月，公司决定设立平顶山、云应、淮安和安宁等4个项目分部（正科级），主要负责所辖地区储气库工程建设项目管理工作，其中安宁储气库项目因拟建库区选址与地方市政规划冲突而中止。2011年2月,设立刘庄注采气站(位于江苏省金湖县陈桥镇),正科级机构,负责刘庄注采气站及站外注采井的生产运行管理。2011年5月,成立储气库工艺技术研究所,主要负责储气库地质研究,工程方案设计与完善,工艺技术研究与试验、推广,技术分析、评价与保障等工作。2012年6月,成立金坛维修队(位于江苏省金坛市直溪镇),将原金坛维修班业务划转到维修队,同时撤销金坛维修班。2012年6月,金坛东注采气站独立运行,负责金坛东注采气站及站外注采井的生产运行管理。2013年7月,成立金坛管井队(位于江苏省金坛市直溪镇),正科级机构,将原金坛东、西注采气站站外注采井及管道的生产运行管理业务划转到管井队。2013年7月,金坛东、西注采气站合并运行,统称为金坛注采气站。

2004年2月—2007年6月,项目部设立综合管理部、工程技术部、地面工程部等3个临时部门。2007年6月,项目部机关设立综合科、经营科、生产科、技术科、质量安全科等5个科室。2008年3月,增设地质科。2010年7月,设立党群科。2011年3月,经营科调整为经营与财务科,财务业务独立运作。2012年2月,综合科调整为综合与人事科。2015年9月,综合科和人事科独立运作。2016年3月,经营科和财务科单独成立,财务业务独立运作。截至2016年12月,项目部机关设立综合科、人事科、经营科、财务科、生产运行科、技术科、质量安全科、党群科、地质科等9个科室,工艺技术研究所1个研究所,云应、平顶山、淮安项目分部3个项目分部,金坛管井队,金坛维修队,金坛注采气站和刘庄注采气站,员工总数155人。

2003年5月,公司党委批准成立储气库管理处党支部。2005年3月,公司党委批准成立储气库项目部党支部委员会,党员10名。2008年4月,成立储气库项目部(管理处)党总支部委员会。2015年2月,成立中共储气库项目部(管理处)委员会。截至2016年12月,下设机关、研究所党支部、金坛注采气站、刘庄注采气站、金坛管井队、金坛维修队6个党支部委员会,党员79名。

通过10多年的摸索和实践,项目部经过金坛储气库的工程建设从选址、评价、设计、施工和投产全过程的各项工作,掌握了盐穴储气库工程建设的基本程序和相关配套技术,为后续储气库的建设积累了实践经验,加快了后续储气库的评价与建设进度。金坛储气库最大单日注气量达到617万立方米,最大单日采气量达到903万立方米,在2016年川气东送和西气东输管道因事故输气中断期间应急供气中发挥了重要作用。

截至2016年12月,项目部已经建成和正在建设的6座储气库分布在江苏、河南、湖北3省,全部建成后,将能够有力地保障中国华东、华南地区天然气管道安全平稳供气。

第七节 济青管道工程项目部—冀宁管道工程项目部—管道工程建设项目部

一、济青管道工程项目部—冀宁管道工程项目部

2004年2月,公司成立济青管道工程项目部(以下简称"济青项目部")主要负责济青管道工程建设和各项管理工作;办公地点在北京,同年11月,搬迁至江苏省徐州市。2005年3月,项目部更名为冀宁管道工程项目部(以下简称"冀宁项目部"),负责冀宁支线管道"一干六支"的工程建设(工程建设情况参见第二篇第三章第四节)。2007年8月,项目部办公地点由江苏省徐州市搬迁至江苏省泰州市。

济青项目部成立时设工程部、征地协调部、HSE部、采办部、经营部和办公室等6个科室。2004年4月,公司党委批准成立济青管道工程项目部党支部委员会,党员12名。

2007年7月,冀宁项目部设办公室、工程技术科、经营计划科、征地协调科等4个科室。2005年4月,济青管道工程项目部党支部委员会更名为冀宁管道工程项目部党支部委员会,济青管道工程项目部

工会委员会更名为冀宁管道工程项目部工会委员会。济青项目部时期员工19人,党员18名;冀宁项目部时期员工34人,党员21名。

2009年8月,冀宁管道支线工程建设完成后,公司将冀宁管道工程项目部更名为管道工程建设项目部。

二、管道工程建设项目部

2009年8月,公司批准冀宁管道工程项目部更名为管道工程建设项目部,主要负责公司自行建设项目的工程管理工作;9月,冀宁管道工程项目部党支部委员会更名为管道工程建设项目部党支部委员会,冀宁管道工程项目部工会委员会更名为管道工程建设项目部工会委员会。

2010年5月,项目部在冀宁管道工程项目部的机关科室基础上增设质量安全环保科。截至2016年12月,管道工程建设项目部设立综合科、经营计划科、工程技术科、征地协调科、质量安全环保科5个科室,员工44人,党员24人。

项目部成立后,承接并投产的工程包括江都至如东天然气管道项目、宝钢支线管道、洛阳支线管道、西二线与川气东送管道互连等工程,总里程376公里,建设线路总长70公里,新建场站3座,阀室4座。

第八节　南京计量测试中心

2006年3月,公司批准成立南京计量测试中心,行政和党群关系挂靠苏浙沪管理处,独立开展业务工作,主要负责国家质检总局授权范围内的天然气流量计量器具的强制检定、中心的安全生产和各项管理工作等,办公地点设在江苏省南京市。2007年6月,中心设综合科、生产科、质量安全科、检定校准室。2012年9月,公司批准成立南京计量测试中心广州分中心,设生产与质量安全科、检定校准室。10月,增设经营与财务科,办公地点设在广州清远,负责国家石油天然气大流量计量站广州分站工作。

2015年6月,公司对南京计量测试中心管理模式、机构编制等事宜进行明确。对外,公司设在南京、广州、武汉三地的计量检定机构,根据授权分别以国家石油天然气大流量计量站南京分站、广州分站、武汉检定点名义开展计量检定业务;对内,南京计量测试中心负责统一管理计量检定业务和分站(点)生产安全工作。三地计量检定业务由南京计量测试中心统筹计划、综合安排,综合经营、生产安全等工作由中心机关部门统一管理。保留广州分中心,其生产与质量安全科更名为综合管理科,检定校准室改为计量检定室。2016年5月,成立武汉计量检定室。

截至2016年12月,南京计量测试中心共设5个科室,包括综合科、经营与财务科、生产科、质量安全科、广州分中心综合管理科;3个基层站队,包括南京计量检定室、广州计量检定室、武汉计量检定室。在岗员工50人,党员35名,国家一级注册计量师8名,二级注册计量师2名,国家计量检定员33名。

2006年9月,公司工会批准成立南京计量测试中心工会委员会。2007年1月,公司党委批准成立南京计量测试中心党支部;5月,批准成立南京计量测试中心党支部委员会,党员8名,党群关系不再挂靠苏浙沪管理处。2013年8月,公司党委批准成立南京计量测试中心党总支部委员会;9月,批准成立南京计量测试中心机关党支部委员会、检定校准室党支部委员会以及广州分中心党支部委员会。截至2016年12月,南京计量测试中心党总支部共有党员36名。

第九节　苏浙沪管理处

2001年8月,公司成立苏浙沪管理处。办公地点在江苏省南京市,主要负责西气东输管道工程江苏、浙江、上海境内区段的输气安全、生产运行、管道保护、工程建设等生产经营管理。

2005—2016年,公司先后建设东桥至望亭、镇江至金坛储气库、宜兴至溧阳、南京至金陵电厂、甪直至宝钢、泰兴至芙蓉、金坛至溧阳等7条支线。2012年3月,管理处所辖西一线常州至长兴支干线浙江段划归浙江管理处,浙江管理处所辖西二线嘉兴至甪直联络线江苏段划归苏浙沪管理处。2014年9月,苏浙沪管理处所辖南京至芜湖支干线安徽段划归合肥管理处。截至2016年12月,管理处运营管理线路包括西一线干线龙池至上海段,常州至长兴、南京至芜湖2条支干线的江苏段,嘉兴至甪直联络线江苏段,泰兴至芙蓉联络线苏南段,以及龙池至扬子扬巴、东桥至望亭、宜兴至溧阳、南京至金陵电厂、镇江至金坛储气库、甪直至宝钢、金坛至溧阳、长江隧道备用管线等8条支线。管线总长782公里,地处长江三角洲冲积平原地带,水系发达、沟渠纵横、水网密集、鱼塘连接成片,河、湖、沟、渠、塘、港、泾众多,构成了平原水乡的网状水系结构特色。管道途经江苏、上海境内的7个市25个区,设有37座阀室。分输用户由投产时的3家增至2016年的55家,年输气量由2003年的284万立方米增至2016年的143亿立方米,累计输气1 332.12亿立方米。

2003年7月,管理处下设16个基层站队,包括龙潭维抢修队(正科级,2006年1月、2011年2月先后更名为龙潭维抢修中心、南京维抢修中心)、上海末站(正科级,2008年3月调整为副科级)、龙池分输站、青山分输清管站(2013年4月调整为副科级)、龙潭分输站、镇江分输站(2013年4月调整为副科级)、常州分输站、芙蓉分输清管站(2014年10月调整为副科级)、无锡分输站、东桥分输站、甪直分输站(2001年8月调整为副科级)、南京分输站、马鞍山分输站、芜湖分输站、宜兴分输站、长兴末站。2003年8月,增设武进分输站、扬子扬巴分输站。随着下游市场发展,2005—2014年,增设10个站队,包括望亭分输站、溧阳分输站、无锡维抢修队(正科级,2009年10月调整为无锡维修队,副科级;2014年7月,又调整为正科级)、金石路计量站、浏河分输清管站、江宁简化分输站(未建)、周市简化分输站(在建)、太仓分输站(未投产)、苏州分输站、江阴分输站。2011年8月,南京维抢修中心下设抢修队和维修队(均为正科级)。2012年3月,管理处所辖长兴末站划归浙江管理处,浙江管理处吴江分输站划归苏浙沪管理处。2014年9月,管理处所辖马鞍山分输站、芜湖分输站划归合肥管理处。2016年4月,管理处增设南渡分输站,停用宜兴至溧阳支线及溧阳分输站,撤销溧阳分输站,原溧阳分输站定员编制调整至南渡分输站。

截至2016年12月,管理处下设24个基层站队,包括南京维抢修中心、无锡维修队、龙池分输站、青山分输清管站、龙潭分输站、镇江分输站、常州分输站、芙蓉分输清管站、无锡分输站、东桥分输站、甪直分输站、上海末站、扬子扬巴分输站、南京分输站、武进分输站、宜兴分输站、望亭分输站、金石路计量站、浏河分输清管站、太仓分输站、吴江分输站、苏州分输站、江阴分输站、南渡分输站。

2006年3月,南京计量测试中心主任由苏浙沪管理处副处长兼任,行政和党群关系挂靠苏浙沪管理处,独立开展业务工作。2007年1月,南京计量测试中心行政和党群关系不再挂靠苏浙沪管理处。

2002年11月,管理处机关设办公室、调度科、综合科等3个科室。2003年7月,增设生产运行科。2007年6月,管理处机关设立综合科、经营科、生产运行科、管道科、质量安全科等5个科室。2010年7月,设立党群科。2011年3月,设立工程科;经营科调整为经营与财务科,财务业务独立运作。2012年2月,综合科调整为综合与人事科。2015年7月,机关设9个科室:综合科、人事科、党群科、经营科、财务科、生产运行科、管道科、质量安全科、工程科,定员合计52人。截至2016年12月,管理处机关设综合科、人事科、经营科、财务科、生产运行科、管道科、质量安全科、党群科、工程科9个科室,管理处生产运行人员234人。

2001年11月,公司临时党委决定成立苏浙沪管理处党支部,党员3名。2002年8月,公司党委批复成立苏浙沪管理处党支部委员会。2008年4月,公司党委批准成立苏浙沪管理处党总支部委员会,党员47名。2008年5月,公司党委批准成立苏浙沪管理处机关党支部、白鹤分输站联合党支部、龙潭维抢修中心联合党支部。2011年6月,成立南京维抢修中心联合党支部、无锡维修队联合党支部、青山分输站联合党支部,撤销龙潭维抢修中心联合党支部。2015年2月,公司党委批准成立中共中国石油西气东输管道公司苏浙沪管理处委员会,撤销苏浙沪管理处党总支部委员会。2016年10月,成立南京维抢修中心党支部、上海白鹤末站党支部、镇江分输站联合党支部、芙蓉分输站联合党支部、无锡分输站联合党支部、甪直分输站联合党支部、浏河分输站联合党支部等7个党支部,撤销南京维抢修中心联合党支部、无锡维修队联合党支部和白鹤分输站联合党支部等3个党支部。截至2016年12月,所属党支部9个,党员69名。

2003年10月,管理处所属干线管道、站场建成试运行;12月,西一线苏浙沪段实现商业运营。2003年10月至2016年12月,管理处确保了生产安全和工程施工安全,未发生一般工业责任事故B级和较大及以上质量、安全和环保事故,实现安全生产4841天,保持了管道"零占压、零伤害、零泄漏"的目标。

附:苏浙沪管理处各站队简介

南京维抢修中心:

南京维抢修中心位于江苏省南京市栖霞区龙潭街道宣闸村。2003年7月,龙潭维抢修队成立;2006年1月,龙潭维抢修队调整为龙潭维抢修中心;2011年2月,龙潭维抢修中心更名为南京维抢修中心;8月,南京维抢修中心下设抢修队和维修队。主要承担龙池至芙蓉主干线、南京至芜湖支干线南京段、龙池至扬子扬巴支线、金坛支线、金坛至溧阳支线11座场站、17座阀室、1条长江隧道的输气生产设备维修保养及苏浙沪管理处辖区范围内管道抢修工作;还负责参与公司各地区的管道抢修作业、更新改造、适应性改造等动火施工作业以及西气东输管网与下游用户的连头接驳作业及保驾工作。作为公司重要的维抢修中心,南京维抢修中心正逐渐向应对管道应急突发事件的专业化抢修队伍转型。

无锡维修队:

无锡维修队位于江苏省无锡市梅村镇群力村。2007年1月无锡维抢修队成立;2009年10月,调整为无锡维修队。主要承担无锡以东主干线以及甪直至宝钢支线、常州至长兴支干线、甪直至嘉兴联络线12座站场及17座阀室输气设备的维护、检修,并配合南京维抢修中心做好应急抢修工作。

龙池分输站:

龙池分输站位于江苏省南京市六合区南京化学工业园区。2003年7月成立,10月投产。2011年11月,站内进行适应性改造工程;2012年12月,改造完成,向南京中油压缩天然气有限公司、南京中燃城市燃气发展有限公司、南京星桐中国石油昆仑燃气有限公司分输供气。主要工作职责是接收上游滁州站来气,输送至下游青山分输清管站和扬子扬巴分输站,并经过滤、计量、调压后分输至下游用户;负责辖区30公里管道的巡护工作。

青山分输清管站:

青山分输清管站位于江苏省仪征市青山镇砖井村。2003年7月成立,10月投产,是重要枢纽站。2006年1月,实现与冀宁联络线对接。向仪征泰达燃气有限公司、中国石化仪征化纤股份有限公司、昆仑天然气利用有限公司扬州分公司、扬州昆仑燃气有限公司、江苏华电仪征热电有限公司供气。主要工作职责是接收上游龙池分输站来气,输送至下游龙潭分输站;并经站内过滤分离、计量、调压后分输至下游用户;根据需要进行清管器接收与发送;在气源紧张时通过冀宁联络线与苏北管理处进行双向调节;

负责辖区 20 公里管道和 126＃阀室的巡护工作。

龙潭分输站：

龙潭分输站位于江苏省南京市栖霞区龙潭街道宣闸村。2003 年 7 月成立，10 月投产。向南京至芜湖支干线、中油恒燃石油燃气有限公司、南京华润天然气利用有限公司供气。2007 年 9 月，与南京计量测试中心进行流程切换。主要工作职责是接收上游青山分输清管站来气输送至下游镇江分输站；将主干线天然气经调压后分输至南京至芜湖支干线；经计量后分输至下游用户；切换站内流程配合南京计量测试中心检表工作；负责辖区 37.9 公里管道和南京至芜湖支干线 201＃阀室以及长江盾构南岸、联合阀井的巡护工作。

镇江分输站：

镇江分输站位于江苏省镇江市丹徒区谷阳镇槐荫村。2003 年 7 月成立，10 月投产。向镇江华润燃气有限公司、江宁华润燃气有限公司、丹阳港华燃气有限公司、镇江东源压缩天然气有限公司供气。主要工作职责是将上游龙潭分输站来气输送至下游常州分输站和金坛储气库；经计量后分输至下游用户；负责辖区 81.9 公里管道和 127＃、128＃阀室、金坛储气库支线 501＃阀室和镇江大学城改线段 1＃阀室和 2＃阀室的巡护工作。

常州分输站：

常州分输站位于江苏省常州市天宁区青龙街道福成村。2003 年 7 月成立，10 月投产。向常州港华燃气有限公司、江苏华电戚墅堰发电有限公司、江阴天力燃气有限公司、常州昆仑港华然气有限公司、江苏华西集团公司供气。2010 年 6 月，对江阴天力路进行适应性改造工程，2012 年 12 月完工。主要工作职责是将上游镇江分输站来气输送至下游芙蓉分输清管站，经计量后分输至下游用户；负责辖区 45.8 公里管道和 129＃、130＃阀室的巡护工作。

芙蓉分输清管站：

芙蓉分输清管站位于江苏省常州市武进区横山桥镇朝阳村。2003 年 7 月成立，10 月投产。主要工作职责是将上游常州分输站来气，一路输送到下游无锡分输站，一路经过滤分离及调压后给常长支干线的武进分输站供气。根据调度要求接收上游江阴站来气，经站内过滤分离、计量调压后输向西一线下游无锡站，亦可以反输向江阴站；收发清管器工作。负责辖区 33 公里管道和常州至长兴支干线 301＃阀室的巡护工作。

无锡分输站：

无锡分输站位于江苏省无锡市梅村镇群力村。2003 年 7 月成立，10 月投产。向无锡华润燃气有限公司、江苏省天然气投资开发有限公司、无锡洛社中国石油昆仑燃气有限公司、无锡蓝天燃机热电有限公司供气。2010 年 8 月，站内进行无锡华润路适应性改造工程，2011 年 6 月完工。2012 年 9 月，站内进行无锡蓝天燃机热电路适应性改造工程，2013 年 7 月完工。主要工作职责是将上游芙蓉分输清管站来气，输送到下游东桥分输站，经过滤、计量、调压后分输至下游用户；负责辖区 48.7 公里管道和 131＃、132＃阀室的巡护工作。

东桥分输站：

东桥分输站位于江苏省苏州市黄埭镇。2003 年 7 月成立，10 月投产。向张家港华兴电力有限公司、苏州天然气管网股份有限公司、苏州中油 CNG 股份有限公司供气。主要工作职责是将上游无锡分输站来气输送到苏州分输站，经过滤、计量、调压后分输至下游用户；负责辖区 32.7 公里管道和 133＃、134＃阀室的巡护工作。

甪直分输站：

甪直分输站位于江苏省苏州市吴中区甪直镇。2003 年 7 月成立，10 月投产。向苏州天然气管网股份有限公司、昆山利通天然气有限公司、昆山中油恒燃石油燃气有限公司、苏州工业园区蓝天燃气热电有限公司、昆山中国石油昆仑燃气有限公司、昆山华润城市燃气有限公司供气。2012年8月，甪直站扩建后，实现西一线、西二线相互供气，是重要枢纽站。主要工作职责是将上游苏州分输站来气输送到上海末站、浏河分输清管站，经计量后分输至下游用户，并接收西二线吴江分输站来气分输至西一线；负责辖区40.6公里管道和136♯、137♯阀室以及嘉兴至甪直联络线49♯阀室的巡护工作。

上海末站：

上海末站位于上海市青浦区白鹤镇金项村。2003年7月成立，10月投产。向上海天然气管网有限公司、上海中油白鹤CNG股份有限公司供气。主要工作职责是将上游甪直分输站来气经过滤、计量、调压后分输至下游用户；同时负责辖区29.4公里管道和138♯阀室的巡护工作。上海末站是集团公司的企业精神教育基地、基层建设千队示范工程示范单位。

扬子扬巴分输站：

扬子扬巴分输站位于江苏省南京市六合区南京化学工业园区。2003年8月开工建设，2004年3月投产。向扬子石化巴斯夫有限责任公司、中国石化扬子石油化工有限公司供气。主要工作职责是将上游龙池分输站来气，经过站内过滤分离、计量、调压后分输至下游用户。

南京分输站：

南京分输站位于江苏省南京市栖霞区西岗街道东湖村。2003年7月成立，2004年4月投产。向南京港华燃气有限公司、华能南京金陵发电有限公司、中国石化金陵石化分公司、华能金陵燃机热电有限公司供气。主要工作职责是将上游龙潭分输站来气输送至马鞍山分输站，经计量后分输至下游用户；负责辖区74.8公里管道和南京至芜湖支干线202♯至205♯阀室的巡护工作。

武进分输站：

武进分输站位于江苏省常州市武进区洛阳镇岑村。2003年10月投产；2004年10月，向常州新奥燃气公司供气。主要工作职责是将上游芙蓉分输清管站来气输送至宜兴分输站，经计量后分输至下游用户；负责辖区29.6公里管道和常州至长兴支干线302♯阀室的巡护工作。

宜兴分输站：

宜兴分输站位于江苏省宜兴市大浦镇南湾村。2003年7月成立，11月投产。主向宜兴港华燃气公司和宜兴国信协能电厂供气。主要工作职责是将上游武进分输站来气输送至长兴末站，经计量后分输至下游用户；负责辖区46公里管道和常州至长兴支干线303♯阀室的巡护工作。

望亭分输站：

望亭分输站位于江苏省苏州市望亭镇。2005年1月开工建设，6月投产。向中国华电集团公司江苏分公司望亭发电厂供气。主要工作职责是将东桥分输站来气输送至下游用户。

金石路计量站：

金石路计量站位于上海市宝山区罗泾镇。2008年11月成立，12月投产，向宝山钢铁股份有限公司供气。主要工作职责是将上游浏河计量清管站来气，经站内过滤分离、计量、调压后输送至下游用户。

浏河分输站清管站：

浏河分输清管站位于江苏省太仓市浏河镇。2010年6月成立，2011年8月投产。向太仓市天然气有限公司、宝山钢铁股份有限公司供气。主要工作职责是将上游甪直分输站来气输送至金石路计量站，经计量后分输至下游用户；负责辖区34公里管道和甪直至宝钢支线604♯阀室的巡护工作。

太仓分输站：

太仓分输站位于江苏省太仓市太仓经济开发区。2011年10月成立，2015年1月12日投产，主要工作职责是接收上游甪直分输站来气，输送至下游浏河分输清管站，同时经过站内过滤分离、计量后，分别输送给常熟中国石油昆仑燃气有限公司、太仓市天然气有限公司、苏州中国石油昆仑苏创天然气利用有限公司、苏州中国石油昆仑苏创燃气有限公司4家用户。负责辖区45.4公里管道和甪直至宝钢支线

601#至603#阀室的巡护工作。

吴江分输站：

吴江分输站位于江苏省苏州市吴江区黎里镇。2011年10月成立；2012年3月，由浙江管理处划归苏浙沪管理处管理，5月投产。向苏州天伦燃气官网有限公司、江苏华电吴江热电有限公司、大唐苏州热电有限责任公司供气。主要工作职责是接收嘉兴分输站来气，输送至甪直分输站，经计量后分输至下游用户；负责辖区32.8公里管道和嘉兴至甪直联络线47#、48#阀室的巡护工作。

苏州分输站：

苏州分输站位于江苏省苏州市工业园区。2012年11月成立；2013年4月投产。向苏州市工业园区北部燃机热电有限公司供气。主要工作职责是接收上游东桥分输站来气，输送至甪直分输站，经计量后分输至下游用户；负责135#阀室的巡护工作。

江阴分输站：

江阴分输站位于江苏省江阴市利港镇仁和村。2013年4月成立；2014年9月投产。主要职责是接收上游靖江分输清管站来气，输气到下游芙蓉分输清管站；也可以接收芙蓉分输清管站来气，输到靖江分输清管站；以及清管工作。负责辖区34.66公里管道和泰兴至芙蓉联络线13#、14#阀室的巡护工作。

南渡分输站：

南渡分输站位于江苏省溧阳市南渡镇。2014年3月开工建设，2016年6月投产。向溧阳安顺燃气有限公司供气。主要工作职责是将上游金坛分输站来气经过过滤分离、计量、调压后分输至下游用户；负责辖区54公里管道和金坛至溧阳支线1#阀室、2#阀室的巡护工作。

第十节 豫皖管理处—合肥管理处

一、豫皖管理处

具体内容见前文"豫皖管理处—郑州管理处"。

二、合肥管理处

2014年9月，公司成立合肥管理处，办公地点设于安徽省合肥市。主要负责管理安徽省境内的业务、资产与人员。原豫皖管理处的定远分输压气站、利辛分输清管站、刘巷子分输站、合肥末站、滁州分输站、蚌埠维抢修队，以及苏浙沪管理处的马鞍山分输站、芜湖分输站，划归合肥管理处；原豫皖管理处所辖定远至合肥支线（定合支线），以及苏浙沪管理处所辖南京至芜湖支干线安徽段，也划归合肥管理处。

管理处运营管理西一线安徽段、定远至合肥支线（定合支线）和南京至芜湖支线（南芜支线）安徽段管道。管线全长474.01公里。西一线干线由河南经太和、利辛、蒙城、怀远、凤阳、定远、滁州、全椒等8个市县进入江苏，全长349.4公里。定合支线从滁州市定远县到合肥市肥东县，管道总长80.81公里。南芜支线安徽段自马鞍山市雨山区，途经当涂县，进入芜湖市，全长43.8公里。管道沿线地貌类型大致分为平原、丘陵、水网，西一线定远以西及定合支线地势平坦，多为平原，定远至滁州多为丘陵，滁州以东及南芜支线多为水网。管辖线路截断阀室20座，其中西一线13座，定合支线5座，南芜支线2座；主要向安徽省内的淮南、阜阳、定远、滁州、马鞍山、芜湖、合肥等9个市县分输供气，共有下游用户25家，年分输量 28.5 亿立方米。

管理处下设 8 个基层站队,包括利辛分输清管站、刘巷子分输站、定远分输压气站、滁州分输站、马鞍山分输站、芜湖分输站、合肥末站和蚌埠维抢修队等。2014 年 9 月,管理处机关设综合科与人事科、党群科、经营与财务科、生产运行科、质量安全科、管道科等 6 个机关科室。2015 年 7 月,综合与人事科调整为综合科和人事科两个科室,经营与财务科调整为经营与财务科两个科室。2016 年 4 月,公司在合肥管理处设立临时工作组,负责安徽省内天然气的市场开发与销售工作。2016 年 12 月,合肥管理处销售工作组划归中国石油东部销售分公司管理。员工 103 人。

2014 年 9 月,公司成立合肥管理处党总支,下设机关党支部、蚌埠维抢修队联合党支部和定远分输压气站联合党支部 3 个基层党支部。2016 年 9 月,设有 5 个基层党支部,包括机关党支部、蚌埠维抢修队联合党支部、定远分输压气站党支部、滁州分输站联合党支部和马芜作业区党支部。党员 40 名。

合肥管理处自成立后,持续推进站队 HSE 标准化建设,坚持简化、优化的原则,以合肥站和蚌埠队为标准化示范站队,全面开展管道风险隐患排查和整治工作,识别高后果区 42 段,大力推行第三方施工管理"九要素"标准和大中小分类管理,编制《合肥管理处第三方施工快速处置方案》及第三方施工管理"一页纸"流程,截至 2016 年 12 月,管理处未发生一起人员伤亡事故、B 级安全生产事故、环境污染事故和交通责任事故。

附:合肥管理处各站队简介

蚌埠维抢修队:

蚌埠维抢修队位于安徽省蚌埠市淮上区长征北路小蚌埠工业园区。2003 年 2 月成立。主要承担西一线安徽段 474.01 公里管道、7 座站场、20 座阀室的设备维护保养和维抢修任务。

利辛分输清管站:

利辛分输清管站位于安徽省亳州市利辛县城关镇董集村。2003 年 10 月建成投产。所辖管道全长 150.2 公里,线路截断阀室 5 座。全站采用 SCADA 系统进行数据采集和监控,主要完成站内工艺数据采集、监控和流量计算等功能,并向调度中心传送实时数据,接受调度中心下达的任务。主要功能是接收上游淮阳分输压气站来气,输送至下游刘巷子分输站,同时经站内分离、过滤、计量、调压后为南方博能燃气、安徽省天然气有限公司(阜阳燃气)供气,同时经安徽省天然气有限公司向宿州中燃、海特燃气转供,年分输量 2.5 亿立方米。

刘巷子分输站:

刘巷子分输站位于安徽省蚌埠市高新区天河科技园刘巷村。2003 年 10 月投产供气,2012 年 3 月加装排污罐。所辖管道全长 69.5 公里,线路截断阀室 4 个。全站采用 SCADA 系统进行数据采集和监控,主要完成站内工艺数据采集、监视、控制和流量计算等功能,并向调度中心传送实时数据,接受调度中心下达的任务。主要功能是接收上游利辛分输清管站来气,输送至下游定远分输压气站,同时经站内过滤分离,经计量、调压后分别给淮南城市燃气和蚌埠城市燃气供气,年分输量 3.48 亿立方米。

定远分输压气站:

定远分输压气站位于安徽省定远县定城镇城南村。2003 年 10 月投产供气,2007 年 10 月开始进行改扩建,2008 年 10 月升级为分输压气站。所辖管道全长 85.5 公里。全站采用 SCADA 系统进行数据采集和监控,主要完成站内工艺数据采集、监视、控制等功能,并向调度中心传送实时数据,接受调度中心下达的任务。主要功能是接收上游刘巷子分输站来气,增压输送到下游滁州分输站,同时经过站内过滤分离、调压后给定远至合肥支干线供气,经过分离、计量、调压后给下游定远县威东燃气公司、凤阳新奥燃气公司、瑞冉新能源开发有限公司、长丰深燃供气,年分输量 7.3 亿立方米。

滁州分输站：

滁州分输站位于安徽省滁州市扬子农业园办事处。2003年10月投产。所辖管道全长74.9公里，线路截断阀室2座。全站采用SCADA系统进行数据采集和监控，主要完成站内工艺数据采集、监视、控制等功能，并向调度中心传送实时数据，接受调度中心下达的任务。主要功能是接收上游定远分输压气站来气，输送到下游龙池分输站，同时经过分离、计量、调压后给下游滁州新奥燃气和瑞兴化工供气，年分输量2.4亿立方米。

合肥末站：

合肥末站位于安徽省合肥市肥东县龙岗镇三十埠村。2003年11月投产。所辖管道为定合支线，全长57.8公里，线路截断阀室3座。全站采用SCADA系统进行数据采集和监控，主要完成站内工艺数据采集、监视、控制和流量计算等功能，并向上海调度中心传送实时数据，接受调度中心下达的任务。主要功能是接收上游定远分输压气站来气，经站内过滤分离、计量、调压后给合肥燃气集团、安徽省天然气、昆仑燃气、肥东深燃、安徽瑞冉、长丰深燃和中油合燃供气，年分输量约6.9亿立方米。

马鞍山分输站：

马鞍山分输站位于安徽省马鞍山市霍里镇新庄村。2003年5月开工建设，2004年5月投产供气。2010年9月站内进行适应性改造工程，2011年9月投入使用。2014年6月祥焱改扩建工程施工。所辖管道为南芜支线，全长20.4公里。全站采用SCADA系统进行数据采集和监控，主要完成站内工艺数据采集、监视、控制和流量计算等功能，并向调度中心传送实时数据，接受调度中心下达的任务。主要任务是接收上游南京分输站来气，输气到下游芜湖分输站，同时经站内过滤分离、计量、调压后给马鞍山港华燃气公司、安徽中油燃气公司和安徽祥焱有限公司供气，年分输量3.1亿立方米。

芜湖分输站：

芜湖分输站位于安徽省芜湖市鸠江区大桥镇红星村。2004年5月投产供气。所辖管道为南芜支线，全长22公里，线路截断阀室2座。全站采用SCADA系统进行数据采集和监控，主要完成站内工艺数据采集、监视、控制等功能，并向调度中心传送实时数据，接受调度中心下达的任务。主要功能是接收上游马鞍山分输站来气，经过分离、计量、调压后给下游芜湖中燃城市燃气发展有限公司、安徽省天然气开发有限责任公司、安徽中油恒燃石油燃气有限公司、中国石油昆仑燃气芜湖分公司、芜湖繁昌县川东燃气有限公司，年分输量9亿立方米。

第十一节　豫鄂管理处、华中输气分公司—武汉管理处

一、淮武管道工程项目部—豫鄂管理处

2004年7月，公司成立淮武管道工程项目部，负责淮武管道工程建设，参与淮潢管道收购等工作。办公地点设在河南省信阳市，2005年10月迁至湖北省武汉市。2006年6月，豫鄂管理处成立后，项目部与其合署办公。

2004年7月，公司党委决定成立淮武管道工程项目部党支部；10月，公司党委批复成立党支部委员会，党员6名。

2005年11月，淮武线联络管道工程开工建设。管道北起河南淮阳，南至湖北武汉，全长444公里，设计年输气能力15亿立方米，是忠武管道的后备保障线。2006年12月，淮武管道正式投产运行，实现了忠武输气管道的气源多元化、输气网络化、供气稳定化和管理自动化，也实现了川渝气区、长庆气区和

塔里木气区的联网。

2008年,淮武管道的日均分输量由2007年的130多万立方米猛增至360多万立方米,在2008年冬更是超过淮武管道428万立方米/天的设计输量,达到了440万立方米/天。2009年,淮武管道的输气能力从15亿立方米/年增至22亿立方米/年。

2013年5月,公司撤销淮武管道工程项目部。

2006年6月,公司成立豫鄂管理处(简称"管理处"),与淮武管道工程项目部合署办公,办公地点设在湖北省武汉市,主要负责西气东输淮武管道的建设和投产、安全运营管理。

豫鄂管理处所辖管道包括"1干1支4联络",即西二线干线湖北段、西二线枣十支干线、淮武联络线湖北段、枣十支干线至忠武线联络线、西二线黄陂站至淮武联络线、西二线干线与川气东送联络线。管线全长873.38公里,在湖北省境内途经6市23县(区),管理12个站队,38座阀室。截至2014年4月,管理处共有黄陂、黄冈、随州、襄阳、枣阳、十堰、仙人渡等7个分输点,武汉高压管网、湖北星然、随州中燃、黄冈能源、枣阳华润、襄阳华润、十堰昆仑燃气、谷城华润、老河口中燃、丹江口中燃10家下游用户。

2006年6月,管理处设立潢川分输站和潢川维抢修队(正科级)。2009年3月,潢川分输站调整为潢川分输压气站(正科级)。2010年6月,设立襄樊分输清管站、十堰末站、枣阳分输压气站(正科级)、随州分输站、孝感分输站、黄陂联络压气站(正科级)、黄冈分输站、武穴分输压气站(正科级)、枣阳维修队(正科级)等9个站队;11月,设立江北分输站和襄樊计量联络站,原襄樊分输清管站由有人值守改为无人值守站。2011年8月,撤销潢川维抢修队,设立黄陂维抢修队(正科级);12月,设立仙人渡分输站。2012年2月,撤销襄樊计量联络站;12月,淮武管道河南段及潢川分输压气站划归豫皖管理处管辖,设立红安管护站。截至2014年4月,管理处下设黄陂维抢修队、枣阳维修队、黄陂联络压气站、枣阳分输压气站、武穴分输压气站、随州分输站、孝感分输站、黄冈分输站、江北分输站、十堰分输站、仙人渡分输站、红安管护站12个基层站队。

2007年6月,管理处机关设综合科、经营科、生产运行科、管道科和质量安全科等5个科室。2010年7月,增设党群科。2011年3月,经营科调整为经营与财务科,财务业务独立运作;4月,增设工程管理科。2012年2月,综合科调整为综合与人事科。截至2014年4月,管理处机关设综合与人事科、党群科、质量安全科、生产运行科、管道科、经营与财务科、工程科7个科室。管理处员工216人。

2008年4月,公司党委批准成立豫鄂管理处党总支部委员会,党员15名。2008年5月,公司党委批准成立豫鄂管理处机关党支部、潢川分输站党支部;2010年8月,潢川分输站党支部更名为潢川站队联合党支部;2011年4月,成立黄陂站队联合党支部、枣阳站队联合党支部、武穴压气站联合党支部;2011年11月,撤销潢川站队联合党支部。截至2014年4月,管理处所属党支部4个,党员63名。

2014年4月,豫鄂管理处与华中输气分公司合并为武汉管理处。

二、华中输气分公司(华中天然气销售分公司)

2004年4月,华中天然气销售分公司成立,作为中国石油天然气股份有限公司的地区公司,行政上由股份公司直接管理,业务上由天然气与管道分公司归口管理,主要负责忠武线沿线的天然气市场开发与销售、气款结算及推价、销售服务和用户管理等工作。2005年6月,管道华中输气分公司成立,为管道分公司所属单位。主要负责忠武输气管道的运行管理及维抢修工作。2008年4月,中国石油天然气股份有限公司决定,华中天然气销售分公司划归管道分公司管理,华中天然气销售分公司继续沿用原名称,与管道华中输气分公司合署办公。2011年11月,股份公司决定,管道分公司忠武线及管道华中输气分公司(华中天然气销售分公司)业务、资产、人员划入西气东输管道分公司管理。

2012年1月,华中输气分公司(华中天然气销售分公司)划入公司。2月,公司批准成立西气东输华中输气分公司(简称"分公司"),保留华中天然气销售分公司牌子,与华中输气分公司合署办公。办公地点设在湖北武汉。分公司主要负责所辖区域的安全生产、销售和市场开发工作以及公司授权分公司负责的各项管理工作。

分公司运营管理忠县至武汉干线和襄樊、湘潭、黄石3条支线,管线全长1 391.6公里,管理阀室41座。截至2014年4月,忠武线有4处进气点,设计最大年输量由原来的30亿立方米增至70亿立方米。两湖地区销售用户59家,供气用户44家。两湖地区天然气销售已经覆盖县级以上城市67个,其中省会城市2个,地级城市23个,居民用户超过600万户,工业用户约1 000家,公服商业用户约14 000家,CNG母站20座,CNG子站70座,CNG标准站30座。自投产至2014年4月25日,累计向两湖地区安全平稳输气232亿立方米,其中湖北137亿立方米、湖南95亿立方米,分别占湖北、湖南省天然气销量的92%和100%。

分公司下设25个站队,包括忠县分输站、恩施分输站(副科级)、椰坪分输站、长阳分输站、宜昌分输站、枝江分输站、荆州分输站、潜江分输站、仙桃分输站、武汉西分输站(副科级)、武汉东分输站、监利分输站、岳阳分输站、岳阳南分输站、汨罗分输站、长沙分输站、湘潭分输站、荆门分输站、宜城分输站、襄樊分输站、鄂州分输站、黄石分输站、武汉维抢修中心(正科级)、恩施维抢修队(正科级)、后勤管理站(正科级)。

分公司机关设办公室(党委办公室)、人事科(党委组织部)、党群科、经营科、财务科、生产运行科、管道科(保卫科)、质量安全科和销售科等9个科室。截至2014年4月,分公司员工393人。

2012年2月,公司党委批准成立华中输气分公司党委。下设机关党总支部委员会(包括行政党群、经营后勤、管道安全、生产运销等4个党支部委员会)以及恩施输气站、枝江输气站、潜江输气站、武汉西输气站、襄樊输气站、湘潭输气站、岳阳输气站、鄂州输气站及维抢修中心等13个党支部委员会。截至2014年4月,党员134名。

2014年4月,华中输气分公司与豫鄂管理处合并为武汉管理处。

三、武汉管理处

2014年4月,豫鄂管理处与华中输气分公司合并为武汉管理处(华中输气分公司、华中天然气销售分公司)(简称"管理处")。管理处合并了原豫鄂管理处、华中输气分公司、华中天然气销售分公司,机构规格定为正处级,保留"华中输气分公司""华中天然气销售分公司"牌子。办公地点在湖北省武汉市。2015年5月,华中天然气销售分公司业务合并至公司二级单位"市场开发与销售部"下属单位"武汉销售分部"。

管理处主要负责所辖管道的生产运行、管道保护,同时还承担着西三线389公里线路和2个场站、武汉计量检定点、部分站场改扩建等工程建设任务,是唯一的一类管理处。

管理处所辖管道包括"二干四支四联络",即西二线干线湖北段、忠武线干线、西二线枣十支干线、忠武线荆襄支线、忠武线潜湘支线(湖北段)、忠武线武黄支线、淮武联络线湖北段、枣十支干线至忠武线联络线、西二线黄陂站至淮武联络线、西二线干线与川气东送联络线。管线全长2 030公里,途经重庆市和湖北省、14个市(州)、65个县(区)、163个乡镇、1 123个自然村。

管理处成立时下设36个基层站队,包括岳阳分输站、岳阳南分输站(未投产)、汨罗分输站、长沙分输站、湘潭分输站、枣阳分输压气站、随州分输站、孝感分输站、黄陂联络压气站、黄冈分输站、武穴分输压气站、江北分输站、仙人渡分输站、十堰末站、忠县分输站、恩施分输站、椰坪分输站、长阳分输站、宜昌分输站、枝江分输站、荆州分输站、潜江分输站、仙桃分输站、武汉西分输站、武汉东分输站、监利分输站、荆门分输站、宜城分输站、襄樊分输站、鄂州分输站、黄石分输站,武汉维抢修中心、黄陂维抢修队、恩施维抢修队、枣阳维修队和后勤管理站。2014年9月,公司整合湖南境内业务,将岳阳分输站、岳阳南分输站、汨罗分输站、长沙分输站、湘潭分输站调整至长沙管理处,自此武汉管理处基层站队调整为31个(27站4队),另管辖70座阀室。

管理处机关设综合与人事科、党群科、经营科、财务科、生产运行科、管道科、质量安全科、销售科和工程科等9个科室。管理处员工359人。2014年4月,公司成立了武汉管理处党委,同时撤销了华中输气分公司党委、豫鄂管理处党总支委员会。下设10个党支部,包括管理处机关党支部、恩施分输站联合党支部、枝江分输站联合党支部、荆州分输站联合党支部、潜江分输站联合党支部、武汉维抢修中心联合党支部、襄樊分输站联合党支部、枣阳压气站联合党支部、黄陂维修队联合党支部、武穴分输压气站联合党支部。

管理处提出了"明确目标,转变观念,高效管理,创新发展"的工作思路,通过不断夯实管理基础,加强隐患排查整改,截至2016年12月,管理处未发生一般及以上工业生产安全事故、环境污染和生态破坏事故,实现了"零事故、零伤害、零污染"的安全管理目标。

附:武汉管理处各站队简介

枣阳分输压气站:

枣阳分输压气站位于湖北枣阳市刘升镇。2010年11月投产。全站采用SCADA系统进行数据采集和控制。主要功能是接收上游南阳分输站来气,经过滤、分离后输送至下游随州分输站;进行干线清管器接收与发送以及枣十支干线清管器发送;经站内过滤分离后,一路调压后给枣十支干线分输。

随州分输站:

随州分输站位于湖北省随州市曾都区和平村。2010年11月投产。全站采用SCADA系统进行数据采集和监控。主要功能是接收上游枣阳分输压气站来气,输气到下游孝感分输站。同时一路经站内过滤、计量、调压后分输到湖北省天然气公司随州接收站。

孝感分输站:

孝感分输站位于湖北省孝感市孝昌县陡山乡林河村。2010年12月投产。全站采用SCADA系统进行数据采集和监控。主要功能是接收上游随州分输站来气,输气到下游黄陂分输压气站,同时一路经站内过滤、计量、调压后给孝感城市燃气供气。

黄陂联络压气站:

黄陂联络压气站位地湖北省武汉市黄陂区罗汉镇周寨村。2010年11月投产。全站采用SCADA系统进行数据采集和控制。主要功能是接收上游孝感分输站来气,经过组合式分离器过滤,由压缩机加压后输送至下游黄冈分输站,同时向淮武线以及武汉市高压管网进行分输。

黄冈分输站:

黄冈分输站位于湖北省黄冈市陈策楼镇六庙村。2011年6月投产。全站采用SCADA系统进行数据采集和监控。主要功能是接收上游黄陂压气站来气,输气到下游武穴压气站;同时一路经站内过滤、计量、调压后给湖北省鄂东天然气供气。

武穴分输压气站:

武穴分输压气站位于湖北武穴市石佛寺镇武山寨村。2011年6月投产运行。全站采用SCADA系统进行数据采集和控制。主要功能是接收上游黄冈分输站来气,经过滤分离、增压后输送至下游九江分输站;进行干线清管器接收与发送。

江北分输站:

江北分输站位于襄阳市樊城区牛首镇张营村。2010年12月投产。全站采用SCADA系统进行数据采集和监控，可以动态监测站内重要设备的参数、站控切换工艺流程，站控调整用户的分输瞬时流量。主要接收襄樊清管站来气，向襄樊计量站供气输送到忠武线；同时通过过滤、计量、调压后输至襄阳华润燃气门站以及襄阳昆仑燃气门站。

仙人渡分输站：

仙人渡分输站位于湖北省老河口市仙人渡镇马冲村。全站采用 SCADA 系统进行数据采集和监控。主要功能是接收上游襄樊清管站来气，输气到下游十堰分输站，同时为老河口市、谷城县提供城市燃气供气。

十堰末站：

十堰末站位于湖北省十堰市张湾区浙江路七里垭村。2011 年 12 月投产。全站采用 SCADA 系统进行数据采集和监控。主要功能是接收上游襄樊清管站来气，经站内过滤、计量、调压后给十堰昆仑燃气、十堰昆仑利用 CNG 母站供气。

忠县分输站：

忠县分输站位于重庆市忠县甘井镇灯树村。2004 年 11 月投产。全站采用 SCADA 系统进行数据采集和监控。主要功能是清管；接收恩施清管站（西南油气田）来气，经站内分离、计量、调压后给西南油气田（恩施清管站）供气。

恩施分输站：

恩施分输站位于湖北省恩施市小渡船办事处。2007 年 5 月投产。全站采用 SCADA 系统进行数据采集和监控。主要功能是接收上游椰坪分输站（恩施清管站）来气，输送至下游恩施清管站（椰坪分输站），同时天然气经站内分离、计量、调压后给恩施中油用户供气。

椰坪分输站：

椰坪分输站位于湖北省宜昌市长阳县椰坪镇社坪村。2004 年 11 月投产。全站采用 SCADA 系统进行数据采集和监控。主要功能是清管；接收上游长阳站（恩施清管站）来气，输送至下游恩施清管站（长阳分输站）。

长阳分输站：

长阳分输站位于湖北省长阳土家族自治县龙舟坪镇白氏坪村六组。2007 年 4 月投产。全站采用 SCADA 系统进行数据采集和监控。主要功能是接收上游宜昌站（椰坪清管站）来气，输送至下游椰坪清管站（宜昌站），同时天然气经站内分离、计量、调压后给长阳华瑞天然气有限公司供气。

宜昌分输站：

宜昌分输站位于宜都市红花套镇光明村。2004 年 11 月投产。全站采用 SCADA 系统进行数据采集和监控。主要功能是清管；接收上游枝江站（长阳站）来气，输送至下游长阳站（枝江站），同时天然气经站内分离、计量、调压后给宜都鸿瑞、宜昌中燃、宜昌科力生等用户供气。

枝江分输站：

枝江分输站位于湖北省枝江市江汉大道旁。2004 年 11 月投产。全站采用 SCADA 系统进行数据采集和监控。主要功能是接收荆州清管站（宜昌站）来气，输送至下游宜昌站（荆州清管站），同时天然气经站内分离、计量、调压后给枝江天然气、当阳中燃等用户供气。

荆州分输站：

荆州分输站位于湖北省荆州市沙市区锣场镇河垱村。2004 年 11 月投产。全站采用 SCADA 系统进行数据采集和监控。主要功能是接收上游荆州清管站（潜江站）来气，输送至下游潜江站（荆州清管站），同时天然气经站内分离、计量、调压后给荆州天然气、湖北桐林等用户供气。

潜江分输站：

潜江分输站位于潜江市章华南路高速公路口处。2004 年 11 月投产。全站采用 SCADA 系统进行数据采集和监控。主要功能是清管;接收上游仙桃站、监利站(荆州站)来气,输送至下游荆州站(仙桃站、监利站),同时天然气经站内分离、计量、调压后给潜江华润燃气有限公司等用户供气。

仙桃分输站:

仙桃分输站位于仙桃市沙嘴办事处九十墩村。2004年11月投产。全站采用 SCADA 系统进行数据采集和监控。主要功能是接收上游武汉西站(潜江站)来气,输送至下游潜江站(武汉西站),同时天然气经站内分离、计量、调压后给仙桃市天然气有限责任公司、仙桃昆仑燃气等用户供气。

武汉西分输站:

武汉西分输站位于湖北省武汉市经济技术开发区黄陵新街,距市区约40公里。2004年11月投产,2007年1月实现淮武线进气。全站采用 SCADA 系统进行数据采集和监控。主要功能是清管;接收淮武线(仙桃站)来气,输送至下游仙桃站、武汉东站(淮武线、武汉东站),同时天然气经站内分离、计量、调压后给武汉市天然气公司、孝感中燃、武汉中油、武汉东方等用户供气。

武汉东分输站:

武汉东分输站位于武汉市江夏区五里界镇。2004年11月投产。全站采用 SCADA 系统进行数据采集和监控。主要功能是清管;接收上游武汉西站来气,输送至下游鄂州站,同时天然气经站内分离、计量、调压后给武汉市、武汉中油昆仑、武汉中油压缩、东湖中油昆仑等用户供气。

监利分输站:

监利分输站位于湖北省荆州市监利县红城乡新港村。2005年5月投产。全站采用 SCADA 系统进行数据采集和监控。主要功能是接收上游监利清管站(潜江站)来气,输送至下游潜江站(监利清管站),同时天然气经站内分离、计量、调压后给监利天然气有限责任公司供气。

荆门分输站:

荆门分输站位于湖北省荆门市掇刀区迎春村。2004年11月投产。全站采用 SCADA 系统进行数据采集和监控。主要功能是清管;接收上游宜城站(荆州清管站)来气,输送至下游荆州清管站(宜城站),同时天然气经站内分离、计量、调压后给荆门中国石油昆仑燃气有限公司等用户供气。

宜城分输站:

宜城分输站位于湖北省宜城市经济开发区。2004年11月投产。全站采用 SCADA 系统进行数据采集和监控。主要功能是接收上游襄樊站(荆门站)来气,输送至下游荆门站(襄樊站),同时天然气经站内分离、计量、调压后给宜城华润燃气有限公司等用户供气。

襄樊分输站:

襄樊分输站位于湖北省襄阳市贾洲村。2004年11月投产,2010年12月实现枣十支线进气。全站采用 SCADA 系统进行数据采集和监控。主要功能是清管;接收上游枣十支线(宜城站)来气,输送至下游宜城站(枣十支线),同时天然气经站内分离、计量、调压后给襄阳华润等用户供气。

鄂州分输站:

鄂州分输站位于湖北省鄂州市泽林镇泽林村。2004年11月投产。全站采用 SCADA 系统进行数据采集和监控。主要功能是接收武汉东站来气,输送至下游黄石站,同时天然气经站内分离、计量、调压后给鄂州安泰、黄冈赛洛供气。

黄石分输站:

黄石站位于湖北省黄石市大泉路19号。2004年11月投产。全站采用 SCADA 系统进行数据采集和监控。主要功能是清管;接收上游鄂州站来气,经分离、计量、调压后给黄石中国石油昆仑城投燃气有限公司供气。

枣阳维修队:

枣阳维修队位于湖北省枣阳市刘升镇。2010年11月组建。主要负责西二线湖北段枣阳分输压气站、随州分输站、江北分输站、襄樊清管站、襄樊输气站、仙人渡分输站、十堰分输站、干线116#至119#阀室、枣十支线1#至10#阀室、联络线1#RTU阀室、1#截断阀室、2#监控阀室、2#截断阀室等共7站17阀室的机械、电气、仪表、通信的日常维护、检修工作。

武汉维抢修中心：

武汉维抢修中心位于湖北省武汉市经济技术开发区黄陵新街。2004年5月组建。主要承担西气东输管道抢修保驾任务和武汉管理处12座场站及其阀室的设备、电气、仪表、自动化专业维检修工作，同时承担兰郑长成品油管道551公里、昆仑燃气公司149公里高压燃气管道大型抢修保驾任务，是公司重要维抢修队之一。

恩施维抢修队：

恩施维抢修队位于湖北省恩施市旗峰坝小渡船办事处小村。2004年5月组建。主要承担忠武线鄂西山区忠县分输站、恩施分输站、椰坪分输站、长阳分输站、宜昌分输站、枝江分输站等6个站场的管道维抢修任务。

黄陂维抢修队：

黄陂维抢修队位于武汉市黄陂区罗汉镇周寨村，距黄陂区10公里。主要负责孝感站、黄陂站、黄冈站、武穴站等4座站场及所辖120#至131#阀室、红安管护站11#至20#阀室的电气、仪表、机械、自动化等设备日常维护、维修工作，承担各站和管线除下料、组对、焊接以外的抢修作业。

后勤管理站：

后勤管理站位于武汉处机关，主要负责全线站队的后勤和食堂管理，机关综合楼、倒班公寓、单身公寓管理等业务。

第十二节　科技信息中心

2015年2月26日，公司成立中国石油东部管道有限公司科技信息中心（简称"科技信息中心"），办公地点设在湖北省武汉市。

科技信息中心定位为公司战略决策的科技支撑机构、天然气管道技术研究和服务中心、高端技术人才培养中心。其业务范围覆盖公司管道完整性管理、自动化技术研究与应用、科技信息情报和技术服务以及专业技术培训等工作。

科技信息中心设综合科、完整性管理所、自动化所、情报信息所等4个科级单位，定员28人。截至2016年底，共有员工22名，党员16名。

综合科负责中心人事管理、综合性事务管理等工作。

完整性管理所负责制定管道完整性管理标准规范、管道完整性技术研究、腐蚀控制技术研究、风险评价技术研究，提供完整性管理相关技术支持工作；负责管道完整性评价及制定修复方案；负责管道完整性管理数据收集与整合；负责管道完整性管理效能评估等。

自动化所负责自动化系统的技术创新、测试及更新改造；负责自动化系统计划性维检的组织及技术支持；负责自动化系统日常运维的组织及技术支持；负责自动化专业技术培训及自动化控制系统培训实验室的管理；参与自动化系统新建及改扩建工程的编程、调试及投运，参与设备远程诊断及远程监视等。

情报信息所负责搜集整理生产经营科技情报、国内外管理和技术信息；负责组织公司自主科研项目的实施；负责对外技术交流；负责制订新成果新技术推广计划；负责公司信息安全的技术支持；负责信息系统及网络系统运维工作；负责上海大厦8楼机房安全维护工作。

2015年7月,西气东输管道公司党委批准成立科技信息中心党支部。8月,西气东输管道公司工会批准成立科技信息中心工会委员会。

附：科技信息中心仪表自动化实验室及管道完整性数据分析室简介

仪表自动化实验室：

实验室配置目前国内油气长输管道所使用的主流自动化控制设备11台(套)。PLC控制系统有Modicon Quantum系列、AB Controllogix系列；ESD控制系统有HIMA F30系列、霍尼韦尔Safety Manager系列；阀室RTU系统有BB ControlWave Micro系列；网络通信设备有CISCO 2811系列路由器及2950交换机、德国Hirsman交换机、串口通信服务器；HMI人机界面有德国Cegelec Viewstar及美国Honeywell PKS系统。实验室具有开展专业技术培训、远程维护诊断及技术支持、SCADA系统科技项目及故障模拟测试、自动化系统的升级及设备兼容性测试等功能。

完整性数据分析室：

运用数据分析与管理软件实现完整性检测数据的标准化录入、数据集中管理、数据质量评估与控制、数据对齐与整合、数据深度解读与应用、数据分析相关业务的培训与交流等功能。

第十三节　浙江管理处筹备组—浙江管理处

一、浙江管理处筹备组

2008年10月,公司成立浙江管理处筹备组(以下简称"筹备组"),办公地址在浙江省杭州市,筹备组主要负责浙江管理处的组建工作,西二线浙江段工程建设信息收集与反馈工作,协助做好天然气销售工作。

二、浙江管理处

2010年4月,浙江管理处筹备组更名为浙江管理处,主要负责公司在浙江境内的天然气管道生产运营、管道保护、地方关系协调和天然气销售等工作。

管理处运营管理3条管线,管辖线路总长525.4公里。其中西二线上海支干线446.1公里,由浙赣交界途经浙江省衢州市、金华市、绍兴市(诸暨市)、杭州市(萧山区)、嘉兴市到上海市金山区；嘉兴至甪直联络线浙江境内55.5公里,由嘉兴市经江苏省吴江市到苏州市甪直镇；西一线常州至长兴支干线浙江境内23.8公里,穿越湖州市长兴县。浙江段管道经过浙江省6个省辖市及上海市金山区,共计经过21个市、区、县,84个乡镇,405个行政村。沿线设有32座阀室,其中普通阀室21座,RTU阀室11座(RTU分输阀室6座),钱塘江盾构隧道1个。

管理处共计2家下游用户,分别是浙江省天然气开发有限公司和上海天然气管网有限公司。截至2016年底,向浙江省天然气开发有限公司累计输气量为122.1亿立方米,向上海天然气管网有限公司累计输气量为43.2亿立方米。

2011年10月,管理处下设衢州分输站、金华分输站、诸暨分输站、萧山分输站、吴江分输站、上海金山末站(副科级)、浦江维抢修队(正科级)等7个站队。2012年3月,浙江管理处所辖西二线嘉兴至甪直联络线江苏段和吴江分输站划归苏浙沪管理处,苏浙沪管理处西一线常州至长兴支干线浙江段和长兴分输站划归浙江管理处。截至2016年12月,管理处下设7座场站(1座无人值守站)、1个维抢修队,包括衢州分输压气站、金华分输清管站、诸暨分输站、萧山分输清管站、嘉兴站(无人值守站)、上海金山末站、长兴分输站与浦江维抢修队。

2008年10月,筹备组机关设综合科、管道科2个科室。2009年12月,增设生产科、经营科。2010年6月,管理处机关设综合科、经营科、生产运行科、管道科和质量安全科等5个科室。7月,设党群科。2011年3月,经营科调整为经营与财务科,财务业务独立运作。2012年2月,综合科调整为综合与人事科。2015年9月,增设临时机构工程科。2015年10月,经营与财务科调整为经营科、财务科,综合与人事科调整为综合科、人事科。截至2016年12月,浙江管理处机关设综合科、人事科、经营科、财务科、工程科、生产运行科、管道科、质量安全科、党群科9个科室,员工总数117人。

2010年4月,公司党委批准成立浙江管理处党支部委员会,党员9名。2012年6月,公司党委批准撤销浙江管理处党支部委员会,成立浙江管理处党总支部委员会,党员40名,下设机关党支部委员会、萧山分输站联合党支部、衢州分输站联合党支部、上海金山站联合党支部、浦江维抢修队党支部。同时,公司工会批准成立浙江管理处工会委员会。同年12月,撤销浦江维抢修队党支部,成立浦江维抢修队党支部委员会。2013年7月,撤销衢州分输站联合党支部,成立衢州分输站党支部、金华分输站党支部、诸暨分输站党支部。截至2016年12月,所属7个党支部,党员58名。

附:浙江管理处各站队简介

衢州分输压气站:

衢州分输压气站位于浙江省衢州市衢江区浮石街道新田铺村。2011年5月开工建设,2012年4月建成投产,是西气东输二线南昌上海支干线进入浙江的首站。主要工作职责是接受并执行北京调控中心和上海调度中心指令,采用SCADA系统进行数据采集和监控,及时掌握和调控站场生产运行动态,接收上游上饶分输站来气经计量后分输至地方门站,同时将来气输送至下游金华分输站,定时进行巡回检查、定期对设备进行维护保养、发现异常及时处理并启动应急处理程序,确保站场安全运行。衢州分输站管理线路长度为114.7公里,共管辖16♯、17♯RTU、18♯、19♯、20♯RTU、21♯等6座阀室。截至2016年底,累计向下游用户浙江省天然气开发有限公司输气6.20亿立方米。

金华分输站:

金华分输站位于浙江省金华市金东区赤松镇小下王村。2011年11月开工建设,2012年5月建成投产。主要工作职责是接受并执行北京调控中心和上海调度中心指令,采用SCADA系统进行数据采集和监控,及时掌握和调控站场生产运行动态,接收上游衢州分输站来气经计量后分输至地方门站,同时将来气输送至下游诸暨分输站,定时进行巡回检查、定期对设备进行维护保养、发现异常及时处理并启动应急处理程序,确保站场安全运行。金华分输站管理线路长度为109.4公里,共管辖22♯、23♯RTU、23-1♯、24♯、25♯、26♯RTU、27♯RTU等7座阀室。截至2016年底,累计向下游用户浙江省天然气开发有限公司输气1.05亿立方米。

诸暨分输站:

诸暨分输站位于绍兴市诸暨市草塔镇南山村。2011年5月开工建设,2012年5月建成投产。主要工作职责是接受并执行北京调控中心和上海调度中心指令,采用SCADA系统进行数据采集和监控,及时掌握和调控站场生产运行动态,将上游金华分输站来气经计量后分输至下游用户,同时将来气输送至下游萧山分输站,定时进行巡回检查、定期对设备进行维护保养、发现异常及时处理并启动应急处理程序,确保站场安全运行。诸暨分输站管理线路长度为58.8公里,共管辖28♯、29♯、30♯、31♯等4座阀室。截至2016年底,累计向下游用户浙江省天然气开发有限公司输气1.80亿立方米。

萧山分输站：

萧山分输站位于浙江省杭州市萧山区河庄街道三联村。2012年1月开工建设，2012年5月建成投产。主要工作职责是接受并执行北京调控中心和上海调度中心指令，采用SCADA系统进行数据采集和监控，及时掌握和调控站场生产运行动态，将上游诸暨分输站来气经计量后分输至下游用户，同时将来气输送至下游上海金山末站，定时进行巡回检查、定期对设备进行维护保养、发现异常及时处理并启动应急处理程序，确保站场安全运行。萧山分输站管理线路长度为69公里，共管辖33♯、34♯、35♯RTU、36♯RTU、37♯RTU、38♯RTU等6座阀室。截至2016年底，累计向下游用户浙江省天然气开发有限公司输气40.13亿立方米。

上海金山末站：

上海金山末站位于上海市金山区金山卫镇永联村。2011年8月开工建设，2012年6月建成投产。主要工作职责是接受并执行北京调控中心和上海调度中心指令，采用SCADA系统进行数据采集和监控，及时掌握和调控站场生产运行动态，将上游嘉兴分输站来气经计量后分输至下游用户，定时进行巡回检查、定期对设备进行维护保养、发现异常及时处理并启动应急处理程序，确保站场安全运行。截至2016年底，累计向下游用户上海天然气管网有限公司输气43.22亿立方米。

长兴分输站：

长兴分输站位于浙江省湖州市长兴县雉城镇五里桥村。2002年初开工建设，2003年11月竣工投产。2012年6月，由苏浙沪浙江管理处交接至浙江管理处。主要工作职责是接受并执行北京调控中心和上海调度中心指令，采用SCADA系统进行数据采集和监控，及时掌控和调度场站生产运行动态，将宜兴分输站来气经计量后分输至下游用户。定时巡回检查、定期维护保养设备、发现异常情况启动应急处理程序，确保场站安全运行。2012年6月至2016年底，累计向下游用户浙江省天然气开发有限公司输气72.91亿立方米。

浦江维抢修队：

浦江维抢修队位于浙江省金华市浦江县郑家坞镇。主要负责A类事故抢修部分工作及A类事故抢修中与协作单位抢修其他工序的配合工作；负责B、C类事故抢修的全部工作；负责管理处安排的所辖管段的管道干线、站场、阀室输气设施设备的日常维护维修及维抢修设备机具的维护保养；负责公司或管理处组织的应急预案演练；负责按照清管方案实施管道清管作业；负责线路防腐检修，水工保护的检查，线路计划性维修；负责配合技术设备供应商及技术服务公司的现场工作，并提供设备维护检修的相关情况；负责配合外协人员进行外电线路的检修作业，并负责对检修作业进行检查；负责提出维修备品备件计划，负责保管和保养各种维抢修机具、设备；负责做好维抢资料记录和资料存档工作。

第十四节　赣湘管理处筹备组—赣湘管理处—南昌管理处

一、赣湘管理处筹备组—赣湘管理处

2008年3月，公司成立赣湘管理处筹备组，办公地点在江西省南昌市，主要负责管理处的组建、所辖区段工程建设信息收集与反馈、配合有关部门做好与西二线相关的协调等工作。2010年4月，公司以赣湘管理处筹备组为基础，成立赣湘管理处（以下简称"管理处"）。管理处主要负责所辖地区的安全生产及公司授权的各项管理工作。2011年3月，公司决定福建省境内的市场开发、管道项目核准附件的办理

等西三线相关工作暂由赣湘管理处负责(6月,该职责划归福建管理处筹备组)。2014年,赣湘管理处与长沙管理处完成业务、资产、人员等交接工作,9月10日正式更名为南昌管理处。

二、南昌管理处

2014年9月,湘赣管理处更名为南昌管理处,办公地点设于江西省南昌市,主要负责江西省天然气生产运营及市场开发工作。

2014年9月,管理处下设13个基层站队,即九江分输站、昌北分输站、南昌分输压气站、樟树分输站、吉安分输清管站、赣州分输清管站、新余分输站、宜春分输站、萍乡分输站、抚州分输压气站、鹰潭分输站、上饶分输站、南昌维抢修队。2016年5月,在管理处增设于都分输站、瑞金分输站、吉安维抢修队3个站队,同时将吉安分输清管站调整为吉安分输联络站(枢纽分输站,副科级)。

2014年9月,管理处下设7个科室,即综合与人事科、生产运行科、管道科、质量安全科、经营与财务科、党群科、工程管理科。2015年8月,综合与人事科分设为综合科、人事科,经营与财务科分设为经营科、财务科,工程管理科更名为工程科(临时机构)。

截至2016年底,管理处共设16个基层站队、8个科室、1个临时科室。

管理处所辖管道"两干两支"长约1573公里,包括西气东输二线干线江西段、南昌至上海支干线江西段、樟树至湘潭联络线江西段、西气东输三线江西段。沿线设有场站16座、阀室59座、南昌维抢修队1座、吉安维抢修队1座。重要穿越点包括盾构穿越2处、水域隧道穿越1处、山岭隧道穿越27处。

附:南昌管理处各站队简介

九江分输站:

九江分输站位于江西省九江市九江县港口镇富塘村。2009年6月开工建设,2011年6月投产。2014年3月,场站进行改扩建施工,新增瑞昌国发和九江国发输气管线。主要功能是接收上游武穴分输压气站来气输送至下游昌北分输站。还负责132♯、133♯、134♯阀室及73.8公里的线路管理。

昌北分输站:

昌北分输站位于江西省南昌市安义县东阳镇。2009年8月开工建设,2011年6月投产。2010年10月开始向安义中油燃气有限责任公司进行分输;还负责135♯、136♯阀室及83.3公里的线路管理。

南昌分输压气站:

南昌分输压气站位于江西省高安市大城镇古楼村,是重要枢纽站,西二线东段干线与支干线的连接点,气源南达广州、东至上海。与南昌维抢修队合建。2010年3月正式动工;2011年6月,置换升压、正式投产;2011年9月,二期工程正式开工;2012年10月,投产成功。全站采用SCADA系统进行数据采集和监控,主要功能是接收昌北分输站来气,通过过滤分离器滤除气体中的微小颗粒和悬浮物,使净化后气体通过离心式压缩机增压输送至下游干线樟树分输站和上海支干线抚州压气站;承担至南昌燃气的分输任务,并预留有3路分输接口以备日后的功能完善;负责干线137♯阀室、上海支干线1♯至3♯阀室及辖区内123公里线路的管理工作。

樟树分输站:

樟树分输站位于江西省宜春市樟树市昌傅镇浯塘村。2010年2月开工建设,2011年6月投产;2012年10月进行改扩建工程建设,2013年1月完成改扩建。全站采用SCADA系统进行动态监测和调控,接收上游南昌分输压气站来气输送至下游吉安分输清管站和新余分输站;还负责138♯至141♯等4

个阀室及107.2公里的线路管理工作。

吉安分输清管站：

吉安分输清管站位于江西省吉安市吉州区兴桥镇东坑村。2010年4月开工建设,2011年6月投产。2012年4月,正式向吉安市华润天然气公司分输天然气。主要功能是接收樟树分输清管站来气输送至赣州分输站;还负责142#、143#、144#阀室的管理工作及108.6公里的线路管理工作。

赣州分输清管站：

赣州分输清管站位于南康市龙华乡双江村。2011年6月投产。全站采用SCADA系统进行数据采集和监控。主要功能是接收吉安分输清管站来气输送至广州分输压气站;负责145#至149#阀室及144.304公里的线路管理。

新余分输站：

新余分输站位于江西省新余市高新开发区东陂管理处检查陇村。2010年7月开工,2011年7月投产。主要功能是接收上游樟树分输站来气并输送至下游宜春分输站,并向江西华电九江分布式能源有限公司、新余燃气供气;还负责1#、2#阀室及59.7公里的线路管理。

宜春分输站：

宜春分输站位于江西省宜春市袁州区渥江镇万福亭组。2010年4月开工建设,2011年7月投产成功。主要负责接收新余分输站来气,输气至萍乡分输站,并向宜春深燃供气,承接宜春市的分输供气任务;还负责3#至5#阀室及69.7公里的线路管理工作。

萍乡分输站：

萍乡分输站位于江西省萍乡市上栗县赤山镇丰泉村。2010年2月正式开工建设,2011年7月投产成功。主要工作职责是接收宜春分输站来气输送至醴陵分输站;将上游宜春分输站来气经站内过滤分离、计量、调压后分输给萍乡市燃气公司和萍乡芦溪港华燃气有限公司两家用户;还负责樟树至湘潭支线6#、7#阀室及46公里线路的管理。

上饶分输站：

上饶分输清管站位于上饶市上饶县兴园街道办苏家村。2011年7月开工建设,2012年4月投产。主要功能是接收上游鹰潭分输站来气,输送至下游衢州分输站;并负责10#至15#等6个阀室的管理工作及141公里的线路管理工作。

鹰潭分输站：

鹰潭分输站位于江西省鹰潭市余江县中童镇。2011年3月开工建设,2012年4月建成投产。全站采用SCADA系统进行数据采集和控制。主要功能是接上游抚州分输压气站来气输送至上饶分输清管站,同时给鹰潭市鹰潭华润进行分输;还负责8#、9#阀室及55.43公里线路的管理。

抚州分输压气站：

抚州分输压气站位于江西省抚州市东乡县珀玕乡笔村。2013年4月正式动工,2014年4月场站置换升压,正式顺利投产,5月投产成功。主要功能是接收上游南昌分输压气站来气,通过过滤分离器滤除气体中的微小颗粒和悬浮物,使净化后气体通过离心式压缩机增压输送至下游鹰潭分输站;承担日后本地分输任务,并预留有二路分输接口以备日后的功能完善;负责上海支干线4#至7#阀室及辖区内76.3公里线路的管理工作。

南昌维抢修队：

南昌维抢修队位于江西省高安市大城镇古楼村。2010年11月组建。主要负责西二线干线江西段583公里、湘潭联络线樟树至萍乡段180.122公里、南昌至上海支干线江西段333公里等共计1 096.122公里管线以及2座分输压气站、10座分输站和40座阀室设备的维抢修工作。

第十五节 长沙管理处

一、长沙输气处筹备组

2012年6月,公司成立长沙输气处筹备组,办公地点在湖南省长沙市,主要负责长沙输气处组建的筹备工作、所辖地区的工程建设以及协助负责湖南境内西三线沿线天然气市场开发等工作。筹备组设综合与人事科、工程管理科等2个科室。同月,公司党委批准成立长沙输气处筹备组党支部。

长沙输气处筹备组所辖地区拟建管线包括西气东输三线干线湖南段(岳阳至株洲)、株郴支干线、长沙支线,途经湖南25个县级以上行政区,总长度622公里。

2013年9月,西三线初步设计工作全面展开,在湖南省境内的管道涉及25个区县行政区。筹备组重新对可研阶段线路路由、站场、阀室选址位置进行了全面排查,多次和设计单位到现场踏勘,从安全运行的角度对初步设计进行严格把关。筹备组协调处理了株洲市仙庾岭段路由与风景区、规划区冲突问题。初设阶段共调整线路路由9处,其中根据地方规划部门要求调整2处,避绕人口稠密区7处,增加阀室1座。根据地方政府要求调整站场选址1处。

2014年9月,公司在长沙输气处筹备组基础上设立长沙管理处。

二、长沙管理处

2014年9月,长沙管理处成立,办公地点在湖南省长沙市,主要负责公司在湖南境内现役管道的运营和西三线工程建设监管,负责湖南境内的业务、资产、人员以及所辖地区的安全生产及各项管理工作。

2014年9月22日,长沙管理处完成与武汉管理处、南昌管理处现场管理权的正式交接,担负起湖南境内7座场站、10座阀室的运行维护以及潜湘支线和西二线樟湘联络线共302.3公里管道的管理任务。其中,潜湘支线长217.7公里,西二线樟湘联络线长84.6公里。管线途经4市12县(区)以及平地与丘陵(深丘)等地貌;穿越大中型河流6处,大型公路61处,铁路6处,江(河)底隧道4处;高后果区25处,累计长度29公里,下游用户13家。

管理处下设8个站队,包括由武汉管理处划归而来的岳阳分输站、岳阳南分输站、汨罗分输站、长沙分输站、湘潭分输站,由南昌管理处划归而来的醴陵分输站、株洲分输站,以及新设立的株洲维抢修队。设有10个截断阀室、6个阴极保护站。

2014年9月管理处成立时,机关在长沙输气处筹备组工程管理科、综合与人事科2个科室的基础上,增设质量安全科、生产运行科、管道科、经营与计划科、党群科等5个科室。2015年7月,取消综合与人事科、经营与财务科,分别成立综合科、人事科、经营科、财务科。截至2016年12月,管理处机关设9个科室,共有员工129人。

2014年9月10日,正式成立长沙管理处党总支部。2014年10月29日,成立长沙管理处机关党支部;成立长沙分输站联合党支部、株洲分输站联合党支部、岳阳分输站联合党支部。2014年11月19日,成立长沙管理处团总支部。2015年10月28日,正式成立长沙管理处工会委员会。截至2016年底,管理处共有党员45人。

管理处在长沙输气处筹备组工作基础上,进一步推进了西三线湖南段管道项目的规划与审批工作。西三线中段干线工程在湖南省境内途经岳阳市、长沙市、株洲市等3市10区(县),管线总长315.83公里

(含长江盾构隧道3.4公里),年输气能力250亿立方米。工程新建岳阳分输清管站、安沙分输清管站、长沙分输压气站、株洲分输联络站及14座线路截断阀室。长沙支线起于西三线安沙分输清管站,途经长沙市长沙县、望城区,止于湘江西岸望城末站,管线总长46.39公里,年输气能力30亿立方米。工程新建望城末站及2座线路截断阀室。

2013年2月,取得株洲至郴州支干线项目选址意见书;2013年3月,取得湖南省国土厅出具的长沙支线建设项目用地预审初步审查意见报告;2013年4月,取得西三线长沙支线项目选址意见书;2013年8月,取得湖南省发改委出具的西三线中段湖南段、株洲至郴州支干线社会稳定风险评估意见的复函;2014年8月,取得湖南省水利厅出具的西三线长沙支线湘江穿越工程建设方案涉河管理事项的批复;2015年8月,西三线中段长沙支线工程项目获得湖南省发改委核准批复;2016年12月,醴陵分输站为醴陵新奥燃气有限公司供气场站扩能改造项目开工建设。

附：长沙管理处各站队简介

岳阳分输站：

岳阳分输站位于湖南省岳阳市经济开发区。2005年5月投产。主要功能是接收上游汨罗站(监利清管站)来气,向岳阳市华润天然气公司、岳阳长岭炼化公司以及巴陵石化公司供气。管辖范围包括岳阳分输站、3♯线路截断阀室、竖井2座及天然气管道34公里。

岳阳南分输站：

岳阳南站位于湖南省岳阳县新墙镇双港村。2013年5月建成,8月正式投入使用。全站采用SCADA系统进行数据采集和监控,主要完成站内工艺数据采集、监视、控制和流量计算等,并向调度中心传送实时数据,接受调控中心下达的任务。主要功能是接受汨罗站(岳阳站)来气,输送至下游岳阳站(汨罗站),同时天然气经过站内分离、计量、调压后向岳阳中国石油昆仑燃气公司及岳阳中国石油昆仑利用燃气公司供气(岳阳中国石油昆仑利用燃气公司未投产,2015年8月已撤资)。管辖范围包括岳阳南分输站、4♯、5♯线路截断阀室,天然气管道38.5公里。2015年9月7日,向岳阳中国石油昆仑燃气公司投产供气。

汨罗分输站：

汨罗输气站位于湖南省汨罗市新市镇八里村107国道旁。2010年10月投产。主要功能是承接岳阳分输站来气,向下游门站港华燃气分输,向汨罗市供气。管辖范围包括汨罗分输站、6♯、7♯线路截断阀室、竖井2座、预留阀室1座及天然气管道63公里。

长沙分输站：

长沙分输站位于湖南省长沙县星沙街道办螺丝塘村东七线与望仙路的交会处。2005年5月正式投产。长沙分输站是忠武输气管道潜湘支线的中间站,全站采用SCADA系统进行数据采集和监控,受北京调度控制中心直接控制。主要功能接收湘潭(汨罗)方向来气,输气到下游汨罗(湘潭)方向,站内分输是经过分离、计量、调压后为长沙新奥、中油常德昆仑、浏阳新奥、中油远望压缩等4家天然气公司分输。截至2016年底,累计向下游用户供气约65.7亿标准立方米天然气。管辖范围包括8♯线路截断阀室、隧道竖井3个及管道56公里。

湘潭分输站：

湘潭分输站位于湖南省湘潭市昭山示范区红旗村。由原忠武线潜湘支线湘潭末站和西二线樟湘联络线湘潭末站两个站合并而成。潜湘支线部分于2005年5月正式投产运行,樟湘联络线部分则于2011年8月正式投产运行。2016年8月,西二线樟湘联络线湘潭末站正式为衡阳天然气供气,2016年10月,西二线樟湘联络线湘潭末站正式为长沙新奥供气,湘潭分输站直接负责为株洲、湘潭、醴陵、衡阳、娄底、邵阳、长沙等7个城市的天然气分输任务,并转供忠武线潜湘支线长沙分输站方向的天然气。站里有9个分输口,共计18路分输,还预留2个分输,是一座大型综合性输气站场。管辖范围包括湘潭分输站、潜湘支线 9#阀室、西二线樟湘联络线 10#阀室及竖井 1 个,天然气管道 35.9 公里。2016 年 3 月,管理处顺利实现了西二线湘潭末站长沙新奥分输支路的投产供气,8 月顺利实现了衡阳分输支路的投产供气。

醴陵分输站:

醴陵分输站位于湖南省醴陵市国瓷街道办事处横店村。2011 年 7 月投产。全站采用 SCADA 系统进行数据采集和监控,主要完成站内工艺数据采集、监视、控制和流量计算等功能,并向调度中心传送实时数据,接受调度中心下达的任务。主要功能是接收上游萍乡分输站来气,输气到下游株洲分输站,同时经站内过滤、计量、调压后给醴陵中油燃气供气。管辖范围包括醴陵分输站、8#线路截断阀室及天然气管道 38 公里。

株洲分输站:

株洲分输站位于湖南省株洲市荷塘区仙庾镇分路口村丁家冲组。2011 年 7 月建成。全站采用 SCADA 系统进行数据采集和监控,主要完成站内工艺数据采集、监视、控制和流量计算等功能,并向调度中心传送实时数据,接受调度中心下达的任务。主要功能是接收上游醴陵分输站来气,输气到下游湘潭末站,同时经站内过滤、计量、调压后向株洲新奥燃气供气,于 2015 年 5 月顺利投产,同年完成了株洲昆仑(现已划归株洲新奥)用户支路改扩建工程,截至 2016 年底该支路暂未投产。管辖范围包括株洲分输站、9#线路截断阀室及天然气管道 36.8 公里。

株洲维修队:

株洲维抢修队地处湖南省长沙市长沙县黄花镇黄花工业园。2014 年 9 月成立。主要负责对忠武线潜湘支线和西二线樟湘支线共 7 座站场、11 座阀室的设备、电气、仪表、自动化、通信 5 个专业设备的日常维护和检修,并承担各站场和长沙管理处辖区管线、站场、阀室的小型抢修工作,同时为日后西三线湖南段的站场、阀室各专业设备的维检修任务做准备。

第十六节　福建管理处筹备组—厦门管理处

一、福建管理处筹备组

2011 年 6 月,公司成立福建管理处筹备组,办公地点在福建省厦门市,主要负责西三线福建段管线的安全生产、工程建设、生产运营管理工作,协助相关部门做好市场开发等工作。

筹备组机关设综合科、经营与财务科、工程管理科等 3 个科室。2011 年 7 月,公司党委批准成立福建管理处筹备组党支部。2012 年 3 月,成立福建管理处筹备组党支部委员会。截至 2012 年 9 月,员工 64 人,党员 17 名。

2012 年 9 月,公司成立厦门管理处,撤销福建管理处筹备组。

二、厦门管理处

2012 年 9 月,厦门管理处成立。主要负责西三线东段福建段工程质量、环境保护、水土保持等监管工作,以及西三线东段福建段投产运营后管道保护、生产运行、质量安全、队伍建设等管理工作。

管理处机关设综合科、人事科、党群科、经营科、财务科、生产运行科、管道科、质量安全科、工程科等 9 个科室,员工 124 人。2012 年 10 月,公司党委批准成立厦门管理处党支部委员会,党员 17 名。截至 2016 年 12 月,党员 36 人。

管理处所辖西三线东段福建段，包括"一干四支"，即西三线干线、闽粤支干线、福州至宁德支干线、平潭支线和龙岩至三明至南平支干线。管线总长约1500公里，规划建设18座分输站场。西三线东段福建段干线自江西瑞金进入福建省，途经6市20县（区），终于福州市闽侯县福州末站，线路全长约587.8公里，沿途穿越大中型河流26处，隧道40座。设计年输气能力150亿立方米。管道沿线计划设有龙岩分输清管站、漳州分输清管站、海沧分输站、同安分输站、泉州分输清管站、莆田分输联络站、仙游分输站、福清分输站、福州末站等9座站场，25座阀室，设有厦门维抢修队和福州维修队。

截至2016年12月，分别与福州华润燃气有限公司、旷远能源股份有限公司、龙岩昆润天然气有限公司、龙岩新奥燃气有限公司、泉州市燃气有限公司、厦门华润燃气有限公司、漳州安然燃气有限公司等7家福建省用户企业签订了供气合同。到2020年，计划向7家用户供气量将达到11亿立方米。

附：厦门管理处各站队简介

厦门维抢修队：

厦门维抢修队组建于2016年9月，地处福建省厦门市同安区凤南路。主要负责西气东输三线福建境内5座分输站场（龙岩、漳州、海沧、同安、泉州）、22座线路截断阀室（西三线166♯至187♯阀室）以及管理处辖区内587公里线路的维修和抢修任务。

福州维修队：

福州维修队组建于2016年12月，位于福建省福州市闽侯县青口镇联丰村，主要负责西气东输三线干线莆田至福州段128公里管线，以及仙游、莆田、福清、福州4座分输站和189♯、190♯、191♯3座阀室设备的维检修工作。

长汀管护站：

长汀管护站位于福建省龙岩市长汀县大同镇南里村对面坝12号。隶属于龙岩分输气清管站管辖。管护站管辖线路及阀室于2016年10月投产，暂未设置分输场站，负责IA000至IB008桩段85.5公里线路管道的日常管理，以及负责166♯至168♯三座阀室运行管理工作。

龙岩分输清管站：

龙岩分输清管站位于福建省龙岩市经济技术开发区红坊镇东阳村。2016年10月投产。全站采用SCADA系统进行站内工艺数据采集、监视、控制和流量计算等功能，并向调度中心传送实时数据，接受调度中心下达的任务。主要功能是接收上游瑞金分输清管站来气，输气到下游漳州分输清管站，同时经站内过滤、计量、调压后向下游昆润燃气供气。还负责166♯至174♯共9座阀室和210.7公里管道的日常管理。

漳州分输清管站：

漳州分输清管站位于福建省漳州市芗城区浦南镇布坑村。2016年11月投产。全站采用SCADA系统进行数据采集和控制，向调控中心传送实时数据，并执行调控中心下达的各项指令。主要功能是接收上游龙岩分输清管站来气，输送到下游海沧分输站，进行清管器接收和发送，同时经站内过滤、计量、调压后给漳州安然下游用户供气。还负责175♯至179♯共5座阀室和101.6公里管道的日常管理。

海沧分输站：

海沧分输站位于福建省厦门市海沧区东孚镇天竺山森林公园旁。2016年11月投产。全站采用SCADA系统进行数据采集和监控，主要完成站内工艺数据采集、监视、控制和流量计算等功能，并向调度中心传送实时数据，接受调度中心下达的任务。主要功能是接收西三线上游漳州分输清管站来气，向下游同安分输站输气；同时经站内过滤、计量、调压后向下游厦门华润供气。还负责180♯至182♯共3座阀室和59.8公里管道的日常管理。

同安分输站：

同安分输站地处福建省厦门市同安区凤南农场。与厦门维抢修队共建。2016年11月投产。全站采用SCADA系统进行工艺参数采集、监控及生产过程控制等功能，并向调度中心实时传送数据，接受调度中心下达的任务。该站主要功能是接收西三线上游海沧分输站来气，向下游泉州分输清管站输气，同时经站内过滤分离、计量、调压后给厦门华润用户供气。

泉州分输清管站：

泉州分输清管站位于福建省南安市霞美镇张坑村。2016年11月进气投产。全站采用SCADA系统进行数据采集和监控，主要功能是接收同安分输站来气，经过滤分离后送至下游仙游分输站；进行清管器接收与发送；经站内过滤分离、计量、调压后给泉州新奥燃气的霞美门站供气。还负责183♯至186♯共4座阀室和84.8公里管道的日常管理。

仙游分输站：

仙游分输站位于福建省莆田市仙游县龙华镇貂峰村。主要功能是接收泉州分输清管站来气，经过站内1101♯气液联动阀输送至莆田分输联络站。还负责187♯、189♯2座阀室和42公里管道的日常管理工作。

莆田分输联络站：

莆田分输联络站位于福建省莆田市涵江区庄边镇百俊村。2016年11月进气投产。全站采用SCADA系统进行数据采集和监控，主要完成站内工艺数据采集、控制等功能，并向调度中心传送实时数据，接受调度中心下达的任务。主要功能是接收上游仙游分输站来气，输至下游福清分输站，经站内过滤、计量、调压后向下游福建旷远集团供气；同时，承担着西三线东段管道与中海油LNG管道的调峰任务。还负责190♯、191♯2座阀室和55.9公里管道的日常管理工作。

福清分输站：

福清分输站位于福建省福清市镜洋镇下施村。2016年11月投产。全站采用SCADA系统进行数据采集和监控，主要完成站内工艺数据采集、监视、控制等功能，并向调度中心传送实时数据，接受调度中心下达的任务。主要功能是接收上游莆田分输联络站来气，输气到下游福州末站；同时经站内过滤、计量、调压后给福州华润用户供气。还负责30公里管道的日常管理。

福州末站：

福州末站位于福建省闽侯县青口镇联丰村。2016年11月投产。全站采用SCADA系统进行数据采集和监控，主要完成站内工艺数据采集、监视、控制等功能，并向调度中心传送实时数据，接受调度中心下达的任务。主要功能是接收上游福清分输站来气，经站内过滤、计量、调压后给福州华润用户供气。

第十七节　粤桂管理处筹备组—粤桂管理处—广东管理处

一、粤桂管理处筹备—粤桂管理处

2008年3月，公司成立粤桂管理处筹备组。办公地点设在广东省广州市，主要负责管理处的组建、所辖区段工程建设信息收集与反馈、配合有关部门做好西二线相关协调等工作。2010年4月，以粤桂管理处筹备组为基础，公司成立粤桂管理处。主要负责所辖地区的安全生产及各项管理工作。

2010年6月，管理处设广州维抢修中心（正科级）。2010年9月，增设南宁维抢修队、钦州首站、南宁末站和调度室，全部为正科级。

筹备组成立时机关设综合科和管道科等2个科室。2009年12月,增设生产科、经营科等2个科室。截至2010年4月,筹备组有员工38名。2010年6月,设综合科、经营科、生产运行科、管道科、质量安全科等5个科室。7月,增设党群科。截至2011年2月,管理处员工120名。

2008年5月,公司党委批准成立了粤桂管理处筹备组党支部。2010年4月,公司党委批准成立粤桂管理处党支部委员会,党员18名。

粤桂管理处时期所辖管道开工建设的有西二线干线广东段、广深支干线。

2010年10月,管理处进驻广西钦南成品油管线,开展前期的接管、投产、运行准备工作。

2011年2月,公司决定将粤桂管理处更名为广东管理处,原负责的广西境内业务和南宁维抢修队、钦州首站、南宁末站、调度室等机构及定员编制划归广西管理处。

二、广东管理处

2011年2月,公司决定将粤桂管理处更名为广东管理处。办公地点设在广东省广州市。管理处在西二线天然气管道工程广东段建成投产后,负责广东省境内所辖线路的运行维护、管道保护、工程建设和天然气销售等工作。

管理处所辖管道为"1干2支",即西二线干线广东段、广深(广州至深圳)支干线和广南(广州至南宁)支干线。管线总长850.8公里,途经广东省7个地级市21个区县,共40座阀室。粤桂管理处时期所辖管道开工建设的有西二线干线广东段、广深支干线。供气范围已覆盖广东省境内部分地区,累计分输用户17家(不包括中联油香港)。

2011年3月至2012年3月,管理处先后设立韶关分输清管站、广州分输压气站(正科级)、东莞分输站、大铲岛分输压气站(正科级)、清远分输站、肇庆分输站和求雨岭分输清管站。2013年4月,韶关分输清管站、肇庆分输站、东莞分输站机构规格调整为副科级。截至2014年12月,管理处设有10个站队,包括广州维抢修中心(正科级)、广州分输压气站(正科级)、大铲岛分输压气站(正科级)、东莞分输站(副科级)、韶关分输清管站(副科级)、肇庆分输站(副科级)、求雨岭分输清管站、清远分输站、德庆巡护班和翁源巡护班。2015年8月,经公司批准,龙鼓滩分输站规格调整为副科级。

2011年3月,原粤桂管理处机关下设的经营科调整为经营与财务科,财务业务独立运作;4月,设工程管理科。2012年2月,原粤桂管理处机关下设的综合科调整为综合与人事科。截至2014年12月,管理处机关下设综合与人事科、经营与财务科、生产运行科、管道科、质量安全科、工程管理科、党群科等7个科室。员工223人。2015年7月,广东管理处机关设9个科室:综合科、人事科、党群科、经营科、财务科、生产运行科、管道科、质量安全科、工程科。

2011年2月,公司党委批准原粤桂管理处党支部更名为广东管理处党支部;5月,公司党委批准成立广东管理处党总支部委员会,下设机关党支部委员会、广州分输压气站党支部委员会、广州维抢修中心党支部委员会,党员36人。2012年7月,成立东莞分输站联合党支部;9月,成立大铲岛分输压气站党支部。2013年4月,成立广南支干线联合党支部。截至2014年12月,所属党支部6个,党员71人。2015年2月,公司党委决定成立中共中国石油西气东输管道公司广东管理处委员会。

附:广东管理处各站队简介

韶关分输清管站:

韶关分输清管站位于广东省韶关市始兴县顿岗镇。2011年3月成立,6月通气。2016年5月,站场改扩建后投产。主要工作职责是接收西二线干线来气,负责站场分输以及西二线干线219.33公里管道及8座阀室的维护工作。由于韶关分输站管理的线路较长,管理处在韶关分输清管站与广州分输压气站之间成立翁源巡护班,负责线路维护管理工作,归属于韶关分输清管站。

广州分输压气站:

广州分输压气站位于广东省广州市从化市鳌头镇。2011年3月成立,6月投产。该站是西气东输二线干线的末站,是广南支干线和广深支干线的起始站。向广州燃气集团、广东九丰、广州新奥、花都昆仑、清远港华、佛山管网供气。主要工作职责是接收西二线干线上游韶关分输清管站来气,经过过滤分离、调压后输送到下游;负责辖区110.2公里管道和6座阀室的巡护工作。

大铲岛分输压气站:

大铲岛分输压气站位于广东省深圳市南山区大铲岛。2011年10月成立,2012年12月投产。该站是西二线广深支干线求大线的末站,是中国石油第一个海岛分输压气站。向中国石油国际事业有限公司香港青电供气。主要工作职责是接收求大线来气,一部分分输至深燃门站,另一部分经增压后输往香港,同时管辖海底管道8.93公里。

东莞分输站:

东莞分输站位于广东省东莞市谢岗镇。2011年10月成立,2012年5月投产。向东莞分输站新奥燃气、虎门电厂、惠州丰达电力供气。主要工作职责是接收上游广州分输压气站来气,负责站场的分输以及西二线广深支干线124.26公里管道及7座阀室的维护工作。

肇庆分输站:

肇庆分输站位于广东省肇庆市大旺高新区龙湖管理区。2011年10月成立,2012年12月投产。向肇庆新奥燃气有限公司、肇庆高新区开盛燃气投资有限公司供气。主要工作职责是接收上游清远分输站来气,负责站场的分输以及西二线广南支干线187.43公里管道与8座阀室的维护工作。由于肇庆分输站管理的线路较长,管理处在靠近广西的肇庆市德庆县成立德庆巡护班,负责线路维护管理工作,归属于肇庆分输站。

清远分输站:

清远分输站位于广东省清远市源潭镇。2011年10月成立,2012年12月通气投产。主要工作职责是接收上游广州分输压气站来气,负责站场的分输以及西二线广南支干线92.355公里管道与3座阀室的维护工作。

求雨岭分输清管站:

求雨岭分输清管站位于广东省深圳市观澜大水田工业区。2012年3月成立,5月投产。2012年5月,向深圳燃气供气。主要工作职责是接收上游东莞分输站来气,负责站场的分输以及西二线广深支干线66.78公里管道与8座阀室的维护工作。

龙鼓滩分输站:

龙鼓滩分输站位于香港特别行政区新界屯门区龙鼓滩涌浪路龙鼓滩发电厂内,是西二线香港支线的末站。2012年12月通气投产。2015年6月,由广东管理处负责运营。主要职责是接收上游大铲岛分输压气站来气,为香港地区供气。截至2016年12月,为香港地区供气36.6亿立方米。

第十八节 广西管理处(广西管道工程建设项目部)筹备组—广西管理处

2010年12月,为加强广西境内油气管道建设和运营管理,公司批准成立广西管理处(广西管道工程建设项目部)筹备组。筹备组与广西管道工程建设项目部筹备组合署办公,与公司压缩机站工程项目部合并运作,机构规格为正处级。2010年12月,公司接收广西销售分公司建设的南宁至柳州成品油管线项目,并授权筹备组组织建设。

2011年1月,公司将筹备组更名为广西管理处(广西管道工程建设项目部)。办公地点设在广西壮族自治区南宁市。管理处成立之初负责广西境内油气管道工程建设、生产运营等各项管理工作,协助市场开发与销售部负责广西境内天然气市场开发工作。2011年3月,公司决定管理处不再与压缩机站工程项目部合署办公。2012年10月,公司对油气管道管理体制进行区域化管理调整后,管理处主要负责广南(广州至南宁)支干线广西段施工监管工作,完成广西境内西二线南宁至百色、贵港至玉林、苍梧至贺州3条支线以及南宁至柳州成品油管道工程建设、投产试运工作。此后管道运营管理权及资产移交西南管道公司。

从2011年至2014年,管理处经历了筹备组建、发展壮大、业务和人员逐步划转移交西南管道公司三个阶段。2011年2月,管理处接收原粤桂管理处(今广东管理处)负责的广西境内的南宁维抢修队、钦州首站、南宁末站和调度室等机构和业务。2011年3月,西二线广南支干线正式开工建设,管理处开始介入开展现场施工质量监管工作。2011年5月,管理处接收广西石化分公司承建的钦州至南宁成品油管线管理权。2012年4月,南宁至百色、贵港至玉林、苍梧至贺州3条天然气供气支线正式开工建设。2012年6月,根据广南支干线广西段管道工程建设情况,设梧州分输清管站、贵港分输压气站、南宁末站。2012年10月,广西境内油气管道业务由西南管道分公司负责。10月20日,钦州至南宁成品油管线管道运营管理权、资产管理权及生产运行科、管道科、调度室、钦州首站、南宁末站(成品油站)等机构移交至西南管道分公司。12月30日,广南支干线投产成功。2013年1月,广南支干线广西段管理权和梧州分输清管站、贵港分输压气站、南宁末站(天然气站)、南宁维抢修队等机构移交西南管道分公司,人员整建制划转。2014年8月,南宁至百色支线南宁至吴圩段先期投产成功,管道运营管理权移交西南管道公司。10月,苍梧至贺州支线投产成功,管道运营管理权移交西南管道公司。12月,南宁至柳州成品油管道工程管理权移交西南管道公司。

截至2014年12月,管理处组织建设管线4条,包括南宁至柳州成品油管线、南宁至百色天然气支线、贵港至玉林天然气支线、苍梧至贺州天然气支线。管线总长788公里,途经8个市26个县区。除南宁至百色支线吴圩至百色段、贵港至玉林支线仍在施工建设,其余油气管道业务均已移交西南管道公司。

筹备组成立时设综合科、经营科、生产运行科、工程科、管道科、质量安全科和党群科等7个科室。2011年3月,经营科更名为经营与财务科,财务业务独立运作。2012年2月,综合科更名为综合与人事科。截至2014年12月,管理处机关设综合与人事科、经营与财务科、工程科、质量安全科4个科室,员工26人。

2010年12月,公司党委批准成立广西管理处(广西管道工程建设项目部)筹备组党支部委员会。2011年2月,公司党委批准广西管理处(广西管道工程建设项目部)筹备组党支部委员会更名为广西管理处(广西管理工程建设项目部)党支部委员会。截至2014年12月,党员14人。

第十九节 压缩机站工程项目部

2005年3月,公司成立压缩机站工程项目部,办公地点设在上海市浦东新区。项目部与压缩机维检中心一个机构两块牌子(正处级),压缩机维检中心主任兼任压缩机站工程项目部经理。2006年3月,项目部与压缩机维检中心分开履行职能,管理处协助压缩机站工程项目部开展相关工作,承担压缩机站工程建设任务的管理处有一名副处长兼任压缩机站工程项目部副经理,相关业务接受压缩机站工程项目部经理领导,具体负责所在管理处压缩机站建设的组织协调工作;压缩机站建设所需综合管理人员编制列压缩机站工程项目部,施工现场管理人员编制列有关管理处;主要负责公司压缩机站工程建设、根据公司授权负责相关工作、完成公司领导交办的其他工作。

2008年6月,项目部设工程科、经营科、综合科3个科室。2010年12月,公司批准成立广西管理处筹备组,与项目部合并运作,主要工作之一即为负责项目部全部职责。2011年3月,公司决定广西管理处不再与项目部合署办公。同时,项目部增加站场适应性改造工程建设项目的管理职责。2005年3月,公司党委批准成立压缩机站工程项目部党支部。2011年3月,公司党委批准成立压缩机站工程项目部党支部委员会。截至2016年12月,员工13人,党员10人。

第二章
股权管理单位

第一节　上海盛大基地置业有限公司

上海盛大基地置业有限公司(简称"盛大公司")是由上海盛大房地产开发有限公司(简称"盛大房地产")与上海金磐房地产开发有限公司(简称"金磐房地产")于2004年3月17日在上海市注册成立的有限责任公司。原注册资本为4 500万元,盛大房地产和金磐房地产分别持有盛大公司90％和10％的权益。

2007年12月1日,盛大房地产、金磐房地产与上海永达控股(集团)有限公司(简称"永达控股")、上海永达(集团)股份有限公司(简称"永达股份")签订股权转让协议,由永达控股和永达股份分别受让盛大房地产和金磐房地产持有的公司所有股份。转让出资后,永达控股和永达股份分别持有盛大公司70％和30％的权益。永达控股和永达股份在受让股权后进行了4次增资,截至2009年5月31日,公司注册资本和实收资本均为人民币4.5亿元。

2009年5月,根据《关于西气东输管道分公司收购上海盛大基地置业有限公司股权的批复》,西气东输管道分公司为出资主体,收购了盛大公司100％股权。2009年10月28日,中国石油天然气股份有限公司与永达控股、永达股份签署了《关于上海盛大基地置业有限公司股权转让协议书》(简称《股权转让协议》)。同日,盛大公司与上海永达置业发展有限公司(简称"永达置业")、永达控股、永达股份共同签署《关于上海盛大国际金融中心项目开发建设承包合同》(简称《承包合同》),永达置业对项目开发建设实行总价包干,永达控股和永达股份为永达置业提供担保。

2010年4月7日,股份公司人事部下发《关于西气东输二线东段设立运营管理机构和上海盛大基地置业有限公司管理有关问题的批复》,明确盛大公司由西气东输管理,与原房改办公室合署办公,人员组织关系均在西气东输原房改办公室。4月15日,西气东输人事处下发《关于成立上海盛大基地置业有限公司的通知》,进一步明确定员编制、机构设置及主要职责。

盛大公司于2009年10月28日股权转让后,负责承建盛大国际金融中心项目,包括主体工程与二次装修工程。主体工程于2004年10月22日经上海市浦东新区人民政府批准建设,建设之初的项目名称为上海盛大中心综合办公楼,项目占地9 786平方米。根据已批准的规划,总建筑面积约11.66万平方米,其中,地上约8.27万平方米,地下约3.39万平方米。标准层建筑面积2 200平方米。建筑共40层,高约171米,地下4层,标准层层高4米。2010年12月,由股份公司更名为中国石油上海大厦。

2010年12月28日,股份公司规划计划部下达《关于中国石油上海大厦项目初步设计概算的批复》,

中国石油上海大厦项目总投资为 32.16 亿元,其中股权收购投资为 16.24 亿元,主体工程后续建设投资为 11.71 亿元,二次装修建设投资为 4.20 亿元。

2011 年 3 月 9 日,主体工程取得上海市建交委颁发的竣工验收备案证书。随后,盛大公司组织施工单位、监理、永达置业、阳光物业对工程进行验收交接工作,陆续签署了 14 个系统的《交接验收报告》。2012 年 9 月,盛大公司与永达控股、永达股份和永达置业签署《工程交接协议》,明确了主体工程交接验收项目内容及遗留问题处理。

根据《关于中国石油上海大厦项目初步设计概算的批复》,并按照 2010 年 1 月集团公司领导关于上海大厦装修工作由上海浦东华油实业有限责任公司(以下简称"上海华油")负责的精神,西气东输与上海华油于 2011 年 6 月签订了《中国石油上海大厦室内二次装修建设项目委托管理协议》,约定上海华油负责行政办公区域、员工餐厅和公共服务区域的精装修工作。

2012 年 9 月,公司撤销房改领导小组办公室,盛大公司独立办公。同年年底,中国石油上海大厦项目基本完工。2013 年 1 月起,中国石油各驻沪单位陆续搬入。按照集团公司办公厅提出的"在满足内部单位使用的基础上,对外招租"的租赁原则,盛大公司妥善安排中国石油驻沪企业顺利搬入,开展对外招租工作。截至 2016 年 12 月,大厦入驻率达到 90.4%。

第二节　深港天然气管道有限公司

一、香港支线工程建设项目部

2011 年 3 月,公司成立香港支线工程建设项目部,办公地点设在广东省深圳市,主要负责组织香港支线项目投资、建设管理、生产运行准备和成立香港支线合资公司的筹备等工作。项目部设立综合科、工程技术科 2 个科室。2012 年 6 月,增设质量安全科。同年 10 月,增设经营与财务科,质量安全科调整为生产与质量安全科,综合科调整为综合与人事科。

2011 年 3 月,公司党委批准成立香港支线工程建设项目部党支部委员会。

2014 年 10 月,根据深港天然气管道有限公司(2013 年 12 月注册成立)与中国石油天然气股份有限公司签订的《资产重组转让协议》,香港支线项目资产由中国石油划入深港天然气管道有限公司。

2015 年 12 月,香港支线工程建设项目部撤销,香港支线项目的运营维护由中国石油和香港中电共同成立的深港天然气管道有限公司负责。

二、深港天然气管道有限公司

2012 年 12 月,合资方香港青山发电有限公司正式退出香港支线项目合资,改由中电能源基建有限公司为新合资人。变更后,中电能源基建有限公司占本项目总股份的 40%。

2013 年 4 月 15 日,股份公司与中电能源基建有限公司正式签署《合资经营合同》《深港天然气管道有限公司章程》。

2013 年 6 月 15 日,国家发改委正式批复,同意香港支线项目合资方变更为中电能源基建有限公司,合资股比不变。

2013 年 11 月,股份公司批复同意与中电能源基建有限公司合资组建深港天然气管道有限公司,股份公司持股 60%,中电能源基建有限公司持股 40%。

2013年12月9日,深港天然气管道有限公司获得国家商务部的投资批准证书。

2013年12月12日,深圳市市场监督管理局批复营业执照,深港天然气管道公司正式成立,合资双方分别是中国石油天然气股份有限公司与中电能源基建有限公司,出资比例分别为60%、40%,公司经营范围是建设、拥有西气东输二线香港支线管道工程项目,管理、维护该管道,并从事该管道天然气的运输服务。

截至2016年12月,深港天然气管道有限公司机关下设4个部室,即人力资源及公共关系部、经营财务部、运营维护管理及协调部和质量安全环境部,员工合计19人。

截至2016年底,深港天然气管道有限公司已累计向香港地区输送清洁天然气约36.6亿立方米。

第三节　江苏如东联合管道有限公司

为满足上海市崇明岛用气需求,建设上海市天然气保供第三战略通道和上海洋山LNG接收站与江苏如东LNG接收站的应急联络通道,中国石油天然气股份有限公司、申能(集团)有限公司、江苏洋口港股份有限公司三方合资成立了江苏如东联合管道有限公司(以下简称"如东公司"),共同建设、运营如东至海门至崇明岛天然气管道项目,其中中国石油天然气股份有限公司占股50%,申能(集团)有限公司占股40%,江苏洋口港股份有限公司占股10%。

2015年3月12日,江苏如东联合管道有限公司前期筹备工作组成立。2015年4月9日,完成企业名称预核准手续的办理工作;2015年6月30日,在上海市召开了合资公司第一次股东会、一届一次董事会、一届一次监事会,通过了合资公司的章程,成立了董事会、监事会,选举产生了董事长、副董事长,聘任了合资公司新一届的经营班子,并结合合资公司的发展宗旨和实际确定了公司的日常管理模式。2015年7月2日,完成了合资公司工商注册工作,依法取得了工商营业执照、组织机构代码证和税务登记证,江苏如东联合管道有限公司正式成立。如东公司筹备期间及成立初期,办公地点临时设在上海市浦东新区。2015年9月,搬迁至上海市崇明县城桥镇。

如东公司设置四部一室,即生产运行部、计划经营部、财务部、质量安全部和综合办公室;两座站场,即如东首站、海门分输站。公司定员41人。2015年12月,西气东输管道公司党委批准成立江苏如东联合管道有限公司党支部委员会,西气东输管道公司工会批准成立江苏如东联合管道有限公司工会委员会。截至2016年底,共有员工24名,党员14名。

如东公司管辖管道为如东至海门至崇明岛天然气管道。如东至海门至崇明岛天然气管道北起如东县长沙镇洋口港开发区的如东首站,止于崇明县新村乡崇明岛燃气门站。管道全长约88公里。沿线设如东首站(扩建)、海门末站2座站场及6座阀室(4座监控阀室、2座监视阀室)。工程自2014年11月15日开工建设至2015年7月22日如东首站动火连头施工完成,历时8个月,涉及项目总投资11.87亿元。

附:江苏如东联合管道有限公司所辖站场简介

如东首站:

如东首站位于如东县洋口港开发区西海堤。2015年6月成立,该站作为如东至海门至崇明岛输气管道首站,在西气东输苏北管理处如东分输清管站基础上扩建,不新增人员。全站采用SCADA系统进行数据采集和监控,主要功能是接收上游江苏LNG来气,输气到下游海门分输站。

海门分输站:

海门分输站位于海门市三厂镇孝汉村。2015年6月成立,计划2017年进气投产。全站采用

SCADA 系统进行数据采集和监控,主要功能是接收上游如东分输站来气,经站内过滤、计量、调压后给崇明燃气、海门昆仑燃气、海门华润燃气、启东九丰燃气供气。

第四节　江西省天然气投资有限公司

2010 年 8 月,江西省天然气投资有限公司(简称"江西天然气公司")正式成立。江西天然气公司是中国石油集团公司与江西省投资集团公司(简称"江投集团")合资成立的专业化公司,注册地为江西省南昌市,中国石油与江投集团双方各持 50% 股权。2011 年 3 月,中国石油集团公司与江西省人民政府签署《战略合作协议》。江西天然气公司作为江西省承接西气东输入赣天然气的唯一主体,负责江西省天然气管网二期工程的投资、建设、运营和管理。江西天然气公司股东会由江投集团和中国石油集团公司方组成。

2011 年 10 月,江投集团注资成立了江西省天然气(赣投气通)控股有限公司,并将江投集团持有的公司股权转至该公司。2012 年 5 月,中国石油集团公司开始对内部的业务和组织体系进行优化和调整,将公司原中国石油昆仑天然气利用有限公司所持股份,上划至中国石油天然气股份有限公司,并交给中国石油西气东输管道公司管理。

江西天然气公司设总经理办公室、规划计划部、财务资产部、人力资源部、质量安全环保部、生产运行部、管道保护部、工程管理部、物资装备部、企管法规与监审部 10 个部门;下设 8 个党支部,包括机关一支部、机关二支部、赣西支部、赣州支部、高安支部、上饶党支部、吉安党支部、车队党支部;员工 287 人,党员 86 人。

江西天然气公司负责建设的江西省天然气管网二期工程主要承接西二线、西三线入赣天然气,以西二线、西三线在江西省境内分输站为起点,建设至各设区市中心城市、县(市、区)中心城市及工业园区的长输高压管网。工程覆盖南昌、九江、宜春、新余、萍乡、吉安、赣州、上饶、鹰潭、抚州等 10 个设区市、50 个县(市、区)。同时,根据《江西省压缩天然气(CNG)加气站总体规划》,江西天然气公司在赣州、上饶、吉安规划建设了 3 个 CNG 加气母站,为管道暂未通达的地区及周边车用天然气市场提供资源保障。

第三章
划 转 单 位

第一节　新疆管理处（2001年4月—2011年12月）

2001年4月,公司成立新疆管理处,办公地点设在新疆库尔勒,主要负责西气东输管道工程新疆境内的建设和运营管理工作。

管理处运营管理西一线干线管道轮南至新甘交界,管辖线路总长941公里,管线途经巴州、吐鲁番和哈密3地州的8市县,共28座阀室,年输气能力170亿立方米。

2003年3月,设轮南压气站、四道班压气站、哈密压气站、库尔勒维修队、鄯善维修队（2005年5月更名为哈密维抢修队）等5个站队,机构规格均为正科级。2006年12月,增设鄯善压气站、孔雀河压气站、雅满苏压气站,机构规格为正科级。截至2011年12月,管理处下设8个站队,包括轮南压气站、孔雀河压气站、四道班压气站、鄯善压气站、哈密压气站、雅满苏压气站、库尔勒维修队、哈密维抢修队。

2001年9月,设综合办公室、工程科、管理科等3个科室。2002年11月,设办公室、调度科、综合科等3个科室。截至2003年9月,员工18人。2007年6月,管理处机关设综合科、经营科、生产运行科、管道科、质量安全科5个科室。2010年7月,设立党群科。2011年3月,设工程科；经营科调整为经营与财务科,财务业务独立运作。截至2011年12月,管理处机关设综合科、经营与财务科、生产运行科、管道科、质量安全科、党群科、工程科7个科室。员工207人。

2001年11月,公司临时党委批准成立新疆管理处党支部。2002年8月,公司党委批复成立新疆管理处党支部委员会。2008年4月,公司党委批复成立新疆管理处党总支部委员会,党员52名；5月,批复成立机关党支部委员会、轮南压气站党支部、孔雀河压气站党支部委员会、四道班压气站党支部、雅满苏压气站党支部委员会、哈密压气站党支部、哈密维抢修队党支部委员会等7个党支部。截至2011年12月,所属党支部7个,党员31名。

2012年1月,新疆管理处划转西部管道分公司。

第二节　甘宁管理处—甘肃管理处（2001年8月—2011年12月）

2001年8月,公司成立甘宁管理处,办公地点设在甘肃省武威市,主要负责西气东输管道工程甘肃、宁夏境内的区段建设和运营管理。2004年2月,公司撤销甘宁管理处,成立甘肃管理处。原甘宁管理处负责的甘肃、宁夏境内管道业务职责分别划归甘肃管理处、宁陕管理处管辖。2011年11月,甘肃管理处划归西部管道公司。

甘肃管理处运营管理西气东输一线甘肃境内天然气管道,管道西起新疆与甘肃交界的红柳河,东至甘肃与宁夏交界的上沙沃镇,管线全长982.5公里,途经甘肃18个市(县),共设29座阀室。同时,还负责西部管道成品油、原油管道1386公里的A、B类事故抢修任务。截至2011年12月,管理处所辖7座压气站19台机组累计运行368 007小时,实现安全平稳供气2 696天。

2004年3月,甘肃管理处设红柳压气站、玉门压气站、山丹压气站、玉门维抢修队、山丹维抢修队,机构规格均为正科级。2006年4月,增设柳园压气站,玉门维抢修队更名为玉门维抢修中心;12月,增设酒泉压气站、金昌压气站、古浪压气站。截至2011年12月,甘肃管理处设7座压气站、1座维抢修中心、1支维抢修队,分别为红柳压气站、山丹压气站、玉门压气站、酒泉压气站、金昌压气站、柳园压气站、古浪压气站、山丹维抢修队、玉门维抢修中心。

2001年9月,甘宁管理处机关设立综合办公室、工程科、管理科3个科室。2002年11月,机关设办公室、调度科、综合科3个科室。2003年5月,增设驻酒泉前线办公室;10月,增设中卫前线办公室。2007年6月,甘肃管理处机关设综合科、经营科、生产运行科、管道科、质量安全科等5个科室。2010年7月,设立党群科。2011年3月,经营科调整为经营与财务科,财务业务独立运作。截至2011年12月,甘肃管理处机关设综合科、党群科、质量安全科、生产运行科、管道科、经营与财务科等7个科室,员工281人。

2002年11月,公司临时党委批准成立甘宁管理处党支部。2003年4月,公司党委批准成立中共甘宁管理处支部委员会。2004年2月,公司党委批准成立甘肃管理处党支部委员会。2008年4月,公司党委批准成立甘肃管理处党总支部委员会,党员61名;5月,成立甘肃管理处机关党支部委员会、红柳压气站党支部、柳园压气站党支部、玉门压气站党支部委员会、酒泉压气站党支部、山丹压气站党支部委员会、金昌压气站党支部委员会、古浪压气站党支部委员会等8个党支部。2010年8月,成立柳园压气站党支部委员会、玉门维抢修中心联合党支部委员会、山丹压气站党支部、金昌压气站党支部、古浪压气站党支部。2011年12月,公司党委决定撤销柳园压气站党支部委员会、玉门维抢修中心联合党支部委员会,按支部设置。截至2011年12月,所属党支部7个,党员45名。

第三节　冀鲁管理处(2006年3月—2011年12月)

2006年3月,公司成立冀鲁管理处(简称"管理处"),办公地点位于山东省济南市。管理处主要负责冀宁管道山东段、河北段的生产运行、管道保护和维抢修工作,担负着向北京、上海保安供气和向管道沿线地方供气的双重使命。

管理处所辖管道为"一干四支",干线北起陕京二线的安平站,南至苏鲁交界处的枣庄市台儿庄区,全长495.8公里,最大设计年输量110亿立方米,沿途设有安平、衡水、德州、济南、泰安、曲阜、滕州、枣庄等8座分输站及枣庄维抢修队,线路截断阀室19座。其中安平站至泰安站间管道281.6公里,泰安站至苏鲁交界处管道214.2公里。4条支线全长160.7公里,其中德州支线15.1公里,设有德州末站;武城支线17.4公里,设有武城分输站;济宁支线40.2公里,设有小雪和济宁分输站;临沂支线88公里,设有临沂分输站和3座阀室。管道途经山东、河北两省7个地级市、31个县区、91个乡镇、654个自然村。截至2011年12月,管理处共向28家下游用户分输天然气62.265 5亿立方米。

管理处下设安平分输站、衡水分输站、德州分输清管站、济南分输站、泰安分输清管站、曲阜分输站、滕州分输站、枣庄分输清管站、小雪分输清管站、武城末站、临沂末站、德州末站、济宁末站、枣庄维抢修队(正科级)等14个基层站队。2010年6月,泰安分输清管站调整为泰安分输压气站,机构规格为正科级。2011年10月,根据工程建设进展情况,增设菏泽分输清管站、巨野分输站、济宁分输站、肥城简化分输站和禹城分输站等5个站队。截至2011年12月,管理处下设19个基层站队,包括安平分输站、衡水分输站、德州分输站、济南分输站、曲阜分输站、滕州分输站、枣庄分输清管站、小雪分输清管站、武城末站、临沂末站、德州末站、济宁末站、泰安分输压气站(正科级)、枣庄维抢修队(正科级)、菏泽分输清管站、巨野分输站、济宁分输站、肥城简化分输站、禹城分输站。

2007年6月,管理处机关设综合科、经营科、生产运行科、管道科、质量安全科5个科室。2010年7月,设党群科。2011年3月,经营科调整为经营与财务科,财务业务独立运作;8月,设工程科。截至2011年12月,管理处共设综合科、党群科、质量安全科、生产运行科、管道科、经营与财务科、工程科等7个机关科室。

2006年3月,公司党委批准成立冀鲁管理处党支部委员会。2008年4月,公司党委批复成立冀鲁管理处党总支部委员会,党员44名;5月,批准成立机关党支部委员会、枣庄分输站党支部委员会、曲阜分输站党支部委员会、济南分输站党支部、德州分输站党支部、衡水分输站党支部。2010年8月,成立济南分输站联合党支部委员会、德州分输站联合党支部委员会、枣庄站队联合党支部委员会、曲阜分输站联合党支部。截至2011年12月,所属党支部6个,党员59名。

2011年12月,冀鲁管理处所辖管道及场站资产由西气东输管道分公司整体划归管道公司管理。

第四节　福建管网项目部(2012年6月—2014年12月)

2011年7月,中国石油昆仑天然气利用有限公司成立中国石油昆仑天然气利用有限公司福建管网项目部。

2012年5月,昆仑利用公司福建项目部及支线管网业务划转西气东输管道公司。2012年6月,公司批准成立福建管网项目部。办公地点设在福建省福州市,项目部机关设综合与人事科、经营与财务科等2个科室。同月,公司党委批准成立福建管网项目部党支部。截至2014年12月,项目部有员工8名,党员7名。

项目部的主要职责包括:负责协助公司与福建能源进行合资合作业务对接及框架协议(草案)的谈判工作;负责全省支线管网项目的规划、可研、初设、相关评价及项目核准等前期工作;与福建能源注册成立天然气管网公司,天然气管网公司拟负责全省支线管网项目的投资、建设和运营管理工作,以及入闽天然气销售工作。

2014年10月31日,完成人员调整。

2014年12月,福建管网项目部机构撤销,正式划归福建销售公司。

第九篇

荣誉和人物

第一章 先进名录

第一节 国家级荣誉

表 9-1-1 国家级先进集体获得者名录

授予年份	荣誉称号	集体/项目名称
2004	全国五一劳动奖状	西气东输管道分公司
	全国三八红旗集体	女子调试投产组
		资料管理组
	国家西气东输工程建设先进集体	双文明建设与综合协调管理组
		人力资源配置协调组
		项目投资控制工作组
		项目财务管理组
		生产运行处
		工程技术处
		QHSE及生态建设管理与实践组
		建设用地协调组
		物资采购与物流管理协调组
		市场开发与销售部
		新疆管理处
		甘肃管理处
		山西管理处
		豫皖管理处
		苏浙沪管理处
	2003年度全国青年文明号	苏浙沪管理处
		苏浙沪管理处上海白鹤末站
	国家重点工程建设青年贡献奖	甘肃管理处
		苏浙沪管理处

续表

授予年份	荣誉称号	集体/项目名称
2005	全国民族团结进步模范集体	西气东输管道分公司
	黄河流域大片开发建设项目水土保持工作先进单位	西气东输管道分公司
	中国石油技术创新特等奖	《西气东输管道技术研究及应用》
2006	首届"国家环境友好工程"第一名	西气东输工程
	全国第三批34项"开发建设项目水土保持示范工程"第一名	西气东输管道分公司
	2005年度"中央企业五四红旗团委"	西气东输管道分公司团委
	中央企业学习型红旗班组（科室）	储气库项目部造腔监测室
	2004—2005年全国整治油气田及输油气管道生产治安秩序专项行动先进集体	豫皖管理处
		苏浙沪管理处
2008	2008年抗雨雪冰冻灾害先进基层党组织	西气东输管道分公司党委
2009	新中国成立六十周年100项"经典暨精品工程"	西气东输工程
	"建国60年财务管理成就奖"及"最具社会责任感企业奖"	西气东输管道分公司财务处
	中央企业先进集体	新疆管理处轮南首站
2010	计量诚信优秀单位（中国计量测试学会授予）	南京计量测试中心
2011	全国模范职工之家	西气东输管道分公司
	全国工会优秀职工书屋	
	全国能源化学系统先进工会	
	全国职工职业安全卫生知识竞赛"优秀组织单位"单位	
	全国"安康杯"竞赛（上海赛区）优胜奖	
	全国全民健身先进单位	
	国家科学技术进步一等奖	《西气东输工程技术及应用》
2012	全国企业文化建设优秀单位	西气东输管道公司
	中华全国总工会"工人先锋号"	甘陕管理处
		苏浙沪管理处上海白鹤末站
2013	全国改革开放35周年企业文化竞争力优秀单位	西气东输管道公司
	全国模范职工小家	豫皖管理处蚌埠维抢修队
	2012年度全国"安康杯"竞赛（上海赛区）优胜单位	西气东输管道公司
	第四届中国安全生产电视作品展映优秀奖	电视作品《携手保护能源大动脉——管道保护宣传片》
	国家级企业管理创新成果一等奖	超大型天然气长输管道复杂工程建设与运营管理
2014	2013年度全国"安康杯"竞赛活动优胜单位	西气东输管道公司
	2013—2014年度全国青年文明号	苏浙沪管理处上海白鹤分输站
	国家科学技术进步一等奖	西气东输管道公司《我国油气战略通道建设与运行关键技术》
	2013年安全生产题材优秀宣传片作品征集活动一等奖	西气东输管道公司

续 表

授予年份	荣誉称号	集体/项目名称
2015	2014年度全国"安康杯"劳动竞赛优秀单位	西气东输管道公司
2016	2015年度全国"安康杯"劳动竞赛优秀单位	西气东输管道公司

表 9-1-2 国家级先进个人获得者名录

授予年份	荣誉称号	姓 名	工作单位/职务
2004	全国五一劳动奖章	黄维和	公司总经理、党委书记
		褚永杰	山西管理处处长
		陈金龙	甘肃管理处处长
	全国杰出青年岗位能手	林泊成	甘肃管理处副处长
		李波	生产运行处高级主管
		高慧	压缩机维检修中心助理工程师
	国家重点工程建设青年奖	吴锡合	总经理办公室副主任
		唐善华	压缩机维检中心副主任
	国家西气东输工程建设先进个人	黄维和	公司总经理、党委书记
		陈希吾	公司副总经理
		王树宽	公司原副总经理
		廖亮	总经理办公室主任
		胥晓莹	总经理办公室副主任
		吴锡合	总经理办公室副主任、团委副书记
		刘海波	总经理办公室高级主管
		张军强	总经理办公室高级主管
		董扬帆	总经理办公室高级主管
		杨庆朝	人事处处长
		栗红英	人事处副处长
		刘英男	人事处副处级人事员
		马唯衡	工程监督联合办公室主任
		茆长华	工程监督联合办公室正处级审计员
		刘国兴	工程监督联合办公室高级主管
		张向阳	规划计划处处长
		房维龙	规划计划处副处长
		常竹	规划计划处副处长
		张志方	规划计划处高级主管
		姜巍	财务处处长
		王宁	财务处副处长
		刘雅杰	财务处高级主管
		靳光辉	财务处高级主管

续表一

授予年份	荣誉称号	姓　名	工作单位/职务
2004	国家西气东输工程建设先进个人	张　颢	财务处高级主管
		丁铁彪	财务处高级主管
		何胜利	财务处主管
		陈　凯	财务处主管
		张　帆	运行处处长
		吕　铁	运行处副处长
		高顺华	运行处副处长
		戚　麟	运行处副处长
		李　波	运行处高级主管
		周丽萍	运行处高级主管
		范　莉	运行处高级主管
		郭宝山	工程技术处处长
		王劲松	工程技术处高级主管
		李献军	工程技术处高级主管
		王瑞英	工程技术处高级主管
		郭文庆	工程技术处主管
		姜昌亮	安全总监、总经理助理
		崔新华	质量安全环保处副处长
		杨贵山	管道处处长
		林　燕	管道处高级主管
		吴志平	管道处主管
		刘文成	采办处处长
		李学军	采办处副处长
		许德华	采办处高级主管
		张玉成	采办处高级主管
		马颖丽	采办处高级主管
		王尚林	采办处高级主管
		郎伟峰	采办处调度科科长
		冯建民	采办处设备科计划采购员
		李世泉	市场开发与销售部经理
		任　魁	市场开发与销售部副经理
		丛　山	市场开发与销售部副经理
		李　锴	市场开发与销售部河南分部主任
		王培鸿	市场开发与销售部高级主管
		梁云峰	市场开发与销售部河南分部主管
		张玉良	市场开发与销售部江苏分部主任

续表一

续表二

授予年份	荣誉称号	姓名	工作单位/职务
2004	国家西气东输工程建设先进个人	史玉海	新疆管理处处长
		张郁文	新疆管理处副处长
		顾清林	新疆管理处副处长
		陈再富	新疆管理处高级主管
		王新刚	新疆管理处高级主管
		陈金龙	甘肃管理处处长
		夏庆武	甘肃管理处处长
		霍永胜	甘肃管理处副处长
		林泊成	甘肃管理处副处长
		赵万里	甘肃管理处高级主管
		张力伟	宁陕管理处处长
		邱春斌	宁陕管理处副处长
		张存生	宁陕管理处副处长
		褚永杰	山西管理处处长
		郝兴国	山西管理处副处长
		冯晓	山西管理处副处长
		王玉华	山西管理处高级主管
		么惠全	豫皖管理处处长
		余曦	豫皖管理处副处长
		张龙	豫皖管理处副处长
		宋红兵	豫皖管理处高级主管
		陈国龙	豫皖管理处副科长
		董红军	豫皖管理处副处长
		潘涛	豫皖管理处分输站站长
		王小平	苏浙沪管理处处长
		傅文奎	苏浙沪管理处副处长
		赵钟明	苏浙沪管理处副处长
		李国龙	苏浙沪管理处副处长
		周世彬	苏浙沪管理处分输站站长
		范立志	苏浙沪管理处主管
		李树成	储气库项目部副经理
		陈玮	储气库项目部主管
		陈向新	济青管道工程项目部经理
		关宏德	济青管道工程项目部副经理
		刘伟	济青管道工程项目部副经理
		袁少山	济青管道工程项目部高级主管

续表三

授予年份	荣誉称号	姓名	工作单位/职务
2004	国家西气东输工程建设先进个人	吕贵明	济青管道工程项目部主管
		刘海春	压缩机维检中心主任
		唐善华	压缩机维检中心副主任
		王宜建	淮武管道工程项目部副经理
		李汉斌	淮武管道工程项目部副经理
	第三届薛暮桥价格研究奖（《天然气工业定价》）	谢戈果	公司副总经理兼总会计师
		王 宁	财务处副处长兼对外合作办销售组组长
		张 颙	财务处高级主管
		金 静	财务处主管
2006	参加"长城2号"国家反恐指挥系统演习先进个人	黄泽俊	公司总经理
		姜昌亮	公司副总经理
		么惠全	管道处处长
		余 曦	新疆管理处处长
		胡 峻	生产运行处高级主管
		王树辉	新疆管理处哈密维抢修队队长
	2004—2005年全国整治油气田及输油气管道生产治安秩序专项行动先进个人	吴东旭	管道处高级主管
		赵钟明	新疆管理处副处长
		王玄理	甘肃管理处高级主管
		赵 罡	宁陕管理处副处长
		陈嘉彦	山西管理处副处长
2008	2007—2008年度全国能源化学系统优秀工会干部	崔聪玲	企业文化处群众工作科科长
		赵钟明	苏浙沪管理处副处长
	2007—2008年度全国能源化学系统优秀工会干部	李国龙	苏浙沪管理处副处长
		周世彬	苏浙沪管理处分输站站长
	国家反恐先进个人	高 峰	豫鄂管理处副处长
2012	2011年度中央企业青年岗位能手	焦卫平	豫皖管理处洛宁压气站副站长
2015	中央企业法律事务先进工作者	房维龙	公司总法律顾问

第二节 省部级荣誉

表9-1-3 省部级先进集体名录

授予年份	荣誉称号	集体/项目名称
2006	河南省2004—2005年度整治油气田及输油气管道生产治安秩序专项行动先进集体	豫皖管理处
	江苏省2004—2005年度整治油气田及输油气管道生产治安秩序专项行动先进集体	苏浙沪管理处

续表一

授予年份	荣誉称号	集体/项目名称
2007	陕西省 2006 年度安全生产先进单位	宁陕管理处
	宁夏回族自治区执勤目标安全暨"三共"活动先进单位	宁陕管理处
	湖北省 2006 年度整治油气田及输油气管道生产治安秩序专项行动先进集体	豫鄂管理处
2008	江苏省西气东输管道安全保护先进集体	苏浙沪管理处
	2007—2008 年河南省整治油气田及输油气管道生产治安秩序专项行动先进集体	豫皖管理处
	河南省 2008 年度安全生产工作先进单位	
	2008 年度河南省反恐怖应急拉动工作先进集体	
	陕西省 2007 年度整治油气田及输油气管道生产治安秩序专项行动先进集体	宁陕管理处
	湖北省 2007 年度整治油气田及输油气管道生产治安秩序专项行动先进集体	豫鄂管理处
	2007 年度山东省油区工作先进单位	冀鲁管理处
	山东省 2008 年度市级花园式单位	冀鲁管理处滕州分输站
2009	上海市模范职工之家	西气东输管道分公司工会
	2009 年度上海市文明班组	苏浙沪管理处上海白鹤末站
	2008 年度上海市经济和信息化工作系统先进职工小家	豫皖管理处蚌埠维抢修队
	上海市经济和信息化工作系统工会财务工作优秀单位	西气东输管道分公司
	2008 年度上海市经济和信息化工作系统先进职工之家	苏浙沪管理处
	河北省科技进步二等奖	《中国地下储气库选址规划及建库关键技术研究》(储气库项目部编)
	2008 年新疆自治区安全生产目标管理先进单位	新疆管理处
	新疆维吾尔自治区 2008 年度环保工作先进单位	
	河南省 2008 年度全省反恐怖应急拉动工作先进单位	豫皖管理处
	河南省 2008 年度安全生产工作先进单位	
	2009 年度河南省安全生产工作先进单位	
	2009 年度河南省反恐怖工作先进单位	
	2006—2008 年度山东省油区和管道监管工作先进单位	冀鲁管理处
	江苏省西气东输管道安全保护先进集体	苏浙沪管理处
	宁夏回族自治区安全质量标准化示范企业	宁陕管理处
	2008 年度宁夏回族自治区安全生产先进集体	
	2008 年度湖北省整治油气田及输油气管道生产治安秩序专项行动先进集体	豫鄂管理处
2010	2009 年度上海市模范职工之家	西气东输管道分公司工会
	2009 年度上海市模范职工小家	豫皖管理处蚌埠维抢修队
	上海市工人先锋号、青年文明号	苏浙沪管理处上海白鹤末站
	2008—2009 年度上海市职工最满意企事业单位	西气东输管道分公司
	2009 年度上海市经信系统先进职工小家	豫皖管理处蚌埠维抢修队

续表二

授予年份	荣誉称号	集体/项目名称
2010	上海世博工作优秀集体	苏浙沪管理处上海白鹤末站
	2009年度山东省整治输油气管道违章占压工作先进单位	冀鲁管理处
	2009年陕西省油气田及输油气管道安全保护先进集体	宁陕管理处
	江苏省天然气管道安全保护工作先进集体	苏浙沪管理处
	湖北省科技进步一等奖	《层状岩盐油气地下储存岩石力学理论及造腔关键技术》
	2009年度河南省安全生产工作先进单位	豫皖管理处
	2009年度河南省反恐怖工作先进单位	
	2009年度河南省整治油气田及输油气管道生产治安秩序专项行动先进集体	
	2009年度湖北省安全生产工作先进单位	
	2009年度湖北省整治油气田及输油气管道生产治安秩序专项行动先进集体	
	建国六十周年新疆维吾尔自治区大庆安保油气田及输油气管道安全保卫工作先进单位二等奖	新疆管理处
	2007—2009连续三年自治区安全生产目标管理先进单位	宁陕管理处
	西气东输管道(宁夏段)安全保护先进集体(宁夏回族自治区授予)	
	山东省非煤矿山安全生产优秀班组	冀鲁管理处济南分输站、曲阜分输站
	江苏省天然气管道安全保护工作先进集体	储气库项目部
	江苏省平安企业	苏浙沪管理处
2011	上海市文明单位	西气东输管道分公司
	上海市青年文明号	甘肃管理处红柳压气站
		苏浙沪管理处上海白鹤末站
	2010年度上海市"五四"特色团委	豫皖管理处团总支
	上海市经信委五四红旗团支部	苏浙沪管理处团总支
	2011年度上海市经济和信息化工作系统模范职工之家	豫皖管理处工会
	2011年度上海市经济和信息化工作系统模范职工小家	新疆管理处库尔勒维抢修队工会小组
	江苏省平安企业	苏浙沪管理处
	2010年度山东省油区和管道保护工作先进单位	冀鲁管理处
	2010年新疆维吾尔自治区安全生产目标管理先进单位	新疆管理处
	2009—2010连续三年自治区安全生产目标管理先进单位	宁陕管理处
	2010年度宁夏回族自治区安全生产工作先进单位	
	2010年度湖北省安全生产先进单位	豫鄂管理处
	2010年陕西省油气田及输油气管道安全保护工作"先进集体"	甘陕管理处
	江苏省石油天然气管道安全生产工作先进集体	储气库项目部
	山西省科学技术进步三等奖	《盐岩溶腔油气储库建造技术研究与应用》

续表三

授予年份	荣誉称号	集体/项目名称
2011	河南省上海世博会"环沪护城河"安保反恐工作先进单位	豫皖管理处
	2010年河南省整治油气田及输油气管道生产治安秩序专项行动先进集体	豫皖管理处
		豫皖管理处郑州分输压气站、洛宁压气站
2012	上海市模范职工之家	西气东输管道分公司
	上海市青年文明号	苏浙沪管理处上海白鹤末站
	2011年度上海市"五四"特色团委	西气东输管道分公司团委
		宁陕管理处团总支
	2012年度上海市"五四"特色团委	苏浙沪管理处团总支
	上海市经济和信息化工作系统创先争优先进基层党组织	人事处(党委组织部)党支部
	上海市经信党委工作系统创先争优先进基层党组织	豫皖管理处党总支
	2011年度上海市经信系统"模范职工之家"	西气东输管道分公司
	2011年度上海经济和信息化系统"五四"特色团委	西气东输管道分公司团委
	2011年度上海经济和信息化系统"五四"红旗团支部	南京计量测试中心团支部
		储气库项目部团总支
	上海市企业职工穿新创效特色工作经验二等奖	西气东输管道分公司
	河南省安全生产、示范单位	豫鄂管理处
	2013年度上海市"五四"特色团委	苏浙沪管理处团总支
	2012年度全国安康杯竞赛上海赛区优秀单位	西气东输管道分公司
	2012年度湖北省安全生产红旗单位	豫鄂管理处
	2012年度河南省油气田及输油气管道安全保护工作先进集体	豫皖管理处
	河南省安全生产示范单位	
2014	上海市"诚信创建单位"称号	西气东输管道分公司
	2013—2014年度上海市文明单位	西气东输管道公司
	上海市工人先锋号	浙江管理处上海金山站
		宁陕管理处中卫压气站
	上海市青年文明号	浙江管理处上海金山站
		郑州管理处淮阳分输压气站
		南京计量测试中心
		苏浙沪管理处白鹤站
	2014年度上海市经信系统工会调研工作优秀组织奖	西气东输管道公司工会
	2014年度上海市经信系统工会调研论文优秀成果一等奖	西气东输管道公司工会
	2014年度上海市经信系统工会调研论文优秀成果优秀奖	西气东输管道公司工会
	上海市经济和信息化工作系统工会2013—2014年度"模范职工小家"荣誉称号	甘陕管理处工会
		银川管理处盐池压气站工会

续表四

授予年份	荣誉称号	集体/项目名称
2014	2013—2014年度上海市经信系统工会经审工作规范化建设考核"优秀奖A级"	苏北管理处淮安维抢修队工会
		西气东输管道公司工会经审会
	2013—2014年度上海市经济和信息化工作系统工会经审工作先进集体	西气东输管道公司工会经审会
	2014年度上海市"五四"红旗团委标兵	西气东输管道公司团委
	2013年度浦东新区纳税突出贡献奖	西气东输管道公司
	上海市青工系统先进团组织	西气东输管道公司团委
2015	2013—2014年度上海市文明单位	西气东输管道公司
	上海市模范集体	银川管理处中卫压气站
	2014年度上海市平安示范单位	苏浙沪管理处上海白鹤站
	2013年度上海市职工节能减排合理化建议优秀成果	郑州管理处
	2014年度河南省安全生产先进单位	郑州管理处
	2013—2014年度上海市经济和信息化系统工会"模范职工小家"	甘陕管理处
	上海市经济和信息化系统青年技能大赛优秀组织奖	西气东输管道公司团委
	上海市经济和信息化系统工会经审工作先进集体	西气东输管道公司工会经审会
2016	上海市经济和信息化系统先进基层党组织	广东管理处党委
		浙江管理处上海金山站党支部
	上海市"五四"红旗团支部	浙江管理处上海金山站
	上海市经济和信息化系统工会"劳模创新工作室"	常大伟管输技术劳模创新工作室

表9-1-4 省部级先进个人名录

授予年份	荣誉称号	获奖者	工作单位
2008	2007—2008年度上海市三八红旗手	周蓓	人事处
2010	上海世博工作优秀个人	李勇	苏浙沪管理处
	中国2010年上海世博会赞助企业优秀个人	郑希平	总经理办公室
2011	2009—2010年度上海市三八红旗手	刘晓波	采办处
	上海市优秀共青团员	雷雨声	豫皖管理处
	上海市经济与信息化系统优秀共产党员	韩建强	宁陕管理处党总支部
	上海市经济与信息化系统优秀党务工作者	范志刚	甘肃管理处党总支部
	2010年度上海市经济和信息化工作系统工会优秀工会工作者	崔聪玲	企业文化处
	上海市经济和信息化工作系统工会财务工作先进个人	高文宏	财务处
	2010年度上海市经济和信息化工作系统优秀共青团员	盛磊磊	宁陕管理处
2012	上海市档案工作先进个人	刘海波	总经理办公室
	上海市经济和信息化工作系统创先争优优秀共产党员	史玉海	企业文化处
		周蓓	人事处
		李冬岩	苏浙沪管理处

续表一

授予年份	荣誉称号	获奖者	工作单位
2012	上海经济和信息化系统优秀团干部	周琳	储气库项目部
	上海经济和信息化系统优秀团员	张慧娟	苏浙沪管理处
	2102年宁夏自治区反恐怖防范标准编制"先进个人"	胡生宝	宁陕管理处
	2011年度河南省反恐怖工作先进个人	张军政	豫皖管理处
		宋红兵	
	2011年河南省油气田及输油气管道安全保护工作先进个人	初易武	豫皖管理处
		侯明欣	
		刘喜平	
		贺旭歌	
		张鹏	
		孙志新	
		卢阳	
2013	2012年度上海市经济和信息化系统工会论文评比优胜奖	潘文雷	审计监察处
	上海市第12届青年岗位能手	薛欢庆	宁陕管理处
		涂怀鹏	豫皖管理处
		李建君	储气库项目部
	上海市优秀青年突击队员	熊伟	浙江管理处
	2012年度上海市优秀共青团员	张慧娟	苏浙沪管理处
	上海经济和信息化系统优秀团干部	王倩楠	人事处
	上海经济和信息化系统优秀团员	韩鹏	企业文化处
2014	上海市五一劳动奖章	常大伟	甘陕管理处
	2010—2014年度上海市劳动模范称号	常大伟	甘陕管理处
	2013年度上海市优秀共青团员	张继成	西气东输公司团委
	2014年度上海市优秀共青团员	程子涵	浙江管理处
	上海市第13届青年岗位能手	陈福生	豫皖管理处
		单鲁维	广东管理处
	2013—2014年度上海市经信系统工会经审工作优秀干部	潘文雷	审计监察处
2015	2015年上海市青年岗位能手	王清晨	苏北管理处
		李山山	
		李景昌	郑州管理处
		李飞	
		王亚东	
		赵洋洋	合肥管理处
	2015年上海经济和信息系统青年岗位能手	朱佳	苏北管理处
		陈兵兵	
		李伟	

续表二

授予年份	荣誉称号	获奖者	工作单位
2015	2015年上海经济和信息系统青年岗位能手	付逸韬	南昌管理处
		胡鹏	浙江管理处
		冯桃宁	甘陕管理处
		同平	甘陕管理处
		陈虎	郑州管理处
		贺旭歌	郑州管理处
		董安春	合肥管理处
		施万辉	合肥管理处
		高露源	长沙管理处
		鞠峰	长沙管理处
		王剑	武汉管理处
	上海经济和信息系统工会经审工作优秀干部	潘文雷	审计监察处
2016	上海经济和信息化系统优秀共产党员	刘峻	甘陕管理处
	上海经济和信息化系统优秀党务工作者	李东岩	苏浙沪管理处
	上海市优秀共青团员	朱婧婧	苏北管理处

第三节　行业协会荣誉

表9-1-5　行业协会先进集体名录

授予年份	荣誉称号	集体/项目名称
2008	全国石油职工"华销售杯"乒乓球赛体育道德风尚奖	苏浙沪管理处
	第六届计量测试服务优秀团体会员单位	南京计量测试中心
2010	计量诚信优秀单位	南京计量测试中心
2011	第六届全国石油和化工行业信息与统计先进单位	西气东输管道公司
	计量诚信优秀单位	南京计量测试中心
2012	第三届中国油气储运技术交流大会优秀组织奖	西气东输管道公司
	计量诚信优秀单位	南京计量测试中心
2013	2012年度科技进步三等奖	西气东输管道公司
	改革开放35周年企业文化竞争力优秀单位	西气东输管道公司
	第六届计量诚信建设先进单位	南京计量测试中心
2015	中国计量测试学会科学技术进步奖二等奖	南京计量测试中心

第四节 集团公司级荣誉

表 9-1-6 集团公司级先进集体名录

授予年份	荣誉称号	集体/项目名称
2001	中国石油股份公司 2001 年度统计报表优胜单位	西气东输管道分公司
2002	中国石油股份公司 2002 年度统计报表优胜单位	西气东输管道分公司
2003	中国石油集团公司"先进基层党组织"	工程调度处党支部
		质量安全环保处党支部
		苏浙沪管理处党支部
		豫皖管理处党支部
		陕晋管理处党支部
	中国石油集团公司直属党委先进集体	甘肃管理处党支部
	2001—2002 年度中国石油集团公司直属机关先进集体	苏浙沪管理处
	中国石油股份公司 2003 年度统计报表优胜单位	西气东输管道分公司
	中国石油股份公司 2000—2003 年度招投标管理工作先进集体	西气东输管道分公司
2004	2003 年度中国石油集团公司全国青年文明号	苏浙沪管理处
	中国石油集团公司直属机关工会先进职工之家	豫皖管理处
		甘肃管理处
	西气东输管道工程建设优秀机组（班组）	人力资源配置协调组
	中国石油股份公司 2003 年度安全生产先进单位	西气东输管道分公司
	中国石油股份公司 2004 年度统计报表优胜单位	西气东输管道分公司
2005	中国石油集团公司西气东输工程建设先进集体	双文明建设与综合协调管理组
		人力资源配置协调组
		项目投资控制工作组
		财务管理组
		生产运行处
		工程技术处
		QHSE 及生态建设管理与实践组
		建设用地协调组
		物资采购与物流管理协调组
		市场开发与销售部
		新疆管理处
		甘肃管理处
		山西管理处
		豫皖管理处
		苏浙沪管理处

续表一

授予年份	荣誉称号	集体/项目名称
2005	中国石油集团公司西气东输工程建设先进集体	宁陕管理处
	中国石油集团公司直属党委2003—2004年度先进集体	生产运行处党支部
		市场开发与销售部党支部
		苏浙沪管理处党支部
		甘肃管理处党支部
	2004—2005年度中国石油集团公司直属党委先进基层党组织	生产运行党支部
		新疆管理处党支部
		冀宁管道工程项目部党支部
	中国石油集团公司先进集体（中国石油集团公司、中国能源化学工会全国委员会授予）	苏浙沪管理处
	2003—2004年度中国石油集团公司先进集体（中国石油集团公司授予）	
	中国石油股份公司用地管理先进集体	西气东输管道分公司
	中国石油股份公司2005年度统计报表优胜单位	西气东输管道分公司
2006	2005年度中央企业五四红旗团委	西气东输管道分公司团委
	2006年中国石油集团公司直属机关工会先进职工之家	苏浙沪管理处
		储气库项目部
	中国石油集团公司2005年度节能节水型企业	西气东输管道分公司
	中国石油集团公司2006年财务资产工作先进集体	财务处
	中国石油集团公司信息化工作先进集体	生产运行处
	中国石油集团公司"宣传工作先进集体"	党委办公室
	2005年度中国石油天然气股份有限节能节水型企业	西气东输管道分公司
	中国石油股份公司2006年度统计报表优胜单位	西气东输管道分公司
	中国石油股份公司石油工程造价管理工作先进科室	规划计划处
2007	中国石油集团公司党组先进基层党组织	甘肃管理处党支部
	中国石油集团公司2006年度节能节水型企业	西气东输管道分公司
	中国石油集团公司2006年度"安全生产先进管理部门"	质量安全环保处
	中国石油集团公司宣传工作先进集体	党委办公室
	中国石油集团公司2007年度统计工作先进单位	西气东输管道分公司
	中国石油集团公司花园式单位	豫皖管理处薛店分输站
	中国石油集团公司直属机关2005—2006年度先进集体	储气库项目部
		压缩机站工程项目部
		苏浙沪管理处
		新疆管理处
	中国石油集团公司纪委"反腐倡廉歌曲大家唱"活动"鼓励奖"	豫皖管理处
	中国石油财务网上报销系统开发和实施先进单位	财务处
	中国石油股份公司2006—2007年度报表评比三等奖	西气东输管道分公司

续表二

授予年份	荣誉称号	集体/项目名称
2007	中国石油股份公司2006年度财务会计报告三等奖	财务处
	中国石油股份公司2007年内控工作先进集体	
	中国石油股份公司内控工作先进集体	内控办公室
	中国石油股份公司安全生产先进单位	西气东输管道分公司
2008	中国石油集团公司2008年抗雨雪冰冻灾害先进基层党组织	西气东输管道分公司党委
	2008年度中国石油集团公司思想政治工作先进集体	甘肃管理处党支部
	中国石油集团公司2007—2008年度财务工作三等奖	西气东输管道分公司
	中国石油集团公司2008年度统计工作先进单位	规划计划处
	中国石油集团公司2007年度节能节水型企业	西气东输管道分公司
	中国石油集团公司2007年度统计工作先进单位	西气东输管道分公司
	中国石油集团公司2006—2007年度绿色基层队(站)、车间(装置)	苏浙沪管理处上海白鹤末站
	中国石油集团公司奥运治安保卫攻坚战油气田及输油气管道保护工作先进集体	新疆管理处
	中国石油股份公司工程量清单计价应用先进单位	西气东输管道分公司
2009	中国石油集团公司档案(史志)工作先进集体	总经理办公室
	中国石油集团公司2008年度节能节水型企业	西气东输管道分公司
	中国石油集团公司后评价工作先进单位	西气东输管道分公司
	中国石油集团公司2006—2008年度后评价工作先进集体	
	中国石油集团公司2009年度统计工作先进单位	
	中国石油集团公司投资管理先进单位	
	中国石油集团公司2007—2008年度财务工作三等奖	西气东输管道分公司
	中国石油股份公司2008—2009年财务会计报告先进单位一等奖	
	中国石油集团公司2009年度投资管理分析先进单位	
	中国石油集团公司预算管理信息系统一期建设先进集体	
	中国石油集团公司2008—2009年度财务工作先进单位	
	中国石油集团公司2009年度综合统计工作先进单位	
	2006—2008年度中国石油集团公司优秀自评价报告一等奖	《西气东输管道干线自评价报告》
	2009年度中国石油集团公司优秀综合统计分析二等奖	《西气东输管道(销售)公司经营活动分析》
	中国石油集团公司科技进步二等奖	《中国石油财务网上报销系统》
	中国石油集团公司科技进步三等奖	《已有采卤老腔改建储气库工程技术》
2010	2010年中国石油集团公司先进工会组织	苏浙沪管理处工会
	中国石油集团公司先进集体	甘肃管理处
		苏浙沪管理处龙潭维抢修中心
	中国石油集团公司保密工作先进集体	公司保密办公室
	2009年度中国石油集团公司信息工作先进单位	西气东输管道分公司

续表三

授予年份	荣誉称号	集体/项目名称
2010	中国石油集团公司2009年度节能节水型先进企业	西气东输管道分公司
	中国石油集团公司"十一五"统计工作先进单位	西气东输管道分公司
	中国石油集团公司"十一五"期间天然气运销工作先进集体	生产运行处
	中国石油集团公司2010年度统计工作先进单位	西气东输管道分公司
	中国石油预算管理信息系统项目一期建设先进集体	西气东输管道分公司
	2010年度中国石油集团公司优秀统计分析一等奖	《"十一五"期间投资计划执行情况分析》
	2011年度中国石油集团公司优秀统计分析二等奖	《西气东输管道公司2010年能耗综合分析》
	中国石油集团公司科技进步二等奖	《盐穴储气库三维地震精细处理解释》
	2010年度中国石油集团公司优秀综合统计分析一等奖	《西气东输管道(销售)公司"十一五"投资计划执行情况分析》
	中国石油报社2009年度先进报道组	豫皖管理处
	中国石油股份公司内控体系运行评价"优秀"单位	内控办公室
	《中华人民共和国石油天然气管道保护法》知识竞赛(团体)三等奖	苏浙沪管理处
2011	中国石油天然气集团基层建设千队示范工程示范单位	宁陕管理处靖边压气站
		豫皖管理处郑州分输压气站
		苏浙沪管理处上海白鹤末站
	中国石油集团公司先进集体	苏浙沪管理处龙潭维抢修中心
	中国石油集团公司先进基层党组织	甘肃管理处党总支部
		豫皖管理处定远站联合党支部
	中国石油集团公司2011年度安全生产先进单位	西气东输管道分公司
	中国石油集团公司2011年度环境保护先进单位	
	2010年度中国石油集团公司信息工作先进单位	
	中国石油集团公司"十一五"内控与风险管理工作先进单位	
	中国石油集团公司科级进步二等奖	油气管道穿越采空区灾害风险评价标准与防治规范研究项目
	中国石油2011年天然气与管道储运企业职业技能竞赛输气工团体第二名	西气东输管道分公司
	2010年度全国"安康杯"竞赛(上海赛区)优胜单位	
	中国石油集团公司"三控制一规范"工作先进单位	人事处(党委组织部)
	中国石油集团公司"讲党性,重品行,作表率"创先争优活动优秀组织单位	
	中国石油集团公司资金管理平台建设先进单位	西气东输管道分公司
	中国石油股份公司2010年财务报告先进单位三等奖	
	中国石油集团公司2010年经营指标评价优秀单位	
	中国石油集团公司2010年度节能节水型企业	
	中国石油集团公司"十一五"期间内控与风险管理先进单位	内控办公室

续表四

授予年份	荣誉称号	集体/项目名称
2011	中国石油集团公司2009—2010年度优秀自评价报告二等奖	《金坛储气库工程（一期）自评价报告》
	中国石油集团公司2009—2010年度优秀自评价报告三等奖	《兰银输气管道工程自评价报告》
	中国石油集团公司2011年度统计工作先进单位	西气东输管道分公司
	中国石油集团公司2009—2010年度后评价工作先进集体	
	中国石油办公室系统先进集体	总经理办公室
2012	中国石油集团公司创先争优先进基层党总支	豫皖管理处党总支
	中国石油集团公司模范职工之家	苏浙沪管理处工会
	中国石油集团公司2011年度绿色基层队	豫皖管理处蚌埠维抢修队
	中国石油集团公司2012年度绿色基层队（站）、车间（装置）	苏浙沪管理处南京维抢修中心
	中国石油集团公司基层建设百个标杆单位	豫皖管理处郑州分输压气站
	中国石油集团公司青年志愿服务先进集体	苏浙沪管理处上海白鹤末站青年志愿服务队
	2011年度中国石油集团公司安全生产工作先进单位	豫皖管理处
	中国石油集团公司2011年经营指标评价优秀单位	西气东输管道分公司
	中国石油集团公司2011—2012年度财务报告二等奖	
	中国石油集团公司2011年度节能节水型先进企业	
	中国石油集团公司2011年度安全管理部门安全生产先进监管部门	
	中国石油集团公司2012年度统计工作先进单位	西气东输管道分公司
	中国石油集团公司2010—2011年度投资管理先进单位	
	中国石油集团公司工程造价优秀成果二等奖	天然气长输管道大功率压气站投资指标研究
2013	中国石油集团公司保险管理先进单位	西气东输管道分公司
	中国石油集团公司2012年经营指标评价优秀单位	
	中国石油集团公司2012年度节能节水型企业	
	2012年度信息化工作先进单位	
	中国石油集团公司2013年度统计工作先进单位	西气东输管道分公司
	集团公司2012年度绿色基层队（站）、车间（装置）	苏浙沪管理处南京维抢修中心
	集团公司"基层建设百个标杆单位"	豫皖管理处
	集团公司"2011—2013年度基层建设千队示范工程和示范单位"	
	2013年度中国石油集团公司优秀统计分析二等奖	《西气东输管道公司2013年三季度天然气市场营销分析》
	2013年度中国石油集团公司优秀统计分析三等奖	《西气东输管道公司2013年三季度投资计划执行情况分析》
2014	中国石油集团公司先进基层党组织	甘陕管理处党总支
	2013年度中国石油集团公司五四红旗团委	西气东输管道公司团委
	2013年度集团公司五四红旗团总支	甘陕管理处团总支

续表五

授予年份	荣誉称号	集体/项目名称
2014	中国石油集团公司青年文明号	生产运行处生产调度室
		甘陕管理处高陵分输压气站
		郑州管理处淮阳分输压气站
	中国石油集团公司2014年度统计工作先进单位	西气东输管道分公司
	中央企业管理提升活动先进单位	西气东输管道分公司
	质量计量标准化先进企业	西气东输管道分公司
	2013年度节能节水先进企业	西气东输管道分公司
	2013年度信息化工作先进单位	西气东输管道分公司
	2014年度中国石油集团公司优秀统计分析二等奖	《西气东输忠武线经济效益分析》
	2014年度中国石油集团公司科技进步奖三等奖	《天然气长输管道大功率压气站投资指标研究》
2015	集团公司先进集体	甘陕管理处
	集团公司2014年度安全生产先进企业	西气东输管道分公司
	集团公司2014年度环境保护先进企业	西气东输管道分公司
	集团公司2014年度绿色基层队(站)、车间(装置)	甘陕管理处高陵分输压气站
	集团公司第二届优秀标准奖一等奖	《油气管道地质灾害风险管理技术规范》西气东输管道公司
	集团公司2015年度质量信得过班组	南京计量中心检定校准室检定组
	中国石油集团公司2015年度统计工作先进单位	西气东输管道分公司
	第八届(2014—2015年度)党建思想政治工作优秀研究成果二、三等奖	企业文化处
2016	集团公司先进基层党组织	生产运行处
	2014—2015年度集团公司青年文明号	郑州分输压气站
		南昌分输压气站
	集团公司信息化工作先进单位	西气东输管道分公司
	集团公司科技工作创新团队	西气东输管道分公司
	集团公司2015年绿色基层队(站)、车间(装置)	广东管理处大铲岛分输压气站
	集团公司2015年度环境保护先进企业	苏浙沪管理处
	集团公司2015年度节能节水先进企业	西气东输管道分公司
	集团公司2015年度节能节水先进基层单位	甘陕管理处高陵分输压气站
		银川管理处中卫压气站
	集团公司2015年度统计工作先进单位	西气东输管道分公司
	集团公司"十三五"规划工作先进单位	西气东输管道分公司
	集团公司2016年度统计工作先进单位	西气东输管道分公司

表 9-1-7 集团公司级先进个人名录

授予年份	荣誉称号	获奖者姓名	工作单位
2002	中国石油股份公司 2000—2001 年度财务管理先进工作者	王 宁	计划财务处
2003	中国石油股分公司 2000—2002 年度法律工作先进个人	王 妍	合同文控处
	中国石油集团公司优秀共产党员	么惠全	新疆管理处党支部
		王 宁	财务处党支部
		张玉露	新疆管理处党支部
		朱凤敏	总经理办公室党支部
		郎伟峰	采办处党支部
	中国石油集团公司优秀党务工作者	杨庆朝	党委组织部
		陈金龙	陕晋管理处党支部
	中国石油股份公司 2000—2003 年度规划计划工作先进个人	张志方	规划计划处
2004	中国石油集团公司直属机关第四届十杰青年	李 波	生产运行处
	中国石油股份公司电子商务先进工作者	刘明康	采办处
	2003 年度中国石油集团公司机关交通安全优秀管理干部	董扬帆	总经理办公室
	2004 年度中国石油集团公司机关交通安全积极分子	董扬帆	总经理办公室
	中国石油集团公司直属党委 2003—2004 年度先进个人	史玉海	新疆管理处
		张力伟	宁陕管理处
		陈向新	济青管道工程项目部
		王小平	苏浙沪管理处
		赵 罡	宁陕管理处
		么惠全	豫皖管理处
		杨海军	储气库项目部
		孙向金	采办处
		刘代泉	工程技术处
		王树宽	西气东输管道分公司
		廖 亮	总经理办公室
		胥晓莹	
		吴锡合	
		张军强	
		刘海波	
		张乐海	
		董扬帆	
		朱凤敏	
		邵 君	
		周银东	
		杨庆朝	人事处
		栗红英	

续表一

授予年份	荣誉称号	获奖者姓名	工作单位
2004	中国石油集团公司直属党委2003—2004年度先进个人	刘英男	
		李 东	
		马唯衡	工程监督联合办公室
		茆长华	
		吕 玲	
2005	集团西气东输工程建设先进个人	刘国兴	规划计划处
		张向阳	
		房维龙	
		常 竹	
		张志方	
		王 妍	
		姜 巍	财务处
		王 宁	
		刘雅杰	
		靳光辉	
		张 颛	
		丁铁彪	
		何胜利	
		陈 凯	
		冯志平	
		张 帆	生产运行处
		吕 铁	
		高顺华	
		戚 麟	
		姜永涛	
		周丽萍	
		罗松青	
		范 莉	
		段 冲	
		吴希瑛	
		梁立力	
		郭宝山	工程技术处
		董 进	
		王劲松	
		李献军	
		王瑞英	

续表二

授予年份	荣誉称号	获奖者姓名	工作单位
2005	集团西气东输工程建设先进个人	郭文庆	工程技术处
		姜昌亮	西气东输管道分公司
		崔新华	质量安全环保处
		王小彤	
		杨贵山	管道处
		林　燕	
		吴志平	
		刘文成	采办处
		李学军	
		许德华	
		张玉成	
		郭志梅	
		金国恒	
		郎伟峰	
		冯建民	
		黄　振	
		李世泉	市场开发与销售部
		任　魁	
		丛　山	
		李　锴	
		梁云峰	
		王培鸿	
		张玉良	
		崔　岚	
		洪建勇	
		史玉海	新疆管理处
		张郁文	
		顾清林	
		陈再富	
		张玉露	
		李国平	
		王新刚	
		陈金龙	甘肃管理处
		夏庆武	
		霍永胜	
		林泊成	

续表三

授予年份	荣誉称号	获奖者姓名	工作单位
2005	集团西气东输工程建设先进个人	赵万里	甘肃管理处
		王彦	
		陆文	
		张力伟	宁陕管理处
		邱春斌	
		李海川	
		丁信东	
		张存生	
		褚永杰	山西管理处
		郝兴国	
		陈嘉彦	
		王玉华	
		冯晓	
		王金海	
		么惠全	豫皖管理处
		余曦	
		张龙	
		宋红兵	
		陈国龙	
		陈俊彬	
		董红军	
		潘涛	
		刘铁成	
		王小平	苏浙沪管理处
		傅文奎	
		赵钟明	
		李国龙	
		白泉	
		范立志	
		周世斌	
		谭剑	
		王鸿	
		李树成	储气库项目部
		陈炜	
		李国兴	
		陈向新	济青管道工程项目部

续表四

授予年份	荣誉称号	获奖者姓名	工作单位
2005	集团西气东输工程建设先进个人	关宏德	济青管道工程项目部
		刘 伟	济青管道工程项目部
		袁少山	济青管道工程项目部
		吕贵明	济青管道工程项目部
		张洪文	济青管道工程项目部
		狄根岐	济青管道工程项目部
		唐善华	压缩机维检中心
		刘海春	压缩机维检中心
		王宜建	淮武管道工程项目部
		李汉斌	淮武管道工程项目部
		周朝晖	淮武管道工程项目部
	股份用地管理先进个人	杨贵山	工程技术处
		张洪文	济青管道工程项目部
		曾 光	甘肃管理处
		林 燕	管道处
	中国石油集团公司直属党委优秀共产党员	张 帆	苏浙沪管理处党支部
		姜 巍	财务处党支部
		郭宝山	工程技术处党支部
	中国石油集团公司直属党委优秀党务工作者	杨庆朝	党委组织部
	中国石油集团公司会计集中核算工作先进个人	栾福臣	财务处
	中国石油集团公司资金管理先进个人	安 静	财务处
	中国石油集团公司会计集中核算工作先进个人	陈 凯	财务处
	中国石油股份公司资金管理先进个人	靳光辉	财务处
	中国石油办公室系统先进个人	朱凤敏	总经理办公室
	2004年度中国石油集团公司机关交通安全积极分子	黄扬帆	总经理办公室
2006	中国石油集团公司财务资产工作先进工作者	栾福臣	财务处
	2005年度中国石油集团公司机关交通安全积极分子	董扬帆	总经理办公室
	2004—2005年度整治油气田及输油气管道生产治安秩序专项行动先进个人	吴东旭	管道处
		赵钟明	新疆管理处副处长
		王玄理	甘肃管理处高级主管
		赵 罡	宁陕管理处副处长
		陈嘉彦	山西管理处副处长
	中国石油集团公司石油工程造价管理先进工作者	关宏德	冀宁管道工程项目部
		成渊潮	规划计划处
	中国石油股份公司"十一五"计划编制先进个人	张志芳	规划计划处
	中国石油集团公司"十佳宣传工作者"	张军强	党委办公室

续表五

授予年份	荣誉称号	获奖者姓名	工作单位
2007	中国石油集团公司直属机关2005—2006年度先进个人	李汉斌	豫鄂管理处
		王晓宁	宁陕管理处
		张洪文	冀宁管道工程项目部
		祁宏彦	冀宁管道工程项目部
		牛树伟	生产运行处
		董红军	豫皖管理处
		何胜利	财务处
		林泊成	甘肃管理处
		袁少山	冀宁管道工程项目部
		孙铁铭	山西管理处
	中国石油财务网上报销系统实施工作先进个人	陈凯	财务处
	中国石油股份公司出国管理优秀出国专办员	张黎霞	总经理办公室
	中国石油集团公司直属机关2005—2006年度先进个人	孙铁铭	山西管理处
		李汉斌	审计监察处
	中国石油集团公司党组优秀共产党员	褚永杰	企业文化处党支部
		余曦	新疆管理处党支部
	中国石油集团公司党组优秀党务工作者	杨庆朝	党委组织部
	中国石油集团公司宣传工作先进个人	张军强	企业文化处
	中国石油集团公司内控先进工作者	栾福臣	财务处
	中国石油财务网上报销系统开发和实施先进个人	陈凯	
		关卫东	
	中国石油集团公司直属机关2005—2006年度先进个人	何胜利	
2008	中国石油股份公司会计一级集中核算先进工作者	丁铁彪	
		陈凯	
		栾福臣	
	中国石油集团公司2008年度青年安全生产明星	贾东卓	甘肃管理处运行科
	中国石油集团公司2008年度青年安全生产明星	孙海方	新疆管理处哈密压气站
	中国石油集团公司2007—2008年度十大标兵	韩建强	新疆管理处
	中国石油办公系统先进个人	吕铁	总经理办
2009	忠县至武汉输气管道地质灾害风险识别与防治系统研究——科技进步二等奖	李汉斌	豫鄂管理处
	中国石油集团公司2006—2008年度后评价工作先进个人	张志方	规划计划处
		林永	
	2009年度石油审计优秀论文三等奖	潘文雷	审计监察处
	集体公司办公系统先进个人	吕铁	总经理办公室
	中国石油集团公司档案(史志)工作先进个人	刘海波	

续表六

授予年份	荣誉称号	获奖者姓名	工作单位
2009	中国石油集团公司维稳信访工作先进工作者	谢琦伟	总经理办公室
2010	2010年度中国石油集团公司信息工作先进个人	李伟	总经理办公室
	中国石油集团公司预算信息系统一期建设先进个人	杜军	财务处
	2009年度中国石油集团公司安全生产、环境保护先进个人	马俊	质量安全环保处
	2009年度HSE信息系统应用先进个人	马俊	质量安全环保处
	中国石油集团公司劳动模范	张兴龙	宁陕管理处靖边抢修中心
		郭刚	压缩机处
	中国2010年上海世博会赞助企业优秀个人	郑希平	总经理办公室
	中国石油集团公司保密工作先进个人	张黎霞	总经理办公室
	中央企业先进职工	康成佳	新疆管理处
	中国石油集团公司"十一五"统计工作先进工作者	张志方	规划计划处
		巩卓	规划计划处
	中国石油工会先进工作者	崔聪玲	企业文化处
	中国石油集团公司"十一五"优秀兼职培训教师	刘英杰	人事处
2011	中国石油集团公司资金管理平台建设先进个人	何胜利	财务处
	中国石油办公室系统先进个人	吕铁	总经理办公室
	中国石油外事工作先进个人	吕铁	总经理办公室
	中国石油办公室系统先进个人	朱凤敏	总经理办公室
	2011年度中国石油集团公司信息工作先进个人	李伟	总经理办公室
	中国石油集团公司"十一五"信息化工作先进个人	郝兴国	科技信息处
		何幸	科技信息处
	中国石油集团公司"十一五"期间内控与风险管理先进个人	王小彤	内控办公室
		贾蕾	内控办公室
	中国石油集团公司"十一五"节能节水先进个人	郑宏伟	生产运行处
	2008—2010年度中国石油集团公司石油工程造价管理先进工作者	闫瑞光	规划计划处
	中国石油集团公司2009—2010年度后评价工作先进个人	房维龙	规划计划处
		巩卓	规划计划处
	中国石油股份公司造价管理先进个人	房维龙	规划计划处
		成渊潮	规划计划处
		闫瑞光	规划计划处
	中国石油集团公司优秀青年	李建君	金坛储气库项目部
	中国石油集团公司优秀共产党员	范志刚	甘肃管理处党总支部
		张龙	豫皖管理处党总支部
	中国石油集团公司优秀党务工作者	张建成	长宁输气分公司党委
		王俊峰	苏浙沪管理处党总支部

续表七

授予年份	荣誉称号	获奖者姓名	工作单位
2011	中国石油集团公司优秀党务工作者	史玉海	党群工作处
	中国石油2011年天然气与管道储运企业职业技能竞赛输气工个人第一名	焦卫平	豫皖管理处
	中国石油集团公司"讲党性，重品行，作表率"创先争优活动先进个人	卢宇枫	人事处
	中国石油集团公司人事统计先进个人（优秀关键用户）	郑军	
	"十一五"节能节水先进个人	朱金辉	宁陕管理处
2012	第二十五届全国石油石化企业管理现代化创新优秀成果奖	吕铁	总经理办公室
	第十九届国家级一等企业管理现代化创新成果奖		
	中国石油集团公司维稳信访工作先进工作者	谢琦伟	
	2011年度中国石油集团公司信息工作先进个人	李伟	
	中国石油集团公司2010—2011年度投资管理先进个人	房维龙	规划计划处
		张志方	
		成渊朝	
		林永	
	中国石油集团公司2009—2011年审计工作先进个人	潘文雷	审计监察处
	中国石油集团公司2011年度安全生产先进个人	周毅	山西管理处
	中国石油集团公司2011年度安全生产先进个人	周书仲	压缩机处
		孙健桃	管道处
	中国石油集团公司2011年度环境保护先进个人	赵玲花	甘肃管理处
	2011年度《中国石油报道》优秀一线记者	薛萍	企业文化处
	中国石油第一届文化大赛绘画二等奖	庞京华	储气库金坛注采气站
2013	中国石油集团公司保险管理先进个人	丁铁成	财务处
		高文宏	
	中国石油集团公司2012年度优秀效能监察项目三等奖	张乐海	审计监察处
		冯江涛	
	中国石油集团公司2013年度石油审计优秀论文三等奖	董有水	
	中国石油集团公司2012年度节能节水先进个人	周韬	生产运行处
	中国石油集团公司百佳爱心人物	杨狄	苏北管理处
	中国石油百优青年	常大伟	甘陕管理处
	中国石油集团公司人事统计先进个人（优秀关键用户）	郑军	人事处
2014	中国石油集团公司优秀共产党员	刘英男	广东管理处
	中国石油集团公司优秀党务工作者	史玉海	企业文化处
	集团公司质量计量标准化技术创新先进个人	王劲松	南京计量测试中心
		杨博	
2015	集团公司劳动模范	赵三强	银川管理处

续表八

授予年份	荣誉称号	获奖者姓名	工作单位
2015	集团公司优秀青年	李建君	储气库管理处
	集团公司2014年安全管理先进个人	石俊锋	郑州管理处
	集团公司2014年安全生产先进个人	刘宝利	苏浙沪管理处
		林 勇	合肥管理处
	集团公司2014年度环境保护先进个人	王继坤	生产运行处
2016	集团公司优秀共产党员	赵 旭	市场开发与销售部
	集团公司优秀党务工作者	刘 毅	郑州管理处
	集团公司信息化工作先进个人	胡 洁	科技信息处
		冯友祺	
		许 飞	
	集团公司先进科技工作者	李建君	储气库管理处
		王世君	压缩机管理处
		国明昌	南京计量测试中心
	集团公司优秀团干部	李诗睿	企业文化处
	集团公司优秀共青团员	朱婧婧	苏北管理处
	集团公司2015年安全生产先进个人	李 锴	生产运行处
	集团公司2015年安全管理先进个人	俞辉辉	质量安全环保处
	集团公司2015年安全监督先进个人	初易武	郑州管理处
	集团公司2015年度环境保护先进个人	胡 峻	苏浙沪管理处
	集团公司HSE管理体系推进工作先进个人	李 波	质量安全环保处
		王 芳	质量安全环保处
	集团公司2015年度节能节水先进个人	吴 岩	生产运行处
	集团公司质量计量标准化管理先进个人	邹 茜	质量安全环保处
		刘治华	生产运行处
	集团公司质量计量标准化技术机构先进个人	张火箭	南京计量测试中心

第五节 公司级荣誉

表9-1-8 公司级先进集体名录

授予年份	荣誉称号	集体名称
2002	2000—2001年度双文明先进处室	计划财务处
		工程处
		技术处
	2000—2001年度公司先进党支部	办公室党支部
		人事处与合同文控党支部

续表一

授予年份	荣誉称号	集体名称
2002	2000—2001年度公司先进党支部	市场开发与销售部党支部
2003	2002年度公司先进集体	陕晋管理处
		工程调度处
		质量安全与环保处
		苏浙沪管理处
		财务处
	2003年度西气东输工程宣传工作先进集体	苏浙沪管理处
		豫皖管理处
		陕晋管理处
		甘宁管理处
		新疆管理处
2004	西气东输管道分公司优胜机班组(站队)	新疆管理处工程管理组、轮南压气站、哈密压气站
		甘肃管理处工程管理组
		宁陕管理处靖边压气站
		宁陕管理处靖边维抢修队维抢修班、中卫投产线路检测组
		宁陕段投产运行保障协调组
		山西管理处蒲县维抢修队
		山西管理处蒲县维管钳焊班、靖边工程管理组、蒲县维抢修队、管道保护组
		豫皖管理处、豫皖管理处线路组、蚌埠维修队运行班、郑州维修队抢修班、滁州分输站、郑州分输压气站
		苏浙沪管理处、苏浙沪管理处管理业务组、运行业务组、综合管理组、无锡分输站、芜湖分输站、南京分输站、龙池分输站
		总经理办公室行政事务组、宣传组、档案室
		人事处人事协调组
		审计监察处审计组
		规划计划处造价管理组、工程量确认联合工作组
		财务处费用组、内控体系建设流程编写组
		生产运行处信息组、调试组、上海调控中心
		工程技术处技术管理组、工程管理组
		质量安全环保处安全管理组
		管道处管道保护组
		采办处生产运行物资组、机电设备计划与采购组
		市场开发与销售部河南分部、江苏分部、安徽分部
		储气库项目部工程技术组
		济青管道工程项目部工程管理组、经营管理组
		压缩机维检中心靖边组

续表二

授予年份	荣誉称号	集体名称
2004	2003—2004年度公司先进党支部	市场开发与销售部党支部
		豫皖管理处党支部
		生产运行处党支部
		总经理办公室党支部
		豫皖管理处郑州分输压气站党支部
2005	2004—2005年度公司先进党支部	生产运行处党支部
		新疆管理处党支部
		甘肃管理处党支部
		豫皖管理处党支部
		苏浙沪管理处党支部
		冀宁管道工程项目部党支部
2006	2005年度公司先进集体	生产运行处
		财务处
		新疆管理处
		豫皖管理处
		冀宁管道工程项目部
	2005—2006年度公司先进党支部	生产运行处党支部
		新疆管理处党支部
		甘肃管理处党支部
		豫皖管理处党支部
		储气库项目部党支部
2007	2006年度公司先进集体	财务处
		人事处
		生产运行处
		管道处
		新疆管理处
		甘肃管理处
		苏浙沪管理处
		储气库项目部
		压缩机站工程项目部
	2006—2007年度公司先进党支部	新疆管理处党支部
		甘肃管理处党支部
		豫皖管理处党支部
		人事处党支部
		生产运行处党支部

续表三

授予年份	荣誉称号	集体名称
2007	2006年度安全环保优秀项目管理单位	山西管理处
2008	2007—2008年度公司先进党总支部	豫皖管理处党总支
		苏浙沪管理处党总支
		新疆管理处党总支
		人事处(党委组织部)党支部
		生产运行处党支部
		财务处党支部
	2008年"平安奥运"先进集体	山西管理处
2009	新闻宣传工作先进集体	山西管理处
2010	2008—2009年度公司先进集体	苏浙沪管理处
		甘肃管理处
		冀鲁管理处
		长宁输气分公司
		人事处
		生产运行处
	2008—2009年度公司先进站队	新疆管理处鄯善压气站
		甘肃管理处柳园压气站
		宁陕管理处靖边维抢修中心
		山西管理处蒲县维修队
		苏浙沪管理处镇江分输站、龙潭维抢修中心
		苏北管理处淮安维抢修队
		冀鲁管理处济宁站、德州末站
		豫鄂管理处潢川压气站
		储气库项目部西注采气站
		长宁输气分靖边压气站
	2008—2010年度公司先进党组织	甘肃管理处党总支部
		豫皖管理处党总支部
		苏浙沪管理处党总支部
		人事处(党委组织部)党支部
		财务处党支部
		生产运行处党支部
2011	创先争优模范党组织	新疆管理处四道班站党支部
		甘肃管理处党总支部
		豫皖管理处定远站联合党支部
		苏浙沪管理处白鹤分输站联合党支部
		人事处(党委组织部)党支部

续表四

授予年份	荣誉称号	集体名称
2012	2010—2011年度公司先进集体	甘肃管理处
		宁陕管理处
		豫皖管理处
		苏浙沪管理处
		长宁输气分公司
		人事处（党委组织部）
		生产运行处
	2010—2011年度公司先进站队	新疆管理处雅满苏压气站
		甘肃管理处柳园压气站
		宁陕管理处延川压气站
		山西管理处沁水压气站
		豫皖管理处博爱分输站、定远压气站
		苏浙沪管理处扬子扬巴分输站、芙蓉分输站
		苏北管理处淮安维抢修队
		冀鲁管理处枣庄维抢修队、临沂末站
		豫鄂管理处随州分输站
		甘陕管理处高陵分输压气站
		赣湘管理处昌北分输站
		储气库管理处西注采气站
		长宁输气分银川压气站
	2010—2012年度公司先进党组织	宁陕管理处党总支部
		豫皖管理处党总支部
		苏浙沪管理处党总支部
		人事处（党委组织部）党支部
		企业文化处（党群工作处）党支部
		生产运行处党支部
		宁陕管理处盐池压气站党支部
		长宁输气分第四党支部
		甘陕管理处潼关压气站党支部
		山西管理处蒲县站队联合党支部
		豫皖管理处定远压气站党支部
		苏浙沪管理处南京维抢修中心联合党支部
		苏北管理处淮安维抢修队联合党支部
		储气库项目部金坛西注采气站党支部
		豫鄂管理处黄陂站队联合党支部
		华中输气分维抢修中心党支部

续表四

续表五

授予年份	荣誉称号	集体名称
2012	2010—2012年度公司先进党组织	赣湘管理处南昌维抢修队党支部
		广东管理处广州分输压气站党支部
2013	2012—2013年度公司先进集体	规划计划处
	2011—2012年度宣传工作先进集体	山西管理处
2014	2012—2014年度公司级先进党组织	银川管理处党委
		甘陕管理处党总支部
		豫皖管理处党总支部
		苏浙沪管理处党总支部
		人事处(党委组织部)党支部
		企业文化处(党群工作处)党支部
		生产运行处党支部
		银川管理处第六党支部
		银川管理处盐池压气站党支部
		甘陕管理处高陵站队联合党支部
		山西管理处沁水站队联合党支部
		豫皖管理处淮阳分输压气站联合党支部
		苏浙沪管理处机关党支部
		南京计量测试中心检定校准室党支部
		苏北管理处机关党支部
		储气库项目部(管理处)金坛注采气站党支部
		浙江管理处浦江维抢修队党支部
		武汉管理处武汉维抢修中心党支部
		武汉管理处武穴压气站联合党支部
		赣湘管理处南昌维抢修队党支部
		广东管理处大铲岛分输压气站党支部
2015	公司模范党组织	人事处(党委组织部)党支部
		银川管理处盐池压气站联合党支部
		郑州管理处郑州分输压气站党支部
		甘陕管理处党委
		武汉管理处武汉维抢修中心联合党支部
	2014—2016年度公司先进党组织	人事处(党委组织部)党支部
		企业文化处(党群工作处)党支部
		生产运行处党支部
		市场开发与销售部党委
		市场开发与销售部机关党支部
		银川管理处机关第二党支部

续表六

授予年份	荣誉称号	集体名称
2016	2014—2016年度公司先进党组织	银川管理处中卫站队联合党支部
		山西管理处党总支
		山西管理处沁水联合党支部
		郑州管理处党委
		郑州管理处机关第一党支部
		郑州管理处郑州维抢修队党支部
		甘陕管理处平泉站队联合党支部
		甘陕管理处靖边站队联合党支部
		苏北管理处淮安维抢修队联合党支部
		储气库管理处金坛注采气站党支部
		管道工程建设项目部党支部
		南京计量测试中心南京计量检定室党支部
		苏浙沪管理处无锡维抢修队联合党支部
		合肥管理处蚌埠维抢修队联合党支部
		武汉管理处党委
		武汉管理处武汉维抢修中心联合党支部
		武汉管理处荆州分输站联合党支部
		浙江管理处上海金山站党支部
		南昌管理处南昌压气站联合党支部
		长沙管理处机关党支部
		广东管理处东莞分输站联合党支部
	2014—2015年度公司先进集体	郑州管理处
		甘陕管理处
		广东管理处
		苏浙沪管理处
		广西管理处
		浙江管理处
		企业文化处（党群工作处）
		人事处（党委组织部）
		生产运行处
	2014—2015年度公司先进站队	银川管理处：中卫维抢修队
		山西管理处：沁水分输压气站
		郑州管理处：郑州分输压气站、平顶山维修队
		甘陕管理处：靖边维抢修队
		苏北管理处：连云港分输清管站、淮安维抢修队
		储气库项目部：刘庄注采气站

续表七

授予年份	荣誉称号	集体名称
2016	2014—2015年度公司先进站队	南京计量测试中心：广州计量检定室
		苏浙沪管理处：龙潭分输站、南京维抢修中心
		合肥管理处：蚌埠维抢修队
		武汉管理处：武汉西分输站、枣阳分输压气站、武汉维抢修中心
		浙江管理处：浦江维抢修队
		南昌管理处：抚州分输压气站
		长沙管理处：湘潭分输站
		广东管理处：广州维抢修中心
	第二届"青年文明号"集体	山西管理处沁水维修队

表9-1-9 公司级先进个人名录

授予年份	荣誉称号	获奖者姓名	工作单位
2002	2000—2001年度劳动模范	陈向新	技术处
2002	2000—2001年度优秀共产党员	于跃洋	工程处
		白　泉	苏浙沪管理处
		朱凤敏	办公室
		何胜利	采办处
		李学军	采办处
		张志方	计划财务处
		张郁文	新疆管理处
		陈再富	新疆管理处
		杨庆阳	市场开发与销售部
		林泊成	工程处
		赵钟明	苏浙沪管理处
		栗红英	人事处
		梁云峰	市场开发与销售部
2003	2002年度先进个人	丁铁彪	规划计划处
		王新刚	新疆管理处
		王培鸿	市场开发与销售部
		白　泉	苏浙沪管理处
		任　魁	市场开发与销售部
		刘守明	山西管理处
		刘国兴	联合监督办公室
		刘英男	人事处
		刘海波	合同文控处

续表一

授予年份	荣誉称号	获奖者姓名	工作单位
2003	2002年度先进个人	刘海春	采办处
		吕　健	办公室
		李英义	征地办
		李国龙	征地办
		李树成	计划与投资处
		李献军	工程技术处
		张力伟	苏浙沪管理处
		张志方	计划与投资处
		张洪文	济青项目部
		张　颙	计划财务处
		张黎霞	合同文控处
		邵　君	办公室
		陈金龙	陕晋管理处
		陈国龙	豫皖管理处
		陈　玮	采办处
		吴志平	工程技术处
		狄根岐	济青管道工程项目部
		周利民	新疆管理处
	2002年度优秀共产党员	陈金龙	陕晋管理处
		郭宝山	工程处
		刘文成	采办处
		吕　铁	合同文控处
		王　宁	财务处
		余　曦	豫皖管理处
		刘英男	人事处
		李　错	市场开发与销售部
		朱凤敏	总经理办公室
		张军强	总经理办公室
		董扬帆	总经理办公室
		张志方	规划处
		陈再富	新疆管理处
		刘雅杰	财务处
		何胜利	
		于跃洋	工程管理处
		梁立力	
		张志胜	质量安全处

续表二

授予年份	荣誉称号	获奖者姓名	工作单位
2003	2002年度优秀共产党员	郎伟峰	采办处
		李生福	
		冯建民	
		王北川	合同文控处
		吴东旭	征地办公室
		师建光	
		孙建桃	
		梁云峰	
		王爱平	新疆管理处
		张玉露	
		赵万里	甘宁管理处
		曾 光	
		宋红兵	豫皖管理处
		王北川	陕晋管理处
		高继华	
		高 峰	苏浙沪管理处
		陈殿礼	
		刘国兴	联合监督办
2004	2003年度优秀员工	吴锡合	总经理办公室
		朱凤敏	
		周银东	总经理办公室
		韩鸿光	
		李 东	人事处
		李树成	计划与投资处
		刘 黎	
		吴惠明	财务处
		丁铁彪	
		张 颙	
		李献军	工程调度处
		王瑞英	
		吴志平	技术处
		刘海波	合同文控处
		高 波	
		金国恒	采办处
		丁信东	
		刘可红	

续表三

授予年份	荣誉称号	获奖者姓名	工作单位
2004	2003年度优秀员工	梁富华	采办处
		罗松青	生产运行处
		范 莉	
		杨海军	储气库管理处
		张志胜	质量安全与环保处
		梁云峰	市场开发与销售部
		王培鸿	
		项卫东	
		彭建伟	联合监督办公室
		马 超	新疆管理处
		赵国忠	
		张 烨	甘宁管理处
		李国武	
		陈 谦	
		郝兴国	陕晋管理处
		张昆峰	
		马福林	
		权军平	陕晋段运行人员
		孙铁铭	
		张兆军	
		王晓宁	
		余 曦	豫皖管理处
		宋红兵	
		司 娜	
		董红军	豫皖段运行人员
		韩延军	
		付长贵	
		白 泉	苏浙沪管理处
		王 超	
		陈殿礼	
		谭 剑	苏浙沪段运行人员
		李 恒	
		李俊先	
		付 滨	
	2003—2004年度优秀共产党员	张黎霞	总经理办公室
		毛丽娟	

续表四

授予年份	荣誉称号	获奖者姓名	工作单位
2004	2003—2004年度优秀共产党员	李　东	人事处
		刘国兴	审计监察处
		张志方	规划计划处
		刘雅杰	财务处
		丁铁彪	
		冯治平	
		高顺华	生产运行处
		张火箭	
		姜永涛	
		尹旭东	
		王瑞英	工程技术处
		王劲松	
		彭建伟	质量安全环保处
		吴东旭	管道处
		李学军	采办处
		马颖丽	
		张玉良	市场开发与销售部
		师建光	
		梁云峰	
		顾清林	新疆管理处
		陈再富	
		王爱平	
		陈金龙	甘肃管理处
		陈　谦	
		赵万里	
		邱春斌	宁陕管理处
		丁信东	
		张志强	
		梁思荣	
		焦庆军	
		褚永杰	山西管理处
		张昆峰	
		李　刚	
		孙铁铭	
		余　曦	豫皖管理处
		高　峰	

续表五

授予年份	荣誉称号	获奖者姓名	工作单位
2004	2003—2004年度优秀共产党员	吕思远	豫皖管理处
		韩延军	
		张武田	
		黄杰	苏浙沪管理处
		李俊先	
		江辉	
		张德庆	
		张玉辉	
		周世斌	
		刘宝剑	
		阎德春	
		屈丹安	储气库项目部
		张洪文	济青管道工程项目部
		袁少山	
2005	2004—2005年度优秀共产党员	朱凤敏	总经理办公室
		刘海波	
		栗红英	人事处
		刘国兴	审计监察处
		阎瑞光	规划计划处
		姜巍	财务处
		刘雅杰	
		何胜利	
		栾福臣	
		吴惠明	
		范莉	生产运行处
		姜永涛	
		周丽萍	
		郭宝山	工程技术处
		王劲松	
		李献军	
		彭建伟	质量安全环保处
		吴志平	管道处
		刘文成	采办处
		刘明康	
		丛山	市场开发与销售
		杜明光	

续表六

授予年份	荣誉称号	获奖者姓名	工作单位
2005	2004—2005年度优秀共产党员	梁云峰	市场开发与销售
		吴锡合	新疆管理处
		王爱平	
		陈再富	
		刘小龙	
		尚云莉	
		周永明	
		杨志刚	
		田琦	
		邱春斌	甘肃管理处
		陈谦	
		孙宁	
		张宝东	
		白小众	
		韩辉	
		丁信东	宁陕管理处
		杨洪兵	
		杨锟	
		李涛	
		刘永社	
		邵铁民	
		敬红波	
		张昆锋	山西管理处
		王连贵	
		罗连富	
		张龙	豫皖管理处
		宋红兵	
		张武田	
		初易武	
		韩延军	
		屈宏	
		王传刚	
		张帆	苏浙沪管理处
		傅文魁	
		陈殿礼	
		李恒	

续表六

续表七

授予年份	荣誉称号	获奖者姓名	工作单位
2005	2004—2005年度优秀共产党员	刘宝利	苏浙沪管理处
		王　鸿	
		江　辉	
		谭　剑	
		李俊先	
		于铁民	储气库项目部
		陆新东	
		陈向新	冀宁管道工程项目部
		解秉先	
		王北川	
		刘少周	
		赵海晏	
		李国兵	淮武管道工程项目部
		周朝晖	
		吴　帝	
		孙启敬	压缩机项目部
		陈金龙	房改办公室
2006	2005年度优秀员工	张乐海	总经理办公室
		毛丽娟	
		吕　健	
		冯　骥	
		李　东	人事处
		董有水	审计监察处
		张志方	规划计划处
		闫瑞光	
		冯治平	财务处
		俞　强	
		杜　军	
		高文宏	
		邢八一	生产运行处
		刘玉华	
		郑宏伟	
		段　冲	科技信息处
		王劲松	工程技术处
		李献军	
		王小彤	质量安全处

续表八

授予年份	荣誉称号	获奖者姓名	工作单位
2006	2005年度优秀员工	吴志平	质量安全处
		冯 伟	管道处
		刘晓波	采办处
		肖富江	
		高建营	
		吕志刚	
		钱 旭	市场开发与销售部
		项卫东	
		范金蔚	
		矫 飒	房改办公室
		唐善华	压缩机站工程项目部
		张玉露	
		钟卫晋	
		窦占平	
		杨志刚	
		刘士庆	
		孙今朝	
		王仁举	
		栾晓东	
		张 雷	
		王 林	
		王 军	
		岳国辉	
		张利勋	
		李培江	
		马春杰	
		许传海	
		胡永战	
		林泊成	
		曾 光	甘肃管理处
		李海波	
		栗 铎	
		刘 阳	
		吴 波	
		张红星	
		赵建峰	

续表九

授予年份	荣誉称号	获奖者姓名	工作单位
2006	2005年度优秀员工	姜　凯	甘肃管理处
		黄印民	
		王　鹏	
		叶泽元	
		陈光伟	
		赵东方	
		董兰华	
		韩东海	宁陕管理处
		张永堂	
		杨洪兵	
		孟志强	
		张衍岗	
		杨　锟	
		赵三强	
		焦庆军	
		张兴龙	
		张志强	
		蔡赤军	
		王晓宁	
		肖　宁	
		刘永社	
		杨丽娟	
		赵三成	山西管理处
		李志刚	
		王发展	
		段　波	
		张延军	
		彭振华	
		隋　剑	苏浙沪管理处
		王金海	
		吴　罡	
		芦正洪	
		王　磊	
		常建荣	
		张　龙	豫皖管理处
		杨胜生	

续表十

授予年份	荣誉称号	获奖者姓名	工作单位
2006	2005年度优秀员工	董红军	豫皖管理处
		王晓燕	
		张武田	
		张　志	
		初易武	
		韩延军	
		常洪波	
		肖　海	
		李　勇	
		张军政	
		宋宏庆	
		朱延军	
		王志国	
		代志强	
		杨黎明	
		李增革	
		郑玉忠	
		张军会	
		雍水庆	
		白　泉	苏浙沪管理处
		高　峰	
		杨　波	
		常希铁	
		刘宝利	
		姜　辉	
		赵增琳	
		陶东日	
		鲍云萍	
		姜晓芸	
		王立辉	
		孙晓霞	
		李　恒	
		王　鸿	
		谭　剑	
		丁树林	
		李俊先	

续表十一

授予年份	荣誉称号	获奖者姓名	工作单位
2006	2005年度优秀员工	周建军	苏浙沪管理处
		黄 杰	
		卞伟光	
		陈 根	
		吴 勇	
		柴建国	
		谭金龙	
		杨信群	
		徐培德	
		魏东吼	储气库项目部
		侯栈贵	
		陆新东	
		王智深	
		杜玉洁	
		陈向新	冀宁管道工程项目部
		任建波	
		阎家峰	
		赵海宴	
		赵国忠	
		刘少周	
		宋顺勇	压缩机维检中心
		孙启敬	
		高 慧	
		王宜建	淮武管道工程项目部
		邹鸿权	
		李国兵	
		吴 帝	
	2005—2006年度优秀共产党员	张乐海	总经理办公室
		张军强	
		朱凤敏	
		林 永	规划计划处
		王 宁	财务处
		丁铁彪	
		丁铁成	
		刘雅杰	
		金淑华	人事处

续表十二

授予年份	荣誉称号	获奖者姓名	工作单位
2006	2005—2006年度优秀共产党员	董有水	审计处
		张志胜	质量安全环保处
		刘玉华	生产运行处
		郑宏伟	
		张火箭	
		牛树伟	
		李献军	工程技术处
		李英义	管道处
		张玉成	采办处
		肖富江	
		项卫东	市场开发与销售部
		梁云峰	
		洪建勇	
		陆 文	房改办公室
		周书仲	压缩机维检中心
		赵钟明	新疆管理处
		李培江	
		苏 群	
		潘 涛	
		窦占平	
		孙今朝	
		刘宏斌	
		吴 力	
		陈 谦	甘肃管理处
		王 彦	
		李丰庆	
		刘洪彪	
		李 勇	
		刘加春	
		刘 倩	
		杨洪兵	宁陕管理处
		李平昌	
		朱金辉	
		杨 锟	
		张兴龙	
		闫 峰	

续表十三

授予年份	荣誉称号	获奖者姓名	工作单位
2006	2005—2006年度优秀共产党员	林小平	宁陕管理处
		张志强	
		尹瑛	
		张昆锋	山西管理处
		柴景志	
		李刚	
		孙铁铭	
		杨胜生	豫皖管理处
		高峰	
		董红军	
		王伟	
		刘宝昌	
		颜安居	
		王尚林	苏浙沪管理处
		高峰	
		江辉	
		闫德春	
		张德庆	
		刘宝利	
		常希铁	
		钟发群	
		谢振宇	
		刘会兴	
		李双学	冀鲁管理处
		孙伟	
		王艳明	
		夏晓东	
		车俊起	
		王洪鹏	
		侯栈贵	储气库项目部
		陆新东	
		韩进河	
		韩国平	
		李秋英	
		关宏德	冀宁管道工程项目部
		刘法平	

续表十四

授予年份	荣誉称号	获奖者姓名	工作单位
2006	2005—2006年度优秀共产党员	吕贵明	冀宁管道工程项目部
		袁少山	
		高宗顺	压缩机维检中心
		李汉斌	淮武管道工程项目部
		张 烨	
2007	2006年度优秀员工	郑希平	总经理办公室
		朱凤敏	
		张黎霞	
		刘海波	
		王北川	
		李 娜	
		杨健康	
		季 力	
		董扬帆	
		李爱民	
		张志方	规划计划处
		成渊朝	
		贲晓枫	
		刘雅杰	财务处
		丁铁彪	
		冯治平	
		何胜利	
		谢彦庆	
		丁铁成	
		周 蓓	人事处
		张晓萍	
		董有水	审计监察处
		楚海虹	企业文化处
		李 炯	
		肖德刚	质量安全环保处
		杨鲁明	
		何 幸	生产运行处
		王 芳	
		王 睿	
		梁建青	
		牛树伟	

续表十四

续表十五

授予年份	荣誉称号	获奖者姓名	工作单位
2007	2006年度优秀员工	王　超	工程技术处
		詹兆辉	
		林　燕	管道处
		冯　伟	
		肖富江	采办处
		张玉成	
		刘明康	
		毋红波	
		王　焘	
		钱　旭	市场开发与销售部
		赵　旭	
		范金蔚	
		顾霞娣	
		栾福臣	内控办公室
		王多佳	
		矫　飒	房改办公室
		郭　刚	压缩机维检中心
		葛　明	
		吴锡合	新疆管理处
		吴锦强	
		王爱平	
		孙启敬	
		叶建军	
		李国平	
		周育前	
		陈再富	
		蒋　丽	
		栾晓冬	
		王维斌	
		邵宏宇	
		顾永军	
		王　辉	
		陈晓鸣	
		赵　勇	
		赵树森	
		王国振	

续表十六

授予年份	荣誉称号	获奖者姓名	工作单位
2007	2006年度优秀员工	刘文飞	新疆管理处
		李华明	
		顾会军	
		周鹏飞	
		刘士庆	
		张 雷	
		高建军	
		李站波	
		杨志刚	
		杨立志	
		尹加建	
		马建军	
		孙海方	
		姜夫也	
		李培江	
		马春杰	
		林泊成	甘肃管理处
		刘 萍	
		穆志强	
		张 冬	
		石 鹏	
		郑 伟	
		王 翔	
		刘建军	
		曾 光	
		蒲红军	
		杨柏林	
		刘 倩	
		齐 智	
		孙 宁	
		关学成	
		白小众	
		刘洪彪	
		赵建锋	
		张 强	
		张世斌	

续表十七

授予年份	荣誉称号	获奖者姓名	工作单位
2007	2006年度优秀员工	林　勇	甘肃管理处
		李　剑	
		李　明	
		王　倩	
		孙建忠	
		高　健	
		夏连权	
		张成君	
		刘殿锋	
		侯　俊	
		罗继东	
		刘　旭	
		洪晓瑛	
		刘全伟	
		张铁林	
		杨宏年	
		林　伟	
		李平昌	宁陕管理处
		杨丽娟	
		孟志强	
		赵三强	
		王晓宁	
		杨　锟	
		李　刚	
		张宝生	
		杨吉宏	
		冯玉鹏	
		李崇兴	
		梁思平	
		高　忠	
		雷　辉	
		马军军	
		李永飞	
		刘龙斌	
		何成华	
		毛志鹏	

续表十八

授予年份	荣誉称号	获奖者姓名	工作单位
2007	2006年度优秀员工	李向辉	宁陕管理处
		敬红波	
		尹 瑛	
		张石超	
		张兆军	
		梁成刚	
		刘小平	
		吕 品	
		刘英男	山西管理处
		孙铁铭	
		孙胜宝	
		杨日永	
		吴作杰	
		李 擘	
		邓克飞	
		孙 丽	
		王亚军	
		权军平	
		郝德权	
		王金海	
		王玉生	
		腾连才	
		芦正洪	
		张 龙	豫皖管理处
		董红军	
		高 峰	
		杨胜生	
		周 毅	
		张武田	
		刘 爽	
		李 勇	
		张军政	
		韩延军	
		张 伟	
		肖 海	
		龚振华	

续表十九

授予年份	荣誉称号	获奖者姓名	工作单位
2007	2006年度优秀员工	史卫华	豫皖管理处
		宋宏庆	
		屈 宏	
		王志国	
		常洪波	
		初易武	
		刘宝昌	
		汪世军	
		林 军	
		彦安居	
		潘 涛	
		王传刚	
		孙 庆	
		郝春祥	
		贾志杰	
		朱延军	
		代志强	
		张荣新	苏浙沪管理处
		陈 根	
		陈玉英	
		杨信群	
		王智宁	
		高 峰	
		徐培德	
		张德庆	
		杨 波	
		王 鸿	
		吴世宏	
		周世彬	
		黄 杰	
		高慧强	
		林丽英	
		常希铁	
		高 辉	
		江 辉	
		王敏琪	

续表十九

授予年份	荣誉称号	获奖者姓名	工作单位

续表二十

授予年份	荣誉称号	获奖者姓名	工作单位
2007	2006年度优秀员工	鲍云萍	苏浙沪管理处
		姚雷	
		张兵	
		王立辉	
		李松涛	
		李强	
		阎涵	
		任少博	
		刘保利	
		孙荣华	
		曾庆源	
		吴东旭	苏北管理处
		彭建伟	
		任建波	
		王立峰	
		冯秀全	
		祁宏彦	
		夏晓东	
		车俊起	
		王文	
		张金强	
		张建	
		任伟军	
		郑传伟	
		王洪鹏	
		聂京臣	
		张玉良	冀鲁管理处
		罗松青	
		狄根歧	
		王玉林	
		王伟	
		刘法平	
		李新	
		张洪文	
		李双学	
		李洪生	

续表二十

续表二十一

授予年份	荣誉称号	获奖者姓名	工作单位
2007	2006 年度优秀员工	李春兴	冀鲁管理处
		朱秋华	
		王国庆	
		霍文明	
		王艳明	
		刘广录	
		张 伟	
		徐云龙	
		李 强	
		李汉斌	豫鄂管理处
		刘其皋	
		张 烨	
		文 娟	
		祁欣海	
		康岱民	
		杜久会	
		赵静涛	
		周旭东	
		庞雪松	
		邱 惠	南京计量中心
		李 祥	储气库项目部
		屈丹安	
		杨清玉	
		陆守权	
		于洪亮	
		孙 卫	
		孙延明	
		杜新伟	
		布显永	
		关宏德	冀宁管道工程项目部
		袁少山	
		江红昌	
		王 洲	
		赵国忠	
		吕贵明	
		陈向新	压缩机站工程项目部

续表二十二

授予年份	荣誉称号	获奖者姓名	工作单位
2007	2006年度优秀员工	何平	压缩机站工程项目部
2007	2006—2007年度优秀共产党员	郭振宇	总经理办公室
		毛丽娟	
		房维龙	规划计划处
		林永	
		刘雅杰	财务处
		潘文雷	
		陈凯	
		孟志强	
		栗红英	人事处
		吕玲	审计监察处
		张军强	企业文化处
		顾清林	质量安全环保处
		郑宏伟	生产运行处
		刘玉华	
		尹旭东	
		项卫东	
		郭宝山	工程技术处
		杨贵山	管道处
		刘晓波	采办处
		范金蔚	市场开发与销售部
		赵旭	
		陈金龙	房改办公室
		郭刚	压缩机处
		余曦	新疆管理处
		陈殿礼	
		孙启敬	
		王爱平	
		陈再富	
		叶建军	
		顾永军	
		韩建强	
		窦占平	
		杨立志	
		李晓辉	
		李培江	

续表二十三

授予年份	荣誉称号	获奖者姓名	工作单位
2007	2006—2007优秀共产党员	赵万里	甘肃管理处
		曾光	
		左汝宽	
		林勇	
		杨静江	
		李丰庆	
		孙宁	
		杨狄	
		刘加春	
		张强	
		刘倩	
		白小众	
		刘永社	宁陕管理处
		张存维	
		杨锟	
		李平昌	
		张兴龙	
		张宝儒	
		敬红波	
		焦庆军	
		陈嘉彦	山西管理处
		王发展	
		何建宇	
		王连贵	
		李福昌	
		褚永杰	豫皖管理处
		张先华	
		王博	
		郝春祥	
		王传刚	
		朱延军	
		傅文奎	苏浙沪管理处
		白泉	
		王培鸿	
		张德庆	
		黄杰	

续表二十四

授予年份	荣誉称号	获奖者姓名	工作单位
2007	2006—2007年度优秀共产党员	江 辉	苏浙沪管理处
		刘保利	
		单德富	
		谭 剑	
		殷雁军	苏北管理处
		王洪鹏	
		姜萌全	
		聂京臣	
		张金强	
		张 健	
		王 伟	冀鲁管理处
		孙 伟	
		霍文明	
		刘铁利	
		丁广义	
		王艳明	
		李春兴	
		李双学	
		史玉海	豫鄂管理处
		邢 伟	
		邱 惠	南京计量测试中心
		苏运国	
		魏东吼	储气库项目部
		杨海军	
		屈丹安	
		王德林	
		李 辉	
		刘捷海	冀宁管道工程项目部
		袁少山	
		陈向新	压缩机站工程项目部
2008	2007年度劳动模范	孙 宁	甘肃管理处酒泉压气站
		刘士庆	宁陕管理处延川压气站
		屈丹安	储气库项目部
		王劲松	南京计量测试中心
		谭 剑	苏浙沪管理处龙潭维抢修中心

续表二十五

授予年份	荣誉称号	获奖者姓名	工作单位
2008	2007年度优秀员工	王北川	总经理办公室
		冯骥	
		季力	
		李娜	
		孟少辉	规划计划处
		梁涛	
		栾福臣	财务处
		陈凯	
		孟志强	
		丁铁成	
		周蓓	人事处
		陈韶华	
		冯江涛	审计监察处
		李江辉	企业文化处
		张志胜	质量安全环保处
		李海川	科技信息处
		邢八一	生产运行处
		郑宏伟	
		柏文玮	
		吕开钧	压缩机处
		么惠全	管道处
		詹兆辉	工程技术处
		苗文伟	采办处
		赵旭	市场开发与销售部
		顾霞娣	
		贾蕾	内控办公室
		车春梅	房改办公室
		吴锡合	新疆管理处
		孙启敬	
		韩建强	
		顾永军	
		蒋丽	
		赵云	
		周永明	
		赵勇	
		李华明	

续表二十六

授予年份	荣誉称号	获奖者姓名	工作单位
2008	2007年度优秀员工	李培江	新疆管理处
		李晓辉	
		李站波	
		聂慧俊	
		王启臣	
		叶建军	
		刘加春	甘肃管理处
		黄玉林	
		张郁中	
		张同乐	
		叶泽元	
		秦会岩	
		徐大志	
		薛欢庆	
		张 宁	
		顾生斌	
		周晨坚	
		祖景峰	
		贾东卓	
		刘建军	
		徐学飞	
		贾玉成	宁陕管理处
		冯云超	
		林小平	
		田 毅	
		魏文华	
		尹 瑛	
		杨 明	
		顾纪忠	
		李平昌	
		杨丽娟	
		王晓宁	
		杨彬彬	山西管理处
		曹 建	
		卜 生	
		党宏民	

续表二十七

授予年份	荣誉称号	获奖者姓名	工作单位
2008	2007年度优秀员工	孙铁铭	山西管理处
		藤连才	
		周毅	豫皖管理处
		石俊峰	
		雷雨声	
		李勇	
		韩延军	
		潘涛	
		王志国	
		张军政	
		初易武	
		赵亮	
		汪世军	
		林军	苏浙沪管理处
		王尚林	
		杨波	
		杨信群	
		高峰	
		张剑锋	
		王俊峰	
		徐杰	
		吴桐	
		鲍云萍	
		李勇	
		雷震	
		李峰	
		赵义敏	
		颜军	
		徐海峰	
		吴东旭	苏北管理处
		彭建伟	
		李权	
		张连柱	
		张金强	
		张建	
		杨文春	

续表二十八

授予年份	荣誉称号	获奖者姓名	工作单位
2008	2007年度优秀员工	姜萌全	苏北管理处
		夏晓东	
		刘法平	冀鲁管理处
		姜云鹏	
		李双学	
		马庆生	
		王艳明	
		王业儒	
		陈云龙	
		王跃文	
		张洪文	
		张立中	
		张 伟	
		李汉斌	豫鄂管理处
		杜久会	
		袁安成	
		柯兆云	
		郑 乐	南京计量测试中心
		孙 卫	储气库管理处
		于洪亮	
		孙延明	
		宾伟丽	冀宁管道工程项目部
		刘永滨	压缩机站工程项目部
	2007—2008年度优秀共产党员	朱凤敏	总经理办公室
		房维龙	规划计划处
		吕海波	财务处
		俞 强	
		周 蓓	人事处
		茆长华	审计监察处
		崔聪玲	企业文化处
		黄 杰	质量安全环保处
		郑宏伟	生产运行处
		项卫东	
		于跃洋	工程技术处
		赵万里	管道处
		丛 山	采办处

续表二十八

续表二十九

授予年份	荣誉称号	获奖者姓名	工作单位
2008	2007—2008年度优秀共产党员	任 魁	市场开发与销售部
		师建光	房改办
		何 幸	科技信息处(含二线)
		王宜建	压缩机站项目部
		高顺华	压缩机处
		洪建勇	新疆管理处
		刘文飞	
		涂怀鹏	
		王仁举	
		谢俊川	
		李明洲	甘肃管理处
		杨柏林	
		宋明国	
		刘加春	
		刘洪彪	
		贾东卓	
		尹 瑛	宁陕管理处
		于新广	
		王福洋	
		梁思荣	
		何建宇	山西管理处
		卢正洪	
		隋 剑	
		初易武	豫皖管理处
		李利军	
		汪 海	
		王 博	
		颜安居	
		谭 剑	苏浙沪管理处
		樊绪平	
		王俊峰	
		王 力	
		张金强	苏北管理处
		李学军	
		杨文春	
		姜萌全	

续表三十

授予年份	荣誉称号	获奖者姓名	工作单位
2008	2007—2008年度优秀共产党员	刘法平	冀鲁管理处
		张洪文	
		马庆生	
		张立中	
		王业儒	
		史玉海	豫鄂管理处
		李 祥	储气库项目部
		王德林	
		徐晓卫	南京计量测试中心
		吕贵明	冀宁项目部
		张兴盛	长宁输气分公司
		吕国昭	
		杨成厚	
		李 龙	
		张建成	
		丁佐暖	
2010	2008—2009年度先进个人	林志宏	豫皖管理处
		林泊成	工程调度处
		罗松青	陕晋管理处
		洪建勇	市场开发与销售部
		赵钟明	苏浙沪管理处
		钱 旭	市场开发与销售部
		党宏民	陕晋管理处
		秦绍国	办公室
		常 竹	计划与投资处
		崔新华	质量安全环保处
		路长军	合同文控处
		郑希平	总经理办公室
		季 力	
		张黎霞	
		成渊朝	规划计划处
		陈 凯	财务处
		何胜利	
		栾福臣	
		周 蓓	人事处
		潘文雷	审计监察处

续表三十

续表三十一

授予年份	荣誉称号	获奖者姓名	工作单位
2010	2008—2009年度先进个人	李江辉	企业文化处
		杨洪兵	质量安全环保处
		李海川	科技信息处
		彭忍社	生产运行处
		蒋 平	压缩机处
		冯 伟	管道处
		王 超	工程技术处
		许德华	采办处
		赵 旭	市场开发与销售部
		周 媛	内控办公室
		张占一	房改办公室
		郝兴国	二线生产准备领导小组办公室
		孙启敬	新疆管理处
		彭 霞	
		谢俊川	
		张延堂	
		聂惠俊	
		沈 涯	
		高建军	
		宋永刚	
		张 伟	
		刘 铁	
		陈 波	
		马建军	
		李清亮	甘肃管理处
		赵玲花	
		吕增跃	
		张富渊	
		刘军峰	
		曹 军	
		张 智	
		段雪莲	
		李博学	
		张成君	
		夏连权	
		李海波	

续表三十二

授予年份	荣誉称号	获奖者姓名	工作单位
2010	2008—2009年度先进个人	柴勇奇	甘肃管理处
		韩建强	宁陕管理处
		王晓宁	
		顾纪忠	
		王汉平	
		王旭岸	
		杨丽娟	
		张兆军	
		赵三成	
		林永平	
		闫伟生	
		李树成	山西管理处
		彭振华	
		王大鹏	
		周韬	
		张忠明	
		孙丽	
		张龙	豫皖管理处
		窦占平	
		高有兵	
		林军	
		汪世军	
		周毅	
		张军政	
		龚振华	
		朱延军	
		潘涛	
		姜涛	
		傅文奎	苏浙沪管理处
		王尚林	
		张德庆	
		李冬岩	
		韩冬红	
		刘爱国	
		吴超	
		孙荣华	

续表三十三

授予年份	荣誉称号	获奖者姓名	工作单位
2010	2008—2009年度先进个人	王俊峰	苏浙沪管理处
		胥 雷	
		徐 帅	
		杨 波	
		赵 成	苏北管理处
		李 权	
		李 帅	
		刘崇斌	
		宋恒波	
		王新洲	
		张桂新	
		刘长良	冀鲁管理处
		王业儒	
		高 远	
		季 晨	
		徐东兵	
		殷鹏举	
		孙立娜	
		生家佩	
		宋新军	
		马骥国	豫鄂管理处
		刘其昊	
		李 秋	
		陈 燕	
		陈坤明	
		周 雷	南京计量测试中心
		陆守权	气库管理处
		孙延明	
	2008—2010年度优秀共产党员	李建君	
		杨清玉	
		刘 敏	管道工程建设项目部
		刘永滨	压缩机站工程项目部
		冯圭川	长宁输气分公司
		黄晓琳	
		靳廷军	
		马汉英	

续表三十四

授予年份	荣誉称号	获奖者姓名	工作单位
2010	2008—2010年度优秀共产党员	马荣国	长宁输气分公司
		武佳葵	
		夏川	
		许进	
		尤生勇	
		张增建	
		陈韶华	甘陕管理处筹备组
		贾彦琨	赣湘管理处筹备组
		孙铁铭	粤桂管理处筹备组
		王丽宁	浙江管理处筹备组
		郭振宇	总经理办公室
		林永	规划计划处
		丁铁成	财务处
		何胜利	
		刘爽	人事处
		傅炜钧	
		冯江涛	审计监察处
		闫维刚	企业文化处
		王芳	质量安全环保处(含内控)
		段冲	科技信息处(含二线办)
		彭忍社	生产运行处
		高慧	压缩机处
		王爱平	管道处
		李献军	工程技术处
		苗文伟	采办处
		董新	市场开发与销售部
		郭洁琼	房改办
		陈再富	压缩机站项目部
		王晓华	新疆管理处
		苏群	
		赵云	
		田琦	
		高丹	
		李勇	甘肃管理处
		成鲁	
		林勇	

续表三十五

授予年份	荣誉称号	获奖者姓名	工作单位
2010	2008—2010年度优秀共产党员	薛小娟	甘肃管理处
		刘倩	
		李明洲	
		李涛	宁陕管理处
		张存维	
		梁亚洲	
		禹扬	
		彭振华	山西管理处
		王大鹏	
		杨彬彬	
		周毅	豫皖管理处
		颜安居	
		王志国	
		汪世军	
		窦占平	
		刘宝利	苏浙沪管理处
		李冬岩	
		王俊峰	
		姜立章	
		任伟军	苏北管理处
		宋恒波	
		杨狄	
		姜萌全	
		姜鹏	冀鲁管理处
		沈元思	
		王艳明	
		王业儒	
		刘忠德	豫鄂管理处
		陈坤明	
		常大伟	甘陕管理处
		李双学	赣湘管理处
		孙铁铭	粤桂管理处
		应文娟	浙江管理处
		陆海荣	南京计量测试中心
		冯如芬	储气库项目部(管理处)
		孙延明	

续表三十六

授予年份	荣誉称号	获奖者姓名	工作单位
2010	2008—2010年度优秀共产党员	杜新伟	储气库项目部（管理处）
		吕贵明	管道工程建设项目部
		王天立	
		刘军	长宁输气分公司
		马荣国	
		王伟	
		武佳葵	
		张建成	
		周涛	
		秦华	
		王洪钧	
2011	杰出青年	薛欢庆	甘肃管理处玉门压气站
		张恒	宁陕管理处靖边压气站
		涂怀鹏	豫皖管理处洛宁压气站
		姜云鹏	冀鲁管理处管道科
		李建君	储气库管理处
2012	2009—2010年度先进个人	郑希平	总经理办公室
		李娜	
		谢琦伟	
		孟少辉	规划计划处
		丁铁成	财务处
		何胜利	
		孟志强	
		陈悦	
		陈凯	人事处
		李江辉	审计监察处
		张军强	企业文化处
		王芳	质量安全环保处
		胡洁	科技信息处
		邢八一	生产运行处
		李振	压缩机处
	2010—2011年度先进个人	赵冬野	管道处
		张占一	工程技术处
		狄根岐	采办处
		王睿	市场开发与销售部
		周媛	内部控制办公室

续表三十七

授予年份	荣誉称号	获奖者姓名	工作单位
2012	2010—2011年度先进个人	吴萍音	房改办公室
		刘 军	长宁输气分公司
		马荣国	
		王 伟	
		武佳葵	
		张建成	
		周 涛	
		秦 华	
		王洪钧	
		吴惠明	新疆管理处
		康成佳	
		陈雪峰	
		李 辛	
		赵 云	
		付 敏	
		曾 君	
		陈云飞	
		吴文斌	
		刘加乐	
		罗光军	
		孟国红	甘肃管理处
		陈旭升	
		刘 旭	
		赵 亮	
		申天祥	
		任忠祁	
		张 岩	
		马玉新	甘肃管理处
		赵连志	
		赵东方	
		杨晓东	
		薛小娟	
		杨正荣	
		陈 刚	宁陕管理处
		熊永伟	

续表三十八

授予年份	荣誉称号	获奖者姓名	工作单位
2012	2010—2011年度先进个人	何龙	宁陕管理处
		韩涛	
		吴永君	
		王庆文	
		牛建煜	
		焦勇	
		尤晓风	
		韩国平	山西管理处
		韩辉	
		冀杰	
		康亮	
		雷恒威	
		张忠明	
		刘伟欣	豫皖管理处
		崔轶超	
		周宝庆	
		陈福生	
		海迪	
		刘沛	
		孙强	
		孙旭	
		徐启	
		朱延军	
		史卫华	
		龚振华	
		焦卫平	
		刘继锋	
		万强	
		王新园	
		谢虎	苏浙沪管理处
		魏亚涛	
		韦军吉	
		吴超	
		胡华生	
		黄兵	
		陈军	

续表三十九

授予年份	荣誉称号	获奖者姓名	工作单位
2012	2010—2011年度先进个人	王涛	苏浙沪管理处
		胡宏	苏浙沪管理处
		姜付森	苏浙沪管理处
		金久明	苏浙沪管理处
		曲贵春	苏浙沪管理处
		徐帅	苏浙沪管理处
		周洋	苏浙沪管理处
		张火箭	苏浙沪管理处
		王军	苏北管理处
		王浩然	苏北管理处
		杨狄	苏北管理处
		魏守双	苏北管理处
		刘崇斌	苏北管理处
		田小民	苏北管理处
		严利	苏北管理处
		张志远	苏北管理处
		赵成	苏北管理处
		徐峰	苏北管理处
		李骁	苏北管理处
		杜志伟	苏北管理处
		窦城保	冀鲁管理处
		丁淑春	冀鲁管理处
		付金岗	冀鲁管理处
		高维新	冀鲁管理处
		姜明	冀鲁管理处
		李栋	冀鲁管理处
		任文远	冀鲁管理处
		王志辉	冀鲁管理处
		于跃文	冀鲁管理处
		杨会栋	冀鲁管理处
		李恒	豫鄂管理处
		刘军峰	豫鄂管理处
		罗壮	豫鄂管理处
		舒亮	豫鄂管理处
		苏子建	豫鄂管理处
		邢伟	豫鄂管理处

续表四十

授予年份	荣誉称号	获奖者姓名	工作单位
2012	2010—2011年度先进个人	熊王鑫	豫鄂管理处
		赵泽玲	
		周英果	
		常大伟	甘陕管理处
		董铁军	
		卢伟伟	
		钱祖国	
		王树辉	
		王桐景	
		周凤山	
		邹亚飞	
		张逢源	赣湘管理处
		熊祖园	
		陈星维	
		戴乾生	
		李 晋	
		逯 飞	
		秦 涛	
		魏向东	
		杨虎辰	
		曾亚飞	
		张富裕	
		赵连祥	
		师建光	广东管理处
		孙铁铭	
		赵一敏	
		王 兵	
		李双学	
		梁德武	
		范俊钦	
		吴 琼	
		肖 扬	
		陈 谦	浙江管理处
		陈智奇	
		王 鸿	
		徐 锋	

续表四十一

授予年份	荣誉称号	获奖者姓名	工作单位
2012	2010—2011年度先进个人	张德庆	浙江管理处
		曾昭军	广西管理处
		杨 旭	
		张恒之	
		覃帮银	
		雷晓乐	
		刘其杲	福建管理处筹备组
		邱 惠	南京计量测试中心
		杨 博	
		赵 岩	储气库管理处
		李建君	
		杜玉洁	
		张青庆	
		卢 刚	
		王启明	
		杨清玉	
		李振华	管道工程建设项目部
		王北川	
		詹兆辉	压缩机站工程项目部
		和江义	香港支线项目部
		王红钧	长宁输气分公司
		陈建华	
		陈 锐	
		何晓琼	
		雷 锐	
		刘 军	
		纳学礼	
		饶嘉久	
		王 伟	
		夏 川	
		张 跃	
2012	创先争优模范共产党员	范志刚	甘肃管理处
		刘 俊	甘陕管理处
		隋 剑	苏浙沪管理处
		张 龙	豫皖管理处
		李 东	冀鲁管理处

续表四十二

授予年份	荣誉称号	获奖者姓名	工作单位
2012	创先争优模范党务工作者	张建成	长宁输气分公司
		杨胜生	广西管理处
		李冬岩	苏浙沪管理处
		史玉海	企业文化处
		侯栈贵	人事处
2012	2010—2012年度优秀共产党员	郑希平	总经理办公室
		林 永	规划计划处
		何胜利	财务处
		丁铁成	
		李喜英	
		周 蓓	人事处
		侯栈贵	
		李江辉	审计监察处
		孙 倩	企业文化处
		邹 茜	质安处（含企管）
		梁 涛	
		段 冲	科技信息处
		王志方	生产运行处
		柏文玮	
		梁建青	压缩机处
		李英义	管道处
		杨燕波	工程技术处
		刘晓波	采办处
		毛丽娟	市场开发与销售部
		王 睿	
		郭洁琼	房改办公室
		刘明康	压缩机站项目部
		朱金辉	宁陕管理处
		刘永社	
		赵三强	
		韩 涛	
		王旭岸	
		马荣国	长宁输气分公司
		白玉梅	
		赵云峰	
		周 涛	

续表四十三

授予年份	荣誉称号	获奖者姓名	工作单位
2012	2010—2012年度优秀共产党员	陈建华	长宁输气分公司
		陈　锐	
		杨玉鑫	
		常大伟	甘陕管理处
		姜夫也	
		刘　俊	
		魏成锴	
		孙立升	山西管理处
		康　亮	
		杨彬彬	
		窦占平	豫皖管理处
		汪世军	
		林　军	
		涂怀鹏	
		张军政	
		赵　亮	
		王新园	
		焦卫平	
		刘宝利	苏浙沪管理处
		邹向春	
		钟发群	
		顾志豪	
		王舒吉	
		邱　惠	南京计量测试中心
		周　雷	
		杨　狄	苏北管理处
		任伟军	
		张　硕	
		姜萌全	
		戴丽娟	
		张宏钧	储气库项目部
		巴金红	
		侯雁秋	
		李　琦	
		王北川	管道工程建设项目部
		张福坤	

续表四十四

授予年份	荣誉称号	获奖者姓名	工作单位
2012	2010—2012年度优秀共产党员	武京波	浙江管理处
		姜立章	
		崔　健	
		朱　振	豫鄂管理处
		袁安成	
		苏子建	
		丁石谷	
		姬　航	
		刘志方	华中输气分公司
		沈飞军	
		吴　倩	
		车福利	
		李建东	
		张剑海	
		周晓燕	
		管湘芝	
		王海涛	
		田金丽	
		程　庆	
		王瑞红	
		钟利军	赣湘管理处
		戴乾生	
		贾彦琨	
		马庆生	
		龚志伟	
		高　峰	福建管理处筹备组
		周世彬	广东管理处
		孙铁铭	
		朱希丰	
		牟晓亮	
		朱晓杰	
		杨胜生	广西管理处
		陈再富	
		孔　飞	香港支线项目部
2013	2012年度劳动模范	彭忍社	生产运行处设备科
		赵三强	宁陕管理处中卫维抢修队

续表四十五

授予年份	荣誉称号	获奖者姓名	工作单位
2013	2012年度劳动模范	常大伟	甘陕管理处高陵压气站
		孙启敬	苏浙沪管理处
		孙铁铭	广东管理处生产运行科
2014	2012—2013年度先进个人	何佰毅	宁陕管理处
		温强	
		姚红亮	
		赵峰	
		李向荣	
		朱桥梁	
		母一鸿	
		高瑜	
		赵三强	
		王小东	
		祁海军	
		宋奕	长宁输气分公司
		冯彦军	
		黄旭	
		李红卫	
		杨玉鑫	
		王鹏	
		许进	
		马荣国	
		王鹏军	
		王波	甘陕管理处
		齐文超	
		许晓佳	
		王树辉	
		刘俊	
		栾军	
		文鹏	
		胡勇勇	
		李树成	山西管理处
		李永刚	
		苏天波	
		成安民	
		王程成	

续表四十六

授予年份	荣誉称号	获奖者姓名	工作单位
2014	2012—2013年度先进个人	段奇智	山西管理处
		初易武	豫皖管理处
		颜安居	
		张军政	
		刘永俊	
		郭红超	
		万强	
		齐刚	
		吴军	
		张守晋	
		孙欧阳	
		窦宁	
		张亚西	
		冯开署	
		吉家增	
		宋强	
		董旭	
		李鑫	
		胡峻	苏浙沪管理处
		耿磊	
		刘继银	
		王涛	
		黄兵	
		李祥	
		蓝维波	
		沐俊昌	
		马智远	
		杜硕	
		刘金福	
		仲从响	
		宋超凡	南京计量测试中心
		常凯	
		张福元	
		刘永社	苏北管理处
		张永磊	

续表四十七

授予年份	荣誉称号	获奖者姓名	工作单位
2014	2012—2013年度先进个人	姜萌全	苏北管理处
		吴 婷	
		刘 军	
		张贵明	
		马连喜	
		李博文	
		闫俐儒	
		刘宁舒	
		郝万庆	
		曾树明	
		孙万明	
		钱 辉	储气库管理处
		杨 华	
		李 强	
		李红联	
		刘 春	
		胡开君	
		王启明	
		薛林佼	
		李海伟	
		王北川	管道工程建设项目部
		王文友	
		刘永滨	浙江管理处
		姚 雷	
		刘 伟	
		修林冉	
		刘爱国	
		姜立章	
		郑海波	
		熊 伟	
		陈 凯	豫鄂管理处
		林 勇	
		吴 春	
		陈开智	
		杨 勇	
		吴兴林	

续表四十八

授予年份	荣誉称号	获奖者姓名	工作单位
2014	2012—2013年度先进个人	周英果	豫鄂管理处
		王松林	
		曾江波	
		刘　旭	
		邓洪伟	
		张继永	华中输气分公司
		王　琦	
		刘　明	
		王寅豪	
		王凌翔	
		邓吉红	
		王爱民	
		张建锋	
		聂奎献	
		闫生栋	
		赵明义	
		王海涛	
		张钦胜	
		王瑞红	
		张宜林	
		李德明	
		殷凤新	
		兰　晖	
		张　波	
		艾纯喜	赣湘管理处
		贾彦琨	
		范刚强	
		马庆生	
		杨虎辰	
		李　薇	
		陈　亮	
		刘　桃	
		张　强	
		张富裕	
		钟志刚	
		冯友琪	

续表四十九

授予年份	荣誉称号	获奖者姓名	工作单位
2014	2012—2013年度先进个人	刘宇翔	长沙输气处筹备组
		田绍伟	厦门管理处
		朱金辉	
		江远超	
		徐友鹏	
		周世彬	广东管理处
		赵义敏	
		单鲁维	
		邓 立	
		高 健	
		程蒙蒙	
		李明洲	
		朱成仕	
		童庆益	
		侯晨虎	
		李祥发	
		梁小强	
		李树林	广西管理处
		王宣飞	香港支线项目部
		王帮春	福建管网项目部
		盛 喜	总经理办公室
		凌贤樑	
		金向娟	
		陶 军	规划计划处
		陈 群	财务处
		谢瑞强	
		谢彦庆	
		孟志强	
		王强强	人事处
		孙 坚	审计监察处
		张军强	企业文化处
		周 嫒	企管法规处
		邹 茜	质量安全环保处
		胡 洁	科技信息处
		李 锴	生产运行处
		侯大立	压缩机处

续表五十

授予年份	荣誉称号	获奖者姓名	工作单位
2014	2012—2013年度先进个人	赵冬野	管道处
		张占一	工程技术处
		刘晓波	采办处
		程民贵	市场开发与销售部
		郭洁琼	上海盛大基地置业有限公司
		李哲伟	压缩机站工程项目部
2014	2012—2014年度优秀共产党员	陈勇	银川管理处
		秦华	
		王建宇	
		孔吉民	
		刘龙斌	
		陈宽	
		杨玉鑫	
		梁亚洲	
		邵世玉	
		石磊	
		庞树红	
		王龙	
		李佳鹏	
		贾华	甘陕管理处
		解立晓	
		来小龙	
		薛建国	
		钟卫晋	
		张石超	
		刘永峰	山西管理处
		周宇	
		刘亚龙	
		陈冠玮	
		张军政	豫皖管理处
		颜安居	
		石俊锋	
		高慧	
		宋宏庆	
		童庆	
		姜涛	

续表五十一

授予年份	荣誉称号	获奖者姓名	工作单位
2014	2012—2014年度优秀共产党员	王 伟	豫皖管理处
		孟庆保	
		焦卫平	
		刘 奎	
		赵 亮	
		马明远	苏浙沪管理处
		仲从响	
		李冬岩	
		季照云	
		徐海峰	
		王俊峰	
		史洪斌	
		徐郁文	南京计量测试中心
		张福元	
		郭 哲	
		杨 蒙	
		张 健	苏北管理处
		姜萌全	
		吴 婷	
		杨 狄	
		聂京臣	
		张洪奇	
		任伟军	
		巴金红	储气库项目部
		胡开君	
		刘玉刚	
		张青庆	
		杜新伟	
		王天雨	
		王晓刚	
		闫凤林	
		吕贵明	管道工程建设项目部
		王天立	
		王晓川	浙江管理处
		罗 乙	
		徐 锋	

续表五十二

授予年份	荣誉称号	获奖者姓名	工作单位
2014	2012—2014年度优秀共产党员	姜立章	浙江管理处
		郑早立	
		黄光前	武汉管理处
		王耀忠	
		刘志方	
		龚 丽	
		李铁春	
		董贺强	
		彭 飞	
		闫生栋	
		周晓燕	
		方乃含	
		张钦胜	
		聂 飞	
		史 平	
		王春光	
		毛 珊	
		邱 天	
		李天天	
		王凌翔	
		袁安成	
		王海峰	赣湘管理处
		李 勇	
		李晓辉	
		马庆生	
		龚志伟	
		霍文明	
		李 晋	
		刘桂勇	
		熊长征	长沙输气处筹备组
		朱金辉	厦门管理处
		杜雪麟	
		曹佩杰	
		王帮春	福建管理处筹备组
		周世彬	广东管理处
		赵义敏	

续表五十三

授予年份	荣誉称号	获奖者姓名	工作单位
2014	2012—2014年度优秀共产党员	孙铁铭	广东管理处
		单鲁维	
		谭海川	
		徐 佳	
		林 俊	
		陈再富	广西管理处
		胡 平	香港支线项目部
		郑希平	总经理办公室
		李 娜	
		孟少辉	规划计划处
		陈 群	财务处
		丁铁成	
		孟志强	
		谢彦庆	
		侯栈贵	人事处
		卢宇枫	
		高建营	审计监察处
		薛 萍	企业文化处
		周 媛	企管法规处
		黄 杰	质量安全环保处
		段 冲	科技信息处
		王志方	生产运行处
		徐长君	
		吕开钧	压缩机处
		王多才	
		郑大海	管道处
		黄永恒	工程技术处
		狄根岐	采办处
		顾霞娣	市场开发与销售部
		杜 笑	
		王 彦	上海盛大基地置业有限公司
		刘明康	压缩机站项目部
2016	2014—2015年度先进个人	张燕霞	银川管理处
		秦 华	
		胡生宝	
		王 鹏	

续表五十四

授予年份	荣誉称号	获奖者姓名	工作单位
2016	2014—2015年度先进个人	陈建新	银川管理处
		姚红亮	
		李振光	
		祖力智	
		王鹏军	
		李 磊	
		乔得来	
		马玉晟	
		曹永乐	
		冯彦军	
		李树成	山西管理处
		王程成	
		逯佳旺	
		张晓戎	
		李 华	
		邢鹏飞	
		靳淑斌	
		蒋翠苹	郑州管理处
		李泽忠	
		李景昌	
		李 鑫	郑州管理处郑州队
		张亚西	郑州管理处
		王 伟	
		杜镇营	
		刘 兰	
		刘伟欣	
		董云鹏	
		陈 虎	
		田新鹏	
		李博贤	
		李双柱	
		宋建波	
		李楠楠	甘陕管理处
		张 彪	
		李 凯	
		赵 星	

续表五十五

授予年份	荣誉称号	获奖者姓名	工作单位
2016	2014—2015年度先进个人	马　浩	甘陕管理处
		黄　飞	
		赵　瑞	
		王　龙	
		杨　涛	
		程　艳	
		于　飞	
		李春雨	
		张昆锋	苏北管理处
		高雪娇	
		朱婧婧	
		戴丽娟	
		张金强	
		戴　锋	
		孙　超	
		张登峰	
		李山山	
		王清晨	
		李　伟	
		郝万庆	
		王启明	储气库项目部
		汪会盟	
		张　幸	
		邹文潮	
		王玉俊	
		钱　苏	
		王桂林	
		杜玉洁	
		庞京华	
		王文友	管道工程建设项目部
		张福坤	
		陈行川	南京计量测试中心
		杨　蒙	
		伍开成	
		赵万里	苏浙沪管理处
		谭　威	

续表五十六

授予年份	荣誉称号	获奖者姓名	工作单位
2016	2014—2015年度先进个人	孙荣华	苏浙沪管理处
		高　明	
		钟　宝	
		徐　帅	
		万金星	
		何晶仁	
		眭　俊	
		金久明	
		高　俊	
		杜洪文	
		张宝成	
		耿　磊	
		林　勇	合肥管理处
		汪　海	
		王　博	
		徐懿枫	
		魏天海	
		赵洋洋	
		张守晋	
		王东阳	武汉管理处
		杨　铭	
		吴兴林	
		张越宸	
		刘　明	
		呙　涛	
		张志源	
		王瑞红	
		张钦胜	
		姜　凯	
		刘殿锋	
		潘　莉	
		刘志方	
		李德明	
		赵泽玲	
		陈坤明	
		廖　强	

续表五十七

授予年份	荣誉称号	获奖者姓名	工作单位
2016	2014—2015年度先进个人	邓世海	武汉管理处
		曲洪刚	
		张维刚	
		宋 微	
		张文彦	
		刘泽高	
		周 韬	浙江管理处
		刘爱国	
		姜立章	
		刘 涛	
		刘 伟	
		刘 新	
		胡 鹏	
		李小龙	南昌管理处
		范刚强	
		熊文斌	
		陈 亮	
		谭博文	
		张彦龙	
		徐 强	
		石 焕	
		张海健	
		杨志斌	
		闵布涛	
		彭水朋	
		张照旭	长沙管理处
		金 鑫	
		刘 季	
		邱 天	
		王婷婷	
		于晓盼	
		朱金辉	厦门管理处
		高 峰	
		王 杰	
		吴平容	
		杜雪麟	

续表五十八

授予年份	荣誉称号	获奖者姓名	工作单位
2016	2014—2015年度先进个人	赵恺锋	广东管理处
		伍金行	
		罗 源	
		陈富山	
		王智灵	
		周少成	
		侯晨虎	
		黄文振	
		罗文铭	
		李文书	
		叶建东	
		杨 盛	广西管理处
		曲 鸣	深港天然气管道公司(香港支线项目部)
		赵 旭	市场开发与销售部
		顾霞娣	
		程民贵	
		凌贤樑	办公室(党委办公室)
		梁佩璋	
		金向娟	
		陶 军	规划计划处
		李喜英	财务处
		谢瑞强	
		王强强	人事处(党委组织部)
		高建营	审计监察处(纪委办公室)
		李诗睿	企业文化处(党群工作处)
		梁 涛	企管法规处(内控与风险管理处)
		俞辉辉	质量安全环保处
		梁 浩	科技信息处
		柏文玮	生产运行处
		王志方	
		高仕玉	压缩机管理处
		毛 建	管道处(保卫处)
		李文斌	工程处
		苗文伟	物资管理处
		郭洁琼	上海盛大基地置业有限公司
		李哲伟	压缩机站工程项目部

续表五十九

授予年份	荣誉称号	获奖者姓名	工作单位
2016	十大杰出青年	谢鹏飞	银川管理处盐池压气站站长
		雷恒威	山西管理处沁水维修队队长
		李景昌	郑州管理处管道科科员
		李洪烈	甘陕管理处生产运行科副科长
		王清晨	苏北管理处泰兴分输站副站长
		贺婧芝	管道工程建设项目部综合科科员
		李灿	苏浙沪管理处管道科科长
		单鲁维	广东管理处生产运行科科长
		孟少辉	规划计划处规划科科长
		王志方	生产运行处调度室主任
2016	2014—2016年度优秀共产党员	李伟	办公室
		蔺军伟	办公室
		王立献	规划计划处
		吕海波	财务处
		安静	财务处
		孟志强	财务处
		俞强	财务处
		谢彦庆	财务处
		王强强	人事处
		卢宇枫	人事处
		李江辉	审计监察处
		薛萍	企业文化处
		周媛	企管法规处
		马俊	质量安全环保处
		段冲	科技信息处
		王志方	生产运行处
		徐长君	生产运行处
		彭忍社	生产运行处
		端木君	压缩机管理处
		王爱平	管道处
		尹铸华	工程技术处
		狄根岐	物资管理处
		邓林	市场开发与销售部
		杜笑	市场开发与销售部
		陈昱洁	市场开发与销售部
		顾霞娣	市场开发与销售部

续表六十

授予年份	荣誉称号	获奖者姓名	工作单位
2016	2014—2016年度优秀共产党员	潘成勇	市场开发与销售部
		郭洁琼	上海盛大基地置业有限公司
		刘明康	压缩机站工程项目部
		石磊	银川管理处
		冯治平	银川管理处
		冯彦军	银川管理处
		刘海静	银川管理处
		肖宁	银川管理处
		何宁	银川管理处
		贾智忠	银川管理处
		梁亚洲	银川管理处
		敬洪波	银川管理处
		谢鹏飞	银川管理处
		雷锐	银川管理处
		刘亚龙	山西管理处
		孙立升	山西管理处
		杨彬彬	山西管理处
		雷恒威	山西管理处
		刘宇	郑州管理处
		孙欧阳	郑州管理处
		李鑫	郑州管理处
		李泽忠	郑州管理处
		张军政	郑州管理处
		郭红超	郑州管理处
		唐玉龙	郑州管理处
		崔黎明	郑州管理处
		焦卫平	郑州管理处
		童庆	郑州管理处
		王晓冰	甘陕管理处
		文鹏	甘陕管理处
		田琦	甘陕管理处
		李凯	甘陕管理处
		李承宇	甘陕管理处
		张江龙	甘陕管理处
		周凤山	甘陕管理处
		党鑫	甘陕管理处

续表六十

续表六十一

授予年份	荣誉称号	获奖者姓名	工作单位
2016	2014—2016年度优秀共产党员	王兴庄	苏北管理处
		吴 婷	
		张 敏	
		段 威	
		姜萌全	
		徐岩林	
		王启明	储气库项目部
		王桂林	
		方 亮	
		邓 琳	
		刘 春	
		刘玉刚	
		孟 达	
		胡志鹏	
		武海峰	管道工程建设项目部
		贺婧芝	
		杨 博	南京计量测试中心
		张福元	
		张熙然	
		周 雷	
		刘继银	苏浙沪管理处
		李 灿	
		张剑锋	
		周 亮	
		钟发群	
		熊江鹏	
		王志国	合肥管理处
		徐 启	
		徐 凯	
		傅红霞	
		于祥飞	武汉管理处
		王爱民	
		王瑞红	
		王耀忠	
		邓吉红	
		兰 晖	

续表六十二

授予年份	荣誉称号	获奖者姓名	工作单位
2016	2014—2016年度优秀共产党员	刘彬	武汉管理处
		张继永	
		陈开智	
		晏玺学	
		黄坤	
		黄光前	
		黄志强	
		曹丽琳	
		熊文	
		肖剑锋	浙江管理处
		陈智奇	
		周韬	
		郑早立	
		聂慧俊	
		艾纯喜	南昌管理处
		朱燕林	
		李昌龙	
		杨志斌	
		吴自泉	
		曹丽美	
		龚志伟	南昌管理处
		马宁	长沙管理处
		刘季	
		杨坤	
		蒙最	
		朱金辉	厦门管理处
		杜雪麟	
		李晓红	
		曹佩杰	
		于聪	广东管理处
		马庆然	
		龙大平	
		牟晓亮	
		何伟宏	
		张鑫	
		孟宗权	

续表六十三

授予年份	荣誉称号	获奖者姓名	工作单位
2016	2014—2016年度优秀共产党员	徐 磊	广东管理处
		刘茂生	广西管理处
		胡 平	深港天然气管道有限公司

第二章 专家名录

第一节 中国石油集团公司级专家

2008年：
房维龙（战略管理专家）
2011年：
房维龙（战略管理专家）
2014年：
高顺华（压缩机组研制国产化高级技术专家）

第二节 公司级专家

2007年：
李英义（管道线路工程）；吴昌汉（电气工程）；梁立力（机械工程）；吴琦瑛（信息技术）；张志胜（安全环保）
2008年：
彭忍社（机械工程）；邢八一（信息技术）；李献军（油气储运〈地面工程建设〉）；李祥（油气开采）
2009年：
李英义（管道线路工程）；吴昌汉（电气工程）；郭刚（压缩机技术）；屈丹安（储气库工程项目油气田开发）
2010年：
彭忍社（机械工程）；邢八一（信息技术）；李献军（油气储运〈地面工程建设〉）
2011年：
李英义（管道线路）；吴昌汉（电气）；郭刚（压缩机）；屈丹安（储气库工程）
2012年：
彭忍社（机械工程）；邢八一（信息技术）；王久仁（机械工程）；吕开钧（电气工程）；梁建青（仪表自动化）；李献军（油气储运）；平风梅（仪表自动化）；尤生勇（管道线路工程）；成渊潮（企业战略管理）；丁铁成（财经管理）；杨洪兵（HSE管理）

第三节 部门技术骨干

2008年：

李明（安全技术）；韩进河、李恒（机械与压缩机）；吕开钧（电气、仪表与自动化）；王超（管道线路与防腐工程）；于跃洋（油气储运技术〈地面建设〉）；叶建军、许杨（机械与压缩机）；涂德义（油气储运技术〈地面建设〉）；王维斌（电气、仪表与自动化）；林勇、祖景峰（机械与压缩机）；张强（油气储运技术〈地面建设〉）；薛欢庆（电气、仪表与自动化）；张石超（机械与压缩机）；孙铁铭（机械与压缩机）；孙技权（机械与压缩机）；颜安居（电气、仪表与自动化）；李树林（油气储运技术〈地面建设〉）；邱惠（电气、仪表与自动化）；李久林（储气库建设与生产运行）

2010年：

尚云莉、许杨（机械与压缩机）；葛明（电气、仪表与自动化）；张荣刚、杨晓东（机械与压缩机）；柴勇奇（电气、仪表与自动化）；张世斌（油气储运技术〈地面建设〉）；余国平（电气、仪表与自动化）；杨明（油气储运技术〈地面建设〉）；张存维（机械与压缩机）；赵雄飞（机械与压缩机）；贾志杰（油气储运技术〈地面建设〉）；颜安居（电气、仪表与自动化）；叶纬（电气、仪表与自动化）；邹茜（油气储运技术〈地面建设〉）；高峰（油气储运技术〈地面建设〉）；屠明刚（电气、仪表与自动化）；刘长良（油气储运技术〈地面建设〉）；李辉（油气储运技术〈地面建设〉）；夏士安（油气储运技术〈地面建设〉）；陈飞（储气库建设与生产运行）；平风梅（电气、仪表与自动化）；何晓琼（机械与压缩机）

2011年：

冀杰（电气、仪表与自动化）；尚云莉（电气、仪表与自动化专业）；孙铁铭（机械与压缩机）

2012年：

平风梅（电气、仪表与自动化）；何晓琼（机械与压缩机）；王维斌（电气、仪表与自动化）；张石超（机械与压缩机）；李辉（油气储运技术〈地面建设〉）；苍松（电气、仪表与自动化）；陈坤明（油气储运技术〈地面建设〉）；管湘芝（电气、仪表与自动化）；龚丽（油气储运技术〈地面建设〉）；李刚（电气、仪表与自动化）

2013年：

汪世军（机械与压缩机）；李权（机械与压缩机）；尚云莉（电气、仪表与自动化）；孙旭（油气储运技术〈地面建设〉）；魏星（机械与压缩机）；屠明刚（电气、仪表与自动化）；吴超（油气储运技术〈地面建设〉）

2014年：

涂德义（电气、仪表与自动化）；焦庆军（机械与压缩机）；蔡赤军（电气、仪表与自动化）；程新根（油气储运技术〈地面建设〉）

2015年：

钟利军（机械与压缩机）

第三章

党代表、人大代表、政协委员名录

表9-3-1 公司当选上海市人大代表人员名单

届　次	姓　名	工作单位及职务
十三届（2007）	黄泽俊	西气东输管道分公司总经理、党委副书记
十四届（2012）	黄泽俊	西气东输管道分公司总经理、党委副书记
	崔　岚	西气东输管道分公司市场销售与开发部副经理

表9-3-2 公司当选上海市党代表人员名单

届　次	姓　名	工作单位及职务
第十次（2012）	周　蓓	西气东输管道分公司人事处副处长

第四章

处级干部名录

表9-4-1 西气东输管道公司处级干部履职经历一览表

序号	姓名	性别	职务	职务级别	任职时间
1	白泉	男	苏浙沪管理处副处长、党支部/党总支副书记	副处级	2006.11—2010.1
			管道工程建设项目部副经理、党支部委员	副处级	2010.1—2016.12
2	蔡荣海	男	华中输气分公司副经理、党委委员	副处级	2011.12—2012.3
			豫鄂管理处副处长、党总支委员	副处级	2012.3—2013.1
			赣湘管理处副处长、党总支委员	副处级	2013.1—2014.9
			南昌管理处副处长、党委委员	副处级	2014.9—2016.12
3	曹青山	男	豫皖管理处副处长、党支部委员	副处级	2003.7—2004.4
4	常竹	女	规划计划处副处长、党支部委员	正处级	2004.2—2011.11
5	陈凯	男	长沙管理处副处长、党总支委员	副处级	2016.1—2016.12
6	陈谦	男	甘肃管理处副处长、党支部副书记	副处级	2007.6—2008.11
			浙江管理处筹备组组长、党支部委员	副处级	2008.11—2010.4
			浙江管理处副处长、党支部/党总支/党委委员	副处级	2010.4—2016.12
7	陈殿礼	男	苏浙沪管理处副处长、党支部委员	副处级	2005.3—2006.7
			压缩机站工程项目部副经理	副处级	2006.7—2008.7,兼任
			新疆管理处副处长、党支部/总支委员	副处级	2006.7—2009.5
			新疆管理处处长、党总支书记	正处级	2009.5—2011.12
			华中输气分公司党委书记	正处级	2012.6—2014.4
			长沙输气处筹备组组长、党支部书记	正处级	2012.6—2014.9
			长沙管理处处长、党支部/总支书记	正处级	2014.9—2015.11
			管道工程建设项目部党支部书记、副经理	正处级	2015.11—2016.12
8	陈嘉彦	男	陕晋管理处副处级业务主管	副处级	2002.11—2003.3
			陕晋管理处副处长、党支部委员	副处级	2003.3—2004.2
			山西管理处副处长、党支部委员	副处级	2004.2—2007.11
			管道处副处长、党支部委员	副处级	2007.11—2009.7

续表一

序号	姓名	性别	职务	职务级别	任职时间
9	陈金龙	男	陕晋管理处处长、党支部书记	正处级	2001.12—2002.11
			甘宁管理处处长、党支部书记	正处级	2002.11—2004.2
			甘肃管理处处长、党支部书记	正处级	2004.2—2005.1
			住房制度改革领导小组办公室主任、党支部书记	正处级	2005.1—2011.3,兼任
			上海盛大基地置业有限公司常务副经理、党支部书记	正处级	2010.4—2011.3
10	陈韶华	男	甘陕管理处筹备组副组长、党支部委员	副处级	2009.8—2010.4
			甘陕管理处副处长、党总支委员	副处级	2010.4—2011.8
			宁陕管理处副处长、党总支副书记	副处级	2011.8—2012.3
			苏北管理处副处长、党总支副书记/党委委员	副处级	2012.3—2016.12
11	陈向新	男	工程技术处负责人	副处级	2000.3—2001.4
			技术处(运行准备处)处长、党支部书记	正处级	2001.4—2002.7
			技术处处长、党支部书记	正处级	2002.7—2003.3
			济青管道工程项目部经理、党支部书记	正处级	2004.2—2005.4
			冀宁管道工程项目部经理、党支部书记	正处级	2005.4—2006.3
			压缩机站工程项目部经理、党支部书记	正处级	2006.3—2007.7;兼任,2007.7—12
			总经理助理	正处级	2007.7—12
12	陈振海	男	厦门管理处副处长、党支部委员	副处级	2016.1—2016.12
13	初易武	男	豫皖管理处副处长、党总支委员	副处级	2008.7—2014.9
			郑州管理处副处长、党委委员	副处级	2014.9—2016.12
14	褚永杰	男	陕晋管理处副处长、党支部书记	正处级	2003.3—2004.2
			山西管理处处长、党支部书记	正处级	2004.2—2005.1
			豫皖管理处处长、党支部书记	正处级	2005.1—2007.5
			企业文化处(党群工作处)处长、党支部书记	正处级	2007.5—2008.5
15	丛 山	男	采办处处长、党支部书记	正处级	2006.9—2015.9
			物资管理处处长、党支部书记	正处级	2015.9—2016.12
			规划计划处处长、党支部书记	正处级	2016.12—
16	崔 岚	女	市场开发与销售部副经理	副处级	2009.8—2016.12
17	崔新华	男	质量安全环保处副处长、党支部委员	副处级	2001.9—2005.3
			济青管道工程项目部副经理、党支部委员	副处级	2005.3—4
			冀宁管道工程项目部副经理、党支部委员	副处级	2005.4—2006.3
18	党宏民	男	赣湘管理处筹备组副组长、党支部委员	副处级	2009.8—2010.4
			赣湘管理处副处长、党支部/党总支委员	副处级	2010.4—2014.9
			南昌管理处副处长、党委委员	副处级	2014.9—2016.12
19	邓 兵	男	长宁输气分公司副经理、党委委员	正处级	正处级待遇,2008.5—2009.7

续表二

序号	姓名	性别	职务	职务级别	任职时间
20	丁铁彪	男	财务处副处长、党支部委员	副处级	2007.6—2016.12
21	董 进	男	技术处副处长、党支部委员	副处级	2003.3—2004.2
			工程技术处副处长、党支部委员	副处级	2004.2—2005.3
			苏浙沪管理处副处长、党支部委员	副处级	2005.3—2007.5
			住房制度改革领导小组办公室副主任、党支部委员	副处级	2007.5—2012.9
			上海盛大基地置业有限公司副经理、党支部委员	副处级	2010.4—2015.2
22	董红军	男	豫皖管理处副处长、党支部委员	副处级	2004.5—2008.7
23	董扬帆	男	北京办事处主任、党支部委员	副处级	2007.6—2015.9
			办公室（党委办公室）副主任、党支部委员	副处级	2015.09—2016.12
24	杜明光	男	市场开发与销售部河南分部主任、党支部书记	副处级	2001.11—2004.2
			市场开发与销售部浙江分部主任、党支部书记	副处级	2004.2—2007.6
			市场开发与销售部副经理、党支部委员	副处级	2007.6—11
25	樊绪平	男	新疆管理处副处长、党总支委员	副处级	2010.3—2011.12
			豫皖管理处处长、党总支委员	副处级	2012.8—2014.9
			郑州管理处副处长、党委委员	副处级	2014.9—2015.11
26	范 莉	女	生产运行处副处长、党支部委员	副处级	2005.10—2006.8
27	范志刚	男	苏浙沪管理处副处长、党支部委员	副处级	2007.5—11
			甘肃管理处副处长、党支部/总支委员	副处级	2007.11—2008.5
			甘肃管理处处长、党总支书记	正处级	2008.5—2011.12
			豫鄂管理处处长、党总支书记	正处级	2012.8—2014.4
			武汉管理处党委书记、副处长	正处级	2014.4—9
			合肥管理处处长、党总支书记	正处级	2014.9—2016.12
			苏北管理处处长、党委书记	正处级	2016.12—2016.12
28	房维龙	男	合同文控处正处级业务主管	正处级	2002.11—2003.3
			工程调度处副处长、党支部委员	正处级	2003.3—2004.2
			规划计划处副处长、党支部委员	正处级	2004.2—2005.3
			规划计划处处长、党支部书记	正处级	2005.3—2011.3；兼任，2011.3—2016.12
			公司总法律顾问	正处级	2011.3—2016.12
29	冯 伟	男	赣湘管理处副处长、党总支委员	副处级	2012.3—2014.9
			南昌管理处副处长、党委委员	副处级	2014.9—2016.12
30	冯 晓	男	陕晋管理处副处长、党支部委员	副处级	2003.7—2004.2
			山西管理处副处长、党支部委员	副处级	2004.3—2005.10
31	冯圭川	女	长宁输气分公司副经理、党委委员	正处级	正处级待遇，2008.5—2011.10
32	冯治平	男	长宁输气分公司副经理、党委委员	副处级	2009.8—2014.4
			银川管理处总会计师、党委委员	副处级	2014.4—2016.12

续表三

序号	姓名	性别	职务	职务级别	任职时间
33	傅文奎	男	总经理办公室(党委办公室)副主任、党支部委员	副处级	2001.9—2003.3
			苏浙沪管理处副处长、党支部委员/副书记	副处级	2003.3—2006.11
			苏浙沪管理处代处长、党支部副书记	副处级	2006.11—2007.3
			苏浙沪管理处处长、党支部/总支书记	正处级	2007.3—2011.11
			储气库项目部(管理处)副经理(副处长)、党总支委员	正处级	2012.11—2014.9
			武汉管理处党委书记、副处长	正处级	2014.9—2015.11
			武汉管理处处长、党委书记	正处级	2015.11—2016.12
34	高峰	男	豫鄂管理处副处长、党支部/总支委员	副处级	2007.6—2012.6
			长沙输气处筹备组副组长、党支部委员	副处级	2012.6—2014.9
			长沙管理处副处长、党总支委员	副处级	2014.9—2016.12
35	高顺华	男	生产运行处副处长、党支部委员	副处级	2003.9—2005.3
			压缩机站工程项目部经理、党支部书记	正处级	2005.3—2006.3,兼任
			压缩机维检中心主任、党支部书记	正处级	2005.3—2007.5
			压缩机站工程项目部副经理	正处级	2006.3—2012.10,兼任
			压缩机处处长、党支部书记	正处级	2007.5—2010.7;兼任,2010.7—2015.9
			公司副总工程师	正处级	2010.7—2016.12
			国家能源天然气长输管道技术装备研发(实验)中心办公室主任	正处级	2012.9—2016.12,兼任
			压缩机管理处处长、党支部书记	正处级	兼任,2015.9—2016.12
36	顾清林	男	新疆管理处副处长、党支部委员	副处级	2003.3—2005.3
			质量安全环保处副处长、党支部委员	副处级	2005.3—2008.5
			甘陕管理处筹备组组长、党支部书记	正处级	2008.5—2010.4
			甘陕管理处处长、党总支/党委书记	正处级	2010.4—2015.11
			管道处(保卫处)处长、党支部书记	正处级	2015.11—2016.12
37	关宏德	男	济青管道工程项目部副经理、党支部委员	副处级	2004.2—2005.4
			冀宁管道工程项目部副经理、党支部委员	副处级	2005.4—2008.3
38	关玉霖	女	市场开发与销售部上海分部主任、党支部委员	副处级	2004.2—2007.6
			市场开发与销售部副经理、党支部委员	副处级	2007.6—2016.12
39	郭宝山	男	工程管理处负责人	副处级	2000.3—2001.4
			工程处处长、党支部书记	正处级	2001.8—2002.7
			工程调度处处长、党支部书记	正处级	2002.7—2004.2
			工程技术处处长、党支部书记	正处级	2004.2—2007.12
			压缩机站工程项目部副经理、党支部委员	正处级	2006.3—2007.12,兼任
40	郭黎明	男	工程技术处副处长、党支部委员	副处级	挂职,2011.3—2012.10
41	国明昌	男	南京计量测试中心副主任、党支部/党总支委员	副处级	2007.5—2016.12

续表四

序号	姓名	性别	职务	职务级别	任职时间
42	韩 辉	男	山西管理处副处长、党支部委员	副处级	2010.3—2016.12
43	韩建强	男	宁陕管理处副处长、党总支委员	副处级	2008.7—2011.8
			赣湘管理处副处长、党总支委员	副处级	2011.8—10
44	韩进河	男	新疆管理处副处长、党总支委员	副处级	2009.8—2011.8
			苏北管理处副处长、党总支委员	副处级	2011.8—2013.1
			培训中心主任、技能鉴定中心主任、党支部委员	副处级	2013.1—2016.12
45	郝兴国	男	市场开发处江苏工作组组长、党支部书记	副处级	2000.10—2001.4
			市场开发与销售部河南分部主任、党支部书记	副处级	2001.9—11
			陕晋管理处副处长、党支部委员	副处级	2001.11—2004.2
			山西管理处副处长、党支部委员	副处级	2004.2—2005.1
			山西管理处处长、党支部书记	正处级	2005.1—2007.6
			科技信息处处长、党支部书记	正处级	2007.6—2016.12
46	何 幸	男	总经理办公室(党委办公室)副主任、党支部委员	副处级	2001.9—2002.6
			合同文控处副处长、党支部委员	副处级	2002.6—2004.2
47	何建宇	男	山西管理处副处长、党支部/总支委员	副处级	2005.10—2009.5
48	贺剑君	男	宁陕管理处副处长、党支部/总支委员	副处级	2005.10—2010.12
49	洪建勇	男	新疆管理处副处长、党支部/总支委员	副处级	2007.6—2010.1
			冀鲁管理处副处长、党总支委员	副处级	2010.1—2011.3
			山西管理处副处长、党总支委员	副处级	2011.3—2012.3
			规划计划处副处长、党支部委员	副处级	2012.3—2016.12
50	胡 峻	男	储气库项目部(管理处)副经理(副处长)、党支部委员	副处级	2006.3—2008.5
			苏北管理处处长、党总支书记	正处级	2008.5—2011.11
			苏浙沪管理处处长、党委书记	正处级	2011.11—2016.12
			浙江管理处处长、党委书记	正处级	2016.12—2016.12
51	黄碧海	男	华中输气分公司副经理、党委委员	副处级	2012.1—2014.4
			武汉管理处副处长、党委委员	副处级	2014.4—9
			合肥管理处副处长、党总支委员	副处级	2014.9—2016.12
52	霍永胜	男	总经理办公室(党委办公室)副主任、党支部委员	副处级	2002.6—2003.3
			甘宁管理处副处长、党支部委员	副处级	2003.3—2004.2
			甘肃管理处副处长、党支部委员/副书记	副处级	2004.2—2007.5
			储气库项目部(管理处)副经理(副处长)、党支部副书记/党委委员	副处级	2007.5—2016.12
			企管法规处(内控与风险管理处)副处长、党支部委员	副处级	2016.12—2016.12
53	贾东卓	男	甘肃管理处副处长、党总支委员	副处级	2009.8—2011.12
54	姜 巍	男	计划财务处负责人	副处级	2000.3—2001.4
			计划财务处处长、党支部书记	正处级	2001.8—2002.6
			财务处处长、党支部书记	正处级	2002.7—2006.6

续表五

序号	姓名	性别	职务	职务级别	任职时间
55	姜昌亮	男	质量安全环保处处长、党支部书记	正处级	2001.11—2006.2
56	姜永涛	男	甘肃管理处副处长、党支部委员	副处级	2006.5—2007.6
			生产运行处副处长、党支部委员	副处级	2007.6—2016.1
			管道处(保卫处)副处长、党支部委员	副处级	2016.1—2016.12
57	矫飒	女	财务处正处级业务主管	正处级	2002.11—2004.2
58	解炳先	男	豫皖管理处副处级业务主管	副处级	2002.11—2004.3
59	靳光辉	男	财务处副处长、党支部委员	副处级	2006.11—2008.9，主持工作，2008.9—2009.5
			财务处处长、党支部书记	正处级	2009.5—2016.12
60	柯兆云	男	山西管理处副处长、党总支委员	副处级	2008.7—2009.8
			豫鄂管理处副处长、党总支委员	副处级	2009.8—2012.3
			广东管理处处长、党委委员	副处级	2012.3—2016.12
61	李波	男	宁陕管理处副处长、党支部委员	副处级	2005.1—2006.1
			压缩机站工程项目部副经理、党支部委员	副处级	2005.3—2006.9，兼任
			宁陕管理处代处长、党支部委员	副处级	2006.1—2007.3
			宁陕管理处处长、党支部/总支书记	正处级	2007.3—2009.3
			生产运行处副处长、党支部委员	副处级	2010.6—2011.11
			质量安全环保处处长、党支部书记	正处级	2011.11—2016.12
62	李超	男	人事处处长、党委组织部部长、党支部书记	正处级	2014.1—2016.12
63	李东	男	冀鲁管理处副处长、党支部/总支副书记	副处级	2006.11—2012.6
			豫皖管理处副处长、党总支委员	副处级	2012.6—2014.9
			合肥管理处副处长、党总支委员	副处级	2014.9—2016.12
64	李恒	男	豫鄂管理处副处长、党总支委员	副处级	2012.3—2014.4
			武汉管理处副处长、党委委员	副处级	2014.4—2016.12
65	李江	男	华中输气分公司经理、华中天然气销售分公司经理、党委书记	正处级	2012.1—2014.4
			武汉管理处处长、党委副书记	正处级	2014.4—2015.7
			南昌管理处处长、党委书记	正处级	2015.7—2016.12
66	李锴	男	市场开发处上海工作组负责人	副处级	2000.10—2001.8
			市场开发与销售部安徽分部主任、党支部书记	副处级	2001.8—2004.2
			市场开发与销售部河南分部主任、党支部书记	副处级	2004.2—2005.10
			冀宁管道工程项目部副经理、党支部委员	副处级	2005.10—2006.3
			冀鲁管理处处长、党支部书记	正处级	2006.3—2007.3，兼任
			苏北管理处处长、党支部书记	正处级	2006.3—2007.5
			生产运行处处长、党支部书记	正处级	2007.5—2016.12
67	李龙	男	储气库项目部(管理处)副经理(副处长)、党支部/党总支/党委委员	副处级	2008.9—2016.12

续表六

序号	姓名	性别	职务	职务级别	任职时间
68	李鸣	男	广西管理处(广西管道工程建设项目部)副处长、党支部委员	副处级	2011.4—2016.12
69	李祥	男	储气库项目部(管理处)副经理(副处长)、党支部/党总支/党委委员	副处级	2008.7—2016.12
70	李国龙	男	征地办公室副主任、党支部委员	副处级	2003.3—2004.2
			管道处副处长、党支部委员	副处级	2004.2—2005.3
			苏浙沪管理处副处长、党支部委员	副处级	2004.2—2005.3
			宁陕管理处副处长、党支部/总支委员	副处级	2005.3—2009.5
			冀鲁管理处副处长、党总支委员	副处级	2009.5—2011.12
71	李国兴	男	工程技术处负责人	副处级	2000.3—2001.4
			技术处(运行准备处)副处长、党支部委员	副处级	2001.4—2002.7
			技术处副处长、党支部委员	副处级	2002.7—2004.2
			储气库管理处处长、党支部书记	正处级	2003.3—9
			储气库项目部(管理处)经理(处长)、党支部书记	正处级	2003.9—2004.7
72	李海川	男	技术处副处长、党支部委员	副处级	2002.11—2004.2
			宁陕管理处副处长、党支部委员	副处级	2004.2—2005.3
			工程技术处副处长、党支部委员	副处级	2005.3—2007.5
			科技信息处副处长、党支部委员	副处级	2007.5—2016.3;兼任,2016.3—2016.12
			科技信息中心副主任、党支部副书记	副处级	2015.6—2016.3
			科技信息中心主任、党支部书记	正处级	2016.3—2016.12
73	李汉彬	男	淮武管道工程项目部副经理、党支部委员	副处级	2004.7—2006.6
			豫鄂管理处副处长、党支部/总支委员	副处级	2006.6—2008.5
			豫鄂管理处处长、党总支书记	正处级	2008.5—2012.8
			审计监察处(纪委办公室)副处长、党支部委员	正处级	2012.8—2016.12
			压缩机站工程项目部党支部书记、副经理	正处级	2016.12—
74	李利军	男	豫皖管理处副处长、党支部/总支委员/副书记	正处级	2007.8—2011.3
			压缩机站工程项目部副经理	正处级	2009.8—2011.3,兼任
			宁陕管理处副处长、党总支委员/书记	正处级	2011.3—7
			宁陕管理处处长、党总支书记	正处级	2011.7—2014.4
			银川管理处处长、党委副书记	正处级	2014.4—2016.12
			物资管理处处长、党支部书记	正处级	2016.12—2016.12
75	李世泉	男	市场开发处负责人	正处级	2000.10—2001.4
			市场开发处安徽工作组组长、党支部书记	正处级	2000.8—2001.2,兼任
			市场开发与销售部经理、党支部书记	正处级	2001.8—2007.7;兼任,2007.7—2015.11

续表七

序号	姓名	性别	职务	职务级别	任职时间
76	李树成	男	投资与计划处	副处级	2003.3—2004.2
			储气库项目部（管理处）副经理（副处长）、党支部委员	副处级	2004.2—2007.5
			培训中心主任、党支部委员	副处级	2007.5—2009.5
			山西管理处处长、党总支书记	正处级	2009.5—2016.12
			合肥管理处处长、党总支书记	正处级	2016.12—2016.12
77	李喜英	女	武汉管理处总会计师、党委委员	副处级	2015.11—2016.12
78	李学军	男	采办处副处长、党支部委员	副处级	2003.3—9
			苏北管理处处长、党支部/总支书记	正处级	2007.5—2008.5
79	栗红英	女	人事处（党委组织部）副处长、党支部委员	副处级	2004.2—2009.5
80	梁 鹏	男	办公室负责人	副处级	2000.3—2001.4
			总经理办公室主任、党支部书记	正处级	2001.5—2001.8
			总经理办公室（党委办公室）主任、党支部书记	正处级	2001.8—2003.3
81	廖 亮	男	总经理办公室（党委办公室）主任、党支部书记	正处级	2003.9—2005.4
82	林泊成	男	甘宁管理处副处长、党支部委员	副处级	2003.3—2004.2
			甘肃管理处副处长、党支部委员	副处级	2004.2—2008.3
			压缩机站工程项目部副经理、党支部委员	副处级	2005.3—2008.3，兼任
83	刘 伟	男	采办处副处长、党支部委员	副处级	2001.8—2004.2
			济青管道工程项目部副经理、党支部委员	副处级	2004.2—2005.3
			冀宁管道工程项目部副经理、党支部委员	副处级	2005.3—2005.12
84	刘春海	男	压缩机维检中心主任、党支部书记	正处级	2004.2—2005.3
			压缩机维检中心副主任、党支部委员	正处级	2005.3—12
85	刘法平	男	山西管理处副处长、党总支委员	副处级	2009.8—2010.4
			赣湘管理处副处长、党总支委员	副处级	2010.4—2013.1
			企管法规处（内控与风险管理处）副处长、党支部委员	副处级	2013.1—2015.11
			质量安全环保处副处长、党支部委员	副处级	2015.11—2016.12
86	刘国兴	男	审计监察处（纪委办公室）副处级监察员、党支部委员	副处级	2005.10—2006.6
87	刘海春	男	压缩机站工程项目部副经理、党支部委员	副处级	2005.3—12
88	刘杰海	男	市场开发与销售部南京分部主任、党支部书记	副处级	2001.8—2003.9
			市场开发与销售部江苏分部主任、党支部书记	副处级	2003.9—2004.2
			新疆管理处副处长、党支部委员	副处级	2004.2—2005.3
			济青管道工程项目部副经理、党支部委员	副处级	2005.3—4，兼任
			冀宁管道工程项目部副经理、党支部委员	副处级	2005.3—2009.9
			管道工程建设项目部副经理、党支部委员	副处级	2009.9—2016.12
89	刘其呆	男	福建管理处筹备组副组长、党支部委员	副处级	2012.3—10
			厦门管理处副处长、党支部/总支委员	副处级	2012.10—2016.12
90	刘维国	男	公司副总工程师	正处级	2012.3—2016.12

续表八

序号	姓名	性别	职务	职务级别	任职时间
91	刘文成	男	采办处处长、党支部书记	正处级	2001.4—2006.6
92	刘晓元	男	山西管理处副处长、党总支委员	副处级	2009.5—2011.3
			冀鲁管理处副处长、党总支委员	副处级	2011.3—12
93	刘雅杰	女	长宁输气分公司总会计师、党委委员	副处级	2008.7—2009.8
			财务处副处长、党支部委员	副处级	2009.8—2012.6
94	刘英男	男	人事处(党委组织部)副处级人事员/业务主管	副处级	2003.3—2005.3
			山西管理处副处长、党支部书记	副处级	2005.3—2007.11
			宁陕管理处副处长、党支部书记	副处级	2007.11—2008.5
			粤桂管理处筹备组组长、党支部书记	正处级	2008.5—2010.4
			粤桂管理处处长、党支部书记	正处级	2010.4—2011.2
			广东管理处处长、党委书记	正处级	2011.2—2015.11
			苏北管理处处长、党委书记	正处级	2015.11—2016.12
			苏浙沪管理处处长、党委书记	正处级	2016.12—2016.12
95	刘永滨	男	甘肃管理处副处长、党总支委员	副处级	2011.2—12
			浙江管理处、党委委员	副处级	2012.8—2016.12
96	刘永社	男	苏北管理处副处长、党总支/党委委员	副处级	2013.2—2016.12
97	刘玉华	男	甘肃管理处副处长、党总支委员/副书记	副处级	2008.7—2010.1
			苏浙沪管理处副处长、党总支副书记	副处级	2010.1—2011.2
			香港支线工程建设项目部经理、党支部书记	副处级	2011.3—2015.7
			深港天然气管道有限公司总经理、党支部书记	副处级	2013.5—2015.7
			江西省天然气投资有限公司总经理	副处级	2015.7—2015.9
			江西省天然气投资有限公司总经理	正处级	2015.9—2016.12
98	陆李	男	长宁输气分公司副经理、党委委员	副处级	2011.3—2012.3
			宁陕管理处副处长、党总支委员	副处级	2012.3—2014.4
			银川管理处副处长、党委委员	副处级	2014.4—2016.3
			银川管理处党委书记、副处长	正处级	2016.3—12
99	陆新东	男	甘肃管理处副处长、党支部/总支委员	副处级	2007.6—2010.12
			广西管理处(广西管道工程建设项目部)筹备组副组长、党支部委员	副处级	2010.12—2011.2
			广西管理处(广西管道工程建设项目部)副处长、党支部委员	副处级	2011.2—2015.2
			郑州管理处副处长、党委委员	副处级	2015.2—2016.12
100	罗松青	男	冀鲁管理处副处长、党支部/总支委员	副处级	2006.5—2009.11
			冀鲁管理处处长、党总支书记	正处级	2009.11—2011.12
			培训中心主任、技能鉴定中心主任、党支部委员	正处级	2012.6—12；2012.10—12 兼任技能鉴定中心主任

续表九

序号	姓名	性别	职务	职务级别	任职时间
101	吕 玲	女	市场开发与销售部上海分部副处级业务主管	副处级	2002.11—2004.2
			审计监察处(纪委办公室)副处级纪检员、党支部委员	副处级	2004.2—2011.11
102	吕 铁	男	市场开发处浙江工作组组长、党支部书记	副处级	2000.7—2001.4
			合同文控处处长、党支部书记	正处级	2001.8—2004.2
			生产运行处副处长、党支部委员	正处级	2004.2—2005.4
			总经理办公室(党委办公室)主任、党支部书记	正处级	2005.4—2015.7
			市场开发与销售部党委书记、副经理	正处级	2015.7—2015.10
			公司总经理助理,市场开发与销售部党委书记、纪委书记	正处级	2015.10—2016.12
103	吕国昭	男	长宁输气分公司副经理、党委委员	正处级	正处级待遇,2008.5—2009.7
104	吕明淳	男	长宁输气分公司党委副书记、副经理	正处级	2008.5—2011.3
			长宁输气分公司副经理、书记	正处级	2011.3—2014.4
			银川管理处党委书记、副处长	正处级	2014.5—2015.7
105	马 涛	男	长宁输气分公司副经理、党委委员	副处级	2009.7—2011.3
106	马丹柯	男	香港支线工程建设项目部副经理、党支部委员	正处级	2011.3—2012.12
107	马骥国	男	豫鄂管理处副处长、党支部/总支委员	副处级	2006.11—2011.6
			压缩机站工程项目部副经理	副处级	2009.8—2011.6,兼任
			福建管理处筹备组副组长、党支部委员	副处级	2011.6—2012.3
			福建管理处筹备组组长、党支部书记	正处级	2012.3—10
			厦门管理处处长、党支部/党总支书记	正处级	2012.10—2016.12
108	马唯衡	男	审计监察处(纪委办公室)处长(主任)、党支部书记	正处级	2004.2—2005.10
109	茆长华	男	审计监察处(纪委办公室)正处级审计员、党支部委员	正处级	2004.2—2005.10
			审计监察处(纪委办公室)处长(主任)、党支部书记	正处级	2005.10—2013.11
110	么惠全	男	新疆管理处副处长、党支部委员	副处级	2001.8—2002.3
			豫皖管理处处长、党支部书记	正处级	2002.3—2005.1
			淮武管道工程项目部经理、党支部书记	正处级	2004.7—2005.3
			管道处处长、党支部书记	正处级	2005.3—2008.10;兼任,2008.10—2015.07
111	苗国顺	男	苏浙沪管理处副处长、党支部委员	副处级	2003.7—2004.4
112	聂玉江	男	新疆管理处副处长、党支部委员	副处级	2004.7—2006.4
113	牛树伟	男	银川管理处副处长、党委委员	副处级	2016.1—2016.12
114	潘文雷	男	审计监察处(纪委办公室)副处级审计员、党支部委员	副处级	2007.6—2016.1
			审计监察处(纪委办公室)副处长、党支部委员	副处级	2016.1—2016.12
115	彭建伟	男	苏北管理处副处长、党支部/党总支/党委委员	副处级	2006.5—2011.11;主持工作,2011.11—2012.3
			苏北管理处处长、党总支/党委书记	正处级	2012.3—2015.11

续表十

序号	姓名	性别	职务	职务级别	任职时间
			南京计量测试中心主任、党总支书记	正处级	2015.11—2016.12
116	戚麟	男	技术处副处长、党支部委员	副处级	2003.3—2004.2
			生产运行处副处长、党支部委员	副处级	2004.2—2006.7
117	钱祖国	男	甘陕管理处副处长、党支部/党总支/党委委员	副处级	2011.5—2016.12
118	邱春斌	男	市场开发与销售部上海分部主任、党支部委员	副处级	2001.9—2004.2
			宁陕管理处副处长、党支部委员	副处级	2004.2—2005.1
			甘肃管理处处长、党支部书记	正处级	2005.1—2008.5
			质量安全环保处处长、党支部书记	正处级	2008.5—2011.11
			工程技术处处长、党支部书记	正处级	2011.11—2015.9
			工程处处长、党支部书记	正处级	2015.9—2016.12
119	任魁	男	市场开发处河南工作组组长、党支部书记	副处级	2000.8—2001.3
			市场开发与销售部副经理、党支部委员	副处级	2001.3—2003.2
			对外合作办公室销售组副组长、党支部委员	副处级	2003.2—2008.5
			赣湘管理处筹备组组长、党支部书记	正处级	2008.5—2010.4
			赣湘管理处处长、党支部书记	正处级	2010.4—2014.9
			南昌管理处处长、党总支/党委书记	正处级	2014.9—2015.7
			办公室(党委办公室)主任、党支部书记	正处级	2015.07—2016.12
120	任建波	男	浙江管理处副处长、党总支委员	副处级	2011.2—2012.12
			香港支线工程建设项目部副经理、党支部委员	副处级	2012.12—2015.11
			管道工程建设项目部副经理、党支部委员	副处级	2015.11—2016.12
121	任卫东	男	华中输气分公司副经理、华中天然气销售分公司副经理、党委委员	副处级	2012.1—2014.4
			武汉管理处副处长、党委委员	副处级	2014.4—2014.9
			长沙管理处副处长、党总支委员	副处级	2014.9—2015.7
122	沈敏	男	长宁输气分公司副经理、党委委员	正处级	正处级待遇,2008.5—2013.12
123	师建光	男	粤桂管理处筹备组副组长、党支部委员	副处级	2009.8—2010.4
			粤桂管理处副处长、党支部委员	副处级	2010.4—2011.2
			广东管理处副处长、党支部/党委委员	副处级	2011.2—2015.7
			市场开发与销售部副经理、党支部委员	副处级	2015.7—2016.12
124	史玉海	男	新疆管理处处长、党支部书记	正处级	2001.8—2005.1
			淮武管道工程项目部经理、党支部书记	正处级	2005.3—2006.6
			豫鄂管理处处长、党总支书记	正处级	2006.6—2008.5
			企业文化处(党群工作处)处长、党支部书记	正处级	2008.5—2016.12
125	宋红兵	男	压缩机站工程项目部副经理、党支部委员	副处级	2006.5—2009.7
			宁陕管理处副处长、党支部委员	副处级	2006.5—2009.7

续表十一

序号	姓名	性别	职务	职务级别	任职时间
			冀宁管道工程项目部副经理、党支部委员	副处级	2009.3—8
			管道工程建设项目部副经理、党支部委员	副处级	2009.9—2011.4
			豫皖管理处副处长、党支部/总支委员/副书记	副处级	2011.4—2014.9
			郑州管理处副处长、党委委员	副处级	2014.9—2016.3
			郑州管理处党委书记、副处长	正处级	2016.3—2016.12
			山西管理处处长、党总支书记	正处级	2016.12—2016.12
126	苏胜柱	男	陕晋管理处副处长、党支部委员	副处级	2001.12—2002.11
			陕晋管理处处长、党支部书记	正处级	2002.11—2004.2
127	孙杰	男	华中输气分公司党委书记、副经理	正处级	2012.1—2
128	孙健桃	男	豫皖管理处副处长、党总支委员	副处级	2008.7—2011.4
			管道处副处长、党支部委员	副处级	2011.4—2015.9
			管道处(保卫处)副处长、党支部委员	副处级	2015.9—2015.11
			甘陕管理处副处长、党委副书记,主持工作	副处级	2015.11—2016.3
			甘陕管理处处长、党委书记	正处级	2016.3—2016.12
129	孙启敬	男	新疆管理处副处长、党总支委员	副处级	2007.6—2011.1
			压缩机站工程项目部副经理	副处级	2009.5—2011.1
			豫皖管理处处长、党总支委员	副处级	2011.1—2012.8
			苏浙沪管理处副处长、党总支/党委委员	副处级	2012.8—2015.11
			长沙管理处副处长、党总支副书记,主持工作	副处级	2015.11—2016.3
			长沙管理处处长、党总支书记	正处级	2016.3—2016.12
130	孙延明	男	储气库项目部(管理处)副经理(副处长)、党委委员	副处级	2011.8—2014.4
131	孙振祥	男	市场开发与销售部安徽分部主任	正处级	2004.2—2006.11
			市场开发与销售部副经理、党支部委员	正处级	2006.11—2015.7
			市场开发与销售部经理、党支部委员	正处级	2015.7—2016.12
132	谭剑	男	甘肃管理处副处长、党总支委员	副处级	2010.3—2011.8
			苏浙沪管理处副处长、党总支/党委委员	副处级	2011.8—2016.12
133	唐善华	男	压缩机维检中心副主任、党支部委员	副处级	2004.4—2005.3
			新疆管理处副处长、党支部委员	副处级	2005.3—2006.7
			压缩机站工程项目部副经理	副处级	2005.3—2006.8,兼任
134	王力	男	苏浙沪管理处副处长、党支部/总支委员	副处级	2004.4—2010.4
			粤桂管理处副处长、党支部委员	副处级	2010.4—12
			广西管理处(广西管道工程建设项目部)筹备组副组长、党支部委员	副处级	2010.12—2011.2
			广西管理处(广西管道工程建设项目部)副处长、党支部委员	副处级	2011.2—2016.1
			合肥管理处副处长、党总支委员	副处级	2016.1—2016.12

续表十二

序号	姓名	性别	职　　务	职务级别	任职时间
135	王宁	女	计划财务处负责人	副处级	2000.3—2001.4
			计划财务处副处长、党支部委员	副处级	2001.8—2003.3
			财务处副处长、党支部委员、对外合作办公室销售组组长	正处级	2003.3—2004.6
			财务处副处长、党支部委员、内控项目组负责人	正处级	2004.6—2006.6
			财务处处长、党支部书记	正处级	2006.6—2008.9
			内部控制办公室主任、党支部书记	正处级	2006.7—2007.6
136	王北川	男	豫鄂管理处副处长、党总支委员	副处级	2008.7—2014.4
			武汉管理处副处长、党委委员	副处级	2014.4—2016.1
			苏浙沪管理处副处长、党委委员	副处级	2016.1—2016.12
137	王发展	男	压缩机站工程项目部副经理	副处级	2006.5—2010.1
			山西管理处副处长、党支部/总支委员	副处级	2006.5—2010.1
			管道处副处长、党支部委员	副处级	2010.1—2011.4
			广东管理处副处长、党总支/党委委员	副处级	2011.4—2012.3
			福建管网项目部经理、党支部书记	副处级	2012.6—2014.12
			管道工程建设项目部副经理、党支部委员	副处级	2014.12—2015.7
			香港支线工程建设项目部经理、党支部书记	副处级	2015.7—2015.12
			深港天然气管道有限公司总经理、党支部书记	副处级	2015.7—2016.12
138	王海峰	男	郑州管理处副处长、党委委员	副处级	2016.1—2016.12
139	王劲松	男	南京计量测试中心主任、党支部副书记	副处级	2006.3—2007.1
			苏浙沪管理处副处长、党支部委员	副处级	2006.3—2007.1
			南京计量测试中心副主任、党支部委员	副处级	2007.1—2009.5
			南京计量测试中心主任、党支部/总支书记	正处级	2009.5—2015.11
			厦门管理处副处长、党支部委员	正处级	2015.11—2016.12
140	王培鸿	男	豫皖管理处副处长、党支部/党总支委员	副处级	2007.6—2011.1
			宁陕管理处副处长、党支部委员	副处级	2011.1—2014.4
			银川管理处副处长、党委委员	副处级	2014.4—2016.12
141	王尚林	男	苏浙沪管理处副处长、党支部/总支委员	副处级	2005.10—2011.8
			甘陕管理处副处长、党总支/党委委员	副处级	2011.8—2016.12
142	王树辉	男	山西管理处副处长、党总支委员	副处级	2016.1—2016.12
143	王小平	男	合同文控处处长、党支部书记	正处级	2001.4—2001.8
			苏浙沪管理处处长、党支部书记	正处级	2001.8—2005.3
			生产运行处处长、党支部书记	正处级	2005.3—2007.4
144	王小彤	女	内部控制办公室副主任、党支部委员	副处级	2006.11—2012.8
			企管法规处(内控与风险管理处)副处长、党支部委员	正处级	2012.4—2012.8
			企管法规处(内控与风险管理处)处长、党支部书记	正处级	2012.8—2016.12

续表十三

序号	姓名	性别	职务	职务级别	任职时间
145	王宜建	男	工程调度处副处长、党支部委员	副处级	2003.3—2004.2
			济青管道工程项目部副经理、党支部委员	副处级	2004.2—7
			淮武管道工程项目部副经理、党支部委员	副处级	2004.7—2006.6
			豫鄂管理处副处长、党支部委员	副处级	2006.6—2007.5
			管道处副处长、党支部委员	副处级	2007.5—6
			压缩机站工程项目部副经理、党支部委员	副处级	2007.6—2008.5
			压缩机站工程项目部经理、党支部书记	正处级	2008.5—2011.3
			广西管理处(广西管道工程建设项目部)筹备组组长、党支部书记	正处级	2011.2—2011.3
			广西管理处(广西管道工程建设项目部)处长、党支部书记	正处级	2011.3—2016.12
			管道工程建设项目部经理、党支部副书记	正处级	2016.12—2016.12
146	王玉光	男	甘肃管理处副处长、党支部委员	副处级	2005.10—2007.9
147	魏东吼	男	储气库项目部(管理处)经理(处长)、党支部委员	正处级	2004.7—2007.11
148	吴东旭	男	苏北管理处副处长、党支部委员	副处级	2006.5—2009.8
			山西管理处副处长、党支部/总支委员	副处级	2009.8—2011.3
			工程技术处副处长、党支部委员	副处级	2011.3—2015.9
			工程处副处长、党支部委员	副处级	2015.9—2016.12
149	吴惠明	男	新疆管理处副处长、党总支委员	副处级	2009.8—2011.12
			财务处副处长、党支部委员	副处级	2012.6—2016.12
150	吴锦强	男	新疆管理处副处长、党支部委员	副处级	2006.4—2008.7
151	吴锡合	男	总经理办公室(党委办公室)副主任、党支部委员	副处级	2003.3—2005.3
			新疆管理处副处长、党支部委员	副处级	2005.3—2007.5
			新疆管理处处长、党支部/总支书记	正处级	2007.5—2009.3
			浙江管理处筹备组组长、党支部书记	正处级	2009.3—2010.4
			质量安全环保处副处长	正处级	2009.8—2010.10
			浙江管理处处长、党总支/党委书记	正处级	2010.4—2016.12
			企业文化处(党群工作处)处长、党支部书记	正处级	2016.12—2016.12
152	吴志平	男	管道处副处长、党支部委员	副处级	2006.5—2007.8
153	夏庆武	男	豫皖管理处副处长、党支部委员	副处级	2001.12—2002.11
			甘宁管理处副处长、党支部委员	副处级	2002.11—2004.2
			甘肃管理处副处长、党支部委员	副处级	2004.2—2006.4
			豫皖管理处副处长、党支部/总支委员	副处级	2006.4—2008.6；2008.6—2013.10
			压缩机站工程项目部副经理	副处级	2006.9—2009.8
			科技信息处副处级干部	副处级	借调,2011.3—2013.10

续表十四

序号	姓名	性别	职 务	职务级别	任职时间
154	项卫东	男	新疆管理处副处长、党总支委员	副处级	2011.2—12
			广东管理处副处长、党委委员	副处级	2012.8—2016.12
155	肖德刚	男	宁陕管理处副处长、党总支委员	副处级	2009.8—2011.5
156	胥晓莹	女	合同文控处副处长、党支部委员	副处级	2001.8—2004.2
			总经理办公室(党委办公室)副主任、党支部委员	副处级	2004.2—2008.5
157	徐高峰	男	福建管理处筹备组副组长、党支部委员	正处级	2012.6—10
			厦门管理处副处长、党支部/总支委员	正处级	2012.10—2015.7
158	徐国瀚	男	江苏如东联合管道有限公司总经理、党支部书记	正处级	2015.7—2016.12
159	许德华	男	采办处副处长	副处级	2006.9—2015.9
			物资管理处副处长	副处级	2015.9—2016.12
160	杨贵山	男	征地办公室主任、党支部书记	正处级	2001.11—2004.2
			管道处处长、党支部书记	正处级	2004.2—2005.3
161	杨海军	男	储气库项目部(管理处)副经理(副处长)、党支部委员	副处级	2005.3—2007.11
			储气库项目部(管理处)经理(处长)、党支部/党总支/党委书记	正处级	2007.11—2016.4
162	杨乃群	男	工程技术处副处长、党支部委员	副处级	2009.10—2011.3
			压缩机站工程项目部副经理、党支部委员	副处级	2011.3—2016.12
163	杨庆朝	男	人事处处长、党委组织部部长、党支部书记	正处级	2001.8—2007.7;兼任,2007.7—2013.9
164	尹旭东	男	新疆管理处副处长、党总支委员	副处级	2008.7—2009.8
			人事处(党委组织部)副处长、党支部委员	副处级	2009.8—2016.12
165	于铁民	男	总经理办公室(党委办公室)副主任、党支部委员	副处级	2008.7—2015.09
			办公室(党委办公室)副主任、党支部委员	副处级	2015.09—2016.01
			审计监察处(纪委办公室)副处长、党支部委员	副处级	2016.1—2016.12
166	余 曦	男	豫皖管理处副处长、党支部委员	副处级	2002.8—2003.9
			新疆管理处处长、党支部书记	正处级	2005.1—2007.5
			质量安全环保处处长、党支部书记	正处级	2007.5—2008.5
167	袁少山	男	冀宁管道工程项目部副经理、党支部委员	副处级	2008.7—2009.9
			管道工程建设项目部副经理、党支部委员	副处级	2009.9—2016.12
168	张 栋	男	甘肃管理处副处长、党支部/总支委员	副处级	2007.11—2009.11
169	张 帆	男	项目经理部	副处级	2000.3—2001.4
			工程处处长、党支部书记	副处级	2001.8—2002.7
			工程调度处副处长、党支部委员	副处级	2003.3—2004.2
			生产运行处处长、党支部书记	正处级	2003.3—2005.3
			苏浙沪管理处处长、党支部书记	正处级	2005.3—2006.11
170	张 龙	男	人事处(党委组织部)副处级人事员	副处级	2001.11—2003.3

续表十五

序号	姓名	性别	职务	职务级别	任职时间
			豫皖管理处副处长、党支部委员	副处级	2003.3—2007.5
			豫皖管理处处长、党支部/总支书记	正处级	2007.5—2014.9
			郑州管理处处长、党委书记	正处级	2014.9—2016.12
171	张存生	男	陕晋管理处副处长、党支部委员	副处级	2003.7—2004.2
			宁陕管理处副处长、党支部委员	副处级	2004.3—2005.9
			长宁输气分公司副经理、党委委员	副处级	2008.10—2009.7
172	张德庆	男	浙江管理处副处长、党委委员	副处级	2013.2—2016.12
173	张贵喜	男	华中输气分公司副经理、党委委员	副处级	2012.1—2014.4
			豫鄂管理处副处长、党总支委员	副处级	2013.7—12
			武汉管理处副处长、党委委员	副处级	2014.4—2016.12
174	张洪文	男	甘肃管理处副处长、党总支委员	副处级	2010.3—2011.12
			山西管理处副处长、党总支委员	副处级	2012.8—2016.12
175	张火箭	男	苏浙沪管理处副处长、党总支委员	副处级	2009.8—2012.8
			南京计量测试中心副主任、党支部/总支委员	副处级	2012.8—2016.12
176	张继成	男	公司团委书记、企业文化处(党群工作处)副处长、党支部委员	副处级	2009.10—2016.12
177	张继恩	男	华中输气分公司副经理、党委委员	副处级	2011.12—2012.6；2013.10—2014.4
			长沙输气处筹备组副组长、党支部委员	副处级	2012.6—2014.9
			长沙管理处副处长、党总支委员	副处级	2014.9—2016.12
178	张军强	男	企业文化处(党群工作处)副处长、党支部委员	副处级	2006.11—2016.1
			武汉管理处副处长、党委副书记	副处级	2016.1—2016.12
179	张昆锋	男	总经理办公室(党委办公室)副主任、党支部委员	副处级	2007.6—2007.11
			山西管理处副处长、党支部/总支委员	副处级	2007.11—2009.8
			苏北管理处副处长、党委委员	副处级	2009.8—2016.12
180	张乐海	男	苏北管理处副处长、党支部/总支委员	副处级	2006.11—2011.8
			审计监察处(纪委办公室)副处级纪检员、党支部委员	副处级	2011.8—2016.1
			办公室(党委办公室)副主任、党支部委员	副处级	2016.01—2016.12
181	张力伟	男	苏浙沪管理处副处长、党支部委员	副处级	2001.8—2004.2
			宁陕管理处处长、党支部书记	正处级	2004.2—2006.5
			冀鲁管理处处长、党支部书记	正处级	2007.3—2009.11
			培训中心主任、党支部委员	正处级	2009.11—2011.3
			住房制度改革领导小组办公室主任、党支部委员	正处级	2011.3—2012.9
			上海盛大基地置业有限公司常务副经理、党支部委员	正处级	2011.3—2012.10，兼任；2012.10—2016.12
182	张向阳	男	计划与投资处处长、党支部书记	正处级	2002.06—2004.02
			规划计划处处长、党支部书记	正处级	2004.02—2005.03

续表十六

序号	姓名	性别	职　　务	职务级别	任职时间
183	张兴盛	男	长宁输气分公司副经理、党委委员	副处级	2009.8—2013.12
			合肥管理处副处长、党总支委员	副处级	2014.9—2016.1
			生产运行处副处长、党支部委员	副处级	2016.1—2016.12
184	张英辰	男	采办处副处长、党支部委员	副处级	2001.8—2003.2
185	张玉良	男	新疆管理处副处长、党支部委员	副处级	2002.8—2003.3
			市场开发与销售部上海分部副处级业务主管	副处级	2003.3—2004.2
			市场开发与销售部江苏分部主任、党支部书记	副处级	2004.2—2006.5
			冀鲁管理处副处长、党支部委员	副处级	2006.5—2009.12
186	张郁文	男	新疆管理处副处长、党支部委员	副处级	2001.8—2005.3
			豫皖管理处副处长、党支部委员	副处级	2005.3—2006.6
			审计监察处(纪委办公室)副处级监察员、党支部委员	副处级	2006.6—2007.5
			工程技术处副处长、党支部委员	副处级	2007.5—2008.5
			工程技术处处长、党支部书记	正处级	2008.5—2011.3
			压缩机站工程项目部经理、党支部书记/副书记	正处级	2011.3—2016.12
187	张兆军	男	宁陕管理处副处长、党总支委员	副处级	2011.8—2014.4
			银川管理处副处长、党委委员	副处级	2014.4—2016.12
188	张志方	男	规划计划处副处长、党支部委员	副处级	2007.6—2016.12
189	张志胜	男	质量安全环保处副处长、党支部委员	副处级	2007.6—2011.11；2012.1—2015.11
			广东管理处副处长、党委副书记,主持工作	副处级	2015.11—2016.3
			广东管理处处长、党委书记	正处级	2016.3—2016.12
190	赵 罡	男	宁陕管理处副处长、党支部委员	副处级	2005.3—2007.6
			山西管理处处长、党支部/总支书记	正处级	2007.6—2009.5
			宁陕管理处处长、党总支书记	正处级	2009.5—2011.3
			工程技术处处长、党支部书记	正处级	2011.3—11
191	赵万里	男	宁陕管理处副处长、党总支委员	副处级	2009.8—2011.2
			苏浙沪管理处副处长、党总支/党委委员	副处级	2011.2—2016.12
192	赵钟明	男	苏浙沪管理处副处长、党支部委员	副处级	2002.8—2005.3
			新疆管理处副处长、党支部委员	副处级	2005.3—2007.6
			冀宁管道工程项目部经理、党支部书记	正处级	2007.6—2009.9
			管道工程建设项目部经理、党支部书记	正处级	2009.9—2016.12
193	郑宏伟	女	生产运行处副处长、党支部委员	副处级	2008.7—2016.12
194	周 蓓	女	人事处(党委组织部)副处长、党支部委员	副处级	2013.2—2016.12
195	周 毅	男	山西管理处副处长、党总支委员	副处级	2012.3—2016.1
			甘陕管理处副处长、党委委员	副处级	2016.1—2016.12

续表十七

序号	姓名	性别	职务	职务级别	任职时间
196	周德义	男	华中输气分公司副经理、华中天然气销售分公司副经理、党委委员	副处级	2012.1—2014.4
			武汉管理处副处长、党委委员	副处级	2014.4—2016.12
197	周凤川	男	江西省天然气投资有限公司总经理	正处级	2010.8—2015.7
198	周军峰	男	广东管理处副处长、党委委员	副处级	2015.7—2016.12
199	周丽萍	女	甘陕管理处筹备组副组长、党支部委员	副处级	2009.8—2010.4
			甘陕管理处副处长、党支部/党委委员	副处级	2010.4—2015.10
200	周书仲	男	压缩机站工程项目部副经理、党支部委员	副处级	2005.10—2007.5
			压缩机处副处长、党支部委员	副处级	2005.10—2015.9
			国家能源天然气长输管道技术装备研发(实验)中心办公室副主任	副处级	2012.9—2016.12,兼任
			压缩机管理处副处长	副处级	2015.9—2016.12
201	朱凤敏	女	总经理办公室(党委办公室)副主任、党支部委员	副处级	2007.6—2015.09
			办公室(党委办公室)副主任、党支部委员	副处级	2015.09—2016.12
202	邹德宏	男	管道工程建设项目部副经理、党支部委员	副处级	2011.5—2012.6
			江西省天然气投资有限公司副总经理	副处级	2012.6—2016.12
203	邹力军	男	甘肃管理处副处长、党支部委员	副处级	2004.7—2005.9

大 事 记

1998年

3月

23日　国家发展计划委员会印发《关于开展全国天然气利用规划工作的通知》（计交能〔1998〕502号），肯定了中国石油集团公司在前几年论证的基础上提出的全国天然气管道干线框架及与之相配套的局部管网方案，明确要建设新疆至上海的天然气管道东西主干线。

7月

5—6日　中共中央总书记、国家主席江泽民视察塔里木油田。马富才代表总公司汇报了新疆石油工业发展情况和中国石油集团公司组建后的发展设想。

16日　中共中央政治局常委、国务院总理朱镕基将"横跨我国东西天然气干线和局部地区管网列入重要的基础建设项目"建议批转国家计委进行研究。

8月

29日　中国石油集团公司向国家发展计划委员会上报《关于开展天然气西气东输建设项目可行性研究的请示》（中油计字〔1998〕81号），并建议国家发展计划委员会正式行文下达开展西气东输建设项目预可行性研究的通知。

9月

17—18日　国家发展计划委员会在北京组织召开首次全国天然气利用规划工作会议。中国石油规划总院向大会汇报了天然气利用规划工作。

10月

3日　国家发展计划委员会批复同意中国石油集团公司开展西气东输建设项目预可行性研究的请示。

1999年

1月

中国石油集团公司召开工作会议，明确加速启动西气东输工程。

5月

14日　中国石油集团公司正式批准大直缝钢管项目可行性研究报告(中油计字〔1999〕第235号)。

8月

21—23日　中国石油集团公司邀请中国国际工程咨询公司到塔里木油田考察,确定塔里木已经初步具备作为西气东输资源基地的条件,希望继续加快天然气勘探步伐,加快气藏描述工作,为西气东输工程开展做好充分准备。

27日　中国石油集团公司规划设计局向国家发展计划委员会经济预测司上报关于《西气东输建设项目预可行性研究报告》(计划字〔1999〕82号)。

10月

12日　国家环境保护总局印发《关于西气东输工程使用大口径直缝钢管请示的批复》(环函〔1999〕356号),正式批准西气东输管道工程大直缝项目环境影响报告。

19日　中共中央政治局常委、国务院副总理吴邦国主持会议,研究新疆天然气输送上海的有关问题。

12月

10日　国家经济贸易委员会主任盛华仁到塔里木考察天然气资源;随后给朱镕基和吴邦国同志提交了关于新疆天然气资源情况的调查报告。

2000年

1月

31日　中国石油集团公司召开总经理办公会议,讨论西气东输工程有关问题,审定呈送国务院总理办公会议的有关材料及汇报稿。

2月

14日　中共中央政治局常委、国务院总理朱镕基主持召开总理办公会议,听取国家发展计划委员会和中国石油股份公司关于西气东输工程资源、市场及技术、经济可行性等论证汇报。

23日　中国石油集团公司副总经理、中国石油股份公司总裁黄炎宣布中国石油集团公司党组决定:陈吉庆任中国石油集团公司西气东输工程建设领导小组副组长、中国石油股份公司西气东输工程项目经理部总经理。

28日　《人民日报》、中央电视台播发消息:国务院听取西气东输工程论证汇报,肯定工程是造福新疆人民的大好事。

28日　西气东输项目天然气购销及管道运输意向书签字仪式在北京举行。

3月

2日　中国石油集团公司印发《关于成立中国石油集团公司西气东输工程领导小组的通知》(中国石油人字〔2000〕69号)。

8日　中国石油股份公司印发《关于成立西气东输工程项目经理部的通知》(石油人字〔2000〕57号),成立中国石油股份公司西气东输工程项目经理部。

15日　中共中央政治局常委、国务院总理朱镕基在北京人民大会堂会见前来采访九届全国人大三次会议的中外记者时,宣布"国家已经决定修建从新疆直达上海,经过8个省、自治区、直辖市,长达4 200公里的西气东输工程"。

25日　国家发展计划委员会在北京召开西气东输工程工作会议。会议宣布,经国务院批准成立西气东输工程建设领导小组,张国宝任领导小组组长。

25—26日　国家西气东输工程建设领导小组第一次工作会议在北京召开。

5月

1日　国家发展计划委员会向国务院呈报《关于西气东输管道工程对外合作有关问题的请示》(计产业〔2000〕512号)。就西气东输管道工程对外合作的方式、融资、伙伴选择方式和谈判原则、工程建设原则等方面进行请示。

10日　中国石油集团公司科技发展部在京组织召开西气东输大口径钢管国产化论证会。

29日　西气东输设计联合体正式成立,规划总院、管道工程有限公司、四川石油设计院在北京举行西气东输工程项目设计联合体三方会谈,并签署协议。

6月

1日　西气东输大口径输气钢管国产化研制项目正式启动。

8日　中共中央政治局常委、国务院总理朱镕基在国家发展计划委员会上报的《关于西气东输工程对外合作有关问题的请示》作出批示。

15日　中国石油集团公司副总经理、中国石油股份公司总裁黄炎与西气东输项目部总经理陈吉庆在北京签署授权委托书,中国石油股份公司授权西气东输项目部负责人代表中国石油股份公司承担项目前期工作及工程管理工作。

23日　国家西气东输工程建设领导小组组长张国宝在国家发展计划委员会主持召开西气东输工作汇报会。

30日　中国石油股份公司向国家发改委报送《西气东输管道工程项目建议书》(中油股字〔2000〕第233号)。

7月

12日　国家发展计划委员会和中国石油集团公司在北京长城饭店举行西气东输工程新闻发布会,西气东输对外招商工作启动。

8月

23日　国务院召开第76次总理办公会议,批准西气东输工程项目立项。

9月

7日　中共中央政治局常委、国务院总理朱镕基考察塔里木油田,听取中国石油集团公司总经理马富才关于西气东输工程启动资源基础落实情况的汇报。

25—27日　由西气东输项目部主办,中国科学院金属研究所协办,中外专家联合主持的"高压输气管道延性断裂及止裂国际研讨会"在河北省廊坊市召开。

29日　西气东输价格研究课题组正式成立。

10月

16日　西气东输价格研究课题组在京召开第一次会议,西气东输价格研究工作正式启动。

12月

8日　国家发展计划委员会副主任、国家西气东输工程建设领导小组组长张国宝在北京主持召开西气东输工程项目进展情况汇报会。会议就管道走向等11个方面的问题进行了研究和明确。

12日　国家发展计划委员会印发《关于西气东输管道工程招商工作的批复》(计产业〔2000〕2310号)。

26日　中国石油集团公司在《人民日报》(海外版)和《中国日报》发布西气东输工程招商公告,同时向90家外国公司和机构发出了招商邀请书。

27日　西气东输项目部召开专题会议,研究部署下阶段X70钢、钢管生产及试验的有关工作。

2001 年

2月

9日　西气东输对外招标工作正式启动。

10日　西气东输下游工作会议在上海召开。

13—15日　西气东输项目部在北京组织召开西气东输管道工程技术与装备研讨会，30余家国内外著名管道工程、施工装备公司的代表及国内知名管道工程专家出席会议。

28日　国家西气东输领导小组办公室与中国石油股份公司在北京联合举行西气东输天然气购销及管道运输意向书签字仪式。

3月

1—3日　西气东输管道工程可行性研究阶段咨询服务招标开标仪式及评标会在北京召开。

15日　西气东输工程钢管国产化工作正式启动。

15—16日　西气东输价格研究工作协调会在上海召开。

27—28日　国家西气东输领导小组办公室、中国机械工业联合会、西气东输项目部在北京联合召开西气东输工程建设装备国产化会议。

4月

22日　中国石油股份公司印发文件（石油人字〔2001〕113号），中国石油股份公司董事会第十次会议决定将"西气东输工程项目西气东输项目部"更名为"中国石油股份公司西气东输中国石油管道分公司"或"中国石油股份公司西气东输管道公司"，简称"中国石油西气东输管道公司"或"西气东输管道公司"。

5月

15日　外商参与西气东输管道工程项目招商递交投资建议工作结束，共收到由12家外商分别组成的7家集团递交的西气东输管道工程项目投资建议书。

21日　西气东输采办第一标——西气东输工程用首批直缝埋弧焊钢管招标项目开标。

28日　西气东输管道公司召开招标委员会第二次会议，同意美国环球工程服务公司为西气东输管道工程国外监理咨询服务招标中标商；欧洲钢管公司为西气东输管道首批直缝钢管第一中标商；原则同意西气东输管道公司关于管道工程国内监理招标框架方案。

30日　国家发展计划委员会批复中国石油股份公司《关于西气东输管道工程外商投资建议书评估意见及有关问题的报告》（计办产业〔2001〕604号），同意中国石油股份公司关于拟定埃克森美孚集团、壳牌公司、BP集团为招商评估第一轮名单的意见，要求按照国家计委产业〔2001〕2310号文件精神，根据实际情况确定中外合营方式、投资股比等。

6月

21日　国土资源部与中国石油股份有限公司在河南省郑州市联合召开西气东输工程建设用地协调会。

7月

1日　塔里木油田分公司迪那2井测试放喷成功，证实了天然气资源量达1500多亿立方米的迪那气田的存在，西气东输工程二期资源初步落实。

4—6日　西气东输照付不议合同文本研讨会在河南省郑州市召开。

7日　国家有关部门向西气东输管道公司颁发营业执照，西气东输管道公司各项工作开始按照《公司法》运作。

7日　西气东输设计联合体可行性研究工作正式启动。

8日　承担西气东输工程用管任务的我国第一条国产化大口径螺旋焊钢管生产线在华北石油钢管厂正式投产。

12—15日　塔里木牙哈凝析气田通过中国石油股份公司组织的竣工验收，它对西气东输气田建设具有重要的先导作用。

24日　西气东输项目招商合作谅解备忘录签署。

28日　西气东输首条大口径钢管外防腐生产线在华北一机厂投产，该厂成为国内首家具备批量生产防腐大口径钢管的能力。

8月

2日　中共中央政治局常委、国务院总理朱镕基签署第313号国务院令，公布《石油天然气管道保护条例》，即日起施行。

24日　《西气东输工程水土保持方案》通过水利部组织的专家评审。

26日　管道局举行西气东输工程建设誓师大会。

9月

7日　中共中央政治局常委、国务院总理朱镕基在新疆轮南考察时发表讲话表示：西气东输项目国务院已经批准立项，国家要投资1 200亿元，配套建设800亿元，建设4 000公里管道，要在中国的地图上画上浓浓的一笔。

9—10日　国家西气东输工程建设领导小组在上海召开第三次工作会议。会议主要审议西气东输工程项目可行性研究报告和项目可行性研究评估报告，研究和协调工程开工前需要准备的工作和亟须解决的问题，动员和布置下一阶段工作。

21—24日　西气东输价格研究工作总结会在乌鲁木齐市召开。

22日　西气东输工程新疆试验段现场演示会在新疆库尔勒西26公里314国道北侧成功举办。

26日　长江三江口盾构穿越工程开工。

28日　江苏至上海试验段正式开工。

11月

30日　西气东输工程施工准备协调会召开，会议成立西气东输工程施工协调组，负责协调西气东输工程试验段及正式开工后施工中存在的问题。

12月

12日　国务院第117次总理办公会议审议西气东输工程可行性研究报告，一致同意可行性研究和与外方谈判的主要程序。

24日　国家西气东输工程建设领导小组在北京召开第四次工作会议，对西气东输工程下一步工作进行了部署。

29日　中国石油股份公司与壳牌国际天然气有限公司、俄罗斯天然气股份有限公司、俄罗斯动力机械有限公司、香港中华煤气有限公司签署为西气东输合营框架协议奠定基础的阶段性协议。

31日　国家发展计划委员会正式批准《西气东输工程可行性研究报告》（计产业〔2001〕2857号）。

2002年

1月

25日　国家发展计划委员会印发业经国务院批准的《西气东输工程可行性研究报告》（计产业〔2001〕2857号）。

2月

5日　西气东输工程新闻发布会在北京梅地亚新闻中心举行，张国宝宣布国务院正式批准《西气东输工程项目可行性研究报告》；马富才宣布中国石油将对西气东输管道施工周期较长的河流穿越工程及江南水网地段的试验性工程先行开工建设。

4月

27日　西气东输征地会议在南京召开。

5月

15日　中国石油委托中国价格协会与世界银行就西气东输管道运价规则联合开展研究，以便为制定西气东输管道价格或运价规则提供参考依据。

20日　西气东输管道工程初步设计审查会在河北省廊坊市召开。

6月

21日　首批国产X70钢级大口径直缝弧焊管从华北石油一机厂运往陕西省子长县施工现场。

7月

3日　中共中央总书记江泽民致信祝贺西气东输工程全线开工。

3日　国家发展计划委员会下发《关于下达2002年第五批基本建设新开工大中型项目计划的通知》（计投资〔2002〕1049号），西气东输管道工程名列其中。

4日　西气东输工程开工典礼在北京隆重举行，人民大会堂为主会场，下设塔里木油田、新疆库尔勒、陕晋、江苏无锡、上海白鹤镇5个分会场。

4日　中共中央政治局常委、国务院总理朱镕基接见参加西气东输工程开工典礼的外国企业家。

4日　中国石油与英荷皇家壳牌集团、俄罗斯天然气中国石油股份公司、埃克森美孚公司在人民大会堂签署了《西气东输工程合营框架协议》，确立了中外合作在上中下游全面合作的法律依据和程序。国务院副总理吴邦国出席签字仪式。

27日　西气东输国产化重点建设项目——我国首条JCOE大口径直缝埋弧焊钢管生产线举行隆重开工典礼。

8月

27日　中共中央政治局常委、国务院副总理吴邦国带领国家计委、铁道部、民航总局等部委负责人莅临新疆视察西气东输2标段。

31日　西气东输工程试压方案通过审查。

9月

6日　西气东输销售临时管理委员会在北京成立并召开第一次会议。销售临时委员会共有9名委员，其中，中方委员5名，外方委员4名，主席由谢戈果担任，副主席由国际石油公司薄志华担任。

20日　西气东输管道临时管理委员会成立并召开第一次会议。

21日　西气东输工程线路截断阀项目开标。

26日　"西气东输万里行"新闻采访活动启动。

29日　国家文物局和中国石油股份有限公司联合印发《关于做好西气东输管道工程文物保护工作的通知》（文物保发〔2002〕62号）。

10月

10日　西气东输管道公司与壳牌石油公司、埃克森美孚石油公司、俄罗斯天然气工业中国石油股份公司等国际石油公司联合委托了北京峡光经济技术咨询有限责任公司对西气东输下游市场的价格承受能力进行调查、分析，并结合中介机构的市场调查，确定了下游市场对气价的承受能力。

11月

15日　中国投资协会就西气东输工程中亟待解决的问题向国家计委提出可研性建议。西气东输管道公司于12月18日就以上问题向上级领导部门作解释性说明。

19日　西气东输管道公司在江苏省南京市召开南京—芜湖、常州至长兴支线设计交底会,西气东输工程支干线施工正式启动。

30日　西气东输管道公司与舞阳钢厂在北京就小批量生产X70热轧钢达成供货协议。

12月

6日　国家发展计划委员会主任曾培炎会见壳牌公司董事长,商谈西气东输工程合作问题。

2003年

1月

8日　作为西气东输三大控制性工程之一的延水关黄河隧道贯通。

14日　西气东输管道公司就压缩机组招标的前期准备情况向国家计委副主任、国家西气东输工程建设领导小组组长张国宝做专题汇报,并呈交了招标文件。

21—22日　中国石油集团公司西气东输工程工作会议在北京召开。

2月

17—18日　西气东输管道公司在北京中旅大厦正式与下游用户进行照付不议合同谈判。首家下游用户是扬子石化—巴斯夫有限责任公司,双方签订了《保密协议》。

3月

4日　西气东输工程水土保持工作座谈会在京召开。

28日　西气东输甘肃段开工典礼仪式在甘肃省嘉峪关市举行,继东段主体焊接完成后,施工主力已开始转战西部。

4月

5日　西气东输首次宣传工作会议在南京召开,确立了"建一流管道工程,创一流精神文明成果"的宣传方针。

9日　西气东输气田建设项目经理部成立。

5月

14日　中国石油集团公司召开总经理办公会,讨论西气东输对外合作有关问题。

19日　西气东输中卫黄河跨越正式开工建设。

23日　全长1166米的郑州黄河顶管穿越3号至4号井顶管施工实现贯通,西气东输三大控制性工程之一的郑州黄河顶管穿越取得重大突破。

6月

4日　西气东输管道公司召开"百日决战"电话动员大会。

5日　西气东输工程全线唯一的女子焊工班在6标段安营扎寨。

5日—9月15日　西气东输管道公司开展"高扬党旗,决战百日"活动。

11日　我国首段站间大口径长距离输气管道干空气干燥工程在西气东输利辛分站通过验收。

14日　西气东输三大控制性工程之一郑州黄河越顶管工程1号至3号井胜利贯通。

18日　克拉2气田地面工程初步设计审查会在塔里木油田召开。

7月

10日　国土资源部、中国石油股份公司在杭州联合召开"西气东输工程永久性用地报批工作协调会"。

26日　西气东输工程三江口长江盾构隧道贯通。

8月

8日　中国石油文联与西气东输管道公司共同组织的词曲作家组成的采风团到西气东输工程沿线感受建设者们的风采,为西气东输工程创作歌曲积累素材。

13日　西气东输管道公司在安徽省合肥市召开由安徽、河南有关人员参加的合同谈判工作专题会议,集中解决了安徽、河南两省用户在谈判中的原则分歧,为小签合同打下了基础。

15日—9月8日　西气东输管道公司在安徽、河南、江苏等地的市场开拓获得突破性进展,标志着公司与下游用户合同谈判取得了阶段性成果,为最终与用户签订照付不议销售合同奠定了基础。

18日　国家安全生产监督管理局联合国务院有关部门,在北京召开清理占压西气东输管道违章建筑物工作协调会。

26日　西气东输天然气地下储气库技术研讨会在天津举行。

27日　克拉2气田建设举行开工典礼。

29日　由中国石油集团公司华北石油管理局、物装公司、管道局等5家中外企业合资引进建设的我国首条大口径直缝埋弧焊管生产线通过国家环保总局监督管理司组织的环保设施检查验收。

9月

15日　西气东输最后一个控制性工程——郑州黄河顶管穿越工程完工。

15日　西气东输"高扬党旗,决战百日"活动结束。

15—17日　国家西气东输工程建设领导小组第六次会议在江苏省南京市召开,国务院副总理曾培炎出席大会,会议表彰了国家西气东输工程先进集体、优秀机组(班组);会上,西气东输管道公司与上海天然气管网公司等19家达成协议的用户进行合同草签。国家发改委、公安部、国家安全生产监督管理局联合发出《关于加强西气东输管道安全保护工作的通知》。

25日　西气东输管道公司在郑州主持召开西气东输用户座谈会。

10月

1日　西气东输管道工程靖边—上海段进气仪式在陕西靖边压气站现场举行。

16日　西气东输天然气在郑州赵家庄门站点燃,中国石油开始向西气东输首家用户试供气,郑州成为西气东输工程的第一家用气收益者。

18日　西气东输第4、5标段管道主体焊接完毕,全长941公里的西气东输新疆段管道主体工程全部贯通。

21日　中共中央政治局常委李长春,在河南省委书记李克强、省长李成玉的陪同下,到西气东输郑州分输压气站考察工作。

11月

18日　西气东输管道工程郑州顶管工程穿越管道胜利完工,创造了我国长距离、大口径管道安装的新纪录。

20日　西气东输西段轮南至靖边段2330公里主体管线焊接宣告完工。

29日　西气东输中卫黄河跨越工程胜利贯通,西气东输工程在黄河上的三个控制点全部攻破。

12月

18日　中国石油股份公司召开总裁办公会议,专门听取西气东输项目工作汇报,会议强调,运营管理工作应迅速提上日程;由专人负责开拓市场,落实天然气用量,尽快把用气协议转变成用气合同。

21日　西气东输工程第一个下游发电项目——浙江半山天然气发电工程正式开工建设。

25日　管道局一公司"水网地区施工工法"被中国企业联合会、中国企业家协会评为管道施工新纪录,并颁发了"中国企业新纪录"奖牌。

2004 年

1 月

1 日　中国石油股份公司与上海天然气管网有限公司签订《西气东输天然气销售协议》,正式向上海商业供气。

9—15 日　中国石油集团公司牵头,国家西气东输领导小组办公室、公安部消防局、国家安全生产监督管理局等单位参加组成的安全检查组,对西气东输气田生产、管道设施和城市管网等在内的工程进行安全检查。

2 月

3 日　克拉 2 气田第一口开发井克拉 2 至 3 井开钻。

5 日　国家发改委副主任、国家西气东输工程建设领导小组组长张国宝在北京主持召开西气东输工程工作会议,总结 2003 年工作,研究和部署 2004 年任务。

6 日　西气东输管道项目与全球能源市场主要燃气轮机设备供应商英国罗尔斯—罗伊斯公司签订提供管道压缩机合同,合同价值达 1.5 亿美元。

12 日　中国石油集团公司科技发展部组织开展的"2003 年度中国石油集团公司石油科技十大进展"评选活动展开,"西气东输应用新技术在施工作业中发挥重要作用"课题榜上有名。

25 日　国务院总理温家宝在国家发改委《关于 2004 年西气东输工程有关工作安排的报告》上做出批示:"要提高工程质量和效益,确保供气的稳定和安全。"

3 月

1 日　西气东输管道公司开通了全国免费拨打电话 8008200375,作为西气东输工程的报警应急电话。

8 日　在十届全国人大二次会议记者招待会上,国家发改委副主任、西气东输工程建设领带小组组长张国宝,回答中外记者对西气东输工程的有关提问。

4 月

1 日　西气东输管道工程配套天然气地下储气库可行性研究报告通过了国家发改委组织的专家评估。

1 日　上海临时控制中心正式启用远程监控系统,西气东输东段管道自动化系统调试基本结束。

2 日　西气东输工程东段最后一个压气站天然气置换工作在山西段蒲县压气站顺利完成。

11 日　西气东输主要气源之一——塔里木油田分公司吉拉克、桑南、吉南气田建设工程破土动工,西气东输塔里木气源地建设工程全面开工。

14 日　西气东输上游气田建设的咽喉工程新疆盐水沟隧道全线贯通。

5 月

4 日　西气东输重要节点工程之一、唯一以跨越的方式穿越黄河的中卫黄河特大型跨越主体工程顺利完工。

12 日　国家安全生产监督局组织召开的中国石油西气东输等四条长输管道 A 类事故应急预案研讨会,与会领导听取西气东输管道 A 类事故应急预案汇报,给予高度评价。

18 日　西气东输南京至芜湖支干线正式竣工投产,西气东输三条支干线全部竣工投产。

30 日　西气东输管道公司与东方航空公司正式签署直升机租用服务合同,开创了直升机在油气长输管线的首次应用。

6 月

16—18 日　西气东输—陕京二线联络工程初步设计审查会在北京举行,会议审查通过了西气东输—陕京二线联络工程的初步设计。

22—30日　全国总工会副主席苏立清带队组成考察团,对西气东输管道沿线进行了实地考察。

7月

1日　西气东输靖边压气站两组大功率压缩机组一次吊装成功,国内首次在长距离、大口径天然气管道上安装大功率燃压机组获得成功。

3日　西气东输节点工程之一的中卫黄河特大型跨越主体顺利完工,为西气东输西段工程的投产奠定了良好的基础。

6日　西气东输工程歌词征集曲谱评选活动在廊坊举行,《八千里路光明行》《万里一线牵》和《小黑妹》三部作品获一等奖。

13日　西气东输天然气照付不议协议研究及应用项目验收会在北京召开。

15日　牙哈凝析气田320万立方米天然气处理装置检修完成,并一次投产成功。

29日　西气东输管道与塔里木油田公司签订了合同期限为20年的《天然气购销框架协议》,西气东输管道公司市场开发与销售部与塔里木油田公司销售事业部签订了2004—2005年度《天然气购销协议》,两份协议的正式签署,为西气东输管道西段9月1日进气投产,以及管道全线今后20年长期规范化商业运行奠定了雄厚的资源基础。

8月

3日　西气东输最后一道焊口在甘肃玉门焊接完毕,总长度4000公里的西气东输管道工程全线贯通。

4日　中国石油集团公司发出公告,决定中止西气东输项目《合营框架协议》。

15日　西气东输管道轮南首站压缩机组一次吊装成功。

24日　西气东输轮南首站注氮成功,为9月1日西气东输轮南首站天然气置换进气提供了可靠保证,拉开了西气东输轮南至靖边段进气置换的序幕。

9月

1日　西气东输轮南首站顺利实现由塔里木牙哈气田向西气东输管道进气。

6日　塔里木天然气成功抵达陕西靖边,西气东输管道实现全线通气。

26日　克拉2气田中央处理厂主体工程完工。

10月

1日　西气东输管道全线建成投产。

28日—11月2日　"穿越神州、造福中华——中国石油西气东输摄影、美术、书法作品展"在北京中国国家博物馆隆重展出。

12月

1日　西气东输工程主力气田——塔里木油田克拉2气田正式向西气东输管道进气,如期实现西气东输工程源头供气。

30日　西气东输工程投产庆典暨表彰大会在北京人民大会堂小礼堂召开,中共中央总书记、国家主席、中央军委主席胡锦涛发来贺信。中共中央政治局委员、国务院副总理曾培炎,全国人大常委会副委员长盛华仁出席庆典大会,曾培炎代表国务院宣布西气东输工程全线建成并正式运营。

30日　西气东输全线投产并开始商业运营。

2005年

1月

8日　西气东输工程竣工纪念邮票发行。

13日　"2004年中国十大科技进展新闻"在京揭晓,中国石油报刊登的《西气东输工程全线实现商业运营》名列第三。

17日　公司总经理、党委书记黄维和在中国石油集团公司2005年工作会议上作了《充分认识西气东输的神圣使命,担负起建设运营好能源大动脉的历史重任》的发言。

23日　西气东输金坛储气库金资1井造腔先导性试验工程开工,我国第一个盐穴储气库造腔工程进入试验阶段。

25日　公司QHSE管理委员会、预算委员会、科学技术委员会在京召开2005年第一次会议。

26日　公司在京召开2005年工作会议。公司总经理、党委书记黄维和作了《统一认识,完善体制,为管理运营好国家能源大动脉而努力工作》的报告。

28日　公司成立中国石油西气东输管道公司科学技术委员会,下设秘书处,负责公司科委会日常工作。

29日　冀宁管道龙河定向钻穿越工程告捷,西气东输河流穿越工程首次管线回拖成功。

31日　公司成立内控建设委员会。

2月

17—19日　公司在上海召开市场开发与销售工作会议。

22日　公司印发《西气东输管道公司安全生产管理办法》《西气东输管道公司安全生产先进单位考核评比办法》《西气东输管道公司特种设备安全监督管理办法》《西气东输管道公司安全事故管理办法》《西气东输管道公司交通安全管理办法》《西气东输管道公司消防管理办法》《西气东输管道公司安全生产责任制》。

3月

4日　公司成立压缩机站工程项目部,项目部与压缩机维检中心"一个机构、两块牌子",全面负责公司压缩机站工程建设及压缩机维检技术工作。

4日　公司印发《中国石油西气东输管道公司科技项目管理办法》《中国石油西气东输管道公司科学技术进步奖奖励办法》《中国石油西气东输管道公司科学研究与技术开发项目验收评定办法》《中国石油西气东输管道公司知识产权管理办法》《中国石油西气东输管道公司科研开发项目经费管理办法》《中国石油西气东输管道公司新技术推广管理办法》。

9日　公司在廊坊举行《西气东输管道建设技术集成总报告(大纲)》审查会,确定了总报告编制大纲和技术集成申报国家科技进步奖工作计划。

10日　中国石油股份公司与中国石油化工股份有限公司,签订《中国石油化工股份有限公司向中国石油股份公司转让金湖凹陷刘庄油气田用于建设储气库有关事宜的框架协议》。

12日　西气东输与陕京二线联络线——冀宁管道工程成功穿越卫运河,这是我国目前完成的管道口径最大、距离最长的定向钻穿越工程,创造了同类管道穿越河流最长的亚洲纪录。

14—15日　公司在郑州召开2005年维抢修工作暨维抢修队标准化建设经验总结推广会。

17日　公司总经理黄维和在京主持召开西气东输管道工程170亿立方米增输可研方案审查会。

18日　公司印发《西气东输管道公司管道保护与管理办法(试行)》。

20日　公司上海运行调控中心与德国Cegelec公司总部合作的ISDN路由器配置及调试工作完成,公司SCADA系统具备了远程系统检查与维护功能。

22日　公司在京召开保持共产党员先进性教育活动动员大会。

23日　公司转发《中国石油天然气与管道公司油气管道事故应急预案管理规定(暂行)》。

25日　公司与中油龙慧自动化工程有限公司签订《西气东输SCADA系统运行维护合同》及《2005年西气东输SCADA系统秋检技术服务合同》,西气东输管道自动化控制系统运行维护工作正式启动。

26日　X80级管线钢应用工程开工典礼在冀宁管道12标段管道二公司施工现场举行。

31日　公司印发《关于济青管道工程项目部更名为冀宁管道工程项目部的通知》。

4月

2—4日　公司在京举行170亿立方米增输工程《压缩机组项目技术规格书》审查会。

10日　公司内控项目组提交的《西气东输管道(销售)公司内控体系建设实施方案》通过中国石油股份公司审查。

11日　公司内控项目组发布《西气东输管道(销售)公司风险控制手册》(A版)，并且开始在公司内部试运行。

18日　公司在廊坊召开压气站设计现场办公会。

24日　中国石油股份公司为应对西气东输管道突发险情，首次动用直升机举行的模拟应急抢险演练取得圆满成功。

25日　公司在京召开西气东输管道反恐防范与应急安排工作会议。

同日　公司召开天然气销售办公会，提出了西气东输"保证供应、加强协调、做好预案"的销售原则。

27—29日　金坛储气库初步设计方案审查会在北京召开。

28日　中国石油股份公司批复同意西气东输管道增输工程可行性研究报告，该工程包括新增12座压气站、改造10座压气站、续建4座压气站。

30日　冀宁管道成功穿越黄河，穿越长度达926米，创国内直径1 016毫米管道穿越黄河主河道的新纪录。

5月

18—19日　国家安全生产监督局在京召开西气东输工程安全验收评价报告评审会。认为《西气东输工程轮南至靖边段安全验收报告》和《西气东输工程靖边段至上海段安全验收报告》评价目的明确，依据可靠，内容较全面，评价方法、程序和内容符合国家有关要求。

23日　西气东输管道投入运行后首次全线清管作业拉开帷幕。

27日　公司在京召开先进性教育活动专题民主生活会情况通报暨整改提高阶段动员大会。

27日　公司党委组织、冀宁管道项目部承办的"能源运河"采风活动拉开帷幕，来自中央、地方及石油行业10多家媒体约30名记者参加。

6月

1日　公司"质量安全生产月"活动开始。

1日　中国石油股份公司印发《关于西气东输工程干线及支干线初步设计概算的批复》，标志着西气东输工程概算总投资正式确定。

1日　公司发布了《西气东输管道(销售)公司风险控制手册》(B版)，并开始替代"A版"运行。

5—25日　中国石油股份公司验收测试组对公司的内控建设情况进行全面的验收测试。

8—10日　公司在廊坊举办首期合同管理信息系统培训班。

9日　公司纪委在京召开首次党员干部廉洁自律警示教育座谈会。

14日　《西气东输管道工程技术研究与应用》项目通过中国石油股份公司专家委员会验收。

15日　西气东输长江盾构穿越段遭遇百年不遇的龙卷风。

20日　修改、完善后的《金坛储气库地面初步设计》和《地下初步设计》上报中国石油股份公司。

21日　天然气与管道分公司印发《关于西气东输管道工程范围的批复》，同意董家寺改线等14项工程纳入西气东输管道干线及支干线建设工程范围。

24日　公司印发《西气东输管道2005年7—12月应急运行方案》。

24日　公司党委印发《关于表彰2004—2005年度先进党支部、优秀共产党员的决定》。

25日　西气东输首个管道信息员管理制度在苏浙沪管理处试行。

27 日　公司在京召开西段管道专业巡护方案讨论会。
28 日　公司首届创新创效活动正式启动。
28 日　公司成立报废资产处置领导小组。
30 日　公司在京召开储气库、淮武管道工程建设专题会议。

7月
4 日　公司在北京召开 170 亿立方米增输工程压气站设计办公会,同时启动 170 亿立方米增输工程压气站施工图设计工作。
4 日　公司工会女职工委员会成立。
8 日　公司上半年安全生产考评及"双千分"考核联合大检查拉开帷幕。
18 日　冀宁管道再次成功穿越京杭大运河。
19 日　中国石油股份公司天然气与管道分公司印发《关于西气东输管道工程光通信系统工程初步设计的批复》。
20 日　公司首次 A 类事故演练在豫皖管理处成功举行。
27 日　山丹压缩机一次点火试车成功,西段第一台压缩机顺利按期投产。
27 日　西气东输工程建设纪实作品《气贯长虹》出版发行。

8月
2 日　国家发改委下发《国家发展改革委关于西气东输管道工程配套天然气地下储气库项目核准批复》,同意西气东输管道工程配套天然气地下储气库项目建设。
3 日　公司在京召开中层以上领导干部会议。公司总经理、党委书记黄维和在会上作了题为《立足当前,着眼长远,为把西气东输管理成一流的能源大动脉而奋斗》的工作报告。
15 日　中国石油股份公司印发《关于转发〈国家发展改革委关于西气东输管道工程配套天然气地下储气库项目核准的批复〉的通知》,金坛、刘庄地下储气库工程建设有了法律依据。
15 日　中国石油股份公司印发《关于西气东输淮武支线管道工程可行性研究报告的批复》,同意淮武线开工建设,标志着西气东输管道与忠武输气管道将连接起来,并与川渝、塔里木、长庆三大气区连接。
16 日　公司党委在甘肃武威召开党建工作交流会。
18 日　国家发改委印发《国家发展改革委关于西气东输冀宁支线管道工程项目核准的批复》,西气东输冀宁支线管道工程正式立项。
27 日　红柳压气站 1 号压缩机机组于 16 时 30 分成功点火;18 时 58 分,2 号压缩机机组也顺利点火。
29 日　公司举行"经典中国·重点工程——西气东输新闻座谈会"。

9月
2 日　公司召开西气东输管道工程 SCADA 系统验收会,通过了对上海主控中心及站控系统和阀室的测试。
4 日　西气东输甪直分输站开始向下游直供的第一家热电联供的燃气电厂用户——苏州工业园区蓝天燃气热电有限公司供气。
5 日　西气东输管道增输工程压气站工程施工招标程序启动,发出资格预审邀请书。
7 日　红柳压缩机完成性能测试和试运行,正式投产。
15 日　西气东输管道增输工程鄯善、古浪压气站开工。
28 日　西气东输管道公司管道处在中国石油召开的用地管理表彰会上,获"用地管理先进集体"称号。
29 日　中卫压气站压缩机成功点火。
30 日　公司完成《内部控制管理手册(试行版)》修改、汇编、审核和发布工作,并上报中国石油股份公司内控项目组备案。

10月

5日　中卫压气站压缩机完成各项性能测试和试运行,正式投产。

11日　公司组织专家赴管道全线进行现场考察,对2006年管道大修理项目设计方案进行审核。

14日　中国石油集团公司咨询中心印发《〈中卫黄河隧道穿越工程方案设计〉的评估报告》,西气东输中卫黄河隧道穿越工程方案通过评估论证。

18—19日　公司档案管理工作会议在京召开。

19—20日　公司召开HSE管理体系审核讲评及问题整改培训会。

20日　中国石油股份公司天然气与管道分公司印发《关于西气东输—陕京二线联络线工程德州—武城支线方案设计的批复》,同意西气东输与陕京二线联络线工程德州至武城支线方案设计。

24日　公司信息控制系统全面启动。

25日　公司成立西气东输管道(销售)公司北京办事处。

25日　西气东输金坛储气库地面工程建设全面开工。

26日　国家发改委召开西气东输安全生产工作专题汇报会。

11月

1日　西气东输正式向江苏省太仓市供气。

2日　西气东输西段哈密压气站一号压缩机点火一次成功。

4日　国家环保总局召开西气东输工程竣工环境保护验收会,宣布西气东输通过环保验收。

4—7日　公司在北京召开西气东输增输工程压气站工程施工招标开标会。

6日　西气东输站场形象标准化现场会在河南省郑州市召开。

7日　冀宁管道徐州支线全面开工。

8日　哈密压气站压缩机正式投产。

11日　中国石油股份公司印发《关于西气东输中卫黄河隧道穿越工程方案设计的批复》,中卫黄河隧道穿越工程正式启动。

13日　冀宁管道穿越郯庐地震断裂带施工圆满结束,这是中国天然气管道首次穿越我国东部最大的地震断裂带。

15日　玉门压气站压缩机点火成功,22日正式投产。

16日　中国石油股份公司天然气与管道分公司印发《关于西气东输冀宁支线工程初步设计的批复》,西气东输冀宁支线工程初步设计及初步设计概算确定。

18日　四道班压气站实现一次点火成功,公司圆满完成了中国石油股份公司下达的2005年建成投产6座压气站的任务,西段管道提前40天建成年输气120亿立方米的能力。

18日　公司召开"十一五"规划汇报会。

21—22日　公司在北京举办《内部控制管理手册(试行版)》培训班。

23—25日　公司在京举办合同管理资格取证培训班。

28日　中国石油股份公司天然气与管道分公司印发《关于西气东输冀宁支线工程德州分输站—德州末站支线可行性研究报告的批复》。

12月

5—9日　国家水利部水土保持司、西气东输管道沿线省市水利厅领导和专家,分3路对西气东输宁陕段、山西段、新疆段、甘肃段、豫皖段、苏浙沪段的水土保持工作进行了现场检查验收,对西气东输管道建设中的水土保持情况表示肯定。

9日　国家发改委发展规划司批准西气东输管道工程配套天然气地下储气库项目国家鼓励发展的内外资项目确认书和冀宁支线管道工程项目国家鼓励发展的内外资项目确认书。

13日 国家发展与改革委员会发展规划司批准西气东输管道工程项目国家鼓励发展的内外资项目确认书,项目进口设备用汇额43 408万美元,可按规定到项目主管地直属海关办理进口设备免税手续。

25日 公司从北京市整体迁至上海市办公。

30日 公司内控项目组修改、完善了公司风险控制管理文件中相应的"财务会计报告流程",并通过了中国石油股份公司内控项目组审查,修改、完善后的"财务会计报告流程"作为公司《内部控制管理手册(试行版)》的补充文件发布执行。

30日 冀宁管道干线全线贯通。

2006年

1月

1日 西气东输工程正式进入中国政府门户网站,网站设立"西气东输专题"。

5日 公司召开信息系统规划汇报会,讨论《信息系统应用情况及未来发展规划》,确定了公司信息系统建设的"十一五"规划目标。

11日 公司向中国石油股份公司呈报《关于西气东输管道违章占压清理全面完成情况的报告》。

13日 公司召开压气站工程建设专题汇报会。

14—17日 公司总经理、党委书记黄维和在中国石油集团公司召开的2006年工作会议上作了题为《提高西气东输安全运营水平,努力打造世界一流的能源大动脉》的发言,提出全面推进一流天然气管道与销售公司建设,把西气东输建设管理成为世界一流能源大动脉的"十一五"总体规划目标。

17日 西气东输冀宁管道干线置换投产一次成功。

19—20日 公司召开2006年工作会议,黄维和总经理作了题为《提高西气东输管理水平,全面推进一流天然气管道与销售公司建设》的工作报告。

21日 公司召开2006年科学技术委员会第一次会议,讨论通过《"十一五"科技管理工作规划暨2006年科技工作计划》和《2006年信息系统工作计划》。

21日 公司召开2006年安全委员会第一次会议。

24日 公司印发《关于调整公司科学技术委员会委员的通知》(西气东输人字〔2006〕21号)。

2月

25日 公司召开干部大会,宣布公司领导班子调整。中国石油股份公司人事部总经理王永春宣布中国石油股份公司关于调整西气东输管道(销售)公司领导班子的决定:黄维和同志不再兼任公司的党政主要领导职务,由黄泽俊同志接任总经理、党委书记职务;吴宏同志调任中国石油股份公司天然气与管道分公司副总经理、党委委员;丁建林同志调任西气东输管道分公司副总经理、党委委员;姜昌亮同志升任副总经理兼安全总监、党委委员;王刚同志升任总会计师、党委委员。调整后的公司领导班子由黄泽俊和陈希吾、李伟、丁建林、姜昌亮、王刚6名同志组成。

27日—3月5日 西气东输管道工程通过国家安全专项检查验收。

3月

2日 公司印发《关于调整西气东输管道(销售)公司内部控制委员会成员的通知》(西气东输人字〔2006〕45号)。

3日 公司印发《西气东输管道(销售)公司关于公司领导行政工作分工的通知》(西气东输人字〔2006〕51号)、《关于调整西气东输管道(销售)公司标准化技术委员会成员的通知》(西气东输人字〔2006〕46号)、《关于调整西气东输管道(销售)公司QHSE管理委员会成员的通知》(西气东输人字〔2006〕48号)、《关于调整西气东输管道(销售)公司预算委员会成员的通知》(西气东输人字〔2006〕49号)。

7日　公司召开内部控制委员会会议。

8—9日　公司管道保护与管理工作会议在郑州召开。

10—11日　公司维抢修工作会议暨维抢修标准化建设经验交流会在银川市召开,会议通过了《公司维抢修标准化建设手册》。

15日　公司印发《关于成立苏北管理处、冀鲁管理处和南京计量测试中心的通知》(西气东输人字〔2006〕71号)。

16日　公司印发《关于西气东输管道公司"安全环保基础年"活动方案的通知》(西气东输质安字〔2006〕72号)。

23日　金坛地下储气库输气干线工程全线贯通。

4月

3日　公司召开2006年党的工作暨纪检监察工作会议。

6日　公司印发《关于成立西气东输管道(销售)公司反舞弊协调领导小组的通知》(西气东输人字〔2006〕93号)。

10日　公司内控管理层测试工作正式启动。

5月

1日　公司印发《关于发布西气东输管道(销售)公司质量、职业健康安全与环境(QHSE)管理体系文件的通知》(西气东输质安字〔2006〕126号)。

9日　公司召开金坛储气库投产方案审查会。

10日　西气东输管道中卫黄河隧道穿越工程项目在北京开标。

15日　公司印发《关于进一步明确西气东输巡护管理模式和方案的通知》(西气东输管道字〔2006〕118号)。

同日　西气东输管道公司成为国际溶解法采矿研究协会(SMRI)A级会员。

23日　公司荣获国家水利部命名的全国第三批34项"开发建设项目水土保持示范工程"第一名。

30日　公司印发《关于印发〈西气东输管道公司管道管理与保护管理办法〉等6个管理办法的通知》(西气东输管道字〔2006〕131号)。

30日　国家质量监督检验检疫总局决定在中国石油股份公司南京天然气计量测试中心的基础上,筹建国家原油大流量计量站南京天然气流量分站。

31日　公司团委召开首届"十杰青年"表彰暨先进事迹报告会。

31日　公司印发《2006年西气东输管道公司防汛工作计划》(西气东输管道字〔2006〕133号),成立防汛指挥部,黄泽俊任总指挥,防汛指挥部办公室设在管道处。

6月

6日　公司召开管道完整性管理工作汇报会。

9日　西气东输工程荣获首届"国家环境友好工程"第一名。

10日　西气东输工程2006年170亿立方米增输工程吊装就位的第一台GE压缩机组——古浪压气站压缩机组吊装就位。

12日　公司召开内部控制委员会会议。

16日　公司印发《关于成立豫鄂管理处的通知》(西气东输人字〔2006〕148号)。

17日　淮武管道实现全线贯通。

26日　西气东输东段管道安全运行1000天。

27日　公司党委印发《关于表彰2005—2006年度先进党支部、优秀共产党员的通知》(西气东输党字

〔2006〕17号）。授予生产运行处、新疆管理处、甘肃管理处、豫皖管理处、储气库项目部等5个党支部"先进党支部"荣誉称号，授予王宁等87名同志"优秀共产党员"荣誉称号。

7月

6日　西气东输蒲县压缩机站工程开工典礼在郑州站举行，西气东输工程第一座电驱压气站建设正式拉开序幕。

10日　西气东输冀宁管线滕州—临沂支线正式投产。

19日　公司南京计量测试中心实现电力、通信安装工程送电一次成功。

20日　公司总经理黄泽俊代表公司在中国石油集团公司领导干部会议上作了题为《借鉴国际经验，坚持继承创新，建设与自然环境和谐的绿色能源大动脉》的典型发言，介绍了公司在环境保护工作上的主要做法和取得的经验。

29日　冀宁干线扬州分输站继江都、淮安、宿迁和邳州分输站后置换升压顺利结束。

8月

12日　中共中央政治局委员、中央军事委员会副主席、国务委员兼国防部部长曹刚川到西气东输轮南首站视察工作。

14日　公司印发《西气东输管道（销售）公司"十一五"业务发展规划》（西气东输计字〔2006〕206号）。

27日　公司转发《中国石油股份公司关于撤销西气东输工程监督小组及工程监督联合办公室的通知》（西气东输人字〔2006〕88号）。

9月

11日　中国石油集团公司组织召开《西气东输工程志》第一次编撰工作会议。

17日　西气东输管道中卫黄河隧道穿越工程开始开口掘进。

10月

1日　公司上海白鹤站流量计标定工作顺利进入工程收尾阶段。该工作历时4个多月，对站内的4台超声波流量计进行了计量参数、性能等多方面的检定分析，填补了我国对进口大口径流量计在线标定的一项空白。

5日　公司郑州压缩机站压缩机组一次吊装就位成功。

17日　公司印发《关于印发〈中国石油西气东输管道公司招标投标管理办法〉的通知》（西气东输计字〔2006〕286号），规范公司招标投标管理工作。

18日　中国石油集团公司召开中国石油地理信息系统方案设计验收会，西气东输管道公司和大庆油田提交的设计方案经过评审获得通过，成为中国石油首批试点单位。

22日　西气东输增输工程中卫压气站压缩机组换芯作业，经过72小时带负荷试运行后获得成功。

11月

16日　公司在轮南首站进行2+0双机并联试运行获得成功，突破了西气东输压缩机组1+1运行模式，为长输管道双机并联运行做了有益的尝试。

17日　公司与加拿大LIBURDI燃机技术服务公司达成技术合作前期协议，为公司今后燃气轮机大修和实现压缩机组的预知维修检测提供咨询和技术支持服务。

28日　西气东输工程第一个110千伏变电所（玉门压气站变电所）顺利投产运行。

12月

6日　西气东输冀宁管道连云港支线置换投产一次成功，创造了我国无内涂层天然气管道冬季投产的多项新成绩。

16日　西气东输淮武管道置换投产一次成功。

20—21日　公司举行第二届"青年创新创效"成果评审和发布会。

22日　南京计量测试中心通过由公司有关部门组织的工程预验收及投产前安全检查。

26—29日　鄯善压气站和孔雀河压气站相继投产成功,缓解了轮南首站双机并联运行无备用机组的风险。

28日　《西气东输刘庄地下储气库工程可行性研究报告(调整)》获中国石油股份公司批准。

29日　公司印发《关于批准发布〈西气东输天然气管道工艺操作规程〉等五项西气东输管道公司企业标准的通知》(西气东输质安字〔2006〕319号),自2007年2月1日起实施。

2007年

1月

7日　柳园站2号机组顺利投产。

17日　鄯善站1号机组顺利投产。

25日　酒泉站2号机组顺利投产。

29日　国务院国资委业绩考核局检查组对上海地区西气东输管道保护情况进行了检查。

30日　西气东输冀宁管道徐州支线置换升压完成。

2月

1日　金坛储气库西注采气站及西1、西2井完成天然气置换开始注气,西气东输金坛储气库西注采气站顺利建成投产。

5日　孔雀河站2号机组顺利投产。

11日　国家原油大流量计量站南京天然气流量分站(西气东输南京计量测试中心)投运成功,国内规模最大、压力最高的天然气流量计实流检定装置进入建标调试阶段。

15日　蒲县站1号机组顺利投产。

28日　盐池站2号机组顺利投产。

3月

9日　中国石油股份公司下发《关于奖励2006年度安全生产先进单位的通知》(石油人字〔2007〕67号),西气东输管道公司连续第五年获中国石油股份公司安全生产先进单位称号。

10—11日　公司2007年安全生产工作会议在南京市召开。

20日　公司召开2007年科学技术委员会第一次会议。

21日　公司上海调控中心向北京油气调控中心移交运行调度职能,正式完成职能交接工作。

26日　盐池站1号机组顺利投产。

4月

11日　西气东输增输工程2007年工作会议在杭州市召开。

12日　公司首批运行人员调入欢迎大会在甘肃省武威市召开,公司运行劳务人员管理模式调整迈出实质性的一步。

13日　公司发布经中国石油股份公司内控部审查通过的《内部控制管理手册》《西气东输管道(销售)分册》(2007版)。

19日　中国石油专用通信网第一条光通信保护环在西气东输开通运行。

21日　冀宁管道徐连支线通过交工验收,正式交付苏北管理处负责生产运营。

22—24日　公司召开首届压缩机维检管理工作会议暨RR压缩机组技术论坛。

28日—5月7日　公司应邀参加瑞士盐穴造腔工程技术国际研讨会议,发表技术论文《声呐测量技术在采盐井改建储气库中的应用》。

29日　公司召开干部大会。会议宣读了中国石油集团公司党组、中国石油股份公司关于公司领导班子调整的决定,任命王小平同志任西气东输管道(销售)公司党委委员,李伟同志不再担任西气东输管道(销售)公司党委副书记、委员、纪委书记、工会主席职务;聘任王小平同志为西气东输管道(销售)公司副总经理。

30日　郑州站1号机组顺利投产。

5月

8日　公司印发《关于"西气东输管道公司压缩机组运行保障及维检修体系调整方案"的通知》(西气东输人字〔2007〕102号),对公司压缩机组运行保障及维检修体系方案进行了调整。

10日　公司印发《关于成立科技信息处的通知》(西气东输人字〔2007〕95号)。

11日　公司印发《关于成立培训中心的通知》(西气东输人字〔2007〕103号),培训中心作为人事处下设副处级机构。

11日　公司印发《关于成立公司培训工作指导小组的通知》(西气东输人字〔2007〕104号)。

18日　公司承办的甘肃境内石油天然气管道设施保护工作会议在兰州市召开。

19—20日　国家质检总局原副局长王秦平、计量司司长宣湘视察了南京计量测试中心。

19—23日　公司举办QHSE总监培训暨中国石油股份公司HSE信息系统实施启动及应用培训班。

22日　山西阳城段EH009至EH010滑坡改线工作圆满结束。

31日　公司在武汉市召开西气东输淮武管道交工验收总结会,淮武管道工程通过交工验收。

31日　玉门站1号机组顺利投产。

31日　公司与GE油气全球服务召开长期服务支持协调会议,就西气东输项目长期服务支持协议形成会议纪要。

6月

4日　公司印发《关于深入开展公司2007年安全生产月活动的通知》(西气东输质安字〔2007〕127号),决定在全公司开展以营造"关爱生命、关注安全"为核心的"安全生产月"活动。

8—17日　公司在西气东输安平至泰安区段首次进行的大口径天然气管道内检测作业顺利完成。

18日　蒲县站2号机组顺利投产。

19日　公司召开干部大会。根据中国石油集团公司党组决定:秦刚同志任西气东输管道(销售)公司党委书记、纪委书记、工会主席,黄泽俊同志不再担任公司党委书记职务,改任党委副书记。

20日　郑州站2号机组顺利投产。

21日　西气东输冀宁管道工程总结暨表彰大会在徐州市召开,冀宁管道工程建设全面竣工。

28日　中国石油天然气与管道分公司ERP试点项目实施开工会议举行,中国石油天然气与管道ERP试点项目正式启动。

30日　公司总经理黄泽俊到新疆为西气东输增输工程雅满苏压气站投运剪彩,并下达2号压缩机组点火投运指令,西气东输管道西段达到了170亿立方米年输气能力。

7月

5日　公司举行"十佳巡线员"表彰暨先进事迹报告会。

31日　中国石油股份公司信息管理部和天然气与管道分公司共同组织召开了天然气与管道地理信息系统试点上线及推广启动视频会。

8月

5日　金昌站2号机组顺利投产。

10日　公司召开国际安全评级系统isrs7对标工作总结电话会。

11 日　金坛储气库东 2 井不压井起排卤管柱顺利完成,标志着利用采卤溶腔改建储气库技术获得成功。
20 日　公司印发《关于成立西气东输管道(销售)公司 HSE 体系推进领导小组的通知》(西气东输人字〔2007〕211 号),成立公司 HSE 管理体系推进领导小组及办公室,负责公司 HSE 管理体系建设推进工作。
21 日　公司印发《关于加强基层建设实施方案的通知》(西气东输企化字〔2007〕214 号)。

9 月

1 日　金坛储气库西站以 20 000 立方米/小时的稳定气量向镇江分输站供气,金坛储气库正式投入使用。
1 日　冀宁管道工程济宁支线顺利完成置换投产。
3 日　冀宁管道工程德州至德州末支线顺利完成置换投产。
3 日　公司在新疆管理处举行首届自动化控制高级培训班。
4 日　公司首次在主干线轮南至孔雀河段管道内检测工作圆满结束。
20 日　雅满苏压气站 1 号机组顺利投产。至此,增输工程年内新建 8 座、改建 10 座压气站全部完工。
20 日　淮武支线管道工程通过国家环境保护总局的竣工环境保护验收。
23—27 日　公司分别在甘肃管理处玉门站和豫皖管理处郑州站举办了首届技能竞赛。

10 月

12 日　西气东输长铝支线改线工程现场带压动火连头施工作业圆满结束,长铝支线改线工程全线贯通。
17 日　西气东输冀宁、淮武支线管道工程,顺利通过国家安全监督管理总局组织的安全设施竣工验收。
18—19 日　公司文书档案管理培训班在昆山市结束。
23 日　公司印发《关于印发"西气东输管道公司 HSE 信息系统应用及运行维护管理规定"的通知》(西气东输质安字〔2007〕265 号)。

11 月

2 日　公司召开西气东输二线工程建设工作协调会。
7 日　公司召开企业文化建设及思想政治工作研讨会。
9 日　公司在苏浙沪管理处召开天然气与管道 ERP 试点项目设备管理模块试运行动员会。
12 日　公司印发《关于调整西气东输管道(销售)公司预算委员会的通知》(西气东输人字〔2007〕276 号)。
22 日　西气东输冀宁支线管道工程顺利通过国家工程竣工环境保护验收。

12 月

4 日　公司印发《关于印发〈工程项目质量监督和质量飞检管理程序〉的通知》(西气东输质安字〔2007〕299 号)。
5 日　公司印发《关于成立西气东输管道(销售)公司厂务公开监督小组的通知》(工会字〔2007〕18 号)。
6 日　公司印发《关于成立西气东输二线生产准备领导小组及相关部门的通知》(西气东输人字〔2007〕302 号)。
7 日　公司印发《关于印发〈中国石油西气东输管道(销售)公司涉密会议保密管理实施细则和涉密载体保密管理实施细则〉的通知》(西气东输保密字〔2007〕2 号)。
11 日　中国石油报社西气东输记者站在公司挂牌。
19 日　公司合同管理信息系统正式上线运行。
19 日　公司党委印发《关于印发〈中国石油西气东输管道(销售)公司处级干部管理暂行办法〉的通知》(西气东输党字〔2007〕26 号)。
20 日　公司举行西气东输二线天然气买卖与输送框架协议签约仪式。
25 日　公司新增天然气用户供用气协调会在江苏省镇江市召开。

28 日　西气东输中卫黄河隧道本体顺利贯通。
31 日　西气东输东段(靖边至上海)干线管道及定合、常长、南芜支干线外检测历时 4 个月顺利完成。

2008 年

1 月

1 日　公司正式启用中国石油财务管理信息系统(FMIS7.0、AMIS7.0),实行中国石油股份公司会计一级集中核算。

3 日　公司印发《内部控制管理手册西气东输管道(销售)公司分册(2008 版)》(西气东输内控字〔2008〕1 号)。

9 日　《西气东输工程建设丛书》在北京举行首发仪式。

9 日　公司批准发布《COBERRA6562/RFBB36 燃气轮机/压缩机机组运行操作规程》等四项西气东输企业标准(西气东输质安字〔2008〕6 号)。

11—13 日　公司在 111 号线路截断阀室成功实施不停输封堵更换泄漏处法兰垫片系国内首次。

12 日　南京计量测试中心临界流文丘里喷嘴气体流量标准装置和涡轮标准表法气体流量标准装置,顺利通过国家质量监督检验检疫总局、中国计量科学院和国家原油大流量计量站专家组的建标考核,达到了建标投产的要求。

17 日　公司印发《西气东输管道公司工程项目质量责任追究管理暂行规定》(西气东输质安字〔2008〕11 号)。

26 日　古浪压气站 1 号机组更换备用 GG 工作完成。

29 日　公司印发《西气东输管道(销售)公司建设项目后评价实施细则(试行)》(西气东输计字〔2008〕24 号)。

31 日　公司批准发布《中国石油西气东输管道(销售)公司西门子变频调速电机系统运行规程》等 14 项西气东输企业标准(西气东输质安字〔2008〕32 号)。

2 月

1 日　公司通过仪征华燊燃气有限公司青山门站向仪征市供气。

3 日　公司成立西气东输管道(销售)公司建设项目后评价工作领导小组(西气东输人字〔2008〕42 号)。

22—24 日　公司召开《管道环境及地质灾害风险辨识与评估》成果验收会,经专家组验收,认为该研究成果整体处于国内领先水平。

26 日　公司正式与中盐金坛盐化公司签订盐穴收购和矿权合作协议、与金坛港华燃气有限公司签订天然气销售协议。

27 日　公司印发《西气东输管道(销售)公司反违章禁令》(西气东输质安字〔2008〕56 号)。

3 月

4 日　公司召开西气东输管道干线工程后评价工作会议。

7 日　为期 7 个月的刘 9 井封堵作业顺利完成,刘庄储气库工程建设已具备全面启动的条件。

10 日　天然气与管道 ERP 试点项目在公司正式上线运行。

12 日　公司印发《西气东输平安管道建设实施方案》(西气东输管道字〔2008〕76 号)。

14 日　公司印发《西气东输管道公司"安全环保基础年"活动方案》(西气东输质安字〔2008〕83 号)。

15 日　国家原油大流量计量站南京天然气分站考核组到南京计量测试中心进行机构考核与验收。

20 日　公司印发《西气东输管道公司生产安全事故管理办法》(西气东输质安字〔2008〕90 号)。

28—29日　根据中国石油股份公司《关于接收宁夏长宁天然气有限责任公司有关问题的批复》(油人事〔2008〕222号)文件精神,公司决定成立"中国石油股份公司西气东输长宁输气分公司"(西气东输人字〔2008〕103号)和"中国石油股份公司西气东输长宁销售分公司"(西气东输人字〔2008〕12号)。

4月

3日　公司印发《西气东输管道(销售)公司科技项目管理办法》等5个科技类管理办法(西气东输科字〔2008〕107号)。

8日　中国石油股份公司天然气与管道分公司在上海市召开天然气与管道ERP试点系统应用研讨会。

9日　淮武管道工程顺利通过国家水土保持设施竣工验收。

10日　公司批准发布《西气东输光通信系统设备运行维护操作规程》等三项西气东输企业标准(西气东输质安字〔2008〕110号)。

15日　公司印发《中国石油西气东输管道(销售)公司生产一线关键岗位操作能手管理暂行办法》(西气东输人字〔2008〕114号)。

18日　公司召开加强管道安全保卫工作会议,通过《西气东输管道分公司防止恐怖袭击方案》。

27日　公司组织召开了"西气东输冀宁管道工程数字化建设"项目验收会。

29日　公司党委被国资委授予"2008年抗雨雪冰冻灾害先进基层党组织"称号。

30日　公司印发《中国石油西气东输管道(销售)公司维护稳定工作方案》(西气东输办字〔2008〕130号)。

5月

14日　公司发起"西气东输情系地震灾区献爱心捐款活动",累计捐款26.5万元。

20日　公司2007年科技项目"西气东输管输成本研究"顺利通过中国石油股份公司验收。

31日　国家原油大流量计量站南京天然气分站在南京计量测试中心举行授权挂牌仪式,南京分站正式获得国家授权,拥有独立开展天然气流量计量器具检定校准资格。

6月

1日　公司印发《中国石油西气东输管道(销售)公司基层建设标准化手册(试行版)》(企化字〔2008〕16号)。

2日　公司成立西气东输管道(销售)公司企业年金管理委员会(西气东输人字〔2008〕158号)。

3日　公司印发《西气东输防反恐怖袭击方案》(西气东输管道字〔2008〕159号)。

10日　公司举行《西气东输企业文化手册》首发式。

12日　公司成立维护稳定工作领导小组(西气东输人字〔2008〕165号)。

19日　公司调整标准化技术委员会成员(西气东输人字〔2008〕173号)、调整科学技术委员会成员(西气东输人字〔2008〕170号)、调整内控体系建设委员会成员(西气东输人字〔2008〕175号)、调整预算委员会成员(西气东输人字〔2008〕172号)、调整招标委员会成员(西气东输人字〔2008〕171号)。

19日　公司印发《西气东输管道(销售)公司工程造价管理办法》(西气东输计字〔2008〕169号)。

21日　公司调整保密委员会成员(西气东输人字〔2008〕180号)、调整QHSE管理委员会成员(西气东输人字〔2008〕182号)。

7月

1日　公司全面启动西气东输防反恐怖袭击方案。

3日　公司开始在中国石油集团公司统一研发的预算管理平台上开展月度预算编制、月度盈利预测及年度预算编制工作,公司预算管理步入信息化轨道。

9日　公司调整建设项目后评价工作领导小组成员(西气东输人字〔2008〕195号)。

14日　公司调整防反恐怖袭击领导小组成员(西气东输人字〔2008〕199号)。

14 日　公司印发《西气东输管道(销售)公司廉洁文化建设实施细则》(西气东输纪字〔2008〕4 号)。

14—28 日　公司组织西南石油大学、大庆油田工程有限公司科研人员共同完成了对豫皖管理处、苏浙沪管理处、苏北管理处管道完整性管理第三方破坏部分的现场调研工作。

17 日　公司印发《西气东输管道公司采空区地质灾害防治管理办法》《西气东输管道公司大修理实施单位综合考评管理办法》《西气东输管道公司滑坡灾害防御与治理管理办法》《西气东输管道公司管道大修理项目管理实施细则(修订版)》、《西气东输管道公司线路定额维修项目实施细则(修订版)》(西气东输管道字〔2008〕202 号)。

21 日　公司印发《中国石油西气东输管道公司合同管理办法》《中国石油西气东输管道公司地区管理处合同管理实施细则》(西气东输计字〔2008〕205 号)。

22 日　公司印发《中国石油西气东输管道(销售)公司突发事件应急资金管理规定》(西气东输财字〔2008〕213 号)。

23 日　公司召开中国共产党中国石油西气东输管道公司第一次代表大会,公司党委书记秦刚在会上作了题为《认真落实科学发展观,大力加强党的建设,为全面推进西气东输安全平稳高效运营而努力奋斗》的报告。

8 月

1—2 日　中国石油股份公司在北京组织召开中国石油天然气与管道业务发展座谈会。

3—4 日　公司组织对南京计量测试中心工程进行交工验收。

4 日　公司举行集体劳动合同签署仪式。

6 日　公司印发《西气东输工程施工安全管理实施细则》(西气东输工程字〔2008〕244 号)、《中国石油西气东输管道(销售)公司劳动管理办法》(西气东输人字〔2008〕229 号)、《中国石油西气东输管道(销售)公司人员招聘管理办法》(西气东输人字〔2008〕232 号)。

11 日　公司调整节能节水工作领导小组成员(西气东输人字〔2008〕237 号)。

19 日　公司召开挪威船级社国际安全评级(isrs7)及资产完整性管理审核(AIMS)首次会议。

26 日—9 月 6 日　公司进行了由天然气管道分公司组织的国际安全评级(isrs7)及资产完整性管理(AIMS)评价工作,挪威船级社(DNA)对公司各专业部门及宁陕管理处、靖边站及靖边维抢修中心等现场进行了审核。

29 日　上海市经济工作党委印发《关于中共中国石油西气东输管道公司第一届委员会、纪律检查委员会换届选举的批复》,原"中共中国石油股份公司西气东输管道分公司临时委员会",更名为"中共中国石油股份公司西气东输管道分公司委员会"(西气东输党字〔2008〕38 号)。

9 月

9 日　公司召开"三点一线"动火作业用户协调会。

10—12 日　公司组织对中卫黄河隧道工程进行交工验收。

18 日　南京计量测试中心工程顺利通过了江苏省安全生产监督管理局工程安全设施竣工验收。

21—24 日　公司组织有关专家分别对西气东输管道工程甘肃段、宁夏段水土保持生态恢复工程的植物措施进行了竣工验收现场检查并通过验收。

23—25 日　轮南首站增输扩建工程开工启动及设计交底会在新疆召开。

24 日　兰银输气管道管理权交接大会在兰州市举行。

24 日　公司承担的中国石油股份公司科技项目"中国石油主干输气管网优化运行技术研究""西气东输管道析烃分析与对策研究",通过中国石油股份公司天然气与管道分公司组织的项目验收。

25 日　公司召开纪念西气东输投产运行五周年劳模表彰大会。

27 日　公司召开挪威船级社国际安全评级(isrs7)及资产完整性管理(AIMS)审核末次会议。

10月

11日　延川压气站1号机组点火试车一次成功,创造了西气东输机械设备安装时间最短、联校时间最短、油运时间最短以及工期最短等多项纪录。

15日　苏丹国民大会能源矿产委员会主席汉哥·伊萨一行到公司参观考察。

17日　公司决定调整维护稳定工作领导小组成员(西气东输人字〔2008〕294号)、调整建设项目后评价工作领导小组成员(西气东输人字〔2008〕295号)、调整招标委员会成员(西气东输人字〔2008〕296号)、调整内控体系建设委员会成员(西气东输人字〔2008〕297号)、调整预算委员会成员(西气东输人字〔2008〕298号)、调整厂务公开领导小组成员(西气东输人字〔2008〕299号)、调整保密委员会成员(西气东输人字〔2008〕300号)、调整公司资产处置领导小组成员(西气东输人字〔2008〕301号)、调整科学技术委员会成员(西气东输人字〔2008〕302号)、调整企业年金管理委员会成员(西气东输人字〔2008〕303号)、调整标准化技术委员会成员(西气东输人字〔2008〕304号)、调整QHSE管理委员会成员(西气东输人字〔2008〕305号)。

21日　公司决定调整公司法律风险防控体系建设领导小组成员(西气东输人字〔2008〕308号)、调整密码领导小组成员(西气东输人字〔2008〕310号)、调整防反恐怖袭击领导小组成员(西气东输人字〔2008〕311号)。

22日　定远分输压气站完成压缩机进出口管线与主管线的动火联头带压开孔作业,这是公司首次在主干线上高压不停输开孔施工。

23日　公司调整节能节水工作领导小组成员(西气东输人字〔2008〕309号)。

24日　公司在扬州市召开首届站队长论坛会议。

25日　西气东输MBA核心课程培训班在上海交通大学徐汇校区举行。

27日　延川压气站1号机组投产运行。

10月

29日—11月15日　公司组织对管道大修理项目进行交工验收。

30日　冀宁管道工程顺利通过国家水土保持设施竣工验收。

31日　公司成立西气东输二线市场开发领导小组(西气东输人字〔2008〕324号)。

11月

4日　国务院国有大型重点企业监事会主席韩修国到公司检查指导工作。

4日　公司在上海市召开西气东输二线市场开发工作会议。

9日　定远压气站1号机组投产运行。

16日　冀宁管道邳连支线向东海中油燃气公司正式供气。

21—23日　国家安全生产监督管理总局组织相关单位的专家和代表组成验收组,对金坛地下储气库工程安全设施进行了现场验收,金坛地下储气库工程通过国家竣工验收。

25日　公司调整基层建设领导小组成员(西气东输人字〔2008〕341号)。

29日　延川压气站2号机组投产运行。

12月

1日　公司在上海总部以视频会议的形式举行质量安全环境管理体系文件2008版发布仪式,公司新版QHSE管理体系文件正式实施。

1日　经中国石油集团公司信息管理部批准,公司人力资源管理系统正式上线运行(中国石油集团公司信息〔2008〕881号)。

5日　公司成立西气东输管道(销售)公司绩效考核领导小组(西气东输人字〔2008〕356号)。

9日　公司召开2008年度创新创效成果发布会。

10 日　公司印发《内部控制管理手册西气东输管道(销售)公司分册(2009 版)》(西气东输内控字〔2008〕367 号)。

16 日　公司决定将"中国石油西气东输管道公司内控建设委员会"更名为"中国石油西气东输管道(销售)公司内控与风险管理委员会"(西气东输人字〔2008〕369 号)。

20 日　国家石油天然气大流量计量站及分站工作研讨会在南京召开。

24 日　公司明确了长宁公司合同管理模式(计函字〔2008〕182 号)。

30 日　宁陕管理处被宁夏回族自治区评为安全质量标准化示范单位。

31 日　公司《已有采卤老腔改建储气库工程技术》项目荣获中国石油集团公司科技进步三等奖。

2009 年

1 月

16 日　宁陕管理处被宁夏回族自治区安全生产监督管理局授予"安全质量标准化示范企业"称号。

2 月

11 日　公司成立建设项目投资控制(概算)工作领导小组,负责组织和领导对近几年已批复概算及在建项目的清理工作。

11 日　公司成立自动化维检中心。

20 日　公司被中国石油集团公司评为"2008 年度信息化工作先进单位"。

23 日　公司正式开通远程培训系统。

3 月

9—10 日　国家环境保护部在金坛组织召开西气东输金坛地下储气库、南京至金陵电厂支线、宜兴至溧阳支线等 3 个工程的竣工环境保护验收会,3 项工程均通过验收。

11 日　公司以视频会议形式召开深入学习实践科学发展观活动动员会。

4 月

8 日　公司在上海召开了西气东输调控中心审查会,会议听取了西气东输调控中心项目选址方案汇报,征求了中国石油驻沪各单位的意见。

10 日　公司召开主题为"商业秘密的保护与企业保密管理工作"的视频讲座。

28—29 日　金坛地下储气库工程、宜兴分输站至溧阳城市燃气末站工程顺利通过国家水土保持设施竣工验收。

30 日　南京计量测试中心移动标准装置完成首次出站在线实流检定工作。

5 月

21—22 日　公司在河南省郑州市组织召开西气东输天然气市场发展规划座谈会。

22 日　公司批准发布《西气东输管道公司工程变更、现场签证及工程结算管理办法》(西气东输工程字〔2009〕166 号)。

26 日　公司党委成立惩防体系建设领导小组。

6 月

3 日　公司参与项目《中国石油财务网上报销系统》荣获中国石油集团公司科技进步二等奖。

3 日　公司《已有采卤老腔改建储气库工程技术》项目荣获中国石油集团公司科技进步三等奖。

8 日　西气东输管道工程在中国石油集团公司 2007—2008 年所属的 46 家企业 53 个投资项目后评价的评选中,取得专业排名和总排名均列第一的优异成绩。

10日　公司在豫皖、苏浙沪、苏北、冀鲁等东部4个管理处全面实施"站管线"模式。

15—17日　公司HSE管理体系建设工作通过中国石油集团公司审核。

7月

2日　公司党委印发《贯彻落实"三重一大"决策制度的实施细则(试行)》。

2—4日　公司总经理黄泽俊出席全球智库峰会——中国能源环境高峰论坛，并作了题为"西气东输对调整中国能源结构的作用"的专题发言。

18日　公司被中国石油集团公司评为"中国石油集团公司后评价工作先进单位"；公司编写的《西气东输管道干线工程自评价报告》荣获"2006—2008年度中国石油集团公司优秀自评价报告一等奖"。

22日　豫皖管理处定远站2号压缩机组72小时测试圆满成功，首台国产大型离心式压缩机正式投产运行。

30日　江都—如东天然气管道工程项目泰兴—芙蓉段可行性研究报告通过中国石油股份公司批复。

8月

8日　由储气库项目部与太原理工大学联合开展的《金坛盐穴地下储气库造腔配套工艺技术方法研究》课题通过公司验收。

25日　公司承担的中国石油股份公司科技项目《油气管道穿越采空区灾害风险评价标准与防治规范研究》和《天然气管道泄漏检测应用研究》，通过中国石油股份公司验收。

9月

1—2日　公司在杭州召开西气东输压缩机组管理技术研讨会。

5日　公司全面完成山西省阳城县嵩裕村段抬管工作，这在国内大口径、高压力输气管道中尚属首次。

15日　我国首条大口径、高压力煤层气管道——山西煤层气管道正式建成投产。

20日　公司团委在上海组织召开共青团中国石油西气东输管道公司第一次代表大会，选举产生了共青团中国石油西气东输管道公司第一届委员会。

27—28日　淮武管道工程顺利通过国家级职业病防治设施竣工验收。

10月

11日　公司圆满完成国庆安保防恐工作任务。

17日　由新疆管理处和西南石油大学联合承担的公司2008年度科技项目《西气东输管道公司强盐碱地区腐蚀及防腐技术研究》通过公司验收。

20日　国内现有最大的气压站——沁水压气站一号压缩机组一次点火投产成功。

20日　由生产运行处和石油大学(北京)联合承担的公司2007年度科技项目《天然气管道冻胀及消除方法研究》通过公司验收。

26—27日　公司科技项目"夹层垮塌机理及控制技术研究"通过公司验收。

28日　公司与上海永达控股(集团)有限公司在上海共同举办盛大国际金融中心合作签字仪式，由公司为出资主体，收购上海盛大基地置业有限公司100%股权的工作圆满完成。

28—29日　公司在郑州市组织召开"五型站队"创建现场经验交流会暨第二届站队长论坛。

29日　西气东输管道工程荣获"新中国成立六十周年百项经典暨精品工程"称号。

11月

4日　公司在上海召开工程建设项目计划协调会。

10日　公司评选出首届科技进步奖。

11日　公司成立品牌管理领导小组。

16日　轮南站安全改造工程顺利投产。

17—18日　公司在上海举办最终用户认证培训班。

23日　国家能源局举行天然气长输管道关键设备国产化研制工作启动暨签约仪式。公司总经理黄泽俊就落实核心设备国产化工作的情况作了汇报,并与承担国产化研制的10家企业签订合作协议。

28日　公司在第六届中国企业经营与财务战略管理高峰论坛上荣获"建国60年财务管理成就奖"及"最具社会责任感企业奖"。

12月

7日　国家发改委经济运行调节局在上海组织召开部分省市天然气运行协调会。

14日　西气东输增输工程最后一座压气站——淮阳站2号机组顺利通过72小时功能测试,西气东输170亿增输工程圆满完成。

17日　公司发布《内部控制管理手册〈西气东输管道(销售)公司分册〉》(2010版)。

2010年

1月

5日　公司正式启用天然气与管道专业标准查询系统(质安函〔2010〕2号)。

13—15日　冀宁支线管道工程建设项目部通过由国家卫生部卫生监督中心组织的职业病防护设施竣工验收。

19—21日　西气东输管道工程档案通过国家档案局组织的专项验收。

20日　中国石油报上海记者站在公司总部正式挂牌成立。

26日　公司调整QHSE管理委员会成员(西气东输人发〔2010〕29号)。

26日　公司党委印发《基层党组织向党员报告工作并接受评议办法(试行)》(西气东输党发〔2010〕3号)。

27日　公司印发《中国石油西气东输管道公司党委所属党总支(分公司党委、直属党支部)中心组学习制度》(西气东输党发〔2010〕4号)。

28日　公司启动以"重温十年历程,增强使命意识"为主题的"形势、目标、任务、责任"教育活动。

29日　公司调整应急领导小组和应急领导小组办公室成员(西气东输人发〔2010〕34号)。

2月

1日　公司总部党总支部委员会、总部工会委员会正式成立。

5日　由国家能源局组织的2010年天然气长输管道设备国产化工作会议及30兆瓦级燃压机组国产化研制合同签字仪式在北京举行。会上,公司与中船重工第七○三所签订了《30兆瓦级燃压机组国产化研制合同》。

23日　公司在北京召开高压大流量天然气原级标准装置球罐技术论证会。

24日　西气东输管道工程正式通过国家竣工验收。

24日　公司印发《2010年上海世博安保防恐方案》,同时设立世博安保防恐工作领导小组。

25—26日　由国家能源局科技装备司副司长黄鹂、中国机械工业联合会总工程师隋永滨和中国石油集团公司科技管理部副总经理方朝亮等7人组成的天然气长输管道关键设备国产化暨工业试验中心建设调研组来我公司检查调研。

3月

6日　公司在上海召开西气东输成立十周年座谈会。

10日　公司正式启动以"防断缆、保畅通"为主题的"安康杯"百日劳动竞赛活动。

17日　公司启动"西气东输十年回眸"专题征文活动。

30日　公司启动"平安世博,青年争先"主题实践活动。
30日　公司印发《"三重一大"业务流程内部控制管理文档》(西气东输内控〔2010〕123号)。

4月

7—9日　天然气与管道分公司在上海召开西二线合同签订研讨会。
16日　公司印发《西气东输管道(销售)公司专业技术干部聘任管理办法(试行)》。
16日　公司组织召开突发事件总体应急预案和专项应急预案评审会议。
17—18日　中国合格评定国家认可委员会(英文简称CNAS)对南京计量测试中心进行为期两天的校准实验室认可初次评审。
30日　公司印发《中国石油西气东输管道公司"五型"站队创建实施方案》(GZ012/QW B/0)。

5月

12—15日　公司在江西省南昌市举办西气东输二线站场工程施工质量监控及管理培训班。
31日　公司发布《西气东输管道(销售)公司基础管理建设工程实施方案》。

6月

19日　由公司代表中国石油集团公司编制申报的《天然气长输管道技术装备工业试验中心建设项目资金申请报告》通过国家能源局评审。
21日　公司发布《数据收集与整合作业指导书》等28个作业指导书(西气东输管道〔2010〕235号)。
22日　由公司代表中国石油集团公司编制申报的《国家能源天然气长输管道技术装备工业试验中心申请报告》通过国家能源局评审。
23日　公司印发《中国石油股份公司西气东输管道分公司内部控制体系管理暂行办法》(西气东输内控〔2010〕239号)。
28日　公司成立深入开展创先争优活动领导小组。
28日　公司印发《西气东输管道公司深入开展创先争优活动实施方案》(西气东输党发〔2010〕29号)。
29日　公司成立天然气价格调整工作领导小组。
29日　江都至如东管道项目一期工程江都至泰州段管道正式投产运行。

7月

1—2日　由天然气与管道分公司主办,公司和管道分公司共同承办的天然气与管道业务发展年会暨精细化管理推进会在郑州市召开。
9日　国家科技重大专项"大型油气田及煤层气开发"专项秘书处在北京召开重大专项"十二五"启动项目(课题)和示范工程可行性论证会,会议将"天然气长输管道关键设备研制及工业性应用示范工程"列入"大型油气田及煤层气开发"重大专项。
14日　国家能源局正式在公司设立"国家能源天然气长输管道技术装备工业试验中心"。
23日　公司启动以"西气东输沿线风光"为主题的摄影大赛。
23日　由国家能源局召开的"国家能源天然气长输管道技术装备工业试验中心"授牌仪式在北京举行。

8月

6日　西气东输与昆仑燃气项目衔接会议在江苏省吴江市召开。
9日　公司转发《关于印发〈中国石油股份公司安全监督管理办法〉的通知》(质安〔2010〕25号)。
10日　公司与深圳市燃气中国石油集团公司天然气购销协议签字仪式在广东省深圳市举行。
10日　公司印发《交通安全专项整治活动方案》(西气东输质安〔2010〕290号)。
12日　公司成立"小金库"专项治理工作领导小组。
12日　公司管道完整性管理系统(PIS)项目正式启动。
18日　公司印发《中国石油西气东输管道(销售)公司退休员工管理办法(暂行)》(西气东输人发〔2010〕

304号)。

19日　公司党委建立党委委员创先争优活动联系点(西气东输党发〔2010〕36号)。

24—26日　《西气东输金坛储气库工程(一期)自评价报告》通过中国石油股份公司规划计划部审查。

26日　公司成立基础管理建设工程领导小组。

9月

6日　公司与陕西天然气股份有限公司在上海举行天然气销售合同签字仪式。

8日　公司印发《中国石油西气东输管道公司职代会联席会议制度(试行)》《中国石油西气东输管道公司职代会提案工作制度(试行)》和《中国石油西气东输管道公司工会会员会籍管理办法(试行)》(西气东输工会〔2010〕10号)。

15—16日　西气东输二线(东段)管道工程投产方案审查会在上海召开。

23日　公司沿线9座"2+0"场站新增机组和2座场站后空冷器的改造施工全部完成。

10月

11—13日　西气东输管道170亿立方米增输工程通过国家卫生部卫生监督中心组织的职业病防护设施竣工验收。

15日　公司科研项目《中国石油主干输气管网优化运行技术研究》荣获中国石油和化学工业联合会颁发的科技进步二等奖。

26日　公司发布《第三方施工快速服务作业指导书》等23个作业指导书和5个操作规程(西气东输管道〔2010〕409号)。至此,公司共发布56个管道完整性管理体系文件,其中包括51个作业指导书和5个操作规程。

11月

3日　GE PII公司总裁迈克尔·巴拉米先生一行到公司参观访问。

18日　西气东输二线东段中卫至黄陂段管道进气投产。

30日　公司印发2011版《内部控制管理手册——西气东输管道(销售)公司分册》(西气东输内控〔2010〕462号)。

12月

6日　公司印发《中国石油西气东输管道公司新闻发言人制度》(西气东输办发〔2010〕468号)。

8日　西气东输二线(东段)工程枣阳至十堰支干线(枣阳至襄樊段)建成投产。

20日　公司党委印发《中国石油西气东输管道(销售)公司处级领导班子和领导人员综合考核评价办法(试行)》和《中国石油西气东输管道(销售)公司实行领导人员问责的实施办法(试行)》两个制度文件(西气东输党发〔2010〕48号)。

31日　公司印发《西气东输管道(销售)公司财务管理暂行办法》等30项财务管理制度(西气东输财发〔2010〕510号)。

2011年

1月

11日　公司印发《中国石油西气东输管道(销售)公司员工绩效考核管理办法》(西气东输人发〔2011〕13号)。

14日　国家科学技术奖励大会在北京人民大会堂召开,"西气东输工程技术及应用"荣获国家科学技术进步一等奖。

15—18日　公司在上海召开南宁至柳州成品油管道建设评标会，西气东输第一条成品油管道建设工作正式启动。

19日　公司与上海广电电气（集团）有限公司联合研制的25兆伏安高压变频调速装置顺利通过国家级新产品鉴定。

28日　中国石油集团公司下发《关于下达中国石油集团公司2011年科技项目计划的通知》（中油科〔2011〕26号），明确公司承担"油气管道与储库装备国产化"项目，负责天然气长输管道关键设备国产化技术攻关，项目编号为2009E-01。

3月

3日　公司与荣信电力电子股份有限公司联合研制的25兆伏安高压变频调速装置顺利通过国家级新产品鉴定。

7日　公司成立中国石油股份公司西气东输管道分公司天然气长输管道技术装备国产化研发项目部，公司总经理黄泽俊任项目经理，副总经理王小平任项目副经理，副总工程师高顺华任项目总工程师（西气东输人发〔2011〕69号）。

11日　公司在全线正式启动"双快一保"安康杯劳动竞赛。

22日　公司撤销西气东输二线生产准备领导小组办公室（西气东输人发〔2011〕103号）。

28日　公司印发《中国石油西气东输管道公司招标投标办法》（西气东输计发〔2011〕118号）。

4月

8日　由公司和上海电机厂联合研制的20兆瓦级超高速防爆变频调速同步电动机通过国家能源局组织的新产品鉴定。

19日　公司党委印发《西气东输管道公司党务公开试点工作实施方案》（西气东输党发〔2011〕23号）。

19日　公司印发《西气东输"五型"站队创建实施方案》（2011年修订版）（西气东输企化〔2011〕147号）。

5月

5日　公司成立西气东输管道（销售）公司土地普查工作领导小组。

5日　公司印发《中国石油西气东输管道公司党委理论学习中心组制度》（西气东输党发〔2011〕24号）。

18日　西气东输泰州至如东管道顺利完成天然气置换工作。至此，中国石油"200亿气化江苏"控制性工程之一——江都至如东天然气管道项目一期、二期工程全部建成投产。

27日　公司和沈鼓集团联合编制的《20兆瓦级高速直联变频电驱压缩机组工厂联机带负荷综合试验大纲》通过中国石油股份公司和中国机械工业联合会组织的专家评审。

27日　首批国产30台套40英寸、48英寸高压全焊接球阀通过国家能源局组织的专家鉴定。

6月

2日　油气重大专项办组织召开国家科技重大专项"十二五"任务合同书审查，公司承担的"天然气长输管道关键设备研制和工业性应用示范工程"任务合同书顺利通过专家评审。

9日　江苏LNG正式向江都至如东管道供气。

20日　公司发布《西气东输管道（销售）公司2011年度风险管理报告》（西气东输内控〔2011〕220号）。

23日　公司印发《西气东输管道（销售）公司职工福利费管理办法》（西气东输财发〔2011〕223号）。

24日　公司在上海召开庆祝中国共产党成立90周年暨创先争优活动总结表彰大会。

24日　公司印发《中国石油西气东输管道（销售）公司资金管理平台运行管理规定（试行）》（GZ44/CWA/0)（西气东输财发〔2011〕227号）。

30日　西气东输二线东段干线工程竣工投产仪式在广州举行，西气东输二线干线工程全线建成投运。

7月

14—19日　公司开展"走进西气东输"宣传采访活动，邀请新华社上海分社、解放日报等多家新闻媒体组成新闻采访团到新疆霍尔果斯口岸以及西气东输无人区场站、关键点工程进行实地采访。

16日 公司印发《西气东输管道公司生产岗位员工持证上岗管理办法》(修订版)(西气东输人发〔2011〕252号)。

18日 由台湾能源产业工会联合会理事长庄爵安率领的台湾石油工会第二分会参访团一行到公司访问。

22日 公司印发《西气东输管道(销售)公司"十二五"业务发展规划》(西气东输计发〔2011〕258号)。

25日 西气东输二线湘潭末站检测到纯天然气,樟树至湘潭支干线顺利完成天然气置换工作,投产一次成功。

26日 公司印发《中国石油西气东输管道公司创新创效活动管理办法》(西气东输工会〔2011〕3号)。

8月

16日 甪直至宝钢支线正式投产运行。

17日 中共中央政治局常委、国务院副总理李克强出席在香港举行的国家"十二五"规划与两地经贸金融合作发展论坛时明确,加强粤港供水、供电、供气等网络合作,实现西气东输二线工程香港支线2012年下半年向香港供气。

17日 公司印发《天然气长输管道事件专项应急预案》(发布版)等12项专项应急预案(西气东输质安〔2011〕291号)和《西气东输管道公司工程建设创优质工程实施方案》(西气东输工程〔2011〕292号)。

18日 公司成立加强三基工作领导小组(西气东输人发〔2011〕297号)。

9月

1日 中国石油股份公司以《关于天然气长输管道技术装备工业试验中心项目可行性研究报告的批复》(石油计〔2011〕201号)确定同意建设"天然气长输管道技术装备工业试验中心"。

2日 公司印发《西气东输管道公司工程建设用地管理实施办法》(西气东输工程〔2011〕324号)。

9日 金坛储气库JK8-1井钻井工程开工,金坛储气库二期工程已经启动。

19日 赣州分输清管站向赣州深燃天然气有限公司置换供气,西气东输二线天然气首次进入江西天然气市场。

23日 伊拉克石油部部长阿卜杜·克里木·卢艾比·巴赫德一行来访,参观了公司调度室和白鹤末站。

10月

16日 公司所属管道全线压缩机组安全运行累计超过100万小时。

18日 公司印发《中国石油西气东输管道(销售)公司重大专项特设账户管理暂行规定》(西气东输财发〔2011〕372号)。

27日 在中国机械工业联合会和中国石油集团公司组织召开的鉴定会上,公司和中船重工第七〇三所联合研制的天然气长输管线30兆瓦级燃驱压缩机组(产品一)新产品顺利通过专家鉴定。

11月

3日 公司印发《西气东输管道公司服务商市场准入管理办法GZ04/ZA B/0》(西气东输质安〔2011〕399号)。

9日 淮安分输站开始向刘庄储气库井站注入天然气,刘庄储气库正式投产。

16日 公司印发《中国石油西气东输管道(销售)公司财务信息系统安全管理规定》(GZ46/CW A/0)(西气东输财发〔2011〕412号)。

18日 公司印发《西气东输管道公司三基工作推进方案》(西气东输人发〔2011〕415号)。

21日 西气东输二线广州分输压气站向广州燃气中国石油集团公司方向管道进行天然气置换作业,中亚天然气正式进入广东。

24日 西气东输二线供应广东天然气购销框架协议签署仪式在深圳举行。

24日　土库曼斯坦天然气抵达广东省通气点火仪式在深圳和广州两地同时举行。
26日　西气东输平泰支干线与薛店站管线动火连头作业完成，主干线的分输联络站。
30日　公司印发《西气东输管道公司安全生产先进单位和个人考核评比与奖励办法》及公司《安全生产考核标准(1000分)(2011版)》(西气东输质安〔2011〕423号)。

12月

5日　西气东输二线高陵分输压气站正式向陕西省天然气股份有限公司置换供气，中亚天然气首次进入陕西省。
5日　公司发布《西气东输管道公司输气站场"集中巡检"管理方案》(西气东输生产〔2011〕437号)。
6日　国内首套20兆瓦电驱压缩机组正式通过国家能源局在沈阳组织的专家组出厂验收，主要技术指标均达到国际先进水平。
6日　国家能源局在沈阳举行天然气长输管道关键设备国产化成果汇报会暨合同签署及首套20兆瓦电驱压缩机组出厂仪式。
12日　洛阳末站向洛阳新奥华油燃气有限公司置换供气，西气东输二线洛阳支线顺利投产。
12日　公司印发2012版《内部控制管理手册　西气东输管道(销售)公司分册》(西气东输内控〔2011〕445号)。
15日　公司印发《中国石油西气东输管道(销售)公司资金稽核与监督实施细则》与《中国石油西气东输管道(销售)公司财务内部稽查实施细则》(西气东输财发〔2011〕447号)。
29日　西气东输二线香港支线管道工程项目通过国家发展改革委核准(发改能源〔2011〕3089号)。
29日　公司印发《西气东输管道(销售)公司科技项目管理办法》(西气东输科发〔2011〕473号)等4个管理办法，《西气东输管道(销售)公司科技项目进步奖奖励办法》(西气东输科字〔2008〕97号)等6项管理办法同时废止。
30日　公司印发《西气东输管道公司规章制度管理办法》(西气东输质安〔2011〕479号)。

2012年

1月

29—30日　国务院国有重点大型企业监事会一行到上海对中国石油驻华东部分企业进行工作调研。

2月

20日　公司决定开展以"承担责任、履行使命，以实际行动迎接党的十八大"为主题的"形势、目标、任务、责任"教育活动(党群〔2012〕2号)。
29日　公司成立中国石油股份公司西气东输华中输气分公司(正处级机构，简称"华中输气分公司")，保留中国石油股份公司华中销售分公司(简称"华中销售分公司")牌子，与华中输气分公司合署办公(西气东输人发〔2012〕53号)。
29日　公司党委成立中共中国石油股份公司西气东输华中输气分公司委员会(西气东输党发〔2012〕10号)。

3月

2日　西气东输二线香港支线管道工程在深圳大铲岛海域施工现场开工。
14日　西气东输二线平顶山至泰安支干线鲁山至薛店段投产成功。

4月

1日　西气东输二线苍梧至贺州供气支线工程、南宁至百色供气支线工程、贵港至玉林供气支线工程分别在广西苍梧、南宁、贵港三地打火开焊,三条供气支线正式开工建设。

12日　公司印发《西气东输管道(销售)公司科级干部综合考核评价办法(试行)》(人发〔2012〕72号)和《中国石油西气东输管道(销售)公司科级干部管理办法》(人发〔2012〕73号)。

26日　公司印发《西气东输管道公司2012年度风险管理报告》(西气东输函〔2012〕43号)。

5月

4日　公司在总部举办"我与祖国共奋进,与企业同发展"主题演讲比赛决赛。

16日　西气东输二线香港支线大铲岛陆域形成工程完工。

20日　西气东输二线平顶山至泰安支干线薛店至泰安段顺利投产,西气东输二线平顶山至泰安支干线全线投产。

20日　公司举办首届会计岗位练兵技能比武。

23日　公司发布第一批新版西气东输管道完整性管理体系文件(西气东输管道〔2012〕176号)。

28日　公司印发《中国石油西气东输管道(销售)公司科级以下管理人员聘任办法》(修订版)(人发〔2012〕94号)。

6月

13日　公司印发《西气东输管道公司生产安全事故与环境事件责任人员行政处分规定实施细则》(西气东输审计〔2012〕214号)。

28日　西气东输二线上海支干线金山末站向上海天然气管网有限公司供气。

7月

6日　西气东输二线南昌至上海支干线吴江至甪直段完成天然气置换,西气东输二线南昌至上海支干线正式投产运行,中亚天然气首次进入上海。

6日　公司印发《西气东输管道(销售)公司资产减值管理暂行办法》(GZ50/CW A/0)(西气东输财发〔2012〕233号)。

24—28日　公司组织上海主要媒体开展以"多气源格局确保供气安全"为主题的宣传采访活动。

26日　公司印发《中国石油西气东输管道公司招聘管理办法》(西气东输人发〔2012〕255号)。

8月

1日　西气东输二线向深圳供气暨深圳市天然气高压输配系统工程投产仪式在深圳举行。

15日　公司与北京石油管理干部学院战略合作框架协议在上海签署。

17日　西气东输二线上海支干线萧山分输站向浙江省天然气开发有限公司供气。

25日　西气东输管道170亿立方米增输工程通过国家安全生产监督管理总局组织的项目安全设施竣工验收。

9月

1日　公司印发《中国石油西气东输管道公司危险化学品安全管理办法》(西气东输质安〔2012〕316号)。

6—8日　公司在西宁召开公司压缩机组管理工作会暨与GE公司压缩机组技术研讨会。

19日　公司发布《动火作业管理规范》等9项企业标准(西气东输质安〔2012〕346号)。

26日　公司印发《中国石油西气东输管道公司安全文化理念体系手册》(西气东输企化〔2012〕365号)。

29日　公司印发《中国石油西气东输管道公司投资计划管理办法》(西气东输计发〔2012〕376号)。

10月

11日　公司与西南管道公司在上海举行广西境内油气管道业务划转签字仪式。

18日　公司印发《中国石油西气东输管道公司节能节水管理办法》(西气东输生产〔2012〕396号)。

11月

6日　公司牵头组织研制的国家重大专项科研项目——首批首台国产天然气管道20兆瓦级电驱压缩机

组在西气东输二线高陵分输压气站试车、投产开车一次成功。15日正式投入工业性生产运行。

6日　公司取得国家安全生产监督管理总局核发的"安全生产许可证"(延期换证)。

21日　公司印发《中国石油西气东输管道公司交通安全管理办法》(GZ016/ZA A/1)、《中国石油西气东输管道公司工程项目质量责任追究管理规定》(GZ019/ZA A/1)、《中国石油西气东输管道公司环境保护管理办法》(GZ008/ZA A/2)、《中国石油西气东输管道公司质量事故管理规定》(GZ023/ZA B/1)、《中国石油西气东输管道公司消防管理办法》(GZ009/ZA A/1)、《中国石油西气东输管道公司HSE信息系统应用及运行维护管理规定》(GZ017/ZA A/1)、《中国石油西气东输管道公司劳动防护用品管理办法》(GZ021/ZA A/1)(西气东输质安〔2012〕443号)。

24日　西气东输甘塘站改扩建工程正式投产,中亚天然气顺利进入兰州至银川输气管道。

12月

7日　公司印发《中国石油西气东输管道公司社会保险住房公积金管理办法》(GZ061/RS A/0)(西气东输人发〔2012〕464号)。

19日　来自中亚的天然气经西气东输二线到达香港支线龙鼓滩末站,香港支线成功投产,具备向香港供气的条件。

30日　广西至南宁支干线成功投产,中亚天然气首次进入广西境内。

31日　公司发布《西气东输管道维抢修管理规程》等3项西气东输企业标准(西气东输质安〔2012〕514号)。

2013年

1月

5—8日　公司首次自主完成延川压气站GE压缩机组的故障燃气发生器更换作业,基本实现GE压缩机组自主维护检修。

8日　如东至海门至崇明天然气管道项目合作框架协议签约仪式在北京举行。

18日　公司总部办公地点迁至中国石油上海大厦。

2月

5日　公司开展以"深入贯彻落实十八大精神,保持西气东输安全平稳高效运营"为主题的"形势、目标、任务、责任"教育活动(西气东输党发〔2013〕2号)。

6日　公司发布《防爆电加热器操作维护规程》等3项西气东输企业标准(西气东输质安〔2013〕36号)。

3月

3日　泰兴至芙蓉天然气管道项目控制性工程之一——成品油管道长江定向钻穿越一次回拖成功,创造了定向钻长度的国内新纪录。

12日　公司承办上海市经济和信息化工作系统工会"新起点、新作为、新贡献"专题座谈会。

18日　公司印发《西气东输管道公司派出机构基层站队设置和定员编制调整方案(试行)》(西气东输人发〔2013〕88号)。

25日　公司启动"最美管道人"摄影、视频主题大赛(企化〔2013〕3号)。

29日　公司《超大型天然气长输管道复杂工程建设与运营管理》成果在由中国企业联合会、国家工信部和国资委联合举办的全国企业管理创新大会上获第十九届国家级企业管理现代化创新成果一等奖。

4月

1日　公司印发《中国石油西气东输管道公司在役管道改线管理办法》(西气东输管道〔2013〕114号)。

8日　公司发布《中国石油西气东输管道公司重大涉密活动及涉外保密管理突发事件应急预案》(西气东输保密〔2013〕2号)。

12日　公司发布《站场(阀室)标准化建设和管理手册(2013版)》(西气东输生产〔2013〕133号)。

22日　公司发布《长输油气管道滑坡灾害监测技术规范》等2项西气东输企业标准(西气东输质安〔2013〕142号)。

27日　公司在上海召开劳动模范表彰大会。

5月

8日　西气东输增输工程档案通过中国石油集团公司验收。

9日　西气东输二线高陵分输压气站1号压缩机组完成72小时性能测试,高陵分输压气站4台套国产20兆瓦级电驱压缩机组全部顺利投产。

15日　公司印发《中国石油西气东输管道公司更新改造大修理工程项目管理实施办法》(西气东输工程〔2013〕181号)。

29日　公司印发《中国石油西气东输管道(销售)公司无形资产管理办法》(西气东输财发〔2013〕209号)。

6月

26日　Rosen集团总裁Friedrich Hecker一行到公司访问。

7月

2日　公司印发《西三线中段、东段工程项目建设财务管理办法》(西气东输财发〔2013〕251号)。

24日　公司印发《中国石油西气东输管道公司公务车辆租赁管理办法》(GZ005ZB A/0)(西气东输办发〔2013〕275号)。

30日—8月3日　国家安全生产监督管理总局安全生产检查组一行先后赴宁陕管理处、豫皖管理处、苏浙沪管理处和南京计量测试中心开展检查工作。

8月

1日　公司党委成立党的群众路线教育实践活动领导小组,党委书记秦刚任组长,党委副书记、总经理黄泽俊任副组长。

7日　公司在上海召开深入开展党的群众路线教育实践活动动员视频会议,正式启动公司党的群众路线教育实践活动。

16日　国内首座国产20兆瓦级电驱压缩机站——西气东输二线高陵分输压气站正式投入商业运行,开始工业性应用。

26日　公司印发《中国石油西气东输管道公司建设项目前期工作管理办法》(GZ11/GJ2013B/0)(西气东输计发〔2013〕305号)。

9月

4日　公司印发《中国石油西气东输管道公司应急抢险项目实施管理办法》(西气东输生产〔2013〕312号)。

24日　公司发布《TM drive-XL75/RV080/04变频电驱压缩机组运行操作规程》等4项西气东输企业标准(西气东输质安〔2013〕343号)。

10月

22日　公司印发《中国石油西气东输管道公司生产安全、质量事故及环境事件管理办法》(GZ22/ZA B/0)(西气东输质安〔2013〕367号)。

11月

9日　国有重点大型企业监事会主席季晓南一行到西气东输广东管理处、香港支线工程建设项目部检查调研。

21日　中国石油股份公司下发《关于合资组建深港天然气管道有限公司的批复》(石油资〔2013〕313号),同意与中电能源基建有限公司合资组建深港天然气管道有限公司。

23日　国家能源局局长吴新雄来沪调研能源重大装备国产化产业化情况,公司总经理黄泽俊代表公司汇报天然气长输管道关键设备国产化工作情况。

23日　公司印发《内部控制管理手册西气东输管道(销售)公司分册(2014版)》(西气东输企管〔2013〕406号)。

12月

3日　公司印发《中国石油西气东输管道公司事故调查规则实施办法》(GZ33/ZA A/0)和《中国石油西气东输管道公司生产安全事故事件百万工时统计管理实施细则》(GZ38/ZA A/0)(西气东输质安〔2013〕421号)。

10日　香港支线合资公司获得国家商务部批复,正式取得"中华人民共和国港澳台侨投资企业批准证书"(商外资〔2013〕0017号),香港支线合资合作进入工商注册阶段。

11日　公司印发《中国石油西气东输管道公司分线核算管理办法》(西气东输财发〔2013〕428号)。

12日　深港天然气管道有限公司在深圳注册成立,黄泽俊任合资公司董事长。

13日　公司在上海召开干部大会。中国石油集团公司人事部副总经理金华同志在会上先后宣读中国石油股份公司和中国石油集团公司党组关于西气东输管道公司主要领导的任免文件:凌霄同志任西气东输管道分公司总经理、西气东输销售分公司总经理;免去黄泽俊同志西气东输管道分公司总经理、西气东输销售分公司总经理职务,另有任用。凌霄同志任西气东输管道分公司党委委员、书记;免去秦刚同志西气东输管道分公司党委书记、委员、纪委书记、工会主席职务,退休;免去黄泽俊同志西气东输管道分公司党委副书记、委员职务。

25日　公司印发《中国石油西气东输管道公司天然气市场开发管理办法》及《中国石油西气东输管道公司天然气市场开发管理办法实施细则》(西气东输市场〔2013〕72号)。

30日　公司印发《西气东输管道公司青年文明号创建管理办法(试行)》(西气东输团发〔2013〕27号)。

30日　公司发布《DANIEL 3400超声流量计运行维护规程》等16项西气东输企业标准(西气东输质安〔2013〕464号)。

2014年

1月

6日　中央党的群众路线教育实践活动第39督导组成员、国务院国资委巡视组副巡视员靳建平一行,到西气东输管道公司督导检查党的群众路线教育实践活动情况。

6日　公司发布《西气东输管道公司安全专项排查整治工作方案》(西气东输质安〔2014〕6号)。

27日　公司联合公司工会印发《关于启动公司2014年"安康杯"竞赛活动的通知》(西气东输工会〔2014〕2号)。

28日　公司印发《关于深入开展公司2014年"形势、目标、任务、责任"主题教育活动的通知》(西气东输党发〔2014〕4号)。

2月

18日　公司印发《关于企管法规处增设房改科的通知》(人发〔2014〕12号)。

3月

8日　公司印发《中国石油西气东输管道公司安全生产和环境保护责任制管理实施细则》(GZ40/ZA A/

0)和《中国石油西气东输管道公司质量、HSE 管理体系审核及安全生产检查实施细则》(GZ39/ZA A/0)。

27 日　公司在广东深圳召开 2014 年安全生产工作会议。

31 日　公司印发《中国石油西气东输管道公司安全生产和环境保护责任制》(GZ10/ZA C/0)。

4 月

21—25 日　天然气与管道分公司审核组对西气东输进行 HSE 管理体系审核。

25 日　西气东输二线上海支干线抚州压气站进气投产。

26 日　公司合并宁陕管理处、长宁输气分公司、长宁天然气销售分公司，成立银川管理处（长宁输气分公司、长宁销售分公司）；合并豫鄂管理处、华中输气分公司、华中天然气销售分公司，成立武汉管理处（华中输气分公司、华中天然气销售分公司）。成立银川管理处党委和武汉管理处党委，撤销长宁输气分公司党委、华中输气分公司党委、宁陕管理处党总支委员会、豫鄂管理处党总支委员会。

26 日　公司印发《中国石油西气东输管道公司股权财务管理实施细则》(西气东输财发〔2014〕128 号)。

5 月

4 日　公司印发《中国石油西气东输管道公司工程保险管理实施细则（试行）》(西气东输财发〔2014〕142 号)。

4 日　公司印发《中国石油西气东输管道（销售）公司固定资产管理暂行办法》及配套的 7 个细则(西气东输财发〔2014〕249 号)。

20 日　中国石油东部管道有限公司在上海浦东新区正式注册成立，取得营业执照。

27 日　公司印发《中国石油西气东输管道公司贯彻落实〈中国石油集团公司建立健全惩治和预防腐败体系 2013—2017 年工作规划〉分工方案》和《中国石油西气东输管道公司贯彻落实惩防腐败体系规划 2014 年推进计划》(西气东输党发〔2014〕14 号)。

6 月

25—26 日　公司召开三届三次职工代表大会，审议《中国石油东部管道有限公司设立及股权转让方案》《中国石油股份公司西气东输管道分公司职工安置方案》。

7 月

10 日　公司在山西太原召开西气东输电厂用户座谈会。

15 日　公司印发《中国石油西气东输管道公司承包商管理办法》(西气东输企管〔2014〕206 号)。

21 日　公司印发《西气东输管道公司安全生产先进单位和个人考核评比办法》(西气东输质安〔2014〕212 号)。

29 日　公司党委印发《中共中国石油西气东输管道公司委员会关于落实党风廉政建设主体责任和监督责任的实施方案》(西气东输党发〔2014〕21 号)。

8 月

5 日　公司印发《中国石油西气东输管道公司人事档案管理办法》(西气东输人发〔2014〕231 号)。

12 日　公司印发《关于公司独生子女父母退休时一次性奖励有关事宜的通知》(西气东输办发〔2014〕240 号)。

19 日　公司印发《中国石油西气东输管道（销售）公司商业保险管理办法》(西气东输财发〔2014〕245 号)。

22 日　公司印发《中国石油西气东输管道公司动火作业管理规定》和《中国石油西气东输管道公司 HSE 信息系统应用及运行维护管理规定》(西气东输质安〔2014〕247 号)。

25—26 日　国务院应急办油气输送管道保护和安全管理工作专题调研组到浙江管理处调研。

29 日　国务院应急办油气输送管道保护和安全管理工作专题调研组及有关部委领导一行到武汉管理处调研。

9月

4日　西气东输安全改造工程通过中国石油股份公司档案验收。

9日　公司印发《中国石油西气东输管道(销售)公司往来款项管理实施细则》(西气东输财发〔2014〕257号)。

10日　公司进行区域化管理调整,整合陕西、湖南、安徽境内业务。

12日　公司完成西二线68♯阀室与西三线68♯阀室间动火连头作业,实现西二线与西三线互联互通。

16日　西气东输管道增输工程、安全改造工程通过竣工验收。

18日　公司印发《中国石油西气东输管道公司生活污水处理系统管理办法》(西气东输生产〔2014〕276号)。

30日　公司发布《输气站场站控系统控制逻辑技术要求》《SCADA系统HMI报警技术规范》和《Honeywell Fail Safe Control系列SIS系统运行维护规程》3项西气东输企业标准(西气东输质安〔2014〕293号)。

10月

13日　泰兴至芙蓉管道投产成功。

21日　公司发布《受高压直流输电影响管道作业管理规范》(西气东输质安〔2014〕300号)。

23日　苍梧至贺州支线管道投产成功。

11月

17日　广州计量检定分站一次投产成功。

18日　成立公司机关党委,撤销总部党总支部。

12月

8日　公司牵头研制的国产电驱压缩机组通过国家能源局新产品工业应用鉴定。

12日　公司参与项目"我国油气战略通道建设与运行关键技术"获国家科学技术进步一等奖。

15日　公司发布《中国石油西气东输管道公司管理性费用管理办法》(西气东输财发〔2014〕363号)。

21—24日　公司在上海社会科学院举办《公司志》编纂培训班。

22日　公司印发《中国石油西气东输管道公司民主决策机制和工作落实机制实施细则(试行)》(西气东输办发〔2014〕380号)。

23日　公司党委印发《中国石油西气东输管道公司处级领导人员退出领导岗位管理实施细则》(西气东输党发〔2014〕33号)。

23日　公司印发《中国石油西气东输管道公司"双序列"管理实施细则》(西气东输人发〔2014〕383号)。

2015年

1月

14日　公司印发《西气东输管道公司经济责任审计管理办法实施细则》(西气东输审计〔2015〕19号)。

15—16日　公司在江苏省无锡市召开天然气销售计划协调会。

21—22日　公司在上海召开三届四次职代会暨2015年工作会议。

26日　西一线马鞍山分输站向马鞍山祥炎燃气有限公司分输供气,公司下游销售及分输用户累计达270家。

29日　如东至海门至崇明岛管道以定向钻方式成功穿越长江,管径为610毫米,穿越长度为3 440米。

2月

4—5日　集团公司党组成员、党组纪检组组长徐吉明一行到公司调研并参观调控指挥中心和上海白鹤站。

15日　西二线洛阳分输站向伊川南海能源产业基地有限公司分输供气,公司下游销售及分输用户累计达271家。

3月

9日　由中国石油股份有限公司、申能(集团)有限公司、江苏洋口港股份公司三方合资成立的江苏如东联合管道有限公司在上海成立。

16日　公司在江西南昌召开2015年党的工作视频会议。

16日　在江西南昌召开2015年天然气市场开发与销售工作会议。

17—18日　公司在江西南昌召开2015年安全生产工作视频会议。

25日　公司首个专业技术实训基地——管钳工实训基地在苏北管理处淮安维抢修队建成投用。

4月

2日　忠武线武汉东分输站向湖北华电武昌热电有限公司分输供气。

17日　西一线宜兴分输站向江苏国信协联燃气热电有限公司分输供气。

24日　西一线利辛分输站向利辛县海特燃气有限公司分输供气。

28日　公司纪委印发《西气东输管道公司规范党员干部操办婚丧喜庆事宜的规定》(西气东输纪委〔2015〕4号)。

29日　国家能源局特高压直流工程与油气管道相互影响协调工作小组到上海白鹤站和138#阀室进行专项调研。

5月

13日　公司印发《关于调整西气东输销售分公司市场开发与销售部管理体制的通知》(西气东输人发〔2015〕125号),将西气东输销售分公司市场开发与销售部调整为所属单位。

28日　公司印发《西气东输管道公司员工安全环保履职考评管理实施细则》(西气东输质安〔2015〕143号)。

29日　公司党委印发《西气东输管道公司党委关于开展"三严三实"专题教育实施方案》(西气东输党发〔2015〕23号)。

6月

4日　公司印发《西气东输管道公司关于深入推进全面开源节流降本增效工作实施方案》(西气东输财发〔2015〕158号)。

15日　公司下游用户宁夏哈纳斯液化天然气有限公司分解为宁夏哈纳斯液化天然气有限公司和宁夏哈纳斯新能源集团天然气有限公司,公司下游销售及分输用户累计达275家。

7月

7日　冀宁联络线新沂分输站向中油中泰新沂燃气有限公司分输供气。

16日　储气库刘庄分输站向淮安荣浩天然气输配有限公司分输供气。

17日　西二线湘潭联络线萍乡分输站向江西中国石油昆仑燃气有限公司江西萍乡CNG母站分输供气。

21日　江都至如东管道泰州分输站向泰州永安港华燃气有限公司分输供气。

8月

3日　西二线华阴分输站向渭南西潼燃气管网有限公司分输供气。

6日　公司在上海召开2015年领导干部会议。

6日　西二线上海至南昌支干线上饶分输站向上饶经济开发区仁恒天然气有限公司分输供气。冀宁线宝应分输站向盐城新奥燃气有限公司分输供气。

17日　西一线无锡分输站向无锡蓝天燃机热电有限公司分输供气。

26日　公司印发《中国石油西气东输管道公司生产运行集中监视管理办法》(西气东输生产〔2015〕234号)。

9月

6日　公司受到集团公司维护稳定工作领导小组电报嘉勉(维稳嘉勉〔2015〕2号)。

8日　忠武线岳阳南分输站向岳阳中国石油昆仑燃气有限公司分输供气。

16日　公司在集团公司第二届天然气与管道职业技能竞赛中,摘得创新创效项目金奖、银奖、铜奖,油气管道保护工项目个人双金牌、银牌、双铜牌、团体银杯,管道维抢修项目银杯,输气工项目双铜牌。

16日　冀宁线宝应分输站向大丰华润燃气有限公司分输供气。

16—18日　公司在南昌举办第八届站队长论坛。

17日　忠武线岳阳分输站向中石化长岭分公司分输供气。

25—27日　公司组织开展"气化江苏"主题宣传活动。《人民日报》、新华社、中央电视台、《新华日报》及《中国石油报》等20多家媒体近30名记者参加活动。

10月

10日　西二线清远分输站向清远中国石油昆仑燃气有限公司分输供气。

21日　西二线广州分输压气站向番禺煤气有限公司分输供气。

23日　西一线薛店分输站向新郑中国石油昆仑燃气有限公司分输供气。

本月　公司获评上海市"一星级诚信创建单位"称号。

11月

6日　集团公司副总经理、党组成员、股份公司总裁汪东进到苏浙沪管理处南京分输站检查调研。

6日　西气东输一线利辛分输站向淮北华润燃气有限公司分输供气。

11日　西气东输中卫至靖边联络线太阳山分输站向宁陕油气井技术开发有限公司分输供气。

18日　西二线南昌至上海支干线上饶分输站向江西省天然气投资有限公司上饶压缩天然气分公司分输供气;忠武线枝江分输站向宜昌中国石油昆仑天然气有限公司分输供气。

19日　西二线南昌至上海支干线11#阀室向铅山深燃天然气有限公司分输供气。

21日　西二线广州至南宁支线支线肇庆分输站通过广东省天然气管网有限公司代输向肇庆市中油天然气有限公司分输供气;西二线樟树至湘潭支线3#阀室向分宜县顺民天然气有限公司分输供气。

22日　西二线赣州分输站向江西省天然气投资有限公司赣州压缩天然气分公司分输供气。

27日　西气东输冀宁联络线江都至如东支线泰州分输站向泰州华润燃气有限公司分输供气。

28日　挂靠公司的国家石油天然气大流量计量站广州分站顺利通过建标考核。

29日　西二线吉安分输站向江西省天然气投资有限公司吉安压缩天然气公司分输供气。

30日　西气东输山西沁水盆地煤层气外输管道工程、西气东输二线洛阳支线管道工程和冀宁线邳州站扩建工程通过竣工验收。西气东输二线平顶山至泰安支干线泰安末站适应性改造工程通过初步验收。

30日　西二线赣州分输站向上犹县圣安新能源有限公司分输供气。

12月

4日　公司在上海召开2015年创新创效表彰会。

20日　西二线广深支干线求雨岭至大铲岛段天然气管道受深圳"12·20"滑坡灾害事故影响受损并发生泄漏,向香港用户分输供气中断,影响日供气量约300万立方米。

2016年

1月

8日　深圳"12·20"滑坡灾害天然气管道临时管线正式恢复向香港用户分输供气。

13日　公司在江苏无锡召开西气东输天然气销售计划协调会。

15日　西一线镇江分输站向南京江宁华润燃气有限公司分输供气。

26—28日　公司在上海召开四届一次职工代表大会暨2016年工作会议。

27日　西气东输中卫至靖边联络线太阳山分输站向宁夏长明天然气开发有限公司分输供气。

2月

2日　西气东输忠武线荆门分输站向钟祥华润燃气有限公司分输供气。

18日　集团公司副总经理、党组成员徐文荣到公司调研并参观生产调控中心。

23日　西气东输冀宁联络线如皋分输站向海安新奥燃气有限公司分输供气。

25日　西气东输冀宁联络线徐州分输站向铜山县恒信嘉业燃气有限公司分输供气。

3月

4日　公司在上海召开2016年安全生产工作视频会议。

8日　公司在上海召开2016年党建和反腐倡廉工作会议。

8日　公司在上海召开2016年天然气市场开发与销售工作会议。

18日　西气东输武汉管理处黄陂分输压气站向麻城市天然气发展有限公司分输供气。

4月

6日　西气东输武汉管理处胡集分输站向钟祥市荆珠天然气有限公司分输供气。

11日　公司在上海召开干部大会。集团公司副总经理、党组成员徐文荣出席会议并讲话。集团公司人事部副总经济师樊卫国在会上先后宣读股份公司和集团公司党组关于西气东输管道公司主要领导的任免文件,李文东任西气东输管道公司总经理、党委书记,免去凌霄西气东输管道公司总经理、党委书记职务,另有任用。

27日　西气东输苏北管理处宝应分输站向盐城中油紫源燃气有限公司分输供气。

28日　西气东输苏北管理处宿迁分输站向宿迁市润城管输天然气有限公司分输供气。

5月

4日　公司在上海召开第三届"十大杰出青年"命名表彰大会。

4日　公司"常大伟管输技术劳模创新工作室"获上海市经信系统工会命名授牌。

9日　公司印发《生产运行区域化管理指导意见》(西气东输生产〔2016〕136号)。

11日　西气东输广东管理处韶关分输站向韶关港华燃气有限公司分输供气。武汉管理处随州分输站向随县政泰天然气有限公司分输供气。

12日　西气东输南昌管理处九江分输站向九江国发天然气有限公司分输供气。

20日　西气东输苏北管理处如东分输站向江苏东能天然气管网有限公司分输供气。

26日　由公司负责建设运行的国家石油天然气大流量计量站广州分站通过建站考核。

27日　西气东输二线南昌至上海支干线11#阀室向横峰中国石油昆仑燃气有限公司分输供气。苏浙沪管理处龙潭分输站向南京华润天然气利用有限公司分输供气。

29日　公司首台国产燃驱压缩机组在浙江管理处衢州压气站成功点火。

6月

21日　西气东输银川管理处银川分输站向宁夏西部热电有限公司分输供气。

27—28日　公司在宁夏银川组织"绿色能源·新丝路"新闻发布会暨现场采访活动。

29日　西气东输二线南昌至上海支干线11#阀室向弋阳县天天旺管道天然气有限公司分输供气。

本月　公司新开通中燃宏大能源贸易有限公司、新奥能源贸易有限公司、华港燃气集团有限公司3家LNG用户。

7月

1日　公司在上海召开纪念建党95周年暨"七一"表彰大会。

21日　集团公司副总经理、党组成员沈殿成到公司调研。

27日　公司成立中国石油天然气股份有限公司西气东输管道分公司中靖管道工程项目经理部（西气东输人发〔2016〕205号）。

31日　西气东输忠武线武汉西站向武汉市东方天然气有限责任公司分输供气。

8月

6日　金坛储气库成功完成国内首次天然气阻溶造腔试验。

12日　公司在上海召开机关处级领导干部"驻站跟班"动员部署会。

15日　西气东输三线中卫至靖边联络线打火开焊。

19日　西气东输二线平泰支干线兰考分输站向兰考昆仑燃气有限公司分输供气。

19日　西气东输二线孝感分输站向孝感中国石油昆仑燃气有限公司分输供气。

9月

5—7日　集团公司董事长、党组书记王宜林到华东地区工作调研，出席华东地区石油石化企业工作汇报会，并参观公司生产调控中心。

23日　西气东输二线南昌至上海支干线2#阀室向南昌市燃气集团有限公司分输供气。西气东输二线南昌至上海支干线2#阀室向江西省天然气（赣投气通）控股有限公司昌南压缩天然气分公司分输供气。

29日　金坛至溧阳天然气管道工程顺利通过交工验收。

10月

11—14日　公司在郑州举办第九届站队长论坛。

13日　根据中国石油天然气与管道分公司批复意见，公司生产运行管理正式实行集中监视管理模式。

19日　西气东输一线薛店分输站向漯河中裕燃气有限公司分输供气。

29日　西气东输二线固原分输站向固原中燃城市燃气发展有限公司分输供气。

31日　西气东输二线平泉分输站84#阀室向泾川华天燃气开发有限公司分输供气。

31日　公司完成首轮"驻站跟班"工作。36名处级领导干部分别至沿线管理处40个站队开展驻站工作。

11月

1日　西气东输向江苏中油昆仑能源投资有限公司销售液态LNG，委托江苏如东接收站进行计量。

9日　西气东输江都至如东支线南通分输站向江苏华电通州热电有限公司分输供气。

15日　西气东输一线临汾分输站向临汾中国石油昆仑燃气有限公司分输供气。

25日　集团公司在北京召开天然气销售管理体制改革动员视频会，对天然气销售管理体制改革进行动员部署。

26日　国家级油气现货交易平台——上海石油天然气交易中心正式投入运行。

11月28日—12月2日　公司江都至如东天然气管道项目一期工程、江都至如东天然气管道工程如东至南通段工程、江都至如东天然气管道项目泰兴至芙蓉段工程、甪直至宝钢输气管道工程、刘庄地下储气库工程等5个项目通过竣工验收。

28日　西气东输一线利辛分输站向阜阳市安瑞升燃气有限公司分输供气。

本月　集团公司为建立完善符合天然气销售特点的体制机制，加强管道专业化运营管理，统筹资源配置，优化业务布局，提升整体实力，决定调整天然气销售与管道业务管理体制，做实天然气销售分公司和中国石油管道有限公司。重组设立中国石油天然气股份有限公司天然气销售北方、东部、西部、西南、南方等5家区域天然气销售分公司。管道销售分公司、西气东输销售分公司、西部管道销售分公司、西南管道销售分公司和天然气销售大庆分公司、辽河分公司、吉林分公司、塔里木分公司、长庆分公司、青海分公司天然气销售业务,按照人随业务走的原则,相关人员一并划转。

中油管道内部采用总分公司管理模式,实行集中调控、区域化管理。对资产已纳入中油管道的西气东输管道分公司、西部管道分公司,由中油管道实施全面管理。

12月

1日 集团公司副总经理、党组成员喻宝才到公司检查调研并参观公司生产调控中心。

12日 西气东输三线东段龙岩至福州段进气调试。

20日 西气东输二线孝感分输站向孝昌嘉旭天然气有限公司分输供气。

28日 西气东输二线潼关分输站向潼关县新能源天然气有限责任公司分输供气,公司下游销售及分输用户累计达334家。

专 记

一、西气东输管道工程全线开工

2002年7月4日,西气东输工程开工仪式在北京人民大会堂主会场隆重举行。中共中央政治局委员、国务院副总理吴邦国,国家发展计划委员会主任曾培炎,新疆维吾尔自治区主席阿不来提·阿布杜热西提出席仪式,主要参加者有集团公司总经理、股份公司董事长马富才,股份公司总裁黄炎,管道局局长苏士峰以及与集团公司有合作关系的外方企业代表。

在开工仪式正式开始之前的一个小时,人民大会堂的报告厅内举行了签字仪式,中国石油与皇家壳牌集团、俄罗斯天然气工业股份公司、美国埃克森美孚公司签订《西气东输工程合营框架协议》。此次签字仪式最终确立中外合作方在一个项目工程的整个上中下游全面合作的法律程序和相关依据。副总理吴邦国出席签字仪式。

开工仪式设主、分会场(即开工现场),人民大会堂为主会场,下设塔里木油田、新疆库尔勒、陕晋、江苏无锡和上海白鹤镇5个分会场。

曾培炎率先在开工仪式上宣读了中共中央总书记江泽民的贺信:西气东输是一项举世瞩目的宏大工程,是实施西部大开发战略的重要举措。这项工程的建设对于加快西部的发展步伐,对提高新疆及沿线各族人民生活水平,推进沿线特别是长江三角洲地区能源结构和产业结构的调整,具有特别重大的意义。贺信同时勉励沿线各省、自治区、直辖市党委和政府,以及参与工程建设的全体员工,大力弘扬艰苦奋斗的精神,精心组织、加强协作、群策群力、科学施工,认真借鉴国外现金技术和经验,为把西气东输工程建设成为一流工程,为社会主义现代化进程做出突出的重大贡献。

上午10时40分,吴邦国正式宣布西气东输工程全线开工。人民大会堂主会场里响起经久不息的掌声,5个开工现场则在振奋人心的锣鼓声、鞭炮声中开钻、开焊,一条横贯神州大地的东西能源大动脉由此正式启动。西气东输管道工程全线包括1条干线和3条支线,西起新疆轮南,东至上海市白鹤镇,途经新疆、甘肃、宁夏、陕西、山西、河南、安徽、江苏、上海9个省份,线路全长约4 380公里,输气规模设计为年输商品气120亿立方米,总投资超过1 400亿元。马富才向与会者介绍了西气东输工程的有关概况并代表业主方做表态发言,阿不来提·阿布杜热西提、苏士峰继之分别发言。

当日下午,中共中央政治局常委、国务院总理朱镕基接见了参加开工仪式的企业家,包括英荷皇家壳牌公司、俄罗斯天然气工业股份公司、美国埃克森美孚公司、香港中华煤气公司和俄罗斯天然气建设与输送公司有关负责人。朱镕基总理强调,西气东输管道工程实行全线对外开放,全面对外合作,是中国加入世贸组织后更加向世界开放的象征,希望中外各方密切合作,把工程建设好。

二、西气东输管道工程投产通气

西气东输工程作为"十五"期间中央确定的四大跨世纪宏伟工程之一,于 2000 年 2 月启动。2002 年 7 月正式开工,2003 年 10 月 1 日靖边至上海段试运投产成功。2004 年 1 月 1 日,西气东输管道如期向上游供气,同年 9 月 1 日,西气东输工程西段投产进气。2004 年 10 月 1 日上午 9 时整,西气东输管道东、西两段阀门开启,来自新疆塔里木气田和陕北长庆气田的天然气混合在一起,正式向上海供应。该工程的建成投产,对加快西部地区发展,造福新疆及沿线各族人民,优化能源结构,缓解能源供应紧张,提高人民生活水平,推动国民经济全面、协调、可持续发展具有重大意义。

2004 年 12 月 30 日,西气东输工程投产庆典暨表彰大会在人民大会堂举行。中共中央总书记、国家主席、中央军委主席胡锦涛发来贺信,指出西气东输工程的建成,开通了我国横贯东西的能源大动脉,对于推进西部大开发,加快中西部地区发展,推进产业结构调整,优化能源结构,保障国家能源安全,改善环境质量,必将发挥重大作用。工程的建成充分体现了我国社会主义制度能够集中力量办大事的优越性。希望管道沿线地区各级党委和政府、管理建设运营单位继续团结协作,加强管理,确保管道安全,确保稳定供气,积极开发天然气市场,努力使工程发挥出最大的经济效益和社会效益,为推进国民经济发展作出新的贡献。

国务院副总理曾培炎出席会议并讲话,全国人大常委会副委员长盛华仁、国务院副秘书长汪洋,国家发改委、新疆维吾尔自治区政府、全国总工会、团中央、全国妇联、中宣部、国资委及集团公司负责人一同出席了庆典和表彰大会。会上对先进集体和先进个人进行了表彰。共有 20 个先进集体荣获"全国'五一'劳动奖状"、20 个先进个人荣获"全国'五一'劳动奖章"、10 个先进集体荣获"全国青年突击队"、20 个先进个人荣获"全国杰出青年岗位能手"、10 个先进集体荣获"全国三八红旗集体"、10 个先进个人荣获"全国三八红旗手"、101 个集团荣获国家西气东输工程建设先进集体,856 名个人荣获"西气东输工程先进个人"。曾培炎在总结讲话中指出,西气东输工程关系到我国能源可持续发展大局,各方面要抓紧机遇,再接再厉,扎实工作,加大西部地区天然气勘探开发力度,为长期供气提供保障;要结合"十一五"规划的制定,进一步完善能源规划和政策,统筹考虑油气资源的开发和引进,提高我国能源安全保障水平。

三、西气东输管道公司荣获全国"五一"劳动奖状和奖章

2004 年 10 月,西气东输管道工程全线投产通气。中华全国总工会为表彰在西气东输管道工程建设中作出突出贡献的先进集体和个人,弘扬工人阶级的伟大创造精神,激励广大职工积极投身于社会主义现代化建设,于当年 12 月 1 日向西气东输管道公司等 20 个先进集体颁发全国"五一"劳动奖状;同时授予中国石油西气东输管道公司总经理、党委书记黄维和等 20 人全国"五一"劳动奖章,并表彰其他先进个人。

全国"五一"劳动奖状、奖章在中国的工人、企业当中象征着至高荣誉,相关评选工作流程规范、标准严格、结果权威。根据评委会意见,西气东输公司集体和个人获此殊荣,主要源于以下四个方面:

一是企业综合组织领导水平较高。在西气东输管道工程建设、生产运行和市场开发的整个过程中,公司领导班子始终认真贯彻执行"三个代表"重要思想和科学发展观,紧紧围绕中国石油"按期、优质、安全、高效、廉洁地把西气东输建成世界一流工程"的要求,团结带领全体员工,以效益为中心,坚持科技创

新和管理创新,实现世界一流,建成反映当今世界科学技术水平的高科技工程、与自然和社会持续发展浑然一体的绿色工程、安全高效并具有良好投资回报的优质工程、清正廉洁的阳光工程。公司以创新管理为动力,充分借鉴国际现代项目管理经验,把实践与创新相结合,按照新体制和新机制,建立起一套完整高效的项目组织管理体系,并以项目管理为纽带建立健全工程建设体系、生产运行体系、市场开发与销售体系、精神文明建设体系。

二是工程环境管理保障机制国内领先。实行以外方为总监的中外合作监理制,公开、公正、公平的招投标制,项目外派驻联合监督、政府监督、第三方"飞检"的异体监督制,全面采用合同管理,构建了全过程、全方位的项目决策、控制、执行、监督网络。建立 HSE(健康、安全、环保)体系,牢固树立"今天的质量隐患、明天的安全事故"和"以人为本、回报社会"的理念,设立设计、施工监理和设备材料监造,实施全过程质量控制体系、全员安全生产责任制和工程质量终身负责制,深入开展"质量安全月"活动,百万工时安全指标达 0.035,创造出我国管道建设史上的新纪录和世界同类管道建设的先进水平。确立管道建设让步于自然保护区和文物古迹的原则,在生态环境脆弱的西部,实施"给戈壁多留点绿地、给动植物一片蓝天"的绿色计划,努力建设绿色管道和环保走廊,创造能源与自然的和谐。国土资源部、国家环保总局等部委的相关考察组评价认为,在国家重点工程建设中,西气东输工程是土地矛盾最少的工程,环境保护最好的工程。

三是科学技术含量较高。工程建设始终坚持"科技是第一生产力"的理念,充分运用当今世界先进科技打造一流的精品工程,并立足设备材料国产化,推动企业升级和技术进步。西气东输工程干线管道直径 1016 毫米,最大壁厚 26.2 毫米,材质 X70 级钢,输送压力 10 兆帕,沿线设工艺站场 35 座、线路截断阀室 138 座。面对一系列空前的困难和挑战,公司组织数十家科研院所、上千名科技人员,展开数百项科技攻关,加强新技术应用。在长江、黄河等大江大河穿跨越工程上,公司成功应用新技术,创造了地质条件最复杂、水下埋深压力最高、盾构隧道直径最大、连续顶管距离最长等多项新纪录,同时大力推广应用了全自动焊接、全自动超声波检测、干空气干燥等工艺,建立亚洲第一的高压力、大口径、大流量计量测试中心。公司还积极组织参与高等级钢钢材、钢管、弯管、非标管件等主要物资国产化,仅国产钢管达 2014 公里,占总量的 52%。

四是精神文明建设取得突出成效。公司充分发挥党委在工程建设中的政治核心作用,凝聚各方力量,取得重大工程项目精神文明建设的新成就。公司党委提出"建一流西气东输工程、创一流精神文明成果"的工作方针,紧紧围绕工程建设大局,积极探索大党建、大宣传工作模式,为实现工程建设目标提供了坚强的政治思想保证和强大精神动力。2003 年工程遭遇"非典"严重影响后,公司党委在全线开展了"高扬党旗、决战百日"主题活动,之后又组织了"保安全平稳供气、保全线按期投产,为党旗增光彩"主题活动,工会、共青团工作认真开展"百日决战""百日双保"和"青年先锋岗"活动,充分调动广大建设者的积极性和创造性,有力地推动了进气投产目标的实现。通过发扬特别能战斗、特别能奉献的光荣传统,弘扬大庆精神、铁人精神,工程建设者团结协作,顽强拼搏,科学组织,精心建设,攻克"三山一源、五越一网"重重险阻,战胜了"非典"、洪灾、地震等各种灾害。

四、总结提炼并严格落实"七个不放松,七个下功夫"管理要求

"十五"末,随着西气东输工程全面建成投产,公司工作中心逐渐由"工程建设"转移到"生产运营"。加快构建一套满足安全生产、工程建设和市场营销业务需要的管理体系,成为公司面临的一项重要任务和重大课题。进入"十一五"时期后,公司生产规模不断扩大,管理幅度持续增加,生产技术日趋复杂,管道安全运行和平稳供气的难度大幅攀升。2007 年 2 月,公司一届一次职代会暨工作会议正式提出在安

全生产领域要坚持"七个不放松、七个下功夫"的管理要求,即

一、狠抓生产调度管理不放松,在科学组织生产上下功夫。公司深入研究不同阶段管道运行规律,合理安排压缩机维护保养作业和站场生产作业,优化管道运行方案,在管输量逐年大幅提升的情况下,较好地完成了天然气输送任务。

二、狠抓输气站场标准化建设不放松,在现场管理精细化上下功夫。公司将站场标准化建设与管道完整性管理、QHSE体系建设紧密结合,建立健全输气站场工作程序、操作标准和各类设备操作规程。全员参与危害识别、风险评估,使岗位员工准确识别站场运行风险和设备运行故障前兆。完善设备故障库管理,编制故障分析案例,建立故障库网上发布制度,为现场快速、准确处理故障提供借鉴支持,不断提高应急反应和处置能力。

三、狠抓设备精细化维护管理不放松,在提高设备运行可靠性上下功夫。公司加强设备运行状态诊断分析,严格执行维护保养计划及日常维检修。建立完善压缩机组和SCADA系统运行支持与维检修体系,逐步实现了由外部支持维检转变到自主维检。加强压缩机运行维护队伍建设,提高压气站技术人员诊断和排除压缩机组故障的能力,压缩机组运行故障率明显降低,运行效率大幅提升。

四、狠抓维抢修体系建设不放松,在提高应急抢险能力上下功夫。公司根据管道高后果区分布、地质灾害分布及高烈度地震区分布情况,以保障平稳供气为目标,确定西气东输管网的维抢修力量布局,组建3个维抢修中心、18个维抢修队。编制1个总体应急预案和11个专项应急预案,涵盖了自然灾害、事故灾难、公共卫生、社会安全四大类突发事件的应急响应。组织实施山区、黄土塬、水网等特殊地形地貌条件下的事故抢修演练,开展山地运管索道、专用山地抢险车、水网地区降排水、快速进场等抢修技术研究,模拟沿线典型事故类型,总结出17种典型抢修方法。

五、狠抓管道保护精细化管理不放松,在预防自然灾害和第三方伤害上下功夫。公司加强管道完整性管理,依据管道内外检测数据以及长期跟踪研究的成果,分析管道本体缺陷成因及缺陷类型,找出管道内外腐蚀规律,预测管道本体缺陷发展趋势,形成管道本体缺陷风险因素辨识与评估技术指南。编制《输气管道环境及地质灾害风险辨识与评估技术指南》《采空区管道风险评价和防治标准》,填补了国内输气管道采空区风险评估标准的空白。建立地质灾害监控预警系统,对管道沿线滑坡、采空区潜在的地质灾害点实时监测。实施治小、治早维护治理模式,有效削减管道风险,降低维修成本。

六、狠抓生产物资精细化管理不放松,在提高备品备件保障能力上下功夫。公司不断细化和调整优化备品备件、单体整机的储备定额和储存方式,保证所需设备和物资及时到位、及时调用,为生产运行和维护提供可靠保障,尽最大努力避免发生备品备件缺失而造成设备仪表及自控系统故障,不能及时修复和影响管道系统输量与分输销售的事件。

七、狠抓节能降耗不放松,在提高管道运行效益上下功夫。公司加强管网及压缩机运行优化,做好全线耗能统计分析,推进节能项目实施。

多年运行实践证明,严格落实"七个不放松、七个下功夫"要求是确保西气东输管道安全平稳运行重要的理论支撑。

五、西气东输管道工程获得新中国成立六十周年百项经典暨精品工程

2009年10月29日,在北京人民大会堂隆重举行的"新中国成立六十周年百项经典暨精品工程"发布会上,西气东输管道工程等100项建筑工程获评为"新中国成立六十周年暨百项精品工程奖"。

"新中国成立六十周年百项经典暨精品工程"的评选旨在总结和纪念中华人民共和国成立六十周年以来中国建筑业所取得的辉煌成就,进而激发建设者们的工作热情并提升建筑业的产业地位,由中国住

房和城乡建设部指导,中国建筑业协会会同有关行业协会于2009年4月共同发起。参评范围主要包括:公共与民用建筑工程、水利水电与电力工程、铁道工程、路桥与市政工程、石化工程、冶金工程。评选条件与标准如下:参评工程应为对国民经济发展产生重大作用、具有时代特征的标志性工程;设计先进合理,体现时代精神和民族风貌,工程质量、规模、设计特色在同年代、同行业居国内领先水平;积极采用四新技术,在"四节一环保"方面成效突出,建设和运行过程中未发生质量安全事故,并继续为国民经济发展发挥着重要作用。评选程序由行业协会推荐、组委会办公室初审,专家咨询委员会核查复审,复审结果公示,评审委员会记名投票表决等环节组成。

对照该奖项的具体评选要求,西气东输管道工程作为国家重要的战略性基础设施建设工程,具有比较突出的优势。一是在工程选址和工程实施上。针对管道工程沿线所经地区地形地貌十分复杂、地质灾害种类较多的困难,工程利用了卫星遥感技术进行选线和定线,最大可能地规避了地质灾害的多发区。在实施过程中,工程运用盾构法以及定向钻连续穿越等方式,实现了对黄河、长江以及其他复杂地形地貌的穿越,奠定了我国在工程穿越方面的技术优势;二是在管道工程的输气工艺设计上,西气东输管道工程进行了大幅度的优化。在此之前,我国已建成的陆上长距离输气管道的最大工作压力为6.4兆帕,管径未超过600毫米。而世界的发展趋势则是采用高强度、高韧性管材、大口径、高压力输送。西气东输管道120亿立方米/年的设计输量、10兆帕设计压力、1 016毫米管径的工艺设计,所用管道已处于世界大型输气管道之列。而内涂减阻技术上采用非腐蚀性天然气输送管道的内壁减阻覆盖层,在国内尚属首次;三是在压气站增压系统上有了新的突破和创新。西气东输管道工程共建设了10座压缩机站,单机功率在25兆瓦以上,选用了具有排量大、重量轻、结构简单、占地面积小、运行效率高、流量平稳、噪声小、操作灵活、使用寿命长、维护费用少的离心式压缩机,确保了安全平稳供气。

在"新中国成立六十周年百项经典暨精品工程"发布会上,中国建筑业协会会长郑一军指出:"百项经典暨精品工程,每一项都是一座记录着建设行业广大职工为祖国奉献的历史丰碑。这些工程生动地展示了建设事业60年来的巨大成就和我国现代化建设的丰硕成果,为我国的经济建设、国防建设、文化建设和人民生活的改善发挥了巨大的作用。它们的建设充分体现了广大建设者艰苦奋斗勇于拼搏的奉献精神、与时俱进勇于开拓的创新精神、精益求精追求卓越的进取精神。"西气东输管道工程可谓实至名归。

六、西气东输管道工程通过国家验收

2010年2月24日,西气东输管道干线、支干线、支线工程正式通过国家验收。整体验收工作主要由专项验收和工程竣工验收组成,历时近5年。

在专项验收方面,整体工程于2006年4月,通过国家安全监督总局组织的安全设施竣工验收;2006年12月,通过站场所属省(市)公安消防部门的消防验收,获得消防验收合格意见书;2009年3月,通过国家环保总局组织的环境保护验收;2009年4月,通过国家水利部组织的水土保持设施竣工验收;2009年6月,通过集团公司组织的竣工档案验收;2010年1月,通过国家卫生部组织的职业病防护设施验收。

工程竣工验收分为初步验收和竣工验收两个阶段进行。2009年3月,集团公司在武汉举行西气东输管道(1干3支干)工程初步验收会议,并成立西气东输管道工程初步验收委员会。同年6月,于上海召开西气东输配套工程(冀宁线、淮武线、兰银线、5条支线、光通信工程等)初步验收会议。根据分组审查审议意见,经初步验收会议审查审议,初步验收委员会认为,西气东输管道("1干3支干")工程按照批准的设计文件和施工验收规范要求,完成了全部工程建设内容,生产能力达到设计要求,工程经济效益、社会效益、环境效益显著,档案资料齐全、完整、准确,能够满足生产运行及管理的需要,同意通过初步验收。西气东输管道"1干3支干"以外工程按照批准的设计文件和施工验收规范要求,完成了全部工程建设内容,实现了管道保安功能,淮武管道、兰银管道生产能力达到设计要求,工程经济效益、社会效益、环境效益显著,档案资料齐全、完整、准确,能够满足生产运行及管理的需要,同意通过初步验收。

2010年1月,国家能源局在北京组织召开"西气东输管道工程竣工验收预备会议",并成立了验收专家组。专家组认为,西气东输管道工程及其配套工程作为一项复杂的系统工程,共同构成了目前我国最为完备的天然气输配气系统,其调整工程范围后的总投资与国家发改委批复的"1干3支干"可研投资基本相当,一致同意对西气东输管道工程范围进行调整,将上述配套工程纳入西气东输管道工程范围。专家组同时认为,包括"1干3支干"、冀宁线、淮武线、兰银线、5条支线、通信光缆工程在内的西气东输管道总体工程竣工验收各项准备工作已经基本具备国家建设项目(工程)竣工验收办法规定的竣工验收条件,并建议即行开展对上述工程的竣工验收。

2010年1月20—23日,西气东输管道工程竣工验收现场检查工作由西气东输管道工程竣工验收专家组组织,分宁陕、豫皖、苏浙沪、冀宁4个检查组同步进行。检查范围覆盖了管道干线宁陕段、豫皖段、苏浙沪段及冀宁线管道线路及站场、阀室,以重点抽查为检查方式。检查内容为主要包括:线路工程完成的工程实物量及其质量情况;站场、阀室工程完成的工程实物量及其质量情况;线路维护、站场运行、维抢修及管理情况;投产72小时及试运行72小时考核情况。

2010年1月25日,竣工验收专家组就检查情况进行汇总后形成了《西气东输管道工程验收检查情况报告》,一致通过了验收检查。在此基础上,集团公司信息管理部组织召开了竣工验收会,成立了由集团公司办公厅、财务部、预算管理部、信息管理部、审计部、天然气与管道分公司、北京油气调控中心、管道分公司、西气东输管道分公司、北京天然气管道公司、西部管道分公司、华北天然气销售分公司线管人员及部分特邀专家组成项目竣工验收委员会,委员会就《西气东输管道工程验收检查情况报告》做出了通过评定的意见。

2011年11月12日,股份公司信息管理部下达了《中国石油管道工程系统建设项目竣工验收鉴定书》,标志着西气东输管道工程建设项目全面完成建设任务,最终通过竣工验收。

七、西气东输管道公司获得国家科技进步一等奖

2004年10月1日,从新疆塔里木盆地开采出来的天然气冲过西气东输靖边压气站的管道阀门通道,会同鄂尔多斯盆地长庆油田的天然气,一起源源不断地输向下游用户。至此,西气东输工程全线投产,并创造出我国油气管道史上距离最长、口径最大、压力最高、输量最大、材质等级最高、穿越地形地貌最复杂的一条能源大动脉。这条全长4 000公里、纵贯神州10省市的管道工程无论是前期勘察设计,还是建设施工,都创造了我国管道建设的新纪录,堪称我国油气管道工业史上一座光辉耀眼的里程碑。2011年1月14日,国家科学技术奖励大会在北京人民大会堂举行。会上,"西气东输工程技术及应用"项目获得2010年度国家科学技术进步一等奖。

(一)设计实现新突破

设计是龙头。西气东输工程设计伊始就把目标定在了世界一流,提出了"安全管道、科技管道、绿色管道"的国际化设计理念。设计人员呕心沥血10个月,最终完成初设,资料共15分册、70本、500万字,图纸783张。在短期内完成如此大量的设计工作,创出了多个国内管道设计史上的第一。

一是数字化、信息化技术的应用。西气东输第一次将SCADA(数据监控系统)、MIS(信息管理系

统)与 GIS(地理信息系统)三系统结合应用于设计工作,成为集计算机、网络、通信、控制于一身的自动化、数字化、信息化管道。通过 GIS 与卫星遥感系统、全球定位系统相结合,科学地选定管道走向,形成了丰富的地理信息库。通过 GIS 与 SCADA 系统、MIS 相结合,实现后期运营的数字化,一切操作指令均由控制中心发出,全线无须人工干预。西气东输管道长度预可研阶段为 4 176 公里,技术人员在线路的选择和定线过程中运用了先进的遥感技术和沿线地质评估等方法,对管道沿线两侧各 5 公里的 1∶5 万的地形图进行了修测,为施工提供了最新、最客观、最真实的地形图资,最终确定的合理线路与预可研阶段相比缩短了 300 多公里,节省了大量投资。

二是 X70 高钢级管材的应用。之前,我国天然气管道用钢最高为 X60 级,生产的螺旋管最大直径仅为 711 毫米,最大厚度为 10.72 毫米。西气东输使我国天然气管道用钢提高了两个等级,螺旋管的壁厚也提升到 14.6 毫米,大大缩小了我国输气管道用钢与国际上的差距。西气东输所用的 X70 钢材采用针状铁素体类型钢,此举填补国内空白。为了给螺旋焊管提供大批针状铁素体型 X70 卷板,我国冶金工业与石油工业紧密合作,在短短的一年多时间里,经过几轮试生产,成功地试制出能够满足全部技术要求的 X70 热轧卷板。随着国产针状铁素体型 X70 卷板的试制成功,我国的管线钢水平大大提高,有力地确保了西气东输总量达 100 多万吨的大口径干线管材及其原料的生产立足国内。

三是高压力、大口径及内涂敷输送工艺技术的应用。此前,国内长距离输气管道的系统工作压力最大为 6.4 兆帕,高压输气管道直径也没有超过 660 毫米的先例。西气东输管道设计采用了 10 兆帕的系统工作压力和 1 016 毫米的管道直径,其工艺设计参数已处于世界先进水平。此外,西气东输管道还在国内第一次采用了以减阻为目的的内涂敷层技术。2001 年 5 月,河北青县华北石油钢管厂减阻内覆盖层生产线开工,建成了中国第一条可批量生产西气东输用管减阻内覆盖层的生产线,且主要设备全部实现国产化,填补了国产大口径钢管内覆盖层生产线的空白。工程采用内涂敷层后,减少 3 个压气站、固定投资近 10 亿元,每年还可节约大量运行费用。

四是优化的压缩机增压系统的应用。西气东输全线压气站数量最初在可研报告中为 18 座,而经过技术人员对四种压比方案认真论证,最终选择了 1.5 的压比,使压气站数量减少到 10 座。根据管道工艺计算,拟建 10 座压缩机站的单机功率在 25 兆瓦以上。如此大规模的压气站在国内尚属首次,世界上也颇为罕见。通过对压缩机优化比选,西气东输采用离心式压缩机,并结合管道沿线的外部供电条件,通过优化原动机,采用了变频调速电机驱动离心式压缩机组和燃气轮机驱动离心式压缩机组。在多种机组配置方案进行分析、比较的基础上,采用集机组备用和功率备用优点为一体的混合备用方式,形成了西气东输工程较为完备的压缩机增压系统。

五是高精度流量计量系统和亚洲最大的计量测试中心。为保证西气东输流量检测与计量的准确度,西气东输工程在南京附近建设计量测试中心,并采用气体超声波流量计和气体涡轮流量计,通过在线比对流程及在线标定流程来保证计量的准确度,减少计量损失。气体超声流量计在国内大口径输气管道计量系统中使用开辟先河。计量测试中心建成后,成为亚洲最大的高压、大流量计量测试中心,填补了国内高压、大流量标定的空白。它既能满足国内其他高压、大流量天然气流量计量仪表标定需要,也有利于国家开展天然流量计量测试技术的基础研究,提高了我国高压、大口径、大流量天然气流量计量测试技术水平。

六是系统调峰措施的应用。西气东输管道是单气源、多出口的复杂配气系统,沿途设 18 个分输站,并且发电、工业燃料和城市燃气等天然气用户类型不同,对调峰的要求差别很大。为解决好用户不均衡性用气问题,保证安全用气,设计人员采用了国际上先进的数字模拟仿真技术,运用水力分析软件建立了动态和静态模型,对整个管道系统进行模拟计算,跟踪下游市场变化,制定了多种调峰方案,如提前建设压气站、管道末端储气、建立地下洞库及建设 LNG 库等,满足了用户不同的用气要求。

（二）施工应用新技术

"科学技术是第一生产力"。西气东输工程实现了"按期、优质、安全、高效"建成投产，其中一个重要因素就是中国石油始终高度重视工程建设各个环节的技术创新和技术进步，高效快速地解决了施工建设中一系列难题，短期内取得了一大批高新技术成果和新产品，创造出一个个崭新的管道施工奇迹。

一是管道自动焊接技术的应用。为确保西气东输焊接质量，提高焊接速度，提升施工技术水平，西气东输管道焊接采用了自动焊接技术，并引进了国外坡口加工和焊接设备。自动焊在大口径的管道上使用优势较大，明显减轻了操作工人的劳动强度，并提高了功效；调整好焊接参数后，人为因素对焊接影响很小，质量稳定；焊道外观成型良好。国内还成功研制出 PAW-2 型和 APW-2 型管道全位置自动焊机，填补国内空白。西气东输管道全自动焊接线路长度近 700 公里，管道三公司创造出单机组连续焊接 2092 道口、一次合格率 100% 的新纪录。

二是首次采用全自动超声波检测，为提高焊缝无损检测水平，确保焊接质量检测的准确性、可追溯性，西气东输工程采用国际上先进的全自动超声波检测系统对焊口进行无损检测。这在国内使用尚属首次，在国外也处于起步阶段。2003 年，外方相关领域专家评判结果差错率在 2‰ 以下。

三是首次应用干空气干燥工艺。该工艺具备以下优点：空气来源广，不受地区限制；废气可任意排放，无毒、无味、不燃、不爆，无安全隐患；成本低；施工工期短，可实现连续监控；受管径、管道长度影响相对较小；易于与管道建设和水压试验相衔接；干燥效果均匀一致，露点可达到零下 25 度以下。西气东输管道东段投产前应用此法干燥，运行至今尚未发生过一次冰堵，保证了供气安全。

四是大口径管线穿越大型河流先进技术的应用。（1）长江盾构穿越技术。长江穿越是西气东输的控制性工程，技术人员通过对三江口、板桥、乌鱼洲和芜湖 4 个不同过江点的水文、地质考察，比选隧道、定向钻、跨越等多种不同敷设方案，最后确定管道在长江三江口断面以盾构法穿越长江。盾构技术采用控制、遥控、传感器、导向、测量、探测、通讯技术等类似机器人的自动化技术，在非开挖施工领域独占鳌头。全长 1 992 米长、隧道直径达 3.8 米的长江盾构工程自 2002 年 9 月 8 日正式掘进，至 2003 年 7 月 26 日胜利贯通，是我国油气管道工程首次应用盾构技术的典范，此前的江河穿越主要利用定向钻及沉管等技术。（2）郑州黄河水平顶管与定向钻相结合技术。西气东输郑州黄河穿越所在的黄河段，宽浅散乱的河槽断面、剧烈的冲淤变化和河道的游荡性给穿河设计和施工造成了极大困难。经比选多种方案，设计人员决定采用定向钻与水平顶管相结合技术，定向钻穿越 4 045 米，顶管穿越 3 600 米。主河道采用三次顶管穿越，三段顶管深度均在地平面 30 米以下，顶管套管直径达 1.8 米，一次顶管距离均过千米，最长达 1 259 米，创造了国内顶管之最。在主河道范围内采用顶管方式，有效地缩短了顶管作业的总长度，降低了施工难度，减少了连头竖井的数量，从而在保证主河道穿越安全、可靠的前提下，大幅度降低了工程投资，缩短了工期。

五是采用大口径热煨弯管。为确保工程进展，公司积极组织有关单位共同研究制定了感应加热弯管国产化方案，解决了弯管国产化中母管选择、感应加热等工艺参数优选、弯管生产技术路线、试验检验标准等多个关键技术问题，于 2002 年 4 月终于生产出符合西气东输工程需要的合格的大口径热煨弯管，实现了大口径厚壁弯管生产的国产化。据不完全统计，西气东输管道共采购热煨弯头 2 600 多个，其中国产弯头达到 1 600 多个，占总数的 62% 以上。感应加热弯管的试制成功，使我国弯管厂大口径、高钢级感应加热弯管的生产能力和生产质量都取得质的飞跃，大幅度地缩短了与国际先进水平的差距。

西气东输工程采用的新技术、新材料、新工艺、新设备，使其成为世界管道项目中一颗璀璨明珠，它凝结着千余名科技研究人员的心血、数以万计的建设者的辛勤汗水和智慧，实现了中国石油人多年来的梦想，是中国油气管道史上一座伟大的丰碑！

八、公司党委深入开展"三严三实"专题教育

按照党中央和集团公司党组要求,西气东输管道公司党委自2015年5月部署开展"三严三实"专题教育工作,共计安排三次集中学习、三次学习研讨,做到了副处级以上党员领导干部学习教育全覆盖。

学习研讨方面,公司坚持把深化学习教育放在首位,深入学习中共中央总书记习近平系列重要讲话精神、学习党章和党的纪律规定,注重读原著、学原文、悟原理,重点研读《习近平谈治国理政》《习近平关于党风廉政建设和反腐败斗争论述摘编》,认真学习《中国共产党廉洁自律准则》和《中国共产党纪律处分条例》两部党内法规和焦裕禄、杨善洲、沈浩等先进典型,以及铁人王进喜、"新时期铁人"王启明、"大庆新铁人"李新民为代表的石油英雄楷模事迹。学习研讨主要采取理论学习中心组形式开展,同时扩大到全体党员干部。学习前确定学习内容、安排专人领学、确定重点发言人,学习过程形成记录,确保学习研讨高质量。各级党组织要求党员干部在每个专题学习研讨后,都要紧密联系自己的思想、工作实际撰写学习体会(不少于1 000字),共有118名领导干部撰写了体会文章。

查摆问题方面,公司党委坚持边学边查边改,印发了《关于查摆"不严不实"问题有关事项的通知》,部署查找"不严不实"问题。公司党委班子围绕三个专题,六次集中学习研讨,紧密结合自身实际,对照正反典型查摆突出问题,有一说一,举一反三,有认识、有反省、有举措,坦坦荡荡,实实在在。各级党员领导干部查找问题做到"五个避免",即避免仅查找工作层面的问题,更要查找作风上面的问题;避免仅查找班子集体的问题,更要查找自身的问题;避免仅查找员工反映的利益诉求方面的问题,更要查找员工群众对党员干部作风反映强烈的问题;避免仅查找表象的问题,更要查找深层次的问题;避免仅查找客观的问题,更要查找主观的问题,切实把"不严不实"问题深挖找准。公司党委班子成员层面共计查摆问题36个,副处级以上党组织班子成员查摆问题共计337个。

公司党委深入开展"三严三实"专题教育过程中摸索出三个特色做法:一是坚持以上率下,深化学习研讨。在专题学习研讨中,公司党委班子成员以身作则,坚持高标准、严要求,为其他党员领导干部作出示范。二是丰富学习形式,强化学习效果。制定学习方案,明确学习重点、时间、方式和要求,采取理论学习中心组学习、讲党课、开展优良传统教育、警示教育和交流讨论等多种形式抓好学习,做到每个专题一小结,三个专题一汇总,不断优化学习形式。注重运用正反两方面典型案例开展学习。对照焦裕禄、杨善洲、"大庆新铁人"李新民等同志的先进事迹,教育引导党员干部见贤思齐,从思想境界、理想信念上找差距、强认识,进一步强化宗旨意识和群众观点。对照违反中央"八项规定"和集团公司二十条要求的典型案例,开展警示教育。用身边事、身边人,引导领导干部汲取教训,受警醒、明底线、知敬畏,筑牢思想防线。充分运用传统媒体和新媒体,不断扩大学习教育范围,大力宣传深入开展专题教育的重要意义,营造浓厚学习氛围。三是开门征求意见,找准查深问题。把查找"不严不实"问题与"重塑中国石油良好形象"查找影响企业形象的问题紧密结合起来,广泛征求各方意见。公司班子成员分赴6个片区,召开座谈会,共向160名干部员工面对面地征求意见建议,重点征求对公司领导班子在班子建设、队伍建设、党风廉政建设、安全环保、依法合规等方面意见建议,同时征求公司领导成员个人在工作作风、廉洁自律、干群关系、担当作为等方面的意见建议。各二级单位班子成员分赴基层站队征求意见,共计60条。公司各单位以诚恳态度面向管道沿线地方政府部门、工程承包商、物资供应商、下游用户和沿线百姓进行意见征集,倾听批评,接受监督,累计对外征询意见1 409次,征集意见770份。

通过"三严三实"专题教育工作,公司各级领导干部深刻理解了贯穿讲话的坚定信仰信念,增强了自觉做中国特色社会主义共同理想坚定信仰者的决心信心,增强了贯彻中央关于从严治党要求的自觉性,增强了践行"三严三实",努力争当忠诚、干净、担当好干部的主动性。各级领导干部充分认识到,"三严

三实"的核心是"实",最后的落脚点是干实事、干成事。公司各级党组织坚持"两手抓两促进",把专题教育与公司当前的安全生产、市场销售、降本增效等各项改革发展任务紧密结合,将"三严三实"的要求落实到实际工作中,真正把党员领导干部在专题教育中激发出的工作热情和进取精神,转化为干事创业的强大动力。

九、"弘扬光荣传统,重塑良好形象"大讨论

2015年8月,按照集团公司党组"重塑中国石油良好形象"大讨论活动统一部署,西气东输管道公司党委精心组织,细化方案,创新载体,广泛动员,有序推进大讨论活动持续深入开展。

公司党委第一时间成立重塑良好形象大讨论领导小组,编印具体方案,召开专题会议,安排活动计划,明确责任要求,落实责任人员,实现了大讨论活动有方案、有计划、有检查、有考核。在公司党委的统一领导下,公司各级党组织始终紧扣"弘扬光荣传统、重塑良好形象"的主题,严格遵循"五个突出五个新"的总要求,牢牢把握"四个坚持"的主要原则,稳步推进学习讨论、查找问题、整改提升的关键环节,把大讨论活动与"三严三实"专题教育相结合、与巡视反馈问题整改相结合、与生产经营管理工作相结合,确保活动取得了良好成效。

公司局、处两级中心组先后组织集中学习、专题学习、开展专题讨论100多场次;举办专题培训、专题辅导38次;举办"重塑石油形象大讲堂"活动155场次;组织干部员工参观精神文明教育基地37次,累计参观人数323人;组织干部员工观看《石油魂》电视片155场次,编发了13种内部学习资料;通过专题征文活动,征集文章104篇。公司局、处两级领导班子成员开展专题调研54次,深入基层站队宣讲并参加讨论累计36次,各级领导干部撰写体会文章共计20余篇。

在问题查摆及整改方面,截至2016年7月底,公司党委及各级领导班子查摆影响企业形象的班子建设、队伍建设、安全环保、依法合规等方面的突出问题共计310个,完成整改304个。公司各级领导干部查找自身影响企业形象的工作作风、廉洁自律、干群关系、担当作为等方面的突出问题以及完成整改问题逾千条。广大员工结合本职岗位和个人实际,重点查找了自身影响企业形象的爱岗敬业、遵章守规、言行举止等方面的突出问题以及完成整改问题上万条。针对形象受损的问题和意见,公司各级领导干部带头制定切实可行的整改提升方案,建立整改台账,制定整改计划,使整改措施目标化、具体化、责任化,逐条整改,及时检查,限期落实,跟踪消项,积极开展"回头看",切实推动各类问题的解决。

公司党委部署开展"弘扬光荣传统,重塑良好形象"大讨论,有以下做法值得总结和提炼:一是坚持形式多样,实现载体创新。充分借助视频系统、官微平台、QQ群、微信群等网络媒体手段,开展企业文化宣贯、视频演讲、主题征文、站队长论坛、"十大杰出青年"评选等活动,丰富和创新了大讨论活动载体。二是坚持巡回宣讲,促进整改提升。深挖基层感人故事,精挑基层演讲能手,深入基层站队开展"重塑形象巡回演讲",公司挑选7名比赛获奖选手组成演讲小分队,进站队、进机关、进岗位,讲述员工身边典型故事,践行石油传统和先进文化。三是坚持开门讨论,广泛查找问题。公司注重把"重塑石油良好形象"查找影响企业形象的问题与查找领导干部"不严不实"问题紧密结合,开门征询各方意见,赢得企业内外认同。四是坚持正面宣传,营造良好氛围。公司主动策划"媒体走进西气东输"等活动,充分运用传统媒体和新媒体,正面宣传深入开展大讨论活动的重要意义和进展情况。五是坚持讲述西气东输故事,传递中国石油声音。面对多起突发事件,公司做到"边说边做、多做善说、说也是做"的转变,通过讲好西气故事、传递石油声音,进一步树立了中国石油的良好形象。

十、以营销体制改革活力对冲市场竞争压力

21世纪以来,我国天然气产业高速发展,迎来"黄金时代"。在供给侧,资源供应保障能力持续增强,形成国产多元化、进口多渠道的供应格局;在需求侧,天然气利用领域不断拓展,消费增长强劲,年均增速高达16%,天然气供需总体处于紧平衡状态。以2014年为节点,我国天然气市场步入高速增长后的"爬坡期"。受宏观经济增速放缓、替代能源竞争加剧、天然气价格机制不完善等因素影响,天然气需求增速跌至个位数,2014年消费量同比增长8.6%,2015年更是低至4.7%。随着进口量增加和新能源占比提高,中国油气市场产能过剩、资源过剩和产销矛盾日益突出。国家放宽油气勘探开发市场准入,推进油气管道网运分开,逐步放开竞争性业务和油气价格。"市场需求成为稀缺资源,市场主体更加多元,市场竞争更为激烈"已成为天然气营销新常态。

公司领导班子科学研判形势,主动应对挑战,在三届四次职代会暨2015年工作会议上明确提出:必须强化危机意识和责任意识,加快推进销售体制改革,建立符合市场规律、适应形势变化的销售系统,着力提升市场掌控能力,充分发挥市场开发与销售带动公司整体效益的"龙头"作用,市场营销体制改革全面推开。

在管理体制方面:落实天然气销售与管输,"业务、资产、核算、人员"分开的要求,设置销售公司直属事业部,依托二级单位成立7家销售分部和数家临时工作组。按照"责权对等、效率优先"原则,合理界定销售事业部和各销售分部的职责分工,突出事业部在资源配置、市场分析、软科学研究与应用等方面的主体责任,注重发挥各销售分部的属地资源优势,提升对市场的快速反应和灵活应变能力。

在绩效管理方面:建立以公司整体价值为导向的销售考核奖惩机制,科学合理地设置绩效指标,确保"全覆盖、严考核、硬兑现"。逐步建立销售队伍优胜劣汰的激励约束机制,不断提高业务人员提升能力、积极创效的自觉性和主动性。以释放体制机制活力对冲市场竞争压力,努力保持天然气销量和收入的稳步增长。

在能力建设方面:建立并完善市场信息系统,重点研究市场需求趋势、高端用气行业走势、价格及替代能源行情,进一步提高市场需求预测的科学性、精准性。加强销售管理系统建设,尽快建立用户售后服务体系及评价体系,注重从用户提出的意见建议中寻找提升服务质量的空间,不断增强用户用气信心,培养用户消费习惯。

在队伍打造方面:充实销售队伍,销售公司定员由37人增加到82人。注重强化市场研判、用户开发、客户服务、LNG销售等业务队伍力量。着力强化业务技能培训及复合型人才培养,着力打造一支熟悉市场运作规律,能够在市场竞争中建功立业的营销人才队伍。

一系列改革创新举措对把握营销主动权、培植竞争新优势发挥了重要支撑作用。2014年至2016年,公司在下游市场持续萎靡的形势下,销售量逆势上扬,保持7%年均增长率,2015年完成391.64亿立方米,2016年完成销量419亿立方米,实现了"市场保供"和"管输效益"双赢局面。截至2016年底,公司销售区域覆盖到15个省(区、直辖市),下游合同用户增至334家。

十一、全面打造公司基础管理"基本法"

随着公司管理规模的扩大、管理标准的提高,多种管理体系交叉、重复,相应的制度、标准、流程等管理规范文件与体系文件并存,很大程度上降低了管理效率,增加了内部管控成本。按照集团公司"一套

体系、一个平台"的总体构想,为了提高科学管理水平,保障安全生产,公司于2016年6月全面启动基础管理体系融合工作。

此次基础管理体系融合工作以质量、HSE管理体系为基础,以业务能力架构为主线,围绕安全生产核心,本着权责对等、授权充分、业务界面清晰和风险可控原则,全面系统地整合公司现有技术标准、内控管理、法律风险防控、规章制度等体系以及其他管理要求,构建一套简洁高效、全面覆盖、一贯到底、易于理解和执行的一体化基础管理体系。融合铸造完成的基础管理体系也被形象地称为公司业务管理和业务操作的"基本法"。

基础管理体系整合工作启动之后,首先开展的是公司业务模式调整工作。该项工作主要是依据公司"公司总部决策、所属单位管理、站队执行"的职能定位,通过理顺职能、明晰责权、优化流程等工作,优化调整原有管理模式,以突出所属单位经营主体地位和责权对等,赋予所属单位经营活动高度自主权。经过全公司范围多方多轮征求意见和审核,2016年11月,公司正式发布了《公司业务管理模式调整事项表》(共计20项业务)。优化调整的业务涵盖了更新改造大修理业务的计划下达、项目管理、造价审查等,市场开发与销售业务、工程建设管理、员工管理、合同、招标、承包商、物资管理等。通过优化调整,公司的业务管理模式更适应公司发展需要、更匹配各单位职能定位,同时也为公司一体化管理体系的建设打下了良好的基础。

2016年12月起,在业务管理模式调整工作基础上,公司按计划稳步推进基础管理体系整合的各项工作,主要包括完成基础管理体系架构搭建、体系融合和信息系统开发任务以及推动体系信息平台上线试运行等。今后,公司将通过管理关键要素具象化,最终完成"一个平台、一套体系",树立公司的"基本法";通过加强顶层设计,优化管理流程、减少管理节点、归并管理要求,在提升管理效率的同时减轻基层员工负担;通过明晰职责界面,明确管理节点,构建"公司决策、所属单位管理、站队执行"三级管控模式,达到责权利相统一,确保"管理不重叠,责任不落空"。

附　录

一、重要文件文献资料选登

（一）贺信、贺电

中共中央总书记、国家主席江泽民致西气东输工程全线开工的贺信

西气东输沿线各省区市党委和政府，参与工程建设的部门和单位：

　　西气东输是一项举世瞩目的宏大工程，是实施西部大开发战略的重要举措。我代表党中央、国务院，对工程的全面开工建设表示热烈的祝贺！向广大工程建设者表示亲切的慰问！

　　这项工程的建设，对加快西部地区的发展步伐，对提高新疆及沿线各族人民的生活水平，对推进沿线特别是长江三角洲地区能源结构和产业结构的调整，具有重大的意义。希望沿线各省区市党委和政府、参与工程建设的全体员工，大力弘扬艰苦奋斗的精神，精心组织，加强协作，群策群力，科学施工，认真借鉴国外先进技术和管理经验，把西气东输工程建成一流工程，为社会主义现代化建设作出新的贡献。

江泽民
2002年7月3日

中共中央总书记、国家主席胡锦涛为西气东输投产庆典暨表彰大会发来的贺信

国家西气东输工程建设领导小组，管道沿线各省市区党委和政府，全体参建单位：

　　西气东输是我国西部大开发的标志性工程。开工建设两年多来，国家有关部门、管道沿线地区各级党委和政府通力合作、全力支持，各参加单位精心组织、科学施工，广大建设者艰苦奋斗、无私奉献，实现了把西气东输工程建成一流工程的目标。西气东输工程的建成，再次体现了我国社会主义制度能够集中力量办大事的优越性。我代表党中央、国务院对西气东输工程全线顺利建成并成功运营表示热烈的祝贺！向广大工程建设者致以诚挚的问候和衷心的感谢！

　　西气东输工程的建成，开通了我国横贯东西的一条能源大动脉，对于推进西部大开发，加快中西部地区的发展，造福新疆及沿线各族群众，对于推动产业结构调整和能源结构优化、保障国家能源安全，必将发挥重大作用。希望管道沿线地区各级党委和政府、管道建设运营单位继续团结协作,确保管道安全,确保稳定供气,积极开发利用,努力使西气东输工程发挥出最大的经济效益和社会效益,对推动经济社会全面发展作出新的贡献。

胡锦涛

2005 年 1 月 1 日

国家西气东输工程建设领导小组为长江三江口隧道胜利贯通发来的贺信

中国石油集团公司:

欣闻西气东输控制性工程——长江三江口隧道胜利贯通,特向中国石油、施工承包商、监理承包商以及中外方所有参建人员表示热烈的祝贺!向给予工程建设极大支持的江苏省政府和有关部门表示衷心的感谢!

三江口隧道的顺利贯通,对确保"十一"靖边进气、2004 年 1 月 1 日向上海商业供气和实现西气东输工程整体建设目标,具有重大意义。三江口隧道全长 1 992 米,穿越地层复杂,地下含水丰富、水压大,一次穿越距离长,且工期紧、任务重,工程施工极具风险性和挑战性。你们组织各设计、科研等部门进行了大量方案研究、实验、论证工作。工程开工以来,你们精心组织精心施工,不畏艰难困苦,千方百计克服工程建设困难,及时处理隧道施工中出现的各种疑难问题。在工程建设过程中,江苏省政府、省内有关部门及当地政府积极支持,多方协调,提供了良好的施工环境。国家海关总署在工程急需进口设备通关时给予了极大帮助,设备及时到位,为保证工程能够顺利进行创造了有利条件。在各方面的全力支持下,通过充分发挥社会主义大协作精神,隧道施工取得最后胜利。

建设成绩来之不易。希望石油集团各参建单位、全体参建人员继续以"三个代表"重要思想为指针,再接再厉,齐心协力,高标准、高质量、高水平、高效益地完成西气东输工程的各项任务,为西部大开发和全面建设小康社会贡献新的力量!

国家西气东输工程建设领导小组

2003 年 7 月 26 日

国家西气东输工程建设领导小组为陕西靖边至上海段胜利完工发来的贺信

中国石油集团公司:

按照西气东输工程建设的总体部署和要求,经过你们精细组织,陕西靖边至上海段胜利完工并于今天举行进气仪式。特致信向中国石油、施工承包商、监理承包商以及所有参建人员表示热烈祝贺!向给予工程建设极大支持的陕西省政府和有关部门表示衷心的感谢!

"十一"靖边进气,对利用长庆气田天然气先期开发下游市场、加快下游用气项目建设和利用进程,如期于 2004 年 1 月 1 日向上海商业供气和实现西气东输工程整体建设目标,具有重大意义,是西气东输工程建设的一个重要里程碑。

工程开工以来,你们克服艰难困苦,及时处理黄土塬、山区、水网区以及大江大河穿越施工中出现的各种疑难问题,上、中游工程建设取得阶段性成果,下游市场开发、购销合同以及对外合作谈判取得明显进展。工程建设过程中,省政府、省内有关部门及当地政府积极支持,多方协调,提供了良好的施工环境,为保证工程能够顺利进行创造了有利条件。在各方面的全力支持下,通过充分发挥社会主义大协作精神,东段施工取得最后胜利。

建设成绩来之不易。希望石油集团各参建单位、全体参建人员继续以"三个代表"重要思想为指针,再接再厉,齐心协力,高标准、高质量、高水平、高效益地完成西气东输工程的各项任务,为西部大开发和全面建设小康社会贡献新的力量!

国家西气东输工程建设领导小组
2003 年 10 月 1 日

中共中国石油集团公司党组给全体参建单位及全体建设者的慰问电

西气东输工程各参建单位及全体建设者:

在西气东输工程全线开工建设一周年取得重大进展之际,中国石油集团公司党组向你们,并向一直关心和大力支持工程建设的中央各部门和各单位,沿线各省市区和各族人民群众,中国人民解放军和武警部队官兵,表示亲切的慰问和衷心的感谢!

西气东输工程是党中央、国务院确定的西部大开发序幕性工程和标志性工程,举世瞩目。对推进我国西部地区社会经济发展,改善我国能源结构,提高人民生活质量,促进民族团结和社会稳定,都具有十分重大的战略意义。同时,又是我国首条管径最大、距离最长、建设难度极其复杂的一项宏大工程。一年来,各参建单位和全体建设者,以高度的政治责任感和历史使命感,以建设世界一流工程为己任,面对复杂的地质地貌、酷暑严寒、洪涝灾害和工期紧、要求高等一系列难以想象的困难和挑战,团结协作,顽强拼搏,积极采用新的管理模式和运行机制,广泛运用世界先进工艺技术,攻克一个又一个难题,保证了工程的形象进度,创出了大型管道建设史上的新水平。尤其是今年以来,面对突如其来的非典疫情和淮河特大洪灾,各参建单位和全体建设者毫不退却,众志成城,迎难而上,在全线开展了"高扬党旗,决战百日"活动,取得了抗击非典、抗击洪灾和工程不停、按期推进的双胜利。

截至目前,全线已完成焊接 2 967 公里,东段干线基本完工;长江盾构、黄河穿越等控制性工程成功告捷或取得重大进展;三条支干线焊接基本完成。整个工程已见轮廓,为如期建成奠定了坚实基础。实践证明西气东输工程全体建设者是作风过硬、技术过硬,经得起各种艰难困苦考验、能打硬仗的队伍。你们的业绩再次表明,坚持发挥社会主义制度的优越性,大力弘扬中华民族的优秀传统,我们就能共克时艰,不断创出人类瞩目的成就和辉煌。

当前,西气东输工程已进入全面攻坚阶段。确保今年"十一"东段进气和 2005 年全线建成,是党中央、国务院和全国人民的殷切希望,也是我们全体建设者对全国人民作出的庄严承诺。我们面临的任务依然十分艰巨而紧迫。中国石油集团公司党组衷心希望,各参建单位和全体建设者,一定要不辱使命,坚定不移地以"三个代表"重要思想和党中央、国务院关于建设西气东输工程的一系列指示为指针,进一步加强与各地区、各部门的协调与配合,继续发扬与时俱进、团结协作、科学求实、连续作战、勇于拼搏的精神,按时按质地全面完成各项任务,确保把西气东输工程建设成世界一流工程,建成我国横贯东西、造福人民的能源大动脉,以优异的成绩,为全面建设小康社会和现代化建设事业做出积极的贡献。

中共中国石油集团公司党组
2003 年

中国石油股份公司为西气东输西段管道提前具备 120 亿方/年输气能力发来的贺信

西气东输管道分公司:

欣闻西气东输西段管道提前具备 120 亿方/年输气能力,特向你公司表示热烈的祝贺,并通过你公司向中油一建、中油六建等工程建设单位,向 RR 公司等主要供货商表示衷心的感谢!

为满足北京和西气东输下游四省一市快速增长的天然气市场需求,2004 年 10 月,中国石油股份公司要求你公司在2005年建成投产6座压气站,使西气东输西段达到120亿方/年的输气能力。自工程开工以来,你们以高度的责任感勇挑重担,不畏艰险,精心组织,周密安排,克服工期紧、任务重、社会依托差和施工条件艰苦等诸多困难,提前40天优质、高效、安全地完成了工程建设任务,创造了多支队伍协同作战,多座压气站同时施工,各站压缩机组投产一次成功的良好业绩,为后续压气站工程建设积累了宝贵经验。

天然气与管道业务是中国石油股份公司的核心业务之一,也是公司新的经济增长点,正处于快速发展的历史时期,面临着难得的发展机遇。按照中国石油股份公司总体部署,你公司在2006年还新建10座压气站,改、扩建8座压气站,工作任务更为艰巨。希望你们再接再厉,以更饱满的工作热情,更严谨的工作作风,更周密的组织安排来做好后续压气站的建设,为中国石油持续有效协调发展做出新的更大的贡献。

中国石油天然气股份公司
2005年1月21日

中国石油股份公司天然气与管道分公司为西气东输黄河隧道工程顺利贯通发来的贺电

西气东输管道(销售)分公司:

欣闻西气东输中卫黄河隧道工程已于12月27日顺利贯通,这预示着该工程取得了重大的阶段性胜利。值此举行"西气东输中卫黄河隧道工程贯通典礼"之际,石油与天然气管道公司特向你们表示热烈的祝贺!并向全体参建职工表示深切的慰问和衷心的感谢!

西气东输中卫黄河隧道工程地处西北偏远地区,自然地理环境差,隧道选址点上有黄河,下有地震断裂带,地质构造复杂,施工条件差,同时隧道采用"斜巷+平巷+斜巷"穿越形式,西岸斜巷设计倾角25度,东岸斜巷设计倾角20度,斜巷全长约763米,无论斜巷倾角还是斜巷长度在全国都是绝无仅有,加上隧道位于黄河之下,极易突发涌水、塌方等地质灾害,所以工程施工难度大,技术含量高。在施工过程中,西气东输管道公司能与参建各方一起发扬吃苦耐劳的精神,精心组织、科学管理、文明施工、严把质量关,克服施工中的诸多困难,从而保证了工程的正常施工。隧道的顺利贯通为夺取工程全面胜利奠定了坚实的基础。

虽然隧道顺利贯通了,但后续工程任务还很繁重,同时该隧道作为中国石油股份公司天然气管道建设的咽喉地带,战略意义重大。希望你们戒骄戒躁,总结经验,发扬顽强拼搏的精神,精心组织,确保安全平稳,为全面完成中国石油股份公司各项任务,为将西气东输建成世界一流的能源大动脉做出应有的贡献。

中国石油天然气股份公司
2007年12月18日

(二)重要讲话

加强领导 统一协调 精心组织做好西气东输工作
——国家计委主任曾培炎在西气东输工作会议上的讲话(2000年3月25日)

一、"西气东输"的战略意义

(一)西气东输工程是贯彻落实党中央西部大开发战略的重要举措,是把西部地区资源优势转变为经济优势的重大工程在刚刚闭幕的"两会"上,西部大开发是备受关注的热点问题之一。今年1月,国务院专门组织召开了西部开发工作会议,会上镕基总理和家宝副总理对西部大开发作了重要讲话,明确了西部大开发的指导思想和战略重点,对有关工作进行了具体部署。基础设施建设是西部大开发的基础性工作,而且要求先行,所以最近国务院的西部开发办对今年的西部开发项目作了重点安排,已初步提出今年将在西部正式开工10个大项目,要加快5个重大项目的前期工作,西气东输就是其中之一。

天然气作为清洁优质能源和重要的化工原料,具有很高的经济价值。我国中西部地区天然气资源量约占全国资源总量的60%。西部地区要因地制宜,发展特色经济。如何开发和利用好丰富的天然气资源则是一项重大的选题。我国天然气资源与市场分布不平衡,煤主要分布在北方,天然气大部分在西部,而天然气市场主要在东部沿海,特别是长江三角洲地区经济实力强,发展速度快,能源供应短缺。实施西气东输工程,通过建设横跨东西部的输气管道设施,把西部地区的天然气送到华东地区,当然也包括沿线的陕、甘、宁、冀、豫、皖,实现供给与需求的衔接,西部地区丰富的资源变为实实在在的经济收益。同时,工程建设也将促进和加快西部及沿线地区的经济发展,增加财政收入和就业机会,经济和社会效益十分显著。

(二)西气东输工程对于加快新疆经济发展,保持新疆地区政治和社会稳定具有重大的战略意义

新疆塔里木、吐哈、准噶尔是西气东输的源头,实施西气东输工程将促进新疆地区天然气资源的勘探开发,把新疆建成全国天然气生产和外输的重要基地,形成带动新疆经济和社会发展新的增长点。

初步匡算,用于上游气田勘探开发的200亿元投资和相当一部分管道建设费用将全部投在新疆地区,这将对拉动新疆地区的整个经济发展起到重要作用。仅天然气勘探开发与管道运营每年就可向地方上缴税收8亿多元。另外,西气东输工程的实施还可带动当地天然气副产品加工利用工业和相关产业的发展,能够创造新的供给与需求。所以说,西气东输工程,对于促进新疆地区的经济发展,保持新疆以及西部地区民族团结和社会稳定具有特别重要的意义。西气东输工程是造福新疆人民的大好事。

(三)西气东输将促进我国能源结构的调整,有效治理大气污染

经过近50年的建设,我国能源工业取得了快速发展,已基本形成了一个规模宏大、门类齐全、技术较为先进的能源生产和消费体系。但能源结构很不合理,煤炭在一次能源生产和消费中的比重均达72%。大量燃煤使二氧化硫、氮氧化物、烟尘和二氧化碳排放量逐年增长,一些地区的酸雨危害日趋严重,大气环境不断恶化,给人民生活造成很大影响。天然气是比较清洁的能源,在燃烧过程中几乎没有烟尘、二氧化硫等排放,二氧化碳排放量也大大小于石油与煤,对温室效应的作用仅为石油的54%、煤的48%,是一种十分有发展前景的清洁优质能源。西气东输有利于促进我国能源结构的调整。根据目前规划方案,初期年供气量120亿立方米左右,以后随着资源勘探的深入和下游用气市场的开拓,逐步增加供气量。届时每年可以代替几千万吨煤,天然气在能源消费结构中的比重将提高1—2个百分点。西气东输沿线城市可用清洁燃料取代部分电厂、窑炉、化工企业和居民生活使用的燃油和煤炭,这将有效改善大气环境,提高人民生活质量。

(四)适时启动西气东输工程也是扩大内需的需要

西气东输也是扩大内需的需要,也是拉动经济增长的需要。当前要抓好两头,一头是油气资源勘探开发;另一头是市场的开发,市场开发包括工业利用、居民用气以及城市管网的建设。输气管道工程量不小,但有较成熟的工艺,国内基本都能解决,包括输气管道钢管的制造,整个工程应无大的问题。所以当前的重点就是抓好两头,一头是对油气资源进行充分地勘探讨论,落实资源;另一头是落实市场。预计第一期投资将达到1200亿元左右,是国内仅次于三峡的工程,这对吸引外资有益。据国外经验,每利用1立方米天然气,需要下游工程建设投资5—8元,所以如果100亿立方米天然气,需投资500亿—800亿元;因此做好下游市场开发同样是西气东输前期工作的一项重要内容。整个工程建设所需钢材、建材及配套机电设备,可带动机械、电力、化工、冶金、建材等相关工业的发展。

二、需要认真把握和深入研究的几个问题

西气东输工程是一项上、中、下游一体化，跨地区、跨行业的系统工程，需要严格论证和开展可行性研究，工作中应注意研究和认真把握好下面几个问题。

（一）要加强领导，统一协调，精心组织，做好西气东输的启动工作

由于西气东输工程是横跨东西部九个行政区域、连绵4 200公里的特大型项目，与电力、冶金、建材、化工等行业密切相关，工程所需投资大，建设期集中，协调任务十分艰巨，必须加强沿线省区和中央有关部门的通力合作，在党中央、国务院的领导下，团结好各方面力量，协调好各方面关系，调动好各方面积极因素，确保其顺利完成。为此，西气东输工作必须坚持统一领导，统一规划，统一组织。要处理好中央与地方，全局与局部，西部与东部，行业之间和企业与政府的关系。

西气东输工程建设领导小组要按照国务院的要求，做好项目论证、规划和实施过程中的各项组织工作，协调工程建设中的有关问题。要加强领导，统一协调，精心组织，发挥我国集中力量办大事的优势，把"西气东输"工作做好。

（二）加快西气东输工程前期工作

实施西气东输工程，当前首先要抓好前期工作。重点是两个方面：一是要加大地质资源勘探工作力度。上游工作要继续把力量集中在勘探工作上，要加大地质勘探力度，确保有稳定可靠的气源，这是西气东输工程成功的关键。二是要加强市场开发工作力度。西气东输有较大的市场需求潜力。需要进行大规模的设备改造，建设输配气管网，投资巨大。而且天然气消费量又和气价密切相关，因此，要重视研究和开发天然气市场。

（三）做好西气东输工程的整体规划

天然气的开发利用，既要资源可靠，又要精心规划市场开发、管道工程布局和建设，还必须与能源结构调整和总体发展规划相结合，通盘考虑。与此同时，要认真研究论证天然气在整个能源结构调整中的位置。要研究天然气的使用政策，规划论证好天然气在能源结构中的位置，把有限的资源用好。同时，要抓紧研究开发清洁煤炭技术，尽快使煤的气化和液化技术实现产业化大生产。

（四）要统筹兼顾西气东输与东海天然气的开发利用

多元化是确保供气安全可靠的重要条件，在开发利用西部天然气资源和东海油田气资源的同时，在长远规划上，可考虑与土库曼斯坦、俄罗斯天然气管网相连，作为长期供气的后备气源，以保证气源的安全可靠。

（五）解放思想，大胆利用外资，扩大对外开放

组织建设西气东输工程要大胆研究探索资金筹措和利用外资的新思路，工程要全面对外开放，寻求国际上实力雄厚的合作伙伴参与投资、建设和管理。西气东输工程是西部大开发的标志性工程，工程建设的实施，不仅是新疆和西部人民的大事，也是东部地区和全国各族人民的大事。有关方面一定要按照国务院的要求和部署，高度重视，抓紧落实，通力合作，把西气东输工作抓实、抓好。

朱镕基总理会见出席西气东输工程签字仪式开工典礼的外方代表时的讲话（摘录）

（2002年7月4日）

朱镕基总理说，实施西部大开发是中国政府做出的一项重大决策，有利于消除东西部差距，扶持贫困地区和少数民族经济发展。西气东输工程是实施西部大开发战略的重要举措。在工程实施全线对外开放、全面对外合作，是中国改革开放以来最大的中外合作项目，也是中国加入世贸组织后，更加向世界开放的象征，将对改善能源结构，减少污染物对大气的排放发挥十分重要的作用。

吴邦国副总理在西气东输工程开工典礼上的讲话

(2002年7月4日)

同志们：

今天，我们在这里隆重庆祝西气东输工程全线开工。我代表党中央、国务院向沿线10个省、自治区、直辖市的各族人民，向西气东输工程的全体建设者表示热烈的祝贺和亲切的问候！

建设西气东输工程是党中央、国务院的重大决策，是西部大开发的重要举措，是青藏铁路、西电东送后的又一宏大工程。中央领导非常重视和关心西气东输工程，江泽民同志专程发来贺信，朱镕基总理今天下午还要接见参加开工典礼的外国企业家。西气东输工程的建成，对于把西部资源优势转化成经济优势、加快新疆及西部地区的经济发展、推动各民族大团结和共同繁荣、促进工程沿线特别是长江三角洲地区的能源结构调整、改善大气环境、提高人民生活质量都具有十分重大的意义。同时，对于带动相关产业发展，加快产业升级，拉动国民经济增长，也将发挥重要作用。

西气东输是我国管道建设史上投资最多、输气量最大、管线最长的工程，途经戈壁沙漠、黄土高原、太行山区、黄淮长江、江南水网，地质地貌复杂多样，工程建设难度很大。中国石油股份公司和有关设计、施工单位要认真贯彻党中央、国务院关于建设西气东输工程的战略决策，加强领导，精心部署，统筹安排，科学设计，精心施工，学习借鉴国外的先进管理经验，确保工程质量和工期进度。沿线各级人民政府和国家有关部门要大力支持，为工程建设提供便利条件和有力保障。参加工程建设的广大干部职工、科研和工程技术人员，要发扬艰苦奋斗的精神，团结拼搏，争创一流，以科学求实的态度、扎实细致的工作，把西气东输工程建设成为世界一流的管道工程，并切实保护好新疆及管道沿线的生态环境，为加快沿线地区经济和社会发展再立新功。西气东输是一项上中下游一体化的系统工程，有关地区和部门要认真搞好上游资源的配套开发，确保西气东输工程建成后的供气需求；要加快下游市场开拓和管道支线及城市供气管网的建设，落实用户和市场，使西气东输工程成为推动经济发展，带动东中西部共同繁荣的能源大动脉。

西气东输工程是改革开放以来我国投资额最大的中外合资项目。外国公司全面参与该工程的建设和开发，希望有关各方充分发挥自身的优势，加强交流，通力合作，全力以赴，确保西气东输工程的圆满成功。

同志们，让我们紧密团结在以江泽民同志为核心的党中央周围，高举邓小平理论伟大旗帜，全面贯彻"三个代表"重要思想，齐心协力，群策群力，高标准、高质量、高水平、高效益地完成西气东输工程的各项建设任务，为加快社会主义现代化建设作出新的更大的贡献，以优异的成绩迎接党的十六大的胜利召开！

曾培炎副总理在国家西气东输工程建设领导小组第六次会议上的讲话

(2003年9月15日)

在西气东输工程东段(陕西靖边—上海)即将投产运行，西段(新疆塔里木—陕西靖边)建设全面展开的时候，国家西气东输工程建设领导小组召开工作会议，总结西气东输工程启动三年多来取得的成绩和经验，部署下一步投产运行和建设工作。

一、西气东输工程建设已经取得阶段性成果

——东段建设任务出色完成。在东段1500公里管道建设中，建设单位群策群力，攻克了一批世界级工程技术难题，在多个领域填补了国内管道建设的空白，已建成的管道实现了高质量、高水平的要求。

——资源勘探获得可喜成果。到2002年底，塔里木盆地库车—塔北地区天然气探明储量已达到5557亿立方米，能够基本满足西气东输工程的供气要求。

——天然气市场开发取得积极进展。目前,中国石油集团公司已经与12家用户草签了照付不议合同,并正在与其他35家用户就合同问题开展工作。

——对外开放有序推进。自去年7月初中外双方签订《西气东输工程合营框架协议》以来,在我方的积极推动和中外双方的共同努力下,外方参与工程合作的积极性不断提高。

西气东输工程是我国迄今为止建设距离最长、管径最大、压力最高、输气量最大、投资最多的输气管道工程,也是一项上中下游一体化、跨地区、跨行业的庞大系统工程。西气东输工程的顺利进展,充分显示了我们集中力量办大事的成效,是各方共同努力的结果。

一是领导小组努力做好协调工作。

二是有关部门密切配合,主动工作。

三是沿线地区高度重视,大力支持。

四是广大建设者顽强拼搏,忘我奉献。

二、进一步提高对西气东输工程战略意义的认识

首先,建设好西气东输工程,事关西部大开发战略的顺利推进。西气东输工程在实施西部大开发战略中具有领头作用的项目。它是贯彻落实西部大开发战略的重要举措,是把西部地区资源优势转化为经济优势的重大项目,也是西部大开发的标志性工程,有利于把资源优势加快转化为经济优势,促进西部地区经济发展、民族团结和社会稳定。

其次,建设好西气东输工程,事关我国油气可持续发展的大局。西气东输工程连接着祖国西部的天然气资源和东部的天然气市场,是全国石油天然气可持续发展和能源发展战略的重要组成部分。建设好西气东输工程,同时引进国外管道天然气和液化天然气,有利于缓解我国东部经济发达地区的能源供应紧张态势,促进经济和社会的可持续发展。

第三,建设好西气东输工程,事关扩大内需和经济发展。整个工程主要采用国产的原材料和设备,而且由国内工程队伍施工和管理,这为促进相关产业的技术改造和装备升级,提高管理水平,支持经济长远发展,打下了良好的基础。实施西气东输工程,不仅可以推动上游资源开发和管道建设,而且能够带动下游城市管网和天然气利用项目建设,机械、电力、化工、冶金、建材等相关产业也可从中受益,产业链条较长,对拉动经济建设和产业发展具有重要作用。

第四,建设好西气东输工程,事关广大人民群众的根本利益。实施西气东输工程,不仅使新疆各族人民受益,而且惠及管道沿线西部、中部和东部地区的广大人民群众,拉动当地投资和经济增长,促进产业发展和人民生活水平提高。此外,西气东输工程竣工后,按初期年供气量120亿立方米计算,每年增加的天然气供应还可以置换标准煤900万吨,相应减少二氧化硫、二氧化碳、粉尘等有害物质的排放量,这对于改善大气质量,保护生态环境,提高人民生活质量,促进人与自然的和谐发展,具有重要意义。

曾培炎副总理在西气东输工程投产庆典暨表彰大会上的讲话

(2004年12月30日)

同志们:

今天,举世瞩目的西气东输工程全线建成投产并实现商业运营,这是我国经济发展和能源建设中的一件大事。中共中央总书记、国家主席、中央军委主席胡锦涛为庆典大会专门发来贺信,充分肯定了西气东输工程在经济建设中的重要地位和作用,赞扬了广大建设者艰苦奋斗、无私奉献的创业精神,指明了做好西气东输运营管理工作的方向。西气东输工程开工时,江泽民同志曾专门发来贺信。这是对广大建设者的极大鼓舞、关怀和激励。在此,我代表党中央、国务院,向参与工程建设的全体干部职工,致以衷心的感谢和亲切的慰问!向受到表彰的先进集体和劳动模范,表示由衷的敬意和诚挚的祝贺!

一、西气东输工程建设取得重大成果

西气东输工程是国民经济和社会发展"十五"计划的一项重点工程,也是实施西部大开发战略的一项标志性工程。工程的建设速度,创造了世界同类工程的最好纪录,形成了我国迄今为止最长的一条管道。西气东输工程惠及新疆及沿线地区几亿人民群众,上中下游地区都可从中受益。工程的胜利建成投产,凝聚了各方面的智慧和力量,显示了我国重大工程建设的能力和水平。

西气东输工程的建成投产,是党中央、国务院高度重视、正确领导的结果。2000年2月14日,国务院决定启动西气东输工程,同时成立了西气东输工程建设领导小组。2002年7月4日,西气东输工程正式开工建设。新一届中央领导集体高度重视我国能源工业的发展。党中央、国务院多次研究能源建设和油气资源开发利用的战略问题,有关部门及时协调解决建设中遇到的困难,保证了西气东输工程的顺利推进。

西气东输工程的建成投产,是沿线各地区、各有关部门和单位密切配合、共同奋斗的成果。沿线十个省、自治区、直辖市和国务院有关部门大力支持管道建设,中央大型企业及地方一些企业全力投入管道建设,各族人民群众积极参与管道建设。在各方面的共同努力下,按期、优质、高效地完成了工程建设任务,实现了把西气东输工程建成一流工程的目标。管道工程越过戈壁沙漠、黄土高原、太行山脉,穿过黄河、淮河、长江,横跨西北、中原和华东大地,形成了一条钢铁巨龙,谱写了一曲团结协作的凯歌。

西气东输工程的建成投产,是广大建设者艰苦奋斗、无私奉献的成果。全体建设者充分发扬大庆精神、铁人精神和我国石油工业战线的优良传统,精心组织,科学施工,克服重重困难,确保了西气东输工程如期建成投产。刚才受到表彰的先进集体和劳动模范,就是十万工程建设大军的杰出代表。西气东输工程建设中形成的艰苦奋斗的创业精神、顾全大局的协作精神、与时俱进的创新精神、实事求是的科学精神,必将鼓励全国各族人民为社会主义现代化建设的伟大事业而努力奋斗。

二、西气东输工程建成投产具有重大意义

西气东输工程胜利建成投产,是深入贯彻"三个代表"重要思想的具体体现,是全面落实科学发展观的重要实践。它标志着我国能源建设提高到一个新水平,对于进一步实施西部大开发战略、实现东中西部地区互动,对于缓解能源供需紧张矛盾、调整和优化能源结构,对于改善环境条件、提高人民生活质量,促进经济社会全面协调可持续发展,都具有十分重大的战略意义。

首先,西气东输工程的建成投产,标志着实施西部大开发战略的深入推进。我国西部地区天然气资源十分丰富,通过西气东输工程加以开发、输送和利用,可以把基础设施建设同特色产业发展更好地结合起来,加快西部地区经济社会发展步伐。这将推动内陆地区资源优势转化为经济优势和市场优势,同时为沿海地区进一步发展提供能源保障,促进东部地区和中西部地区互利互惠、共同发展。

第二,西气东输工程的建成投产,标志着我国能源结构的进一步调整。西气东输工程为建设我国天然气管网奠定了基础,形成了骨架。主管道建成后,涩北至西宁至兰州、陕西至北京及陕京二线、忠县至武汉等输气管道将逐步相连,与众多的支线一起,共同组成遍及全国许多省市的天然气管网。工程还带动了天然气用户相关设施的建设,促进了天然气装备的自主研发和制造,为加快开发利用天然气资源提供了条件。这有利于逐步提高天然气生产和消费所占的比例,多渠道增加能源供给,提高我国能源安全的保障程度。

第三,西气东输工程的建成投产,标志着我国天然气管道建设水平上了一个新台阶。西气东输工程是目前我国管径最大、管壁最厚、压力等级最高、技术难度最大的管道工程,创造了多个国内天然气管道建设的领先纪录。如首次采用了10兆帕高压输送、1 016毫米大管径、X70高钢级管道;首次在长江和黄河完成天然气管道跨越和穿越,包括长距离、高难度、大口径的盾构、顶管和定向钻等穿越。在工程建设实践中,提高了技术水平,锻炼了队伍,培养了人才,为今后建设大型能源工程积累了丰富的经验。

三、充分发挥西气东输工程的经济和社会效益

随着西气东输工程的建成投产,我国天然气开发利用进入了一个新阶段。各有关地区、部门和单位

要坚持以邓小平理论和"三个代表"重要思想为指导,深入贯彻党的十六大和十六届三中、四中全会以及中央经济工作会议精神,全面落实科学发展观,加强和改善宏观调控,着力推进改革开放,加快调整经济结构,转变经济增长方式,大力节约并合理开发利用能源资源,切实加强天然气运营管理,确保西气东输管道安全、平稳、高效运行,努力提高整个能源建设和管理的水平。下面提出几点要求。

第一,要提高运行质量和效率,确保稳定供气。西气东输是我国能源供应的大动脉,必须做到管道一刻不能停,供气一刻不能断。要继续加大西部地区天然气勘探开发力度,增加资源可采储量,保证长期供气;科学制订气田开发方案,努力提高资源的采收率,实现经济合理开发;加快储气设施等建设,提高调峰和应急供气能力,保证有效运行;搞好天然气资源的供求衔接,及时解决有关问题,保证管道平稳运行。

第二,要加强管道保护和管理,确保安全运行。安全第一,时刻不能忘。要依法强化对天然气管道的保护,维护沿线秩序,保证管道设施安全;严格执行规章制度,加强管理和调节,保证安全生产;制定应急预案,加强监测预测;及时消除安全隐患,保证管道运行安全。

第三,要做好市场开发工作,发挥综合效益。加强配套工程建设,提高管网通达程度,为城市燃气利用创造条件;抓紧落实天然气用户,开拓发电、化工、冶金、交通等产业市场,促进天然气资源的高效利用;研究制定必要的政策,推广使用天然气,以利于改善大气质量,保护生态环境,全面实现经济、社会和生态效益。

第四,要搞好统筹协调,改进能源管理。统筹考虑各种能源资源的开发和合理利用,加强我国东中西部地区、海上和陆上石油天然气资源评价和勘查工作;加快实施"走出去"战略,引进国外油气资源;积极推进节能工作,大力提高能源利用效率;结合"十一五"规划的编制,完善能源及石油天然气发展规划和政策,为经济社会长期发展提供有力的保障。在新的形势下,我们要抓住西气东输工程带来的新机遇,再接再厉,扎实工作,加快我国天然气资源开发利用的步伐,有效地推进能源建设,为全面建设小康社会做出新的更大的贡献!

2005 年 1 月 7 日,中共中央政治局常委、国务院副总理黄菊,在听取中国石油集团工作汇报时作了重要讲话。摘要如下:

西气东输工程这么长的管道能在较短时间内全线胜利建成并成功运营,全民振奋。这项工程开通了我国横贯东西的一条能源大动脉,对于推进西部大开发、加快中西部地区发展、造福新疆及沿线各族人民群众,对于推进产业结构调整和能源结构优化、保障国家能源安全,将发挥重大作用。

要加大天然气的开发力度,围绕西气东输、忠武线的下游市场,加强西部气区的产能建设,确保供气稳定。

油气长输管道线路长、沿线情况复杂,确保管道安全运行的责任重大,要把保护和应急预案落到实处。配合政府部门,加大专项整治力度,加强油气田和输油气管道的安全运营管理,争取安全生产形势一年比一年好。

(三) 重要批示、指示

朱镕基总理在塔里木油田考察,对西气东输工作作出重要指示
(2000 年 9 月 7 日)

最近,江总书记在长春召开的座谈会上谈到西部大开发时说,我们的任务是力争用 5 到 10 年,在基础设施建设和生态环境改善方面有一个突破性的进展。我想现在至少可以决定在未来 10 年里完成两

个大的工程。一个是西气东输,把新疆的天然气送到东边去。这个项目不但应该马上启动,而且应该尽快地建成。这是一篇大文章,一个大手笔——要投资1 200亿元,其中管道建设400亿元,配套建设800亿元,建设4 000公里管道。这是要在中国的地图上画上浓浓的一笔。现在我们既然定了,就要马上干。最好是利用外资,这样能够加快建设。我一直主张对于这条管线,甚至一部分上游,要全面开放,彻底开放,一点危险都没有!但各种方式都可以,合资经营、合作经营,增资扩股也可以考虑。目前,这个项目国务院已经决定立项。应该加快可行性研究,加快西气东输建设,更快地产生效益,这样就打响了西部地区大开发的第一炮。

温家宝总理谈西部大开发生态建设和环境保护的原则
(摘自中国环境与发展国际合作委员会年会上的讲话)

实施西部大开发,是我们进入新世纪的一个重大战略举措,对于促进东西部地区协调发展、维护民族团结和社会稳定、全面推进现代化建设,具有极其重要的意义。西部大开发的生态建设和环境保护要把握好几个原则:一是正确处理开发与保护的关系。加快西部发展,努力缩小与东部地区的差距,是西部开发的主要任务。但是,西部开发不能以生态环境的破坏为代价。必须把生态建设和环境保护作为西部开发的根本任务和有力保障。一方面,采取各种措施保护生态环境,有计划、分步骤地实行退耕还林、还草,加强天然林保护和长江、黄河上中游的生态保护,防止水土流失。另一方面,严格新建项目的环境管理,控制污染向西部转移。坚持"预防为主、防重于治"的原则,避免走"先污染后治理、先破坏后恢复"的老路。二是调整产业结构,促进环境保护。重点加强交通、水利、通信、电网和城市基础设施等重大工程建设,改善生产条件和生态环境。结合"西气东输""西电东送",改造城市燃料结构,控制大气污染。加强农业,发展特色产业,推进优势资源的合理开发和深度加工,培育旅游业,构筑有利于环境保护的经济体系。三是依靠改革开放和科技进步加强环境保护。广泛采用先进适用技术改造传统产业,降低能耗、物耗,减少污染源。按照市场经济的原则,运用价格等经济杠杆,促进企业和杜会各方面节水节能和污染治理。四是搞好生态环境,提高人民生活质量。西部大开发不仅要繁荣经济,增加城乡居民收入,还要全面提高人民的物质文化生活水平。要通过不懈的努力,使西部地区青山常在,绿水长流,为子孙后代创造一个美好的生活空间。

温家宝总理在国家发改委上报的《关于2004年西气东输工程有关工作安排的报告》上批示
(2004年2月25日)

要提高工程质量和效益,确保供气的稳定和安全。

2005年10月8日,中共中央政治局常委、国务院总理温家宝在国务院办公厅《专报信息》上作出重要批示。摘要如下:

要抓紧解决存在的问题,保证管道安全运行。西气东输是我国能源供应的大动脉,必须做到运行一刻不能停,供气一刻不能断。

2005年10月8日,中共中央政治局委员、国务院副总理曾培炎在国务院办公厅《专报信息》上作出重要批示。摘要如下:

西气东输工程断不得,一切保障和安全工作必须未雨绸缪,早有准备。

2005年10月22日,中共中央政治局常委、国务院总理温家宝在国家发改委关于西气东输工程报告上作出重要批示。摘要如下:

关键要保障气源安全供应,对此要高度重视。

2012年10月16日,西气东输三线天然气管道工程开工仪式在北京举行,国务院副总理李克强作出重要批示。摘要如下:

西气东输三线是具有战略意义的能源运输大动脉,横跨我国边疆、内地和沿海十省(区)。开工建设这一重大工程,将使沿线上亿群众用上清洁可靠的天然气,推动能源结构优化和节能减排,促进区域协调发展,而且能够带动设备、材料等相关产业,扩大国内需求,支撑和助推经济社会发展。

希望沿线各省区市党委和政府,参与工程建设的全体干部职工,深入贯彻落实科学发展观,心系人民福祉,高度重视工程质量和生态环保,精心施工,严格管理,优质安全高效地建设好西气东输三线工程,为全面建成小康社会、推进现代化建设作出更大贡献!

二、主要媒体报道选萃

气壮山河的伟大工程
——热烈祝贺西气东输工程开工

(2002年7月5日《人民日报》社论、评论员文章)

正当全国各族人民深入学习贯彻"三个代表"重要思想、以优异成绩迎接党的十六大召开之际,举世瞩目的西气东输工程宣布正式开工。这是党中央、国务院实施西部大开发战略、造福西部各族人民的一件大事,也是我国能源结构优化和石油工业产业升级的一个重要标志。我们向全体建设者表示热烈的祝贺和诚挚的慰问。

天然气作为优质清洁燃料和重要的化工原材料,已成为当今世界能源的三大支柱之一。我国是最早发现和利用天然气的国家之一,拥有十分丰富的天然气资源,但过去长期发展缓慢。中华人民共和国成立后,天然气工业有了较大发展,特别是改革开放以来,不断取得新的勘探成果。大力建设西气东输工程,目的在于将西部资源优势转化为经济优势、效益优势,改变天然气在我国一次能源供应中比例偏低的状况,满足新世纪经济建设和社会发展对能源的需求,这是一个功在当代、利在长远的重要抉择。

以江泽民同志为核心的党中央高度重视和亲切关怀我国石油天然气工业。江总书记先后两次深入塔里木油田进行考察。党中央、国务院高瞻远瞩,总揽全局,在世纪之交做出了兴建西气东输工程的重大决策,并将西气东输和青藏铁路、西电东送一起,列为国家西部大开发的序幕工程和标志性工程。全力搞好西气东输工程建设,确保按期建成投产,无论对于加速改善东部地区的能源结构,有效治理大气污染,改善长江三角洲及沿线人民生活质量,还是促进西部大开发,拉动西部地区的经济发展,促进民族团结和社会稳定,都具有十分重大的战略意义。

西气东输是我国距离最长、口径最大、站场最多的一项管道工程,是一项天然气产业上中下游联动的系统工程。它的投资规模巨大,沿线地形地貌复杂,建设时间紧迫,任务艰巨。广大建设者要以"三个代表"重要思想为指导,大力发扬与时俱进的精神,不断增强使命感、责任感,坚持高标准、高质量、高水平、高效益的工作方针,把西气东输工程建设成为一条具有世界水平的输气管道,成为西部大开发的当之无愧的标志性工程,成为我国石油天然气工业发展史上的一座重要里程碑。

西气东输工程是一项综合性的巨大工程,要使建设达到预期效果,需要社会各方面及沿途地区的大力支持。随着西气东输管道工程的全面开工,一个大规模开发利用天然气资源的高潮即将到来。我们相信,在党中央、国务院的亲切关怀下,经过各方面的共同努力和密切合作,西气东输工程一定能够建设成为一条具有良好经济效益和社会效益的国际一流输气管道,成为我国一条崭新的横贯东西的能源大动脉。

Hot air finally turns into gas deal
西气东输,美梦成真
(2002年7月5日《China Daily》)

After repeatedly postponing the construction schedule of ambitious and controversial west-to-east gas pipeline due to marathon negotiations with foreign investors, an agreement was signed yesterday to build the US＄8.9 billion project.

However, questions arise as to whether the project — the second largest construction scheme since the founding of the People's Republic of China in 1949 will able to make profit to cover its immense costs.

Yesterday, PetroChina — the nation's largest oil and gas producer — signed the long awaited framework agreement with a foreign consortium, including Royal/Dutch Shell, Exxon Mobil and Russia's Gazprom, to jointly build the 3 900-kilometer pipeline to trench natural gas from the remote Xinjiang Uygur Autonomous Region in the northwest to coastal Shanghai in the east.

PetroChina will oversee 50 percent of the project, including gas field development, the construction of the US＄5.6 billion pipeline and gas marketing. The tree foreign partners take 15 percent each, while Sinopec — China's second largest oil and gas producer — takes up the remaining 5 percent.

The market seemed ignited by PetroChina's successful courting of foreign majors into the project. The company's shares jumped to their six month high on Wednesday when officials said the agreement would be signed yesterday.

But the wrangle, from the minute the project was proposed four years ago, has not ended yet. Most of the would-be industrial gas users complain the current average price offered is completely unaffordable, while PetroChina insisted the price is the bottom line for the project to make economic sense.

"The start of the project does not mean everything is okay," said an official with a consulting company to the project. "Much more talk is needed. It is still a long way off to find a balanced price for both gas producers and users."

According to the so-called guideline price, Petrochina offered a price averaged at 1.29 Yuan (15.6 US cents) per cubic meter, depending on the distance the trunk line runs 1 hour. In Shanghai, it is 1.35 Yuan(16.3 US cents)per cubic meter, while most users said around 1 to 1.1 Yuan is all they can afford.

"The current price is totally unacceptable," said an official from Shanghai Natural Gas Pipeline Networks Company. "The unreasonable price will dampen the potential market, and that will, in the long run, harm the fledgling market."

Although the price is comfortable for residential cooking and heating, it is said to be expensive for industrial users, such as power plants, and chemical and fertilizer manufactures, analysts said. Industrial users make up for 60 percent of the designed consumption when the pipeline reaches the annual production of 12 billion cubic meters by 2005.

"A Morgan Stanley report indicates only when the gas price stays at 0.8 to 0.9 Yuan(9.7 – 10.9 US cents) per cubic meters, will the electricity from the gas-fired power plants be competitive with coal-fired ones," said an official with a large chemical company, who declined to be named. The foreign-funded company, a major potential user of the western gas, hopes to use gas for its power plants and as material to produce chemical products to export.

The official said a high production cost driven by high gas price would dampen the competitiveness of the products.

In consideration of the large cost for adapting current equipment to gas revenue return of 12 percent, the minimum for the project to be approved.

Shi Xinquan, vice-president of the company, said the western gas is competitive since it is cheaper than alternative fuels, such as liquefied natural gas, and natural gas from offshore to Shanghai. The city currently uses gas coming 400 kilometer offshore at a cost of 1.46 Yuan(17.7 US cents) per cubic meter.

Moreover, the guideline price is adaptable when the consumption rises, Shi said on the sideline of yesterday's signing ceremony.

Earlier, PetroChina signed non-binding gas sale contracts with 54 companies with a combined annual gas consumption of 16.6 billion cubic meters by 2007, the potential demand exceeds the breakeven point of 12 billion cubic meters.

PetroChina's officials said they would sit down to negotiate with users to sign the take-or-pay contracts as soon as possible.

However, the talks are expected to be tough. Some said they would give up using the gas if it is too expensive, even though they have signed the nonbinding sale contracts.

"We hope to find a reasonable price." Said the chemical company official, "but, if not, we have to shift to alternative, such as coal or oil, as long as we meet the pollution standard."

The disagreement between gas sellers and users could be softened as the government provides incentives for gas production and consumption, said the chemical company official.

The price can be lowered if the government grants favorable policies like tax breaks for gas production. And users are happy to accept higher prices, if the government gives stimulus to users of, clean fuel, like gas, and charges more on pollutingcoal-fueled plants, he said.

Even though it is an arduous task to form a compromise between gas producers and users, the central government is unwavering in its bid to push the project through. The scheme is considered a center price of the government's US $48 billion campaign to spur up the backward economy of its western regions, which are home to one-fourth of its population and most minority ethnic groups.

（谢晔）

对话——西气东输 8 000 里

(2002 年 9 月 22 日晚　中央电视台二套)

主嘉宾：
张国宝（国家发展计划委员会副主任、国家西气东输工程领导小组组长）
史兴全（中国石油股份公司有限公司副总裁）
次嘉宾：
陈逸嘉（壳牌〈东北亚〉集团主席）
黄维和（中国石油西气东输管道分公司总经理）
主持人：
陈伟鸿

主持人： 观众朋友大家好，这里是《对话》节目的现场，欢迎各位的收看。在今天的对话时间，我们将要跟大家共同关注一个已经全面开工，而且被称作是继长江三峡工程之后又一个世界级的特大工程项目——西气东输工程。我想人们之所以如此地关注这一工程，并不仅仅因为它有着上千亿元的投资，而在于这么浩大的一个工程国家完全没有任何的投入，完全走市场化的道路全面对外开放。说它全面对外开放一点儿都不夸张，因为整个工程的上中下游全面对外资开放，从而也开启了中国特大工程项目对外开放的一个新里程。好，今天节目的一开始，我们先通过大屏幕来了解一下西气东输工程。好了，西气东输建成之后的美好蓝图已经呈现在了我们大家面前，接下来我们就掌声请出今天对话的嘉宾，国家发展计划委员会的副主任，也是西气东输工程领导小组的组长张国宝先生，欢迎您，请坐。今天我们的另外一位嘉宾是西气东输的建设者的代表，也就是刚才我们大家已经看到过的中国石油股份公司的副总裁史兴全先生，同样掌声欢迎他。您好，请坐。西气东输这个项目最早是怎么提出来的？

张国宝同期声： 当时认为塔里木盆地有可能拿下一个世界级的大油田，所以又集中了精兵强将去会战塔里木。在会战过程当中，当然油也发现了一些，但是比原来预想的进度还不是很好，但是这个气倒是出来不少，特别是在勘探初期在轮南这一带都有很多的伴生气。

主持人： 我们要去找油但是气出来了，有点儿出乎我们的意料？

张国宝同期声： 也不能说完全出乎意料，但是它出来的比较多，又没有适当的措施把它用好，所以当时只能是放空烧掉。当时放空烧掉，所以凡是到过轮南的同志看到半天都烧得红红的都觉得非常可惜，这么好的气东部都用不上，在这里就白白地烧掉。所以当时很多人就提出来，能不能把这个气想办法要用好。那么一直到了 1999 年底，当时经贸委的盛华仁主任，他认为从现在掌握的资料看，应当有信心有足够的气源运到上海来。虽然运距长一点，经济上也还是可以做得来的。而且他建议，应当下决心建一条管道把塔里木的气送到上海。当时他的信里头建议的量是（每年）两百到两百五十个亿（立方米），因为越多越好，越多的话可能将来经济性就会越好一些。

主持人： 而且这也是大家的一个希望。我想问一下史先生，您长期以来一直是从事石油的开发和管理，天然气这方面研究也做得非常多，而且在四川、长庆、塔里木都当过气田的一把手。那您在长庆的时候也实现了陕气进京，当时您知道塔里木这儿有气的时候，从内心来讲是不是非常兴奋、非常高兴？

史兴全： 当然心情是非常高兴的，也非常激动的。

主持人： 不知道是否确切，您自己还曾经画过一个草图，在西气东输项目立项之前自己有过想象？

史兴全： 有这个事情。

主持人： 这个图带来了吗？

史兴全： 我带来了。这就是我们塔里木的设想图，原来想象的是从轮南，这是靖边，从靖边从北部走然后到上海去。当时主要想躲过黄土塬,所以我当时在我的办公室里挂着的时候,我 1999 年 11 月份就画这么一个图在我办公室,应该说一直保存到这个会议决定了要把塔里木天然气输向长江三角洲。现在看来应该说,经过我们几代石油工人的努力梦想成真。

主持人: 现在我们看到西气东输的整个走向跟这幅图上当年您画的线路差不多,都是绵延了 8 000 里,然后大致呈一个一字形,所以跟您当初的设想还是非常吻合的。我想问一下,那个图现在收藏在什么地方?

史兴全: 收藏在我原来的办公室,因为办公室现在已经搬掉了。

主持人: 我觉得这个图可能会越来越值钱,因为它是一个西气东输的见证者。如果您愿意捐赠的话,我们《对话》很乐意替您来收藏,有这个打算吗?

史兴全: 谢谢,我们支持。

主持人: 谢谢,好,那我们也谢谢您。西气东输的项目最引人注目的一点,就是前面大家也都谈到的,完全是国家没有投入。像以往来说这么大的一个项目国家可能都会进行投入,为什么这次我们用了国家不投入这样的一种方法呢?

张国宝: 因为经过改革开放以后,我们现在的机制跟我们整个经济制度已经有了一些变化,从过去比较高度的集中的计划经济已经转向社会主义市场经济。那么在这个过程当中,我们已经培育出一批有一定的实力的企业,所以运作的话,完全可以改变这些建设都由国家拨款的方式,而由企业经过经济的运作来解决这个问题。

主持人: 面对这么大笔的投资国家没有进行投入,全部是由企业来进行一些运作。虽然刚才张先生说像中国石油这样很有实力,但实际上在实力之下是不是也有过一些担心?

史兴全: 有过一些压力。应该说初期在这个项目上的时候还是有一定的压力和担心。当时谈的是什么问题,应该说第一个是资源,这个资源的压力,所有的社会的人士都对资源担心。

主持人: 您自己也非常担心吗?

史兴全: 我并不担心,因为我是业内人士;第二个担心,这么多投资,因为上游投资约需要 273 亿元,管线投资需要 435 亿元,我看国家计委发一个材料上说下游需要 852 亿元,这样就 1 560 亿元投资。一开始我们感到非常重,这么大投资工作量能不能保证经济效益也是非常担心的。

主持人: 在这个问题上您担心过吗?

史兴全: 作为我,这么大项目没干过也是担心过。

主持人: 在这个问题上您属于非业内人士。

史兴全: 资金的压力比较大,另外一个比较欠的压力就是技术问题。技术问题主要穿过四千公里的从西到东,要穿越黄河三次,要穿越长江一次,穿越淮河一次,把我们国家所有代表性地层都穿过去了,能不能获得成功,直到现在应该说我仍然在担心,我作为一个施工的组织者我得想法怎么样克服、正在进一步研究施工的质量影响,不可抗力就是说天灾人祸。

主持人: 还有人在担心,管道是埋在地下的,会不会什么时候出现一些泄漏或者爆炸等,您觉得他们这样的担心有必要吗?

黄维和: 作为我们工程上来讲,我们会努力去避免这些问题。比如我举个例子,我们管线的设计,根据不同的地区、不同的类别、人口的密集情况,那么管线的设计壁厚是不同的,按照这个,那么从我们管线的设计角度或者工程实施的角度来讲,应该说是不会出现这种可能性。但是也有一些在我们工程讲叫作不可抗力的祸,比如说地震、大的山洪的暴发、大的泥石流等这些,会产生一些可能对管线正常运行带来一些威胁。

主持人: 西气东输还有一个非常抢眼的地方,那就是全面的对外开放。我想问一下张先生,这次的开放是不是突破以往任何一次开放的一些底线?

张国宝：应该说在有些规定上和思维方法上和过去有些不同。

主持人：在哪些方面我们突破了这个底线？

张国宝：过去呢，我们改革开放以来对外开放的程度也是逐渐在变化，那么在初期的时候，大家认为像城市里面这种天然气管道都属于关系到国计民生的事情，所以这个不能让外国人来，它没有列入开放的领域。对，应该我们中国人自己来干，包括可能原来对自来水也是这么想，这些关系国计民生的项目不对外开放，所以它并没有列入这个对外开放的领域。这个城市管网和基础设施，大的天然气管网没有列入开放领域。但是在从事这个项目的时候，国务院做了一个我现在觉得是非常正确的一个决定。就是我们在改革开放的新形势下，特别是中国现在已经加入世界贸易组织了，我们应该更加融入国际的经济社会当中去，我们应该大胆地对外开放。

主持人：是不是在当时中国石油的内部有一些人不太愿意把这个项目拿出来对外开放，让外国人介入，让外资介入？

史兴全：应该说，客观说一开始大家还都一致的。随着勘探形势的发展，我们把资源拿出去心里舍不得，作为资源国和我搞资源的人也是人之常情，可以理解。

主持人：所以其实还是一个同样的问题，您在这个问题上又是什么态度？

史兴全：作为我现在的心情和大形势在这儿摆着的，我是赞成的，是支持的。在内心深处的情感来说，从感情上说，这么多资源拿出去有些难以割舍，但是我觉得这件事情是绝对好事情。

主持人：不知道对于这次参与到我们整个建设过程当中的外资单位来说，他们有一些什么样的看法？我们想问一下陈先生，我们这次的开放力度是不是有一些出乎公司的想象？

陈逸嘉：我可以说是有一些地方出乎我们的意料，比方说上游中游下游全线开放，还有开放的程度。我们外方合资的，我们的投资集团可以占有45%的股份来参与这个项目。

张国宝：刚才讲对外开放大家也接受，但是开放多少，这个比例上还是舍不得。希望给外方少一点，我们多一点。这是当时很多人的呼声对不对，不是说很多人，至少是中国石油的一些同志们是这么想的。他们想能够把这个牌先出得低一点，只允许外方占30%的股份。外方坚持要比较高的比例，那么我们在中间就撮合他们两边，最后撮合的结果就是45%。

主持人：史先生应该是参与了谈判过程的当事人，很多人觉得说引进外资就好像谈一场恋爱。不过，西气东输的这场恋爱谈的时间挺长的，而且这条恋爱之路走得也不是一帆风顺。作为身处其中的当事人，您能不能给我们大概介绍一下这个谈判的几个过程？

史兴全：谈判的过程应该说是从2000年7月12日，张主任组织我们召开一个新闻发布会，对外发布就是全面地对外开放这就开始了。从2000年7月12日一直到2002年7月4日签字，历时将近两年时间，我们大小谈判上千次，我本人直接面对外国人谈判也不亚于一百次。这里头怎么说呢？说酸甜苦辣咸都有，意味深长。我们选择哪些合作对象，当时选择的是应该说四个大的公司，包括了BP（英国石油）、埃克森美孚、壳牌和俄罗斯GazProm（俄罗斯天然气），这四个集团后面还拽着很多小公司。

主持人：说到BP，我觉得它特别引人注目的原因就是它本身曾经积极地要参与这个项目的建设，而且它手中还握有中国石油的股票，但是最后它却宣布退出了。是什么样的一个原因导致BP的退出？

史兴全：中间退出去，我们当时分析有这么几个原因。第一个BP（英国石油）自身矛盾所造成的，内部的原因它自己造成的，就是它跟中海油搞了LNG（液化天然气），它也在南方。我们这西气东输也到长江三角洲，它是怕自己打自己，它怕自己内部的矛盾协调不了，这是第一个。第二个我觉得BP主要是它和埃克森美孚和壳牌两个比较，包括GazProm（俄罗斯天然气），它的上游的能力比较欠缺一点。它主要是搞化工产品和下游市场的，所以上游参与，整个上游来补管道和下游，这样它参加上游没有优势，这样它就选择退出了。

张国宝：但是它留了一句话，它说下游它还愿意参加。

史兴全：直到现在它还想参加下游。

主持人：我想问一下张先生,什么样的谈判形势之下您不得不亲自出马,还记得吗?

张国宝：太多了,他谈了1 000次,我虽然没有他那么多,但是早晨6点钟被叫起床的时候还是有的。

主持人：6点就被拉到谈判桌上去了?

张国宝：对对对。

史兴全：7月3日—4日,我们这伙子人谈了42个小时没睡觉,连夜,半夜把我们张主任叫起来两三次。

主持人：这42小时是不是整个谈判过程当中的最高纪录?

史兴全：应该说,应该说是。

主持人：所以我觉得张主任也非常不容易,随时要等待着电话的骚扰,一有电话到您可能就必须要亲自出马,您就跟我们说一下6点钟到场是怎么回事?

张国宝：因为原来都已经谈妥了,基本条款大家都认可了,准备7月4日签字。当时几家参加他们的领导人也都到了北京,已经住在凯悦宾馆。那么按照原定的计划,9点钟在人民大会堂举行签字仪式。但是在这个之前他们听到了一些消息,说中国的税制可能要变化,就很担心现在答应的一些优惠条件以后变了怎么办。因此他们要求中国政府给他们出一个证明,就说以后税制变化的话不会影响这个项目。

主持人：他们还享有原来的优惠条件?

张国宝：对对对。那么应该说财政部对这个问题还是很支持,财政部破例就给出了一个证明,这个证明里面有这么几个措词。如果将来税制发生大的变化,我们将会采取一些措施,不影响对这个项目的负担。我看了觉得蛮好,外国人看了以后立即就觉得很惊慌。因为他看到"大的"两个字,"大"的变化。对了,他说那你将来还有"大"的变化,究竟多大叫大,你得给我定义一下,1%算大还是5%算大?你不跟我讲清楚,到时候你变化5%,你说这不叫大,你对我不优惠,所以一定要对"大"字做个解释。

主持人：那他提出的这个要求对中国人来说是一个很大的难题。

张国宝：对了,那么后来我只好跟他解释了。我说我们中国人有时候讲话可能也没太注意,比如说咱俩谈话,如果没什么大的变化咱们就这么定了,这就意味着不会有什么大的变化,不代表以后一定会有大的变化。但是外国人说,那你这个可能要有大的变化。所以这就是文化的差异,最后说这样吧,我们给它翻译成英文,这个英文上不要出现这样的词。英文能说得明白吗?结果最高级的翻译也说不明白,他翻译成什么,If there is a big change or large change,那么我们就如何如何。那人家说你还是big还是large啊,还有"大"的变化在,还是翻不过去。怎么翻,越翻越糊涂。最后我说你就给它用汉语拼音翻算了,da, does not mean big。就是说如果这个"大"在我们中国话里头不代表一定会有大的变化。

主持人：必须得教他说此"大"非彼"大"。

张国宝：所以我最后当然这是后话了,在敬酒的时候我跟他们讲,中国人喜欢用大。"大"姑娘不一定就说她一定长得很高很胖对不对?也就喜欢用这个"大"。"大"小子他也不一定就说这个小子一定很大。中国人喜欢用这个字,文化的差异。

主持人：中国文化的博大精深,这个"大"还不是一天两天就能感受得到。

张国宝：所以这个"大"字出了问题了,6点钟把我叫起来,就是一定要把"大"字说清楚。

史兴全：半夜我11时35分把你叫起来一次,两点钟把你叫起来一次。

主持人：1999年7月4号本来不是要进行西气东输的开工典礼吗?大概是定的几点钟?

史兴全：9点钟。

主持人：所以就是在开工之前还在紧锣密鼓地谈判?

张国宝：对。后来当然也做了很多的解释,包括英文怎么措词也想了好多词。把这个"大的"翻译成

"实质性的",不要翻译成什么 big 或者 large。做过很多尝试,能够让他们理解这件事情,他们还不是很理解。他们的谈判代表叫沃伦,是壳牌上游开发部的经理。他在中国一个中国字也不会说,他说我就学会"大的"两个字。

主持人: 所以对于沃伦先生来说,这次很艰难的谈判,其实也让他学到了中国文化的一些特色的部分。那对于史先生来说,这次的谈判是不是你所经历过的谈判历程当中最为艰难的谈判?

史兴全: 应该这么说。头一天晚上9点钟我们俩谈崩了,他提着包走了,我坐车也回家了。回家去一想,这个事情没完呢?明天吴邦国副总理要出席签字仪式,我要上去签字,一共是几百人的会议都准备好了,第二天开工典礼,张主任要主持这个会,副总理吴邦国要出席。下午4点15分,朱总理要接见外宾,这个压力很大了,你说谈崩了到哪儿去接见?这个事情很难了,已经变成一个非常大的问题了。

主持人: 这个"大"是什么意思?是非常严重的问题了?

史兴全: 因此我回去待了不到10分钟,说实在的陈逸嘉现在在这里,我当时做样子给他看的。你走我也走,咱不谈算了,我相信到这个程度会谈成。但是你拿架子我也拿架子,咱就比吧!我走了,结果他们也假装上车。结果他没走。我说你不要拖他,他走不了,我叫我们的人不要拖他。我们的人下去做解释,因为主要的头儿,主要谈判的首席代表两家搞崩了,这事情很复杂了,完了实际上我9点钟我偷偷坐车又回来了。

主持人: 您也就是假装去家里溜达一下。

史兴全: 一看他们都没走,结果继续持续不断的谈判。一夜几乎是没有停止的,谈一谈停一停互相请示一下,谈一谈互相请示一下再谈一谈。一直到3点30分,这一次7个问题解决了4个。一直早晨6点钟剩了最大的问题,就是刚才这个"大的"问题。我请示了以后,8点钟由张主任(出面),他(外方)要求政府的部门有个领导出来跟我们解释一下这个"大的"怎么回事,"大"到什么程度;不然你给我写承诺函。我当时也非常生气,我就气火了,我说你叫我政府出这个函,出那个函,哪那么简单?

主持人: 您的潜台词就是妄想。

史兴全: 意思是办不到的事。

张国宝: 我要给你再补充一点,就是在解决这些复杂问题的时候,国务院领导在关键时刻给了重要的指导,这也是起了关键的作用。吴邦国副总理讲到了,我们历来采取的办法就是老的老办法,新的新办法。那么在7月4日下午4时朱镕基总理接见他们来签字的外方代表的时候,外方代表当着总理面仍然提出了这样的担心。总理就和他们讲,虽然我们在改革开放20多年当中税制也发生过一些变化,但是我们一般的做法都是在变化以前定的事就是老办法,在变化以后有新的,那就新办法。老的老办法,新的新办法,简单讲就是这样。这样讲了以后,他们吃了定心丸。

主持人: 终于那个"大"字不是谈判当中的大问题了。

张国宝: 对了。所以"大"字就成了笑话,所以我们在晚上敬酒的时候就围绕这个"大"字讲了很多笑话。

主持人: 所以最后的谈判结果是达成了中国石油控股的这样一个框架协议。那这个结果史先生您满意吗?

史兴全: 总体上我觉得比较满意。

主持人: 张先生觉得满意吗?

张国宝: 我还是比较满意。

主持人: 那我们第三方也来问一下,陈先生您代表壳牌满意吗?

陈逸嘉: 总体上我是觉得满意。我们在谈判的过程中遇到很多难题,双方都能够采取比较积极的态度,尽量想办法怎么样能够达到双赢的这种方式来解决问题。

主持人: 您觉得史总是不是一个很厉害的谈判对手?

陈逸嘉：很厉害的。

主持人：他的厉害有没有给你们带来一些麻烦？

陈逸嘉：他是很好的谈判对手，这么说吧。

主持人：好像有点儿一言难尽的感觉，不过今天外资方面的代表好像就您一位，我特别想让您给我们也介绍一下你们之间的内幕。刚才我们讲的是中外的谈判，是不是在外方的这几个公司当中，其实也有很多事是需要协调的？

陈逸嘉：对，那是对的。因为壳牌可以说是欧洲的一个公司，埃克森美孚是美国的公司，还有俄罗斯的公司，我们各有各的文化，各有各的经验，各有各的背景。所以有些问题看法方面也是很多要内部做些协调才能够达到一致，再来跟中方谈判，所以这个过程也是不简单的。

主持人：那你们的那个过程有没有像刚才我们所说的那个过程这么难？

陈逸嘉：也是不简单。

张国宝：他们也谈到半夜，也是连夜谈。他们之间飞来飞去，有在莫斯科谈，也有在英国谈，也有在中国谈，所以这个当中有好多次都是谈到通宵。

主持人：一开始我们知道有90多家外国的企业是希望进入到这个工程当中，最后是留下了三家，那是什么样的原因使得像壳牌、埃克森美孚、俄罗斯天然气这样的公司成为了最后的赢家呢？

张国宝：当然首先是他们在天然气领域有很强的实力和很好的经验，这是他们能够赢得这个项目最重要的原因。

主持人：那么这个原因是不是也是我们中国石油最看好它们的身上带来的这种优点和长处？

史兴全：是的，我们通过西气东输这个项目学到外国一些管理、技术这方面的经验，对我们来讲是个丰富和提高，也进一步加快了我们中国石油这个上市公司和国际接轨，树立一个良好的国际公司形象。

主持人：其实从他们身上可以学很多东西，那我想合作是双方面的。刚才我们谈到是中国石油希望从外方的公司身上学一些什么，其实我想问一下陈先生，您觉得你们的谈判对手的身上有什么值得自己学的东西吗？

陈逸嘉：天然气这个大项目，我觉得了解国内市场哺育市场的这种措施，在这方面他们也有他们比我们外国公司更有深层了解的地方。还有在施工建设方面，中国的公司，中国石油在这方面也是有非常强势的能力。

主持人：我们这次的西气东输走的是市场化的道路，那既然是市场化，一定要考虑到利润的问题。我想问一下史先生，中国石油有没有对这个项目的利润回报做过一些什么预测？

史兴全：这个项目总体上看应该通过双方努力，管理得好，可以达到国家计委的要求，也可以满足我们上市公司股东的要求，就是20%的内部收益率。

主持人：我们自己有没有一个什么样的时间表？比如什么时候可以收回投资？什么时候开始有利润出现？

史兴全：这个在可行性研究报告里头都已经有了。也就是说我们测算的结果就是，如果这个管道年输量超过85个亿（立方米），85个亿（立方米）就是个平衡点，年输量85个亿（立方米）我们就是盈亏平衡点，超过85亿（立方米）我们这个管道就有利润。收回整个投资这个事情，主要投资应该在8—10年。

主持人：其实盈利与否，跟西气东输的气到了东部之后定价应该也是有一定的关系。我看到这样一个公布的数据，就是西气东输西气到了东部之后，每立方米的价格是1.29元，全线平均价格，这个平均价格是怎么测算出来的？

史兴全：这个测算在国际上和国内测算一般来讲就是从上往下测算，就从源头上我这个气该卖多少钱制定一个东西，就是我必须在一定的盈利条件下经营，我定个价。往下算，我的成本，我回收这套算法，就是从上往下算。第二个办法就是从下往上算，就是厂子，什么样厂子，比如发电、化工、民用，你能承受多少价格。往上算咱们找到一个结合点,最后一个结合点就是认为比较合适的是1.29元,大的平均价是这个价格。分地区来讲,上海1.35元,远近不同,价格也略有差异。上海1.35元、浙江1.37元、江苏1.31元、安徽1.24元,到了河南大约是1.16元,这样平均是1.29元。

主持人: 刚才我们谈到这个价格的问题我们现场这位观众也感兴趣,来,我们听听你有什么问题想问?

现场观众: 史先生您好。刚刚您谈到了从塔里木产出的气到东部地区的平均价格是1.29元,但是真正通气好像是在几年之后的事。请问您这个测算是否考虑到了不确定的因素?而且这个价格是否准确?

史兴全: 应该说这些不可预见的东西都在风险里头考虑到了,包括物价上涨指数,包括周围的承受能力,包括和相同的替代能源的价格进行竞争,也就是说1.29元是平均值,但各个行业用的不同。用量的多少,这个价格是可以浮动的。

张国宝: 价格问题是在整个决定项目当中非常敏感的一个话题,也是大家比较关注的话题。实际上在协调中国石油和下面用户的时候,我们计委也在中间当中间人。因为这就跟买东西一样有个讨价还价的过程,中国石油作为业主,他希望能够卖个好价钱。下游的用户希望能够比较廉价地买到气,所以他们不断地在抱怨这个气价太贵。中国石油也在抱怨,我这么大的投资,太便宜了我就收不回投资。所以我们政府给出这个价钱,叫作指导价。不是指令性,不是一定要命令,还是会有一些浮动。对,为什么叫指导价呢?这个价格既要照顾到上游必须收回投资,必须有一定回报的,要不然如果没有这一条,哪个投资者会愿意来投资?但是也要考虑到下游能够接受,和其他的资源有一定的竞争能力。那么这样的测算的结果,刚才讲从上游算从下游算,我们定了个大体平均是1.29元这样一个指导价,但是这个指导价是含税的。

主持人: 那您个人怎么来看我们刚才提到的塔里木气面临的这些竞争的压力?

张国宝: 我下面就要回答你这个问题。现在一个现实的问题,就是说你到了上海以后,它将来这个东海气会不会比你便宜,有竞争力。实际上两边确实存在一点点竞争,搞东海开发的已经在造舆论?说我会比你还要便宜?就跟用户说,你将来买我的吧,我会比你便宜。到底它能不能做到便宜?刚才史先生也给你介绍了,在总理办公会上总理就考过我,说上海的气是多少钱?当时我说1.4元钱,他当时就让秘书打了个电话给徐匡迪——那时候徐匡迪同志还在上海当市长——马上确认一下。最后回来的结果是门站价1.46元,所以他说你基本上答得还可以,1.46元的价钱,目前起码是比这个贵。因为东海气现在上岸的只有(每年)4亿(立方米),并不是很多。上海的市场那么大,现在我们才按照(每年)120亿(立方米)在输,它不是说120亿就能满足整个这一大片,这120亿沿途经过8个省到上海以后,它中间在河南、安徽、江苏、上海、浙江都要用这个气,这么大的范围这点气我认为是不够的。在谈判过程当中曾经也有这样一个笑话,他们外方很紧张,所以老问你到底有那么多市场吗?他老怀疑这个市场是不是足够大。最后我谈得是口干舌燥,我就没有办法,我就提高嗓门,我说沃伦先生,我要提高嗓门跟您说一句话。我就想到了过去我们历史上写过的一个故事,就是当时他们认为中国市场很大,说中国人袖口放一寸,英国人的织机全部开动起来都不够。我就想到了这样一个故事,可见中国市场有多么大。我说沃伦先生,我中间经过9个省,这9个省当中生活着中国经济最发达地区的3亿—4亿的人口。我说每个家庭做一顿饭、洗一把澡,你这个气就不够了,不要说用别的东西了。

主持人: 您这句话说得他一定很开心。

张国宝: 你不要坐而论道,老是在北京的空调屋子里谈判。你走出去看一看,我说我马上派个人陪你一起去。结果我们派了一个人带他们到沿途各个省,到下面座谈,深入群众,最后回来讲,可以可以。

史兴全: 我再补充一下。我告诉你我们中国石油是个以资源为主的企业,我们的(天然气)储量和产量占目前全国(天然气)产量的73%;而中石化和新星合并以后,它的储量和它的商品量,年产量只占

14%；中海油占13%。这是最新统计数据。所以在上海市场上不存在竞争，我们仍然是领先地位，巨无霸。

主持人：您说到塔里木的天然气进入上海市场我们还是很有竞争力的，是巨无霸。然后再加上我还看到其他的一些报道，比如说中国石油已经和下游的很多企业签订了一个供气协议，那这些是不是意味着我们中国石油可以对下游市场放心大胆地不用去担心太多了，可以高枕无忧了？

史兴全：我觉得搞工业的人什么时候都应该有危机感，什么时候都不能高枕无忧，没有问题了。但我们现在掌握西气东输这个市场，已经有55家和我们意向性地在商谈，已经签订了45家。最近听说又签了3家，48家了。根据这个最新统计，统计数据上面的情况应该说我们心里非常有信心。

张国宝：在下游市场落实上用得上这么一句话，战略上藐视敌人，战术上重视敌人。从全局来看，我们相信我们有很广阔的潜在市场。但在具体落实用户的时候，我们也不能掉以轻心，要一个一个去谈。

史兴全：应该说现在的能源对我们国家来说概括三句话，对煤炭进行革新、改造；对石油叫作有限地保护；对天然气是扶持发展这三句话，所以就代表着天然气的前景是非常广阔的。

主持人：我们国家对于天然气的使用是扶持和发展的这种态度，那其实天然气的使用的确给环境的净化带来了很多好的方面，但其实呢在同时它也给企业增加了很多能源的成本。我们想长江三角洲是中国工业最集中，而且也是最发达的地方。那么企业能源成本的上升会不会导致这一地区整个的竞争力水平的下降？

张国宝：怎么会认为能源成本会增加？我认为能源成本在降低。因为刚才我讲了，你烧陶瓷过去在烧重油，我现在改成烧天然气了，怎么会贵了呢？说不定还便宜了呢！我过去用石脑油制氢，我现在用天然气制氢，那比石脑油还是便宜。

主持人：所以你觉得成本不会上升？

张国宝：不会上升。天然气发电尽管可能发的电比煤炭要贵一些，但是它在高峰的时候它是有竞争力的。所以不能得出这样的结论，说用天然气就会比现在成本要高，包括家庭用也不会说高。你现在买蜂窝煤就一定比烧天然气就花的钱多吗？你还得雇人把它扛上去，蜂窝煤还得做出来，还得从老远的地方运过来，很多背后的人力资本没加上去。说不定你家的窗户腐蚀得更快，这些成本都要算进去是不是？

主持人：我手上有一个最新的全球500强的排名，我在当中看到参加西气东输项目的公司几乎都名列其中，这其中美国的埃克森美孚高居第2位，荷兰的壳牌是在第8位，中国石油和中国石化分别位居第81位和86位。我想知道一下，中国石油未来有没有什么样一个打算，让自己能够这样的排名当中有一个提升？比如说通过这次的西气东输的项目来提高自己的实力？

史兴全：西气东输应该是我们一个很好的商机，发展天然气很好的机遇，西部大开发就给我们带来这个机遇。目前我们全国形成了四大气区，一个是长庆，第二个是四川，第三个是塔里木，塔里木现在探明储量我刚才说了5 267亿（立方米）。下一步我们认为这个地方很可能从它的规模、从它的效益、从它的总储量和资源量的情况看很可能要超过前两个。第四个就是柴达木，现在我们已经探明已经超过3 000亿（立方米）。所以我们下一步将把天然气作为我们中国石油一个新的经济增长点和一个利润的主要来源之一。

主持人：我们也祝愿你们未来的步伐能够越来越大。

史兴全：谢谢。

主持人：我想接下来我们也给现场的观众留一些时间，大家有什么希望交流的观点可以跟我们的两位交流？

观众：史先生您好。我想问的是在西气东输的过程中，整个网线将被埋在多深的地下，将来会不会经常挖开进行检修？整个工程的建设对周边环境是否有影响，有不良影响？如果有的话，您将采取怎样的措施降低这种影响？谢谢。

史兴全：管线我们按规范要求，管的顶面离地面1.2米以下，这样维持常温，这个管线不容易经常热胀冷缩，发生破坏，这是第一；第二，是不是挖开进行检修。我跟你说现在科学水平发展到现在这个程度，就用70号钢，我们全世界统计可以维持40年不变，坏不了。因为气今后出来，要脱水要净化要脱硫，要脱有机硫，脱得干干净净的纯气往外运输。还要加防护层，所以没有什么问题。当然会不会出现爆炸这个情况，刚才黄先生给大家已经解释了，有些不可抗拒的问题，我们也抗拒不了。但是我们有办法补充它，比如说增加气库。第三，全国天然气联网，东方不亮西方亮，黑了南方还有北方。这一切都叫我干这个行业上手以后，我们的服务八字方针，安全、平稳、足量、准时地供应天然气。

张国宝：环保问题他提到了，这个是我们在可行性研究当中最重要的一个部分。我们专门委托了国家环保局组成环保研究所，去对全线进行了环保的评价，搞了一个环评大纲，对所有的地形地貌当中的环保都做了安排。那么后来有壳牌公司陈先生他们参加进来以后，他们更重视这个问题。他跟我说什么呢？我开始也要想准备跟他们吵架，我说我国家环保局最有权威了，我评估的还不算，你还要再评？他说对不起，我要面对几个非政府组织，所以我还得做。我说首先我认为我们这是有权威的。第二，我也不反对你重做。所以他们又派了国际上的人又重新对这个环保做了一遍。应该说对环保我们是非常重视。

观众：我们签订的框架协议是45年，但是我们从网站了解的一些信息说又要保证稳定供气30年。我不知道这两种说法是不是有矛盾？是不是都是官方的说法？还有就是说，能不能说一说具体原因？

张国宝：这没有什么矛盾，这是两个概念。45年是合资期限，30年是现在能够有气，能够保证稳定供气，在这30年当中刚才我不是讲了还要不断地进行勘探，也许你勘探出来的气能供60年也有可能。

观众：我们现在在西气东输管线是采用的中外合资的方式，而且外方占的比例也比较高。那么这方面作为天然气是一个国家的战略资源，中外合资对这种国家安全是否会有一种，是不是可能会有一种潜在的威胁？或我们国家在这方面在防范危险方面有什么样的考虑？有所担心？

张国宝：就是因为有了壳牌、Gazprom（俄罗斯天然气）、埃克森美孚参加，大家觉得不好了，他能把我的天然气拿到美国去吗？他拿不走。所以他最多的就是说我退出了，我不跟你合资了，只有这个风险，他不可能把我的资源拿走。这就是我刚才讲的，朱总理说的，资源在我们这里，市场也在我们这里，所以这个我想不应该对我们国家的战略安全产生什么影响。

主持人：就没什么可怕的了。最后我们请两位嘉宾用非常简短的话给我们描绘一下，当西气东输建成的那天，呈现在我们面前会是什么样的一幅图景？

张国宝：我曾经说过，中国有电网，有公路网，有铁路网，但是至今还没有管网。当西气东输工程建成以后，为建立全国性的天然气管网会奠定一个基础。

史兴全：西气东输管线建成，我们将逐步达到一期工程（每年）120个亿（立方米），二期工程加压改造以后达到180个亿（立方米），将改变我们国家天然气占一次能源结构的比例，达到4%左右。我们相信，西气东输将给沿线的人民，给新疆人民和我们的用户带来福音。希望我们这些用户所在地区天更蓝，生活得更加美好，更加方便，给大家做一个很好的客观条件，谢谢大家！

主持人：西气东输确实是一个非常浩大的工程，那么两年后，我们将可以看到这个潜伏在地下的巨龙为中国经济的腾飞在点火助推。我想我们铺设这样一条输气管道，它的意义并不仅仅在于说让中国多了另外一条能源大动脉，更重要的意义在于它能够让东部和西部更加紧密地成为唇齿相依的一体。同时呢也可以让人类和资源，让经济和环境进入一个可持续发展的里程。而这个过程当中的，主要实践者中国石油，我想也会在和跨国集团并肩作战当中不断超越和提升自己。今天我们在《对话》这个开放的平台共同来关注这样一个开放的工程，我想明天我们同样会以期待的目光来注视着西气东输工程的顺利实现。在节目的最后我还想特别感谢所有参与了西气东输工程的建设者们，向他们深深地道一声感谢。同时,也衷心地祝愿我们的西气东输能够一路顺利。好了,谢谢两位嘉宾来到节目当中,谢谢大家收看我们的节目,下周再见!

可望缓解上海冬季燃气紧张状况：西气东输工程向沪供气
(《人民日报》海外版　2004年1月2日)

新年第一天,中国石油股份公司与上海市天然气管网有限公司签署了天然气销售协议,西气东输正式向上海市商业供气。这标志着国家重点项目西气东输工程正式运营。中国石油按期兑现了2004年1月1日向上海供气的承诺。

西气东输工程总投资384亿元,管道西起新疆轮南,东至上海,全长3 900公里,一期设计年供应天然气120亿立方米,最终达到年供气200亿立方米。中国石油先后在新疆、陕西、甘肃、宁夏等地发现并探明天然气储量2万亿立方米,为西气东输稳定供气30年以上提供了可靠的资源保证。工程于2002年7月4日全线开工,2003年10月1日如期建成陕西靖边至上海段并成功投产。中国石油股份公司先后与河南、安徽、江苏、上海等首批18家用户签订了"照付不议"合同,并从10月16日起向郑州等6家用户试供天然气,已累计供气4 200多万立方米。

根据上海市与中国石油达成的协议,近期日供气量为50万立方米,上海冬季燃气紧张状况可望缓解。根据协议,上海2007年合同量为23.73亿立方米。据预测上海2010年天然气需求将达到60亿立方米,2015年达90亿立方米。

"西气"可稳定供应30年,年供气200亿立方米
(《解放日报》　2004年1月1日)

西气东输工程于2004年元旦正式向上海商业供气。针对下游市场普遍关心的供气安全问题,权威部门信息显示,经过近几年的努力,西气东输工程已完全具备年输气200亿立方米、稳定供气30年的资源保障。

据中国石油集团公司副总经理、中国石油股份公司总裁陈耕介绍,西气东输源头的新疆塔里木盆地拥有天然气资源量8.39万亿立方米,其中主力气区库车至塔北地区目前已累计探明天然气地质储量6 224亿立方米,可采储量4 372亿立方米,预计2010年,累计探明天然气地质储量将在1万亿立方米以上。

位于西气东输管线中部地区的长庆鄂尔多斯盆地,拥有天然气资源量10.7万亿立方米,目前已累计探明天然气地质储量1.11万亿立方米,可采储量7 510亿立方米。

陈耕说,长庆和塔里木两大气区,将合力形成年稳产200亿立方米天然气的能力。

据了解,中国石油共拥有四川、鄂尔多斯、塔里木、柴达木等四大气区,拥有天然气资源量28.4万亿立方米,目前探明率不到10%,开发潜力巨大。

龙卧神州　气贯长虹——西气东输工程全线开工
(中央人民广播电台　2002年7月5日)

各位听众,西气东输工程气势宏伟,昨天在北京人民大会堂举行的开工典礼隆重热烈。请听中央台记者徐华林、郭亮等采制的特别报道:龙卧神州,气贯长虹。

记者: 在庄严的国歌声中,西气东输管道工程开工典礼于7月4日上午在北京人民大会堂隆重举

行。西气东输工程将在塔里木气田、新疆库尔勒、陕西延川黄土塬、江苏无锡新区和上海白鹤镇5个施工工地同时开工。

现在,人民大会堂三楼小礼堂里气氛热烈,鲜花环绕的主席台两侧悬挂着两个巨幅的电视屏幕,中国石油天然气股份公司总裁黄炎,通过电视传输向5个管道建设开工现场了解准备情况。

黄炎:首先请西气东输工程塔里木气田报告准备情况。

塔里木:报告黄炎总裁,塔里木盆地丰富的天然气资源已经具备向西气东输工程稳定供气30年的资源基础,请党中央、国务院放心,请全国人民放心。现在开机钻井现场准备工作已经就绪。请指示。

黄炎:很好。现在请西气东输管道工程新疆段——

记者:各开工现场通过电视传输逐一汇报准备工作已经就绪。

上海:报告黄炎总裁。我们这里是西气东输工程末端——上海段开工现场。我们有决心有信心按照要求,安全高效地完成建设任务,给党和人民交上一页合格的答卷。同志们有没有信心?

齐声:有!

黄炎:好。尊敬的吴邦国副总理,西气东输工程现场各项准备工作已经完毕。请您下达开工指令。

吴邦国:现在我宣布,西气东输工程全线开工!

记者:吴邦国在开工典礼上发表讲话。

吴邦国:西气东输工程是党和国务院的重大决策,是实施西部大开发战略的重要举措,是继青藏铁路、西电东送工程后的又一宏大工程。中央领导同志非常重视……

记者:吴邦国副总理在讲话中要求,各参建、设计、施工单位要周密部署、统筹安排、科学设计、精心施工,确保工程质量。工程沿线各级人民政府和国家有关部门要大力支持,为工程建设提供便利条件和有力保障,要认真搞好上游配套开发,确保供气需求;要加快下游市场开拓和管网建设,使西气东输工程成为推动经济发展、带动东中西部共同繁荣的能源大动脉。

播音员:各位听众,西气东输工作开工之际,中央台派出三路记者奔赴新疆、延安、江苏施工现场,请听报道。

记者现场播报:报告黄炎总裁,我们这里是西气东输管道工程首端新疆段,将穿越数百公里沙漠、戈壁、无人区,环境极其艰苦……

记者现场播报:各位听众,我是记者黄立新。我现在西气东输开工现场的陕西段向您报道。这里是陕西省榆林市靖边县小河乡的红石湾村,距离西安将近600公里,地处陕北的毛乌素沙漠边缘。工人们在沙梁上推出了一条近20米宽的作业带,已经完成焊接的钢管像一条黑色的长龙正在向东延伸。现在施工现场正在下雨。大庆油田建设公司西气东输项目部的几百名工人正在紧张作业,他们的裤脚都沾满了泥水。(音响推起)您现在听到的声音是东方红履带式自行电站点火预热的声音。高高的沙梁上,推土机、挖掘机正在一字排开,平整场地,为下一步埋设管道做准备。(现场采访录音)"郑工啊,我看你手里拿的这个温度风速仪是干什么用的呢?""测量施工环境的温度和风速。在环境温度小于5摄氏度的情况下是不允许施工的。因为我们上的是新工艺半自动焊,对风速要求得也挺严格。"

记者现场播报:各位听众,我是记者姚东明。我和记者杨明现在所在的位置是无锡市东郊西气东输工程第26标段。这里是典型的江南水网地带。由于江南地区已经进入梅雨季节,连日大雨,河两边的稻田里积水有20多厘米。随着开工命令的下达,承担26标段施工的胜利油田油建公司职工奔向泥泞的工地,有的清理管口,有的准置焊接,工地上顿时机声隆隆,弧光闪闪。(音响推起。机车马达声)西气东输工程江南段全长280多公里。这里河流密集,人口众多,施工难度较大。西气东输管道公司苏浙沪管理处副处长张力伟介绍说:"由于江南水网地带给我们施工造成了很大的难处,我们都是用履带式爬行设备牵引爬犁,把材料拉进场。在下沟工艺上,我们采取了大型河流无法管沟成型的沉管法,配合潜水员来进行整个规范和标准的水下监察。"

负责工程监理的美国寰球公司主任监理工程师瑞高泽参加过很多国际知名的管道工程,他认为,他称赞中方管理人员和工人经验丰富,工作认真,施工质量高,有些地方超过了规范的要求。

相关背景(栏头曲)

西气东输工程与西电东送、青藏铁路和南水北调并称为我国四大基础建设工程。西气东输工程以新疆塔里木气田为起点,经10个省区市66个县跨越约4 000公里的戈壁、荒原、山区、平原、水网,横穿黄河、淮河、长江,把西部丰富的天然气资源送达人口稠密、经济发达、资源短缺的长江三角洲地区,最终抵达上海,设计年输气量120亿立方米,管道工程投资400多亿元,是我国目前距离最长、投资最多、输气量最大、施工条件最复杂的输气管道。西气东输工程的开工标志着西部大开发和能源结构调整又迈出了大步伐。

西气东输:挺起中国的脊梁

(《求是》署名文章 2004年第19期)

编者按:我国能源工业的世纪性宏伟工程——西气东输工程,在中华人民共和国成立55周年的大喜日子里建成投产,令人欢欣鼓舞,激动不已。在工程建设的800多个日日夜夜里,广大建设者挥汗奋战,克服了许多难以想象的困难,优质高效地拿下了这一世纪性工程。今天,《求是》杂志(2004年第19期)刊登中国石油集团公司的署名文章《西气东输:挺起中国的脊梁》,以铭记这一激动人心的历史时刻。

西气东输工程的建成投产,是中国石油人向中华人民共和国成立55周年华诞献上的厚礼。来自塔里木油气田的天然气纵横驰骋八千里直奔上海,一条横贯中国西东的能源大动脉,巍峨挺立。

西气东输是我国特大型基础设施建设项目,是西部大开发的标志性工程。它以新疆塔里木油气田为主气源,以长江三角洲为目标消费市场,以干线管道、重要支线和储气库为主体,连接沿线用户,形成横贯我国西东的天然气供气系统。它于2002年7月4日正式开工,数万名参建员工科学攻关、顽强拼搏,工程建设取得了一系列重大成果:2003年10月1日,靖边至上海段试运投产成功。2004年1月1日,西气东输管道如期向上海供气。2004年9月1日,西气东输工程西段投产进气。2004年10月1日,西气东输工程全线贯通。目前,西气东输东段一直保持安全平稳运行,已经向豫、皖、苏、浙、沪四省一市20家用户供气,累计供气量突破5亿立方米。这一工程按照年设计输量120亿立方米天然气供气后,每年可以减少使用900万吨标准煤,减少粉尘27万吨,将使我国一次能源结构天然气增幅达50%,天然气比例由2%增至3%。它在将西部资源优势转化为经济优势的同时,为沿线各省(区)市的能源结构调整、保护生态环境发挥积极的推动作用,因此被称为"经济项链""拉动工程"。

"严"字当头 强化管理

西气东输是一项功在当代、利在千秋的特大型工程,它的质量不仅关系到沿线10省(区)市66县的社会稳定与民众安全,而且关系到整个国民经济的协调发展与后续能力的增强。因此,质量是这一工程的"第一生命"。

为确保工程的万无一失,西气东输的指挥者与建设者们精诚合作,奋力拼搏,严守三道关口:一是建立高标准的质量保证体系,把住第一道关。由于西气东输工程采用了大口径、内涂层、高压力、高钢级技术标准,很多技术规范在国内还是空白。因此,从管道材质到工程设计,从施工机具到施工方法,都面临着一系列新的技术标准。工程设计者从完善配套施工技术标准入手,继2001年首次发布17项技术标准后,针对工程在试验阶段暴露出来的不足,及时对技术规范进行修订与增补,使之更具科学性。2002年3月,工程设计者们借鉴国内外先进的工程建设标准,参照国家、行业、企业等技术规范,开始编制A

版质量管理体系。该体系几易其稿，广泛论证，于9月在工程全范围内发布实施，使整个工程质量有规可依，有据可查。二是狠抓关键环节，夯实基础。从一定意义上可以说西气东输工程质量的关键取决于施工者的素质与施工材料的质量。为了确保工程质量，参建员工是在全国数万名管道建设者的技术大比武中筛选出来的精英，每个标段的项目经理都具有二级以上项目管理资质，具有3年以上管理与协调相同性质管道建设的经历；2000多名焊工均经过严格的专业考试，从3031名焊工、5458人次的考核中严格筛选出来。因此，全线35万道焊口一次焊接合格率高达98.3%，比国内以往同类工程项目建设提高近10个百分点的奇迹就成了现实。在物资采购方面，工程指挥者一方面选择国内的最高水平的供应商，一方面对重要物资，如钢管、防腐加工等关键材料与工序实行驻厂监造，并随机进行产品抽检。对于在物资采购中通过审计和"飞检"发现质量问题的，坚决采取"一次亮牌、两次罚下"的措施，确保工程物资满足工程设计的各项技术指标。三是在项目管理上大胆探索新的管理模式。整个工程的技术标准直接与国际API标准接轨；设计施工方案对国内外公开招标；所有物资采办实施严格的招投标制，并建立和完善了与国际惯例接轨的项目法人责任制、项目执行体系、政府监督制和质量管理体系。工程招投标、现代化施工和开放性管理，决定了工程体制与机制的与众不同。对外招商、中外合作监理制度等新招迭出，从而为工程质量提供了制度保障。

西气东输工程建设还在国内管道建设中首次推行"以人为本、回报社会"的质量、健康、安全、环境管理体制（简称QHSE），树立了"以人为本、健康至上"的人文关怀理念，"今天的质量隐患就是明天的安全事故"的质量理念；以风险管理为核心，重在预防、强化应急的安全理念；建设绿色管道，实现管道工程与环境和谐的环保理念等，建立了包括业主、承包商、设备供应商等在内的必须遵守的QHSE质量责任体系，颁布了西气东输管道工程健康、安全、环境的社会标准，编制完成了西气东输管道建设的环境影响评价、安全影响评价、地质灾害影响评价等5项评估报告，保证把工程建设对沿线的影响控制在确定的指标以内，达到国际先进水平。

博采众长　开拓创新

西气东输是我国首次建设的长距离、高钢级的天然气管道工程，必然会面临众多技术难题。为确保工程优质按期建成，工程的指挥者与设计者充分借鉴国内外先进施工标准和技术，灵活运用新的施工技术和装备，在有限的时间内创造了中国管道建设史上的奇迹。西气东输工程全线的顺利投产，标志着中国石油管道建设者在各种复杂地形的征战中取得了巨大的成功，特别是在江南水网和黄土塬的施工中，为解决施工难、雨天多、拆迁多、连头多、机组搬迁多的难题，施工队伍创造性地发明了圆浮筒、小型钢架桥等水网施工机具，解决了水网地区设备和钢管进场这一关键问题；采用铺设土工布和浮板，埋设圆木杆、铺垫双竹排等办法，增加淤泥沼泽地带的地耐力，以便于承载重型机械；改变传统的管道施工机械化大流水作业方式，分为一大一小两个机组，大机组负责布管、组焊和补口作业，小机组负责下沟、连头和回填作业，实现了资源的优化配置，为在水网地区施工取得了宝贵的经验。

黄土塬地区沟壑纵横，安全施工要求高、水土保护要求高。施工队伍借鉴国外管道建设中对于管径大于750毫米的管线建设时"地形服从于管道"的理念，采取降坡取直，大手笔扫线，既便于布管，又减少或减缓了线路上的转角。

管沟成型后采取逐点精密测量，准确下料，集中切割坡口的方法，严格按顺序组织施工，在弯管或弯头没有到位的情况下，宁可休息台班也要减少留头碰死口，降低山区施工难度。革新制造出适合黄土塬山地的工器具和装备，开发出坦克式山地运布管车，充分利用坦克越野性能好的特点，配以自带液压卸管系统，可爬30度长坡，越壕宽2.7米，涉水1.4米深，通过0.8米高的障碍物，很好地解决了陡峭地段运布管难的问题。在黄土塬地区，通过将汇水排离危险区、采用灰土夯实草袋堵塞进出水口、用灰土等填塞规模较大的易塌陷危险段，将管线埋入相对稳定的隔水层内、在管线易受冲刷的位置设置阻水墙等一系列措施，对管道进行保护。工程率先实现了陕晋段难点的突破，形成了较为完整的黄土塬山池管道施工经验。

为排除施工中的技术难题,西气东输工程的设计者、建设者始终坚持以科技进步为先导,重点在管道设计、施工技术、施工装备、钢材与钢管的国产化研制等方面,共组织30多家科研院所及相关企业技术中心,投入科研人员近千人,科研经费达10亿多元,科研立英40余项,所含课题200多个、专题500多个。

这些技术研究成果被迅速应用于工程建设,对推动工程总体建设发挥了重要作用。西气东输工程所开展的研究,绝大部分都是国内长输管道领域首次开展的课题,所取得的成果和经验,极大地推动了我国天然气管道设计、施工与管理水平的提高,标志着我国天然气管道建设和运行管理技术达到了国际先进水平。

成功实践　重要启示

短短的两年,西气东输就按照既定目标建成投产,中国石油人实现了自己的郑重承诺,充分展示了国有大型企业勇于承担重任、敢于迎接挑战的风范,雄辩地证明了大型跨国石油集团的雄厚实力。

总结西气东输工程的成功实践,我们得到了深刻的启示。

一是党中央、国务院领导的重视,国家部委及相关行业的大力支持,全体参建人员的科学攻关、顽强拼搏,奏响了一曲社会主义大协作的凯歌,汇聚成一股巨大的动力,这是推动工程不断取得成功的决定性因素。西气系输项目从一开始就受到党中央、国务院、国家相关部委及行业、地方政府各级领导的高度重视,江泽民同志等党和国家领导人亲自关心工程建设,国家西气东输工程领导小组、国家有关部委对工程建设给予了大力支持,地方政府和公司领导经常深入工程建设一线了解现场生产情况,及时帮助解决实际困难。领导的重视与关心,极大地激发了参建职工的责任感与使命感,鼓舞了全体工程建设者的热情与斗志。在强大的精神动力下,广大工程建设者克服一个又一个困难,保证了工程的按时建成投产。

西气东输工程物资需求量非常大,其中钢材约170万吨、压缩机组20台套、阀门等机电设备1万多台套。这需要国内众多行业的全力支持与协助,是一项诸多战线职工协同作战的典范工程。为了推动施工设备、材料的国产化进程,西气东输工程充分利用国内可以利用的资源,带动国内相关产业发展,推动国内企业技术进步,仅就X70钢管国产化而言,工程从管径选择、技术条件确定、现场试验、批量生产到物资招标,都把国产化作为一个主要考虑因素。通过国产化降低了工程造价,使我国管线钢和制管上了一个新台阶。

二是认真践行"三个代表"重要思想,以科学发展观为指导,是西气东输工程取得成功的关键。西气东输工程作为一项为民造福工程,是实践"三个代表"重要思想和可持续发展战略的一个具体体现。该项目牵涉国家、地方、企业、人民群众等方方面面的利益,一直秉承"坚持代表广大人民的根本利益,实现项目整体效益和谐发展"的宗旨。它着眼多方经济技术比较,兼顾各方利益,为沿途工业和民用提供清洁高效的天然气资源,对引发长江三角洲地区能源结构重大调整,改善人民生活环境,提高城市的综合竞争力,带动下游发电、天然气汽车等行业的发展具有十分重要的意义,在确保管道建设在实现最大经济效益的同时,实现最佳环境效益与社会效益,成为真正的造福工程、幸福工程。

三是坚持技术与管理创新,成为西气东输工程建设顺利推进的强大支撑。西气东输工程是我国油气管道建设史上距离最长、输气压力最高、管线口径最大、钢管强度最高的长输管道,同时也是一个庞大的系统工程,共有2.6万多名工程建设者,30多家石油企业派出作业队伍,另外还有191家承包商参与工程建设的各个环节,组织协调任务十分繁重。

面对技术与管理方面的诸多新课题,全体工程指挥者与建设者坚持科技进步,推进管理创新,攻克了众多难题,实现了我国管道建设技术与管理的重大突破。仅仅拥有300余名管理人员的西气东输管道分公司,积极创新管理思维和管理模式,建立和完善了与国际惯例接轨的项目执行体系、工程调度体系、质量管理体系。经过实践锻炼,已经探索出了一条适合西气东输工程建设特点的项目管理模式,为中国管道建设积累了丰富的经验,锻炼出了一批既继承"三老四严"传统,又能征善战、掌握现代科学技术的过硬队伍。

四是加强党建和思想政治工作是西气东输工程建设顺利推进的重要保证。西气东输工程从筹建开始,就高度重视加强党的建设和精神文明建设,不断增强广大建设者的政治责任感和历史使命感。特别是在工期紧、任务重、技术难度大以及非典与其他自然灾害面前,西气东输参建员工充分发扬石油工人艰苦奋斗、无私奉献的优良传统和作风,组织开展了"高扬党旗,决战百日"活动,将传统的劳动竞赛活动与现代项目模式有机结合,丰富了党、工、团组织的活动内容,激发了广大建设者的劳动热情,确保了各阶段工程任务的顺利完成。

西气东输不仅是一项建设工程,更是一所学校、一座熔炉。它不仅圆满实现了建设、安全、环保等各项指标,而且还培养造就了一批技术先进、管理科学、具有国际竞争力的优秀管道建设队伍。它的建成投产向世人宣告:中国人不仅可以建设一条具有世界先进水平的长距离输气管道,而且还将通过科技进步、现代化管理,加快中国石油建设步伐,为建设一批更加宏大的工程项目储存实力。

今日关注——西气东输 全线投产
(央视国际 2004年10月3日10时零7分)

西气东输全线投产,为中国能源强劲助力;西气东输究竟能在多少程度上缓解能源短缺?为东西部各自带来什么好处?西气的价格是否有足够的市场竞争力?稍后请看《今日关注》。

主持人(鲁健):您好,观众朋友,欢迎收看国际频道的《今日关注》。

随着西气东输工程西段管道升压完毕,这条横贯中国东西,绵延4 000公里的天然气输气管道工程10月1号全线投产。这条能源大干线对中国能源结构的改善究竟能够起到多大作用?作为西部大发展战略标志性工程之一,西气东输给西部和东部带来的好处能在多少程度上显现?如此长距离大投资的工程,天然气的价格能不能有足够的竞争力?从这项工程破土动工的那一天,至今4年多的时间,关于这些问题的讨论从来就没有停止过。在全线投产的今天就这些问题我们将采访两位嘉宾,给大家介绍一下,一位是中国石油西气东输管道公司陈希吾副总经理,一位是中国石油咨询中心勘探专家陈永武,欢迎两位。

首先在开始访谈之前,我还是想先连线一下我们在前方的记者田超颖,请她给我们带来前方最新的情况。超颖你好,我知道你现在是在陕西靖边,这次西气东输全线投产,很有标志性的仪式就是选择在陕西靖边举行的,这是为什么呢?

田超颖(中央电视台记者):从工作能力来讲,陕西的靖边站和其他的几个西气东输沿线的压力站它的工作作用和意义大致上相同,但是作为独特的举行全线投产仪式的这个点,为什么选择在这儿呢?靖边有两个独特之处,第一是它的位置是属于整个西气东输工程东段的首站和西段的尾站,也就是说它连接了东段和西段两大站点。然后在靖边今天上午全线投产的阀门一打开,就说明了西段和东段的气混合在一起往下游输送了,这有一个特别重要的意义。然后从气源上来说,靖边站是连接着新疆塔里木气田的陕西厂庆两个气田的气源。

主持人:那现在西部天然气的储量能够保证多长时间的供应?

田超颖:在目前西气东输工程的主要气源新疆塔里木气田的天然气的探明储量已经达到了6 579亿立方米,可采的产量已经达到了4 312亿立方米。根据西气东输办公室提供的材料,预计2010年探明的储量将达到1万亿立方以上,而现在的先锋气源,陕西厂庆气田的探明储量已经超过了1万亿立方米,是中国目前累计探明储量最大的气田。所以说按照西气东输工程的规划,塔里木气田和厂庆气田这两大气田在两年内可以形成 200 亿立方米天然气的生产能力,具备了稳定供应 30 年的资源条件。

主持人:谢谢田超颖从前方带来的报道。

现在我想问问两位,一位是陈教授,一位是陈总,我先问问陈教授,刚才我们的记者说西部的天然气能够保证 30 年的供应,这个数字准确吗?

陈永武(中国石油咨询中心勘探专家):基本是准确的。

主持人:那目前我们国家的天然气主要应用到哪些领域?

陈永武:目前天然气主要应用在民用燃气、工业用气、化工和燃气发电,主要是这四大领域。

主持人:燃气发电也可以?天然气发电?

陈永武:对。

主持人:现在我们先通过一个短片,了解一下西气东输从 2000 年 7 月开通,一直历时四年,整个四年之间发生的一些大事。

解说:西气东输工程是中国最大的管道输出工程,是将西部天然气输送到东部,也开发西部资源缓解东部资源短缺,其主要气源为新疆塔里木天然气,从塔里木盆地起步跨过辽阔的沙漠、戈壁和高原,最终到达长江三角洲,构成一条横贯东西的大动脉。

2000 年 3 月 25 日,国家西气东输工程建设领导小组成立。2002 年 7 月 4 日,西气东输工程全线开工典礼在北京人民大会堂主会场和新疆塔里木油田等五个分会场隆重举行;2003 年 10 月 1 日,西气东输工程靖边—上海段顺利实现进气;2003 年 10 月 7 日,来自陕北厂庆气区的天然气在西气东输上海白鹤末站点燃,标志着西气东输东段投产置换工作圆满结束,进入储气升压阶段;2004 年 1 月 1 日,中国石油与上海天然气管网有限公司签订《西气东输天然气销售协议》,正式向上海商业供气;2004 年 9 月 1 日,轮南首站顺利实现由塔里木牙哈气田向西气东输管道进气;2004 年 9 月 6 日,塔里木天然气到达陕西靖边站,实现了塔里木气田和陕北厂庆气田两大气源的天然气对接;2004 年 10 月 1 日,西气东输西段完成升压,实现全线投产;2005 年 1 月 1 日,西气东输工程就全线商业供气。

主持人:刚才我们通过这个短片,相当于回顾了一下西气东输的大事记,刚才的短片也提到了 2004 年的 10 月 1 号西气东输西段完成了升压,实现全线投产,这个升压到底是指一个什么概念?

陈希吾(中国石油西气东输管道公司副总经理):西段的升压是相对于正在运行的东段的工作压力而言,大家知道,今年的元月 1 号,东段正式商业供气。目前工作压力是 4.25 兆帕,今年 9 月份开始西段进行进气、投产,它的压力要升到和东段达到平衡的时候,才能打开连接东西段的靖边的闸门,实现全线贯通,把新疆的天然气送到上海。

主持人:就是说这两段的中间点连接点是在陕西的靖边。所以如果要实现全线的供气的话,就需要西段先升压。我们知道 10 月 1 号是全线投产,到明年的 1 月 1 号还有一个商业供气,全线投产和商业供气有什么不同?

陈希吾:今年 9 月 1 号西段开始把新疆轮南的天然气进入管道,到今天升压完毕,实现了全线贯通,但是西段的站场,它的仪表自动化、通信等各个方面还都在调试状况,也就是说它要达到商业供气条件,达到稳定地向用户供气,这些调试工作要全部完成。

主持人:还有两个月的时间。

陈希吾:到那个时候才真正叫作商业供气。

主持人:那现在哪些地方能用上天然气?

陈希吾:现在是河南、安徽、江苏、浙江和上海市都已经用上了天然气。

主持人:河南我们知道好像比较早,它现在用了已经将近有一年的时间了吧?

陈希吾:从商业供气算起已经 9 个月了。

主持人:9 个月的时间了,天然气到底好不好用?河南的这些观众比较有发言权,而且我注意到河南的一些媒体在报道这个事情的时候,标题是"做梦都想用西气",到底好不好呢?我们接下来就采访一位家住在郑州市的市民,他的名字叫梁锐,梁锐你好,我想听听,在用上天然气前后,你的生活有什么不一样的地方吗?

梁锐(河南省郑州市民):我住在郑州北郊的一个社区,在今年8月份开始西气东输工程开始对郑州供气以后,我们这个社区全部由原来的煤制气更换成了天然气,使用两个月以来,感觉到这个气非常有劲,做饭的时间比以前要短,另外原来煤制气每个月消耗大概20立方米多一点,现在天然气只需要十几个立方米,虽然天然气的价钱稍微贵一点,但是每一个月的费用没有增加,有时候还降低一点,非常好,安全性也非常高,另外我们有一个很明显的感觉就是郑州的天气比以前要好一些,原来蓝天、白云能见度非常好的天气不是很多见,今年8月份以来,我感觉跟去年同时间相比,蓝天、白云的时间非常多了,能见度也非常好,感到环境有了明显的改善。

主持人:谢谢梁锐,刚才听梁锐讲西气使用上以后,不仅使居民的生活发生变化,其实对郑州的环境、气候也有一定的影响。因为我们知道天然气毕竟是洁净的能源,污染还是相对较小。但是这个变化可能对郑州市的燃气公司来说,他们的体会也不一样,接下来我们再来在连线一下郑州市燃气集团股份公司的总经理宋金会,听一听他们燃气公司是怎么看待西气进入郑州的。

宋金会:郑州市在西气东输到来之前,一直使用的是中原油田的天然气,由于中原油田天然气可以说资源是有限的,一直满足不了郑州市天然气的需求,那么2003年10月16号,西气东输进了郑州市,可以说是扭转了长期困扰郑州市天然气事业发展气源不足的问题,同时也解决了郑州市冬季高峰引起的调峰问题。那么2003年、2004年我们初步做了一个对比,2003年天然气的气量为1.56亿立方米,2004年天然气气量预计将会达到2.16亿立方米,那么气量将会增加5900万立方米,增幅达到37.8%。由于气量比较充足,可以说促进了郑州市工业用户、商业用户以及汽油燃气机的发展,2004年,全年共发展居民用户3 500户,商业用户120户,工业用户13户,使用燃气机的汽车2 100辆,这些用户的发展都得益于西气东输天然气的到来,同时又为郑州市的环境保护和大气污染指数作出了积极的贡献。

主持人:从来自河南的两位他们的采访来看,好像用上天然气确实带来不小的变化,但是我注意到一份资料说目前我们国家天然气在国内的这种一次能源的消耗,比如说像煤、石油、天然气这三种能源消耗当中,天然气所占的比例不到3%,应该说天然气开发的空间还是相当大,我不知道在发达国家的比例是多少。

陈永武:在发达国家根据这个国家的资源情况它比我们高多了,比如说俄罗斯它的天然气在能源结构里占45%,现在世界平均的水平在24%,我们国家现在只有2.8%—3%。

主持人:那这个原因是什么呢?为什么我们国家的天然气开发的比例会这么低呢?

陈希吾:这主要和我们的资源、和我们以前传统的燃料结构有关系的,从资源上来讲,我们在过去对资源的开发重视不够,大家认识也不够,"七五"期间,我们全国探明的储量是7 003亿立方米,到"八五"期间,我们探明的储量是1 100多亿立方米,到"九五",我们是12 000多亿立方米,到"十五"我们就是可以接近到2万亿立方米,到目前为止我们是38 000多亿立方米的天然气储量,所以现在的储采比可以达到60多,所以这样的结构是不合理的。但是现在资源有了,我为什么不能在下游市场上用呢?关键是没有管道。现在就是尽量地快速修建管道,这样使得资源和市场能连起来,过去我们管道不够,资源也不够,所以影响发展的速度。现在我们资源有了,管道也不断在修,所以估计在今后的20年期间,我们天然气发展速度是比较快的。现在是3%不到,估计过10年以后可能会提高到3到5个百分点。

主持人:陈教授,我想问问你,从新疆过来的天然气必须要输送到居民或者输送到企业才能够产生效益,目前和你们公司签约的这些省市或者地区有多少家?

陈希吾:目前我们正式供气的用户有22个,和我们签了供气合同的有28个。

主持人:这28个都是燃气公司还是?

陈希吾：也有工业用户，比如说工业窑炉，还有中国的铝的行业。

主持人：有天然气发电的吗？

陈希吾：目前还没有天然气发电，但是天然气的用户是一个很有前景的一个大用户。各个省，刚才说的河南、安徽、江苏、浙江和上海民用的用户还是比较多。

主持人：现在已签约的用气量占到总用气量的比例大约能够达到多少？

陈希吾：已经签约的用气量到2007年的时候已经是80亿立方米了，与我们的管道的适应能力来说是2/3，所以后面的用户应该积极一点，不然的话，天然气我就全部要签出去了。

陈永武：陈经理讲得很对的，管道容量、120亿是很有限的，签得早获得的就早，签得晚可能就没有了，你要签得早，我的供应气不能随便给你，今天给你签了，明天不给你，这是不对的。这要长期保证长期供应。

主持人：但是我也听到过这样的一些报道，目前还有1/3的公司没有签约，是因为他们还在犹豫说价格是不是有点高了？目前天然气的价格是怎么定的呢？

陈希吾：价格问题是用户和供气方，甚至到现场开发都非常关注的一个问题。西气东输的气价我们叫门站价格，大致是由两部分来组成的，一部分叫出厂价，一部分叫管输费。出厂价就是油气田卖给西气东输的价钱，管输费是我们的生产费用，这两部分组成的门站费用是由国家发改委制定的，经国务院批准执行的。从2000年开始，国家发改委物价司就组织沿线的物价部门和西气东输，成立了专门的天然气价格的科技组，进行调查、研究。2002年9月在发改委的支持下，中国石油又联合了国际上的大石油公司，比如说……和俄罗斯天然气公司这些国际上天然气销售量很大的一些大公司，委托中介机构对我们国家的天然气的价格和各地的承受能力进行调整、研究，工作做了大量的工作，在这个基础上发改委制定了价格，经国务院批准执行。目前这个价格应该说是照顾到了上、中、下游利益和发展的后劲，是一套科学的价格体系。现在价格的水平是西气东输把新疆天然气经过4 000多千米管道输过去到河南的价格平均是1块1毛4，到安徽是1块2毛3，到江苏1块2毛7，到浙江是1块3毛1，最终点上海是1块3毛2。全线均价1块2毛7，这个价格是具有竞争力，而且是没有超过各地的承受能力的。

主持人：但是我也听到过这样的一些问题，比如说现在西气到上海的价格是每立方米1块3毛2，但是你们中国石油的竞争对手中海油目前的价格是每立方米8毛8，从澳大利亚进口的液化气的价格也比新疆来的天然气便宜。如果这样算起来的话，是真实的情况吗？另外会对你们的销售产生影响吗？

陈希吾：我不敢妄议中海油或者是LEG的价格水平如何，但是我相信中国石油的天然气从新疆经过大陆的最西边输到了最东边经济发达的地区，一样和他们具有很高的竞争力，这是没有问题的，我有信心。

主持人：我还听说一些苏州的市民反映说现在苏州的天然气是2块多钱？

陈希吾：是这样的，居民或者一个工业用户，它的价格、付的费用，除了我的门站价格之外，还有一条费用叫配气费用，配气费用是由当地的物价部门和当地政府进行确定和核准执行的。我举个例子，比如说某地，门站价格是1块3，可能当地的居民用气费是2块3，这中间的差价，这个费用就叫作配气费用。

主持人：这个费用是不归你们中国石油？是属于当地政府的一个费用？

陈希吾：是的。

主持人：最后想问问您，我们知道天然气在空气当中如果浓度达到5%—15%的话，如果遇到明火是很容易发生爆炸的，西气东输4 000公里的管道，怎么来保证它的安全？

陈希吾：你提出的这个问题非常重要，4 000多公里的管道，沿线经过的地形很复杂，经过的厂矿、居民区也很多，而且输送的是易燃易爆的天然气，输送压量达到10兆帕，高压状态输送，所以一旦出现问题，将会对人民的生命财产造成非常大的损失，所以管道的安全从一投产运行开始就是我们非常关注的一个问题。所以现在，我们主要的一个是要向沿线、广大的人民群众深入地宣传国家批准的管道保护条例,一个要按照它来执行,使沿线的人民群众都了解能源大动脉的重要性;再有的话,我们要和各级党、地方政府团结协作来共同的建立起长效的管道安全运行机制,保护好管道。从我们本身来说,还要加强线路的管理,加强巡检,把管道保管好。管道如果发生问题,大致也是有两个方面,一个叫作自然灾害,比如说地震、泥石流、洪水等对管道的威胁;再一个就是第三方的破坏,有些人为地因素在里面,所以我们保护好管道的安全是非常重要的。

主持人: 对,而且可能也需要投入不少的人力,毕竟4 000公里,而且还需要和各个地方来相互配合。

非常感谢两位嘉宾来到我们的演播室和我们一起来分析关于西气东输的一些问题,当然由于时间的关系可能我们无法把所有的情况面面俱到了,但是可能大家普遍关心的价格问题和安全问题,今天两位嘉宾还是做了解答,非常感谢两位,同时也感谢观众朋友们收看我们本期的《今日关注》,再见。

西部大开发的又一座丰碑
——写在西气东输工程建成投产之际

(《人民日报》评论员文章 2004年12月31日)

一条"气龙",出大漠,跨天山,越黄河,穿长江。行约4 000公里抵东海之滨,这就是举世瞩目的西气东输工程。这一工程四年前启动,两年前全线开工,今天实现全线商业运营,中国西部大开发历史上又耸立一座丰碑。我们向全体建设者、管理者以及所有为西气东输工程做出贡献的人们,致以崇高的敬意。

我国西部地区油气资源丰富,是我国石油工业重要的资源接替区。作为西部大开发的一项标志性工程,西气东输工程的建成投产,将加快我国西部大开发的进程,造福新疆及沿线各族人民群众,带动西部地区经济快速发展,对逐步缩小东西部地区经济差距发挥重要作用。同时,西气东输对促进我国能源结构调整和优化意义重大。目前,我国一次能源消费结构中,天然气所占比例不到30%,远低于世界平均水平。2003年,我国天然气消费量345亿立方米,西气东输管道建成投产后,每年可以为我国增加120亿立方米的天然气供应,这对加快我国能源结构调整步伐,保障国家能源安全,实现经济社会全面协调可持续发展必将起到积极的促进作用。

西气东输工程是国内自行设计、建设的第一条世界级天然气管道工程,也是目前我国管径最大、管壁最厚、压力等级最高、技术难度最大的管道工程,从系统构成优化到施工工艺等各方面都达到了当今国际上天然气管道设计建设的先进水平。它的建成投产,标志着我国天然气管道建设整体水平上了一个新台阶,为我国天然气工业的快速发展奠定了坚实的物质基础。

西气东输工程是一项跨世纪的宏大工程,得到了党中央、国务院的高度重视和亲切关怀,中央领导同志多次做出重要批示。全线开工建设两年多来,数万名建设者顽强拼搏、攻坚克难,运用新技术新工艺,解决了各种复杂地形施工中的大量疑难问题,经受了一个个严峻考验,谱写了一曲曲感人诗篇,充分展现了当代中国工人自强不息、艰苦奋斗的时代风采。

西气东输工程是一项庞大的系统工程。西气东输管道自西向东跨越10个省(区、市),连接下游44个城市和工业用户。这样一个浩大的工程,决策、启动、全线投产仅用了四年零八个月。从决策酝酿到战略实施,从资源落实到市场开发,从难点试验到技术突破,国家有关部门、沿线各级党委和政府与建设单位通力合作,产业界和商贸、科技界密切配合,沿线各族人民群众大力支持,参建单位精心组织、科学施工,展现了中华民族大团结、社会主义大协作的优良传统,体现了社会主义能够集中力量办大事的优越性。

西气东输工程创造了多个国内天然气管道的领先纪录:首次采用了10兆帕高压输送、1 016毫米管径、X70高钢级管道、30兆瓦压气站;首次采用内涂减阻、优化的压缩机组增压系统、干空气干燥工艺;在长江和黄河上首次完成长距离、高难度、大口径的盾构、顶管及定向钻穿跨越;第一次在天然气管道上推广应用卫星遥感选线技术和先进的自动化控制系统。这些大大提升了我国长输管道建设和运行水平的"第一",是我国工程技术人员发挥科技优势,突出技术创新,加强新技术应用取得的丰硕成果。西气东输工程利国利民。这条能源大动脉的全线商业运营,必将对国民经济的发展和西部大开发战略的实施发挥越来越重要的作用。西气东输工程建设中熔就的拼搏精神、创新精神、团结协作精神,必将成为社会主义现代化建设的宝贵财富。

"西气东输"助力中国节能减排
（中国新闻网　2009年12月8日）

哥本哈根世界气候大会于12月7日举行,有关碳排放问题成为各方关注焦点。在此之前,中国政府已经向全世界做出承诺,到2020年,中国单位国内生产总值二氧化碳排放比2005年下降40%。作为一个发展中国家,要实现这一目标困难重重,新能源的运用及天然气等绿色清洁能源的普及,必将成为未来中国能源领域的突破口,而盛产天然气的新疆,也势必将在中国未来经济发展征途中,发挥更大的作用。

新疆天然气　三分天下有其一

阿尔泰山、天山、昆仑山及准噶尔盆地、塔里木盆地这"三山夹两盆"的特殊地形,构造成了新疆的整体地貌布局。多山,使得新疆矿产资源丰富,而两大盆地,则孕育了丰富的石油和天然气资源,这是西部带给中国的巨大宝藏。

据统计,新疆石油预测资源量占中国陆上石油预测资源量的30%,天然气的预测资源量占中国陆上天然气预测资源量的34%。2008年,新疆天然气产量跃居中国第一位,目前,新疆已累计探明天然气地质储量1.4万亿立方米,居中国首位。

其中,新疆天山南麓拜城县境内一片40余平方公里的狭长地带,其丰富的绿色洁净天然气,沿四千多公里的西气东输管线,服务着中国80多个大中城市2亿多居民。该县境内的克拉2气田,已探明的天然气储量达近3 000亿立方米,是目前中国最大的陆地整装气田和西气东输的主力气源地,年供气能力达到120亿立方米。

助东部污染物减排250万吨

西气东输工程于2004年末正式全线投入商业运营,这条巨大的能源动脉,沿途经过甘肃、陕西、河南、安徽、江苏、上海等省市,近五年来,已累计外输天然气近500亿立方米,使中国东部地区煤炭消耗量减少5 400多万吨,据环境保护部门测算,这相当于减少污染有害物排放250万吨,实现了经济与社会发展双赢。

2008年初,中国第一条引进境外天然气的大型管道工程——西气东输二线正式开工,该工程西起新疆霍尔果斯口岸,南至广州,东达上海,干线全长近5 000公里,加上若干条支线,管道总长度超过9 000公里。

西气东输二线管道与拟建的中亚天然气管道相连,工程建成投运后,可将中国天然气消费比例提高1至2个百分点。据专家测算,这些天然气每年可替代7 600多万吨煤炭,减少二氧化硫排放166万吨、二氧化碳排放1.5亿吨。

"气荒"凸显　"西气东输"供气创纪录

今年初冬突然提前到来的大雪降温天气,使中国的天然气供应骤然紧张起来,一些大中城市的天然气消费受到限制,而武汉、杭州甚至部分中断了天然气供应。

与煤炭、石油等能源相比,天然气在燃烧过程中产生的能影响人类呼吸系统健康的物质极少,产生的二氧化碳仅为煤的40%左右,且燃烧后无废渣、废水产生,被称为最"干净"的能源之一。正因如此,近年来,在中国东部、南部的一些城市,正积极推广这种清洁能源,加之价格低廉,从普通家庭到汽车、工厂,越来越多的人开始使用天然气,无论是化学化工等重工业领域,还是日常生活,很多中国人的生活已与天然气联系在了一起。

为了缓解"气荒",西气东输塔里木气源地连日来正开足马力,满负荷生产,并创下了新的纪录。今年11月26日,塔里木油田向"西气东输"管道供气突破4 800万立方米,天然气日产量创下历史新高。

业内人士表示,随着中国第二条自西往东的天然气管道建成,及中亚天然气的引入,中国的天然气供应才可能有较大改观。而要实现碳排放较2005年时下降四成这一目标,中国还需做出很大努力。

西气东输助推中国东部经济率先发展
(新华网 2010年1月17日)

5年来,作为西部大开发的标志性工程,西气东输这个能源"引擎"为助推中国东部经济率先发展提供了源源不断的动力。

2004年,来自主力气源地——塔里木盆地的天然气正式通过4 000多公里的管道经过甘肃、宁夏、陕西、山西、河南等省市,输往长江三角洲地区。

中国石油塔里木油田公司介绍,截至目前,西气东输工程累计供气量已超过600亿立方米,14个省区、80多个大中型城市、约3亿人口从中受益。

在这条能源动脉刚刚建成之际,就有东部地区的45家企业用户与供气方签订意向书,并约定2005年用气量为83亿立方米,三年后增加到123亿立方米。

西气东输的目的地长江三角洲地区是经济发达地区,但该地区的能源85%以上依靠从外地调入。有了来自西部的能源保证,东部地区对天然气进行重新战略定位,并获得了先进制造业加快发展的新契机,经济结构调整推进到新的高度。2009年,西气东输下游用户增至3 000家,中国天然气在一次能源结构中所占比例由2.5%提高到3.8%,下游燃气管网及配套设施建设投资超过700亿元。

西气东输工程不仅解了东部能源之"渴",把西部的资源优势转变为经济优势,还激活了沿途省区钢铁、水泥、土建安装和机械电子等企业的发展潜能,最终形成了一条新的经济增长带。

除了"资源之困"外,东部地区还有"环境之忧"。多年来,中国东部脆弱的生态环境已不堪煤炭的高排放和高污染。在相同能耗下,煤炭排放的灰粉和二氧化硫分别是天然气的148倍和700倍。因此,西气东输工程对长江三角洲生态环境保护和可持续发展十分重要。据统计,西气东输工程运行5年来,累计替代标准煤约8 000万吨,减少有害物质排放360万吨,许多东部城市重新拥有了蓝天碧水。

去年12月底,引进境外天然气的西气东输二线(西段)竣工投运。这条崭新的"蓝金通道"将把来自中亚国家的进口天然气输往长三角、珠三角等用气市场,设计年输气能力300亿立方米。新的西气东输管道在拉动西部经济发展的同时,为东部和南方地区的发展奠定了更加丰富的资源基础。

清洁之气从西面吹来 西气东输保驾"低碳世博"
(《解放日报》 2010年4月26日)

目前世博园区使用的天然气有一半正依靠西气东输管道输送,今年上海西气东输管道合同供气量23.73亿立方米,约可满足今年上半年天然气计划使用量的52.7%,确保世博期间绿色能源的充足供给。中国石油西气东输管道公司总经理黄泽俊昨天(15日)透露,预计2011年底竣工的西气东输二线工程将使西气东输天然气输量增至 470 亿立方米,上海每年天然气将增输 20 亿立方米,成为"后世博"的活力保障。

演奏"低碳世博",天然气"戏份"十足。世博园建设了完备的天然气输配系统,敷设的燃气管线总长近 30 公里,与全市燃气管道相连,园区内餐饮、锅炉、空调等需要使用天然气的项目有 178 项,开园两个月天然气使用量已达 3.7 亿立方米。在浦东园区,天然气最高使用量每小时可达 4 万立方米,200 户普通居民家庭可用上一年。目前中国馆能源中心使用的就是每小时设计流量 1 000 立方米的天然气溴化锂机组,为国家馆和省区馆供应冷暖空调。与电制冷机组方案相比,燃起空调更加环保,据专家测算,运行费用可减少 17%,世博会期间可节省近 300 万元,二氧化碳排放量减少 40%,年减排二氧化碳 6 000 吨左右。

目前,西气东输输送的天然气已走进沪上千家万户。2003 年,上海天然气消费量仅 5 亿立方米,去年已增至 30 亿立方米,其中西气东输供应 25.2 亿立方米,约占全市供应量的 85%。用气结构的根本变化,也加速了产业结构调整的步伐,一些过去由于排放顽症而可能面临限制或淘汰的产业和企业,因为"西气"获得新生。

如今,西气东输工程又开始为世博后的上海发展蓄力。根据有关规划,设计输气能力 300 亿立方米/年的西气东输二线工程将于 2011 年底全线贯通。截至目前,该工程干线西段及中卫至靖边支干线已于 2009 年底建成投产,2011 年 6 月底,干线东段及翁源至深圳支干线也将建成投产。西气东输二线建成后,西气东输天然气输量将达到 470 亿立方米,每年将为上海增输 20 亿立方米天然气,加上西气东输一线的输气量,上海每年有望获得输 40 多亿立方米"西气"。西气东输一线、二线与东海天然气、液化天然气、川气东送一起构成申城五大天然气供气来源,使上海"底气"十足。

据透露,中国石油正在利用西气东输沿线的苏南金坛盐矿和苏北刘庄油气建设地下储气库,计划于 2020 年建成 19.8 亿标方储气能力。此外,中国石油在江苏如东建设的 LNG 项目明年上半年可投产运营,将引入卡塔尔等国的液化天然气资源,开辟能源新源头。据悉,这些工程一旦建成并和西气东输管网连接,可极大增强用以高峰时的应急调峰能力,未来上海的用气安全因为有了这些工程的支援将更有保障,而城市燃气结构也有望达到 2015 年实现"全天然气化"的目标,燃烧效率低的人工煤气将真正淡出市民的生活。(文/陈玺撼)

西气东输人,在奉献中守卫万里"气龙"

(人民网 2010 年 8 月 6 日)

戈壁滩上,在沟壑纵横的黄土高原上,有一群人,一年四季坚守在那里,与荒漠为伴,与大山相依,守卫西气东输工程的管道安全,"护送"天然气安全走进上海千家万户。近日,记者来到西气东输工程宁陕段,探访中卫、盐池、靖边、延川 4 个压气站以及中卫抢修队、靖边维抢修中心,采撷"护气人"生活的点点滴滴。

自然环境恶劣　生活条件艰苦　克服种种困难

乘车从靖边赶往盐池站,放眼窗外,一片茫茫戈壁,很远也看不见一个人,连动物也很少见到。盐池站,就建在这荒无人烟的戈壁滩上,自然环境十分恶劣。春秋季节,经常是大风呼啸,黄沙漫天,工作人员出门检修或巡视回来,常常是沙尘满身。夏季,昼夜温差很大,中午地面温度有时高达四五十度,夜晚气温骤降到十几度。而冬季又非常寒冷,气温经常在零下 20 摄氏度以下。在这样的天气下,驻守在站里的工作人员,却不畏严寒,日夜坚守在自己的岗位上。

不仅如此,这里周围,没有集市,没有电影院,没有好的饭馆。而且交通十分不便,如果想去最近的市镇买一些生活必需品,必须先经过 15 公里崎岖不平的土路要经受一个半小时的颠簸,一旦遇上下雨天,道路便变得泥泞不堪,无法通行,连最基本的生活补给也成为问题。可以想见,这里的生活环境是非常单调而寂寥的。此次采访的这些西部压气站大都和盐池站类似,建在偏远而荒凉的地方,生活条件都很艰苦。

  学习和钻研业务 保障供气安全 责任重于泰山

  油气运输属于高危行业,压气、输气都需要有扎实的专业技能,更需要高度的责任心和安全意识。一旦天然气管道出现问题,后果将不堪设想。

  工作在压气站和维抢修中心的工作人员大多都是相关专业的大学生。在艰苦的环境下,他们也不忘钻研专业知识。他们定时接受公司和站内的定期培训,不断提高专业技能。站内建立起以老带新的学习型团队,以帮助刚毕业的大学生尽快掌握实践经验,增强实战中解决问题的能力。正是依靠这种不断学习和钻研的精神,靖边维修中心的员工成功研制出大口径管道外防腐层剥离机,在管道抢修过程中,可以使焊接部位防腐层手工清除的单位时间由2小时以上缩减为15分钟,大大提升了抢修效率,保障了供气安全。也正是因为这样的学习氛围,他们中的许多人在西气东输管道公司举办的技术比武中屡获好名次。

  就在记者来西气东输管道公司采访的前几天,盐池压气站的员工运用扎实的专业知识,成功解决了因液压启动马达瞬间保护造成一台压缩机锁定的问题,确保了供气的通畅和安全。

  生活条件艰苦 却也多姿多彩

  走进延川压气站,记者惊奇地发现这里竟然有只能在城市才能买到的热带鱼,楼前种着西瓜,楼后种着西红柿等,硕果累累,让人感觉生活多姿多彩。延川压气站的站长告诉记者,这里的工作条件艰苦,为了丰富大家的业余生活,站里采取了一系列措施,比如:种菜实行承包责任制,两人一组,大家互相"比一比、看一看",做到"事事有人干、事事有人管",增强大家的团队协作意识;举办卡拉OK、篮球、乒乓球、象棋比赛;节日期间,结合生产进行一系列安全演练比赛等。

  除靖边、中卫两个压气站有少数女员工外,其余都是清一色的男士,如何解决这些男员工的个人问题也是领导们很关心的。为此每年站内都与别的单位举办几次联谊活动,帮助他们拓展交际面,为年轻人能够找到心目中理想的另一半牵线搭桥。在闲暇时,记者了解到站内的一些小伙子已经有了女朋友,他们现在可以通过公司开设的"网络亲情"和女朋友上网聊天,相互联络感情,相信不久后定会结出幸福而美丽的爱情果实。

辉煌"十一五":西气东输 东西双赢
——累计输送天然气六百六十亿立方米,惠及三亿人口

(《人民日报》 2010年10月16日)

  "十一五"期间动工并投产的"西气东输"二线工程以及本世纪初动工,2004年投产的"西气东输"一线工程,已经对我国经济和社会发展发挥出巨大作用。截至2010年9月,两条"西气东输"线路已经累计向我国东部地区输送天然气660亿立方米,相当于减少煤炭运输7 826万吨,减少二氧化碳排放2.9亿吨,惠及人口超过3亿。

  "西气东输"工程作为我国重大的能源发展战略以及西部开发的标志性工程,2000年2月正式启动,这是仅次于长江三峡工程的又一个重大投资项目,也是拉开西部大开发序幕的标志性建设工程。在"西气东输"一线工程于2004年投产后,2008年2月,"西气东输"二线工程(简称"西二线"工程)开工建设,2009年12月西气东输二线东段正式竣工投产。

  "西二线"工程作为列入"十一五"规划的国家级重点工程,是我国第一条引进境外天然气资源的大型管道工程,对于优化我国能源消费结构、缓解天然气供应紧张局面、提高天然气管网运营水平、推进大型装备工业国产化水平具有十分重大而深远的意义。该工程主供气源来自土库曼斯坦,主要目标市场

为珠三角、长三角和中南地区。该工程管线全长 8 653 公里,年输气能力 300 亿立方米,途经新疆、甘肃、宁夏、湖北、广东等 15 个省市区,横贯整个中国东西两端,管道工程总投资约 1 242 亿元。

据承担"西气东输"建设任务的中国石油集团公司有关人士介绍,"西二线"工程全面拉动了我国天然气城市化进程,大大促进了我国的民生建设。据石油天然气专家介绍,"西二线"工程的建设加快了我国天然气管道联成网络,将使天然气在我国能源消费结构中的比重提高一至两个百分点。"西二线"沿线城市用清洁燃料代替部分电厂、窑炉、化工企业和居民生活使用的煤气和煤炭,以气代油、以气发电和城市"气化"等工程,不仅大大方便了老百姓的生活,提升了生活质量,而且有效改善了大气环境。目前,我国 660 个城市中已有两百多个城市建成天然气管网,预计到本世纪中叶,全国将有 65% 的城市有可能利用天然气。

此外,作为"十一五"规划的重点工程,"西二线"工程对拉动经济,带动全局性产业升级意义重大。据中国石油有关人士介绍,西二线工程总投资虽然只有 1 420 亿元,但是工程建设带动了国内机械、电子、冶金、建材、施工建设及天然气利用等相关产业的直接投资超过了 3 000 亿元。以钢材为例,"西二线"全线需要 X80 级钢材 500 万吨,约为"西气东输"一线工程的 3 倍。这种技术含量很高的钢材全部由武钢、宝钢、鞍钢等国内企业生产,仅此一项就约 365 亿元。加上工程所需的大型压缩机、大口径阀门等,"西二线"工程对我国大型装备制造业提供了难得的发展机遇,大大带动国内机械、电子、冶金等相关产业的国产化水平。

同时,作为西部开发战略的标志性工程,"西气东输"工程对促进西部资源与东部市场的结合,带动西部地区经济腾飞也起到了巨大推动作用。据中国石油有关专家介绍,我国陆上"四大气区"均分布在西部。"西气东输"工程把西部的天然气源源不断地送往东部,既为西部天然气找到了目标消费市场,又把西部地区的资源优势变为现实优势。目前,通过"西气东输"两条线路每年可往东部地区输送天然气约 470 亿立方米,这意味着每年可为西部地区带来数千亿元的销售收入和利税。所以,沿线的人民形象地说,"西气东输"管道在把西部的天然气资源源源不断地东输的同时,也把东部地区"滚滚财源"通过这条钢铁管道输送到西部,真正实现了东西部的双赢。

西气东输工程:攻坚克难创造世界一流
(《经济日报》 2011 年 3 月 9 日)

2011 年 1 月 14 日,国家科学技术奖励大会在北京人民大会堂举行,石油管道人心潮澎湃——由中国石油集团公司建设的西气东输工程获得国家科技进步一等奖。

西气东输管道公司总经理黄泽俊说:"西气东输工程是我们目前距离最长、输气压力最高、管线口径最大、钢管强度最高、具有世界一流水平的高压输气管道,它汇聚了 40 多家专业设计、科研院所近千名科研人员的智慧;容纳了 14 项发明专利、34 项实用新型专利和 6 项计算机软件著作权……"

管道建设为自主创新提供舞台

西气东输工程开工前,近千名科研人员在高压、大口径长输天然气管道系统设计、X70 大口径钢管国产化及应用配套等 5 大技术领域,展开了 700 多项攻关和研究。当时,国际新建的天然气管道输送压力多数在 10 兆帕以上,管材基本以 X70 钢级管线钢为主,而我国陆上天然气管道输送压力最高为 6.5 兆帕,管线钢最高等级为 X65,国内的冶金、制管和管件等行业都不具备 X70 级钢管的生产能力。

凭借西气东输工程这个平台,国内企业积极参与管材、制管、管件和施工机具的开发与研制,卷板、宽厚板、管件和涂料等纷纷批量生产,国产化程度不断提高。据统计,在西气东输干线建设中,国产钢管重量和长度比例超过 50%,热煨弯管国产比例超 60%,热收缩套国产比例达 90% 以上;冀宁管道国产钢管比例超过 80%,热煨弯管国产比例达 100%;淮武管道和兰银管道所用钢板、钢管、热煨弯管等材料全部实现国产化。

与此同时,相关产业的结构调整和产品升级换代加快推进,多项产品填补了国内空白甚至跻身世界一流行列。

在西气东输工程建设中,我国天然气管道行业拥有了多项核心技术和自主知识产权,打破了国外技术垄断,提高了我国管道科技水平。

自主创新为管道建设提供强劲动力

西气东输工程建设时间长、地域跨度大、工程施工难度高,建设者们在建设运营过程中通过自主创新、集成创新和消化吸收再创新,攻克多个关键难题,推动西气东输工程建设顺利开展。

西气东输科研和工程技术人员自主研发了 X70 管线钢焊接工艺及配套施工技术。在工程建设中,110 台具有自主知识产权、堪与国外同类产品媲美的 PAW2000 全位置自动焊机在施工中大显身手,焊接管道 1 000 公里,一次合格率超过 98%。配套研制的管端坡口整形机、气动内对口器和管道内环缝自动焊机等施工装备,也实现了国产化。

中国工程院院士李鹤林说,正是由于广大科研人员锐意进取、开拓创新,突破了国产螺旋缝埋弧焊管不能用于重要高压输气管线的禁区。随后研制出具有国际先进水平的 X80 钢管,在西气东输二线工程中进行了大规模应用。

被称为"卡脖子"工程的河流穿越,是横挡在建设者面前的一道难关。在建设中,长距离顶管穿越 3 580 米的郑州黄河段,实现了国内规模最大的沉井在复杂地质条件的下沉,水下大面积砼封底一次成功,并创造了一次性注入 1 900 立方米水泥浆的国内最高纪录。

自主创新提升我国管道工业竞争力

自主创新是西气东输工程从"跟跑"到"领跑"的关键。

"中国石油形成的自主知识产权打破了国外技术垄断,提高了我国管道工业科技竞争力。"中国工程院院士邱中建表示。

诚如专家所言,高水平的工程建设要结合工程实际,走引进消化吸收和自主创新并进的道路。正是在一系列自主创新成果的推动下,西气东输工程不仅顺利完成,也使我国管道工业竞争力逐步上升。

邱中建表示,国外盐穴储气库盐层厚度一般在 500 米以上,而我国金坛地区盐层厚度不足 200 米。针对盐层薄、厚度小、夹层多、含量低等地质特点,西气东输工程经过自主研究和创新,形成了适合我国多夹层超薄盐岩特点的建库系列技术和已有溶腔改造技术,并达到国际先进水平。

西气东输计量测试中心集成了目前世界上高水平天然气流量标准装置,解决了我国高压、大管径、大流量、高精度天然气流量仪表检定的技术难题,填补了国内空白,成为亚洲规模最大和具有国际先进水平的高压、大流量天然气流量计实流检定中心。

与此同时,西气东输工程还实现了国内输气管道从设计压力 6.3 兆帕—10 兆帕、管径从 660 毫米到 1 016 毫米等突破,使西气东输工程跃居世界级管道行列,特别是首次将管道输送站压比从 1.25 经验值升至 1.4—1.5 混合压比,提高管道输送效率约 10%。

西气东输多源供气迎峰度夏 5 条通道保障申城天然气供应
《解放日报》 2012 年 8 月 5 日

天然气进入上海的通道有 5 条:西气东输一线、二线,川气东送,洋山港液化天然气,东海平湖。多气源的形成和逐渐增加路径,目的是安全稳定供气,确保管道"运行一刻不能停,供气一刻不能断"。西气东输是管网最长的工程,总部在上海的中国石油西气东输管道公司目前运营管理着 3 条干线、7 条支干线、7 条联络线和 15 条支线等,管道超过 1 万公里,管理站场 141 个。记者近日前往其中的金山站、

LNG(液化天然气)项目、如东站、煤层气开发项目,实地感受当前迎峰度夏的保障措施和应急调度能力。

金山站投产缓解白鹤站供气压力

西气东输的干线、支干线、支线,犹如长江水系的主干道、支干道、支流。西气东输一线从新疆塔里木气田过来,二线从中亚由霍尔果斯赶来。天然气是靠管道加压力输送的,大功率压缩机好比飞机的发动机。西气东输二线南昌至上海支干线管道全长935公里,终点在金山站。这条支干线设计年输气量为100亿立方米,每年向上海市供应20亿立方米天然气。根据换算至少可以替代300多万吨原煤,减少3.6万吨二氧化硫排放。

6月28日开始供气的金山站,主要是接受并执行调控中心指令进行数据采集和监控,将上游嘉兴分输站来气经计量后分输至上海天然气管网。干线和支线的压力不同,气往低压处跑。金山站的投产,在迎峰度夏期间极大地缓解了西气东输一线白鹤站向上海市供气的压力。

LNG项目保障高峰期间供气平稳

LNG是冷却至160℃后呈液态的天然气,体积缩小为原来的1/600,气化后比空气轻,无色、无味、无毒,被认为是地球上最干净的化石能源。江苏LNG项目是中国石油在国内第一个自主设计、采办、施工、管理的LNG项目,通过外输管道与冀宁联络线和西气东输一线联网,为下游用户供气。项目投产一年来外输天然气29.5亿立方米,高峰期一个月接卸7艘LNG船、总量63万吨,创国内LNG接收站单月接船最高纪录。

LNG作为新气源对于西气东输管网十分重要。LNG相对易储存,能迅速补充调剂气量,保障高峰用气期间供气平稳。在江苏LNG接收站,夕阳下吹沙机还忙着吹沙填地。紧接着来到如东站,负责人介绍了有关生产运行、天然气接收、计量等情况。接收和管理站虽地处偏僻,但它的管道却连着千家万户的灶台炊具,连着直供电厂,连着燃气发电机。

山西沁水煤层气开发新增气源

煤层气主要成分是CH_4(甲烷),是成煤过程中经过化学热解作用以吸附或游离状态赋存于煤层及固岩的自储式天然气体,属于非常规天然气。煤层气热值高、无污染,其热值与天然气相当,燃烧后很洁净。作为气体能源家族三大成员之一,煤层气与天然气、天然气水合物的勘探开发一样受到各国重视。

山西沁水盆地煤层气由中国石油华北油田分公司负责开发,一期工程包括一座年处理10亿立方米的煤层气处理中心和一个年生产能力达6亿立方米的煤层气田。西气东输山西沁水煤层气外输管道工程设计年输量30亿立方米,主体工程于2009年9月建成投入试运行,实现了向天然气主干管网注入煤层气,截至今年6月底,累计外输煤层气13亿立方米。

一路采访,对中国石油西气东输工程的印象也在逐渐加深。企业文化贯穿着安全,强调操作一丝不苟,严守生产规范,质量目标是零事故、零缺陷。同时接触到一支年轻的队伍,他们以站为家,凝心聚力。

西气东输三线工程16日正式开工,每年可向沿线市场输送300亿立方米天然气,民资首次进入油气管道领域

(《人民日报》 2012年10月17日)

10月16日,我国继西气东输一线、二线工程之后的又一条天然气大通道西气东输三线工程正式开工。据了解,该工程是"十二五"期间开工建设的第一个国家重大天然气项目,建成后将惠及沿线10个省区46个地级市106个县共计上亿人口,天然气在我国一次能源消费结构中的比例将提高1—2个百分点。

引入境外能源,每年可向沿线市场输送 300 亿立方米天然气

西气东输三线工程建设总投资 1 250 亿元,西起新疆霍尔果斯,东至福建、广东,总长度为 7 378 公里,建成后,每年可向沿线市场输送 300 亿立方米天然气,每年可替代煤炭 7 680 万吨,减少二氧化碳排放 1.3 亿吨、二氧化硫 144 万吨、粉尘 66 万吨。

"这对进一步构建完善我国西北能源战略通道和天然气骨干管网,保障国家能源安全,有效缓解我国中南和东南沿海各省天然气供需紧张的矛盾,促进能源结构调整和发展方式转变,保障沿线地方经济社会发展和节能减排,以及有效提高我国天然气供应调配灵活性、保障供气安全,均具有重要意义。"国家能源局有关人士介绍。

作为我国又一条引入境外天然气的能源通道,西气东输三线不仅新增中亚天然气进口,还为新疆煤制天然气提供外运通道。按照计划,今年年底西气东输三线霍尔果斯至乌鲁木齐段将建成投产,充足的天然气将确保乌鲁木齐市成为我国首个全面气化的省会城市。

10 月 16 日,西气东输三线工程西段(新疆霍尔果斯至宁夏中卫)和东段(江西吉安至福建福州)已经分别开焊、开钻,预计分别于 2013 年粘合,2014 年建成投产。

引入社会资本民营资本,大力推进设备国产化

中国石油有关人士介绍,西气东输三线工程引入了社会资本和民营资本参与建设,乃国内油气管道领域首创。

2012 年 5 月 30 日,中国石油与全国社会保障基金理事会、城市基础设施产业投资基金、宝钢集团签署了《西气东输三线管道项目合资合作框架协议》,正式引入社会资本和民营资本参与西气东输三线建设。截至目前,西气东输三线合资各方已开展了合资合同和章程谈判,进行了运营合同、建设合同和运输合同的商务谈判,基本达成一致,整体工作进展顺利。

除融资外,西气东输三线工程建设还将进行一系列创新尝试。

为打破长期以来国外公司对中国长输天然气管道关键设备的垄断,支持国内装备制造业发展,在国家发改委、能源局的统一组织下,中国石油将首次在新建长输天然气管道上大规模应用国产化电驱、燃驱压缩机组、大口径干线截断球阀。

为进一步提高国内管道建设水平,中国石油将在西气东输三线开展 600 公里机械喷涂液体聚氨酯补口等一系列新技术应用。与传统技术相比,新技术将有效保证补口防腐层的一致性和可靠性,填补了我国管道建设在这一领域的空白。

中国石油董事长介绍,继"西三线"之后,中国石油还将建设西气东输四线、五线等,继续引入境外天然气,在全国形成纵横南北、横贯东西的天然气供应网络,让全国 31 个省、自治区、直辖市以及港澳地区的群众都能用上优质、清洁的天然气。

天然气对外依存度升至 30%,可能倒逼价格改革

西气东输三线工程的开工将拉动我国天然气消费量,这引发了业内对天然气价格改革的期待。

国家能源局提供数据显示,进入本世纪以来,我国天然气产业有了跨越式发展,消费量从 2001 年的 274 亿立方米,增加到今年预计的 1 500 亿立方米,近十年的年均增长率高达 16.7%。

但是,我国的天然气利用形势仍不容乐观。一方面目前我国天然气在一次能源中的比重仅为 4.6%,比国际平均水平低近 20 个百分点,13 亿人口仅有 14% 用上天然气,随着我国工业化、城镇化发展,对天然气的需求日益增长,天然气产业还需要大发展。另一方面我国天然气资源短缺,尽管国家已制订了加快页岩气、煤层气等非常规天然气的开发规划,但规划实施见效需要一个实施过程,新增需求仍主要依靠进口支撑,对外依存度已由 2007 年的 5.8% 上升到今年预计的 30%。同时我国储气能力建设滞后,储气比仅为 2%,远低于 12% 的国际平均水平,直接影响到供气安全,建设任务十分繁重。

在 16 日"西三线"开工仪式上,国家能源局局长刘铁男明确指出,天然气是清洁能源,必须高效节约利用,要坚持统筹资源供给和市场开发,加快完善天然气价格机制,加强天然气利用政策引导,优化用气结构,科学安排用气项目,优先保证居民生活、公共服务设施需要,加快天然气基础设施建设,促进我国天然气产业健康发展。

业内普遍认为,国内市场天然气供应量的不断提高,有望倒逼改革加快步伐,尽早实现天然气价格良性形成机制。

西气东输缓解冬季"气荒"　江浙沪用气户达四千万
(《工人日报》　2013年2月25日)

2月19日,鹅毛般的大雪普降申城,室外温度很快降到冰点以下。位于上海市青浦区白鹤镇的西气东输管道公司末站——上海白鹤站,员工魏亚涛穿着厚厚的工装,携带着工具冒着风雪在站内巡检设备。线路管理员黄海鸣沿着29公里管道标志,深一脚浅一脚踩着积雪和泥水巡查着管道上方是否有违章占压物、周边是否有第三方施工。这一切,都是为了一个目的——保证寒冷天气下2 000多万上海市民寒冬不冷、低温无忧。

西气东输管道每年为缓解全国冬季"气荒"作出了巨大贡献。投产10年来,年管输商品量由2003年的0.43亿立方米,增至2012年的340亿立方米,累计分输天然气1 500多亿立方米,占中国新增天然气消费量的50%,使天然气在一次能源消费结构中的比例提高一个百分点以上,相当于少用17 595万吨标准煤或14 325亿千瓦小时电,减少二氧化硫、二氧化碳及粉尘等有害物质排放820多万吨,减少二氧化碳酸性气体排放6亿吨。

天然气成为生活必需品始于西气东输。西气东输管道运行10年来,管道从2003年10月1日正式商业运行时的1 500余公里增加到10 800余公里,市场覆盖15个省份、110多个城市、3 000多家大中型企业,全线下游分输用户已增至218家,3亿人从中受益。

覆盖中原大省的"三横一纵"燃气管网

中原大省河南,自2003年10月16日西气东输工程向第一家城市用户——郑州市供气开始,西气东输就与河南结下了深厚缘分。目前,河南已成为西气东输第二大省级用户。一线河南段340公里气龙,对推动中原地方经济发展、环境保护,改善沿线民众生活条件,起到了重要作用。

西二线贯穿豫西南三门峡、洛阳、平顶山、南阳四市,主干线、支干线全长753公里,这不仅让河南省用上了来自国外的天然气,而且助推其"三横一纵"燃气管网初步成形。

"十二五"期间,河南省将加强民生能源工程建设,优先保障居民生活用能需要,在全省实施"气化河南"工程,推进西气东输三线、四线等国家主干线河南段建设,配套完善各地支线管网和城市储气设施;建设中原油田和西二线叶县地下储气库,新增天然气年供气量80亿立方米以上,力争使95%以上县(市)城区及部分乡镇用上管道燃气等。

近几年,河南省各类天然气用户发展迅猛,除了餐饮等服务行业用户,受益最大的是冶金、玻璃、食品、轻工等工业用户。河南重要的工业城市——焦作市,目前已借西气东输之力,铺设高中压燃气管网1 100公里,发展居民用户18万户,工商业用户近600家,燃气管网遍及中心城区、新区、工业集聚区、工业园区、沁阳市、修武县,日供气量近80万立方米。

河南省天然气储存量相对较少,长期以来都主要靠外地输气,因此常常面临"气量有限"的窘境。由于农村条件落后,用"气"是许多农民想都不敢想的"奢望"。而2012年10月16日正式开建的西三线,途经河南5个县,将使这一梦想成为现实。

苏浙沪三地的居民用气户激增到三四千万户

在上海市乃至长江三角洲地区,天然气除做民用燃气外,在发电和工业行业成为其快速发展的重要能源支撑。苏浙沪三地的居民用气户已从前几年的1000多万户增加到目前的三四千万户,拉动机械设备需求和土建安装工程量超过600多亿元。

近年来,上海的天然气气源不断丰富,天然气用量从2001年的3.3亿立方米攀升至2012年的60亿立方米以上。而在2003年,受东海天然气产能制约,上海全年使用天然气仅4.8亿立方米。2004年西气东输管道通气后,上海天然气气量增加了一倍,接近10亿立方米。从那时至今,西一线已累计向上海供气近200亿立方米,最高峰时曾占上海市天然气总资源的80%。近几年,随着上海气源增多,西气东输供气量一直稳占"半壁江山"。据悉,到2015年,上海市天然气气量有望达到100亿立方米,西一线和西二线对上海的供气量将对半开,总量仍将占上海市用气量的一半左右。

自2004年西气东输开始向上海输送"西气"以来,上海的天然气使用领域已经拓展到城市燃气、发电、交通、工业用气等方面,市场潜力很大。截至2011年底,全市已有燃气用户715万户。其中,天然气用户218万户、人工煤气用户233万户、罐装液化石油气264万户。

油价上涨让出租车司机对天然气更加期盼

家住南钢宿舍的张女士是南昌市最后一批天然气置换用户,现在她打开燃气灶时,燃烧的不再是人工煤气,而是环保、节能、燃烧性能更稳定、热值更高的天然气。1990年,南钢公司第一座焦炉竣工投产,人工煤气开始向南昌市供应。22年来,供气量由最初的一天4万—5万立方米,增加到一天42万立方米。人工煤气虽然也很便捷,但其炼焦生产环节对环境有影响,本身具有毒性和腐蚀性,对人体有害且减少气具使用寿命,且气里含有杂质,燃烧过程中有废气产生,对人和气具都有影响。

油价上涨让出租车司机对天然气更加期盼。"我的车是油气两用型,但是现在还是只能烧汽油,油价如果再涨下去,成本太高就开不起了。如果能用上天然气的话,今后跑车的成本就少多了。"徐师傅换了辆油气两用的出租车,但是目前只能烧汽油。由于油价上涨,不少出租车司机都盼望今后能用上经济实惠的天然气。

根据规划,"十二五"期间,南昌将建16座压缩天然气加气站,届时,南昌出租车将有望逐步改烧天然气。

作为一个"缺油少煤乏气"的省份,50%多的能源需要从外部调入,能源匮乏成为江西经济发展的"短板"和"瓶颈"。发展低碳经济、利用低碳能源成为实现"生态立省、绿色崛起"的必然选择。西二线成为江西省主要气源之一,管网在江西境内有一条干线和两条支干线,呈"十"字形分布,总长约1100公里,设立11座分输站,涵盖了除景德镇市以外的所有设区市,35个县市区,其中在9个地市所设分输站距市区均在20公里左右,接气非常方便。

西气东输投产十年带来什么

(《工人日报》 2013年10月8日)

10年前的10月1日,西气东输管道工程东段(靖边至上海)正式投产运营,祖国西部深埋地下的天然气通过西气东输管道输送到上海和长江三角洲地区的千家万户。如今,10年过去了,这条能源大动脉发挥了良好的社会效益、经济效益和生态环保效益,给沿线亿万百姓生活带来了福祉。

日前,记者从西气东输的主要气源地克拉2气田,分别走访了西一线、西二线、西三线枢纽站——宁陕段中卫联络压气站、中卫黄河盾构现场等,一路上,亲身感受到西气东输管道在工程建设、生产运营、市场开发与销售、节能减排、环境保护等方面取得了巨大的成就。

调整能源结构

10年来,西气东输管道输送和销售天然气约1800亿立方米,占我国新增天然气消费量的50%,使天然气在一次能源消费结构中的比例提高1个百分点以上,相当于少用2.3亿吨标煤,使120多个城市、

3 000多个大中型企业、近4亿人受益,对优化我国以煤炭为主的能源消费结构发挥了重要作用。

2003年,天然气占一次能源比重在2.4%左右,2008年占2.8%;2012年占5.3%;到2015年预计达8%左右。

江苏省是西气东输最主要的天然气市场之一,也是我国天然气消费量最大的省份。截至今年8月底,仅江苏一个省西气东输管道实现供气88亿立方米,占江苏天然气总消费量的87%。近年来,天然气在长三角一次能源中比重逐年增加,尤其是中国石油江苏LNG项目、西二线上海支干线和川气东送工程投产后,持续推动天然气产业快速发展。

江苏华电戚墅堰发电有限公司在西气东输工程的助力之下取得了跨越式发展,被地方政府列为"调结构、转方式、保增长"的典型。

"在当前天然气进口价格倒挂的形势下,天然气管输设备国产化能力的进一步提升,大幅降低了成本,提升了能源安全,将成为我国天然气产业大发展的重要'砝码'。"西气东输管道公司党委书记秦刚说。

改善大气环境

西气东输为环境排放容量日益缩小的经济发达城市带来了福音,缓和了经济发展与环境的矛盾,有效改善了大气环境质量。

西气东输投产后,宝钢特钢厂成为第一家用上"西气"的企业,一举拆掉了149座煤气炉,彻底消除了煤制气异味。

上海市以西气东输为契机,加快实施清洁能源替代煤的步伐,仅2004年至2008年,烟尘、工业粉尘排放量就减少了20%。高效、清洁、安全的"西气",极大地改善了上海市大气环境,有效推进了"绿色GDP"发展,为上海市改善能源消费结构和大气环境质量发挥了重要作用。

据环保部门统计,西气东输投产十年间,上海市空气质量一年比一年好,2011年上海市环境空气质量优良率就已达到92%,成为名副其实的清洁城市。西气东输沿线当初种上了大片的沙棘等植被,如今已经郁郁葱葱,高的长到1米多。

据测算,西气东输一线、二线、三线每年700多亿立方米的天然气可以替代1.79亿吨标准煤,减少二氧化碳排放三亿吨,减少二氧化硫、氮氧化物和工业粉尘等有害物质排放量574万吨。西三线建成后,将进一步增加天然气在一次能源消费结构中的比例。

提升百姓生活质量

天然气现在已经成为老百姓最重要的民生资源,一刻都停不得。而天然气成为老百姓生活必需品,最初始于西气东输。天然气进入千家万户不仅让老百姓免去了烧煤、烧柴和换煤气罐的麻烦,而且对改善环境质量意义重大。

家住上海浦东的张阿姨美滋滋地说:"西边来的天然气洁净环保,用着放心。"西气东输工程让上海的天蓝、草绿、水清。

十年间,西气东输管道累计输送天然气约1 800亿立方米,市场区域发展到甘肃、内蒙古、宁夏、陕西、山西、河南、安徽、江苏、浙江、上海、江西、湖南、湖北、福建、广东15个省份和香港特别行政区,分输用户已达236家。清洁能源,让下游城市重现碧水蓝天美景,人民生活更加丰富多彩。

十年间,沿线城市用清洁燃料代替部分电厂、窑炉、化工企业和居民生活使用的煤气和煤炭,以气代油、以气发电和城市"气化"等工程,大大方便了百姓生活,提升了生活质量,有效改善了大气环境。目前,我国600多个城市已有200多个建成天然气管网。

十年间,天然气除满足传统的居民生活用气外,已广泛应用于工业生产、交通运输、化工和发电等领域,带动建材、电力、汽车、商用和家用空调等相关产业的发展,提高能源利用效率,促进产业转型。以近两年发展比较迅速的燃机热电项目为例,综合效率已达50%至55%,最高可达60%左右,比锅炉与蒸汽轮机发电高出10个百分点以上……

对于西气东输来说，十年，既是一个辉煌的句号，也是一个崭新的开始。西气东输全面拉动了我国天然气城市化进程，大大促进了民生建设。预计到本世纪中叶，全国将有65%的城市可利用上天然气。

十年西气东输　一个清洁上海
（《解放日报》 2013年10月14日）

2003年10月1日，西气东输一线以向上海供气为标志，正式投产运营。

这一重大工程是我国西部大开发的战略性选择，也为上海等东部省份与城市带来发展清洁能源、调整能源结构的契机。正是从那时起，上海市民家里开始真正一步步告别煤球炉、液化气罐。

　　燃料变迁　能源革命

西气东输一线最大气源地——新疆阿克苏"克拉2井"产出的天然气，经过15天、4000公里的长途跋涉，走进上海千家万户。

记者从总部设于上海的中国石油西气东输管道公司获悉，2003—2012年，上海天然气用量从4.8亿立方米攀升至60亿立方米以上。西气东输一线迄今已累计向上海供气近200亿立方米。据专家计算，100亿立方米天然气可替代标煤1300万吨，相当于减少61万吨有害物质、4400万吨二氧化碳酸性气体排放。

以西气东输为契机，上海也加快实施清洁能源代替煤的步伐。宝钢集团旗下的特钢厂，是上海第一家用上"西气"的企业，近年来逐渐拆除了149座煤气炉，二氧化硫排放量削减率59.5%，烟尘排放量削减率26.8%，大气降尘指标降低24.7%；煤气车间关停后，每年削减废水排放量48万吨，废水污染因子排放浓度明显降低，水环境显著改善。

自2004年起，随着西气东输进入上海，上海居民天然气用户数量开始猛增，3年即超越人工煤气用户，并以每年20万—30万户数量稳步增加。在"上海市燃气发展'十二五'规划"中，到2015年，上海拟实现人工煤气基本退出，天然气用户达625万户的目标。

目前，除西气东输一线、二线工程，上海还有三大气源：川气东送、东海平湖油气田、LNG（液化天然气）项目。加上五号沟LNG备用站，上海已成国内气源结构最多元化的大城市。中国石油西气东输管道公司党委书记秦刚告诉记者，近两年虽然西气东输在上海天然气市场的销售比例在逐渐下降，但总量仍不断上涨。从上海一次能源消费的比例看，天然气占比仍不足8%，而发达国家平均天然气占能源消费比重在23%—27%，"依据上海经济发展水平，天然气未来前景仍将广阔"。

　　自产保障　依然重要

对资源几乎全部依赖外部调入的上海来说，稳定、持续的天然气供应保障很重要。

记者近日探访"克拉2井"。1998年，正是它的横空出世，直接促成了举世瞩目的西气东输工程。经探测，其所属的塔里木盆地可开采天然气总储量达2200亿立方米，预计可稳定供气30—35年。而今，经过10年发展，国内天然气供应能力年增幅依然落后于需求增长，进口天然气总量不断增加。但我国自产的基本保障依然重要。

在"克拉2井"，塔里木油田公司负责人介绍，通过严格管理，西气东输一线20多座压气站、120多座分输站，10年始终高度安全平稳。2006年起，油田相继发现千亿立方米级大型气田，预计到2015年的年产量将超310亿立方米。

在宁夏中卫输气站，全新的西气东输管道三线功能也在紧锣密鼓建设中，预计2015年建成投产。计划中，还有四线、五线。庞大的管道系统将更增安全性。同时，经评估论证，西气东输正努力建设江苏金坛、河南平顶山、江苏淮安等5个盐穴储气库群,进一步保障供应与调峰安全。

上海只是西气东输众多受益城市的代表之一。10年来,西气东输管网已覆盖全国15个省份和香港特别行政区,累计输送销售天然气约1800亿立方米,相当于少用2.3亿吨标准煤,减少有害物质排放1000多万吨。

看西气东输二线投产两周年带来的绿色福音
(新华社　2014年11月3日)

核心提示:在全线通气投产两周年之际,记者走访了西二线用气大户广东,亲身体验了西二线对沿线用气城市的经济发展、能源结构调整、环境改善和生活水平提升所带来的变化。

万里之外的中亚天然气随着西气东输二线(简称西二线)的全线投产一路奔腾南下,走进了珠三角更是穿越海底抵达香港。西二线是我国首条引进境外天然气资源的长输管道,在全线通气投产两周年之际,记者走访了西二线用气大户广东,亲身体验了西二线对沿线用气城市的经济发展、能源结构调整、环境改善和生活水平提升所带来的变化。

西二线投产了　气化步伐快了

经济总量年均增长率超过10%,约占全国经济总量九分之一的广东省,随着西二线的投产迅速成为我国为数不多的年天然气消费超过百亿立方米的省份之一,天然气在该省一次能源消费结构中占9.8%,比全国高出4个百分点,占比位居全国首列。

中国石油西气东输管道公司副总经理陈正惠在广州接受记者采访时表示,西二线是中国石油西气东输工程的重要组成部分,广东省是西二线重点用气省份,"十三五"有望达产每年向广东供气约100亿立方米,将占西二线输送总量的1/3。

2012年底,西二线全线投产,年输送能力为300亿立方米,干线和支干线总长8700多公里。在西二线的用气大户广东省,记者了解到,该省的广州、深圳、佛山、肇庆、东莞、清远、惠州7个城市的10家城市燃气公司、3个电厂和4个工业用户等已源源不断地接收着来自西二线的管道气。截至2014年10月22日,西二线累计向该省供气量近54亿立方米。

广东省发改委能源局副局长祖冠军对记者表示,西二线对广东省保障能源供应安全、优化能源结构和节能减排都具有非常重要的意义,西二线占全省用气总量份额自投产起逐年上涨。到2015年及"十三五"期间,西气东输在广东省天然气市场份额还将继续增长,对于我省天然气供应的保障作用不断增强。

据了解,2013年广东省的天然气消费量已超过110亿立方米,其中发电用气就占65%左右,主要由西二线、深圳大鹏LNG接收站和珠海横琴岛海上天然气接收站等三个气源供应。其中西二线供气量为20.34亿立方米,占该省用气总量份额约为16.8%。预计2014年,这一比例将进一步上升至21.8%,达到24亿立方米。

陈正惠表示,中国石油已经与广东省20家天然气用户签订了《天然气购销协议》,实现了17家用户投产通气,2016年西气东输与该省签订的合同量为83.47亿立方米,将尽最大努力满足当地快速增长的天然气需求。

据悉,中国石油还规划建设西二线深圳LNG调峰站和西气东输三线闽粤支干线广东段,项目正在积极抓紧开展前期工作。根据预测,广东省天然气有效需求量2017年约为176亿立方米,2020年将超过300亿立方米,需求年增长约为22%。

祖冠军表示,随着广东省"全省一张网"管网建设的加快和西二线天然气供应量的增加,西二线天然气将供应到全省,对于缓解天然气供应紧张局面,促进地区经济社会发展,造福地方人民群众发挥越来越重要的作用。

2012年8月,西二线广深支干线正式向深圳供气,深圳市天然气高压输配系统工程同时投产。根据深圳燃气与中国石油签署的协议,西二线达产期协议气量为每年40亿立方米。深圳燃气集团副总裁李青平表示,西二线和深圳市天然气高压输配系统工程投产后,有力地促进了我市形成多气源安全供应格局,实现了天然气输配、调峰、应急、储备等功能。

城市绿了：环境质量和生活水平双提升

据统计,西气东输每输送100亿立方米就可替代标煤1300万吨,相当于减少61万吨有害物质、4400万吨二氧化碳酸性气体的排放。按西二线向广东省累计供气约54亿立方米来测算,至少可替代标煤约700万吨,相当于减少33万吨有害物质,2400万吨二氧化碳酸性气体的排放。

祖冠军表示,待西二线达产向我省每年供应天然气100亿立方米时,节能减排效果将更加显著,将有效改善我省特别是珠江三角洲大气环境质量,具有较好的环境效益和社会效应。

在广东天然气消费结构中,电厂和工业就约占全省天然气消费总量的70%以上。电厂和工业不仅是高能耗行业,也是大气污染的主要"肇事者",为了加快产业结构调整和创造碧海蓝天的生活环境,广东省着力推动这两大行业的"煤改气"和"油改气"工程。

深圳市是西二线的主要用气城市,据了解,深圳燃气已为宝昌电厂、钰湖电厂、南天电厂等三家电厂供应西二线天然气。2013年,该公司供应的发电用气3.65亿立方米,相当于替代36万吨重油,每年可减排二氧化碳约21.5万吨,减排二氧化硫约1450吨,减排氮氧化物约376吨,减排PM2.5约173吨。以钰湖电厂为例,改用天然气后,大烟囱从此不再冒黑烟,周遭居民投诉基本为零,与过去形成鲜明对比,深圳市最后一块"省控重点污染源"的牌匾得以顺利取消。

根据深圳市气象局统计数据,自从全面推广使用天然气后,随着西二线资源的到来,深圳市灰霾天数已经从2008年的154天,下降到2013年的98天,降幅达40%—50%。该市近两年灰霾天数均降到百天以下,同时也让深圳成为全国大中城市空气质量最好的城市之一。

西二线也为广东省的公共交通注入了绿色元素,该省的主要用气城市都致力于气化公交车工程。东莞所有出租车和部分公交车共约1万辆用上了天然气,不仅呈现出突出的环保优势,而且相比汽油能节省20%—30%的燃油成本支出,新奥燃气所建的33座加气站发挥了重要的加注功能。到目前为止,佛山已有天然气出租车4000多辆、LNG公交车800多辆。

西二线"气化广东"在改善环境质量的同时,也为居民带来了实实在在的生活品质的提升。天然气除用于烧火做饭之外,燃气热水器、燃气空调等开始走进千家万户,改变了原来烧煤、液化石油气等带来的污染和不便。以深圳市为例,截至2014年9月底,该市已有141万户居民用上了管道天然气。调查数据显示,在用户转换完天然气后,气费均比转换前同期使用液化石油气时的费用平均降低了40%左右。

李青平表示,深圳市仍有部分人口居住于城中村、统建楼、老旧住宅等,预计至2015年,全市将有400多个小区完成管道燃气安装,超过10万户家庭将因此受益,彻底告别"背气瓶上楼"的历史。

产品品质提升了：综合经济和社会效益双实现

广东省工业企业能源消费主要集中在纺织业、建材业、机械制造业等行业,能源消费长期以来都以煤、油为主,对环境污染较为严重,也制约了经济增长和效益提高。西二线供气广东,有力助推了该省传统产业的转型升级和节能增效,企业产品品质提升了,企业的综合经济效益得以提高,同时也为当地环保作出了贡献。

建筑陶瓷是广东省的重要产业之一,其产量约占全世界的30%,全国的60%,出口量更是约占全国的70%,而佛山更是广东省最重要的陶瓷生产基地。对于陶瓷行业而言,能源消耗在陶瓷产品成本构成中占30%—40%。若改烧天然气,以每条生产线年消耗600万立方米天然气计算,每年可减少包括脱硫塔、煤气发生站、除尘设备等在内的建设维护费用200万元以上,单条生产线隐形生产管理成本可下降300万元以上。

与重油、水煤气、水煤浆等燃料相比,天然气烧制的陶瓷砖等产品品质更加稳定,优等率更高。佛山燃气集团董事长尹祥在接受记者采访时,一边向记者展示了一只洁白无瑕的瓷碗,一边说,改烧天然气明显提升了佛山陶瓷产品的品质,引导企业开发出高端和高附加值产品。使用天然气也提升了工厂及周边的环境质量,改善了工人的劳动条件,企业和周边居民相处更和谐,招工也更容易。栽的树木也能长得高长得直,不像以前那样都是"歪脖子"。

截至2014年9月底,佛山燃气累计利用西二线天然气7.3亿立方米,目前日均接收气量已超过180万立方米,西二线已成为佛山市最重要的气源。该市今年天然气消费量将超过12亿立方米,并争取在2020年以前,天然气的年供应量将达到30亿立方米。

记者在位于佛山的广东兴发铝业有限公司采访时发现,厂区绿树成荫,空气清新,工人作业有序。据了解,自西二线天然气进入广东以来,该公司的38台设备已全部改成烧天然气,实现从铝锭到铝棒再到铝材整个产业链条的气化,日均消费天然气约8万立方米。该公司坯料分公司副总经理李美玉对记者说,改成天然气不仅提升了产品品质,也减少了设备的故障率,促进了整体工作效率的提升。

深圳诸多工商企业改用天然气之后,也获得良好的经济和环保效益的"双赢"。记者从深圳燃气集团获悉,截至2014年9月底,西二线广深支线累计向深圳燃气供气超过17.4亿立方米,已向南坡集团、建大轮胎、比亚迪等5 000多家工商业客户锅炉供应天然气。这些天然气消费量与其全部替代的柴油比较计算,可为企业节省综合成本3亿元以上,实现了经济和社会效益的双赢。

西气东输二线工程为珠三角带来什么?
(《工人日报》 2014年12月8日)

在西气东输二线全线投产两周年之际,记者近日先后走访了广州、东莞、佛山、深圳等地众多的企业和居民用户,亲身感受到了各行各业和千家万户用上万里之外的中亚天然气的美好变化。

累计向广东供气量达53.31亿立方米

2008年2月,西气东输二线工程(以下简称"西二线")正式开工。2011年6月,西二线主干线投产运行,2012年底,西二线广州至深圳、南昌至上海、平顶山至泰安、广州至南宁支干线以及香港支线相继投产,首次将境外天然气引入长三角和珠三角等能源需求旺盛的地区。

西二线干线于2011年6月30日全线投产,同年11月21日实现向广州市供气;2012年5月10日正式向深圳市供气;2013年3月25日正式向肇庆市供气。截至2014年10月22日,西气东输累计向广东省供气量达53.31亿立方米。西气东输占广东省全省用气总量份额分别为2011年0.1%、2012年8.3%、2013年16.8%,预计2014年可达21.8%。

西气东输工程全面拉动了我国城市气化进程,大大促进了我国民生建设。珠三角地区的城市用清洁燃料代替部分电厂、窑炉、化工企业和居民生活使用的煤气和煤炭,大大方便了老百姓的生活,提升了生活质量。

灰霾天数减少

根据深圳市气象局统计数据,自从全面推广使用天然气后,随着西二线资源的到来,深圳市灰霾天数已经从2008年的154天,下降到2013年的98天,降幅达40%—50%。该市近两年灰霾天数均降到百天以下,同时也让深圳成为全国大中城市空气质量最好的城市之一。

西气东输工程为环境排放容量日益缩小的经济发达城市带来了福音,缓和了经济发展与环境的矛盾,有效改善了珠三角地区的大气环境质量。西气东输每输送100亿方天然气就可替代标煤1 300万吨,相当于减少61万吨有害物质、4 400万吨二氧化碳酸性气体的排放。

广东省佛山燃气集团积极响应政府产业调整升级政策,在电厂、陶瓷、铝型材、五金等高能耗行业大力推广天然气,替代煤、重油等能源,大大降低了二氧化碳、二氧化硫和其他污染物的排放。自2013年6月8日接收西气东输天然气以来,日均接气量165万立方米,累计接气量6.37亿立方米,与同等热值的煤相比,减排二氧化硫近1万吨、减排二氧化碳超过280万吨。

西二线香港支线向香港输送的中亚天然气主要用于香港龙鼓滩青山发电厂发电。西气东输大铲岛分输压气站于2013年3月15日正式向香港龙鼓滩电厂供气,日均供气量约102万立方米,高峰气量300万立方米,投产至今累计供气量约6.85亿立方米。

企业一举多得

截至2014年9月30日,西气东输通过西二线广深支干线累计向深圳燃气集团供气量超过了17.4亿立方米。深圳燃气集团已为南玻集团、建大轮胎、金威啤酒、比亚迪汽车、三星视界、永丰源陶瓷、金帝食品厂、香格里拉大酒店等5 000多家工商业客户锅炉供应天然气。17.4亿立方米天然气消费量按其全部替代为柴油测算,可节省燃料成本超过3亿元,不仅保护了大气环境,还为企业降低了运营成本,取得了良好的经济和环保效益,可谓一举多得。

记者在位于佛山的广东兴发铝业有限公司采访时发现,厂区绿树成荫,空气清新。据了解,自西二线天然气进入广东以来,该公司的38台设备已全部改成烧天然气,实现从铝锭到铝棒再到铝材整个产业链条的气化,日均消费天然气约8万立方米。

广东省发改委能源局副局长祖冠军表示,要一如既往地加快推进天然气管网建设,规划到2020年建成以珠江三角洲为中心、向东西两翼和北部延伸、通达全省21市、接纳各类气源的天然气主干管道约4 000公里,相应建设和完善各城市燃气管网,并做好管道保护工作。

三、文学艺术作品与活动

(一) 文学作品

1.《气贯长虹——西气东输工程建设纪实》

这是西气东输编委会编写的一部纪实作品,由石油出版社2005年出版发行。该书是一部以全景式手法反映举世瞩目的西气东输工程从酝酿、决策、启动、开工到全线投产的力作。编写者历时3年,亲历工程现场,掌握了大量的第一手资料,其中部分资料尚属首次面世。书后还附有西气东输工程建设时期的大事记,西气东输先进集体、先进个人名录,以及西气东输领导机构及主要参建队伍名录。一书在手,整个西气东输工程仿佛呈现在读者眼前。该书也通过西气东输工程,向世人宣告:中国石油人不仅可以建设一条具有世界先进水平的长距离输气管道,也一定能够把中国石油集团公司建设成为具有国际竞争力的跨国企业集团。

2.《中国动脉》

该书由孙晶岩撰写,于2005年1月由人民文学出版社出版,是一部以石油天然气为主题,全方位描写西气东输建设的大型报告文学。作者走南闯北、全方位跟踪采访,从新疆拜城一路到达上海白鹤镇,在成千上万的工程建设者中精挑细选,通过生动的语言、新颖的结构、准确的叙述,再加上优美的文笔,使数百个人物形象栩栩如生地展现在读者面前。这本书真实地记录了西气东输的发展历史,展现了如火如荼的建设场面,弘扬了铁人精神,讴歌了这项科技工程、绿色工程、优质工程、阳光工程,散发着浓郁的一线工人的生活气息,体现了中国石油界整体的科学决策水平与国际接轨的工程建设水平,既是一部震撼人心的佳作,也是石油文学创作的一次突破。

3.《八千里气龙越神州》

这是作者康胜利在历时数年的西气东输工程中,走遍了从上海到新疆的每一个施工标段,和建设者们同吃同住,所创作的一部长篇报告文学,由石油工业出版社 2005 年出版。该书由时任中共中央政治局委员、国务院副总理曾培炎题写书名,国家西气东输工程领导小组组长张国宝对有关采访稿亲自做修改,由中国石油集团公司党组书记、总经理陈耕作序。正是在各级领导的关怀和支持下,此书从"石油的角度、党组的高度"来记录西气东输工程,内容涉及工程国家决策、前期准备、选线踏勘、采办谈判、钢材制管、管道施工等方面,真实地再现了工程决策者、指挥者的风采,热情讴歌了两万多名建设者无私奉献的精神。

4.《国脉贯神州》

该书由中国经济出版社 2003 年 10 月出版,是一部新闻纪实作品。2002 年 9 月,中国石油集团公司、中国石油股份公司和中华全国新闻工作者协会联合举办了"西气东输万里行"新闻采访活动,本次活动由中国石油报社和西气东输管道公司共同承办。共有来自 10 家中央媒体、20 家省级媒体和 3 家石油媒体的 90 多位记者先后参与。这次参访活动历时 35 天,横跨 10 个省份 66 个县,单车行程 8 000 余公里,沿途采访了参建队伍 27 个,沿线地方政府及相关部门 15 个。这本书收集了因此次采访产生的大量鲜活、真实、生动的作品。从该书的内容可以反映出,这是一次深入施工一线,深入职工生活,坚持以基层为主、以现场为主、以建设者为主,创新思维、拓展视野,把目光伸展到经济和文化领域,运用报纸、电视、广播、网络等多种报道手段,展示西气东输工程建设者和当代中国石油人风采的活动;同时,也反映了沿线人民群众对西气东输工程的大力支持。

5.《紫气赋》

该书由中国作家协会编写,作家出版社 2005 年出版。这是陈忠实、熊召政、邓贤、冉冉、张丽娟、萧立军、楚楚、赵瑜、郭雪波、张洪波、肖平等众多知名作家、诗人以高度自觉的责任感和使命感,追随着建设者的足迹,走戈壁、过大漠、赴油田、进现场、钻隧道,与隆隆前进的机车共同挺进,与挥汗如雨的石油工人朝夕相处,所产生的一部纪实性文集。书中无论是报告文学,还是散文、诗歌,作家们都以一种充满挚爱和热情的笔调歌颂了建设者们的伟大创造精神、艰苦奋斗精神和自强不息精神。从而呈现给读者的是一幅激动人心的"龙图腾"的画面。值得一提的是,书中还收录了一大批石油战线业余作者参加"在西气东输的日子里"征文比赛所创作的渗透着浓郁生活气息、感人肺腑的作品。

6.《八千里路云和月——行走在西气东输的大地上》

该书由虞敏华撰写,重庆出版社 2009 年出版。作者从新疆大漠起程,一路汽车、驴车、火车,直达东海之滨的上海,完成了西气东输工程个人寻访之旅,产生了这部报告文学。本书突出了西气东输管线经过的土地,其历史的厚重给人以文化上的冲击。作者"每一步都走在悠远的历史黄尘古道上,每一脚都踏在深厚的文化积淀中"。50 多个日日夜夜,8 000 里路上的漫漫探访,弥合了历史与现实,透过散发着古朴与现代芬芳的纸页,使读者可以深切的感知到,西气东输工程不再只是一条冷硬的巨型管道,也不属于某一个人,她所承载的,是这片土地的过去、现在与未来。

(二) 艺术活动

1. 组织"心连心"艺术团赴工程前线慰问演出

西气东输工程前线条件艰苦,远离城镇,精神文化生活枯燥单调,参建单位和职工工作压力很大,为了满足广大参建职工的精神文化需求,活跃工程一线的精神文化生活,中国石油集团公司思想政治工作部要求在组织职工开展群众性文化体育活动的同时,组织艺术团赴工程前线慰问演出,鼓舞工程前线职工的士气。

按此要求,中国石油文联音乐舞蹈协会与中国石油管道局于2002年10月17—27日联合组织"心连心"艺术团赴工程前线慰问演出。他们将参加首届中国职工艺术节音乐、舞蹈展演中的获奖节目进行了改编,编排了一台"为你骄傲、为你自豪,西气东输建设者"的优秀文艺节目,送到了施工现场。慰问团在中国石油集团公司思想政治工作部和管道局领导的带领下,横跨4省7市,行程4 000多公里,演出9场,受到了参建队伍和沿线群众的热烈欢迎。

2003年8月25日—9月12日,中国石油文联音乐舞蹈协会再次组团,对中西部的参建队伍进行慰问演出,行程3 000多公里,演出9场,仅在西部无人区就演出5场。观看演出的职工们说:"这是我们自己的'心连心'艺术团,看了演出感到格外亲切。我们在无人区工作,文化生活太枯燥,你们带来的不仅是精彩的文艺节目,更重要的是上级的关心、组织的温暖、后方的鼓舞。"慰问演出极大地鼓舞了参建职工的士气,激发了前线职工为早日实现西气东输多作贡献的热情。

2. 举办中国石油"西气东输"书法、美术、摄影展

西气东输工程提供了丰富的创作素材,激发了参建职工的创作热情。参建职工边施工边见证辉煌盛世,边感悟生活边挥毫泼墨,创造出一大批精美作品。为了再现艰难历程,讴歌辉煌业绩,2004年10月28日,由中国石油集团公司主办,西气东输管道公司、中国石油文联承办的"穿越神州 造福中华——中国石油'西气东输'书法、美术、摄影展"在北京国家博物馆隆重举行。

参加展览的206件作品是从3万多件参赛作品中评选出来的,具有一定的水平和感染力,被收集到由中国石油文联秘书处编印的《穿越神州 造福中华》大型画册中。这次展览吸引了大批观众,引起了强烈反响。参观者通过一件件优秀作品、一幅幅生动画面,从艺术的层面感悟到了西气东输工程的磅礴气势。这次展览的全部作品,均出自中国石油集团公司业余书法、美术、摄影工作者和一线职工之手,从不同侧面描绘、记载了西气东输工程的艰难历程,讴歌了西气东输工程的辉煌业绩。

此外,为了记录西气东输工程,还汇集印制了4本影集:一是2004年6月22—30日,中华全国总工会赴一线调研慰问时拍摄的《我们一起走过——全国总工会西气东输考察慰问影集》;二是2004年8月24日—9月8日,中国作家协会西气东输采风团拍摄的《我们一起走过——中国作协西气东输采风影集》;三是从2003年7月26日开始,由中国石油西气东输管道公司、中国石油集团公司影视中心、中央电视台联合航拍的"西气东输工程全影图集"《腾龙八千里》;四是由中国石油西气东输管道公司主编并监制,由新华出版社出版的《中国新丝路——西气东输工程全记录》。

3. 发行西气东输工程开工纪念邮票、纪念封及竣工纪念邮票

为庆祝西气东输工程开工,2002年7月4日,中国集邮总公司发行了"西气东输工程开工纪念邮票"和"西气东输工程开工纪念封"。

为纪念西气东输工程建成投产,国家邮政局经过精心设计,于2005年1月8日发行了一套两枚"西气东输工程竣工"纪念邮票。设计师方军为了在有限的邮票空间中展现西气东输工程的宏伟,选定以"宽银幕"的形式,全景式地展现了画面。他用一条抢眼的红色画一条管线走向,将2枚邮票进行组合,把气源开发和管道建设置于同一空间,整体反映了西气东输概况,突出了腾越8 000里、浩荡贯神州的强大气势。

4. 组织著名词曲家深入一线进行创作和歌曲征集活动

2003年8月,著名词曲作家张藜、秦咏诚以及张枚同、马金星、虞文琴、张卓娅、冯世全一行,赴西气东输施工一线采风创作。他们深为一线建设者火热的生活所感动,收集了大量素材,创作了以弘扬西气东输精神、展示工程建设者风采为主题的歌曲作品。这些作品,反映了艺术家们对国家能源建设的关

注、对西气东输工程建设者们的关爱和对西气东输艰苦奋斗的创业精神、顾全大局的协作精神、与时俱进的创新精神、实事求是的科学精神的崇敬。

从 2003 年年初开始,中国石油集团公司思想政治工作部、中国石油文联音乐舞蹈协会共同组织了全国范围内的西气东输歌曲征集活动。在近一年的时间中,历经征集歌词、评选获奖歌词并向全国征集谱曲等阶段,从来自全国 31 个省份的 1 530 件作品中筛选出 80 首入围歌词,最后产生了 20 首获奖歌词并进行了谱曲。

这些具有很强的思想性和艺术感染力的作品,一方面歌颂了西气东输精神、弘扬了工程建设者们的风采;另一方面对那些正在拼搏在前后方的广大建设者们产生了极大的激励和鼓舞作用。

5. 影视创作成果

对于西气东输工程的记录,形式多种多样,除了文字和乐曲以外,还有多部影视作品。其中,最有影响力和感染力的有以下几部:(1)电视专题片《西气东输》,由中国石油影视中心制作,在 2002 年 7 月 4 日举行的开工典礼主会场——人民大会堂播放,得到了有关部门的充分肯定;(2)中央电视台摄制的大型纪录片《记录历史的瞬间——2003 年、2004 年西气东输央视报道回放》,影片中的一幅幅画面不仅为西气东输工程留下了永久珍贵的历史资料,而且让观众又一次回味了西气东输工程建设的宏大和感人场面,给人们精神上以无穷的力量。(3)由中国石油影视中心会同中央电视台横跨 10 个省份,历时 77 天,飞行 100 余小时,航拍 50 小时,空中录像 48 盘,拍照近 5 000 幅;地面人员行程 20 000 余公里,沿管线摄像 25 小时,摄制了记录航拍历程的电视专题片《腾龙八千里》,以其独特的内容、壮观的场面,使得该片显得颇为珍贵。(4)由中国石油影视中心创作的《西气东输电视月刊》,按月发送到各石油企业电视台(站)和工程前线播放。此外,中国石油影视中心还联合有关电视媒体摄制了《西气东输万里行》《气贯神州》《高新技术与西气东输》《黄土塬作证》《石油圣火》等多部专题片,成为传播西气东输精神的重要载体和记录西气东输工程的珍贵历史资料。

编 后 记

经过近四年打磨,凝聚了全公司员工心血的《中国石油西气东输管道公司志》终于付梓出版。作为一个国家级天然气储运公司,西气东输管道公司的员工大多来自与石油勘探等技术有关的领域,其教育背景也多数为理工科,对于文字工作向来并不擅长。但是,从公司领导到部门领导,再到具体参编的员工,却无一不将之视为年度工作的重点之一而备尝遣词造句之甘苦。

为了保证本志的专业性和客观性,公司第一次将此类项目进行社会招标,最终委托了上海社会科学院历史研究所作为具体承办《公司志》前期篇目设计和后期编纂的专业团队。自2014年10月起,历史研究所的专业编撰团队在负责人的带领下,在原有篇目设计的基础上对《公司志》的篇目进行了新的调整和完善,并组织举行了大小近10次篇目讨论会以及两次编纂培训班,最后由公司领导班子确定了本志的最终篇目设计,为本书后期顺利完成初稿以及出版打下了良好的基础。在具体编写过程中,历史研究所的编撰团队与公司所有具体参与本项工作的人员,合作默契,相互借鉴,取长补短,形成了良好的互动,这也是本书得以顺利出版的保证。

《公司志》编纂的具体分工:公司编委会负责审定本书篇目设计以及最终内容;公司编辑部成员以及各部分承编员工负责部分初稿编撰;历史研究所团队总体负责本书的编纂进度、整个篇目设计以及后期统稿,具体负责本书总述、专记以及大事记部分的撰写,负责附录部分以及图片材料的收集与整理。

《公司志》的编纂,得到了上海市地方志办公室的大力支持,地方志办公室的部分领导和专家,对本书的篇目设计和文稿审定都给予了非常专业的指导。《公司志》的编纂还借鉴了《西气东输工程志》《吉林石化志》等专业志书的成功经验。在本书出版之际,谨对上述所有的参编人员、有关部门以及领导和专家表示由衷的谢意。

最后,由于本书体量巨大,任务紧迫,所有内容并不能保证无谬无误,还敬请各方谅解并指正。

《中国石油西气东输管道公司志》编委会

2018年6月

图书在版编目(CIP)数据

中国石油西气东输管道公司志.2000-2016/《中国石油西气东输管道公司志》编委会编.—上海：上海社会科学院出版社,2018
ISBN 978-7-5520-2092-2

Ⅰ.①中… Ⅱ.①中… Ⅲ.①油气输送—管道输送—工业企业—概况—上海—2000-2016 Ⅳ.①F426.22

中国版本图书馆 CIP 数据核字(2018)第 016053 号

中国石油西气东输管道公司志(2000—2016)

著　　者：《中国石油西气东输管道公司志》编委会
责任编辑：张　晶
封面设计：黄婧妨
出版发行：上海社会科学院出版社
　　　　　上海顺昌路 622 号　邮编 200025
　　　　　电话总机 021-63315900　销售热线 021-53063735
　　　　　http://www.sassp.org.cn　E-mail:sassp@sass.org.cn
照　排：南京前锦排版服务有限公司
印　刷：镇江文苑制版印刷有限责任公司
开　本：889×1194 毫米　1/16 开
印　张：43.5
插　页：8
字　数：650 千字
版　次：2018 年 11 月第 1 版　2018 年 11 月第 1 次印刷

ISBN 978-7-5520-2092-2/F·506　　定价：200.00 元

版权所有　翻印必究